KRÖNERS TASCHENAUSGABE BAND 425

LEXIKON
LITERATURTHEORETISCHER
WERKE

herausgegeben von

ROLF GÜNTER RENNER

und

ENGELBERT HABEKOST

ALFRED KRÖNER VERLAG

Lexikon literaturtheoretischer Werke

Herausgegeben von
Rolf Günter Renner
und Engelbert Habekost
Stuttgart: Kröner 1995
(Kröners Taschenausgabe; Band 425)
ISBN 3-520-42501-7

Satz: Knipp Satz und Bild digital, Dortmund
Druck und Einband: Freiburger Graphische Betriebe, Freiburg

INHALT

Mitarbeiterverzeichnis VI

Vorwort X

Benutzungshinweise XIII

Abkürzungsverzeichnis XV

Artikel A–Z 1

Register 475

   Sachgebiete 475

   Sachbegriffe 486

   Werke nach Autoren 510

MITARBEITERVERZEICHNIS

Prof. Dr. Rüdiger Ahrens, Würzburg
PD Dr. Claudia Albert, Berlin
Dr. Michael Ansel, München
Dr. Heinz Antor, Würzburg
Dr. Elisabeth Arend-Schwarz, Göttingen
Prof. Dr. Achim Aurnhammer, Freiburg
Dr. Michael Backes, München
Hildegard Backhaus, M.A., Berlin
Prof. Dr. Ehrhard Bahr, Los Angeles/CA
Prof. Dr. Wolfgang Baßler, Köln
Prof. Dr. Barbara Bauer, Marburg
Silvia Bauer, M.A., München
Prof. Dr. Walter Bruno Berg, Freiburg
Dr. Rita Bischof, Berlin
Dr. Eske Bockelmann, München
Prof. Dr. Christoph Bode, Bamberg
PD Dr. Thomas Böning, Freiburg
Prof. Dr. Norbert Bolz, Essen
Prof. Dr. Dieter Borchmeyer, München
Prof. Dr. Vittoria Borsò, Düsseldorf
Bernhard Boschert, M.A., Berlin
Dr. Heinrich Bosse, Freiburg
Gudrun Boveland, M.A. Frankfurt/M.
Prof. Dr. Georg Braungart, Tübingen/Regensburg
Prof. Dr. Dietrich Briesemeister, Berlin
OStR. Lutz Claren, Mannheim
Studienprof. Dr. Hans Georg Coenen, Münster
Prof. Dr. Brigitta Coenen-Mennemeier, Münster
Prof. Dr. Peter Demetz, New Haven/CT
Prof. Dr. Manfred Dierks, Oldenburg
Dr. Marianne Dörr, München
Dr. Sybil Dümchen, Berlin
Dr. Alexander García Düttmann, Stanford/CA
Prof. Dr. Bernd Engler, Tübingen
Dr. Ottmar Ette, Eichstätt
Hans-Detlef Feger, M.A., Berlin
Dr. Susanne Feldmann, Göttingen
Prof. Dr. Ferdinand Fellmann, Münster
Prof. Dr. Peter Finke, Bielefeld
Prof. Dr. Gail Finney, Davis/CA
Prof. Dr. Margot Fleischer, Siegen
Dr. Michael Franz, Bremen
PD Dr. Rudolf Freiburg, Göttingen
Dr. Matthias Freise, Oldenburg

Prof. Dr. Herwig Friedl, Düsseldorf
Prof. Dr. Hans Norbert Fügen, München
Prof. Dr. Klaus Garber, Osnabrück
PD Dr. Andreas Gardt, Heidelberg
Prof. Dr. Hans-Martin Gauger, Freiburg
Antje Gimmler, M.A., Bamberg
Matthias Görg-Teschner, M.A., Frankfurt/M.
Prof. Dr. Paul Goetsch, Freiburg
Dr. Annette Graczyk, Essen
Prof. Dr. Bernhard Greiner, Tübingen
Julika Griem, M.A., Freiburg
Prof. Dr. Gunter Grimm, Duisburg
Prof. Dr. Ernst Ulrich Große, Freiburg
Prof. Dr. Rainer Grübel, Oldenburg
Prof. Dr. Curt Grützmacher, Berlin
Prof. Dr. Alexander Haardt, Münster
Engelbert Habekost, M.A., Berlin
Reinhard Härer, M.A., Schorndorf
Kai-Ulrich Hartwich, M.A., Leipzig
Wolf-Daniel Hartwich, Wiesloch
Prof. Dr. Frank-Rutger Hausmann, Freiburg
Prof. Dr. Anselm Haverkamp, New York/N.Y.
Prof. Dr. Klaus H. Hilzinger, Stuttgart
Prof. Dr. Volker Hoffmann, München
Gabriela Holzmann, M.A., Berlin
Helmut Hühn, M.A., Berlin
Dr. Gerd Hurm, Freiburg
Prof. Dr. Andreas Huyssen, New York/N.Y.
Dr. Christian Iber, Berlin
Dr. Peter Ihring, Frankfurt/M.
Prof. Dr. Joseph Jurt, Freiburg
Prof. Dr. Klaus Erich Kaehler, Köln
Prof. Dr. Jürgen Kamm, Dresden
Prof. Dr. Volker Kapp, Kiel
Prof. Dr. Karlheinz Kasper, Leipzig
Dr. Dorothee Kimmich, Freiburg
Bettina Kirberger, M.A., Frankfurt/M.
Prof. Dr. Friedrich A. Kittler, Berlin
Prof. Dr. Wolf Kittler, Santa Barbara/CA
Prof. Dr. Wolfgang Klein, Nijmegen
Prof. Dr. Erich Kleinschmidt, Köln
Dr. Lothar Knatz, Bremen
Prof. Dr. Jan Knopf, Karlsruhe
PD Dr. Hartmut Köhler, Freiburg
Dr. Jürgen Kölling, Berlin
Prof. Dr. Helmut Koopmann, Augsburg
Prof. Dr. Helmut Kreuzer, Siegen
Prof. Dr. Bernd-Peter Lange, Magdeburg
Dr. Astrid Lange-Kirchheim, Freiburg
Peter Langemeyer, Tromsø/Norwegen

Prof. Dr. Horst Langer, Greifswald
Prof. Dr. Jacques Leenhardt, Paris
Prof. Dr. Jürgen Lehmann, Erlangen
Prof. Dr. Erwin Leibfried, Gießen
Alwin Letzkus, M.A., Paris
Prof. Dr. Werner Licharz, Eschborn
Lena Lindhoff, M.A., Frankfurt/M.
Prof. Dr. Erich Loos, Berlin
Prof. Dr. Otto Lorenz, Stavanger
Prof. Dr. Frederick Alfred Lubich, New Brunswick
Dr. Astrid von der Lühe, Berlin
Dr. Andreas Mahler, München
Dr. Matthias Mayer, München
Prof. Dr. Karl R. Menges, Davis/CA
Dr. Bettine Menke, Konstanz
Dr. Edith M. Michel, Mulhouse
Prof. Dr. Willy Michel, Freiburg
Prof. Dr. Christoph Miething, Münster
Prof. Dr. Peter I. von Moos, Münster
Prof. Dr. Richard Murphy, Santa Cruz/CA
Dr. Dietrich Naumann, Frankfurt/M.
Prof. Dr. Monika Nenon, Memphis/TN
Prof. Dr. Thomas Nenon, Memphis/TN
Prof. Dr. Sebastian Neumeister, Berlin
Harald Neumeyer, M.A., Freiburg
Dr. Ashraf Noor, Paris
Prof. Dr. Günter Oesterle, Gießen
PD Dr. Peter L. Oesterreich, Essen
Wolfgang Orlich, Freiburg
Claus-Michael Ort, Kiel
Prof. Dr. Ernst Wolfgang Orth, Trier
Prof. Dr. Carl Pietzcker, Freiburg
Dr. Helmut Pillau, Mainz
Dr. Gerhard Poppenberg, Berlin
PD Dr. Peter Prechtl, München
Prof. Dr. Horst Prießnitz, Wuppertal
Prof. Dr. Fidel Rädle, Göttingen
Dr. Ulfried Reichardt, Hamburg
Prof. Dr. Rolf Günter Renner, Freiburg
Dr. Hans-Joachim Rieke, Berlin
Georges Roque, Mexiko-City
Sabine Rose, Essen
Prof. Dr. Judith Ryan, Cambridge/MA
Dr. Mike Sandbothe, Magdeburg
Prof. Dr. Günter Saße, Freiburg
Markus Klaus Schäffauer, Freiburg
Prof. Dr. Peter M.-F. Schäffer, Davis/CA
Prof. Dr. Thomas M. Scheerer, Augsburg
Dr. Tarcisius Schelbert, Bettwil
Prof. Dr. Elmar Schenkel, Leipzig

Prof. Dr. Hannelore Schlaffer, Stuttgart/Freiburg
Susanne Schlünder, M.A., Siegen
Dr. Holger Schmid, Tübingen
Prof. Dr. Wolf Schmid, Hamburg
PD Dr. Hansgeorg Schmidt-Bergmann, Karlsruhe
Prof. Dr. Jürgen Schmidt-Radefeldt, Kronshagen
Prof. Dr. Joseph C. Schöpp, Hamburg
Dr. Detlev Schöttker, Stuttgart
Prof. Dr. Rüdiger Scholz, Freiburg
Prof. Dr. Richard Schwaderer, Kassel
Dr. Christian Schwarz, Lohr am Main
Prof. Dr. Hinrich C. Seeba, Berkeley/CA
Dr. Astrid Seele, Heidelberg
Dr. Robert Seidel, Heidelberg
Prof. Dr. Christoph Siegrist, Basel
Dr. Ellen Spielmann, Berlin
Dr. Marion Spies, Wuppertal
Dr. Volker Steenblock, Münster
Prof. Dr. Hartmut Steinecke, Paderborn
Dr. Bernd Stiegler, Freiburg
Dr. Robert Stockhammer, Berlin
Anne-Katrin Titze, M.A., München
Christian van Treeck, Aachen
Prof. Dr. Theodor Verweyen, Erlangen
Dr. Barbara Vinken, New York/N.Y.
Dr. Fritz Wahrenburg, Paderborn
Dr. Helmut Waller, Padua
Prof. Dr. Herbert Walz, Darmstadt
Thomas Wegmann, M.A., Berlin
Prof. Dr. Wolfgang Welsch, Magdeburg
PD Dr. Peter Welsen, Regensburg
Dr. Michael Werner, Paris
Dr. Michael Wetzel, Kassel
Prof. Dr. Conrad Wiedemann, Berlin
Dr. Hermann Wiegand, Mannheim
Prof. Dr. Hermann Wiegmann, Ostbevern
Heide Wilkens, M.A., Göttingen
Prof. Dr. Gottfried Willems, Jena
Prof. Dr. Meinhard Winkgens, Mannheim
Prof. Dr. Heinfried Wischermann, Freiburg
Prof. Dr. Gunther Witting, Erlangen
Prof. Dr. Günter Wohlfart, Beitscheidt
Prof. Dr. Gerd Wolandt, Aachen
Prof. Dr. Friedrich Wolfzettel, Frankfurt/M.
PD Dr. Carsten Zelle, Siegen
Dr. Robert Zimmer, Berlin
Dr. Reinhard Zimmermann, Tübingen

VORWORT

Wenn ein bekannter Literaturtheoretiker der Gegenwart in einem ebenso programmatischen wie umstrittenen Essay darzulegen versucht, daß der »Widerstand gegen die Theorie« in Wahrheit ein »Widerstand gegen das Lesen« sei, dann zielt er nicht nur auf einen neuen Textbegriff im Bereich der Literaturwissenschaft. Er wendet sich auch, zwar pointiert, aber mit guten Gründen, gegen eine Wissenschaftstradition, in der sich texttheoretische Reflexion und historisch wie philologisch verfahrende Interpretation immer weiter voneinander entfernen konnten. Diese Entwicklung ist weder notwendig noch sachgerecht; sie dürfte sich eher Gesetzen des Wissenschaftsbetriebs als dem Gegenstand der Literaturwissenschaft selbst verdanken. Die Tatsache, daß umfassende und überblicksorientierte Darstellungen des theoretischen Wissens in dieser Disziplin kaum greifbar sind, unterstreicht dies.

Das vorliegende Lexikon will eine erste Orientierung geben und wichtige Ansatzpunkte für die theoretische Reflexion im Bereich der Literaturwissenschaft vorstellen. Indem vorhandenes Wissen unter dem Blickwinkel der Theoriebildung verfügbar gemacht wird, kann der gegenwärtigen Polarisierung zwischen theoretischer Reflexion und Interpretation entgegengearbeitet werden. Dazu erschien es notwendig, im Vorfeld systematischer Darstellungen zur Literaturtheorie zunächst einmal ein Korpus von Texten vorzulegen, die Bezugspunkte oder darüber hinaus Schalt- und Schnittstellen theoretischer Reflexion darstellen. So kann deutlich werden, daß theoretische und methodische Reflexion schon immer Bestandteil des Umgangs mit Texten sind und daß jede Textanalyse durch Theorien und theoretische Überlegungen beeinflußt ist, die sie begründen, begleiten oder verändern.

Um diesem Sachverhalt angemessen Rechnung zu tragen, erwies es sich als notwendig, das Auswahlkriterium »literaturtheoretischer Text« weit zu fassen. Ohne Frage gewinnen erkenntnistheoretische, poetologische und ästhetische Texte im engeren Sinn gleichermaßen Bedeutung für die Entwicklung literaturtheoretischer Ansätze; überdies kam es darauf an, den Anteil literaturtheoretischen Denkens auch in den Texten bewußt zu machen, die bislang Gegenstand einer vorwiegend historischen, philosophischen oder erkenntnistheoretischen Betrachtung waren. Aus diesem Grund sind im *Lexikon literaturtheoretischer Werke* nicht allein literaturtheoretische Texte im strengen Sinn versammelt, sondern auch solche, welche die literaturtheoretische Reflexion unter dem Blickwinkel anderer Disziplinen beeinflußt haben. Eine Unterscheidung zwischen Poetologie und Literaturtheorie, zwischen dezidiert textanalytischen und allgemein erkenntnistheoretischen Texten war nicht sinnvoll, zudem erwies es sich als notwendig, auch Texte einzubeziehen, die Randgebiete der Literaturwissenschaft und ihre Beziehung zu benachbarten Disziplinen mitbedenken.

So wünschenswert diese Breite ist, die an die Stelle im engeren Sinn literaturtheoretischer grundsätzlich solche Texte setzte, die für die literaturtheoretische Reflexion Bedeutung haben: die notwendige Entscheidung für ein begrenztes Korpus von Werken wurde dadurch nicht erleichtert. Unter den etwa dreitausend grundsätzlich in Frage kommenden Texten wurde deshalb eine Auswahl getroffen, die sich aus einigen allgemeinen Überlegungen und Grundsätzen begründen ließ. Wegen der Notwendigkeit einer Umfangsbegrenzung dieses Lexikons erschien es nicht möglich aber auch nicht notwendig oder sachgerecht, alle Literaturen, Epochen und Ansätze gleichermaßen und gleichwertig durch repräsentative Texte und Abhandlungen vorzustellen. Sinnvoller war es, die Historizität dieses lexikalischen Unternehmens nicht als Einschränkung anzusehen, sondern sie vielmehr als eine Orientierung zu benutzen, die den Gesichtspunkt gegenwärtigen Erkenntnisinteresses ins Spiel bringt. Eine grundsätzliche Leitlinie war deshalb das Bemühen, vorrangig solche Texte zu berücksichtigen, von denen sich die literaturtheoretische Diskussion der Gegenwart herleitet, die sie beeinflussen oder weitertreiben.

Aus dieser allgemeinen Vorgabe ergab sich sowohl das Ziel, historische Basistheorien verfügbar zu machen, als auch die Notwendigkeit, eine deutliche Konzentration auf theoretische Ansätze des 20. Jahrhunderts, zum Teil sogar der letzten Jahrzehnte vorzunehmen. Dabei wurde bewußt in Kauf genommen, daß über die Tragfähigkeit vieler gegenwärtiger Ansätze nicht nur die aktuelle Diskussion, sondern erst die Geschichte, zumindest die Entwicklung der literaturwissenschaftlichen Disziplinen entscheiden wird. Darüber hinaus galt es, den Blick auf historische Texte zu lenken, die unter dem Blickwinkel neuer theoretischer Ansätze eine andere Qualität und Bedeutung gewinnen. Es versteht sich von selbst, daß hier bestimmte Phasen der literarischen, philosophischen und ästhetischen Entwicklung mehr repräsentiert werden mußten als andere. Die Wirkungsmächtigkeit eines theoretischen Entwurfs und die Breite seiner Rezeption waren somit entscheidende Kriterien der Textauswahl, die Originalität und Innovation gleichrangig an die Seite treten mußten. Auch damit wurde bewußt akzeptiert, daß dieses Lexikon in erster Linie den Status quo gegenwärtiger Theoriebildung verzeichnet; es muß zunächst darauf verzichten, Texte vorzustellen, deren Bedeutung nur prognostiziert werden kann. Schließlich wurden poetologische Entwürfe, die in erster Linie das Werk eines einzelnen Autors begleiten oder begründen oder deren Bedeutung und Wirkung auf einen nur kurzen historischen Abschnitt begrenzt sind, nur dann aufgenommen, wenn sie eine darüber hinausgehende theoretische Reflexion einleiteten. Diese Abgrenzung war nicht ohne weiteres und nicht immer eindeutig möglich.

Mit den geschilderten Eingrenzungen und Akzentuierungen bietet das vorliegende Lexikon nicht nur einen historischen Längsschnitt, sondern auch einen Querschnitt, der theoretische Ansätze aus unterschiedlichen Sprachräumen vorstellt. Daß ein solches Unternehmen einen eurozentrischen Akzent hat und daß zumindest die westliche Tradition im weiteren Sinne favorisiert wird, ergibt sich aus dem gegenwärtigen Stand der literaturwissenschaftlichen Theoriediskussion ebenso wie aus den Anforderungen an die praktische Benutzbarkeit und tatsächliche

Verwendung, die dieses Buch finden soll. Eine spätere Erweiterung des hier vorgestellten Textkorpus ist grundsätzlich sinnvoll und wünschenswert; sofern diese erste Textsammlung auf die erhoffte Resonanz stößt, werden Grundsätze einer Erweiterung zu bedenken sein.

Die interdisziplinäre und komparatistische Anlage des vorliegenden Nachschlagewerks führte dazu, daß eine große Zahl von Fachgelehrten verschiedenster Disziplinen ihre wissenschaftliche Kompetenz einbringen konnten. Unter den Literaturwissenschaftlern sind neben Germanisten auch Altphilologen, Anglisten, Amerikanisten, Hispanisten, Romanisten und Slavisten versammelt; Vertreter der Sprachwissenschaft, der Philosophie, der Geschichtswissenschaft, der Soziologie und der Kunstwissenschaft wurden ebenfalls beigezogen. Es war nicht immer ganz einfach, die fachspezifisch unterschiedlichen methodischen Zugänge, Darstellungsformen und Argumentationsmuster einander so anzugleichen, wie es wünschenswert für ein Lexikon ist, das Benutzer unterschiedlicher Fachrichtungen zu finden hofft. Auch das erklärte Bemühen, die nichtdeutsche Wissenschaft zu Wort kommen zu lassen, sah sich vor die Schwierigkeit gestellt, unterschiedliche Wissenschaftstraditionen zueinander in Beziehung setzen zu müssen.

Daß Lexikonartikel keine Essays sind, war allen Beteiligten wohl selbstverständlich, gleichwohl erforderten die Konzentration auf die allgemeinen Leitlinien dieses Nachschlagewerks, die Orientierung an der angestrebten Zielgruppe, schließlich das Ziel der Benutzbarkeit immer wieder, daß das Bemühen der Beiträger um Originalität und Pointierung nicht anders als der Wunsch nach stilistischer Unverwechselbarkeit hinter dem Kodifizierbaren und Notwendigen der Information zurückzutreten hatten. So war die Beziehung zwischen Herausgebern und Beiträgern nicht spannungslos, aber gewiß ertragreich und zum Nutzen der Sache. Den Beiträgerinnen und Beiträgern, die hier mit Verständnis mitgearbeitet haben, gilt unser Dank.

Die Kompetenzen der Herausgeber selbst waren im übrigen bei Konzeption und Realisierung des Lexikons klar getrennt. Für den wissenschaftlichen Teil zeichnet Rolf Günter Renner verantwortlich, für den redaktionellen Teil Engelbert Habekost, von dem die Anregung zu einem solchen Lexikon stammt. Ebenso hilfreich wie beruhigend war die fördernde und kritische Betreuung durch Imma Klemm, die nie als Instanz des Verlags, sondern immer nur als Helferin den langen Entstehungsprozeß dieses Lexikons geduldig begleitete. Frau Krissler, vor allem aber Frau Lepka, welche die eingegangene Datenflut verantwortungsvoll verwalten, verarbeiten, kanalisieren und sichern mußten, sind wir zu besonderem Dank verpflichtet.

Freiburg, im September 1994   Für die Herausgeber
                                                               Rolf Günter Renner

BENUTZUNGSHINWEISE

1. Anordnung der Artikel und Register

Die Werke werden grundsätzlich unter dem *Originaltitel* angeführt. Maßgeblich ist dabei der Titel der ersten gedruckten Ausgabe. Wenn keine gedruckte Originalausgabe vorliegt, gilt entweder der vom Autor verwendete Titel oder der in verschiedenen Handschriften am besten überlieferte Titel oder der wissenschaftlich autorisierte Titel. Die Artikel sind in alphabetischer Reihenfolge nach Werktiteln geordnet. Bei der alphabetischen Einordnung gilt der fettgedruckte Titel als ein Wort in normaler Buchstabenfolge, wobei voranstehende bestimmte oder unbestimmte Artikel unberücksichtigt bleiben. Bei gleichlautenden Titeln richtet sich die alphabetische Ordnung nach den Autorennamen.

Falls man ein Werk im Lexikonteil nicht findet, empfiehlt sich die Benutzung des Registers *Werke nach Autoren*. Es ist alphabetisch nach Autorennamen geordnet und führt sämtliche im Lexikon vertretenen Werke jeweils unter dem Autor bzw. der Autorin an. Es verzeichnet bei fremdsprachigen Titeln die deutschen Übersetzungen.

Besonderer Wert wurde darauf gelegt, auch eine Orientierung über verschiedene Sachgebiete der Literaturtheorie sowie die gezielte Information über einzelne Sachbegriffe und Richtungen zu ermöglichen. Das Register *Sachgebiete* gibt einen ersten, alphabetisch angeordneten Überblick über die Zuordnung der im Lexikon erfaßten Werke zu Teilgebieten der Literaturtheorie; innerhalb der Einzelrubriken wurden die Werke jeweils in chronologischer Folge aufgelistet. Das Register *Sachbegriffe* mit rund 1500 Stichwörtern weist die einzelnen Stellen im Lexikon nach, an denen die jeweiligen Sachbegriffe, Richtungen, Schlagworte etc. vorkommen oder implizit thematisiert werden.

2. Aufbau der Artikel

Der *Artikelkopf* führt zunächst Titel und Untertitel des Werks an, dann bei fremdsprachigen Titeln in Klammern die Sprache, in der das Werk verfaßt wurde, und eine wörtliche deutsche Übersetzung des Titels. Es folgen der Name des Autors, das Entstehungsjahr oder der -zeitraum, sofern er vom Datum der Erstausgabe oder des Erstdrucks erheblich abweicht, und Jahr und Ort der Erstausgabe (EA). Ist das Werk zuerst in einer Zeitschrift oder in einem Sammelwerk erschienen, steht statt des Kürzels EA für Erstausgabe das Kürzel ED für Erstdruck mit den entsprechenden Angaben zu der Zeitschrift bzw. dem Sammelband. – Bei fremdsprachigen Werken wird schließlich gegebenenfalls noch Erscheinungsort und -jahr der deutschen Erstausgabe angeführt.

Der *Hauptteil* des Artikels umreißt in der Regel zunächst einleitend das literaturtheoretische Thema und die Zielsetzung des Werks. Es folgt eine Wiedergabe der wichtigsten Gedankengänge, die auch dessen Aufbau verdeutlichen soll. Den Abschluß bilden in der Regel zusammenfassende Hinweise zur Wirkung des Werks.

Der *bibliographische Artikelanhang* führt Werkausgaben sowie Übersetzungen und Sekundärliteratur an. Bereits im Artikelkopf enthaltene Angaben von Ausgaben und Übersetzungen werden nicht wiederholt. Bei den Ausgaben werden bei mit dem Stichwort übereinstimmendem Titel nur Ort und Erscheinungsjahr oder das Jahr des Nachdrucks (Repr.) und gegebenenfalls der Herausgeber angeführt.

3. Typographisches

In *Kursivschrift* sind Werktitel gedruckt. *Doppelte Anführungszeichen* stehen bei Überschriften, etwa von Kapiteln, Teilen oder Büchern eines Werks, außerdem bei wörtlichen Zitaten. *Einfache Anführungszeichen* werden zur Pointierung terminologisch verwendeter Begriffe und Begriffsverbindungen gesetzt. *Verweispfeile* finden sich generell bei der Nennung von literaturtheoretischen Werken, zu denen das Lexikon einen eigenen Artikel enthält.

4. Umschrift

Griechische Buchstaben werden nach der sog. Klassischen Transkription in lateinischen Buchstaben wiedergegeben. Dabei bleiben Akzente unberücksichtigt. Für russische Namen und Werktitel wird in der Regel die international einheitliche wissenschaftliche Transliteration verwendet.

5. Abkürzungen

Vgl. Abkürzungsverzeichnis. Im Interesse eines möglichst ungestörten Leseflusses wurde im Hauptteil der Artikel weitgehend auf nicht unmittelbar zu erschließende Abkürzungen verzichtet. Die im Abkürzungsverzeichnis aufgeführten Kurzformen erscheinen überwiegend ausschließlich im Artikelkopf und im bibliographischen Artikelanhang.

ABKÜRZUNGSVERZEICHNIS

Aufl.	Auflage
Ausg.	Ausgabe
Bd.	Band
Bde.	Bände
dän.	dänisch
dt.	deutsch
EA	Erstausgabe
ED	Erstdruck
eigentl.	eigentlich
Einf.	Einführung
Einl.	Einleitung
engl.	englisch
entst.	entstanden
erw.	erweitert
Festschr.	Festschrift
ff.	und folgende
frz.	französisch
gr.	griechisch
Hg.	Herausgeber
hg. von	herausgegeben von
ital.	italienisch
Jh.	Jahrhundert
komm.	kommentiert
lat.	lateinisch
Lit.	Literatur
Nachw.	Nachwort
Neuaufl.	Neuauflage
nlat.	neulateinisch
o. O.	ohne Ort
Repr.	Reprint
russ.	russisch
S.	Seite
span.	spanisch
Teilübers.	Teilübersetzung
tschech.	tschechisch
u. d. T.	unter dem Titel
überarb.	überarbeitet
Übers.	Übersetzung
verm.	vermehrt
vgl.	vergleiche

Abhandlung über den Ursprung der Sprache, Johann Gottfried HERDER; EA Berlin 1772.

In seiner preisgekrönten Schrift entwickelt Herder eine Anthropologie, die bis ins 20. Jh. (A. Gehlen), und eine Kreativitätstheorie, die bis an dessen Schwelle (W. Dilthey) gültig geblieben ist. Der Ausgangspunkt ist die spezifische Weltoffenheit der menschlichen Natur: Der Mensch, das durch seine Instinkte nur partiell festgelegte Tier, ist eben wegen seiner Mängel zur Sprache bestimmt. Schon in der Wahrnehmung der ihn umgebenden Welt beweist er seine freitätige Vernunft, indem er »in dem ganzen Ozean von Empfindungen« willkürlich ein Merkmal festhält. Dieses Merkmal, »Wort der Seele«, stabilisiert sich am Laut und drängt zum Lautwerden: »Das erste Merkmal, was ich erfasse, ist Merkwort für mich, und Mitteilungswort für andre!« Damit ist der traditionelle Gegensatz zwischen natürlichen Zeichen (Träne, Seufzer, Erröten) und willkürlichen Zeichen (Buchstaben) in die Seele des Menschen verlegt. Diese ist im Eindruck willkürlich tätig, im Ausdruck unwillkürlich. Sprache als Wahrnehmung und Wahrnehmung als Sprache bilden das Fundament der Phänomenologie. So ist die Sprache von Anfang an welthaltig, »die erste Welt, die wir sahen, die ersten Empfindungen, die wir fühlten, die erste Würksamkeit und Freude, die wir genossen«. Wenn Poesie für Hamann die Muttersprache des menschlichen Geschlechts war (→*Aesthetica in nuce*), so ist für Herder die Muttersprache eigentlich die Poesie der Vorfahren, die sich jeder Sprachteilnehmer aneignen muß, die jeder Sprachteilnehmer fortbilden kann. Er ist dann schöpferisch, wenn es ihm gelingt, »diesen Reichtum mit Eignem zu vermehren und ihn weiter fortzupflanzen«. Das gilt besonders für den Dichter, denn Dichten ist nichts anderes als ursprüngliches Sprechen im Feld der Traditionen. – Auf diese Weise ist der Gegensatz von Innen und Außen in die Rede selber eingetreten: Im Eindruck wird die Welt innerlich festgehalten, im Ausdruck wird das Er-Innerte anderen kundgetan. Dichterisches und überhaupt künstlerisches Schaffen ist nun zweipolig, sowohl Reproduktion dessen, was ist (z. B. des Ererbten, Erlernten, Erworbenen), als auch Produktion von etwas, das noch nicht war. Allen Schreibens Anfang und Ende, schreibt Goethe an F. H. Jacobi, »ist die Reproduktion der Welt um mich, durch die innre Welt die alles packt, verbindet, neuschafft, knetet und in eigner Form, Manier, wieder hinstellt« (21. Aug. 1774). Im Geschaffenen stellt der Schöpfer sich selber und seine Welt mit hin oder dar, aber das Schaffen selber wird geheim. A. W. Schlegel führt in seiner →*Kunstlehre* dazu aus: »Jeder materiellen Darstellung geht eine innere in dem Geist des Künstlers voran, bei welcher die Sprache immer als Vermittlerin des Bewußtseins eintritt, und folglich kann man sagen, daß jene jederzeit aus dem Schoße der Poesie hervorgeht.« In solchen Vorstellungen sind Herders Konzepte aufgegangen, ohne daß auf seine Schriften explizit eingegangen wurde.

Ausg.: Mit Materialien und Kommentar, hg. von W. PROSS, München o.J. [1978].
Lit.: U. GAIER, Herders Sprachphilosophie und Erkenntniskritik, Stuttgart-Bad Cannstatt 1988.

H. BOSSE

Abhandlung von der Fähigkeit der Empfindung des Schönen in der Kunst, und dem Unterrichte in derselben, Johann Joachim WINCKELMANN; EA Dresden 1763.

Das in Form eines privaten Briefes formulierte »Denkmal« einer unerfüllt gebliebenen homoerotischen Liebe zu dem baltischen Freiherrn F. R. von Berg ist das mutige Zeugnis einer Sublimation durch ästhetische Erziehung: »Ihre Bildung ließ mich auf das, was ich wünschte, schließen, und ich fand in einem schönen Körper eine zur Tugend geschaffene Seele, die mit der Empfindung des Schönen begabt ist.« Wie in den →*Gedancken über die Nachahmung der griechischen Wercke in der Mahlerey und Bildhauer-Kunst* dient die griechische Kalokagathia – die ethische Rechtfertigung des Ästhetischen, weil das Schöne als Ausdruck des Guten über jeden Zweifel erhaben war – der Entdeckung und Förderung des ästhetischen Sinns und, darin versteckt, der Beruhigung der unbefriedigten Sinnlichkeit. Winckelmann selbst hat daraus keinen Hehl gemacht: »Der Punct von der neuen Schrift ist folgender; ich muß es nur bekennen. Ich war verliebt, und wie! in einen jungen Liefländer, und versprach ihm einen Brief unter andern Briefen; das ist, ich wollte ihm alle mögliche Zeichen

meiner Neigung geben.« (Brief vom 6.8.1763 an L. Usteri.) Der wirkungsästhetische Ansatz dieser Liebesgabe ist also durch Winkelmanns persönliches Interesse an dem Adressaten, der pädagogische Anspruch dagegen durch die Tradition des Lehrbriefes vorgegeben, der an den sokratischen Dialog und die tusculanischen Gespräche Ciceros zwischen Meister und Schüler erinnert. Nicht zufällig hatte Winckelmann, woran er am Ende der Schrift erinnert, den Namen seines jungen Freundes in die Rinde eines Ahorn-Baums »zu Frascati« (d. i. Ciceros Tusculum) geschnitzt, »wo ich meine nicht genutzte Jugend in Ihrer Gesellschaft zurückrief und dem Genius opferte«. Die kunstgeschichtliche Verdrängung des Opfers erfolgt durch eine im Verlauf der Schrift immer nüchterner werdende Aufzählung der ausschließlich italienischen und vorwiegend in Rom zugänglichen Kunstwerke und Künstler, deren Kenntnis die angestrebte Empfindung des Schönen« bezeugen würde – eine Empfindung übrigens, die »in wohlgebildeten Knaben eher als in andern« geweckt und durch »Schönheiten in unserem Geschlechte« besser als an Frauenstatuen erwiesen wird. Die Ausbildung dieses Schönheitssinns gelingt, wie Winckelmann meint, am besten unter jüngeren, wohlhabenden Männern, wie es Berg war, und durch erfahrene Kunstlehrer, als den er sich indirekt selbst empfiehlt. Dabei spielt die »Richtigkeit des Auges«, der äußere Sinn für die Wohlproportioniertheit der Darstellung, eine ebenso große Rolle wie der entsprechende innere Sinn, der als Empfindung für die »geistige Wirkung« sofort im Ganzen »das

Schöne in der Harmonie der Teile« erfaßt.

Ausg.: Werke in einem Band, hg. von H. HOLTZHAUER, Berlin/Weimar 1982, S. 137–64.
Lit.: W. LEPPMANN, Winckelmann. Ein Leben für Apoll, Frankfurt/M. 1986.

H. C. SEEBA

Das älteste Systemprogramm des deutschen Idealismus, Verfasser umstritten (Friedrich Wilhelm Joseph SCHELLING, Georg Wilhelm Friedrich HEGEL oder Friedrich HÖLDERLIN); ED Heidelberg 1917 (in: Sitzungsberichte der Heidelberger Akad. der Wissenschaften).
Der um die Jahreswende 1796/97 entstandene Text enthält den Plan für ein umfassendes Werk, das sich auf der Grundlage der Kantischen Lehre von den praktischen Postulaten der Vernunft zu einer »ästhetischen Philosophie« erhebt, in der die »Idee der Schönheit« die Funktion eines Schlußsteins des gesamten Systems der Ideen erhält. Politische Motive eines frühanarchistischen Gesellschaftsmodells, wie es E. Burke (*A Vindication of Natural Society,*1756; *Rechtfertigung der Naturgesellschaft*) und W. Godwin (*Enquiry concerning Political Justice,* 1793; *Untersuchung über das Staatsrecht*) erstmalig entwickelt hatten, werden in dieser Schrift mit dem Programm einer ästhetischen Erziehung für den »großen Haufen« der »Unaufgeklärten« verbunden. Die Vereinigung dieser Ziele führt den Verfasser auf eine Idee, die seines Wissens »noch in keines Menschen Sinn gekommen ist« und die er eine »Mythologie der Vernunft« nennt. In ihr sollen Philosophie und Poesie versöhnt, ja in eines zusammengefaßt werden; mit dieser Vereinigung soll der utopische Endzustand menschlicher Geschichte erreicht werden können. – Der bis heute gebräuchliche Titel der Erstveröffentlichung dieses in Hegels Handschrift ohne Überschrift überlieferten Fragments gibt nicht eigentlich seinen Inhalt wieder. Tatsächlich handelt es sich um ein Manifest, das ausdrücklich über den Rahmen eines philosophisch-theoretischen Entwurfs hinausgeht. In politisch-eschatologischer Emphase wird eine ästhetisch-religiöse Aufhebung aller Standes- und Bildungsunterschiede gefordert, die in den gleichzeitig oder kurz nachher entstandenen Programmschriften der Jenaer Frühromantik nichts Vergleichbares hat. – Die Rezeptionsgeschichte des Textes ist größtenteils von der Frage nach dem Verfasser bestimmt gewesen. Dies ist insofern verständlich, als seine programmatische und daher inhaltlich eher an- und vorausdeutende Haltung nach einer Ausführung und Konkretisierung der vorgelegten Gedanken verlangt. Sie wurde dann allerdings hauptsächlich in einem ubiquitären romantischen Syndrom (vgl. M. Frank) gesucht.

Ausg.: Hölderlin, Sämtliche Werke, hg. von D. E. SATTLER, Bd. 14, Frankfurt/M. 1979, S. 14–17.
Lit.: M. FRANK, Der kommende Gott. Vorlesungen über die Neue Mythologie, 1. Teil, Frankfurt/M. 1982. – Mythologie der Vernunft. Hegels ›ältestes Systemprogramm des deutschen Idealismus‹, hg. von Chr. JAMME/H. SCHNEIDER, Frankfurt/M. 1984. – F.-P. HANSEN, ›Das älteste Systemprogramm des deutschen Idealismus‹. Rezeptionsgeschichte und Interpretation, Berlin/New York 1989.

M. FRANZ

Aesthetica (lat.; *Ästhetik*), Alexander Gottlieb BAUMGARTEN; EA Frankfurt/O. 1750–58 (2 Bde.); dt./lat. 1982 (Teilübers.).

Baumgarten, der Erfinder des Namens ›Ästhetik‹, entwarf zuerst in den *Meditationes philosophicae de nonnullis ad poema pertinentibus* (1735; *Meditationen über einige Bedingungen des Gedichts*) und dann v. a. in der *Aesthetica* eine »Wissenschaft der sinnlichen Erkenntnis«. Erkenntnistheoretisch wird damit der Eigenwert der sinnlichen gegenüber den intellektuellen Vermögen des endlichen Subjekts anerkannt – unter Aufrechterhaltung der rational-metaphysischen Voraussetzung (G. W. Leibniz →*Unvorgreiffliche gedancken*…) einer supramundanen höchsten Vernunft-Ursache. Poetologisch erfüllt die neue Ästhetik die Forderung nach einer »Logik der Phantasie« (J. J. Breitinger →*Critische Dichtkunst*) und einer Theorie der sensitiven Urteilskraft, die Regeln des Schönen weder leugnen noch auf Abstraktionen reduzieren muß. Vielmehr ist Schönheit nach Baumgarten »Vollkommenheit in der Erscheinung«: Die kraft ihres Ursprungs an sich rationale Ordnung alles Seienden wird in ihrer Komplexität vom endlichen Subjekt nur sinnlich-verworren, d. h. durch das »untere Erkenntnisvermögen« erfaßt. Dieses ist deshalb zugleich ein »analogon rationis« – das genuine Organon des Schönen in Rezeption wie Produktion (der schönen Künste). Die *Aesthetica* umfaßt diese Aspekte des unteren Erkenntnisvermögens von der Psychologie (als »natürliche Ästhetik«) bis zur ästhetischen Übung und Lehre als praktischer und theoretischer Anleitung zum »schönen Denken«. Für dieses entwickelt Baumgarten generelle »Kategorien« (Bedingungen): für die extensiv-klare Wahrnehmung die des »Reichtums« und des »Lichts«; für das Maß dieses Reichtums in der inneren Verknüpfung die »Größe« und, der Faßlichkeit derselben in der Einheit entsprechend, die »Überzeugungskraft«. In der gelingenden Synthese dieser Bedingungen zeigt sich die ästhetische Wahrheit. Diese wird erkannt als ästhetiko-logische (entwickelt in der Ästhetik als Disziplin); und sie enthält »obiective«, das Postulat einer Wahrheit über die Möglichkeit ästhetischer Gegenstände. An diesen Aufbau knüpft Baumgarten weitere Differenzierungen, die er reichhaltig durch Belege vor allem aus der antik-klassischen Dichtung, Poetik und Rhetorik veranschaulicht. Für die Dichtungstheorie sind die Ausführungen über »ästhetische Wahrscheinlichkeit« und das »poetische Streben nach Wahrheit« von besonderer Bedeutung. – Die Wirkung der *Aesthetica* wurde entscheidend durch Kants allgemeines Verdikt über die neue Disziplin gehemmt; ebenso durch die einseitige Abwertung der gesamten Ästhetik als »Empfindungslehre« im Deutschen Idealismus. Doch das Grundproblem aller Ästhetik: das Verhältnis von Besonderem (zunächst sinnlich Wahrnehmbarem) zu einem ihm in irgend einer Weise inhärenten Allgemeinen, das jenes niemals bloß subsumieren kann, bleibt gerade bei Baumgarten noch offen und wird nicht durch die Herrschaft des Begriffs eliminiert.

Ausg.: Hildesheim 1961 (Reprint). – Dt./lat. hg. von H. R. SCHWEIZER, Hamburg ²1988 (Teilübers. u. d. T. Texte zur Grundlegung der Ästhetik).
Lit.: U. FRANKE, Kunst als Erkenntnis, Wiesbaden 1972. – H. R. SCHWEIZER, Ästhetik als Philosophie der sinnlichen Erkenntnis, Basel/Stuttgart 1973. – M. JAEGER, Kommen-

tierende Einführung in Baumgartens ›Aesthetica‹, Hildesheim 1980.

K. E. KAEHLER

Aesthetica, Max BENSE; EA als *aesthetica 1–4* (I Metaphysische Beobachtungen am Schönen, 1954; II Aesthetische Informationen, 1956; III Aesthetik und Zivilisation. Theorie der ästhetischen Kommunikation, 1958; IV Programmierung des Schönen. Allgemeine Texttheorie und Textästhetik, 1960), Stuttgart/Baden-Baden 1954–60.

Das ›Neue‹ an Benses Ästhetik ist die Anwendung mathematischer und informationstheoretischer (kybernetischer) Verfahren auf ästhetische Objekte. Demnach sollte Literaturtheorie »in der methodischen Anwendung von Theorien nicht-literarischen Ursprungs« bestehen. Literatur als Gegenstand der Interpretation – und damit als »realitätsersetzendes« (K. A. Horst) Medium, das in der traditionellen Literaturwissenschaft seinen Sinn durch persönliche Auslegung erhält – wird abgelöst von der Bestimmung der Literatur als Information transportierender »Text«, der die Realität »setzt«. Dieser Ansatz entspricht nach Bense dem »technischen Bewußtsein unserer modernen Zivilisation von der grundsätzlichen Machbarkeit der Welt«. – Zur Unterscheidung von wissenschaftlicher und künstlerischer Information differenziert Bense u. a. zwischen »dokumentarischer, semantischer und ästhetischer Information. ›Jetzt geht der Mond auf‹ stellt in dieser Klassifikation eine dokumentarische Information dar. ›Jetzt geht der Mond auf‹ ist wahr‹ bedeutet hingegen eine semantische Information; aber ›Der Mond ist aufgegangen‹ als Vers-

zeile ist eine ästhetische Information, und zwar im Hinblick auf Rhythmus und Metrum, also im Hinblick auf ihre Stellung im Claudiusschen Gedicht.« Ästhetische Kriterien sind zu fassen als meß- und zählbare Operationalisierungen sprachlichen Materials bzw. grammatikalischer Strukturen. Die ästhetische Qualität eines Textes bestimmt sich nach der Unwahrscheinlichkeit des Zustandekommens der Textinformation; je größer die Anzahl der Möglichkeiten, aus denen sie ausgewählt werden kann, desto innovativer ist sie. Benses quantifizierendes Verfahren führt zur Gleichstellung von Texten der Kunstliteratur mit solchen der Werbung, der Unterhaltung, der Reportage etc., die sie den gleichen Analysemethoden unterzieht. Seine Ästhetik muß deshalb den modernen Ausprägungen antimimetischer Literaturtheorie und -praxis zugerechnet werden. Dies erweist sich auch am beträchtlichen Einfluß, den seine Arbeiten auf die Autoren der konkreten Poesie bzw. der sogenannten Textlyrik hatten (z. B. F. Mon und E. Gomringer sowie die Stuttgarter Schule mit R. Döhl, L. Harig, H. Heißenbüttel und H. Mayer). Nicht übersehen werden sollte die radikal humanistische, aufklärerische Position, die der neucartesianische Philosoph Bense in *Aesthetica* bezieht. Darüber hinaus wird der zeitbedingte Hintergrund seiner ästhetischen Theorie sichtbar: Orientierung an der Technik, Ausschluß von Ideologien und gesellschaftskritischer Optimismus prägten die fortschrittlichen Theorieansätze der 50er Jahre. Zugleich wird Benses Einfluß auf die Theorie von der Appellstruktur der Texte

(z. B. W. Iser) deutlich. Daß Bense in seiner literaturfördernden Tätigkeit wie in der eigenen literarischen Produktion sprachspielerische und visuelle Dichtung gegenüber problembehandelnder bevorzugte, ist aus seiner analytischen Ästhetik heraus naheliegend.

Ausg.: 60., veränd. und erw. Ausg. u. d. T. Aesthetica. Einführung in die neue Ästhetik, Baden-Baden 1967.
Lit.: F. GOLFFING, The Discipline and Presumption of Max Bense, in: Partisan Review 21 (1954). – G. GÜNTHER, Sein und Ästhetik. Kommentare zu Max Benses Ästhetischen Informationen, in: Texte und Zeichen 3 (1957), S. 429–40. – G. BUSCH, Ästhetik am Scheidewege. Zu Max Benses aesthetica, in: Merkur 14 (1960), S. 180–87. – K. A. HORST, Ein Prokurist der Sprache, in: Merkur 16 (1962), S. 1069–75.

CHR. SCHWARZ

Aesthetica in nuce. Eine Rhapsodie in Kabbalistischer Prose, Johann Georg **HAMANN**; ED (anonym) o. O. (Königsberg) 1762 (in: Kreuzzüge des Philologen, Nr. 9).

Hamanns polemische Kurzpoetik richtet sich gegen eine rationalistische, am ›Buchstaben‹ und dem Wahrscheinlichkeitspostulat orientierte ›Bibelphilologie‹ (Michaelis) sowie gegen die Aufklärungsästhetik bzw. gegen den Klassizismus eines Winckelmann (→ *Gedanken über die Nachahmung der griechischen Wercke*), soweit diese fortschrittsoptimistisch den Gegenstand (Stoff) von Poesie durch geschmäcklerische Auswahl und idealisierende Normierung einschränken. – Die *Aesthetica* ist ein leidenschaftliches Plädoyer für eine universale und totale Poetik unter den theologischen Vorzeichen einer christlichen Schöpfungslehre und Eschatologie. Der in ihr mit verschiedenen Seher- und Prophetenmasken apodik-

tisch auftretende »Philolog-Ästhet« fordert Universalität im Sinne einer lebendigen Rezeption der gesamten sprachlichen Überlieferung ohne restriktive Kanonbildung. Dabei klagt er die Berücksichtigung bislang ausgeblendeter Traditionen (biblischer Orientalismus, volkstümliche Quellen) und Totalität im Sinn der deutenden Durchdringung der gesamten Wirklichkeit (Natur) mit allen menschlichen Vermögen ein. Die Sinnhaftigkeit der Natur wird im göttlichen Schöpfungsakt begründet, ihre durch den Sündenfall bedingte Störung muß – so die aktuelle Aufgabe – poetisch korrigiert und überboten werden. Die Mittel dazu sind neben Verstand und Vernunft vor allem die vom Rationalismus ausgeklammerten unteren menschlichen Vermögen (Einbildungskraft, Empfindungen, Sinne, Leidenschaften). Diese ›anschaulichen‹ Erkenntniskräfte werden zu Negativvermögen radikalisiert (sokratische Unwissenheit, paulinische Torheit), dann aber in einer Art negativer Ästhetik in Entsprechung zur Herablassung des Schöpfergottes produktiv als Glaube (Mischung von Bibelglauben und Humes existentiellem »belief«) bzw. als geist- und sprachgeleitete Kreativität umund aufgewertet. Ihre negativrezeptive Komponente verhindert, daß Hamanns Ästhetik trotz des holistischen Ansatzes zu einer autonomen Geniepoetik wird. Das schöpferische Ideal bleibt in ihr eine mediale Originalität, die auch formal verwirklicht wird: Die Schrift ist durchweg eine geistreiche Zitatmontage von Fremdtexten, die ihre Singularität durch die Rhythmisierung der Prosa, den dramatischen Wechsel der verschiedenen, rhetorisch hochstilisierten Sprechweisen des Philologen und durch den endzeitlichen Predigerton im Dienst der christlichen Verkündigung gewinnt. – Hamanns *Aesthetica* ist ein Zeugnis für die Emotionalisierung der Ästhetik in der mittleren Aufklärung (Mendelssohn) und eine Quelle für die Geniepoetik des späteren ›Sturm und Drang‹. Unter Berufung auf die Kabbala, Shakespeare und vor allem Bacon vermittelt sie der Goethezeit frühneuzeitliches Wissen (Natur als bedeutungshaltiges Zeichensystem, neuplatonische Genielehre). Wie im Falle Spinozas ist auch für Hamann Herder der wesentliche Vermittler und Umdeuter (Profanisierung), Goethe fühlt sich zeitlebens von Hamann angeregt. Die theologischen Implikationen von Hamanns Ästhetik werden, vermittelt durch Jacobi, von der Erweckungstheologie der Restaurationsära und originell von Kierkegaard wiederaufgenommen.

Ausg.: Sämtliche Werke, hg. von J. NADLER, Bd. 2, Wien 1950, S. 195–217. – Zus. mit Sokratische Denkwürdigkeiten, komm. von S.-A. JØRGENSEN, Stuttgart 1968, S. 75–147. *Lit.*: H.-M. LUMPP, Philologia crucis, Tübingen 1970. – S.-A. JØRGENSEN, J. G. Hamann, Stuttgart 1976.

V. HOFFMANN

Aesthetic Ideology. Essays and Papers on Philosophical Texts (engl.; *Ästhetische Ideologie. Essays und Abhandlungen über philosophische Texte*), Paul DE MAN; EA dt. hg. von Chr. Menke, Frankfurt/M. 1992 (Teilübers.).

Aesthetic Ideology ist der Titel des in seinen Bruchstücken postum zusammengestellten letzten Projekts, das de Man nach →*Allegories of Reading* in Angriff nahm. Heidegger hatte Hölderlins Dichtung eine der Philosophie zunehmend verstellte »rettende« Kraft zugeschrieben, de Man entwickelte daraus die Annahme, daß es – auf der Rückseite romantischer Selbstreflexivität – ein in literarischen Texten exponiertes Moment rhetorischer Selbst-Destruktivität gibt, das die literarischen wie die philosophischen Texte gleichermaßen dekonstruierbar hält. In seiner Derrida-Kritik (*The Rhetoric of Blindness*, 1971) beweist er die an Rousseau vorgenommene Dekonstruktion als gleichsam selbst-dekonstruktives Moment in dessen Text. In *Die Erkenntnistheorie der Metapher* (*The Epistemology of Metaphor*), dem ersten Text der *Aesthetic Ideology*, identifiziert de Man derartige Momente in der aporetischen Metaphern-Abwehr von Locke, Condillac und Kant. Die Praxis der Theorie widerlegt die Theorie an der rhetorischen Wurzel; davon zeugt die Metapher, der in dieser Funktion geradezu (und ironischerweise) eine epistemologische Rolle zuwächst. Dagegen hat R. Gasché auf M. Merleau-Pontys Idee der »Überreflexivität« (»hyper-reflection«) als eine authentische Quelle der philosophischen Dekonstruktion aufmerksam gemacht. Ihr gegenüber verbleibe de Mans Unternehmen philosophisch indifferent: zur zwangsläufigen In-Differenz gegenüber einer theoretischen Praxis verurteilt, die rhetorisch zur permanenten »figure in deconstruction« (Figur im Prozeß der Dekonstruktion; der Akzent liegt auf dem »in«) entstellt ist. Was de Man als »Widerstand gegen Theorie« aufweise, lautet der Befund, komme auf ihn als »Indifferenz gegenüber Philosophie« zurück. – De Man hält den auf eine rhetorische Substruktur permanenter displacements (Verschiebungen) reduzierten, literarischen Charakter philosophischer Diskurse (in Anlehnung an Pascals radikale Skepsis und die Ironie F. Schlegels) dem entgegen, was er auf der anderen, literarischen Seite als fatale ästhetische Totalisierung wahrnimmt. Seine Metapherntheorie entwickelt noch eine negative Epistemologie rhetorischer Funktionen, die der kritischen Funktion des Allegoriebegriffs in Dekonstruktionen ersten Grades entspricht. Dagegen richtet sich die Analyse ästhetischer Ideologie in Dekonstruktionen zweiten Grades auf die rhetorischen Mittel figuraler Konstruktion, in denen die naturwüchsigen Effekte der »hyper-reflection« wirklich werden. Es sind vornehmlich Effekte einer nachromantischen, halluzinatorischen Literalisierung, deren rhetorischer Inbegriff die Figur der »Prosopopoeia« und deren realistischer ›masterplot‹ die Autobiographie ist. Die deutsche Ausgabe der *Aesthetic Ideology* bezieht deshalb Schriften aus dem Komplex der *Rhetoric of Romanticism* (1984) ein, die de Mans Theorie der Autobiographie und der »Prosopopoeia« enthalten, darunter auch den bedeutenden Aufsatz *Shelley Disfigured* (1979; *Shelley entstellt*). Die Kritik ästhetischer Ideologie führt hier zu Neubestimmungen eines Textbegriffs, wie sie gleichzeitig von Derrida und R. Barthes in Angriff genommen wurden. Nach den minuziösen Analysen, die C. Chase den Ansätzen de Mans zu einer Kritik der ästhetischen Ideologie gewidmet hat, liegt die dekonstruktive Pointe dieser Kritik nicht allein in der fruchtlosen Aufdeckung undurchschauter Effekte, sondern im – wie auch immer

zweifelhaften – Erfolg von Schrift: von *Hypogram and Inscription* in der Terminologie Saussures. Die Poetik der Dekomposition, die dem Prozeß der Defiguration noch abzugewinnen ist, kann sich auf die Spur der Schrift, die Suggestion der in ihr überlieferten Namen verlassen. Sie führt bei de Man von einer Poetik der Trauer zu einer Poetik des Gedächtnisses. Ästhetische Ideologie impliziert dagegen die Unfähigkeit zu trauern und den Verlust von Gedächtnis.

Ausg.: Frankfurt/M. 1992 (Einl. von C. MENKE).
Lit.: R. GASCHÉ, In-Difference to Philosophy: de Man on Kant, Hegel, and Nietzsche, in: Reading de Man Reading, hg. von W. GODZICH/L. WATERS, Minneapolis 1987, S. 259–94. – A. HAVERKAMP, Rhetoric, Law, and the Poetics of Memory, in: Cardozo Law Review 13 (1991/92), S. 1639–53. – B. MENKE, De Mans Prosopopöie der Lektüre: Das entleerte Monument, in: Ästhetik und Rhetorik. Lektüren zu Paul de Man, hg. von K.-H. BOHRER, Frankfurt/M. 1993, S. 34–78.

A. HAVERKAMP

Ästhetik, Nicolai HARTMANN; EA Berlin 1953.
Hartmann entwickelt seine *Ästhetik* aus seiner »neuen Ontologie« (*Zur Grundlegung der Ontologie,* 1935), mit der er die dominierende neukantianische, auf Erkenntnistheorie und -kritik reduzierte philosophische Forschung überwinden wollte. Seine »neue Ontologie« versteht sich nicht mehr als ›spekulative Metaphysik‹, etwa im Sinne von Aristoteles, sondern als »Kategorialanalyse«. Mit ihr versucht Hartmann eine Bestimmung der »Formenmannigfaltigkeit des Seienden« zu leisten. Aus der ontologischen Lehre von den Seinsmodi (die sich mit modalanalytischen Fragen von Möglichkeit und Wirklichkeit, Notwendigkeit und Zufälligkeit,

Unmöglichkeit und Unwirklichkeit befaßt) leitet er u. a. seine »Gnoseologie« ab (*Grundzüge einer Metaphysik der Erkenntnis,* 1921). Erkennen ist danach kein genuines Hervorbringen, sondern eine Nachbildung vorgegebener Seinsgehalte. Die *Ethik* (1926) schafft Wertorientierungen, von denen Sollensforderungen ausgehen, die ein ideales Sein besitzen. Von hier bestimmt sich auch die *Ästhetik.* Der ästhetische Gegenstand ist durch ein Verhältnis von (realem) Vordergrund und (irrealem) Hintergrund bestimmt. In diesem Hintergrund erscheinen die eigentlichen ästhetischen Werte, die im Unterschied von sittlichen Werten und Güterwerten als Individualwerte bestimmt werden. Sie sichern dem Kunstwerk angesichts der Fragilität des Materials und der wechselnden Einstellungen der rezipierenden Subjekte seine zeitüberwindende Bedeutung. Auch Schönheit entsteht nach Hartmann aus einem spezifischen Verhältnis von Vordergrund und Hintergrund. Dabei bildet das Anorganische den Vordergrund (der Stein in der Plastik; die Farbe in der Malerei; das Wort in der Dichtung), während die Hintergrundschichten für Organisches, Beseeltes und Geistig-Ideenhaftes einstehen (Bewegung in der Plastik; Raum- und Gestaltvorstellungen in der Malerei; über Phantasie gesteuerte Verlebendigung der Worte bezogen auf Konflikte, Schicksale, innere Wandlungen etc.). Der Wert der Kunst ergibt sich je nach dem Schwergewicht der Darstellung: dominiert die Außenschicht oder der Vordergrund, spricht Hartmann von einem flachen Kunstwerk, dominiert die Innenschicht oder der Hintergrund, besitzt das

Kunstwerk Tiefe. Die Differenzierung der Künste deutet Hartmann nach dem Schichtenmodell der realen Welt. Diese besteht aus der physischen, organischen, seelischen und geistigen Schicht. Für die gegenständliche Malerei ist dieses Schema sachgerecht, bei den anderen Künsten, insbesondere bei Musik und Baukunst, ergeben sich Probleme.

Ausg.: Berlin ²1966.
Lit.: W. LÖRCHER, Ästhetik als Ausfaltung der Ontologie, Meisenheim / Glan 1972.

G. WOLANDT

Ästhetik des Häßlichen, Johann Karl Friedrich ROSENKRANZ; EA Königsberg 1853.

Diese Ästhetik zeichnet sich durch eine kühne Kombination von ästhetischer Theorie und Kunstkritik aus. Sie versucht, »einen Kosmos des Häßlichen« nicht nur theoretisch-kategorial vom Formlosen, Inkorrekten, Gemeinen, Niedrigen bis zur Karikatur zu entwerfen, sondern auch in literarischen (darunter Byron, M. Shelley, Voltaire, D. Diderot, Cl. Brentano, E. T. A. Hoffmann, F. Hebbel, K. Gutzkow) und bildkünstlerischen (z. B. W. Hogarth, Ch. Delacroix, J. A. Ingres, J. J. Grandville) Beispielen zu entfalten. Dem kritischen Interesse an der modernen Kunstproduktion entspricht die Ausweitung der schulästhetischen Bemühungen um die Relationen des Schönen, Erhabenen, Häßlichen und Komischen (Chr. Weise, A. W. Bohtz, A. Ruge) auf kunstkritische Überlegungen, die Goethe in seiner Studie *Über den Dilletantismus* (1799) und Schiller in seiner kleinen Schrift *Gedanken über den Gebrauch des Gemeinen und Niedrigen in der Kunst* (1802) vorgetragen hatten – zugleich befördert dieses Interesse die Diskussion aktuellster Termini der Kunstszene wie z. B. der Begriffe Tendenz, Frivolität, Bizarrerie, das Interessante und das Satanische. Im Vergleich zu dem kenntnisreichen Ausgriff auf moderne Kunst und moderne Problemstellungen, der auch kulturgeschichtliche Phänomene der großen Stadt, der Industrialisierung und des aufkommenden Proletariats einbezieht, fällt die ästhetische Beurteilung und das kunstkritische Urteil im Einzelnen enttäuschend aus. Im Namen einer »gesitteten und gebildeten bürgerlichen Gesellschaft« werden nicht nur »Goldschnittduodezsalonteetischdichter« kritisiert, sondern auch avantgardistische Sprach- und Stilmischungen, etwa bei Heine und Hebbel, verurteilt. Der Klassizist und Hegelschüler Rosenkranz besteht auf der Exklusivität des Schönen und der »Secundogenitur« des Häßlichen. Die Existenz eines ästhetisch Häßlichen darf weder als Folie für das Schöne noch als Stimulans für die Entwicklung des Schönen mißverstanden werden, denn das Schöne ist nach Rosenkranz autonom. Allein die Universalitätsforderung der Kunst macht es notwendig, daß das Kranke, Zufällige, Verbrecherische, Wahnsinnige, Schändliche zur Darstellung gebracht werden kann. Die »Vollständigkeit der Welterfassung« zwingt schon in der Antike dazu, neben der idealen Schönheit das Häßliche, Furchtbare und Komische anzuerkennen. Die Fülle und Mannigfaltigkeit des Nicht-Schönen in der Antike wird durch die seit dem Christentum erfolgte Erkenntnis des Bösen vertieft und erweitert. Mit der Darstellung des Todesschmerzes, der Auferste-

hung vom Tode und der Überwindung des Bösen ist »das Häßliche nun vollends in die Welt eingeführt«. Damit ist das Kernmotiv der *Ästhetik des Häßlichen* angegeben: es ist die »immanente Möglichkeit der Negation«, »die Freiheit, [...] in jedem Augenblick das Übermaß und das Unmaß möglich« zu machen. Bleibt danach nur die Frage: Wie kann das Häßliche als Unfreies, als Störung in das Kunstwerk aufgenommen werden, ohne daß dieses als mißraten gilt? Kann das Häßliche durch »richtige Behandlung« in ein »schönes Häßliches« verwandelt werden? Rosenkranz nutzt die logische Differenz von Widerspruch und Widerstreit, von bloß Negativem und affirmativer Negation, um die Selbstaufhebung des Häßlichen ins Komische zu verdeutlichen. Das Umkippen des Häßlichen ins Schöne wird beispielhaft an dem »Geheimnis der Erzeugung der Karikatur« vorgeführt: im Prozeß des Organischwerdens der »Desorganisation« und im Harmonischwerden der Disharmonie erhält das Häßliche, Unfreie und Übertriebene den Schein der Freiheit und des Schönen und zwar mit dem Effekt, daß das Negativschöne der Karikatur das Gegenbild des Schönen gleichsam zu »subintelligieren« herausfordert. Auf diese Weise bringt die Kunst im Komischen »die accidentelle Stellung des Häßlichen zur Anschauung« – und beweist damit den letztendlichen Sieg des Schönen über das Häßliche. Man kann daran mit G. Lukács das ideologisch Affirmative anklagen, man kann daran aber auch mit Hilfe des von N. Luhmann problematisierten binären Codes schön–häßlich die in der Mitte des 19. Jh.s sich allseitig durchsetzende Reflexivität der Kunst und den hohen Grad ästhetischer Ausdifferenzierung diagnostizieren.

Ausg.: Leipzig 1990.
Lit.: H. FUNK, Ästhetik des Häßlichen, Berlin 1983. – W. JUNG, Schöner Schein der Häßlichkeit oder Häßlichkeit des schönen Scheins, Frankfurt/M. 1987. – G. OESTERLE, ›Mit sich zugleich etwas Anderes darzustellen‹. Die Entdeckung der Dialogizität der Karikatur in der spätidealistischen Ästhetik von K. Rosenkranz und Fr. Th. Vischer, in: Die Karikatur zwischen Republik und Zensur, hg. von R. RÜTTEN, Marburg 1991, S. 153–58.

G. OESTERLE

Ästhetik des reinen Gefühls, Hermann COHEN; EA Berlin 1912.

Mit seiner Ästhetik bringt Cohen sein groß und aufwendig angelegtes System der Philosophie zum Abschluß. Diesem waren in paralleler Anlage drei Kant-Bücher vorausgegangen, von denen *Kants Begriff der Ästhetik* (1889) die gleiche Funktion zu erfüllen hatte. Die Ästhetik, neben Theorie (*Logik der reinen Erkenntnis*, 1902) und Praxis (*Ethik des reinen Willens*, 1904) die dritte Richtung des Kulturbewußtseins, hatte eine Abschlußfunktion. Der Neukantianer Cohen versucht, den kantischen Dualismus von Anschauung und Denken, von Erscheinung und »Ding an sich« zu überwinden. So sind nach Cohen z.B. die Anschauungsformen von Raum und Zeit keine festen Ordnungen, vielmehr werden sie selbst erst im Denken erzeugt. Während Wissenschaft (die als »reine Erkenntnis« die Gegenstände selbst hervorbringt) und Praxis (die als »reines Wollen« die sittliche Selbstverwirklichung der Menschen in sozialen Organisationsformen anstrebt) jeweils autonome Kulturinhalte darstellen, ist die Kunst als

dritte Funktion durch ihre Formalität bestimmt: Alle Inhalte entstammen entweder der Natur (gleichbedeutend der Wissenschaft) oder der Praxis, beide erfahren ihre eigentliche Erhebung zur Humanität durch das ästhetische Gefühl, das sich in den Werken der Kunst objektiviert. Dieses Gefühl ist rein, da es apriori gegebenen »Gesetzlichkeiten« entspringt. Der an objektive Bedingungen geknüpfte Ursprung des Schönen ist nach Cohen die Voraussetzung dafür, daß Kunstproduzent und -rezipient Einigkeit in der Beurteilung von Kunstwerken erzielen können und die Kunstkritik einen gemeinsamen Beurteilungsmaßstab besitzt. Die Kunstrezeption bestimmt er deshalb als Versuch, die Entstehung des Kunstwerks aktiv nachzuvollziehen. Unter diesen Voraussetzungen beschreibt Cohen aus eigenem Erleben die großen Werke der verschiedenen Künste, ohne an irgendeiner Stelle die Hilfe der Spezialforschung in Anspruch zu nehmen. Höhepunkte sind für ihn das Hohe Lied, Shakespeare-Dramen, Mozart-Opern, die Christliche Basilika, die Medicäer-Gräber und die Malerei Rembrandts.

Ausg.: Werke, hg. unter Leitung von H. HOLZHEY, Bd. 8 und 9, Hildesheim ³1982.
Lit.: W. KINKEL, H. Cohen. Eine Einführung in sein Werk, Stuttgart 1924.

G. WOLANDT

Ästhetik oder Wissenschaft des Schönen, Friedrich Theodor VISCHER; EA (4 Bde.) Reutlingen/Leipzig 1846–57.

Die *Ästhetik* beansprucht, auf der Basis des »objektiven Idealismus« Hegels Wissenschaft des Schönen und der schönen Künste (→ *Vorlesungen über die Ästhetik*) systematisch auszuarbeiten und zu vollenden. Danach ist das Schöne eine sinnliche Erscheinung des Absoluten. In ihm erscheint die Versöhnung von Geist und Natur. Schönheit ist für Vischer ein ›faktischer Beweis‹ dafür, daß eine ›Versöhnung‹ der Welt auch angesichts der Widersprüche, Ungerechtigkeiten und Entzweiungen des menschlichen Lebens möglich ist. Aus dieser »Metaphysik des Schönen« entwickelt Vischer nicht nur die berühmte Formel, daß die Poesie ein »punktuelles Zünden der Welt im Subjekt« sei. Er entfaltet von hier auch seine Ansicht vom »Erhabenen und Komischen« (das jeweils aus spannungsvollen Beziehungen einzelner Momente des Schönen entsteht) und vom Naturschönen (das er, im Gegensatz zu Hegel, als objektive Existenz des Schönen in allen Formen der Natur ansieht). Im Verlauf der Abhandlung modifiziert Vischer selbstkritisch seine *Ästhetik*. Er erkennt, daß das »Zufällige« (›Kontingente‹) sich nicht mehr unter Bezug auf Hegel eliminieren läßt. Immer fraglicher wird jetzt auch, ob Kunst und Schönes die Vermittlung und Versöhnung des Ganzen – des subjektiven (Geist) und des objektiven (Natur) Prinzips – noch leisten können. Unterschiede zu Hegel ergeben sich bereits aus der linkshegelianischen Religionskritik des jungen Vischer. Wie D. F. Strauß bewertet er die Religion mit Blick auf die Entwicklung der natur- und der historisch-kritischen Wissenschaften als bloße Projektion. In der Hegelschen Triade der Entwicklungsstufen des Geistes (Kunst, Religion, Philosophie) rückt die Kunst daher bei Vischer auf den zweiten Platz hinter die Philosophie. Letztere und damit das ganze Schema finden sich freilich von den vorrükkenden empirischen Wissenschaften überhaupt in den Status leerer Spekulation verwiesen, die sich nicht mehr den tatsächlichen Erscheinungen zuordnen lassen. Vischers Bedeutung liegt darin, daß er diesen Umbruch in seinem Werk, besonders in seinen späteren Schriften vollzieht: Die Ästhetik tritt in Beziehung zu neuen Wissenschaften wie der Psychologie, die sich in der zweiten Hälfte des 19. Jh.s etablieren. Kunst und Schönes werden ihres metaphysischen Status entkleidet und zu lebensnotwendigen Illusionen erklärt, die man zwar nicht glaubt, aber zur Aufrechterhaltung des Seelenhaushalts braucht und genießt – eine Einschätzung, die auf S. Freud vorausweist.

Ausg.: Hg. von R. Vischer, Hildesheim 1975 (Reprint).
Lit.: G. Lukács, K. Marx und F. Th. Vischer, in: ders., Probleme der Ästhetik, Werke Bd. 10, Neuwied/Berlin 1969, S. 233–306. – W. Oelmüller, Einleitung zu: F. Th. Vischer, Über das Erhabene und Komische und andere Texte zur Ästhetik, Frankfurt/M. 1967. – W. Göbel, F. Th. Vischer, Grundzüge seiner Metaphysik und Ästhetik, Würzburg 1983.

V. Steenblock

Ästhetische Erfahrung und literarische Hermeneutik, Hans Robert Jauss; EA Frankfurt/M. 1977. (Erw. Ausg. 1982).
Von zentraler Bedeutung für Jauß' theoretischen Ansatz in diesem Werk insgesamt ist die einleitende Untersuchung der ästhetischen Erfahrung. Jauß versucht hier, den Begriff des ästhetischen Genusses wieder in das geläufige Verständnis der ästhetischen Erfahrung einzuführen. Er setzt sich zunächst scharf von Adornos Ästhetik der Negativität ab, da dieser zufolge dem Werk nur dann eine positive gesellschaftliche Funktion

zukommt, wenn es als autonomes Kunstobjekt die sozialen Herrschaftsstrukturen negiert und sich von seinem gesellschaftlichen Ursprung abhebt: das Soziale an der Kunst entspringt für sie dann gerade aus der Negation der Gesellschaft. – Gegenüber dieser Auffassung will Jauß die Momente des ästhetischen Genusses (und paradigmatisch dafür, der Identifikation) als wichtige Komponenten der ästhetischen Erfahrung rehabilitieren. Nach Adornos negativer Ästhetik müssen diese Aspekte als sentimental oder bloß utopisch gelten, weil sie stets von der Kulturindustrie als Mittel zur Steuerung der Bedürfnisse eingesetzt werden und die ästhetische Erfahrung letztlich zur Ersatzbefriedigung machen. Was Adorno zugunsten eines Purismus der ästhetischen Reflexion geringschätzt, gewinnt in Jauß' apologetischer Argumentation neue Bedeutung. Dabei unterscheidet Jauß die kognitiven und praxisbezogenen Aspekte der ästhetischen Erfahrung historisch und analytisch mittels dreier Kategorien des Genusses, nämlich der »Poiesis«, »Aisthesis« und »Katharsis«. Poiesis beschreibt den Genuß an der Ausübung des im aristotelischen Sinne eigenen kreativen Könnens und den Genuß am selbst hervorgebrachten Werk. Diese produktive Form ästhetischer Erfahrung entspricht der Hegelschen Bestimmung der Kunst, nach welcher der Mensch sein allgemeines Bedürfnis, in der Welt zu Hause zu sein, durch das Hervorbringen von Kunst befriedigt. Indem er der Außenwelt ihre Fremdheit nimmt, macht er sie zu seinem eigenen Produkt und erzielt in dieser Tätigkeit ein sowohl von begrifflichem als auch von zweck-

gebundener Praxis unterschiedenes Wissen. Mit der zweiten Kategorie Aisthesis, die Jauß als »den ästhetischen Genuß des erkennenden Sehens und sehenden Wiedererkennens« beschreibt, bezieht er sich auf die rezeptive Seite der ästhetischen Grunderfahrung. Das genießende Aufnehmen des Kunstobjekts wird als ein »gesteigertes, entbegrifflichtes oder – durch Verfremdung (V. Šklovskij) – erneutes Sehen« begriffen, wobei die sinnliche Erkenntnis höher als die begriffliche eingestuft wird. Eine besondere kritische Bedeutung kommt der Kategorie Aisthesis angesichts der wachsenden gesellschaftlichen Entfremdung zu, da sie die Aufgabe übernimmt, der verkümmerten Erfahrung die sprachkritische und kreative Funktion der ästhetischen Wahrnehmung entgegenzusetzen. Die dritte und letzte Kategorie in Jauß' Versuch über die ästhetische Erfahrung bildet der Begriff der Katharsis. Diese Kategorie beschreibt den »Genuß der durch Rede oder Dichtung erregten eigenen Affekte«, der beim Rezipienten zur Umstimmung oder zur Befreiung seines Gemüts führen kann. Katharsis bildet damit einerseits die kommunikative Grundfunktion der ästhetischen Erfahrung. Sie entspricht der Indienstnahme der Kunst für die gesellschaftliche Vermittlung von Normen. Gleichzeitig entspricht Katharsis der Bedingung der Autonomie in der Kunst. Sie befreit den Rezipienten von lebenspraktischen Interessen, um ihn durch »Selbstgenuß im Fremdgenuß« zur freien Ausübung der ästhetischen Urteilskraft zu bewegen. Gegenüber der Ästhetik der Negativität, die den Akt der Identifikation im Verhältnis zwischen

Rezipienten und Kunstwerk weitgehend auf eine bloße affirmative kulturelle Funktion reduziert, versucht Jauß, eine ganze Reihe höchst differenzierter, darunter auch kritischer Identifikationsmuster zu beschreiben. – Zusammenfassend wird das ästhetisch genießende Verhalten als gleichzeitige »Freisetzung *von* und Freisetzung *für* etwas« bestimmt. Poiesis beschreibt dann das produzierende Bewußtsein, das eine Welt als eigenes Werk hervorbringt; Aisthesis entspricht dem rezipierenden Bewußtsein, das seine Wahrnehmung der äußeren und der inneren Wirklichkeit erneuert; schließlich wird mit dem Begriff der Katharsis die subjektive Erfahrung auf einem intersubjektiven Bereich eröffnet, wobei der Rezipient mit Hinblick auf die im Werk vorgezeichneten Handlungsnormen aufgerufen wird, einen Akt der Identifikation zu vollziehen oder eine bestimmte Position zu beziehen.

Lit.: H.R. Jauss, Kleine Apologie der ästhetischen Erfahrung, Konstanz 1972. – G. Grimm, Rezeptionsgeschichte: Grundlegung einer Theorie, München 1977.

R. J. Murphy

Ästhetische Feldzüge, Ludolf Wienbarg; EA Hamburg 1834. Die Schrift, die 24 Vorlesungen Wienbargs versammelt, gilt als Programmschrift des ›Jungen Deutschland‹. Die literaturtheoretischen Ausführungen sind eine Abrechnung mit der »deutschen Ästhetik als akademischer Wissenschaft«. Für Wienbarg beruht Schönheit allein »auf Kraft und Charakter, […] auf leiblicher und geistiger Gesundheit, auf Lebensfrische, auf Behaglichkeit, auf Freiheit und Harmonie«. Diesem Schönheitsbegriff entsprechend fordert er, daß das »Nationalgefühl […] dem Gefühl fürs Schöne, politische Bildung der ästhetischen vorausgehen« müsse. Er rühmt »die Epoche des deutschen Mittelalters« und sein Zeitalter, das der Vorbildlichkeit Griechenlands an die Seite gestellt wird. In seinem Kampf »gegen den Unfug der Historie« nimmt er Ideen Nietzsches vorweg. An die Stelle der Geschichte setzt er das Leben und formuliert: »Der Zweck des Lebens ist das Leben selbst«. – Trotz dieser Attacke auf die Historie durchstreift Wienbarg fast noch im Sinne einer universalhistorischen Geschichtsauffassung des 18. Jh.s die Geschichte Indiens, Griechenlands, der Römer, des Christentums und des »christkatholischen Mittelalters«. Der Begriff der Kunst ist ebenfalls weit gespannt: Kunst hat auch mit soziologischen Fragen und staatspolitischen Aspekten zu tun. Dabei operiert Wienbarg mit außerordentlich unscharfen Begriffen: so spricht er über »das *Bedeutende* in Natur und Kunst« als hohem Wert. Trotz seiner Kritik an der überkommenen Ästhetik folgt Wienbarg Goetheschen Vorstellungen wie der von der »schönsten Vollendung«, und er gerät eindeutig in Goethes Spuren, wenn er sagt: »Nicht das Wirkliche als wirklich will der Künstler nachahmen, sondern dem Wirklichen eine künstlerische Bedeutung geben«. Goethes Faust ist denn für ihn auch »das nach Befreiung ringende Deutschland«. – Die eigentliche Bedeutung der *Ästhetischen Feldzüge* liegt darin, daß Wienbarg bestimmte Entwicklungen der literarischen Moderne klar erkannt hat: dazu gehört die Würdigung der Prosa als literarischer Waffe der Gegenwart, dazu gehört auch die Einsicht und Forderung, »daß die jedesmalige Literatur einer Zeitperiode den jedesmaligen gesellschaftlichen Zustand derselben ausdrücke und abpräge«. Im übrigen hat Wienbarg den Übergangscharakter seiner Zeit deutlich beschrieben und seine eigene Gegenwart als nachrevolutionäre Epoche gesehen, die sich aber auf dem Weg zu einem »neuen Leben« befinde. – Wienbargs *Ästhetische Feldzüge* wurden wie auch die anderen Schriften von Gutzkow, Wienbarg, Laube und Mundt durch den berühmt-berüchtigten Bundestagsbeschluß 1835 verboten. Die Zensoren haben damals den Traditionsbezug der *Ästhetischen Feldzüge* nicht gesehen.

Ausg.: Hg. von W. DIETZE, Berlin/Weimar 1964.
Lit.: W. DIETZE, Junges Deutschland und deutsche Klassik. Zur Ästhetik und Literaturtheorie des Vormärz, Berlin 1957. – H. STEINECKE, Literaturkritik des Jungen Deutschland. Entwicklungen – Tendenzen – Texte, Berlin 1982, S. 130–32. – H. KOOPMANN, Das Junge Deutschland. Eine Einführung, Darmstadt 1993, S. 49–54.

H. KOOPMANN

Ästhetische Theorie, Theodor W. ADORNO; EA Frankfurt/M. 1970 (in: Gesammelte Schriften, hg. von G. Adorno/R. Tiedemann, Bd. 7).
Adornos Ästhetik wendet sich gegen idealistische wie materialistische Inhaltsästhetiken. Als Parallelentwurf zur *Negativen Dialektik* (1966) nimmt sie kunsttheoretische Überlegungen der →*Philosophie der neuen Musik* und der zusammen mit Max Horkheimer verfaßten *Dialektik der Aufklärung* (1947) auf. Die ästhetische Erfahrung versteht Adorno als der philosophischen Erkenntnis komplementär. Diese ist das »däm-mernde kritische Bewußtsein der Gesellschaft von sich selber«, die Kunst dagegen eine sich selbst unbewußte Geschichtsschreibung der Epoche. Das Schöne, das Hegels idealistische Ästhetik als ein »sinnliches Scheinen der Idee« begreift, das am Realen wahrgenommen werden kann, ist in der *Ästhetischen Theorie* vor allem Korrektiv des »identifizierenden«, das Reale unter Begriffe subsumierenden Denkens. – Bereits die *Dialektik der Aufklärung* bestimmt die Mimesis als dem Mythos verwandt; sie rekonstruiert, was das neuzeitliche Subjekt im Verlauf seiner Emanzipation verloren hat. Entsprechend versteht die *Ästhetische Theorie* Mimesis nicht als Nachahmung der Natur im Sinne der Inhaltsästhetik: sie ist zunächst eine vorreflexive Einstellung, eine »gleichsam physiologische Vorform des Denkens«. Als »Zuflucht des mimetischen Verhaltens« mobilisiert die Kunst seit der geschichtlichen Trennung von Mimesis und Ratio eine Wahrnehmung, durch die sich das Subjekt je erneut zu seinem Anderen in Beziehung setzen kann. Diese Wahrnehmungsrelation bezeichnet Adorno metaphorisch als ein gewaltloses Anschmiegen des Subjekts ans Objekt. Sie ist »bestimmte Negation«, entschiedene Widerlegung der Ratio, deren identifizierendes Denken die Herrschaft des Menschen über die Natur und über den Menschen vorbereitet: insofern führt die *Ästhetische Theorie* die Vernunftkritik der *Dialektik der Aufklärung* fort. Entsprechend zeigt die *Negative Dialektik,* wie der Rekurs auf das Mimetische in der Philosophie ein Denken in Konstellationen hervorbringt: Begriffe setzen sich nicht identisch mit einer Sache,

sondern umkreisen diese. Deutungen entstehen aus zufälligen Kombinationen von Begriffen und blitzartigen Einsichten. Die »Sehnsucht, welche die Kunst als begriffslose beseelt«, teilt sich so auch dem philosophischen Begriff mit; die Konstellationen schaffen eine dem Ästhetischen zuarbeitende noetische, konfigurative Sprache. – Weil das Mimetische in der *Ästhetischen Theorie* als Korrektiv der Ratio auch ein Modus der Rede ist, entfaltet sich Adornos eigene Argumentation in einem essayistischen, aleatorischen Spiel mit Begriffen. Dies ist durch eine doppelte Einsicht erfordert. Zum einen zeichnet die ästhetische Reflexion ein »Rätselbild der Kunst« nach, das sich aus ihrer spannungsvollen »Konfiguration von Mimesis und Rationalität« ergibt: selbst da, wo sich Kunst gegen den gesellschaftlichen Schein wendet, wird sie selbst Schein, weil sie der Suggestion von Sinn nicht zu entgehen vermag. Zum andern besteht eine unauflösbare Spannung zwischen dem Ästhetischen und der Geschichte: obwohl Kunst das bloß historisch Wirkliche negieren will, ist in ihr Geschichte sedimentiert. Als Kritik am unwahren Ganzen weist das ästhetische Verhalten darauf, daß »keine Rationalität bis heute die volle« war. Kategoriell faßt Adorno diesen spannungsvollen Widerspruch des Ästhetischen mit dem strategisch verwendeten Begriff des Authentischen. Er bewahrt einerseits den utopischen Anspruch der Kunst als »Bewußtsein der Widersprüche im Horizont ihrer möglichen Versöhnung«, andererseits legt er im Unterschied zu Benjamins Begriff der »Aura« klar, daß Kunst nicht durch Invarianten deutbar ist, sondern allein durch ihr Bewegungsgesetz, das Entzug vom bloß Wirklichen und Freisetzung eines anderen ist. Voraussetzung der dialektischen Bestimmungen des Ästhetischen in der *Ästhetischen Theorie* ist eine Analyse der Moderne, die bereits eine Studie über Beckett (*Versuch, das Endspiel zu verstehen,* 1961), die *Philosophie der Neuen Musik* und das *Fragment über Musik und Sprache* (1956) vorbereiten. Weil das geschichtlich Wahre in der Moderne undarstellbar geworden ist, kann sich Erkenntnis allein noch schockartig einstellen, herausgefordert durch die »désinvolture« der Kunst. Sie ermöglicht einen »Durchbruch von Objektivität im subjektiven Bewußtsein«, schafft jene Ausdrucksform der Kunst, die Adorno im *Fragment über Musik und Sprache* von der »meinenden« Sprache unterscheidet und zugleich als andere Hälfte einer verlorenen ganzen Sprache ansieht. Allerdings bleibt dieser Zugriff auf die Realität gestisch, die Lettern der Kunst sind Male einer Bewegung, ihre Konstellation die »Chiffrenschrift des geschichtlichen Wesens der Realität, nicht deren Abbild«. – Ursprünglich wurde die *Ästhetische Theorie* vor allem der Ideologiekritik zugeschlagen, das kritische Potential ihrer utopischen Komponente hervorgehoben. In letzter Zeit hat man ihren der Kunstphilosophie Nietzsches verpflichteten Rekurs auf das Archaische und Begriffslose der Kunst ebenso betont wie ihren latenten Hedonismus. Unter diesem Blickwinkel gehört die *Ästhetische Theorie* der Archäologie postmodernen Denkens an, sie zeichnet Problemkonstellationen vor, die im Post- oder Neostrukturalismus entfaltet werden.

Lit.: Materialien zur »Ästhetischen Theorie«, hg. von B. LINDNER/W. M. LÜDKE, Frankfurt/M. 1980. – Adorno-Konferenz 1983, hg. von L. v. FRIEDEBURG/J. HABERMAS, Frankfurt/M. 1983. – H. GRIPP, Th. W. Adornos Erkenntnisdimension negativer Dialektik, Paderborn/München/Wien/Zürich 1986. – R. G. RENNER, Die postmoderne Konstellation. Theorie, Text und Kunst im Ausgang der Moderne, Freiburg 1988.

R. G. RENNER

Against Interpretation (engl.; *Kunst und Antikunst. 24 literarische Analysen*), Susan SONTAG; EA New York 1966; dt. München 1980.

Der Titel-Aufsatz *Against Interpretation* (entst. 1964) hatte die amerikanische Kritikerin und Schriftstellerin Sontag durch seine programmatisch-polemische Kritik der stagnierenden literarischen Produktion und des akademischen Establishments schlagartig bekannt gemacht. Sontags Kritik entspringt ihrer Vorliebe für die klassischen europäischen Avantgarden des 20. Jh.s (Surrealismus, Dadaismus) und ist zudem inspiriert von innovativen Tendenzen innerhalb der zeitgenössischen amerikanischen Kunst (abstrakter Expressionismus, Happenings, Minimal Music). Aus dieser »transatlantisch-avantgardistischen« Position heraus wendet sich die Autorin in *Against Interpretation* und dem Essay *On Style* (*Über den Stil*) gegen alle mimetisch und hermeneutisch motivierten Kunstauffassungen: die Kunst soll die Freiheit zurückerlangen, »nichts zu bedeuten«. Anstatt das Werk als eine zu dechiffrierende Botschaft zu ›zähmen‹, soll die unmittelbare sinnliche Wahrnehmung der Rezipienten reaktiviert und ein Vokabular geschaffen werden, das sich in den Dienst der Eigenarten des jeweiligen Werks stellt. Sontag wendet sich nicht nur gegen jede philologisch-intellektuelle Kunstbetrachtung, sondern erklärt zudem die Kanonisierung kultureller Produkte in ›hohe‹ und ›niedere‹ für überholt. Wenn sie von der Kritik bisher ausgesparte künstlerische Phänomene wie die Photographie, Unterhaltungsfilme, Pornographie und Kitsch in den Vordergrund rückt, zielt sie auch auf eine Redefinition der Funktion zeitgenössischer Kunst. So beschreibt sie in *One Culture and the New Sensibility* (*Die Einheit der Kultur und die neue Erlebnisweise*) die Vorstellung von der Unvereinbarkeit der künstlerisch-literarischen und der naturwissenschaftlich spezialisierten Kultur als Produkt eines überkommenen humanistischen Weltbildes. Beide Sphären versucht sie einander im Sinne einer »Analyse und Erweiterung der Wahrnehmungen« anzunähern. Kulturhistorische Bedeutung erhalten Sontags Essays weniger als kulturtheoretische Analysen (zu oft entledigt sich die Autorin gewichtiger Widersprüche mit rein programmatischer Verve, ohne die theoretischen Schlußfolgerungen dieser Umstellungen zu reflektieren) denn als sensible Protokolle des amerikanischen Zeitgeists zwischen ›McCarthyismus‹ und Studentenbewegung, ›New Criticism‹ und ›Pop-Ästhetik‹. Es ist ihr zudem gelungen, die historischen Avantgarden europäischer Kunst in einem amerikanischen Kontext fruchtbar zu machen. Dadurch unterhöhlte sie nicht nur die Vorstellung eines elitären und individualistischen Modernismus, sondern bereitete auch den vielfältigen ästhetischen Experimenten der 60er Jahre samt den Debatten über den Postmodernismus den Boden.

Ausg.: Dt. Frankfurt/M. 1982.
Lit.: Sohnya SAYRES, Susan Sontag. The Elegiac Modernist, New York/London 1990.
J. GRIEM

Against Method. Outline of an Anarchistic Theory of Knowledge (engl.; *Wider den Methodenzwang. Skizze einer anarchistischen Erkenntnistheorie*), Paul Karl FEYERABEND; EA Minneapolis 1970; dt. Frankfurt/M. 1976.

Feyerabend war einer der interessantesten Außenseiter unter den Wissenschaftsphilosophen der Gegenwart. Ausgehend vom Kritischen Rationalismus (K. R. Popper), der ihm zunächst Argumente für seine Auseinandersetzung mit den wissenschaftstheoretischen Positionen des sog. Logischen Empirismus lieferte, wandelte er sich vor allem in den 60er Jahren zunehmend zu einem »enfant terrible« der Wissenschaftstheorie. Hierbei hat auch seine enge Beziehung zur kalifornischen und europäischen Studenten- und Demokratiebewegung der 60er und 70er Jahre eine Rolle gespielt, die ihm die Notwendigkeit zu Veränderungen des Wissenschaftsbetriebs vermittelt hat und die er selbst mit beeinflußte. *Against Method* enthält den berühmt gewordenen Slogan »anything goes« (»mach' was du willst«), dem die Wissenschaftsphilosophie Feyerabends ihr Etikett »anarchistisch« oder sogar »dadaistisch« verdankt. Er ist die knappe Zusammenfassung der Konsequenzen aus vielen kritischen Analysen und Fallstudien zur Logik und Geschichte der Physik, der Astronomie, der Medizin und anderer Disziplinen, die Feyerabend, u. a. angeregt durch Wittgensteins Spätphilosophie, durchgeführt hat. Sie mündeten in die Überzeugung, daß die methodologischen Regelwerke der verschiedensten Wissenschaftstheorien, insbesondere Poppers kritisch-rationalistische »Logik der Forschung«, letztlich nur die Funktion von Denkverboten und Innovationshindernissen haben, während sie doch Strategien für den Fortschritt des Wissens ermöglichen sollten. Tatsächlich folgen nach Feyerabend nur Traditionen oder Stile der Forschung aufeinander – ein Gedanke, den er aus der Kunsttheorie A. Riegls übernimmt (*Wissenschaft als Kunst*, 1984). Vor diesem Hintergrund entwickelt Feyerabend das Ideal der von methodologischen Zwängen freien Menschen (*Science in a free society*, 1978; *Erkenntnis für freie Menschen*), die ihre Bedürfnisse und Ansichten auf allen Gebieten unzensiert artikulieren. Auf diese Weise strafen sie fortschritts-, freiheits- und lebensglückfeindliche Dogmatismen des traditionellen Wissenschaftsverständnisses mit Verachtung. Bei dieser Befreiung der Erkenntnis kommt demokratischen Tugenden und Organisationsformen eine besondere Bedeutung zu: »Bürgerinitiativen statt Erkenntnistheorie« lautet in diesem Zusammenhang ein bekanntes Schlagwort Feyerabends. Für Feyerabend spricht die Tatsache, daß er Anspruch und Wirklichkeit der Wissenschaften deutlicher und illusionsloser voneinander unterscheidet als seine Kritiker. Zweifellos können Wissenschaftstheoretiker nicht an der Tatsache vorbeigehen, daß gerade von den oft als methodologisch »reifer« als andere bezeichneten Naturwissenschaften in der Gegenwart ernste und sogar existentiell bedrohliche Risiken ausgehen. In der Kritik eines allzu vereinfachten Verständnisses von wissenschaftlichem Fortschritt korrespondiert Feyerabend mit Auffassungen Th. S. Kuhns und dessen Theorie der sog. wissenschaftlichen Revolutionen. Allerdings unterscheidet er sich von Kuhn u. a. dadurch, daß er auch dessen Rechtfertigung der Methoden normaler Forschung ablehnt. Seine größere Bereitschaft, die kreativen Potentiale der Nicht-Naturwissenschaften, der Künste, der alternativen Kulturtraditionen und basisdemokratischer Mehrheitsartikulation für das Verstehen menschlichen Erkenntnisstrebens wichtig zu nehmen, kann den Blick der Wissenschaftstheorie auf ihre eigenen Verkürzungen und Denkschablonen öffnen helfen. Hierdurch erhalten die Kulturwissenschaften sowie die Kulturen und Künste selbst einen neuen Rang als wichtige Systeme menschlichen Handelns, die nicht den Einschränkungen willkürlicher Methodologie unterliegen.

Ausg.: London 1975 (überarb. und erw. Ausg.). – Dt. Frankfurt/M. 1983 (überarb. und erw. Ausg.).
Lit.: Versuchungen. Aufsätze zur Philosophie P. Feyerabends, hg. von H. P. DÜRR, 2 Bde., Frankfurt/M. 1980/81. – P. FINKE, Die Ökologie der Wissenschaft. Exkursionen in eine gefährdete Landschaft, München 1995.

P. FINKE

Der Akt des Lesens, Wolfgang ISER; EA München 1976.
In diesem Buch entwickelt Iser viele seiner Konzepte zur literarischen Unbestimmtheit und zur Rolle des Lesers aus der früheren Studie →*Die Appellstruktur der Texte* weiter. Sein Ausgangspunkt ist die Beobachtung, daß der Leser den Text nie in einem einzigen Augenblick auffassen kann. Im Fluß der Lektüre ist der ästhetische Gegenstand auch »mit keiner seiner Erscheinungsweisen« identisch. Stattdessen erfaßt der »wandernde Blickpunkt« des Lesers die Ganzheit des ästhetischen Gegenstandes in Synthesen oder Akten der »Konsistenzbildung«, d. h. in Versuchen, die Unbestimmtheitsstellen (oder »Leerstellen«) zu überbrücken, indem er Verbindungen zwischen verschiedenen textuellen »Ansichten« herstellt. Mit jedem neuen Satz wird ein neuer Horizont entworfen, der die Lesererwartungen modifiziert und gleichzeitig alles Erinnerte nachträglich verwandelt. – Der zweite zentrale Begriff Isers ist der des »impliziten Lesers«. Er beruht auf einer reinen Konstruktion, ist keineswegs mit dem empirischen Leser gleichzusetzen. Vielmehr stellt er eine Textstruktur dar, d. h. eine Reihe von »Aktualisierungsbedingungen«, durch welche die Rolle des Rezipienten als »strukturierte Hohlform« schon immer vorgedacht ist. Indem der Text die herrschenden lebensweltlichen Konventionen von ihrem Funktionszusammenhang ablöst und zur Bildung neuer, unvermuteter Kombinationen anregt, wird es dem impliziten Leser möglich, die sonst unbefragten Normen als Konventionen zu begreifen und damit diese selbst als Untersuchungsobjekte wahrzunehmen. – Eine ähnliche Verfremdungsfunktion wie diese Entpragmatisierung der Normen liegt Isers Begriff der Repräsentation zugrunde. Der fiktionale Text bezieht sich in der Regel nicht auf Realität schlechthin, sondern auf geschichtsspezifische »Wirklichkeitsmodelle«, welche die Kontingenz und Komplexität der Welt durch Selektion und Reduktion zu Sinnsystemen verarbeiten. Statt

diese Modelle einfach zu reproduzieren, greift der Text in ihre Systeme ein. Er bezieht sich dabei vorwiegend auf das, was in den jeweils herrschenden Sinnsystemen durch den Prozeß der zur Sinnstabilisierung notwendigen Selektion »virtualisiert, negiert und ausgeschlossen« worden ist. Als eine »Reaktion« auf solche Realitätssysteme zielt er sowohl auf die Fragen oder Defizite, die vom System nicht bewältigt wurden, als auch auf die von ihm nicht erprobten, ausgeklammerten Möglichkeiten. Die bekannten Normen und Konventionen werden im literarischen Text ihrer Geltung als absolute Notwendigkeiten des Bestehenden enthoben und erscheinen stattdessen als eine unter vielen Möglichkeiten zur Konstitution von Welt. – Diese literarische Entpragmatisierung von Normen ist eine Umcodierung, die dem Leser eine Einsicht in die Systeme vermittelt, die ihn steuern und orientieren. Solange Konventionen im gesellschaftlichen Zusammenhang wirksam sind, werden sie dagegen kaum bewußt wahrgenommen. Wenn aber das Bekannte überschritten und in Frage gestellt, gleichzeitig die Wiederkehr vertrauter Auffassungen verhindert wird, markiert die »gestrichene Geltung der Normen« die Notwendigkeit, »andere Einstellungen« zu entwickeln. Dabei muß der Leser das entdecken, was die Negation angedeutet, aber nicht formuliert hat. Im Prozeß der textuellen Negation zeichnet der Text also »virtuelle Konturen« einer noch vom Leser zu besetzenden Hohlform der Normen vor. Er manövriert ihn damit in eine vorstrukturierte Position. – Die von Iser charakterisierten literarischen Verfremdungseffekte führen schließlich zu wichtigen Überlegungen für die Bestimmung der Subjektivität und des Bewußtseins des Rezipienten. Weil der Leser durch die Gedanken des Autors »besetzt« wird, steht er nicht mehr als Subjekt dem Text als Objekt gegenüber. Er verläßt vorübergehend seine »individuellen Dispositionen« und befaßt sich mit etwas, das bisher außerhalb seiner Erfahrung blieb. Im Lesen führt dieser Verfremdungseffekt zu einer »künstlichen Spaltung« der Person. Der Leser vergißt sich selbst und rückt ins Bewußtsein, was er nicht ist. So wird das Denken der »Gedanken eines anderen« im Akt des Lesens zum Ausgangspunkt für eine andere Art von Sinnkonstruktion: Es ermöglicht dem Leser, »sich selbst zu formulieren« und dadurch das zu entdecken, was ihm bisher unverfügbar war. Die Negation erlaubt dem Leser, sich zu »transzendieren«, so daß er wie von außen gleichzeitig das beobachten kann, woran er immer »unverrückbar gebunden« ist, nämlich seine eigene Welt. Auf diese Weise nimmt Iser insbesondere Elemente der Systemtheorie, der Phänomenologie und des russischen Formalismus auf und verbindet sie zu einer umfassenden Theorie der Wirkungsästhetik.

Lit.: The Reader in the Text, hg. von S. SULEIMAN/I. CROSMAN, Princeton 1980. – Reader-Response Criticism: From Formalism to Structuralism, hg. von J. TOMPKINS, Baltimore 1980.– E. FREUND, Return of the Reader: Reader-Response Criticism, London 1987. – Rezeptionsästhetik, hg. von R. WARNING, München ³1988.

R. J. MURPHY

Allegories of Reading. Figural Language in Rousseau, Nietzsche, Rilke, and Proust (engl.; *Allegorien des Lesens. Figurative Sprache bei*

Rousseau, Nietzsche, Rilke und Proust), Paul DE MAN; EA New Haven 1979; dt. Frankfurt/M. 1988 (Teilübers.; Einl. von W. Hamacher).

Allegories of Reading, das Hauptwerk des Literaturtheoretikers de Man, ist der vorläufige Schlußstein der kritisch-interpretativen Schriften des Autors, die nach einer ersten, explorativen Phase in der Aufsatzsammlung *Blindness and Insight* (1971; *Blindheit und Einsicht*) zum Abschluß einer umfassenden Kritik zeitgenössischer Ansätze gebracht worden waren. Es folgten zwei im engeren Sinne »dekonstruktive« Phasen, die in den *Allegories* ihre programmatische Form und in der erneuten Konzentration auf eine Kritik der »ästhetischen Ideologie« ihre philosophische Konsequenz fanden (→*Aesthetic Ideology*). – Die Formel der »rhetoric of« und die Ausarbeitung des Begriffs der »allegory« sind bezeichnend für die zweite Phase, die sich im Projekt einer *Rhetoric of Temporality* (→*Ästhetische Ideologie*) ankündigt. Der erste Teil der *Allegories* sammelt sehr grundsätzliche Vorarbeiten zum Stichwort »rhetoric«, während der zweite Teil die in diesen Vorarbeiten entwickelten Begriffe und Unterscheidungen in den Zusammenhang eines Rousseau-Buchs bringt. Während der erste Teil das Feld von »Semiologie und Rhetorik«, »Tropen« und »Lesen«, »Genese und Genealogie« vermißt und mit der Unterscheidung von »Rhetorik der Tropen« und »Rhetorik der Persuasion« schließt, führt der zweite Teil diesen an der klassischen Moderne eines Proust und Nietzsche wiedergewonnenen und an Rilke und Yeats exemplarisch gemachten Horizont der rhetorischen

Analyse an die Urszene ihrer Konfiguration zurück, auf Rousseau. Der Rousseau-Teil instrumentiert die rhetorische Terminologie der Tropen in ihrer konstitutiven Kraft und performativen Aporetik: »Metapher« kreiert »Selbst«, »Allegorie« Lektüre, während die auf die Rhetorik der Tropen gegründeten Akte des »Versprechens« und »Entschuldigens« in ein persuasives »double bind« verstrickt bleiben. Der Terminus »rhetoric« erhält seine für de Man maßgebliche Prägung durch W. C. Booth' Titel →*The Rhetoric of Fiction* und *A Rhetoric of Irony* (1974; *Rhetorik der Ironie*). Substantieller als die Rede von rhetorischen »principles of structure« (Strukturprinzipien) sind für de Man die strukturalistischen Vorgaben R. Jakobsons, insbesondere die auf ihn zurückgeführte Unterscheidung von Metapher und Metonymie, deren Version von G. Genette (*Métonymie chez Proust*, 1970; *Metonymie bei Proust*) er in den *Allegories* diskutiert und als einseitig abweist. In seinem Eingangsessay *Semiologie und Rhetorik* konfrontiert er die strukturalistische Tendenz einer »Grammatisierung der Rhetorik« als »bloßer Erweiterung grammatischer Modelle« mit der gegenläufigen Tendenz einer »Rhetorisierung von Grammatik«. Literarische Texte sind der – sei es auch »historisch« – privilegierte Ort, an dem die strukturalistische Lektüre die Grenzen der Kontrollierbarkeit erreicht und ins Jenseits einer de-figurierenden Bewegung gerät. »Rhetoric« – nicht zu verwechseln mit den historisch wechselnden Gestalten der Rhetorik – bezeichnet im Wechsel dieser Gestalten das literarisch entscheidende Moment struktureller

Impertinenz. Diese meint eine Widerständigkeit/Unverfügbarkeit, die von den Strukturalisten zwar als »Struktur« erkannt, in ihrem Ausmaß aber verfehlt worden ist. Defiguration benennt das verleugnete Moment, Dekonstruktion hat es mit dieser Bewegung der Defiguration zu tun. Nicht unähnlich der Konfiguration, die Benjamin in der barocken Ausprägung der Allegorie zum Thema macht (→*Ursprung des deutschen Trauerspiels*), werden in de Mans ›Dekonstruktion‹ »Allegorien des Lesens« zum Inbegriff des zwangsläufigen Scheiterns und Zerfallens allen Lesens, das auf Ergebnisse aus ist. »Unlesbarkeit« ist der polemische Ausdruck für die in den Allegorien durchkreuzte Lektüre, eine Lektüre, für die ästhetische Unmittelbarkeit der Sollwert ist und rhetorischer Erfolg als Maßstab gilt. Das ästhetische Ergebnis ist der Rhetorik der Tropen, das rhetorische Ergebnis der Rhetorik der Persuasion zuzuschreiben. Anregungen Nietzsches folgend, sieht de Man beide grundsätzlich unterschieden, aber in permanenter, folgenreicher Verwechslung begriffen. Im ersten Fall, der Rhetorik der Tropen, ist das Ergebnis nicht positivierbare ästhetische Erfahrung, im zweiten Fall, der Rhetorik der Persuasion, ein allenfalls »guter Wille zur Macht« (Derrida). Statt einer kompensatorischen Ästhetik (J. Ritter bis O. Marquard) und der komplementären kritischen Hermeneutik (von Schleiermacher bis J. Habermas) produzieren de Mans *Allegorien des Lesens* Denkbilder im Sinne Benjamins. Ihr dialektischer Charakter gleicht der *Dialektik der Aufklärung* (1947) von Adorno und Horkheimer, deren Rhetorik sie aufdecken. Vom späten Er-

gebnis von Proust's *A la recherche du temps perdu* (1913–27; *Auf der Suche nach der verlorenen Zeit*), seiner »Poetik der Flucht« (im Proust-Kapitel »Lesen«) führt der Weg zurück zu Rousseau und zu der an ihm sich entzündenden »Querelle« der Moderne, auf deren letzte Positionen, J. Starobinskis →*La transparence et l'obstacle* und Derridas →*De la grammatologie*, de Mans *Allegories* antworten. Die fragmentarische, aporetische Manier der Schriften de Mans, die im Essay ihre kongeniale Form und im Chiasmus die ihr angemessene Figur haben, ist im Rousseau-Teil der *Allegories* zu einer raffiniert kalkulierten Abfolge von Kapiteln gesteigert, deren Fortschritt – wie der der Proustschen *Recherche* – auf Verlust und Verzicht hinausläuft und Aufgabe und Entsagung verlangt. Lesen bezeichnet den Modus, wenn nicht den Imperativ, nach dem in »wahrer Trauer« falsche Illusionen und Ideologien abzuwehren sind. – Die intrikate Selbstimpliziertheit der de Manschen Praxis der Dekonstruktion verbindet ihn mit Autoren wie Benjamin und Adorno; in dem Maße, in dem die performative Selbst-Implikation der de Manschen Kritik die Hypokrisie üblicher Kritik vermeidet, fällt sie dem Vollzug der eigenen Argumente zum Opfer, unterwirft sie sich dem eigenen Verdikt. Das ist entscheidend für die Doppelstufigkeit von »first« und »second degree deconstruction«, die de Man in Erwägung zieht und – durchaus in rhetorischer Tradition – nach der Reichweite von Metapher und Allegorie unterscheidet. Während sich die erste Stufe auf der Ebene von (Ideologie-) Kritik im üblichen Sinne hält, hat es die mit Allegorie im

Sinne de Mans befaßte Dekonstruktion zweiten Grades mit figuralen Konstruktionen wie der »Subjekt-Metapher« zu tun – und das heißt mit der Medialität der Diskurse und der Materialität der Sprache. Dazu gehören, wie J. H. Miller ergänzt hat, Fragen der »Ethizität« (im Kapitel »Allegorie«).

Lit.: C. JACOBS, Reading Allegories of Reading, in: Reading de Man Reading, hg. von W. GODZICH/L. WATERS, Minneapolis 1987, S. 105–20. – J. H. MILLER, The Ethics of Reading, New York 1987, S. 41–60. – A. HAVERKAMP, Sancta Simplicitas!, in: Rhetorik 10 (1991), S. 113–18.

A. HAVERKAMP

Allgemeine Theorie der schönen Künste, Johann Georg SULZER; EA Leipzig 1771–74 (4 Bde.).

Vorbild von Sulzers einflußreichem Kunstlexikon (zur Literatur, Rhetorik, Musik, Malerei, Architektur und Bildhauerei) ist J. Lacombes *Dictionnaire portatif des Beaux-Arts* (1752; *Taschenlexikon der schönen Künste*). Sulzer wendet sich in der *Allgemeinen Theorie* programmatisch gegen einen als unverbindlich verstandenen anakreontischen Kunstbegriff, der zwei für den eigenen Ansatz zentrale Aspekte in den Vordergrund rückt: »Wahrheit muß […] bey jedem Werke der Kunst zum Grunde liegen; und […] je brauchbarer diese Wahrheit ist, je schätzbarer ist sein Stoff.« – Mit dieser wirkungsästhetischen Orientierung entspricht Sulzer dem Aufklärungsideal der Popularphilosophie, nach dem die Künste beim Volk Anklang finden müssen und »nicht nur in den Palästen«. Als Schulphilosoph ist Sulzer in der bürgerlich-progressiven Berliner Aufklärung engagiert und gehört mit Lessing, Abbt, Mendelssohn und Engel dem einflußreichen Kreis um Nicolai an (→*Briefwechsel über das Trauerspiel*). Dieser Praxisbezug Sulzers ist freilich ambivalent. Einerseits verwirft er als Darstellungsziel eine reine Sammlung der »mechanischen Regeln der Kunst«, andererseits steht er weiterhin in der Tradition der Regelpoetiken von Opitz (→*Buch von der deutschen Poeterey*) bis Gottsched (→*Versuch einer Critischen Dichtkunst vor die Deutschen*), welche die Dichtkunst als Funktion vernunftgeleiteter Naturnachahmung versteht. So gilt zwar das aufgeklärte Prinzip der »imitatio naturae«, doch ist es Aufgabe der Kunst, in der Abbildung die Natur an ihre ästhetisch-moralische Bestimmung zu erinnern: In der »Verschönerung aller dem Menschen nothwendigen Dinge, und nicht in einer unbestimmten Nachahmung der Natur […], ist also auch das Wesen der schönen Künste zu suchen«. Indem sich die Werke nicht mehr ausschließlich aus dem Horizont präskriptiver Poetiken, sondern aus ihrer Eigenwertigkeit und der sozialen Funktion des Künstlers bestimmen, kommen hier bereits Ansätze historischer Relativität und ästhetischer Autonomie in den Blick, wie sie die Kunsttheorien des Sturm und Drang und der frühen deutschen Klassik bestimmen. Bleibt Sulzer also historisch dem rationalistischen Prinzip der Naturnachahmung verpflichtet, so vertritt er andererseits Baumgartens (→*Aesthetica*) Rehabilitierung der Sinnlichkeit als zwar inferiorer, aber zentraler ästhetischer Erkenntnisform. Die Sensibilität für das »Wunderbare in der Poesie«, die Sulzer mit Bodmer (→*Critische Abhandlung von dem Wunderbaren in der Poesie*) und Breitinger teilt, kennzeichnet auch seine Teilnahme an der zeitgenössischen Geniediskussion, in der sich der Gegensatz von Genie und Gelehrsamkeit in der Spannung zwischen ästhetischer Nachahmung und schöpferischer Originalität ausdrückt. Wichtig ist schließlich die Subjektivierung des Geniebegriffs, mit der die neuere Theoriediskussion bei Hamann, Lessing, Herder und Goethe das »Originalgenie« (unter dem Einfluß von Young) als Werk der Natur versteht. Entsprechend sind auch für Sulzer »die Werke des wahren Genies das Gepräge der Natur selbst«, wogegen die Nachahmer als »Versmaschinen, Tonkünstler [und] Notenmaschinen« erscheinen. – Sulzer hat mit der *Allgemeinen Theorie* eine unterschiedliche Aufnahme gefunden. Während Kant vom »vortrefflichen« Sulzer spricht, lehnen Goethe (unter Betonung seines abstrakt spekulativen Chakters) und Herder (unter Betonung seiner ungeschichtlichen Perspektivik) sein Werk ab. Der grundsätzliche Vorbehalt gegenüber einer unhistorischen ›Theorie des Schönen‹ hat bis heute Bestand. – Sulzers Kunstlexikon, zu seiner Zeit ein weit beachtetes und benutztes Nachschlagewerk, signalisiert den Übergang von der Aufklärung zur modernen Gefühlskultur. Es bleibt aber zu sehr einem klassifizierenden Systemdenken verpflichtet, als daß es für die Ablösung der Regelpoetiken durch die klassische Philosophie der Kunst hätte entscheidende Impulse geben können.

Ausg.: Hg. von G. TONELLI, 5 Bde., Hildesheim 1967–70 (Repr.).
Lit.: J. LEO, J. G. Sulzer und die Entstehung seiner »Allgemeinen Theorie der schönen Künste«, Berlin 1907. – O. WALZEL, Sulzer über Poesie, in: Zs. f. dt. Phil. 62 (1929), S. 267–303. – A. NIVELLE, Kunst- und Dichtungstheorien zwischen Aufklärung und Klassik, Berlin 1960.

K. MENGES

Analysen zur passiven Synthesis, Edmund HUSSERL, entst. 1918–26; EA Den Haag 1966 (Husserliana, Bd. 11).
In diesem Band der *Husserliana* sind Vorlesungen Husserls zur Logik aus den Jahren 1918–26 veröffentlicht. Husserl bezeichnet das Thema dieser Vorlesungen auch als »transzendentale Ästhetik«. Es handelt sich hierbei um die grundlegenden Akte des Bewußtseins, die einem jeden aktiven Gerichtetsein auf die Welt vorausliegen. Das passive oder aktive Gerichtetsein des Bewußtseins auf Gegenständlichkeit nennt Husserl »Intentionalität«. – Die intentionale Grundstufe des Bewußtseins von Welt ist die äußere Wahrnehmung. Diese gibt Gegenstände in perspektivischen »Abschattungen« oder in »Aspekten« vor. Jede Abschattung ist Teil eines Erscheinungsablaufs des Gegenstands. Dieser Ablauf ist kontinuierlich. Er integriert sich in einen »Horizont«, der den »Sinn« des Gegenstands vorzeichnet. Das Bewußtsein lebt in der Wahrnehmung, ist jedoch zugleich stets über die Wahrnehmung hinaus, denn diese erhält erst im Kontext der ›Vorzeichnung‹ die Funktion, einen Gegenstand zu ›gegenwärtigen‹. Es ist jeweils nur eine Seite eines räumlich ausgedehnten Gegenstands gegenwärtig, diese verweist jedoch auf die vom Wahrnehmenden abgekehrten Seiten, auf den »Innenhorizont« des räumlich ausgedehnten Gegenstands. Dieser verweist auch auf seinen »Außenhorizont«, auf den mit mehr oder minderer Klarheit ab-

gehobenen »Hof« der Gegenstände, die ihn im Nahhorizont und im Fernhorizont umgeben. – Dem räumlichen entspricht das zeitliche Horizontbewußtsein. Eine Wahrnehmung ist in einem »Jetzt« aktuell gegeben. Dieses Jetzt hat einen »Hof« der direkt anschließenden »Retentionen« des Soeben-Jetzt-Gegebenen und der »Protentionen« des Noch-nicht-Jetzt-Gegebenen. Dieses Bewußtsein der nahen Vergangenheit und der nahen Zukunft ist ein lebendig anschauliches. Jeder gerade vergangene Augenblick und jede Antizipation zehrt von der Lebendigkeit der Wahrnehmung. An jede Retention schließt sich eine Reihe von Retentionen an, deren Lebendigkeit mit zunehmender Entfernung vom Jetztpunkt graduell abnimmt. Jeder Augenblick ist eine in ihrer »Originarität« unwiederholbare Phase des »Zeitflusses«, der eine ihn individuierende Stelle im zeitlichen Ablauf hat. – Das Horizontbewußtsein des räumlichen oder zeitlichen »Hofs« besteht nicht aus ausdrücklichen Akten der Vergegenwärtigung, sondern bildet einen kontinuierlichen Übergang des unmittelbar Präsenten in das räumliche Abgewandte oder zeitlich Verflossene bzw. Herankommende, der von selbst abläuft. Auf passive Weise schlägt sich ein bestimmter Stil der Wahrnehmungs- oder Ereignisabläufe nieder und wird zur Habitualität. Dieser kontinuierliche Übergang ist eine »Verschmelzung« der jeweiligen aktuellen Wahrnehmungen mit den Momenten, in denen sich das Horizontbewußtsein konstituiert. Der Prozeß dieses Übergangs wird durch die Gesetze der Motivation regiert, welche die Bewegungsabläufe des gelebten Leibs ermöglichen, die zu den perspektivischen Abschattungen des Wahrgenommenen in Korrelation stehen. – Husserls Gedanken zur passiven Synthesis dienen im Bereich der Literaturtheorie zur Analyse des ›Bewußtseinsstroms‹ im modernen Roman, zur Erfassung der Sinnesleistungen des Lesers in der Rezeptionsästhetik und zur Erhellung der Assoziationsverläufe in der psychoanalytischen Literaturbetrachtung.

Ausg.: Gesammelte Werke, Husserliana XI, hg. von M. FLEISCHER, Den Haag 1966.
Lit.: E. HOLENSTEIN, Phänomenologie der Assoziation, Den Haag 1972.

A. NOOR

The Analysis of Beauty. Written with a view of fixing the fluctuating Ideas of Taste (engl.; *Untersuchung der Schönheit. Geschrieben mit dem Ziel, eine einheitliche Idee des Geschmacks zu formulieren*), William HOGARTH; EA London 1753; dt. u. d. T. *Zergliederung der Schönheit*, Berlin/Potsdam 1754.

Der englische Maler, Kupferstecher und Radierer Hogarth schuf mit seinen lebensnahen Bildnissen und Konversationsstücken sowie mit seinen moralisierenden Bildzyklen eine eigenständige, von kontinentalen Vorbildern unabhängige künstlerische Ausdrucksform. In *Analysis of Beauty* versucht er, einen objektiven Begriff der Schönheit zu entwickeln. Die Grundlage von »Schönheit« und »Anmut« sieht er in Gestalt einer dreidimensional gedachten Schlangenlinie verkörpert, die er bereits auf der Palette seines Selbstbildnisses von 1745 vorgeführt hat. Sie hat nichts mit der vielansichtigen »figura serpentinata« der Manieristen zu tun. Die als abstrakte Form kaum verständliche Wellenlinie ist keine bloße Flächenform, sondern sie wird in Gestalt von Körpern, Gewändern, Möbeln als räumliches Gebilde lebendig. Ihre Funktion und Anwendungsmöglichkeiten beschreibt Hogarth in *Analysis of Beauty*. In den Kapiteln 1–6 erläutert er sechs »fundamentale Prinzipien«, die – in richtiger Mischung – Eleganz und Schönheit bewirken: »Angemessenheit« (»fitness«), »Mannigfaltigkeit« (»variety«), »Einheit« (»uniformity«), »Einfachheit« (»simplicity«), »Verwicklung« (»intricacy«) und »Umfang« (»quantity«). In den Kapiteln 8–10 behandelt er Möglichkeiten der Komposition mit der flächigen Wellenlinie bzw. mit der räumlichen Schlangenlinie. Nach einem Exkurs (Kapitel 11–14) über die Proportionen des menschlichen Körpers, über Licht und Schatten sowie die Farben kehrt Hogarth in den letzten Kapiteln zu seiner Linienlehre der Form zurück und untersucht ihre Anwendung auf die menschliche Gestalt (Gesicht, Stellung, Handlung). Hogarth illustriert seine Theorie mit zwei großformatigen Kupferstichen (*Der Statuenhof* und *Der Tanz*) und weist das Auftreten der Schönheitslinie an Werken der Kunst (bes. der Antike) und Natur nach. – Als bürgerlicher Künstler (dessen antiaristokratische und zeitkritische Haltung sich auf nüchterne und unsentimentale Beobachtung der politischen und sozialen Wirklichkeit gründete) lehnt Hogarth den Geniekult Shaftesbury's (→*A Letter concerning Enthusiasm*) und den extremen Sensualismus seiner Zeitgenossen ebenso ab wie das alleinige Vorbild großer Meister der Vergangenheit. – Die *Analysis of Beauty* ist der Versuch einer nor-

mativen Erklärung der Schönheit, die den Rokokomaler mit dem Rationalismus der Aufklärung verbindet. In England wurde die Abhandlung von seinen spätklassizistischen Gegnern heftig bekämpft. Auf dem Kontinent wurde ihr Wert rasch erkannt, sie beeinflußte die kunsttheoretische Diskussion der Spätaufkärung.

Ausg.: Hg. von J. Burke, Oxford 1955. – Dt. Berlin 1914.
Lit.: F. Antal, Hogarth und seine Stellung in der europäischen Kunst, Dresden 1966. – R. Paulson, Hogarth: His life, art, and times, New Haven/London 1971. – J. Dobai, Die Kunstliteratur des Klassizismus in England, Bd. 3, 1, Bern 1975, S. 639–41.

H. Wischermann

Anatomy of Criticism (engl.; *Analyse der Literaturkritik*), Northrop Frye; EA Princeton 1957; dt. Stuttgart 1964.
Frye setzt sich in *Anatomy of Criticism* von Verfechtern einer extrinsischen, von Theorien gestützten Literaturbetrachtung ab und betont, daß der Kritiker seine Begrifflichkeit und Methodik aus der Literatur selbst ableiten müsse. Er versteht die Literatur als ein kohärentes, sich immer wieder aus sich selbst heraus erneuerndes System. Da das einzelne Werk an diesem System teilhat, darf es nicht in der Art des ›New Criticism‹ isoliert, sondern muß auf die Strukturmuster des Systems bezogen werden. Diese beschreibt Frye in vier Essays. – Dem ersten Essay liegt die Beobachtung zugrunde, daß in der Literatur der Rang des Protagonisten im Hinblick auf sein Verhältnis zu anderen Figuren und zur Umwelt auf verschiedene Weise bestimmt werden kann. Frye unterscheidet hier fünf fiktionale Modi: die »Mythe« (große Überlegenheit des Helden), die »Romanze« (relative Überlegen-

heit), die »hohe Mimesis« (wie in der klassischen Tragödie Überlegenheit nur anderen Figuren gegenüber), die »niedere Mimesis« (keine Überlegenheit) und die »Ironie« (Unterlegenheit). Da diese Modi naiv oder sentimentalisch, komisch oder tragisch abgewandelt werden können, läßt Fryes Taxonomie zahlreiche Kombinationsmöglichkeiten zu. Die mythische Aussageform ist in zweifacher Hinsicht privilegiert: Von ihr geht die literarische Entwicklung, für welche die stufenweise Zurückdrängung des Mythischen zugunsten der Mimesis charakteristisch ist, aus; zu ihr kehrt sie aber auch wieder zurück. Aufgrund dieser zyklischen Sicht wird das Mythische zum eigentlichen Zentrum des Systems der literarischen Modi. – Im zweiten Essay schematisiert Frye die literarische Symbolik. Unter dem Einfluß der mittelalterlichen Bibelexegese unterscheidet er fünf Arten von Bedeutung: wörtlich, beschreibend, formal, mythisch, analogisch. Diesen Arten ordnet er die Symboltypen Motiv, Zeichen, Bild, Archetyp und Monade zu, ferner die Modi Ironie, niedere Mimesis, hohe Mimesis, Romanze und Mythe sowie verschiedene Stilrichtungen. Frye selbst interessiert sich am stärksten für die mythische Bedeutung, also die archetypische Symbolik, den Modus der Romanze und die für diese typischen rituellen Geschehnisse. – Sichtbar wird dies erneut im dritten Essay über die Mythentheorie. Frye bestimmt fünf Typen von archetypischen Bildern: apokalyptische, analoge (d. h. romantische, hoch-mimetische, niedrig-mimetische) und dämonische. Der Beschreibung dieser Bildtypen dient die Differenzie-

rung von sieben Realitätsstufen: Wasser, Feuer, Mineralien, Pflanzen, Tiere, Menschen, Götter. Auf der höchsten Stufe zählen Gott und die Götter zum apokalyptischen, das feindliche Schicksal zum dämonischen Bildtyp, während weise Männer, idealisierte Könige oder spirituelle Erfahrungen in den drei Varianten des analogischen Bildtyps auftauchen. Im zweiten Teil des Essays behandelt Frye Mythen als die allen literarischen Gattungen vorausgehenden Grundmuster der Literatur. Diese Mythen werden zu dem sich in vier Phasen gliedernden Zyklus der Jahreszeiten in Beziehung gesetzt, und zwar die Komödie mit dem Frühling, die Romanze mit dem Sommer, die Tragödie mit dem Herbst, die Ironie (bzw. Satire) mit dem Winter. – Im vierten Essay beschreibt Frye die Gattungen Drama, Epos, erzählende Kunst und Lyrik, stellt ihr Verhältnis zu den Modi, Symboltypen und Mythen dar und achtet auf den Rhythmus und die Art der Mimesis, die für sie spezifisch sind. Fryes *Anatomy of Criticism* ist stark von C. G. Jung (→*Über die Beziehung der analytischen Psychologie zum dichterischen Kunstwerk*) beeinflußt. Im Unterschied zu Jung begreift Frye die Archetypen als transhistorische Sedimente der literarhistorischen Entwicklung. Auch besteht Frye auf der Autonomie der Literatur und Literaturkritik. Allerdings meint er, daß die Literatur wie die archetypische Literaturkritik wegen ihrer Suche nach sprachlicher Ordnung und Einheit eine ethische Funktion übernähmen und an der Kultur allgemein partizipierten. – Frye hat den nordamerikanischen »myth criticism« und zahlreiche kanadische Dichter beeinflußt. Einflußreich waren auch seine Ausführungen über literarische Aussageformen und Gattungen. Seine extreme Systematisierung literarischer Sachverhalte stößt häufig auf Kritik, hat aber möglicherweise die spätere Aufnahme des Strukturalismus in Nordamerika erleichtert. Mit dem Poststrukturalismus vertraute Kritiker heben die Verspieltheit und Selbstreflexivität der Fryeschen Systematisierungsbemühungen hervor und machen darauf aufmerksam, daß *Anatomy of Criticism* mit enzyklopädischem Wissen und satirischer Form assoziiert wird. In jedem Fall kann Frye dank des taxonomischen Gerüstes, das man sich seiner eigenen Auskunft nach freilich wegdenken darf, oft überraschende Parallelen zwischen Werken verschiedener Herkunft aufdecken und so dem Leser von Literatur suggerieren, daß literarische Werke einer komplexen, aber kohärenten literarischen Welt angehören.

Ausg.: New York 1967.
Lit.: R. D. DENHAM, Northrop Frye and Critical Method, University Park 1978. – L. MACKEY, Anatomical Curiosities: Northrop Frye's Theory of Criticism, in: Texas Studies in Literature and Language 23 (1981), S. 442–469. – A. C. HAMILTON, Northrop Frye. Anatomy of His Criticism, Toronto 1991.

P. GOETSCH

Anfangsgründe aller schönen Wissenschaften, Georg Friedrich MEIER; EA Halle 1748–50 (3 Bde.).
In der Vermögenspsychologie von Leibniz und Wolff wurde der Sinnlichkeit gegenüber der Vernunft eine nur untergeordnete Funktion zugebilligt. Die Zuordnung der »sinnlichen« Erkenntnis zu den unteren Seelenkräften sprach ihr – im Gegensatz zur »deutlichen« Erkenntnis – prinzipielle Wahrheitsfähigkeit grundsätzlich ab. Noch Meiers Jugendschrift *Abbildung eines Kunstrichters* (1745) übernimmt dieses Bewertungsschema. Gegen diesen einseitigen Rationalismus war Baumgarten seit 1735 mit seinem Projekt einer Ästhetik (→*Aesthetica*) angetreten, da er einen Mangel im System der Schulphilosophie entdeckt hatte. Dort wurde die Logik zwar als Wissenschaft von der Verbesserung der Erkenntnis überhaupt verstanden, tatsächlich jedoch bloß als ›Leiterin‹ des Verstandes, nicht jedoch auch als ›Lenkerin‹ der sinnlichen Erkenntnisvermögen entfaltet. Die Wissenschaft, die diese Lücke einer ›unteren Logik‹ schließen sollte, nennt Baumgarten Ästhetik: »scientia cognitionis sensitivae«. Schönheit ist für ihn die Vollkommenheit der sensitiven Erkenntnis. Dadurch erlangt die Ästhetik gnoseologischen Rang, thematisiert Wahrheit und wird, so Hegel, überhaupt erst würdig, Teil der Philosophie zu sein. – Meier knüpft hier an. Die drei Bände der *Anfangsgründe* umfassen den theoretischen Teil der Ästhetik (ein praktischer Teil blieb Ankündigung), der sich, dem rhetorischen Schema von »inventio«, »dispositio« und »elocutio« folgend, in drei Hauptteile über ästhetische Erfindungskunst (Heuristik), ästhetische Ordnung (Methodologie) und ästhetische Bezeichnungskunst (Semiotik) untergliedert. Die Heuristik nimmt dabei mit ihren wiederum drei Hauptstücken über die Schönheit der sinnlichen Erkenntnis (Reichtum, Größe, Wahrscheinlichkeit, Lebhaftigkeit u. a.), die sinnlichen Erkenntnisvermögen (Abstraktion, Einbildungskraft, Witz, Scharfsinn, Gedächtnis, Dich-

tungskraft, Geschmack u. a.) und die Arten schöner Gedanken (Begriffe, Urteile, Schlüsse) den weitaus größten Raum (670 von insgesamt 736 Paragraphen) ein. – Durch seine praxisorientierte, mit vielen Beispielen aus Rhetorik und Stilistik angereicherte Darstellung verbindet Meier, im Unterschied zu Baumgarten, die Ästhetik zwar mit der poetologischen Diskussion seiner Zeit, bestimmt durch den »Leipzig-Zürcher-Literaturstreit« (Gottsched → *Versuch einer Critischen Dichtkunst vor die Deutschen*; Bodmer → *Critische Abhandlung von dem Wunderbaren in der Poesie*; Breitinger → *Critische Dichtkunst*) sowie den Durchbruch von Klopstocks *Messias* (1748); er öffnet die neue Wissenschaft dadurch einem breiteren intellektuellen Publikum. In entscheidenden Punkten bleibt er aber hinter seinem Lehrer zurück. Am deutlichsten wird dies an Meiers Definition der Schönheit (§ 23) als einer »Vollkommenheit […] in so ferne sie undeutlich oder sinlich erkant wird«. Wenn er diese Bestimmung im folgenden mit dem Beispiel erläutert, daß die Wangen einer schönen Person unter dem Vergrößerungsglas zwar ihre Schönheit, nicht aber ihre biologisch begründete Vollkommenheit verlieren, so gibt er gerade die von ihm herausgestellte Eigenständigkeit der ästhetischen Erkenntnis auf und fällt in die einschlägigen Bestimmungen einer älteren ›Vollkommenheitsästhetik‹ zurück. Dieser galt Schönheit nur als »Dekorum« von Wahrheit, als Verzuckerung einer bitteren moralischen Lehre zwecks Verabreichung an die Ungebildeten.

Ausg.: Hildesheim/New York 1976 (Repr. der Ausg. Halle ²1754–59).

Lit.: E. BERGMANN, Die Begründung der deutschen Ästhetik durch A. G. Baumgarten und G. F. Meier, Leipzig 1911. – A. NIVELLE, Kunst- und Dichtungstheorien zwischen Aufklärung und Klassik, Berlin 1960. – F. WIEBECKE, Die Poetik G. F. Meiers. Ein Beitrag zur Geschichte der Dichtungstheorie im 18. Jahrhundert, Diss. Göttingen 1967.

C. ZELLE

Anleitung zur Deutschen Poeterey / Wie Er selbige kurtz vor seinem Ende selbsten übersehen / an unterschiedenen Orten geändert und verbessert hat / herausgegeben / von Othone Praetorio, August BUCHNER, entst. um 1630–40; EA Wittenberg 1665.

Wie allgemein in der zeitgenössischen Poetik des Barock gefordert, sollte Dichtung nach nach Buchners Anleitung belehren und Tugend befördern helfen. Dies kann sie für ihn insbesondere durch die Heranziehung von »allerley Exempeln und Fabeln / welches die alleranmuthigste Art zu lehren ist / und … zum meisten verfängt«. Die Verständlichkeit seiner Worte (»nicht zu dunkkel / und allzuweit hergenommen«) vorausgesetzt, hat sich der Poet darum zu bemühen, seine Rede »schön / lieblich / und scheinbar« (ansprechend) zu gestalten, »damit er das Gemüth des Lesers bewegen« kann. Dies sowie der »Zweck zu belustigen« ist dadurch zu erreichen, daß sich der Poet »in die Höhe schwingt / die gemeine Art zu reden unter sich trit / und alles höher / kühner / verblümter und frölicher setzt« als Philosoph oder Orator – das »Programm in nuce des Barockdichters« (M. Szyrocki). Indessen darf die ornamentale Überhöhung einen Vers nicht »schwülstig und vollbrätig« machen. Im Unterschied zu Opitz plädiert Buchner für die generelle Lizenzierung von Daktylus und Anapäst (die »Buchner-ahrt«, Ph. v. Zesen); auch der spondeische Vers kann »in einem Jambischen noch wol geduldet werden«. Besondere Aufmerksamkeit verlangt Buchner gegenüber der Klangwirkung von Worten und Lauten (»Ohrenmaß« des Poeten). Die *Anleitung* basiert vor allem auf J. C. Scaliger (→*Poetices Libri septem*). Sie systematisiert, vertieft und erweitert Opitz' →*Buch von der Deutschen Poeterey* aus der Sicht des gelehrten Philologen. Deutlich erkennbar ist bei Buchner ein – allerdings disziplinierter – »verstärkter Schmuckwille« (B. Markwardt). – Die *Anleitung* gehört zu den theoretisch wie praktisch wirkungsmächtigsten Poetiken des 17. Jh.s. Bezugnahmen auf Buchners programmatische Ausführungen finden sich bei Ph. v. Zesen →*Deutscher Helicon*, J. P. Titz, J. G. Schottel(ius) →*Ausführliche Arbeit Von der Teutschen HaubtSprache*, S. Dach, P. Gerhardt, A. Tscherning, J. Klaj →*Lobrede der Teutschen Poeterey* und D. Schirmer.

Ausg.: Deutsche Literatur, Neudrucke, Reihe Barock 5, hg. von M. SZYROCKI, Tübingen 1966. – Auszug in: Poetik des Barock, hg. von M. SZYROCKI, Stuttgart 1977.
Lit.: H. H. BORCHERDT, August Buchner und seine Bedeutung für die deutsche Literatur des 17. Jahrhunderts, München 1919. – B. MARKWARDT, Geschichte der deutschen Poetik, Bd. 1, Berlin 1958, S. 55–64. – J. DYCK, Philosoph, Historiker, Orator und Poet, in: Arcadia 4 (1969), S. 1–15. – R. SCHMIDT, Deutsche Ars Poetica, Meisenheim/Glan 1980.

H. LANGER

Anmerkungen übers Theater nebst angehängten übersetzten Stück Shakespeares, Jacob Michael Reinhold LENZ; EA Leipzig 1774.
Bei dem Shakespeare-Stück handelt es sich um *Love's Labour's Lost* (1598; *Verlorene Liebesmüh'*). Die *Anmerkungen* zählen neben Goethes Rede →*Zum Schäkespeares Tag* und Herders *Shakespear* (1773) zu den wichtigsten programmatischen Schriften des ›Sturm und Drang‹. In einem rhapsodischen Stil geschrieben, sind sie weniger eine in sich stimmige, argumentierende Streitschrift als vielmehr ein provozierender Versuch künstlerischer Selbstfindung. Lenz wollte damit das Fundament für ein neues Theater legen, das von den als zwanghaft empfundenen Regeln des herrschenden Theaterverständnisses, maßgeblich beeinflußt durch die Wirkungspoetik (Lessing →*Hamburgische Dramaturgie*, Gottsched →*Versuch einer Critischen Dichtkunst vor die Deutschen*), befreien sollte. In Übereinstimmung mit Aristoteles (→*Peri poietikes*) sah Lenz die Aufgabe des Theaters in der »Nachahmung«. Anders als Aristoteles jedoch forderte er, den Gegenstand der Nachahmung nicht mehr in den »Handlungen« des Menschen, sondern im »Menschen selbst« zu suchen. Unter »Handlungen« sind hier die in einer Gesellschaft als allgemeinverbindlich geltenden Verhaltensweisen zu verstehen, geprägt durch Religion und Staat, (re-)produziert auf dem Theater durch konventionelle Bühnencharaktere (das französische »Marionettentheater« eines Voltaire oder Corneille). An klischeehaften Theaterrollen, die sich an den geltenden psychologischen Normen und der Wahrscheinlichkeit des Handelns orientieren (Lessing), hatte Lenz kein Interesse: sie entsprachen für ihn nicht der gesellschaftlichen Wirklichkeit. Vielmehr sollte die Individualität der Menschen dargestellt werden. Lenz empfand die traditionellen

Formbegriffe des Theaters (Einheit der Zeit, des Ortes und der Handlung) als zu eng für die Darstellung der Mannigfaltigkeit des Menschlichen. Er erweist sich damit als Wegbereiter eines Theaters (i. S. der offenen Dramenform), das verborgene soziale und psychische Zwänge stärker interessiert als das Wunschbild vom Menschen. Die Aufgabe einer anschaulichen Erkenntnis menschlicher Subjektivität und ihrer Widerspiegelung im Theater konnte für Lenz nur die Schöpferkraft eines »Genies« (Shakespeare) erfüllen. Dieses hatte nach Lenz' Überzeugung nicht als freier, naturgleicher Schöpfer eine eigene Welt zu entwerfen (Geniebegriff Goethes und Herders), vielmehr bestand es darin, die Phantasie in den Dienst der Erkenntnis und Darstellung menschlicher Vielfalt zu stellen.

Ausg.: Werke und Briefe, hg. von S. DAMM, Bd. 2, München 1987.
Lit.: B. TITEL, Nachahmung der Natur als Prinzip dramatischer Gattung bei J. M. R. Lenz, Frankfurt/M. 1962. – E. M. INBAR, Shakespeare in Deutschland: Der Fall Lenz, Tübingen 1982. – I. STEPHAN/H.-G. WINTER, Ein vorübergehendes Meteor? J. M. R. Lenz und seine Rezeption in Deutschland, Stuttgart 1984.

                              M. GÖRG-TESCHNER

An Romanautoren und ihre Kritiker. Berliner Programm, Alfred DÖBLIN; ED 1914 (in: Der Sturm, Jg. 4, Nr. 158/159 (1913/1914), S. 17/18).
Die kurze, programmatische Äußerung Döblins reflektiert mit ebenso innovativem wie provokantem Anspruch zusammenfassend die eigene aktuelle Schreibsituation des Epikers, wobei Prinzipien des 1913 im Manuskript abgeschlossenen, erst 1915 veröffentlichten Romans *Die drei Sprünge des Wang-lun,* aber auch

tastende Versuche einer bildkonzentrierten, ›filmischen‹ Erzählform artikuliert werden. Döblins Poetik, die von A. Holz und einem allerdings umakzentuierten, erweiterten »Naturalismus« her inspiriert ist (vgl. *Der Geist des naturalistischen Zeitalters,* 1924), richtet sich gegen eine künstliche, realitätsferne Literaturpraxis und ihren simulativen »Psychologismus«. Im Gestus gegen das ›ästhetische Gequerle‹ bildungsbürgerlicher Literaturformen geht Döblin mit den kulturstürmerischen Positionen der Futuristen parallel. Zugleich aber grenzt er sich klar von den einseitigen, technizistisch faszinierten Formalismen der futuristischen Textproduktion ab. Sein »Döblinismus« hängt eng mit einem um 1900 von den Naturwissenschaften etablierten Objektivismus zusammen, der zum einen vom Subjekt der Wahrnehmung absieht, zum andern die absolute Gültigkeit des (interpretatorisch wirksamen) Kausalitätsprinzips bestreitet. – Reine »Notierung der Abläufe« ohne die Herstellung angenommener Abhängigkeiten, wie es die Psychiatrie der Zeit forderte, ist für den promovierten Nervenarzt Döblin das Leitbild seiner Schreibart. Die künstliche Schaffung von »Gedankenreihen« durch den Autor, dieser Grundmakel einer »psychologischen Prosa«, wird von ihm strikt abgelehnt. Motivierendes Erzählen sei nur »Phantasmagorie«, die mit den Vorgängen wirklichen Lebens nichts zu tun habe. Sie als »entseelte Realität« sprachlich zu erfassen, ist das Ziel. Der Text wird zu einem »gestalteten, gewordenen Ablauf«, der dem Leser ohne weitere Kommentierung durch den Autor bzw. Erzähler angeboten wird. Der Leser solle »urteilen, nicht der Autor«, lautet das Grundtheorem Döblins, mit dem er schon Positionen der Rezeptionsästhetik artikuliert. – Der Autor hat sich und seine subjektive Schreibdisposition vollkommen zurückzunehmen: »Entselbstung, Entäußerung des Autors« ist Döblins Programm. Er überträgt mit dieser »Depersonation« begrifflich den psychiatrisch um 1900 neu eingeführten Fachausdruck der Depersonalisation, mit dem der pathologische Verlust des Ich-Gefühls bezeichnet wurde, in den Bereich der Poetik. Aus diesem Prinzip einer desubjektivierten Schreibart leitet sich ab, was Döblin »Kinostil« nennt. – Damit ist nicht, wie überwiegend von der Forschung vor dem Hintergrund einer erzählerischen Montage in *Berlin Alexanderplatz* (1929) behauptet wurde, eine Schreibweise gemeint, die sich als textbezogene Analogie zu spezifischen, ›filmischen‹ Darstellungstechniken (Blende, Schnitt) verstünde. Es geht ihm vielmehr um einen Erzählablauf, der aus intensiven narrativen Sequenzen besteht, die nichts aus einer auktorialen »Absicht« heraus erläutern, sondern nur für sich selbst stehen. Das Berichtete hat einfach »vorhanden« zu sein, es soll nicht mehr aus dem Blickwinkel eines Wahrnehmungssubjekts vermittelt erscheinen. Im Ergebnis entsteht ein vollkommen entrhetorisierter, »steinerner Stil« reiner Aufzeichnung, in der das Ich keinen Platz mehr hat: »ich bin nicht ich, sondern die Straße, die Laternen, dies und dies Ereignis, weiter nichts«. – Döblins Poetik ist in ihrer Pointierung mehr Programm, als daß sein eigenes Werk ihr voll entspräche. Sie weist aber in eine Richtung, die für einen Teilstrang

der literarischen Moderne den Brückenschlag zwischen naturwissenschaftlicher und fiktionaler Darstellung zu schlagen versucht. Unabhängig von dieser Intention kommt hinzu, daß die produktive Materialität von Sprache und Text wichtig wird. Der Döblinsche Erzähler »baut« mit seinem Medium, dessen Beschaffenheit ihn inspiriert. Die ablaufenden Prozesse hat Döblin dann im Vortrag *Der Bau des epischen Werks* (1928), der die aktuelle Arbeitssituation von *Berlin Alexanderplatz* reflektiert, ausführlich dargestellt. Poetologisch neu tritt dabei zu den Positionen des Frühwerks die Einsicht hinzu, daß das Ich aus dem epischen »Produktionsprozeß« nicht herauszuhalten ist. – Döblin hält zwar an Prinzipien depersonaler Notation fest, die zu einer Montagetechnik weiterentwickelt sind, bestimmt aber für das Ich des Autors eine »aufmerkende, denkende und wertende« Kommentarfunktion gegenüber der entsubjektivierten »dichtenden Instanz«, die schöpferisch den Text generiert. Was als Spannungsverhältnis einsetzt, führt zum Einbezug des auktorialen Ich »in die Spielsituation des entstehenden Werks«, das sich schließlich seiner bemächtigt, »den Autor und sein bewußtes Ich verschluckt«. Damit ist wieder der Status einer »anonymen Konzeption« hergestellt, die Döblins episches Leitbild ausmacht. – Leistung und Wirkung der Döblinschen Erzählpoetik wurden nicht über seine theoretischen Äußerungen vermittelt, die, spontan, unsystematisch und apodiktisch verfaßt, allenfalls als stützende Begleitkommentare zum Werkprozeß zu werten sind. Sie lassen aber wie das Werk selbst die zentrale Konfiguration erkennen, um die es ihm ging. Döblin löst den Abbildungsbezug zwischen Wort und Wirklichkeit zugunsten einer sprachlichen, allein dem »Momentanen« verpflichteten Eigenrealität der Texte auf. Sie entwickeln, indem sie das vertraute Gegenüber von Ich und Welt und damit die Subjekt/Objekt-Schranke transzendieren, ein autonomes Eigenleben (»Souveränität«) und verharren nicht mehr nur bei der Darstellung von Inhalten. – Schreiben wie Lesen werden dementsprechend zu einem offenen Prozeß, dessen Sinngebung den individuellen wie kollektiven Verlaufsformen des Lebens insgesamt entspricht. Döblin besteht dabei auf der strikten, erst für die späteren Literaturtheorien der Moderne verbindlichen Trennung von Autor und Werk. Er führt auch den wichtigen Gedanken ein, als Verfasser zugleich Urheber wie Medium des Textes zu sein, der sich ihm letztlich entzieht und auf eine eigene Identität pocht. Schreiben ist ihm nicht mehr wie zu Zeiten der Geniepoetik die Begründung, sondern die »Überwindung der Individuation« (vgl. *Unser Dasein*, 1933).

Ausg.: Schriften zu Ästhetik, Poetik und Literatur, hg. und mit einem Nachwort von E. KLEINSCHMIDT, Olten/Freiburg i. Br. 1989, S. 119–23.
Lit.: W. ROTH, Döblinismus, Diss. Zürich 1980. – J. RYAN, From futurism to Döblinism, in: German Quarterly 54 (1981), S. 415–26. – C. ŻALUBSKA, Döblins Reflexionen zur Epik im Spiegel ausgewählter Romane, Poznań 1980. – E. KLEINSCHMIDT, Depersonale Poetik, in: Jb. d. dt. Schillerges. 26 (1982), S. 383–407.

E. KLEINSCHMIDT

L'Anti-Œdipe. Capitalisme et schizophrénie I (frz.; *Anti-Ödipus. Kapitalismus und Schizophrenie I*), Gilles DELEUZE/Félix GUATTARI; EA Paris 1972; dt. Frankfurt/M. 1974.

Fasziniert von der kapitalistischen Maschinerie führt der Anti-Ödipus die Energie des Wunsches in den Kapitalprozeß ein. Analog zum Marxschen Begriff des Kapitalismus wird der schizophrene Prozeß als Produktion gedeutet: befreiend als Produktivkraft, fesselnd als klinische Entität. Die Figur des Schizo kämpft gegen Freuds Ödipus wie Nietzsches Dionysos gegen den Gekreuzigten. Der Schizo soll dem Wahn seine Unschuld zurückgeben; wie Dionysos steht er ein für die »Absolution der zerstückelten Welten«. Vor diesem Hintergrund erscheint der Staat als Verdrängungsmaschinerie, welche die Produktivität des Wunsches lähmt. Der Wunsch wird von nun an, in einem Akt universeller Kastration, an das Gesetz gekettet, das bedeutet, der Fähigkeit zu bezeichnen beraubt. Seither ist das Begehren eins mit dem Gesetz. Das Bild, das die Psychoanalyse vom derart Verdrängten zeichnet, ist für Deleuze und Guattari durch familiale Einschreibung entstellt: Freud habe die Beziehung zum Außen auf dem Altar der Innerlichkeit geopfert und den produktiven Wunsch auf das intime Theater der Repräsentation reduziert. Dagegen will das antiödipale Denken die Rückseite der Neurose erobern: das perverse Leben. Es leugnet Schuld und narzißtische Kränkung des Menschen, um dessen Koextension mit der Natur zu denken. Nachdem Freud Ödipus als Inauguralereignis und Lacan ihn dagegen als strukturale Funktion bestimmt hat, ruft *L'Anti-Œdipe* zur Revolte gegen eine Psychoanalyse auf, die uns zu

Schuldigen macht. An deren Stelle tritt eine Schizo-Analyse, um »die Bereiche des verwaisten Unbewußten, genau ›jenseits allen Gesetzes‹, zu erreichen«. Hier folgen die Autoren der Antipsychiatrie Laings, der die Aufklärung als Epoche der Dunkelheit und die Schizophrenie als das Licht bestimmte, das durch die Risse unserer allzu geschlossenen Gehirne bricht. »Schizophrenie als Prozeß ist das einzig Universelle« – als Mauer, Durchbruch und Scheitern zugleich. Brust und Mund bilden die Urwunschmaschine: Strom, Einschnitt, Assoziation und Partialobjekt. Dieses Objekt des Wunsches entzieht sich der Totalisierung, es hat an Vielheiten teil und bildet Serien. So entgehen die Stimme und der Blick immer wieder der Totalisierung durch den vollständigen Körper und schließen sich heute an audiovisuelle Medien an. Deleuze und Guattari lesen Lacans Theorie des Partialobjekts als eine schizophrenisierende Subversion der Psychoanalyse: »Gleich einer Höllenmaschine bricht das Objekt a in das strukturale Gleichgewicht ein: Wunschmaschine«. So wird die Lehre Lacans in eine revolutionäre Theorie des Partialobjekts einerseits und eine reaktionäre Ordnung des Unbewußten nach Gesetz, Kastration und Signifikant andererseits auseinandergelegt. Nach der »Logik der Partialobjekte« ist das Ganze auch nur ein Teil – jene sind Vektoren eines Strömens, Relais eines Funktionskreislaufs. Derart von seinem psychoanalytischen Gesetzesbegriff befreit, erscheint der Wunsch als negentropische Kraft des Kosmos. – Im Gegensatz zu der durch Verschleiß sowie die Trennung von Produkt und Produktion gekennzeichneten technischen Maschine ist die des Wunsches zugleich Produktion der Produktion und gestörter Verlauf: Die Störung ist Element ihres Funktionierens, nicht dessen Grenze. Solchen Maschinen einer nicht vollendenden Produktion entspricht ein Basteln, das den spezifisch maschinellen Erotismus entfaltet: »agencement machinique de désir«. Als Maschine wird hier also nicht eine starre Mechanik bezeichnet, sondern gerade das, was läuft: »ce qui machine«. Das bestimmt auch die Textpraxis des L'Anti-Œdipe. Sie ist nicht kritisch, sondern positionell. Ihre Textmaschinen negieren das alte Denken nicht, sondern vergessen es. Deleuze und Guattari maschinisieren Texte, d. h. sie lassen sie in einem radikalen Bezug auf ein Außen funktionieren (→Kafka). An die Stelle von Hermeneutik tritt ein experimenteller Test des Texts. Denn »Interpretieren, das ist unsere moderne Art des Glaubens, der Frömmigkeit«. Alle methodologischen Probleme werden eliminiert durch eine Konzeption des Unbewußten als Maschine, die nichts sagt, sondern bloß funktioniert. Deshalb entwirft L'Anti-Œdipe nicht den Namen einer neuen Wissenschaft, sondern den Stil eines Denkens, das sich dem »discours du maître« entzieht. L'Anti-Œdipe ist auch deshalb keine Wissenschaft, weil das Buch die Bedingung von Wissenschaft, die Spaltung von Realität, Repräsentation und Subjekt, gerade unterwandert. An deren Stelle tritt ein Ensemble hierarchieloser Graphen. Und tatsächlich scheint sich, postmodern, aus dem Grab der Schrift eine signifikantenlose Sprache zu erheben; als solche wird man die »Sprache der Elektrik« begreifen müssen.

Lit.: M. FOUCAULT, Der Faden ist gerissen, Berlin 1978. – M. FRANK, Was ist Neostrukturalismus?, Frankfurt/M. 1983. – N. BOLZ, Stop Making Sense, Würzburg 1989.

N. BOLZ

The Anxiety of Influence.
Theory of Poetry (engl.; *Die Angst vor der Beeinflussung*), Harold BLOOM; EA London/New York 1973.
Bloom hat seine poststrukturalistische Hauptthese, daß die literarische Produktion vom Prinzip einer antithetischen Revision anerkannter literarischer Muster beherrscht werde, unter dem Einfluß von Derridas →*De la Grammatologie* sowie im Kontext des ›Yale deconstructionism‹ (P. de Man →*Aesthetic Ideology*, →*Allegories of Reading*; G. H. Hartman →*Saving the Text*; J. Hillis Miller →*Stevens' Rock and Criticism* u. a.) entwickelt. In seinem Grundlagenwerk *The Anxiety of Influence*, das er mit den nachfolgenden Texten (*A Map of Misreading*, 1975, *Eine Karte des Verlesens*; *Kabbalah and Criticism*, 1975, *Kabbalah und Kritik*; *Agon: Towards a Theory of Revisionism*, 1982, *Agon: Über eine Theorie der Revisionismus*) weiter ausführt, verschränkt er Derridas zentralen Begriff der »différance« eng mit dem dekonstruktivistischen Konzept des »Misreading«: Die rebellische Absetzung von literarischen Vaterautoritäten, durch welche die Literaturgeschichte für Bloom nicht zum Schauplatz von kontinuierlichen Fortentwicklungen, sondern von diskontinuierlichen Selbstbehauptungsansprüchen geworden ist, verlangt Rückverweise auf frühere Texte (die keine Untersuchung von Einzeltexten im Sinn des formalen criticism erlauben) und eine produktiv gemachte, willkürlich-destruktive Lektüre. Geleitet von ihrem Bemühen, auf dem Feld der Literaturgeschichte den Ruhm der ›Unsterblichen‹ zu gewinnen, müssen die Poeten aus dem Bannkreis ihrer »bestimmenden Vorläufer« heraustreten. Dies gelingt ihnen nur durch die – notfalls auch ungerechtfertigte – Dekonstruktion dieser literaturgeschichtlichen Vorläufer. – Für ihre kritische Auseinandersetzung mit den Vorläufern stehen den später Geborenen eine Reihe von intertextuellen Transformationen zur Verfügung, die Bloom mit einer diffizilen Wortwahl auflistet: »Clinamen« (in der lukrezischen Naturphilosophie Bezeichnung für das Abirren der Atome von ihren parallelen Fallbahnen) benennt die erste Phase des Korrektur- und Richtigstellungsprozesses. Die zweite Phase, »Tessera« (Hinweis auf den Kontext antiker Mysterienkulte), zeigt bereits eine »antithetische Vervollständigung« an, die Uminterpretation des Vorgängers durch den »nachfolgenden Dichter« zu einer »fouled version of himself« (»abstoßenden Form seiner selbst«). »Kenosis«, die dritte Phase (nach der in den Paulus-Briefen so benannten Menschwerdung des Gottessohnes), steht für den Geltungsanspruch des Neuen. Der neuplatonische Begriff der »Daemonization« charakterisiert die vierte Phase: eine direkte Offensive, die im »parent-poem« (»Ursprungs-Dichtung«) eine »Kraft« erkennt, die ihr nicht ursprünglich zugehört. »Askesis«, die fünfte Phase (benannt nach einem Verfahren des vorsokratischen Schamanismus), führt in einem Akt der

purgatorischen Verblendung zur Befreiung von sämtlichen Einflüssen, zur Absolutsetzung des Nachfolgers und zum endgültigen Sturz des Vorläufers. Schließlich kann in der sechsten Phase, »Apophrades« (für die Athener die Schreckenstage, an denen die Toten ihre früheren Wohnungen aufsuchten), nach dem geglückten Verdrängungsprozeß auch wieder die Reabsorption des Vorläufers zugelassen werden. – Das von »Einflußangst« geprägte antithetische Fortsetzen der literarischen Tradition bestimmt auch Methode und Gestus der literaturtheoretischen Reflexion Blooms. Sie behauptet sich durch eine verfälschende Transformation von tradierten Theorieelementen und öffnet sich – trotz des hermetischen Sprachgebrauchs, der ein dogmatisches Abwehren von »Falsifikation« vermuten läßt – weiteren kritischen Transformationen. Bloom hat die poststrukturalistisch-dekonstruktivistischen Basisbegriffe – die Verweisstruktur des Sinns und die Legitimierung des »Misreading«, die sich auf Funktionszusammenhänge reiner Signifikantenketten bezogen – durch Betonung des Selbstbehauptungskampfes im Feld der Literaturgeschichte wieder repersonalisiert. Dabei zeigt sich allerdings, daß die »Einflußangst« ein psychologisches Moment ist, das auf kein konkretes Abhängigkeitsverhältnis zurückweist. Bloom erkennt, daß das intertextuelle Verhältnis nicht durch Distanz gegenüber bestimmten Stileigentümlichkeiten und Formelementen, sondern allenfalls durch eine nicht augenfällige Grundhaltung, eine »spirituelle Form« bestimmt ist, die auch ins Leere weisen könnte: in die totale Absenz jeder Vorläu-

ferschaft. Damit führt sich Blooms komplexer Gedankengang freilich selber dekonstruktiv ad absurdum: Ohne Bezug auf Tradition ist auch kein produktiver Traditionsbruch möglich.

Lit.: R. SCHOLES, Review of the Anxiety of Influence, in: Journal of English and Germanic Philology 73 (1974), S. 266–68. – U. HORSTMANN, Parakritik und Dekonstruktion, Würzburg 1983, S. 28–43. – R. SUKENICK, Misreading Bloom, in: Partisan Review 45, Nr. 4 (1978), S. 234–36.

O. LORENZ

Die Appellstruktur der Texte. Unbestimmtheit als Wirkungsbedingung literarischer Prosa, Wolfgang ISER; EA Konstanz 1970.
In seinem frühen Entwurf zu einer Phänomenologie des Lesens wendet sich Iser gegen zwei Konventionen der Literaturkritik: 1., daß literarische Bedeutungen ausschließlich »im Text selbst verborgen« sind. 2., daß der Akt der Interpretation mit einem reduktiven Prozeß identisch ist, durch den der Text auf die von einem »bereitstehenden Bezugsrahmen« ausgehenden Bedeutungen begrenzt wird. Isers Darstellung zufolge ist der Text weder mit der Willkür subjektiven Begreifens noch mit irgendwelchen im Text selbst vorgeformten und »verborgenen« Bedeutungen gleichzusetzen. Er entsteht vielmehr durch eine Reihe gelenkter und höchst verschiedenartiger »Interaktionen zwischen Text und Leser«: erst durch die im Lesevorgang gesteuerte Aktualisierung der vom Werk formulierten Signale »erwacht der Text zum Leben«. Die fundamentale Wirkungsbedingung bei dieser Herstellung von Bedeutung ist die Unbestimmtheit im Verhältnis zwischen Leser und Text. Denn je mehr der Text an Determiniertheit verliert, desto aktiver wird

der Leser. Umgekehrt wird auch
eine Abnahme an Unbestimmtheit zu einer Reduktion seiner
Beteiligung bzw. seines Interesses
führen. – Iser versteht die Reprä-
sentationsfunktion des literarischen Textes nicht als direkte Widerspiegelung, sondern als eine
Vermittlung von »Reaktionen«
auf Gegenstände, d. h. von Perspektiven, welche die durch Erfahrung vertraute Lebenswelt verändert erscheinen lassen. An diesem Punkt entsteht also immer ein
»Unbestimmtheitsbetrag«, da die
vom Text angebotenen und vom
Leser mitvollzogenen Ansichten
mit keiner bestimmten lebensweltlichen Situation direkt übereinstimmen können. Je nach Leser
und je nach der genauen Anlage
der Unbestimmtheitsstruktur wird
dieser »Betrag« anders bearbeitet,
so daß von ihm ganz verschiedene
Wirkungen ausgehen. Die Unbestimmtheit kann z. B. eine Verrechnung mit der realen Welt un-
terstützen, damit die fiktive Welt
als Spiegel der Wirklichkeit erscheint (während ihre »literarische
Qualität verlischt«). Sie kann aber
auch einer solchen Verrechnung
widerstehen, damit die fiktive
Welt als Alternative bzw. als kritischer Gegensatz zur Lebenswelt
erscheint. – Wenn der literarische
Gegenstand durch die schrittweise
Entfaltung einer Reihe von Ansichten konstituiert wird, dann
bieten die verschiedenen Möglichkeiten, diese »schematisierten
Ansichten« (Ingarden) zu kombi-
nieren und aufeinander zu beziehen, ebenfalls einen Spielraum
von Unbestimmtheit an, d. h. eine »Leerstelle«, die nur der Leser
beseitigen kann. Der Text selbst
kann diese Unbestimmtheit in der
Regel nicht tilgen, denn je präzi-
ser er auf sich selbst reflektiert, um

so mannigfaltiger werden die Ansichten, um so zahlreicher daher
auch die Leerstellen. Will der Autor solche Leerstellen beispielsweise mittels der kommentieren-
den Bemerkungen eines Erzählers
beseitigen, so muß dieser Versuch
zur Erhöhung der Bestimmtheit
nicht notwendig zur Minderung
der Beteiligung des Lesers führen.
Er kann, falls der Erzählerkom-
mentar fragwürdig wird, sogar zur
Erhöhung der Unbestimmtheit
beitragen. Dies verdeutlicht, daß
nur der Leser die unausgesproche-
nen Beziehungen zwischen den
verschiedenen Ansichten herstellen kann. Der »Leerstellenbetrag«
ist demnach Bedingung für die
aktive Beteiligung des Lesers an
der Sinnkonstitution des Textes.
Als eine Grundeigenschaft der
modernen Literatur insgesamt
nimmt seine Bedeutung ständig
zu.

Lit.: R. INGARDEN, Das literarische Kunstwerk, Tübingen 1960. – W. ISER, Im Lichte
der Kritik, in: Rezeptionsästhetik, hg. von R.
WARNING, München ³1988, S. 325–42. – R.
WARNING, Rezeptionsästhetik als literaturwissenschaftliche Pragmatik, in: ders., Rezeptionsästhetik, hg. von R. WARNING, München ³1988, S. 9–41.

R. J. MURPHY

Arbeit am Mythos, Hans BLU-
MENBERG; EA Frankfurt/M.
1979.
Die philosophisch orientierte Abhandlung thematisiert den Mythos
mit Blick auf eine erkenntniskritische Fragestellung. Sie fragt nach
seiner Bedeutung für die Ausbildung eines Sinnhorizonts, der
dem Menschen die Grundlage für
seine Begriffe der Erfahrung von
Welt wie auch für sein Selbstverständnis liefert. Bereits in seiner
früheren Abhandlung *Wirklichkeitsbegriff und Wirkungspotential des
Mythos* (1971) folgt Blumenberg

der anthropologischen Annahme, daß sich der Mensch durch Sinnhorizonte erst einen eigenen Wirklichkeitsbezug schaffen muß, der ihm die fehlende biologische Einpassung in eine spezifische Umwelt zu ersetzen hat. Die Bedeutung des Mythos besteht darin, daß er durch die Strukturierung der Wirklichkeit die Voraussetzung der Handlungsmöglichkeiten schafft. Auch in seiner früheren Abhandlung *Paradigmen zu einer Metaphorologie* (1960) zeigt Blumenberg, daß sich der Mensch mit Hilfe bildhafter Denkfiguren und -formen einen Rahmen der Wirklichkeit erzeugt, in den sich die Erfordernisse der persönlichen geschichtlichen Situation einfügen können. Die Leistung des Mythos besteht darin, daß er den Menschen in die Lage versetzt, durch Benennung und Erzählung vertraute ›Bilder‹ für eine Welt bereitzustellen, die zunächst völlig unbestimmt ist oder deren Erscheinungen durch Erfahrung noch nicht einzuordnen sind. Was auf diese Weise ansprechbar wird, ist vertraut; das archaisch Fremde wird humanisiert. Die so entstehenden unterschiedlichen Darstellungen einer als übermächtig erfahrenen widerständigen Welt stellt Blumenberg als Geschichte des Mythos dar. Vor allem der Prometheus-Mythos erscheint ihm – neben anderen Mythen – als repräsentativ für die Selbsteinschätzung des Menschen. Ihre Veränderungen zeigen sich beispielsweise an den unterschiedlichen Deutungen der Prometheusgestalt. Sie führen Blumenberg auf das Prinzip der »Arbeit am Mythos«. Grundsätzlich betrachtet er die Rezeptionsgeschichte des Mythos nicht als Modifikation einer ursprünglichen Form: der Mythos ist ihm vielmehr nur in der Reihe von Interpretationen gegeben. Dagegen kann als ›Grundmythos‹ gelten, was als gemeinsames Sinnpotential unterschiedlicher Rezeptionen und Erwartungen genügen konnte. Die anthropologisch bedeutsame Aufgabe des Mythos, einen vertrauten Wirklichkeitshorizont zu schaffen, läßt Blumenberg die Entgegensetzung von Vernunft und Mythos und die erkenntnistheoretische Abqualifizierung des Mythos als ungerechtfertigt erscheinen. Mit Fr. W. J. Schellings *Philosophie der Mythologie* (1856/57) teilt er die Vorstellung, daß sich in der Mythologie die Bildungsgeschichte menschlicher Erfahrung zum Ausdruck bringt. Dies berechtigt ihn zu der Annahme, daß im Mythos immer schon Rationalität am Werk sei. Damit setzt sich Blumenberg in Gegensatz zu Th. W. Adornos und M. Horkheimers Verständnis des Mythos (*Dialektik der Aufklärung*, 1947), für die das Fortwirken des Mythos den aufklärenden Intentionen entgegensteht. Für Blumenberg muß auch die Aufklärung ein eigenes Prometheusbild haben. Während E. Cassirers →*Philosophie der symbolischen Formen* (1923–29) vom Mythos als einer Gestaltungsweise des geistigen Lebens neben anderen spricht, behauptet Blumenberg einen für alle menschlichen Gestaltungen gemeinsamen mythologischen Grundzug. Bei Künstlern und Dichtern bedeutet die Arbeit am Mythos den Versuch »der Erhaltung des Subjekts durch seine Imagination«. So ist z.B. der »homo pictor nicht nur der Erzeuger von Höhlenbildern für magische Jagdpraktiken, sondern das mit der Projektion von Bildern den Verläßlichkeitsmangel seiner Welt überspielende Wesen«. Bezogen auf den Prometheusmythos demonstriert Blumenberg diese Funktion des Dichters an den Bearbeitungen von J. W. Goethe bis F. Kafka.

Ausg.: ³1984 (überarb.).
Lit.: W. BRÖCKER, Dialektik, Positivismus, Mythologie, Frankfurt/M. 1958. – J. VILLWOCK, Metapher und Bewegung, Frankfurt/M. 1983. – A. HAVERKAMP, Paradigma Metapher, Metapher Paradigma – Zur Metakinetik hermeneutischer Horizonte, in: Epochenschwelle und Epochenbewußtsein, hg. von R. HERZOG/R. KOSELLECK, München 1987, S. 547–560.

P. PRECHTL

Ars versificandi et carminum
(lat.; *Lehre vom Versemachen und von den Gedichten*), Conradus CELTIS (d. i. Konrad Pickel); EA o. O. u. J. (Leipzig 1486).
Dieses erste in Deutschland verfaßte Lehrbuch der lateinischen Metrik, das neben Hexameter und Pentameter, den das Mittelalter hindurch geläufigsten Versen, auch lyrische Versmaße behandelt, hat als bloße Anleitung zum metrisch korrekten Verfassen von Versen keine poetologische, jedoch große programmatische Bedeutung. Celtis widmete die aus einer Vorlesung in Leipzig hervorgegangene Schrift dem Kurfürsten von Sachsen, auf dessen Empfehlung hin er 1487 von Kaiser Friedrich III. als erster Deutscher zum ›poeta laureatus‹ gekrönt wurde. Diese Auszeichnung, eine Erfindung des Horaz, der die lyrischen Versmaße in die lateinische Dichtung eingeführt hatte, war zuerst in Italien für Petrarca wiederbelebt worden; sie in Deutschland einzuführen, sollte zeigen, daß wie das Römische Reich so auch die Herrschaft in den Künsten in einer ›translatio imperii‹ auf die Deutschen übergegangen sei. Das Verdienst Celtis' um die Dichtkunst, das auf diese Weise prämiert wurde, bestand bis dahin ausschließlich in der *Ars versificandi*. – Sie ist wie die vorangegangenen Metriktraktate italienischer Humanisten lediglich eine Zusammenstellung überlieferten metrischen Wissens, kompiliert aus mehreren selbständigen mittelalterlichen Quellen. Der Schriftentypus der »ars metrica« hatte sich im 8. Jh. herausgebildet. Seine Notwendigkeit ergab sich daraus, daß die prosodische Voraussetzung lateinischer Verse, die Länge oder Kürze der Silben, sich in der natürlichen Aussprache verloren hatte und folglich nurmehr theoretisch tradiert werden konnte. Die Leistung mittelalterlicher Theorie war hier hauptsächlich die Entwicklung eines Systems, nach dem die Quantität der Silben eines jeden lateinischen Wortes zu ermitteln war. Celtis nimmt dieses System in seiner jüngsten und am weitesten verknappten Form, die gleichwohl etwa die Hälfte des Werkes ausmacht, in die *Ars* auf. Zu seinen vor allem bei Horaz, →*De arte poetica,* Boethius oder in christlichen Hymnen belegten lyrischen Versmaßen versäumt er anzugeben, wie sie jeweils zu Strophen kombiniert werden. Insofern ermöglicht die *Ars* für sich noch nicht das Dichten in lyrischen Strophenformen, zu dem Celtis in der *Ode ad Apollinem (Ode an Apoll)* am Schluß der *Ars* aufruft, um Unbildung und Ungeschliffenheit in der deutschen Dichtung zu überwinden. Er selbst kam seinem Aufruf später in vier Büchern Oden nach, einer großangelegten Imitation des Horaz.

Lit.: E. SCHÄFER, Deutscher Horaz, Wiesbaden 1976, S. 1–38. – F. J. WORSTBROCK,

Die ›Ars versificandi et carminum‹ des K. Celtis, in: Studien zum städtischen Bildungswesen des späten Mittelalters und der frühen Neuzeit, hg. von B. MOELLER u.a., Göttingen 1983, S. 462–98. – J. LEONHARDT, Dimensio syllabarum, Göttingen 1989.

E. BOCKELMANN

Art and Revolution (engl.; *Kunst und Revolution*), Herbert MARCUSE; ED Boston 1972 (in: Counter-Revolution and Revolt); dt. Frankfurt/M. 1973.

Art and Revolution gehört zu den späten kunsttheoretischen Essays Marcuses, in denen das neomarxistische Theoriemoment und die unmittelbaren Perspektiven revolutionärer Praxis in den Hintergrund rücken. Die in *An Essay on Liberation* (1969; *Versuch über die Befreiung*) entworfene Utopie des Ästhetischen als Lebensform der befreiten Gesellschaft und einer »neuen Sensibilität« wird nicht weiter verfolgt. Dagegen betont Marcuse im Rückgriff auf frühere Analysen in *The Affirmative Character of Culture* (1937; *Über den affirmativen Charakter der Kultur*) wieder den kritischen Idealismus des klassischen bürgerlichen Kunstwerkes. Ausgehend von der positiven Einschätzung der ästhetischen Form, kritisiert er die Anti-Kunst der zeitgenössischen Kulturrevolution. – Die kulturrevolutionäre Rebellion des »Living Theatre«, der Dichtungen der »free press« schlägt nach Marcuse in eine Negation von Kunst und Literatur überhaupt um. Die Kunst hebt sich in Anti-Formen auf, die auf »bloßer Atomisierung« der traditionellen Formen beruhen, Gedichte werden Texte, die lediglich aus »in Verszeilen zerlegter Prosa« bestehen. Mit der ästhetischen Form verliert die Kunst ihre »Transzendenz« gegenüber der etablierten

Ordnung und verfällt deren Immanenz. Sie löst sich in die Eindimensionalität der unmittelbaren Lebenswirklichkeit auf: »Ihre unmittelbare ›Lebensechtheit‹ zerstört diese Anti-Kunst und ihren Appell«. Der diese Kritik tragende Begriff der ästhetischen Form beinhaltet die Gesamtheit der Qualitäten, die ein Werk zu einem »in sich geschlossenen Ganzen mit eigener Struktur und Ordnung« machen. Ihre Verkörperung, der Stil, unterwirft die Wirklichkeit einer anderen Ordnung, in der die »Gesetze der Schönheit« herrschen. Diese ästhetische Transfiguration schafft ein »in sich geschlossenes Universum«, das als permanent ›Anderes‹ Natur und gesellschaftliche Wirklichkeit transzendiert. Als imaginäre Transformation der Wirklichkeit in Schein erweist sich dabei gerade das klassische Kunstwerk nicht als stabilisierender Faktor einer repressiven Gesellschaft. So bilden die Theaterstücke Corneilles, Goethes *Iphigenie auf Tauris* (1787) oder *Torquato Tasso* (1790) nicht nur Produkte affirmativer Mimesis und höfischer Ideologie. Im Gegenteil verwirklicht sich durch die ihnen immanente »kritische Idealisierung« der gesellschaftlichen Wirklichkeit die »subversive Wahrheit« der Kunst. Diese transzendiert prinzipiell jeden spezifischen Klassencharakter und offenbart die allgemeine ›condition humaine‹. Die bürgerlichen Konflikte und Lösungen bei Defoe, Lessing, Flaubert, Dickens, Ibsen und Th. Mann werden so als menschheitliche Situation durchsichtig: als »Konflikt und Versöhnung zwischen Mensch und Mensch, zwischen Mensch und Natur«. Besonders durch die Wiedererinnerung vorbegrifflicher Erfahrung in der Darstellung extremer Zustände der Sinnlichkeit, Träume, Erinnerungen, Sehnsüchte wird eine andere Dimension erreicht: »die der möglichen Befreiung«. Das radikale Potential der Kunst ist dabei ausschließlich im Ausdruck »einer eigenen Sprache und Bilderwelt möglich, welche die Alltagssprache, die ›prose du monde‹, außer Kraft setzen«. Stärker als Farben und Töne steht dabei das Wort als alltägliches Kommunikationsmittel in der Gefahr, seine transzendente Bedeutung zu verlieren. Je mehr sich die Gesellschaft »dem Zustand einer totalen Kontrolle des Universums der Rede« nähert, desto mehr regrediert die Sprache zu einem Herrschaftsinstrument, dessen magischer Charakter aus einer trügerischen »Verschmelzung von Name und Gegenstand« erzeugt wird. Dagegen behauptet sich der Vers des klassischen Theaters, der die alltagssprachliche Regel herausfordert, als »die dominierende Stimme der zweidimensionalen Welt«. Das bürgerliche Theater sprengt das realistische Universum dagegen durch die egalitären Ideen der bürgerlichen Revolution. Bei Ibsen und Hauptmann wird ferner die bürgerliche Welt »von symbolischen Gestalten und Konfigurationen erschüttert, die zu Verkündern der Katastrophe und Befreiung werden«. Radikale ästhetische Transzendenz, die das etablierte Universum durchbricht, findet sich für Marcuse aber auch in zeitgenössischer Literatur: der Lyrik Brechts, A. Ginsbergs, L. Ferlinghettis und vor allem im Werk S. Becketts. – Marcuses Apologie der ästhetischen Form, die er später in *Die Permanenz der Kunst* (1977) gegen die orthodoxe

marxistische Ästhetik fortsetzt, bleibt zweifellos der klassischen Ästhetik und der idealistischen Idee des autonomen Kunstwerks verpflichtet. In Abkehr von der revolutionären ästhetischen Utopie soll sie die prinzipiell »metapolitische« Position von Kunst neu begründen. »In der Kunst erscheint das politische Ziel allein in der Transfiguration mittels der ästhetischen Form«. Marcuses strategischer Gebrauch eines klassizistisch anmutenden Formbegriffes läßt sich sicherlich kritisieren. Andererseits insistiert seine Verteidigung der ästhetischen Form zu Recht auf einer generellen Konstitutionsbedingung der Kunst als Kunst, ihres lebenswelttranszendenten Charakters und ihrer gesellschaftskritischen Potenz. Damit setzt er auch einen theoretischen Kontrapunkt gegen die postmoderne Tendenz einer Verbindung von Kunst, Massenkultur und ihrer affirmativen Integration in die pluralistische Kulturgesellschaft.

Ausg.: Schriften, Bd. 9, Frankfurt/M. 1987, S. 81–128.
Lit.: M. SCHOOLMAN, Marcuse's Aesthetics and the Displacement of Critical Theory, in: New German Critique 8 (1976), S. 54–79. – U. GMÜNDER, Ästhetik – Wunsch – Alltäglichkeit. Das Alltagsästhetische als Fluchtpunkt der Ästhetik Herbert Marcuses, München 1984.

P. L. OESTERREICH

Art as Experience (engl.; *Kunst als Erfahrung*), John DEWEY; EA New York 1934; dt. Frankfurt/M. 1980.

Deweys philosophisch-ästhetische Abhandlung *Art as Experience* kann zusammen mit *Experience and Nature* (1925; *Erfahrung und Natur*) als die Summe seines Denkens betrachtet werden. Sein empirischer Naturalismus erfaßt im Sich-Ereignen der Kunst als Prozeß sowohl der Produktion wie der Rezeption die höchste Möglichkeit der Selbstorganisation des Erfahrens. Das Erfahren als non-dualistisches Geschehen und seine organischen wie intellektuellen Ordnungsprozesse sind ein Grundmotiv der Philosophie Deweys, das in der Auffassung der Kunst als temporales Ereignis seinen Ausdruck findet. Dewey denkt hier die in der Psychologie und im Radikalempirismus von W. James angelegte Ontologie weiter und gelangt in seiner Deutung des Ereignischarakters von Kunst und/als Erfahren in die Nähe von Denkmotiven der Prozeßphilosophie Whiteheads. – Als sich im Werk schließender Prozeß der Erfahrung hat das Geschehen der Kunst Anteil an den rhythmischen und daher immer potentiell künstlerischen Prozessen der Integration des Organismus in sein vitales Umfeld. Damit wird die Kunst aus der kulturell späten Situation der ästhetischen Unterscheidung (Gadamer) befreit; die Differenz zwischen Kunst und gesellschaftlicher, kommunikativer und produktiver Praxis wird eingeebnet. Historisch ist Dewey bemüht, mit Hilfe einer Genealogie der Machtinteressen, die Herausbildung eines privilegierten Bereiches des Ästhetischen als Ausdruck der abendländischen Metaphysik zu destruieren. Das Kunstwerk ist allein als ein sich in sich selbst vollendender Prozeß ausgezeichnet. Dieser wird jedoch nicht in der autoritativen Präsenz eines Gegenstandes, sondern immer nur als Ausgangspunkt unabschließbarer und pluraler Rezeptionsvorgänge greifbar. Als homologe Gestalt eines vollendeten Erfahrens kann das Kunstwerk weder als ›Nachahmung der Natur‹ (»imitatio naturae«), als geformter Inhalt, als Mittel der platonischen oder kognitiven Wesensschau noch als Objekt ›sui generis‹ angemessen erfaßt werden. Der kritische und theoretische Weg zur Kunst, der Weg des philosophischen Denkens, eröffnet die Möglichkeiten immer neuer Erfahrungen mit und als Kunst in einem unabschließbaren Prozeß. Hier wird die enge Verbindung von Deweys Ästhetik mit seinen politischen und erzieherischen Vorstellungen erkennbar: Die Gebilde der Kunst sind die Wegweiser in die offene Zukunft der Demokratie als »einer dem Leben als Kunst gewidmeten Gemeinschaft«. – Die noch zu Lebzeiten Deweys erfolgte Würdigung seiner Ästhetik als Zentrum und Kulminationspunkt seines Denkens (Edman) wurde zunächst zugunsten eines einseitigen Interesses an seiner instrumentalistischen Methodenlehre vernachlässigt. Mit der Neubewertung von Deweys Rolle in der Destruktion der Metaphysik (Rorty) hat vor allem in den 80er Jahren das kritische Interesse an seinem Denken in *Art as Experience* einen neuen Aufschwung genommen (Alexander).

Ausg.: Dt. Frankfurt/M. 1987.
Lit.: I. EDMAN, Dewey and Art, in: John Dewey: Philosopher of Science and Freedom, hg. von S. HOOK, New York 1950. – P. M. ZELTNER, John Dewey's Aesthetic Philosophy, Amsterdam 1975. – T. M. ALEXANDER, John Dewey's Theory of Art, Experience and Nature: The Horizons of Feeling, New York 1987.

H. FRIEDL

Arte de ingenio. Tratado de la agudeza (span.; *Kunst der Erfindung. Abhandlung über den Scharfsinn*), Baltasar GRACIÁN; EA Madrid 1642 (überarb. und erw. Ausg. 1648).

E. R. Curtius wies darauf hin, daß Graciáns Originalität darin besteht, als erster und einziger das System der antiken Rhetorik für ungenügend erklärt und durch eine neue Disziplin ergänzt zu haben, welche die Bedeutung der »agudeza« (des »Scharfsinns«) hervorhebt und die schöpferischen Möglichkeiten des »ingenium« (der »Erfindungskraft«) sichtbar werden läßt. »Die agudeza bedient sich der Tropen und rhetorischen Figuren als Werkzeuge, um ihre conceptos gelehrt-verfeinert (›cultamente‹) auszudrücken«, schreibt Gracián und bietet einen umfangreichen Kanon von Musterautoren für die Kunst des »concepto« von der Antike bis zum spanischen Goldenen Zeitalter, von Martial bis Góngora, auf. Gracián ist der tiefsinnigste Lehrmeister des »concepto« in Spanien. Dieser wird bestimmt als »Akt der Einsicht (›entendimiento‹), der die zwischen Gegenständen bestehende Entsprechung (›correspondencia‹) zum Ausdruck bringt«. Damit ist die Tätigkeit des Lesers als eines Miterfinders begründet: Er trägt zur Entschlüsselung und Ausfaltung des Gedankens bei. Worte spiegeln demzufolge nicht einfach Gedanken, sondern sie sollen diese »nähren« und »hervorbringen«. Quelle der »conceptos« ist der »Bezirk des Scharfsinns« (»ingenio«). »Ingenio« ist nicht wie »juicio« (das unterscheidende Urteilsvermögen des Verstandes) allein auf Wahrheit hin angelegt, sondern zielt auch auf Schönheit. Bei der Darstellung der Arten und Unterschiede von »conceptos« hebt Gracián hervor, wie das »Nützliche« (»Wahrheit«) und das »Ergötzliche« (»Schönheit«), die sich im »concepto« spannungsvoll ergänzen, zur Vollendung gelangen. Der »concepto« hat für Prosa wie für Poesie Geltung und läßt sich in allen Gattungen und Stilarten anwenden. Jede literarische Form und jedes Sachgebiet kann mit dem Schmuck dieses »Sinnspiels« ausgezeichnet werden. Graciáns Lehre von der »agudeza« ist nicht bloß eine Lehre der raffinierten Stilkunst oder des überraschenden Kunststils, sie ist auch in einen umfassenden anthropologischen Entwurf, in eine Lebenslehre eingebettet. Ebensowenig erschöpft sie sich in einer rhetorischen Technik der Tropen und Figuren: Sie führt vielmehr zu einer barocken Theorie der poetischen Erfindung, die für die Moderne den Spielraum der Phantasie und literarischen Künstlichkeit immer weiter ausdehnt.

Ausg.: Hg. von E. Correa CALDERON, Madrid ²1988.
Lit.: H. JANSEN, Die Grundbegriffe des Baltasar Gracián, Genf/Paris 1958. – E. HIDALGO-SERNA, Das ingeniöse Denken bei Baltasar Gracián, München 1985. – El mundo de Gracián, hg. von S. NEUMEISTER, Berlin 1991.

D. BRIESEMEISTER

The Art of Poetry (engl.; *Die Dichtkunst*), Ben JONSON, entst. 1620–35 als fünfter Teil von *Timber, or Discoveries*; EA London 1640.

Als wesentlicher Bestandteil seiner Dichtungstheorie, die Jonson auch in den Pro- und Epilogen seiner Dramen entfaltet, dokumentiert dieser Teil der essayistischen und aphoristischen Schrift *Discoveries* seine klassische Haltung, insbes. seine intensive Anlehnung an die aristotelische Poetik (→*Peri poietikes*). Seine Dichtungsauffassung betont die ethische Bedeutung der Literatur als

Kunstform für das Leben und die enge Verbindung von Dichtung und Philosophie. So wie F. Bacon in seinem *Advancement of Learning* (1605; *Fortschritt des Lernens*) die Form und die Fiktionalität als wesentliche Merkmale der Literatur gekennzeichnet hatte, definiert sie auch Jonson als »eine Kunst der Nachahmung und Erfindung, die das menschliche Leben in angemessenem Metrum, in Versen und Harmonie zum Ausdruck bringt«. Dabei bestimmt der Wahrheitsanspruch das Wesen der Dichtung. Die Ethik bildet in dieser humanistischen Sichtweise den Höhepunkt menschlichen Denkens überhaupt, sie beherrscht in ihrer Verknüpfung mit dem Verstand auch die affektive Seite des Menschen. In Jonsons vier Forderungen an den Dichter überwiegen die rationalen und imitativen Fähigkeiten: »ausgeprägter natürlicher Sinn«, »ständige Übung« in der formalen Schulung, »Nachahmung« im klassischen Sinn mit Bezug auf die antiken Vorbilder und schließlich »Genauigkeit im wissenschaftlichen Studium der Literatur«. Die ethische und anthropologische Beschäftigung mit den poetischen Gegenständen, deren Auswahl und Form den Vorschriften der Rhetorik folgen soll, setzt eine ontologische und epistemologische Fähigkeit des Dichters voraus. – Die aristotelische und horazische (→*De arte poetica*) Tradition wird auch in Jonsons Anforderungen an die von ihm bevorzugte literarische Gattung, das Drama, erkennbar. Im Vorgriff auf J. Drydens Theorie, aber im Gegensatz zur Renaissancekonvention, setzt er es mit dem Epos gleich. So erwartet er nicht nur eine einheitliche, durch Anfang, Mitte und Ende harmonisch gestaltete Handlung, sondern auch die Beachtung der Einheit des Ortes und der Zeit. Mit diesen neoklassizistischen Grundsätzen knüpft Jonson an das hellenistische Ideal der Kalokagathie (die metaphysische Einheit des Guten, Schönen und Wahren) an und beeinflußt so entscheidend die poetologischen Entwürfe der englischen Restaurationszeit und des Neoklassizismus bis hin zu A. Pope (→*An Essay on Criticism*) und S. Johnson.

Ausg.: Works, ed. by C. H. HERFORD / P. SIMPSON / E. M. SIMPSON, Bd. 8, Oxford 1947, S. 555–649.
Lit.: A. LEGGATT, Ben Jonson: His Vision and his Art, London 1981. – D. RIGGS, Ben Jonson, A Life, Harvard 1989. – R. MILES, Ben Jonson, His Craft and Art, London 1990.

R. AHRENS

L'Art poétique (frz.; *Die Dichtkunst*), Nicolas BOILEAU-DESPREAUX; EA Paris 1674; dt. Freiburg 1786.

In dem häufig als bloß technische Anleitung mißverstandenen Lehrgedicht formuliert der bis dahin nur als Satiriker hervorgetretene Boileau die allgemeinen ›klassischen‹ Regeln der französischen Dichtkunst. Inspiriert von Aristoteles (→*Peri poietikes*), Pseudo-Longinos (→*Peri hypsous*), Horaz (→*De arte poetica*) und in enger Anlehnung an neoaristotelisch-humanistische Renaissancepoetiken formuliert er im ersten Gesang die Grundlagen dichterischen Schaffens: Natürliche Begabung (»ingenium«), die Kenntnis erlernbarer Regeln (»art«) und die Orientierung an der universell-zeitlosen Vernunft (»bon sens«, »raison«) sollen sich in der Klarheit (»clarté«) des Stils manifestieren. Der zweite Gesang behandelt die antiken und modernen kleinen Gattungen Idylle, Elegie, Ode,

Sonett, Epigramm, Rondeau, Ballade, Madrigal, Satire, Vaudeville und Chanson. Die drei großen Gattungen (Tragödie, Epos, Komödie) und ihre zeitgenössischen Vertreter (Racine, Corneille, Molière, Desmarets de Saint-Sorlin, Saint-Amant) erörtert Boileau im dritten Gesang. Im vierten Gesang betont er, daß die Dichtkunst nützliche Zwecke (»l'utile«) verfolgen müsse und sich in den Dienst fester moralischer Grundsätze zu stellen habe. Er vertritt damit die von Horaz formulierte pädagogische Dichtungstheorie (»plaire et [...] toucher«). Dabei akzentuiert er aber unter wirkungsästhetischem Gesichtspunkt das Verhältnis von ›Gefallen‹ und ›Nützen‹ der Dichtung neu (die »prodesse et delectare«-Forderung der antiken und zeitgenössischen Regelpoetiken wird so aktualisiert). Boileau geht über die Funktionalisierung des Gefallens im Dienste des Belehrens hinaus. Er nähert sich der neuen, im 18. Jh. zur Geltung gelangenden sensualistischen Wirkungsästhetik. Orientiert an Aristoteles und der Erkenntnistheorie Descartes' fordert Boileau die »Nachahmung der Natur« als Aufgabe der Dichtung. Denn nur dadurch dient diese der Erkenntnis der Wahrheit, die zugleich Grundlage der Schönheit der Kunst ist. Allerdings wird aus dem Bereich des Schönen alles ausgeschlossen, was gegen die »Moral« und den »gesunden Menschenverstand« (»bon sens«) verstößt. Im Sinne des Wahrheitspostulats und seiner Forderung nach »Wahrscheinlichkeit« (»vraisemblance«) formuliert Boileau auch sein für die Regelpoetik im 18. Jh. wirkungsmächtiges Diktum von der ›Einheit von Raum, Zeit und Handlung‹ in der

Dichtung. – Bis zur romantischen Gegenreaktion gegen die Klassik wurde Boileau als unfehlbares Orakel des französischen Parnaß gefeiert, dann aber scharf kritisiert. Erst im 20. Jh. gelang der literarischen Kritik ein ausgewogeneres Urteil.

Ausg.: Œuvres complètes, hg. von C.-H. BOUDHORS, Bd. 2, Paris 1939. – Komm. Ausg. von A. BUCK, München 1970. *Lit.:* M. HERVIER, L'Art poétique de Boileau, étude et analyse, Paris ²1949.

K.-U. HARTWICH

L'Art romantique (frz.; *Die romantische Kunst*), Charles BAUDELAIRE; EA Paris 1868; dt. Minden 1902 und 1906 (Teilübers.).
Die Sammlung kritischer Arbeiten zu Kunst, Literatur und Musik, die Baudelaire zwischen 1846 und 1864 für Zeitungen und Zeitschriften geschrieben hat, wurde von Ch. Asselineau und Th. de Banville herausgegeben. Der Band enthält mit Ausnahme der *Salons,* der Artikel über Poe und der drei Studien zur Karikatur so gut wie alle wichtigen Kunst-, Literatur- und Musikkritiken Baudelaires, darunter die *Conseils aux jeunes littérateurs* (1846; *Ratschläge für junge Literaten*), *Richard Wagner et Tannhäuser à Paris* (1861; *Richard Wagner und Tannhäuser in Paris*), *Le Peintre de la vie moderne* (1863; *Der Maler des modernen Lebens*), die *Réflexions sur quelques-uns de mes contemporains* (1868; *Reflexionen über einige meiner Zeitgenossen*) sowie unter anderem Artikel über Delacroix, Gautier, Hugo und Flaubert. Sind die *Conseils aux jeunes littérateurs* noch ein Capriccio des jungen Dichters, in dem die späteren Themen seines Schaffens nur blitzartig aufscheinen, so weist die Auseinandersetzung mit dem Übervater

Hugo, dem Freunde Gautier und dem Autor der *Madame Bovary* (1857) ins Zentrum einer Kritik, die ihre Genauigkeit aus einer betonten Subjektivität gewinnt. Das Urteil über Hugo und Gautier ist gespalten: dem öffentlichen Lob stehen privat geäußerte Zweifel an den Meriten der beiden gefeierten Dichter gegenüber. Flaubert dagegen findet wie sonst nur noch Poe Baudelaires uneingeschränkte und bewundernde Zustimmung. – Die Literaturkritik Baudelaires leidet insgesamt an zu großer Nähe und Rücksichtnahme auf die Kollegen und Freunde. Das gilt auch für die *Réflexions sur quelques-uns de mes contemporains*, kritische Studien über zehn französische Dichter und Zeitgenossen Baudelaires: V. Hugo, A. Barbier, M. Desbordes-Valmore, Th. Gautier, P. Borel, H. Moreau, Th. de Banville, P. Dupont, Leconte de Lisle, G. Le Vavasseur. Baudelaire hat die in der Ausgabe von 1868 versammelten Charakteristiken ursprünglich für den vierten Band einer Anthologie geschrieben, die der fortschrittlich gesinnte Literat E. Crépet unter dem Titel *Les Poètes français* (1862; *Die französischen Dichter*) herausgegeben hat. Mit einer Ausnahme (H. Moreau) überließ sie Baudelaire schon vorher der *Revue fantaisiste*, wo sie zwischen Juni und August 1861 in geänderter Reihenfolge erschienen. Drei Faktoren behindern die freie Meinungsbildung Baudelaires: die übermächtige, die literarische Szene der 60er Jahre prägende Figur Hugos, die regelmäßige Lektüre der *Causeries du lundi* (1849–61; *Montagsplaudereien*) von Sainte-Beuve und die Auseinandersetzungen mit dem fortschrittsgläubigen Crépet. – Wichtiger

fast als seine literaturkritischen Äußerungen sind für Baudelaires literarische Ästhetik seine Kunst- und Musikkritiken. Dazu gehören außer den *Curiosités esthétiques* (1855; *Ästhetische Merkwürdigkeiten*), den im zweiten Band der Gesamtausgabe von 1868 gesammelten Berichten von den Salons 1845, 1846 und 1859 und von der Weltausstellung 1855, auch die in *L'Art romantique* aufgenommenen Auseinandersetzungen mit Delacroix, C. Guys und R. Wagner. Delacroix ist zusammen mit Balzac der wichtigste Vertreter einer Romantik, die Baudelaire als Schule der Modernität versteht. Baudelaire geht in seiner (unerwiderten) Neigung zu Delacroix so weit, daß er dessen eher antimoderne Neigung zu exotischen und historischen Themen ebenso ignoriert wie umgekehrt die Modernität der ihm in ihrem unromantischen Realismus viel näherstehenden Maler Courbet und Manet. So fällt dem relativ unbedeutenden Zeichner C. Guys die erstaunliche Rolle zu, die ästhetischen Ansichten Baudelaires und sein Verhältnis zur Moderne am reinsten zu verkörpern. Die Abhandlung *Le Peintre de la vie moderne* gerät Baudelaire zum Manifest der Modernität, deren Dichter er in den *Fleurs du Mal* (1857; *Blumen des Bösen*) ist. Phänomene wie die Mode, die Großstadt, die Massengesellschaft, das Dandytum und die neue, sich von der Naturnachahmung abwendende Kunstauffassung werden hier mit einer Luzidität behandelt, die dem Traktat epochale Bedeutung gibt und Baudelaire als Deuter seiner Zeit neben Tocqueville, Heine und Leopardi stellt. Baudelaire gibt der Gegenwart gegen Klassizismus und Romantik das Recht, in »ihrer essentiellen Qualität als Gegenwart« sie selbst zu sein. Er entwickelt »eine rationale und historische Theorie des Schönen«, die gegen alle ästhetische Verabsolutierung den zeitabhängigen Doppelcharakter des Schönen betont und es dem Künstler zur Pflicht macht, im Vergänglichen selbst das Ewige zu sehen. Dies hat er v. a. mit Blick auf die Mode ausgeführt. – Der Wagner-Essay, begonnen nach dem überwältigenden Erlebnis einiger von Wagner selbst dirigierten Konzerte im Januar und Februar 1860 und vollendet unter dem niederschmetternden Eindruck der mißglückten Pariser Tannhäuser-Erstaufführung im März 1861, ist die einzige musikkritische Arbeit Baudelaires. Wagners Musik läßt noch einmal zusammenschießen, was ihn als Dichter nicht erst in der Epoche der zweiten Auflage seiner *Fleurs du mal* bewegt hat: Symbiose und Synästhesie von Musik-, Raum- und Drogenerfahrung, das System der Korrespondenzen, Leiden und Leidenschaft des Herzens und nicht zuletzt, unter Hinweis auf da Vinci, Diderot, Goethe, die Einheit von Kunst und Kritik: »Alle großen Dichter werden von Natur zwangsläufig Kritiker. Ich beklage die Dichter, die allein der Instinkt leitet; ich halte sie für unvollkommen [...]. Ich betrachte den Dichter als den besten aller Kritiker.«

Ausg.: Œuvres complètes, hg. von CL. PICHOIS, Bd. 2, Paris ²1976. – Dt. München 1977f.
Lit.: G. MACCHIA, Baudelaire critico, Florenz 1939 (²1988). – M. GILMAN, Baudelaire the Critic, New York 1943 (²1971). – R. LLOYD, Baudelaire's Literary Criticism, Cambridge 1981.

S. NEUMEISTER

Aufschreibesysteme 1800/-1900, Friedrich A. KITTLER; EA München 1985.

Den weltliterarischen Seufzer: »Ach«, mit dem Schiller und Goethe bezeugen, daß, wenn sie spricht, es schon nicht mehr die Seele ist, die spricht, bestimmt Kittler als den sich selbst bezeichnenden Signifikanten der Seele, als ein Un-Wort am Anfang aller klassisch-romantischen Rede. Im autonymen Seelenlaut hört er den Tod des Begehrens und liest ihn als Aufschrift über dem Gefängnis des Körpers. Von hier aus de(kon)struiert Kittler die deutsche Literaturgeschichte, bis sie in diskrete Abenteuer des Sprechens zerfallen ist. »Aufschreibesysteme« – ein Terminus des Nervenkranken D. P. Schreber – inventarisieren in ganz ›geistloser‹ Weise diskursive Fakten und unterscheiden sich historisch durch die Techniken, mit denen sich eine Kultur der Sprache bedient. – Um 1800 endet die ›Gelehrtenrepublik‹ als Reich bedeutungsloser Buchstaben, in dem man auswendiglernt und wortwörtlich nimmt. Von nun an lernt man lesen, was man versteht. Die Hermeneutik etabliert sich als Diskurskontrolle, die verschleiert, daß sie eine ist. Kittler zeigt, daß nun alles verstanden werden kann, weil das »Befehlswort des Staates« als das Unverstehbare des Sprachspiels ›Verstehen‹ dem Dichten und Denken verschwiegen bleibt. Das »Aufschreibesystem 1800« naturalisiert das Alphabet: Um das Kommando des Staates zu verdrängen, erfindet die Hermeneutik die Andere des Staates, die Mutter als Natur und Ideal zugleich. Ihr verdankt sich die Virtuosität einer Einbildungskraft, die nun als supplementäre Sinnlichkeit alle anderen Sinne ersetzt. Der Dichter ist nur Aufschreiber des Muttermundes. Für Kittler ist dies die literarische Rollenverteilung um 1800: Die Mutter souffliert stumm, der Beamte schreibt. So erfindet sich der Mensch als Autor. Um 1900 wird diese Hermeneutik durch eine Physiologie der Speichertechniken ersetzt. Ihr geht es nicht mehr um Seelenlaute, sondern um die Differentialität bedeutungsloser Signifikanten, um Kombinatorik, Zufallsregeln und eine Technologie der Schrift. Diesen Sprung vom »Ach« zum »Blabla« beschreibt Kittler als Medienrevolution. Das Erscheinen neuer technischer Medien zerstört eine Romantik, die das Bewußtsein noch auf Signifikate verpflichtete. Medientechniken wie Grammophon und Film machen das Sinnesupplement Dichtung überflüssig. Die neuen Medien eröffnen den »anderen Schauplatz« (Freud) des Unbewußten: den Diskurs des Anderen und den Materialismus der Zeichen. Statt immer nur Symbolisches symbolisch zu verarbeiten, wird jetzt Reales, nämlich Sinnesdaten, technisch aufgezeichnet. Ein fröhlicher Positivismus registriert subjektlose Spuren und autorlose Schrift. – In schroffer Antithese zum romantischen Übersetzungskontinuum der Diskurse steht das Aufschreibesystem 1900 im Zeichen reiner Differentialität, diskreter Elemente und absoluter Unübersetzbarkeit. Frauen ersetzen die Mutter, Medien den Alphabetismus, Psychophysik die Sinnstiftung, Psychoanalyse die Philosophie und Artistik die Dichtung. Damit stößt Literatur auf die unaussprechbare Sichtbarkeit der nackten Zeichen, das Schreiben wird intransitiv und

seelenlos. Die Bedeutung geht unter im ›weißen Rauschen‹, dem unmenschlichen Anderen aller Zeichen, in dem die Medien willkürliche Selektionen vornehmen.

Ausg.: [2]1987 (erw. und korr.).

N. BOLZ

Ausführliche Arbeit Von der Teutschen HaubtSprache / Worin enthalten Gemelter dieser HaubtSprache Uhrankunft / Uhralterthum / Reinlichkeit / Eigenschaft / Vermögen / Unvergleichlichkeit / Grundrichtigkeit / zumahl die SprachKunst und VersKunst Teutsch und guten theils Lateinisch völlig mit eingebracht / wie nicht weniger die Verdoppelung / Ableitung / die Einleitung / Nahmwörter / Authores vom Teutschen Wesen und Teutscher Sprache / von der verteutschung / Item die Stammwörter der Teutschen Sprache samt der Erklärung und derogleichen viel merkwürdige Sachen, Justus Georg SCHOTTELIUS; EA Braunschweig 1663.

Das ca. 1500 Seiten starke Werk umfaßt fünf Bücher. Auf eine Sammlung von »Lobreden« auf die deutsche Sprache folgen zwei umfangreiche grammatische Bücher, die sich insbesondere mit der Wortbildung, den Wortarten und Besonderheiten der Wortstellung beschäftigen, schließlich eine Poetik sowie ein Buch sprachpraktischer und allgemein sprachreflektierender Traktate. Durch die Art und Weise, wie zentrale Probleme zeitgenössischer Sprachpflege behandelt werden (u. a. die Festsetzung eines verbindlichen Standards der deutschen Sprache; sprachphilosophische Untersuchungen über das Verhältnis zwischen Sprache und

Wirklichkeit; Fragen des Sprachursprungs), wird die *Teutsche HaubtSprache* zum wohl markantesten Vertreter barocker Sprachbetrachtung. Im Zentrum der Darstellung stehen die »Stammwörter«, über die das Deutsche als auf die babylonische Sprachverwirrung zurückgehende und damit der adamischen Ursprache noch vergleichsweise nahe »Hauptsprache« in großer Zahl verfügt und die durch die Möglichkeiten der Zusammensetzung und Ableitung allen Mitteilungsbedürfnissen gerecht werden können. In ihrer Lautgestalt spiegeln sie »den rechten Grund« und das »uhrsprüngliche Wesen« der Dinge und erlauben dadurch einen unvermittelten Zugriff auf die Gegebenheiten der Wirklichkeit. In diesem Gedanken klingt die in Platons *Kratylos* (ca. 393–88 v. Chr.) formulierte ›physei‹-These von der Nicht-Arbitrarität des sprachlichen Zeichens ebenso an wie die Natursprachenlehre eines Mystikers wie J. Böhme →*Mysterium Magnum*. Schottelius' Sprachbegriff ist weitgehend ahistorisch. Die von ihm angestrebte, in sich prinzipiell »grundrichtige«, über den einzelnen Dialekten stehende »lingua ipsa Germanica« soll weniger durch den tatsächlichen Sprachgebrauch als durch innersprachliche Analogieschlüsse geregelt werden. Charakteristisch für die Zeit ist auch die nationalistisch geprägte Kritik am »alamodischen« Fremdwort insbesondere frz. Herkunft. Im Verhältnis zu den sprachreflektierenden Teilen und zur ausführlich behandelten Wortbildung spielt die nur aus Metrik und Reimlehre bestehende Poetik eine untergeordnete Rolle. Gefordert wird (in Abgrenzung gegenüber der antiken

Tradition und zeitgenössischen Einflüssen aus anderen europäischen Literaturen) eine der »Art/Natur und Eigenschaft« des Deutschen entsprechende Dichtkunst, die sich für Schottelius unmittelbar »aus der Sprachkunst« (Grammatik) ergibt und sich in seinem Werk schon deshalb auf formale Aspekte beschränkt.

Ausg.: Hg. von W. HECHT, 2 Bde., Tübingen 1967 (Nachw. von W. HECHT).
Lit.: S. BARBARIĆ, Zur grammatischen Terminologie von J. G. Schottelius und K. Stieler, 2 Bde., Bern 1981. – G. M. NEUHAUS, Justus Georg Schottelius: Die Stammwörter der Teutschen Sprache Samt dererselben Erklärung / und andere die Stammwörter betreffende Anmerkungen. Eine Untersuchung zur frühneuhochdeutschen Lexikologie, Göppingen 1991.

A. GARDT

Les Beaux-Arts réduits à un même principe (frz.; *Die Schönen Künste, aus einem Grundsatz hergeleitet*), Charles BATTEUX; EA Paris 1746; dt. Gotha und Leipzig 1751.

Das Werk versucht erstmals (vor A. G. Baumgartens →*Aesthetica* und noch ohne den Begriff zu benutzen) eine geschlossene Theorie des Ästhetischen. Dessen Eigenwert wird vor I. Kant (→*Kritik der Urteilskraft*) mit der Formel »interesseloses geistiges Gefallen« und (nach Shaftesbury) als das »Vollkommene in sich selbst« definiert. Als selbständiger Teil der späteren *Principes de la littérature* (1775; *Grundsätze der Literatur*) ist es zugleich eine Grundlegung des Literarischen und der literarischen Gattungen innerhalb des Systems der schönen Künste. – Ausgehend von der Krise der klassischen Regelästhetik mit ihrem Grundsatz der Einheit von Ort, Zeit und Handlung überträgt Batteux das cartesianische Erkenntnisideal und die aufklärerische Vorstellung eines einheitlichen Naturgesetzes auf den ästhetischen Bereich. Dieser wird insgesamt dem aristotelischen Prinzip der Nachahmung der Natur zugeordnet (→*Peri poietikes*). Als Organ des ästhetischen Urteils fungiert – unter dem offensichtlichen Einfluß der sensualistischen Ästhetik (vgl. Dubos →*Réflexions critiques sur la poésie et la peinture*) – der Geschmack, durch den die ästhetische Erfahrung subjektiv verankert und mit dem Gefühl vermittelt wird. Ihm kommt die Aufgabe zu, den (aus England kommenden) Genie- und Enthusiasmusbegriff im Zeichen der »belle nature« (schöne Natur) und der »perfection« (Vollkommenheit) zu kanalisieren. Schönheit und Vollkommenheit zeichnen sich nach Batteux durch die vollkommene Übereinstimmung von Form (Symmetrie, Proportion) und Inhalt (bürgerliche Tugenden, Sitte) aus, verbunden mit einem Höchstmaß an Wirkung. Trotz des unverkennbaren Nachwirkens klassisch-humanistischer Kategorien ist damit auch der Weg zur Historisierung der Künste beschritten. – In Analogie zu den Kulturentstehungstheorien der Aufklärung entwirft Batteux eine historisch-anthropologische Theorie der Entstehung der Künste, die in aufsteigender Linie durch ihre wachsende Emanzipation von »Bedürfnis« und »Nützlichkeit« gekennzeichnet ist und in dem reflexiven Heraustreten aus der Natur den Freiheitsbegriff Kants vorwegnimmt. – Unter diesem Blickwinkel erscheint die Theorie als Komplement zu der fast gleichzeitigen Grundlegung der Wissenschaften und Künste im *Discours préliminaire* (1751; *Einleitung*) d'Alemberts zur *Ency-*

clopédie. Die Ausgrenzung des Ästhetischen aus dem Bereich des Nützlichen setzt die Entwicklung der Industrie voraus – Aneignung der Welt in der Praxis und ästhetische Aneignung bedingen sich wechselseitig: »Das gesamte Universum gehört zum Bereich der schönen Künste«. Mehrere Neuauflagen der deutschen Übersetzung unterstreichen die Bedeutung dieses Ansatzes für die Ästhetik der deutschen Klassik.

Ausg.: Genf 1969. – Dt. Nachdr. Hildesheim 1976.
Lit.: P.-E. KNABE, Schlüsselbegriffe des kunsttheoretischen Denkens in Frankreich von der Spätklassik bis zum Ende der Aufklärung, Düsseldorf 1972. – M. FONTIUS, Produktivkraftentwicklung und Autonomie der Kunst. Zur Ablösung ständischer Voraussetzungen in der Literaturtheorie, in: Literatur im Epochenumbruch, Berlin (Ost) 1977, S. 409–529.

F. WOLFZETTEL

Beiträge zur Analyse der Empfindungen, Ernst MACH; EA Jena 1886.
In dieser Untersuchung über die Psychologie der sinnlichen Wahrnehmungen wendet sich Mach von der Kantschen Metaphysik ab und knüpft wieder an den subjektiven Idealismus Berkeleys an. Als Physiker stützt er seine Analyse auf praktische Versuche, nimmt sich aber gleichzeitig vor, der modernen Naturwissenschaft eine erkenntnistheoretische Grundlage zu geben. Hinsichtlich der sinnlichen Wahrnehmung, die er allein als empirisch verifizierbar gelten läßt, entwickelt Mach die theoretischen und experimentellen Ansätze von Fechner und Helmholtz weiter. Zugleich übernimmt er die »atomistische« Psychologie W. Wundts, die das menschliche Bewußtsein als Zusammensetzung einzelner, individuell abtrennbarer »Elemente« versteht. – Die

Analyse der Empfindungen befaßt sich in erster Linie mit Fragen der Optik, des Gehörs, der räumlichen Wahrnehmung und der Zeitempfindung. Indem Mach den »Elementen« der Wahrnehmung die Priorität einräumt, argumentiert er gegen herkömmliche Vorstellungen von Ich und Welt, die er als bloße »Notbehelfe« betrachtet. Das Ich versteht er als ein zufälliges Bündel sinnlicher Wahrnehmungen, die an keinen stabilen Kern gebunden sind. Diese These formuliert Mach in seinen »antimetaphysischen Vorbemerkungen« in dem berühmten Satz: »Das Ich ist unrettbar.« Subjekt und Objekt gehen ineinander über: Mach erkennt keine Kluft »zwischen Körpern und Empfindungen, zwischen innen und außen, zwischen der materiellen und der geistigen Welt« an. Demnach haben wir kein Recht, zwischen Illusion und Wirklichkeit zu unterscheiden: »Auch der wüsteste Traum ist eine Tatsache, so gut als jede andere.« Machs Angriff auf die Vorstellung einer objektiven Wirklichkeit stiftete unter seinen Zeitgenossen viel Verwirrung. In der *Analyse der Empfindungen* kommt zwar an mehreren Stellen eine pragmatistische Tendenz zum Ausdruck, die im Alltag keineswegs die Vorstellungen von Ich und Welt aufgeben möchte, aber Mach fühlte sich trotzdem gezwungen, der vierten Auflage seines Buches einen Anhang hinzuzufügen, in dem er sich gegen ein Mißverständnis seiner Thesen im Sinne des Solipsismus wendet. – Die *Analyse der Empfindungen* übte einen weitreichenden Einfluß auf die Literatur der Zeit aus. *Ein Brief* (1902), Hofmannsthals fiktive Darstellung einer Auflösung von Ich und Welt in einzelne, nicht mehr kohärent zusammenhängende Partikel, stellt eine für die Jahrhundertwende charakteristische, von Machs Vorstellung einer Insubstantialität des Ich ausgelöste Identitäts- und Sprachkrise gleichsam von innen dar. H. Bahr, dessen Aufsatz *Das unrettbare Ich* (1904) viel zur Verbreitung der Machschen Theorien beitrug, gibt in autobiographischer Verkleidung die Ängste eines jungen Menschen wieder, der sich zum ersten Mal mit den Gedankengängen der *Analyse der Empfindungen* auseinandersetzt. Musil läßt den Protagonisten seines ersten Romans, *Die Verwirrungen des Zöglings Törleß* (1906), mit metaphysischen Fragestellungen kämpfen, die auf Machs *Analyse der Empfindungen* zurückzuführen sind. In Musils späterem Roman (*Der Mann ohne Eigenschaften*, 1930–52) verkörpert der Titelheld, von dem es heißt, er bestehe eigentlich mehr aus »Eigenschaften ohne Mann«, die elementaristische Philosophie Machs. In den frühen Erzählungen Schnitzlers, in Kafkas *Beschreibung eines Kampfes* (1909) und in Brochs *Pasenow* (1931) läßt sich ebenfalls eine Auseinandersetzung mit Machs Theorien erkennen.

Ausg.: Jena [2]1900 (erw. Aufl. u. d. T. Die Analyse der Empfindungen und das Verhältnis des Physischen zum Psychischen). – Darmstadt 1987.
Lit.: M. DIERSCH, Empiriokritizismus und Impressionismus, Berlin 1977. – R. HALLER/F. STADLER, E. Mach: Werk und Wirkung, Wien 1988. – J. RYAN, The Vanishing Subject: Early Psychology and Literary Modernism, Chicago 1991.

J. RYAN

Beiträge zur Theorie und Technik des Romans, Friedrich SPIELHAGEN; EA Leipzig 1883. Spielhagen war der erste (in seiner Zeit) sehr angesehene deutsche

Romanautor, der ein Buch über Romanpoetik veröffentlichte. Neben den acht Aufsätzen in den *Beiträgen* erschienen weitere in den *Vermischten Schriften* (1866) und in *Neue Beiträge zur Theorie und Technik der Epik und Dramatik* (1898). – Der Roman ist für Spielhagen der legitime Nachfolger des antiken Epos, sein Ziel ist daher »epische Totalität«. Obwohl er damit zum Zeit- und Gesellschaftsroman tendiert, bedarf er des Helden, der ein »Repräsentant der ganzen Menschheit« sein muß. Zugleich ist der Held gewissermaßen das Auge, durch welches der Autor die Welt sieht, »denn oberster Grundsatz des Romanschreibers müsse sein, alles durch die Personen« darzustellen. Hauptmerkmale der Gattung werden mithin die Handlung und »Bewegung«. Damit ist das wichtigste theoretische Axiom Spielhagens angesprochen: die Forderung nach Objektivität (so schon in dem frühen Aufsatz *Ueber Objectivität im Roman*, 1864). Anregungen von W. v. Humboldt, F. T. Vischer (→ *Ästhetik oder Wissenschaft des Schönen*), B. Auerbach und J. Schmidt aufgreifend, entwickelt er dieses Postulat nach dem Vorbild der Naturwissenschaften in rigoroser Weise. Konkret führt das zum Verbot aller Einmischungen des Autors (Einreden, Meinungsäußerungen, ja selbst Reflexionen), die als »Kunstfehler« bezeichnet werden. Der umfangreichste Beitrag des Bandes, *Der Ich-Roman* (1882), empfiehlt diese Romanform, weil sie es gestattet, dem Helden Reflexionen und Einwürfe in den Mund zu legen. Als einer der ersten Romantheoretiker entwirft Spielhagen hier auch eine Typologie der Erzählformen und cha-

rakterisiert ihre Leistungen und Probleme. In *Finder oder Erfinder?* (1871) fordert Spielhagen, daß zu der Phantasie des Dichters das handwerkliche Können hinzutreten muß, das Arbeiten nach in der Wirklichkeit vorgefundenen Mustern, nach »Modellen«. Die Betonung des Handwerklichen und des Fleißes soll bei Spielhagen letzten Endes, wie bei G. Freytag, das Romanschreiben als eine Aufgabe erweisen, die dem bürgerlichen Arbeitsethos entspricht. Ebenso dienen die Annäherung des Romans an das Epos und die Objektivitätsforderung dazu, das Ansehen der Gattung zu erhöhen und damit Schillers »herabsetzendes Wort von dem ›Halbbruder des Dichters‹« (*Die epische Poesie und Goethe*, 1895) zu widerlegen. – Spielhagen entwickelt seine Vorstellungen an Beispielen des europäischen, v. a. des englischen Romans sowie eigener Werke; diese Beispiele repräsentieren allerdings nur *eine* Linie des ›dramatischen‹ realistischen Romans, dessen Merkmale überspitzt und verabsolutiert werden. Spielhagens Kernforderung trifft sich mit wesentlichen Tendenzen des europäischen Romans seiner Zeit (vor allem Flauberts »impassibilité«). Er verengte jedoch eine Erzählhaltung und Weltsicht zu einer formaltechnischen »Regel«. Ihre Einfachheit und Spielhagens Autorität führten dazu, daß Kritiker und Literarhistoriker sie bis weit in das 20. Jh. als Wertkriterium anwandten. Auf Ablehnung stieß er allerdings bei G. Keller und Nietzsche. Erst nach der Mitte des 20. Jh.s wurde die theoretische Unzulänglichkeit und Brüchigkeit der Argumentationen Spielhagens von der Forschung nachgewiesen (Hellmann). Eine theoriehistorische Betrachtungsweise kann hingegen die relative Bedeutung der Arbeiten Spielhagens in seiner Zeit, seinen Einsatz für die Aufwertung der Gattung und die handwerkliche Praxis, betonen.

Ausg.: Göttingen 1967 (Nachw. von H. HIMMEL).
Lit.: W. HELLMANN, Objektivität, Subjektivität und Erzählkunst. Zur Romantheorie F. Spielhagens, in: Deutsche Romantheorien, hg. von R. GRIMM, Frankfurt/M./Bonn 1968, S. 165–217. – G. REBING, Der Halbbruder des Dichters. F. Spielhagens Theorie des Romans, Frankfurt/M. 1972. – A. FISCHBACHER-BOSSHARDT, Anfänge der modernen Erzählkunst. Untersuchungen zu F. Spielhagens theoretischem und literarischem Werk, Bern 1988.

H. STEINECKE

Beobachtungen über das Gefühl des Schönen und Erhabenen, Immanuel KANT; EA Königsberg 1764.

Diese ›vorkritische‹ Schrift Kants kann als ein Kompendium seiner Auffassungen über ästhetische Phänomene angesehen werden, wie er sie auch in der →*Kritik der Urteilskraft* als gegeben voraussetzt. Danach können – empirisch-psychologisch gesehen – alle Vorstellungen, worauf immer ihre Intentionen gerichtet sein mögen, mit irgend einem Gefühl verbunden werden. Doch diese Betrachtungsweise, so betont er schon in der frühen Schrift, verlangt »mehr das Auge eines Beobachters als das eines Philosophen«. – Beide Arten des ästhetischen Gefühls (des »Schönen« und »Erhabenen«) werden zunächst gegenüber anderen Formen des Gefühls dadurch abgegrenzt, daß sie nicht in »völliger Gedankenlosigkeit« gedeihen können, sondern »Talente und Verstandesvorzüge« oder eine »Reizbarkeit der Seele voraussetzen«. Sie haben zwar einen ›sinnlichen‹ Ursprung, sind aber zugleich mit der freien Einbildungskraft und dem moralischen Gefühl verknüpft. Dadurch ermöglichen sie eine weitere Entfaltung und tiefere Befriedigung, als es durch die Sinne allein möglich wäre. – Im 1. Abschnitt werden »Erhabenes« und »Schönes« im allgemeinen durch Beschreibungen von Szenarien der Natur und vereinzelt auch der Kunst charakterisiert. Das »Erhabene« zeigt sich hierin als das komplexere Gefühl, insofern es nicht unmittelbar eine positive Qualität hat wie das »Schöne«. Seine spezifische »Rührung« gewinnt es stets vermittels einer Art von Unangemessenheit des Vorstellungsvermögens für das jeweils sinnlich Gegebene und evtl. sogar vermittels eines damit verbundenen negativen Gefühls (wie Schrecken, Grausen, Schaudern oder Schwermut). So erregt die »Schilderung des höllischen Reichs von Milton« ein erhabenes Gefühl, die des Homer »von dem Gürtel der Venus« dagegen ist schön; ein Trauerspiel rührt auf erhabene, ein Lustspiel auf schöne Weise. – Am Erhabenen unterscheidet Kant drei Arten: »Schrecklich«-, »Edel«- und »Prächtig«-Erhabenes. Die erste Art ist unverkennbar eine Übernahme des Erhabenen, wie es bereits von den Engländern – Dennis, Addison (→*The Pleasures of the Imagination*), Pope (→*An Essay on Criticism*) und Burke (→*A Philosophical Enquiry into the Origin of our Ideas of the Sublime and Beautiful*) – beschrieben wurde. Kants Beispiel dafür sind die tiefe Einsamkeit, die etwa angesichts einer unermeßlichen Einöde oder einer ungeheuren Tiefe erfahren wird. Das Edel-Erhabene dagegen wird mit »ruhiger Bewunderung« empfunden, und das Prächtig-Erhabene beruht auf einer »über einen erhabenen Plan verbreiteten Schönheit«, wie sie etwa der Peterskirche in Rom oder einem Residenzschloß eigen ist. – Von dieser Grundeinteilung ausgehend, entwickelt Kant zahlreiche terminologische Differenzierungen und bezieht sie auf menschliche Fähigkeiten, Eigenarten und Schwächen. Eingeteilt sind sie in drei Abschnitte: Beobachtungen über das Gefühl des Schönen und Erhabenen »am Menschen überhaupt«, an »dem Gegenverhältnis beider Geschlechter« und an »den Nationalcharaktern«. Die Charaktere des Schönen und Erhabenen werden selbst noch in den Unvollkommenheiten und Verkehrungen »an sich rühmlicher Eigenschaften« aufgewiesen: Das Erhabene verkehrt sich beim Phantasten ins Abenteuerliche, beim »Grillenfänger« in Fratzen; das Schöne verfällt »ohne Haltung und [...] Grundsätze« zum Läppischen, Albernen, zum Gefasel oder zur Langeweile. Eindrucksvoll ist die Darstellung der klassischen vier Temperamente unter den Aspekten des »Schönen« und »Erhabenen«. Wenn jedoch letztlich die Erhabenheit der moralischen Tugenden darauf gegründet wird, daß in ihnen der Mensch »die Würde seiner eigenen Natur« fühlt, dann ist nicht nur der Unterschied zur Schönheit der »adoptierten Tugenden« wie »Gefälligkeit« und »Mitleid« gemacht, sondern auch schon das normative Grundverhältnis ausgesprochen, das noch in Kants späterer Philosophie gültig sein wird.

Ausg.: Gesammelte Schriften (Akad.-Ausg.), Bd. 2, hg. von W. WEISCHEDEL, Berlin 1905 (Repr. 1968).

Lit.: M. RISCHMÜLLER, Einleitung und Kommentar, in: Kant, Bemerkungen in den ›Beobachtungen über das Gefühl des Schönen u. Erhabenen‹, hg. von M. RISCHMÜLLER, Hamburg 1991.

K. E. KAEHLER

Betrachtungen über die Quellen und die Verbindungen der schönen Künste und Wissenschaften, Moses MENDELSSOHN; EA Leipzig 1757 (in: Bibliothek der schönen Wissenschaften und der freyen Künste, Bd. 1), seit 1761 u. d. T. *Über die Hauptgrundsätze der schönen Künste und Wissenschaften* (in: Philosophische Schriften, hg. von Chr. Fr. Voß, Berlin).

Mendelssohns Aufsatz, der an seine Briefe *Über die Empfindungen* (1755) anknüpft und in den *Betrachtungen über das Erhabene und das Naive in den schönen Wissenschaften* (1758) weitergeführt wird, war richtungweisend für die Literaturtheorie der zweiten Hälfte des 18. Jh.s. Denn er entwirft eine systematische Ästhetik, die der Dichtung eine Sonderrolle zuweist und sie gegenüber den anderen schönen Künsten aufwertet. Die Programmschrift gliedert sich in zwei Teile: einer allgemeinen Betrachtung über »das Wesen der schönen Künste und Wissenschaften« folgt deren systematische Einteilung. Der wirkungsästhetisch begründete allgemeine Teil bestimmt die »Schönheit« als Zweck der Kunst. Damit entbindet er die Kunst von der unselbständigen Naturnachahmung. Denn »idealische Schönheit« kann das schöpferische Genie nur gestalten, indem es die »Natur verschönert«. Welcher Ausdrucksmittel sich die verschiedenen Künste bedienen, um dieses Ziel zu erreichen, wird im systematischen Teil erörtert. Hier unterscheidet Mendelssohn, platonischer Tradition folgend, zwischen »natürlichen« und »willkürlichen« Zeichen. Während die »schönen Künste« wie Malerei, Musik und Ballett auf natürliche Zeichen angewiesen sind, verwendet die Poesie als überlegene »schöne Wissenschaft« willkürliche Zeichen. Selbst wenn die schönen Künste auf das Medium der Sprache zurückgreifen, wie die Malerei in Form von Allegorien, literarischen Exempeln und Inschriften oder die Musik in der Oper, so bleiben für Mendelssohn doch die grundsätzlichen Differenzen zur Dichtkunst bestehen. Diesen Gegensatz verstärken spezifische Darstellungsmöglichkeiten: Während insbes. die Malerei nur einen Moment präsentiert, kann die Dichtkunst einen Prozeß wiedergeben. Mendelssohns Dichotomie nimmt die ästhetische Theorie vorweg, die Lessing in seiner berühmten →*Laokoon*-Studie entwickelt hat.

Ausg.: Gesammelte Schriften, Bd. 1, hg. von F. BAMBERGER, Berlin 1929 (Repr. Stuttgart 1971), S. 165–90, S. 425–52 [Aufl. von 1771].
Lit.: J.-P. MEIER, L'esthétique de Moses Mendelssohn (1729–1786), Paris 1978. – E. J. ENGEL-HOLLAND, Die Bedeutung Moses Mendelssohns für die Literatur des 18. Jahrhunderts, in: Mendelssohn Studien 4 (1979), S. 161–98. – K.-W. SEGREFF, Moses Mendelssohn und die Aufklärungsästhetik im 18. Jahrhundert, Bonn 1984.

A. AURNHAMMER

Biographia Literaria or Biographical Sketches of My Literary Life and Opinion (engl.; *Biographia Literaria oder Biographische Skizzen meines Lebens und meiner Ansichten als Schriftsteller*), Samuel Taylor COLERIDGE; EA London 1817 (2 Bde.); dt. u. d. T. *Englischer Besuch in Hamburg im Jahre 1798*, Hamburg 1927 (Teilübers.).

In dem Werk bedenkt Coleridge wesentliche Züge romantischer Auffassung von ästhetischer Theorie. In seiner Verbindung von Ästhetik, Literaturkritik und Philosophie stellt es zugleich die Summa des führenden Theoretikers der englischen Romantik dar. Coleridge systematisiert Gedanken über Imagination und dichterische Sprache, die er in Auseinandersetzung mit Wordsworth entwickelt hat. Dessen Forderung nach einer dichterischen Sprache (→*Preface* zu *Lyrical Ballads*) wird einer eingehenden Kritik unterzogen (Kap. 17–22), in der Coleridge Wordsworths Betonung des Volkssprachlichen als Einengung poetischen Sprechens ablehnt. Neben Shakespeare und Milton, denen er auch einen Zyklus von Vorlesungen widmete (*Lectures on Shakespeare and Milton*, 1811/12; *Vorlesungen über Shakespeare und Milton*), bietet ihm Wordsworth jedoch in seiner Dichtung den Zugang zum Begriff der »imagination«, den er aus der Assoziationslehre Hartleys, von Kant und der Naturphilosophie Schellings ableitet und als »einschmelzende« Kraft (»esemplastic power«) bezeichnet. Zentral ist die Unterscheidung zwischen »primary imagination« (eine Wiederholung des Schöpfungsaktes durch den menschlichen Geist), »secondary imagination« (eine abgeschwächte Form der ersteren) und »fancy«, als der niedrigsten Stufe der Phantasie, die nur mit vorgefertigtem, vom Gedächtnis bereitgestellten Material arbeitet (Kap. 13). In weiteren wichtigen Kapiteln behandelt er die Quellen dichterischer Sprache (Kap. 15 und 17) und geht dem Ursprung von

Form und Metrum als einer Verschmelzung von »Leidenschaft
und Willen« nach (Kap. 18). –
Das Werk stellt keine Synthese,
sondern eine eher unausgewoge-
ne Mischung aus Theorie und Erinnerung, aus systematischen Ansätzen und Fragmenten dar, die in
eine autobiographische Beschreibung eingebettet sind. Damit hebt
Coleridge auf die Entstehung von
Theorie ebenso ab wie auf deren
Gehalt, der erst in seiner ›Gewor-
denheit‹ verständlich wird. Trotz
seiner idiosynkratischen Elemente
hat *Biographia Literaria* wie kein
anderes Werk der romantischen
Literaturkritik sowohl die ästhetische als auch die philosophische
Diskussion im 19. und 20. Jh. be-
fruchtet. Mit den Begriffen
»fancy« und »imagination« hat es
spätere Debatten – von J. S. Mill
(→*What is Poetry*/*Two kinds of Poetry*) bis hin zu I. A. Richards –
über Funktion und Struktur von
Phantasie angeregt.

Ausg.: London/New York 1956.
Lit.: I. A. RICHARDS, Coleridge on Imagina-
tion, London 1968. – R. R. De J. JACKSON,
Method and Imagination in Coleridge's
Criticism, London 1969. – O. BARFIELD,
What Coleridge Thought, London 1972.
E. SCHENKEL

Blütenstaub, NOVALIS (Friedrich von Hardenberg); ED 1798
(in Athenäum).
Die 1797/98 erstmals unter dem
Namen Novalis niedergeschriebenen »vermischten Bemerkungen«
wurden von F. Schlegel bearbeitet
und im *Athenäum* abgedruckt. Die
organologische Bestimmung der
Fragmente als »literarische Säme-
reien« unterscheidet sich von der
witzig-ironischen ›Igel‹-Formati-
on der Schlegelschen. Als Ausdruck »literarischer Saturnalien«
enthalten sie spielerische Transformationen vorgeprägter Denkfi-

guren und ebensolche ins Unbe-
stimmt-Spekulative reichende
Freisetzungen. Der Anordnung
liegt eine dialektische Denkbewe-
gung zugrunde, die von der intellektuellen Anschauung bis zur
Gesellschafts- und Staatsvorstel-
lung führt und von einer triadischen Geschichtsphilosophie bis
zu einer romantischen Hermeneutik. Im Zentrum ambivalenten
Ausgreifens steht der Prozeß der
»Selbstentäußerung« als »Quelle
aller Erniedrigung« und ebenso
»Grund aller echten Erhebung«.
Einerseits weist dies in Richtung
auf die Bemächtigung eines
»transzendentalen Selbst«, die für
Novalis in jedem Bildungsprozeß
angestrebt wird. Andererseits garantiert die Selbstentäußerung den
»wirksamen Blick nach Außen«.
So bleiben »Selbstverständnis« und
interpersonelles Verstehen (»andere wahrhaft verstehn«) aufeinander bezogen. Selbstinteresse
und lebendige ›Teilnahme […] zu
der mich im Mensch reizt« bilden
die Grundlage für ein »gemein-
schaftliches Leben«. Zwischen der
spielerisch eingenommenen »eignen Rolle« und der interpersonel-
len Wahrnehmungskompetenz als
der Fähigkeit zur »Unterscheidung der Individuen« sieht Novalis einen Zusammenhang. Zum
einen verweist dies auf die Genieästhetik, zum anderen schließt
Novalis später als Bergassessor Beobachtungen zur Rollendifferen-
zierung und zur Rollenüber-
schneidung in der frühindustriel-
len Gesellschaft an, die wiederum
in die Fortsetzungspläne zum
Heinrich von Ofterdingen (1802)
hineinspielen sollten. Insofern
werden die geistesgeschichtlichen
Bestimmungen seines Denkens als
»magischer Idealismus« nicht dem
ganzen Spektrum seines dialekti-

schen Ausgreifens gerecht: »Das wahre Genie verbindet diese Extreme«. Es entspricht dieser »Tendenz nach allen Richtungen«, wenn er »Symphilosophie und Sympoesie« des kleinen romantischen Kreises im Sinne eines hochstilisierten esoterischen Minderheitenbewußtseins auf einen »unsichtbaren Bund echter Denker« hinauslaufen läßt und darin gleichsam transzendental-gesellschaftlich »die Möglichkeit einer Universalrepublik« erblickt. Vor diesem Hintergrund werden die historische Suche nach »Repräsentanten des Genius ihrer Zeit« und der Ausblick auf einen ebensolchen Träger einer Doppelrolle von »Priester« und »Dichter«, in der sich der »Genius der Menschheit« verkörpern soll, deutlich. Ein anderer Teil der Genielehre beschäftigt sich mit Auswirkungen auf die »Erfindungskunst« im weitesten Sinne. Auch das triadische Geschichtsmodell bleibt auf die »Entdeckung« eines besonderen Genies angewiesen, »das sich selbst durchdrang« und so »eine ganz neue Epoche der Menschheit« einleitet. Auch die Chaosvorstellung läuft auf eine triadische Synthese der Selbstdurchdringung hinaus. Diese genieästhetischen Voraussetzungen gelten sowohl für die Poetik als auch für die Hermeneutik. Jede »Bekanntschaft« kann universalpoetologisch als »Anfang eines unendlichen Romans« betrachtet werden. Verstehen wiederum kann man nur etwas, wenn man den »Keim davon in sich hat«. Aber dies gilt nicht als passiver Vorgang, sondern, im Sinne der J. Brownsches »Erregung«, als »Inzitament«. Insofern führt auch der zunächst selbstbezogene Wunsch nach einem »ganz begreifen« wiederum über das bloße »begreifen« hinaus. Der Beweis, daß man einen Schriftsteller »verstanden« hat, liegt für Novalis in der unendlichen Aktivierung, darin, daß »ich in seinem Geiste handeln kann«. Dies schließt auch poetische und hermeneutische Anschlußprozesse (»Übersetzen und mannigfach verändern«) mit ein. Auch der Kritiker hat Anteil daran, wenn er »Formeln für Kunstindividuen« prägt, die zu einer Kunstgeschichte führen. Zuletzt schreibt Novalis sogar dem Leser eine übergeordnete Funktion zu, da er der »erweiterte Autor« werden soll. Romantisch idealisierte, historisch aufeinanderfolgende Leser werden, im Sinn einer vergeistigten Wirkungsgeschichte, als »Glied(er) des wirksamen Geistes« angesehen. Geistesgeschichte und »Metempsychose« erscheinen so als zwei Ausprägungen eines Prozesses der Selbstdurchdringung: »Nach Innen geht der geheimnisvolle Weg«. Aber es gilt auch dabei noch die andauernde Dialektik von »Herausgehn und Hineingehn« zu beachten.

Ausg.: Novalis, Die Werke Friedrich von Hardenbergs, hg. v. P. KLUCKHOHN/R. SAMUEL, Bd. 1: Das dichterische Werk, Stuttgart [3]1977; Bd. 2 und 3: Das philosophische Werk, Stuttgart 1978 und 1981. *Lit.:* G. NEUMANN, Ideenparadiese. Untersuchungen zur Aphoristik von Lichtenberg, Novalis, F. Schlegel und Goethe, München 1976. – W. MICHEL, Der »innere Plural« in der Hermeneutik und Rollentheorie des Novalis, in: Die Aktualität der Frühromantik, hg. v. E. BEHLER/ J. HÖRISCH, Paderborn 1987, S. 33–50. – F. RODER, Novalis. Die Verwandlung des Menschen. Leben und Werk Friedrich von Hardenbergs, Stuttgart 1992.

E. M. MICHEL

Briefe über Merkwürdigkeiten der Litteratur, Heinrich Wilhelm von GERSTENBERG; EA Schleswig/Leipzig 1766/67.

Gerstenbergs poetologisches Hauptwerk – ursprünglich als Periodikum geplant – entwirft an der Schwelle zum ›Sturm und Drang‹ eine gegen die instrumentelle Wirkungsästhetik der Frühaufklärung (vgl. Gottscheds → *Versuch einer Critischen Dichtkunst vor die Deutschen*) gerichtete Produktionsästhetik, in deren Zentrum der Begriff des Genies steht. Die insgesamt 26 Briefe und fünf Stücke der Fortsetzung suggerieren eine zusammenhängende Korrespondenz literarisch Interessierter. Anders als bei den systematischen Poetiken der Aufklärung gibt weniger das belehrende als vielmehr das bekennende Moment den Ausschlag; dafür steht auch die Wahl des Mediums ›Brief‹ als Institution persönlicher Verständigung. Im Rekurs auf Autoren wie Homer, Ariost und Shakespeare kritisieren die *Briefe* die tradierten Gattungsbegriffe und signalisieren einen radikalen Bruch mit der normativen Regelpoetik. Gerstenberg bezeichnet deren reglementierende Seite als »eine Art von Usurpation, die sich der bel esprit von jeher über das Genie erlaubt hat«. Durch die Verbindung von Leidenschaft, Inspiration und innerer Form im schöpferischen Prozeß schafft das Genie eine »Kunst der anderen Art«, die Natur nicht länger schematisch nachahmt, sondern ihr authentischer Ausdruck werden soll. An die Stelle des als mechanisch empfundenen Begriffs der Nachahmung tritt bei Gerstenberg eine organische Vorstellung von »Nachbildung«: Während dem »schönen Geist oder bel esprit« durch die Orientierung an Gesetzen und Regeln allenfalls »Meisterstücke ohne Kraft und Feuer« gelingen können, bleibt allein dem Genie die »wahre Poesie« als eine zweite Schöpfung vorbehalten. Der offenen Briefform entsprechend liefert Gerstenberg keine kohärente Definition des Genies, sondern beschreibt in immer neuen, metaphorischen Wendungen die Charakteristika seiner Werke. Wie auch J. G. Herder, J. M. Lenz und J. W. Goethe stellt er dabei W. Shakespeare als den Prototyp des Genies heraus (14.–18. Brief). In Shakespeares ›plays‹ sieht er die Einheit von Produktion und Rezeption als schaffende Natur ohne belehrende oder nützliche Absicht und damit die Autonomie der Kunst realisiert. Daneben ist vor allem der 20. Brief von Bedeutung, in dem er den Ursprung der Poesie im Gesang proklamiert und auch für die Lyrik eine Befreiung von tradierter Regelpoetik zugunsten einer stärkeren Subjektivierung und Emotionalisierung fordert. Mit seinen *Briefen* hatte Gerstenberg nicht nur Einfluß auf die Vertreter des ›Sturm und Drang‹, sondern auch teil an der Umschichtung von ästhetischen und poetischen Grundbegriffen, die zwischen 1760 und 1770 einen ersten Höhepunkt erreichte.

Ausg.: Tändeleyen, Stuttgart 1966.
Lit.: A. M. WAGNER, Gerstenberg und der Sturm und Drang, 2 Bde., Heidelberg 1920–24. – K. GERTH, Studien zu Gerstenbergs Poetik, Göttingen 1960.

TH. WEGMANN

Briefwechsel über das Trauerspiel, Gotthold Ephraim LESSING, Moses MENDELSSOHN, Friedrich NICOLAI, entst. 1756/57; EA Leipzig 1910.
Der *Briefwechsel* ist zweifellos eines der wichtigsten Dokumente zur Poetik des Dramas im 18. Jh. Er

reflektiert auf eindrucksvolle Weise die Suche nach einer Neubestimmung von Wesen und Zweck der Tragödie angesichts zeitgenössischer Tendenzen, die »unteren Seelenvermögen« als Organe sinnlicher Erfahrungen und sittlicher Empfindungen aufzuwerten (vgl. u. a. Dubos →*Réflexions critique sur la poésie*, Baumgarten →*Aesthetica*, Shaftesbury →*Letter concerning Enthusiasm*). – Anlaß des Briefwechsels ist Nicolais *Abhandlung vom Trauerspiele* (1757). In Abgrenzung gegen Aristoteles und gegen die ratiozentrierte Moraldidaxe der Gottsched-Schule erheben Nicolai und Mendelssohn die emotionale Wirkung zum Hauptzweck der Tragödie. Sie gestehen ihr gegenüber dem Alltagsleben einen gleichsam moralfreien Raum zu, in dem es in erster Linie um die Erregung der Leidenschaften geht. Gegen diese sensualistische Abspaltung der Kunst vom Leben opponiert Lessing, indem er den Nachweis führt, daß der affektive Wirkzweck der Tragödie auf ursprüngliche und nicht nur beiläufige Weise mit der Moralitätsbeförderung zusammenhängt. Gemäß seiner empfindsamen Anthropologie gründet die Moralität des Menschen auf dessen Empfindungsfähigkeit. Sie zu steigern, ist deshalb die Aufgabe einer Tragödie, die den Menschen bessern will. Ihr Zweck ist es nicht – wie bei Gottsched –, den Zuschauer durch die sinnliche Einkleidung eines »moralischen Satzes« in spezielle Verhaltensnormen einzuüben, sondern seine Gefühlsdisposition so zu entfalten, daß sie ihn in verschiedensten Situationen zur moralischen Tat motiviert. – Von daher kreisen Lessings Überlegungen immer wieder um eine genauere Bestimmung, »was das Trauerspiel für Leidenschaften erregt«. Auf der Bühne können die unterschiedlichsten Affekte dargestellt werden – beim Zuschauer jedoch, der sich mit dem fiktiven Geschehen identifiziert, wird nur ein einziger Affekt erregt: das »Mitleid«. Hervorgerufen von den auf der Bühne gezeigten besonderen Affekten des Zorns, der Liebe, des Hasses usw. ist das »Mitleid« für Lessing das von allen inhaltlichen Bestimmungen abgezogene reale Empfinden der verschiedensten fiktiven Empfindungen. Dieses entkonkretisierte Empfinden des Zuschauers »soll *unsre Fähigkeit, Mitleid zu fühlen*, erweitern. Sie [die Tragödie] soll uns nicht blos lehren, gegen diesen oder jenen Unglücklichen Mitleid zu fühlen, sondern sie soll uns so weit fühlbar machen, daß uns der Unglückliche zu allen Zeiten, und unter allen Gestalten, rühren und für sich einnehmen muß.« Auf dieser Fähigkeit, die Grenzen der subjektzentrierten Wahrnehmung zu überschreiten, um so im Medium der Intersubjektivität die Welt aus der Perspektive des anderen wahrzunehmen, beruht nach Lessing Moralität. Von daher formuliert er programmatisch den strikten Zusammenhang zwischen Mitleid und Tugend: »*Der mitleidigste Mensch ist der beste Mensch.* Zu allen gesellschaftlichen Tugenden, zu allen Arten der Großmuth der aufgelegteste. Wer uns also mitleidig macht, macht uns besser und tugendhafter, und das Trauerspiel, das jenes thut, thut auch dieses, oder – es thut jenes, um dieses thun zu können.« Wenn Lessing dem »Mitleid« moralische Qualitäten zuspricht, dann bedeutet das zweierlei: zum einen löst er die Moral aus der

Bindung an abstrakte Sollenssätze und zum anderen aus der Bindung an das subjektivistische Gefühl. Moralität, als Fähigkeit zum Mitleid gefaßt, bekommt eine intersubjektive Komponente; sie wird zur Empathie, welche die mitempfundene Lage des Nächsten zum Maßstab guten Handelns macht. – Mit der ethischen Legitimation des »Mitleids« als wirkungsästhetischer Zweck der Tragödie ist Lessing unter dem Gesichtspunkt der Autonomie gegenüber den dramaturgischen Überlegungen Nicolais und Mendelssohns insofern traditioneller, als er – wie Gottsched – Kunst und Moral zusammenbindet. Aber er ist ihnen gegenüber auch moderner, weil er nicht nur die Kunst, sondern auch die Moral an das Intersubjektivität stiftende Gefühl des »Mitleids« bindet. In seiner →*Hamburgischen Dramaturgie* modifiziert Lessing dann diese Gedanken, indem er den Mitleidsbegriff in eine identifikatorische und in eine reflexive Komponente ausdifferenziert. Letztere bezeichnet er als »Furcht«, wobei es ihm in einer Umdeutung der Aristotelischen »Katharsis«-Lehre jetzt nicht mehr um die Steigerung des Mitleids geht, sondern um die Reinigung von den Extremformen der »Furcht« und des »Mitleids« auf ein mittleres Maß.

Ausg.: Hg. und komm. von J. SCHULTE-SASSE, München 1972.
Lit.: P. MICHELSEN, Die Erregung des Mitleids durch die Tragödie. Zu Lessings Ansichten über das Trauerspiel im Briefwechsel mit Mendelssohn und Nicolai, in: DVjS 40 (1966), S. 548–66. – A. HEIDSIECK, Der Disput zwischen Lessing und Mendelssohn über das Trauerspiel, in: Lessing Yearbook, Bd. 11 (1979), S. 7–34.

G. SASSE

Briefwechsel zwischen Schiller und Goethe in den Jahren 1794 bis 1805, Johann Wolfgang von GOETHE; EA Stuttgart/Tübingen 1828/29 (6 Bde).
Die »Gesetze der klassischen Ästhetik« hat E. Staiger in dem Briefwechsel formuliert gefunden. Er enthält das theoretische Fundament dieser heute als ›Weimarer Klassik‹ bezeichneten literarischen Epoche. Goethe selbst hat diese Briefe ediert und damit die Bedingungen einer bereits ›klassisch‹ und geschichtlich gewordenen Zusammenarbeit mit Schiller dokumentiert. – Man kann die biographischen und theoretischen Voraussetzungen des Bündnisses zwischen Goethe und Schiller, das sich in den *Xenien* (1796) selbstbewußt und spöttisch gegen alle Kritiker darstellte, als ein »fruchtbares Mißverständnis« (Staiger) umschreiben. In einem der ersten Briefe, dem später in der Forschung als »Geburtstagsbrief« bezeichneten ›Durchbruch‹, hat Schiller auf die Symbiose angespielt, die sich zwischen seinem eigenen »analytischen« und dem »intuitiven« Denken Goethes ergeben könne (23.8.94). Fruchtbar war die Zusammenarbeit vor allem deswegen, weil Schiller wie Goethe ihren Weg zur »Klassizität« nicht hätten allein gehen können. Hellsichtig hat Schiller dieses Dilemma formuliert: »[...] da Sie ein Deutscher geboren sind, da ihr griechischer Geist in diese nordische Schöpfung geworfen wurde, so blieb Ihnen keine andere Wahl, als entweder selbst zum nordischen Künstler zu werden, oder Ihrer Imagination das, was ihr die Wirklichkeit vorenthielt, durch Nachhilfe der Denkkraft zu ersetzen und so gleichsam von innen heraus und auf einen rationalen

Wege ein Griechenland zu gebären« (23.8.94). Damit formuliert er, hier auf Goethe bezogen, was er in seiner Abhandlung →*Über naive und sentimentalische Dichtung* als seine Antwort auf die »Querelle des Anciens et des Modernes« verstanden wissen wollte – ohne Goethe zu den »sentimentalischen« Dichtern zu zählen, was in letzter Konsequenz seinen theoretischen Ausführungen gemäß gewesen wäre. Goethe fühlt sich von Schiller erkannt und antwortet: »Haben wir uns wechselseitig die Punkte klar gemacht, wohin wir gegenwärtig gelangt sind, so werden wir desto ununterbrochner gemeinschaftlich arbeiten können« (27.8.94). Damit ist der Grund gelegt: über alles, was sich Schiller und Goethe nach 1794 literarisch und wissenschaftlich erarbeiteten, gibt der Briefwechsel Auskunft. Zunächst stehen die *Horen* im Zentrum, in denen unter anderem *Römische Elegien* (1788–90), die *Unterhaltungen deutscher Ausgewanderter* (1794–95) und sein *Mährchen* (1795) erschienen sind, dann vor allem Goethes *Wilhelm Meisters Lehrjahre* (1795/96), dessen Ausarbeitung Schiller vorsichtig, aber kritisch begleitet und befördert. Nach Abschluß des Romans resümiert er: »Es ist zum Erstaunen, wie sich der epische und philosophische Gehalt in demselben drängt. Was innerhalb der Form liegt, macht ein so schönes Ganzes, und nach außen berührt sie das Unendliche, die Kunst und das Leben. In der Tat kann man von diesem Roman sagen, er ist nirgends beschränkt als durch die rein ästhetische Form [...]« (17.10.1796). Mit dem Thema der »Form« ist das theoretische Feld der nächsten Jahre benannt.

Die Diskussion des *Wilhelm Meister*, der sich für Schiller der »Epopee« annähert, das Epos aber eben nicht ablöst, leitet über zu der zentralen Auseinandersetzung über die Differenzen zwischen dem »Epischen« und »Dramatischen«. Nur ein Jahr später moniert Schiller, daß die Form des *Wilhelm Meister*, »wie überhaupt jede Romanform«, »schlechterdings nicht poetisch« sein könne. Deshalb gehe es darum, die »reinste Form« zu ergreifen, in der »Objektives« und »Subjektives« vereint erscheine – Goethes *Hermann und Dorothea* (1794) sollte ein Exempel werden (20.10.97). Schiller und Goethe entwickln im Rückgriff auf den klassischen Kanon (Aristoteles →*Peri poietikes*, Sophokles, Homer) die Bedingungen des »klassischen« Kunstwerks. Auch hier ist es Schiller, der zunächst die begriffliche Arbeit leistet: »Wenn ich meine Gedanken darüber kurz heraussagen soll, so ist es dieser. Beide, der Epiker und der Dramatiker, stellen uns eine Handlung dar, nur daß diese bei dem letzten der Zweck, bei ersterem bloßes Mittel zu einem absolut ästhetischen Zweck ist« (25.4.97). Was sich daran anschließt, ist eine umfassende Diskussion über die Grenzen der epischen und dramatischen Dichtung. Goethe hat den Gedankenaustausch thesenartig zusammengefaßt und Schiller zur Begutachtung vorgelegt. Überarbeitet ist dieses Resümee unter Goethes und Schillers Namen erst 1827 mit dem Titel →*Über epische und dramatische Dichtung* publiziert worden. Erläuternd schreibt Goethe zu seinen Reflexionen an Schiller: »Es ist mir recht aufgefallen, wie es kommt, daß wir Moderne die Genres so sehr zu vermischen geneigt sind, ja daß wir gar nicht einmal imstand sind, sie voneinander zu unterscheiden« (23.12.1797). Aus der Rekonstitution der Gattungen und dem Verdikt gegen ihre Vermischung ergibt sich für Goethe und Schiller dann ihr eigentliches »klassisches Programm«, dessen Grenzen P. Szondi benannt hat: »Die Individualität des Kunstwerks, die Umstände seiner Repräsentation mögen historisch bedingt und historisch einmalig sein. Der Geschichtlichkeit enthoben erscheint in dieser Sicht hingegen die Idee, die sich im Kunstwerk verwirklicht, und die Gattung, der es zugehört.« – Goethes und Schillers Versuch, die »Gesetze« der Poesie gültig und dauernd zu formulieren und eine umfassende Kunsttheorie anthropologisch und geschichtlich zu begründen, blieb uneingelöst. Es gelang nicht, »die deutsche Dichtung auf einen sicheren Grund zu stellen, das Künstlerische dem Zufall und dem Belieben des einzelnen zu entrücken« (Staiger). Als ein Dokument der persönlichen Selbstverständigung und des literarischen »Klassizismus« ist der Briefwechsel zwischen Goethe und Schiller vielleicht auch aufgrund dieses Scheiterns kurzweilig und unentbehrlich zugleich.

Ausg.: Goethes Briefe, Hamb. Ausg., Bd. 2, Hamburg ²1968. – Briefe an Goethe, Hamb. Ausg., Bd. 1, Hamburg 1965. – Gedenkausg. der Werke, Briefe und Gespräche, Artemis Gedenkausg., Bd. 20, Zürich 1948–71.
Lit.: E. STAIGER, Nachwort zu: Goethe – Schiller. Briefwechsel. Frankfurt/M. 1961. – E. STAIGER, Fruchtbare Mißverständnisse Goethes und Schillers, in: ders., Spätzeit. Studien zur deutschen Literatur, Zürich/München 1973. – P. SZONDI, Von der normativen zur spekulativen Gattungspoetik, in: ders., Poetik und Geschichtsphilosophie II, Frankfurt/M. 1974.

H. SCHMIDT-BERGMANN

Buch von der Deutschen Poeterey. In welchem alle ihre eigenschafft vnd zuegehoer gruendtlich erzehlet/ vnd mit exempeln außgeführt wird, Martin OPITZ; EA Breslau 1624.

Die *Poeterey* ist das wirkungsvollste Manifest deutschsprachiger humanistischer Dichtung, wie sie sich verspätet zu Beginn des 17. Jh.s herausbildet. Sie wurde bis in die Mitte des Jahrhunderts immer wieder aufgelegt. Die schmale, in acht Kapitel gegliederte Schrift bietet im ersten Teil eine Definition der Poesie und des Poeten sowie einen Abriß der deutschen Dichtung. Das fünfte Kapitel leitet zur Gattungslehre und damit zur »Inventio« und »Dispositio« über, der sich Abschnitte zum »Ornatus« und »Decorum«, zur Reim-, Vers- und lyrischen Formenlehre anschließen. Abschließend kehrt der versierte Taktiker zu seinem kulturpolitischen Anliegen zurück. Indem Opitz den in der italienischen Frührenaissance erneuerten Topos von der Universalität der Poesie (»Verborgene Theologie«) und der professionellen Kompetenz des Dichters aufnimmt, sorgt er bei seiner Klientel (Adel, regierenden Fürstentum, Patriziat) für das Ansehen beider und insbes. für die Karriere-Perspektive des prinzipiell amtsfähigen Dichters, die Opitz selbst als Diplomat, Fürstenberater, Historiograph, Lobredner etc. verwirklicht. In den poetologischen Partien im engeren Sinn setzt er den alternierenden Vers in der natürlichen Wortbetonung gegen den Knittelvers der älteren stadtbürgerlichen Dichtung, die er verwirft. Er sanktioniert die Dreistillehre mit Epos und Tragödie an der Spitze und der Komödie (alsbald auch dem niederen Roman) am unteren Ende der Skala. In der Mitte plaziert er die humanistischen Kleinformen Satire, Epigramm, Ekloge, Elegie, Hymne, Ode, Gelegenheitsgedicht, denen das eigentliche Interesse der Eindeutschung von antiken und neueren klassizistischen Formen der Renaissance galt. – Selten ist einem rasch hingeworfenen Pamphlet eine lebhaftere Resonanz zuteil geworden. Mit der *Poeterey* begründete Opitz seinen Anspruch als Wortführer der neuen Dichtung.

Ausg.: Nach der Edition von W. BRAUNE neu hg. von R. ALEWYN, Tübingen ²1966. – Hg. von C. SOMMER, Stuttgart 1970.
Lit.: V. SINEMUS, Poetik und Rhetorik im frühmodernen Staat, Göttingen 1978. – K. GARBER, Martin Opitz, in: Deutsche Dichter des 17. Jh.s, hg. von H. STEINHAGEN/B. v. WIESE, Berlin 1985, S. 116–84.

K. GARBER

La Carte Postale de Socrate à Freud et au-delà (frz.; *Die Postkarte von Sokrates bis an Freud und jenseits*), Jacques DERRIDA; EA Paris 1980; dt. Berlin 1982 (1. Lieferung) und 1987 (2. Lieferung).

Das Buch ist der Analyse des »postalischen Prinzips« gewidmet. Darunter versteht Derrida die Ordnung der Materialitäten textueller Archivierung und Telekommunikation. Im Mittelpunkt seiner generellen Frage nach dem »Träger« von Sinn steht die Auseinandersetzung mit der Psychoanalyse und ihrer Literaturinterpretation. Derrida schließt an frühere Analysen psychischer Aufschreibesysteme bei Freud (→*L'écriture et la différence*) und des Verhältnisses von Unbewußtem/Absenz und Schrift (→*De la grammatologie*) an. Im Namen einer »dekonstruktiven« Lektüre

bezieht er erstmals Position gegenüber der Theorie Lacans (→*Écrits*). Zugleich versucht er, durch einen experimentellen Wechsel der Darstellungsform innerhalb des Buches selbst (Brief- bzw. Postkartenfragmente, Kommentar, Essay, Interview) auch stilistisch die Grenzen zwischen ›Philosophie‹, ›Literatur‹ und ›Psychoanalyse‹ zu überschreiten. Das gemeinsame Element der Textualität soll die abendländische Wahrheitsvorstellung an das Mediale ihres Ausdrucks erinnern und die Verschiedenheit der Diskurse als Effekte unterschiedlicher Informationstechnologien des Speicherns und Sendens von Daten (des Heideggerschen »es gibt«) relativieren. – Ausgangspunkt ist die ›Postkarte‹ einer Buch-Illustration aus dem 13. Jh., die paradoxerweise einen ›schreibenden‹ Sokrates und einen ›diktierenden‹ Platon darstellt. Derrida sieht in dieser historischen Umkehrung seine Theorie einer aufschiebenden und supplementierenden Nachträglichkeit des »Ursprungs« von Zeichen emblematisch verdichtet. Kein Übertragungssystem kann seine »Sendungen« vor einer Verkehrung, Entstellung oder »Partitur« des die Botschaft übermittelnden Trägers bewahren. Als Referenz dient Derrida das psychoanalytische Modell der verschiebenden und verdichtenden Traumarbeit. Die Metaphorizität und »Dissémination« (→*La dissémination*) der Bedeutungen folgt dem »Lustprinzip« eines endlosen Aufschubs, den Freud in *Jenseits des Lustprinzips* (1920) als Umweg zum Tode dechiffriert hat. Der dogmatischen Lesart dieser offenen Verweisung als Wiederherstellung eines ursprünglichen, authentischen Sinns stellt Derrida in seiner Kritik an Lacans Interpretation von E. A. Poes Erzählung *The purloined letter* (1845; *Der entwendete Brief*) das Modell einer rückkehrlosen Teilbarkeit bzw. Zerstreuung des Buchstabens/ Briefes gegenüber. Dieser unberechenbare »Faktor der Wahrheit« bedeutet französisch auch »facteur«, d. h. ›Briefträger‹, der als vermittelnde Instanz auch in der Lage ist, eine Botschaft nicht an ihrem Bestimmungsort ankommen zu lassen. – Derridas amplifikatorische Schreibweise entwickelt frühere Ansätze einer unentscheidbaren Parallelisierung philosophischer und literarischer Lektüre (vgl. *Glas*, 1974; *Totenglocke*) und einer werkimmanenten Reflexion der »parergonalen« Rahmenbedingungen (vgl. *La vérité en peinture*, 1978; *Die Wahrheit in der Malerei*) weiter. Während diesen Grenzüberschreitungen in Deutschland eher das skeptische Beharren auf der Differenz zwischen Philosophie und Literatur entgegengesetzt wurde (vgl. J. Habermas, *Der philosophische Diskurs der Moderne*, 1985), motivierten sie in Amerika neue intertextuelle und interdisziplinäre Ansätze einer Interpretation der medialen Vernetzungsstrukturen (vgl. A. Ronell, *The Telephone Book. Technology, Schizophrenia, Electric Speech*, 1991; *Das Telefonbuch. Technik, Schizophrenie, elektrische Sprache*).

Lit.: M. WETZEL, J. Derridas Postkarte, in: Psyche 38, H. 2 (1984), S. 186–91. – R. MAJOR, Lacan avec Derrida: Analyse désistentielle, Paris 1991. – D. WILLS, Dem Buchstaben nach geben, in: Ethik der Gabe. Denken nach Derrida, hg. von M. WETZEL/J.-M. RABATÉ, Berlin 1993, S. 285–300.

M. WETZEL

Le champ littéraire (frz.; *Das literarische Feld*), Pierre BOURDIEU; EA Paris 1991.

Der französische Kultursoziologe Bourdieu hat seine Theorie des literarischen Feldes in zahlreichen Aufsätzen seit 1966 formuliert und ausdifferenziert, um sie dann 1991 in eine Synthese zusammenzufassen. In Frankreich hat sich eine eigentliche literatursoziologische Schule gebildet, die sich ab den siebziger Jahren an den theoretischen Kategorien Bourdieus orientierte. – Das Prinzip des historischen Handelns – des Künstlers wie des Arbeiters – kennt für Bourdieu nicht ein Subjekt, das der Gesellschaft als äußerlichem Objekt gegenübersteht. Es besteht vielmehr in der Relation zweier Zustände des Sozialen: der in Gestalt von Institutionen Ding gewordenen Geschichte und der in Dispositionen, die Bourdieu »Habitus« nennt, Leib gewordenen Geschichte. Durch den Panofsky entlehnten Habitus-Begriff (verstanden als inkorporiertes Soziales) versucht sich Bourdieu sowohl von einer voluntaristischen Subjekt-Philosophie Sartrescher Prägung als auch von einem mechanistischen Strukturalismus abzusetzen, der eine bestimmte kulturelle Ordnung als absolute Determinante versteht. Durch die Kategorie des »Feldes« soll der globale Gesellschaftsbegriff differenziert und der realen Autonomisierung der einzelnen Bereiche Rechnung getragen werden. Die Feld-Theorie stellt so einen Bruch mit einer Reihe von Elementen der marxistischen Literaturtheorie dar: der Deutung der Werke als Ausdruck einer sozialen Klasse sowie der These einer letztinstanzlichen Determinierung durch das

Ökonomische. – Das literarische Feld wird nach Bourdieu durch eine Ordnung eigener Logik bestimmt. Als relativ autonomes Feld steht es gegenüber dem Feld der Ökonomie, der Politik, der Macht nicht in einem homologen, sondern in einem chiastischen Verhältnis; es zeichnet sich durch die Ablehnung der für das ökonomische Feld grundlegenden Regeln und Regelmäßigkeiten aus. Die Dominanz des ökonomischen Kapitals ist so innerhalb der Logik des literarischen Feldes ein ›heteronomes‹ Prinzip, dem etwa die Massenliteratur verpflichtet scheint, der darum ein geringerer symbolischer Stellenwert zukommt. Das spezifische kulturelle Kapital steht in einem umgekehrten Verhältnis zum ökonomischen. Das Feld ist Ort des permanenten Kampfes zwischen den beiden Prinzipien der Hierarchisierung: des heteronomen und des autonomen Prinzips. Bei den feldinternen literarischen Kämpfen geht es nach Bourdieu immer um die Bestimmung der jeweiligen literarischen Legitimität. Er unterscheidet zwischen dem dominanten Pol, der eine literarische ›Orthodoxie‹ festschreiben will, und dem dominierten Pol der Avantgarde, die diese Position umzustürzen gedenkt. – Das literarische Feld wird so intern durch das System der Positionen (als Positionen symbolischer Macht) und das System der Stellungnahmen (mittels Werken oder theoretischer Aussagen) geprägt. Während in den systemtheoretischen Ansätzen (der Diskursanalyse, der Gattungstheorie, der Intertextualität) nur die innere Logik als Gesamt der literarischen Produkte betrachtet wird, sollen hier die Symbolsysteme immer auch auf das System der sozialen Positionen bezogen werden (deren Ausdruck sie sind), damit so im Wechselspiel der beiden Ordnungen die Dialektik von Text und Kontext adäquat erfaßt werden kann. Eine Sozio-Analyse sollte nach Bourdieu immer auch die formalen Aspekte der literarischen Produkte untersuchen, diese aber in Beziehung zur jeweiligen Position der Produzenten im Feld setzen. – Die schriftstellerische Praxis wird von Bourdieu schließlich als Schnittpunkt der Geschichte der Positionen und der Geschichte der Dispositionen verstanden, welche die Produzenten einbringen. Da das System der bestehenden Positionen die erwarteten Voraussetzungen bestimmt, die eingebrachten Voraussetzungen der (neuen) Produzenten, aber auch das System der Positionen verändern können, ist von einem dialektischen Wechselverhältnis von Positionen und Dispositionen auszugehen und nicht von einer mechanistischen Determination der ersteren durch die soziale Herkunft der Schriftsteller.

Ausg.: Le champ littéraire, in: Actes de la recherche en Sciences sociales 89 (1991), S. 4–46.
Lit.: J. JURT, Die Theorie des literarischen Feldes. Zu den literatursoziologischen Arbeiten Bourdieus und seiner Schule, in: Romanist. Zeitschr. f. Literaturgesch. 4 (1981), S. 454–79. – L. FISCHER/K. JARCHOW, Die soziale Logik der Felder und das Feld der Literatur, in: Sprache im techn. Zeitalter 102 (1987), S. 164–72.

J. JURT

Die Christenheit oder Europa,
NOVALIS (Friedrich von Hardenberg), entst. 1799; EA Berlin 1826.
Dieser Essay ist eine der komprimiertesten Selbstdarstellungen des frühromantischen Programms. Grundthema ist die geistig-reli-

giöse Erneuerung der Einheit Europas durch die Wiederbelebung des »heiligen Sinns«, den Novalis in der europäischen Geschichte aufspüren und poetisch ins Werk setzen will. Verbunden ist damit das Ziel einer »heiligen Revolution«, die verwirklichen soll, was der Französischen Revolution mißlang. – Der Schrift liegt als Grundfigur des frühromantischen Geschichtsdenkens das historisierte dialektische Triplizitätsschema von Einheit, Entfremdung und wiederhergestellter Einheit zugrunde, das in der Tradition J.-J. Rousseaus und der Vereinigungsphilosophie steht, wobei Novalis' Geschichtskonzeption zwischen Verfalls- und Fortschrittsgeschichte vermittelt. Der Anfang besteht in einer poetischen Erinnerung an die (fiktive) allumfassende Einheit des Christentums, vor deren Hintergrund Ursprung und Krise des modernen europäischen Bewußtseins erklärt werden kann. Der zweite Teil stellt den Beginn der neuzeitlichen Geschichte mit der Urteilung der ursprünglichen Einheit durch die Konfessionalisierung der Christenheit in Katholizismus und Protestantismus dar. Dadurch wird auch die politische, wissenschaftliche und geistesgeschichtliche Entwicklungsgeschichte der Moderne in ihren Widersprüchen begreifbar. Den Aufschwung der Wissenschaften und der Aufklärung in Frankreich und Deutschland wertet Novalis dabei nicht nur als Auflösungstendenz, sondern auch als ein Mündigwerden Europas. Erst mit der Romantik in Deutschland werden allerdings die Zeichen und Taten für die geistig-religiöse Erneuerung der Einheit Europas erschlossen. Das geschichtsphilosophische Projekt von Freiheit

und ewigem Frieden in einem goldenen Zeitalter, das Novalis am Ende im Rückgriff auf die chiliastische Tradition und die Kreuzestheologie des Johannismus prophetisch-visionär in einem erotisch gefärbten ästhetischen Messianismus verkündet, kann nur auf dem Boden der frühromantischen Wiederbelebung des Christentums als einer universalen Liebes- und Mittler-Religion verwirklicht werden. Die Besonderheit von Novalis' Entwurf, der an I. Kants und J. G. Fichtes Idee eines Völkerbundes anschließt, ist die umfassende religiös-poetische Begründung der Einheit Europas, die nicht nur politisch-gesellschaftliche, sondern alle Lebensbereiche betrifft. Visionär erschaut der Dichter diese »neue Zeit«, die ein »neues höheres religiöses Leben« im »Frieden« verspricht und »bald alles weltliche Interesse verschlingen wird«. Die Dichtung erhält damit die Funktion, in der entfremdeten Welt einen neuen Sinn zu stiften. – In der Rezeptionsgeschichte wechselt die vorherrschende Auffassung, daß die Schrift eine Idealisierung des Mittelalters, des Katholizismus und der politischen Reaktion darstellt, mit dem Versuch, sie vor der Vereinnahmung durch den politischen Konservativismus zu retten, indem ihr revolutionär-utopischer Gehalt freigelegt wird.

Ausg.: Schriften, hg. von P. KLUCK-HOHN/R. SAMUEL, Bd. 3, Darmstadt ³1983. – Fragmente und Studien. Die Christenheit oder Europa, hg. von C. PASCHEK, Stuttgart 1984.
Lit.: H. TIMM, Die heilige Revolution, Frankfurt/M. 1978.

CH. IBER

La condition postmoderne. Rapport sur le savoir (frz.; *Das postmoderne Wissen. Ein Bericht*),

Jean-François LYOTARD; EA Paris 1979; dt. Bremen 1982.
Diese Arbeit über das Wissen in den höchstentwickelten Informations-Gesellschaften stellt die früheste philosophische Studie zur Postmoderne dar. Während bisheriges Wissen je durch eine Rahmenerzählung zusammengehalten wurde (in der Moderne: Emanzipation der Menschheit, Teleologie des Geistes, Hermeneutik des Sinns), sind solche Einheiten im 20. Jh. hinfällig geworden. Postmodern wird dies positiv verstanden: als Befreiung der partikularen und heterogenen Sprachspiele (bzw. Lebensformen oder Handlungsweisen) in ihrer irreduziblen Unterschiedlichkeit. Die Postmoderne beginnt, wo das Ganze aufhört. Der Abschied vom Einen bedeutet das Ende hegemonialen Zwangs. Die Gesellschaft, die durch eine Gemengelage von Sprachspielen geprägt ist, enthält allerdings stark agonale Momente, denn die Sprachspiele sind unaufhebbar different. Diese Heterogenität darf weder systemtheoretisch (Luhmann) eliminiert noch konsenstheoretisch (Habermas) übergangen werden. Nicht Systemintegration, sondern Autonomie des Partikularen, und nicht Konsens, sondern Dissens sind postmoderne Leitvorstellungen. Darin kongruiert die Postmoderne mit Basisinnovationen der Wissenschaft des 20. Jh.s (Heisenberg, Gödel, Mandelbrot, Thom), die allenthalben Diskontinuitäten, Antagonismen und Instabilitäten aufgedeckt haben. Im Unterschied zur Wiener Literatur der Jahrhundertwende (Musil, Kraus, Hofmannsthal, Broch) wird der Übergang zur Pluralität nicht pessimistisch oder melancholisch registriert, sondern als Befreiung begrüßt.

»Postmoderne« bezeichnet diese Haltung (für die schon Diderot ein Beispiel war), nicht eine Epoche. Ethisch plädiert der Postmodernismus für die Freigabe der Sprachspiele in ihrer Multiplizität und Heterogenität. Die aktuellen Informationstechnologien sind diesbezüglich ambivalent. Sie können als Operatoren von Systemherrschaft wirken und neue Uniformierung bringen. Sie könnten aber bei freiem Zugang zu den Speichern und Datenbanken auch im postmodernen Sinn der Pluralität genutzt werden. Sofern postmodernes Wissen sich nicht durch Rekurs auf Metaregeln, sondern durch die immanenten Regeln der jeweiligen Sprachspiele legitimiert, besteht eine Affinität zur Literatur. Ausdrücklich bezieht sich Lyotard auf J. L. Borges. – Das Werk fand großes Echo und führte u. a. zu der von Lyotard betreuten Postmoderne-Ausstellung »Les Immatériaux« (Paris 1985). Ergänzungen enthält Lyotards Band *Le postmoderne expliqué aux enfants* (1986; *Postmoderne für Kinder*).

Ausg.: Dt. Graz/Wien 1986.
Lit.: W. WELSCH, Postmoderne und Postmetaphysik. Eine Konfrontation von Lyotard und Heidegger, in: Philosoph. Jb. 92,1 (1985). – D. CARROLL, Paraesthetics, New York 1987. – R. G. RENNER, Die postmoderne Konstellation. Theorie, Text und Kunst im Ausgang der Moderne, Freiburg 1988.

W. WELSCH

Conjectures on Original Composition (engl.; *Gedanken über die Originalwerke*), Edward YOUNG; EA London 1759; dt. Leipzig 1760.
Der einzige dichtungstheoretische Beitrag des vorromantischen Dichters Young, dessen *The Complaint, or Night Thoughts on*

Life, Death and Immortality (1742–45; *Die Klage oder Nachtgedanken über Leben, Tod und Unsterblichkeit*) die Mode der Grabeslyrik angeregt hatten, entsteht in einer Korrespondenz mit dem Schriftsteller S. Richardson. Der Essay dokumentiert die Abwendung von der neoklassizistischen Poetik in England, die von anderen Autoren vorbereitet, aber noch nicht in bündiger Form entwickelt worden war. Thematisch konzentriert sich Youngs Spätwerk auf das Feld der Produktionsästhetik. Hier liegt auch der Ansatzpunkt seiner Auseinandersetzung mit der Tradition des englischen Klassizismus. Hatte Pope (→*An Essay on Criticism*) noch die Möglichkeit einer Imitation der antiken Dichter unter Berufung auf deren Naturnähe offengehalten, so grenzt Young diese Art ästhetischer Nachahmung polemisch von der eigentlichen Naturnachahmung ab. Sie gilt ihm als höchstes Ziel der Dichtkunst. Der bildungsabhängigen Gelehrtheit, wie sie unter den sozialen Bedingungen der aristokratischen Gesellschaft am besten gedeihen konnte, stellt Young die spontane Schöpfung gegenüber. Er verbindet die vorliegenden Ideen über das »Originalgenie« – etwa in W. Sharpes *Dissertation on Genius* (1755; *Abhandlung über den Genius*) – mit einer emphatischen Neubewertung Shakespeares. Dieser wird für Young im Einklang mit der Literaturkritik von 1750 zum Paradigma des ›Originalgenies‹. Seine Werke erhob er über die des gelehrten Klassizisten B. Jonson (→*The Art of Poetry*). Was in der klassizistischen Tradition noch die begnadete Ausnahme von der poetischen Regel darstellt, ernennt Young zum produktions-ästhetischen Leitwert: »Das Genie kann uns beim Dichten auf den richtigen Weg führen, ohne die Regeln der Gebildeten.« Youngs Genielehre verzichtet noch keineswegs auf normative Maßstäbe, aber diese sind für ihn nicht mehr durch die regelgeleitete Nachahmung klassischer Modelle verbürgt. Dem »Mechanismus« des Arbeitsprozesses und der Kunstfertigkeit – beide in zivilisationskritischer Wendung an manufaktureller Tätigkeit festgemacht – steht für Young in scharfer Antithese das in organischer Bildlichkeit gefaßte Genie als spontan und vital gegenüber: »Ein Original könnte man als von organischer Natur («vegetable«) beschreiben.« Im Gegensatz zu späteren elitären Wendungen der Genielehre hält Young die natürliche Gleichzugänglichkeit des Originalgenies für alle fest: »Die Natur bringt uns alle als Originale auf die Welt.« Der dichtungstheoretische Gehalt von Youngs Schrift wird von den langen moralisierenden Anekdoten über den Schriftsteller Addison, in die der Essay ausklingt, weder modifiziert noch verstärkt. Denn der gemäßigte Klassizist Addison (→*The Pleasures of the Imagination*) war gerade kein gutes Beispiel eines spontanen Schöpfers (dies belegt auch Youngs Kritik an dessen Tragödie *Cato*, 1713). – Der am Schluß angekündigte zweite Brief an Richardson, der Addisons Anspruch, als Originalgenie zu gelten, diskutieren sollte, wurde nie geschrieben. Daher verdankt sich Youngs Wirkung eher seinen wenigen Leitmotiven als einem stringenten Argumentationsgang. Im englischen Kontext war seine dichtungstheoretische Schrift nichts weniger als revolutionär, eher eine Akzentuierung von Ansichten, die seit der frühen Empfindsamkeit vertraut sind. Sie verbleibt noch dazu in den begrifflichen Grenzen der liberalen neoklassizistischen Poetik. In Deutschland dagegen liefert Young der ›Genieästhetik‹ in der Epoche des ›Sturm und Drang‹ ein argumentatives Schema. Seine Schrift wird unmittelbar nach ihrem Erscheinen übersetzt, kommentiert und popularisiert, vor allem in Hamburg und Leipzig, den Zentren der aufgeklärten Literaturgesellschaft.

Ausg.: Complete Works, hg. von J. Ni-chols, 2 Bde., Hildesheim 1968, S. 547–86. (Repr.) – Dt. Heidelberg 1977.
Lit.: M. W. Steinke, E. Young's ›Conjectures on Original Composition‹ in England and Germany, New York 1917. – H. Forster, Original Composition, in: E. Young, The Poet of the Night Thoughts 1683–1765, Alburgh Harleston 1986, S. 303–25.

                                    B.-P. Lange

Corneille et la dialectique du héros (frz.; *Corneille und die Dialektik des Helden*), Serge Doubrovsky; EA Paris 1963.
Doubrovskys Buch ist nicht nur eine ausführliche Studie über das Gesamtwerk Corneilles, sondern auch eine kritische Auseinandersetzung mit den methodologischen und theoretischen Implikationen einer modernen Literaturbetrachtung. Nach Doubrovsky, der zu den Vertretern der »Nouvelle Critique« zählt, wird die Deutung literarischer Texte durch eine historische und eine existentielle Komponente bestimmt. Historisch sind die sich jeweils verändernden Rezeptionsbedingungen, welche die Interpreten zu unterschiedlichen Ergebnissen kommen lassen; existentiell ist ein den Werken jenseits aller geschichtlichen Bedingtheit innewohnender »letztendlicher Sinn«, den es zu entschlüsseln gilt. Auf die Theaterstücke Corneilles, die Doubrovsky als ein Ganzes ansieht, übertragen bedeutet das, die Entwicklung der tragischen Helden als die Vorwegnahme des letztlich zum Scheitern verurteilten Machtstrebens des Adels im 17. Jh. zu interpretieren. Zugleich muß in diesem Scheitern auch eine Grundsituation des modernen Menschen gesehen werden, die sich als ein ständiger Konflikt zwischen dem Drang nach Freiheit und den von außen (von der Natur) gegebenen Zwängen darstellt. Zu dieser Erkenntnis gelangt Doubrovsky, indem er Hegels Herr-Knecht-Dialektik zusammen mit einer existentialistischen Psychologie im Sinne Sartres auf die Werke Corneilles überträgt. Die spezifische Dialektik des Corneilleschen Helden besteht darin, daß seine immer intensiver werdenden Bemühungen um Legitimation, die ihn nicht nur in erbitterte und letztlich tödliche Konkurrenz zu seinesgleichen, sondern auch zu Gott treten lassen, das Scheitern dieser Bemühungen nur noch beschleunigen: Das früher eindeutige Machtverhältnis von »Herr« und »Knecht« (Adel und Nicht-Adel) hat sich so radikal verändert, daß das Selbstverständnis des Adels in dem Maß zunehmend in Frage gestellt wird, wie ihm selbst die Rolle des Unterworfenen zugewiesen wird. Doubrovsky betrachtet die Theaterstücke Corneilles jedoch nicht als bloßen Reflex der Geschichte, sondern insistiert auf der nur durch die Texte konstituierten spezifischen Form von Geschichte. Damit entfernt er sich von einem formalistischen oder streng strukturalistischen Ansatz: ein

Werk kann nur aus sich selbst heraus verstanden werden, es stellt den besonderen Fall einer zwischenmenschlichen Kommunikation dar, indem ein »Mensch über den Menschen zu anderen Menschen« spricht. Hieraus erklärt sich auch die Aktualität der Corneilleschen Dramen, da das tragische Scheitern seiner Helden der Grundbefindlichkeit der Menschen in Frankreich nach 1945 entspricht. Doubrovsky stellt sich damit in den gleichen historisch-politisch bedingten philosophie-geschichtlichen Kontext, der auch den Existentialismus prägte. Der Akt des Schreibens, dies gilt für Corneille wie auch für Doubrovsky – seine Autobiographie *Le Livre brisé* (1989; *Das gebrochene Buch*) ist dafür ein Beleg – bedeutet die Möglichkeit, im Modus der Negation und Überschreitung, der Existenz einen Sinn zu geben.

Lit.: F. BILLAÇOIS, Rezension, in: Annales, Economies, Sociétés, Civilisations, 21,1 (1966), S. 456–59. – H. T. BARNWELL, Rezension, in: French Studies 19 (1965), S. 407–10. – J. TRUCHET, Rezension, in: Revue d'histoire littéraire de la France 65 (1965), S. 506–11.

H. WALLER

Critische Abhandlung von dem Wunderbaren in der Poesie und dessen Verbindung mit dem Wahrscheinlichen. In einer Vertheidigung des Gedichtes Joh. Miltons von dem verlohrnen Paradiese; Der beygefüget ist Joseph Addisons Abhandlung von den Schönheiten in demselben Gedichte, Johann Jakob BODMER; EA Zürich 1740. Der zweite Teil des Titels macht deutlich, daß diese Schrift in den Umkreis des Kampfes um die Würdigung des englischen Dichters Milton gehört. Dessen religiöses Epos avancierte zu einem zentralen Streitobjekt der Auseinandersetzung zwischen dem Leipziger Gottsched und den Zürchern Bodmer und Breitinger (→*Critische Dichtkunst*) um das aufklärerische Dichtungskonzept und den fundierenden Grundbegriff »Wahrscheinlichkeit«. An der Frage, ob der Inhalt des »Verlorenen Paradieses« bloß verworrene Phantasieprodukte, Ausgeburten einer ausschweifenden Einbildungskraft oder vielmehr eine erhabene Gipfelleistung moderner Poesie darstelle, schieden sich die Geister. Gottsched hielt Miltons Einfluß für schädlich, weil er von seinem Werk einen Rückfall in die eben »gereinigte« Periode des ›Schwulstes‹ befürchtete, während ihn die Zürcher gerade als nachahmenswertes Vorbild für eine zukünftige erhabene Dichtung von Rang priesen, welche die »kriechende Schreibart« der Leipziger überwinden sollte. Freilich mußten sie erst einen wichtigen Einwand entkräften: Milton thematisierte Niegesehenes wie Engel und Teufel. Dieser Gegenstandsbereich, obwohl theologisch abgestützt, mußte zunächst poetologisch legitimiert, d. h. der Mimesislehre kompatibel gemacht werden. Zu diesem Zweck griffen die Zürcher auf Leibniz' Vorstellung der »möglichen Welten« zurück: Falls die poetische Gestaltung über das Vorhandene hinausgeht, in sich aber in Analogie zu den irdischen Gesetzlichkeiten widerspruchsfrei vorstellbar bleibt, steht einer derartigen Erweiterung des Gegenstandsbereichs nichts im Wege. Ganz im Gegenteil: Das Niegesehene, folglich Neue und Wunderbare, fordert nicht nur die Einbildungskraft des Dichters in einem ganz neuen Ausmaß heraus, sondern ermöglicht dem Leser eine begeisternde Rezeption. So binden die Zürcher die Tätigkeit des Dichters eng an diese Anstrengung: »Und in dieser Absicht kömmt auch dem Dichter alleine der Nahme Poietou, eines Schöpfers, zu, weil er nicht alleine durch seine Kunst unsichtbaren Dingen sichtbare Leiber mittheilet, sondern auch die Dinge, die nicht für die Sinnen sind, gleichsam erschaffet.« – Miltons religiöse Thematik ist zudem »erhaben«. Sie stammt damit aus einem Gebiet, um das es in der deutschen Dichtung schlecht bestellt war. Die Deutschen, moniert Bodmer in der Vorrede, seien darin zurückgeblieben, weil bei ihnen stets die Ergötzungen des Verstandes über diejenigen der Einbildungskraft dominiert hätten. Damit greift er einen Topos auf (der über Herder bis zu Heidegger zu verfolgen ist), daß die Deutschen und deren Sprache weit mehr zu Abstraktion und Systematik begabt seien als andere Völker. Dem möchte Bodmer mit seiner Aufwertung der Phantasie und Bildmächtigkeit der Poesie begegnen, woraus sich eine Verschiebung der Gattungshierarchie ergibt: Nicht mehr die Tragödie, der Gottsched auf Grund des Fabelprinzips die oberste Stelle zugewiesen hatte, sondern das breit malende Epos wird nun als höchste Leistung der Poesie gefeiert (was Klopstock zur Abfassung seines *Messias*, 1748–73, anregen wird). Dessen erhabener Thematik muß eine entsprechend anspruchsvolle Sprache korrespondieren: pathetische Diktion mit reichhaltiger »Bildlichkeit« (dieser zentralen Kategorie widmet Bodmer in den *Poetischen Betrachtungen über die poetischen Ge-mählde der Dichter*, 1740, eine eigene umfangreiche Abhandlung) bewirkt jene begeisternde Eindrücklichkeit, die den Leser mitzureißen vermag. Nur mit Hilfe der Darstellung anspruchsvoller Inhalte erreicht der Poet, daß er »das Hertz (gewinnt), bevor der Verstand Zeit bekommt, sich umzusehen«: die Begeisterung überträgt sich in der Affekterregung direkt auf den Leser. Darin erkennt Bodmer die zentrale Qualität des Miltonschen Textes. Auch in dieser Abhandlung zielt er weniger auf eine systematische Darstellung als vielmehr auf eine Anwendung seiner in den übrigen Schriften entfalteten poetologischen Kategorien zur Legitimierung eines anspruchsvollen Gedichts, das zum Anstoß für eine neue deutsche Dichtung von Rang werden soll. Tatsächlich vermochte sie sich bei Klopstock, im Sturm-und-Drang und bis in die Romantik hinein zu verwirklichen.

Ausg.: Stuttgart 1966 (Nachw. von W. Bender).
Lit.: W. Bender, J. J. Bodmer und J. J. Breitinger, Stuttgart 1973. – H. O. Horch/G. M. Schulz, Das Wunderbare und die Poetik der Frühaufklärung, Darmstadt 1988.

CHR. SIEGRIST

Critische Dichtkunst. Worinnen die Poetische Mahlerey in Absicht auf die Erfindung Im Grunde untersuchet und mit Beyspielen aus den berühmtesten Alten und Neuern erläutert wird, Johann Jacob Breitinger; EA Zürich/Leipzig 1740 (2 Bde.).
Im Jahre 1740/41 erschienen neben der *Critischen Dichtkunst* nicht weniger als drei weitere gewichtige ästhetische Programmschriften, in denen Bodmer und Breitinger in bewährter Zusammenarbeit ih-

re literarische Position gegenüber Gottsched formulierten: die *Critische Abhandlung von der Natur den Absichten und dem Gebrauche der Gleichnisse* (1740), beide von Breitinger verantwortet, sowie die →*Critische Abhandlung von dem Wunderbaren in der Poesie* und schließlich *Critische Betrachtungen über die poetischen Gemählde der Dichter* (1741), für die Bodmer zeichnete. Am deutlichsten wird der Bezug auf Gottsched in der *Critischen Dichtkunst*, die wörtlich den Titel der Poetik des Leipziger Professors von 1730 aufgreift – mit einer freilich bezeichnenden Modifikation im Untertitel, welche die poetische Malerei ins Zentrum rückt. Damit sind wesentliche Differenzpunkte des die damalige literarische Welt erregenden Literaturstreites zwischen Leipzig und Zürich genannt: das Wahrscheinliche und das Wunderbare, über deren Inhalt, Berechtigung und Funktion man sich stritt, während in bezug auf das zugrundeliegende Mimesisprinzip Übereinstimmung herrschte. Die Poesie sollte sich dabei, nach Gottscheds rigoroser Auffassung, nicht über das Gebiet der Naturnachahmung hinauswagen, da sie sonst in den Bereich des Märchenhaften, Phantastischen, ja Lügenhaften geraten und damit ihre Hauptaufgabe einer wirksamen Moraldidaxe verlieren mußte. Die Zürcher dagegen suchten deren Territorium zu erweitern, ohne das Mimesisprinzip preiszugeben. Zu diesem Zweck griffen sie auf die Leibnizsche Konstruktion möglicher Welten zurück, die in ihrer Grundstruktur mit der wirklichen übereinstimmen, ohne im einzelnen ihre individuelle Besonderheit einzubüßen. Daraus ergaben sich zwei

Konsequenzen: zunächst eine stärkere Herausforderung der poetischen Erfindungskraft, indem das Wahre (z. B. der Historie) durch Phantasieleistung zum Wahrscheinlichen, dieses dann nach Möglichkeit zum Wunderbaren gesteigert werden mußte. Das betraf nicht nur den Produktionsaspekt, sondern steigerte auf der Rezipientenseite die Vorstellungskraft und führte damit zu einer Erhöhung des ästhetischen Vergnügens gegenüber der bloßen Nutzanwendung eines moralischen Satzes im Rahmen einer eingekleideten Fabel – über das »Docere« und »Delectare« hinaus soll als »Movere« Ziel der poetischen Produktion sein. Die Erweiterung des Gegenstandsbereiches durch eine Abbildung von Wahrscheinlichem und Wunderbarem verlagert das Leserinteresse vom moralischen Nutzen, den die Zürcher freilich nie gänzlich über Bord warfen, auf die Rührung; das rhetorisch-didaktische Konzept wird ins Affektive erweitert. Auch Breitinger legitimiert seine These durch einen Rückgriff auf Autoritätszitate, doch nimmt er dabei einen Paradigmenwechsel vor: An die Stelle der klassizistischen Zeugen Aristoteles (→*Peri poietikes*), Horaz (→*De arte poetica*), Boileau (→*L'Art Poétique*) u. a. setzte er auf Pseudo-Longinus (→*Peri Hypsous*), Dubos (→*Réflexions critiques sur la poésie et la peinture*), Muratori u. a. Breitingers Hauptinteresse galt der Bestimmung der Poesie und deren Wirkung und weniger der Explikation der einzelnen Gattungen. Dabei rückte die poetische Malerei ins Zentrum: Die poetischen Gemälde erzeugen eine weit stärkere Eindrücklichkeit als eine bloße Nachahmung vorhandener

Gegenstände im Rahmen einer Fabel, da sie die Einbildungskraft des Lesers anregen. Um diese Wirkung zu erzielen, genügt allerdings eine feurige Einbildungskraft des Poeten allein nicht. Die poetischen Gemälde müssen den Leser vielmehr durch eine wirksame sprachliche Gestaltung affizieren. Den dafür nötigen Stil nennt Breitinger die »hertzrührende Schreibart«. Deren Bestimmung gelten mehrere Kapitel seiner Abhandlung, wie überhaupt die Poetik der Zürcher weitgehend Anleitungen zum richtigen Schreiben und Lesen enthält und kaum das System literarischer Gattungen exponiert, was Gottsched nicht müde wird, ihr als entscheidenden Mangel vorzuhalten. Das poetische Genie, als dessen Verkörperung Milton erscheint, manifestiert sich im kraftvollen Stil, in der Fähigkeit, dem Leser eine Begebenheit oder eine Wahrheit wirkungsvoll vor das Auge der Phantasie zu stellen, weil es »... nicht, wie der Redner, durch das Glaubwürdige den Willen zu lencken, sondern durch das Wunderbare die Phantasie angenehm zu entzücken, und die Leidenschaften ins Spiel zu bringen suchet.« Den beiden zentralen Bereichen des Vergleichs und der Metapher gelten auch ausführlich zwei der eingangs erwähnten poetologischen Seitenstücke. – Damit haben Bodmer und Breitinger dazu beigetragen, das rigorose moralisierende Fabelprinzip der Frühaufklärung produktiv auszuweiten. Ihre Ansätze sind von G. F. Meier (→*Betrachtungen über den ersten Grundsatz aller schönen Wissenschaften*), Sulzer (→*Allgemeine Theorie der schönen Künste*), Mendelssohn (→*Betrachtungen*) u. a. aufgegriffen und modifiziert

worden und haben sich in den poetischen Schöpfungen der Empfindsamkeit, gipfelnd in Klopstock, verwirklicht.

Ausg.: Stuttgart 1966.
Lit.: W. BENDER, J. J. Bodmer und J. J. Breitinger, Stuttgart 1973. – U. MÖLLER, Rhetorische Überlieferung und Dichtungstheorie im frühen 18. Jahrhundert. Studien zu Gottsched, Breitinger und G. F. Meier, München 1983. – J. A. KOWALIK, The ›Critische Dichtkunst‹ reconsidered: production, reception, and B.'s neoclassical concept of historical perspective, Diss. Standford Univ. 1985.
                                        CHR. SIEGRIST

Cross the Border – Close the Gap (engl.; *Überquert die Grenze – schließt den Graben*), Leslie FIEDLER; ED 1969 (in: Playboy, H. 12).

Der amerikanische Schriftsteller und Literaturwissenschaftler Fiedler leistet in diesem kritischen Aufsatz einen Beitrag zur Definition der Postmoderne. Er grenzt diese durch Beschreibung ihres neuen Literaturbegriffs von der Moderne ab. Dabei erklärt er den Modernismus für überholt und bezeichnet ihn als für die Gegenwart irrelevant. Zugleich fordert er ein neues kritisches Instrumentarium, das den rationalistischen, formalistisch-textimmanenten Ansatz des ›New Criticism‹ als den herausragenden Exponenten der Moderne überwindet, den Kontext von Literatur stärker berücksichtigt und dabei auch den Leser einbezieht. Die neue Kritik wird nach Fiedler selbst poetische Qualität aufweisen und sich von der Moderne durch ihre Subversivität unterscheiden. Auch der traditionelle mimetische Roman wird von einer postmodernen Form abgelöst. Sie ist »anti-art« und »anti-serious«. Sie überschreitet die Grenze zwischen hoher Literatur und »pop art« und greift daher

Formen wie Western, Science Fiction und Pornographie auf. Der typisch amerikanische Western ist nostalgischer Bewahrer einer mythologischen Unschuld, der zugleich die auf aristokratischen Konzeptionen beruhende Kluft zwischen ›hoher‹ Literatur und Kinderbüchern überbrückt, die in Amerika – wie das Beispiel *Moby-Dick* (1851) oder Coopers Western-Romane zeigen – noch nie sehr breit war. Entsprechend mischen die Autoren der neuen Texte für Fiedler Elemente von »hoher Kunst« (»High Art«) und »Massenkunst« (»Mass Art«), um so die Lücke sowohl zwischen verschiedenen Generationen als auch zwischen sozialen Schichten zu schließen. Dadurch kehrt sich auch das Verhältnis von Kritikern und Publikum, das in der Moderne noch von ersteren dominiert wurde, um. Der neue postmoderne Roman überquert auch die Grenze zwischen dem Wirklichen und dem Mythischen; antike Mythen werden durch zeitgemäßere neue substituiert. Im Zeitalter der Medien spielt dabei die Maschine eine besondere Rolle. Traum, Vision und Ekstase rücken ebenfalls wieder in den Mittelpunkt der Texte. Auf ihrer Suche nach neuen Formen wendet sich die Postmoderne allerdings nicht nur der Vergangenheit zu, vielmehr produziert sie ihre Träume in einer Art post-elektronischer Romantik mit der Hilfe von Maschinen selbst. Für sie ist es sinnlos geworden, dem Phantom einer unkorrumpierten Welt hinter dem Horizont im Westen nachzujagen, alle Horizonte glaubt sie schon erreicht. Fiedlers Aufsatz gilt als wichtiger Beitrag zur Postmoderne-Diskussion und zur »Pop Culture«-Debatte.

Ausg.: L. FIEDLER, A Fiedler Reader, New York 1977. – American Literature Since 1900, hg. von M. CUNLIFFE, London 1975, S. 344–66.
Lit.: G. HOFFMANN/A. HORNUNG/R. KUNOW, ›Modern‹, ›Postmodern‹ und ›Contemporary‹: Zur Klassifizierung der amerikanischen Erzählliteratur des 20. Jahrhunderts, in: Der zeitgenössische amerikanische Roman, hg. von G. HOFFMANN, München 1988, Bd. 1, S. 7–43.

H. ANTOR

Culture and Society (engl.; *Kultur und Gesellschaft*), Raymond WILLIAMS; EA London 1958; dt. u. d. T. *Gesellschaftstheorie als Begriffsgeschichte 1780–1950*, München 1972.

Der Ausgangspunkt des Buches ist der Beginn der Industriellen Revolution in England im letzten Viertel des 18. Jh.s. Gleichzeitig mit diesem sozial-ökonomischen Wandel ändert sich ein relevanter Teil der englischen Sprache, indem entweder neue Begriffe (»Industrialism«) oder neue Bedeutungen überlieferter Wörter entstehen. Von diesen erweisen sich innerhalb eines weiteren Sprachfeldes fünf als ›Schlüsselworte‹: Industrie, Demokratie, Klasse, Kunst, Kultur. Für die Absicht von Williams, über den Wandel des Wortgebrauchs einen Änderungsprozeß des englischen Denkens und Fühlens, des moralischen Urteils und des politischen Verhaltens, der persönlichen und der sozialen Verhältnisse, schließlich der ganzen Lebensart nachzuweisen, eignen sich am besten die Begriffe »Kultur« und »Industrie«. Der erste von beiden kam aus dem Bereich der Naturbeschreibung und verselbständigte sich durch die Anwendung auf Personen zum Begriff von ›Kultur an sich‹. Der zweite ging von der Kennzeichnung persönlicher Eigenschaften (Geschick, Eifer,

Ausdauer) über zur Benennung einer generellen Tätigkeit und kollektiven Produktionsweise. Als Belegtexte dienen außer den Schriften einer literarischen Bewegung (Romantik) und exemplarisch ausgewählten ›Industrie-Romanen‹ (E. Gaskell, Ch. Dickens, B. Disraeli, G. Eliot) Abhandlungen von bedeutenden britischen Autoren und Literaturkritikern: E. Burke, J. S. Mill, T. Carlyle, J. Ruskin, T. S. Eliot. Das ihnen Spezifische ist, daß sie sich als Kenner von Kunst und Literatur nicht minder kompetent zu ethischen, politischen und gesellschaftlichen Problemen geäußert haben. Denn über lange Zeit hatte die englische Literaturkritik auch die Aufgaben, die auf dem Kontinent der Soziologie zukamen. Williams unterscheidet in der langen Reihe, an deren vorläufigem Ende er seinerzeit einen respektablen Platz einnahm, Begründer der Tradition im 19. Jh. (von E. Burke bis W. Morris), ein »Interregnum« (W. H. Mallock, G. B. Shaw) und die Repräsentanten des 20. Jh.s (D. H. Lawrence, G. Orwell u. a.). Eingeschoben wurde ein Kapitel, das die Auseinandersetzung der englischen Literaturkritik der 30er Jahre (bis zu C. Caudwell) mit dem Marxismus schildert. In einer ausführlichen »Conclusion« erörtert Williams die Probleme der ›Massenkultur‹ und stellt seine Vision einer ›Gesamtkultur‹ vor. Hier erst zeigt sich, weshalb dieses Buch seit seinem Erscheinen als Gründungsschrift der ›British New Left‹ gilt.

Ausg.: London 1990.

Lit.: R. WILLIAMS, in: Southern Review 22 (1989).

H. N. FÜGEN

Curiöse Gedancken von Deutschen Versen, Christian WEISE; EA Leipzig 1691.

Die Poetik zählt zu den zahlreichen rhetorischen Schriften, in denen Weise, beginnend mit dem *Politischen Redner* (1677), das neu entstandene Bedürfnis nach deutschsprachiger öffentlicher Beredsamkeit erfolgreich unterrichtete. Aufgrund eigener höfischer Erfahrung vermochte er die für den staatlichen Dienst notwendigen Kenntnisse (für öffentliche Reden, Korrespondenz, Etikette) nach dem neuesten Stand zu umreißen. Die »Poeterey« ist für Weise »nichts anderes als eine Dienerin der Beredsamkeit«. Er unterscheidet äußeren und inneren Nutzen. Für den politischen Bereich befördert sie die angenehme Redeweise, die vom Geistlichen wie vom »Politicus« verlangt wird. Sie erweitert die genaue Kenntnis des Wortschatzes, hilft durch die Anforderungen des Versmaßes auch in der Prosa umständlichen Satzbau zu vermeiden, den Rhythmus zu beachten und übt in dem witzig-›sinnreichen‹ Stil (»argutia«), dem Weise auch eine eigene Schrift (*De poesi hodiernum politicorum*, 1678; *Über die zeitgenössische öffentliche Dichtkunst*) gewidmet hat. Im privaten Bereich ermöglicht es die Poetik, der »eingeführten Gewohnheit« zu genügen, zu bestimmten Anlässen ein Gedicht zu überreichen. Außerdem hat man am Dichten eine Belustigung für Nebenstunden und lernt dabei, die Affekte angenehm an gewisse Gegenstände zu heften. Die rhetorische Einteilung nach Stoffindung, Anordnung und sprachlicher Ausführung ist zwar noch vorausgesetzt, doch liegt der Nachdruck auf anderem. Reales muß auf allen drei

Stufen eingehen, in die Invention als der sachliche Anlaß, in die Anordnung als sachliche Zusammenhänge und schließlich in jedes Wort durch die Überlegung, ob es der Sache zukommt, ihr Nachdruck verleiht, ob es nicht falsch ausgelegt werden und ob die Schrift insgesamt den »afficiren« kann, dem sie gefallen soll. Besonders wichtig ist Weise die »Simplicität im Reden« (bezogen auf Wortwahl und Satzbau). Die Lehre von den drei Stilhöhen weicht zugleich damit dem Hinweis auf das »iudicium«, das auf politischem Terrain stets zur Klarheit – also eher zum mittleren oder niederen Stil – verpflichtet. Die deutschen Verse unterteilt Weise zurecht grundsätzlich nach alter und nach neuer, nämlich der mit Opitz (→*Buch von der deutschen Poeterey*) aufgekommenen Manier (metrische Bindung an den gleichmäßigen Akzentfall). Reim und Versmaß erklärt er mit klarem Blick für das »Practicable« und ohne die überlieferten Systeme noch zu referieren. Das übliche Kapitel zu den Gedichtarten gibt hier lediglich die verschiedenen Versarten an: Alexandriner, Vers commun, trochäische und allgemein Odenverse, kürzere, zäsurlose Verse in strophischer Bindung. Außer durch die vielen Beispielgedichte führt Weise sonst vor allem in einer »Unterredung zwischen einem Professor und einem Untergebenen« vor, was beim Verfassen von Gedichten zu beachten ist.

Lit.: V. SINEMUS, Poetik und Rhetorik im frühmodernen deutschen Staat, Göttingen 1978. – W. BARNER, Chr. Weise, in: Deutsche Dichter des 17. Jahrhunderts. Ihr Leben und Werk, hg. von H. STEINHAGEN/B. von WIESE, Berlin 1984, S. 690–725. – G. BAUMGART, Hofberedsamkeit. Studien zur Praxis höfisch-politischer Rede im deutschen Territorialabsolutismus, Tübingen 1988.
E. BOCKELMANN

De arte poetica (lat.; *Von der Dichtkunst*), Quintus HORATIUS FLACCUS, entst. entweder zwischen 23 und 18 v. Chr. oder zwischen 14 und 8 v. Chr.; ED o. O. und J. (Mailand oder Venedig ca. 1470–73); dt. u. d. T. *Verteutscht und mit kurzen Noten erklärte Poetereikunst des römischen Poeten Horaz*, Rinteln 1639.

Die Poetik des Horaz wurde nicht als systematisches Lehrbuch geschrieben, sondern als scheinbar in assoziativem Plauderton dahinfließende Versepistel in 476 Hexametern (*Epistula ad Pisones*). Versuche, ihr eine feste Struktur nach streng wissenschaftlicher Manier zuzuordnen (E. Norden), haben sich als wenig fruchtbar erwiesen. – Die Poetik läßt sich in zwei Teile gliedern. Der erste (weitaus längere) beschäftigt sich mit dem dichterischen Werk selbst. Anfang, Mitte und Ende müssen miteinander im Einklang stehen. Diesem Ideal einer in sich geschlossenen Dichtung werden alle anderen Forderungen untergeordnet: die Notwendigkeit eines den Fähigkeiten des Dichters angemessenen Stoffes, der Vorzug einer Neugestaltung eines schon bekannten Dramenstoffes vor der eigenen Erfindung, die Berücksichtigung der jeweiligen Altersstufen etc. Als folgenreich erwies sich etwa die zuerst bei Horaz zu findende Forderung nach der fünfaktigen Struktur des Dramas. – Im zweiten Teil entwirft Horaz das Ideal des Dichters, der sich stets am bestmöglichen Dichter, nicht aber am Mittelmaß zu orientieren habe und der durch seine Dichtung sowohl nützen als auch erfreuen solle (»prodesse et delectare«). Er beschließt seine Poetik mit einem karikierenden Zerrbild des genialischen Dichters, den sein eingebildetes Genie in den Wahnsinn treibt – so wie einst Empedokles aus Unsterblichkeitswahn in den Ätna gesprungen sei – und kritisiert damit das modische Geniegebaren verschiedener Dichterdilettanten der augusteischen Zeit. Der rationale Dichterbegriff des Horaz steht somit in scharfem Widerspruch zu jeder Genieästhetik. – Insbesondere in ihrer Konzentration auf das Drama erweist sich die Poetik des Horaz als Paradigma des dichterischen Werkes. Sein Mimesis-Konzept ist beeinflußt von der aristotelischen Poetik (→*Peri poietikes*). Kaum zu überschätzen ist der Einfluß der *Ars poetica* auf die nachfolgende poetologische Tradition, von den mittellateinischen Poetiken des 12. Jh.s über die humanistischen Poetiken bis hin zu den poetologischen Grundsätzen der französischen Klassik und der deutschen Goethezeit. Insbesondere erwies sich auch die Darstellung von Poetik in poetischer Form als inspirierend: Sie beeinflußte wichtige Theoretiker der Dichtung wie etwa Boileau (→*L'art poétique*) und Pope (→*An Essay on Criticism*).

Ausg.: Opera, hg. von D. R. Shackleton BAILEY, Stuttgart 1985. – Dt. Stuttgart 1972. *Lit.:* E. NORDEN, Die Composition und Literaturgattung der horazischen Epistula ad Pisones, in: Hermes 40 (1905), S. 481–528. – C. BECKER, Das Spätwerk des Horaz, Göttingen 1963. – C. O. BRINK, Horace on Poetry I. Prolegomena to the Literary Epistles, Cambridge 1963. II. The Ars Poetica, Cambridge 1971. – M. FUHRMANN, Dichtungstheorie der Antike, Darmstadt ²1992.

A. SEELE

Deconstruction: Theory and Practice (engl.; *Dekonstruktion: Theorie und Praxis*), Christopher NORRIS; EA London 1982.
Der Begriff »Dekonstruktion« benennt eine kritische Leseweise, die von J. Derrida zunächst in der Philosophie entwickelt wurde. Sie stellt dem logik-fixierten abendländischen Denken einen radikalen epistemologischen Skeptizismus entgegen. Dieser gründet auf der Textlichkeit allen Wissens. Norris' Buch versteht sich als einführende Darstellung dieser Leseweise, zugleich liefert sie ein Erklärungsmodell für den Aufstieg der Dekonstruktion zu einer der dominanten Literaturtheorien der 70er und 80er Jahre in den USA. Die Gründe hierfür sieht Norris in den Defiziten des anglo-amerikanischen ›New Criticism‹ und des französischen Strukturalismus, denen gegenüber die Dekonstruktion auf der Unkontrollierbarkeit der »disruptiven Effekte der Sprache« insistiert. Als zentralen Ansatz hierfür benennt Norris Derridas Auseinandersetzung mit Rousseau, Saussure und Lévi-Strauss in *De la grammatologie* (1967, *Grammatologie*). Derrida kritisiert dort die Überordnung der Stimme über die Schrift sowie die Vorstellung einer intentionalen Präsenz und stellt dagegen seinen Neologismus »différance«, der gerade die temporale Differenz zwischen Intention und Aussage betont. Weil Schrift das »›Spiel‹ oder Unentscheidbarkeitselement innerhalb jeden Systems der Kommunikation« (Norris) ist, werden auch die Grenzen zwischen Kritik und Literatur durchlässig. Zugleich kehrt die Dekonstruktion nicht nur Hierarchieverhältnisse zwischen Kategorien um, sondern versucht, Ordnun-

gen von »Prioritäten und das System konzeptueller Opposition selbst« aufzulösen, die beide diese Ordnung erst ermöglichen. Deshalb tendiert Derridas Prosa, darin derjenigen Nietzsches ähnlich, zum ›Literarischen‹. Hier setzt die amerikanische Spielart der Dekonstruktion bei G. Hartman, J. Hillis Miller, H. Bloom und P. de Man ein, der Norris breiten Raum einräumt. Er rückt die Position de Mans (→*Allegories of Reading*) an zentrale Stelle, nach der es kein Kriterium gibt, um zwischen wörtlicher und figuraler Bedeutung zu entscheiden. Deshalb gerät die Lektüre letztlich immer in eine Aporie, die allerdings in den Texten selbst schon angelegt ist. Ein dekonstruktivistischer Ansatz und politisches Engagement lassen sich schwer verbinden, weil nach Auffassung der Dekonstruktion jede feste Position auf Voraussetzungen beruht, die wegen des metaphorischen Charakters aller Begriffe fraglich erscheinen. Als die interessantesten Argumente gegen die Dekonstruktion führt Norris solche an, die sich auf Wittgensteins Vorstellung der Begründung von Bedeutung durch ihren Gebrauch stützen. Das Moment des Performativen und damit das weitgehende Funktionieren alltäglicher Kommunikation hatte sich schon in de Mans Analyse als gegenüber jeglichem skeptischen Einwand resistent erwiesen. Norris selbst geht nicht dekonstruktiv vor. Hierin J. Cullers *On Deconstruction* (1983; *Dekonstruktion*) vergleichbar, erläutert er vielmehr die zentralen Gedankengänge und den theoriegeschichtlichen Kontext des Ansatzes.

U. REICHARDT

De doctrina Christiana (lat.; *Über die christliche Lehre*), Aurelius AUGUSTINUS, Buch 1–3 entst. ca. 397, Buch 4 entst. 426; EA Straßburg 1465 (nur Buch 4 u. d. T. *De Arte Praedicandi*), erste Gesamtausgabe Paris 1680; dt. Straßburg 1532.
Die Bücher 1–3 enthalten eine biblische Hermeneutik, die Augustin als Reaktion auf den z. T. häretischen *Liber regularum* des Donatisten Tychonius, das erste Lehrbuch der biblischen Hermeneutik, verfaßte. Das vierte Buch bildet den Versuch einer systematischen Predigtlehre. Obwohl sich in dieser Zweiteilung des Traktats die unterschiedliche Entstehungszeit widerspiegelt, sind beide Teile doch aufeinander bezogen: Die Hermeneutik untersucht Fragen der Bibelauslegung, die weit mehr rezipierte und schon 1465 separat gedruckte Homiletik Fragen der Bibelvermittlung an die Gläubigen. – Entscheidendes Anliegen Augustins ist die Versöhnung heidnischer Rhetorik und christlicher Lehre. Wie Cicero zielt auch Augustin programmatisch auf eine Vereinigung von Weisheit und rhetorischer Bildung und lehnt eine rein formale, inhaltslose Rhetorik ab. Da Weisheit für ihn mit der christlichen Lehre gleichzusetzen ist, bewirkt er mit seinem Bildungsprogramm eine Christianisierung des klassischen Rednerideals Ciceros. In den ersten beiden Büchern beschreibt Augustin das christliche Ethos (insbesondere Glaube, Liebe, Hoffnung) und die wissenschaftliche Ausbildung (insbesondere das Studium der kanonischen Schriften), die den Schriftausleger auszeichnen sollten. Hier plädiert Augustin auch für eine vorsichtige Aneignung

der heidnischen Wissenschaften
durch die Christen und für eine
Amalgamierung heidnischer Formen und christlicher Inhalte. Das
dritte Buch behandelt die Auslegung ›dunkler‹ Bibelstellen. Nach
Augustin bildet insbesondere die
Kenntnis der rhetorischen Figurenlehre eine Grundvoraussetzung
zum Verständnis schwieriger oder
ambivalenter Ausdrücke. – Von
entscheidender Bedeutung für die
literaturtheoretische Tradition ist
jedoch das vierte Buch. Über die
Vermittlung des Hrabanus Mau-
rus (*De institutione clericorum*, 819;
Über die Unterweisung des Klerus)
bildete es die Grundlage für die
gesamte Predigtlehre des Mittelalters. Im Mittelpunkt steht die Aneignung der rhetorischen Tradition im Interesse einer überzeugenden Verbreitung des Christentums. Wie der heidnische, so
müsse auch der christliche Redner
den dreifachen Zweck der Belehrung, der Unterhaltung und der
Beeinflussung des Zuhörers verfolgen. Vermittelt wird die Botschaft somit durch emotionale
Rührung der Zuhörer. Dem dreifachen Zweck der Rede ordnet
Augustin drei Stilebenen zu: den
niederen, mittleren und erhabenen Stil. – Mit seinen Ausführungen rezipiert Augustin wesentliche Gedanken der klassischen antiken Rhetorik-Tradition und sichert somit deren Überlieferung
an die nachfolgenden Jahrhunderte.

Ausg.: Opera, Bd. 4,1, hg. von J. MARTIN,
Turnhout 1962.
Lit.: H.-J. MARROU, Saint Augustin et la fin
de la culture antique, Paris ³1959. – U.
DUCHROW, Zum Prolog von Augustins De
doctrina Christiana, in: Vigiliae Christianae
17 (1963), S. 165 – 72.

                 A. SEELE

The Defence of Poesie (engl.;
Die Verteidigung der Poesie), Sir
Philip SIDNEY, entst. 1580–82;
EA London 1595 (hg. von W.
Ponsonby; Parallelausg. u. d. T.
An Apologie for Poetrie, hg. von H.
Olney).

Diese einflußreiche literaturtheoretische Abhandlung der Renaissance folgt dem Dispositionssche-
ma der antiken Rhetorik. Bei der
Begründung der Vorrangstellung
der Literatur vor allen anderen
Künsten und Wissenschaften
greift Sidney auf griechische (Homer, Hesiod) und lateinische
(Vergil) Autoritäten zurück, die
den Dichter als den »ersten Erhel-
ler der Unwissenheit« verehrten.
In der Moderne sind diesen nur
die italienischen Dichterfürsten
Dante, Boccaccio und Petrarca
sowie seine englischen Vorgänger
Gower und Chaucer gleichzusetzen. Sidneys mimetische Funk-
tionsbestimmung der Literatur als
»ein sprechendes Bild – zur Belehrung und Ergötzung« steht in
der aristotelischen (→*Peri poietikes*)
und horazischen (→*De arte poetica*)
Tradition, greift aber mit dem
Zusatz des »Erbauens« auch auf
Ciceros Rhetorik (→*De oratore*)
zurück. Die wirkungsästhetische
Zielsetzung der Dichtung erreichen nur die »richtigen Dichter«.
Diese setzen sich, anders als die
religiösen und dialektisch-philo-
sophischen, imaginativ mit der
Förderung der Phantasie und der
Tugend auseinander. – Die ›Kro-
ne der Weisheit‹ gebührt nach
Sidney nicht den Philosophen
(wie Platon, Aristoteles, Parmeni-
des und Pythagoras), da diese nur
in abstrakten Sätzen moralische
Anweisungen formulieren können. Auch die Geschichtsschreibung vermag nicht dieselbe Wirkung wie die Dichtung zu erzie-

len, weil der Historiker an die Faktizität gebunden ist und nicht zu den allgemeinen Wahrheiten vordringt. Nur der Dichter kann durch die Bildhaftigkeit seiner Sprache das Allgemeine mit dem Besonderen verbinden. Diese hohen Maßstäbe legt Sidney in gleicher Weise an die literarischen Gattungen an. Von seinen eigenen Dichterkollegen läßt er lediglich Chaucer, Spenser sowie H. Howard gelten. Die dramatische Dichtung, die das elisabethanische Zeitalter mit Shakespeare, Marlowe u. a. zu einer der wichtigsten literarischen Epochen Englands machen sollte, wird nur mit Nortons und Sackvilles Rachetragödie *The Tragedie of Gorboduc* (1565; *Die Tragödie Gorboducs*) repräsentiert. – Einflußreich war *The Defence of Poesie* auch wegen der Hinweise auf die Bedeutung der Einbildungskraft und die dichterische Originalität, so daß sich die Romantik, insbesondere P. B. Shelley in seiner *Defence of Poetry* (1821; *Verteidigung der Dichtung*), auf sie berufen konnte. Da Sidney sich auf platonisches und aristotelisches Gedankengut bezieht, ist die Schrift nicht ganz frei von Widersprüchen.

Ausg.: Hg. von G. SHEPHERD, Manchester 1973.
Lit.: A. C. HAMILTON, Sir Ph. Sidney, Cambridge 1977. – A. D. WEINER, Sir Ph. Sidney and the Poetics of Protestantism. A Study of Contexts, Minneapolis 1978. – C. UHLIG, Sidney's ›Defence of Poesie‹ und die Poetik der Renaissance, in: Englische und amerikanische Literaturtheorie, 2 Bde., hg. von R. AHRENS/E. WOLFF, Bd. 1, Heidelberg 1978, S. 73–93.

R. AHRENS

La Deffence, et Illustration de la Langue Francoyse (frz.; *Die Verteidigung und Bereicherung der französischen Sprache*), Joachim DU BELLAY; EA Paris 1549; dt. Stuttgart 1975 (in F.-R. Hausmann u. a., Französische Poetiken I, S. 46–81, Teilübers.).

Die Schrift ist nicht nur der Verteidigung und dem Lob der französischen Sprache gewidmet, sondern enthält auch Vorschläge zur Erneuerung der französischen Dichtung und Literatur. Der Verfasser war Mitglied einer zunächst »Brigade« und später »Pléiade« genannten Gruppe von humanistisch gebildeten Literaten (Ronsard, Pontus de Tyard, Baïf, Jodelle und zwei weitere Mitglieder in wechselnder Besetzung), die sich seit 1543 um J. Peletier du Mans, Dorat, Ronsard und Du Bellay bildete. Letzterer hat die *Deffence* entweder selbst als gleichsam erweiterte Einführung zu seinen Gedichten (*Vers lyriques* und *L'Olive*, 1549) verfaßt oder ihr seinen Namen gegeben, der durch hochgestellte Verwandte zugkräftig erschien. – Die *Deffence* kann als Antwort auf den *Art Poétique François* (1548; *Französische Dichtkunst*) von Th. Sebillet gelesen werden, der die Prinzipien der Dichterschule C. Marots darlegt. Du Bellay versammelt allerdings unter dem Einfluß von Horaz, Quintilian und Erasmus eher die Ansichten seiner Zeit und spitzt sie prospektiv zu: Antikenverehrung, Ablehnung des Mittelalters, Nachahmung der Italiener, Sprachreform, elitäre Kunstauffassung (Lyrik, »poeta doctus«), Neuplatonismus, nationales Pathos. – Das Werk ist in zwei Bücher eingeteilt, deren erstes der Sprache und deren zweites der Dichtung gewidmet ist. Der Sprachteil ist eine z. T. wörtliche Übernahme von Ideen, die Sperone Speroni, ein Theoretiker der italienischen »questione della lingua«, in seinem *Dialogo delle lin-*

gue (1542; *Dialog über die Sprachen*) zur Verteidigung und Aufwertung der Volkssprache gegenüber dem Latein formuliert hatte. Wie in Italien hat die Volkssprache auch in Frankreich gegen die Vorherrschaft des Latein in Kirche, Justiz, Universität (Humanismus) und Dichtung zu kämpfen; erst 1539 hatte der französische König z.B. das Französische als Sprache des Rechtswesens eingeführt. Du Bellay verteidigt das Französische gegen den Vorwurf, »barbarisch«, »arm« und »ungeeignet zum Ausdruck philosophischer Gedankengänge« zu sein. Er formuliert detaillierte Vorschläge, wie diese Sprache trotz ihrer konzeptuellen Armut durch Nachahmung der Sprachpolitik der Griechen und Römer, durch Neuschöpfungen allerdings eher als durch Übersetzungen konkurrenzfähig gemacht werden kann. Die »Alten« bleiben den »Modernen« zunächst aber überlegen – einzig die Existenz einer »Universalsprache« (»un seul langaige naturel«) könnte das zeitraubende, aber notwendige Erlernen des Griechischen und des Latein überflüssig machen. – Das der Dichtungstheorie geltende zweite Buch steht ganz ähnlich wie das erste in der Abhängigkeit vor allem der antiken Dichtungstheorie und Rhetorik – »der Dichter und der Redner sind gleichsam die zwei Säulen, die das Gebäude jeder Sprache stützen« – und der modernen neuplatonischen Diskussion in Italien. Auch hier geht es vorrangig um Übersetzung oder Neuerung, Nachahmung oder Originalität. Du Bellay hält am Vorbild der Alten fest, er empfiehlt den Dichtern Frankreichs, es den Römern – und den Humanisten – gleichzutun, welche die griechische Kultur »ge-

plündert« hätten. Zwar erreiche die Natur mehr »ohne die Doktrin als die Doktrin ohne die Natur« und der Dichter verstehe »mit seinem guten Urteil genug [...], ohne irgendwelche Regeltraditionen«. Doch müsse der »Dichter der Zukunft Tag und Nacht die griechischen und römischen Texte durchblättern« und die guten Autoren des Altertums und der Neuzeit – »italienische, spanische und andere« – imitieren. Du Bellay versucht, ein Nachahmungsideal zu formulieren, das auch für Intuition und Originalität Raum läßt (»innutrition«, vgl. das Vorwort zu *L'Olive*). Die neuplatonische Inspirationslehre soll sich so mit der Arbeit des »poeta eruditus« verbinden. Diesem macht Du Bellay konkrete Vorschläge zu den Gattungen, zur Spracherneuerung, zu Rhythmus und Reim und zum Vortrag. Bemerkenswert ist vor allem die Gattungspoetik: Respektierung des klassischen Gattungskanons einschließlich des schon zu dieser Zeit kaum noch lebensfähigen Epos, scharfe Ablehnung aller spätmittelalterlichen Formen, Einbeziehung neulateinischer Versmaße und des (petrarkistischen) Sonetts, letzteres über seine angebliche Verwandtschaft mit der Ode. Das Werk schließt mit einem flammenden Aufruf zur Nationalisierung der Dichtung nach dem Vorbild der Italiener (Petrarca, Boccaccio, Bembo). – Du Bellays *Deffence* hat gerade mit der Ablehnung der spätmittelalterlichen Gattungen und dem zwiespältigen »imitatio«-Konzept die Kritik der Zeitgenossen provoziert (Barthélemy Aneau *Quintil Horatian*, 1550). Schon etwa zehn Jahre später existiert die Pléiade als Schule nicht mehr.

Dennoch übt sie, insbesondere mit ihrem Nachahmungskonzept, großen Einfluß auf die französischen Dichter der Folgezeit aus, ehe sie der Regelpoetik des 17. Jh.s (Malherbe, Boileau) zum Opfer fällt.

Ausg.: Genf 1972 (Faks.). – Genf 1948 (krit. Ausg., hg. von H. CHAMARD). – Paris 1975, hg. von S. S. DE SACY.
Lit.: H. CHAMARD, Histoire de la Pléiade, Paris 1961. – G. CASTOR, Pléiade Poetics, Cambridge 1964. – S. J. HOLYOAKE, An Introduction to French Sixteenth Century Poetic Theory, Manchester 1972.

S. NEUMEISTER

Le Degré zéro de l'écriture

(frz.; *Am Nullpunkt der Literatur*), Roland BARTHES; EA Paris 1953; dt. Hamburg 1959.

Der literaturtheoretische Essay nimmt am Beginn des Werks von Barthes in nuce bereits dessen wichtigste Themen vorweg. In einer Verbindung marxistischer, existentialistischer und strukturalistischer Tendenzen sucht er, jenseits der Inhaltsebene formale Strukturen von Texten einer ideologiekritischen Analyse zugänglich zu machen. Ausgehend von der zeitgenössischen Avantgarde zeichnet Barthes die Geschichte der französischen Literatur unter dem Leitbegriff der »Schreibweise« (»écriture«) nach. Der Begriff bezeichnet ein erst in der Moderne explizit hervortretendes Phänomen, das traditionelle literaturtheoretische Kategorien nicht zu erfassen vermögen: In der Form jedes literarischen Werks gibt es ein selbstreflexives Moment, das weder mit der Sprache noch mit dem Stil identisch ist, sondern »Form als Wert« ist. Diese zweite Bedeutungsebene stellt die Partizipation eines Werks an der Institution Literatur zur Schau. Die »Schreibweise« entsteht in der

französischen Klassik, in deren Verlauf sie sich zum ritualisierten Signal einer zur sakralen Institution erhobenen bürgerlichen Literatur verhärtet. Barthes bestimmt die klassische »Schreibweise« als Ideologie: Sie hat »mythischen« Charakter, insofern sie die Werte der zur Macht gelangten Bourgeoisie als universelle erscheinen läßt. Dieser Transformation von Kultur in Natur entspricht das Selbstverständnis der klassischen Literatur, die sich nicht als spezifische Ausdrucksform und Vermittlerin von interessegeleiteten Werten und Normen versteht, sondern als reine »Transparenz« verkennt. Dagegen verwendet sie mit der Sprache des Romans, dem Erzählen in Vergangenheit und dritter Person, ritualisierte »Zeichen«, durch die sich »das Faktum Roman verwirklicht und gleichzeitig signalisiert«. – Die Geschlossenheit der klassischen Schreibweise ist für Barthes jedoch von ambivalenter Bedeutung. Einerseits »sichtbar werdende Lüge«, ist sie andererseits nicht nur »Gebrauchswert« einer homogenen Gesellschaft, sondern darüber hinaus die »Euphorie« einer humanen Ordnung der Welt. In den Klassenkämpfen nach 1848 zerbricht jedoch mit dem universalen Schein der bürgerlichen Ideologie auch jener der Literatur. Der moderne Schriftsteller, bei dem seit Flaubert Literatur als ›Fabrikation‹ sichtbar wird, verkörpert damit das Paradox eines »Schriftstellers ohne ›Literatur‹«. Die »Schreibweise« wird zum Ort einer politischen Stellungnahme; der Schriftsteller beginnt, sich »durch seine Form zu engagieren«, weil er sich »zwischen mehreren Ethiken sprachlicher Ausdrucksformen« entscheiden muß. Explizit politische Schreibweisen lehnt Barthes, der sich hier besonders mit dem Einfluß Sartres auseinandersetzt, als repressive Erstarrungen der Sprache ab. Als Ort des gesellschaftlichen Engagements ist ihm die »Schreibweise« in der Moderne zugleich die unüberwindliche Schranke, die den Schriftsteller von der sozialen Realität trennt, weil er den Gegebenheiten des Literaturkonsums unterworfen bleibt. Die Literatur der Moderne stellt den immer neuen Versuch dar, die institutionalisierte Literatursprache, in der sich die Trennung der Klassen ausdrückt, zu zerstören. Nach ihrem »Mord« durch Mallarmé erreicht sie bei Autoren wie Camus, Blanchot, Robbe-Grillet, Queneau eine »allerletzte Verwandlung«: das Streben nach einer Überwindung der »Schreibweise« überhaupt, einem »Nullzustand« der Literatur. Eine solche traditionslose Unmittelbarkeit der Sprache, die im Roman wie in der Lyrik angestrebt wird, ist aber nicht in der Dauer zu verwirklichen. Möglich ist sie nur als immer neue Bewegung des Negierens, ständig auf der Flucht vor der Erstarrung in neuen formalen Mythen. In ihrer Entfremdung von der gesellschaftlichen Realität ist die moderne Literatur aber auch eine »Utopie der Sprache«, die, weil es kein Denken ohne Sprache gibt, zugleich eine gesellschaftliche Utopie ist. – Der frühe Essay, der in seiner stark metaphorischen Sprache selbst die Grenze zur literarischen Produktion überschreitet, stellt einen epochemachenden Neueinsatz literaturtheoretischer Reflexion in Frankreich dar. In seiner Antizipation zentraler Themen späterer Schriften dokumentiert er die Kohärenz von Barthes' Werk durch dessen strukturalistische und poststrukturalistische Verschiebungen hindurch. Trotz seiner frühen Übersetzung war *Le Degré zéro de l'écriture* für die deutsche Literaturwissenschaft allerdings nur von geringer Bedeutung.

Ausg.: Paris 1972. – Dt. Frankfurt/M. 1981.
Lit.: R. A. CHAMPAGNE, Beyond the structuralist myth of écriture, The Hague 1977.

L. LINDHOFF

De la grammatologie (frz.; *Grammatologie*), Jacques DERRIDA; EA Paris 1967; dt. Frankfurt/M. 1974.

Die *Grammatologie* versteht sich als das Unternehmen einer Dekonstruktion, das in dem Augenblick erforderlich wird, in dem sich die Geschlossenheit der »historisch-metaphysischen Epoche« abzeichnet. Diese Geschlossenheit darf nicht mit einem bloßen Ende der Metaphysik verwechselt werden, da eine solche Vorstellung noch von dem metaphysischen Begriff einer erkennbaren Totalität oder einer linearen Abfolge von einander entgegengesetzten Epochen abhängt. Die Dekonstruktion operiert »von innen«, sie hat sich »aller subversiven, strategischen und ökonomischen Mittel der alten Struktur zu bedienen«. – Das Buch besteht aus zwei Teilen. Im ersten Teil unternimmt Derrida eine Dekonstruktion des Logozentrismus, den er als »Metaphysik der phonetischen Schrift« begreift, als Privilegierung der »Stimme« über den Buchstaben im abendländischen Denken. Während der »Logozentrismus« (oder auch »Phonozentrismus«) die Schrift mit einer unwesentlichen Äußerlichkeit gleichsetzt und sie der Idee eines »erfüllten und in seiner ganzen Fülle gegenwärtigen Wortes« unterordnet, sucht die

Dekonstruktion die Bewegung der Schrift als ein ursprüngliches Auf- und Verschieben jeder Gegenwart, als eine vorgängige Spaltung jeden Ursprungs zu beschreiben. Diese paradoxe »Ur-Schrift« macht es unmöglich, auf eine sinnstiftende Instanz zurückzugehen, welche die Erhaltung einer Ordnung oder eines Systems verbürgt, und zeitigt zugleich den Wunsch nach einem solchen Prinzip. Derrida setzt sich mit Platon, G. W. Leibniz, G. W. F. Hegel, F. Nietzsche, E. Husserl und M. Heidegger auseinander. Vor allem aber betreibt er eine Dekonstruktion der Saussureschen Linguistik, die für den Strukturalismus der 60er Jahre in Frankreich von entscheidender Bedeutung war. – Im zweiten Teil geht Derrida kritisch auf die ethnologische Genealogie der Schrift ein, die man bei Lévi-Strauss vorfindet, um sich dann Rousseaus *Essai sur l'origine des langues (Abhandlung über den Ursprung der Sprachen)* zuzuwenden. Dabei entfaltet er eine »Logik des Supplements«, die den Gegensatz von Natur und Kultur ebensosehr aus den Angeln hebt wie den Gedanken einer sich selbst genügenden natürlichen Einheit. Wiederum erweist sich das Hinzutretende als das Ursprüngliche und damit als wesentliche Unbestimmbarkeit des Ursprungs selbst. – Der Gedanke einer paradoxen »Ur-Schrift« hat Folgen für literaturwissenschaftliche Untersuchungen, zumindest für solche, die sich an der Unterscheidung zwischen Form und Inhalt ausrichten oder die einen Text als reines Spiel von Signifikanten deuten. Die mit der »Ur-Schrift« gemeinte Unmöglichkeit, auf eine sinnstiftende Instanz zurückzugehen, muß man so verste-

hen, daß es keine Bedeutung und auch keine Vielfalt von Bedeutungen gibt, die ein Text mit formalen Mitteln bloß veranschaulicht. Umgekehrt verbietet es die radikale Geschichtlichkeit, die im Gedanken der »Ur-Schrift« liegt, einen Text als ein formales Zeichenspiel zu interpretieren, das unabhängig von seiner »geschichtlichen Einschreibung« besteht.

Lit.: P. de MAN, The Rhetoric of Blindness. Jacques Derrida's Reading of Rousseau, in: ders., Blindness and Insight, Minneapolis ²1983, S. 102–41.

A. GARCÍA DÜTTMANN

De la littérature considérée dans ses rapports avec les institutions sociales (frz.; *Über Literatur, in ihren Verhältnissen mit den gesellschaftlichen Einrichtungen und dem Geiste der Zeit*), Germaine Necker, baronne de STAËL-HOLSTEIN; EA Paris 1800; dt. Leipzig 1804.

Aus dem aufklärerischen Gedanken des Fortschritts der Künste und Wissenschaften entwickelt Mme de Staël erstmals die kohärente Kulturgeschichtstheorie, welche die Grundlage für die liberale Geschichtsphilosophie der Romantik bildet. Das Buch ist zugleich eine Antwort auf die Krise nach der Französischen Revolution. Die zeitgenössische Situation erscheint als Endpunkt einer kulturgeschichtlichen Entwicklung, die endgültig den klassisch-humanistischen Bildungsbegriff überholt. Die Widersprüche bei der Anwendung des aufklärerischen Fortschrittsgedankens auf Kultur und Literatur (Condorcet, Denina, Marmontel u. a.) versucht die Autorin durch ein implizit mentalitätsgeschichtliches, organisches Perfektibilitätsmodell zu lösen. Zentralen Stellenwert hat hier die

Christentums- und Barbarenthe-
se. Im Rückgriff auf die Klima-
theorie Montesquieus und unter
dem Einfluß der Homer-Ossian-
Debatte (vielleicht auch von Herders *Briefen zur Beförderung der Humanität*, 1793–97) sieht Mme de
Staël in der Berührung der barba-
rischen Germanen mit dem Christentum das Ferment einer weltgeschichtlich neuen Epoche des
»Nordens«, welche die sinnlich-
heidnische Kultur des »Südens«
ablöst. Innerlichkeit (Mystizismus,
Imagination) und unsinnlich abstraktes Denken sind das Erbe der
mittelalterlich-christlichen Kultur,
die als solche eine dialektische
Kontinuität mit der Antike bewahrt. Die scharfe Trennung zwischen heidnischer Antike und
christlichem Abendland und die
damit verbundene Aufwertung
des Mittelalters stellen ein zentrales Paradigma christlich-romanti-
scher Geschichtsschreibung bereit. – Die christlich-ritterliche
Kultur des Mittelalters erscheint
zugleich als Beispiel für die Rolle
der Institutionen und der durch
sie geprägten Trägerschichten.
Geschichte ist für Mme de Staël
Bildungsgeschichte der führenden
»Klassen« der Gesellschaft, deren
Verfassung die Literatur als »Ausdruck der Gesellschaft« spiegelt.
Der Literaturbegriff wird hier
noch in der erweiterten Bedeutung der Aufklärung benützt und
bezieht sich auf die Bildung allgemein. Aus der soziologischen Prämisse ergibt sich die Argumentation des 2. Teils, in dem es um die
Neubegründung kultureller Instanzen und die soziale Funktion
von Literatur geht. Denn in Analogie zu der ›fruchtbaren‹ Katastrophe des »Barbareneinfalls« be-
siegelt die Revolution nicht nur
das Ende des höfischen Zeitalters,

sondern enthält auch die Chance
des Neubeginns im Zeichen der
Freiheit und Emanzipation (nicht
zuletzt auch für die Frau). – Das
Werk bereitet die Wende zur Romantik vor und vermittelt dieser
ein progressives, freiheitliches Li-
teraturideal, das zugleich an ein li-
teratursoziologisches Verständnis
gebunden ist.

Ausg.: Hg. von P. van TIEGHEM, Paris/Genf
1959, 2 Bde.
Lit.: R. de LUPPÉ, Les idées littéraires de
Madame de Staël et l'héritage des Lumières
(1795–1800), Paris 1969. – S. BALAYÉ,
Madame de Staël. Lumières et liberté, Paris
1979.

                                    F. WOLFZETTEL

De oratore (lat.; *Über den Redner*), Marcus Tullius CICERO,
entst. 55 v. Chr.; ED Subiaco vor
1465; dt. u. d. T. *Drey Gespräche
von dem Redner*, Helmstedt 1762).
Schon in seiner Jugendschrift *De
inventione* (84 v. Chr.; *Über die
Auffindung des Themas in der Rede*)
unternimmt Cicero den ersten
Versuch einer philosophischen
Rhetorik. In ihren Vorreden polemisiert er gegen eine rein formale Rhetorik und plädiert für eine Durchdringung rhetorischer
Formen mit philosophischen Gehalten. In seinem meisterhaften
rhetorischen Hauptwerk, dem aus
drei Büchern bestehenden Dialog
De oratore, baut Cicero diesen Gedanken aus und entwirft das Ideal
des umfassend gebildeten Redners, der nicht nur in der Kunst
der Rede, sondern auch in Philosophie, Geschichte und Juristerei
unterwiesen zu sein habe. Haupt-
gesprächspartner des Dialogs, der
in Ciceros Jugendzeit (91 v. Chr.)
angesiedelt ist, sind die bedeutendsten Redner der Zeit, L. L.
Crassus und M. Antonius, beide
Ciceros Redelehrer, denen der
Autor in seiner Schrift ein Denk-

mal setzt. − Das erste Buch, dessen Protagonist Crassus ist, entwickelt die Voraussetzungen einer universalen Rhetorik. Es fordert vom Redner eine Vereinigung von natürlicher Begabung, Fleiß und intensiver Übung, die nicht nur rhetorische Exerzitien, sondern auch Kenntnisaneignung auf allen Gebieten der Allgemeinbildung, insbesondere des bürgerlichen Rechts, einschließen solle. Das zweite Buch, im wesentlichen ein Vortrag des Antonius, behandelt die ersten vier der schon seit der griechischen Rhetoriktradition klassischen fünf Pflichten des Redners, der »inventio« (Stoffauffindung), der »dispositio« (Gliederung), der »elocutio« (sprachliche Ausformulierung), der »memoria« (Mnemotechnik) und der »actio« (Vortrag). Berühmter Bestandteil dieses zweiten Buches ist der exkursartige Vortrag des für seinen Witz bekannten Redners G. J. C. Strabo über den Humor in der Rede. Das dritte Buch bekräftigt noch einmal das Ideal des universal gebildeten Redners. Wie im ersten Buch ist Crassus der Protagonist, der jegliche geistige Verengung und Spezialisierung zurückweist und sich sodann der Theorie der Rhetorik im Detail widmet. Er befaßt sich mit Fragen der Wortstellung, der Rhythmisierung, der Stilarten, der rhetorischen Figurenlehre und beendet seine Rede schließlich mit der Behandlung der von Antonius ausgesparten fünften Pflicht des Redners, dem Vortrag. Durch seine geschickte Aufbaustrategie erreicht Cicero eine thematische Verklammerung aller drei Bücher. − Die Schrift *De oratore* ist das wichtigste Werk der antiken Rhetorik, sie stellt ein Bindeglied dar zwischen der von

ihr rezipierten griechischen Rhetorik-Tradition (bes. Anaximenes und Aristoteles) und der sie rezipierenden nachfolgenden Rhetorik-Lehre (bes. Quintilian und Augustin). Insbesondere einzelne Teile, etwa der Exkurs über den Humor, erlangten Berühmtheit und erwiesen sich als folgenreich für die literaturtheoretische Tradition, die in der Antike ohnedies von der rhetorischen Tradition nicht abgelöst betrachtet werden kann.

Ausg.: M. Tullii Ciceronis Rhetorica, hg. von A. S. Wilkins, Bd. 1, Oxford 1902.
Lit.: A. Michel, Rhétorique et philosophie chez Cicéron, Paris 1961. − K. Barwick, Das rednerische Bildungsideal Ciceros, Berlin 1963. − A. E. Douglas, The Intellectual Background of Cicero's Rhetorica. A Study in Method, in: Aufstieg und Niedergang der Römischen Welt, Bd. l, 3, Berlin/New York 1973, S. 95–138.

A. Seele

De Poetica et Carminis ratione

(lat.; *Von der Dichtkunst und der Beschaffenheit des Gedichts*), Joachim **Vadianus** (eigentl. Joachim von Watt); EA Wien 1518; dt. München 1976.

Vadians Traktat entstand aus seiner Lehrtätigkeit an der Wiener Universität. Er distanziert sich ausdrücklich von den zeitgenössischen normativen Verslehren und Gattungspoetiken, den Zitat- und Beispielsammlungen und den Verfasser- und Werkverzeichnissen. Sein eigener Ansatz einer Poetik hingegen ist wesentlich umfassender. Er liefert einen Geschichtsabriß der Dichtung, eine Genetik des Dichtungsvorgangs, ein Bildungsprogramm für den angehenden Dichter und eine Apologetik der Dichtung gegen scheinbar theologisch bzw. wissenschaftlich begründete Einwände. Auffällig ist Vadians umfassende Belesenheit und der weite

Blick auf die sorgfältig differenzierten Entwicklungen vieler Jahrhunderte. – Im Rahmen seiner selten präskriptiv, zumeist abwägend gehaltenen Überlegungen gelangt Vadian über gängige zeitgenössische Lehrmeinungen hinaus zu bisweilen erstaunlichen Einsichten. Für ihn steht Dichtung weit über ihrer Theorie, die erst in der Spätzeit von den Grammatikern entwickelt wurde, um vernunftmäßigen Einblick in ihre ›Geheimnisse‹ zu gewinnen. Die von Platon begründete Inspirationslehre deckt sich nach Vadian soweit mit der biblischen, daß er davon ausgeht, daß derselbe Heilige Geist durch die Propheten wie durch die Dichter, wenn auch unter unterschiedlichen Vorzeichen, ›redet‹. Die Antike legt in ihren Glanzleistungen die zwar bislang unübertroffenen, jedoch deswegen nicht prinzipiell unübertreffbaren verbindlichen Vorbilder vor. Auch volkssprachige Dichtung nimmt Vadian in seinen Geschichtsabriß auf, allerdings aufgrund ihrer Berücksichtigung antiker Dichtungslehren. – Abgesehen vom Freundeskreis fand die *Poetica* nur geringe Resonanz. Ihre Bedeutung erhält sie allerdings als Indiz mitteleuropäischer humanistischer Denkgewohnheiten und in ihrer Zeit erreichter dichtungstheoretischer Positionen.

Ausg.: Krit. Ausg. mit dt. Übers. u. Komm. von P. SCHÄFFER, 3 Bde., München 1973–77.
Lit.: W. NÄF, Vadian und seine Stadt St. Gallen, Bd. 1, St. Gallen 1944, S. 277–300. – J. NADLER, J. v. Watt, De Poetica et Carminis Ratione, in: Anzeiger der österr. Akad. der Wiss., phil.-hist. Klasse 16 (1949), S. 279–306.

P. SCHÄFFER

De reductione artium ad theologiam (lat.; *Über die Zurückführung der Künste auf die Theologie*), BONAVENTURA, entst. zw. 1248 und 1256; ED Quaracchi 1891 (in: Opera omnia, Bd. 5, hg. vom Collegium S. Bonaventurae, S. 317–25); lat./dt. München 1961.
Dem Werk liegt Bonaventuras philosophische Grundidee von der Analogie zwischen der Aussage der natürlichen Dinge und Wissenschaften und den Wahrheiten der Heiligen Schrift zugrunde. Es enthält am Anfang eine konzentrierte Wissenschaftslehre, die folgende auf die 6 Schöpfungstage bezogenen Erkenntnisbereiche unterscheidet: 1. die durch das »höhere Licht« zu erschließende Heilige Schrift, die, jenseits des literalen Sinns, allegorisch, moralisch und anagogisch zu deuten ist und damit den Glauben, die Lebensführung und die transzendente Glücksbestimmung des Menschen (nämlich die mystische Vereinigung der Seele mit Gott) betrifft; 2.-4. die vom »inneren Licht« erleuchtete Philosophie, die sich in die drei Teile »philosophia rationalis«, »philosophia naturalis«, »philosophia moralis« gliedert und deren erster Teil die sog. redenden Künste Grammatik, Logik und Rhetorik umfaßt; 5. das vom »niederen Licht« erleuchtete Erkennen durch die fünf Sinne; 6. die vom »äußeren Licht« erleuchteten »artes mechanicae«, zu denen als letzte auch die »ars theatrica« (Gesang, Instrumentalmusik, Dichtung, Pantomime) gehört. Im Gegensatz zu den übrigen mechanischen Künsten dient sie nicht dem Nutzen, sondern der Entspannung und Erheiterung. – Im Hauptteil des Werks werden diese profanen Wissenschaftsbereiche

systematisch auf die Theologie (und d.h. auf die Heilige Schrift) ›zurückgeführt‹. Das Besondere in Bonaventuras Lehre ist, daß die Wissenschaften nicht nur als Interpretationsstützen der Heiligen Schrift dienen, sondern selber als Heilsaussagen zu verstehen sind. Allerdings erhalten sie, wegen des Sündenfalls vernebelt, ihre Erleuchtung erst aus der Heiligen Schrift. Jede einzelne Disziplin lehrt nichts anderes als diese: auf dem Gebiet des Glaubens die Menschwerdung des Wortes; auf dem Gebiet der Moral die rechte Lebensordnung; auf dem Gebiet der anagogischen Jenseitsorientierung des Menschen die beseligende Vereinigung der Seele mit Gott. In der »philosophia rationalis«, die es in erster Linie mit der Sprache (»sermo«), also auch mit Literatur, zu tun hat, erkennt Bonaventura z.B. folgende Analogien: Die Sprache geht aus dem inneren »verbum mentis« hervor; um wahrnehmbar zu werden, bedarf sie der Form des Worts als einer Hülle (»indumentum«). Ihrem reinen Begriff nach bleibt sie jedoch im Geist dessen, der sie hervorbringt. Dem entspricht theologisch die Inkarnation des göttlichen Worts. Die Sprache ist gekennzeichnet durch Angemessenheit, Wahrheit und Schmuck. Dementsprechend muß sich unser Handeln nach Maß, Ordnung und Schönheit ausrichten. Unmittelbarer Zweck der Sprache ist: Ausdruck, Belehrung, Ansporn. Diesen Tätigkeiten sind das Bild, das Licht und die Kraft zugeordnet. Sie gewährleisten, in der Seele vereinigt, das Glück der wahren Erkenntnis. In der Nachfolge des Hugo von St. Victor ist die *Reductio artium* eine gedrängte Darstellung der mystischen Erkenntnislehre Bonaventuras, die das Denken der folgenden Zeit entscheidend geprägt hat.

Lit.: B. Trimolé, Deutung und Bedeutung der Schrift de reductione artium ad theologiam, in: Franziskanische Studien 8 (1921), S.172–89.

F. Rädle

De Studio Poetico (nlat.; *Über das Studium der Dichtung*), Jacob Balde; ED 1658 (als Dissertatio praevia dem *Vultuosae Torvitatis Encomium* vorausgeschickt).

Das poetologische Hauptwerk Baldes kann im zeitgenössischen Horizont der Barockzeit gleichsam als eine ›negative Poetik‹ gelesen werden. Hinsichtlich der ›technischen‹ Seite der Dichtung (Prosodie, Versbau, Gattungen usw.) bezieht sich Balde zwar auf die Maßstäbe setzenden älteren Poetiken (v.a. J. Pontanus, *Poeticarum Institutionum libri tres*, 1594, *Unterweisung in der Dichtung in drei Büchern*; F. Strada, *Prolusiones Academicae*, 1617, *Vorübungen für Akademiker*; J. Masen →*Palaestra Eloquentiae Ligatae*). Darüber hinaus geht es ihm aber um die Darstellung der Voraussetzungen und Bedingungen eines gelungenen dichterischen Kunstwerks, das nur die »ungezwungene Fähigkeit« (»potentia expedita«) des wirklichen Dichters schaffen kann. Diesen zeichnet ein schöpferisches Verhältnis zu den Vorbildern aus, wie es etwa der spätantike Dichter Claudian gezeigt hat. Der Dichtung der eigenen Zeit macht Balde den Vorwurf, sie sei zu sehr an der Wiederholung des bereits Geleisteten orientiert: Der wirkliche Dichter schafft »Neues« (»nova«), und an der Neuigkeit seiner Schöpfungen (»novitas«) wird er gemessen. Das vorauszusetzende »ingenium« und »iudicium« (»Be-

gabung« und »Urteilsvermögen«)
muß, durch intensives Studium
der Alten geschult, sicher und
selbständig zwischen Trivialität
und bloß mit Gelehrsamkeit
prunkendem Schwulst seinen
Weg finden. Im Zentrum von
Baldes »Lehre ohne Lehre« steht
jedoch der Begriff des »novum«.
Gelegenheitsdichtungen, für die
sich die Regelpoetik besonders
interessiert, sind nach Balde nicht
das geeignete Feld für den Dichter, der sich mit allgemein-
menschlichen Problemen beschäftigen soll. – Als Vertreter der
›argutia‹-Bewegung beurteilt Balde die verachtete Gattung des
Epigramms und die Verwendung
›concettistischer‹ sprachlicher Au-
drucksmittel positiv. Bedeutendes
Vorbild einer ›arguten‹ (»scharf-
sinnigen«) Sprechweise ist ihm der
Dichter Horaz (→De arte poetica),
auf dessen dichterische Mittel
(Metaphern, Allegorien, Paradoxa
usw.) er sich immer wieder beruft.
Den Schluß der Abhandlung bildet eine Verteidigung der Satire,
die gegenüber der satirischen Poesie der Alten geringere Freiheit
genieße. – Baldes Ausführungen
in De Studio Poetico sind Teil einer
schon in der Jugendzeit einsetzenden Beschäftigung mit poetologischen Fragen (u. a. in Regnum
Veterum Poetarum, 1628; Die Vorherrschaft der alten Dichter). In dem
Diskurs der jesuitischen Poetiker
über die Rezeption spätantiker
»manieristischer« Autoren wie
Statius und Claudian spricht er
sich – auch in seiner Dichtungs-
praxis – gegen die an der Klassik
orientierten Konservativen wie
Pontanus aus und fördert die Verwendung concettistischer Stilmittel.

Ausg.: Opera Poetica Omnia, 8 Bde., hg. und
eingel. von W. KÜHLMANN/H. WIEGAND,
Bd. 3, Frankfurt/M. 1990, S. 318–57.
Lit.: G. WESTERMAYER, J. Balde. Sein Leben
und seine Werke, München 1868. – E.
SCHÄFER, Deutscher Horaz, Wiesbaden
1976, S. 109–249.

L. CLAREN/H. WIEGAND

Deütscher Helicon / oder
Kurtze verfassung aller Arten der
Deütschen jetzt üblichen Verse /
wie dieselben ohne Fehler recht
zierlich zu schreiben / Bey welchem zu besserm fortgang unserer
Poesie Ein Richtiger Anzeiger der
Deütschen gleichlautenden und
einstimmigen / so wohl Männlichen / als Weiblichen Wörter
(nach dem abc. Reimweise gesetzt) / zu finden, Philipp von
ZESEN; EA Wittenberg 1640.
Zesen zählt als Lyriker und als
Verfasser des Helicon zu den bedeutenden Schriftstellern seiner
Zeit. Seine Poetik sollte die bis
dahin einzig gültige deutsche
Prosodie, das →Buch von der Deutschen Poeterey von M. Opitz, ablösen. Zesen, der von den poetologischen Arbeiten Buchners
(→Anleitung zur Deutschen Poeterey) stark beeinflußt wurde,
wendet sich gegen die normativen
Vorschriften bei Opitz, da sie die
Entwicklung einer eigenständigen
lyrischen deutschen Sprache er-
schwerten. – Zesens Poetik gehört mit zu den folgenreichsten
Prosodien des 17. Jh.s, da er die
formalen und inhaltlichen Möglichkeiten der Lyrik erheblich ausweitet. Im Gegensatz zu Opitz
beispielsweise, der jambische und
trochäische Versmaße bevorzugte,
propagiert Zesen schon in den ersten Abschnitten des Helicon das
daktylische Versmaß. Aber auch
gemischte Verse sollten genutzt
werden. Für Zesen gilt, daß Form
und Inhalt in eine enge Korre-

spondenz gesetzt werden sollten. Die Form darf nicht Selbstzweck sein, sondern muß mit dem »Sinn« verknüpft werden. Dieser Forderung sollen auch die weiteren lyrischen Stilmittel (wie der Reim) unterworfen werden. Der ständig ausgeweitete »Richtige Anzeiger der deutschen gleichlautenden […] wörter«, ein ausführliches »Reimlexikon«, ist daher ein fester Bestandteil seiner Poetik. Als lyrische Gattung bevorzugt Zesen das Sonett. Die strenge innere Form, die Zäsur zwischen den Quartetten und Terzetten, löst er jedoch zugunsten einer gelockerten Verknüpfung durch das Enjambement auf. In vielen Beispielen, teilweise auch überzogen artifiziellen, zeigt Zesen einen Weg zu einer eigenständigen deutschen lyrischen Sprache auf, der die Theorie und künstlerische Praxis im 17. Jh. produktiv beeinflußt hat. Zesen sah dadurch auch die Möglichkeit gegeben, die griechische und lateinische Poesie zu überflügeln: »Nun möcht ihr klugen Griechen/ und ihr aus Latien euch insgesambt verkriechen// Es geht euch allen vor die deutschen Nachtigall// Die nun so lieblich singt/ daß auch ihr süßer schall/ Die andern übertrifft«.

Ausg.: Sämtliche Werke, hg. von F. v. IN-GEN, Bd. 9, Berlin/New York 1971; Bd. 10, Berlin/New York 1977. – Teilabdr. in: Poetik des Barock, hg. von M. SZYROCKI, Reinbek 1968, S. 75–85.
Lit.: F. v. INGEN, Ph. v. Zesen, Stuttgart 1970. – B. MARKWARDT, Geschichte der deutschen Poetik, Bd. I, Berlin/Leipzig [3]1967. – U. F. J. MACHÉ, Zesen als Poetiker. In: DVjs. 41 (1967), S. 391–423.

H. SCHMIDT-BERGMANN

De vulgari eloquentia Libri Duo

(nlat.; *Zwei Bücher über das Dichten in der Muttersprache*), DANTE ALIGHIERI; EA Vicenza 1529; dt. Leipzig 1845 (2 Bde.).

Bei diesem Traktat handelt es sich um ein Fragment in zwei Büchern, das um 1304 im Exil begonnen und gegen 1307/08 abgebrochen wurde. Während Dante im etwa gleichzeitigen *Convivio* (entst. 1303–08; *Das Gastmahl*) die philosophische Begründung für die Themenwahl der Dichtung liefert, soll *De vulgari eloquentia* deren sprachliche Form klären. Beide Schriften sind Resümee seiner frühen Dichtungen, zugleich aber schon Vorausblick auf *La Divina Commedia* (entst. 1307–21; *Die Göttliche Komödie*). Dante behandelt im 1. Buch die Ursachen der babylonischen Sprachverwirrung, die Verwandtschaft der romanischen Sprachen und das »vulgare illustre«, die am Latein orientierte italienische Dichter- und Gelehrtensprache, die er nachweisen will. Aus diesem Anlaß untersucht er anhand von Beispielen alle wichtigen italienischen Dialekte. Im 2. Buch konzentriert er sich auf die Lyrik, da sie der Prosa ihre Modelle liefere. Aus Voreingenommenheit wird die weit verbreitete Sonett- und Balladendichtung zugunsten der philosophisch-neuplatonischen Liebeskanzonen in Elfsilbern vernachlässigt. – Dante ist zweifellos der erste Dichter, der zugleich Sprachhistoriker, Sprachtheoretiker, Literaturkritiker und Literaturgeschichtsschreiber in einem ist. Seine enzyklopädische Bildung befähigt ihn, alle einschlägigen Texte aus Theologie, Philosophie, Grammatik und Rhetorik einzubeziehen und auszuwerten und durch Beispiele aus der lateinischen, provenzalischen, französischen und italienischen Dichtung zu untermauern. Seine Objektivität wird aber dadurch eingeschränkt, daß er sein eigenes

Dichten an Vorläufern und Zeitgenossen mißt und sich selber am Ende einer für ihn kohärenten Reihe, die von den Provenzalen über die Sizilianer und Sikulotoskaner zum Dolce stil novo reicht, seinen Platz zuweist. Als Florentiner im Exil, der nicht hoffen darf, jemals wieder in seine Heimat zurückzukehren, läßt er sich von anti-florentinischen Ressentiments leiten, ohne doch die kulturelle Modellhaftigkeit seiner Vaterstadt leugnen zu können. Dantes Ziel ist es, die Existenz einer italienischen Nationalsprache zu beweisen und sie theoretisch wie praktisch zu beschreiben. Seine theoretischen Ausführungen gelten auch für alle anderen ihm bekannten romanischen Sprachen, die insgesamt als Varianten einer Einheit aufgefaßt werden, wenngleich die si-Sprache, das Italienische, die überlegene ist, da sie dem Latein am nächsten steht. Dante antizipiert hier wichtige Gedanken, die für spätere Sprachtheoretiker, zumal die Vertreter des »bon usage«, Bedeutung gewinnen. Die Beispiele anerkannter Schriftsteller haben quasi-normative Kraft: Ähnliches gilt für ein politisches Zentrum, etwa den Kaiserhof. Da dieser aber den Italienern fehlt, kommt den Dichtern eine sprachpflegerische Vorrangstellung zu.

Ausg.: Darmstadt 1925.
Lit.: Die Gedichte aus Dantes ›De vulgari eloquentia‹. Ausgew., übers. u. eingel. von F.-R. HAUSMANN, München 1986.

F.-R. HAUSMANN

... dichterisch wohnet der Mensch ..., Martin HEIDEGGER; ED 1954 (in: Akzente 1, S. 53–71).
Heideggers Text widmet sich einem unbetitelten späten Gedicht Hölderlins, das nach seinen Anfangswörtern *In lieblicher Bläue* genannt wird. Dessen Authentizität ist verschiedentlich (z. B. durch Beißner) in Frage gestellt worden. Der ursprünglich als Vortrag gehaltene Aufsatz ist in die Sammlung der *Vorträge und Aufsätze* (1954) Heideggers aufgenommen, die für die Rezeption seines Denkens deshalb von Bedeutung ist, weil sie verschiedene Aspekte seiner »Kehre« erkennen läßt. Hierzu gehört besonders das Nachdenken über die Überwindung oder »Verwindung« der Metaphysik, über das vernehmende Denken, über das »Ereignis« der Welt als die »Lichtung«, über die Nachbarschaft des Dichtens und des Denkens und über die Frage der Technik. Dem Werk Hölderlins widmet sich Heidegger seit den 30er Jahren in wichtigen Vorlesungen. Die Dichtung dieses Autors ist von grundlegender Bedeutung für Heideggers Denken der »Kehre«. – Dem Kreisgang des Denkens entsprechend, den Heidegger in →*Der Ursprung des Kunstwerks* ausdrücklich hervorhebt, will er im Bedenken des Worts »dichterisch wohnet der Mensch« dieses Wort an das Gedicht »zurückgeben«. Die Zurückgabe des Worts soll die Dimension erschließen, in der Dichtung geschieht. Die mit dem Term »Dimension« entwickelten Gedanken werden metaphorisch in einem Wortfeld entfaltet, das sich auf das Messen bezieht. Sie sind durch Leitwörter wie »Vermessung«, »Durchmessung«, »Zumessung« bezeichnet. Das Wesen der Dimension selbst bleibt jedoch ungenannt. Die Zurückgabe des Worts ins Gedicht führt dorthin zurück, wo der Mensch immer schon ist. Die Dichtung selbst

enthüllt die menschliche Seinsweise, die Existenz. Indem sie dies
zuläßt, läßt sie zugleich erkennen,
wie sie diese Existenz selbst bestimmt: Nicht durch einen Begriff, sondern, indem der Mensch
in ihr auf sein Sein und auf den
»Zuspruch« des Worts achtet. Sowohl das Schaffen der Dichtung
als auch das Achten auf die Dichtung werden von Heidegger als
ein »Hören« bezeichnet. Damit
setzt er sich entschieden von einer
Auffassung der Sprache als »Ausdruck« ab, die den Menschen zum
Herrn oder zum Subjekt der Sprache machen will. Das wahre Verhältnis ist umgekehrt: Es ist die
Sprache, die den Menschen beherrscht. Mit der Frage nach dem
Wesen des Wohnens zielt Heidegger auf das Wesen des Dichtens. Er faßt Hölderlins poetisches
Wort »wohnet« so auf, daß dieser
das »Wohnen« als den »Grundzug
des menschlichen Daseins« sieht.
Das Dichten steht im innigen
Verhältnis zu diesem »wesentlich
verstandenen« Wohnen, denn es
ist das Dichten, welches das Wohnen überhaupt ermöglicht. Von
hier aus erklärt sich der Satz
»Dichten ist das eigentliche Woh-
nenlassen«. Das Dichten kann eigentlich oder uneigentlich sein.
Ob es das eine oder das andere ist,
hängt davon ab, ob das Wesen des
Menschen in seinem Dichten
»dem vereignet ist«, was sich dem
Menschen in seinem Sein zuspricht. Das dritte Leitwort
»Bauen«, das Heidegger neben das
Wohnen und das Dichten stellt,
findet er nicht bei Hölderlin.
Gleichwohl sieht er in Hölderlins
dichterischem Wohnen das »Selbe« entfaltet. Die Bestimmung das
»Selbe« führt ihn zu einem grundlegenden Nachdenken über das
Verhältnis zwischen dem Dichten

und dem Denken. Im Gegensatz
zum Gleichen kann das Selbe des
Dichtens und des Denkens nur
dann gesagt werden, wenn der
Unterschied gedacht wird. Heideggers Besinnung auf das Wesen
der Dichtung beansprucht, einerseits die Seinsweise des Menschen,
seine Existenz, aus dem Wesen
des Wohnens und andererseits das
Wesen des Dichtens als ein oder
als, wie er sagt, vielleicht das ausgezeichnete »Bauen« herauszustel-
len. Der Mensch »wohnt«, indem
er in der Dimension »unter dem
Himmel« und »auf der Erde« das
Ineinander von Himmel und Erde
durchmißt. Das Dichten nimmt
das Maß der Existenz des Menschen in dieser Dimension. Heidegger hebt hier ein »eigentliches«
Bauen hervor, das nur dann besteht, wenn Dichter für die »Ar-
chitektonik« des Wohnens das
Maß nehmen. – Der Aufsatz
wurde in der hermeneutischen Literaturbetrachtung stark rezipiert.
Er ist auch für die dekonstruktivistische Literaturauffassung von
Bedeutung. Beide Richtungen
betonen eine die Verfügungsge-
walt des menschlichen Subjekts
übersteigende Seinsweise der
Sprache, obwohl die Schlüsse, die
sie jeweils hieraus ziehen, sehr unterschiedlich sind.

Ausg.: Vorträge und Aufsätze, Pfullingen
⁶1990.
Lit.: B. ALLEMANN, Hölderlin und Heidegger, Zürich 1954. – P. DE MAN, Blindness
and Insight. Essays in the Rhetoric of Contemporary Criticism, Minneapolis ²1983.
                                    A. NOOR

**Der Dichter und das Phanta-
sieren,** Sigmund FREUD; ED
Berlin 1908 (in: Neue Revue, Bd.
1).
In seiner frühen Systematisierung
einer psychoanalytischen Theorie
der Literatur bestimmt Freud die

dichterische Tätigkeit mit Blick auf die Analogien zwischen der künstlerischen Tätigkeit und dem kindlichen Spiel. Mit dieser strukturellen Überlegung verbindet er eine genetische: Unter den Anforderungen des Realitätsprinzips versucht noch der Erwachsene, Erfahrungen nachzustellen, die er als Kind machte; der ursprünglich im Spiel erreichte Lustgewinn wird jetzt durch Phantasie und Tagtraum substituiert. Die poetische Produktion begreift Freud als Entsprechung zum Tagtraum und führt sie wie diesen auf sexuelle und narzißtische Antriebe zurück: Alle Kunstproduktionen sind ihm durch »Seine Majestät das Ich« zentriert. Nicht anders als Traum und Tagtraum ist auch die Kunst durch Zeitmarken auf die Psychogenese bezogen: ihre utopischen wie ihre egoistischen Phantasien antworten auf aktuelle Krisen, die unbewußt vor der Folie vorangehender kindlicher Erfahrungen erlebt werden und von ihnen das Gesetz der Bewältigung erhalten: »der Glückliche phantasiert nie, nur der Unglückliche« folgert er lapidar. Der dichterische Text, der individuelle Kindheitserfahrungen oder die »Säkularträume der jungen Menschheit« verzeichnet, ist einerseits Ergebnis einer Transformation des Wunsches, als deren Gesetze Freud schon in der → *Traumdeutung* Verschiebung, Verdichtung und Symbolisierung benennt. Andererseits geht er aus der Aufspaltung und Ausdifferenzierung psychischer Konstellationen hervor, dies belegt beispielsweise die Schaffung von Partialfiguren. Das spezifisch Ästhetische der »Ars poetica« bestimmt Freuds Essay indessen nur abstrakt. In Analogie zu seinen Überlegungen über den Tagtraum ist es zum einen das Vermögen zum Verhüllen des Egoistischen, zum andern die »Entbindung größerer Lust aus tiefer reichenden psychischen Quellen« durch Erzeugung einer »Verlockungsprämie« oder »Vorlust«. – Die historische Bedingtheit von Freuds Studie läßt nicht so sehr ihr Blick auf Texte, als vielmehr ihre Unterscheidung der männlichen und der weiblichen Phantasie erkennen. Darüber hinaus belegt der Ausgriff auf Nachbardisziplinen wie die Literatur das wissenschaftliche Legitimationsbedürfnis und den universellen Gültigkeitsanspruch der damals neuen Wissenschaft der Psychoanalyse. Indessen konterkariert Freuds Argumentation den Anspruch, analytisch im Sinne der Wissenschaftstheorie zu sein: sie ist nicht nur hermeneutisch, sondern verfährt entschieden assoziativ, metaphorisch und metonymisch. Nicht anders als in der *Traumdeutung* nähern sich auch hier Gegenstand und Methode einander an. Wie die übrigen Studien Freuds zur Kunst charakterisiert auch diese den Analytiker als einen Erzähler, wird eine von ihm selbst nicht erkannte Nähe seines wissenschaftlichen zum literarischen Diskurs deutlich. Für die dekonstruktivistische Literaturanalyse erhält diese Eigenart der Freudschen Lektüre literarischer Texte später paradigmatische Bedeutung.

Lit.: C. PIETZCKER, Zur Psychoanalyse der literarischen Form, in: Perspektiven psychoanalytischer Literaturkritik, hg. von S. GOEPPERT, Freiburg 1979, S. 124–57. – R. KUHNS, Psychoanalytical Theory of Art on Development, Princeton 1983. – J. HAGESTEDT, Die Entzifferung des Unbewußten. Zur Hermeneutik psychoanalytischer Textinterpretation, Frankfurt/M. 1988.

R. G. RENNER

Dichtung als Dasein. Poetologische und kritische Schriften, Wilhelm LEHMANN; EA Hamburg 1956.

Lehmann hat drei Bände mit theoretischen Arbeiten veröffentlicht. In ihnen werden Form und Sprache des Naturgedichts, also die eigene lyrische Praxis, poetologisch reflektiert. *Dichtung als Dasein* ist die umfangreichste Sammlung. Außerdem sind Aufsätze aus den 30er und 40er Jahren in *Bewegliche Ordnung* (1947) veröffentlicht, einige spätere Arbeiten auch in *Kunst des Gedichts* (1961). Die Texte der Bände unterscheiden sich kaum voneinander, da Lehmann seine Auffassungen nicht wesentlich geändert hat. In keinem Aufsatz wird ein Gedanke systematisch entwickelt. Die Ausführungen sind eine Mischung aus autobiographischen Erinnerungen (mit einem ausgeprägten Hang zur Selbststilisierung), allgemeinen Erklärungen zur Rolle von Dichtung, literaturgeschichtlichen Hinweisen und ausführlichen Zitaten aus eigenen sowie fremden Texten. – Dem Gedicht hat Lehmann nach Anfängen als Erzähler ab Mitte der 30er Jahre die größte Aufmerksamkeit gewidmet. Bis zu seinem Tod veröffentlichte er sieben Lyrikbände, die ihn zum wichtigsten Vertreter des sog. »naturmagischen« Gedichts gemacht haben. Wie in den Romanen wird auch in den Gedichten die Natur (die meist aus einheimischen Pflanzen und Kleintieren besteht) von der gesellschaftlichen und geschichtlichen Wirklichkeit abgekoppelt und mit großer Intensität beschrieben. Dieses Verfahren der genauen sprachlichen Erfassung von Naturphänomenen wird in den theoretischen Texten erläutert. Die Sprache des Gedichts soll nach Lehmann vor allem dem Zweck dienen, die Erscheinungen der Natur in ihrer Einzigartigkeit begreifbar zu machen. Vom Gedicht wird verlangt, daß es »bestimmte Konturen zieht, Genauigkeit schafft, wo vorher Ungenauigkeit schwemmte«. Nicht die Subjektivität des Sprechenden, nicht die artistischen Möglichkeiten der Sprache, nicht soziale Vorgänge und nicht historische Zusammenhänge, sondern allein die konkreten Naturphänomene stehen im Mittelpunkt der Überlegungen. Zum Vertreter der »inneren Emigration« wurde Lehmann während des Nationalsozialismus deshalb nicht aus politischen, sondern allein literarischen Erwägungen, wie sein Eintritt in die NSDAP im Mai 1933 bestätigt. Wie den Gedichten so ist auch den Aufsätzen keine oppositionelle Haltung gegen den Faschismus zu entnehmen. Lehmann bekannte sich zur Natur. Dem Bekenntnis entspricht die Absage an hermetische und politische Richtungen der modernen Literatur. »Mich der Phänomene, ihrer hinreißenden Vielfalt, ihrer bezaubernden oder erschreckenden Geschehensweise mit Sprache zu versichern, das wurde mein Los, mich im erstaunlichen Diesseits einigermaßen auszukennen, mein dringliches Geschäft. Von den Dingen zur Sprache, nicht umgekehrt«. Wie diese Erklärung so sind die meisten theoretischen Ausführungen Lehmanns ohne intellektuelle Brillanz und stilistische Originalität. Sie bleiben poetologisch unscharf und dem Augenblick des Sprechens verhaftet.

Ausg.: Sämtliche Werke, Bd. 3, Gütersloh 1962, S. 155–364.

Lit.: H. D. Schäfer, W. Lehmann. Studien zu seinem Leben und Werk, Bonn 1969. – J. Jung, Mythos und Utopie. Darstellungen zur Poetologie und Dichtung W. Lehmanns, Tübingen 1975. – A. Goodbody, Natursprache. Ein dichtungstheoretisches Konzept der Romantik und seine Wiederaufnahme in der modernen Naturlyrik, Neumünster 1984.

D. Schöttker

Le Dieu caché. Étude sur la vision tragique dans les Pensées de Pascal et dans le théâtre de Racine (frz.; *Der verborgene Gott. Studie über die tragische Weltanschauung in den Pensées Pascals und im Theater Racines*), Lucien Goldmann; EA Paris 1955; dt. Neuwied/Darmstadt 1973.

In den literarischen Werken der beiden wichtigsten französischen Schriftsteller des 17. Jh.s arbeitet Goldmann eine gemeinsame Form und Denkweise heraus, welche die philosophischen und ästhetischen Besonderheiten beider verstehbar machen soll. Er nennt sie die »tragische Weltanschauung« (»vision tragique du monde«). – Die Weltanschauung ist für Goldmann eine Struktur, die den menschlichen Handlungen ihre Form gibt und ihren Zusammenhang garantiert, sie ist Reflexions- und Handlungsinstrument einer gesellschaftlichen und historischen Praxis. Ihre Vollständigkeit und Kohärenz sind allerdings nicht allen Zeitgenossen zugänglich. In vielen Fällen laufen daher die symbolische (z. B. das Schreiben) oder gesellschaftliche Handlung Gefahr, sich außerhalb einer kohärenten Struktur zu entwickeln; dies gilt auch für die Handlungen des Menschen. Die Stellung des Schriftstellers und seine Subjektivität bestimmt Goldmann in Beziehung zu dieser kollektiv herausgebildeten Denkform. Das große Kunstwerk schließt eine Konvergenz der subjektiven Interessen (»préoccupations«), gemäß den Formen, die sie in der psychischen Ausbildung (»organisation«) annehmen, und der durch die gesellschaftliche Praxis hervorgebrachten Weltanschauung ein. Genie ist für Goldmann die Fähigkeit eines einzelnen, mit der Weltanschauung innig verbunden zu sein, um ihr die vollkommenste Geschlossenheit zu verleihen. So ist das Werk mit seinem kulturellen Umfeld verbunden, es begründet einen Kommunikationsraum, der durch die Struktur der Weltanschauung vorgegeben ist. Auch eine Weltanschauung, die auf eine bestimmte historische Situation antwortet, kann für Goldmann ahistorisch betrachtet werden: als invariante bzw. universelle Form einer gegebenen Kultur erscheinen. Damit schließt er sich Kants Auffassung der apriorischen Formen der Apperzeption der Welt, des Menschen und des transzendenten Prinzips an. Goldmann, der maßgeblich durch die Lektüre der frühen Werke von Lukács, *A lélek és a formák* (1911; *Die Seele und die Formen*) und die →*Theorie des Romans*, geprägt ist, verbindet auf diese Weise zwei vermeintlich entgegengesetzte Einflüsse: die Theorie der allgemeinen Formen (Kant) und die des historischen Charakters kultureller Erscheinungen (Hegel und Marx). Der Zusammenschluß beider Traditionen geschieht durch Rückgriff auf Piagets Thesen über die genetische Epistemologie. Ihnen entlehnt Goldmann das Prinzip des Konstruktivismus, das er unter dem Namen eines »genetischen Strukturalismus« (»structuralisme génétique«) soziologisch umdeutet. – *Le Dieu caché* bietet neben seinem theoretischen Ansatz auch eine literaturhistorische Analyse der Werke, die zur Zeit Ludwigs XIV. von Autoren aus der Gruppe der »Freunde von Port-Royal« verfaßt wurden: Jean Racine, Blaise Pascal und Martin de Barcos. Goldmann zeigt, wie die von der neuen königlichen Politik enttäuschte Gruppe im Jansenismus und der Weltabkehr, die in Port-Royal theoretisch gefaßt wurden, einen Zusammenhang des Denkens findet, der ihren Hoffnungen und Enttäuschungen Sinn verleiht. Die Schriftsteller und Ideologen unter den »Freunden« geben ihm die literarische Form, die Goldmann unter dem Begriff der »tragischen Weltanschauung« untersucht. In einer detaillierten Darstellung des Freundschaftsnetzes und der Einflüsse, die sich im Gefolge des oppositionellen Jansenismus herausbilden, bezieht Goldmann schließlich die Soziologie der ideologischen Gruppen unter Ludwig XIV. und die literarischen Charakteristika der beiden wichtigsten Schriftsteller der Zeit aufeinander: Er führt auf diese Weise Ästhetik und Soziologie zusammen. – *Le Dieu caché* setzt das in *La communauté humaine et l'univers chez Kant* (1945; *Die menschliche Gemeinschaft und das Universum bei Kant*) angekündigte und in *Recherches dialectiques* (1959; *Dialektische Untersuchungen*) entwickelte Projekt um. In der späteren →*Pour une sociologie du roman* revidiert Goldmann bestimmte Aspekte seiner Theorie im Hinblick auf den modernen Roman.

Ausg.: Paris 1967.
Lit.: J. POUILLON, Le Dieu caché ou l'histoire visible, in: Les Temps Modernes 13 (1957/58), S. 890–918. – D. HOEGES, L. Goldmann, in: Französische Literaturkritik der Gegenwart, hg. von W. D. LANGE, Stuttgart 1975, S. 208–33.

J. LEENHARDT

Le différend (frz.; *Der Widerstreit*), Jean-François LYOTARD; EA Paris 1983; dt. München 1987.

Das philosophische Hauptwerk Lyotards entwickelt ein Verständnis der Postmoderne auf sprachtheoretischer Basis. Während die Übergänge zwischen Sätzen verschiedener Satz-Regelsysteme (wie Urteilen, Beschreiben, Zeigen) innerhalb derselben Diskursart (z. B. Dialogisieren, Unterrichten, Rechtsprechen) durch das Ziel dieser Diskursart bestimmt und geregelt sind, ist der Übergang zwischen verschiedenen Diskursarten höchst problematisch: sich für eine Möglichkeit zu entscheiden, bedeutet unweigerlich, andere Möglichkeiten, die ebensolches Recht auf Aktualisierung hätten, auszuschließen. Da die Diskursarten autonome und letzte Regelsysteme darstellen, kann es für diesen Konflikt keine Metaregel geben. Mithin ist der Widerstreit unlösbar. Aber anstatt ihn zu ignorieren und die eine Partei (wie üblich) zum Opfer der Unformulierbarkeit ihrer legitimen Ansprüche im herrschenden Diskurs werden zu lassen, gilt es, eine Sensibilität für solche Widerstreit-Phänomene zu entwickeln, Hegemonie-Anmaßungen einzelner Diskursarten zurückzuweisen, dem Sprachlosen in neuen Idiomen zur Sprache zu verhelfen und insgesamt vom Widerstreit Zeugnis abzulegen. Das ist die Aufgabe der Literatur, der Philosophie und – womöglich – der Politik. Schriftsteller wie Kafka, Joyce, Stein und Beckett haben sie wahrgenommen. Lyotards Augenmerk gilt den Bruchstellen zwischen den Sätzen, den Differenzen der Satz-Regelsysteme und der Heterogenität der Diskursarten. Er unternimmt dabei auch eine Neudeutung der ästhetischen Kategorie des Erhabenen. Affinitäten bestehen literarisch zum »Nouveau Roman« (Butor, Simon, Pinget), philosophisch zu Aristoteles, Kant, Wittgenstein, Heidegger und Adorno. Mehrfach bezieht sich Lyotard auf die linguistischen Arbeiten von Genette und Ducrot. Er stellt dem informationstechnologischen Sprachmodell der Instrumentalität und allen anthropozentrischen Sprachauffassungen ein am unvorwegnehmbaren Ereignis orientiertes Sprachverständnis entgegen. Auch das begründet eine Affinität zur Literatur. – Lyotards Diagnose gilt als weithin zutreffende Beschreibung der ›babylonischen‹ Verfassung (post)moderner Gesellschaften und Diskurse. Die Aufgabe, dem Nichtartikulierten zur Sprache zu verhelfen bzw. vom Unsagbaren Zeugnis abzulegen, verbindet moderne und postmoderne Literatur.

Lit.: W. WELSCH, Heterogenität, Widerstreit und Vernunft. Zu Jean-François Lyotards philosophischer Konzeption von Postmoderne, in: Philosoph. Rundschau 34/3, 1987, S. 161–86. – D. CARROLL, Paraesthetics, New York 1987. – R. G. RENNER, Die postmoderne Konstellation. Theorie, Text und Kunst im Ausgang der Moderne, Freiburg 1988. – Ästhetik im Widerstreit. Interventionen zum Werk von Jean-François Lyotard, hg. von W. WELSCH/C. PRIES, Weinheim 1991.

W. WELSCH

Discorsi Dell'Arte Poetica; Et In Particolare Del Poema Heroico (ital.; *Reden über die Dichtkunst, insbesondere über das Heldenepos*), Torquato TASSO; EA Venedig 1587, überarb. Fassung Neapel 1594; dt. München 1978 (in: Werke und Briefe; Teilübers.).

Tassos *Discorsi* sind ein Zeugnis für die gattungstheoretische Reflexion italienischer Renaissancepoetiken und zugleich eine Verteidigung seines Hauptwerks *La Gerusalemme liberata* (1581; *Das befreite Jerusalem*). Bei der Beschreibung der allgemeinen Dichtungsprinzipien ist Tasso eher Aristoteliker (→*Peri poietikes*), in der Betonung der dichterischen Freiheit eher Platoniker. Bei der Auseinandersetzung mit dem Heldenepos spielt er Trissinos Klassizismus gegen Ariosts barocke Modernität aus und nimmt vermittelnd die Position eines gemäßigten Modernismus ein. So lehnt Tasso in der 1. Rede sowohl die Nachahmung antiker als auch die Wahl zeitgenössischer Stoffe ab. Dagegen befürwortet er die Orientierung am christlichen Mittelalter, da es das ideale Verhältnis von Historischem (dessen Kern der Dichter nicht verändern darf) und Wunderbarem (das er frei gestalten kann) aufweist. In der 2. Rede zeigt sich für Tasso die Originalität des Dichters aber nicht in der Wahl des Stoffes, sondern in dessen Gestaltung (»forma«). Mit dieser Argumentation kündigt sich in nuce die barocke und moderne Dichtungslehre an. Im Mittelpunkt steht die Diskussion über das Verhältnis von Einheit (»integrità«, »unità«) und Vielheit (»moltitudine delle favole«) der Handlungsstränge. Aus der Gegenüberstellung der klassischen (aristotelischen) Lehre von der Handlungseinheit (repräsentiert durch Trissino) und der offenen, pluralen Poetik Ariosts und Boiardos entwickelt Tasso das Konzept der Einheit des Gesamtwerks. Danach besteht das Kunstwerk aus einer Vielheit von Episoden, die harmonisch in innerer Folgerichtigkeit zu einer Haupthandlung verknüpft sind. In der Gegenüberstellung von klassischem und ›mittelalterlichem‹ Heldenepos argumentiert er ›rezeptionsästhetisch‹, indem er sich auf den lebendigen Gebrauch literarischer Formen (»uso«) beruft. Danach unterscheidet sich die neue Gattung nicht substantiell von der kanonisierten, sie ist jedoch der Zeit angemessener. Der letzte Teil der *Discorsi* behandelt den Stil (»elocuzione«) des »poema eroico«, wobei er sich an der antiken Stillehre orientiert. Gefordert wird eine würdige und erhabene Sprache, die lyrische und tragische Aspekte vereint. Als bedeutsam wird die metaphorische Sprache (u. a. die »concetti«), ein Schlüsselbegriff der Barockpoetik, herausgestellt. – Die Bedeutung der *Discorsi* liegt in der Betonung der dichterischen Phantasie und Autonomie, aber auch in einer antizipierten Kritik an barockem Übermaß. Darüber hinaus finden sich Ansätze einer historisch-soziologischen Gattungstheorie.

Ausg.: Prose, hg. von E. MAZZALI, Mailand 1959.
Lit.: B. T. SOZZI, Noti sui Discorsi, in: ders., Studi sul Tasso, Pisa 1954, S. 205–15. – G. RAGONESE, Sui discorsi del Tasso, in: Annali della Fac. di Magist., Palermo 1960/61, S. 207–18. – G. REGN, Mimesis und autoreferentieller Diskurs. Zur Interferenz von Poetik und Rhetorik in der Lyriktheorie der italienischen Spätrenaissance, in: Pluralität der Welten, hg. von W.-D. STEMPEL/K. STIERLE, München 1987, S. 387–414.

E. AREND-SCHWARZ

Discours de l'utilité et des parties du poème dramatique. – Discours de la Tragédie et des moyens de la Traîter selon

le vraisemblable ou le nécessaire. – Discours des trois Unités d'Action, de Jour et de Lieu (frz.; *Abhandlung über den Nutzen und die Einteilung des Dramas.* – *Diskurs über die Tragödie und ihre Behandlung gemäß der Wahrscheinlichkeit oder der Notwendigkeit.* – *Abhandlung über die drei Einheiten: Handlung, Zeit und Ort*), Pierre CORNEILLE; EA Paris 1660 (in: Théâtre complet, 3 Bde.).

Die poetologischen Abhandlungen sind auch eine Reaktion auf die Debatte um Corneilles Erfolgsstück *Le Cid* (1637; *Der Cid*) und auf d'Aubignacs →*Pratique du théâtre*. Die Schrift orientiert sich wie alle theatertheoretischen Äußerungen der französischen Klassik an der normativen Vorgabe von Aristoteles' →*Peri poietikes*. Mit Aristoteles sieht Corneille im »Vergnügen« der Zuschauer das Ziel der dramatischen Dichtung. Das »Vergnügen« ist indes nur dann vollkommen, wenn es mit dem »Nützlichen« (einem moralischen Effekt) verbunden ist. Dieser didaktischen Zielsetzung entsprechen folgende dramatische Verfahrensweisen: allgemeine Sentenzen, die aber durch die Handlung motiviert sein müssen; die Schilderung der Leidenschaften; die Bestrafung der Bösen; die Belohnung der Guten. Den von Aristoteles angeführten kathartischen Mitteln (»Schrecken« und »Mitleid«) fügt er das der »Bewunderung« hinzu. In einer Zeit, die kaum mehr abrupte Veränderungen kennt, drückt diese Kategorie die Übereinstimmung mit dieser stabilen Welt aus. – Originell ist Corneilles Stellung zur Forderung nach »Wahrscheinlichkeit« der dramatischen Handlung, der die Zeitgenossen hohe Priorität einräumten. Die großen

Themen, welche die Leidenschaften wecken, müssen und können über das »Wahrscheinliche« hinausgehen, wenn sie auf geschichtliche Wahrheit bezogen sind und vom Publikum akzeptiert werden. In einer eigenwilligen Interpretation von Aristoteles vertritt Corneille zudem die Ansicht, daß der Dichter herausragende Situationen wegen ihres exemplarischen Charakters selbst dann darstellen kann, wenn sie der geschichtlichen Wahrheit oder der Alltagswahrscheinlichkeit nicht entsprechen. Er plädiert damit für eine große Toleranz hinsichtlich der möglichen Themenbereiche. Die Regel der ›drei Einheiten‹ versteht er in einem weiten Sinn. Die Einheit der Zeit kann sich auf dreißig Stunden erstrecken (sein Ideal wäre die Deckungsgleichheit von Aufführungszeit und dramatischer Zeit), die Einheit des Ortes auf eine große Stadt. Die Einheit der Handlung ist eine Einheit der Intrige oder des Hindernisses in der Komödie, eine Einheit der Gefahr in der Tragödie. – Corneilles Dramenpoetik sucht so den zentralen aristotelischen Forderungen gerecht zu werden, ohne jedoch die schöpferische Freiheit des Dichters zu sehr einzuschränken.

Ausg.: Trois discours sur le Poème dramatique, Paris 1963.
Lit.: G. COUTON, Corneille en 1660, in: XVIIe siècle 50/51 (1961), S. 43–63. – M.-O. SWEETSER, Les conceptions dramatiques de Corneille d'après ses écrits théoriques, Genf/Paris 1962. – H. M. DAVIDSON, Corneille interprète d'Aristote dans les trois discours, in: Actes du colloque [...] de Rouen, hg. von A. NIEDERST, Paris 1985.

J. JURT

Discours du récit (frz.; *Über die Erzählung*), Gérard GENETTE; EA Paris 1972 (in: *Figures III*). **Nouveau discours du récit**

(frz.; *Neuer Diskurs über die Erzählung*), Gérard GENETTE; EA Paris 1983.

Der mit »Discours du récit« überschriebene letzte Teil der Aufsatzsammlungen *Figures I–III* (1966–72) nimmt dadurch eine besondere Stellung ein, daß er sich als Entwurf einer Analysemethode vorstellt. Durch die Untersuchung von Prousts *À la recherche du temps perdu* (1913–27; *Auf der Suche nach der verlorenen Zeit*) versucht Genette, vom Individuellen zum Allgemeinen zu gelangen und Regeln, Funktionsweisen und Strukturen der Erzählung als solcher zu bestimmen. Er unterscheidet dabei drei Bedeutungen und Aspekte der Erzählung: eine narrative Aussage oder Äußerung, d. h. den mündlichen oder schriftlichen Diskurs (diesen nennt er weiterhin Erzählung, »récit«), dann eine Folge von Ereignissen, die Gegenstand dieser Aussage sind (Geschichte, »histoire«), und schließlich das Ereignis, daß jemand etwas erzählt (Narration, »narration«). Die Analyse, die Genette vorschlägt, hat die Erzählung in ihrer Beziehung zur Geschichte und zur Narration zum Gegenstand. Drei Klassen von Bestimmungen gewinnen hier Bedeutung: die Zeit, der Modus und die Stimme. Die Analyse der Zeit, d. h. der temporalen Beziehungen zwischen Erzählung und »Diegese« (so die Bezeichnung der reinen Erzählung), und des Modus, d. h. der Art der erzählerischen Repräsentation, betreffen die Beziehungen zwischen Erzählung und Geschichte. Die Analyse der Stimme als narrativer Instanz hat dagegen die Beziehungen zwischen Narration und Erzählung bzw. Geschichte zum Gegenstand. Unterscheidet man zwischen einer Pseudo-Zeit der Erzählung (der Erzählzeit) und der Zeit der Geschichte (erzählte Zeit), so kann man drei zentrale Aspekte bestimmen: Ordnung, d. h. die Beziehungen zwischen den Zeitordnungen in einem Text und ihrer Disposition in ihm, Dauer, d. h. das Verhältnis zwischen der Dauer der Ereignisse der Geschichte und der Pseudo-Dauer ihrer Beziehung in der Erzählung, und schließlich Frequenz als Beziehung der Wiederholungen der Geschichte und der Erzählung. Damit hat Genette die zentralen Beschreibungskategorien benannt, die in Detailanalysen diversifiziert werden müssen. Die Ordnung der Zeit konstituiert sich durch verschiedene Formen von narrativen Anachronien, d. h. von Nichtübereinstimmungen von Erzählung und Geschichte. Neben homo- und heterodiegetischen (auf die gleiche bzw. auf eine unterschiedliche Ebene der Geschichte als die Grunderzählung verweisenden) Analepsen (Rückgriffen) und Prolepsen (Vorausgriffen) findet Genette bei Proust besondere Formen der Anachronie, die mit einer Überlagerung von Pro- und Analepsen arbeiten und doppeldeutige Zeitstrukturen schaffen. Die Dauer der Erzählung verdankt sich vier Formen von Anisochronien: der Pause, der Szene, der Zusammenfassung und der Ellipse. Die Frequenz, die nach der Ereignisfolge die Einzelereignisse und ihre Wiederholung in den Blick rückt, konstituiert durch unterschiedliche Beziehungen zwischen Erzählung und Geschichte singulative, repetitive und iterative Erzählungen. Der Modus stellt die Regulierung der narrativen Information dar und bestimmt sich

über die »Fokalisierung«, d. h. die Beziehung zwischen Erzähler und Textfiguren, seinem »Blick« auf sie. Zu klären bleibt allerdings hier, wie der Erzähler die Illusion schaffen kann, daß nicht er es ist, der spricht. Die Analyse der Stimme dagegen untersucht nicht die Relation von Erzählung und Geschichte, sondern von Narration und Geschichte bzw. Erzählung, d. h. die narrative Instanz. Weil Genette ein Schema entwirft, das sowohl die Ebene der Narration als auch ihre Verzahnung mit der Erzählung beinhaltet, kann man zwischen einer extra- und einer intradiegetischen Ebene der Narration unterscheiden. Die erste befindet sich außerhalb der reinen Erzählung, der Diegese (so z. B. Homer), die zweite situiert sich in ihr (so z. B. im Fall von Odysseus, wenn er als Textfigur erzählt). Zudem kann die Beziehung zwischen Narration und Erzählung hetero- und homodiegetisch sein. Analog können auch die temporalen Beziehungen zwischen Narration und Erzählung bestimmt werden. – Das methodologische Modell Genettes bietet ein detailliertes und präzises Beschreibungs- und Analyseinstrumentarium. Organisationsformen der Erzählung können mit seinen Kategorien sehr genau bestimmt werden. *Discours du récit* und *Nouveau discours du récit*, der offene Fragen und Einwände diskutiert und beantwortet, sind die wichtigsten französischen Beiträge zur literaturwissenschaftlichen Methodendebatte nach dem Strukturalismus.

B. STIEGLER

Discours prononcés dans l'Académie françoise le samedi 25 août 1753 à la récep-

tion de M. de Buffon, par le récipiendaire et M. de Moncrif (frz.; *Reden, die in der Académie française gehalten wurden am Samstag, den 25. August 1753, bei der Aufnahme des Herrn von Buffon, Rede des Aufgenommenen und die des Herrn von Moncrif;* seit der Ausgabe von 1841, Toulouse, u. d. T. *Discours sur le style, Rede über den Stil*), George-Louis Leclerc, Comte de **BUFFON**; EA Paris 1753; dt. 1776.

Buffons *Discours* ist nahezu seine einzige Arbeit außer der riesigen *Histoire Naturelle* (36 Bände, 1749–1788; *Naturgeschichte*). Diese wird in Frankreich seit jeher zur Literatur gerechnet. Während ihr Stil auch Tadel fand (zum Beispiel bei den Enzyklopädisten, auch etwa bei Condorcet), wurde die *Rede über den Stil* bewundert, noch von den Romantikern, dann von Baudelaire, Flaubert, Barbey d'Aurevilly. Weit über den französischen Sprachbereich hinaus ist sie wegen eines Satzes bekannt: »Stil – das ist der Mensch selbst« (»Le style, c'est l'homme même«). Dieser Satz wurde im romantischen und modernen Sinn gleichermaßen mißverstanden: man betrachtete den Stil als Ausdruck des (schöpferisch) Individuellen, als persönliche Eigenprägung, als »opting out« (Ausfügung aus einem Vorgegebenen, nicht Einfügung in ein Muster, »opting in«). – Buffons Rede ist elegant, aber kein Muster an Klarheit. Gerade dies jedoch verleiht dem Text produktiv ausdeutbare Offenheit; auf eigentümliche Weise übersteigt er die gedanklichen Möglichkeiten seines Verfassers. Buffon denkt primär an wissenschaftliche Darlegung, von ihm (im Sinn seiner Zeit) als »Philosophie« bezeichnet (»Die Philo-

sophie beschreibt und malt die Natur«); gegen Ende des Textes redet er freilich auch von der Dichtung, die male und (zusätzlich) verschönere, und von der Geschichte, die den Menschen, nur den Menschen, male, und zwar so, wie er tatsächlich sei (also ohne ihn, wie die Dichtung, zu verschönern). In erster Linie meint er die schriftliche Darlegung (»Nur gut geschriebene Werke werden der Nachwelt weitergereicht«). Ohne es sich selbst klarzulegen, trifft Buffon auf das mit dem Thema ›Stil‹ verknüpfte zentrale Problem der Beziehung von Inhalt und Form: einerseits setzt Stil die Getrenntheit beider voraus (Stil ist das, was zum Inhalt, der schon da ist, hinzukommt), andererseits gehört das Inhaltliche, zum Teil jedenfalls, doch auch schon zum Stil. Letzteres betont Buffon mehrfach: zum schönen Stil gehören »Inhalte, Gedanken, Gründe«; schön ist der Stil nur durch die »Wahrheiten«, die das Geschriebene enthält (freilich sind dann die Stil-Wahrheiten andere als die, die »den Kern des Themas ausmachen«). Und der Stil ist für ihn doch wieder primär das zum Gedanklichen Hinzukommende, das diesem – vom Autor – hinzugefügt wird: »Der Stil ist nur die Ordnung und die Bewegung, die man in seine Gedanken bringt«. Andererseits insistiert Buffon, nicht ganz so deutlich, auf einem ersten »allgemeineren und festeren« Plan, den er als »Grundlage« des Stils, aber noch nicht als diesen selbst, betrachtet. Er soll das Thema umreißen und die Schreibschritte des Autors leiten. Auch die Werke der Natur sind für Buffon darum so perfekt, weil sie »einem ewigen Plan« folgen.

Hat ein Autor einen Plan, der den Gedanken Substanz gibt, dann macht das Schreiben »Vergnügen«; aus ihm wiederum entstehen »Wärme« und »Leben«: der »Ton hebt sich, die Gegenstände erhalten Farbe, das Gefühl, das sich der gedanklichen Helle hinzugesellt, macht diese noch größer ...«. Im Namen des Natürlichen wendet sich Buffon gegen gesuchte Geistreicheleien. Er benennt positive Stilqualitäten wie Kraft, Strenge, Gleichmäßigkeit, Klarheit (Helle) und Genauigkeit, aber auch Wärme, Lebendigkeit, Frische; außerdem Natürlichkeit und Einfachheit; schließlich Redlichkeit, »Aufrichtigkeit mit sich selbst«. »Begabung« (»génie«) ist notwendige (nicht hinreichende) Voraussetzung des Stils; Regeln nützen, helfen aber nicht ohne Begabung. Von einem Werk bleibt allein sein Stil: er kann ihm nicht weggenommen werden, die Inhalte jedoch – nämlich »Reichtum an Kenntnissen«, »Merkwürdigkeit« der mitgeteilten »Tatsachen«, »Neuheit der Entdeckungen« –, all dies kann dem Werk (damit dem Autor) abgezogen werden. Die Schönheit des Stils liegt in spezifischen Stil-Wahrheiten. Wirkungsgeschichtlich zählt in Buffons Rede vor allem jener Satz, den jeder mit Buffon verbindet. Anders als seine Rezipienten dachte Buffon bloß an das den Inhalten ›stilistisch‹ vom Autor Hinzugefügte, keineswegs an eine Stilbestimmung in dem Sinne, daß dieser wesentlich Ausdruck der Persönlichkeit sei (so interpretierte bereits Hamann, 1776). – Insgesamt wirkte Buffons Rede vor allem in Frankreich als schöne und suggestiv offene Zusammenstellung wichtiger Gesichtspunkte und Gemeinplätze. Als solche be-

sitzt sie noch heute beträchtlichen Wert. Allerdings berührt sie das Stilistische im Sinne des Literarischen kaum. Stil bleibt hier letztlich das Hinzugefügte. Auch werden Spontanqualitäten des Stils nicht gesehen.

Ausg.: Œuvres philosophiques de Buffon, hg. von J. PIVETEAU zus. mit M. FRECHET/CH. BRUNEAU, Paris 1954, S. 500–04. – Dt. in: Sämtliche Werke, hg. von H. D. SCHALTENBRAND, Bd. 1, Köln 1837.
Lit.: J. TRABANT, Le style est l'homme même. Quel homme?, in: Comparatio, Revue Internationale de Littérature Comparée 2–3, 1991, S. 57–72. – H.-M. GAUGER, Zur Frage des Stils, in: Stilfragen, hg. von W. ERZGRÄBER/H.-M. GAUGER, Tübingen 1992, S. 9–27. – J. TRABANT, Die Schäferstunde der Feder: Hamanns Fußnoten zu Buffons ›Rede über den Stil‹, in: Stilfragen, hg. von W. ERZGRÄBER/H.-M. GAUGER, Tübingen 1992, S. 107–28.

H.-M. GAUGER

Discours, welcher gestalt man denen Frantzosen im gemeinen Leben und Wandel nachahmen solle, Christian THOMASIUS; EA Leipzig 1687.

Der Skandal, den Thomasius in Leipzig durch die Ankündigung und Abhaltung seiner Vorlesung in deutscher Sprache auslöste, war Programm. Kommunikative Situation und Inhalt des *Discours* zielten auf die Einsetzung des Deutschen als Bildungssprache vor dem Lateinischen. Ausgangspunkt der Argumentation sind die »Französeleien« der Deutschen. Statt diese pauschal zu verwerfen, listet Thomasius die Leitbilder französischer Bildung auf, um die ›Nützlichkeit‹ ihrer Nachahmung zu untersuchen. Dabei kappt er jeden ausdrücklichen Bezug auf den Hof und begreift nicht den »homme galant«, sondern den »homme sâge« als höchstes Bildungsideal. Gegen höfische Etikette setzt er auf akademische Bildung. Die umfassende Definition des Bildungsgedankens sprengt jedoch die Grenzen der Universität als Institution, denn Thomasius klagt statt »Abstractiones Metaphysicas« den Praxisbezug ein: nicht Fachwissen, sondern eine Urteils- und Unterscheidungskompetenz, die zu distinktiver Kritik befähigt, kennzeichnet den »homme sâge«. Auf die Adressaten bezogen will Thomasius mit seinem Programm »so wohl hohen als niedern Stand, sowohl Weibes- als Mannes-Personen« erreichen. In diesem Zusammenhang steht auch der Fürstenspiegel: nicht Bildung soll ›geadelt‹, sondern der Adel, in oberster Instanz der König, soll zum »gelehrten Fürsten« gebildet werden. Die Möglichkeit einer alle umfassenden Bildung hat allerdings zur Voraussetzung, daß die akademische Sprachgrenze des Lateinischen fällt. Das Argument dafür liefern Thomasius die Franzosen, die mit der Académie Française die Muttersprache als Sprache der akademischen Öffentlichkeit institutionalisiert hatten. Nachahmung der Franzosen, ›wie sie sein soll‹, heißt somit: eine Vorlesung in Deutsch zu halten. Thomasius' Forderung schafft damit die kommunikative Voraussetzung für eine öffentliche Aufklärung. Das Ideal des »homme sâge« führt ›Aufklärung‹ zwar als eine akademische Bewegung ein, doch die Rede von der »Privat-Person«, die im Rahmen des formulierten Erziehungsprogramms schließlich befähigt sein wird, »von anderer Schrifften ein gut judicium zu fällen«, weist auf eine Öffentlichkeit hin, die mehr als eine repräsentative oder bloß akademische ist, ohne schon eine literarisch-bürgerliche zu sein.

Ausg.: Nendeln/Liechtenstein 1968.
Lit.: H. HOLZHEY, Initiiert Thomasius einen neuen Philosophentypus?, in: Christian Thomasius 1655–1728, hg. von W. SCHNEIDERS, Hamburg 1989, S. 37–51.

H. NEUMEYER

Discusión und **Otras inquisiciones** (span.; *Diskussion* und *Weitere Befragungen*), Jorge Luis BORGES; EA Buenos Aires 1932 und 1952 (Obras completas, Bd. 1, Barcelona 1989); dt. München 1981 (in: Gesammelte Werke, 9 Bde., Bd. 5,1 und 5,2).

In ihrer charakteristischen Verknüpfung von philosophischer Spekulation, ästhetischer Kritik und metakultureller Reflexion bilden die beiden Essaybände *Discusión* und *Otras inquisiciones* die theoretischen Eckpunkte für eine grundsätzliche Neuorientierung, die in den 30er und 40er Jahren in der literarischen Produktion von Borges zu beobachten ist: Schon die in *Historia universal de la infamia* (1936; *Universalgeschichte der Niedertracht*) vorgelegten Erzählungen setzen sich deutlich ab von dem durch traditionell »kreolistische« Themen und die Abhängigkeit von europäischen Avantgarden geprägten Jugendwerk. Erst die Erzählbände *Ficciones* (1944; *Fiktionen*) und *El Aleph* (1949; *Das Aleph*) bringen jedoch die Konversion des argentinischen Autors zu einem der wichtigsten Vertreter eines »lateinamerikanisch« geprägten literarischen Universalismus zum Abschluß. Die in *Discusión* und *Otras inquisiciones* gesammelten Essays liefern zu den Erzählungen weder eine poetologische noch eine geschichtsphilosophische Metatheorie. Ihre literaturtheoretische Bedeutung besteht in der Offenlegung von Prämissen, die dem Prozeß fortschreitender Nivellierung zwischen einem literarisch-fiktionalen und einem philosophisch-wissenschaftlichen Wirklichkeitsdiskurs, wie er für Borges' Werk der 40er Jahre charakteristisch ist, zugrunde liegen. Zusätzliches Interesse gewinnen die Essays durch die Schlüsselfunktion, die Borges im Zusammenhang mit der Begründung eines postmodernen Kulturdiskurses zugesprochen wird. – Neben der literarischen Universalbildung des Autors belegen die Essays dessen hartnäckige Versuche, auf die zeitgenössischen Kulturdebatten in Argentinien Einfluß zu nehmen. Dies gilt besonders für den zu Beginn der 50er Jahre entstandenen Vortragstext *El escritor argentino y la tradición* (*Der argentinische Schriftsteller und die Tradition*), den Borges in der Gesamtausgabe seiner Werke von 1989 unter die Essays des 1932 erstmals edierten Bandes *Discusión* eingereiht hat. Philosophisch spannt Borges den Bogen von den Vorsokratikern, der hellenistischen Gnosis, der jüdischen Kabbala, der christlichen Philosophie des Mittelalters bis zum Buddhismus sowie der neuzeitlichen bzw. zeitgenössischen Philosophie der D. Hume, G. Berkeley, A. Schopenhauer und B. Russell. Das Panorama der literarischen Themen im engeren Sinne ist kaum weniger weit gefaßt, enthält jedoch signifikante Lücken. Neben Autoren der klassischen spanischen, deutschen und französischen Literatur konzentriert sich Borges' Interesse besonders auf die Vertreter der englischen und nordamerikanischen Literaturszene, während die gesamte lateinamerikanische Literatur – mit Ausnahme der »kreolistischen« Tradition im einheimischen Argentinien – mit Schweigen bedacht wird. Der thematischen Vielfalt dieses »lateinamerikanisch« geprägten Universalismus steht eine verhältnismäßig kleine Anzahl philosophischer und ästhetischer Fragestellungen gegenüber, die bei der Behandlung der verschiedenen Gegenstände und Themen immer wieder erneut aufgegriffen, variiert und weiterdiskutiert werden. Die in den Essays jeweils schwerpunktmäßig behandelten Themen sind so durch zahlreiche motivische Querverweise und Homologien miteinander verbunden. Die Argumentation als ganze erhält damit die Funktion einer gleichsam prozessualen Poetik. So argumentiert Borges bereits im ersten Essay von *Discusión* – *La poesía gauchesca* (*Gaucho-Poesie*) –, der seiner Thematik nach noch ganz der Fragestellung des »criollismo« verhaftet bleibt, mit einem Literaturbegriff, dessen philosophische Prämissen erst nach und nach entfaltet werden. Auch die – besonders von den »Nationalisten« unter den argentinischen Lesern – hochgeschätzte »Gaucho-Poesie«, so unterstreicht er, ist nur ein Sonderfall jenes arbiträren »Wirklichkeits-Postulats«, wie es für literarische und philosophische Schöpfungen insgesamt kennzeichnend ist. Keineswegs dagegen darf man sie als eine lineare Weiterentwicklung oder gar Nachahmung einer ursprünglichen und volkstümlichen »Gaucho-Poesie« mißverstehen. Auf ihre philosophische Formel gebracht, entspricht diese Position jenem literarischen »Idealismus«, als dessen philosophischen Ahnherrn Borges wiederholt den irischen Bischof und Philosoph Berkeley nennt. Es ist »leicht« – heißt es im Zusammenhang mit dem

Berkeley-Referat –, die idealistische Doktrin zu verstehen, »schwer« jedoch, sich konsequent »in ihren Grenzen« zu bewegen. Die Formulierung benennt weniger ein spezifisches Problem der Auseinandersetzung mit den Prämissen der idealistischen Philosophie als vielmehr eine allgemeine Methode, die sich Borges auch im Umgang mit anderen repräsentativen Philosophien – der Kabbala (*Una vindicación de la cábala*), der Gnosis (*Una vindicación del falso Basálides*), dem Eleatismus (*La perpetua carrera de Aquiles y la tortuga*), der christlichen Theologie (*Historia de los ecos de un nombre*) – zu eigen macht. Die Methode besteht darin, die immanenten Prämissen der jeweiligen Systeme bis zu dem Punkt weiterzudenken, an dem philosophisches Denken im Dickicht von Aporien und Paradoxien seine Grenzen erfährt. Dergleichen Grenz- und Ambivalenzerfahrungen sind für Borges indes nicht Gegenstand eines philosophischen, sondern eines primär ästhetischen Interesses. Es gilt die Nahtstellen, an denen philosophisches Denken und ästhetische Erfahrung einander berühren, um sich anschließend umso entschiedener voneinander wegzubewegen. Literatur erscheint in dieser Hinsicht als das in ästhetische Praxis hinein verlängerte – und perpetuierte – Ende des philosophischen Diskurses. So läßt sich ein Echo der gnostischen Spekulationen noch in Rimbauds Diktum »Nous ne sommes pas au monde« vernehmen; der den Paradoxien des Zenon zugrunde liegende »regressus ad infinitum« hingegen findet sich wieder in P. Valérys Konzept des »Todes« des Autors, und die in *Nueva refutación del tiempo* (1944; *Neue Widerlegung der Zeit*) kompromißlos vertretene These vom lediglich »idealen« Charakter der Zeit befreit geschichtliches Denken vom Postulat der Sukzession und Kausalität und ermöglicht so erst jene unumschränkte Herrschaft der Königin »Imagination«, wie sie Borges in der phantastischen Erzählung *Tlön, Uqbar, Orbis Tertius* (1942, in: *Ficciones*) luzide durchgespielt hat.

Lit.: J. L. Borges, hg. von J. ALAZRAKI, Madrid 1976.

W. B. BERG

La dissémination (frz.; *Die Zerstreuung*), Jacques DERRIDA; EA Paris 1972.

La dissémination gehört (nach: *La Voix et le phénomène*, 1967, *Die Stimme und das Phänomen*; →*L'écriture et la différance*; →*De la grammatologie*) zu einer zweiten Gruppe von Veröffentlichungen Derridas zusammen mit *Positions* (1972; *Positionen*) und *Marges: de la philosophie* (1972; *Randgänge der Philosophie*). *La dissémination* enthält mit den Lektüren von St. Mallarmé und Ph. Sollers zum einen die wohl wichtigsten Lektüren Derridas von literarischen Texten und schreibt zugleich mit Begriffen wie »Pharmakon« und »dissémination« am Konzept der »Schrift« weiter. Derridas *Grammatologie* entwickelt eine Logik der »Supplementarität«, d. h. der Ergänzung, die für das Fehlen des Ursprungs oder Zentrums eintritt, aber nicht der Autorität der abwesenden Präsenz untersteht: danach ist das Bedeuten einem Spiel der Ersetzungen ausgesetzt, das der Kontrolle durch Intention und Sinn nicht (mehr) unterliegt. Die befremdliche Struktur des »Supplements« kehrt im (Platon entnommenen) Konzept der »Schrift«

als »Pharmakon« wieder: Dieses ist Heilmittel und Gift zugleich. Die mit diesen Begriffen bestimmte Schrift, nach deren Modell alle Zeichen funktionieren, hat texttheoretische Konsequenzen, die in *La dissémination* vor allem an den Texten von Mallarmé und Sollers vorgeführt werden. »Verräumlichung« nennt Derrida die Produktivität der »Schrift«; das ist die Differentialität der Zeichen, die jeder Identität vorgängig ist, diese erst begründet – und verschiebt (*Marges: de la philosophie*). Das Programm der Lektüre, alle Texte seien als ›zeilenlose‹ Schrift »mit einem veränderten räumlichen Organisationsprinzip« zu lesen (so in der *Grammatologie*), inszeniert Mallarmés *Un coup de dés jamais n' abolira le hasard* (1897 und 1914; *Ein Würfelwurf niemals auslöschen wird den Zufall*) auch typographisch; und Derrida zitiert dies in seiner Sollers-Lektüre. Derridas Mallarmé-Lektüre *La double séance* wendet sich sowohl gegen thematische als auch gegen formalistische Lektüren, indem sie zeigt, daß die Texte Mallarmés die Vorgaben der genannten Textmodelle unterlaufen. Sie sind von einer Syntax der »Vorhänge« und »Schleier« strukturiert, hinter denen sich nichts mehr verbirgt. Diese Gewebe liest Derrida als das da-zwischen Gezogene, als »Zwischenräume«, welche die Differentialität der Signifikanten- und Bedeutungsbildung selbst thematisieren und jeder Lektüre so vorführen, daß diese nicht thematisch fixiert und beendet werden kann. Der Titel *Dissémination*, der auch das Sollers-Kapitel überschreibt, reformuliert die »différance«, Derridas Name für eine Differenz, die Aufschub und Verschiebung zugleich ist (*Marges: de la philoso-*

phie). »Dissémination« benennt (mit dem disparaten etymologischen Hof des Wortes) die ›primäre‹ uneinholbare Zerstreuung und damit die irreduzible Polysemie des Textes, die in den Horizont des einen Sinns nicht wieder eingestellt werden kann. Texte wie die Mallarmés etablieren eine literarische Praxis, die das Ideal der Selbstpräsenz des Sinns (»Logozentrismus«) und den Glauben an die (zeitliche oder ontologische) Priorität des Sinns vor den Texten und ihren Lektüren subvertiert. Sie dekonstruieren damit ein auch der Literatur eigenes ›metaphysisches‹ Modell ihrer Lesbarkeit. Bei Mallarmé wird »Mimesis« (die der Philosophie der Ideen folgend das Verhältnis zwischen Literatur, Schrift, Text und Wahrheit nach der vorausgesetzten Priorität der Wahrheit über die Sprache und des Modells über dessen Abbildung organisiert) zu einer »Mimikry«, die »nicht(s)« imitiert. Diese in-sich-selbst-widersprüchliche Figur formuliert eine Unentscheidbarkeit (die auch der strukturalistischen Schließung des Textes entgegenzuhalten ist): Der Referent ist entzogen, aber die (Frage der) Referenz bleibt. Den Namen »hymen«, den Derrida (der Figur) dieser Unentscheidbarkeit gibt, entnimmt er Mallarmé; »Hymen« gehört (auch durch seine vielfachen etymologischen Verknüpfbarkeiten) der Grammatik der Gewebe und Schleier an. Es ist »weder die Vereinigung noch die Trennung, weder die Identität noch die Differenz, weder der Vollzug noch die Jungfräulichkeit, weder Schleier noch Entschleierung, weder das Drinnen noch das Draußen«. Wie andere Begriffe Derridas (z. B. »Pharmakon«, »différance«, »Supplement«, »Spur«, »Schrift«) destabilisiert »Hymen« die Ordnung der Oppositionen (von rein geschiedenen und intern hierarchisierten Polen). Mit dem Prinzip der Opposition wird das Prinzip der Identität subvertiert und damit auch die Ordnung des von Sinn und Intention kontrollierten Lesens. Die Textur des »Hymen« formuliert die radikal paradoxe – insofern nicht geschlossene, unabschließbare – Struktur der Sprache und der Texte. Die Texte Mallarmés und Sollers zu lesen, bedeutet, ihre unhintergehbare Polysemie zu lesen, ohne sie hermeneutisch zu schlichten oder finalisierend einzuholen, d. h.: einen Sinn wird die Lektüre in ihnen nicht zu lesen bekommen. Damit stellen diese Texte der Lektüre aber auch eine Aufgabe, die letzlich unlösbar ist: ›Unlösbar‹ ist die Aufgabe, die »dissémination«, welche die Texte praktizieren, zu präsentieren. In *La dissémination* setzt sich daher der theoretische Text selbst der Bewegung der Verschiebung und Verstellung (weitergehend als etwa in →*Grammatologie* und *Marges: de la philosophie*) aus; so ist er selbst als Zumutung an die Wissenschaft (von der Literatur) geschrieben.

Ausg.: Dt. Wien 1994. – Dt. in: Text – Welt, Gießen 1994 (Teilübers.).
Lit.: B. JOHNSON, Einl. (zu ihrer engl. Übers.), Chicago 1981. – S. KOFMAN, Derrida lesen, Wien 1987.

B. MENKE

The Division of Poesy (engl.; *Die Einteilung der Dichtung*), Francis BACON DE VERULAM; ED London 1605 (in: *The Advancement of Learning*); dt. 1783.
Bacons ›Theorie der Dichtung‹ ist als Teil seiner Bestandsaufnahme wissenschaftlicher Disziplinen in das Forschungsprogramm von *The Advancement of Learning* eingebunden und im Kontext seiner Vermögenspsychologie zu verstehen. Wie Ph. Sidney, auf dessen →*Defence of Poesy* sich seine Ausführungen beziehen, sieht Bacon in den psychischen Fähigkeiten von »memoria«, »ratio« und »imaginatio« die Grundlagen wissenschaftlicher Disziplinen. Er ordnet die Geschichtswissenschaft der »memoria«, die Philosophie der »ratio« und die Dichtkunst der »imaginatio« zu, weigert sich aber im Unterschied zu Sidney, ihr einen hohen Rang einzuräumen. Die *Defence of Poesy* rühmt den ikonographischen Charakter der Dichtkunst als didaktisches Instrument, Bacon dagegen kritisiert ihre Realitätsferne. Während in der »memoria« wirklichkeitsnahe Inhalte gespeichert sind, die unter der Leitung von »ratio« zu verbinden wären, löst die »imaginatio« die Bindung an natürliche Originale auf. Unter dem Einfluß der »imaginatio« zeitigt die Dichtung ›unnatürliche‹ Verbindungen von Gedächtnisinhalten, also Chimären und Phantome. Um der Vorliebe des menschlichen Geistes für Großartigkeit zu entsprechen, verfälscht sie die Berichte der Geschichte. Dichtung hat drei Bereiche: »erzählende«, »darstellende« und »parabolische Poesie«. Die erzählende Poesie gibt Ereignisse der Geschichte mit Übertreibungen wieder. Die darstellende Poesie vergegenwärtigt Vergangenes als bildhaft gestaltete Geschichte. Die parabolische Dichtung, zu der etwa die Fabeln des Äsop zählen, ›verführt‹ durch Bildhaftigkeit zu Wahrheit und Tugend. Bacon nennt ausdrücklich als negative Eigenschaft parabolischer Dich-

tung ihre Fähigkeit zur Verdunklung von Gemeinem. Seine ablehnende Haltung zur Dichtung wird besonders an seinem Vergleich der Dichtung mit üppig wuchernden Pflanzen, die nicht eigens gesät wurden, sich aber stärker als alle anderen verbreiten, deutlich. Im Unterschied zur Philosophie, die im ›Palast‹ des Bewußtseins regiert, sieht er die Heimat der Dichtkunst im ›Theater‹, ein untrüglicher Hinweis auf ihr Täuschungspotential. Dichtkunst steht Bacons Wissenschaftsprogramm entgegen, da sie als Ausdruck der Imagination neue Täuschungen hervorruft, zu deren Beseitigung Bacon in seinen Schriften und seiner Lehre von den Idolen, die eine eigene Rubrik »Idole des Theaters« kennt, angetreten war. Bacons Auffassung von Dichtung beeinflußte Dryden, Addison, Johnson, Wordsworth und Coleridge.

Ausg.: The Advancement of Learning and New Atlantis, hg. v. A. JOHNSTON, Oxford 1974, S. 80–83.
Lit.: J. L. HARRISON, Bacon's Views of Rhetoric, Poetry and Imagination, in: Huntington Library Quarterly 20 (1957), S. 107–25. – E. P. McCREARY, Bacon's Theory of Imagination Reconsidered, in: Huntington Library Quarterly 36 (1972/73), S. 317–26.
R. FREIBURG

Doctrina Estética de la Novela (span.; *Ästhetische Doktrin des Romans*), Macedonio FERNÁNDEZ, entst. 1928/29 und 1930; ED Bogotá 1940 (in: Revista de las Indias).

Der ursprünglich als Radio-Essay vorgetragene Text ist parallel zu Fernández' ›metaphysischem‹ Hauptwerk *No toda es vigilia la de los ojos abiertos* (1928; *Nicht alles Wachsein ist das bei offenen Augen*) entstanden. Er stellt eine Projektion seines ›absoluten Idealismus‹ auf die Architektur des zukünftigen Romans dar. Die damit verbundene radikale Kritik am positivistischen Realismus zielt allerdings nicht nur auf den Roman, sondern erstreckt sich in *Para una teoría del arte* (um 1927; *Zu einer Theorie der Kunst*) auf die »schönen Künste« (»Belartes«) insgesamt. – Während die wahre Kunst stets des Unkünstlerischen verdächtigt wird, also auf »Dudarte« (»Zweifelkunst«, aber auch i. S. von »dich bezweifeln«) beruht, werden im fälschlich – für Kunst gehaltenen Realismus (etwa der Landschaftsmalerei) Emotionen abgebildet oder direkt erzeugt, als gebe es eine ›natürliche Schönheit‹. Demgegenüber liegt die authentische Kunst – deren Zeichen gerade eine spezifische Inauthentizität ist – »alleine in der Technik der Hervorrufung von Stimmungen, die es, ohne diese Techniken, weder im Leben noch im Leser oder Autor gibt«. Fernández wendet sich entschieden gegen wohlgefällige (»kulinarische«) Gefühls- bzw. Inhaltsästhetiken und fordert eine »Kunst mit offengelegter Arbeit, d. h. für den bewußten Leser, und mit offensichtlichen Mitteln gemacht«. Als Teilentwurf der Kunsttheorie ist die schriftliche Fassung seiner *Doctrina Estética* v. a. durch ihr humoristisches Spiel mit der Erwartungshaltung des Lesers gekennzeichnet. Dieses zeigt sich z. B. im Untertitel *oder ästhetische Ideen des Friseurs, des Modisten, der Maniküre und des Massagisten über eine schöne Dame ... des Schachs.* Entsprechend dienen die Protagonisten des (zukünftigen) Romans nicht dazu, Authentizität zu erzeugen, sondern den Leser selbst zum Protagonisten zu machen und in einen »Ich-Schwindel« hineinzureißen, der ihn durch eine »mise en abyme«, ein abgründiges Spiel mit dem Text im Text, an seiner Existenz zweifeln läßt. Diesen wirkungsästhetischen Aspekt, den Fernández an einer Passage aus *El ingenioso hidalgo Don Quijote de la Mancha* (1605/1615; *Der sinnreiche Junker Don Quijote de la Mancha*) erläutert, baut J. L. Borges in *Magias parciales del Quijote* (1952; *Der partielle Zauber des Quijote*) essayistisch aus. – Die (nur teilweise) als Einlösung seiner Theorie zu verstehende, aber bereits in den 20er Jahren in Avantgarde-Kreisen angekündigte Roman-Dublette – bestehend aus der 1922 entstandenen Sentimentalroman-Parodie *Adriana Buenos Aires. Última novela mala* (1974; *Adriana Buenos Aires. Letzter schlechter Roman*) und dem ebenfalls 1922 niedergeschriebenen metaphysischen Experimentalroman *Museo de la novela de la Eterna* (1967; *Museum des Romans der Ewigen. Erster guter Roman*) – hat bedeutende argentinische Romane inspiriert: darunter L. Marechals *Adán Buenosayres* (1948; *Adam Buenosayres*) und J. Cortázars *Rayuela* (1963; *Rayuela*), vor allem aber dessen Ästhetik der sog. »Morelliana«, einschließlich der Romanstruktur, die in Fernández' Theorie des »springenden Lesers« präfiguriert wird. Aufgrund seiner Entdeckung durch die Avantgarde in den 20er Jahren wurde Fernández zur Galionsfigur der »Martinfierristen« (→*Manifiesto Martín Fierro*). Doch der Mythos, der sich um sein ›unsichtbares‹ bzw. ›orales‹ Werk rankte, das bis in die 60er Jahre weitgehend unzugänglich blieb, verdeckt seine Schlüsselfunktion für die argentinische Literatur bis heute. Borges allerdings bekennt im Nachruf auf Macedonio, ihn in den 20er und 30er Jahren geradezu transkribiert zu haben, »bis hin zum leidenschaftlichen und devoten Plagiat«.

Ausg.: Obras Completas, Bd. 3, Buenos Aires 1990, S. 252–58.
Lit.: W. FLAMMERSFELD, M. Fernández (1874–1952), Frankfurt/M. 1976. – N. SALVADOR, M. Fernández, precursor de la antinovela, Buenos Aires 1986. – A. BORINSKY, M. Fernández y la teoría crítica, Buenos Aires 1987.

M. K. SCHÄFFAUER

Du théâtre, ou Nouvel essai sur l'art dramatique (frz.; *Über das Theater oder Neuer Versuch über die dramatische Kunst*), Louis-Sébastien MERCIER; EA (anonym) Amsterdam 1773; dt. Leipzig 1776.

Mercier wendet sich in seinem dramentheoretischen Traktat polemisch gegen die um 1770 immer noch verbindliche klassizistische Poetik Boileaus (→*L'Art poétique*). Er setzt sich für ein neues, demokratisch geöffnetes Schauspiel ein, das sich von den erstarrten Regeln und Gattungskonventionen der Theaterpraxis befreit und der eigenen geschichtlichen und sozialen Lebenswirklichkeit zuwendet. Das Werk bildet den Höhepunkt der von Diderot (→*Paradox sur le comédien*; vgl. auch *Entretiens sur le Fils naturel*, 1757; *Über den natürlichen Sohn* und *De la poésie dramatique*, 1758; *Über dramatische Poesie*) eingeleiteten theoretischen Kampagne zur Erneuerung des französischen Theaters im 18. Jh. – Unter dem Einfluß der Sozialphilosophie Rousseaus führt Mercier Diderots Überlegungen zum »bürgerlichen Drama« weiter und spitzt sie sozialkritisch und politisch zu. Die aristotelische Forderung (→*Peri poietikes*) der drei Einheiten soll aufgegeben, die Grenze zwischen Tragödie und Komödie abgeschafft werden. Die Ständeklausel fällt damit fort. Das neue, vom Zwang des Reims entbundene »Drama« wird als die zukunftsweisende Zwischengattung propagiert. Es soll die großen nationalen und politischen Themen aufgreifen und die konkreten sozialen Lebensumstände und Existenzbedingungen auf die Bühne bringen. Alle Stände und Volksschichten sollen zu Wort kommen; »jede Vorstellung des Elends und der Notdurft« muß Eingang ins Drama finden. Der Dichter ist gefordert, gegen soziales Unrecht aufzutreten und die Unterprivilegierten in Schutz zu nehmen; es gebührt ihm, seine Nation und seine Zeit zu »richten«. Anders als Diderot, der die Privatheit der häuslich-familiären Sphäre zum Refugium des Menschlichen verklärt, ist das bürgerliche Interieur bei Mercier ein Schnittpunkt im gesellschaftlichen Spannungsfeld. Über »Mitleid« und »Teilnehmung«, welche die Zuschauer »unter sich verknüpfen«, soll eine politisch-moralische Solidarisierung entstehen. – Radikaler als Diderot und Lessing erklärt Mercier die Bühne zu einer politischen Anstalt. Er hebt die kritisch-realistischen Möglichkeiten des Dramas hervor und dehnt dessen Thematik auf die Lebensrealität der Vierten Standes aus. Als dramatischer Autor verwirklicht er seine radikalen Forderungen allerdings nur ansatzweise, v. a. in *La Brouette du vinaigrier* (1775; *Der Schubkarn des Essighändlers*). Merciers theaterkritisches Manifest übte besonders in Deutschland einen nachhaltigen Einfluß aus. Über die von Goethe angeregte Übersetzung H. L. Wagners

(1776) wirkte es hier auf die Dramaturgie des Sturm-und-Drangs, namentlich auf Schiller, Wagner und Lenz.

Ausg.: Leipzig 1776 (Repr. Heidelberg 1967). *Lit.*: F. BOUBIA, Theater der Politik, Politik des Theaters. L.-S. Mercier und die Dramaturgie des Sturm und Drangs, Frankfurt/M. 1978. – M. STEINHARD-UNSELD, Merciers Theater in Deutschland, (Diss.) Hamburg 1981. – E. MCINNES, Mercier and the Drama of the Sturm und Drang, in: Publications of the English Goethe Society 54 (1985), S. 76–100.

A. GRACZYK

L'échange symbolique et la mort (frz.; *Der symbolische Tausch und der Tod*), Jean BAUDRILLARD; EA Paris 1976; dt. München 1982.

Inhalt und Form des Buches sind geprägt durch zwei Ereignisse, ein wissenschaftliches: die Verknüpfung von Linguistik, Psychoanalyse, Ethnologie, politischer Ökonomie und Kybernetik im französischen Strukturalismus der 60er und 70er Jahre; und ein politisches: die Revolte der Pariser Studenten im Mai 1968. Spätestens seit dem Scheitern dieses Aufstands ist nach Baudrillard klar geworden, daß die proletarische Revolution ein Phantasma ist, das auf Voraussetzungen beruht, die im Spätkapitalismus nicht mehr gegeben sind. – Marx bestimmt menschliche Praxis als Arbeit in einem doppelten Sinn: als Produktion von Mehrwert (im Kapitalismus) und als Produktion freier Individuen (in der klassenlosen Gesellschaft). Die »Postmoderne« (J.-F. Lyotard →*La Condition postmoderne*) aber ist nach Baudrillard das Zeitalter der Re-Produktion. Der Tauschwert ist gegenüber dem Gebrauchswert autonom geworden, und Geld (das allgemeine Äquivalent) hat keinen Referenten mehr im Gold, sondern fungiert als Signifikant (als Wert in einem Code). Reproduktionstechniken (i. S. W. Benjamins →*Das Kunstwerk im Zeitalter seiner technischen Reproduzierbarkeit* und M. McLuhans →*Understanding media*) und kybernetische Modelle der Simulation treten an die Stelle realer Produkte und realer Körper. Unbestimmtheit und Unentscheidbarkeit kennzeichnen das System. Das gilt für die Mode wie für das Verhältnis der Geschlechter, das sich nicht mehr durch die »elementaren Strukturen der Verwandtschaft« (Cl. Lévi-Strauss) definiert, sondern durch die fetischistische Fixierung auf das allgemeine Äquivalent: den Phallus (S. Freud →*Der Dichter und das Phantasieren*, J. Lacan →*Écrits*). – Instrument dieser »Dekonstruktion« (J. Derrida, *La dissémination*) marxistischer und psychoanalytischer Theorien der Befreiung (W. Reich, H. Marcuse →*Art and revolution*) ist der Begriff des Symbolischen. Die »Wilden« leben mit dem Tod: in Initiations-, Bestattungs- und Fruchtbarkeitsritualen tauschen sie die Lebenden mit den Toten. Dieses Geben und Nehmen beruht nicht auf einem abstrakt Allgemeinen (Äquivalent), sondern ist absolute »Reversibilität«, Ersetzung des einen durch das andere ohne die Vermittlung eines Dritten: »Potlatch« (M. Mauss). Die Geschichte des Okzidents wird in diesem Horizont als fortschreitende Reduktion des symbolischen Tausches auf das kapitalistische Marktgesetz lesbar. Der Arbeiter ist der Sklave, dem man nicht mehr die Ehre antut, ihn zu töten. Die Macht des »Systems« beruht – wie die einer jeden Priesterkaste – darauf, daß es Leben gibt, indem es den Verkehr der Lebenden mit den Toten

kappt. Auflehnung gegen diese Form der Unterjochung ist nur möglich als Restitution der absoluten Gegenseitigkeit des Symbolischen, als Herausforderung durch den Tod: Geiselnahmen, Selbstmord in Gefängnissen, Kamikazetod im Terrorismus. Ähnlich subversiv wirken Graffito, Witz und Poesie. Sie unterstehen nicht dem Gesetz einer Ökonomie (Bedeutungsproduktion; Ersparnis psychischen Aufwands, S. Freud; Mehrwert an Sinn, R. Jakobson), sie gleichen vielmehr den Saussureschen Anagrammen, sofern sie jede Gabe durch eine Gegengabe kontern und damit Sinn und Wert überhaupt vernichten: symbolischer Tausch nach Art der »guten Wilden«.

Lit.: D. KELLNER, Baudrillard: from Marxism to Postmodernism and Beyond, Cambridge 1989. – M. GANE, Baudrillard: Critical and Fatal Theory, London/New York 1991. – J. PEFANIS, Heterology and Postmodernism: Bataille, Baudrillard, and Lyotard, Durham 1991. – Forget Baudrillard?, hg. von C. ROJEK/B. S. TURNER, London/New York 1993.

W. KITTLER

Écrits, Le séminaire I/XI (frz.; *Schriften, Das Seminar I/XI*), Jacques LACAN; EA Paris 1966; dt. Olten/Freiburg/Br. 1973–80.
In der Sammlung psychoanalytischer Schriften geht Lacan davon aus, daß alles Menschenbegehren dem anderen Menschen gilt, weil es im Grunde Funktion des Anerkennungsbegehrens ist. Anerkennung gewinnt der Begehrende demnach erst in der Spiegelvermittlung von seinesgleichen, und es ist dieser »Bezug auf das Draußen des Drinnen«, in dem sich das Subjekt als Körper erkennt. So wird das Ich von der Form des Spiegelanderen überlagert; das Bild des Ich als Rivalen bannt das

Subjekt. »Me connaître« (»mich verstehen«) heißt deshalb immer »méconnaître« (»mißverstehen«). Doch »Prämaturation«, die Frühgeburt des Menschen, läßt das Imaginäre, das für Tiere unentrinnbar ist, aufklaffen und eröffnet die Symbiose des Menschen mit dem Symbolischen. – Im Bild seines Ich findet der Mensch seine entfremdende Einheit, im Begehren aber seine Zerrissenheit – als Ausdruck einer biologischen Unangepaßtheit, die sein Sein auf Sprache hin öffnet. In unendlichen Wiederholungen der Entwöhnungsleiden – Sinn aller Kinderspiele – mimt das Subjekt seine Verstümmelung, antwortet es auf die Abwesenheit der Mutter. Und in den das Spiel begleitenden Lauten entsteht das Symbolische als Benennung der Abwesenheit. So gründet das Sein des Menschen im Symbol des Verlusts. Damit wird eine Beantwortung der Freudschen Frage nach dem Jenseits des Lustprinzips möglich: Der Todestrieb richtet sich auf die unrealisierte, d. h. noch nicht anerkannte und deshalb stumme symbolische Ordnung. Lacans Psychoanalyse verfährt deshalb als Austausch von Worten, in dem sich das Imaginäre symbolisieren, das Trugbild auflösen soll. Er begreift das Symptom als ein Stummsein im Subjekt und bestimmt die analytische Aufgabe: »das Subjekt zu rezentrieren als sprechend«. Indessen ist Lacans Psychoanalyse keine Hermeneutik: »nicht der Sinneffekt in der Interpretation wirkt, sondern die Artikulation der Signifikanten im Symptom (ohne jeglichen Sinn)«. »Ein Sprechen ist Matrix des verkannten Teils des Subjekts«, der sich jeder Selbstwahrnehmung entzieht; es kommt vom Ort des anderen. Lacans Analyse versucht, das Subjekt in die Sprache seines Begehrens einzuführen – jene »langage premier«, die als Sprache zwar universell, als Offenbarung und Vermenschlichung des Begehrens aber auch das radikal Besondere des Subjekts ist. Lacan begreift das Feld des Unbewußten als eines von Spracheffekten, in dem der Mensch zum Sprechen gebracht wird. Sprache wird dabei weder mit Sprechen identifiziert, noch auf Kommunikation reduziert. Denn Sprechen vermittelt nicht nur zwischen Subjekt und anderem, sondern enthüllt auch das Unbewußte, das sich in seinen Entstellungen der Ausdrucksfunktion entzieht. Was das Unbewußte konstituiert, ist nichts als der Effekt jener Sprechakte, die dem Subjekt seinen Status verleihen. Deshalb ist das Unbewußte wie eine Sprache strukturiert und das Subjekt dem anderen hörig. Sprache funktioniert einmal als universelles System, das nach Informationseinheiten gemessen werden kann. Sodann eröffnet sie die »parole particulière«, die im Informationsabfall der Redundanz die Kostbarkeit der Resonanz entdeckt – Sprache als Gabe statt Information. Im Sprechen funktioniert die Sprache evokativ, nicht informativ. – Lacans Begriff des vollen Sprechens meint das Medium, in dem sich die Wahrheit des Subjekts realisiert. Dagegen heißt ein Sprechen leer, sofern sich in ihm Sprache als System, Kultur als Apriori, also das Anonymat der anderen manifestiert. Zumeist interferieren beide Modi des Sprechens und schürzen Bedeutungsknoten; Unterbrechungen in der Rede markieren die Kreuzungspunkte. Deshalb stellt Lacan der Psychoanalyse die Aufgabe, die Wahrheit des Subjekts in jenem »Bereich des Unsinnigen« aufzustören, der von den »Bedeutungs-Knoten« seiner Rede versiegelt wird. So gelangt die Suche nach der Wahrheit über das Wahre zum Akt des Sprechens, der es hervorbringt. Das Eigentliche des Sprechens zeigt sich nicht im Diskurs, sondern in dessen Störungen. Es geht Lacan also um eine Überschreitung der Grenze des Diskurses innerhalb der Grenze des Sprechens. Das ist nur möglich, weil das sprechende Subjekt exzentrisch zu dem des Diskurses steht. Noch das sog. Selbstgespräch richtet sich an den anderen. So bekundet das Sprechen den Vorrang der Intersubjektivität noch im Subjekt selbst. – Lacans aktuelle Bedeutung für die Literaturtheorie ergibt sich durch seine Rezeption unter dem Blickwinkel des Poststrukturalismus und der ›Dekonstruktion‹. Die von ihm beeinflußten Lektüren dechiffrieren in jedem Text einen verborgenen Subtext, von dem die Verwerfungen und Brüche der Textoberfläche zeugen. Zugleich widersetzt sich Lacans psychoanalytisch begründete Analyse des textuellen Spiels von Signifikanten jeder sinnzentrierten hermeneutischen Interpretation; seine Sprache verweigert sich im gleichen Zug der formalisierten Wissenschaftssprache und nähert sich ihrem Gegenstand an.

Lit.: H. LANG, Die Sprache und das Unbewußte, Frankfurt/M. 1982. – M. FRANK, Was ist Neostrukturalismus?, Frankfurt/M. 1983. – N. BOLZ, Stop Making Sense, Würzburg 1989.

N. BOLZ

L'écriture et la différence (frz.; *Die Schrift und die Differenz*), Jacques DERRIDA; EA Paris 1967; dt. Frankfurt/M. 1972.

Die Aufsatzsammlung vereinigt Arbeiten aus den Jahren 1963 bis 1967. Sie kreisen um philosophische, literarische, psychoanalytische, literatur- und humanwissenschaftliche Gegenstände. Diskutiert werden vor allem Werke von Denkern und Schriftstellern, die (wie z.B. G. Bataille, M. Foucault und Cl. Lévi-Strauss) nach dem Zweiten Weltkrieg einen besonderen Einfluß auf das französische Geistesleben ausgeübt haben. – *L'écriture et la différence* läßt sich in weiten Teilen als eine Auseinandersetzung mit strukturalistischen Ansätzen lesen. Beispielhaft dafür ist der Aufsatz *La structure, le signe et le jeu dans le discours des sciences humaines* (1967; *Die Struktur, das Zeichen und das Spiel im Diskurs der Wissenschaften vom Menschen*). Derrida geht zunächst von einem allgemeinen Begriff der Struktur aus: Struktur bedeutet in der Geschichte der abendländischen Metaphysik ein geordnetes Ganzes, das auf ein Zentrum oder Prinzip ausgerichtet ist. In dem Maße, in dem dieses Zentrum (das sich immer durch den Charakter der Anwesenheit oder Selbstgegenwart auszeichnet) »das Spiel der Elemente« im Innern der Ordnung ermöglicht, entzieht es sich den Veränderungen des Spiels. Mit den Namen Nietzsche, Freud und Heidegger verbindet Derrida nun das Ereignis einer Dezentrierung, die den metaphysisch begründeten Begriff der Struktur erschüttert. Der dezentrierende Gedanke, den Derrida radikalisiert, lautet: Weil die zentrale Präsenz, ohne die es keine Struktur als begründete Ordnung gibt, regelmäßig eines »Substituts« oder »Supplements« bedarf (also der Äußerlichkeit, die Derrida auch »Schrift« nennt), weil sie dadurch »über sich selbst hinausgetrieben« wird, gibt es kein ermöglichendes Prinzip, das nicht dem Spiel der Strukturelemente untersteht. Im Augenblick der Dezentrierung »bemächtigt sich die Sprache des universellen Problemfeldes«. Die Sprache schafft ein »System von Differenzen«, das nicht von einem Zentrum beherrscht wird (von einem »transzendentalen Signifikat«). Alles hängt daran, wie man sich zu diesem azentrischen (Sprach-)Spiel verhält. Dem Strukturalismus Lévi-Strausssscher Prägung hält Derrida nicht so sehr einen Mangel an geschichtlichem Sinn vor als vielmehr ein »Heimweh nach dem Ursprung«, d. h.: ein Rückbeziehen der Differenzen auf ein verlorenes Zentrum, durch das sich das Spiel in ein »sicheres Spiel« verwandeln kann. Beide Interpretationen des (Sprach-)Spiels – die zentrierende und die azentrische – sind jedoch in Derridas Augen unvermeidbar, da man die Sprache der Metaphysik nicht einfach überwinden kann. Man muß sich stets ihrer Mittel strategisch bedienen, um ihre Grenzen aufzuzeigen. Die azentrische Interpretation des (Sprach-)Spiels ermöglicht das, was Derrida am Ende seiner Aufsatzsammlung das »Offensein für Texte« nennt: ein Offensein, das mit der Öffnung der Texte selber, mit der Erschütterung ihrer semantischen und semiologischen Ordnung einhergeht. Die Zerstreuung des Sinns und der Zeichen im azentrischen (Sprach-) Spiel verwehrt es, dem Text die Eindeutigkeit eines Sinns zukom-

men zu lassen oder ihn einfach als vieldeutigen Text zu begreifen, der noch in einem Sinnhorizont steht. Weil es aber auch kein rein zentrumsloses Spiel gibt, führt diese Zerstreuung, führt die Öffnung des Texts nicht zu einer gleichgültigen Beliebigkeit.

Ausg.: Dt. Frankfurt/M. [2]1976.
Lit.: R. GASCHÉ, The Tain of the Mirror, Cambridge/London 1986. – J.-L. NANCY, Sens elliptique, in: ders., Une pensée finie, Paris 1990, S. 269–96.

A. García Düttmann

Die Eigenart des Ästhetischen I, Georg LUKÁCS; EA Neuwied 1963 (in: Gesammelte Werke, Bde. 11 und 12).

Im ersten Teil seiner unvollendeten ästhetischen Theorie, der ersten umfassenden marxistischen Ästhetik, systematisiert Lukács die theoretischen, methodischen und interpretatorischen Ansätze seiner vorangehenden Arbeiten, insbesondere der in der Tradition des Idealismus stehenden frühen →*Theorie des Romans* und der durch eine materialistische Ästhetik beeinflußten Studien über Goethe (1936 und 1940), Keller (1939) und Th. Mann (1945–1955). Voraussetzung dafür ist eine historische Differenzierung des Realismusbegriffs in den »spontanen Realismus« der Klassik, den »kritischen Realismus« eines Keller und Fontane und den »bürgerlichen Realismus« Th. Manns. Aus Hegels Ästhetik übernimmt Lukács die Kategorien von Totalität und Inhärenz und rückt sie ins Zentrum seiner Widerspiegelungstheorie. Für sein normatives Verständnis des Ästhetischen zeichnen die unterschiedlichen realistischen Ansätze im Verlauf der Literaturgeschichte bereits die *Eigenart des Ästhetischen* vor: Sie sind »künstlerische Grundlage eines jeden künstlerischen Schaffens«. – Gleichzeitig differenziert Lukács den marxistischen Widerspiegelungsbegriff, indem er wissenschaftliche, desanthropomorphisierende und ästhetische, anthropomorphisierende Widerspiegelung unterscheidet. Beide beziehen sich auf unterschiedliche Signalsysteme: auf das Signalsystem 1, das Empfindung und Wahrnehmung organisiert, und das Signalsystem 2, das durch Sprache bestimmt ist. Indessen entfernt sich die wissenschaftliche Widerspiegelung seit Beginn der Neuzeit von der sinnlichen Wahrnehmung. Gleichsam als Korrektiv dieser Abschneidung bildet sich das ästhetische Signalsystem 1' heraus. Durch bedingte Reflexe ausgelöst vermittelt es erneut zwischen sinnlicher Wahrnehmung einerseits, Sprache, Begriff und Formel andererseits, Signalsystem 1 und Signalsystem 2. Es ist anthropomorphisierend, weil es eine Widerspiegelung der Wirklichkeit in bezug auf den Menschen ermöglicht. Daraus ergibt sich Lukács' differenzierter Begriff der ästhetischen Praxis. Diese ist »spontane Reaktion« im Sinne Lenins und zugleich der »unbedingten Herrschaft der Praxis im Leben« entzogen. Als »bewußte, zielstrebig gesellschaftliche Tätigkeit« unterscheidet sie sich von der Arbeit als einem »Spezialfall der Praxis und der Produktion«. Damit ist die ästhetische Widerspiegelung Reflex außerliterarischer Wirklichkeit und Bewußtseinsphänomen zugleich. Über die bedingten Reflexe ist sie an Praxis vermittelt, durch ihren Bezug auf das menschliche Bewußtsein gehört sie dagegen der »subjektiven Seite der Arbeitsentwicklung« an: sie schafft eine »echtgeborene Verwirklichung« des menschlichen Erfahrungsbereichs. Im »homogenen Medium« der Kunst, das die Erfahrungen des Individuums zu einer »Typik in den Erscheinungen des Lebens« in Beziehung setzt, verdoppelt sich der Mensch demnach »nicht nur wie im Bewußtsein intellektuell«, sondern auch »werktätig, wirklich«; er schaut sich selbst »in einer von ihm geschaffenen Welt« an. Das ästhetische Subjekt-Objekt-Verhältnis bestimmt Lukács als Reproduktion der realen Beziehung von Mensch und Gesellschaft; »Welterkenntnis« und »Ich-Erleben« fallen in ihm zu neuer Unmittelbarkeit zusammen. Diese Überlegung wird inhalts- und wirkungsästhetisch bestimmt. Die »intensive Totalität«, welche die auf das Signalsystem 1' gegründete ästhetische Mimesis nach einer Zerschlagung der »unmittelbar gegebenen Formen der Realität« hervorbringt, kann für ihren Rezipienten evokativ wirken. Im Sinne Lessings leistet sie eine kathartische »Verwandlung der Leidenschaften in tugendhafte Fertigkeiten«: Nach dem Werkerlebnis kehrt der Mensch mit gewandeltem Bewußtsein, gleichwohl »unveränderten konkreten Zielsetzungen ins Leben zurück«. Diese Annahme historisiert frühere ideologiekritische Überlegungen von Lukács. Die ästhetische Mimesis bewirkt eine fortschreitende »Defetischisierung« der Wirklichkeit, einen Abbau ideologischer Vorstellungen: Anders als bei Hegel löst deshalb die ästhetische Erkenntnis die religiöse ab, die Allegorie weicht der Abbildung einer »vollendeten Immanenz des Sinnes«. Im »Befreiungskampf der Kunst« wird die ästhetische Widerspiegelung zur Voraussetzung für die geschichtliche und gesellschaftliche Emanzipation des Menschen. – Poetologisch orientiert sich Lukács' theoretischer Entwurf an Goethes Kunstanschauung. Deren Symbol- und Stilbegriff, ihre Prinzipien der »lakonischen« Darstellung und der »rationellen Empirie« erfahren in seiner Ästhetik ihre historische »Aufhebung«. Logisch-systematisch bezieht er sich dagegen auf Hegel: Den ästhetischen Gegenstand versteht er als ein »für uns« in der Form eines »an sich«, eines »für sich Seienden«. Darüber hinaus ist Lukács durch die Realontologie N. Hartmanns (→*Ästhetik*) beeinflußt. Dessen »Eidos«-Begriff, sein Terminus der »vorselegierten Wahrnehmung« und seine Annahme einer Seinsrelation ästhetischer Erkenntnis sind kategorielle Analogien zu Lukács' Begriffen des »Typus« und des »Typisierens«. Bestätigt wird diese Nähe durch Lukács' postum erschienene Arbeit *Zur Ontologie des gesellschaftlichen Seins* (1984), die sich als systematischer Paralleltext zur *Eigenart des Ästhetischen* ansehen läßt. Der Rekurs auf Hegel und die Nähe zur Realontologie Hartmanns belegen, daß sich Lukács' späte Ästhetik zumindest partiell vom dialektisch-materialistischen Denkansatz löst.

Lit.: R. G. RENNER, Ästhetische Theorie bei G. Lukács, Bern/München 1976. – G. PASTERNACK, G. Lukács' späte Ästhetik und Literaturtheorie, Königstein 1985. – T. ROCKMORE, Lukács Today. Essays in Marxist Philosophy, Dordrecht 1988.

R.G. RENNER

Einfache Formen, André JOLLES; ED Halle 1928 (in: Sächsisches Forschungsinstitut für neuere Philologie, H. 2).

Jolles' Hauptwerk richtet sich gegen eine populärwissenschaftliche Tradition, die das Kunstwerk als Schöpfung des Genies betrachtet. Für Jolles besteht das Kunstwerk dagegen aus Formen, die vorliterarisch, aber ästhetisch sind, die gestaltet, aber doch im kollektiven Gebrauch immer aufs neue aktualisiert werden, also ihre »Jedesmaligkeit« nicht einbüßen. Die Auswahl von neun Formen: Legende, Sage, Mythe, Rätsel, Spruch, Kasus, Memorabile, Märchen, Witz führt Möglichkeiten einer kollektiven Gestaltung diffuser lebensweltlicher Erfahrungen vor. Sie schneiden Sinnbezirke aus der Alltagswelt aus und gestalten sie sprachlich. Die »einfache Form« bildet so eine »Weltform«, die als »Parallele zu einem Lebensvorgang entsteht«. Die gestaltete Sinnstiftung des Kollektivs nennt Jolles »Geistesbeschäftigung«. Durch ihre formschaffende Energie verwirklicht sie in der Sprache je besondere Deutungsmuster. Die Geistesbeschäftigung der Legende ist die »imitatio«, die der Sage (die Jolles an der Saga exemplifiziert) die Familie, die des Märchens eine »naive Moral«, d. h. eine Art Theodizee, die das naive »Gefühlsurteil« bestätigt, das sich gewiß ist, »wie es in der Welt [zu]zugehen« hat, damit gut und böse angemessen belohnt oder bestraft werden. Die »einfachen Formen« liegen »jeder literarischen Kultur voraus, doch nicht als Archetypen, die zu allen Zeiten aufweisbar sein müßten, sondern als Möglichkeiten, die je nach dem kulturellen Kode und gesellschaftlichen Zustand gewählt, realisiert oder auch nicht realisiert sein können« (Jauß). Die Figur des »imitabile« kann also einmal der christliche Heilige sein, einmal der olympische Sieger Pindars, einmal der moderne Sportler. Die einfache Form »Legende« wird so zur »aktuellen einfachen Form« einer bestimmten Vita. Die »Geistesbeschäftigung« arbeitet, als ästhetisches Verfahren, nicht mit Begriffen, sondern mit »Gebärden«. Sprachgebärden sind Versatzstücke, die in jeder »aktuellen einfachen Form« wiederverwendet werden können: das Martyrium des Heiligen konzentriert sich in der Formel »aufs Rad geflochten werden«, die Erfolglosigkeit der Christenverfolgung in der Wendung »die Götzenbilder zerspringen«. Ebenso verfestigt sich die »Geistesbeschäftigung« in topischen Ereignissen und Gegenständen: in der Legende im Wunder, das als Ausweis der »tätigen Tugend« des »imitabile« gilt, und in der Reliquie, welche die Tugend vergegenständlicht. Manche einfachen Formen bilden ihre eigene Negation aus: die »Antilegende« erzählt die Vita des Unheiligen (Ahasver, Faust, Don Juan), das »Antimärchen« zeigt eine Welt, in der Gerechtigkeit nicht waltet. Die »bezogene Form« ist eine Adaption der »einfachen Form« ohne den notwendigen Hintergrund ihrer »Geistesbeschäftigung«. Das Kunstmärchen ist das »Analogon« des Märchens in einer Zeit, in der die »naive Moral« keinen Glauben mehr findet. – Der wissenschaftliche Zusammenhang des Buches etwa mit der Ethnologie oder mit Cassirers →Philosophie der symbolischen Formen ist lose. Zum Werk von A. Warburg besteht immerhin eine methodische Nähe: die Pathosgeste, die Warburg im Bild beschreibt, könnte als Entsprechung der »Sprachgebärde« in der »einfachen Form« gelten. Jolles'

eigenwillige Terminologie wurde kaum angewendet, fand aber Widerspruch. Die Auseinandersetzung um das Werk findet vor allem in der Volkskunde statt (Mohr, Bausinger). Jauß versucht, die Muster der »einfachen Formen« auf mittelalterliche »einfache Formen« anzuwenden.

Ausg.: Tübingen ⁶1982.
Lit.: H. Bausinger, Formen der Volkspoesie, Berlin 1968. – H. R. Jauß, Alterität und Modernität in der mittelalterlichen Literatur, München 1977, S. 37–47.

H. Schlaffer

Einfache Nachahmung der Natur, Manier, Stil, Johann Wolfgang von Goethe; ED 1789 (in: Der Teutsche Merkur). In dem Aufsatz, dem 7. Teil der *Auszüge aus einem Reise-Journal*, zieht Goethe programmatisch Folgerungen für eine neue Kunstbetrachtung vor dem Hintergrund seiner Erfahrungen in Italien. Zur Debatte steht unter ästhetischer Perspektive das Verhältnis von »Mimesis« und »Poiesis« (Naturnachahmung und freier Erfindung), unter erkenntnistheoretischem Blickwinkel das Verhältnis von Erscheinungswelt und Idee. Den Bruch zwischen den letzteren versucht Kant in der gleichzeitig entstehenden →*Kritik der Urteilskraft* mit dem Konstrukt der »Vorstellung« des Schönen zu überdecken, während Goethe im Begriff des »Stils« eine vermittelnde Position entwickelt. – Bezogen auf die Malerei unterscheidet Goethe drei Grundarten, Kunstwerke hervorzubringen. Bei der »einfachen Nachahmung der Natur« muß der Gegenstand dem Künstler als ein jeweils besonderer gegeben sein, damit er ihn auf das gewissenhafteste nachahme. Bei der »Manier« abstrahiert der

Künstler vom Einzelnen, »macht sich selbst eine Sprache« (i. S. des italienischen »dipinguere di maniera«, d. h. malen, »ohne die Natur selbst vor sich zu haben«), um in seiner Art »einen Begriff des Ganzen« seines Gegenstandes auszudrücken. »Stil« wird einem Schaffen zuerkannt, das die Vorzüge der beiden anderen Arten zu vereinigen weiß: genaues Studium der Gegenstände (Anschauung) und Zusammenfassen des Einzelnen im Begriff (Wissen). »So ruht der Stil auf den tiefsten Grundfesten der Erkenntnis, auf dem Wesen der Dinge, insofern uns erlaubt ist, es in sichtbaren und greiflichen Gestalten zu erkennen«. Gegenüber verwandten Typologien (z. B. von A. R. Mengs) akzentuiert Goethe (wie Moritz in seiner Schrift →*Über die bildende Nachahmung des Schönen*) das Moment der Stufung. Zwar ist in jeder Gestaltungsweise eine gewisse Art von Vollkommenheit zu erreichen (was zur »Manier«, in Abwehr des tadelnden Gehalts von »Manieriertheit«, eigens betont wird), dennoch ist »Stil« das Höchste, da er die Wesensschau, als Vermögen zu Ideen, mit Gegenständlichkeit vereinigt. – Die hier vorgestellte glatte Vermittlung von Wesen und Erscheinung, die Entsprechungen zu Goethes Symbolbegriff aufweist, verdankt sich dezidierten Einschränkungen: mit dem Begriff des »Stils« wird ein Idealtypus der Kunst erfaßt, wobei offen bleibt, wie er erreicht werden kann. Der Begriff des »Schönen«, wie ihn Moritz, Kant und Schiller entwickeln, wird hier auffällig gemieden. Darüber hinaus bezeichnet der Begriff des »Stils« die höchste Vollkommenheit, die nicht nur im Akt des Hervorbringens, son-

dern auch im Erkennen und verständigen Gespräch darüber »glückselig« macht. In der gleichzeitig fertiggestellten Tragödie *Torquato Tasso* (1789) betont Goethe, daß das Schöne als Symbol seine konstitutive Vereinigung von Erfahrungswirklichkeit und Idee nur über die Erfahrung grundlegender Differenz, den Zusammenbruch allen Vermögens der Synthesis, erreicht. Zehn Jahre später entwickelt er in *Der Sammler und die Seinigen* (1799), jetzt am Begriff des »Schönen«, eine deutlich zurückhaltendere Vorstellung von Vermittlung.

Ausg.: Werke, Hamb. Ausg., Bd. 12, hg. von E. Trunz, München [7]1973, S. 30–34.
Lit.: M. Jurgensen, Symbol als Idee. Studien zu Goethes Ästhetik, Bern/München 1969. – W. Keller, Goethes dichterische Bildlichkeit. Eine Grundlegung, München 1971.

B. Greiner

Einführung in die literarische Hermeneutik, Peter Szondi; EA Frankfurt/M. 1975.
Das Buch vereint zwei Vorlesungen, die eine Theorie des ästhetischen Textes und seiner Interpretation begründen wollen. Die erste Vorlesung (1967/68 gehalten), die dem Buch den Titel verleiht, geht vom Zweifel daran aus, ob eine literarische Hermeneutik, die »den ästhetischen Charakter der auszulegenden Texte [...] zur Prämisse der Auslegung selbst macht«, überhaupt schon existiert. Szondi stellt fest, daß die großen Hermeneutiken des 20. Jh.s (Dilthey, *Die Entstehung der Hermeneutik*, 1900; Heidegger, *Sein und Zeit*, 1927; Gadamer, →*Wahrheit und Methode*) ihren philosophischen Impuls mit einer Preisgabe der Reflexion auf die materiale Analyse einzelner Texte erkaufen. Er greift deshalb auf die

Zeit des 18. und frühen 19. Jh.s zurück, in der sich die philosophische Hermeneutik aus der philologischen zu entwickeln begann. In einer ausführlichen Darstellung der Hermeneutik von Chladenius betont Szondi deren »Einsicht in den subjektiven und historischen Charakter des Verstehens«, die in der Theorie des »Sehe-Punckts« formuliert ist, sowie Ansätze zu einer erstaunlich modernen Metapherntheorie, die den metaphorischen Ausdruck nicht auf das »eigentliche Wort« reduziert. Bei G. F. Meier (→*Anfangsgründe aller schönen Wissenschaften*) entdeckt er eine bedenkenswerte Erörterung der Frage nach Möglichkeiten und Grenzen der Parallelstellenmethode, bei welcher schwerverständliche Passagen eines Textes durch den Rückgriff auf einen anderen Text desselben Autors erklärt werden sollen. Schließlich zeigt Szondi, inwiefern Schleiermacher Unterscheidungen vorbereitet, die der ›Strukturalismus‹ aufgegriffen hat: diejenige zwischen »parole« und »langue« (de Saussure) und diejenige zwischen »paradigmatischer« und »syntagmatischer« Achse der Sprache (Jakobson). Damit leitet er eine Rezeption von Schleiermachers →*Hermeneutik und Kritik* ein, die deren beispielhafte Durchdringung von Sprachtheorie und historischem Bewußtsein aktualisiert (fortgeführt vor allem von M. Frank in *Das individuelle Allgemeine*, 1977). – In der zweiten Vorlesung wendet Szondi nicht einfach eine zuvor entwickelte Methode auf zwei Gedichte Hölderlins an, sondern erörtert im Verlauf einer genauen Lektüre der Gedichte die hierbei auftretenden Verständnisprobleme. So zeigt er etwa, daß

die von Hölderlin-Interpreten eifrig diskutierte Frage, wer denn nun der »Fürst des Fests« in der *Friedensfeier* (1802) sei, nicht eindeutig zu beantworten ist, weil sie falsch gestellt ist: Statt eine Verschlüsselung vorauszusetzen, die vom Interpreten entschlüsselt werden müßte, ist der spezifischen Gestalt des ästhetischen Textes nachzugehen, die eben in seiner nicht aufhebbaren Vieldeutigkeit besteht. – Seine Schleiermacher-Interpretation hat Szondi in dem Aufsatz *Schleiermachers Hermeneutik heute* (1970) zusammengefaßt. Die Zusammengehörigkeit von Interpretation und Reflexion auf deren Prämissen hat er auch dadurch markiert, daß er seinen *Hölderlin-Studien* (1967) einen *Traktat über philologische Erkenntnis* vorangestellt hat.

Lit.: J. BOLLACK, Zukunft im Vergangenen. P. Szondis materiale Hermeneutik, in: DVjS 64 (1990), S. 370–91.

R. STOCKHAMMER

Einleitung in die Propyläen, Johann Wolfgang von GOETHE; ED Tübingen 1798 (in: Propyläen, Bd. 1, 1. Stück, S. 3–38). Mit dieser kunstkritischen Betrachtung eröffnete Goethe die von ihm herausgegebene Zeitschrift *Propyläen* (1798–1800, 3 Bde.). Als ›Einleitung‹ in dieses Projekt hat der Text einen bereits strukturierenden Charakter, ohne jedoch dogmatischen Anspruch zu erheben. Angekündigt werden »Bemerkungen und Betrachtungen harmonisch verbundener Freunde« über das Hauptthema des klassischen Goethe, »Natur und Kunst« (→*Über Laokoon*, →*Über Wahrheit und Wahrscheinlichkeit der Kunstwerke*, →*Winckelmann*). Als »Ideenwechsel« mit dem Publikum angelegt, wird bereits mancher Mißton oder Widerspruch erwartet, entschieden aber die These verfochten, daß Natur und Kunst »durch eine ungeheure Kluft« getrennt sind. Der Künstler muß zwar die Natur studieren, sein Werk hat aber »natürlich zugleich und übernatürlich« zu erscheinen. Diese Forderung zielt auf den schöpferisch-selbständigen Umgang mit dem ›rohen Stoff der Natur‹: »Indem der Künstler irgendeinen Gegenstand der Natur ergreift, so gehört dieser schon nicht mehr der Natur an, ja man kann sagen: daß der Künstler ihn in diesem Augenblick erschaffe, indem er ihm das Bedeutende, Charakteristische, Interessante abgewinnt oder vielmehr erst den höhern Wert hineinlegt.« Voraussetzung dafür ist die genaue Kenntnis der Natur, von der vergleichenden Anatomie bis zur physikalisch-magnetischen Polarität, deren Vermittlung zu den Zielen der *Propyläen* gehört. Entsprechend wird die geistige, sinnliche und mechanische Arbeit am Gegenstand unterschieden, sodann der Trennung der Künste die Kunstwahrheit, ihrer gesetzlosen Vermischung die erniedrigende Naturwirklichkeit bescheinigt, gegen die sich Goethe auf dem Feld der bildenden Kunst wie der Literatur wendet. – Neben diesen produktionsästhetischen Thesen führt Goethe hinsichtlich der Rezeption des Kunstwerks aus, daß sich der Betrachter durch ›Hingabe an das Werk‹ dem Gegenstand unterordnen muß sowie seine Kenntnisse ausbilden soll: »Was man weiß, sieht man erst!« Nur der höchste und genaueste Begriff von Kunst kann so zu einer Kunstgeschichte führen, und nur Erfahrung und geprüfte Grundsätze erlauben die Beurteilung zeitgenössischer Kunst. – Die durch die Mitarbeit Schillers, H. Meyers und F. A. Wolfs unterstützte Zeitschrift verrät bereits in ihrer Einleitung die Bedeutung Winckelmanns, Lessings (→*Laokoon*) und Kants (→*Kritik der Urteilskraft*), stieß damit aber auf den Widerstand der frühen Romantik, deren Engagement für die christliche Kunst bei Goethe keine Entsprechung findet. Spuren einer späteren Rezeption der *Propyläen* finden sich in ästhetischen Schriften der Jahrhundertwende (H. Bahr, I. Babbitt, W. Kandinsky).

Ausg.: Werke, Weim. Ausg., Abt. I, Bd. 47, hg. von O. Harnack/B. Suphan, Weimar 1896, S. 1–32. – Werke, Hamb. Ausg., Bd. 12, hg. von E. Trunz/H. von Einem, München [9]1981, S. 38–55.
Lit.: M. Jolles, Goethes Kunstanschauung, Bern 1957. – D. Borchmeyer, Die Weimarer Klassik. Eine Einführung, Königstein/Ts. 1980.

M. Mayer

English Poetry. A Critical Introduction (engl.; *Englische Dichtung. Eine kritische Einführung*); Frederick Wilse Bateson; EA London 1950.

Der Oxforder Literaturhistoriker Bateson legte mit seiner Einführung einen historisch orientierten Überblick über die englische Lyrik vor und wandte sich dabei entschieden gegen eine von der Romantik inspirierte und an der Schöpferpersönlichkeit des Poeten orientierte Literaturkritik. In einem einleitenden theoretischen Teil unternimmt er eine Bestimmung des Wesens von Dichtung. Mit Blick auf die Lyrik betont er den Primat des Inhaltes über die Form, da letztere lediglich ersterem dienlich sei. Auch das Lautbild eines Gedichtes hat für Bateson zunächst eine semantische Dimension. Er charakterisiert Lyrik durch ihre Fähigkeit, mittels einer Technik verbaler Synthese ein kompliziertes organisches Ganzes aus disparaten Einzelelementen zu schaffen. Den Inhalt von Dichtung beschreibt er als Darstellung des »Menschen in seinen sozialen Bezügen«. Deshalb ist jedes Gedicht letztlich ein öffentliches Kunstwerk. Bei der so gestifteten Kommunikation ist das Verstehen des Lesers für den Literaturhistoriker interessanter als der expressive Akt des Autors. Ein Gedicht gilt dann als gelungen, wenn die in das Kunstwerk eingegangenen sozialen Prämissen des Autors mit jenen seiner zeitgenössischen Leserschaft übereinstimmen – denn Dichtung ist für Bateson der »sprachliche Ausdruck des Bewußtseins gesellschaftlicher Solidarität«. Orientiert an der jeweils dominanten sozialen Gruppe stellt sie immer »die spezielle Sozialordnung auf ihrem höchsten Bewußtseinsstand« dar. So unterteilt Bateson auch die Geschichte der englischen Dichtung in sechs Epochen, die er nicht durch literarische, sondern durch soziopolitische Kriterien definiert. Im Mittelteil seiner Studie exemplifiziert er diese theoretischen Überlegungen anhand ausgewählter Analysen englischer Lyrik von Chaucer bis W. H. Auden. Dabei wendet er sich ganz im Sinne seines historisierenden Ansatzes auch wiederholt gegen rein textimmanente Ansätze nach Art des New Criticism. – Im letzten Teil seines Buches grenzt Bateson schließlich die Aufgaben des Literaturhistorikers von denen des Literaturkritikers ab. Grundsätzlich muß für ihn die Literaturkritik auf den Forschungen der Literaturhistoriker aufbauen. Darüber hinaus fordert er eine verstärkte Berücksich-

tigung englischer Lyrik im schulischen Curriculum: in ihrer sozialen und historischen Dimension sieht er ein bedeutsames pädagogisches Potential. Abschließend zeichnet Bateson das Bild einer »lesenden Elite« (»poetry-reading élite«), die auf den unterschiedlichsten Gebieten von den Früchten ihrer Lektüre profitiert. – Die Arbeit Batesons ist ein wichtiger Beitrag zur literaturhistorischen Methode und wurde besonders als früher Beitrag rezeptionsästhetisch orientierter Literaturgeschichte gewürdigt.

Lit.: R. WELLEK, Geschichte der Literaturkritik 1750–1950, Bd. 4.1, Berlin/New York 1990, S. 313–23.

H. ANTOR

[Das epische Theater], Bertolt BRECHT; unter dem Sammeltitel erschienen u. a. folgende Schriften: *Anmerkungen zur Oper ›Aufstieg und Fall der Stadt Mahagonny‹*; ED Berlin 1930 (in: Versuche 4–7, H. 2, S. 107–15). *Die dialektische Dramatik*, entst. 1931; ED Frankfurt/M. 1967 (in: Gesammelte Werke in 20 Bdn., Werkausg. Edition Suhrkamp, Bd. 15, S. 211–25). *Über die Verwendung von Musik für ein episches Theater*, entst. 1935–36; ED Berlin 1957 (in: Schriften zum Theater, S. 239–51). *Über den Bühnenbau der nichtaristotelischen Dramatik*, entst. 1936–37; ED Frankfurt/M. 1963 (in: Schriften zum Theater, Bd. 3, S. 211–32, 232–63).
Brecht hat seine Theorie des epischen Theaters in einer Vielzahl von – z. T. auch fragmentarisch gebliebenen – Schriften entwickelt, die in engem Kontext mit der Theaterarbeit entstanden und – von Ausnahmen abgesehen – zu seinen Lebzeiten nicht publiziert worden sind. Neben

den vier zentralen Schriften (s. o.) sind weitere in den Ausgaben unter diversen – von den Herausgebern gewählten – Sammeltiteln zu finden. Die Textzusammenstellung erfolgte dabei in der Regel unter thematischen Gesichtspunkten durch die Herausgeber. – Die *Anmerkungen zur Oper*, als deren Verfasser neben Brecht P. Suhrkamp zeichnet, stellen die erste Fassung der Theorie des epischen Theaters dar. In einer schematischen Gegenüberstellung werden dabei dramatische und epische Form des Theaters gegeneinander abgegrenzt: Gefühl gegen Ratio, Handlung gegen Erzählung, Suggestion gegen Argument, Spannung auf den Ausgang gegen Spannung auf den Gang der Handlung u. a., wobei die Verfasser ausdrücklich darauf hinweisen, daß es sich nicht um absolute Gegensätze, sondern um Akzentverschiebungen handelt. Gegenüber der bisherigen Verschmelzung der Künste zum »Gesamtkunstwerk« nach Wagnerschem Vorbild (→*Oper und Drama*) plädieren Brecht und Suhrkamp für eine »Trennung der Elemente«, d. h., sie weisen Musik, Wort und Bild – und entsprechend den in der Oper zusammenkommenden Künsten der Dramatik, der Musik und des Bühnenbaus – Selbständigkeit zu. Der Begriff des »Epischen« wird dabei als eine neue Qualität des Dramas, die nicht an die Gattung gebunden ist, verstanden. Brecht nimmt damit eine Neubestimmung der poetischen Grundbegriffe vorweg, wie sie später, z. B. von E. Staiger (→*Grundbegriffe der Poetik*), in der Literaturwissenschaft entwickelt worden sind. Mit dem »Epischen« verbinden sich – gegenüber der traditionellen aristotelischen Einfühlung – Distanz und Kritik: die Bühne beginnt zu erzählen und verhindert dadurch, daß der Zuschauer das Geschehen auf der Bühne als Imagination von Wirklichkeit miterlebt und sich mit den dargestellten Figuren identifiziert. Die Bekanntgabe des Inhalts durch vorangestellte Titel, projizierte Inhaltsangaben, Prologe u. a. lenkt die Aufmerksamkeit der Zuschauer von der dramatischen Handlung (Was-Spannung) weg zur Beobachtung der Handlung (Wie-Spannung) und läßt »ihr Urteil dazwischenkommen«. Brecht empfiehlt bzw. verwendet dazu eine Vielzahl von »Verfremdungseffekten« (V-Effekten), die zum Ziel haben, das den Zuschauern Vertraute und Bekannte fremd wirken zu lassen, damit sie es zu erkennen vermögen. Neben typisch erzählenden Momenten (z. B. das Auftreten von Erzählern) stehen Effekte im Vordergrund, welche die dramatische Handlung unterbrechen. Das geschieht insbesondere durch kommentierende Liedeinlagen, durch komisches Aus-der-Rolle-Fallen der Darsteller sowie durch häufiges Überspielen der Rampe (Ansprache an die Zuschauer). Die Bühne wird mit der Einführung einer »halbhohen, leicht flatternden Gardine« mit dem Zuschauerraum verbunden und nicht mehr – wie bis dahin üblich – durch einen schweren Vorhang gegen ihn abgeschlossen. Umbauten, Neukostümierungen werden so für die Zuschauer sichtbar; der Aufbau einer künstlich-veränderlichen Bühnenwelt wird anschaubar. Brecht führt dafür die Begriffe »Bühnenbauer« (statt: »Bühnenbildner«) und »Spielfeld« (statt: »Bühnenbild«) ein. Die Bühne ist nicht mehr eine vorgegebene ›Welt‹, in

welche die Figuren eintreten und
von der sie bestimmt werden;
vielmehr wird die Bühnenwelt
aus dem jeweiligen Geschehen
des Dramas aufgebaut und ihr
Spielfeld durch die Darstellenden
abgesteckt. Funktion, Art und
Umfang des Bühnenbilds ergeben
sich aus dem Zusammenspiel der
Figuren und aus den Widersprüchen, die sie bestimmen. Die dargestellte Kunstwelt kann so als
veränderlich und veränderbar
vorgeführt werden. – Auch die
Musik soll aus ihrer dienenden
Rolle befreit und selbständig eingesetzt werden. Sie wird von der
Handlung getrennt, damit sie
nicht die übliche ›Drogenfunk-
tion‹, durch ›Untermalung‹ Stimmungen zu produzieren und die
Zuschauer einzulullen, beibehält.
Durch ihren handlungsdurchbre-
chenden Gestus fordert sie vielmehr die Zuschauer dazu auf, eine
beobachtende und beurteilende
Haltung einzunehmen: das vorgeführte Geschehen wird durchschaubar und kritisierbar. Auch
hier geht es darum, die Veränder-
lichkeit und Veränderbarkeit der
Handlungsabläufe zu demonstrie-
ren, aber auch die Künstlichkeit
und widersprüchliche Offenheit
der dargestellten Welt – gegen die
traditionelle Illusionierung einer
in sich geschlossenen und harmonischen Kunstwelt – zu betonen. – Brechts Theorie des epischen Theaters, die in der Praxis
eine unübersehbare Wirkung hinterlassen hat, war von Beginn an
Mißverständnissen ausgesetzt. Die
Gegenüberstellung von dramati-
schem und epischem Theater
wurde als Gegensatzbildung und
entsprechend das epische Theater
als vereinfachendes, gefühlloses,
die Kunst negierendes »Lehrtheater« aufgefaßt, das in erster Linie

durch künstliche Parabeln abstrakte politische Aufrufe – und
dann noch ›marxistischer Sorte‹ –
verbreite. Brecht trat dieser Rezeption bereits 1931 mit der
Schrift *Das dialektische Theater* entgegen, die aber unwirksam blieb,
weil sie nicht veröffentlicht wurde. In ihr benennt er die politisch-
gesellschaftlichen Voraussetzungen für einen »Funktionswechsel«
des Theaters, genauer: alle be-
deutsamen Veränderungen des
Theaters setzen die Umwälzung
der Gesellschaft voraus. – Da der
Faschismus alle angestrebten
Neuerungen unterbrach und
Brecht in der Nachkriegszeit damit beschäftigt war, durch die
Theaterarbeit am Berliner Ensemble die Theorie des epischen
Theaters durch Modellinszenie-
rungen praktisch umzusetzen,
blieb ihm für eine entscheidende
Weiterentwicklung der Theorie
keine Zeit. In den *Nachträgen zum
»Kleinen Organon«* gibt er den Begriff des »Epischen« jedoch ausdrücklich auf und ersetzt ihn
durch den des »Dialektischen«.

Ausg.: Schriften zum Theater, Frankfurt/M.
1957. – Schriften zum Theater, 7 Bde.,
Frankfurt/M. 1963-64 bzw. Berlin/Weimar
1964. – Gesammelte Werke in 20 Bdn. und
4 Suppl.-Bdn., Werkausg. Edition Suhrkamp,
Bde. 15–17, Schriften zum Theater, Bde. 1–
3, Frankfurt/M. 1967-81.
Lit.: W. HECHT, Der Weg zum epischen
Theater, in: ders., Sieben Studien über
Brecht, Frankfurt/M. 1972, S. 25–72. – J.
KNOPF, Brecht-Handbuch Theater, Stuttgart
1980, S. 436–39 u. 447f.

J. KNOPF

L'Ère du Soupçon. Essais sur le
Roman (frz.; *Das Zeitalter des
Mißtrauens*), Nathalie SARRAUTE;
EA Paris 1956; dt. Köln. 1975.
Die vier in *L'Ère du Soupçon* ver-
sammelten Essais über den Ro-
man sind neben (und vor) Robbe-
Grillets Plädoyer für einen »Neu-

en Roman« die bedeutendsten theoretischen Äußerungen der ›Nouveaux Romanciers‹. Sarraute wird ihnen zugerechnet, obwohl sie sich nicht wie der radikale frühe Robbe-Grillet programmatisch gegen die Psychologie wendet. Sie umkreist vielmehr eine bislang unentdeckte seelische Wirklichkeit in Gestalt winziger intersubjektiver Seelendramen unterhalb der Bewußtseinsgrenze (»tropismes«). Da der Romancier heute nicht mehr an die Wahrscheinlichkeit etablierter Figuren und Handlungszusammenhänge zu glauben vermag und auch der durch Proust, Joyce und Freud aufgeklärte Leser diese Gutgläubigkeit verloren hat, gilt es, den Rezeptionsvorgang neu zu steuern und den Leser in die Abläufe der durch den je anderen, durch seine Worte, seine Blicke, seine Gesten ausgelösten Ängste im Vorbewußten hineinzuziehen. Dies geschieht durch die Dekonstruktion von Charakteren und Handlung, den resoluten Gebrauch des Präsens und »einfache Bilder«, mit denen die vorsprachlichen Regungen der im übrigen austauschbaren ›Träger‹ durch den Autor fixiert werden. Als großen Wegbereiter für ihre in zahlreichen Romanen entfaltete Thematik sieht die aus Rußland stammende Autorin dabei Dostoevskij an. Dieser ›gießt‹ den »Veitstanz« seiner Protagonisten, ihre bizarren und unangepaßten Regungen, mangels subtilerer Verfahren in die »conversation«, das Gespräch, obwohl es sich »eigentlich« bereits um »sous-conversation«, um ein Infra-Gespräch, handelt. Dostoevskijs ›Seelenakrobatik‹ steht Sarraute näher als der knappe ›Behaviorismus‹ der Amerikaner oder die sprachlose Fremdheit bei Kaf-

ka und Camus. Die zeitgenössischen Romane der Engländerin Compton-Burnett schließlich, mit ihren halluzinatorisch ausufernden Dialogen, liest Sarraute als erste moderne Verwirklichung ihrer eigenen narrativen und psychologischen Vorstellungen. Im Gegensatz zu der Erzählerin Sarraute freilich unterscheidet Compton-Burnett nicht zwischen »conversation« und »sous-conversation«, eine Unterscheidung, die die Dramatikerin Sarraute in formaler Hinsicht notgedrungen ebenfalls wieder aufgeben wird. – Im letzten Aufsatz der Sammlung formuliert Sarraute ihren Realismusbegriff. Nach einem ironischen Seitenblick auf die Wankelmütigkeit einer unkritischen Lesergemeinde (ein beliebtes Motiv ihrer Romanwelt) zeigt Sarraute, daß es meist nicht die wirklichen Qualitäten eines Werkes sind, deretwegen das Publikum es liebt. So beruht etwa die Rezeption Prousts weitgehend auf einem Mißverständnis, insofern sich seine Bewunderer auf die Inhalte fixieren, die ihnen aus der gesellschaftlichen Wirklichkeit vertraut scheinen und die sie ohne größere Anstrengungen meinen assimilieren zu können. Schriftsteller, die heute noch mit einem traditionell konditionierten Erwartungshorizont des Lesers bewußt eine unheilige Komplizenschaft eingehen, bezeichnet Sarraute als »Formalisten«, denn sie bedienen sich herkömmlicher Methoden, auch wenn diese mit Blick auf ihre Herkunft aus dem 19. Jh. gern als »realistisch« eingestuft werden. Wahre Realisten hingegen sind jene, die sich bemühen, unter Loslösung von literarischen Vorurteilen und fertigen Bildern »etwas Unbekanntes« zu finden, »jenes kleine Stückchen Wirklichkeit«, das ihre je eigene Domäne ist. Diese Realisten sind keine Stilisten um des Stils, um der Virtuosität willen, denn der Stil ist für sie nichts als das Instrument, das der zu entdeckenden neuen Wirklichkeit ans Tageslicht verhilft. Der neue Argwohn kann sich also als gesunder Nährboden für einen innovatorischen Realismus erweisen, der sich nicht länger an Balzac orientiert. Nicht das Mißtrauen gilt es daher auszurotten, sondern die anerzogene Bequemlichkeit: dann können sich aus den Obsessionen unangepaßter einzelner (und nur von ihnen ist der literarische Fortschritt zu erwarten) Werke entwickeln, die sich als wahrhaft emanzipatorisch erweisen werden. Sarraute erweitert hier implizit (und völlig richtig, wenngleich oft mißverstanden) den Begriff der ›engagierten Literatur‹. – Der wichtige innovatorische Impuls des »literarischen Mißtrauens« ist inzwischen gerade in Frankreich durch einen Trend zur »Lesbarkeit« abgelöst worden. Von dieser Wende zeugen sogar die »Autobiographien« der ›Nouveaux Romanciers‹.

Ausg.: Paris 1964.
Lit.: B. COENEN-MENNEMEIER, Der Roman im Zeitalter des Mißtrauens. Untersuchungen zu Nathalie Sarraute, Frankfurt/M. 1974. – E. LINSEN, Nathalie Sarraute, in: Kritisches Lexikon der romanischen Gegenwartsliteratur, hg. von W.-D. LANGE, Tübingen 1984ff. – S. E. BARBOUR, The Novels of Nathalie Sarraute. A Critic's Invitation to the Age of Suspicion, Cornell 1985.

            B. COENEN-MENNEMEIER

Das Erlebnis und die Dichtung.

Lessing. Goethe. Novalis. Hölderlin, Wilhelm DILTHEY, entst. 1865–1905; EA Leipzig 1906.

Diltheys Arbeit ist als Replik auf die im 19. Jh. im Zentrum stehenden Naturwissenschaften zu begreifen. Sie begründet seinen Versuch einer »Kritik der historischen Vernunft« und entwickelt die Grundlagen einer autonomen Geisteswissenschaft, die auf das »Verstehen« von Gegenständen gerichtet ist, während die Naturwissenschaften sie zu »erklären« versuchen. – Dilthey geht psychologisch vor, indem er als Basis aller Objektivationen das Leben nennt, das sich in Ereignissen verdichtet, die durch die »schaffende Phantasie« oder dichterische Einbildungskraft zu Erlebnissen werden, deren Ausdruck die Dichtung ist. »Ausgangspunkt des poetischen Schaffens ist immer die Lebenserfahrung als persönliches Erlebnis oder als Verstehen anderer Menschen.« Goethe, dem seine Poesie »Bruchstück einer großen Confession« war, ist ein besonders passender Beleg für diese Auffassung. In der Dichtung wird der »Stoff der erlebten Wirklichkeit« zur »Bedeutsamkeit« erhoben, indem der Dichter das Typische allgemein und notwendig gestaltet. Die »Erfahrung des Menschlichen« ist in diesem Erlebnis so, daß »jedes fühlende Herz das Werk nachbilden und genießen kann«. Im Konzept der »Geschichtlichkeit« findet Dilthey die wesentliche Struktur, die er bei aller Bewunderung für Lessing doch gegen den Aufklärer entwickelt. Lessing denkt »verstandesmäßig und regelhaft«, daher gelingt es ihm nicht, den »Standpunkt der Aufklärung mit der historischen Weltsicht, mit der Erkenntnis der Relativität alles Daseins zu versöhnen«. Doch im »Symbol« ist der Ausdruck dieser Mannigfaltigkeit möglich; es darf nicht, wie Lessing das wollte, jenseits aller positiven Religionen »die ideale

Religion der Menschlichkeit« geben, vielmehr hat jeder Glaube einen »bodenständigen Eigenwert«, indem er »Symbol des religiösen Erlebnisses« ist. – Dilthey ist mit der von F. Nietzsche vermittelten These von der radikalen Geschichtlichkeit heute wieder im postmodernen Diskurs, der die Pluralität möglicher Theorien forciert, aktuell. Freilich steht auch er schon vor der Aporie, einerseits zu kritisieren, daß das »Geschichtliche dem Sohne der Aufklärung nur wechselndes Gewand der überall gleichen Menschennatur« war, andererseits aber selbst das Allgemeine, Substantielle, das im immer anderen Leben doch steckt, im »Symbol« als seinem Ausdruck zu benötigen. Dilthey ist besonders mit der These von der allgemeinen, notwendigen, typischen Gestaltung wichtig geworden; G. Lukács und mit ihm die marxistische Literaturwissenschaft sind ohne ihn nicht denkbar.

Ausg.: Göttingen ¹⁶1985.
Lit.: J. HABERMAS, Diltheys Theorie des Ausdrucksverstehens. Ich-Identität und sprachliche Kommunikation, in: ders., Erkenntnis und Interesse, Frankfurt/M. 1968, S. 178–203. – St. CORNGOLD, Dilthey's Essay The Poetic Imagination: A Poetics of Force, in: Interpretation. A Journal of Political Philosophy (1981), S. 301–37. – J. ARNOLDO, Las paginas de Dilthey sobre Novalis, in: Revista-de-Occidente 105 (Feb. 1990), S. 45–58.

E. LEIBFRIED

Erwin. Vier Gespräche über das Schöne und die Kunst, Karl Wilhelm Ferdinand SOLGER; EA Berlin 1815 (2 Teile).
Die in Anlehnung an Platon in Dialogform verfaßte Ästhetik vollzieht innerhalb der idealistischen Kunsttheorie zwischen Kant (→*Kritik der Urteilskraft*) und Hegel (→*Vorlesungen über die Äs-*

thetik) die Rückwendung zur christlichen Weltanschauung. Der Erzähler Adelbert berichtet einem Freund, dem »die natürliche Verfassung unserer Staaten gewiß die monarchische ist«, über seine Kunstgespräche mit drei weiteren konservativen Jünglingen in idyllischer Natur. Die ersten beiden Gespräche erörtern den Begriff der Schönheit, die beiden letzten den der Kunst. Es geht um den Nachweis, daß es als Gegengewicht zur Welt des »Häßlichen«, des »Gemeinen«, des »Pöbels«, der »Frechheit und Schamlosigkeit« eine Welt der idealen Schönheit und des Guten gibt. Vor allem die sexuelle Sinnlichkeit, »das Wollüstige« wird als Ursache des Bösen abgelehnt; dagegen verweist der »keusche« Erwin auf das Ideal. Das Theodizee-Problem kehrt wieder als Frage nach der Existenz des Schönen in einer Welt der Häßlichkeit. Das Ergebnis besteht in der Gewißheit, daß Schönheit, Kunst, Phantasie und Moral die Anwesenheit Gottes in der irdischen Welt belegen. So wie die Kunst die Versöhnung der Gegensätze leisten soll, so ist auch der Gesprächsduktus auf Harmonie angelegt, die Sprache romantisierend, betont künstlerisch. – Im Mittelpunkt stehen zwei Träume, denen die wesentliche Erkenntnis über Kunst und Welt anvertraut wird. Zentral wird der Begriff der Phantasie: »Das Zauberbad der Phantasie« garantiert als »das Organ der Religion« die Göttlichkeit des Menschen und deren Offenbarung in genialer Kunst. Denn der »göttlichen Schöpfungskraft« in uns entspricht die Kraft der Phantasie, die sich in der »Tätigkeit des Schaffens« verwirklicht, damit »die volle Idee der Schönheit in unsere Welt« eintritt. Von der »Idee« über »das Göttliche« und die »Gottheit« mündet die philosophische Rede im christlichen Gottesbegriff. Herausragendes Vorbild aller Kunst ist Raphaels *Sixtinische Madonna*. Durch solche Kunst kommen »Wahrheit und echter, ewiger Inhalt in unser zeitlich erscheinendes Leben«. Wie bei Hegel wird die Kunst zu den obersten Bereichen in Religion und Philosophie gezählt (Solger kennt aber keine Gradunterschiede der einzelnen Künste). – Zunächst gar nicht beachtet, hat der *Erwin* im Zusammenhang mit Solgers langer Rezension von A. W. Schlegels →*Über dramatische Kunst und Litteratur* und K. W. L. Heyses stenographischer Mitschrift seiner Vorlesungen über Ästhetik im 19. Jh. einen bedeutenden Platz in der Geschichte der Ästhetik gefunden.

Ausg.: München 1971.
Lit.: H. FRICKE, K. W. F. Solger, Berlin ²1972. – U. DANNENHAUER, Heilsgewißheit und Resignation. Solgers Theorie der absoluten Ironie, Frankfurt/M./Bern 1988.

R. SCHOLZ

L'éspace littéraire (frz.; *Der literarische Raum*), Maurice BLANCHOT; EA Paris 1955; dt. Berlin 1959 (Teilübers.).
Blanchot entwickelt seine Literaturtheorie insbesondere in Konfrontation mit einem Konzept engagierter Literatur, wie es J.-P. Sartre 1947 in →*Qu'est-ce que la littérature?* vorgestellt hat (vgl. Blanchots *La littérature et le droit à la mort*, 1947; *Die Literatur und das Recht auf den Tod*). Im Kontext der epochalen Fragestellung »nach Auschwitz« macht er gegen Sartres Engagement eine rein formale Position geltend, die Literatur nicht vom Inhalt, sondern von ih-

rer sprachlichen Verfassung aus bestimmt. Ihr spezifisch Formales ist das Moment ihrer Negativität, das Blanchot als die Entwirklichung des Weltverhältnisses durch Versprachlichung faßt: Welt ist in Sprache abwesend. Die Wirklichkeit der Sprache ist dann formal die Anwesenheit dieser Abwesenheit, »die Wort gewordene Nicht-Existenz«. So ist Literatur das Phänomen des »Zwischen«, weder welthaftes Ding noch schlicht ein Nichts. Das ist der literarische Raum, in dem sich das Verhältnis der Literatur zum Tod ausdrückt, der äußersten Gestalt der entwirklichenden Negativität. Durch die Offenheit für andere Sinnbezüge entzieht sich das Werk den Bestimmungen von Einheit, Ganzheit, Geschlossenheit. Schreiben selbst ist, nach Blanchot, Übergang vom Ich zum Er. Schreibend verwandelt sich das Ich des Autors in das Er der Erzählung, das so die Gestalt der literarischen Entwirklichung ist: »›Er‹ bin ich selbst als niemand«. Wenn sich für Blanchot dann zeigt, daß die z. B. von R. Antelme beschriebene Erfahrung des nationalsozialistischen Konzentrationslagers formal in der gleichen Struktur zu fassen ist – die vollständige Verelendung ist Übergang vom persönlichen Ich zur Anonymität des unpersönlichen Er, die Bewegung der Entwirklichung –, kann er seine Charakterisierung des literarischen Prozesses in eine Diskussion einbinden, die den eigentlichen Hintergrund der Debatte um die »littérature engagée« bildet. Die von Blanchot skizzierte transformative Leistung des Schreibens läßt dieses selbst zur tiefsten Form des Engagements werden. Wenn der »andere« das Kriterium der Literatur gibt, ist deren Maß das

Dialogische als die Gestalt des Bezugs zum »anderen«. Seine Form ist – analog zum Schreiben – das Lesen, das Paradigma des Blanchotschen Kommunikationskonzepts. Blanchot beschreibt den Akt des Lesens in der Figur der Auferweckung des Lazarus. Im Lesen erwacht der Text zu neuem Leben, aber so, daß der auferstandene Lazarus zugleich die Spuren seines Gestorbenseins in sich trägt und die Wahrheit über seinen Tod für sich behält. Der Entwirklichung des Übergangs vom ›Ich‹ zum ›Er‹ im Schreibprozeß entspricht das Lesen als Verhalten zu dem so Verelendeten. Diese Emblematisierung durch Lazarus ist in zeitgenössische Diskussionszusammenhänge eingebunden: J. Cayrol hat in *Lazare parmi nous* (1950; *Lazarus unter uns*) das 20. Jh. als »lazarenisches« bezeichnet und eine »lazarenische Literatur« gefordert, die als »romanesque concentrationnaire« (»Konzentrationsromanhaftigkeit«) die Erfahrung der deutschen Vernichtungslager auszudrücken hätte. Lazarus kann Emblem solcher Kunst sein, weil er als Gestalt der Todeserfahrung das Verhältnis zu einer Vergangenheit zeigt, die uneinholbar und unmittelbar ist. Die Todeserfahrung bestimmt für Blanchot den literarischen Raum. In dem Maß, wie es sich dabei um eine nicht mitteilbare, unvorstellbare und unverstehbare Sphäre handelt, wird die Figur absoluter Negativität zum Formprinzip der Literatur. Dem Zerbrechen der Zeitkontinuums im Tod entspricht eine Auflösung der narrativen Strukturen, zumal der von Geschichte und Erzählung: eine Logik des Bruchs und eine Form des Fragments als ästhetische Figur. – Vor allem die

Ästhetik des ›nouveau roman‹ knüpft an diese Überlegungen an. Die Literaturtheorie Blanchots entfaltet Denkfiguren, die in den 60er Jahren unter dem Rubrum »Dekonstruktion« vor allem von Derrida weiterentwickelt wurden.

Ausg.: Paris 1988. – Dt. München 1991 (Teilübers., in: Das Unzerstörbare).
Lit.: F. COLLIN, M. Blanchot et la question de l'écriture, Paris [2]1986. – F. WOLFZETTEL, M. Blanchot, in: Französische Literaturkritik der Gegenwart, hg. von W. D. LANGE, Stuttgart 1975, S. 27–46. – K. HÖLZ, Destruktion und Konstruktion, Frankfurt/M. 1980, S. 117–58. – G. POPPENBERG, Ins Ungebundene. Über Literatur nach Blanchot, Tübingen 1993.

G. POPPENBERG

Essais de stylistique structurale (frz.; *Strukturale Stilistik*), Michael RIFFATERRE; EA Paris 1971; dt. München 1973.
Strukturale Stilistik markiert die erste Phase in Riffaterres Projekt, dem »subjektiven Impressionismus, der normativen Rhetorik und der apriorischen ästhetischen Wertung« in der literarischen Stilanalyse eine linguistisch fundierte, »objektive« Stilistik (später eine Semiotik des poetischen Textes) entgegenzusetzen. – Das Buch versammelt elf Aufsätze des geborenen Franzosen und naturalisierten US-Amerikaners aus den Jahren 1959–69, die mehrheitlich aus dem Englischen übersetzt und für die Buchausgabe z. T. erheblich erweitert und verändert wurden. Riffaterre glaubt, der Gefahr des Subjektivismus durch die Konstruktion eines heuristisch kumulierten ›Archilesers‹ zu entgehen: Analysiert werden dürfen nur solche Textstellen, die einer Zahl von ›natürlichen‹ oder Durchschnittslesern aufgefallen sind, wobei vom Inhalt ihrer Reaktionen abgesehen wird. Relevant kann demnach nur sein, was

wahrgenommen wird – es ist aber gerade das im Text Entscheidende, was durch ins Auge stechende Unvorhersehbarkeit markiert ist (»kein Rauch ohne Feuer«). Jede solcherart »objektiv« gewonnene Textstelle kann strukturalistisch als Einheit von Kontext und Kontrast beschrieben werden, sie bildet ein »Stilfaktum« oder »Stilverfahren«. Der Kontext, von dem sich der Kontrast abhebt, heißt verdeutlichend ›Mikrokontext‹, der größere, der der Einheit ›Mikrokontext/Kontrast‹ vorhergeht und das Stilfaktum entweder verstärkt oder abschwächt, dagegen ›Makrokontext‹. Die Stilfakten oder -verfahren, die auffälligerweise in gewissen Knotenpunkten des Textes konvergieren, lassen sich nützlicherweise in der Metasprache der traditionellen Rhetorik beschreiben. Da mit ihnen markiert ist, was dem Leser nicht entgehen soll, führen sie zum Kern des literarischen Textes: der Stil »garantiert die richtige Entschlüsselung«. Aus diesem Ansatz folgt dreierlei: 1. Extrinsische Ansätze der Textanalyse (z. B. historisch, geistesgeschichtlich oder psychologisch orientierte) verfehlen ihren Gegenstand, den Text als Text, und sind zu verwerfen. 2. Ein Textelement ist nicht in bezug auf eine irgendwo außerhalb des Textes lokalisierte ›Norm‹ auffallend – der Hintergrund, vor dem es sich abhebt, ist vielmehr sein eigener Kontext (also innertextlich gegeben), wobei das Verhältnis beider dialektisch zu denken ist: Der Bruch beleuchtet das ›pattern‹, die Abweichung läßt erst die »Regel« erkennen. 3. Es gibt – wie Riffaterre in seiner Untersuchung der stilistischen Funktionen von Klischees und konventionellen literarischen

Formen zeigt – keine Wirkweise eines Stilverfahrens ›an sich‹, sondern nur konkret zu untersuchende Stilfakten. Riffaterres strukturalistische Stilistik basiert auf den Vorarbeiten des ›Russischen Formalismus‹ und Jakobsons (→ *Linguistics and Poetics*). Von letzterem unterscheidet er sich jedoch durch eine strikte Trennung von poetisch-literarischem und normalem Sprachgebrauch (Jakobson läßt funktionale Mischungsverhältnisse zu) sowie durch das Ausschlußkriterium ›Wahrnehmbarkeit‹: In seinem Gegenentwurf zu Jakobsons und Lévi-Strauss' strukturalistischer Analyse von Baudelaires *Les Chats* (1857; *Die Katzen*) hält er beiden vor, ein dem Leser unzugängliches »Supergedicht« entworfen und bei der dann notwendig gewordenen Abschätzung der Relevanz verschiedener Strukturen unzulässige und verfälschende außertextliche Referenzbeziehungen eingeführt zu haben. – Mit *Semiotics of Poetry* (1978; *Semiotik der Dichtung*) setzt Riffaterre sein Projekt systematisch fort. Beim ersten, »heuristischen« Lesen eines literarischen Textes stößt der Leser auf ›Stolpersteine‹ von »Ungrammatikalität« auf der semantisch-mimetischen Ebene. Diese veranlassen ihn, in einem zweiten Durchlauf (»hermeneutic or retroactive reading«) statt der referentiellen Bedeutung (»meaning«) den (literarisch-poetischen) Sinn (»significance«) des Textes zu suchen. Er ist gefunden, wenn der gesamte Text als eine Transformation oder Aktualisierung von Varianten einer im Text selbst nicht ausdrücklich genannten »matrix« (eines konkret angebbaren Satzes oder einzelnen Wortes) begriffen wird, die sich über eine Reihe von »Hypogrammen« (Klischees,

Zitate, konventionelle Assoziationen usw., die intertextuell präsent sind) erschließen läßt. Die Bedeutung eines literarischen Textes liegt jedoch nicht im Nennen der »matrix«, sondern im ganzen Prozeß ihrer Entschlüsselung. – In den USA gilt Riffaterre als der Wegbereiter des ›reader-response criticism‹ (Rezeptionsästhetik). Er hat jedoch immer die »maximale Kontrolle«, ja den Zwang betont, den ein Text auf den Leser ausübt, und unterscheidet sich von anderen Theoretikern (etwa den »deconstructionists«), die wie er die Referentialität von literarischen Texten bestreiten (»referentieller Irrtum«), dadurch, daß er literarische Texte für eindeutig entschlüsselbar und verstehbar, Interpretationen für zweifelsfrei entscheidbar hält. Immer deutlicher wird dabei der Widerspruch zwischen dem Anspruch, eine allgemeine Theorie des Lesens zu bieten (die alle Lektüren umfaßt), und der Neigung, andere Interpretationen als fehlerhaft auszuschließen.

Lit.: J. CULLER, The Pursuit of Signs. Semiotics, Literature, Deconstruction, London 1981. – V. MISHRA, Text, Textuality and Interpretation. An Interview with M. Riffaterre, in: Southern Review 18 (1985), S. 109–19. – S. METZIDAKIS, M. Riffaterre, in: Dictionary of Literary Biography, Bd. 67: Modern American Critics Since 1955, hg. von G. S. JAY, Detroit 1988, S. 241–48.

C. BODE

An Essay on Criticism (engl.; *Versuch über die Kritik*), Alexander POPE; EA London 1711; dt. Dresden 1745.
Popes Lehrgedicht in gereimten Verspaaren (heroic couplets) ist der Haupttext der frühaufklärerisch-klassizistischen Poetik in England. Es stützt sich thematisch in eigenwilliger, epigrammatisch zugespitzter Weise auf die dichtungstheoretischen Vorgaben von Aristoteles (→*Peri poietikes*), Horaz (→*De arte poetica*), Longinus, Quintilian (→*Institutionis oratoriae*), Vida, Boileau (→*L'art poétique*), B. Jonson (→*The Art of Poetry*) und Dryden. Literaturtheoretisch folgenreich war vor allem der erste Teil des Lehrgedichts. Er benennt die für einen Kritiker notwendigen Eigenschaften, um kompetent über Kunstwerke urteilen zu können. Neben der Einsicht in die Begrenztheit des subjektiven Urteils ist dies vor allem die Kenntnis der Natur (die »zugleich die Quelle, das Ziel und das Erkennungsmal der Kunst« ist). Sie wird als universal und als systematisierbar durch vernünftige Regeln aufgefaßt. Wahre Dichtkunst orientiert sich an dieser Ordnung der Natur, die Sinnbild einer idealen Weltordnung ist. In diesem Rahmen bewegt sich auch Popes Imitationslehre, die in den klassischen literarischen Modellen den regelhaften Zugang zur Natur, fernab jeder sklavischen Nachahmung, freilegt. – Nach der Klärung der dichtungstheoretischen Grundlagen seiner Poetik widmet sich Pope einzelnen Handlungsanweisungen für die literaturkritische Praxis. Voraussetzung für ein wahres Urteil ist es, die organische Ganzheit des Kunstwerks durch »Scharfsinn« (»wit«) und »Urteilskraft« (»judgement«) des Kritikers zu erfassen und die Intentionen des Autors nachzuvollziehen. Den anschließenden kritischen Tugendkatalog verdeutlicht Pope an satirisch eingestreuten Bildern falscher Kritik. Sie beruht für ihn auf der Verwechslung von Teil und Ganzem, auf pedantischer Regelanwendung, auf einseitig an Bilderspra-

che, Diktion oder Verstechnik orientierten Urteilen. Zwischen dem modegeleiteten Verzicht auf kritische Subjektivität und ihrer solipsistischen Verabsolutierung soll ein Mittelweg gewählt werden. Diese Handlungsnormen leiten zum Idealbild des Kritikers über. Auch dessen Tugenden (Integrität, Takt, Mut, Bescheidenheit) formuliert Pope mit Bezug auf die literarische Praxis der expandierenden literarischen Öffentlichkeit Englands. Die Qualität des Lehrgedichts erweist sich an der Umsetzung seiner Programmatik, »Oftgedachtes« durch variationsreiche, oft antithetisch aufgebaute, einprägsame Formeln gut auszudrücken. – Popes Gedicht wurde bis zur Spätaufklärung zum dichtungstheoretischen Richtmaß für die englische Kritik. Diese war auch auf dem europäischen Kontinent einflußreich, obwohl ihre präskriptive Tendenz selten unmittelbar in literarischen Gestaltungen Niederschlag fand. Die Zentren der Aufklärung in Hamburg, Leipzig und Zürich bezogen Popes Poetik immer wieder in literaturkritische Kontroversen ein. Mit dem Vordringen der Originalitäts- und Genielehren nach 1756 (J. Wartons *Essay on the Genius and Writings of Pope*, 1806; *Über das Genie und die Schriften von Pope*) kam die produktive Aneignung von Popes dichtungstheoretischem Hauptwerk an ihr Ende.

Ausg.: London/New Haven 1961 (in: The Twickenham Edition of the Poems).
Lit.: D. B. MORRIS, The Act of Judgment in ›An Essay on Criticism‹, in: Alexander Pope. Modern Critical Views, hg. von H. BLOOM, New York 1986, S. 145–70. – Pope. The Critical Heritage, hg. von J. BARNARD, London 1973, S. 71–86.

B.-P. LANGE

Essay on Romance (engl.; *Versuch über den Begriff »Romanze«*), Walter SCOTT; ED London 1824 (in: Encyclopaedia Britannica, suppl. to 4th–6th editions).

Mit J. Beatties *On Fable and Romance* (1783; *Über Fabel und Romanze*) und C. Reeves *The Progress of Romance* (1785; *Die Entwicklung der Romanze*) ist der *Essay on Romance* eine der wichtigsten Darstellungen über Ursprung, Geschichte, Verbreitung und Merkmale der »Romanze«. Scott definiert »romance« als fiktive Vers- oder Prosaerzählung, die das Wunderbare, Außergewöhnliche bzw. Mythen und Legenden aus der Frühgeschichte der Völker zum Thema hat, während sich der Roman mit Ereignissen aus dem Alltagsleben sowie der jüngeren Geschichte moderner Gesellschaften befaßt. Im ersten Teil beschreibt Scott die Genese insbesondere der europäischen Ritterromanze. Wie die Geschichtsschreibung hat sie ihren Ursprung in der Chronik. Durch die Neigung der Verfasser zur Ausschmückung und Übertreibung entwickelt sie sich sehr bald zu einer von Mythen und Legenden umrankten fiktiven Historiographie in Versform. Während sich das Epos durch den gekonnten Einsatz ästhetischer Gestaltungsmittel, eine wohlproportionierte und funktionale Struktur sowie eine klare Charakterdarstellung auszeichnet, tendiert die »Romanze« zu einer gewissen Umständlichkeit und Detailverliebtheit, zu Abschweifungen ins Fantastische und Übernatürliche. Bereits früh lassen sich weltliche und geistliche »Romanzen« ausmachen. Beide Formen weisen nach Scott gemeinsame strukturelle Merkmale auf: in Versform und

Stil ähnlich und jeweils mit einer vergleichbaren Einleitung versehen, schildern sie Schwierigkeiten und Gefahren, die der weltliche oder geistliche Held zu bestehen hat. Scott unterscheidet ›ernste‹ und ›komische‹ Romanzen. Letztere befassen sich entweder (in Anlehnung an die französischen Heldenlieder, »chansons de geste«) mit Episoden aus dem Alltagsleben oder persiflieren – in ihrer eigentlichen Ausprägung – das ritterliche Ethos und die heroischen Abenteuer, indem sie Clowns oder Protagonisten gemeiner Abkunft zu ihren Helden machen. Scott leitet die poetischen Merkmale der Versromanze von ihrer Funktion in der damaligen Gesellschaft sowie den Existenzbedingungen ihrer Verfasser ab. Für den mündlichen Vortrag und zumeist von fahrenden Sängern (»minstrels«) komponiert, haben diese Romanzen (gelegentlich bis zur Übersteigerung ins Absurde) Tugenden (wie körperliche Stärke, Perfektion in allen Kriegskünsten, Bewährung in jeder Art von Gefahr, ritterlicher Ehrencodex und Selbstlosigkeit, Idealisierung der Frau) verkündet und damit das Wertverständnis der Zeit illustriert. Die Versromanze wurde von ihrer Prosavariante abgelöst, die ihre Anregungen aus der jüngeren Geschichte bezog. – Im zweiten Teil gibt Scott einen Überblick über Geschichte und Themen der Ritterromanze in Skandinavien, Deutschland, Italien, Spanien und Portugal sowie Frankreich und Großbritannien, wobei er nationale Besonderheiten herausarbeitet. Den Schlußteil bildet ein Ausblick auf die ›pastorale‹ und ›heroische‹ Romanze des 17. Jh.s sowie die zeitgenössische Form, mit welcher der neuzeit-

liche englische Roman beginnt. – Scotts Essay ist eine konzise Darstellung der Genese, Poetik und Entwicklung der verschiedenen Vorformen des neuzeitlichen Romans und gleichzeitig ein Schlüssel zu seinem eigenen Konzept des historischen Romans. Seine intertextuelle Definition der Romanze ist vor allem für postmoderne Varianten des Typus von Bedeutung.

Ausg.: Essays on Chivalry, Romance, and The Drama, London/New York 1883.
Lit.: J. MITCHELL, Scott, Chaucer, and Medieval Romance: A Study in Sir Walter Scott's Indebtedness to the Literature of the Middle Ages, Lexington 1987.

H. PRIESSNITZ

Essays in Criticism, First Series (engl.; *Essays über die Kritik, Erste Folge*), Matthew ARNOLD; EA London/Cambridge 1865.
In dieser Zusammenstellung von Vorträgen, die Arnold als Professor für Poesie in Oxford hielt, behandelt er eine Vielfalt von Themenstellungen, die von biographischen Skizzen zu M. Aurel, J. Joubert und H. Heine bis zur Untersuchung des Einflusses literarischer Akademien auf die Literatur einer Nation reichen. Die Einzelbeiträge veranschaulichen Arnolds Thesen zur Kritik, die er im einleitenden Essay *The Function of Criticism at the Present Time (Die Aufgabe der Kritik in der Gegenwart)* erläutert. In Anlehnung an Sainte-Beuve propagiert er hier einen weiten Kritikbegriff, der erheblich über die Grenzen literarischer Aktivität hinausreicht. Indem er die in der Romantik übliche Abwertung der Kritik als eine der Kreativität unterlegene Disziplin (Wordsworth) zurückweist, wertet Arnold die Rolle des Kritikers beträchtlich auf. Zwar kann Kritik aufgrund mangelnder Originalität

nicht an die Leistung der Poesie heranreichen, dennoch kommt ihr in der Gegenwart eine wichtige Funktion zu, da sie die komplexe Welt des ›Wissens‹ und ›Intellekts‹ zu strukturieren vermag. Nach Arnold bereitet Kritik Dichtung vor. Kritiker beschaffen Dichtern jenes Material, ohne das jede Poesie unbefriedigend bleiben muß. Ziel des Kritikers, dessen Ideal Arnold in Goethe verkörpert sieht, ist es, Sensibilität für »das Beste, was in der Welt gewußt und gedacht wird«, zu entwickeln. Dieses Ziel ist nur zu erreichen, wenn Gedankenfreiheit garantiert wird, die weder durch praktische Interessen (im Sinne des Utilitarismus Benthams) noch durch nationale Vorurteile verhindert wird. Arnolds Kritikbegriff ist gleichermaßen unvereinbar mit nationalem Chauvinismus wie geistiger Trägheit. Aus dem ethischen Imperativ, der an den Kritiker ergeht, nämlich »Dinge so zu sehen, wie sie wirklich sind«, vorurteilsfrei und ohne nationale oder individuelle Vorlieben, folgt eine Haltung positiv aufzufassender Interesselosigkeit (»disinterestedness«). Kritik impliziert Kulturkritik, wenn Arnold intellektuelle Bequemlichkeit und bigotten Nationalstolz der Engländer anprangert und durch das kosmopolitische Denken einer ›europäischen‹ Kulturgemeinschaft‹ ersetzen will. Die zunächst theoretischen Ausführungen zur Kritik formieren sich zusehends zu einem Plädoyer für eine liberale Geisteshaltung, welche die engen Grenzen von Philistertum (»philistinism«) und Provinzialität (»provinciality«), gegen die Arnold mit seinem Gesamtwerk Stellung bezieht, sprengt. Arnolds Essays beeinflußten Kritiker wie z.

B. T. S. Eliot, A. Tate, F. W. Bateson und F. R. Leavis.

Ausg.: The Complete Prose Works of Matthew Arnold, hg. v. R. H. SUPER, Bd. 3: Lectures and Essays in Criticism, Ann Arbor ²1973.
Lit.: F. R. LEAVIS, Revaluations, 11: Arnold as Critic, in: Scrutiny 7 (1938), S. 319–32. – R. A. DONOVAN, The Method of Arnold's Essays in Criticism, in: PMLA 71 (1956), S. 922–31.

R. FREIBURG

The Essays of Elia (engl.; *Die Essays des Elia*), Charles LAMB; ED (anonym) 1820–23 (in: London Magazine); dt. München 1965.

Lambs Sammlung von *Essays über Vertrautes (familiar essays)* gilt als der Inbegriff romantischer Essayistik in England. In Anlehnung an den Essay des 18. Jh.s (J. Addison, R. Steele) schuf sich Lamb mit dem Büroangestellten Elia eine Figur, die in eigenartiger Weise Reflexion, Träumerei, Spiel, romantische Sehnsucht und Melancholie verbindet. Im Gegensatz zur früheren Essayistik betont Lamb jedoch die Subjektivität und das Recht auf romantische Exzentrizität. Stilistisch schlägt sich diese Haltung in der Vorliebe für altertümliche Sprache und die Prosaisten des 17. Jh.s (R. Burton, Th. Browne) nieder. Die Themen reichen von Meditationen über die ›Nachtseite‹ der Romantik – Alptraum, Krankheit, Sucht – bis hin zu Betrachtungen über Porzellan und Erinnerung (*Old China*) und einem *Traktat über Schweinebraten* (*A Dissertation upon Roast Pig*), in dem er subtile Bemerkungen über Tabus, Essen und Kannibalismus macht. Während in den Essays zu konkreten Gegenständen und Erfahrungen ästhetische Positionen nur indirekt angesprochen werden, widmet

Lamb eine Reihe von Essays auch literatur- und kunstkritischen Fragen. So kritisiert er den Mangel an Phantasie in der zeitgenössischen Malerei (*Barrenness of the Imaginative Faculty in the Productions of Modern Art*), bespricht essayistische Vorbilder (*The Genteel Art of Writing*) und untersucht die Entstehungsbedingungen von Illusion im Theater (*Stage Illusion*). Auch die Frage nach dem Lesen und dem Medium regt ihn zu Essays an (*Detached Thoughts on Books and Reading*; *Newspapers Thirty-Five Years Ago*). Wie Hazlitt (→*The Spirit of the Age*) und Coleridge (→*Biographia literaria*) gehört Lamb zu jenen Romantikern, die in England das Interesse an Shakespeare wiederentdeckten. Neben seinen kritisch-bewundernden Bemerkungen in den Essays waren es die mit seiner Schwester Mary verfertigten Nacherzählungen der Dramen Shakespeares (*Tales from Shakespeare*, 1807), die zu einer neuen Popularität des Dramatikers führten. In seinen Essays entwirft Lamb eine Innenwelt, die von Kunst, Theater, Phantasie und Erinnerung geprägt ist und die romantische Welterfahrung und Wertordnung in feinen, oft sentimentalen Zügen wiedergibt und dabei auch ironisch kritisiert (*The Convalescent*). Lambs Werk wurde für die spätere Kunst des englischen »familiar essay« von R. L. Stevenson bis zu E. V. Lucas, A. A. Milne und J. B. Priestley wegweisend. Ebenso beeinflußte es das Interesse der Viktorianer für die Elisabethaner und das 17. Jh.

Ausg.: Oxford/New York 1987. – Dt. München ²1984. – Dt. Würzburg 1987.
Lit.: H. WEBER, Studien zur Form des Essays bei Ch. Lamb, Heidelberg 1964. – F. V. RANDEL, The World of Elia: Lamb's Essayistic Romanticism, Port Washington/N.Y.

1975. – Lamb as Critic, hg. von R. PARK, Lincoln/Nebr. 1980.

E. SCHENKEL

Estetica come scienza dell'espressione e linguistica generale (ital.; *Ästhetik als Wissenschaft vom Ausdruck und Allgemeine Linguistik*), Benedetto CROCE; EA Bari 1902; dt. Leipzig 1905.

Die *Estetica* ist Croces umfassendste Arbeit zur Kunstphilosophie und zugleich das erste Werk im Rahmen seiner Systemkonzeption einer »Philosophie des Geistes«. Sie steht in der Tradition des Idealismus, der Ästhetik der Romantik sowie der italienischen Sprach- und Kunsttheorie von G. Vico (→*Principj di una scienza nuova d'intorno alla commune natura delle nazioni*) bis F. de Sanctis (→*Storia della litteratura italiana*). Kunst ist danach eine spezifische Erkenntnisleistung, die Croce in Anlehnung an den Kantischen Begriff der Anschauung »Intuition« nennt. In ihr werden Wahrnehmungsinhalte zu einer bildhaften und individualisierenden Form gestaltet, die sowohl auf einer möglichen als auch auf einer wirklichen Perzeption gründen kann. Aufgrund dieses transformatorischen Charakters ist die Intuition auch immer »Expression«. Die Intuition/Expression ist »unabhängig und autonom gegenüber der intellektuellen Erkenntnis«, aber auch fundamental unterschieden von allen Formen praktischer und zweckorientierter Aktivität. Kunst ist von der elementaren Intuition/Expression, wie sie z. B. in der unmittelbaren Anschauung einer Himmelsfarbe vorliegen kann, allein quantitativ verschieden. Kunstwerke sind lediglich »einige recht komplizierte und schwierige Expressionen«, die nur selten verwirklicht werden. Eine genaue Grenzziehung zwischen elementarer Intuition/Expression und Kunst hält Croce nicht für möglich. Der in der *Estetica* entwickelte Kunstbegriff ist Grundlage für Croces Literaturkritik, die sich an der organischen Einheit des Werks orientiert und ästhetische Rezeption als eine unmittelbare Gegenüberstellung von Leser und Werk begreift. Für diesen gänzlich werkimmanenten Zugang sind stoff-, quellen- oder motivgeschichtliche Untersuchungen ebenso ›außerästhetisch‹ wie gattungstheoretische Einordnungen. Croce hielt an den Grundthesen der *Estetica* fest, nahm allerdings in nachfolgenden Arbeiten Modifikationen vor. Insbesondere in seinem Spätwerk *La Poesia* (1936; *Die Dichtung*) führt er die Unterscheidung zwischen »Dichtung« als rein ästhetischer Expression und »Literatur« als Mischform zwischen ästhetischen und nicht-ästhetischen Ausdrucksformen ein. – Die Wirkung der *Estetica* hatte ihren Höhepunkt in der ersten Hälfte des 20. Jh.s, wo sie die literaturtheoretischen Diskussionen insbesondere in Italien beherrschte. In Deutschland vor allem durch K. Voßler, im englischen Sprachraum durch R. G. Collingwood propagiert, übte sie u.a. Einfluß auf den amerikanischen ›New Criticism‹ aus.

Ausg.: Dt. in: Gesammelte philosophische Schriften, Bd.1, hg. von H. FEIST, Tübingen 1930. – *Lit.:* G. N. G. ORSINI, B. Croce, Philosopher of Art and Literary Critic, Carbondale 1961. – R. ZIMMER, Einheit und Entwicklung in B. Croces Ästhetik. Der Intuitionsbegriff und seine Modifikationen, Frankfurt/M. 1985.

R. ZIMMER

Esthetics and the Theory of Signs (engl.; *Ästhetik und Zeichentheorie*), Charles William MORRIS; ED 1939 (in: Erkenntnis. Journal of Unified Science, Bd.8, S. 131–150); dt. München 1972.

Morris' *Esthetics* bildet einen Anwendungsbereich der von ihm in seiner programmatischen Abhandlung *Foundations of the Theory of Signs* (1938; *Grundlagen der Zeichentheorie*) formulierten Zeichentheorie (bezugnehmend auf Peirce und ältere philosophische Traditionen von Morris *Semiotik* genannt). Gleichzeitig ist die ästhetische Semiotik eng mit der auf Dewey (→*Art as Experience*), Mead und Perry zurückgehenden Werttheorie verknüpft. Der Zeichenprozeß (»Semiose«) vollzieht sich in einer triadischen Konstellation von materiellem Zeichenträger, »Designat« (die Klasse der Objekte, auf die das Zeichen referiert) bzw. »Denotat« (ein real existierendes Element aus dieser Klasse von Objekten) und »Interpretant« (der Effekt, der in einem Interpreten ausgelöst wird). Ein Zeichen hat immer ein Designat, aber nicht unbedingt ein Denotat. Die Semiotik untersucht drei Dimensionen der Semiose: die Beziehung des Zeichenträgers zu anderen Zeichenträgern (syntaktische Dimension), die Beziehung zwischen Zeichenträger und Designat bzw. Denotat (semantische Dimension) sowie die Beziehung zwischen Zeichenträger und Interpret (pragmatische Dimension). Die semiotischen Untersuchungsebenen heißen analog dazu Syntaktik, Semantik und Pragmatik. – Die ästhetische Analyse ist nach Morris ein besonderer Fall der Zeichenanalyse: Die ästhetische Syntaktik untersucht die Regeln, nach denen ein Kunstwerk geschaffen wird; die ästhetische Semantik befaßt sich mit den designierten Werten; die ästhetische Pragmatik geht den Fragen der Produktion und Rezeption sowie der gesellschaftlichen Funktion eines Kunstwerks nach. Ein Kunstwerk (ein ästhetisches Zeichen) ist ein ikonisches Zeichen (d. h. es hat Eigenschaften mit seinem Denotat gemeinsam), das einen Wert designiert; dieser wird direkt vom Zeichenträger verkörpert. Ein Wert existiert nicht für sich, sondern nur als Stellenwert in einem System. Er wird gekennzeichnet durch die gegenseitige Bedingtheit von Interesse und Gegenstand dieses Interesses; der Wert ist »die Eigenschaft eines Gegenstandes […], einer interessenbedingten Handlung gerecht zu werden«. Das ästhetische Zeichen wird nur in dem Interpretationsprozeß der ästhetischen Wahrnehmung realisiert. Es besteht aus mehreren Teilzeichen, die nicht alle ikonisch sein müssen, aber aufeinander verweisen können. Im Kunstwerk ist die ästhetische Wahrnehmung von Werten auf zwei Ebenen gleichzeitig gegeben: erstens auf der Ebene der sinnlich wahrnehmbaren Zeichenträger (unmittelbare Wahrnehmung) und zweitens auf der Ebene des Gesamtzeichens (mittelbare Wahrnehmung). Bei manchen Kunstwerken wird die Aufmerksamkeit des Rezipienten verstärkt auf den Zeichenträger gerichtet. Andere Zeichen nichtikonischer und sogar nicht-ästhetischer Art im Kunstwerk dienen als Hilfssymbole. Es gibt kein Medium, dessen sich die Kunst nicht bedienen könnte. Demnach kann alles zum Gegenstand ästhetischer Wahrnehmung gemacht werden. Ein Zeichenträger kann von verschiedenen Interpreten unterschiedlich ausgelegt werden; ebenso mögen verschiedene Objekte (Denotate) die Interpretation erfüllen. Wenn das ästhetische Zeichen allgemein ist (z. B. abstrakte Malerei), ist das Feld seiner möglichen Denotate sehr groß. Der eigene Zeichenträger ist immer eines der Denotate des Kunstwerks (Selbstreferentialität des ästhetischen Zeichens), unter Umständen sogar das alleinige. Ein Kunstwerk kann existierende Werte zusammenfassen und daraus eine neue Wertstruktur schaffen, die keine reale Entsprechung hat. Zu unterscheiden ist zwischen dem ›ästhetischen Urteil‹, das eine moralische Bewertung vornimmt, und der ›ästhetischen Analyse‹, die dem wissenschaftlichen Diskurs zugeordnet ist. Beide zusammen bilden die ›ästhetische Kritik‹. – Morris hat mit seinen Arbeiten terminologieprägend gewirkt und eine systematische Beschreibung der Semiotik geliefert, auf die sich jede weitere semiotische Untersuchung stützen konnte. Seine *Ästhetik* hat insbesondere die ›italienische Schule der Semiotik‹ beeinflußt, z. B. Eco (→*Il messagio estetico*, →*Trattato di semiotica generale*), Rossi-Landi, Fiordo, und fand Beachtung im amerikanischen ›New Criticism‹.

Ausg.: Dt. Frankfurt/M. 1988.
Lit.: F. ROSSI-LANDI, Semiotik, Ästhetik und Ideologie, München 1976. – Zeichen über Zeichen über Zeichen. 15 Studien über Charles W. Morris, hg. von A. ESCHBACH, Tübingen 1981.

H. BACKHAUS

Etudes sur le temps humain (frz.; *Studien über die menschliche Zeiterfahrung*), Georges POULET; EA Edinburgh 1949, Paris 1950. – **II. La distance inté-**

rieure (*Die innere Distanz*), EA Paris 1952. – **III. Le point de départ** (*Der Ausgangspunkt*), EA Paris 1964. – **IV. Mesure de l'instant** (*Maß des Augenblicks*), EA Paris 1968.

Die *Etudes* machen den in der Lebensphilosophie Bergsons und in der Husserlschen Phänomenologie angenommenen Vorrang der inneren Zeiterfahrung zum Ausgangspunkt einer literaturkritischen Fragestellung, die an überwiegend französischen Autoren von der Renaissance bis zur Moderne erprobt wird. Methodologisch vermitteln die ersten Studien zwischen existentialistischer Literaturkritik, den Anfängen der hiervon beeinflußten ›Genfer Schule‹ seit den 50er Jahren und dem Aufbruch der ›Nouvelle Critique‹ in Frankreich seit l960, indem sie den endgültigen Bruch mit dem objektivistischen Erklärungsanspruch der positivistischen französischen Tradition vollziehen. – Offensichtlich parallel zu der sog. ›Züricher Schule‹, deren Vertreter A. Béguin und R. Marcel noch unter dem Einfluß Diltheys (→*Das Erlebnis und die Dichtung*) und Heideggers (→*Der Ursprung des Kunstwerks*) Literatur als Ausdruck eines existentiellen Entwurfs begreifen, und unter dem unmittelbaren Eindruck Bachelards (→*La poétique de l'espace*), der nach den elementaren bildhaften Strukturen des menschlichen Bewußtseins fragt, entwickelt Poulet ein Konzept der existentiellen Biographie. Er knüpft an die lange französische Tradition des »portrait littéraire« seit Sainte-Beuve an, indem er diese subjektiviert und auf das literarische Werk zentriert. Im Gegensatz zur sog. ›immanenten Literaturbetrachtung‹ der Nachkriegsgerma-

nistik oder des ›New Criticism‹ steht nicht die formale Struktur oder Gattung im Zentrum, vielmehr verweist ähnlich wie in der späteren ›Nouvelle Critique‹ das Gesamtwerk eines Autors auf die dynamische Struktur eines mentalen Universums. Dabei zeigt sich die je unverwechselbare Individualität eines Bewußtseins besonders im stilistischen und metaphorischen Bereich. Wenn jedes Denken im phänomenologischen Sinn als intentionales Denken und Sich-in-Beziehung-Setzen zu etwas begriffen wird, ist der eigentliche Problemkern »die *innere Distanz*, die mich von dem trennt oder dem annähert, was ich denken kann« (»*distance intérieure*«). Die Werkgeschichte eines Autors ist dann die Geschichte der variierenden Auseinandersetzungen und Verarbeitungen eines »am Anfang« gegebenen Problems oder Komplexes. Die Nähe zur psychoanalytischen Sehweise ist nicht zufällig, doch im Gegensatz zu deren reduktionistischer Tendenz begreift Poulet die »Metamorphosen« der Bilder und Verarbeitungen als geistiges Abenteuer, dem sich der kritische Diskurs einfühlend anschmiegt. Wie der Gegenstand der Zeiterfahrung nahelegt, kennt die Pouletsche Kritik keine Ruhepunkte und kaum Zusammenfassungen. Subjektivität heißt hier jedoch nicht Geschichtslosigkeit. Sie ist vielmehr Teil des geschichtlichen Prozesses, der gleichsam von innen heraus neu zusammengesetzt wird und wie eine phänomenologische Variante der Mentalitätsgeschichte erscheint. Deutlich ist die Nähe zur Diltheyschen Geistesgeschichte, wenn sich individuelle Profile zu Epochenprofilen verdichten und eine diskontinuierliche Geschichte der abendländischen Zeiterfahrung ergeben. Der Zerfall des mittelalterlichen Weltbilds bedeutet hier: Heraustreten aus der heilsgeschichtlich göttlichen Zeit und die Entdeckung der »menschlichen« Zeit als Problem. An dem Bild des Kreises verfolgt Poulet diesen Gedanken in *Les métamorphoses du cercle* (1961; *Die Metamorphosen des Kreises*) weiter. Die aporetische Erfahrung von präsentischem Augenblick und zeitlicher Dauer bestimmt seit Montaigne das neuzeitliche Bewußtsein und erklärt die zunehmende Bedeutung der Erinnerung seit dem 18. Jh., aber auch die Aufwertung des Augenblicks in der Moderne. – Literaturgeschichte ist für Poulet die Geschichte kreativer Umwege der Selbstvergewisserung. Die Methode bleibt an eine existentielle Sicht der Literatur gebunden – mit dieser Einschränkung ist sie aber bis heute wirksam.

Lit.: G. POULET, La conscience critique, Paris 1971. – S. N. LAWALL, Critics of Consciousness. The Existential Structures of Literature, Cambridge/Mass. 1968. – D. FRIKKE, G. Poulet, in: Französische Literaturkritik der Gegenwart, hg. von W.-D. LANGE, Stuttgart 1975, S. 152–65.

F. WOLFZETTEL

Europäische Literatur und lateinisches Mittelalter, Ernst Robert CURTIUS; EA Bern 1948. Auf der Grundlage von A. J. Toynbees *A Study of History* (1934–39; *Eine Untersuchung der Geschichte*) sieht Curtius in *Europäische Literatur* Europa als »umfassenden Geschichtskörper«, der nicht zerstückelt werden darf, sondern durch eine Gesamtansicht »überbaut« werden muß. Dies gilt insbesondere für den Bereich der Literatur, der »Ausdruckskonstanten« Einheitlichkeit und Univer-

salität verleihen. Die modernen Nationalphilologien haben nach Curtius diese Sinneinheit bisher nicht sichtbar gemacht, weshalb eine Neuorientierung der modernen Literaturwissenschaft an der klassischen Philologie und ihrer länderübergreifenden Betrachtungsweise unabdingbar ist. Gemeinsame Grundlage aller europäischen Literaturen ist die griechisch-römische Antike, die im Lauf des Mittelalters in stetiger Rezeption und Umwandlung konstanter Traditionsfaktor bis zur Moderne hin geblieben ist. Eine intensive Beschäftigung mit dem lateinischen und mittellateinischen Schrifttum, das seit der Renaissance von den französischen, italienischen und spanischen Literaturen fortgesetzt wird, ist daher notwendig. Für Curtius dauert das Mittelalter von Karl dem Großen bis zur Industriellen Revolution des späten 18. Jh.s. Erforderlich ist jedoch eine noch umfassendere Betrachtung der europäischen Literatur: von Homer bis Goethe, dem letzten universalen Autor (vom »universalen Standpunkt der Latinität« aus gesehen). Die notwendige philologische Analyse der einschlägigen Texte orientiert sich an Diltheys hermeneutischem Zirkel (→*Das Erlebnis und die Dichtung*) und besteht in der Beobachtung von Einzelphänomenen, der Festlegung einer Terminologie und der Suche nach weiteren Textbelegen, aus denen sich dann eine Synthese herausarbeiten läßt. Diese »Präzisionsmethode« führt zu der Erkenntnis von Ausdruckskonstanten und literarischen Elementen identischer Struktur. Die Einheit der europäischen Kultur gründet auf dem mittelalterlichen System der »septem artes« (»Sieben Künste«). Besonders wichtig ist die zweite »ars«, die Rhetorik, im Hinblick auf Topik und Metaphorik, die sich als die relevantesten Konstanten erweisen. Dieser Begriff der antiken Rhetorik, ursprünglich Hilfsmittel für die Ausarbeitung der Rede (»ornatus«), wird von Curtius allerdings unscharf als Reservoir allgemeiner Gedanken und ganzer Vorstellungsbereiche, aber auch knapper und spezieller Formeln verstanden. Die Beschäftigung mit der antiken Topik begründet eine neue kulturgeschichtliche Forschungsrichtung   (Topologie). Weitere   konkrete   Ausdruckskonstanten sind die Metaphorik, die wichtigste Form der antiken Figurenlehre, die in ihrer standardisierten Form allerdings zu literarischen Gemeinplätzen erstarren kann. Literarische Kontinuität zeigt sich ebenso in der Verwendung der Begriffe »Klassik« und »Manierismus«, worunter jede der Klassik entgegengesetzte literarische Tendenz verstanden wird. Durch diese Herausarbeitung einzelner Traditionselemente wird laut Curtius eine Ganzheitsbetrachtung möglich, eine Phänomenologie der Literatur, die etwas anderes ist als Literaturgeschichte, -vergleichung oder -wissenschaft, »wie sie heute betrieben werden«. – Das Werk wurde in mehrere Sprachen übersetzt und verschaffte Curtius internationales Ansehen. Seine Anhänger finden den Gedanken der Einheitlichkeit der europäischen Literatur bestechend, die nur der mehrsprachig Gebildete und Belesene zu erkennen vermag. Die Kritiker bemängeln ein fehlendes historisches Bewußtsein, eine elitäre Nostalgie und eine hermeneutische Beliebigkeit, welcher

der lückenlose Nachweis beliebig gewordener Text-Elemente wichtiger sei als die literarische Adäquanz. Eine neue Forschungsrichtung hat das Werk von Curtius entgegen den Intentionen seines Verfassers nicht begründet.

Ausg.: Bern/München [11]1993.
Lit.: E. J. RICHARDS, Modernism, Medievalism and Humanism. A Research Bibliography on the reception of the Works of Ernst Robert Curtius, Tübingen 1983. – Ernst Robert Curtius. Werk, Wirkung, Zukunftsperspektiven, hg. von W. BERSCHIN/A. ROTHE, Heidelberg 1989. – In Ihnen begegnet sich das Abendland, hg. von W.-D. LANGE, Bonn 1990.

F.-R. HAUSMANN

Expérience du théâtre (frz.; *Ganz einfache Gedanken über das Theater*), Eugène IONESCO; ED Paris 1962 (in: Notes et contrenotes); dt. Berlin 1964.
In dem grundlegenden Aufsatz stellt Ionesco seinen Weg zu einer neuen Theaterkonzeption als Ergebnis eines Unbehagens dar. Während sich der Autor in seiner Kindheit für die griffige Dramatik des Puppentheaters und die entrückende Magie der Kulissen begeistern konnte, störte den erwachsenen Theaterbesucher gerade diese »körperliche Gegenwart«, die ungenügende Verschmelzung der beiden Welten, der materiellen der Schauspieler und des Bühnenapparates auf der einen und der »Wirklichkeit der Phantasie« auf der anderen Seite. Wie einst der Bilderstürmer Rimbaud rechnet deshalb auch Ionesco erfrischend unbekümmert (und ungerecht) mit der Tradition ab: Neben der Antike, Shakespeare und Kleist vermag ihr in gerade noch Pirandello zu bestehen, weil er sich durch einen genuinen Sinn für die »theatralische Mechanik« auszeichnet. Selbst Molière wird von ihm abgewertet, denn seine

Konflikte sind lösbar: das wahre Theater aber, ob Tragödie oder Komödie, hat es für Ionesco mit dem Unerträglichen zu tun (nicht von ungefähr wird er sich zunehmend auf die Thematik des Todes konzentrieren). Da die Techniken, die Drähte, an denen der Schöpfer des gespielten Kosmos seine Puppen tanzen läßt, nicht verschleiert werden können, muß er im Gegenteil seine Verfahren sogar sichtbar machen, die Effekte vergröbern und bis ins Äußerste steigern. An die Stelle einer geistreichelnden Salonkomödie gilt es, eine unmittelbare, exzessive Komik zu setzen, die auch Groteske, Karikatur und Parodie nicht verschmäht. Ganz offenkundig tritt Ionesco damit das Erbe Jarrys an, dessen *Ubu Roi* (1897) er in *Macbett* (1972) mit einer Tragödie des geliebten Shakespeare kreuzt. Aber auch Artauds »théâtre de la cruauté« (Theater der Grausamkeit; →*Le Théâtre et son Double*) ist nicht fern, wenn der Dramatiker des Absurden für ein »théâtre de violence« (Theater des Unbändigen) plädiert: »violemment comique, violemment dramatique« (unbändige Komik, unbändige Dramatik). Energisch wendet sich Ionesco schon hier gegen das engagierte Theater eines Sartre (→*Qu'est-ce que la littérature?*) und Brecht (→*Das epische Theater*), aber auch gegen die Trennung der Gattungen und der Sprachebenen: Scheinbare Antagonismen, wie Tragödie und Farce, Prosa und Poesie, Realismus und Phantastik, Alltägliches und Außergewöhnliches, sollen geradezu das Klima der Moderne bestimmen. Mit dem Hinweis auf seine eigenen »Antistücke« (z. B. *La Cantatrice chauve*, 1953; *Die kahle Sängerin*), »komischen Dramen«, »Pseudo-

dramen« und »tragischen Farcen« bekräftigt Ionesco die Möglichkeit derartiger Grenzüberschreitungen, die im gesamten absurden Theater, von Ionesco bis Beckett, von Adamov bis Arrabal, zur Selbstverständlichkeit geworden sind.

Ausg.: Werke, hg. von F. BONDY/I. KUHN, Bd. 6, München 1985.
Lit.: M. ESSLIN, Das Theater des Absurden. Von Beckett bis Pinter, Reinbek 1965. – L. SCHIRMER, Avantgardistische und traditionelle Aspekte im Theater von Ionesco, Frankfurt/Bern/Las Vegas 1977. – Ionesco, Situation et perspectives. Centre Culturel International de Cérisy la Salle, hg. von M.-F. IONESCO/P. VERNOIS, Paris 1980.

B. COENEN-MENNEMEIER

La expresión americana (span.; *Die amerikanische Ausdruckswelt*), José LEZAMA LIMA; EA Havanna 1957; dt. Frankfurt/M. 1987.
In der auf eine vom kubanischen Instituto de Cultura veranstalteten Vortragsreihe zurückgehenden Essaysammlung verbinden sich kulturkritisches Jakobinertum und enzyklopädische Kenntnisse der universellen Kulturgeschichte mit der imponierenden Fähigkeit des Autors, poetische Intuitionen in historische Synthesen umzusetzen. Die Essays versuchen, die problematische Identität Lateinamerikas mit den Mitteln poetischer Kulturkritik modellhaft zu erfassen, die originären Schöpfungen lateinamerikanischer Kultur zwischen den Gegenpolen autochthoner Utopien und eurozentrischer Nostalgien als Knotenpunkte universeller Mestizierungsprozesse neu zu verorten. Der Inhalt der Essays ist breitgestreut und reicht von der kritischen Revision des Tradierungsmodus autochthoner Schöpfungsmythen, der Neubewertung kolonialer Architektur (am Beispiel

des Indio Kondori) und Plastik (am Beispiel des Brasilianers Aleijadinho), einer mit traditionellen Mustern brechenden Lektüre kolonialer Schriftsteller (Sor Juana oder Sigüenza y Góngora) bis hin zum Versuch, das Wirken der nur scheinbar eurozentrischen Protagonisten der lateinamerikanischen Unabhängigkeitsbewegung (Bolávar, Miranda, Simón Rodríguez) in ihrer vieldeutigen kulturellen Brückenfunktion zwischen Europa und Amerika zu porträtieren. Grundlegend für Lezamas kulturtheoretische Modellvorstellungen ist der Aufweis der Grenzen eines linearen Geschichtsbildes für eine adäquate Erfassung lateinamerikanischer Kultur. So findet die vielbehauptete Ursprungslosigkeit dieser Kultur ihr Pendant in der Konzeption des »metaphorischen Subjekts«, Lezama Lima zufolge eine strikt historische Kategorie, die es erlaubt, Verschiedenheit und Ähnlichkeit historischer Epochen als die Leistungen einer je spezifischen »imago« zu begreifen. Die originäre Kreativität historischer Analogiebildungen – exemplarisch entwickelt am Beispiel der Mythensammlung des *Popol Vuh* sowie des von Kondori gestalteten Portals der Kirche San Lorenzo in Potosí – führt den hegelianischen Weltgeist ebenso wie das aus der spanischen Kulturgeschichte stammende Konzept einer linearen Generationenfolge als kulturhistorische Hypostasierungen ad absurdum. In ihrer unbekümmerten Intellektualität und engagierten Historizität entsprechen die Essays dem vorrevolutionären Ton, den Lezama Lima 1956, unmittelbar vor Beginn des revolutionären Prozesses, in der letzten Nummer der einflußreichen Kultur- und Literaturzeitschrift *Orígenes* gegenüber den Vertretern der offiziellen Kulturszene Kubas angeschlagen hatte: »Wenn wir uns 10 Jahre lang mit eurer Indifferenz begnügt haben, so verschont uns nunmehr – bitteschön – mit der übelriechenden Gabe eurer Bewunderung. [...] wir ziehen eure Indifferenz entschieden vor. [...] Euer Wahlspruch ist das *nihil admirari* – Markenzeichen abgründigster Dekadenz.« Die poetische Einbildungskraft des Essayisten Lezama Lima setzt traditionelle Dichotomien außer Kraft. Die Rigorosität seines historischen Ansatzes hat die Grenzen zwischen Politik und Kultur immer schon überschritten. Dem »nihil admirari« einer durch Lethargie, sterile Imitation und Dekadenz gekennzeichneten kubanischen Öffentlichkeit hält Lezama deshalb in dem Essay *La curiosidad barroca* das Bild einer durch Dynamik, ästhetische Produktion und Kreativität ausgezeichneten lateinamerikanischen Kulturgeschichte entgegen. Mit beißenden Sarkasmen gegenüber der traditionellen Unterbewertung des Barock als einer »degenerierten Gothik« durch die europäische Kunstgeschichte insistiert er auf dem »originären Feuer«, dem »plutonischen« Verschmelzungsprozeß der amerikanischen Barockkunst, als deren repräsentatives Resultat er das Erscheinen des »Señor barroco« feiert, des ersten der ›kulturellen‹ Grundherren, die der Kontinent hervorgebracht hat (»primer instalado en lo nuestro«). Dennoch versagt sich die selbstbewußte poetische Rhetorik Lezamas dem Gestus der Mythisierung: Kreativität ist in *La expresión americana* nicht länger eine Kategorie kulturtheoretischer

Ursprungsphantasien, sondern verwirklicht – und repräsentiert zugleich – aufs beste das »Objekt«, von welchem die Rede ist: die Praxis einer Kultur, die sich selbst im Verzicht auf metaphysische Prämissen als unendlichen Prozeß ästhetischer Schöpfung begreift.

Ausg.: Obras completas, Bd. 2, Madrid 1977. – Dt. Frankfurt/M. 1992.
Lit.: J. ORTEGA, La expresión americana: una teoráa de la cultura, in: Eco, núm. 187 (mayo 1977).

W. B. BERG

Le Familiari (ital.; *Briefe*), Francesco PETRARCA; EA Venedig 1492; dt., hg. von H. Nachod/P. Stern, Berlin 1931 (Ausw.).
Die mehr als 600 Briefe umfassende lateinische Korrespondenz Petrarcas wurde von ihm selbst als Veröffentlichung geplant. Er teilte die Sammlung in zwei größere Gruppen ein, in die 24 Bücher der *Familiari* (*Briefe an vertraute Menschen*) und in die nach 1366 verfaßten 17 Bücher der *Seniles* (*Altersbriefe*). Alle Briefe an Freunde, Gelehrte, politisch Mächtige und Geistliche, aber auch rein literarische an bewunderte Autoren der Antike (Cicero, Seneca, Varro, Quintilian, Livius, Horaz, Vergil, Homer) sind nicht nur eine reiche Quelle für die Einsicht in Petrarcas Wesen, sondern auch in die Geistesgeschichte des 14. Jh.s in Italien und am päpstlichen Hof in Avignon. Darüber hinaus haben sie großes Gewicht als Stellungnahmen zu grundsätzlichen literarischen Fragen. – Petrarca ist kein Theoretiker, dennoch sind seine Briefe deutliche Zeichen für den grundlegenden Wandel der Wertung von Literatur. Schon die Tatsache, daß Petrarca nach römisch-antikem Vorbild die Prosa-

Epistel zur eigenen literarischen Gattung erhebt, läßt die neue Strömung des an der Antike orientierten Humanismus erkennen, als dessen Vater Petrarca oft genannt wird. Besonders aufschlußreich für literarische Fragen sind die Briefe an antike Autoren. Im zweiten Brief an Cicero vom 19.12.1345 nennt er die beiden römischen Autoren, denen die Schriftsteller und Dichter seiner Zeit bewundernd folgen sollen: Cicero für die Prosa, Vergil für die Dichtung. Damit ist die für lange Zeit gültige Forderung der »imitatio« gestellt, die Petrarca allerdings nicht als reine Nachahmung auffaßt; einem Gleichnis Senecas folgend (Brief 84 an Lucilius) fordert er vielmehr, daß der Autor das aufgenommene Vorbild zu etwas noch Höherem formen soll (so »wie die Bienen aus Nektar Honig werden lassen«). Aus der reinen »imitatio« muß eine »aemulatio« werden, ein wetteiferndes Erhöhen. – Der italienische Humanismus übernimmt diese Norm und anerkennt Cicero und Vergil als verbindliche Vorbilder für Prosa und Dichtung in lateinischer Sprache. Zu Beginn des 16. Jh.s wird in Italien das Imitationsprinzip durch P. Bembo auf die volkssprachliche Literatur übertragen (*Prose della volgar lingua*, 1525; *Abhandlung über die Volkssprache*). Verbindliche Vorbilder werden nun Boccaccio für die Prosa und Petrarcas Gedichte – von ihm selbst, weil in italienischer Sprache verfaßt, als *Rerum vulgarium fragmenta* (*Fragmente muttersprachlicher Dinge*) bezeichnet, dann als *Canzoniere* (1470; *Das Buch der Lieder*) in die Geschichte eingegangen. Die Forderung der Nachahmung wird auch in anderen europäischen

Ländern aufgenommen und ist nicht zuletzt Quelle der in die Breite wirkenden petrarkistischen Lyrik. Petrarca, obwohl kein systematischer Theoretiker, hat für die Literatur Normen gesetzt, die für Jh.e die literarische Ästhetik geprägt haben.

Ausg.: Edizione Nazionale delle opere, Bde. 10–13, hg. von V. Rossi/U. Bosco, Florenz 1933–42.
Lit.: Petrarca, hg. von A. Buck, Darmstadt 1976.

E. Loos

La fin du roman (frz.; *Jenseits des Romans*), Émile Michele Cioran; ED 1953 (in: La Nouvelle Revue Française 1, 12); dt. Stuttgart 1983 (in: Dasein als Versuchung, S. 145–65).

Die Erfahrung eines »metaphysischen Exils« liegt nach Cioran dem Widerstreit von Sprache und Existenz zugrunde. In dieser Erfahrung, die der in Rumänien aufgewachsene Cioran konkret im Exil der französischen Sprache lebt, manifestiert sich die Gebrochenheit der ursprünglich ungetrübten Einheit des Seins im Bewußtsein, die den (Ver-)Fall in die Geschichte (Exil in Raum und Zeit) bedeutet. Diese verlorene Einheit in ihrer Gegenwärtigkeit und Transparenz war Zustand des heilen Ganzen ursprünglicher Unschuld. Seither liegt die Welt im Un-heil; Sein und Existenz, Freiheit und Bestimmtheit, Virtualität und Aktualität sind unversöhnbar auseinandergerissen. Das Sein ist der Erkenntnis gegenüber in ständigem Rückzug begriffen; jeder fixe Referenzpunkt verliert sich. Die Übersensibilisierung für die Zeit als Vergänglichkeit eröffnet den »toten Zeitraum« der Posthistoire. Er ist Zeitalter des »letzten Menschen«, der sein Sein

im Nicht-Sein, seine Gegenwärtigkeit als Abwesenheit und sein Leben aus dem Tod begreift. Zwischen der Versuchung, in »Gott hineinzuspringen« (Buddhismus und Gnosis als deren extremste Pole) bzw. ihn abzuweisen, um jeden Grund der Existenz zu verlieren, ist dem Denken dieses Paradox als äußerste Wachsamkeit aufgegeben. Sich in die eigene Existenz versenkend, gleicht das Denken einer Bewegung fortschreitender Desillusionierung und Ent-täuschung, die jede Form von Idolatrie verbietet und damit den Horizont für eine radikale Freiheit und einen neuen Humanismus freigibt. Das unheilbare Un-heil des Menschen – seine krankhafte Sehnsucht nach Gegenwärtigkeit – ist bereits im göttlichen Schöpferwort symbolisiert. Da es nicht das Versprechen einer möglichen Ankunft, sondern Grund des Exils ist, muß das Wort in der Schrift immer neu enttäuscht werden. – War der Roman in der ersten Hälfte dieses Jh.s noch Gegenstand kritischer Reflexion (vgl. Lukács →*Theorie des Romans* und Benjamin, *Krisis des Romans*, 1930) so ist er für Cioran schon eine überholte Gattung, die ihre »Substanz vergeudet« hat. Der Romancier wird »Archäologe der Abwesenheit«, in der sich jede Referenz für Person und Handlung verliert. *Jenseits des Romans* bleibt allein das »Erlebnis im Innern eines unerschöpflichen Leerraums«. Wie Exerzitien am Rande der Nacht, schreiben sich die Schriften Ciorans – die im Wort hervorgerufene Schuld fortschreibend – der verlorenen Unschuld entgegen. Als radikalste Form nihilistischer Subversion wird die Literatur zur Utopie eines Heils, in der die Ent-täu-

schung bis zur Er-schöpfung vorangetrieben wird. Die Schrift als
»Autothanatographie«, in der Wille und Vitalität jeder Selbstbehauptung erlöschen, zeichnet den
göttlichen Schöpfungsakt gegen.
In ihr erwacht der Mensch zu seiner eigentlichen Freiheit.

Ausg.: Paris 1974 (in: La Tentation d'exister).
Lit.: S. JAUDEAU, Cioran ou le dernier homme, Paris 1990. – R. GUTH, Die Philosophie
der einmaligen Augenblicke. Überlegungen
zu E. M. Cioran, Würzburg 1990.

A. LETZKUS

Folie et déraison. Histoire de la
folie à l'âge classique (frz.;
*Wahnsinn und Unvernunft. Ge-
schichte des Wahnsinns im klassischen
Zeitalter*), Michel FOUCAULT; EA
Paris 1961; dt. u. d. T. *Wahnsinn
und Gesellschaft. Eine Geschichte des
Wahns im Zeitalter der Vernunft*,
Frankfurt/M. 1969.
In seiner frühen philosophischen
Arbeit unternimmt Foucault am
Beispiel Frankreichs den Versuch,
»eine Kultur über ihre Grenzerfahrungen« zu befragen. Im Anschluß an Lévi-Strauss will er die
distinktiven Merkmale bestimmen, die eine Gesellschaft von anderen abgrenzen und sie somit
konstituieren. Innerhalb der Op-
positionssysteme, welche die Aus-
grenzungsmechanismen bestimmen, konzentriert er sich auf das
Gegensatzpaar ›normal‹ vs. ›pathologisch‹ (Vernunft ·vs. Wahnsinn).
In dem kulturhistorischen Rahmen, den er skizziert, erscheint
der Wahnsinn weder synchron
noch diachron als ein einheitlicher
Untersuchungsgegenstand. Foucault zeichnet das Geflecht diskursiver (wissenschaftlicher, medizi-
nischer, juristischer Aussagensy-
steme) und nicht-diskursiver
Praktiken (Ausschließung, Internierung und Hospitalisierung der

Wahnsinnigen) nach und macht
auf diese Weise deutlich, daß sich
die verschiedenen Perzeptions-
weisen des Phänomens Wahnsinn
bereits innerhalb eines synchroni-
schen Querschnitts nicht decken,
häufig sogar widersprechen. Eine
weitere Dimension eröffnet Foucault, indem er eine historische
Entwicklung nachweist und verschiedene Epochen in ihrem Umgang mit dem Wahnsinn kontrastiert. Zwar wurde der Wahnsinnige bereits zu Beginn der Renaissance gesellschaftlich ausge-
grenzt, er hatte jedoch innerhalb
des kosmologischen Weltbildes
einen festen Platz und stand
metonymisch für den Wahnsinn
der Welt, die Nichtigkeit des
Menschen. Im 17. Jh. setzt allmählich eine strukturelle Verschiebung ein, die den Wahnsinn
als Form menschlicher Erkenntnis
zurückdrängt. Parallel zur einsetzenden Internierung der Wahnsinnigen – jedoch unabhängig
von ihr – wird der Wahnsinn
wissenssoziologisch allmählich negativ konzipiert: er ist das Nicht-
Sein der Vernunft. Indem er die
gesellschaftliche   Stellung   des
Wahnsinnigen historisch verfolgt,
weist Foucault nach, daß dessen
Hospitalisierung, Ende des 18.
Jh.s, neu bewertet werden muß.
Wenn nun der ›Kranke‹ vom Kri-
minellen separiert wird, handelt es
sich um eine Folgeerscheinung
der genannten strukturellen Verschiebung und nicht um eine positiv zu verstehende ›Befreiung‹,
denn sein gesellschaftlicher Status
bleibt ex negativo definiert. Die
Histoire de la folie weist methodologisch bereits auf spätere Arbeiten Foucaults, wenn sie den
Wahnsinn als Produkt zeitbeding-
ter Diskurs- und Wissensformationen erfahrbar macht und damit

den Vernunftbegriff grundsätzlich problematisiert. Da Foucault seinen Begriffsapparat hier jedoch noch nicht konsistent entwickelt, muß die *Histoire* vor dem Hintergrund seiner Epistemologie (→*Les mots et les choses*) und seiner Diskurstheorie (*L'ordre du discours*, 1971; *Die Ordnung des Diskurses*; *L'archéologie du savoir*, 1969; *Archäologie des Wissens*) gelesen werden. Nur so läßt sich die literaturtheoretische Bedeutung seiner Studie über den Wahnsinn erfassen. Für Foucault ist die Literatur in zweifacher Hinsicht von zentraler Bedeutung. Einmal setzt er, in radikaler Abkehr von traditioneller Quellenhistorie, literarische Texte ein, um über sie historische Wissensformationen zu erforschen, dann macht er sich ihre Vorliebe für das Ausgeschlossene, die Thematisierung von Grenzerfahrungen zunutze. Die Literatur erscheint unter dieser Perspektive als Refugium verlorengeglaubter Erfahrungsformen des Wahnsinns, als eine Möglichkeit, das von der Vernunft Verdrängte zur Sprache zu bringen. Seinem kulturtypologischen Ansatz folgend, zeichnet er in der *Histoire* eine genealogische Linie nach, die von Erasmus über Diderot, de Sade, Hölderlin, Nietzsche bis zu Artaud verläuft. Deren Werk ist Zeugnis des ›Gegen-Gedächtnisses‹, das Foucault in dieser »Archäologie des Schweigens« zu rekonstruieren versucht. Einen historischen Ablauf als zielgerichtete, gar kausal bedingte Reihe gibt es für Foucault allerdings nicht; diskursive Dispositive sind für ihn diskontinuierliche Fügungen, die – für bestimmte Epochen wirkungsmächtig – nur beschreiben, denen jedoch kein hermeneutisch erfaßbarer Sinn zugesprochen werden

kann. Vor diesem Hintergrund wird der Wahnsinn für den Literaturwissenschaftler als thematisches Dispositiv erkennbar: einerseits kann es Aufschluß über literatursoziologische Fragestellungen bieten, andererseits arbeitet es einer Texttheorie zu, die nicht mehr den Gesetzen mimetischer Repräsentation folgt.

Ausg.: Histoire de la folie à l'âge classique, Paris 1972.
Lit.: R. BARTHES, Savoir et Folie, in: Critique 17 (1961), S. 915–22. – D. CARROL, Paraesthetics. Foucault – Lyotard – Derrida, New York 1987. – C. KAMMLER, Historische Diskursanalyse, in: Neue Literaturtheorie, hg. von K.-M. BOGDAL, Opladen 1990, S. 31–55.

S. SCHLÜNDER

La folie et la chose littéraire (frz.; *Der Wahnsinn und das Literarische*), Shoshana FELMAN; EA Paris 1978.

Foucaults →*Folie et déraison* beruht auf einer Aporie, die dem Autor wohl bewußt war: Die historische Aufarbeitung der Mechanismen, die der Gesellschaft zur Ausgrenzung des Wahnsinns dienten, muß sich einer begrifflichen Sprache bedienen, die selbst unaufhörlich riskiert, diese Ausgrenzung zu perpetuieren. Felman knüpft an diese Aporie an, indem sie eine Foucaults Arbeit stets begleitende Hypothese untersucht: Das Literarische zeigt sich als der einzige Bereich, in dem der sonst überall zum Schweigen gebrachte Wahnsinn zur Sprache kommen kann. Felmans Buch, zwischen Aufsatzsammlung und Monographie angesiedelt, präzisiert diese These, indem es die Grenzen verschiedener Disziplinen (Literaturwissenschaft, Psychoanalyse, Philosophie) überschreitet. Die an Paul de Man (→*Allegories of Reading*) geschulte Analyse betont die oft subversive Kraft jener rhetorischen Momente der Sprache (Tropen und Figuren), welche die grammatischen Regeln unterlaufen, deren normative Funktion die Bedeutungsherstellung und Mitteilung ist. – Zum einen wird dabei deutlich, daß dieses Literarische nicht einfach identisch mit dem ist, was sich als »schöne Literatur« bestimmen läßt. Vielmehr vermag auch ein »wissenschaftlicher« Diskurs – exemplarisch für Felman ist derjenige Lacans – an der irreduziblen Rhetorisierung der Sprache teilzuhaben. Zum anderen, und damit untrennbar verbunden, kommt Wahnsinn im Literarischen wesentlich nicht als dessen Thema, sondern als dessen Strukturgesetz zum Ausdruck. Zwar geht Felman von literarischen Texten aus, denen Wahnsinn thematisch ist (Nerval, Flaubert, Balzac u. a.), doch bei der Durchführung ihrer Lektüren zielt sie stets darauf, die genuin literarischen Strategien aufzuzeigen, die sich einer Isolierung diskursiver Aussagen über den Wahnsinn in den Texten widersetzen: wichtiger als eine »Rhetorik des Wahnsinns« ist ihr der »Wahnsinn der Rhetorik«. – Das weitaus längste Kapitel des Buches, das H. James' *The Turn of the Screw* (1898; *Die Drehung der Schraube*) und dessen psychoanalytischer Rezeption gilt, entzieht sich auf eindrucksvolle Weise der Versuchung, den Text auf eine zugrundeliegende Wahrheit zu reduzieren (wie dies eine falsch verstandene psychoanalytische Interpretation tut). Stattdessen zeichnet Felman nach, daß der Text zu verschiedenen, einander gegenseitig ausschließenden Interpretationen Anlaß gibt (»Unent-

scheidbarkeit«). Felmans Lektüre hat dabei zwar Affinitäten zu einer psychoanalytischen, doch nicht hinsichtlich dessen ›was‹, sondern ›wie‹ sie liest. Da sie Lektüre auch als Übertragungsbeziehung versteht, übergeht sie nicht die Widerstände, die der Text dem rationalisierenden Verständnis entgegensetzt, vielmehr sieht sie in ihnen Anlässe zur Erkenntnis seiner spezifischen Gestalt: »Je ›wahnsinniger‹ ein Text ist – je mehr er, anders gesagt, der Interpretation widersteht – desto mehr begründen die ihm eigenen Weisen seines Widerstandes gegen die Lektüre seinen ›Gegenstand‹ und seine Literarizität. Was Literatur in jedem Text darstellt, ist genau die Eigenheit seines Widerstandes gegen unsere Lektüre.«

Ausg.: Writing and Madness (Literature/Philosophy/Psychoanalysis), Ithaca/N.Y. 1985 (leicht gek. englischsprachige Fassung).
Lit.: S. FELMAN, To Open the Question, in: Literature and Psychoanalysis: The Question of Reading – Otherwise, Baltimore 1981, S. 5–10.

R. STOCKHAMMER

Forme et signification (frz.; *Form und Bedeutung*), Jean ROUSSET; EA Paris 1962.
Rousset zählt neben M. Raymond, G. Poulet (→*Etudes sur le temps humain*) und J. Starobinski (→*L'oeil vivant*; →*La Transparence et l'obstacle*) zur »Genfer Schule«. Für die genannten Literaturinterpreten ist das Werk Ausdruck eines Bewußtseins, das sich immer in spezifischen literarischen Formen manifestiert. Diese Formen sind für Rousset Resultat sowohl einer gelebten Erfahrung als auch eines Gestaltungswillens. Realität, Geschichte, Erfahrung und sinnliche Wahrnehmung sind dem Kunstwerk nicht fremd. Dieses stellt trotzdem ein geschlossenes

Universum mit einer eigenen Logik und eigenen Gesetzen dar. Es setzt an die Stelle der Realität eine andere Wirklichkeit, die uns und unsere Existenz auch in Frage stellt. Die ästhetische Gestaltung sieht Rousset als Übergang vom Ungeordneten zur Ordnung, vom Formlosen zur Form, von der Leere zur Fülle, von der Bedeutungslosigkeit zur Kohärenz der Bedeutungen. Die Form ist nie bloß Oberfläche oder Ornament, sondern Ausdruck des Geistes. Der Künstler bedient sich bestimmter Techniken, Materialien, sprachlicher Mittel, um durch die Gestaltung sich selber zu erkennen. Die Formen sind so für Rousset immer intim mit der Bedeutung verbunden. Das künstlerische Schaffen wird nicht als ein zweistufiger Prozeß gesehen, bei dem eine Idee zuerst erkannt und dann ästhetisch übersetzt würde. Die Bedeutung findet der Künstler dagegen durch den formalen Gestaltungsakt. Gedanke und Struktur bilden so eine organische Einheit. Jedem Werk eignet eine spezifische Struktur. Aufgabe des Interpreten ist es, diese in formalen Konstanten, in wiederkehrenden Figuren, in inneren Beziehungen und Entsprechungen zu ermitteln. Die ideale Haltung des Deutenden ist die völlige Identifikation mit dem Werk, um so die Bewegungen der Vorstellungskraft und die Linien der Komposition nachzuvollziehen. Durch diese identifizierende Lektüre, welche die Distanz des von außen argumentierenden Urteils ausschließt, sollen auch Strukturmerkmale im Werk entdeckt werden, die dem Künstler nicht bewußt waren. Roussets Methode deckt sich mit Ansätzen von L. Spitzer (→*Eine Methode, Literatur*

zu interpretieren; →*Zur sprachlichen Interpretation von Wortkunstwerken*), der über die Analyse stilistischer Merkmale das affektive Zentrum und damit das Prinzip der Kohäsion der literarischen Werke zu ermitteln versuchte. – Rousset führt seine Methode in Einzelanalysen zu wichtigen Werken der französischen Literatur vom 17. bis zum 20. Jh. vor. Die Strukturelemente als Bedeutungskern lassen sich nach ihm sowohl in einem Einzel- oder im Gesamtwerk eines Autors herausschälen. Privilegiert werden Texte mit einem hohen Grad an Elaboriertheit (einem Roman wird ein höherer Aussagewert zugeschrieben als einem Briefwechsel). Eine Grundstruktur des Theaters wird bei P. Corneille an Hand eines Stücks (*Polyeucte martyr*, 1643; *Der Märtyrer Polyeucte*) herausgearbeitet, bei P. Claudel über dessen Gesamtwerk. Das Hauptaugenmerk gilt indes signifikanten Strukturen in den Romanen von M. de Lafayette, P. Marivaux, G. Flaubert und M. Proust sowie bei der Gattung des Briefromans.

Ausg.: Paris ¹²1990.
Lit.: F. GIACONE, L'école de Genève, mythe ou réalité?, in: Micromegas II/1 (1975), S. 81–101.

J. JURT

Form in Modern Poetry (engl.; *Form in der modernen Lyrik*), Herbert READ; EA London 1932.
Die kleine Schrift stellt die theoretische Grundlegung für die literarischen Studien des Lyrikers und Kulturkritikers Read dar. Zugleich leitet sie eine Neubewertung der von den Modernisten vernachlässigten Romantik in England ein. Read macht Kategorien der romantischen Kunstkritik für die Moderne fruchtbar, indem

er sie mit psychoanalytischen Erkenntnissen verbindet. In Anlehnung an Coleridge (→*Biographia literaria*) und Fr. W. J. Schelling (→*Philosophie der Kunst*) unterscheidet er zwischen »organisch« und »abstrakt«: Das Organische in der Kunst folgt einer Eigengesetzlichkeit, in der Gestalt und Gehalt verschmelzen, während das Abstrakte eine Fixierung des Organischen auf einer bestimmten Stufe darstellt und zur mechanischen Wiederholung einer Formel führt. Die Unterscheidung, die für Reads ästhetische Arbeiten (z. B. *The Origins of Form in Art*, 1965; *Die Ursprünge der Formen in der Kunst*) bedeutsam ist, hat auch historische Dimensionen, da der organische Typus in dynamischen Perioden, der abstrakte in Perioden gesellschaftlicher Stabilität auftritt. Diesen Konzepten ordnet Read die Phänomene »Charakter« und »Persönlichkeit« zu, die er aus der Psychoanalyse ableitet. Charakter ist demnach ein gesellschaftlich vorgeprägtes Ich-Modell, das Abstraktion durch Verdrängung des Organisch-Unbewußten erfordert. Persönlichkeit dagegen bedeutet die Entfaltung unbewußter Gesetzlichkeit durch schöpferische Tätigkeit. In der Terminologie von J. Keats wäre Persönlichkeit durch Offenheit (»negative capability«), Charakter durch Festgelegtheit (»positive capability«) gekennzeichnet. Read nimmt für die romantischen Werte Partei, wenn er die Freisetzung von Persönlichkeit und damit der Imagination in der modernen Dichtung fordert. Erste Ansätze einer Verwirklichung der Formgebung durch Persönlichkeit findet er in der Befreiung des englischen Verses bei G. M. Hopkins. In der modernistischen Schule

von T. E. Hulme und E. Pound sieht er die Vollendung jener Revolution, die mit dem Romantiker W. Wordsworth (→*Preface* zu *Lyrical Ballads*) begonnen hat. Read fordert eine radikale Revision der kritischen Normen, die an die Dichtung angelegt werden müssen, und glaubt, diese auf eine objektive Basis stellen zu können. Dafür fehlt in dieser Schrift jedoch eine zureichende Begründung. Reads Werk hat, insbesondere durch seine Verwendung der Begriffe organisch/abstrakt, sowohl Lyriker als auch Kritiker beeinflußt und das kritische Instrumentarium der Romantik wieder zugänglich gemacht, das in den fünfziger Jahren zu neuer Bedeutung gelangte.

Ausg.: London 1964.
Lit.: W. T. HARDER, A Certain Order. The Development of H. Read's Theory of Poetry, Den Haag 1971. – G. WOODCOCK, H. Read: The Stream and the Source, London 1972. – W. HORTMANN, Wenn die Kunst stirbt. Zum Prinzip des Organischen in der Kunst- und Gesellschaftstheorie von H. Read, Duisburg 1976.

E. SCHENKEL

Die fröhliche Wissenschaft, Friedrich NIETZSCHE; EA Chemnitz 1882.
Die über das Buch verstreuten ästhetischen Lehren stehen sämtlich in Zusammenhang mit dessen eigenem Stil. Der Text ist nicht nur in Teilen (Parabeln, Lieder) literarisch, er verlangt von seinem Leser zugleich, das Gefüge, die Vorder- und Hintergründe des Gedankens nach Maßgabe der eigenen Fähigkeiten zu realisieren. Damit zielt er, mit Nietzsches Worten, auf eine Rangordnung von Lesern, er ist ein Stück Erziehung. Bei alledem ist die bestimmte, ›fröhliche‹ Tonart immer Widerspiel von Nicht-Gesagtem.

Dieses ist in komplizierter Weise mit dem Entwurf von *Also sprach Zarathustra* (1883–85) verbunden. Offenbar wird dies beim Thema der »Genesung«, das auf die für Nietzsches Kunstbegriff entscheidende Konfiguration von »Leib« und »Dankbarkeit« verweist. Durch die mehrschichtige Formel einer »Kunst der Transfiguration« erhält die »Physiologie« der Kunst ihren Ort im Bereich des »freien Geistes«. Dabei spielt Nietzsche mit Wendungen wie »Olymp des Scheins« auf die Konzeption der →*Geburt der Tragödie aus dem Geiste der Musik* an. Der freie Geist als ein »Künstler«, der in erster Linie versucht, dem eigenen Leben »Stil« zu geben und »homo poeta« zu sein, verkörpert eine von der Moraltradition negativ bestimmte »Experimentalphilosophie«. Diese ist anti-tragisch (vgl. Nietzsches Vorliebe für die Offenbachsche Operette); nur am Horizont erscheinen deshalb die *Zarathustra*-Fragen des »amor fati« und der »Bejahung«. Die besonders das 2. und 4. Buch durchziehenden ästhetischen Überlegungen im engeren Sinne zeigen den Menschen als Schöpfer und Bildner seiner eigenen Welt. Die – oft unrichtig als ›genealogisch‹ aufgefaßte, von Nietzsche selbst als vulgär-teleologisch dargestellte – Denkfigur, daß der »Ursprung« der Poesie ein »Bedürfnis« sei, ist hier bestimmend. Sie nötigt zu ständiger Beachtung des problematischen, absichtlichprimitiven Niveaus im Komödien-Stil des freien Geistes: der Übersetzung »ins Groteskdeutliche«. Im späteren 5. Buch spaltet sich folgerichtig, genau am springenden Punkt der »Erleichterung« (›Katharsis‹), der Kunstbegriff durch eine »zwiefache Interpreta-

tion«. – Vornehmlich in der an ›Textualität‹ interessierten französischen Nietzsche-Rezeption (einflußreich J. Derrida) sucht man Nietzsches Praxis des »Stils« in der Optik von Freud und Jakobson nachzukommen. Die tiefste Auswirkung der »gaya scienza« als experimenteller Moral zeigt sich in Musils *Der Mann ohne Eigenschaften* (1930–52).

Ausg.: Werke. Krit. Gesamtausg., hg. von G. COLLI/M. MONTINARI, Bd. 5,2, Berlin/New York 1973.
Lit.: P. KLOSSOWSKI, Nietzsche, le polythéisme et la parodie, in: Un si funeste désir, Paris 1963, S. 185–228; dt. in: Nietzsche aus Frankreich, hg. von W. HAMACHER, Frankfurt/M./Berlin 1986, S. 15–45. – T. BORSCHE, Fröhliche Wissenschaft freier Geister – eine Philosophie der Zukunft?, in: Nietzsches Begriff der Philosophie, hg. von M. DJURIĆ, Würzburg 1990, S. 53–72. – C.-A. SCHEIER, Einleitung, in: F. Nietzsche, Ecce auctor, hg. von C.-A. SCHEIER, Hamburg 1990.
H. SCHMID

Für eine Literaturgeschichte des Lesers, Harald WEINRICH; ED 1967 (in: Merkur 21, S. 1027–38).

Gestützt auf die kommunikationstheoretische Einsicht, daß literarische Interaktion nicht nur einen Autor, sondern auch einen Leser erfordert, plädiert Weinrich gegen eine produktions- oder darstellungsästhetische und für eine rezeptions- und wirkungsästhetische Begründung der Literaturgeschichtsschreibung. Seine Forderung nach einer methodischen Berücksichtigung der Leserperspektive, der historischen Rezeptionsleistungen und Publikumserwartungen stellt er in eine Traditionslinie, die von der aristotelischen Poetik (→*Peri poietikes*) und alten Rhetorik über die französischen Klassiker, die angelsächsische Literatur der zweiten Hälfte des 18. Jh.s und die kontinentale Literatur des 19. Jh.s bis in die moderne europäische Literatur reicht. Im gegenwärtigen Jh. kann sich die Wirkungsästhetik zusätzlich auf Einsichten der Literatursoziologie stützen, die nach Weinrich spätestens seit Sartres Essay →*Qu'est-ce que la littérature?* und A. Nisins *La Littérature et le lecteur* (1959; *Literatur und Leser*) nicht mehr umhin kann, den Leser als Mitschöpfer des literarischen Werkes zu betrachten. – Als Kernstück zukünftiger Literaturgeschichtsschreibung schlägt Weinrich eine historische Typologie des Lesers vor, die einerseits repräsentative Lesergruppen und ihre Leseerfahrungen mit Methoden der empirischen Soziologie beschreibt, andererseits die im Werk selbst entworfene Leserrolle mit den Methoden der literarischen Interpretation bestimmt. Dabei sind erstens die unterschiedlichen historischen Voraussetzungen verschiedener Lesertypen zu rekonstruieren: Der lesende Philologe etwa kann historisch bald als hellenistischer Grammatiker, bald als moderner kritischer Herausgeber oder Interpret auftreten, der Lesertypus des gebildeten Laien erscheint nach E. Auerbach erst mit der Reformation, das Massenpublikum nur unter etwa von W. Benjamin beschriebenen Bedingungen des 19. und 20. Jh.s. Mittels detaillierter Textinterpretation sind zweitens die vor allem gattungspoetisch gedachten ›Erwartungshorizonte‹ der Leser sowie die vom Autor im Text zum Zweck der Leserführung und der Bestimmung der Leserrolle verstreuten ›Signale‹ zu entziffern – von Weinrich am Beispiel der Erzählung *Schwere Stunde* (1905) von Th. Mann und des Romans *Portrait d'un inconnu* (1948; *Porträt ei-*

nes Unbekannten) von N. Sarraute vorgeführt. – Weinrichs *Literaturgeschichte* bereitet als erste konzeptionelle Skizze die spätere Blüte der ›Rezeptionsästhetik‹ vor. Sie beeinflußte u. a. die Arbeiten von H. R. Jauß (→*Literaturgeschichte als Provokation*) und W. Iser (→*Die Appellstruktur der Texte*).

Ausg.: Literatur für Leser. Essays und Aufsätze zur Literaturwissenschaft, Stuttgart 1971, S. 23–34.
Lit.: R. Warning, Rezeptionsästhetik. Theorie und Praxis, München 1975.

S. FELDMANN

García Márquez. Historia de un deicidio (span.; *García Márquez*. *Geschichte eines Gottesmordes*), Mario VARGAS LLOSA; EA Barcelona 1971.
Diese Abhandlung ist nicht nur eine der detailliertesten und bestbegründeten Analysen von García Márquez' Werk bis *Cien años de soledad* (1967; *Hundert Jahre Einsamkeit*). Vargas Llosa erläutert an diesem Beispiel zugleich seine eigenwillige, durch die Integration biographischer, psychologischer, historisch-sozialer, literaturtheoretischer und formaler Aspekte geprägte Romantheorie. Von allgemein literaturtheoretischem Interesse ist sie als Idealtypologie der Begriffe »Romancier« und »Roman«. Veranlaßt von einem als »Obsession« oder »Dämon« benannten Unbehagen, bemächtigt sich der typische Romancier der Realität, um sie durch Umformung neu zu entwerfen. Dieser Akt führt nicht (wie psychologisierend angenommen werden könnte) zur Überwindung des Traumas, sondern zur Objektivierung seiner Ursachen in der Fiktion. Den idealtypischen Romanautor nennt Vargas Llosa einen »Aasgeier« (er

plündert die absterbende Realität) und »Gottesmörder« (da er seine Fiktion an die Stelle der vorgefundenen Schöpfung setzt). Dem entspricht die Bestimmung des Werks als tendenziell »totaler Roman« (»novela total«). Dieses »Allmachtserzählen« findet seine sprachliche Konkretion in dem sog. »hinzugefügten Element« (»elemento añadido«) – einzelnen wiederkehrenden Themen, Motiven oder Stilzügen, die gleichzeitig die »Obsession« des Autors und ex negativo die Eigenschaften der durch Fiktion bloßgestellten Epoche kenntlich machen. Vargas Llosa hat an anderer Stelle die genannten Impulse, ihren historisch-sozialen Hintergrund und ihre literarischen Konsequenzen an einer Reihe von Beispielen erläutert. Die *Cartade batalla por Tirant lo Blanc* (1969; *Fehdebrief zur Verfechtung der Ehre von Tirant lo Blanc*) behandelt den Ritterroman des Katalanen Joanot Martorell aus dem 15. Jh. als ersten »totalen« Roman. Im europäischen 19. Jh. findet Vargas Llosa in Flauberts *Madame Bovary* den Idealtypus wieder (*La orgía perpetua*, 1975; *Die ewige Orgie*). Indem er García Márquez in eine solche Reihe stellt, entwirft er eine ehrwürdige Tradition sowohl für den lateinamerikanischen Roman der Gegenwart allgemein wie für sich selbst. Eine erste, noch unvollständige Anwendung der Theorie auf seinen eigenen Roman *La Casa verde* (1965; *Das Grüne Haus*) nimmt er in *Historia secreta de una novela* (1971; *Geheime Geschichte eines Romans*) vor. – Die Theorie begegnete dem vom Autor heftig zurückgewiesenen Vorwurf des Obskurantismus (Rama), wurde aber insgesamt nicht hinreichend

rezipiert. Nach dem Bruch mit dem einstigen Freund García Márquez hat Vargas Llosa, der 1971 mit der Untersuchung in Madrid promovierte, Neuauflagen und Übersetzungen untersagt.

Lit.: A. RAMA/M. VARGAS LLOSA, García Márquez y la problemática de la novela, Buenos Aires 1971. – J. M. TABERNER, M. Vargas Llosa. Novela para una teoría, in: Iberoromania 11 (1980), S. 133–49. – Th. M. SCHEERER, M. Vargas Llosa. Leben und Werk. Frankfurt/M. 1991, S. 63–85.

TH. M. SCHEERER

Die Geburt der Tragödie aus dem Geiste der Musik, Friedrich NIETZSCHE; EA Leipzig 1872.

Nietzsches Frage nach dem tragischen Kunstwerk betrifft zugleich ein Paradigma anerkannten Ranges, das altgriechische ›Drama‹ (d. h. das in dessen »Geburt« manifeste Wesen) und dessen ›Tod‹. Letzteren begreift Nietzsche als einen welthistorischen Wendepunkt, der die Eigenart der abendländischen Phänomene Literatur und Theorie hervorbringt. Mit Blick auf einen singulären geschichtlichen Fall von ›Kunst‹ begründet er einen Kunstbegriff, der die am ›Text‹ orientierte Lese-Tradition erschüttert. Nietzsches an Wagners Konzeption des Dramas (→ *Oper und Drama*) geheftete Erwartung einer epochalen Reform erfüllt sich nicht; doch obwohl er nach dem Bruch mit Wagner auf Distanzierung aus ist, bleibt der ständige Bezug auf die *Geburt der Tragödie* Grundlage seines Denkens (z. B. am Schluß der *Götzen-Dämmerung*, 1889). – Nietzsches Hervorhebung von zwei einander widerstreitenden Grundtrieben zur Kunst, dem »Apollinischen« und dem »Dionysischen«, versteht, gegen die Idee des »Naiven« im Klassizismus, die griechische Kultur mit ihrer klassischen Formstrenge und Klarheit als »Sieg« über eine ihr entgegengesetzte Tendenz. Die »aus einem düsteren Abgrunde hervorwachsende Blüte der apollinischen Kultur« bändigt das zerreißende Übermaß des »Geistes der Musik« durch plastisches Maß und Bildlichkeit. Diese spannungsvolle Grundstruktur griechischer Kunst ist zuerst im homerischen Epos ausgeprägt; am schärfsten spiegelt sich der Widerstreit der gegensätzlichen Grundtriebe des Dionysischen und Apollinischen jedoch in der Tragödie: die gegenläufigen Ordnungen von Musik und Bild (Chor und Szene), bringen ein Sehen aus der verwandelnd-musikalischen Bewegtheit hervor. Im Mittelpunkt der mit dieser Auffassung verbundenen Sprachkonzeption steht das Problem der ›Lyrik‹ (die antike »Identität des Lyrikers mit dem Musiker«): das ›Melos‹ ist Urphänomen und Möglichkeitsgrund des Zeichens. In dieser Weise deutet Nietzsche die Überlieferung, nach welcher der Ursprung der Tragödie der Chor, sekundär dagegen – als »Vision« – die Handlung ist. Das Wesen des Dramas liegt damit so wenig im Text wie das der Oper im Libretto: es ist primär lyrisches Ereignis. Mit dieser Auffassung stellt Nietzsche die geschichtliche Herleitung der Gattungspoetik auf eine veränderte Grundlage; dies zeigt sich besonders am Problem des ›Narrativen‹. Die historische Wende zum »Sokratismus« um 400 v. Chr., für Nietzsche die Ankunft des ›theoretischen‹ Menschen, bedeutet für ihn eine Abkehr vom »dionysischen« Grund der Kunst. Diese ist jetzt völlig auf den Ausdrucks- und Zeichencharakter verwiesen.

Dafür stehen Sokrates und Euripides: Philosophie und erzählende Sprache (Logos) beanspruchen den Ort der »Musik«. Das Drama wird zur lesbaren »Handlung« (wie z. B. bei Aristoteles), im Mythus tritt allein der Erzählgehalt, ›récit‹ (und so der »Schein« als Fabel) hervor. Indem aus dem Zuschauen, Urteilen und Lesen Rhetorik, Kritik, Literatur und Theorie hervorgehen, werden zugleich das Subjekt und seine ›ästhetische‹ Erfahrung zum Gegenstand der Reflexion. Die Krisis der Erfahrung sieht Nietzsche in Wagners Opernwerk in eine Hoffnung auf Wiedergeburt des tragischen Werks verwandelt. Er versteht sie als Gegenentwurf zur modern-sokratischen Kultur, »in umgekehrter Ordnung« hin auf die »Befähigung der Musik, den Mythus zu gebären«. – Eine am Epiphänomen des Zeichenhaften (Bild, Lesen, Text) orientierte Theoriebildung geht an Nietzsches Konzeption, teils freiwillig, vorbei z. B. bei Benjamin, Gadamer, de Man u. a., im Gegensatz zu Philologen wie W. F. Otto (*Dionysos*, 1933) und K. Reinhardt (*Aischylos*, 1949). Verwandtes Denken tritt z. T. im französischen Symbolismus auf (Nietzsche am nächsten ist Valéry), bei gleichem Horizont (Wagner). Streit um das »Schicksal der Musik« führt der George-Kreis; bei Th. Mann ins Psychologisch-Erzählerische gesenkt, hat die »Artistenmetaphysik« ein ihr gemäßes Echo bei dem Lyriker Benn.

Ausg.: Werke. Krit. Gesamtausg., hg. von G. Colli/M. Montinari, Bd. 3, 1, Berlin/New York 1980. – *Lit.:* Der Streit um Nietzsches ›Geburt der Tragödie‹, zusammengest. und eingel. von K. Gründer, Hildesheim 1969. – D. Jähnig, Die Befreiung der Kunsterkenntnis von der Metaphysik in Nietzsches ›Geburt der Tragödie‹, in: Welt-Geschichte – Kunst-Geschichte, Köln 1975, S. 122–60. – B. v. REIBNITZ, Ein Kommentar zu Nietzsches ›Geburt der Tragödie‹, Stuttgart 1992.

H. SCHMID

Gedancken über die Nachahmung der griechischen Wercke in der Mahlerey und Bildhauer-Kunst, Johann Joachim WINCKELMANN; EA Dresden 1755.

Zwischen der unveröffentlicht gebliebenen Schrift *Gedancken vom mündlichen Vortrage der neueren allgemeinen Geschichte* (entst. 1754), in dem sich schon Ansätze zu einer Kunst historischer Darstellung finden, und den *Gedancken über die Nachahmung,* in denen die spätere *Geschichte der Kunst des Altertums* (1764) vorbereitet wird, vollzieht sich Winckelmanns Übergang von der pragmatischen Reichshistorie, die der Legitimation bestehender Machtverhältnisse diente, zu einer von politischen Interessen abgelösten, das spätere Prinzip ästhetischer Autonomie antizipierenden Kunstgeschichte. Sie kommt einem durchgreifenden Geschmackswandel entgegen, der sich mit dem Widerstand des aufstrebenden Bürgertums gegen den spätbarocken Pomp der an Versailles orientierten Hofkultur vollzieht. Die Grundlage für das schlichtere bürgerliche Gegenmodell ästhetischer Bildung liefert Winckelmanns Programmschrift mit ihrer einprägsamen Formel von der »edlen Einfalt und stillen Größe«. Winckelmanns Kunstideal orientiert sich am Bild dessen, was als griechische Kunst vorgestellt wurde, tatsächlich aber kaum anders als in römischen Kopien und meistens nur in Italien sichtbar war. Die Beschreibung des Augenscheins, als deren erster Meister Winckelmann gilt, ist,

wie Herder mit Bezug auf die *Gedancken über die Nachahmung* meinte, nur die Bestätigung des frühen Entwurfs: »Was Winckelmann in Rom sehen wollte und sollte, trug er schon in sich«. Im selben Jahr, als Lessings bürgerliches Trauerspiel *Miß Sara Sampson* (1755) den Blick vom französischen Vorbild nach England lenkt, setzt Winkelmanns griechisches Vorbild der bürgerlichen Ästhetik ein neues Ziel: die Nachahmung der Franzosen und ihres Hofrituals durch die Nachahmung der griechischen Kunst zu ersetzen. Allerdings meint Winckelmann nicht so sehr die Griechen im Gegensatz zu den Franzosen als vielmehr ihre Kunst im Gegensatz zur Natur. In der »Draperie« griechischer Statuen, welche die Schönheit des Körpers als Ausdruck einer »großen Seele« durchscheinen läßt, entdeckt er eine an die »Kalokagathia« erinnernde Sinnlichkeit, die er später, etwa in der Beschreibung des *Apollo im Belvedere* (1759), auch in der sinnlichen Sprache seiner Darstellung einzufangen sucht. Sein frühes Plädoyer für »den Vorzug der Nachahmung der Alten vor der Nachahmung der Natur« ist nicht nur ein verspäteter Beitrag zu der in Frankreich seit 1697 ausgetragenen ›Querelle des anciens et des modernes‹ (vgl. Perrault →*Parallèle des Anciens et des Modernes*), sondern vor allem die offensichtliche Herausforderung eines in der Ästhetik des frühen 18. Jh.s vorherrschenden Ideals – der Ablösung der bloßen Naturnachahmung durch das Ethos der Ausdruckskunst: »Der Ausdruck einer so großen Seele gehet weit über die Bildung der schönen Natur: Der Künstler mußte die Stärke des Geistes in sich selbst fühlen, welche er seinem Marmor einprägete.« Das Interesse an der ästhetischen Ausprägung einer vergangenen Kultur, die verbindlicher erscheint als die zeitlose Natur, zielt auf ein neues Menschenbild, das, vermittelt durch Herder, Goethe und W. v. Humboldt, für die Klassik richtungweisend wird. Winckelmanns Programmschrift, die von den Kritikern der deutschen ›Gräkomanie‹ oft als Beginn des deutschen ›Sonderwegs‹ in der europäischen Geistesgeschichte getadelt wird, legt den Grund dafür, daß überhaupt die Kunst, also ein fiktionales Abstraktum, das gleichwohl in der Anschauung gegenwärtig ist, zum Gegenstand der Geschichtsschreibung werden kann. So verbinden sich, ausgehend von Winckelmanns Frühschrift, die Ästhetisierung der Geschichte und die Theoretisierung ihrer Behandlung sowohl zur kunstgeschichtlichen Begründung des neuhumanistischen Bildungsideals als auch, in der Frühgeschichte der Moderne, zu einer Theorie der ästhetischen Repräsentation.

Ausg.: Stuttgart 1982.
Lit.: H. C. Seeba, Winckelmann: Zwischen Reichshistorik und Kunstgeschichte. Zur Geschichte eines Paradigmawechsels in der Geschichtsschreibung, in: Aufklärung und Geschichte. Studien zur deutschen Geschichtswissenschaft im 18. Jahrhundert, hg. von H. E. Bödeker/G. G. Iggers/J. B. Knudsen/P. H. Reill, Göttingen 1986, S. 299–323.

H. C. Seeba

Gedanken über die Natur der Poesie, Friedrich Gottlieb Klopstock; ED 1759 (in: Nordischer Aufseher, Bd. 2, 105. Stück, S. 381–88).
In dieser Schrift stellt Klopstock erstmals eine Zusammenfassung seiner Gedanken zur Poesie vor. Ausdrücklich lehnt er darin die in der Nachfolge von Aristoteles (→*Peri poietikes*) stehende Nachahmungstheorie Batteuxs (→*Les Beaux Arts réduits à un même principe*) ab. Seiner Auffassung nach liegt »das Wesen der Poesie« nicht in der Nachahmung der schönen Natur, sondern in ihrer Wirkung. Mit Horaz (→*De Arte Poetica*) betont Klopstock den Anteil subjektiver Empfindung des Poeten am Dargestellten, der für die intendierte Wirkung von Poesie – »Bewegung« der ganzen Seele – entscheidend ist. Dabei geht es nicht um den Ausdruck individueller Erfahrung und Empfindung als Selbstzweck im Sinne des jungen Goethe (→*Zum Schäkespears Tag*) oder der Romantiker, sondern um einen für die angestrebte Wirkung notwendigen Faktor: Die gleiche Empfindung soll bei Leser und Hörer hervorgerufen werden. – An den Beginn seiner Abhandlung stellt der Verfasser eine Bestimmung der Poesie, die er nachfolgend im einzelnen genauer erläutert: »Das Wesen der Poesie besteht darin, daß sie, durch die Hülfe der Sprache, eine gewisse Anzahl von Gegenständen, die wir kennen, oder deren Dasein wir vermuten, von einer Seite zeigt, welche die vornehmsten Kräfte unsrer Seele in einem so hohen Grade beschäftigt, daß eine auf die andre wirkt, und dadurch die ganze Seele in Bewegung setzt.« Und weiter heißt es : »Die tiefsten Geheimnisse der Poesie liegen in der Aktion, in welche sie unsre Seele setzt.« Die Aktion, die Handlung besteht, wie in den Schriften *Von der Darstellung* (1779) und *Zur Poetik* (1774) ausgeführt wird, nicht »vornehmlich in der äußerlichen Tat«, sondern »in der Anwendung der Willenskraft zu Erreichung eines Zwecks«. Dabei ist der Wille

oder das Herz, diese ›gewaltigste Kraft der Seele‹, Sitz aller derjenigen Empfindungen, die »groß und edel sein lehren«, wie Klopstock in → *Von der heiligen Poesie* ausführt. Entscheidend ist damit die psychische Wirkung von Poesie auf den Menschen. Sie liegt in der Erhöhung der Lebensintensität und ist Voraussetzung zu einer moralischen Veredelung. Mit dieser Wirkungstheorie von Poesie steht Klopstock in der Tradition J. J. Bodmers (→ *Critische Abhandlung von dem Wunderbaren in der Poesie*) und J. J. Breitingers (→ *Critische Dichtkunst*), die ebenfalls die Meinung vertreten, daß Poesie vor allem auf das menschliche Gemüt wirken soll, und die deshalb unter dem Eindruck von DuBos (→ *Réflexions critiques sur la poésie et la peinture*) Anleitungen zur »hertzrührenden Schreibart« entwickeln. Klopstocks im folgenden aufgestellte ›Forderungen‹ an den Poeten, die vom traditionellen Thema der Angemessenheit der Gedanken an den Gegenstand handeln, stehen ganz im Licht dieser beabsichtigten Wirkung. Für die Poesie sind nur »gewisse« Gegenstände geeignet, die oft auch nur in einem »Gesichtspunkt« gezeigt werden dürfen, aber deren Dasein »vermutet« wird. Damit weitet Klopstock den Raum der Einbildungskraft im Sinne von Breitinger aus. Der Dichter ist »ein Maler«, dessen »Meisterhand« sich darin zeigt, »durch die Zusammensetzung krummer Linien Schönheit hervorzubringen«. Vorbild für den ›lyrischen Dichter‹ ist Horaz, dessen Oden von Klopstock als »Muster« angesehen werden, weil sie »das Wesentliche« zeigen. Neben der Schulung an klassischen Mustern ist eine genaue Kenntnis der Sprache Voraussetzung für einen ›guten Dichter‹. Wichtig sind vor allem die Kenntnis der verschiedenen Wortbedeutungen, sowie ein Verständnis von Harmonie. Diese wird in der Poesie einerseits durch den Wohlklang bestimmt, der von der angemessenen Wahl des Metrums abhängt, und andererseits von der Verwendung wohlklingender, d. h. »harmonischer Wörter«. Diese Betonung der Bedeutung »schöner Gelehrsamkeit« weist Klopstock noch ganz als ›poeta doctus‹ aus. – Mit seiner Bestimmung des Wesens der Poesie durch ihre Wirkung auf die »ganze Seele« und nicht als Nachahmung der »schönen Natur« (Batteux) führt Klopstock Überlegungen weiter, die vor allem von Bodmer und Breitinger formuliert wurden.

Ausg.: Ausgewählte Werke, hg. von K. A. SCHLEIDEN, München 1962.
Lit.: K. L. SCHNEIDER, Klopstock und die Erneuerung der Deutschen Dichtersprache im 18. Jahrhundert, Heidelberg 1965. – K. HILLIARD, Philosophy, Letters, and the Fine Arts in Klopstock's Thought, Leeds 1987.
                      M. NENON

Der Geist als Widersacher der Seele, Ludwig KLAGES; EA Leipzig 1929–32 (3 Bde.).

In seinem metaphysischen Hauptwerk bindet Klages die wesentlichen Thesen seiner Theorien über Graphologie (*Probleme der Graphologie*, 1910), Charakter- und Ausdruckskunde (*Prinzipien der Charakterologie*, 1910; *Ausdrucksbewegung und Gestaltungskraft*, 1913) und Dichtung (*Stefan George*, 1902; *Goethe als Seelenforscher*, 1928) in ein umfangreiches philosophisches System ein, dessen Ziel es ist, Geist und Leben exakt voneinander zu unterscheiden. Ausgangspunkt für diese Unterscheidung ist Klages' Untersuchung des Verhältnisses von Sein und Wirklichkeit. Der eleatischen Schule und der Hauptströmung der abendländischen Philosophie folgend, setzt er das Sein mit dem begrifflichen Denken gleich. Allerdings trennt er das Sein strikt von der Wirklichkeit ab, allein den raumzeitlichen »Bildern der Welt«, den Erscheinungen, spricht er Wirklichkeitscharakter zu. Diese können nur in Bildern erlebt, nicht begrifflich erfaßt werden, das Sein hingegen wird gedacht. Der Mensch hat als einziges Wesen sowohl am Sein als auch am Leben teil. Als »persönliches Ich« existiert er und ist zugleich wirklich, Träger von Geist und Leben. Das Leben polarisiert Klages nach Leib und Seele, dabei bestimmt er den Leib als »Erscheinung der Seele« und die Seele als »Sinn des Leibes«. Die Seele ist das passive Vermögen der Erlebnisfähigkeit, des Schauens des Bildraumes Welt, in dem uns die Wirklichkeit erscheint. Für Klages wird die Seele – hier bezieht er sich auf die griechische Frühkultur – in Mythos, Dichtung und Sprache erkennbar. Letztere hat einen evozierenden Charakter, da das Wort den erlebten Zusammenhang und den geschauten Bildcharakter lautlich darstellt und erneut hervorzurufen vermag. Insofern hat Sprache für Klages Wirklichkeitsgehalt. Im Verlauf der Menschheitsgeschichte wird dieses »sinnbildliche Denken«, das die ursprüngliche Zusammengehörigkeit von Mensch und Leben widerspiegelt, vom »logozentrischen Denken« verdrängt. Der Geist als aktives Vermögen des Erfassens und der Begriffsbildung bringt die erlebten Zusammenhänge in ein diskontinuierliches Beziehungsgefüge. Er negiert, daß er selbst dem

Leben innewohnt und wird zur lebensfeindlichen Kraft. Klages' Werk ist jedoch kein Pamphlet des Irrationalismus. Es faßt aber den Wirklichkeitsbegriff neu und wertet gleichzeitig Sprache und Dichtung auf. In ihnen wird die Wirklichkeit dargestellt, überdies hängt das Denken von der Sprache ab (vgl. *Die Sprache als Quell der Seelenkunde*, 1948). Vor diesem Hintergrund versteht Klages sein philosophisches Denken als einen »Deutungsversuch der Wortmagie«.

Ausg.: Bonn ⁶1981.
Lit.: A. SCHUBERTH, Einleitung, in: Gesammelte Werke, Bd. 1, hg. von E. FRAUCHIGER/ G. FUNKE/ K. J. GROFFMANN/ R. HEISS/ H. E. SCHRÖDER, Bonn 1969. – H. KASDORFF, Um Seele und Geist, in: H. KASDORFF, Ludwig Klages, Gesammelte Aufsätze und Vorträge zu seinem Werk, Bonn 1984, S. 84–108.

S. ROSE

Geist der Utopie, Ernst BLOCH; EA München/Leipzig 1918 (1. Fassung), Berlin 1923 (2. Fassung), Frankfurt/M. 1964 (überarb. Fassung).

Mit diesem »Sturm-und-Drang-Buch« beginnt Blochs Philosophie der Utopie, die in *Das Prinzip Hoffnung* (1954–59) ihre endgültige Form und Bestimmung findet. Zugleich leistet es einen Beitrag zum Modernismus-Diskurs, indem es dem ästhetischen Erlebnis eine utopische Funktion zuschreibt. Das ästhetische Erlebnis versteht Bloch als Selbstbegegnung des Menschen im Kunstwerk, in Malerei, Literatur und Musik. Unter dem Titel »Die Erzeugung des Ornaments« wird dieser Vorgang der Selbstbegegnung an einem van Gogh-Bild veranschaulicht. Der Kunstbetrachter wird in die Mitte des Bildes versetzt und findet sich dort wieder: »Wir sind plötzlich mit darin und gerade dieses wird gemalt.« Die Distanz zwischen Kunstbetrachter und Kunstobjekt wird aufgehoben. Das ästhetische Erlebnis macht das Kunstwerk zu einem Spiegel, in dem der Mensch seine Zukunft erblickt. Es vermittelt dasjenige, was am Kunstwerk noch Zukunft ist, mit dem, was an ihm Wirklichkeit werden könnte. Damit wird der ästhetische Schein zwar in eine ferne, jedoch erreichbare Zukunft gerückt. Die subjektive Antizipation der Utopie wird im Kunstwerk als objektiv realisierbar gegenwärtig, wobei Utopie weder eine literarische Gattung noch einen soziologischen Begriff bezeichnet, sondern einen subjektiven Willen, der über die bloße Widerspiegelung der Wirklichkeit hinausgeht. Durch ihn erhält die utopische Funktion des ästhetischen Erlebnisses ein kreatives Moment, das sich qualitativ auf die Zukunft auswirkt. Das Kapitel über Literatur ist mit seiner Don Quixote-Analyse unter dem Titel »Der komische Held« gegen das bloße Träumen, die private Utopie ohne kritischen Wirklichkeitsbezug gerichtet. Der Rest besteht aus einer Auseinandersetzung mit G. Lukács und dessen Immanenzauffassung der Tragödie, die nach Bloch zu einer »Transzendentalphilosophie der Freundlichkeit und Gottfülle des Daseins« hinausführt. – Seine »Philosophie der Musik« entwickelt Bloch am Beispiel der Theorie und Geschichte der Musik von Bach bis zu Mahler und Strauss. Die Musik gilt für Bloch als das ideale Medium des Utopischen im Bereich der Ästhetik. Besser als Bild und Sprache ist der »gehörte Ton« der Musik dazu geeignet, den »ge-

schichtlich innern Weg« des Menschen zu zeigen. Jedoch verharrt Bloch mit seinem Utopie-Begriff nicht im Bereich der Ästhetik, sondern will ihn unter dem Titel »Karl Marx, der Tod und die Apokalypse« auch auf den historisch-politischen Gesellschaftsprozeß angewendet wissen. Damit wird aus einer Ästhetik des Expressionismus eine Philosophie der russischen Oktoberrevolution. – Blochs *Geist der Utopie* wurde beim Erscheinen von den Expressionisten begeistert aufgenommen, auf Ablehnung stieß es hingegen bei der Musikkritik. Später löste es wegen seiner mystischen Sprache oft Irritationen aus, doch der von ihm erhobene utopische Anspruch der Kunst hat u. a. auch auf Adorno und die Entwicklung seiner →*Ästhetischen Theorie* gewirkt.

Ausg.: Gesamtausgabe, Bd. 3 und Bd. 16, Frankfurt/M. 1964.
Lit.: B. SCHMIDT, Utopie ist keine Literaturgattung, in: Literatur ist Utopie, hg. von G. UEDING, Frankfurt/M. 1978, S. 17–44. – R. BOTHNER, Kunst im System, Bonn 1982. – A. MÜNSTER, Utopie, Messianismus und Apokalypse im Frühwerk Ernst Blochs, Frankfurt/M. 1982.

E. BAHR

Gemeinsame   Tagträume, Hanns SACHS; EA Leipzig/ Wien/Zürich 1924.
Diese Studie aus dem innersten Kreis der Freud-Schüler verfolgt die Genese des Kunstwerks aus dem Schuldgefühl. In →*Der Dichter und das Phantasieren* hatte Freud das Phänomen Dichtung psychoanalytisch gedeutet, indem er es einer Reihe ähnlicher psychischer Bildungen genetisch und strukturell zuordnete: Traum, Kinderspiel, Tagtraum. Dem Kunstwerk stellt Sachs nun als ›missing link‹ den »gemeinsamen Tagtraum«

voran. Dieser leistet den Übergang vom »Asozialen zum Sozialen«, da er die Bindung der Dichtung an die »egoistischen« Gebilde von Traum und Tagtraum – ihr Ziel ist die ersatzweise Befriedigung unerfüllter Wünsche – zugleich bewahrt und in Richtung auf das eigentlich Soziale am Werk, die Form, überschreitet. Ist der »Tagtraum von Einem für Einen, das Kunstwerk von Einem für möglichst Viele geschaffen«, so wird der gemeinsame Tagtraum von Zweien für Zwei phantasiert und steht Modell für das Gegenüber und Miteinander von Autor und Publikum. An drei Fallbeispielen stellt Sachs Motive, psychische Dynamik und Funktion der gemeinsamen Phantasiearbeit heraus. Sie dient der Aufhebung des Gefühls von Einsamkeit und Verlassenheit und entlastet von Schuldgefühlen, da der einzelne über symbolisch verschlüsselte Mitteilung von den gleichen unbewußten Wünschen im anderen erfährt oder diese unbewußt wahrnimmt. Der Halt, den der mitphantasierende – im übrigen immer gleichgeschlechtliche – Partner bietet, ermöglicht dem Paar, in weit stärkerem Maße bedrohliche unbewußte Inhalte, wie Todeswünsche und schwere Wut- und Haßaffekte, zuzulassen, als es der einsame Tagträumer vermöchte. Dieser »erfolgreiche Durchbruch des Unbewußten« nähert den gemeinsamen Tagtraum dem Traum: der Schlaf und die Mitarbeit setzen analog die Verdrängungsschranke herab. Entsprechend entlastet sich der Dichter für die Schuld seiner strafbaren Phantasien: im Schaffensakt wird das »bereitwillige Mitgehen« des Publikums antizipiert und formstrategisch gesteuert (Illusio-

nierung, Erregung der Affekte, überpersönlicher Held etc.). Der Autor revanchiert sich an den Vielen, indem er ihnen das Werk zum Zweck des kathartischen Mitphantasierens anbietet. Diese »soziale Leistungsfähigkeit« erhebt ihn über Neurotiker, Tagträumer und Träumer. Der Einschluß der anderen in die Phantasie führt zum Werk; dessen Form ist die Platzhalterin der potentiellen Mitphantasierenden, sie beweist durch ihre Schönheit, daß der Künstler seinen Narzißmus auf das Werk verschieben konnte. – Die Zeitbedingtheit der Studie zeigt sich darin, daß Sachs den Ödipuskomplex als den Ursprung aller Schuld ansieht. Obwohl er in zwei der drei Fallbeispiele weibliche Geschwisterpaare und deren Phantasien schildert, setzt sich in seiner weitgehend triebpsychologischen Theorie (im Anschluß an *Totem und Tabu*, 1912/13) die Freudsche Vorurteilsrede von Vatermord und Brüdergemeinde durch. Unberücksichtigt bleibt die von den Ich-Psychologen herausgestellte Funktions- und Bemeisterungslust, welche die Lust am Spiel und an der Bewältigung des Unlustvollen einschließt. Auch die externalisierende Vergegenständlichung der Phantasie durch das Werk, die sie sekundärprozeßhafter Bearbeitung und der Ich-Integration zugänglich macht, spielt bei Sachs noch keine Rolle. Inzwischen haben Selbstpsychologie und Objektbeziehungstheorie die narzißtische Dimension genauer untersucht. Die Einsichten in die hohe Störbarkeit der Mutter-Kind-Dyade haben dazu geführt, die restitutive Funktion des Schaffensprozesses in Begriffen von Objektverlust bzw. -zerstörung – Trauerarbeit – Wiederherstellung (von primärem Objekt und der mit ihm erlebten Einheit) zu beschreiben: Als »Selbstobjekt« kann das Werk kompensatorisch oder reparativ ein Stück fehlender psychischer Struktur ersetzen, den Schaffenden sich als »heil« erleben lassen. – Literaturtheoretisch gesehen, werden bei Sachs die Gattungen Drama und Roman bevorzugt. Es fehlt die Reflexion auf die Sprachgestalt des Werkes und seine konkrete Historie, die (in der Wölfflin-Nachfolge) durch eine einfache Typologie literarischer Bewegungen ersetzt ist: den Polen Schuldbewußtsein und Narzißmus entsprechend, wechseln expressiv-revolutionäre mit klassizistischen Perioden.

Lit.: C. Pietzcker, Überblick über die psychoanalytische Forschung zur literarischen Form, in: Freiburger literaturpsychologische Gespräche 9 (1990), S. 9–32. – W. Schönau, Einführung in die psychoanalytische Literaturwissenschaft, Stuttgart 1991.

A. Lange-Kirchheim

Geschichte der poetischen National-Literatur der Deutschen, Georg Gottfried Gervinus; EA (5 Teile) Leipzig 1835–42 (Historische Schriften, Bde. 2–6).

Gervinus unternahm mit diesem in wissenschaftsgeschichtlicher Hinsicht epochemachenden Werk den Versuch, alle relevanten deutschsprachigen Dichtungen zum Konstrukt einer homogenen, identitätsbildenden Nationalliteratur zu synthetisieren. 1833 hatte sich Gervinus in einer programmatischen Rezension gegen das bibliographisch-enzyklopädische Ordnungsprinzip der »Litterärgeschichten« gewandt und für eine streng historische Behandlung der (schönen) Literatur plädiert. Seine von den weltanschaulichen Positionen des vormärz-

lichen Liberalismus geprägte sowie die Erkenntnisinteressen des frühen Historismus verfolgende *Geschichte der poetischen National-Literatur* sollte jene Forderung einlösen und zugleich die Wissenschaft dem aktuellen Zweck der Nationbildung nutzbar machen. Dieser doppelten Zielsetzung diente das Gervinus' Werk zugrundeliegende geschichtsphilosophische Modell, das die deutsche Geschichte in drei Zeitalter – ein religiöses (Reformation), ein in Goethe und Schiller kulminierendes ästhetisches und ein bald anbrechendes politisches – gliederte. Dabei wurde der mit zeitgenössischen liberalen Kategorien bestimmte »Mittelstand« zum Träger des (kultur)historischen Fortschritts und zum Adressaten der im Medium der Literatur angeblich formulierten Merkmale des deutschen Nationalgeistes (Protestantismus, Humanität, Innerlichkeit, Realitätssinn, Wahrheitsstreben und Gründlichkeit) stilisiert. Diese Merkmale besaßen neben einer heuristischen eine politische Funktion, da sie sowohl die Konstruktion eines umfassenden genetischen Zusammenhangs zwischen den einzelnen Dichtungen ermöglichten als auch als richtungweisende Garantien für eine gerechte Reformpolitik ausgegeben wurden. – Entgegen einer verbreiteten Einschätzung verschloß sich Gervinus einer ästhetischen Bewertung keineswegs, sondern erklärte sie lediglich zur Nebensache seines Projekts, das in erster Linie den Gehalt der Dichtungen zu erörtern beabsichtigte. Diese Marginalisierung formaler Kriterien resultierte aus dem Glauben an ein ahistorisches, sich einer konsequenten Historisierung der Literatur verweigerndes Schönheitsideal. Seine ästhetischen Maßstäbe erweisen Gervinus als epigonalen Verfechter einer klassizistischen Formenlehre, die überdies den auf Aristoteles (→*Peri poietikes*) gründenden Gattungspoetiken der Spätaufklärung verhaftet blieb: Er ging von der Existenz nur zweier legitimer Gattungen – Epos und Drama – aus und befürwortete eine strikte Trennung zwischen Poesie und Prosa, die Aufrechterhaltung unvermischter Gattungen sowie die Kongruenz von Form und Inhalt des Kunstwerks. – Auf die zeitgenössische Dichtung konnte ein Werk, das die Blütezeit der Literatur für zunächst beendet erklärt und auf dem Feld der ästhetischen Kritik wenig kompetente Urteile gefällt hatte, keinen unmittelbaren Einfluß nehmen. Im wissenschaftlichen Bereich hingegen war seine Wirkung groß. Die Vertreter der sich im 19. Jh. etablierenden Literaturgeschichtsschreibung erkannten seine genrebildende Bedeutung sofort an. Auch die Vorwürfe der Philologen (J. Grimm, Lachmann), Gervinus arbeite mit spekulativen Kategorien und besitze zu wenig Detailkenntnisse, konnten daran nichts ändern. Die der *Geschichte der poetischen National-Literatur* zuteil gewordene Wertschätzung erhellt aus der Tatsache, daß ihre Kritiker kaum prinzipielle Einwände erhoben, sondern lediglich bemängelten, Gervinus habe seine Programmatik nicht entschieden genug umgesetzt. Diese Zurückhaltung ist insofern verständlich, als die *Geschichte der poetischen National-Literatur* erstmals das Ensemble aller für die deutsche Literaturgeschichtsschreibung des 19. Jh.s konstitutiven Aspekte aufweist: Das populärwissenschaftliche Werk arbeitet die Historizität der Literatur heraus und präsentiert deren für wesentlich erachteten Bestand als organisch gewachsene Totalität, welche die kollektive Identität der Deutschen widerspiegele und als kulturelles Erbe zugleich Impulse für die Gegenwart freisetze. Die nachrangige Behandlung ästhetischer Fragen antizipiert die sich in der zweiten Jahrhunderthälfte durchsetzende Trennung zwischen Literaturgeschichte und -kritik.

Ausg.: Leipzig ⁵1871–74 (u. d. T. Geschichte der deutschen Dichtung, 5 Bde., ab Bd. 3 hg. von K. BARTSCHL).
Lit.: R.-P. CARL, Prinzipien der Literaturbetrachtung bei Gervinus, Bonn 1969. – K.-H. GÖTZE, Grundpositionen der Literaturgeschichtsschreibung im Vormärz, Frankfurt/M. 1980, S. 251–355 und 544–66. – M. ANSEL, Georg Gottfried Gervinus' »Geschichte der poetischen National-Literatur der Deutschen«. Nationbildung auf literaturgeschichtlicher Grundlage, Frankfurt/M. 1990.

M. ANSEL

Gespräch über die Poesie, Friedrich SCHLEGEL; ED Berlin 1800 (in: Athenäum).
In dieser programmatischen Schrift der Frühromantik entwirft F. Schlegel eine Theorie der Dichtung, des Romantischen und des Romans zugleich. – In der Einleitung verwirft er zunächst Ansätze, die Poesie durch einen Gesetze aufstellenden Verstand zu fördern. Stattdessen »blüht [Poesie] von selbst aus der unsichtbaren Urkraft der Menschheit hervor«, weshalb nur aus ihr heraus, d. h. poetisch, von ihr gesprochen werden kann. In dem Abschnitt »Epochen der Dichtkunst« wird anschließend ein neuer Kanon der Weltliteratur aufgestellt, der für die Romantik verbindlich wurde. Die vorsokratische griechische Dichtung wird als »goldene Zeit«

bestimmt, Aristophanes auf-, Euripides abgewertet, die lateinische Dichtung als bloß marginal abgetan. Als Repräsentanten für eine neue Blüte der Dichtung in der frühen Neuzeit werden Dante, Petrarca, Boccaccio, Ariost, Guarini, Cervantes und Shakespeare genannt. Pauschal wird der französische Klassizismus als falsche Bezugnahme auf die Antike verworfen. Eine neue Epoche der Dichtkunst wird in Deutschland erkannt, u. a. mit Winckelmann (→ *Gedancken über die Nachahmung der griechischen Wercke in der Mahlerey und Bildhauer-Kunst*), Goethe, der idealistischen Philosophie und mit einem neuen Ineinandergreifen von Philosophie und Poesie, literarischer Übersetzung und Literaturwissenschaft. – Der Ausblick auf eine »Morgenröte der neuen Poesie« wird in dem Abschnitt »Rede über die Mythologie« theoretisch begründet. Sie geht von der Einsicht aus, daß der »modernen Dichtkunst« ein Halt und Mittelpunkt, d. h. eine intersubjektiv verbindliche Symbolsprache, fehlt: das »höchste Heilige« bleibt formlos (d. h. die Idee findet nicht zur Anschauung), die Liebe (als Vermögen der Vereinigung des Unterschiedenen) erscheint »unüberwindlich für die Darstellung«. Damit steht die Bedingung der Möglichkeit von Symbolik überhaupt (als Verweis auf eine »Harmonie des Ideellen und Reellen«) zur Debatte. Der transzendentale Charakter moderner Poesie wird erkannt: daß sie mit den Zeichen, die sie schafft, zugleich die Möglichkeit von Zeichenverweisung überhaupt aufweisen muß. Demgegenüber konnte die antike Dichtung, wie dies die Mythologie bezeugt, Vorstellungen des Sich-Durch-

dringens und damit der Verweisung von Geist und Natur, des Himmlischen und des Irdischen voraussetzen. So fragt die »Rede« nach der Vermittlung des Reichs der Ideen (z. B. der Freiheit, der Autonomie des Ich) und des Reichs der Erscheinungen (der Natur, der Notwendigkeit, wo Kausalität und Determination herrschen). Politisch konnte sie mit der Französischen Revolution nicht verwirklicht werden. Philosophisch erlaubt die Analogie zwischen der grundsätzlichen anschauungsmäßigen Unerfülltheit der Idee und (in der Welt der Erscheinungen) der begrifflichen Unerfülltheit des Schönen nach Kant (→ *Kritik der Urteilskraft*) lediglich, daß die eine Unerfülltheit für die andere stehen kann. Statt tatsächlicher Vermittlung wird dann nur »ein Symbol für die Reflexion« gegeben (»das Schöne als Symbol des Sittlichguten«). Demgegenüber versucht Schiller, einen »objektiven Begriff des Schönen« durch die Vermittlung des Stoff- und Formtriebs im Spieltrieb des Menschen aufzustellen (→ *Über die ästhetische Erziehung des Menschen, in einer Reihe von Briefen*). F. Schlegel kappt auch diesen Außenbezug – im Unterschied zum → *Ältesten Systemprogramm des deutschen Idealismus*, das gleichfalls die Forderung einer »Neuen Mythologie« erhebt, die aber »im Dienste der Ideen« zu stehen hat. Die »Neue Mythologie« des »Gesprächs« ist hingegen als Selbstzweck entworfen. Sie ist selbst ästhetisch und Bedingung der Möglichkeit des Ästhetischen, da sie für den Grundvorgang von Dichtung, die Zeichenverweisung, einsteht. Sie ist damit zirkulär entworfen. Die Mythologie, die der Symbolleistung der Kunst erst Halt gibt, ist selbst Kunstwerk, die Kunst wird remythisiert. Verschleiert wird dies durch den Aufweis von Verweisungen (»Spuren«, d. h. selbst Zeichen) von außen, jenseits der Poesie, die der »neuen Mythologie« Gewähr geben. Die idealistische Philosophie, welche die äußere Welt (alles was nicht Geist ist) auf Akte des Geistes zurückführt, schafft dem Symbolismus Bahn, ebenso die zeitgenössische Naturphilosophie, die Spinozas Lehre von der Identität der Ordnung der Ideen und der Ordnung der Dinge neuen Glanz verleiht, indem sie diese statt als System des »Realismus« als Poesie nimmt. So wird es möglich, Mythologie und Natur zu verknüpfen: jede »schöne Mythologie« ist ein »hieroglyphischer Ausdruck der umgebenden Natur« in der Verklärung von »Fantasie« (als Vermögen, das Verschiedenste zusammenzubringen) und »Liebe« (als Vermögen der Vereinigung). Mit solchem Vermögen der »Beziehung und Verwandlung«, des Anbildens und Umbildens, kann die Mythologie dann selbst als »Kunstwerk der Natur« bezeichnet werden. Damit aber sind eben die Vermögen herausgestellt, die F. Schlegel gerade der romantischen Poesie zuspricht: »Witz« (als Verknüpfung, wo sie nicht erwartet wird), Fantasie, »künstlich geordnete Verwirrung, reizende Symmetrie von Widersprüchen, ewiger Wechsel von Enthusiasmus und Ironie«, deren ideale poetische Verwirklichungsform insgesamt die »Arabeske« ist. So kann die romantische Poesie als »indirekte Mythologie« bestimmt werden. – Der anschließende »Brief über den Roman« liefert einen historischen und theoretischen Begründungs-

zusammenhang. »Groteske« und »Arabeske« werden durch ihr Vermögen zum »Witz« und ihre Offenheit für die Fantasie als angemessenste Ausdrucksformen des »Romantischen« in der unromantischen Jetztzeit bestimmt, in der es fraglich geworden ist, vom Subjekt aus einen Einklang von Wirklichkeit und Sinn zu erreichen. Das Romantische wird definiert als das, »was uns einen sentimentalen Stoff in einer fantastischen Form darstellt«. Dabei verspricht das »Sentimentale« als »Geist der Liebe« eine Vereinigung des scheinbar unausweichlich Getrennten (des »Göttlichen« und der »Sphäre der Natur«), was die Fantasie auf den Plan ruft, da nur sie »das Rätsel dieser Liebe fassen und als Rätsel darstellen« kann. Als ideale Form des so verstandenen Romantischen erscheint der Roman, insofern er sich eben diesen Vermögen verschrieben hat: Zufall, Spiel, fantastischer Fülle, Rücknahme von allem Bestimmten in der Ironie, Vereinigungskraft des Erotischen; und all dies nicht als Selbstzweck, sondern als Allegorie eines umfassenderen Sinns. Die »romantische Poesie« der eigenen Zeit ist damit als Vermittlung entworfen, als ein Wiedergewinnen des »eigentlich Romantischen« in unromantischer Zeit. Von Schillers Begriff des »Sentimentalischen« (→*Über naive und sentimentalische Dichtung*) ist diese Struktur unterschieden, insofern ihr Bezugspunkt nicht die Antike, sondern die frühe Neuzeit ist, grundsätzlicher aber noch durch ihren progressiven Charakter: als Beginn einer neuen Mythologie, die ein neues Zeitalter der Poesie eröffnet. Dieser Anspruch fordert Belege und eben hierin hat der anschließende »Ver-

such über den verschiedenen Styl
in Goethes früheren und späteren
Werken« seine Pointe. Nach einer
subjektiven und einer objektiven
Phase hat Goethe eine Stufe der
Vereinigung erreicht, eine »Harmonie des Klassischen und des
Romantischen«, die im Unterschied zum eigentlich Romantischen »durchaus progressiv« ist,
womit Goethe zum »Stifter und
Haupt einer neuen Poesie« werden kann, was einen fraglos möglichen Übergang zum eigenen
Entwurf der romantischen Poesie
(im *Athenäumsfragment* Nr. 116)
als einer »progressiven Universalpoesie« suggeriert.

Ausg.: Athenäum, Bd. 3, Darmstadt 1960
(Nachdr.). – Krit. Friedrich-Schlegel-Aus-
gabe, Bd. 2, Charakteristiken und Kritiken I,
hg. von H. EICHNER, München 1967.
Lit.: K. K. POLHEIM, Die Arabeske. Ansichten und Ideen aus Friedrich Schlegels Poetik,
München 1966. – R. IMMERWAHR, Die
symbolische Form des ›Briefes über den Roman‹, in: Zs. f. dt. Phil. 88, Sonderh. (1970),
S. 41–60. – K. H. Bohrer, Friedrich Schlegels
›Rede Über die Mythologie‹, in: ders., Mythos
und Moderne, Frankfurt/M. 1983, S. 52–82.

                                    B. GREINER

The Great Tradition. George
Eliot – Henry James – Joseph
Conrad (engl.; *Die Große Tradition. George Eliot – Henry James –
Joseph Conrad*), Frank Raymond
LEAVIS; EA London 1948.
Zwischen seinen Bemühungen
um eine Neukonzeption der Tradition englischer Lyrik und der
Entwicklung einer gattungsüber-
greifenden romantisch-lebensphi-
losophischen Traditionslinie unternimmt Leavis in *The Great Tradition* den Versuch, die klassische
Tradition des englischen Romans
neu zu bestimmen. Im Hintergrund seines Interesses an der Tradition steht die kulturkritische
Diagnose, daß die Kultur generie-
rende Wechselbeziehung von
Kontinuität und Kreativität in der
Folge des modernen Zivilisations-
prozesses weitgehend zerstört
worden ist. Kompensatorisch soll
daher die literarische Tradition
zum Kernpunkt eines kulturellen
Gedächtnisses werden, das die in
der Literatur bewahrten repräsentativen humanen Wert- und
Sinnerfahrungen als Alternative
zum Verhängnis der Zivilisation
bereitstellt. Ähnlich wie T. S.
Eliot (→ *Tradition and the Individual
Talent*) bei der Tradition der englischen Lyrik Pate gestanden hat,
liefert das Romanwerk von D. H.
Lawrence (im paradigmatischen
Gegensatz zu dem von J. Joyce)
den gegenwärtigen Bezugspunkt
für die hermeneutische Rekonstruktion. Leavis' Studie *D. H.
Lawrence: Novelist* (1955; *Der Erzähler D. H. Lawrence*) bildet daher
die notwendige Ergänzung zu *The
Great Tradition*. Ausgehend vom
Kriterium klassischer künstlerischer Leistung orientiert sich sein
Romankanon an der Annahme
einer Wechselbeziehung von ästhetischer und moralischer Qualität. Was Klassizität ausmacht ist
das Vermögen von J. Austen, G.
Eliot, von Ch. Dickens in *Hard
Times* (1854; *Harte Zeiten*), von H.
James, J. Conrad und D. H. Lawrence, die formalen Möglichkeiten des Romans so für eine moralische Lebenskritik fruchtbar zu
machen, daß sie zugleich die literarischen Aussagemöglichkeiten
erweitern. Die Integration von ästhetischen und moralischen Fragestellungen wird durch die Charakterisierung der großen Romane als »dramatisches Gedicht«
und als »moralische Fabel« gefördert. Als »dramatisches Gedicht«
verbindet der Roman die Be-
deutungskonzentration lyrischer

Sprachkunst mit der objektivierenden Interaktion meist figuraler Textperspektiven im Sinne eines Dramas. Als »moralische Fabel« wird er zum Träger einer «konzentrierten Signifikanz«, die sich aus dem engen Bezug zu einem ernsthaften und komplexen künstlerischen Thema ergibt. Theoretisch ist v. a. Leavis' Bemühen zu würdigen: aus dem kritischen Bewußtsein für das heute schöpferisch Mögliche den wechselseitigen Zusammenhang von Gegenwartsliteratur und dem überlieferten literarischen Erbe zu interpretieren; zwischen der Literatur, die in erster Linie historische Bedeutung besitzt, und dem klassischen Kanon als bedeutender Vorgeschichte der Gegenwart zu unterscheiden; und den spezifisch englischen Charakter der Romanttradition als Zentrum kultureller Identität nationaler bzw. nationalsprachlicher Provenienz zu begründen. Ungeachtet ihres bahnbrechenden Einflusses auf die Entwicklung der englischen Literaturkritik der letzten Jahrzehnte kann *The Great Tradition* aus heutiger Sicht theoretisch kaum überzeugen. Die mangelnde argumentative Geschlossenheit, die auf die lange Entstehungsgeschichte dieser Studie zurückzuführen ist, und der insulare Blickwinkel tragen dazu ebenso bei wie die Dürftigkeit an abstrahierender Prägnanz und theoretischer Reflexion. Wirkungsgeschichtlich bedeutsamer sind dagegen die Analysen einzelner Autoren und Werke, die durch die Sensibilität der Interpretation und die Entschiedenheit ihres kritischen Werturteils noch in der aktuellen Diskussion deutliche Spuren hinterlassen.

Ausg.: London 1962.
Lit.: R. P. BILAN, The Literary Criticism of F. R. Leavis, London 1979. – C. BELSEY, Re-Reading the Great Tradition, in: Re-Reading English, hg von P. WIDDOWSON, London 1982, S. 121–35. – M. WINKGENS, Die kulturkritische Verankerung der Literaturkritik bei F. R. Leavis, Paderborn 1988.

M. WINKGENS

Grundbegriffe der Poetik, Emil STAIGER; EA Zürich 1946. Staigers Versuch einer fundamentalontologischen Grundlegung der traditionellen Poetik, von ihm selbst als »Fundamentalpoetik« bezeichnet, ist in eine Reihe gleichgerichteter Arbeiten eingebettet (*Zum Problem der Poetik*, 1948; der Essay *Von der Aufgabe und den Gegenständen der Literaturwissenschaft* in *Die Zeit als Einbildungskraft des Dichters*, 1939). – Der Ausgangspunkt für eine eigene Poetik liegt in der kritischen Auseinandersetzung mit W. Scherers literarhistorischer Formel »Erlebtes, Erlerntes, Ererbtes«. Staiger sieht in ihr noch immer eine Zusammenfassung von Versuchen »der Erklärung des Dichterischen aus der Gesellschaft, aus der politischen Lage, den kulturellen Verhältnissen« usw. Gegen diesen methodischen Ansatz formuliert er sein dichtungswissenschaftliches Postulat: »Beschreiben statt erklären«. Es soll das »Ziel aller Literaturwissenschaft« in adäquater Weise berücksichtigen: »daß wir begreifen, was uns ergreift«. Literaturgeschichte soll damit, wie alle Geisteswissenschaften, unter die Frage gestellt werden: »»Was ist der Mensch?«. Dieser für die *Grundbegriffe* programmatische Ansatz bedingt auch die Veränderung der aristotelisch-humanistisch orientierten Poetik-Tradition. Die Theorie der literarischen Gattungen tritt zurück zugunsten der Frage nach dem »Beitrag der

Literaturwissenschaft an die philosophische Anthropologie«. Vor allem zwei Anregungen sind dafür wesentlich: die goethezeitliche Unterscheidung zwischen »Dichtarten« und »Naturformen« sowie Denkansätze Husserls und der Existentialphilosophie Heideggers. Der phänomenologische Einfluß zeigt sich insbesondere bei der Auffassung der ›Grundbegriffe‹ des »Lyrischen«, »Epischen« und »Dramatischen« als »Namen einfacher Qualitäten«, die, nur auf dem Wege »unbeirrbarer Ideation« ermittelbar, als überzeitlich präexistente Ideen im »Sein des Menschen« und »Sein des Seienden« – in der »reinen Zeit« Heideggerscher Bestimmung – begründet erscheinen. Die ›Grundbegriffe‹ verweisen demnach über die ursprüngliche poetologische Funktion hinaus auf »fundamentale Möglichkeiten des menschlichen Daseins«, und zwar durch die Gleichsetzung des Lyrischen mit ›Vergangenheit‹, des Epischen mit ›Gegenwart‹ und des Dramatischen mit ›Zukunft‹. Die eigenwillige Zuordnung von »Naturformen« und Zeitstufen wird zwar besonders mittels der goethezeitlichen Lyrik, der Epik Homers und der Dramatik Kleists erläutert, die anthropologische Basis bleibt aber stets vorrangig. In diesem Sinne hat die »ideale Bedeutung« etwa des »Lyrischen« nicht nur teil an den Gattungen der Lyrik und den Werken der Dichtkunst allgemein, sie kann vielmehr ebenso gut »vor einer Landschaft« erfahren werden. Die Grundbegriffe sind also als anthropologische Konstanten bestimmt. Insoweit zumindest ist auch der gegen die *Grundbegriffe der Poetik* vorgetragene Verdacht des Immanentismus nicht ganz gerecht-

fertigt. – Der maßgebliche Einfluß der *Grundbegriffe* schwand erst Mitte der 60er Jahre, als mit neuen Versuchen zur Bestimmung der gesellschaftlichen Bedeutung von Literatur auch deren kommunikative Funktionen als primäre Aufgabe in den Blick der Gattungsforschung und Poetik traten.

Ausg.: München 1971.
Lit.: P. SALM, Drei Richtungen der Literaturwissenschaft. – Walzel – Staiger, Tübingen 1970, S. 75–113. – M. B. BENN, Problematische Aspekte der Stilkritik. Bemerkungen zu der literaturwissenschaftlichen Methode E. Staigers, in: Methodenfragen der deutschen Literaturwissenschaft, hg. von R. GRIMM/J. HERMAND, Darmstadt 1973, S. 255–67. – K. W. HEMPFER, Gattungstheorie, München 1973.

TH. VERWEYEN/G. WITTING

Grundriß der empirischen Literaturwissenschaft, Siegfried J. SCHMIDT; EA Braunschweig 1980.

Als »Konzeption einer empirischen Sozialwissenschaft« (Nachwort) versucht der *Grundriß* eine Theorie des literaturbezogenen Handelns explizit zu machen, die empirisch überprüfbar und gesellschaftlich relevant sein soll. Ansatzweise bereits orientiert an der soziologischen Systemtheorie (N. Luhmann) und biologistischen Kognitionstheorie (H. R. Maturana, H. v. Foerster u. a.) – beide Positionen werden später in *Der Diskurs des Radikalen Konstruktivismus*, 1987, und *Die Selbstorganisation des Sozialsystems Literatur im 18. Jahrhundert*, 1989, weiterverfolgt – bestimmt Schmidt den Gegenstandsbereich der »empirischen Literaturwissenschaft« als »Gesamtbereich sozialer Handlungen an und mit literarischen Phänomenen«. Dies erfordert zunächst den Entwurf einer Handlungstheorie für literarische Kommunikationshandlungen. Weder das literarische Werk noch seine Interpretation stehen im Mittelpunkt des Interesses, sondern der Interaktionszusammenhang der verschiedenen Teilnehmer am Prozeß der literarischen Kommunikation. Nur so können die Voraussetzungen, Funktionen und Folgen des Umgangs mit Literatur im gesellschaftlich-historischen Kontext in den Blick gelangen. Die in dieser Weise interdisziplinär konzipierte Literaturwissenschaft versteht sich als ein Theorienetzwerk, das sozial- und funktionsgeschichtliche ebenso wie produktions- und rezeptionsästhetische Fragestellungen zu integrieren beansprucht. Der *Grundriß* gelangt über eine »Theorie der Handlung« und eine »Theorie Kommunikativen Handelns« zu einer »Theorie Ästhetischen Kommunikativen Handelns«, die zwei Abgrenzungskriterien der »Kunst« gegenüber anderen gesellschaftlichen Teilbereichen herausarbeitet: die Ästhetik-Konvention und die Polyvalenz-Konvention. Zur Ästhetik-Konvention gehört das gegenseitig unterstellte Wissen und die Bereitschaft der Kommunikationsteilnehmer, die auf ein allgemein anerkanntes Wirklichkeitsmodell bezogenen Kriterien ›wahr/falsch‹ und ›nützlich/nutzlos‹ außer acht zu lassen und die als literarisch intendierte Kommunikationshandlung durch entsprechende Signale (Gattungsbezeichnungen) in einen hierfür geeigneten Verstehensrahmen zu rücken. Zur Polyvalenz-Konvention, die ebenfalls ein gegenseitig unterstelltes Wissen und eine bestimmte Handlungsbereitschaft impliziert, gehört die Abweichung von einer möglichst eindeutigen, intersub-

jektiv festlegbaren Zuordnung von Text und Sinn bzw. Bedeutung und damit das Geltenlassen vielfältiger Zuordnungsmöglichkeiten. Diese beiden Konventionen, über die sich die Teilnehmer an Prozessen der literarischen Kommunikation einigen, regeln die Außen-Innen-Differenzierung des Systems »Literarische Kommunikation«, das als selbstorganisierendes, d. h. die konstitutiven Teilelemente immer wieder selber erzeugendes System verstanden wird. – Unter Beachtung der Hauptkonventionen der literarischen Kommunikation unterscheidet der *Grundriß* vier Handlungsrollen, die streng voneinander abgegrenzt, doch wechselseitig aufeinander bezogen sind: die Produktion, die Vermittlung, die Rezeption und die Verarbeitung von Literatur. Als Produzent (Autor) literarischer Texte wird dabei verstanden, wer unter bestimmten ökonomischen, sozialen, politischen und kulturellen Voraussetzungen ein sprachliches Material, eine »Kommunikatbasis« erzeugt, die er für einen literarischen Text hält; ein Vermittler (Verleger/Lektor, Kritiker, Hochschullehrer etc.) literarischer Texte überführt diese Texte in eine andere »Kommunikatbasis« (Klappentext, Rezension, Vorlesung etc.), um sie als literarische Texte an andere Kommunikationsteilnehmer weiterzugeben; ein Rezipient (Leser) literarischer Texte versucht, eine bestimmte sprachliche »Kommunikatbasis« als literarisch zu begreifen, und ein Verarbeiter (Dramaturg, Theater- und Filmregisseur etc.) ist schließlich der, der seine Rezeptionsleistung in eine kreative Hervorbringung (Spielvorlage, Skript etc.) münden läßt. Die kommunikativen Freiheiten, die Vermittler, Rezipienten und Verarbeiter gegenüber dem sprachlichen Material besitzen, und die kommunikativen Bedingungen, unter denen auch die Produzenten handeln, rücken andere Fragen als die nach einer möglichst angemessenen Interpretation der Texte in den Vordergrund: etwa die nach der selbstorganisierenden Veränderung und Erneuerung des Voraussetzungssystems, der spezifisch literarischen Konstruktion von Wirklichkeiten. Diese Fragen erfordern allerdings eine empirische, d. h. literaturgeschichtliche Überprüfung der Theorieelemente. Schmidt versucht dies v. a. mit Forschungen zum »Sozialsystem Literatur« im 18. Jh. Diese zeigen die Vorzüge wie die Schwächen seiner Theorie einer empirischen Literaturwissenschaft: er vermag deutlicher als bisher den Interaktionszusammenhang der Teilnehmer an literarischen Prozessen und die Selbstproduktion des Literatursystems zu veranschaulichen. Allerdings bleiben seine Recherchen, nicht zuletzt wegen der umfassenden Fragestellung, auf die systematische Integration bereits vorliegender Forschungsresultate beschränkt, ohne darüber hinaus zu neuen Ergebnissen zu gelangen. Um die empirische Literaturwissenschaft als Teil einer empirischen Medienwissenschaft weiter zu entwickeln, müssen – darauf verweist Schmidt in seinem Nachwort – Systemtheorie und Kognitionstheorie kompatibel gemacht, das Verhältnis von Literatur als Sozial- und Symbolsystem geklärt und diskurstheoretische, wissenssoziologische und mentalitätsgeschichtliche Aspekte noch stärker berücksichtigt werden.

Ausg.: Frankfurt/M. 1991 (Mit einem Nachw. zur Taschenbuchausg).
Lit.: P. FINKE, Konstruktiver Funktionalismus. Die wissenschaftstheoretische Basis einer empirischen Theorie der Literatur, Braunschweig/Wiesbaden 1982. – N. GROEBEN, Empirische Literaturwissenschaft als Metatheorie, in: Zs. f. Literaturwissenschaft und Linguistik 6, H. 21 (1975), S. 125–45. – S. J. SCHMIDT, Empirische Literaturwissenschaft in der Kritik, in: SPIEL 3, H. 2 (1984), S. 291–332.

O. LORENZ

Guerre et cinéma I. Logistique de la perception (frz.; *Krieg und Kino. Logistik der Wahrnehmung*), Paul VIRILIO; EA Paris 1984; dt. München 1986.

Virilio ist der Begründer der sog. ›Dromologie‹, d. h. der Wissenschaft von Geschwindigkeit und Beschleunigung. Sie ist abgelesen an Geschichte und Technik der neuen Medien und ihres Schauplatzes: des modernen Krieges. *Guerre et cinéma* geht von einer Grunderfahrung des Ersten Weltkriegs aus: Das Schlachtfeld ist anonym geworden, der Gegner bleibt unsichtbar, und strategische Orientierung gibt es nur noch durch eine indirekte Optik. Fortschreitend entmaterialiert und medialisiert sich das Kriegsgeschehen. Das Schlachtfeld wird zur ›black box‹, und das ›face to face‹ der Feinde weicht einem ›interface‹, in dem sich Medien als Waffen und Waffen als Medien erweisen. In der Synergetik mit den Maschinen des Sehens und Tötens desintegriert sich die Person des Soldaten. Der Krieg wird zunehmend von Fragen der Wahrnehmung und Darstellung beherrscht: Das immaterielle Feld der Wahrnehmung gewinnt Vorrang vor dem realen Territorium. »Die Geschichte der Schlachten ist zunächst die der Metamorphosen ihrer Wahrnehmungsfelder.« – Die indirekte Optik des modernen Krieges wird von der Luftaufklärung eingeführt; sie ist das neue Organ militärischer Wahrnehmung. Die ›Totale Mobilmachung‹ hat dem Krieg eine neue Geschwindigkeit verliehen, der nur noch die Filme extrem beweglicher Kameras gewachsen sind. Deshalb begreift Virilio Film und Luftfahrt in strikter Gleichzeitigkeit. In den Bombern des Zweiten Weltkriegs fallen Aufklärungs- und Zerstörungsfunktion zusammen: »Die Realität der Kriegslandschaft wurde kinematisch«. Das gilt auch insofern, als Filmtechniker seither am Täuschungsvermögen arbeiten, d. h. visuelle Fehlinformationen, Simulakren und Attrappen als militärische Mittel bereitstellen. Der Film selbst wird zur Waffe, seit bewegte Kameras nicht mehr nur Bilder erzeugen, sondern Dimensionen manipulieren und Halluzinationen produzieren. Dem entspricht exakt die wissenschaftliche Zerstörung der alten Wahrnehmungsfelder durch Einstein, Hausdorff und Gödel. Seither investieren Militärs in die Wahrnehmungsforschung, in die Analyse des Sehens von Bewegungen als statistischem Prozeß und in Techniken, die, selbst unsichtbar, sichtbar machen. »Waffen sind Werkzeuge nicht nur der Zerstörung, sondern auch der Wahrnehmung. Sie sind Stimulatoren der Sinnesorgane und des zentralen Nervensystems«. Für Virilio gibt es deshalb im 20. Jh. keinen Unterschied mehr zwischen der Funktion des Auges und der Funktion der Waffe: »das Bild des Projektils und das Projektil des Bildes werden eins«. Entsprechend verstehen sich schon die ersten avantgardistischen Filmemacher als bewaffnete Kino-Augen.

»Der Krieg hatte ihnen die militärische Technologie in Aktion als höchstes Privileg der Kunst dargestellt.« – Virilio reformuliert McLuhans (→ *Understanding media*) berühmte Formel »the medium is the message« im Horizont von Zeit und Geschwindigkeit: Der Transfer ist die Botschaft. Es geht also überhaupt nicht darum, was fortbewegt und übermittelt wird. Entscheidend ist allein die Geschwindigkeit der Botschaft. Damit verändert sich aber auch der Begriff des Politischen. Bevor die neuen Medien zum Schematismus unserer Existenz wurden, war Politik eine Einschreibung von Gesetzen, sei es auf Tontafeln, in Kataster oder direkt in die Körper der Menschen. So entstand das Weltgeschichte genannte Archiv der Völker. Doch die Hochgeschwindigkeit der neuen Waffensysteme und Medientechniken hat diesen Raum der Einschreibung radikal entwertet und das Politische in den reinen Horizont der Zeit gestellt. – Für Virilio sind die Weltkriege zur Schule einer ›Entüblichung‹ des Alltags geworden. Denn die unirritierte Wahrnehmung wirft immer nur einen Schleier der Trägheit über die Welt. Normales Sehen macht nicht sichtbar. Das alltägliche Bild ist für Virilio nur ein Bild-Schirm, und gerade die gewaltsame Nähe der Bilder auf den Bildschirmen entfernt die Wirklichkeit. Was nun die Welt zu Bildern auf Schirmen verwandelt, ist die Technologie der Hochgeschwindigkeit. Ob wir fernsehen oder auf der Autobahn fahren – es gilt das Prinzip des neuen Zeitalters der Telekommunikation, daß der Wert einer Botschaft eine Funktion der Geschwindigkeit ihrer Übermittlung ist. Seit es zur Ver-

schränkung von Medien und
Waffen, Krieg und Kino gekommen ist, gibt es kein Jenseits der
neuen Medien mehr. Auch Waf-
fenstillstand und Friedensabkom-
men können dem permanenten
»Krieg der Wellen« nicht mehr
Einhalt gebieten.

Lit.: Arsenale der Seele, hg. von F. A. KITT-
LER/C. G. THOLEN, München 1989. – Ar-
maturen der Sinne, hg. von J. HÖRISCH/M.
WETZEL, München 1990. – Hardwar/Soft-
war, hg. von M. STINGELIN/W. SCHERER,
München 1991. – Computer als Medium,
hg. von N. BOLZ/F. KITTLER, München
1994.

                                    N. BOLZ

Hamburgische Dramaturgie,
Gotthold Ephraim LESSING; EA
Bremen 1769.
Die *Hamburgische Dramaturgie* verdankt ihre Entstehung der Initiati-
ve des Theaterschriftstellers J. F.
Löwen und eines Konsortiums
von zwölf theaterbegeisterten
Kaufleuten, in Hamburg ein bürgerliches »Nationaltheater« zu
gründen, die sog. »Hamburger
Entreprise«. Geplant als Modell
einer kontinuierlichen Theater-
berichterstattung, wollte Lessing zunächst mit seinen Rezensionen
»ein kritisches Register von allen
aufzuführenden Stücken« liefern
und »jeden Schritt begleiten, den
die Kunst, sowohl des Dichters,
als des Schauspielers« hier tun
werde. Nach dem 25. Stück stellte
Lessing die Schauspielerkritik ein
und verwandelte die unmittelbare
Theaterkritik zunehmend in ein
freies, nicht mehr an die Aufführung gebundenes Räsonnieren
über dramaturgische Probleme. –
Die ursprüngliche Anlage der
Schrift als Rezensionsorgan erklärt auch, weshalb Lessing in den
insgesamt 104 »Stücken« weder
formale Systematik noch inhaltliche Vollständigkeit anstrebt,
vielmehr ein Forum öffentlicher
Diskussion schaffen möchte. Kein
»dramatisches System« will der reflektierende Kritiker liefern, wohl
aber zum Selbstdenken anregende
»fermenta cognitionis«, einen
»Sauerteig der Erkenntnis« (95.
Stück). Die Themen, die Lessing
an insgesamt 52 Theaterstücken
behandelt, sind für die Ablösung
des höfisch-aristokratischen Trauerspiels durch ein allgemein-
menschlich-bürgerliches Drama
symptomatisch. Diesem Ziel
dienten auch sein vehementer
Angriff gegen die französische
Tragödie insbesondere Corneilles,
seine Rückversicherung bei der
Poetik des Aristoteles (→*Peri
poietikes*) und seine Hinweise auf
Shakespeare. Kernpunkt der Diskussion sind die Frage nach der
angemessenen Nachahmung von
Wirklichkeit und die Frage nach
den authentischen Absichten des
Dramas. Lessing interpretiert die
»Angemessenheit« als eine Frage
der ästhetischen Struktur. Von
den traditionellen drei Einheiten
läßt er nur die Einheit der Fabel,
der dramatischen Handlung, gelten (38. Stück) und ordnet ihr die
Einheit der Zeit und des Ortes
(46. Stück) unter. Die verlangte
»Natürlichkeit« manifestiert sich
als Ausdruck der Naturerfahrung
und der Wahrscheinlichkeit, wobei Lessing hierin durchaus an
Chr. Wolffs fundamentale Sätze
vom zureichenden Grund (Kausalität) und von der Widerspruchsfreiheit (Logik) anknüpft. Die
dramatische Mimesis zielt allerdings nicht auf Herstellung einer
Identität von Kunst und Wirklichkeit, vielmehr begreift Lessing
Kunst als besondere Organisation,
als Selektion und Konzentration
(70. Stück). Der Satz »Das Ganze
des sterblichen Schöpfers sollte ein

Schattenriß von dem Ganzen des ewigen Schöpfers sein« (79. Stück) weist den Dichter als ein Genie aus, dessen einziges Regulativ die Natur ist: die äußere »Natur der Erscheinungen« und die innere »Natur der Empfindungen und Seelenkräfte« (70. Stück). Auf sie und auf Aristoteles beruft sich Lessing, wenn er sich gegen die regelverachtende Irrationalität der frühen Stürmer und Dränger wendet (96., 101.–104. Stück). Dem Ideal einer Darstellung allgemeinmenschlicher Konflikte ist die Wirkung der Tragödie zugeordnet. Auch wenn sich Lessings Interpretation der aristotelischen Wirkungskategorien »phobos« und »eleos« (»Schauder« und »Jammer«) als »Furcht« und »Mitleid« als unhistorisch erweist, so ist seine Umdeutung des genitivus objectivus (die Tragödie reinige von ebendiesen Leidenschaften) zum genitivus subjectivus (die Tragödie reinige die Leidenschaften selbst) für die moralisch-pädagogische Orientierung der Aufklärung charakteristisch: Reinigung (Katharsis), bei Aristoteles als Befreiung verstanden, erhält bei Lessing den Sinn der Verbesserung. Zur Aufgabe der Tragödie wird damit die »Verwandlung der Leidenschaften in tugendhafte Fertigkeiten« (78. Stück), und zwar auf nichtrationalem, emotional-psychischem Wege, mit dem Ziel einer allgemeinen Humanisierung des Menschen. Es ist nur konsequent, daß die unter dem Vorzeichen ›Natur‹ dargestellten Leidenschaften und die beim Zuschauer bezweckte Läuterung der Leidenschaften miteinander korrespondieren. Die Verabsolutierung des Mitleids bzw. der Furcht als »das auf uns selbst bezogene Mitleid« (75.

Stück) und die Abwertung der Bewunderung hatte Lessing bereits im →*Briefwechsel über das Trauerspiel* mit Mendelssohn und Nicolai (1756/57) dargelegt. Die *Hamburgische Dramaturgie* führt die Kritik am höfisch-heroischen und am geistlichen Märtyrer-Drama weiter. Indem Lessing den säkularisierten ›Helden‹ psychologisch legitimiert und die traditionelle Ständeklausel problematisiert, begründet er zugleich in Deutschland die Gattung des »bürgerlichen Trauerspiels«. Der lebensweltliche Bezug, die Absicht, den Zuschauer moralisch aufzurüsten, erklärt auch Lessings Aufwertung des historischen Charakters gegenüber den geschichtlichen Ereignissen (23., 33. Stück). Diese darf der dramatische Dichter verändern, den historischen Helden als Inbegriff bestimmter Tugenden oder Laster muß er hingegen unverändert belassen. Allerdings sollte der Dichter, um seinem Drama einen hohen Grad von Allgemeinheit zu verleihen, repräsentative Charaktere wählen (91. Stück). Die Wiederaufnahme der aristotelischen Forderung eines »gemischten Charakters«, in dem sich positive und negative Eigenschaften vermengen, garantiert den Wirklichkeitsbezug und zugleich eine breite, das Identifizierungsbedürfnis der Zuschauer einkalkulierende Wirkung (46./47., 82./83., 86.–89., 92.–94. Stück). Das in der Mimesis – der schlüssigen Handlung, den gemischten Charakteren und der schauspielerischen Darbietung (Gestik, Mimik; 1.–25. Stück) – sich manifestierende Natürlichkeitsideal ist dezidiert antihöfisch und knüpft an die parallelen Tendenzen in der englischen und französischen Dramatik (v. a.

Diderot) an. – Im Rahmen von Lessings Werk bedeutet die *Hamburgische Dramaturgie* eine Klärung dramaturgischer Prämissen, die er mit *Emilia Galotti* (1772) dichterisch eingelöst hat. So bildet die *Hamburgische Dramaturgie*, trotz des desillusionierten Resümees, das Lessing selbst im letzten Stück zieht, für die Entwicklung eines spezifisch bürgerlichen Trauerspiels bzw. die Herausbildung eines bürgerlichen Selbstbewußtseins einen markanten Meilenstein.

Ausg.: Sämtliche Werke, hg. von K. LACHMANN/F. MUNCKER, Bd. 9, S. 179–406, Bd. 10, S. 1–221, Stuttgart ³1893 (Repr. Berlin 1979). – Stuttgart 1981 (Hg. u. komm. von K. L. BERGHAHN).
Lit.: E. BUCK, Die Dramaturgie des Dramatikers Gotthold Ephraim Lessing, Hannover 1970. – H.-J. SCHINGS, Der mitleidigste Mensch ist der beste Mensch. Poetik des Mitleids von Lessing bis Büchner, München 1980. – W. RÜSKAMP, Dramaturgie ohne Publikum. Lessings Dramentheorie und die zeitgenössische Rezeption von Minna von Barnhelm und Emilia Galotti, Köln 1984.

G. GRIMM

Hermeneutik, Friedrich D. E. SCHLEIERMACHER; EA Berlin 1838 (u. d. T. Hermeneutik und Kritik mit besonderer Beziehung auf das Neue Testament, in: Sämtliche Werke, 1. Abt., Bd. 7, hg. von F. Lücke).
Von den romantischen Ansätzen zur Hermeneutik (F. Schlegel, L. Tieck) weist derjenige Schleiermachers durch die Vermittlung von W. Dilthey und R. Bultmann die intensivste Wirkungsgeschichte auf. Die Rezeption setzte vor allem beim Spätwerk (u. a. bei den Akademiereden von 1829) an, wogegen die frühen Aphorismen von 1805 und 1809/10 lange Zeit ebenso unberücksichtigt blieben wie die Abhängigkeit von F. Schlegels implizitem Entwurf einer Hermeneutik. Dies zeigt sich u.

a. in der Denkfigur, »es gelte einen Autor besser zu verstehen als er sich selber verstanden hat«, die in zahlreichen Bedeutungsvarianten von Schlegel vorgeprägt wurde. Schleiermachers Verdienst liegt v. a. darin, daß er die »Nothwendigkeit einer allgemeinen Hermeneutik« sowohl gegenüber der Bibelexegese als auch der philologischen Hermeneutik und der ästhetischen Kritik betont hat. So arbeitet er insbesondere die »subtilitas intelligendi« aus, wohingegen er die Ausdeutung im engeren Sinne (»subtilitas explicandi«) einer »Kunst des Darstellens« zuordnet und damit als bloßes »Object der Hermeneutik« betrachtet. – Im Frühwerk unterscheidet er grammatische und technische Interpretation, wobei erstere die »Wortsphäre in der eigenen und der fremden Sprache« zu ermitteln hat und letztere die »Elemente der Composition« bis hin zum »Styl im höheren Sinn«, als einer individuellen Einheit, zu erforschen hat. Die Auslegung muß dabei hin und her wechseln (Oszillation zwischen grammatischer und technischer Interpretation). Semantische Homogenitätsannahmen (»Einheit der Worte«), die »dem Schriftsteller und ursprünglichen Leser gemeinschaftlich« gelten, und Diskrepanzvorstellungen wechseln sich ab (»Manche gehören der Gegenwart und der Zukunft in größerem Maaß als sie durch die Sprache zeigen können«). Aus der philologischen Forderung, »der unmittelbare Leser zu werden um Anspielungen zu verstehen«, entwickelt sich ein vorhistoristisches Programm, wobei die »Emphasis temporaria« gerade nicht die Zeitdistanz reflektiert, sondern als ein »Versetzen in die Stimmung des

Schriftstellers« vorgestellt wird. Die Forderung nach Selbstentäußerung, als einem Von-sich-Absehen (»daß man im Stande sein muß aus seiner eignen Gesinnung herauszugehen in die des Schriftstellers«) wird erst allmählich zu einer psychologischen. Während zunächst noch die »Construction der individuellen Einheit und des Ideenganges« bei einem Werk als »durcheinander bedingt« erscheinen, wird zuletzt das Werk eines Schriftstellers »aus der Totalität seiner Persönlichkeit« rekonstruiert. Der Verstehensprozeß zeigt sich so im Gefolge der Genieästhetik als eine Umkehrung des Schaffensprozesses, so daß auch jede »Reihe von Gedanken« aus einem »hervorbrechenden Lebensmoment« abgeleitet und jede Werkgestalt auf einen »Keimentschluß« zurückgeführt werden kann. Aus dieser Entsprechung leitet sich die Berechtigung eines »divinatorischen Verfahrens« ab, da jede ahnungsvolle Vervollständigung eines Verstehensprozesses sich auf den »schöpferischen Akt« eines »genialen Autors« bezieht. Das Verstehen eines »lebendigen Ausdrucks« zielt aber auch auf eine Diskursanalyse, wobei die unmittelbare »Gegenwart des Redenden« eine ideale Ausnahmesituation darstellt. Im übergeordneten Sinn geht es darum, eine »gegebene Rede« »geschichtlich und divinatorisch, objectiv und subjectiv« nachzukonstruieren. Damit wird ein wissenschaftssystematischer Zusammenhang von Rhetorik, Hermeneutik und Dialektik hergestellt. Gemeinsamer Bezugspunkt bleibt die vorgestellte »Gemeinschaftlichkeit des Denkens«. In der äußersten Zuspitzung erscheinen schließlich die Prozesse des Auslegens und Verstehens nur noch wie »lautes und inneres Reden«. Das Verstehen stellt sich nicht lebensunmittelbar ein, vielmehr erweist die »Praxis […] daß sich das Mißverstehen von selbst ergiebt«. Insofern muß die Kunst des Verstehens über viele Weisen der Auslegungskunst eingeübt werden.

Ausg.: Nach den Handschriften neu hg. und eingel. von H. KIMMERLE, Heidelberg 1974. *Lit.:* M. FRANK, Das individuelle Allgemeine. Textstrukturierung und -interpretation nach Schleiermacher, Frankfurt/M. 1977. – R. WIEHL, Schleiermachers Hermeneutik. Ihre Bedeutung für die Philologie in Theorie und Praxis, in: Philologie und Hermeneutik im 19. Jh., hg. von H. FLASHAR/K. GRÜNDER/A. HORSTMANN, Göttingen 1979, S. 32–67. – R. RIEGER, Interpretation und Wissen. Zur philosophischen Begründung der Hermeneutik bei F. Schleiermacher, Berlin/New York 1988.

E. M. MICHEL

The Hero As Poet. Dante, Shakespeare (engl.; *Der Held als Dichter. Dante, Shakespeare*), Thomas CARLYLE; ED London 1841 (in: On Heroes, Hero-Worship, And The Heroic in History); dt. Berlin 1853.
Als Widerlegung von Skeptizismus und Nihilismus nimmt Carlyles Philosophie in der Lehre vom Helden ihre intensivste Gestalt an. Sein Verständnis vom »Helden als Dichter« fügt sich in eine mosaikartige Lehre von »Führerpersönlichkeiten« ein, die er 1840 in sechs Vorlesungen entwickelt. Carlyles Helden sind zwei Klassen, einer aktiven und einer kontemplativen zuzurechnen. Zur ersten zählen neben dem göttlichen Helden (Odin) der prophetische Held (Mohammed), der Held als Priester (Luther und J. Knox) und der Held als Herrscher (Cromwell, Napoleon). Der zweiten sind Dichter (Dante, Shakespeare) und Schriftsteller (S. Johnson, Rousseau und R. Burns)

zuzuordnen. Sie alle sind allerdings nur Phänotypen eines zeitenthobenen Musters (Carlyles »heroic pattern«). In seiner Apotheose des dichterischen Helden, die er Fichtes transzendentalem Idealismus entlehnt, wendet sich Carlyle entschieden gegen das Erbe des aufklärerischen Rationalismus. Für ihn beinhaltet der proteische Charakter des Dichterhelden die Möglichkeit seiner Metamorphose zum Helden der Politik, der Religion oder der Prophetie, weil er diesen wesensgleich ist. Aus dem Privileg des Helden, durch die Welt der Erscheinungen, das »Gewand Gottes« (vgl. Carlyles *Sartor Resartus*, 1833/34), intuitiv Einsicht in das Herz der Natur (Goethes »offenbares Geheimnis«) nehmen zu dürfen, leitet sich seine Verpflichtung ab, die in dunklem Dialekt formulierten transzendenten Wahrheiten in die Idiomatik seiner Zeitgenossen zu übersetzen. So wird der Dichter ein Hermeneut, der mit melodiöser Poesie eine »literarische Apokalypse« betreibt. Nach Carlyle erfüllten die »Heiligen der Dichtkunst«, Dante und Shakespeare, diese Aufgabe vorbildlich. Wie der antike »vates« hat Dante in der *Divina Commedia* (entst. ca. 1307–21; *Göttliche Komödie*) mit unüberbietbarer Intensität Paradies, Purgatorium und Inferno besungen. Shakespeare, der Inbegriff eines intuitiven Intellekts, hat dagegen wie kein anderer Einblick in die Natur des Menschen gewährt. – Obwohl im diffizilen »Carlylese« (Arnold) gehalten, prägte der personlichkeitszentrierte Ansatz des Viktorianers die Tradition der biographischen Textdeutung bis ins 20. Jh. Dort wird sie durch den ›New Criticism‹ in Zweifel gezogen. In Deutschland wurde die Vorlesung in den 30er Jahren zu einem Propädeutikum nationalsozialistischer Heldenverehrung umgedeutet.

Ausg.: Collected Works, hg. von H. D. TRAILL, Bd. 12, London 1896, S. 93–136. – Dt. u. d. T. Heldenverehrung, hg. von E. FRIEDELL, München 1914.
Lit.: B. H. LEHMANN, Carlyle's Theory of the Hero: Its Sources, Development, History, and Influence on Carlyle's Work. A Study of a Nineteenth Century Idea, Durham, N. C. 1928. – K. MOMM, Der Begriff des Helden in Thomas Carlyles ›On Heroes, Hero-Worship and the Heroic in History‹, Freiburg 1986.

R. FREIBURG

Herzensergießungen eines kunstliebenden Klosterbruders, Wilhelm Heinrich WAKKENRODER/Ludwig TIECK; ED (anonym) Berlin 1797 (eigentl. 1796).
Dieses wohl erste literarische Dokument der deutschen Frühromantik enthält 18 kunsttheoretische Abhandlungen, von denen die 13 wichtigsten von Wackenroder stammen. Sie orientieren sich eng an Vasaris Künstlerbiographien der italienischen Renaissance und an J. Sandrarts *Teutscher Academie der Edlen Bau-, Bild- und Mahlerey-Künste (1675–79)*. Hinzu kommen fiktive Künstlergeschichten: insbesondere die erste deutsche Künstlernovelle *Das merkwürdige musikalische Leben des Tonkünstlers Joseph Berglinger* und das *Märchen von einem nackten Heiligen*. Bestimmend ist die Perspektive des fiktiven Klosterbruders, der sich kunstfromm und kunstbegeistert, empfindsam und schlicht in der Kunstaneignung gibt. Demgegenüber lehnt Wackenroder die »kalten kritisierenden Blicke« eines kunstfremden Publikums ab. Damit wendet er sich gegen die trivial-aufkläreri-

sche Kunstauffassung der Berliner Spätaufklärung (Nicolai) und gegen den ›Kunstvandalismus‹ im Gefolge der Französischen Revolution. Kunst ist nach Wackenroder keine Sache des praktischen Verstandes. Sie ist vielmehr Ausdruck eines schöpferischen Subjekts und verweist dadurch auf einen göttlichen Ursprung. – Darüber hinaus wird nicht mehr die Kunst der Antike, sondern die der italienischen Renaissance (bei F. Schlegel im →*Gespräch über die Poesie* die Epoche des ›eigentlich Romantischen‹) zum Leitbild erhoben. Ebenso wird Dürer als Repräsentant eines »gesegneten Zeitalters« gefeiert und damit der romantische Preis des ständisch-katholischen Mittelalters vorbereitet. Schwärmt der Klosterbruder von der Kunst vergangener Zeiten, so zerbricht der Künstler der Jetztzeit am Widerspruch zwischen »Kunst« und »Leben« (zwischen ideeller, ›göttlicher Kunst‹ und dem physischen Zustand der Welt). Ihre wahre Bedeutung erweisen die *Herzensergießungen* erst, wenn die Stücke nicht für sich genommen, sondern als Komposition einander antwortender Stimmen aufgefaßt werden. Dann zeigt sich, daß die Schrift (ansatzweise auch Tiecks *Phantasien über die Kunst für Freunde der Kunst*) das zentrale Begründungsproblem romantischer Kunsttheorie herausstellt. Eine überlieferte Bemerkung Raffaels soll z. B. bezeugen, daß die Kunst übernatürlichen Quellen entstammt (erst eine Marienerscheinung habe Raffael ermöglicht, die Madonna zu malen), es ist aber der Klosterbruder, der den überlieferten Satz in einen religiösen Kontext rückt und damit zur Metapher bildet. So verläuft die Argumentation in

einem Zirkel: die Kunst wird religiös begründet, die Religion aber ist eine ästhetische Erfahrung (analog zirkulär ist die frühromantische Begründung der Poesie in einer ›Neuen Mythologie‹). Der Zirkel wird einerseits durch die Perspektive des Klosterbruders, bei dem die Verpflichtung der Kunst auf Religion ›natürlich‹ erscheint (eine ästhetische Evidenz), verschleiert, er wird andererseits betont, insofern die Religion des Klosterbruders als ästhetisch vermittelt geschildert wird (z. B. in *Von zwey wunderbaren Sprachen*). An Berglinger, dem Künstler der Jetztzeit, wird derselbe Zirkel entworfen, jetzt aber im Zeichen des Scheiterns. Berglinger steht im Widerspruch zwischen ideeller Orientierung der Kunst (»ästhetischer Enthusiasmus«) und Erfahrungswirklichkeit (»dem niedrigen Elend dieser Erde«). Zwei Verarbeitungen des Widerspruchs werden gezeigt und verworfen: »Schamlosigkeit«, die »aus dem elenden Jammer [...] kunstartigen Stoff« herauszwingt oder Beruhigung im Dilettantismusvorwurf (Berglinger verzweifle an der Kunst nur, weil er nicht Künstler genug sei). – Wackenroders Entwurf einer Kunst-Religion formuliert Aspekte einer neuen Kunsttheorie, welche die ›Jenaer Frühromantik‹ philosophisch konsistenter entwarf. Im Verweis auf den zirkulären Charakter der Kunst-Religion klingt in den *Herzensergießungen* schon die Figur der romantischen ›Arabeske‹ an. Darüber hinaus beeinflußte die Schrift die Schule der ›Nazarener‹ (F. Overbeck, P. v. Cornelius, W. Schadow).

Ausg.: Sämtliche Werke und Briefe (histor.-krit. Ausg.), Bd. 1, hg. von S. VIETTA, Heidelberg 1991.

Lit.: F. STRACK, Die ›göttliche‹ Kunst und ih-
re Sprache. Zum Kunst- und Religionsbegriff
bei Wackenroder, Tieck und Novalis, in:
Romantik in Deutschland, hg. von R.
BRINKMANN, Stuttgart 1978, S. 369–91. –
M. BOLLACHER, Wackenroder und die
Kunstauffassung der frühen Romantik,
Darmstadt 1983.

                                    B. GREINER

**Los hijos del limo – del ro-
manticismo a la vanguardia**
(span.; *Die Kinder des Schlamms.
Von der Romantik zur Avantgarde*),
Octavio PAZ; EA Barcelona 1974;
dt. u. d. T. *Die andere Zeit der
Dichtung. Von der Romantik zur
Avantgarde*, Frankfurt/M. 1989. –
**El arco y la lira: El poema. La
revelación poética. Poesía e
historia** (span.; *Der Bogen und die
Leier. Poetologischer Essay*), Octavio
PAZ; EA Mexico 1956 (2., korr.
Aufl. 1967 ergänzt um *Los signos
en rotación*; *Die rotierenden Zei-
chen*); dt. Frankfurt/M. 1983.

Aus vergleichenden Analysen der
europäischen Moderne (die er
vom ausgehenden 18. Jh. bis zum
Ende der Avantgarde ansetzt) entwirft Paz unter Bezugnahme auf
präkolumbische wie fernöstliche
Dichtung und Philosophie Kriterien einer essentialistischen (nicht
historischen) Auffassung des Poetischen, die avantgardistische
Prinzipien aufgreift und zu einer
modernitätskritischen, »postavant-
gardistischen« Ästhetik entwik-
kelt. Die Überlegenheit poetischen Denkens gegenüber dem
diskursiven bildet die romantische
Grundlage seiner Ästhetik. Das
Poetische, das auf der Spannung
zwischen Rhythmus, Bild und
Analogie gründet, ersetzt das
segmentierende, rationalistische
Denken ebenso wie die teleologische Geschichtsauffassung der
Moderne. Es führt zu einer vor-
diskursiven Versöhnung der Gegensätze zurück und verweist auf

die Andersheit des Seins. Diese
wird im Sinne M. Heideggers
ontologisch verstanden und impliziert eine grundsätzliche Kritik
der Identitätsphilosophie. Vergleichbar der Metaphysikkritik G.
Batailles, fordert die Ontologie
des Heterogenen auch eine
Selbstbehauptung des Poetischen
gegen die Diskurse von Kirche
und Politik heraus. Über eine
dreifache Anwendung des kritischen Prinzips der Moderne, als
Kritik von Vernunft und Religion
(Romantik), als Kritik der selbst-
verzehrenden Negation der Poesie (A. Rimbauds *Une saison en
enfer*, 1873; *Eine Zeit in der Hölle*),
schließlich als Kritik der utopischen Beteiligung am politischen Modernisierungsprojekt
der Avantgarde, findet die postavantgardistische Ästhetik Paz' in
St. Mallarmés *Coup de dés jamais
n'abolira le hasard* (1897; *Ein Würfelwurf niemals auslöschen wird den
Zufall*) die Möglichkeit einer
Rückkehr zum Augenblick der
poetischen Schöpfung, die Suche
nach einem vieldeutigen, offenen
Sinn vorgezeichnet. Die durch
den Zufall unendlich in Bewegung geratenen Konstellationen
von Metaphern im leeren Raum
poetischer Zeichen ermöglichen
Paz eine erotische Integration des
»Du« in das »Ich« der poetischen
Andersheit, eine alltägliche »Suche nach einem Jetzt und einem
Hier«. Damit überlebt die Moderne auch die Avantgarde. Sie überwindet den durch die Technik
bzw. die Beschleunigung der Zeit
herbeigeführten Zerfall des Ichs
sowie den vertieften Bruch zwischen Sprache und Welt und behauptet erneut die Überlegenheit
des Poetischen über die Uniformität der Technik. Auf dieser
Grundlage fordert Paz eine Um-

deutung der Funktion des Bildes in der Medienwirklichkeit der postindustriellen Epoche. Weil dieses nicht mehr symbolisch zwischen der Sprache und den Dingen vermittelt, wird es zur poetischen Maske des Nichts von Zeichenkonstellationen, die im Leeren kreisen. Statt ein Dialog zwischen Text und Welt zu sein, wird die Dichtung zum Dialog zwischen Text und Text. Das Konzept des offenen Raums löst die Kategorie des Wechsels ab, ersetzt definitiv die Geschichtsteleologie durch eine plurale Geschichte und restituiert das Alte als Bestandteil der neuesten Kunst. So versteht sich u. a. Paz' Rückgriff auf die Reflexion über Dichtung bei *Sor Juana Inés de la Cruz o Las trampas de la fe* (1982; *Sor Juana Inés de la Cruz oder die Fallstricke des Glaubens*). – Die postmodernen Aspekte von Paz' späterem Denken (Abkehr von der Mimesis, Verräumlichung des Bewußtseins, Intertextualität als Folge eines mit Mallarmé erfahrenen Verlustes von Realitätsbezug und Ursprung, die Rolle des Lesers als Ersatzkategorie für den Autor, der Tod des Autors) gehen weniger auf die Rezeption von Poststrukturalismus und Postmoderne zurück. Vielmehr erklären sie sich aus der in den 60er Jahren erfolgten Adaptation des ›französischen Strukturalismus‹ (Cl. Lévi-Strauss) und des ›Prager Strukturalismus‹ (R. Jakobson). Die postindustrielle Situation der Kunst sowie die Verlagerung der Ontologie des Seins auf die der Sprache (M. Heidegger), die Kritik des diskursiven Denkens auf die Sprachkritik werden bestimmend. Trotz der entmythisierenden Kraft des Poetischen unterscheidet sich die Ästhetik Paz' vom post-

modernen Denken. Das (romantische) Pathos des Augenblicks überlagert die metakritische Distanz, die mit Blick auf die Arbitrarität des Seins der Sprache auch die Prämissen des eigenen Diskurses kritisch überdenkt. So bleibt die poetische Ontologie der Andersheit bei Paz im System einer Totalität bestehen, die sich kategorial des anderen bemächtigt. Die Versöhnung der Gegensätze domestiziert den Widerstreit zwischen dem Selbst und dem anderen, annulliert die Asymmetrie als ›conditio sine qua non‹ des Dialogs (im Sinne von E. Lévinas). Sie hebt durch die zentrale Rolle der Analogie die Differenzstruktur (J. Derrida) und das Paradoxon von Einheit und Trennung von Sein und Sprache (G. Deleuze) auf und reduziert den Transgressionscharakter der Erotik (G. Bataille) durch das Kommunikationsversprechen einer Ontologie des Heterogenen. Paz' romantisch-utopische Bestimmung des anderen sowie das Festhalten an einer im poetischen Akt gestifteten gemeinsamen Erfahrung der Einsamkeit aller Menschen gegenüber einer zukunftslosen Gegenwart werden der anti-utopischen und damit beunruhigenden Grundlegung der Postmoderne entgegengesetzt. – Die Ästhetik von Paz wird von zahlreichen europäischen, aber auch lateinamerikanischen Interpreten als Niederschlag der existentiellen Heterogenität lateinamerikanischer Kulturen und ihres historischen Ursprungs bewertet, die Paz seit dem einflußreichen kulturhistorischen Essay *El laberinto de la soledad* (1950; *Das Labyrinth der Einsamkeit*) mit der Identität Mexikos (»mexicanidad«) verbindet.

Lit.: L. Schrader, Der Bogen und die Leier oder die ewige Gegenwart. Modernität als Theorie bei Octavio Paz, in: Sprachen der Lyrik, hg. von E. Köhler, Frankfurt/M. 1975, S. 782–814. – H. Wentzlaff-Egge-bert, ›Libertad bajo palabra‹. Poetologisches Programm und poetische Praxis bei Octavio Paz, in: Homenaje a G. Siebermann, München 1983, S. 1051–74. – U. Schulz-Buschhaus, Ansichten vom Ende der Avantgarde: Octavio Paz' ›Los hijos del limo‹ und ›Tiempo nublado‹, in: Europäische Avantgarde im lateinamerikanischen Kontext, hg. von H. Wentzlaff-Eggebert, Frankfurt/M. 1991, S. 473–92.

V. Borsò

The Historical Text as Literary Artifact

(engl.; *Der historische Text als literarisches Kunstwerk*), Hayden White; ED 1974 (in: Clio, Bd. 3,3); dt. Stuttgart 1986 (in: Auch Klio dichtet oder Die Fiktion des Faktischen, S. 101–22).

In seinen weitgehend der Geschichtstheorie zuzurechnenden Schriften läßt sich White vornehmlich von epistemologischen Fragestellungen leiten. Gleichwohl stellt seine dezidiert narrativistische Analyse der spezifischen Erkenntnis- und Darstellungsformen der Geschichtsschreibung, welche die Fiktionalisierungsstrategien jeglichen Erzählens betont, einen wichtigen Beitrag zur zeitgenössischen Erzähltheorie dar. U. a. von N. Frye (→*Anatomy of Criticism*), R. Barthes (→*S/Z*) und C. Lévi-Strauss beeinflußt, greift White die bereits von R. G. Collingwood in *The Idea of History* (1946; *Die Idee der Geschichte*) vertretene Auffassung auf, daß der Geschichtsschreiber nichts anderes als ein Geschichtenerzähler (»storyteller«) ist. In einer Vielzahl der in *Tropics of Discourse: Essays in Cultural Criticism* (1978; *Tropen im Diskurs: kulturkritische Essays*) und *The Content of the Form: Narrative Discourse and Historical Representation* (1987; *Die Bedeutung der Form:*

Erzählstrukturen in der Geschichtsschreibung) gesammelten Essays, aber auch in *Metahistory: The Historical Imagination in Nineteenth-Century Europe* (1973; *Metageschichte: historische Vorstellungen im Europa des 19. Jh.s*) entwirft er eine relativistische Geschichtstheorie, welche die notwendige Vorläufigkeit und Kontingenz historiographischer Wirklichkeits(re)-konstruktion betont. Sie stellt den von der Geschichtsschreibung gemeinhin erhobenen Erkenntnis- bzw. Authentizitätsanspruch grundsätzlich in Frage. – Die Historiographie muß sich bei der Konstituierung und Vermittlung von ihr intendierter Sinndeutungen der Sprache und (hinsichtlich ihres narrativen Diskurses) kulturell vorgegebener Strukturierungs- und Sinnstiftungsmodelle bedienen. Sie bleibt den mit der jeweiligen Sprache immer schon vermittelten Bildern von Wirklichkeit ebenso verpflichtet wie den gesellschaftlich verfügbaren Plausibilisierungsmustern und Ideologien, die den Grundtypen der narrativen Wirklichkeitsvermittlung eingeschrieben sind. Diese gleichsam als kulturell variable Archetypen in Erscheinung tretenden Grundformen (»pregeneric plot-structures«), welche die Geschichtsschreibung in den von ihr vermittelten historischen Ereignissen vorzufinden vorgibt, sind lediglich erzählerische Fiktionen. Sie verdanken ihre Überzeugungskraft allein der Fähigkeit des Autors, den Lesern vorzutäuschen, daß die narrative Strukturierung von Geschichte (White spricht von deren »emplotment«, »Erzählbarmachung«, mittels vorgegebener narrativer Strukturierungsmodelle) durch die historischen Gegebenheiten selbst, nicht aber durch die subjektive Auswahl von Wirklichkeitsdaten und deren sinnkonstituierendes Arrangement bedingt ist. Insofern (traditionelle) Geschichtsschreibung darauf abzielt, den Akt des Bedeutung und erzählerische Kohärenz erst produzierenden »emplotment« als ein Aufdecken erkenntnisunabhängiger, in der Geschichte selbst schon inhärenter Sinnzusammenhänge auszugeben, erweist sie sich letztlich als eine Diskursform, die maßgeblich von dem Wunsch bestimmt wird, die Erfahrung der Kontingenz der phänomenalen Wirklichkeit und damit auch der Geschichte zu leugnen. – Von diesen theoretischen Positionen ausgehend, stellt White in seinem Essay *The Historical Text as Literary Artifact* auch die traditionelle Entgegensetzung von Geschichtsschreibung und Dichtung in Frage. Die spätestens seit dem 18. Jh. verbreitete Kontrastierung von Historie und Fiktion als Gegensatz von scheinbar auf Wirklichkeit bzw. – so der Vorwurf gegenüber der Fiktion – nur auf irreal-imaginäre Konstrukte verweisenden Darstellungsformen erscheint ihm hinfällig, weil die Geschichtsschreibung selbst als bloßes literarisches Artefakt und ihr Authentizitätsanspruch lediglich als Resultat einer erfolgreichen Illusionsbildung erkennbar werden. Whites Theorie entlarvt die der Realismus-Debatte ebenso wie der Diskussion um die ontologische und epistemologische Verortung des historischen Romans zugrundeliegende Deutung der Geschichtsschreibung als Prototyp einer realistisch-mimetischen (im Sinne einer scheinbar an der faktographischen Repräsentation der phänomenalen Wirklichkeit orientierten) Diskursform konse-

quent als Fehldeutung. – Seine Analyse von Geschichtsschreibung als einer Form fiktionaler Sinnkonstitution mittels vorgegebener Erzähl- bzw. Sinnmuster darf allerdings nicht nur als Kritik an einer unhaltbaren Gegenüberstellung von Historie und Fiktion verstanden werden. Der durch die spezifische Form des »emplotment« sowohl in der Geschichtsschreibung als auch in der literarischen Fiktion offenbar werdende Versuch, die Erscheinungen der phänomenalen Wirklichkeit mit der Aura einer umfassenden Sinnhaftigkeit zu befrachten, macht auch deutlich, daß alle Formen der Konstruktion von Wirklichkeit als symbolische Handlungen verstanden werden müssen. Durch sie versucht der Mensch, das der Verfügbarkeit sich diskursiven Logos Widerständige und ihm fremd und problematisch Erscheinende in ein Verständliches oder zumindest seiner Kultur Anverwandelbares zu transformieren.

Lit.: D. LaCapra, A Poetics of Historiography: H. White's Tropics of Discourse, in: D. LaCapra, Rethinking Intellectual History: Texts, Contexts, Language, Ithaca, New York, 1983, S. 72–83. – G. Scholz Williams, Geschichte und die literarische Dimension, in: Deutsche Vierteljahrsschrift (1989), S. 315–92.

B. Engler

Ich und Du, Martin Buber, EA Leipzig 1923.

Bubers Text begründete unmittelbar nach dem Ersten Weltkrieg ein neues Existenzdenken oder dialogisches Denken, nachdem der Krieg die Hoffnungen des deutschen Idealismus auf die Einung der Völker und der Menschheit so gründlich zerschlagen hatte, daß sich nun alles Denken in Europa auf den konkreten

Menschen und seine Existenz richtete. In *Ich und Du* formuliert Buber programmatisch: »Der Mensch wird am Du zum Ich. [...] Ich werde am Du [...] Die Beziehung zum Du ist unmittelbar. [...] Zwischen Ich und Du steht keine Begrifflichkeit [...] steht kein Zweck. [...] Nur wo alles Mittel zerfallen ist, geschieht die Begegnung.« Alles wirkliche Leben ist nach Buber Begegnung im offenen Sprechraum. Darüber hinaus gibt es zwei unterschiedliche Beziehungsweisen des Menschen zur Welt, die er als Grundworte bezeichnet: das »Ich-Es-« und das »Ich-Du-Grundwort«. Mit der Ich-Es-Beziehung ist das Verhältnis des Menschen zur objektiv-wissenschaftlichen Sachwelt gemeint, bei welchem dem Ich eine Auswahl- und Beurteilungskompetenz zukommt. Diese muß sich in der modernen Welt mehr und mehr erhöhen und sensibilisieren, denn »Mit dem Umfang der Es-Welt muß auch die Fähigkeit, sie zu erfahren und zu gebrauchen, zunehmen«. Anders im »Ich-Du-Grundwort«. Hier tritt der Mensch in die Beziehungen der Menschen ein, er erfährt in der wechselseitigen Beziehung vom Ich zum Du und vom Du zum Ich ein erfülltes und ganzes Menschsein. Dabei meint das Du nicht nur einen anderen Menschen oder eine andere Gesellschaft, sondern auch den Bereich von Natur und Kultur: Das gesamte Leben wird von der Mitte des Du durchwirkt. Doch zugleich ist das »Ich-Du-Grundwort« durch die instrumentellen »Ich-Es«-Beziehungen gefährdet: Wo und wie kann daher der Mensch festen Boden unter den Füßen finden? Hier bringt Buber das Ewige Du ins Spiel: »Die ver-

längerten Linien der Beziehungen schneiden sich im ewigen Du.« In den Lehrhaus-Veranstaltungen des Freien jüdischen Lehrhauses formuliert er: »Gott ist das absolute Du, das seinem Wesen nach nicht mehr Es werden kann. [...] Die reine Beziehung, die die Wahrheit des Lebens ist, findet hier ihre Erfüllung und ihren Zusammenhang zugleich. Dies gibt die Bürgschaft für den Aufbau einer Welt aus dem Du«. Das absolute Du durchlebt und durchzieht die gesamte Wirklichkeit. Der Mensch findet Hoffnung und Halt, gerade auch dann, wenn es gilt, sich mit Macht der »Es-Welt« entgegenzustellen. Das Ewige Du erinnert daran, daß Buber sein Leben lang mit der hebräischen Bibel befaßt war. In ihr erkannte er die Wahrheit des jüdischen Gottes, als eines »Namenlosen«, den sein Volk anruft und dem sein Volk aus gelebtem Vertrauen zu antworten vermag. Das Bemühen, den anredenden und anredbaren Gott der Welt zu verkünden, bestimmt nach Buber die jüdische Identität. So begründen sich alle Ich-Du-Beziehungen in der einen, daß Gott den Menschen sucht und der Mensch nach Gott fragt. Die Bibel ist für Buber das große Dokument des Dialogs: »Israel hat das Leben als Angesprochenwerden und Antwortgeben, Ansprechen und Antwort empfangen verstanden, vielmehr eben gelebt. [...] Anruf ins Nichts und Antwort der Dinge durch Erstehn, die Schöpfungssprache dauernd im Leben aller Kreaturen, das Leben jedes Geschöpfs als Zwiesprache, die Welt als Wort – das kundzugeben war Israel da.« (Schriften zum Chassidismus, 1963). Buber war nicht der erste und einzige Dialog-Denker un-

mittelbar nach dem Ersten Weltkrieg. Fast zur gleichen Zeit arbeiten F. Ebner (*Das Wort und die geistigen Realitäten*, 1921) und F. Ro-
senzweig (*Der Stern der Erlösung*,
1921) an einem Neuen Denken,
das jeder mit eigener Differenzierung ausprägt. – In einer Zeit gesellschaftlicher Polarisierung während der ersten Jahre der Weimarer Republik hat Martin Bubers
Dialogdenken jeden einzelnen
Menschen in seiner DU-Haftig-
keit neu entdeckt und damit auch
der Sprache des Menschen eine
herausgehobene Dimension eröffnet. Nun gerät der konkrete,
sprechende und schreibende
Mensch in das Zentrum sowohl
wissenschaftlicher Analysen, als
auch alltäglicher Begegnungen.

Ausg.: Heidelberg [11]1983.
Lit.: Martin Buber, Das dialogische Prinzip,
Heidelberg [5]1984. – Rivka Horwitz, Buber's Way to ›I and Thou‹: An historical analysis and the first publication of Martin Buber's lectures, Heidelberg 1978.

W. Licharz

Ideja iskusstva (russ.; *Die Idee der
Kunst*), Vissarion G. Belinskij,
entst. 1841; ED Moskau 1862 (in:
Sočinenija, Bd. 12); dt. Moskau
1950.
Belinskij schuf die Grundlagen
der revolutionär-demokratischen
Ästhetik und Literaturkritik in
Rußland. Unter Rückgriff auf
Schelling und Hegel definiert
Belinskij in der *Ideja* Kunst als
»unmittelbare Anschauung der
Wahrheit« und »Denken in Bildern«. In dieser Formel ist für ihn
»die ganze Kunsttheorie« enthalten. Hegels Kategorie der »Idee«
und die von Vjazemskij eingeführte Kategorie der »Volkstümlichkeit« (»narodnost'«) werden
Mitte der 30er Jahre zu zentralen
Begriffen seiner Ästhetik. Literatur sollte die »Lebenswahrheit« so-

wie den »Volksgeist« in den »Formen des Lebens« zum Ausdruck
bringen. In den 40er Jahren löst
sich Belinskij von Hegels Gesellschaftsmodell (in Gestalt des preu-
ßischen Staates) und vertritt Positionen des utopischen Sozialismus. Sein literaturtheoretisches
Konzept jedoch basiert weiterhin
auf Hegels Ästhetik (→ *Vorlesungen
über die Ästhetik*). Belinskij setzt allerdings Kunst und Philosophie in
ihrer Erkenntnisfunktion gleich.
Beide sind für ihn Formen des
»Denkens«, nur daß die Kunst mit
»Bildern«, statt mit »Begriffen«
arbeite. Die »unmittelbare Anschauung« der Kunst verfolgt für
Belinskij das gleiche Ziel wie das
»reine Denken« der Philosophie.
Die *Ideja* entstand parallel zu dem
Aufsatz *Razdelenie poezii na rody i
vidy* (1842; *Die Einteilung der Dichtung in Gattungen*). Beide Studien
sollten die Einleitung zu einem
*theoretischen und kritischen Lehrgang
der russischen Literatur* bilden, den
Belinskij aber nicht zu Ende führte. – Belinskij unterstützte die
von Gogol' ausgehende »Natürliche Schule«, die sich gegen die
»rhetorische«, d. h. ästhetisierende
Schule der russischen Literatur
wendet. Er versteht die »Ideen« literarischer Werke als eine objektive Form der Erkenntnis gesellschaftlicher Zustände, das »Pathos« als Leidenschaft, geschichtlich bedeutsame Themen zu gestalten, und das »Typische« als
Ausdruck der sozialen Motivation
einer Figur. Obwohl er den Begriff ›Realismus‹ nicht gebrauchte
(er wurde 1846/47 von Kudrjav-
cev und Turgenev eingeführt),
trugen seine Kritiken, z. B. die Interpretation von Puškins *Evgenij
Onegin* (1825–32; *Eugen Onegin*)
als »Enzyklopädie des russischen
Lebens«, maßgeblich zur Ausbil-

dung jener Realismusauffassung bei, die in der »Widerspiegelung« der Wirklichkeit und »Lebensähnlichkeit« literarischer Werke ihre obersten Prinzipien sah. Belinskijs schroffe Ablehnung der Romantik und des Phantastischen rückte jene soziologischen Aspekte in den Vordergrund, die später, durch Černyševskij, Dobroljubov und Plechanov vermittelt, bei den Kritikern der ›RAPP‹ und in der Doktrin des »sozialistischen Realismus« stalinistischer Prägung dominierten.

Ausg.: Polnoe sobranie sočinenij, Bd. 4, hg. von N.F. BEL'ČIKOV u.a., Moskau 1954, S. 585–601.
Lit.: S. FASTING, V. G. Belinskij. Die Entwicklung seiner Literaturtheorie, Bergen 1972. – K. STÄDTKE, Ästhetisches Denken in Rußland, Berlin/Weimar 1978. – J. MURAŠOV, Jenseits der Mimesis. Russische Literaturtheorie im 18. und 19. Jh. von M. V. Lomonosov zu V. G. Belinskij, München 1993.

K. KASPER

Implications of an Organic Theory of Poetry (engl.; *Implikationen einer organischen Theorie der Dichtung*), Cleanth BROOKS; ED New York 1958 (in: Literature and Belief. English Institute Essays, hg. von M. H. Abrams, S. 53–79).

Der ›New Critic‹ Brooks nimmt die Frage nach dem Zusammenhang zwischen Literatur und Glauben zum Anlaß für eine Diskussion des Dualismus von Form und Inhalt in der Dichtung und entwickelt daraus eine organische Poetik. Nach seiner Dichtungsauffassung muß gute Poesie Werte vermitteln, die der Leser annehmen kann. Weil die Form lediglich zum Transport dieser Inhalte dient, wird die Poesie zu bloßer Rhetorik degradiert. Deshalb wenden sich viele Kritiker gegen diesen dualistischen Ansatz. So

leugnet I. A. Richards beispielsweise, daß Dichtung etwas mit Wahrheit zu tun habe und schreibt ihr lediglich die Möglichkeit zu, »pseudo statements« abzugeben. Poesie habe vielmehr eine therapeutische Funktion im Sinne der mentalen Gesundheit des Lesers. – Für Brooks gibt es dagegen keinen notwendigen Zusammenhang zwischen der Form eines Gedichts und seiner psychologischen Wirkung auf den Leser. Auch mit anderen Versuchen, die Dichtung von der Verpflichtung zur Vermittlung von Inhalten befreien wollen, setzt er sich kritisch auseinander, insbesondere mit M. Eastmans und J. C. Ransoms, für die Poesie vor allem der Steigerung des Bewußtseins dient, und mit Y. Winters, der die spezifische Differenzqualität der Poesie gegenüber der Prosa in dem in ihr enthaltenen Gefühlselement sieht. – Brooks bestimmt die Eigenart eines Gedichts als einen verbalen Kontext, dessen Bedeutung in einfacheren Äußerungen keinen Ausdruck hätte finden können. »Poetic truth« (»Wahrheit in der Dichtung«) hat nichts mit einer Wahrheit zu tun, die einen Bezug zur Wirklichkeit herstellt (»propositional truth«), weil sich der Wahrheitsbegriff in der Dichtung nicht auf die Korrespondenz zur Wirklichkeit, sondern auf die innere Kohärenz im Rahmen des Werkes richtet. Daher hat gute Dichtung auch nichts mit Didaktik zu tun. Ein Gedicht ist für Brooks ein verbales Konstrukt, das psychologischen Gesetzen untersteht und einen Teil der Wirklichkeit aus der Sicht eines Menschen abbildet. Dabei geht es immer auch um Wertfragen, die für Brooks sogar wichtiger sind als der emotionale Aspekt von Dichtung. Entscheidend ist nicht, daß Autor und Leser dieselben Glaubenssätze akzeptieren, sondern daß sie »the same set of general human responses« besitzen. Kohärenz im Sinne der menschlichen Natur wird somit zum Qualitätsmerkmal guter Dichtung. Diese vermittelt uns Wissen über die Lage des Menschen am Beispiel einer konkreten Situation. Dabei vermeidet sie es, in abstrakte ethische Verallgemeinerungen abzugleiten. Vielmehr bildet Dichtung eine Wirklichkeit ab, die durch das Prisma subjektiver Wahrnehmung gebrochen ist. Dadurch wird sie zwar für viele Leser unterschiedlicher ideologischer und religiöser Herkunft zugänglich, sie ist aber nicht in der Lage, als Träger letzter, unverbrüchlicher und allgemeingültiger Werte die Rolle der Religion zu übernehmen oder diese zu ersetzen. – Brooks vertritt in diesem Aufsatz einerseits noch typische Positionen des »new criticism«, andererseits zeigt er erste Anzeichen einer Abwendung von der bislang dominanten rein formalistischen Textanalyse, die von nun an durch die stärkere Einbeziehung inhaltlicher Gesichtspunkte modifiziert wurde.

Lit.: G. H. BLANKE, Amerikanische Literaturtheorie im 20. Jahrhundert: Entwicklungsphasen und besondere Aspekte, in: Englische und amerikanische Literaturtheorie. Studien zu ihrer historischen Entwicklung, hg. von R. AHRENS/E. WOLFF, Bd. 2, Heidelberg 1979, S. 362–85.

H. ANTOR

Institutio Oratoria (lat.; *Ausbildung des Redners*), Marcus Fabius QUINTILIANUS, EA um 95 n. Chr.; ED Rom 1470; dt. u. d. T. *Lehrbuch der schönen Wissenschaften in Prosa*, Helmstedt 1775–77.
Quintilians Lehrbuch der Rhetorik in zwölf Büchern ist das systematischste und umfangreichste Kompendium der Rhetorik in der Antike, nach 20jähriger Lehrtätigkeit als Summe seiner Erfahrungen konzipiert und in der Absicht, das ciceronianische Bildungsideal des »vir bonus« (des zu sittlichexemplarischen Handeln Befähigten) und des »vir bene dicendi« (des zu überzeugender Rede Begabten) zu verbinden. – Die ersten beiden Bücher geben Instruktionen und Hilfen für ein Kennenlernen der Rhetorik, bestimmen ihren Rang und ihre Intention. Die Bücher drei bis elf systematisiert Quintilian nach der bewährten Trias von »inventio«, »dispositio« und »elocutio« (Auffinden, Disponieren und sprachliches Ausgestalten des Stoffes), um schließlich im letzten Buch den sittlichen Anspruch des guten Redners zu betonen. Dies verbindet er durchaus selbstverständlich mit praktischen Hinweisen für die Gerichtstätigkeit eines Advokaten. Literarkritisch aufschlußreich und bedeutsam wurde das zehnte Buch, das stilistische Beispiele der Antike untersucht. Im Hinblick auf den Schulstreit der augusteischen Zeit zwischen Theodoreern (Anhängern des Theodoros von Gadar) und Apollodoreern (denen des Apollodorus von Pergamon) favorisiert Quintilian den Theodoros. Danach muß sich die treffende Rede nach der Situation und Natur der Sache richten und hat damit gerade auch einen individuellen Charakter. Sie sollte nicht i. S. der Apollodoreer regelhaft-schematisch sein. Stilistisch gesehen verurteilt Quintilian den Manierismus und tritt apologetisch für den klassischen, klaren, »natürlichen« Stil ein. Damit entspricht er dem »aptum« (das Geeignete, Angemessene) der →*Ars*

Poetica des Horaz. – Quintilians gewaltiges Werk besticht nicht nur durch die profunde Gelehrsamkeit und souveräne Kenntnis der rhetorischen Tradition. Hinzu kommt der Nachweis, daß die »ars bene dicendi« das Ziel der Überzeugung und nicht der Überredung hat (gegen alle sophistischen Abirrungen), daß Ethos und Redekunst, verstandesmäßige Brillanz und menschliche Glaubwürdigkeit zusammengehören. Damit geht Quintilian im Sinne der antiken Philosophie davon aus, daß die Dinge (»res«) und die Worte (»verba«) identisch sind. Dies ist noch die Grundlage der thomistischen Philosophie. Bewundert wurde Quintilian schon zu Domitians Zeiten. Nachdem ihn dann die italienischen Humanisten neu entdeckten, war sein Werk bedeutsam nicht nur für die Ausbildung in der Rhetorik, sondern auch für die neuzeitliche Weiterentwicklung des Ideals eines »guten und gelehrten Menschen« (»vir bonus et doctus«).

Ausg.: Dt., 2 Bde., Leipzig 1959.
Lit.: Über Pädagogik und Rhetorik. Eine Auswahl aus der ›institutio oratoria‹, übertr., eingel. und erl. von M. GIEBEL, München 1974. – M. FUHRMANN, Die antike Rhetorik, München/Zürich 1984. – G. UEDING/ B. STEINBRINK, Grundriß der Rhetorik, Stuttgart 1986.

H. WIEGMANN

Introduction à la littérature fantastique (frz.; *Einführung in die fantastische Literatur*), Tzvetan TODOROV; EA Paris 1970; dt. München 1972.
Todorovs Definition der fantastischen Literatur beruht auf dem Grundansatz seiner →*Poétique*, in der er die literarische Rede und damit die »Literarizität« untersucht. Für die Bestimmung des »Fantastischen« als Gattung müs-

sen drei Bedingungen erfüllt sein: 1. Unter verbalem Aspekt muß sich das Fantastische als besonderer Fall einer ambivalenten Sichtweise (»vision«) manifestieren. Der Leser muß sich unschlüssig darüber sein, ob die ausgedrückten Ereignisse eine natürliche oder übernatürliche Erklärung finden. 2. Unter syntaktischem Aspekt müssen »Reaktionen« der handelnden Personen sichtbar werden, die von der gleichen Unschlüssigkeit zeugen wie die Empfindungen des Lesers. 3. Unter semantischem Aspekt müssen Darstellung und Bewertung der Unschlüssigkeit als ein Thema des Werkes erscheinen. Das Fantastische ist zwischen dem ›Unheimlichen‹ und dem ›Wunderbaren‹ angesiedelt und deshalb als selbständige Gattung ständig bedroht. Es existiert nur so lange, wie die Unschlüssigkeit der handelnden Personen und des Lesers anhält. Am Ende der Lektüre kann der Leser aus dem Fantastischen heraustreten. Dessen Abgrenzung von anderen Gattungen erfolgt nach folgenden Kriterien: Die Gattung des »Unheimlichen« kennzeichnet, daß die beschriebenen Phänomene für den Leser den Gesetzen der Realität folgen; die Gattung des »Wunderbaren« liegt vor, wenn diesem die Naturgesetze nicht ausreichen, um die Ereignisse zu erklären. Dagegen kann das Fantastische mit seiner Ambiguität den Text potentiell bis zum letzten Satz strukturieren, häufig kommt es jedoch gegen Ende zu einem Umschlag ins Wunderbare oder Unheimliche. Todorov spricht deshalb von Untergattungen des »Fantastisch-Wunderbaren« und des »Fantastisch-Unheimlichen«. Selbständig existieren die Gattungen des »unvermischt Unheimlichen« und des »unvermischt Wunderbaren« (hier unterscheidet Todorov das hyperbolische, das exotische, das instrumentale und das naturwissenschaftliche Wunderbare, letzteres heute als ›Science Fiction‹). Für die strukturale Einheit fantastischer Literatur sind drei Dinge von Belang: Die übertragene Bedeutung der Bilder oder rhetorischen Figuren wird wörtlich genommen; Der Diskurs des ambivalenten Erzählers wird keinem Wahrheitsbeweis unterzogen. Der Text wird von Anfang bis Ende gelesen (die vorzeitige Kenntnis des Schlusses würde die Konvention der Gattung zerstören). – Wer das Fantastische als ambivalente Wahrnehmung unheimlicher Ereignisse definiert, muß dem semantischen Aspekt besondere Aufmerksamkeit widmen. Todorov sucht ihn mit »ich-Themen« (über die geistigen Beziehungen zwischen Mensch und Welt) und »du-Themen« (über die Beziehungen des Menschen zu seinen sexuellen Wünschen) zu fassen. Es entspricht seinem Verständnis von Poetik, daß er sich auf die Feststellung der Anwesenheit dieser Themen in literarischen Werken beschränkt und deren Interpretation in den Bereich der »Kritik« verweist.

Lit.: Phantastik in Literatur und Kunst, hg. von C. W. Thomsen und J. M. Fischer, Darmstadt [2]1985.

K. Kasper

Das Inzest-Motiv in Dichtung und Sage. Grundzüge einer Psychologie des dichterischen Schaffens, Otto Rank; EA Leipzig/Wien 1912.
Diese im wesentlichen seit 1906 vorliegende Schrift weist Rank als einen der fähigsten und produktivsten Köpfe unter den Freud-Schülern aus. Besonders die umfangreiche Einleitung, in der Rank die »Ubiquität des Inzest-Motivs« mit positivistischer Materialfülle an Texten von der griechischen Antike (Sophokles, *Oidipus Tyrannos*; 425 v. Chr.; *König Ödipus*) bis zu seinen Zeitgenossen und R. Wagners Musikdrama nachweist, macht diese monumentale Monographie zu einer Programmatik der psychoanalytischen Literatur- und Kunstpsychologie. Trotz entschiedener Beachtung formaler Kategorien (wie »Figurenspaltung«, »-verdichtung«, »-verdoppelung«) ist seine Werk- bzw. Motivuntersuchung immer zugleich Biographik, da »der Dichter das Inzestuöse aus seinen eigenen Komplexen erst in das Material hineinbringt«. Mit Bezug auf Dilthey knüpft die Einleitung an die nicht bewußtseinspsychologisch gefaßte Konzeption einer ›Biographie von innen‹ an. Diese überschreitet Rank radikalisierend in Richtung auf das Unbewußte: »Triebkraft«, »Material«, »die Mechanismen der Entstehung und Gestaltung« entstammen beim literarischen Kunstwerk wie beim Traum dem Unbewußten. Ähnlich dem Träumer verschafft sich der Künstler, genötigt von unbewußt wirkenden infantilen Triebregungen und erotischen Fixierungen, im Werk »eine zum Teil verhüllte Erfüllung seiner geheimsten Wünsche«. Wie schon in seiner Erstpublikation *Der Künstler* (1907) sieht Rank im Dramatiker, im Philosophen und Religionsstifter die höchsten Formen des Typus' künstlerischer Mensch. Dieser ist konstitutionell durch eine »stärkere Triebanlage« ausgezeichnet, so daß sein Triebleben vorzeitig »nach Betätigung

und Phantasiebildung« drängt. Der Zwang zur kathartischen Produktion rückt den Künstler neben den Neurotiker, von dem ihn nur die Fähigkeit trennt, allgemein menschliche Seelenkonflikte in einer »psycho-hygienischen und darum sozial anerkannten, ja hochgewerteten Form« in seinem Werk auszudrücken. Die ständige Wiederkehr von Inzestphantasien in der Weltliteratur ist diesseits literarischer und historischer Einflüsse in dem allen Dichtern gemeinsamen intensiven Triebleben begründet. In der Gestaltung allerdings sieht Rank ein historisches Moment wirksam: *König Ödipus – Hamlet – Don Carlos* bilden eine Reihe, die eine fortschreitende Verdrängung der Inzestphantasie erkennen läßt. Das ursprüngliche ödipale Familiendreieck tritt zurück, der imaginierte Vollzug von Vater-Mord und Mutter-Sohn-Inzest, wie er noch im *König Ödipus* möglich war, wird verhindert. Der wachsenden Komplexempfindlichkeit, der Zunahme der Neurose, entspricht historisch ein Fortschreiten des Bewußtseins. Rank prognostiziert den Untergang der Kunst durch das Bewußtwerden des Unbewußten. Auf der höheren Bewußtseinsstufe – für sie steht bereits die Psychoanalyse – weicht die unbewußte Verdrängung der zu unterdrückenden Regungen ihrer bewußten Verurteilung: der Künstler lernt, »sich selbst bewußterweise zu überwinden«. Mit diesem Fortschrittsoptimismus steht Rank noch diesseits der Dialektik der Aufklärung: Die Kunst geht wie die Religion in Wissenschaft über. Der Widerspruch zwischen historischer und typologisch/utopischer Betrachtung bleibt Rank ebenso verborgen

wie der zwischen seinem – an Dilthey (→*Das Erlebnis und die Dichtung*) und den dichterischen Gegenständen geschulten – hermeneutischen Vorgehen und dem eigenen Anspruch, kausal-genetisch-naturwissenschaftlich gemäß der »analytischen Determinationspsychologie« zu verfahren. – Das Vorwort zur zweiten Auflage setzt – den Bruch mit Freud antizipierend – entschieden neue Akzente: erstens das Primat des Schöpferischen, das jenseits von Trieb und Biologie im »Ausdruckszwang eines konfliktuösen Ich« gründet und sich nur kompensatorisch im Ödipusstoff manifestiert. Zweitens weicht seit Ranks Schrift *Das Trauma der Geburt und seine Bedeutung für die Psychoanalyse* (1924) das Interesse am Ödipuskomplex dem an der Mutter-Kind-Beziehung und den prädipalen Entwicklungsstufen. Als Replik auf Freud – *Totem und Tabu* (1912/13) – ordnet Rank das Schuldgefühl, das uns im Drama als tragische Schuld begegnet, nun dem Mutterkomplex zu, die ödipale Stufe versteht er nur als eine seiner Manifestationen.

Ausg.: Leipzig/Wien ²1926 (erw. Aufl.).
Lit.: G. SCHREY, Literatur-Ästhetik der Psychoanalyse und ihre Rezeption in der deutschen Germanistik vor 1933, Frankfurt/M. 1975. – Protokolle der Wiener Psychoanalytischen Vereinigung, Bd. 1 (1906–08), hg. von H. NUNBERG/E. FEDERN, Frankfurt/M. 1976. – W. v. UNGERN-STERNBERG, Zum Verhältnis von Literaturwissenschaft und Psychoanalyse. Dichterbiographik des Freudkreises und Otto Ranks Versuch eines »Paradigmenwechsels« von Dilthey zu Freud, in: Psychoanalytische Literaturwissenschaft und Literatursoziologie, hg. von H. KRAUSS/R. WOLFF, Frankfurt/M./Bern 1982, S. 193–224.

A. LANGE-KIRCHHEIM

Is There a Text in This Class?:
The Authority of Interpretive Communities (engl.; *Gibt es einen*

Text im Unterricht? Die Autorität von Interpretationszirkeln), Stanley FISH; EA Cambridge/Mass. 1980. Fishs Sammlung von Aufsätzen aus den 70er Jahren behandelt unterschiedliche Themen und Fragestellungen der rezeptionsästhetischen Wirkungstheorie. Der Band dokumentiert den beträchtlichen Wandel der Ansichten Fishs, die der Autor selbst in der Einleitung rückblickend reflektiert und kommentiert. – Im ersten und wohl bekanntesten Aufsatz der Sammlung, *Literature in the Reader: Affective Stylistics* (*Literatur im Leser: Affektive Stilistik*) aus dem Jahr 1970, erläutert Fish ausführlich seine Auffassung der Leserrolle, die der Spezialist für englische Literatur des 17. Jh.s bereits in einer Studie über die Leseerfahrung bei Milton (*Surprised by Sin: The Reader in ›Paradise Lost‹*, 1967) ansatzweise entwickelt hatte. Fish betont insbesondere das Prozeßhafte der Lektüre und Interpretation von Literatur. Der Sinn liegt nicht im Text selbst, sondern wird erst durch die Rezipienten im Lesevorgang erstellt: »Die Bedeutung ist das Erlebnis einer Aussage.« Im Gegensatz zur vorherrschenden räumlichen Anordnung des Sinnzusammenhangs in textimmanenten, formalistischen Interpretationen betont Fish die Bedeutung des zeitlichen Vorgangs der Sinngebung auf der Satzebene. Die Verunsicherung und Ungewißheit, die mit dem Leseakt entstehen, bilden für ihn den eigentlichen Sinn der Lektüre. Möglichen Einwänden hinsichtlich der Gefahr einer subjektiv-impressionistischen Beliebigkeit der Deutung begegnet Fish mit dem Konzept des »informierten Lesers«. Dieser ideale Leser verfügt in Anlehnung an Chomskys Transformationsgrammatik u. a. über »literarische Kompetenz«, weshalb sein Bedeutungserlebnis allgemeingültig und wissenschaftlich darstellbar ist. Später korrigiert Fish seine Position, die trotz des wirkungstheoretischen Ansatzes nach wie vor an der grundsätzlichen Trennung von objektivem Text und subjektivem Leseakt festgehalten hatte. Der 1976 erschienene Aufsatz *Interpreting the ›Variorum‹* (*Das Deuten des ›Variorum‹*) markiert einen wichtigen Wendepunkt. Ausgehend von der Einsicht, daß die Mehrdeutigkeit oft kommentierter Stellen nicht ein zu lösendes Problem, sondern ihr eigentlicher Sinn ist, entwickelt Fish die These, daß die Interpreten durch ihre Lesestrategien Bedeutung und Struktur von Texten erst produzieren. Damit verliert Literatur ihren ontologischen Status: einzig die Literaturkritik bestimmt, was als Dichtung zählt. Auch Leerstellen oder Unbestimmtheiten sind im Text nicht objektiv gegeben. Die Struktur eines Textes wird ebenfalls erst durch die Rezipientenperspektive an ihn herangetragen. Fish ersetzt die Frage nach dem Vorrang von Leser oder Text durch die Dominanz der Interpretationsstrategie. Welche Perspektive letztlich den Sinn des Gelesenen festlegt, hängt von normbildenden Interpretationszirkeln (»interpretive communities«) ab. Seine Vorstellung dieser Interpretationszirkel entwickelt Fish ausführlich im Titelaufsatz der Sammlung. Da Kommunikation nur situationsgebunden und meist in einem institutionellen Rahmen stattfindet, sind die Konventionen und Normen der entsprechenden Interpretationszirkel immer schon im Mitgeteilten impliziert. Der anfängliche Irrtum im Konzept des informierten Lesers war, die eigene Norm dagegen als eine allgemeingültige anzunehmen. Wenn subjektive Lesestrategien entscheidend sind, kann es keine objektive, allein zutreffende Interpretation eines Werks geben, die geschützt werden müßte. Es existieren nur verschiedene mögliche Lesarten, die von den jeweilig konventionalisierten Einstellungen der Interpretationszirkel bestimmt werden. – Die zuweilen extremen Standpunkte Fishs haben ihn zu einem der am heftigsten diskutierten zeitgenössischen amerikanischen Literaturkritiker gemacht. Fish, der wesentlichen Einfluß auf die Positionen des ›New Pragmatism‹ hatte, wurde insbesondere sein entschieden solipsistischer Relativismus vorgehalten. Seine rezeptionsästhetischen Vorstellungen, die zunächst in der Nähe von Isers Wirkungstheorie (→*Der implizite Leser*) lagen, haben sich unter Einbezug der Kritik immer wieder geändert. Prozeßhafter Wandel scheint ein Leitprinzip seiner anspielungsreich zugänglichen, bisweilen umgangssprachlich formulierten Schriften zu sein.

Lit.: Rezeptionsästhetik. Theorie und Praxis, hg. von R. WARNING, München 1975.

G. HURM

Jean-Jacques Rousseau. La transparence et l'obstacle (frz.; *J.-J. Rousseau. Die Transparenz und das Hindernis*), Jean STAROBINSKI; EA Paris 1957; dt. u. d. T. *Rousseau. Eine Welt von Widerständen*, München und Wien 1988.
Starobinski zählt als Schüler von M. Raymond zur »Genfer Schule«. Er ist indes auch durch seine medizinische Ausbildung und seine medizingeschichtlichen Forschungen geprägt und bedient sich heuristischer Verfahren und Beschreibungstechniken der ›objektiven‹ Humanwissenschaften. Er schreibt diesen jedoch eine dienende Funktion zu. Zentral bleibt die hermeneutische Begegnung des Interpretierenden mit dem Text. Der literaturkritische Ansatz von Starobinski ist so durch eine gleichzeitige Haltung der Distanz und der Identifikation mit dem Werk bestimmt. Im Mittelpunkt von *La transparence et l'obstacle* steht die Untersuchung des Gegensatzes zwischen Sein und Schein und somit das Problem der Maske sowie die Melancholie in ihren literarischen Erscheinungsformen. Haltungen und Ideen Rousseaus werden in chronologischer Reihenfolge dargestellt. Es geht Starobinski dabei aber weder um eine Biographie noch um eine systematische Darlegung der Philosophie Rousseaus. Vielmehr läßt er sich in seiner Analyse vom Selbstverständnis Rousseaus leiten, der sein Denken nicht von seiner Existenz, seine Theorien nicht von seinem persönlichen Schicksal trennt. Sein literarisches Schaffen wird als ein imaginäres Handeln und sein Verhalten als eine gelebte Fiktion gedeutet. Starobinski, der mit der psychoanalytischen Kritik vertraut ist, wirft dieser vor, Werke auf ihre Vorbedingungen zu reduzieren und deren finale Ursache, ihren »Entwurf«, zu vernachlässigen. Wenn das Symbol den verborgenen Wunsch verschleiert, so ist es gleichzeitig auch das, was ihn enthüllt und bezeichnet. Die individuelle Geschichte geht in das Werk ein, aber als transzendierte Geschichte. Die transzendierende Fähigkeit des Schriftstellers besteht für Starobinski darin, daß er

in den schöpferischen Formen und Akten das Schicksal verändert, dem er als natürliches Wesen unterliegt und die Situationen verwandelt, die ihm die Gesellschaft zuweist. So werden im Werk Rousseaus die Bilder, das obsessionelle Begehren, die Sehnsüchte herausgeschält, die trotz der Vielfältigkeit der Textsorten, seine innere Kohärenz ausmachen. Im Konflikt mit einer Gesellschaft, die er nicht akzeptieren kann, erhält die innere Erfahrung Rousseaus ihre spezifische Funktion. Das Innenleben wird durch die Unmöglichkeit bestimmt, eine zufriedenstellende Beziehung zur Außenwelt herzustellen. Rousseaus Ideal ist die Transparenz der Herzen. In der Gesellschaft trifft er aber nicht die Unmittelbarkeit, sondern die Vermitteltheit durch Sprache, Geld, gesellschaftlichen Schein. Er akzeptiert das Hindernis, das ihm erlaubt, sich in die passive Resignation, aber auch in die Gewißheit seiner Unschuld zurückzuziehen. Die Suche nach der Transparenz bildet nach Starobinski den Kern von Rousseaus Denken. Sie wird von diesem in einer mythischen Vergangenheit situiert und als ein Ziel vorgestellt, das durch die persönliche Reform, die Erziehung, durch ein ideales politisches Gemeinwesen zu verwirklichen ist. Dieser Kerngedanke erklärt, warum Rousseau zum Schöpfer der modernen Autobiographie wurde. Nur durch das Schreiben kann sich das Ich in seiner Wahrheit darstellen, die durch den gesellschaftlichen Schein verdeckt ist.

Ausg.: Paris 1971. – Dt. Frankfurt/M. 1993. *Lit.:* F. GIACONE, L'école de Genève: mythe ou réalité?, in: Micromegas 2, 1 (1975), S. 89–101. – K.-H. STIERLE, Dévoilement de la lecture, in: Cahiers pour un temps (1985), S. 73–83. – C. REICHLER, Starobinski et la critique genevoise, in: Critique 481/82 (1987), S. 606–11.

J. JURT

La Jeune Née (frz.; *Die Neugeborene*), Hélène CIXOUS/Catherine CLÉMENT; EA Paris 1975.

Diese Gemeinschaftsarbeit zweier führender französischer Feministinnen ist einer der einflußreichsten Gründertexte der ›écriture féminine‹. Im ersten Teil, »La Coupable« (» Die Schuldige«), wertet Clément die exemplarischen weiblichen Feindbilder männlicher Imagination, die Hexe und die Hysterikerin, systematisch um und erklärt sie zu zentralen Modell- und Identifikationsfiguren der *Jeune Née*, der postpatriarchal neu(geboren)en Frau. Im zweiten Teil, »Sorties« (»Ausgänge«), skizziert Cixous jenes Panorama phallokratischer Weltordnung, das inzwischen zum Paradigma feministischer Geschichts- und Gesellschaftskritik geworden ist. Der dritte Teil, »Echange« (»Austausch«), ein Dialog zwischen Clément und Cixous, kontrastiert das männliche Monopol von Macht und Wissen mit der Marginalisierung der Frau ins Ohnmächtig-Wahnsinnige. Dieser Entmündigungsprozeß fand seinen Höhepunkt im Krankheitskonstrukt der weiblichen Hysterie, in der die klassische Psychoanalyse die Essenz des anderen Geschlechts, sein Lust- und Leidwesen zu erkennen glaubte. – Leidenschaftlich wenden sich beide Autorinnen gegen das Verschweigen des Weiblichen in der abendländischen Kultur und Geschichte. Programmatisch fordern sie dazu auf, sich aus der weiblichen Sprach- und Körperstarre ek-statisch freizuschrei(b)en. Das

Ritual der mittelmeerischen Tarantella, deren sich entfesselnder Tanz dem Werk als dynamisches Gestaltungsmuster zugrunde liegt, wird zum Bild für die geforderte körperlich-geistige Selbstbefreiung. In Cixous/Cléments archaisch modernem Schau- und Gedankenspiel werden die Leiden und Leidenschaften des unterdrückten Weiblichen/Sexuellen, das Unbewußte der Geschichte beschworen. Seine Entfaltung ist von den Autorinnen subjektiv und autobiographisch konzipiert, sie vollzieht sich als kreative Auseinandersetzung mit einer Vielzahl literarischer Werke von Aischylos' *Oresteia* (458 v. Chr.) zu Kafkas Gleichnis *Vor dem Gesetz* (1925, in: *Der Prozeß*), von Homers *Ilias* (entst. ca. 750–700 v. Chr.) zu Joyces *Ulysses* (1922), kurzum, vom legendären Untergang des Matriarchats bis zum ideologischen Verfall des Patriarchats. Kanonische Abhandlungen über das Weibliche wie *Malleus Maleficarum* (1487; *Der Hexenhammer*) von H. Institoris/J. Sprenger und die *Studien über Hysterie* (1895) von J. Breuer/S. Freud, erweisen sich in diesem Zusammenhang als zentrale Inspirationsquellen. Das in ihnen dämonisierte und hysterisierte »Andere« wird jetzt zum »Neuen Weiblichen« idolisiert und erscheint im Vorbild der Kleistschen *Penthesilea* (1808) mit ihrem »reinen, unvermeidlichen Verlangen, ihrer grenzenlosen Unmittelbarkeit« präfiguriert. Aus diesen literarisch-libidinösen Exkursen und Exzessen entsteht eine »Tarantella der Theorie« (S. Gilbert), eine Prosa hymnischer Hysterien, deren sub- und reversive Erzählstrategien durch zahlreiche Wort- und Bedeutungsspiele unterstützt werden. (Bereits das »double entendre« des Buchtitels ist zugleich eine Feminisierung von J. Genet, eine feministische Solidarisierung mit seiner geschlechtlich-gesellschaftlichen Nonkonformität). Derartige Doppeldeutigkeiten sollen die Sprach- und Moralkonventionen vaterrechtlicher Ordnung auflösen, sie suggerieren eine Rückkehr ins präödipale Chaos mütterlichen Begehrens (Lacans »Désir du Mère«). In seinem Reich des Imaginären herrscht das polymorph-perverse Glück(sversprechen) der orgasmischen Sinnenlust (»jouissance«). Dieses Reiz- und Schlüsselwort der französischen feministischen Revolution chiffriert sowohl Lustgewinn als auch den Mehrwert einer befreiten Sexual- und Sozialökonomie. – So innovativ sich das Erzählwerk der *Jeune Née* ausnimmt, implizit wie explizit ist es dennoch von einer Vielzahl französischer Diskursbildungen (post-)strukturalistischer und dekonstruktivistischer Provenienz beeinflußt. Zu nennen wären v. a. Lévi-Strauss' strukturale Anthropologie, Barthes' Poetik des Begehrens, Derridas Problematisierung der logozentrischen Rhetorik sowie seine Privilegierung des »Anderen« und nicht zuletzt die Nach-Freudsche Psychoanalyse Lacans. Während aber für letzteren der Phallus transzendentales Signifikat, ultima ratio paternaler Weltordnung ist, reklamiert Cixous in ihrem utopischen Gegenentwurf die »hystera«, den schöpferischen Mutterschoß, das materiellen Urprinzip: »La voix est l'utérus« (vgl. Cixous, *Illa*, 1980, S. 168). Diese klitorale Sprach- und hysterische Bewußtwerdung findet ihre kongenialen Spiegelungen in Kristevas

»chora«-Konzeption und Irigarays »hystera«-Modell, welches eine umfassende Neuinterpretation des Platonischen Höhlengleichnisses darstellt (vgl. J. Kristeva →*La révolution du langage poétique* und L. Irigaray →*Speculum de l'autre femme*). Es war jedoch *La Jeune Née*, die in den letzten fünfundzwanzig Jahren ihrer Rezeption am sinn(bild)lichsten die Theorieformation der ›écriture féminine‹ repräsentierte und reflektierte. Wie kein anderes vergleichbares Werk unterlief es die Welt- und Wertvorstellungen des Patriarchats, inszenierte das Weibliche als triumphale Wiederkehr des Verdrängten/Sinnlichen und profilierte sich dadurch zum feministischen Manifest − zum provokativen Frauenfest − par excellence. Seit 1986 ins Englische übersetzt als *The Newly Born Woman* erweist sich *La Jeune Née* mehr und mehr auch als Matrix und Modell des anglo-amerikanischen Feminismus und seiner weiblichen Alternativ-Diskurse der »(M)other Tongue« (1985) und des »Writing/Reading (M)otherwise«.

Lit.: S. N. GARNER/C. KAHANE/M. SPRENGNETHER, The (M)other Tongue − Essays in Feminist Psychoanalytic Interpretation, Ithaca/London 1985. − T. MOI, Sexual/Textual Politics − Feminist Literary Theory, London/New York 1985. − M. EAGLETON (Hg.), Feminist Literary Criticism, London/New York 1991.

F. A. LUBICH

J.-J. Rousseau, citoyen de Genève, à Mr. d'Alembert, de l'Académie françoise […], sur son article Genève dans le VIIe volume de l'Encyclopédie, et particulièrement sur le projet d'établir un théâtre de comédie en cette ville (frz.; *J.-J. Rousseau, Bürger von Genf, an Herrn d'Alem-*

bert, Mitglied der Französischen Akademie […] über seinen Artikel »Genf« im 7. Band der Enzyklopädie und insbesondere über den Vorschlag, ein Schauspielhaus in dieser Stadt zu errichten), Jean-Jacques ROUSSEAU; EA Amsterdam 1758; dt. Genf/Zürich 1761 (Teilübers.).

Rousseaus Polemik richtet sich gegen das von d'Alembert vorgeschlagene Theaterprojekt nach dem Modell der ›Comédie française‹ in seiner Heimatstadt Genf. Sie greift in einen seit Calvin virulenten lokalen Genfer Streit ein, der primär um patriotische, soziale und kirchenpolitische Funktionen eines dortigen Schauspielhauses kreiste. Rousseaus Antwort auf d'Alemberts Plädoyer für die Errichtung eines Schauspielhauses zielt auf die zentrale Frage, »welchen Gewinn die Sitten« aus der Theaterpraxis zu ziehen vermögen. Im Gegensatz zu Voltaire und Diderot kommt er zu einer pessimistischen Einschätzung. Ihr Kern besteht in der polemischen Feststellung, daß »das Schauspiel uns nur dann nicht schaden wird, wenn uns nichts mehr schaden kann«, d. h. am Tiefpunkt des zivilisatorischen Verfalls. Wenn man andererseits davon ausgeht, daß nahezu ideale sittliche und politische Verhältnisse unter den Bewohnern Genfs herrschen, kann das Theater nach Rousseau nur verheerende Folgen haben: Streben nach Luxus, Faulheit, verstärkte ökonomische Ungleichheit, Einführung von Steuern, kurz: das Theater bewirkt unausweichlich den Sittenverfall und zivilisatorische Korruption. Diese wirkungsästhetische Auffassung Rousseaus steht in krassem Gegensatz zu späteren Ansichten Schillers (→*Was kann eine gute ste-*

hende Schaubühne eigentlich wirken?) und Goethes (*Wilhelm Meisters Lehrjahre*, 1795/96) von der aufklärerischen Funktion des Theaters. – Der Brief ist als eine konkrete Anwendung früher kulturkritischer Ideen Rousseaus auf das Theater zu verstehen. Trotz des erheblichen Echos bei seinen Zeitgenossen kann von einer Wirkungsgeschichte der Schrift im deutschsprachigen Raum kaum gesprochen werden. Obwohl hier die französische Theaterdiskussion insbesondere durch Lessings Übersetzung der neuen Dramaturgie Diderots intensiv rezipiert wurde, blieb Rousseaus Kritik des Theaters ohne Resonanz.

Ausg.: Edition critique, hg. von M. FUCHS, Lille/Genf 1948 (u. d. T. Lettre à Mr. d'Alembert sur les spectacles. – Dt. in: Schriften, Bd. 1, hg. von H. RITTER, München/Wien 1978.
Lit.: P. COLEMAN, Rousseau's political imagination. Rule and Representation in the ›Lettre à d'Alembert‹, Genf 1984.

K.-U. HARTWICH

Kafka. Pour une littérature mineure (frz.; *Kafka. Für eine kleine Literatur*), Gilles DELEUZE/Félix GUATTARI; EA Paris 1975; dt. Frankfurt/M. 1976.
Deleuze und Guattari erproben an Kafka die Maximen der Textmaschinisierung, die in →*L'Anti-Œdipe* entwickelt wurden. Sie sehen Kafkas Werk im Kontext von »Deterritorialisierungsbewegungen« wie Einsteins Relativitätstheorie und Schönbergs Zwölftontechnik – und in entschiedener Antithese zur Psychoanalyse Freuds. Kafka wird nicht auf den klassischen Ödipus Freuds, sondern auf einen deterritorialisierten, das meint hier entfamiliarisierten und perversen Ödipus bezogen. Der Autor spielt mit der »Ödipusmaske«, indem er die Grenzen der Familie bis an die Grenzen der Welt erweitert und damit das Ödipale »ins Absurde, ja ins Komische« vergrößert. Auf der literarischen Ebene ist der Term Deterritorialisierung der Gegenbegriff zu Form. Er impliziert die Anweisung, Kafkas Sprache »nicht als Ausdrucksform, sondern als ungeformte Ausdrucksmaterie« zu analysieren, d. h. als Reich der Intensitäten, des Asignifikanten, in dem sich alle Formen und Bedeutungen auflösen. Diese Schicht des »nicht geformten, intensivmaterialen Ausdrucks«, soll schließlich quantifiziert und als Funktionswert gemessen werden. – Der Formfeindlichkeit des literarischen Ausdrucks entspricht die Prozessualität des Begehrens, das ihn trägt. Kafkas Figuren suchen nicht die Freiheit, sondern den Ausweg. Angesichts unmenschlicher Verhältnisse liegt dieser oft nur im Nichtmenschlichen: Deshalb liquidiert Kafka die Metaphorik der Freiheit durch die Metamorphosen des Tier-Werdens und eine Darstellung der Menschen als Maschinenteile. Deleuze und Guattari begreifen sein Werk insgesamt als »Junggesellenmaschine« (»machine célibataire«), die einen künstlerischen Ausdruck jenseits des ästhetischen produziert: »Definition durch Maschinen, nicht durch Ästhetik«. Segmentarität, Kontiguität und die strikte Immanenz maschineller Verkettungen bilden für sie eine Grunderfahrung Kafkas; in ihnen manifestieren sich Macht und Begehren. Deleuze und Guattari lesen Kafka hier in der Perspektive der Machtanalysen Foucaults. Dem entspricht auch die diskursanalytische Anweisung, in der Verarbeitung von Texten nicht

dem Mythos der Information zu verfallen, sondern »Sprache als Befehlsübermittlung, Machtausübung oder Widerstand gegen sie zu erkennen«. – So wird Kafkas Werk als »Rhizom« lesbar, als ein Geflecht diskontinuierlicher, aber miteinander kommunizierender Ausdrucksbewegungen, in denen Experimente protokolliert, aber nicht gedeutet werden. Deshalb gibt es auch keinen privilegierten Zugang zum Text; viele Einstiege, Eingänge ins Wurzelgeflecht des Protokollierten sind möglich und nötig. Die Sprache Kafkas ist nicht mehr repräsentativ. Man kann sie nicht deuten, sondern nur experimentell erproben. Das Rhizom des Texts entsteht aus den Verzweigungen, die da entstehen, wo der Ausdruck die Form zerbricht. Schreiben heißt dann: Verkettungen herstellen, die das Subjekt ersetzen. Das ist die »Politik« der »kleinen Literatur« als Artikulation einer Minderheit in einer großen Sprache. In ihr spricht sich weder ein Individuum noch ein Meister der Sprache aus. Gerade weil er ein Fremder in der eigenen Sprache ist, wird Kafka für Deleuze und Guattari zum Agenten einer »kollektiven Aussage«.

Lit.: N. BOLZ, Stop Making Sense, Würzburg 1989. – Schizo-Schleichwege, hg. von R. HEINZ/G. C. THOLEN, Bremen o. J.

N. BOLZ

Kleines Organon für das Theater, Bertolt BRECHT, entst. 1948; ED Berlin 1949 (in: Sinn und Form, Sonderheft Bertolt Brecht, S. 11–41). *Nachtrag zum »Kleinen Organon«,* entst. 1952–54; ED Frankfurt/M. 1960 (in: Suhrkamp Texte 4, S. 46–57).
In 77 aphorismenartigen Kurzartikeln nach dem Vorbild von F.

Bacons *Novum organum* (1621, *Das Neue Organon*) faßt Brecht seine bis dahin entwickelten Vorstellungen von einem »Theater des wissenschaftlichen Zeitalters« zusammen. Brecht sah in der Schrift »eine kurze Zusammenfassung des *Messingkaufs*«, eines 1939 begonnenen, aber nie vollendeten Dialogs über Theater und Schauspielkunst. Wie Bacon gegen die damals herrschende aristotelische Physik in seinem *Organum* das neuzeitliche Prinzip der empirisch-experimentellen Wissenschaft entwickelt hat, so wendet sich Brecht nach dem Erfahrungen des Faschismus gegen die von ihm sog. ›aristotelische‹, vom Naturalismus bestimmte Kunst der ›Einfühlung‹ als eines »Zweigs des bourgeoisen Rauschgifthandels«, die den einzelnen in den Mittelpunkt stellt und die Zuschauer dazu anhält, sich kritiklos in die dargestellte Figur zu versenken. Statt dessen lenkt Brecht den Blick auf das Verhalten der großen Menschenmassen und auf die »Beziehungen der Menschen untereinander bei der Ausbeutung und Unterwerfung der Natur«, die für ihn nach wie vor im Dunkel liegen und immer undurchsichtiger werden. Dazu ist es notwendig, die »neue Wissenschaft, die sich mit dem Wesen der menschlichen Gesellschaft befaßt«, d. h. den dialektischen Materialismus, auf die ästhetischen Abbildungen anzuwenden. Die traditionellen ›aristotelischen‹ Kunstprinzipien, welche die Entwicklungen der hochtechnisierten Massengesellschaften ignorieren und überdies vom Faschismus in der Politik zur Täuschung der Massen angewendet werden, erscheinen ihm als grundsätzlich korrumpiert. Wie Bacon das neue Wissenschaftsprinzip dialektisch formuliert hat (nur der kann die Natur beherrschen, der sich ihr unterwirft), faßt auch Brecht das neue Kunstprinzip widersprüchlich: die Abbildungen müssen vor dem Abgebildeten zurücktreten; alle ästhetischen Darstellungsformen werden aus der herrschenden Realität bezogen und nicht aus der Ästhetik. In Analogie zum wissenschaftlichen Experiment entwirft die Kunst ästhetische Anschauungsmodelle von Realität, die ihre ›Gesetze‹ sichtbar werden und das Urteil der Zuschauer »dazwischenkommen« lassen. Diese Modelle bauen nicht Eigenwelten auf, sondern sind durch ihren gesellschaftlichen »Gestus« so organisiert, daß sie auf die außerästhetische Realität hinzeigen, und zwar ohne den Anspruch, sie ersetzen oder (naturalistisch) abbilden zu wollen. Brecht betont dabei, daß diese wissenschaftliche Haltung der künstlerischen nicht widerspricht und daß ihre lehrhafte (aufklärerische) Intention – in Widerruf zu früheren Positionen – keine Emigration aus dem »Reich des Wohlgefälligen« bedeutet: das Theater bleibt Stätte der Unterhaltung. Wie sich die Wissenschaft mit dem Unterhalt beschäftigt, so befaßt sich die Kunst mit der Unterhaltung, jedoch sind beide dazu da, das »Leben der Menschen zu erleichtern«. – Der *Nachtrag zum »Kleinen Organon«* stellt zusammenfassende Resultate der Berliner Theaterarbeit Brechts dar. In ihm gibt Brecht den Begriff des »epischen Theaters« ausdrücklich auf, weil er – in scheinbar starrem Gegensatz zum »dramatischen Theater« – immer wieder Anlaß zu Mißverständnissen gab. Statt dessen plädiert er mit Lenin dafür, auf dem Theater die Widersprüche offen darzustellen, sie nicht, wie im bürgerlichen Theater, zu »verschmieren« bzw. zu harmonisieren, und damit die Dialektik zum Genuß zu machen. Ziel ist, daß alle Künste zur »größten aller Künste, der Lebenskunst« beitragen. – Das *Kleine Organon* löste 1949 im Zusammenhang mit der Aufführung von Brechts *Mutter Courage und ihre Kinder* (1941) eine heftige Kontroverse aus zwischen F. Erpenbeck, der eine orthodox marxistische Position vertrat, und W. Harich sowie P. Rilla, die Brechts Thesen verteidigten. Diese Kontroverse, die in der Forschung fortgesetzt wurde, wird kennzeichnend für Brechts widersprüchliche Position in der DDR. Einerseits wurde er immer wieder für den »sozialistischen Realismus« und als »Nationaldichter« der DDR reklamiert, andererseits stieß sein explizit formulierter kritischer Realismus auf Widerstand und Ablehnung. Sein Eintreten für neue theatralische Formen, welche die traditionellen im hegelschen Sinn ›aufheben‹ und erweitern, bleibt weitgehend verkannt oder wird als »volksfremde Dekadenz« (Erpenbeck) denunziert. Da Brecht seine theoretischen Schriften zu seinen Lebzeiten nur in geringem Umfang veröffentlicht hat, wurde das *Kleine Organon* bis zur Publikation der Werkausgabe (1967) die meistzitierte und -diskutierte Schrift Brechts zum Theater. Ihr ›klassischer‹ Charakter schützte sie aber dennoch nicht vor weiteren Mißverständnissen in der Forschung, in der die 1949 begonnene Kontroverse noch bis in die 80er Jahre hinein fortgeführt worden ist.

Ausg.: Gesammelte Werke in 20 Bdn. und 4 Suppl.-Bdn., Werkausg. Edition Suhrkamp,

Bd. 16, S. 659–700 und 701–08, Frankfurt/M. 1967–81.
Lit.: W. HECHT, Die Trompete und das Messing, in: ders., Sieben Studien über Brecht, Frankfurt/M. 1972, S. 108–39. – H. FLASHER, Aristoteles und Brecht, in: Poetica 6 (1974), S. 17–37. – J. KNOPF, Brecht-Handbuch Theater, Stuttgart 1980, S. 448–60.

J. KNOPF

Der Kopf, die Welt, die Kunst. Konstruktivismus als Theorie und Praxis, Siegfried J. SCHMIDT; EA Wien/Köln/Weimar 1992 (in: Nachbarschaften. Humanwissenschaftliche Studien 1).

Das Werk versammelt 13 zwischen 1985 und 1992 publizierte, inzwischen überarbeitete Aufsätze sowie einen literarischen Beitrag (Fallstudie XII, *unsere sinnfabrik. zehn miniaturen zum ›konkretismus‹*). Es bietet nicht nur eine Einführung in die interdisziplinären erkenntnistheoretischen Voraussetzungen von Schmidts theoretischem Ansatz (Fallstudien I, II, XIV), sondern auch einen Überblick über seine einzelwissenschaftlichen Konsequenzen für die Literatur- und Medientheorie (III–V), für Literaturinterpretation und Literaturgeschichtsschreibung (VI–XI) und für die Kreativitätsforschung (XIII). – ›Konstruktivismus‹ erweist sich in *Der Kopf* als ein auf kognitionsbiologischen (H. Maturana u. a.), psychologischen, soziologischen und systemtheoretischen Annahmen (H. v. Foerster, E. v. Glasersfeld, N. Luhmann u. a.) beruhendes, nicht-solipsistisches erkenntnistheoretisches Paradigma, das die bisher weitgehend getrennt verfolgten, wissenschaftlich-theoretischen, literaturinterpretatorischen und literarischen Arbeitsfelder Schmidts re-integriert. Es ermöglicht, »die soziale Konstruktion von Wirklichkeit im Individuum, die kommunikative Konstruktion von Wirklichkeit in den Medien [und] die individuelle Konstruktion gesellschaftlicher Selbstwahrnehmung in der Kunst« exemplarisch und theoretisch konsistent zu ›(re-)konstruieren‹. ›Wirklichkeit‹, verstanden als ›selbstreferentielle‹ kognitive Konstruktion, wird nur dann kommunikabel, wenn sie sich als je spezifische ›Medienrealität‹, d. h. als intersubjektive und soziale Konstruktion stabilisiert. Vor diesem Hintergrund bestimmt Schmidt folgerichtig Literatur als Medium und Literaturwissenschaft als »empirische Medienwissenschaft«; er befreit damit Literaturgeschichtsschreibung und Literaturinterpretation von ihren ontologischen Residualkategorien: ›Geschichte‹ wird als je gegenwärtige Konstruktion reflektiert (am Beispiel der Trakl-Philologie), hypostasierte ›Texte‹ werden durch bedeutungszuweisende »Text-Aktant-Kontext-Syndrome« ersetzt und ›Gattungen‹ als soziale ›Medienhandlungsschemata‹ verstanden, womit zugleich auch die Dichotomie von ›Wirklichkeit‹ und ›Fiktion‹ an Trennschärfe für die Erzähl- und Autobiographieforschung verliert. So werden etwa Leben und Werk F. Mayröckers als »sichselbstorganisierende Prozesse« der ›Selbsterfahrung‹ und ›Selbstkommunikation‹ kurzgeschlossen und Gedichte von Ch. Lavant ebenso wie deren Interpretation als korrespondierende »Self-Talks« begreifbar. – Ob Schmidts literatur(-wissenschafts-)theoretisches Programm über den bevorzugten Objektbereich einer selbst schon ›konstruktivistischen‹, ›konzeptuellen‹ Avantgarde-Kunst hinaus (Beispiele auch von C. Einstein und G.

Rühm) generalisierbar sein oder sich auf erkenntnistheoretische und wissenschaftsethische Grundpositionen beschränken wird, hat zukünftig die Einzelforschung zu erweisen. *Der Kopf* schlägt vorerst aus den latenten Paradoxien einer Selbstanwendung konstruktivistischer Theorie ästhetischen Gewinn und unterläuft die Theoretisierung des Ästhetischen durch eine Ästhetisierung der Theorie (XII).

Lit.: Der Diskurs des Radikalen Konstruktivismus, hg. von S. J. SCHMIDT, Frankfurt/M. 1987. – Kognition und Gesellschaft. Der Diskurs des Radikalen Konstruktivismus 2, hg. von S. J. SCHMIDT, Frankfurt/M. 1992. – B. SCHEFFER, Interpretation und Lebensroman. Zu einer konstruktivistischen Literaturtheorie, Frankfurt/M. 1992.

C.-M. ORT

Kritik der Urteilskraft, Immanuel KANT; EA Berlin 1790.
In Kants dritter Kritik (*KU*) sollen die in den vorangehenden Kritiken erarbeiteten heterogenen Gesetzgebungen des Verstandes für die Natur (*Kritik der reinen Vernunft*, 1781) und der Vernunft für die Freiheit (*Kritik der praktischen Vernunft*, 1788) durch das Prinzip der Urteilskraft zu einem Ganzen verbunden werden. Die Urteilskraft ist »das Vermögen, das Besondere als enthalten unter dem Allgemeinen zu denken«. Wird das Allgemeine (der Begriff, das Gesetz) als feststehend und gültig vorausgesetzt, so ›bestimmt‹ die Urteilskraft den Gegenstand (das Besondere) durch den Begriff. Wird jedoch zu einem gegebenen Besonderen das Allgemeine gesucht, so ›reflektiert‹ die Urteilskraft das Besondere nur im Hinblick auf das Allgemeine, ohne es darunter zu subsumieren. Nur um diese reflektierende Urteilskraft geht es in der *KU*. Ihr Prinzip ist

die subjektiv-systematische Voraussetzung, daß alles Mannigfaltige, wie immer es gegeben sein mag, den Gesetzmäßigkeiten des Verstandes und der Vernunft kompatibel ist. Nach den zwei grundverschiedenen Weisen, wie die Urteilskraft dieses Prinzip zu realisieren sucht, ist die *KU* in zwei Hauptteile gegliedert: die Zweckmäßigkeit von Dingen ohne Begriff, nur in der Beziehung auf das Gefühl des vorstellenden Subjekts wird im Abschnitt über die »ästhetische« Urteilskraft bestimmt; die Zweckmäßigkeit von Dingen, die schon in ihrer materialen Beschaffenheit als Zwecke (»Naturzwecke«) angenommen werden, behandelt der Teil über die »teleologische« Urteilskraft. – Bedingung der Möglichkeit eines Wohlgefallens am Schönen – im Unterschied zu dem am bloß Angenehmen – ist, daß das je wahrgenommene Besondere als zusammenstimmend zu den Bedingungen von Erkenntnis überhaupt erfahren wird. Hieraus folgt, daß das reine Geschmacksurteil, wie Kant mit dem ästhetischen Zentralbegriff seiner Zeit das Urteil über das Schöne nennt, mit dem Anspruch auf Notwendigkeit und Gültigkeit für alle über dieselbe anschauliche Gegebenheit urteilenden Subjekte verknüpft ist. Seiner »Qualität« (dem Wohlgefallen) nach aber kann das Geschmacksurteil sich nur auf die »Form« des derart für das gesamte Erkenntnisvermögen harmonisch Vorgestellten stützen, nicht auf die nur empirisch-individuell empfindbare Materie; und deshalb geht dem Wohlgefallen am Schönen kein Interesse voran, das nämlich auf die Existenz ginge, die stets mit der Materie der Wahrnehmung verknüpft ist. Da ferner die Angemessenheit der

Formen sinnlichen Vorstellens zum Allgemeinen des Verstandes im Geschmacksurteil durch keine begriffliche Bestimmung geleitet wird, nennt Kant sie »Zweckmäßigkeit ohne Zweck«. – In dieser systematischen und erkenntnistheoretischen Grundlegung der Ästhetik findet auch die Sonderform des reinen ästhetischen Urteils über das »Erhabene« ihren Ort: Sofern das Mannigfaltige einer Wahrnehmung bloß seiner Größe nach betrachtet alles Maß der Einbildungskraft übersteigt, wird das betrachtende Subjekt auf seine eigene Natur zurückgeworfen und findet darin die subjektive Unabhängigkeit und Autonomie seiner Vernunft, letztlich seiner moralisch-praktischen Bestimmung, die der Einbildungskraft einen über-sinnlichen Gehalt verleiht – ›Schönes‹ und ›Erhabenes‹ sind damit wesentlich in Bezug auf die Natur, nicht auf die Kunst erklärt. Für Kant ist Schönheit in der Kunst nur möglich, »sofern sie zugleich Natur zu sein scheint«, und Geschmack bleibt die notwendige Bedingung auch des Kunstschönen. Hinreichend zur Produktion desselben aber ist allein das ›Genie‹, d. h. die »angeborene Gemütsanlage, durch welche die Natur der Kunst die Regel gibt«. Solche Regeln sind weder planbar noch erschöpfend rekonstruierbar. Das im ›Kunstschönen‹ anschaulich werdende Allgemeine, die »ästhetische Idee«, gibt unausschöpflich viel zu denken, da die Einbildungskraft hierin mit der Vernunft zusammenstimmt, ohne sich von ihr bestimmen zu lassen; und dieser Charakter des ›Kunstschönen‹ findet in der Dichtkunst seinen vollkommensten Ausdruck. Umgekehrt aber ist das Schöne, so begründet, das »Symbol der Sittlichkeit«, d. h. die versinnlichende Darstellung der Vernunft und damit vor allem ihrer Autonomie im Moralischen. Um diesen höchsten Punkt der Kantischen Ästhetik kreisen die Versuche Schillers, die Bestimmung von Wesen und Rolle der Kunst weiterzuführen. Die *KU* insgesamt aber ist nicht nur für Goethe, sondern auch für Kants nächste philosophische Erben, vor allem für Schelling und Hegel, die entscheidende Schrift geworden. Kants »subjektive« Begründung der Ästhetik und Naturteleologie erfährt dann bei ihnen allerdings tiefgreifende spekulative Transformationen.

Ausg.: Gesammelte Schriften, Akad. Ausg., Bd. 5, Berlin 1968 (Repr.).
Lit.: E. SCHAPER, Studies in Kant's Aesthetic, Edinburg 1979. – G. KOHLER, Geschmacksurteil und ästhetische Erfahrung, Berlin/New York 1980. – B. DÖRFLINGER, Die Realität des Schönen in Kants Theorie rein ästhetischer Urteilskraft, Bonn 1988.
K. E. KAEHLER

Die Kunst des Romans, Thomas MANN; Vortrag 10.4.1940 Princeton/USA, ED Frankfurt/M. 1953 (in: Altes und Neues).

Mann hielt den Vortrag als Vorlesung »für die Boys«, die Studenten der Universität Princeton. Er faßt darin eine Reihe von Gedanken und Vorstellungen zusammen, die er in den Jahrzehnten zuvor zerstreut und punktuell entwickelt hatte. Der Vortrag blieb seine einzige Abhandlung über die Gattung, zu der er mit seinem Werk so Wesentliches beitrug. – Mann setzt ein mit einer Apologie der Gattung gegen klassizistisch argumentierende »gestrenge Ästhetiker«. Er wiederholt dabei eine Polemik, die um die Jahrhundertwende Berechtigung hatte (z. B.

in seinem ersten gattungspoetisch wichtigen Essay *Versuch über das Theater*, 1908), aber 1940 überholt war. Gefeiert wird der »Genius der Epik« in Beispielen aus vielen Literaturen und Epochen. Dabei stellt er den Roman in die Tradition des antiken Epos – gegen die ältere Ansicht, er sei dessen »Verfallsform«, nennt er ihn seine moderne »Erhöhung«. Diese Ranghöhe wurde erreicht durch »Verinnerlichung«, den Rückgang der Handlung zugunsten des »Interessantmachens des Kleinen« – Prinzipien, zu denen sich Mann im Anschluß an Schopenhauer nachdrücklich bekennt. Ausführlich geht Mann auf das Verhältnis von Gesellschaftsform und Gattung ein: Der »angeborene Demokratismus« des Romans macht ihn »zur dominierenden Kunstform unserer Epoche, zum Gefäß der modernen Seele«. Deutschlands schwieriges Verhältnis zur Demokratie führt im 19. Jh., der klassischen Epoche des Romans, zur »Fremdheit« der Gattung in Deutschland. Mit dieser Vorstellung formuliert Mann in prägnanter Zuspitzung eine These, die in der deutschen Romandiskussion seit dem Vormärz zu finden ist. Den Romandichter bezeichnet Mann als den »modernen literarischen Künstlertyp par excellence«, »mit seiner sozialen und psychologischen Neugier und Nervosität, seiner konstitutionellen Mischung aus Gefühl und Empfindlichkeit, gestaltenden und kritizistischen Anlagen«. Wie hier verknüpft er oft das Lob der Gattung mit der Bestimmung und Wertung des eigenen künstlerischen und politischen Standorts. – In vielen weiteren Reden und Essays hat sich Mann mit dem Roman als Gattung (und eigenen Werken) be-

faßt, meistens allerdings nur in einzelnen Passagen und Hinweisen. Dabei spielen oft an der Romantik orientierte Begriffsbestimmungen eine Rolle. In dieser Sicht übergreift und umschließt der Roman die einzelnen Gattungen, vereint Poesie und Kritik – Leier *und* Bogen sind daher für Mann wie für Nietzsche die »apollinischen Werkzeuge«. Auch das Verhältnis des Romans zum Mythos und Fragen der Erzähltechnik werden häufiger angesprochen. Bemerkenswert ist, daß zahlreiche Grundprobleme des ›modernen‹ Romans selten oder nie thematisiert werden (Wirklichkeits-, Sprachproblematik). Manns Poetik bleibt damit weit stärker als sein Romanwerk Fragestellungen des 19. Jh.s verhaftet.

Ausg.: Gesammelte Werke, Bd. 10, Frankfurt/M. 1974, S. 348–62.
Lit.: D. BEHLER, Thomas Mann as a Theoretician of the Novel. Romanticism and Realism, in: Colloquia Germanica 1974, S. 52–88. – H. STEINECKE, Die »repräsentative Kunstform der Epoche«. Bemerkungen zu Thomas Manns Romanverständnis, in: Thomas Mann 1875–1975, hg. von B. BLUDAU/E. HEFTRICH/H. KOOPMANN, Frankfurt/M. 1977, S. 250–68. – Ders., Romanpoetik von Goethe bis Thomas Mann. Entwicklungen und Probleme der »demokratischen Kunstform« in Deutschland, München 1987.

H. STEINECKE

Die Kunstlehre, August Wilhelm SCHLEGEL, entst. 1801/02; EA Heilbronn 1884.
Im Wintersemester 1801/02 als erster Teil der *Vorlesungen über schöne Literatur und Kunst* in Berlin dem Publikum vorgestellt, zieht die *Kunstlehre* eine Bilanz der frühromantischen Ästhetik. Sie markiert Schlegels Übergang vom Dichter und Übersetzer zum Theoretiker und Historiker. Gegenüber dem systematisierenden Ansatz aufklärerisch-rationalisti-

scher Provenienz will er sich vom Darstellungsprinzip der Einheit von »Theorie, Geschichte und Kritik der schönen Künste« leiten lassen. In zwei klar voneinander abgegrenzten Teilen werden zunächst ästhetische Theorien von A. Baumgarten über D. Hume und E. Burke bis zu I. Kant diskutiert, bevor in der eigentlichen *Kunstlehre* die Untersuchung der ästhetischen Materialität von Skulptur, Architektur, Malerei/ Gartenkunst, Musik, Tanz und Poesie in den Mittelpunkt rückt. Im Gegensatz zu früheren, an den Formen der Mimesis orientierten Klassifikationsschemata herrscht jetzt die Autonomie der Künste entsprechend ihren spezifischen Formen ästhetischer Wahrnehmung und Gestaltung vor. Als ihre höchste und umfassendste genießt die Poesie besondere Aufmerksamkeit. Schlegels *Kunstlehre* nennt sich bewußt weder ›Ästhetik‹ noch ›Philosophie‹. Vielmehr verfallen deren Begründer – Baumgarten (→*Aesthetica*), J. G. Sulzer (→*Allgemeine Theorie der schönen Künste*), Ch. Batteux (→*Les Beaux-Arts réduits à un même principe*), aber auch Burke (→*A Philosophical Enquiry into the origin of our Ideas of the Sublime and Beautiful*) und Kant (→*Kritik der Urteilskraft*) – dem Verdikt, philosophische Abstraktionen zur Grundlage ihrer Systeme gemacht und so das Wesen des Schönen verfehlt zu haben. Die »praktische Unfruchtbarkeit der allgemeinen Abhandlungen über das Schöne« läßt Schlegel sämtliche Versuche, Kunst auf dem Weg über den Nachahmungsbegriff aus der Natur herzuleiten, als »Sentimentalität und Naturalismus« charakterisieren. Die gesamte Terminologie im Umfeld von »Mimesis«,

»Ideal«, »Vollkommenheit« und »Idee« wird durch eine solche der Repräsentation ersetzt. Dafür stehen die Begriffe »Symbol«, »Ausdruck«, »Stil«. An J. G. Fichte und F. W. J. Schelling anknüpfend, vollzieht die *Kunstlehre* so die »gegenseitige Verkettung aller Dinge durch ein ununterbrochenes Symbolisieren« nach, wie sie im Zentrum frühromantischer Kunsttheorie etwa bei F. Schlegel (→*Gespräch über die Poesie*) und Novalis steht. Die Poesie verdankt ihre privilegierte Stellung innerhalb der Künste vor allem der Tatsache, daß sie sich mit der Sprache eines Mediums bedient, »wodurch der menschliche Geist überhaupt zur Besinnung gelangt, und seine Vorstellungen zu willkürlicher Verknüpfung und Äußerung in die Gewalt bekommt«. In ihr wird »schon Gebildetes wieder gebildet«; sie erlaubt daher eine unendliche Steigerung durch »immer höhere potenziertere Reflexionen«. Diese aber sind nur späte Ausprägungen jener Naturpoesie, die Schlegel als Grundstoff und elementare Form der Auseinandersetzung des Menschen mit der Umwelt charakterisiert. Sie wurde im Fortgang der Kultur »aus einer Einheit lebendiger Bezeichnung in eine Sammlung willkürlicher konventioneller Zeichen« verwandelt. In der Absicht, die poetische Sprache wiederzubeleben, überprüft Schlegel sämtliche Parameter von der Prosodie über die Bildlichkeit und die Gattungszugehörigkeit bis zur Mythologie auf ihre Eignung für das »Streben nach dem Unendlichen«, das die romantische Poesie auszeichnen soll. Als »neue Mythologie« liefert ihm vor allem das Christentum Bilder einer All-Einheit. Sie soll in der Antike real existiert haben und durch die Aufklärung und das jüdische Bilderverbot zurückgedrängt worden sein. In den Sog dieses Universalisierungsstrebens geraten auch die Gattungen: angesichts der »Mischung aller poetischen Elemente« in der romantischen Poesie kann »kein poetischer Einteilungsgrund« für eine klassizistische Gattungstheorie mehr angegeben werden. Schlegels Darstellung schließt daher mit dem Epos, das als objektives, in der Antike vorherrschendes Genre all die Charakteristika in sich vereint, welche die romantische Dichtung künstlich erzeugt. – Als Vorlesung außerordentlich erfolgreich, stand Schlegels *Kunstlehre* (wie seine theoretischen Schriften überhaupt) im Schatten der Theorien seines jüngeren Bruders Friedrich. Aufgrund ihres übergreifenden Charakters wurde sie ohnehin bisher eher in der Ästhetik und Kunstgeschichte als in der Literaturwissenschaft rezipiert.

Ausg.: Vorlesungen von 1798–1828 (Krit. Ausg. der Vorlesungen in 6 Bänden), hg. von E. BEHLER, Bd. 1, Paderborn/München/Wien/Zürich 1989, S. 179–472.
Lit.: H.-D. DAHNKE, A. W. Schlegels Berliner und Wiener Vorlesungen und die romantische Literatur, in: Weimarer Beiträge 14 (1968), S. 782–96. – K. BARCK, Poesie und Imagination, Stuttgart/Weimar 1993, S. 178–82 et passim.

C. ALBERT

Kunst und Proletariat, Franz MEHRING; ED Stuttgart 1897 (in: Die Neue Zeit, Bd. 15,1, S. 129–33).
Der Text wurde als aktueller Kommentar zur Naturalismus-Debatte auf dem Gothaer Parteitag der Sozialdemokratischen Partei (11.–16.10.1896) geschrieben. Zugleich versucht er, grundsätzliche Bestimmungen einer marxistisch fundierten Literaturtheorie

und Kulturpolitik zu entwickeln, und hat hier seine Bedeutung als Ausgangsposition in einer später erst entfalteten Diskussion. – Beim Streit auf dem Parteitag ging es um (moralisch) anstößige Stellen in zeitgenössischen Romanen, die in der *Neuen Welt*, der Unterhaltungsbeilage der sozialdemokratischen Presse, abgedruckt waren. Mehring erklärt diesen Streit nicht aus »einer angeblich konservativen Tendenz, die viele Arbeiter trotz allem ökonomischen und politischen Radikalismus in Sachen der Kunst haben sollen«, er faßt den »Gegensatz« dahin zusammen, »daß die moderne Kunst einen tief pessimistischen, das moderne Proletariat aber einen tief optimistischen Grundzug« habe. Der naturalistischen Kunst gesteht er dabei ein Wahrheitsmoment durchaus zu: sie sei, als bürgerliche, der »Reflex eines unaufhaltsamen Verfalls« – es fehle ihr jedoch das »freudige Kampfelement«, das in der Perspektive nach vorn auch eine »Periode der Wiedergeburt« erkennbar und erlebbar macht. Dieses »Kampfelement« wird nun bei den »Klassikern« gefunden – gegen »Halbe und Hauptmann« stehen »Goethe und Schiller«. In der klassenbundenen Ableitung der Literatur folgt diese Ausrichtung einem geschichtlichen Schema von Aufstieg und Niedergang; sie orientiert sich zudem am höheren (freilich nicht konkretisierten) Kunstwert. So sehr Mehring gegen die Täuschung einer ›reinen Kunst‹ polemisiert, so entschieden wendet er sich gegen eine (unkünstlerische) ›Tendenz‹. Relativiert werden diese ungelösten Widersprüche am Ende des Textes durch die Warnung, »die Bedeutung der Kunst für den Emanzipationskampf des Proletariats zu überschätzen«. Eine Erziehung »zum Verständnis der modernen Kunst« hält Mehring für verfehlt, eine eigene Literatur des Proletariats aber sieht er vorerst nicht als möglich an: »Solange es in diesem heißen Kampfe steht, kann und wird es keine große Kunst aus seinem Schoße gebären«. – Eine wirkliche Vermittlung ästhetischer und gesellschaftlicher Analyse ist in Mehrings Werk, das sich, Hegel aussparend, auf Kant und Marx bezieht, noch nicht erreicht. Seine einzelnen Abgrenzungen und Zuschreibungen wurden kontrovers fortgeführt: in den Konzepten einer politisch-operativen Kunst und einer eigenen Parteiliteratur, in den Debatten der Weimarer Republik und des Exils, um den Expressionismus, um Realismus und Formalismus.

Ausg.: Gesammelte Schriften, hg. von Th. HÖHLE/H. KOCH/J. SCHLEIFSTEIN, Bd. 11, Berlin ³1980, S. 130–35.
Lit.: H. KOCH, F. Mehrings Beitrag zur marxistischen Literaturtheorie, Berlin 1959. – G. FÜLBERTH, Proletarische Partei und bürgerliche Literatur, Neuwied/Berlin 1972. – M. BRAUNECK, Literatur und Öffentlichkeit im ausgehenden 19. Jahrhundert, Stuttgart 1974.

K. H. HILZINGER

Das Kunstwerk im Zeitalter seiner technischen Reproduzierbarkeit, Walter BENJAMIN; ED 1936 (gek., frz. u. d. T. *L'œuvre d'art à l'époque de sa reproduction mécanisée*, in: Zeitschrift für Sozialforschung 5, H. 1), ED Frankfurt/M. 1955 (in: Schriften, hg. von Th. W. Adorno/G. Adorno/F. Podszus, Bd. 1, gek. Fassung); Frankfurt/M. 1963 (vollst. Fassung).

Der kunsttheoretische Essay Benjamins ist ein wichtiger Beitrag zur Verhältnisbestimmung von Kunst und Reproduktion. Das Kunstwerk, das manuell (Guß, Prägung, Bronzen) auch in frühen Zeiten immer schon reproduzierbar gewesen ist, tritt für Benjamin im 19. Jh. in eine neue Phase seiner Entwicklung ein. Infolge der technologischen Entwicklung (insbesondere im Bereich der Fotografie und des Films) wird es massenhaft reproduzierbar und verliert damit zugleich eine zentrale Eigenschaft: seine »Aura«. – Als auratisch bezeichnet Benjamin die »Einzigkeit« eines Kunstwerkes, das durch Kultus, Ritual oder Religion in den Traditionszusammenhang eingebettet ist. Den Gedanken, daß die »Hauptqualität« des »originären« Kultbildes seine »Unnahbarkeit« ist (unabhängig davon, wie nah das konkrete Objekt dem Betrachter kommt), formuliert Benjamin in seiner zentralen Definition der »Aura« als »einmalige Erscheinung einer Ferne, so nahe sie sein mag«. Mit der Entwicklung der beliebig reproduzierbaren Kunstformen Fotografie und Film wird der Kultwert des Kunstwerks durch seinen Warenwert abgelöst. Zugleich werden insbesondere im Film neue Wahrnehmungsformen eröffnet. Der Film dringt in das Gewebe des Gegebenen ein, reißt Details aus dem Zusammenhang heraus, kombiniert sie neu. Er »vermehrt« so die »Einsicht in die Zwangsläufigkeiten«, von denen unser entfremdetes Dasein (in der »Kerkerwelt« von Großstadt, Büros, Fabriken) »regiert« wird. Der Betrachter erfährt diesen steigen Bilderwechsel auch als »Chock«, und an die Stelle der »asozialen« Kontemplation bei der Rezeption des auratischen Kunstwerks tritt die soziale Ablenkung. – Die technische Reproduzierbarkeit der Kunst beeinflußt nach Benjamin auch das Verhältnis von Kunst und Politik. So kennzeichnet den Faschismus eine massive »Ästhetisierung des politischen Lebens«. Diese »gipfelt« in der Mobilisierung aller technischen Mittel im Krieg, der als ästhetisches Ereignis »Vollendung des l'art pour l'art« ist: »Die Menschheit, die einst bei Homer ein Schauobjekt für die Olympischen Götter war, ist es nun für sich selbst geworden. Ihre Selbstentfremdung hat jenen Grad erreicht, der sie ihre eigene Vernichtung als ästhetischen Genuß ersten Ranges erleben läßt«. Dieser Ästhetisierung der Politik antwortet nach Benjamin der Kommunismus mit der »Politisierung der Kunst«. – Der *Kunstwerk*-Aufsatz markiert Benjamins Wendung zu einer materialistischen Kunstauffassung. Wesentlich beeinflußt hat er die Literatur-Analysen Adornos sowie Forschungen über die Beziehungen zwischen Literatur und Medien, wie z. B. F. A. Kittlers *Grammophon / Film / Typewriter* (1986) und kulturtheoretische Analysen wie Lacoue-Labarthes *La fiction du politique* (*Die Fiktion des Politischen*).

Ausg.: Gesammelte Schriften, hg. von R. TIEDEMANN/H. SCHWEPPENHÄUSER, Bd. 1/2, Frankfurt/M. 1974. *Lit.:* Walter Benjamin im Kontext, hg. von B. LINDNER, Frankfurt/M. 1978. – R. GASCHÉ, Objective Diversions. On Some Kantian Themes in Benjamin's ›The Work of Art in the Age of Mechanical Reproduction‹, in: Walter Benjamin's Philosophy. Destruction and Experience, hg. von A. BENJAMIN/P. OSBORNE, London 1994.

B. STIEGLER

Langage et cinéma (frz.; *Sprache und Film*), Christian METZ; EA Paris 1971; dt. Frankfurt/M. 1973.

Aus der Analyse des Films im Vergleich zur Sprache entwickelt Metz in *Langage et cinéma* Aufgaben und Probleme einer Semiologie des Films. In Begrifflichkeit und Methode seiner Arbeit ist die Schulung durch den französischen ›Strukturalismus‹ deutlich erkennbar. Von diesem entfernt er sich aber zunehmend durch die Annäherung an Theorien der ›Poststrukturalisten‹ um R. Barthes (→*Le Plaisir du Texte*; →*S/Z*), J. Kristeva (→*La Révolution du langage poétique*) und die Gruppe »Tel Quel«. Bereits in einer seiner ältesten Studien, *Le cinéma: langue ou langage* (1964; *Das Kino: langue oder langage*), hatte sich Metz gegen die Rede vom ›Film als Sprache‹ im Saussureschen Sinne eines abgeschlossenen abstrakten Sprachsystems (»langue«) gewandt und ihn als offene, komplexe Sprache (»langage«) definiert, die aus verschiedenen Zeichensystemen besteht. *Langage et cinéma* bestimmt als Gegenstand der Filmsemiologie den Film als Diskurs oder Text, der mit Berufung auf den Linguisten Hjelmslev als »jede Bedeutung tragende Entwicklung, sei sie nun linguistischen, nicht-linguistischen oder gemischten Typs« verstanden wird. Im Filmtext sind im Gegensatz zum literarischen Text, der auf dem sprachlichen ›Code‹ beruht, stets gleichzeitig verschiedene Arten von z. T. impliziten, unbewußten und nicht abgeschlossenen Codes wirksam: kinematographische (Beleuchtung, Montage, Kameraposition etc.) und nicht-kinematographische (Musik, Dialoge, ausgeschriebene Schriftzeichen). Ein filmisches ›Syntagma‹ besteht daher aus der Simultaneität von Syntagmen aus verschiedenen Codes und ist so immer schon mehrdimensional. Während diese allgemeinen Codes potentiell für alle Filme Gültigkeit besitzen, können hiervon noch ›Sub-Codes‹ unterschieden werden, die nur für eine bestimmte Gruppe von Filmen von Bedeutung sind (so z. B. der Sub-Code der Beleuchtungskonventionen des deutschen Expressionismus oder die Montageformen des russischen Films). Eine Geschichte des Films wäre als Analyse und Darstellung der jeweils dominierenden Sub-Codes, ihrer Konkurrenzverhältnisse und Verdrängungen zu schreiben. Metz orientiert sich hier an R. Barthes →*Le degré zéro de l'écriture*. Eine Analogie zu der von Barthes entwickelten Begriffstrilogie von »langue«, »style« und »écriture« muß jedoch vage bleiben, da die determinierte soziale Ebene der »langue« für den Film nicht existiert. Die Opposition von Sprache und »Schrift« bei Barthes findet im Film eine ungefähre Entsprechung im Verhältnis von allgemeinen Codes und großen Sub-Codes. Kleinere Sub-Codes, die nicht für eine Gruppe von Filmen, sondern nur für einen Regisseur singuläre Bedeutung haben, sind dem individuellen Stil zuzurechnen. Aus der spezifischen Kombination der realisierten Codes und Sub-Codes entsteht das jeweils singuläre Text-System eines Films, das der Semiologe mittels seiner Analyse erstellen soll. Dieses ist aber nicht als statische Struktur zu denken. Es konstruiert sich von den Codes her und mit ihnen, aber auch gegen sie, in einer Bewegung der »Dekonstruktion–Konstruktion«. So ist der Film wie der literarische Text bedeutungskonstituierende Praxis (»pratique signifiante«) und – als

prinzipiell offenes und unausschöpfbares Sinnpotential – einer Vielzahl von Lektüren zugänglich. Im Bezug der Filme aufeinander, im Spiel der Zitate und Parodien, d. h. in ihrer spezifischen ›Intertextualität‹, produzieren sie den »unendlichen und kollektiven Text« des Kinematographen. Mit seiner präzisen und komplexen Analyse des Films als Text, welche die Ergebnisse der zeitgenössischen literaturtheoretischen Diskussion in der Anwendung auf den Film klärt, modifiziert und erweitert, hat Metz Maßstäbe für die Filmtheorie gesetzt, die sich im europäischen und amerikanischen Raum auf ihn beruft. Die praktische Film-Analyse, die in *Langage et cinéma* fehlt, benutzt von Metz ausdifferenzierte Kategorien als grundlegendes Begriffsraster. In späteren Arbeiten (*Le Signifiant imaginaire*, 1977) wendet sich Metz den psychoanalytischen Implikationen der Wahrnehmungssituation im Kino zu und erweitert damit den Gegenstandsbereich der Filmsemiologie um den Aspekt der Rezeption.

Lit.: J. AUMONT/A. BERGALA/M. MARIE/M. VERNET, Esthétique du film, Paris 1983.

M. DÖRR

Language as symbolic Action. Essays on Life, Literature and Method (engl.; *Literatur als symbolische Handlung. Essays über das Leben, die Literatur und Methode*), Kenneth BURKE; EA Berkeley/ Los Angeles 1966.
In den Essays verbindet Burke formalistische und soziologische Ansätze zu einem unabhängigen, flexiblen und verschiedentlich idiosynkratischen Denksystem. Er bestimmt Sprache als ein symbolisches System, das nicht nur als

neutrales Instrument von Wahrnehmung und Erfahrung betrachtet werden kann. Burke unterscheidet nicht wie die ›New Critics‹ zwischen alltäglicher und literarischer Sprache, sondern zwischen den Disziplinen Grammatik, Rhetorik, Poetik und Ethik. Literaturkritik ist damit nicht allein Aufgabe einer normativen Poetik, sondern sie soll als Kombination aus ›textnahem‹ Lesen und der Berücksichtigung möglichst vieler kontextueller Faktoren die poetische Praxis in systematische Beschreibung übersetzen. – Die für Burke entscheidende Verbindung von Rhetorik und Poetik zeigt sich unter anderem in seiner rhetorischen Stilistik theologischer Begriffe (»logology«), und vor allem im Kapitel »Terministic Screens« (mit diesem Terminus bezeichnet Burke figurative und diskursive Selektionsmechanismen, deren sich alle Produktion und Rezeption von Sprache bedienen muß). Das Konzept des »dramatism« umschreibt in diesem Zusammenhang die entscheidende Akzentverschiebung von einer ontologisch motivierten Untersuchung propositionaler Gehalte zu der pragmatischen Frage nach Motivationen, Situationen und Effekten sprachlichen Handelns als »symbolic action« (»sprachliche Handlung«). Burke nimmt damit wesentliche Aspekte der Sprechakttheorie Austins und Searles (→*Speech acts*) vorweg. – Während bei Freud ›symbolisches Handeln‹ vor allem als neurotisch-symptomatisches, unbewußtes Handeln betrachtet wird (wie im Kapitel »Mind, Body, and the Unconscious« kritisiert wird), leitet Burke mit Hilfe der humanistischen Prämissen seines Denkgebäudes aus den (auch für den Kri-

tiker unvermeidlichen) »terministic screens« eine anthropologische Notwendigkeit menschlicher Illusionen ab. – Gemäß seinem Motto einer »planned incongruity« (»geplanten Unvereinbarkeit«) unterläuft Burke eigens eingeführte Begrifflichkeiten und Definitionen immer wieder bewußt durch den spielerischen Duktus des Lyrikers und Aphoristen, durch seine Detailverliebtheit und Freude an didaktischer Illustration. Seine unorthodoxe Terminologie und unvoreingenommene Integration des ›New Criticism‹ und soziologisch-materialistischer wie psychologischer Verfahrensweisen in eine umfassende Rhetorik als »philosophy of human relations« (»Philosophie der menschlichen Beziehungen«) machen Burke für viele seiner Kritiker zum eklektizistischen ›Gesamtkunstwerkler‹. Gleichzeitig aber haben vor allem in den letzten Jahren Vertreter unterschiedlichster literaturtheoretischer Richtungen die Vielseitigkeit, Sachnähe und Originalität der Arbeiten Burkes schätzen gelernt.

Lit.: Representing K. Burke, hg. von H. WHITE/M. BROSE, Baltimore/London 1982. – G. E. HENDERSON, K. Burke. Literature and Language as Symbolic Action, Athen/London 1988.

J. GRIEM

Languages of Art. An Approach to a Theory of Symbols (engl.; *Sprachen der Kunst. Ein Ansatz zu einer Symboltheorie*), Nelson GOODMAN; EA Indianapolis and New York 1968; dt. Frankfurt/M. 1973.

Goodmans *Languages of Art* gilt als eines der Hauptwerke der analytischen Ästhetik. In der Tradition des logischen Empirismus stehend, entwickelt Goodman eine allgemeine Theorie der Symbole als wesentlicher Instrumente der Erkenntnis. Das durch die Weite des zugrundegelegten Symbolbegriffs – Symbole sind generell Mittel der Bezugnahme auf etwas – bereits präjudizierte Ergebnis der Untersuchung ist die Konstatierung der engen Verwandtschaft von Kunst und Wissenschaft, deren gemeinsame Sache die »Übereinstimmung«, die gegenseitige Anpassung von Wissen und Welt ist. – In den ersten beiden Kapiteln – »Die neugeschaffene Wirklichkeit« und »Der Klang der Bilder« – unterscheidet Goodman als die drei wesentlichsten Arten der Symbolisierung die »Denotation«, die »Exemplifikation« und den »Ausdruck«. Die »Denotation« besteht in der Bezugnahme eines Wortes oder Bildes auf etwas, worauf sie zutreffen (das sie somit etikettieren). In der »Exemplifikation« nimmt das Symbol auf eine Eigenschaft Bezug, die es selbst besitzt. »Ausdruck« schließlich liegt dann vor, wenn ein Symbol die Eigenschaft, auf die es sich bezieht, nicht buchstäblich, sondern nur metaphorisch besitzt; »Ausdruck« ist also metaphorische Exemplifikation. Das graue Bild einer Heidelandschaft etwa denotiert die Heide, exemplifiziert Grau und drückt eventuell Traurigkeit aus. Mit diesen Unterscheidungen werden zugleich die wesentlichen Funktionen der Kunst – nämlich die deskriptive, die dekorative und die expressive – symboltheoretisch präzisiert. Im 3. Kap. (»Kunst und Authentizität«) wendet sich Goodman mit einem neuen Ansatz dem Problem zu, warum es in manchen Kunstgattungen (wie etwa der Malerei) Sinn macht, von Fälschungen von

Werken zu reden, in anderen (wie etwa der Literatur) dagegen nicht; dabei nennt er die ersteren »autographisch«, die letzteren »allographisch« (daneben differenziert Goodman zwischen »einphasigen« Künsten, deren Produkte in einem Arbeitsgang fertiggestellt werden, und »mehrphasigen«, z. B. Literatur vs. Musik, sowie zwischen »singulären« Künsten, deren Werke nur in einem Exemplar existieren, und »multiplen«, z. B. Malerei vs. Literatur). Um diesen Sachverhalt zu erklären, entwickelt Goodman im 4. Kap. seine »Theorie der Notation«, die er dann im 5. Kap. (»Partitur, Skizze und Skriptum«) auf die einzelnen Künste anwendet. Ein Notationssystem, das die Identität des Werks in seinen wesentlichen Eigenschaften sichert, muß im Idealfall die fünf Bedingungen der Unzweideutigkeit, der syntaktischen und semantischen Disjunktivität (d. h. die Zeichen bzw. ihre Anwendungsbereiche dürfen sich nicht überlappen) sowie der syntaktischen und semantischen Differenziertheit (d. h. es muß theoretisch möglich sein zu entscheiden, ob mehrere Realisationen zu einem Zeichen gehören; bzw. jedes Objekt darf nur mit einem Zeichen kompatibel sein) erfüllen. In seinem Schlußkapitel »Kunst und Erkenntnis« bedient sich Goodman der vorher entwickelten Begriffe, um z. T. kontrastiv die folgenden vier »Symptome« des Ästhetischen namhaft zu machen: »syntaktische Dichte«, »semantische Dichte« (beides Verletzungen der Notationalität), »syntaktische Völle« (die Polyfunktionalität von Symbolen) sowie (buchstäbliche und metaphorische) »Exemplifikation«. Dabei ist keines dieser Symptome allein, sondern vielleicht nur eines notwendig, aber alle zusammen sind möglicherweise hinreichend für die ästhetische Erfahrung. (In der Literaturtheorie firmieren diese Symptome z. T. unter »Ambiguität«, »Polyvalenz« etc.) »Dichte, Völle und Exemplifikatorik sind [...] Kennzeichen des Ästhetischen; Artikuliertheit, Verdünnung (attenuation) und Denotationalität sind Kennzeichen des Nicht-Ästhetischen.« Dabei ist die Kunst nicht minder, sondern nur anders kognitiv als die Wissenschaft, und »Wahrheit und ihre ästhetische Entsprechung sind letztlich nichts anderes als Angemessenheit unter verschiedenen Namen«. – Ihrer philosophischen Herkunft entsprechend sind die *Languages of Art* im angelsächsischen Raum einflußreicher gewesen als in Deutschland. Ihre Bedeutung liegt in der strukturlogischen Präzisierung traditioneller Theoreme der Ästhetik und damit in der Bereitstellung eines hochartikulierten und -differenzierten begrifflichen Instrumentariums, dessen Nutzung durch die empirischen Kunstwissenschaften noch aussteht.

Ausg.: Indianapolis and Cambridge ²1976. *Lit.:* Rez. von J. KULENKAMPFF, in: Philosophische Rundschau 25 (1978), S. 161–76. – J. ACKERMAN u. a., Aesthetics and Worldmaking. An Exchange with Nelson Goodman, in: The Journal of Aesthetics and Art Criticism 39 (1981), S. 249–80.

D. NAUMANN

Laokoon: oder über die Grenzen der Mahlerey und Poesie.
Mit beyläufigen Erläuterungen verschiedener Punkte der alten Kunstgeschichte, Gotthold Ephraim LESSING; EA Berlin 1766 (Erster Teil).

Vor dem Hintergrund der Diskussion über die Unterscheidung der schönen Künste (Harris, Shaftesbury, Burke, DuBos, Diderot, Marmontel) nimmt Lessing in dieser unvollendet gebliebenen Schrift eine prinzipielle Unterscheidung zwischen Poesie und bildenden Künsten (»Mahlerei«) vor. Das zentrale Unterscheidungsmerkmal, das er am Beispiel der griechischen Laokoon-Gruppe (1. Jh. v. Chr.) erläutert, sieht er in der Darstellung von Schmerz und Leiden. Ausgangspunkt ist Winckelmanns (→*Gedanken über die Nachahmung der griechischen Werke in der Malerei und Bildhauerkunst*) Bestimmung griechischer Kunst als Ausdruck von »edler Einfalt und stiller Größe«. Diese zeugt von der Zügelung menschlicher Leidenschaften, zu der nur »eine große und gesetzte Seele in der Lage ist«. Während sich Lessing in bezug auf die bildende Kunst Winckelmanns Bestimmung anschließt, bestreitet er hinsichtlich der Poesie – vor allem am Beispiel von Sophokles (*Philoktetes*, 409 v. Chr.), Vergil (*Aeneis*, entst. 19–7 v. Chr.) und Homer – ihre Gültigkeit. In bezug auf das Drama wird die stoische Haltung mit den in der →*Hamburgischen Dramaturgie* weiterentwickelten wirkungsästhetischen Argumenten abgelehnt, weil sie beim Zuschauer weniger Mitleid hervorruft. Während in der Literatur menschliches Leiden in seiner Vielfalt dargestellt wird und durchaus mit der Vorstellung »von einer großen Seele bestehen« kann, muß die Vermeidung von extremen menschlichen Gefühlsäußerungen wie Schreien an der Skulptur »einen andern Grund haben«. Die bildende Kunst der Griechen will nur Schönheit darstellen. Laokoon darf nicht schreien, weil die Darstellung eines

›großen Maules‹, eines dunklen Loches im Marmor, häßlich wäre und Häßlichkeit gerade vermieden werden soll. Der Grund liegt demnach in der Verschiedenheit der künstlerischen Mittel, die der Malerei und der Poesie aufgrund ihrer unterschiedlichen Natur zur Verfügung stehen: »Wenn es wahr ist, daß die Malerei zu ihren Nachahmungen ganz andere Mittel, oder Zeichen gebrauchet, als die Poesie; jene nemlich Figuren und Farben in dem Raume, diese aber artikulierte Töne in der Zeit; wenn unstreitig die Zeichen ein bequemes Verhältnis zu dem Bezeichneten haben müssen: So können neben einander geordnete Zeichen, auch nur Gegenstände, die neben einander, oder deren Teile neben einander existieren, auf einander folgende Zeichen aber, auch nur Gegenstände ausdrücken, die auf einander, oder deren Teile auf einander folgen. [...] Folglich sind Körper [...] die eigentlichen Gegenstände der Malerei. [...] Handlungen der eigentliche Gegenstand der Poesie.« Die Malerei kann nur einen einzigen Augenblick darstellen. Deshalb ist die Wahl des ›prägnantesten‹ Augenblicks von entscheidender Bedeutung für die Aussage des Kunstwerks. Durch diese Unterscheidung der Künste bricht Lessing mit der vorherrschenden Auffassung des Horazischen »ut pictura poesis« (wie die Malerei so die Dichtkunst) und betont ihre Eigenständigkeit. Während Winckelmann (→*Geschichte der Kunst des Altertums*) im Wettstreit der Künste der bildenden Kunst den ersten Platz einräumt, behauptet Lessing den Vorrang der Poesie als »der weiteren Kunst«, die über vielfältigere künstlerische Ausdrucksmittel verfügt, die auf die Einbildungskraft wirken. Die Laokoon-Diskussion wurde vor allem von Herder (*Erstes Kritisches Wäldchen*, 1769) und Goethe (→*Propyläen*, 1798–1800; *Aus meinem Leben, Dichtung und Wahrheit*, 1811–33) weitergeführt. Lessing leistete mit dieser Differenzierung einen wichtigen Beitrag zur ästhetischen Theoriebildung, die sich als Einleitung in die Disziplin nach Baumgarten (→*Aesthetica*) – von dem er sich allerdings kritisch abgrenzt – zu entwickeln beginnt. Gegenwärtig wird sein Ansatz vor allem in der Semiotik diskutiert.

Ausg.: Sämtliche Schriften, hg. von K. LACH-MANN/G. MUNCKER, Bd. 9, Stuttgart ³1893, S. 1–177 (Repr. Berlin 1979).
Lit.: H. ALTHAUS, Laokoon, Stoff und Form, München 1968. – Das Laokoon-Projekt, Pläne einer semiotischen Ästhetik, hg. von G. GEBAUER, Stuttgart 1984. – W. BARNER/G. GRIMM u. a., Lessing, Epoche – Werk – Wirkung, München 1987.

M. NENON

Die Lesbarkeit der Welt, Hans BLUMENBERG; EA Frankfurt/M. 1981.
Die Metaphorik im Titel des Werks weist bereits auf das methodische Verfahren, mit dessen Hilfe der Autor eine historische Rekonstruktion des menschlichen Verständnisses von Wirklichkeit und Welt vornehmen will. Was sich der Mensch zu verschiedenen Zeiten unter Wirklichkeit vorgestellt hat, erschließt sich durch den Bezug auf das allgemein menschliche Streben nach Erkenntnis und Wissen. Mit diesem geht nicht nur der Erwerb von Erfahrung einher, sondern auch eine jeweils spezifische Begrenzung des Erkennbaren wie des Wissens. Die phänomenologische Auffassung der Welt als Korrelat menschlicher Bewußtseinslei-

stung, ist Grundlage für Blumenbergs Überlegungen. Bereits in seinen früheren Untersuchungen *Paradigmen zu einer Metaphorologie* (1960) entwickelt er das für seine Untersuchungsmethode zentrale Verfahren, die metaphorische Leistung zeitspezifisch vorherrschender Grundbegriffe zu betrachten: Der Rahmen der Wirklichkeit wird so auf die Erfordernisse des geschichtlichen Lebens eingegrenzt. Die Metapher der »Lesbarkeit der Welt« verweist auf den jedes Sinnverlangen an die Realität umfassenden Rahmen. Dessen Spektrum reicht von Formen der Weltvertrautheit bis zu solchen des Verfügbarmachens von Welt. Die Metapher der Lesbarkeit repräsentiert sowohl einen jeweils spezifischen Zugang zur Welt wie auf die mit der Begrenzung des Erkennens einhergehenden unerfüllten Erkenntnisansprüche. Gegenüber der Realität artikuliert sich der menschliche Anspruch auf Sinnhaltigkeit der Welt, der in historisch verschiedenen Formen der Weltauslegung zum Vorschein kommt. Die Welt erweist sich so als geschichtliche Wirklichkeit in der Abfolge verschiedener Verstehens- und Auslegungshorizonte, die in der Buch-Metapher ihren Niederschlag finden: 1. Die Geschichtlichkeit der Welt kommt in unterschiedlichen Formen des Buches zum Ausdruck. Die Visionen des Himmelsbuches nehmen Bezug auf den Lauf der Welt und das Weltende; die Verdoppelung in ein Buch des Lebens und ein Buch Gottes bringt den Gedanken der Vorherbestimmung und der Rechenschaft über die Taten ein, in letzter Konsequenz das Lebensbuch als Chronik individueller Handlungen. 2. Seine eigentliche

metaphorische Funktion erhält das Buch, wenn es die Welt wie die Natur repräsentiert. Es wird zur Weltmetapher, wenn seine vermittelnde Funktion unabdingbar wird, der Mensch sich nur über das Lesen zugänglich machen kann, was ihm in direkter Anschauung nicht gegeben ist. Der Modus des Lesens bringt die Mittelbarkeit und Auslegungsbedürftigkeit des menschlichen Zugangs zur Welt und Natur zum Ausdruck. 3. Im Gefolge des neuzeitlichen Verständnisses von Welt, wonach Natur nicht unmittelbar, sondern erst durch die Denkleistung des Menschen verstanden werden kann, wird das Buch zur zentralen Vermittlungsinstanz. Es repräsentiert die Welt als Universum der Ausdrucks- und Kulturleistungen des Menschen. Eine Akzentverschiebung ergibt sich daraus, daß dem Weltbetrachter kein ruhender Standort mehr zugedacht wird. Einerseits trägt dies der Welterfahrung des Bildungsreisenden Rechnung, andererseits werden die Täuschungen, denen der Betrachter unterliegen kann, bedacht. Die daraus folgende Notwendigkeit einer neuen Art der Gesamtdarstellung von Welt verbindet die Metaphorik der Lesbarkeit mit der einer imaginären Gesamt-Bibliothek. Die Anzahl der Bücher spiegelt die denkbare Vielfalt der Perspektiven aus dem Universum der Möglichkeiten wider. Der Verlust der Vorstellung einer vollständig darstellbaren Welt beläßt auch dem Buch nicht mehr den Charakter einer Weltmetapher. Vielmehr ist es allein Ausdruck des menschlichen Vermögens, die Welt zu beschreiben und lesbar zu machen. Dabei hängt die Beschaffenheit der Wirklichkeit nach dieser Vorstellung von den wirklichen oder idealen Büchern ab, die zur Verfügung stehen. In der Konsequenz dieser Auffassung liegt der nächste Schritt: der Gedanke der unmittelbaren Lesbarkeit wird zugunsten der Mit-Lesbarkeit aufgegeben. Mit Blick auf die Natur entsteht das theoretische Subjekt, das die Natur wie ein Informationssystem zu entschlüsseln versucht. Für das menschliche Subjekt selbst führt der Traum zu einer Problematisierung des Wirklichkeitsbegriffs: Mitlesbarkeit erfordert, in manifesten Trauminhalten den latenten Traumgedanken zu erschließen. Die kulturelle Idee des Buches wird so zu einer zentralen Voraussetzung der Vorstellungen davon, wie man Erfahrung von der Welt machen kann, wenn der Zugang zum Sinn der Wirklichkeit durch Schriftlichkeit geprägt ist. – Bezogen auf die romantische Poesie z. B. drückt die Metapher von der Lesbarkeit der Welt u. a. den Wunsch aus, mit der schöpferischen Kraft des poetischen Subjekts Sinnorientierung in einer durch den technisch-wissenschaftlichen Fortschritt entzauberten Welt zu finden. Allerdings kommt in der Romantik schon die Ahnung zum Ausdruck, daß das »Weltbuch« nur aus »leeren« Seiten bestehen könnte. Eine Gewißheit dieser Ahnung schlägt sich nach Blumenberg dann u. a. in den Werken G. Flauberts, St. Mallarmés und P. Valérys nieder.

Lit.: F. J. WETZ, H. Blumenberg. Zur Einführung, Hamburg 1993.

P. PRECHTL

Letras y hombres de Venezuela (span.; *Literatur und Menschen aus Venezuela*), Arturo Uslar PIE-TRI; EA México 1948. **Lo criollo en la literatura** (span.; *Der Kreolismus in der Literatur*), Arturo Uslar PIETRI; ED 1950 (in: Cuadernos Americanos 1, Bd. 49, S. 266–78).

Mit dem Konzept des »criollismo«, der produktiven Vermischung der Kulturen Lateinamerikas, setzt sich der Venezolaner Pietri einerseits ab vom »indigenismo« der 30er Jahre, der Aufwertung und Idealisierung der indianischen Eingeborenen. In der Literatur verändert der »criollismo« den traditionellen Realismus des indogenistischen Romans durch die Verfremdung überlieferter Modelle und die Einbeziehung des Mythos als Bewußtseinsform, durch indianische Symbolik und den Vorrang von Intuition und Emotion. Andererseits wendet sich Pietri gegen die These der Dependenz bzw. Defizienz der lateinamerikanischen Kultur gegenüber der europäischen. Die hispanoamerikanische Kultur versteht er als extreme Form kreativer Aneignung europäischer Traditionen (»cultura aluvional«). Als neues Medium überschreitet die lateinamerikanische Welt die europäische Tradition und erzeugt andere literarische Ausdrucksformen. Pietri gelingt es, kulturelle Entfremdung gegenüber der ursprünglichen spanischen Kultur als ästhetische Verfremdung umzudeuten und das Phänomen der Mestizierung zu einer hispanoamerikanischen Ausdrucksform zu erklären, die nicht Sprachlosigkeit, sondern Kreativität impliziert. – Die Deutung des »criollismo« als Metapher für ein literarisches Schöpfungsprinzip stellt die Grundlage für die Theorie des Magischen Realismus dar. Der Begriff des Magischen

Realismus kennzeichnet einen Stil, der das Wesen der lateinamerikanischen Kultur mit eigenständigen, von Europa unabhängigen formalen Mitteln ausdrüken soll. Die magisch realistische Form des Romans hebt die Opposition zwischen rationaler Logik und Imagination auf, die im 19. Jh. den Gegensatz zwischen Naturalismus und Phantastik begründet hatte. Während im Abendland die Logik des Mythos und eine magische Auffassung der Wirklichkeit als dichterische Grenzüberschreitungen galten, sollen sie in Hispanoamerika zum alltäglichen Weltbild gehören. Dieses surrealistische Prinzip, das sich auch M. A. Asturias und A. Carpentier zueigen machten, wird als Manifestation einer autochthonen Bewußtseinsform gewertet, die eine magisch-mythische mit einer rationalistischen Weltsicht integriert. Dadurch stehen magische Sprache, mythisches Bewußtsein und Elemente des Wunderbaren nicht – wie in der phantastischen Literatur – kontrapunktisch zum realistischen Diskurs, sondern sie werden mit diesem vermischt. Im Unterschied zum literarischen Indigenismus, in dem Mythen oder magische Beeignisse nur eine thematische Bedeutung haben, greift bei der Romanästhetik des Magischen Realismus das »andere Denken« in den Erzählstil ein. Mythisch-magische Bewußtseinsformen wirken auf die Erzählperspektive (Unbestimmtheit der Perspektive), die Zeitstruktur (zyklische Zeit als Transgression der Chronologie) und das Erzählverhalten (Polyphonie), indem Sprecher unterschiedslos aus dem Tier-, Pflanzen- oder Menschenreich stammen. Der Roman kann eine Vielzahl gleichberechtigter Stimmen und damit die Pluralität des kulturellen Erbes repräsentieren. Dadurch erhält auch die verschüttete orale Tradition der präkolumbischen Kulturen Eingang in die Erzählliteratur. Die Verflechtung der magisch-mythischen mit der realistischen Weltsicht wird als besonders radikales Experiment mit dem traditionellen Realismus beurteilt. Der Magische Realismus hebt die Opposition zwischen kosmopolitischem und regionalistischem Roman potentiell auf und entspricht der Forderung nach autonomen Kategorien für die Interpretation hispanoamerikanischer Werke (G. García Márquez). Die Ästhetik des Magischen Realismus hat die Debatte über den lateinamerikanischen Roman beherrscht und auf den europäischen Roman der 60er und 70er Jahre eingewirkt.

Lit.: I. Chiampi, El realismo maravilloso, Caracas 1983. – W. Mignolo, ›El misterio de la ficción fantástica y del realismo maravilloso‹, in: Teoría del texto e interpretación de textos, México 1986, S. 113–60. – V. Borsò, México jenseits der Einsamkeit. Eine kritische Retrospektive der Diskurse zum Magischen Realismus, Frankfurt/M. 1994.

V. Borsò

A Letter concerning Enthusiasm (engl.; *Ein Brief über den Enthusiasmus*), Anthony Ashley Cooper, Third Earl of Shaftesbury; EA (anonym) London 1707 (eigentl. 1708); dt. 1768.

Shaftesbury unterscheidet in diesem für seine Ästhetik grundlegenden Werk den bis dahin als gefährlichen Fanatismus abgelehnten »Enthusiasmus« von der natürlichen Inspiration als dem »wahren« Enthusiasmus. Damit rehabilitiert er die poetische Einbildungskraft, was eine weitreichende Wirkung auf die Ästhetik des 18. Jh.s, besonders in Deutschland (Wieland, Hamann, Herder, Mendelssohn, Goethe), haben sollte. – Shaftesburys Theorie des Enthusiasmus ist theologischen Ursprungs. Denn sie wendet sich gegen die nach England geflüchteten französischen Protestanten und deren fanatisch vertretenen Anspruch auf die »Wahrheit« ihrer religiösen Überzeugungen. Einziges »Heilmittel« gegen diese Übersteigerung der Gefühle ist für ihn die »Probe des Lächerlichen« (»test by ridicule«), die skeptisch-kritische Überprüfung der Glaubensfragen durch den Verstand, der jedem dogmatischen Ernst mit Ironie begegnet. Diese Prüfung richtet sich somit nicht freidenkerisch gegen Inhalte des Glaubens schlechthin, wie von Zeitgenossen häufig moniert, sondern formal gegen die leere, betrügerische Pose einer bloß eingebildeten Wahrheit. Der »test by ridicule« ist Ausdruck einer unbefangenen Bestimmtheit (»humour«), die das urteilende Subjekt durch kritische Selbstbeobachtung seiner Affekte in sich hervorzubringen hat. Sie zeugt von der Freiheit des Geistes und seinem aufrichtigen Bemühen um die Erkenntnis der wahren Natur der Dinge. Mit dieser vorurteilsfreien Stimmung verbindet sich zugleich »Witz« (»wit«), eine natürliche Beweglichkeit und heitere Offenheit des Verstandes im Umgang mit Erkenntnisgegenständen. Diese neue Bestimmung von »Humor« und »Witz« beeinflußte die zeitgenössische Diskussion über allgemeine Stilfragen, besonders im Hinblick auf die Komödie und Satire. Für den Dichter bedeutet der »wahre Enthusiasmus«, daß er einerseits die übersteigerten Affekte bändigt, andererseits aber gleichzeitig eine Erhabenheit der Leidenschaften zuläßt, bei der die Einbildungskraft von einer »Vision« ergriffen wird. Diese erhabene Stimmung ist die unentbehrliche Disposition der Seele, um Einheit, Ordnung und Schönheit der Natur umfassend zu empfinden und aus dieser Empfindung heraus produktiv zu werden. Doch erst in *The Moralists* (1709; *Die Moralisten*) bringt Shaftesbury dieses »neue Naturgefühl« (Cassirer), das zum zentralen Thema der Genie-Bewegung wird, ausführlich zur Darstellung. – *A Letter concerning Enthusiasm* hatte vor allem auch aufgrund seiner formalen Gestaltung große Wirkung. Die in Form unterhaltsamer Briefe verfaßte Schrift markiert den Fortschritt von der streng systematischen Abhandlung zu einer gesprächsorientierten Schreibweise, die für die Literatur des 18. Jh.s Vorbild blieb.

Ausg.: Hg. und eingel. von W. SCHRADER, Hamburg 1980. – Engl./dt., Standard Edition, hg. und übers. von G. HEMMERICH/W. BENDA, Bd. 1, 1, Stuttgart 1981. *Lit.:* S. GREAN, Shaftesbury's Philosophy of Religion and Ethics. A Study in Enthusiasm, Ohio 1971.

A. V. D. LÜHE

La lettre et la voix. De la ›littérature‹ médiévale (frz.; *Der Buchstabe und die Stimme. Von der ›Literatur‹ des Mittelalters*), Paul ZUMTHOR; EA Paris 1987; dt. u. d. T. *Die Stimme und die Poesie in der mittelalterlichen Gesellschaft*, München 1994.

E. R. Curtius hatte in seinem Werk →*Europäische Literatur und lateinisches Mittelalter* die Bedeutung der mittelalterlichen Schriftkultur und die Mittlerrolle der »auctores« bzw. »clerici« zwischen Antike und Neuzeit hervorgehoben, um ihre vorbildhafte Leistung schöpferischer Traditionsbewahrung zu vergegenwärtigen. Zumthor stellt diesem Werk eine Art Anti-Summa gegenüber, mit der er systematisch die Dominanz der mündlichen Volkskultur in der mittelalterlichen Welt und Dichtung demonstriert. – Im ersten Teil, der dem kulturgeschichtlichen Kontext gewidmet ist, zeigt Zumthor, daß die europäische Dichtung des Mittelalters gerade nicht im Buchstaben der Poesie, sondern in der Macht der menschlichen Stimme (z. B. der Trobadors, Trouvères und Minnesänger) verwurzelt ist. Indizien dafür sind u. a. die formelhaften Anspielungen auf den Gebrauch der Stimme (»Ihr werdet ein Lied hören«) und die textinternen Korrelationen (»sagen« – »hören«; »singen« – »vernehmen«). Auch die sozialen Rollen der Mittler (Spielleute und andere), die Bedeutung des gesprochenen Worts in der Kirche, die öffentlichen Predigten zeigen uns, daß man künftig für das Mittelalter statt »Literatur« einen adäquateren Begriff wie »Sprechkultur«/»Gesangskultur« ansetzen sollte. Und wichtiger als der geschriebene Text – wie er heute dem Philologen vorliegt – ist das »Werk«, d. h. die lebendige, einmalige, theaterähnliche Ganzheit des Vortrags, seine Performanz. – Im zweiten Teil betont Zumthor die vielfältigen Modulationsmöglichkeiten der Stimme (Tonhöhe, Tempo, Lautstärke, Pausenlängen, Crescendo und Decrescendo) im Verlauf des »Werks« wie auch die Ausdrucks- und Schauwerte der begleitenden Körpersprache (Gestik, Mimik, andeutende Leibbewegung im Raum). Darüber hinaus zeigen die Gliederungssignale

die Bestimmung des Textes zum Werk: metatextuelle Formeln, Vers- und Wortwiederholungen mit Refraincharakter, Signale des Orts-, Zeit- und Personenwechsels und oft auch deiktische Zeitadverbien. An ihnen erkennt man die publikumsbezogene Aufteilung längerer, durch Pausen unterbrochener Werke in Großsequenzen (»Akte«, »Sitzungen«), die sich ihrerseits in Subsequenzen (Zumthor nennt sie nach Greimas »épreuves«) gliedern. Die »épreuves« folgen zumeist dem Schema Exposition – dreifaches Ereignis – Konklusion. Zumthors Musterbeispiel hierfür ist der um 1170–90 verfaßte *Eracle*-Roman des Chrétien-Zeitgenossen Gautier d'Arras. – Abschließend geht Zumthor auf den Zwitterstatus des um 1150–70 entstandenen Romans ein. Seine Schriftfixierung und seine Signierung durch eine ihres Künstlertums bewußte Autorindividualität (z. B. »Meister« Wace, Chrétien de Troyes) verweisen bereits auf den neuzeitlichen Literatur- und Autorenbegriff. Seine auf den mimischen Vortrag zielende Werkanlage und seine Variantenfülle (das »Werk« variiert nach Ort, Zeit und Publikum) verankern ihn noch in der mittelalterlichen Vokalität. – Man mag Zumthor vorwerfen, die Rolle des lateinischen Kultureinflusses für die volkssprachliche Dichtung zu unterschätzen – so läßt sich z. B. die Zahlensymbolik im *Alexiuslied* (11. Jh.), der *Vita Nova* (entst. um 1283–1293/95; *Das erneuerte Leben*) und der *Divina Commedia* (entst. um 1307–21; *Göttliche Komödie*) Dantes gewiß nicht rein mnemotechnisch und rezeptionsästhetisch erklären – und den im 18. Jh. entstandenen neuzeitlichen Literaturbegriff in einer nicht haltbaren Weise zu generalisieren (das Chanson und die Commedia dell'arte, allgemeiner das Theater mit seinen Freiheiten der Textselektion und Regie bezeugen ein Fortleben der akustisch und visuell auf ein größeres Publikum gerichteten Vokalität). Dennoch kann Zumthors philologisches Testament als Panorama der mittelalterlichen Sprech- und Gesangskultur – eine gelungene Synthese seiner zahlreichen, meist von der Formalismus-Rezeption in der französischen Semiotik inspirierten Vorarbeiten – zum Ausgangspunkt einer neuen literaturwissenschaftlichen Methode werden: der Performanzforschung, d. h. der Theorie und Methodik der Suche nach den performantiellen Dispositionen und Variationen der Texte. Ob die von Curtius gelehrte Schrift- und Produktionsästhetik (aus der die Toposforschung entstand) und die ihr von Zumthor gegenübergestellte Vokalitäts- und Rezeptionsästhetik einander ausschließen, bleibt zu bezweifeln. In den Schatzkammern der im Unterschied zu Curtius und Lausberg zu historisierenden Rhetorik dürfte die Möglichkeit einer Synthese der beiden kontradiktorischen Mittelalter-Opera verborgen liegen und eines Tages greifbarer werden.

Lit.: F. WOLFZETTEL, Rez., in: Zs. f. roman. Philologie 105 (1989), S. 197–201. – E. U. GROSSE, Rez., in: Zs. f. frz. Sprache und Literatur 100 (1990), S. 367–68. – Entretien avec Paul Zumthor (interview de Gérard LE VOT), in: Heresis 15 (1990), S. 63–78.

E. U. GROSSE

Linguistics and Poetics (engl.; *Linguistik und Literatur*), Roman JAKOBSON; EA Cambridge, MA 1960; dt. Frankfurt/M. 1971 (in: Literaturwissenschaft und Linguistik, Bd. 2, 1, hg. von J. Ihwe).

Der Aufsatz, abschließendes Votum einer Tagung über Stilistik, läßt sich als Zusammenfassung von Jakobsons eigenen Forschungsergebnissen zur Poetik verstehen. Im Anschluß an den ›Russischen Futurismus‹, von dem er ausgeht, kann man Jakobsons Auffassung als ein ›futuristisches‹ oder auch ›konstruktivistisches Prinzip‹ verstehen. Danach läßt sich nicht bestimmen, was die Poetizität oder was Schönheit ist, sowenig wie ein Psychologe angeben kann, was Rot ist, oder eine Physiker, was Kraft ist. Es läßt sich nur ausmachen, wie, unter welchen Bedingungen und mit welchen Erfolgen sich ein poetischer Eindruck einstellt. Die Grundfrage von Jakobsons Poetik lautet entsprechend: »Was macht eine sprachliche Äußerung zu einem Kunstwerk?« Zur Beantwortung dieser Frage analysiert er die verschiedenen Gebrauchsweisen der Sprache. Im Anschluß an die Unterscheidung zwischen der poetischen und der pragmatischen oder kommunikativen Funktion der Sprache und an das bekannte »Organon-Modell« von K. Bühler (1934) – nach ihm hat Sprache eine Ausdrucksfunktion, eine Appellfunktion und eine Darstellungsfunktion – unterscheidet Jakobson insgesamt sechs »in sprachlicher Kommunikation unabdingbar implizierte Faktoren«. Diesen korrespondieren sechs Sprachfunktionen: Kontext (referentielle Funktion), Empfänger (konative Funktion), Nachricht (poetische Funktion), Sender (emotive Funktion), Kontaktmedium (phatische Funktion), Kode (metasprachliche Funktion). – Für Jakobson als Vertreter erst des ›Russischen Formalismus‹ und später des ›Prager Strukturalismus‹ ist charakteristisch, daß er das Poetische als eine eigenständige und eigengesetzliche Funktion herausarbeitet. Er ordnet sie nicht, wie z. B. Bühler, psychologistisch der expressiven Funktion oder, wie der Symbolismus und die Hermeneutik, der kognitiven Funktion unter. Ein Text, in dem die poetische Funktion dominiert, lenkt die Aufmerksamkeit auf seine Machart, auf das Zusammenspiel seiner verschiedenen Dimensionen, der lautlichen, der grammatischen und der semantischen und darüber hinaus auf das Verhältnis zwischen Text und (literaturgeschichtlichem und zeitgenössischem) Kontext. »Die Einstellung auf die Botschaft (message) als solche, die Fokussierung auf die Botschaft um ihrer selbst willen, stellt die poetische Funktion der Sprache dar«. Dies kann man als Jakobsons ›phänomenologisches‹ Prinzip aus seiner unter dem Einfluß von E. Husserl stehenden Moskauer Studienzeit bezeichnen. In seiner Prager Zeit wird es durch ein ›strukturalistisches‹ Prinzip, das in diesem Aufsatz seine prägnante Formulierung erhält, ergänzt und zugleich erklärt: »Die poetische Funktion projiziert das Prinzip der Ähnlichkeit von der [paradigmatischen] Achse der Selektion auf die [syntagmatische] Achse der Kombination.« Was die Aufmerksamkeit auf die poetische Äußerung als solche zieht, sind mannigfaltige Ähnlichkeits- und Kontrastbeziehungen (das Miteinander von Invarianz und Variation) auf allen Ebenen einer sprachlichen Äußerung – in der klassischen deutschen Dichtung am auffälligsten in der Gestalt von Reim und Rhyth-

mus. Solche Beziehungen führen unwillkürlich zur Unterteilung des dichterischen Textes in Verse und Strophen. – Jakobsons strukturalistische Literaturtheorie beeinflußte die moderne Literaturwissenschaft maßgeblich. An Jakobsons Interpretationen wurde allerdings eine weitgehende Ausklammerung pragmatischer Aspekte, eine Ausblendung des kommunikativen Kontexts von (literatur-)sprachlichen Äußerungen kritisiert. Sie lösten das Kunstwerk als autonomes Gebilde aus dem funktionalen Zusammenhang der in sprachlicher Kommunikation ›implizierten Faktoren‹ heraus.

Ausg.: Ausgewählte Aufsätze 1921–1971, hg. von E. HOLENSTEIN/T. SCHELBERT, Frankfurt/M. 1979.
Lit.: E. HOLENSTEIN, Einführung: Linguistische Poetik, in: Jakobson, Hölderlin, Klee, Brecht. Zur Wortkunst dreier Gedichte, hg. von E. HOLENSTEIN, Frankfurt/M. 1976, S. 7–25. – G. SASSE, Jakobson, in: Klassiker der Literaturtheorie, hg. von H. TURK, München 1979, S. 286–98. – H. HAPP, ›paradigmatisch‹ – ›syntagmatisch‹, Heidelberg 1985.

T. SCHELBERT

Das literarische Kunstwerk, Roman INGARDEN; EA Tübingen 1931.

Ingarden geht in dieser literaturtheoretischen Untersuchung von ontologischen Fragestellungen aus. Die Frage nach der »Seinsweise« des literarischen Kunstwerks steht im Zusammenhang seiner Überlegungen über »rein intentionale« Gegenstände und ihre Unterscheidung von realem Sein. Beispielhaft für rein intentionale Gebilde jeder Art grenzt Ingarden das literarische Kunstwerk ab sowohl von realen psychischen Zuständen des Autors und der Leser als auch von jeder materiellen Gegenständlichkeit. So aufgefaßt zeigt das literarische

Kunstwerk vier ideale Schichten: 1. die Schicht der Wortlaute und sprachlautlichen Gebilde; 2. die Schicht der Bedeutungseinheiten, d. h. des Satzsinnes und des Sinnes ganzer Satzzusammenhänge; 3. die Schicht der dargestellten Gegenständlichkeiten; 4. die Schicht der schematisierten Ansichten, in denen die im Werk dargestellten Gegenständlichkeiten zur Erscheinung kommen. Zwischen den ersten drei Schichten hatte in der Literaturwissenschaft schon vor Ingarden z. B. Mukařovský (→ *Umění jako semiologický fakt*) unterschieden. Gegen die Einführung der vierten wurde eingewendet, sie lasse sich von den dargestellten Gegenständlichkeiten nicht unterscheiden, da diese allein in jenen Ansichten entworfen würden. Die Bedeutung von Ingardens Schichtenmodell liegt allerdings weniger in seinen Unterscheidungen als im Entwurf einer idealen Schichtung selbst. Dieser macht abseits von realen Abhängigkeiten der Produktion und Rezeption die »Konstitution« des komplexen strukturellen Gebildes, das ein literarisches Kunstwerk darstellt, in idealgenetischen Schritten nachvollziehbar. – Von Bedeutung sind auch Ingardens Überlegungen zum Wahrheitsstatus der Sätze in literarischen Texten. Er versteht diese als »Quasi-Urteile«, als »scheinbare« Behauptungssätze im Unterschied zu Annahmen ohne Anspruch auf Wahrheit und zu echten Urteilen. »Literarisch« sind für Ingarden Texte, deren Sätze durchweg »Quasi-Urteile« sind. Diese strenge Bestimmung der Fiktionalität von Literatur weist der ästhetischen Funktion auch dort die oberste Stellung zu, wo dem Anschein nach unmittelbare Äuße-

rungen des wirklichen Autors vorliegen. Ingarden sichert so eine ideale Einheit des literarischen Kunstwerks. – Auf die Literaturwissenschaft hat Ingardens Untersuchung am nachhaltigsten durch die Feststellung gewirkt, das literarische Kunstwerk enthalte Unbestimmtheitsstellen, die erst im Wege der Rezeption durch den einzelnen Leser ausgefüllt würden. Für Ingarden ist dies eine notwendige Folge jeder literarischen Realitätsdarstellung, weil diese aus der unendlichen Mannigfaltigkeit von Eigenschaften eines Gegenstandes nur eine begrenzte Zahl von Momenten auswählen kann. Die Rezeptionsästhetiker Iser (→ *Der implizite Leser*) und Jauß (→ *Ästhetische Erfahrung und literarische Hermeneutik*) haben aus der Annahme solcher Unbestimmtheitsstellen im gezielten Mißverständnis der Intention Ingardens die Bedeutung der Rezeption für die Konstitution des literarischen Werkes begründet. Die Konkretisation des Dargestellten durch den Rezipienten gewinnt bei ihnen zentrale Bedeutung. – Trotz solcher, allerdings eher indirekter, fruchtbarer Wirkungen ist das *Literarische Kunstwerk* nicht ohne Kritik geblieben. Dazu hat besonders seine Zwischenstellung zwischen Philosophie und Literaturwissenschaft herausgefordert. Den Literaturwissenschaftlern ist die philosophische Fragestellung dieses Werks häufig zu scholastisch, die Philosophen fordern statt des deskriptiven Phänomenalismus Ingardens eine reine phänomenologische Methode, welche die »idealen Gegenstände« nicht lediglich zergliedert, sondern sie aus der sie konstituierenden Einstellung heraus zu begreifen sucht.

Ausg.: Tübingen ⁴1972.
Lit.: R. FIEGUTH, Rezeption contra falsches oder richtiges Lesen? Oder Mißverständnisse mit Ingarden, in: Sprache im technischen Zeitalter 38 (1971), S. 142–59. – H. MARKIEWICZ, Das Werk Roman Ingardens, in: Formalismus, Strukturalismus und Geschichte, hg. von V. FLAKER/V. ŽMEGAČ, Kronberg/Ts. 1974, S. 221–46. – B. SMITH, Roman Ingarden: Ontological Foundations for Literary Theory, in: Language, Literature and Meaning I, hg. von J. ODMARK, Amsterdam 1979, S. 373–90.

M. FREISE/W. SCHMID

La Literatura en la Sociedad de América Latina. Perú y el Río de la Plata 1837–1880 (span.; *Die Literatur in der Gesellschaft Lateinamerikas. Peru und der Rio de la Plata 1837–1880*), Alejandro LOSADA; EA Frankfurt/M. 1983. Losada unternimmt den Versuch, eine Sozialgeschichte der lateinamerikanischen Literaturen zu schreiben. Zwei Voraussetzungen müssen dafür erfüllt sein: zum einen die Entwicklung eines Begriffssystems, das die spezifische Situation Lateinamerikas berücksichtigt; zum andern die Überwindung von Vorstellungen, die von einer Homogenität der lateinamerikanischen Literatur ausgehen. Historisch begründet unterscheidet er zunächst zwischen den fünf Teilregionen Mexico, Mittelamerika, Brasilien, Cono Sur und dem pazifischen Andenraum. Innerhalb der Teilräume entwickelt er eine eigene Periodisierung, die nicht mehr an der politischen Geschichte, sondern an literatursoziologischen Kategorien bzw. literatursoziologisch beschreibbaren Phänomenen ausgerichtet ist. Dabei werden nicht bestimmte Autoren oder Einzelwerke, sondern Werkgruppen analysiert. Diese »conjuntos literarios« unterscheiden sich durch die sozialen Funktionen, die ihnen ihre Trägerschichten zuweisen. Von zentraler Bedeutung ist die an Lukács' orientierte Auffassung von Literatur als »soziale Praxis« (»praxis social«) bestimmter gesellschaftlicher Gruppen. Besonders deutlich zeichnet sich dies bereits an der Unterscheidung einer »sozialrevolutionären internationalisierten« von einer »marginalisierten kosmopolitischen« Kultur ab. Losadas Ansatz ist hier nicht frei von ideologisierenden Pauschalisierungen. Die zu spezifischen »literarischen Systemen« angeordneten Werkgruppen stellen als ästhetischer Ausdruck einer »sozialen Praxis« jeweils andersgeartete Bezüge zu den lateinamerikanischen Volkskulturen sowie den europäischen Literaturen (ihren Gattungsnormen, Themen und Motiven) her. Hier gewinnt der aus A. Dessaus Überlegungen zur Dialektik zwischen dem Nationalen, dem Kontinentalen und dem Internationalen abgeleitete Begriff der »Internationalisierung« der lateinamerikanischen Literaturen an Bedeutung. Er meint auf der Produktionsebene die Ausrichtung an einem weitgespannten Kulturhorizont bei transformativer Aneignung fremder Modelle für neue Funktionszusammenhänge; auf der Distributionsebene die Abhängigkeit von kulturellen Zentren, die sich außerhalb Lateinamerikas in Europa oder Nordamerika befinden; auf der Rezeptionsebene die (von Losada nur angedeutete) Steuerung der beiden vorherigen Bereiche durch Erwartungshorizont und Interessen nicht-lateinamerikanischer Lesergruppen. Losadas Ansatz versucht, der Anwendung einer »allgemeinen« (und damit zumeist anhand der europäischen Literaturen entwickelten) Theorie auf die Literaturen Lateinamerikas den Boden zu entziehen und eine genuin lateinamerikanische Literaturauffassung zu entwickeln, wie sie seit Ende der 60er Jahre immer vehementer gefordert wurde.

Lit.: R. VENTURA/H.-A. STEGER/D. CANO/U. FLEISCHMANN, Prólogo. Sistemas literarios y estructuras sociales en América Latina, in: Alejandro Losada, La Literatura en la Sociedad de América Latina, München 1987, S. 7–27. – Actas de AELSAL. Hacia una historia social de la literatura latinoamericana, Bd. 1–3, Gießen/Neuchâtel 1985–88.

O. ETTE

Literatura i literaturnyj byt

(russ.; *Das literarische Leben*), Boris Michailovič ÈJCHENBAUM; ED 1927 (in: Na literaturnom postu, Nr. 9, S. 47–52); russ./dt. München 1969 (in: Texte der russischen Formalisten, Bd. 1, hg. von J. Striedter, S. 462–81).

Èjchenbaums literatursoziologischer Aufsatz anwortet als programmatischer Schritt hin zur letzten, pragmatischen Wende des russischen Formalismus auf die soziokulturellen Umwälzungen nach der Revolution von 1917. Statt des von Èjchenbaum, Tynjanov und Šklovskij geplanten großen Werks über den sozialen Entstehungs- und Rezeptions-Raum der Literatur kam danach nur noch Èjchenbaums Sammelband *Moj vremennik* (1929; *Mein Zeitbote*) zustande. – In spannungsvoller Nähe zum emphatischen Alltagsbegriff der russischen Avantgarde und zu Tynjanovs Aufsätzen *Literaturnyj fakt* (1924; *Das literarische Faktum*) und →*O literaturnoj èvoljucii*, welche die literarische Erscheinung vom außerliterarischen »Alltag« abgrenzen und sich allein durch die »Redefunktion« systematisch auf diesen beziehen, geht es in Èjchen-

baums ›Hypothese‹ gerade um das Wechselverhältnis von Fakten des literarischen Alltags und der literarischen Entwicklung. Erscheinungen des literarischen Lebens wie die Stellung des Autors, die Lage der Publikationsorgane, die Rolle des Publikums werden, weil sie einer der literarischen benachbarten »Reihe« angehören, zum genuinen Material der Literatursoziologie erklärt. Die ›genetische‹ Herleitung der Ideologie des Autors aus seiner Klassenzugehörigkeit und die ›kausale‹ Ableitung von Texteigenschaften aus den Produktionsverhältnissen werden verworfen. – Èjchenbaum deutet die zeitgenössische Krise der russischen Literatur als Krise des literarischen Alltags, ja als Bruch in der Stellung (des ›Amtes‹) eines vom ›literarischen Auftrag‹ bedrängten Schriftstellers, der haltlos zwischen Privatheit (»Häuslichkeit«) und Öffentlichkeit, zwischen Selbständigkeit und wirtschaftlicher Abhängigkeit, zwischen Dilettantismus und Professionalität schwanke. Dieses »Knäuel« soll die Literaturwissenschaft entwirren helfen: »Geschichte ist […] eine besondere Methode, die Gegenwart mit Hilfe von Fakten der Vergangenheit zu untersuchen«. – Das spätformalistische Konzept des literarischen Lebens stimulierte Èjchenbaums und Tynjanovs Schüler M. Aronson und S. Rejser (*Literaturnye kružki i salony*, 1929; *Literarische Zirkel und Salons*) sowie T. Gric, V. Trenin und M. Nikitin, (*Slovesnost'i kommercija*, 1929; *Sprachkunst und Kommerz*). In jüngster Zeit wurde es erneut von den Slavisten Hansen-Löve und Städtke aufgegriffen.

Ausg.: In: O literature, Moskau 1987, S. 428–36. – Dt. u. d. T. Der literarische Alltag, in:

B. Ėjchenbaum, Mein Zeitbote, Leipzig/
Weimar 1987, S. 52–65.
Lit.: A. Hansen-Löve, ›Bytologija‹ meždu
faktami i funkcijami, in: Revue des Études
Slaves (1985), S. 91–104. – M. Čudako-
va/E. Toddes, Stranicy naučnoj biografii
B. M. Ėjchenbauma, in: Voprosy literatur 1
(1987), S. 128–62. – A. Flaker, Alltag (byt),
in: Glossarium der russischen Avantgarde, hg.
von A. Flaker, Graz 1989, S. 104–17.
                                        R. Grübel

Literature as Knowledge (engl.;
Literatur als Erkenntnis), Allen
Tate; ED 1941 (in: Southern
Review 6).
Der Essay Tates, eines der Begründer des ›New Criticism‹,
kann als ein Versuch gewertet
werden, die Autonomie des
Kunstwerks gegen die Übergriffe
einer sich als positivistisch verstehenden Literaturtheorie zu ver-
teidigen. – Am Beispiel einiger literaturtheoretischer Positionen
seit dem 18. Jh., insbesondere von
Coleridge (→*Biographia literaria*),
Arnold (→*Essays in Criticism*),
Morris (→*Esthetics and the Theories
of Signs*) und dem frühen I. A. Richards versucht Tate nachzuweisen, daß diese Autonomie verlo-
renzugehen droht. Das literarische
Kunstwerk läuft Gefahr, vor dem
positivistischen Denkhorizont auf
ein inhaltlich eindeutig beschreib-
bares Substrat beschnitten zu werden, dem die Form lediglich als
ornamentales Beiwerk zum
Zwecke der Leserbeeinflussung
mitgegeben ist. Formulierungen
wie die vom Kunstwerk als Pseu-
doaussage (Richards) oder als eine
Form gesteigerter Seriosität (Arnold) machen für Tate deutlich,
daß die Botschaft als primär, die
Form hingegen als sekundäres
Mittel zur Steigerung des Effekts
(Coleridge) begriffen wird. Das
Kunstwerk verliert dadurch seine
Autonomie und macht sich, da
ohnehin in prosaischer Paraphrase

faßbar, letztlich selbst entbehrlich.
Da die Form nur unter dem
Aspekt der Leseraffizierung gesehen wird, verengt sich für Tate
die Rolle des Rezipienten am Ende zu einer bloßen Reaktion auf
Formstimuli. Der Leser als Interpret, der das literarische Kunstwerk
als einen Ort der Erkenntnis begreifen könnte, wird auf die Rolle
des nur noch behavioristisch rea-
gierenden Interpretanten (Morris)
festgelegt. Um die Dichotomie
von Inhalt und Form aufzuheben,
plädiert Tate für eine dialektische
Kunstauffassung, in der sich Inhalt
und Form in einer Synthese vereinigen. Um dem literarischen
Kunstwerk seine spezifische Er-
kenntnis- und Erfahrungsqualität
zu erhalten, begreift er es als einen
sprachlichen Ort, an dem der
menschliche Geist sich in seiner
ordnungsbildenden Funktion bewährt und die als chaotisch erfahrene Wirklichkeit dadurch transzendiert. Im Kunstwerk vollendet sich demnach, was die
Wirklichkeit unvollendet läßt. –
So scharfsinnig Tates Diagnose
auch ausfällt, so wenig überzeugend sind die Rezepte, die er an-
zubieten hat. Er ergeht sich weitgehend in Forderungen, ohne daß
er diese argumentativ begründet.
Dichtung, so behauptet er, sei als
»vollkommenster Modus der Artikulation« zu verstehen, ohne
exemplarisch deutlich machen zu
können, wie sich dies sprachlich
konkret manifestiert. Den ganzen
Essay durchzieht die tiefe Sehnsucht nach einer noch metaphysisch garantierten Ordnung, die
freilich angesichts einer vielfältig
fragmentierten Wirklichkeit immer problematischer geworden
ist. In den vagen Ganzheitspostu-
laten verrät sich Tates Verlegen-
heit, diese einstige Ordnung noch

einmal künstlich wiederherstellen zu können.

Ausg.: Essays of Four Decades, Chicago 1968, S. 72–106.
Lit.: R. K. MEINERS, The Last Alternatives: A Study of the Works of A. Tate, Denver 1963. – U. HALFMANN, Der amerikanische ›New Criticism‹, Frankfurt/M. 1971.

J. C. SCHÖPP

The Literature of Exhaustion (engl.; *Literatur der Erschöpfung*), John BARTH; ED New York 1967 (in: The Atlantic, Bd. 220, S. 29–34); dt. 1987.

Der Essay des Romanciers Barth versteht sich als eine gleichermaßen persönliche wie allgemeine erzähltheoretische Standortbestimmung am Ende einer apokalyptisch gestimmten Dekade, in der Schlagworte wie die vom Tod des Romans ebenso die Runde machten wie die Parolen vom Ende des Gutenbergzeitalters angesichts einer von den elektronischen Medien dominierten Kultur. – Der Essay, oft als Endzeitjeremiade über eine an ihrem Ende angelangte Literatur mißdeutet, ist jedoch weit von einer resignativen Klage entfernt. Vielmehr handelt es sich ähnlich wie bei Robbe-Grillets *Pour un nouveau roman* (1963; *Argumente für einen neuen Roman*) um den Versuch, einer neuen Art des Erzählens Bahn zu brechen. Die Suche nach ästhetischen Alternativen zu den weitgehend erschöpften Erzählparadigmen von Realismus und Moderne steht im Mittelpunkt der Überlegungen Barths. Die narrativen Neuerungen, die etwa Kafka und Joyce für den Roman der Moderne darstellen, gilt es nach Barth entsprechend fortzuschreiben. Am Beispiel Becketts, Nabokovs und vor allem Borges' verdeutlicht er, wie eine zeitgemäße nachmodernisti-sche Erzählpraxis aussehen könn-te. Dabei bedenkt er die narrative Innovation stets vor dem Hintergrund einer langen Erzähltradition. Wie der Roman in seinen Anfängen (etwa bei Cervantes) sich durch eine erhöhte Reflexionsbereitschaft auszeichnete, ehe er sich in der Folgezeit einer zunehmend selbstsicheren realistischen Abbildungspraxis bediente, so sieht Barth die Zukunft des Erzählens wiederum von einer verstärkt metafiktionalen Reflexion über die Bedingungen des eigenen Tuns bestimmt. Borges liefert ihm die Stichworte, die sein Selbstverständnis als Autor im Zeichen des nachmodernen Schreibens bestimmen helfen. Die Bibliothek zu Babel mit ihren labyrinthisch verschlungenen Gängen wird dabei zur zentralen Metapher. Wo alles wie in einer Universalbücherei archiviert ist, läßt sich Originalität im Sinne auktorialer Urheberschaft nur noch schwer denken. Sie ist bestenfalls noch als virtuose Kombinatorik immer schon vorgegebener Texte (Intertextualität) begreifbar. – Mit seinem Plädoyer für formale Innovation hat Barth die experimentelle Literaturpraxis der späten 60er und 70er Jahre nachhaltig beeinflußt. Die Popularität des Essays hat aber auch zu vorschnellen Fehldeutungen Anlaß gegeben. Die »Erschöpfung« ist nicht als Synonym für den Tod des Romans zu verstehen, sondern wird unmißverständlich als Chance zur literarischen Erneuerung begriffen. Barth plädiert für eine neue Kunstpraxis, die technische Virtuosität mit einer Leidenschaft zu koppeln weiß, die dann durchaus noch in der Lage ist, die Herzen der Leser anzurühren.

Ausg.: The Friday Book: Essays and Other Nonfiction, New York 1984, S. 62–76.
Lit.: E. B. SAFER, The Essay as Aesthetic Mirror: John Barth's ›Exhaustion‹ and ›Replenishment‹, in: Studies in American Fiction 15 (1987), S. 109–17.

J. C. SCHÖPP

The Literature of Replenishment: Postmodernist Fiction (engl.; *Die Literatur der Wiederauffüllung: Postmoderne Fiktion*), John BARTH; ED New York 1980 (in: The Atlantic, Bd. 245, S. 65–71); dt. 1987.

Barth expliziert und revidiert hier einige der Positionen, die er in dem dreizehn Jahre zuvor veröffentlichten Essay →*The Literature of Exhaustion* bezogen hatte. Wie damals so handelt es sich auch bei diesem gleichsam komplementären Gegenstück um einen sehr persönlichen Versuch des Autors, den eigenen Schreibstandort unter veränderten, d. h. jetzt ausdrücklich als postmodern bezeichneten, Bedingungen neu zu bestimmen. Waren es in dem frühen Essay vor allem Beckett und →Borges, die für ihn die Literatur einer in die Krise geratenen literarischen Moderne exemplarisch verkörperten, so dienen ihm jetzt I. Calvino und G. G. Marquez als die zeitgemäßen Repräsentanten einer Literatur, die das erschöpfte modernistische Erzählparadigma zu überschreiten und neu zu füllen versuchen. – Barth wendet sich hier als Autor insbesondere gegen theoretische Auffassungen, welche die postmoderne Fiktion ausschließlich als Radikalisierung der rein formalistischen Aspekte modernistischen Erzählens begreifen und sie dadurch zu einer nur noch metafiktionalen Selbstreflexivität degradieren. Wäre dies der Fall, müßte sich das postmoderne Erzählen nach Barths Meinung sehr wohl den Vorwurf gefallen lassen, zu einer Art »pallid, last-ditch decadence« zu verkommen. Anhand der Fiktionen Calvinos und Marquez' versucht er zu zeigen, daß sich in der Postmoderne Form durchaus nicht mit Inhalten verbindet, realistische Darstellungsmodi mit irrealistischen verschmelzen, das Alltägliche und das Phantastische Hand in Hand gehen. Barth plädiert hier – im Gegensatz zu seinem früheren Essay – unmißverständlich für eine Synthese traditioneller und experimenteller Erzählanteile. Mit einem Fuß sieht er den wirklich zeitgemäßen Erzähler immer in der Vergangenheit, während er mit dem anderen in der Pariser poststrukturalistischen Gegenwart stehe. Der Inhalt des Erzählens und das Bewußtsein, daß es sich dabei immer auch um ein Konstrukt handelt, sollten gleichermaßen erkennbar werden, Dekonstruktion und Rekonstruktion immer simultan am Werke sein. – Im Gegensatz zu dem frühen Essay der bilderstürmenden 60er Jahre schlägt Barth hier deutlich gemäßigtere Töne an. Nicht einer elitären Esoterik von Joyce' *Finnegans Wake* (1939) und Pounds *The Pisan Cantos* (1948) wird hier das Wort geredet, sondern das Programm für eine Synthese von Tradition und Innovation, wie sie das in ruhigeren Bahnen verlaufende Erzählen der 80er Jahre kennzeichnet, wird hier zu Beginn der Dekade formuliert, nachdem Barth bereits mit seinem Roman *Letters* (1979; *Briefe*) deutlich gemacht hatte, wie er sich eine solche »literature of replenishment« dachte.

Ausg.: The Friday Book: Essays and Other Nonfiction, New York 1984, S. 193–206.
Lit.: E. B. SAFER, The Essay as Aesthetic

Mirror: John Barth's ›Exhaustion‹ and ›Replenishment‹, in: Studies in American Fiction 15 (1987), S. 109–17. – L. McCaffery, Barth's ›Letters‹ and the Literature of Replenishment, in: Chicago Review 31, 3 (1980), S. 75–82.

J. C. Schöpp

Literaturgeschichte als Provokation der Literaturwissenschaft, Hans Robert Jauss; ED Frankfurt/M. 1970 (in: Literaturgeschichte als Provokation).

Die Schrift wendet sich gegen die überkommenen Methoden der Historiographie in der Literaturwissenschaft. Diese erweisen sich für Jauß sowohl in ihren geistesgeschichtlichen Formen als auch in ihren positivistischen Kausalerklärungen als unfähig, produktiv zwischen Geschichte und Literatur zu vermitteln. Im Gegensatz dazu versucht die »Rezeptionsästhetik« den Leser bzw. den »kontinuitätsbildenden Dialog von Werk und Publikum« in den Mittelpunkt der Untersuchung zu stellen; sie verbindet historische mit ästhetischen Interessen. – Während die Beurteilung des ästhetischen Wertes eines Werks bei der primären Aufnahme im Kontext anderer, früherer Werke erfolgt, wird dessen historische Bedeutung daran sichtbar, »daß sich das Verständnis der ersten Leser von Generation zu Generation in eine Kette von Rezeptionen fortsetzen und anreichern kann«. Dabei wird das literarische Werk nicht als mit sich selbst identisches Objekt verstanden, »das jedem Betrachter zu jeder Zeit den gleichen Anblick darbietet«, sondern es erscheint »wie eine Partitur, auf die immer erneute Resonanz der Lektüre angelegt, die den Text [...] zu aktuellem Dasein bringt«. Zentraler Begriff dieser Rezeptionstheorie ist der »Erwartungshorizont«, das »objektivierbare Bezugssystem der Erwartungen«, das sich aus dem Vorverständnis von Form, Thematik und Gattungsmerkmalen zuvor bekannter Werke begründet. Ein neuer Text weckt Erinnerungen an frühere Werke, evoziert aus diesen den vertrauten Horizont von Erwartungen und ästhetischen Spielregeln, die er variiert, reproduziert, negiert oder auch parodiert. Der »Kunstcharakter« des Werks läßt sich dann an der »ästhetischen Distanz« des Textes zum Erwartungshorizont seines ersten Publikums bemessen. Die »kulinarische« oder »Unterhaltungskunst« verringert zum Beispiel diese Distanz, bestätigt die herrschende Geschmacksrichtung und erfordert keinen »Horizontwandel«. Andere Werke hingegen liegen bei ihrem ersten Erscheinen so weit vom bestehenden Erwartungshorizont entfernt, daß ein Publikum für sie vielleicht erst allmählich entsteht. Diese Aspekte der Bedeutung eines Werkes bleiben so lange unentdeckt, bis mit dem Erscheinen anderer Texte ein Horizontwandel entsteht, der schließlich den Zugang zur »verkannten« älteren Form erlaubt. Die neue Sehweise und die ursprüngliche Negativität eines Meisterwerks mag zunächst befremden. Für spätere Leser aber kann diese Distanz in dem Maße schwinden, wie die Klassizität und selbstverständlich gewordene schöne Form des Meisterwerks langsam in die Nähe der widerstandslos überzeugenden »kulinarischen« Kunst kommen. – Die hermeneutische Rekonstruktion des ursprünglichen Erwartungshorizontes eines Werkes enthüllt also die Fragen, auf die der Text ursprünglich eine Antwort gab. Dagegen erschließt das Einrücken des Textes in seine »literarische Reihe« – d. h. im rezeptionsästhetischen Sinn in eine »ereignishafte Geschichte der Literatur« – im Text Reaktionen auf die formalen und moralischen Probleme, die ihm das letzte Werk der Reihe hinterließ. Auf diese Weise gelingt es der Jaußschen Rezeptionsästhetik, formalistische Argumentation in eine Hermeneutik des Textes einzubauen.

Lit.: G. GRIMM, Rezeptionsgeschichte: Grundlegung einer Theorie, München 1977.
R. J. MURPHY

Literatursoziologische Perspektiven. Gesammelte Aufsätze (dt. u. frz.), Erich KÖHLER; EA Heidelberg 1982.
Die 14 postum in einen Band zusammengebundenen Studien wurden in der Zeit von 1972–81 verfaßt. Neun Abhandlungen sind der Trobadordichtung oder der frühen Epik, vier der modernen Literatur gewidmet. Sie sind nach der Chronologie der Literaturgeschichte geordnet. Der Sammlung ist u. d. T. *Gattungssystem und Gesellschaftssystem* (1977) ein theorieorientierter Artikel vorangestellt. Hier sind die Prinzipien entwickelt, die der »historischen Literatursoziologie« zugrunde liegen. Sie werden in den nachfolgenden Aufsätzen angewendet und weiter erhellt. Dabei wird die schon von den Formalisten als »System ihrer Funktion« und »in ständiger Korrelation zu anderen Reihen« (J. Tynjanow) betrachtete »literarische Reihe« sowohl auf den realen Charakter dieser Korrelation als auch auf ihre soziologisch relevante Struktur hin näher bestimmt. Als das vermittelnde Dritte zwischen Gesellschaft und Literatur wird das System der literarischen Gattungen angenommen. Hinsichtlich des Systembegriffs folgt Köhler eng dem Soziologen N. Luhmann. Allerdings historisiert er dessen Theorie, indem er »Umwelt« auffüllt mit sozialhistorischen Fakten, die erlauben, die Beziehungen der Gattungen und deren historischen Wandel zu erklären. Als die Hierarchie der Gattungen regulierende Akteure werden rivalisierende soziale Gruppen ausgemacht, die als Trägerschichten der gültigen oder zur Geltung drängenden Weltdeutung für die jeweils »systemprägende Dominante« verantwortlich sind. Zwischen ihnen kommt es oft zu Koalitionen und Kompromissen. Innerhalb der Gruppen wird unterschieden zwischen rezipierendem Publikum und produzierenden »privilegierten Individuen«, so daß das individuelle Gewicht des Dichters gewahrt bleibt. – Mit diesem begrifflichen Instrumentarium läßt sich nicht nur der dem sozialen Wandel parallel laufende Wechsel der Gattungen, Themen und Motive begreiflich machen. Es werden ebenso die Determinanten von historischen Überschneidungen und die sozialen Diffamierungen, z. B. durch Verweigerung oder Entzug des Gattungsstatus, erklärt. In allen Aufsätzen finden sich Theoreme der Soziologie (marginal-man-Theorie), des dialektischen Materialismus (Basis-Überbau-Schema), des genetischen Strukturalismus (L. Goldmann) und der Semiotik. In den zwei letzten Studien versucht Köhler, Literatursoziologie und Psychoanalyse zu vereinen. Allgemein zielt sein Bestreben darauf, den literatursoziologischen Aspekt

auch in der deutschen Literaturwissenschaft zu festigen.

Lit.: H. KRAUS, Vorwort, in: E. KÖHLER, Literatursoziologische Perspektiven, Heidelberg 1982, S. 3–28.

H. N. FÜGEN

La Littérature et le mal (frz.; *Die Literatur und das Böse*), Georges BATAILLE; EA Paris 1957; dt. München 1987.

In seinen Essays über Emily Brontë, Baudelaire, Michelet, Blake, Sade, Proust, Kafka und Genet entwirft Bataille keine für sich stehende Ästhetik im strengen Sinn. Seine Reflexionen auf die Literatur sind vielmehr Teil einer Theorie der Souveränität (*La Souveraineté*, 1956), die im Unterschied zur herkömmlichen juristisch-theologischen gerade das Verfemte (*La Part maudite*, 1949), das vom Verbot Betroffene akzentuiert. Es ist das »Heterogene«, das »Unreine«, das »ganz Andere« oder Fremde und mithin das, was ausgeschlossen werden mußte, damit eine auf Zweckrationalität und »Vorteilsberechnung« gegründete Gesellschaft überhaupt entstehen konnte. In ihm manifestiert sich eine ansteckende, elementare Gewaltsamkeit, eine zerstörerische Kraft, die den homogenen Lauf abrupt unterbricht und eben deshalb der älteren Menschheit als sakral galt. Denn »das Verbot vergöttlicht dasjenige, zu dem es den Zugang verwehrt, […] es ist nicht nur ein Hindernis, sondern auch eine Einladung«. Unter den Bedingungen der Moderne, die sich ausschließlich durch ihre rationalen und funktionalen Charaktere bestimmt und die das Paradox einer »absoluten Nützlichkeit« hervorbringt, kann für Bataille allein die Literatur die Möglichkeit einer Transgression des Gesetzes tradieren. Den traditionellen ästhetischen Kernbegriff des ›Schönen‹ ersetzt er allerdings durch den des ›Bösen‹. Er meint damit eine »akute«, »vollkommene« Form des Bösen, das die »Revolte gegen das Gute« ist, als welches nach allgemeiner Übereinkunft das Gesetz gilt. In ihm liegt zugleich die Quelle aller Tragik. Wesentlich ist, daß das Gesetz nicht an sich angezweifelt wird, daß es nicht um seine Abschaffung geht. Denn »was es untersagt, ist kein Bereich, der den Menschen nichts anginge«. Seine Transgression ist vielmehr dort am radikalsten, wo sie im Bewußtsein seiner Unantastbarkeit geschieht. Das Böse, das in die moderne Literatur eingeht, ist nicht an das Fehlen von Moral gebunden, sondern »verlangt eine Hypermoral«. Es ist genaugenommen »der Traum des Guten«. Die Hypermoral ist als eine Herausforderung an die Moral zu verstehen, oder auch an die Heuchelei, die gewöhnlich ihre Stelle einnimmt. Nicht von ungefähr hat Bataille das »Paradox E. Brontë« an den Anfang gestellt; ihre moralische Integrität erlaubt es ihm, seinen emphatischen Begriff von dem gängigen eines gemeinen niederträchtigen Bösen abzugrenzen, das immer auf einen materiellen Vorteil zielt und eben darin mit den Prinzipien der Hypermoral bricht (Genet). In seinen Augen steht die Revolte über der Revolution, die immer ins Handeln engagiert und geltendes Recht nur negiert, um neues Recht zu setzen. In der Transgression aber wird das Gesetz nicht abgeschafft, vielmehr mit dem konfrontiert, um dessentwillen es besteht. Die Überschreitung erscheint daher als die höchste Affirmation des Gesetzes, das ohne sie seinen menschlichen Sinn verlieren würde. Bataille geht von einer fundamentalen und unaufhebbaren Beziehung zwischen der Literatur und dem so bestimmten Bösen aus, die nicht nur für die moderne, sondern für jede Literatur gilt, weil sich nur in ihr die Transgression »unabhängig von einer zu schaffenden Ordnung« vollzieht. Das Böse wird aus seiner Verstrickung ins Handeln gelöst und dadurch souverän, daß es zum Gegenstand einer rückhaltlosen ästhetischen Erkenntnis wird. In dem Maß aber, in dem sich die Literatur als Transgression bestimmt und mit dem »Anderen« der Vernunft konfrontiert wird, gilt sie selber als satanisch und wird verfemt. Sie erhebt die Menschen nicht mehr zu einem Ideal, sondern entfesselt in ihnen einen »Tumult«, in dem sich ihr Subjektstatus auflöst. Die Literatur zeigt »die Unordnung, die Zerrissenheit und Erniedrigung« auf, die das rationale Handeln zu verdrängen sucht. Dadurch ermöglicht sie die »starke« oder »sakrale« Kommunikation, die über das Verfemte, das Ausgeschlossene und Nichtmitteilbare führt und erst dann gegeben ist, wenn die rationalen Systeme zusammengebrochen sind. – Eine Literatur aber, die im Zeichen des Bösen steht, kann das Programm der idealistischen Ästhetiken nicht mehr einlösen. Wie die breit geführte Auseinandersetzung mit J. P. Sartre beweist, ist Batailles Ansatz zugleich von den Positionen einer materialistischen Ästhetik abzugrenzen. Seine Einzelanalysen sind ein engagiertes Plädoyer gegen die »littérature engagée«, die er ebenso ablehnt wie die damit verbundene hermeneutische Methode der Ideologiekritik.

Denn »die Literatur kann die etablierte Ordnung zwar mit Füßen treten, aber sie kann sie nicht ersetzen«. Es kann nicht ihre Aufgabe sein, »die kollektive Notwendigkeit zu regeln«. Bataille hat mit seinem Werk nicht nur die Gegenposition zum damals herrschenden Existentialismus formuliert, sondern auch einen Weg aufgezeigt, der aus der unfruchtbaren Polarisierung von Idealismus und Materialismus herausführt.

Ausg.: Œuvres complètes, Bd. 9, Paris 1979.
Lit.: R. BISCHOF, Souveränität und Subversion. Georges Batailles Theorie der Moderne, München 1984. – M. POLLOCK/H. RICHMAN, Literature and Sovereignty, in: Substance 7 (1973), S. 49–71.

R. BISCHOF

Littérature et sensation (frz.; *Literatur und Empfindung*), Jean-Pierre RICHARD; EA Paris 1954. Unter dem programmatischen Titel, der das Kunstwerk aus dem idealistischen Elfenbeinturm herausnimmt und auf die Physiologie verweist, sind Studien über Stendhal und Flaubert, Fromentin und die Gebrüder Goncourt zusammengefaßt. Schon in diesen frühen Arbeiten erweist sich Richard als Meister sensibler literaturkritischer Gesamtschau, wie sie sich im Geiste der Romantik, Diltheys (→*Das Erlebnis und die Dichtung*) und Gundolfs in der Mitte des 20. Jh.s in der ›Genfer Schule‹ entfaltet. Insbesondere jedoch steht Richards »critique thématique« der im Flaubert-Kapitel ausdrücklich zitierten Philosophie Bachelards (→*La Poétique de l'Espace*) nahe, insofern sie sich von einer an den Grundformen der Realität ansetzenden »materiellen Einbildungskraft« inspirieren läßt. Im Sinne des Existentialismus ist Literatur für Richard ein ontologisches

Abenteuer, eine Möglichkeit, von der Grundlage der Wahrnehmung ausgehend die Welt in einem umfassenden Entwurf als Ganzes zu deuten und mit Sinn zu erfüllen. Eine Verbindung aus spröder Distanz und Zärtlichkeit kennzeichnet z. B. Stendhal, der in seinem Werk »Erkennen und Empfinden«, Luzidität und Sinnlichkeit, »Reden und Schweigen« sowohl zu kontrastieren als auch schließlich miteinander zu versöhnen weiß. Immer wieder bezieht Richard bei seinen Analysen auch das Leben der behandelten Schriftsteller mit ein, doch interessiert ihn weniger das historische Faktengerüst als vielmehr jenes kreative »Bewußtsein«, in dem er wie Poulet (→*Etudes sur le temps humain*) und Spitzer (→*Eine Methode, Literatur zu interpretieren*) die »Seele« der Kunst sieht. Diese »Seele« manifestiert sich in den (von der syntagmatischen Achse und den Einzeltexten unabhängigen) Grundfiguren eines Werkes. Bei Flaubert z. B. ist es die ›Besessenheit‹ eines fatalen und sich selbst verzehrenden »Ekels«, der die »Leere« hinter den als »Taubenhals« changierenden Erscheinungen entlarvt, indem er diese zunächst begierig in sich aufnimmt. Schon hier kündigt sich die Verbindung aus phänomenologisch verfahrender »critique thématique« mit psychoanalytischer Lektüre an, wie sie Richard später zunehmend erproben wird. Denn trotz seiner innigen Beziehung zu den Sinneswahrnehmungen ist das authentische Kunstwerk nicht etwa deren »oberflächliches« Inventar – in diesem falschen Ansatz sieht Richard das Versagen Fromentins und der Goncourt begründet –, sondern die in andere Dimensio-

nen aufbrechende Metamorphose der spontanen Empfindungen (Proust ist schon jetzt immer wieder Bezugspunkt). Die Verwandlung materieller Wirklichkeit durch das literarische Bild untersucht Richard u. a. auch an Mallarmé (1961), Chateaubriand (1967), Céline (1973) und der modernen Lyrik (1955, 1964).

Ausg.: Paris 1970 (gek. Neuaufl.).
Lit.: S. N. LAWALL, Critics of Consciousness. The existential structures of Literature, Cambridge/Mass. 1968. – D. FRICKE, Jean-Pierre Richard, in: Französische Literaturkritik der Gegenwart in Einzeldarstellungen, hg. von W.-D. LANGE, Stuttgart 1975, S. 180–95. – Territoires de l'imaginaire. Pour Jean-Pierre Richard, hg. von J.-C. MATHIEU, Paris 1986.

B. COENEN-MENNEMEIER

Lobrede der Teutschen Poeterey/ Abgefasset und in Nürnberg Einer Hochansehnlich-Volkreichen Versamlung vorgetragen Durch Johann Klajus, Johann KLAJ; EA Nürnberg 1645.
Die Preisrede auf Alter, Würde und Eigenart der deutschen Dichtkunst wurde am 28. Oktober 1644 im »großen Saal« des Augustinerklosters zu Nürnberg gehalten, wenige Tage nach der Gründung des »Pegnesischen Blumenordens« durch Klaj und G. Ph. Harsdörffer. Während die Form des stadtöffentlichen Vortrags und die Demonstration rhetorischer Brillanz innerhalb der poetologischen Literatur der Epoche eher untypisch sind, folgt die Argumentation den im deutschen Frühbarock gebräuchlichen Lob-Topoi nationalsprachlicher Gelehrtenpoesie. Als Theologe, Schüler A. Buchners und Mitstreiter Schottels (→*Ausführliche Arbeit von der deutschen Haubtsprache*) und Harsdörffers (→*Poetischer Trichter*) setzt Klaj allerdings Akzente durch seine hohe (divi-

natorische) Dichtungsauffassung, seine Überzeugung von der natursprachlichen Qualität des Deutschen und seinen kulturpatriotischen Grundton. Der Eröffnungsteil verbindet, unter gelegentlich gewagter Nutzung der hyperbolischen Lizenzen der Lobrede, Scaligers Theorem vom wahren Dichter als »alter deus« (→*Poetices libri septem*) mit dem seit Aventinus geläufigen babylonischen Ursprungsmythos. Danach sei die deutsche (»celtische«) Sprache die älteste und reinste nach der hebräischen, also auch der griechischen und lateinischen vorgeordnet. Entsprechend alt und ehrwürdig sei auch die deutsche Dichtkunst, die nach Schottels Vorbild in vier historische »Denkzeiten« unterteilt wird: 1. die Dichtung der Barden und Druiden; 2. die ritterliche Hofpoesie von Kaiser Karl bis Kaiser Maximilian; 3. die geistlich-protestantische Lieddichtung seit Luther; 4. die von Opitz und der »Fruchtbringenden Gesellschaft« geförderte neue Verskunst. – Es folgt, als Mittelteil, eine kommentierte Anthologie vorbildlicher deutscher Dichtung, durch welche die besonderen klangmalerischen, rhythmischen und bildnerischen Qualitäten der deutschen Sprache sichtbar werden sollen. In der Abfolge der gewählten Poeten (Heinsius, Opitz, Harsdörffer, Buchner, Rist, Freinsheim, Fleming, Tscherning, Schottel) spiegelt sich teils der poetische Reformprozeß in Deutschland, teils das literarische Beziehungsfeld des Autors. Der Schlußteil nimmt die unterbrochenen Preisungen und Definitionen der Dichtkunst wieder auf, diesmal in der Absicht, das Bündnis von »Feder und Schwert«, d. h. von

Gelehrsamkeit und Hof zu verkünden. Die Rede endet wie begonnen: mit dem Appell an das vom Krieg gedemütigte Volk, sich seiner Sprache und Dichtung anzunehmen. – Klajs Rede ist ein markantes Zeugnis für die natursprachlichen und klangmalerischen Spekulationen der hochbarocken Poetik in Deutschland. Formal fügt sie sich in das stadtbürgerliche Bildungsprogramm Harsdörffers und Dilherrs ein.

Ausg.: Tübingen 1965 (Repr., hg. von C. WIEDEMANN).
Lit.: A. FRANZ, Johann Klaj, Marburg 1908. – W. KAYSER, Die Klangmalerei bei Harsdörffer, Leipzig 1932. – B. MARKWARDT, Geschichte der deutschen Poetik, Bd. 1: Barock und Aufklärung, Berlin 1958.

                     C. WIEDEMANN

Die Logik der Dichtung, Käte HAMBURGER; EA Stuttgart 1957.

Hamburger entwirft in dieser Abhandlung eine Theorie der Dichtungsgattungen, die auf einer Sprachtheorie der Dichtung begründet ist. Sie entwickelt das Aussagesystem der Sprache dergestalt, daß sich die Formen der »Wirklichkeitsaussage« mittels der Subjekt-Objekt-Korrelation von den fiktionalen Gattungen abgrenzen lassen. Spezifika des fiktionalen Erzählens in der dritten Person sind z. B., daß Zukunftsadverbien sich darin mit dem Präteritum verbinden können (»morgen war Weihnachten«); daß das Präteritum in ihm seine vergangenheitsbezeichnende Funktion verliert; daß Verben des Denkens und Fühlens sich nur in ihm auf die inneren Vorgänge einer dritten Person beziehen können, denn die »epische Fiktion ist der einzige erkenntnistheoretische Ort, wo die Ich-Originität (oder Subjektivität) einer dritten Person als einer dritten dargestellt werden kann«. Da die dichtende Sprache eine fiktive Menschenwelt erschafft, erzählt die »epische Fiktion« nicht »von« Figuren, sondern sie »erzählt« Figuren. Die erzählte Welt kann nicht als Aussageobjekt verstanden werden, denn dessen Existenz wäre unabhängig von der Aussage zu denken; sie kann folglich auch nicht auf ein Aussagesubjekt bezogen werden. Sie ist fiktiv, erkennbar als »Schein« von Wirklichkeit, d. h. als Nicht-Wirklichkeit (auch wenn der Autor den Stoff der Wirklichkeit verarbeitet), als ›Mimesis‹ ohne Ort im Kontinuum von Raum und Zeit (während Wirklichkeitsaussagen und ihre Subjekte grundsätzlich in der Zeit fixierbar sind). Sie hat keine »Als-Ob-Struktur«, wie die wissenschaftliche Fiktion (ihr Fingiertsein) im philosophischen Begriffssinn H. Vaihingers, sondern eine »Als-Struktur« (was sich in Theaterprogrammen andeutet, die uns sagen, welcher Schauspieler ›als‹ Hamlet auftritt, nicht aber, als ob er Hamlet wäre). – Den vielberedeten textimmanenten ›Erzähler‹ als Zwischeninstanz zwischen Autor und erzählter Welt erkennt Hamburger nicht an. Das »Erzählen« ist keine »Person«, sondern eine ›fluktuierende‹ »Funktion«. Hamburger sieht sich Aristoteles näher als neueren Gattungstheorien, wenn sie die gestalterschaffenden Gattungen der fiktionalen Epik und Dramatik einander eng zuordnet. Diese sind die »einzigen« Literaturgattungen, die – wie außer ihnen nur der Spielfilm – Mimesis von Welt ermöglichen. Hamburger trennt diese mimetischen Gattungen scharf vom Erzählen in der ersten Person, z. B. vom sogenannten Ich-Roman, und von der Lyrik ab.

Der Ich-Roman zeigt sich in ihrem System nicht als fiktionales Erzählen, sondern als fingierte Wirklichkeitsaussage, d. h. als romanhafte Nachahmung des Erzählens realer Aussagesubjekte. Lyrische Gedichte erscheinen in diesem dichtungslogischen System dagegen formal als Wirklichkeitsaussagen. Sie sind mit fiktionalen Werken der Epik und Dramatik sowohl durch den Symbolcharakter der Künste verbunden als auch durch den gemeinsamen Anteil an der »dichterischen« Sprache, die für die Lyrik besonders wichtig wird (nicht aber durch die »dichtende« Sprache, eben weil die Lyrik im Begriffssinn Hamburgers – d. h. abgetrennt von der erzählenden Sonderform der Ballade – keine fiktiven Menschen als Ich-Origines, als Subjekte, hervorbringt).

Ausg.: 2., stark veränd. Aufl. Stuttgart 1968 (Repr. 1977).
Lit.: K. Hamburger. Aufsätze und Gedichte zu ihren Themen und Thesen. Zum 90. Geburtstag, hg. von H. KREUZER/J. KÜHNEL, Siegen 1986.

H. KREUZER

Logische Untersuchungen, Edmund HUSSERL; EA Bd. 1, Prolegomena zur reinen Logik, Halle 1900; Bd. 2, Untersuchungen zur Phänomenologie und Theorie der Erkenntnis, Halle 1901.
Die Untersuchungen, mit denen sich Husserl zum ersten Mal einem breiten philosophischen Publikum vorgestellt und die »Phänomenologie« als eine Bewegung etabliert hat, zielen auf die Grundlegung einer reinen Logik, die als »mathesis universalis« jede Einzelwissenschaft begründen und in ein allgemeines System der Erkenntnis einordnen soll. So stehen im Zentrum seiner Analyse

Grundbegriffe wie Bedeutung, Gegenstand, Wahrheit und Evidenz, deren Klärung für eine reine Wissenschaftslehre unabdingbar ist. Für die Literaturwissenschaft sind von den vielfältigen Lehren und Analysen vor allem fünf wichtig: Husserls Widerlegung des Psychologismus, die Lehre von der Idealität der Bedeutung, die Ausführungen zur Idee einer reinen Grammatik und Bedeutungslehre, die Lehre von der Intentionalität der Gegenstände und die Behauptung der Möglichkeit einer »kategorialen Anschauung«. – Der Psychologismus erwächst aus der Bestrebung des 19. Jh.s, alles auf eine natürliche Basis zu reduzieren. Husserl bestimmt ihn als die Auffassung, daß die reine Logik letztlich auf die Psychologie zurückgeführt werden kann, d. h. daß die logischen Gesetze nichts anderes als Konstatierungen der herrschenden Regelmäßigkeiten des menschlichen Denkens darstellen. Husserls Widerlegung verweist auf den unterschiedlichen Charakter von apriorischen logischen Gesetzen und verallgemeinernden empirischen Aussagen über den tatsächlichen Verlauf menschlichen Denkens. Während empirische Gesetze notwendig vage, bloß wahrscheinlich sind und als vermeintliche Kausalgesetze Erfahrung voraussetzen, gelten logische Gesetze unbedingt. Sie sind exakt, nicht bloß wahrscheinlich, und setzen keine existierenden Tatsächlichkeiten voraus. Demzufolge muß Realität im Erkenntnisvorgang als reines, von der empirischen Realität unabhängiges Phänomen betrachtet werden (indem die Realität auf Bewußtseinsinhalte reduziert wird). In seinen ersten Untersuchungen entwickelt Husserl die

Lehre von der Idealität der Bedeutung, die später in Derridas →*La Voix et le Phénomène* der Kritik unterzogen wird. Die Bedeutung eines sprachlichen Ausdrucks besteht nicht im Hinweis auf die psychische Verfassung des sich Äußernden, sondern in seinem geistigen (idealen) Gehalt, der auch bei verschiedenen Anlässen Sprechern, Schreibenden gleichbleibt und den Bezug zu einer möglichen Gegenständlichkeit herstellt. Es sind zu unterscheiden: Ausdruck, Bedeutung und bezeichneter Gegenstand, denn ein und derselbe Gegenstand kann durch verschiedene Ausdrücke mit unterschiedlichen Bedeutungen (»Morgenstern« – »Abendstern«) bezeichnet werden, wie auch umgekehrt verschiedene Gegenstände (etwa Pferde) durch den gleichen Ausdruck mit gleicher Bedeutung (»Pferd«). Die Idee einer »reinen Grammatik« geht von der Vorstellung aus, daß bestimmte grammatische Gesetze durch reine Reflexion auf die Bedingungen von sinnvollen zusammengesetzten Bedeutungstypen zurückgeführt werden können – Gesetze, die deswegen für jede empirische Sprache gelten müssen. Die Lehre von der Intentionalität der Gegenstände behauptet eine notwendige Beziehung aller Gegenständlichkeit auf eine intentionsstiftende Bedeutung. Durch sie wird der Gegenstand dem Bewußtsein zugänglich. Allein diese Beziehung begründet die Möglichkeit der Enttäuschung oder Erfüllung durch die Anschauung. Was in der erfüllten Intention gegeben wird, ist – ähnlich wie bei Kant, aber ohne Annahme eines »Ding an sich« – der Gegenstand selbst. Schließlich behauptet Husserl die Möglichkeit einer »kategorialen Anschauung« (als Wahrnehmungsform z. B. idealer Objekte), die das Bestehen von zusammengesetzten kategorialen Bedeutungen (z. B. Identität) bestätigen oder widerlegen kann. Sie gründet zwar auf sinnlicher Anschauung, ist aber nicht auf sie reduzierbar. – Husserl setzte gegenüber dem Wissenschaftspositivismus des 19. Jh.s das Erkenntnissubjekt wieder als Quelle aller Bedeutung ein. In der Literaturkritik beeinflußte seine Phänomenologie insbesondere den ›Russischen Formalismus‹ und die sog. ›Genfer Schule‹. Die von realen Objekten absehende Erkenntnistheorie Husserls führte in der Literaturkritik u. a. dazu, sozialhistorische Kontexte von Literatur und rezeptionsästhetische Aspekte zu ignorieren. Stattdessen wurde eine rein immanente Betrachtungsweise von literarischen Texten gefördert. Beeinflußt hat Husserl in dieser Hinsicht u. a. G. Poulet, J. Starobinski, J. Rousset, J.-P. Richard, E. Staiger und J. H. Miller.

Ausg.: Tübingen 1968.
Lit.: Readings on E. Husserl's ›Logical Investigations‹, hg. von J. MOHANTY, The Hague 1976. – R. BERNET/I. KERN/E. MARBACH, E. Husserl. Darstellung seines Denkens, Hamburg 1989.

T. NENON

Manifiesto Martín Fierro (span.; *Manifest Martín Fierro*); ED Buenos Aires 1924 (in: Martín Fierro 4, S. 1–2).
Dieses O. Girondo zugeschriebene Manifest der argentinischen Avantgarde ist trotz seines nationalistischen Grundtons zugleich ein herausragendes Dokument für Lateinamerika insgesamt. Seine kritische und zugleich (selbst)ironische Distanz gegenüber europäischem Futurismus und Ultraismus ist typisch für die lateinamerikanischen Avantgarden, deren Protagonisten der ersten Stunde (V. Huidobro, J. L. Borges, O. Girondo, M. de Andrade) in engem Kontakt zu ihren europäischen Kollegen standen. Schon in den Manifesten der frühen 20er Jahre dominiert die ironisch-provokative Geste der ästhetischen »Abnabelung«, die sich auf den Status der amerikanischen Sprache, Literatur und Kunst allgemein sowie die Avantgarde selbst bezieht. Allerdings wollen die Manifeste primär keine Theorie entwerfen, sondern ästhetische Praxis, Theorie und Alltagsleben miteinander verbinden. – Das in der bedeutendsten argentinischen Avantgarde-Zeitschrift erschienene *Manifiesto Martín Fierro* nimmt – unter weitgehendem Verzicht auf typographische Experimente – die Antithetik des Apollinaireschen Manifests *L'antitradition futuriste* (1913; *Antitradition des Futurismus*) auf, spielt darin aber auf die kontrapunktische Struktur der volkstümlich-traditionellen »payada« (»Wettgesang«) an, wie sie am Ende des 2. Teils des argentinischen Nationalepos *Martín Fierro* (1872/79) zwischen dem Gaucho Martín Fierro und einem Schwarzen ausgetragen wird. Sechs elliptischen Negationen stehen zehn Affirmationen gegenüber. Sie wenden sich gegen »anacronismo« und »mimetismo« des versteinerten argentinischen Literaturbetriebs, die Gleichgültigkeit des nationalen Publikums, die Borniertheit der weltfremden Akademiker und die »lächerliche Notwendigkeit, unseren intellektuellen Nationalismus zu begründen«. Demgegenüber reklamiert das Organ der Jugend in Anlehnung an den von Ortega y Gasset

übersetzten Begriff des »nouveau esprit« eine »nueva sensibilidad« (»neue Sensibilität«), mit der das *Manifiesto Martín Fierro* das bereits von Apollinaire relativierte Dogma »Nil novi sub sole« (»Nichts neues unter der Sonne«), das den Futuristen im Dorn im Auge war, in seine Schranken weist: »Alles ist neu unter der Sonne‹, wenn man alles mit gegenwärtigen Augen sieht«. Die auf Marinettis Manifest anspielenden Vergleiche zwischen den Produkten moderner Technik und klassischer Kunst erklären das Automobil ironisch zum »perfekteren Kunstwerk«; die innovative ›Warenästhetik‹ soll jedoch den ironischen Blick ins traditionelle ›Familienalbum‹ zum Zweck der Selbstfindung wie der Parodie keineswegs ausschließen. Mit der Figur des »contrapunto« wird an das Publikum als Schiedsrichterinstanz appelliert. Es soll den humanistischen Universalismus eines moderaten Martín Fierro vom Futurismus der hohlen Technizismen und fatalen Dichotomien unterscheiden. – Das Paradox, daß sich eine Avantgarde des 20. Jh.s eines nationalen Identitätszeichens aus dem 19. Jh. bedient, ist Charakteristikum einer ›peripheren Modernität‹. Sie trifft nicht nur für den »Martinfierrismus«, sondern ähnlich für den brasilianischen Modernismus zu. So zielt der »Antropophagismus« O. de Andrades, der sich bereits im *Manifesto da Poesía Pau-Brasil* (1924; *Manifest der Brasilholz-Dichtung*) abzeichnet, auf eine Karnevalisierung der kulturellen Werte, die von der Aufwertung des Autochthonen bis zur Assimilation der europäischen Kultur reicht. In ihrem Zentrum steht die auf Einheit ausgerichtete ›Antropophagie‹. Sie ist Kennzeichen des zum

Symbol nationaler Identität auserkorenen Tupí-Indianers: anthropologische und ethnopsychologische Diskurse (M. de Montaigne; Cl. Lévy-Bruhl; S. Freud, *Totem und Tabu*, 1912/13) vermischen sich so mit kulturgeschichtlicher und poetologischer Polemik. Wie sehr dabei auch die poetische Sprache zum Gegenstand einer auf Identität bedachten Reflexion wird, geht etwa aus M. de Andrades Projekt einer »Gramatiquinha« der (literarischen) »fala brasileira« hervor – bemerkenswert ist in diesem Zusammenhang seine an St. Mallarmé angelehnte, musiktheoretisch inspirierte Konzeption einer kubistischen »polifonía poética«, die auf M. Bachtins »Polyphonie im Roman« (→*Voprosy literatury i estetiki*) vorausweist. Auch im *Manifiesto Martín Fierro* wird die sprachliche »Unabhängigkeit« selbstbewußt beansprucht. – Die besondere Bedeutung des »Martinfierrismus« liegt in seiner ›Respektlosigkeit‹ im Umgang mit europäischer Literatur und spanischer Sprache, wie sie insbesondere der frühe Borges wegweisend für die Autoren des ›Neuen lateinamerikanischen Romans‹ vorexerziert. Obgleich schonungslose Karikatur der »Martinfierristen«, gilt *Adán Buenosayres* (1948; *Adam Buenosayres*) von L. Marechal als Schlüsselroman jener Jahre, neben dem Werk von M. Fernández, dessen Ästhetik (→*Doctrina Estética de la Novela*) sich u. a. in Auseinandersetzung mit dem prismenhaften Spektrum des »Martinfierrismus« herausbildete.

Ausg.: Martín Fierro (1924–1927), hg. von B. SARLO S., Buenos Aires 1969, S. 26–27. – Las vanguardias latinoamericanas, hg. von J. SCHWARTZ, Madrid 1991, S. 112–14.

Lit.: B. SARLO S., El martinfierrismo, in: B. SARLO S./C. ALTAMIRANO, Ensayos argentinos, Buenos Aires 1983, S. 127–71.

M. K. SCHÄFFAUER

Manners, Morals and the Novel (engl.; *Sitten, Moral und der Roman*), Lionel TRILLING; ED New York 1950 (in: The Liberal Imagination).

In dem Essay erläutert Trilling an Cervantes' *Don Quijote* (1605/15) allgemeine Merkmale des Romans: das Verhältnis von Sein und Schein, die Auseinandersetzung mit verschiedenen Wirklichkeitskonzeptionen (die von Veränderungen und Konflikten innerhalb der Klassenstruktur der Gesellschaft beeinflußt sind), sein Nachweis, daß Geld Illusionen und Standesdünkel erzeugt und die traditionelle Gesellschaft destabilisiert. Gemessen an *Don Quijote* und anderen Beispielen des europäischen Romans neigt die amerikanische »Romanze« dazu, die gesellschaftlichen Bedingungen zu vernachlässigen und einseitig den Individualismus zu betonen. Sogenannte »realistische Romane« erschöpfen sich in der Darstellung der materiellen Verhältnisse und einer Parteinahme für bestimmte gesellschaftliche Gruppen (Dreiser). Eine Ausnahme stellt H. James dar. – Vor dem Hintergrund von *The Liberal Imagination*, seiner wichtigsten kulturkritischen Schrift, wird die Stoßrichtung von Trillings Argumentation deutlicher. Gegenüber den ›New Critics‹ betont der Verfasser die Abhängigkeit der Literatur vom sozial- und geistesgeschichtlichen Kontext. Gegenüber linksorientierten Kritikern macht er darauf aufmerksam, daß es nicht allein auf ökonomische Bedingungen, Klassenkonflikte oder die richtige politische Gesinnung ankommt, sondern auf die Erfassung der Wechselwirkungen zwischen Individuum und Gesellschaft, die Widersprüche im Individuum selbst sowie dessen vielfältige Prägung durch die jeweilige Kultur. Gegenüber fortschrittsgläubigen Aufklärern und Reformern vertritt er unter dem Einfluß von Freud die Ansicht, auch gesellschaftliche Reformen könnten nichts daran ändern, daß für Kultur ein ›Preis‹ bezahlt werden muß. Dies zeigt der ›Moralische Realismus‹ in der Literatur bzw. im Roman. Er gestaltet den u. U. tragischen Widerspruch von menschlichem Begehren und gesellschaftlichen Normen, von Unbewußtem und Bewußtem, Phantasie und Zweckrationalität. Ein ›moralischer Realismus‹ erlaubt es dem Leser, solche Widersprüche auszuhalten, er fördert die Skepsis gegenüber der Kultur und die Kritik an der liberalen, aufklärerischen Tradition. Trillings Hoffnung auf eine Erneuerung des Romans in der Gegenwart geht einher mit der Sehnsucht nach einer gesellschaftlichen Erneuerung, deren Merkmale größere Liberalität und Toleranz, Sinn für die Komplexität und Vielfalt der Kultur sind. – Trillings Aufsatz und das Buch *The Liberal Imagination* regten Studien zu den besonderen Merkmalen der amerikanischen Erzählliteratur an. Durch die Hinweise auf die Komplexität des Romans förderten sie die Hinwendung auch der ›New Critics‹ zu dieser Gattung, sie waren Ausdruck einer Abwendung von vulgärmarxistischen Positionen der 30er Jahre.

Lit.: R. LANGBAUM, The Importance of The Liberal Imagination, in: Salmagundi 41 (1978), S. 55–65. – W. M. CHACE, L. Tril-

ling: Criticism and Politics, Stanford 1980. –
M. Krupnick, L. Trilling and the Fate of
Cultural Criticism, Evanston 1986.

P. Goetsch

Maximen und Reflexionen, Johann Wolfgang von Goethe;
ED 1809–1829 (in versch. Werken; z. T. postum); EA Weimar
1907.

M. Hecker legte 1907 u. d. T.
Maximen und Reflexionen, der sich
an eine handschriftliche Notiz
Goethes anlehnt, eine auf Vollständigkeit bedachte Sammlung
von in Prosa gefaßten Aphorismen, Gnomen, Sentenzen,
Aperçus und Kurzessays des Dichters vor. Er versah sie mit einer
Zählung, die seitdem als praktikabel akzeptiert wird, wenn auch
mit kleinen Variationen in der
Anzahl und mit größeren in der
Reihenfolge. Diese Variabilität
hat zur Folge, daß kaum eine der
verfügbaren Ausgaben mit einer
anderen voll übereinstimmt. Goethe selbst hatte etwa 800 der ungefähr 1400 Textstücke in unterschiedlichen Schriften veröffentlicht, u. a. in *Die Wahlverwandtschaften* (1809), *Wilhelm Meisters
Wanderjahre* (1829), *Zur Farbenlehre* (1810), in der von ihm herausgegebenen Zeitschrift *Über Kunst
und Altertum* (1818–27) sowie in
den Heften *Zur Morphologie*
(1822) und *Zur Naturwissenschaft*
(1823). Alles übrige stammt aus
dem Nachlaß. – Goethes Talent
zur generalisierenden Pointierung
der durch Erfahrung oder Introspektion gewonnenen Erkenntnisse läßt sich schon für die
Jugendzeit nachweisen. Was sich
im Lauf der Jahrzehnte änderte, ist
die Einstellung zur Welt, die vom
Subjektivismus des Kraftgenies
fortschreitet zur distanzierteren
Altersweisheit: »Da werden wir

[...] bemerken, daß das Objekt
immer mehr hervortritt [...] wir
bei gebändigter Selbstigkeit ihnen
(d. h. den Gegenständen) das
gebührende Recht widerfahren
lassen.« Aus dieser Art der Weltbegegnung entstanden die verschiedentlich zu Themenreihen
gefügten Lehr- und Merksprüche
religiösen, philosophischen und
anthropologischen Gehalts. Ihre
Intention geht immer auf »ein
Gewahrwerden dessen, was eigentlich den Erscheinungen zum
Grunde liegt«. Gegenstände im eigentlichen Sinn sind Erfahrungen
und Beobachtungen individuellen
oder kollektiven Handelns (in
Geschichte und Gesellschaft),
Probleme der Konfession und des
Glaubens, des Erkennens und
Wissens, der Kunst und der Dichtung. Aussagen umfassender Art
folgen solche, die auf das Besondere gerichtet sind; eine Differenz, die sich nicht in der Spannung zwischen Abstraktem und
Konkretem aufhält, sondern: Das
Allgemeine als (Goethesche) Idee
faßt das Besondere ein und keineswegs wird das Besondere in
der Anschauung zum Einzelnen.
Hier liegt zugleich der Kern einer
weit über Goethe hinauswirkenden (Lukács, Schiller) kunsttheoretischen Überlegung. Hin und
wieder führt die lakonische Prägnanz der *Maximen* zum kategorischen Merkspruch. Dann wieder
ist es dem Leser gestattet, den Autor von der Entdeckung des Problems bis zum offenen Lösungsvorschlag zu begleiten. Gewiß
werden die auf so verschiedene
menschliche Lebensbereiche bezogenen Aussagen durch die Einheit des Goetheschen Denkens
zusammengehalten. Jedoch macht
das Fragmentarische der ersten
Darbietung zusammen mit den

unterschiedlichen Zeiten des Entstehens alle Versuche, die *Maximen* als ein geschlossenes Kunstwerk aufzufassen, problematisch. Die Stücke, die sich mit Sprache, Literatur und Poesie befassen (etwa 175), machen nur ein Achtel der Sammlung aus. Zwei Gründe machen den geringen Anteil verständlich: Erstens hat sich Goethe zu poetologischen Problemen in zahlreichen anderen Texten geäußert. Zweitens legt der Titel, der keine Zufallsbezeichnung ist, sondern die Absicht Goethes trifft, Beschränkungen auf: »Maximen« werden als Grundsätze bevorstehenden und »Reflexionen« als Bedenken bereits vollzogenen Handelns verstanden. Die Folge ist eine betonte Sachlichkeit gerade der auf das Literarische bezogenen Aperçus. Alles was ihm ›Mystik‹ heißt, vermeidet Goethe. Es geht vielmehr um Praktikabilität als um Theorie. Sprache, Muttersprache, Fremdsprache werden befragt nach dem, was sie leisten: »Wer fremde Sprachen nicht kennt, weiß nichts von seiner eigenen.« Alle literarischen Gattungen sind bedacht, in der Hauptsache nach ihrer Handhabe durch den Dichter und ihrer Leistung für den Leser oder Zuschauer; dabei zeigt sich besonders Goethes Wertschätzung des Aristoteles (→*Peri poietikes*). Letztlich ist es gar der Theaterdirektor Goethe, der die Fragen stellt. Erwähnt werden alle Bauelemente des literarischen Lebens, sie werden nach ihrer Funktion beurteilt: Der Dichter, das Publikum, das Lesen und Vortragen, die Kritik, das Übersetzen, die Zensur, nicht zuletzt der »Philolog« und der »Schulmann« werden so behandelt.

Ausg.: Goethes Werke, Hamb. Ausg., Bd. 12, hg. von E. TRUNZ/H. J. SCHRIMPF, München [11]1989, S. 365–547.
Lit.: W. FLITNER, Aus Makariens Archiv, in: Goethe-Kalender 36 (1943), S. 116–74. – P. STÖCKLEIN, Einführung in Goethes ›Maximen und Reflexionen‹, in: Artemis Gedenkausg., Bd. 9, Zürich 1949, S. 737–49. – W. MÜLLER-SEIDEL, Goethes ›Maximen und Reflexionen‹. Denkformen und Bewußtseinskritik, in: Goethe-Jb. 97 (1980), S. 114–23.

H. N. FÜGEN

Das Medium der Kunst, Niklas LUHMANN; ED 1986 (in: Delfin, H. 7).
Die Abhandlung ist einer der wenigen Aufsätze des Soziologen Luhmann, in denen er Kategorien der von ihm maßgeblich beeinflußten Systemtheorie auf Kunst anwendet. Er ist in einer Phase des Luhmannschen Theorieprojekts entstanden, die durch die Rezeption des »Autopoiesis«-Konzepts (Maturana) geprägt ist und in deren Zentrum die Frage steht, wie Systeme ihre Kontinuität erzeugen. – Luhmann versucht zu erklären, wie die Selbstreproduktion von Kunst, d. h. der Umstand, daß es immer wieder Werke gibt, die als Kunst gelten, möglich ist. Er verzichtet dabei bewußt auf eine Differenzierung von Kunstarten. Kunst ist, so die Haupthese, ein »symbolisch generalisiertes Medium« der Kommunikation. Ein Medium wird als eine Menge von Elementen bestimmt, die untereinander nur lose oder gar nicht gekoppelt sind. Durch Selektion und Kombination können die Elemente eines Mediums zu Formen verdichtet werden. Medium und Form sind komplementär, das eine kann nicht ohne das andere vorkommen. Einerseits beruht die Kunst auf Primärmedien wie Akustik (Musik), Optik (bildende Kunst) oder dem Alphabet (Literatur),

andererseits ist sie selbst ein Medium, denn sie verwendet diese Differenz von Medium und Form medial. Musik kann nur deshalb als Kommunikation funktionieren, weil sie die Differenz von Ruhe und Geräusch bereits voraussetzt und dazu zwingt, Geräusche als ein Medium wahrzunehmen, aus dem (musikalische) Formen gebildet werden können. Nach Luhmann ist davon auszugehen, daß sich in einem solchen Medium »zweiter Ordnung« die Formen erst die Medien schaffen, in denen sie sich ausdrücken. So führt z. B. die Literatur eine Differenz zur Alltagssprache ein und etabliert dadurch Sprache als Medium. In der Literatur des 19. Jh.s wird die »Gesellschaft« zum Medium und in der Moderne der Akt der Selektion und Kombination. Die Geschichte der Kunst erscheint damit als eine Sequenz immer neuer Medien-für-Formen. Dieser Prozeß findet dort seine Grenze, wo Formen nicht mehr als Formen (bzw. Nicht-Formen) identifizierbar sind. Über Kunst kann deshalb kommuniziert werden, weil sie die Differenz von Medium und Form zum Medium macht und damit sowohl Aufnahmefähigkeit für Verschiedenartigkeit bereithält wie auch Vereinheitlichung ermöglicht. Sie kann deshalb mit einem Begriff Parsons als »symbolisch generalisiertes Medium« verstanden werden. Kunstwerke sind zwar Anlaß zur Kommunikation über Kunst, sie existieren aber auch nur insoweit, als über sie kommuniziert werden kann. Die Selbstreproduktion der Kunst vollzieht sich als Kommunikation über Kunstwerke. – Die interdisziplinäre Systemtheorie erlaubt die Beschreibung komplexer Prozesse, ohne diese auf einfache Kausal-Beziehungen zu reduzieren. In der Literaturwissenschaft wird sie vor allem von Literaturhistorikern rezipiert.

Lit.: S. J. SCHMIDT, Die Selbstorganisation des Sozialsystems Literatur, Frankfurt/M. 1989. – D. SCHWANITZ, Selbstreferentielle Systeme, in: Zs. f. Literaturwiss. und Linguistik 77 (1990), S. 100–25.

H.-J. RIEKE

Mensonge romantique et vérité romanesque (frz.; *Romantische Lüge und Wahrheit des Romans*), René GIRARD; EA Paris 1961.

Das Werk geht aus vom Gegensatz zwischen einer Einstellung, die »romantisch« genannt wird, und der Arbeit des Romanciers. »Romantisch« ist dabei ein umfassender Ausdruck, der bewußt unterschiedslos alle modernen Individualismen (Romantik, Nietzscheanismus, Symbolismus, ›Valérysmus‹) vereint. Der »Romantiker« ist überzeugt davon, daß das Individuum eine wirkliche Quelle des Verlangens ist, »Schöpfung eines quasi göttlichen Ich aus dem Nichts« (»création ex nihilo d'un Moi quasi-divin«). Objektbezogenes und auf das Ich gerichtetes Wünschen sind für ihn identisch. Er errichtet eine Psychologie oder besser Metaphysik des begehrenden Subjekts, die auf »die Illusion der Autonomie abzielt, welcher der moderne Mensch leidenschaftlich anhängt« (»l'illusion d'autonomie à laquelle l'homme moderne est passionnément attaché«). – Der Romancier, der dazu die Gegenposition des »Romanesken« vertritt, kann den Glauben an das Subjekt zwar nicht zum Verschwinden bringen. Doch im Gegensatz zum romantischen Philosophen oder Poeten zieht er ihn in Zweifel und kündigt ihn auf. Daraus begründet Girard die Eigenart der Gattung Roman. Diese versucht, die romantische Lüge aufzudecken, die glauben macht, daß sich das Verlangen auf ein Objekt richtet (der Liebe, der Macht, der Schönheit), während es in Wahrheit nur eine Vermittlungsinstanz nachahmt. Von hier bestimmt sich Girards Analyse des triangulären Verlangens, in dem der »Vermittler«, dem Handelnden unbewußt, zum eigentlichen Objekt wird. Das Werk von Girard hat deshalb eine doppelte Zielrichtung. Zum ersten bestimmt es den Roman als eine trianguläre Struktur, in der die Figur eines Vermittlers der Schlüssel für die Beziehungen zwischen Verlangen und Objekt ist. Für Girard, der seine Beispiele bei Cervantes, Stendhal, Flaubert, Dostojewski und Proust findet, führt der Roman die unglückliche Lebensgeschichte von Personen vor, die so wenig ihrer selbst sicher sind, daß sie nur das wünschen können, was bereits ein anderer vor ihren Augen legitimiert hat. Zweitens argumentiert Girard philosophisch oder anthropologisch. Hier sind bereits Aspekte seiner späteren Werke vorgezeichnet. Weil die westliche Tradition die Götter – oder Gott – beseitigt hat, kann das Ich, das »hochmütig« (»orgueilleux«) geworden ist, nur zu sich selbst finden, indem es seinen ursprünglich transzendenten Bezug durch einen weltlichen ersetzt. Die trianguläre Beziehung zwischen Gott, weltlichem und innerem Ich verflacht auf einer bloß weltlichen Ebene, die von drei Figuren bestimmt ist: Ich – anderer – Objekt. Die Haltung der Nachahmung und die Rolle der Mittler-

instanz im Verlangen sind nichts anderes als Symptome einer Verlagerung in die Immanenz, die von dem entfremdet, was das Christentum einst konstruiert hatte. [»Die Leidenschaft ist nichts anderes als der Richtungswechsel einer Kraft, die das Christentum entfaltet und auf Gott bezogen hat« (»La passion et le changement d'adresse d'une force que le christianisme a réveillée et orientée vers Dieu«).] Der Roman wird deshalb zu einer Kritik des triangulären Verlangens. Girard nennt diese »metaphysisch«, insofern es dem Helden gelingt, dem tödlichen Komplott zu entkommen, das die romantische Struktur notwendigerweise aufbaut. Mit Blick auf die Romanschlüsse zeigt er, daß sich hinter deren Einfachheit eine »Hinwendung zur Transzendenz« (»conversion à la transcendance«), d. h. eine Erkenntnis der Ausweglosigkeit und des Unglücks verbirgt, welches das metaphysische Verlangen des Ich hervorbringt. Der Tod des Helden und andere erzählerische Entsprechungen wie z. B. die Desillusion oder die Entthronung des anderen als einzigen Orientierungspunkt befreit die Trugbilder des Begehrens und erlaubt es, daß sich der Roman gewissermaßen jenseits der Tragödie dieses Begehrens vollzieht: »Alle Romanschlüsse beruhen auf einer wiedergefundenen Zeit« (»Toutes les conclusions romanesques du Temps retrouvé«). Die Versöhnung des Schlusses setzt die doppelte Struktur wieder ein, die der Held im metaphysischen Verlangens vergessen hat: Sie versöhnt »Individuum und Welt« auf einer horizontalen und »den Menschen und das Heilige« auf einer vertikalen Ebene. Girards Ansatz korrespondiert damit einer Grundannahme von G. Lukács' →*Theorie des Romans* und L. Goldmanns →*Pour une sociologie du roman*.

J. LEENHARDT

Il messaggio estetico (ital.; *Die ästhetische Botschaft*), Umberto ECO; ED Mailand 1968 (Kapitel aus: *La struttura assente; Einführung in die Semiotik*); dt. München 1972.

Eco beschäftigt sich in diesem Kapitel aus La struttura assente (1968; Einführung in die Semiotik) mit der Frage, inwieweit die poetische Wirkung von Texten im Rahmen einer semiotischen Analyse von Kommunikationsprozessen erklärt werden kann. Er nennt – in Anlehnung an R. Jakobson (→*Linguistics and Poetics*) – zwei Grundvoraussetzungen für die ästhetische Funktion von Texten: die zweideutige Stukturierung der Botschaft und ihre Autoreflexivität. Die »produktive Ambiguität« eines Textes stimuliert den Interpretationswillen des Lesers, sie liefert ihm aber auch »Decodierungserleichterungen«, mit denen er eine Ordnung im Text finden kann. Es entsteht »eine Dialektik zwischen der Freiheit der Interpretation und der Treue zum strukturierten Kontext der Botschaft«. Die zweideutige Strukturierung der Botschaft, die sich hauptsächlich auf den Erwartungshorizont des Lesers bezieht (und die auf den etablierten Code bezogen auch einen »Verfremdungseffekt« hervorrufen kann), verlangt jedoch – ähnlich wie die tragische Intrige in der Poetik von Aristoteles (→*Peri poietikes*) – nach einer gewissen Wahrscheinlichkeit. – Botschaften mit vorrangig referentieller Funktion (wie »Der Zug kommt um 18 Uhr auf

Bahnsteig 3 an«) lenken die Aufmerksamkeit des Rezipienten auf die Welt außerhalb der Zeichen. Eine Botschaft dagegen, die den Rezipienten »in der Schwebe zwischen Information und Redundanz« hält, leitet ihn dazu an, »zu sehen, wie sie gemacht ist«. Dabei wird folgendes offensichtlich (was Eco auch an praktischen Beispielen demonstriert): 1. In ästhetischen Texten erhalten die »Signifikanten nur aus der kontextuellen Wechselwirkung passende Signifikate« und, wenn ein Element des Kontextes verändert wird, verlieren auch die anderen ihr Gewicht. 2. In der ästhetischen Botschaft sind die Materie, die Bedeutungen und die kontextuelle Beziehung der Signifikanten eng verbunden. 3. Auf allen Realitätsebenen des Textes (materielle Ebene der Signifikanten, Denotationen, Konnotationen, verschiedene Erwartungssysteme u. a.) entsteht ein »System homologer strukturaler Beziehungen«, das durch einen einzigen allgemeinen Code strukturiert wird und so eine Einheit von Inhalt und Form stiftet. Diesen Code (durch den alle Ebenen der Botschaft die Norm nach derselben Regel verletzen) nennt Eco den »Idiolekt« eines Werkes, der durch Nachahmung wiederum Ausgangspunkt für neue Normen werden kann. – Eco diskutiert auch die möglichen Grenzen semiotischer Analysen bezüglich der schwer faßbaren »ästhetischen Erfahrung« und der Codifizierbarkeit aller Ebenen (z. B. bei ikonischen Zeichen). Er unterstreicht jedoch die Notwendigkeit (und bekräftigt die Durchführbarkeit) von semiotischen Untersuchungen der »unteren Ebene« der Kommunikation sowie der

»suprasegmentalen Züge«. Er vergleicht diese Untersuchungen, die das Verhältnis von originell-individuellen Anteilen (Invention der »parole-Ebene«) und konventionellen Anteilen (Determination der »System-Ebene«) in einer ästhetischen Botschaft bestimmen helfen, mit der »Poetik«-Auffassung der semiotisch-strukturalistischen Schulen.

Lit.: P. V. ZIMA, Literarische Ästhetik, Tübingen 1991.

S. DÜMCHEN

La métaphore vive (frz.; *Die lebendige Metapher*), Paul RICOEUR; EA Paris 1975, dt. München 1986.
Wie in seinen vorhergehenden Arbeiten *De l'interprétation* (1965; *Die Interpretation*) und *Le conflit des interprétations* (1969; *Der Konflikt der Interpretationen*) erörtert Ricoeur hier die Frage der Metapher und versucht, auch den Ansätzen, die er überwinden will, gerecht zu werden. Zu ihnen gehört die rhetorische Theorie der Metapher, die, von Aristoteles bis Fontanier, das Wort oder den Namen als Ausgangspunkt nimmt. Indem Ricoeur den wesentlich differentiellen und daher taxonomischen Charakter des rhetorischen Ansatzes – und seiner jüngeren Fortführungen in der neuen strukturalistischen Rhetorik – untersucht, zeigt er, daß auch eine Theorie der metaphorischen Abweichung, die nicht das Wort, sondern die »Rede« (»discours«) als Einheit nimmt, die »Metaphern-Aussage« (»la métaphore-énoncé«) nicht bestimmen kann. Kennzeichen der Metapher ist nicht eine von einer Norm »abweichende Benennung« (»dénomination déviante«), sondern eine »unzutreffende Prädikation« (»prédica-

tion impertinente«). Ricoeur untersucht deshalb nicht Ersetzungssysteme, sondern eine Wirkung der Metapher, die durch eine semantische Innovation, durch die Spannung zwischen der Nähe zweier verbundener Ideen und ihrer logischen Distanz entsteht. Im Rückgriff auf das Konzept der Ähnlichkeit betrachtet er diese als Spannung zwischen der Identität und der Differenz. Sie wird in der metaphorischen prädikativen Operation, durch die semantische Erneuerung in Bewegung gebracht. Jenseits von Rhetorik, Semantik und Semiotik entschlüsselt Ricoeurs Hermeneutik die Fähigkeit der Metapher, eine beschriebene Wirklichkeit neu darzustellen. Er bindet die Untersuchung der metaphorischen Prädikation an die Referenz der Aussage; gleichzeitig legt er klar, daß die Metapher als »Strategie der Rede« (»stratégie discursive«) die Referenz neu bestimmt, indem sie sich im gleichen Zug als eine poetische Kraft, die nicht referentiell und selbstbezüglich ausgibt. Der »Referenz zweiten Grades« stellt Ricoeur eine gemeinhin in der poetischen Rede aufgehobene Referenz entgegen. Die Metapher ist für ihn nicht einfach ein doppelter Sinn, sondern eine »verdoppelte Referenz« (»référence dédoublée«). Ihre Pole bestimmte bereits Aristoteles durch seine Feststellung, daß die »Poiesis« der Sprache der Verbindung zwischen Mythen und Mimesis vorangeht. Die erfindende, die »lebendige« Metapher entsteht für Ricoeur aus einer Verbindung zwischen Fiktion (Mythen) und Neubeschreibung (Mimesis) als Referenz des zweiten Grades. Sie zielt wesentlich auf das »ist« (»est«), d. h. auf die in jeder Metapher vorausgesetzte Kopula des Verbs »sein«. Das »ist«, das die metaphorische Prädikation ausmacht, bedeutet in der Tat zugleich »ist nicht« und »ist wie«. Die Wahrheit der Metapher liegt in der referentiellen Spannung zwischen den Extremen des »ist nicht« und des »ist wie«. Ihre Dynamik eröffnet eine »dynamische Sicht der Wirklichkeit, welche die implizite Ontologie der metaphorischen Aussage ist«. Damit zielt Ricoeur in radikaler Weise darauf, den fiktionalen und den spekulativen Diskurs, Poesie und Philosophie nebeneinander zu stellen. Er sieht in ihnen zwei Weisen des Menschen, sein Sein in der Sprache und der Welt zu übernehmen, seine Zugehörigkeit und seine Distanz in Hinsicht auf das Sein zu bestimmen. Die Metapher, die für die philosophische Begrifflichkeit ebenso grundlegend ist wie für die poetischen Bilder, erscheint als enthüllendes Element, als Symptom der Spannung zwischen dem, was in ihr an die Worte und dem, was an die Dinge anknüpft. Doch während die Poesie die Erfahrung der Zugehörigkeit zu erreichen und offenzuhalten sucht, will die Philosophie, die auf dem metaphorischen Verfahren der Poesie aufbaut, die Fähigkeit zur Abgrenzung bis zur höchsten Reflexion fortführen. – *La métaphore vive* ist ein zentraler Text im Werk Paul Ricoeurs. Als symbolische Vermittlung gewinnt die Sprache hier eine neue Intensität, die den Philosophen in Fortführung seiner Fragestellungen dazu führt, in →*Temps et récit* die Verbindung von Fiktion und historischem Wissen, die der hier getroffenen Opposition von Poesie und Philosophie entspricht, zu untersuchen.

Ausg.: Dt. München ²1991.
Lit.: R. FELLINGER/G. VILLWOCK, Die Metapher als Ereignis: Zu P. Ricoeurs ›La métaphore vive‹, in: Germanisch-Romanische Monatsschrift 26 (1976), S. 451–66. – G. VINCENT, ›La métaphore vive‹ de P. Ricoeur, in: Revue d'Histoire et de Philosophie Religieuses 56 (1976), S. 567–81.

J. LEENHARDT

A Method of Interpreting Literature (engl.; *Eine Methode Literatur zu interpretieren*), Leo SPITZER; EA Northampton/Mass. 1949; dt. München 1966. Nach seinen Stiluntersuchungen der 20er und 30er Jahre lehnt sich der österreichische Romanist Spitzer in den 40er Jahren an die französische Tradition der Textinterpretation, die »explication de texte« an, wobei es ihm auch um eine Abgrenzung von positivistischen und ideengeschichtlichen Deutungen von Literatur geht. Eine Zusammenfassung seiner philologischen Methodik, und gleichsam Modellinterpretation der Textexplikation, leistet *A Method of Interpreting Literature*. An drei Beispielen demonstriert Spitzer die methodischen und handwerklichen Mittel und Voraussetzungen seiner philologischen Arbeit. *Drei Gedichte der Ekstase* ist der erste Abschnitt überschrieben. An den Gedichten *The Extasie* (1633; *Die Ekstase*) von J. Donne, *En una noche escura* (1577; *In einer unheimlichen Nacht*) von J. de la Cruz, und der Szene von Isoldes Liebestod aus R. Wagners Musikdrama *Tristan und Isolde* (1859) wird das Thema der »ekstatischen Vereinigung eines menschlichen Ich mit einem Nicht-Ich« untersucht. Bewußt wählt Spitzer seine Beispiele aus verschiedenen Literaturen und Zeiten. Ihm geht es nicht um den Nachweis einer Statik thematischer Topoi über Jahrhunderte hinweg, sondern gerade um die sprachliche und stilistische Veränderung des Themas einer »ekstatischen Vereinigung«, die bei J. Donne und J. de la Cruz von einer mystisch-religiösen Erfahrung, bei Wagner von einem säkularisiert-erotischen Erleben geprägt ist. Der generelle Anspruch der »explication de texte« wird in diesem Abschnitt deutlich: aus der engen Anlehnung an den Text soll die ästhetische Differenz von Kunstwerken sprachlich und thematisch deutlich werden, wobei der letztlich »irrationale« Kern von Kunst nicht berührt werden soll. Die Nähe dieser Auffassung zur späteren »Textimmanenz« ist deutlich. ›Explication de Texte‹ angewandt auf Voltaire, der zweite Abschnitt, weitet methodisch die Anwendungsmöglichkeiten der Textexplikation aus. Aus der Gegenüberstellung eines Gedichtes des jungen mit einem Brief des älteren Voltaire, sollen der herausragende künstlerische Stil Voltaires und zugleich seine Person kenntlich werden. Auch hier ist es wieder die Heranführung an die ausgewählten Texte, die wesentlich und fruchtbar ist, weniger der Anspruch des »wahren Ich« Voltaires (das sich im Gedicht verhüllt, im Brief dagegen ungeschützter die »innere Geologie des psychischen Gefüges« erkennbar werden läßt) durch die Mikroanalyse faßbar zu machen. *Amerikanische Werbung – verstanden als populäre Kunst* lautet der abschließende Teil. Hier wird ein Anspruch der Textexplikation formuliert, der weit über die Interpretation eines Kunstwerkes hinausführt und späteren strukturalistischen, aber auch ideologiekritischen Analysen vorarbeitet. Die Gebrauchskunst, so Spitzer, bedient sich formaler ästhetischer Prinzipien und wird »im Zeitalter der Maschine, der Rationalisierung und der Unterwerfung des Menschen unter die unpersönlichen Notwendigkeiten des gesellschaftlichen, wirtschaftlichen und politischen Lebens« zum Ersatz für den Verlust authentischer ästhetischer Erfahrung. Recht früh hat Spitzer damit warenästhetische und semiotische Erkenntnisse im Keim vorformuliert. Darin liegt dann auch potentiell die Fruchtbarkeit seiner *Methode Literatur zu interpretieren* – jenseits verengter methodischer Vorentscheidungen wird Lesen und Erkennen gelehrt, wobei dem Kunstwerk seine Dignität nicht durch den Interpreten geraubt wird.

Ausg.: Dt. Frankfurt/M./Berlin/Wien 1975. *Lit.:* Grundzüge der Literatur- und Sprachwissenschaft, Bd. 1, hg. von H. L. Arnold/V. Sinemus, München 1973. – R. Wellek/A. Warren, Theorie der Literatur, Königstein/Ts. 1985.

H. Schmidt-Bergmann

Mimesis. Dargestellte Wirklichkeit in der abendländischen Literatur, Erich Auerbach; EA Bern 1946.
Bei dem 1942–45 im türkischen Exil verfaßten Hauptwerk des deutschen Romanisten E. Auerbach handelt es sich um eine breit angelegte Untersuchung der Formen literarischer Wirklichkeitsdarstellung von Homer bis V. Woolf, wobei die das Altertum behandelnden Kapitel jedoch nur als Einleitung dienen. Der Schwerpunkt der Arbeit liegt eindeutig in Mittelalter und Neuzeit. Auerbachs Vorgehen ist einheitlich, ohne aber schematisch zu wirken: In jedem der 20 Kapitel (das 14., über Cervantes' *Don Quichote,* wurde 1949 hinzugefügt) geht er von einer mit Be-

dacht gewählten Textpassage aus (Homer, Altes Testament, Petronius, Ammianus, Gregor von Tours, *Rolandslied*, Chrétien de Troyes, *Mystère d'Adam*, Dante, Boccaccio, Antoine de la Sale, Rabelais, Montaigne, Shakespeare, Molière, Prévost, Schiller, Stendhal, die Goncourts und V. Woolf), die er einer sorgfältig-ausführlichen Stilanalyse unterzieht. Aus der Analyse der Einzelpassage entwickelt er die Wirklichkeitssicht des Gesamtwerks, und über Vergleiche mit Parallel- und Kontraststellen bei zeitgenössischen Autoren (vor allem Tacitus, Racine, Voltaire, Balzac, Flaubert, Zola und Proust) entwirft er schließlich ein Bild des Charakters oder ›Geistes‹ der jeweiligen Epoche. Auerbachs philologisch-stilkritische Methode hat eine sozialhistorische und geistesgeschichtliche Zielrichtung, sein Anspruch ist der des Historismus: jede Epoche aus ihren eigenen Voraussetzungen und im Horizont historischer Dynamik als eigentümliches Ganzes zu verstehen. Aus dieser Anschauung leiten sich die zwei Grundelemente seiner Auffassung von literarischem Realismus ab: ›Stilmischung‹ und Bewußtsein der ›Geschichtlichkeit des menschlichen Lebens‹. Erst wenn auch das alltägliche Leben der Menschen »niederer sozialer Schichten« ernsthaft, problematisch oder gar tragisch (d. h. in »hohem Stil«) dargestellt ist – also das antike Stiltrennungsgebot nicht mehr befolgt wird – und zudem diese Darstellung historisch-konkret eingebettet ist, kann von (modernem) Realismus die Rede sein (Beispiele: Stendhal, Balzac, Flaubert). Die Antike kennt das noch nicht, das Mittelalter nur in der Form des ›figura-

len Realismus‹ (bei Dante etwa), in dem historisch-konkrete Vorgänge als figurale Vorausdeutung bzw. Erfüllung der ›figura‹ präsentiert werden, so daß durchaus Alltägliches durch »vertikale« Integration in den göttlichen Heilsplan der Profanität enthoben ist und erhaben-ernsthaft behandelt werden kann. Doch geht es Auerbach nicht um pauschale Zuordnungen. Sein forte ist vielmehr der (den Text erschließende) Aufweis feiner ›Abtönungen‹ und Stilmischungsverhältnisse sowie ihres jeweiligen Wirklichkeits-Aufschlusses in einer nicht-linear verlaufenden literaturhistorischen Entwicklung (starke Retardierung etwa in der französischen Tragödie des 18. Jh.s). – *Mimesis* möchte keine Theorie oder Geschichte des europäischen Realismus sein. Auerbach verzichtet bewußt auf Definitionen seiner zentralen Begriffe, ist skeptisch gegenüber Verallgemeinerungen und setzt ganz auf die Überzeugungskraft des »Einzelnen und Konkreten« (Epilegomena zu *Mimesis*, 1953/54). So hat sich die Kritik denn auch primär gegen die angebliche Ungenauigkeit seiner Terminologie und seine Scheu vor Theoriebildung gerichtet. Problematisch scheint heute zudem sein Wirklichkeitsbegriff: Auerbachs ›Wirklichkeit‹ ist einerseits historisch variabel, andererseits konstant objektiv gegeben. Er verzichtet damit auf eine Historisierung der Vorstellungen von ›Wirklichkeit‹ und kann so die literarische Darstellung von Wirklichkeit nur als ihre mehr oder minder umfassend-getreue »Nachahmung« verstehen. Nur in Einzelfällen erkennt Auerbach eine dialektische Rückwirkung von

Darstellungsweisen auf Wahrnehmungsweisen an (»Weltgewinn bei Dante«). – Trotz dieser Kritik gilt Auerbachs monumentales Werk auch heute noch, besonders im anglo-amerikanischen Kulturkreis, wegen seiner stupenden Gelehrsamkeit, seiner feinfühligen Textanalysen und seiner großräumigen geistesgeschichtlichen Verknüpfungen als ein Höhepunkt klassischer deutscher Philologie und der dem Historismus verpflichteten philologisch-geistesgeschichtlichen Methode.

Ausg.: Bern/Stuttgart ⁸1988.
Lit.: A. R. EVANS jr., Erich Auerbach as European Critic, Romance Philology 25 (1971), S. 193–215. – T. BAHTI, Auerbach's ›Mimesis‹: Figural Structure and Historical Narrative, in: After Strange Texts. The Role of Theory in the Study of Literature, hg. von G. S. JAY/D. L. MILLER, University of Alabama Press 1985, S. 124–45. – R. WELLEK, A History of Modern Criticism. 1750–1950, Bd. 7: German, Russian, and Eastern European Criticism. 1900–1950, New Haven/London 1991, S. 113–34.

C. BODE

Mimologiques. Voyage en Cratylie (frz.; *Mimologik. Reise in Kratylien*), Gérard GENETTE; EA Paris 1976.

Die von Genette unternommene Reise in ›Kratylien‹ verfolgt Spuren einer Denkfigur, die er Mimologik nennt. Sie zeichnet sich dadurch aus, daß sie zu Recht oder Unrecht zwischen dem Wort und dem Ding ein Analogie- oder Imitationsverhältnis erblickt. Die Geschichte dieser Denkform verfolgt Genette ausgehend von Platons *Kratylos* (entst. n. 399 v. Chr.) u. a. bei J. Wallis, G. W. Leibniz, J. G. Wachter, R. Jones, Ch. de Brosses, Ch. Nodier, E. Renan, St. Mallarmé, M. Proust, P. Valéry, P. Leiris, F. Ponge und G. Bachelard. Der platonische

Dialog zwischen Sokrates, Hermogenes und Kratylos stellt ihm alle zentralen Elemente dieser Debatte bereits vor und steckt das Feld der künftigen Auseinandersetzung ab. Alle späteren Positionen weisen auf ihn zurück und stellen nur Deplazierungen einzelner Momente oder Wiederholungen bestimmter Teilaspekte, keineswegs aber ein gänzlich neues Gesamtmodell dar. Der Konflikt ist deutlich: Hermogenes nimmt eine auf Konvention beruhende Beziehung zwischen Wort und Ding an (»thesei«), während Kratylos von einem natürlichen Verhältnis ausgeht (»physei«), nach dem jedem Gegenstand seine richtige Benennung gegeben ist. Sokrates spielt beide Positionen gegeneinander aus und prüft im Dialog eine Reihe von Annahmen. Man kann so eine indirekte und eine direkte Motivation der Worte bzw. Namen unterscheiden. Dem Namen wird durch die indirekte Motivation dadurch Sinn verliehen, daß man in ihm verborgene Namen aufspürt (diese Figur findet sich bei Proust wieder). Der Sinn eines Zeichens wird über weitere Zeichen gewonnen, die als bedeutende vorgestellt werden und dem bedeutungslosen Wort seine Motivation verleihen. Allerdings erweist sich dieses Verfahren als zirkulär und unabschließbar, weil jeder im Namen aufgefundene Name notwendig einem analogen Verfahren unterworfen werden muß. Die Annahme einer direkten Motivation geht daher von einer Lautsymbolik aus: Die Namen werden auf unteilbare Elemente, Urnamen und Laute zurückgeführt. Das Wesen eines Dinges, das mit seiner sinnlich wahrnehmbaren Form nicht identisch ist, wird mittels Buchstaben oder Silben imitiert. Diese Semantik der Sprachlaute geht von der Imitationsmöglichkeit der Sprache aus, die allerdings den Namensgeber täuschen kann. Die Wahrheit der Laute besteht weiterhin unangetastet, und die in den Sprachen aufgefundenen Fehler sind noch zu korrigieren. An dieser Stelle wird später, z. B. mit Mallarmé, die Poesie auf den Plan treten. Sie opponiert gegen die Arbitrarität (Willkürlichkeit) des Zeichens und versucht, als Sprache in der Sprache eine sprachimmanente Motivation zurückzugewinnen, die sich nicht mehr auf Dinge bezieht, sondern nur noch nach notwendigen Wortverbindungen sucht. Das gilt auch für die Literaturtheorie, die maßgeblich durch die Aufwertung und Wertschätzung von Analogie- und Mimologiebeziehungen bestimmt ist: sie bestehen zwischen Signifikanten (Homophonien u. a.), Signifikaten (Metaphern) sowie Signifikanten und Signifikaten (mimetischen Beziehungen). Die Grenzen, Ursprünge und Konsequenzen einer solchen Annahme werden von Genette in seinen detaillierten Untersuchungen aufgezeigt. Ponge oder Leiris bedienen sich z. B. der skizzierten Traditionslinie, um sie von innen her umzuformen und auseinanderzunehmen. Leiris' Autobiographie *La règle du jeu* (1948–76; *Die Spielregel*) entfaltet eine persönliche Motivation und kehrt somit das Verhältnis um: das motivierte Zeichen wird arbiträr, das arbiträre motiviert. Als wirklicher Sinn des Wortes zeigt sich dabei der, den wir ihm verleihen. Die mimetische Motivation ist persönlich und weitreichend. Das Schreiben stellt den Versuch dar, dieser Motivation nachzuspüren, um so die Spielregel des eigenen Lebens nachzuzeichnen und den eigenen Kosmos abzuschreiten. Für Ponge dagegen ist das Wort eine Art Ding, das für das Auge und das Ohr wahrnehmbar ist. Die dritte Dimension des Wortes liegt in seiner Bedeutung, genauer in seiner Geschichte. Die Spalte im Wörterbuch, die das einzelne Wort in viele Einzelaspekte zerlegt, bietet nun das Material für die indirekte Motivation und den Text, der seinerseits Geschichte schreibt.

B. Stiegler

Modern Fiction (engl.; *Moderne Romankunst*), Virginia Woolf; ED London 1925 (in: The Common Reader I); überarb. Fassung des Essays *Modern Novels*, ED London 1919 (in: Times Literary Supplement); dt. Frankfurt/M. 1989 (in: Der gewöhnliche Leser. Essays, Bd. 1, hg. von K. Reichert, S. 178–88).

In ihrem vielfach als Manifest der literarischen Moderne rezipierten Essay skizziert Woolf eine Poetik des modernen Romans. Ein neues Wirklichkeitsbewußtsein und die Einsicht in die unaufhebbar subjektive Verfaßtheit aller Welterfahrung verlangen nach neuen ästhetischen Formen, die nicht mehr Vorstellungen einer schlüssigen Erfahr- und Darstellbarkeit der Wirklichkeit folgen. Woolf kritisiert die Werke der populären edwardianischen Romanciers H. G. Wells, J. Galsworthy und A. Bennett, weil sich diese damit begnügen, die phänomenale Wirklichkeit photographisch abzubilden. In polemischer Kontrastierung mit den Wegbereitern der Moderne (Th. Hardy, J. Conrad) und den modernen ›Spiritualisten‹

(J. Joyce, D. Richardson) werden die edwardianischen ›Materialisten‹ als Sklaven einer überholten Ästhetik kritisiert. Mit ihrem Beharren auf einer geschlossenen Handlungsstruktur und dem Prinzip des Oberflächenrealismus sind sie nicht in der Lage, das angemessene Bild einer von der Erfahrung des Zufälligen und Fragmentarischen geprägten Epoche zu zeichnen. – Aus ihrer Kritik der Romankunst der ›Materialisten‹ entwickelt Woolf konsequent ihre Konzeption des modernen Bewußtseinsromans. Insofern dem Menschen Wirklichkeit nur bruchstückhaft und individuell perspektiviert zugänglich ist, hat sich der Roman vornehmlich mit den »dunklen Bereichen der menschlichen Psyche« zu befassen, denn: »Das Bewußtsein empfängt eine Unzahl von Eindrücken […]. Von allen Seiten kommen sie, ein unaufhörlicher Schauer unzähliger Atome«. Mit Blick auf Joyces *A Portrait of the Artist as a Young Man* (1914/15; *Ein Portrait des Künstlers als junger Mann*) und *Ulysses* (1922; erste Episoden ab 1918 im ›Little Review‹) ruft sie die zeitgenössischen Romanciers auf, diese Atome zunächst so zu registrieren, wie sie ins Bewußtsein dringen. Anschließend muß im Kunstwerk der hinter diesen scheinbar zufälligen Wahrnehmungen verborgenen Bewußtseinsstruktur nachgespürt werden. Im Gegensatz zu den bedeutenden russischen Autoren des ausgehenden 19. Jh.s führt Joyce allerdings die Verfahren der Bewußtseinsdarstellung bis zu einem Extrem, an dem nicht mehr die im Bewußtsein gebrochene Wirklichkeit Gegenstand des Romans ist, sondern allein das Bewußtsein mit seinen vielfältigen und konfusen Spiegelungen seiner selbst. – Woolf leistet mit *Modern Fiction* keine systematische Darstellung einer Theorie des modernen Romans. In ihrer mitunter bewußt provokativen Bestandsaufnahme des zeitgenössischen Romans verzichtet sie um der prägnanten Formulierung willen allzuoft auf wesentliche, andernorts getroffene Differenzierungen. Ihre pointierte Diagnose des modernen Bewußtseins und ihr daraus abgeleiteter Entwurf einer Poetik des modernen Romans bleiben aber dennoch ein wesentlicher Beitrag zur theoretischen Grundlegung der Moderne.

Lit.: M. GOLDMAN, The Reader's Art. V. Woolf as Literary Critic, Den Haag 1976. – J. KLEIN, V. Woolfs Idee des neuen Romans, in: Neue Rundschau 96 (1985), S. 143–52.

B. ENGLER

Modern Painters (engl.; *Moderne Maler*), John RUSKIN; EA London 1843–60 (5 Bde.).

Ruskin gilt als der einflußreichste Kunstkritiker der viktorianischen Epoche. Der erste Band der *Modern Painters* ist vorrangig eine Verteidigungsschrift des Malers J. M. W. Turner. Gegen dessen Kritiker stellte Ruskin Turner's Überlegenheit besonders in Bezug auf »Truth« (»Wirklichkeitsnähe«) und »Relation« (»Komposition«) heraus. Aus einer polemischen Apologie für einen lebenden Maler entwickelt Ruskin dann – manche frühe These revidierend – eine umfassende Theorie der Kunst und Schönheit, die Turner als einen der größten Meister einschließt. Der zweite Band (1846) enthält ein theozentrisches System der Ästhetik, wobei er »typical beauty« (»Schönheit der Formen«) und »vital beauty« (»Schönheit lebendiger Dinge«)

unterscheidet. Weil alle Schönheit Theophanie ist, hat die Kunst, die diese Schönheit an die Menschen vermittelt, einen moralischen und religiösen Wert. Seine Beispiele stammen jetzt aus der religiösen und historischen Malerei Italiens. Im dritten Band (1856) widmet sich Ruskin der Frührenaissance, studiert ihre Ikonographie und befürwortet die Wiederbelebung von Allegorie und Mythologie. Er entwirft das Bild eines großen Künstlers, den bewußte Wahrnehmung und Empfindung, kontrollierte Leidenschaft und geistige Freiheit auszeichnen. »Große Kunst« entsteht, wenn ein erhabener Stoff mit Ernst, Phantasie und dem Streben nach Schönheit ins Bild gesetzt wird. Ruskin verfolgt schließlich den Aufstieg der Landschaftsmalerei und den Einfluß der Holländer und Franzosen auf Turner. Thema des vierten Bandes (1856) ist die Schönheit der Berge. Ruskin beginnt mit der Erläuterung des Pittoresken und des Sublimen, entfernt sich aber auf lange Strecken von diesen Standardgegenständen der Diskussion, etwa wenn er den Einfluß der Berge auf das Leben der Menschen erörtert. Ein zentraler Gegenstand des fünften Bandes (1860) sind Fragen der »Komposition« und der Nachweis von Turner's Meisterschaft darin. *Modern Painters* schließt mit einer Untersuchung der Beziehungen von Kunst und Leben bzw. Religion, die eine Zuwendung zu Problemen der Gesellschaft (*Unto This Last*, 1862) ankündigt. Die Kunst soll nun (als Folge der religiösen Krise) ein Spiegel des Glaubens des Künstlers und der Gesellschaft sein. In Turner's Bildern erkennt er jetzt den fehlenden Glauben seiner materialisti-

schen Zeit. – Ruskin ist der bedeutendste Vertreter der englischen Kunsttheorie der Nachromantik. Unverkennbar ist seine Prägung durch die gefühlsbestimmten Romantiker S. T. Coleridge (→*Biographia literaria*) und W. Wordsworth (→*Preface* zu *Lyrical Ballads*). Empfindsam und wortgewandt, voll von sozialem Verantwortungsgefühl, zielt Ruskin auf die Hebung des öffentlichen Geschmacks und die Bekämpfung von allem, was »theatralisch, affektiert und falsch« in Kunst und Leben ist. Ruskins Wirkung war anhaltend: Trotz etlicher Fehlurteile (Bewertung des Mittelalters, Michelangelos) beeinflußten seine ästhetischen Einsichten und seine viktorianische Auffassung von der moralischen Rolle der Kunst zahlreiche Zeitgenossen und Nachfolger, besonders Ch. W. Morris (→*Esthetics and the Theory of Signs*).

Ausg.: The works, hg. von E. T. Cook/A. Wedderburn, Bd. 3–7, London 1903–12. *Lit.:* K. Clark, Ruskin Today, London 1964. – J. P. Landrow, The Aesthetic and Critical Theory of J. Ruskin, Princeton 1971. – G. Pochat, Geschichte der Ästhetik und Kunsttheorie, Köln 1986, S. 545–47.

H. Wischermann

Les mots et les choses. Une archéologie des sciences humaines (frz.; *Die Ordnung der Dinge. Eine Archäologie der Humanwissenschaften*), Michel Foucault; EA Paris 1966; dt. Frankfurt/M. 1974.

Foucaults »archäologische« Analyse der unterschiedlichen Wissensfelder der Renaissance, des klassischen Zeitalters und der Moderne legt die heterogenen und voneinander durch diachrone Brüche getrennten Wissensformationen methodisch auf ihre synchronen Möglichkeitsbedingungen hin frei, welche die unterschiedlichen Wissensgebiete miteinander als deren »Episteme« verflechten. In der Renaissance stellt ein unendliches System von Ähnlichkeiten und Interpretationen den Zusammenhang zwischen den Wörtern und den Dingen her. In der Klassik wird das Wissen durch die nach Identitäten und Differenzen angeordneten Tableaus (mathesis, taxinomia, Genese) neu strukturiert. Am Leitfaden des binären Systems der sich selbst repräsentierenden Repräsentation konstituieren sich die allgemeine Grammatik, die Naturgeschichte und die Analyse der Reichtümer. Den Übergang zur klassischen Wissensordnung markiert Cervantes' *Don Quijote* (1605/1615). Eine analoge Rolle spielt de Sade beim Übergang von der klassischen zur modernen Episteme. – Mit der Auflösung des klassischen Diskurses durch die von Kant inaugurierte und von den Humanwissenschaften (Psychologie, Soziologie, Kultur- und Literaturwissenschaft) entfaltete moderne Episteme sowie mit einer möglichen »Wiederkehr der Sprache« unter veränderten Bedingungen befaßt sich der zweite Teil des Buches. Auf die anthropologische Nivellierung der Sprache antwortet von früh an der »Gegendiskurs« der Literatur. Seit dem 19. Jh. hat sich von Hölderlin über Nietzsche und Mallarmé zu Artaud und Roussel »das rohe Sein der Sprache« einen Raum geschaffen. Im 20. Jh. wird dieser Raum von den poststrukturalistischen »Gegenwissenschaften« (Psychoanalyse, Ethnologie, Linguistik) besetzt, die zusammen mit der Literatur von Bataille und Blanchot als Vorboten einer transhumanen Wissensformation erscheinen. Es ist dieser vielfach mißverstandene Ausblick, der sowohl die literarische als auch die literaturtheoretische Rezeption dieses Textes von Foucault bestimmt hat. Gegenwärtige Lektüren versuchen demgegenüber, die präzisen Analysen von Renaissance, Klassik und Moderne auf dem Hintergrund des sich beim späten Foucault andeutenden Konzepts einer immanenten Revision der Moderne kritisch zu redigieren.

Lit.: P. SLOTERDIJK, Michel Foucaults Theorie der Geschichte, in: Philosophisches Jahrbuch 79 (1972), S. 161–84. – H. J. ORTHEIL, Das endlose Murmeln. Michel Foucault und die deutsche Literatur der Gegenwart, in: Akzente 36 (1989), S. 28–42. – W. WELSCH, Präzision und Suggestion. Bemerkungen zu Stil und Wirkung eines Autors, in: Spiele der Wahrheit. Michel Foucaults Denken, hg. von F. EWALD/B. WALDENFELS, Frankfurt/M. 1991, S. 136–49.

A. GIMMLER/M. SANDBOTHE

Les mots et les images (frz.; *Die Worte und die Bilder*), René MAGRITTE; ED Paris 1929 (in: Révolution surréaliste 12); dt. München 1981.

Magritte beschreibt das Verhältnis von Gegenstandsbild und bezeichnendem Wort in diesem Manifest folgendermaßen: »Ein Gegenstand hängt nicht derart an seinem Namen, daß man für ihn nicht einen anderen finden könnte, der besser zu ihm paßte«. Diese Dissoziation oder Ablösung von Wort und Bild ist auch das Thema in Bildern wie *La clef des songes* (1927; *Der Schlüssel der Träume*). Ist diese Dissoziation erst einmal durchgeführt, beginnen die Bilder und die Worte frei zu ›schweben‹: »Ein Gegenstand trifft sein Bild, ein Gegenstand trifft seinen Namen. Es kommt vor, daß das Bild und der Name dieses Gegenstandes sich treffen.« – Einer der interessantesten Aspekte dieser

Überlegung über die Arbitrarität des Zeichens, die Willkürlichkeit der Beziehung zwischen Zeichen und Bezeichnetem, liegt darin, daß Magritte keinen Vorrang der Bilder gegenüber den Worten annimmt, und insbesondere nicht denjenigen, der Wirklichkeit ähnlicher als jene zu sein. In diesem Sinne ruft er dazu auf, zwischen der »Gleichförmigkeit« (»similitude«), die das Bild dem von ihm Dargestellten verleiht, und der höhergestellten »Ähnlichkeit« (»ressemblance«), die er in seinen Bildern anstrebte, zu unterscheiden. Weit davon entfernt, die Bilder dadurch zu privilegieren, daß er sie als weniger arbiträr als die Worte ansieht, verweist der Maler Bilder und Worte aufeinander, da beide nur Repräsentationen sind. Er entfaltet also eine Kritik der Repräsentation, die M. Foucault aufgreift. Das berühmte Bild *La trahison des images* (1929; *Der Verrat der Bilder*), das unter dem Bild einer Pfeife die Unterschrift »Ceci n'est pas une pipe« (»Dies ist keine Pfeife«) trägt, bedeutet in den Augen des Malers nichts anderes als ein In-Schutz-Nehmen gegen eine Illusion, die das Bild mit dem dargestellten Gegenstand identifiziert. Jedoch liegt das ganze Interesse für diese Position darin, daß sie nicht im Namen einer hypothetischen Rückkehr zum Gegenstand selbst entwickelt wird. Magritte geht als Maler vom Grundgedanken der Repräsentation selbst aus und zeigt durch seine Bilder nicht nur, daß das reale Objekt außer Reichweite ist, sondern auch, daß das Bild in seinem Entstehen den Gegenstand verhüllt, ihn verbirgt, indem es ihn zeigt. Dies belegen die Bilder der Folge *La condition humaine* (1934; *Die Beschaffenheit des Menschen*), in

denen das Bild auf der Staffelei exakt den Teil der Landschaft verdeckt, den es darstellt. »So sehen wir die Welt außerhalb von uns und doch haben wir von ihr nur eine Vorstellung in uns.« In psychoanalytischer Hinsicht ist es interessant, daß diese »linguistische« Periode (1927–30) des Malers zugleich jene ist, in der er die Deformationen des menschlichen Körpers vervielfältigt. Eines der allerersten Bilder, das eine Inschrift aufweist, zeigt die Worte »femme nue« (»nackte Frau«) auf einem Baumstumpf. – Magritte entfaltet so eine Tiefenkritik der Repräsentation im Namen der Repräsentation selbst, die man mit derjenigen in Verbindung brachte, die Wittgenstein zur gleichen Zeit entwickelte. Deshalb haben die Bilder kein Privileg vor den Worten: »Manchmal ist der Name eines Gegenstandes Statthalter eines Bildes.« Vom Standpunkt der bildlichen Repräsentation aus betrachtet, sind die Worte in der Tat ebenfalls gemalt, so daß »in einem Bild die Worte von der gleichen Substanz wie die Bilder sind«. Der Maler hat in diesem Sinne hartnäckig behauptet, er male keine Ideen und fand Spaß daran, Mallarmé (annäherungsweise) zu zitieren: »Poesie macht man nicht mit Ideen und Empfindungen, sondern mit Worten.«

Ausg.: Ecrits complets, Paris 1979.
Lit.: M. FOUCAULT, Ceci n'est pas une pipe, Montpellier 1973 (dt. von W. SEIFFER, München 1974). – G. ROQUE, Ceci n'est pas un Magritte. Essai sur Magritte et la publicité, Paris 1983. – Chr. SCHREIER, Magritte's Words and Images, in: Visible Language XXIII (1989), S. 221–37.

G. ROQUE

Musica ficta (Figures de Wagner) (frz.; *Die Fiktion der Musik – Figuren Wagners*), Philippe

Lacoue-Labarthe; EA Paris 1991.

Mit den vier Aufsätzen dieses Buches setzt Lacoue-Labarthe seine Analyse der Beziehungen zwischen Kunst und Politik fort, die bereits in *Typographies 2: L'imitation des modernes* (1986; *Die Nachahmung der Modernen. Aesthetica*) und besonders in *La fiction du politique* (1987; *Die Fiktion des Politischen*) zentraler Gegenstand waren. In Fortsetzung einer These W. Benjamins (→*Das Kunstwerk im Zeitalter seiner technischen Reproduzierbarkeit*) untersucht und kritisiert Lacoue-Labarthe die Entstehungsbedingungen und Erscheinungsformen einer Ästhetisierung der Politik, die auch in den Literatur- und Kunsttheorien ihren Niederschlag findet. Sein Begriff des »Nationalästhetismus« kennzeichnet den Staat als ein Kunstwerk, und nimmt einen grundlegenden Zusammenhang von Kunst und Politik an. Am Beispiel des Werkes von R. Wagner, seines Einflusses und seiner Rezeption, die von Lacoue-Labarthe bei Ch. Baudelaire, St. Mallarmé, M. Heidegger und Th. W. Adorno untersucht werden, kann man die wichtigsten Grundzüge dieses Modells aufzeigen: Wagner (→*Oper und Drama*) verbindet mit seinem Entwurf eines Gesamtkunstwerkes Mythos, Kunst und Politik. Sein Opernkonzept und die Ästhetisierung des Staates, der Gesamtkunstwerk werden soll, weisen vielfältige Berührungspunkte auf. Wie die Dionysos-Feste in Athen und Griechenland sind auch die Festspiele in Bayreuth ein Ort, an dem sich ein als Staat versammeltes Volk selbst die Vorstellung von dem schenkt, was es ist und was es begründet. Die Begründung von Identität durch

Kunst verläuft also über Mimesis. Die Oper versucht, die antike Tragödie in neuer Form wiederaufleben zu lassen. Antike Tragödie und moderne Oper sind eine Präsentation der mythischen Figuren, mit denen sich das versammelte Volk identifizieren konnte und dank deren es seine Identität begründete. Gleichzeitig werden Tragödie und Oper als totale Kunst vorgestellt. In der Oper stößt die Kunst an ihre Grenze, an das »Erhabene«: drei Weisen der Darstellung des Erhabenen bei Kant (→*Kritik der Urteilskraft*), die Tragödie in Versen, das Oratorium und das didaktisch-philosophische Gedicht verbinden sich in ihr. Im Zeitalter der technischen Reproduzierbarkeit der Kunst erscheint sie in Bayreuth erstmals als Massenkunst, schon dadurch hat sie eine enorme politische Relevanz. Kunst und Politik finden zusammen in der aus der Tradition der Romantik stammenden Theorie der ›Gestalt‹, die zugleich das Organisationsmodell einer nationalen Gemeinschaft und die Form eines Kunstwerkes bezeichnet. Die Konzeption der Gestalt, die vor allem bei A. Spengler, E. Jünger und M. Heidegger zentral ist, stellt den Versuch dar, Geschichte, Politik, Natur und Kunst in einer Figur zu vereinen, die zudem identitätsstiftende Kraft haben soll. In Form der Ästhetisierung der Politik gehen Kunst und Politik eine Allianz ein, die im Dritten Reich ihren Abschluß und in dem Wagnerschen Opernprojekt ihren Ausdruck findet. Obwohl beide wesentlich fiktional sind, werden Staat wie Oper organisch gedacht und als eine lebendige, abgeschlossene Totalität vorgestellt. Es gibt keine Ästhetik oder ästhetische Praxis, die politisch unschuldig ist. Kunst zielt ihrem Anspruch nach immer auf Politik. Diese verweist wiederum auf Fiktionalität und somit auf Kunst. – *Musica ficta* ist eine wichtige Positionsbestimmung der ästhetischen Theorie als einer Theorie der Politik. Zusammen mit *La fiction du politique* führt sie über die Kritik der Fiktion zur Kritik des Subjekts und der Politik.

B. STIEGLER

Mysterium Magnum, oder Erklärung über Das Erste Buch Mosis, Von der Offenbarung Göttlichen Worts durch die drey Principia Göttliches Wesens, auch vom Ursprung der Welt und der Schöpfung, Darinnen das Reich der Natur und das Reich der Gnaden erkläret wird, Jacob BÖHME; entst. 1622/23, EA 1640.

Die ersten elf (der insgesamt 78) Kapitel des Genesiskommentars stellen eine theosophische Kosmologie dar. Die Schöpfung nimmt ihren Ausgang von Gott, dem Mysterium Magnum, das weder Grund und Anfang noch Stätte hat. Die Offenbarung entspringt göttlicher Lust, ihrem Selbstschauen. Sie wird als siebenstufiger Prozeß vorgestellt, in dessen Bewegungsdynamik immer neue Polaritäten in dialektischer Verknüpfung entstehen. Jede Eigenschaft ist einem der beiden Reiche (Himmel – Hölle, Licht – Finsternis, Feuer – Wasser usw.) zugeordnet. Zugleich trägt jede ihren Widerpart als Bedingtheit in sich. Aus der Lust Gottes entsteht die Begierde, das Sein zu fassen. Im Hunger nach Faßlichkeit »coagulirt« sie sich und führt sich vom Ungrund in den Grund. Im ungeschiedenen Einen sind väterliche Begierde und freie Lust als bewegender Stachel und Weisheit des Sohnes das Grundmuster aller folgenden dualen Ausprägungen der Eigenschaften. – Im Wort, im »Fiat«, faßt sich die erste Gestalt der Begierde aus dem ewigen Willen des Ungrundes, mit dem Gemüt bildet sich Unterscheidbares. Ihre drei Eigenschaften sind Vater (oder Sulphur), Sohn (oder Mercurius) und Geist (oder Sal). Die vierte Gestalt ist das Feuer, in dem die Eigenschaften der Begierde als Kräfte erweckt werden und Gott sich in seiner ewigen Natur offenbart. Im gegenseitigen Begehren des väterlichen Willens des Ungrundes und des Willens der freien Lust des Sohnes »geschiehet ein großer Schrack, als ein Blitz«, an sich das Feuer entzündet. In der fünften Gestalt, der Liebe-Begierde, werden die Kräfte des ewigen Wortes oder Verstandes offenbar. Sein Widerpart ist die sechste Gestalt der Natur, der Schall, die Rede und überhaupt alles, was lautet. Die siebte Gestalt schließlich ist die ewige Natur und das ewige Himmelreich. Die drei Eigenschaften des einen Wesens Gottes, der »ewig gebährenden Kraft«, sind Vater, Sohn und Heiliger Geist. Allein der Mensch hat als Schöpfung neben dem Elementischen und Geistlichen auch die Dimension einer inneren geistlichen Welt, ein im Gemüt gründendes Erkenntnisvermögen. Aus dem Einen des Anfangs resultiert die ursprüngliche Identität von Welt und Begriff, eine in den Völkersprachen verlorengegangene Natursprache, in der die Möglichkeit unmittelbarer partieller Erkenntnis im Schauen gründet. Über das »wirkende Wort« des lebendigen

Geistes, in der Natur wie in der Heiligen Schrift, kann der Mensch selbst im Sprechakt seine Personalität und Freiheit erfahren. – Böhme verfaßte als einer der ersten deutschsprachige philosophische Werke, in denen voller poetischer Sprachschöpfungen die Lutherbibel, Neuplatoniker, die Kabbala und mystische Schriften verarbeitet sind. Sein Werk ist zunächst in Holland, England und Rußland rezipiert worden. In Deutschland wurde er im schwäbischen Pietismus und von Leibniz verehrt, beeinflußte die ›schlesische Dichterschule‹, ›Rosenkreuzer‹ und ›Pansophen‹, wurde in der Romantik von Novalis, L. Tieck, F. Schlegel, F. v. Baader und F. W. J. Schelling, aber auch von Hegel und Goethe geschätzt.

Ausg.: Sämtliche Schriften, hg. von Will-Erich PEUCKERT, Stuttgart 1958.
Lit.: H. GRUNSKY, Jacob Böhme, Stuttgart-Bad Cannstatt ²1984. – E. H. LEMPER, Jacob Böhme. Leben und Werk, Berlin 1976.

L. KNATZ

Nach dem Nihilismus, Gottfried BENN; EA u. d. T. *Der Nihilismus und seine Überwindung*, Berlin 1932.

In den Jahren 1929–34 entfaltete Benn eine rege publizistische Tätigkeit, die der Eigenart und Bedeutung des dichterischen Worts in der modernen Welt galt. Die wichtigsten Aufsätze und Reden sind in den Sammelbänden *Fazit der Perspektiven* (1930), *Nach dem Nihilismus*, *Der neue Staat und die Intellektuellen* (1933) und *Kunst und Macht* (1934) vereinigt. Im *Nihilismus*-Essay rückt Benn seine expressionistische Lyrik und Prosa nachträglich in einen weltgeschichtlich-metaphysischen Horizont. Dabei knüpft er vor allem an die »Artistenmetaphysik« Nietz-

sches an. Außerdem beruft er sich auf den Vitalismus des jungen H. Mann, den Ästhetizismus Georges (→*Über Dichtung*) und die futuristische Programmatik F. T. Marinettis. Bei der Ausgestaltung der menschheitsgeschichtlichen Perspektive steht jenes zivilisations- und vernunftkritische Schrifttum in der Nachfolge Nietzsches Pate, dessen populärstes Beispiel O. Spenglers *Der Untergang des Abendlandes* (1923) ist. – In einer apodiktisch-nomothetischen, sich bisweilen ins Expressiv-Visionäre steigernden Sprache wird dargelegt, daß die moderne Wissenschaft und Technik, der Kapitalismus, die Institutionalisierung und Formalisierung des staatlichen Lebens sowie die Demokratisierung, Liberalisierung und Humanisierung der Gesellschaft zum Untergang jener Welt geführt hätten, in der Natur und Geist, Objekt und Subjekt, Anschauung und Begriff noch eins gewesen seien. Als deren letzter Repräsentant wird der Goethe des vitalistischen Goethe-Mythos beschworen. Positivistischer Rationalismus und Fortschrittsglaube, die der Aufklärung angelastet werden, sollen zu einer »materialistisch-mechanischen Formwelt« und »Vermassung« des Menschen geführt haben, die der Einzelne nur als Absturz in den Nihilismus, als Realitäts- und Wertzerfall erleben könne. Im Sinne einer biologistischen Anthropologie wird dies auch als »organische Ermattung« und »progressive Zerebration« des Menschen gekennzeichnet. In solch »finaler Lage« erkenne die Dichtung ihre Aufgabe in der »Erhebung wider die moderne Welt« (J. Evola), nämlich darin, die Sphäre des Bewußtseins, der Vernunft, der Logik, des Begriffs aufzubre-

chen und in die Tiefe des Unbewußten, Prälogischen, Organischen, Triebhaften vorzustoßen.
Diese ist ein Raum zugleich des
unmittelbaren Lebens und des
Schöpferisch-Ursprünglichen, aus
dem allein der »konstruktive
Geist« die vitalen Impulse empfangen kann, die ihn Formen
schaffen lassen. Dichtung ist demzufolge das Organon einer Le-
benssteigerung und -verdichtung,
in der Erlebnis zum Ausdruck,
»Rausch« durch »Züchtung« zur
Form wird.

Ausg.: Gesammelte Werke, hg. von D. WEL-
LERSHOFF, Bd. 1, Wiesbaden 1959, S. 140–
210 und 410–30.
Lit.: G. LOOSE, Die Ästhetik Gottfried
Benns, Frankfurt/M. 1961. – B. HILLE-
BRAND, Artistik und Auftrag, Zur Kunst-
theorie von Benn und Nietzsche, München
1966. – H. RIDLEY, Gottfried Benn, Ein
Schriftsteller zwischen Erneuerung und Re-
aktion, Opladen 1990.

                                    G. WILLEMS

**Nachlese zu Aristoteles' Poe-
tik,** Johann Wolfgang von GOE-
THE; ED 1827 (in: Über Kunst
und Altertum, Bd. 6, H. 1, S. 84–
91).
Die Hauptthese des Aufsatzes, mit
der Goethe sich gegen die gesamte Tradition der Auslegung der
Aristotelischen Poetik, ja – anders
als er selber glaubt – auch gegen
deren eigene Grundtendenz stellt,
lautet, daß Aristoteles in seiner
berühmten Begriffsbestimmung
der Tragödie (→*Peri poietikes*)
nicht die »Wirkung« derselben auf
den Zuschauer ins Auge fasse –
dieser Aspekt sei seinem am »Gegenstand« orientierten Denken
durchaus fremd –, sondern von
ihrer »Konstruktion« rede. Die
Aristotelische »Katharsis« bedeute
nicht, daß die Tragödie »durch
Darstellung Mitleid und Furcht
erregender Handlungen und Ereignisse von den genannten Lei-

denschaften das Gemüt des Zuschauers reinigen« solle, sondern
jene sei als innerdramatische »Aus-
gleichung solcher Leidenschaften«
zu verstehen. Durch sie erreiche
die Tragödie, was das Ziel eigentlich jedes Kunstwerks ist: die »aus-
söhnende Abrundung« desselben.
Letztere verdeutlicht Goethe an
der Urhandlung der Tragödie, die
in seinen Augen im »Menschen-
opfer« und dessen Abwendung
durch eine »günstige Gottheit«
(vgl. Goethes *Iphigenie auf Tauris*,
1787) besteht. Bei den Griechen
sei die »Söhnung« und »Lösung«
zumal durch die Form der Trilogie ermöglicht worden. In diesem
Sinne hat er selber seine *Trilogie
der Leidenschaft* (1827) konzipiert,
deren drittes Gedicht die *Aussöh-
nung* der in der Marienbader *Elegie*
gestalteten tragischen Zerrüttung
zum Titel und Thema hat. – Die
Katharsis ist in dieser Umdeutung
keine Wirkungskategorie mehr,
sondern eine immanente Größe
im Sinne der autonomen Geschlossenheit des Kunstwerks, wie
sie Goethe durch die Ästhetik von
K. Ph. Moritz (→*Über die bildende
Nachahmung des Schönen*) und Kant
(→*Kritik der Urteilskraft*) zur
Selbstverständlichkeit geworden
ist. Die Katharsis-Deutung der
Aufklärung steht in Widerspruch
zum Prinzip der ästhetischen Autonomie, da sie den aristotelischen
Begriff im Sinne einer moralischen Reinigung interpretiert.
Schon Schiller hat aber in seiner
dramatischen Theorie die affek-
tiv-»rührende« Wirkung der Tragödie in Übereinstimmung mit
der Kantschen Ästhetik von der
ethischen Wirkung getrennt.
Goethe hingegen vermischt beide
Aspekte wieder unter negativem
Vorzeichen, verwirft also jede
Poetik, die an der Wirkung auf

den Zuschauer orientiert ist, mithin nicht nur die Lessingsche (→*Hamburgische Dramaturgie*), sondern im Grunde auch die Schillersche Variante der tragischen Wirkungspoetik. – Die erörterte These Goethes wurde freilich schon von der Philologie seiner Zeit (F. v. Raumer) zurückgewiesen. Goethe hat die Differenzen in der Katharsis-Deutung als Modellfall der Opposition zweier grundsätzlich verschiedener ästhetischer »Parteien« charakterisiert: »Wir kämpfen für die Vollkommenheit eines Kunstwerks in und an sich selbst, jene denken an dessen Wirkung nach außen, um welche sich der wahre Künstler gar nicht bekümmert« (an Zelter, 29.1.1830). Hier ist die Grenze zwischen der traditionellen Wirkungspoetik, wie sie noch von Schiller vertreten wurde, und der um 1800 aufkommenden Tragödienmetaphysik bezeichnet, welche das Tragische nun ausschließlich immanent-inhaltlich bestimmt.

Ausg.: Werke, Hamb. Ausg., Bd. 12, hg. von E. Trunz, München ⁹1981, S. 342–45.
Lit.: M. Fuhrmann, Die Rezeption der aristotelischen Tragödienpoetik in Deutschland, in: Handbuch des deutschen Dramas, hg. von W. Hinck, Düsseldorf 1980, S. 93–106. – J. Schillemeit, Produktive Interpretation. Goethes ›Nachlese zu Aristoteles' Poetik‹ im entstehungsgeschichtlichen Kontext, in: Dt. Vierteljahrsschr. 55 (1981), S. 629–38. – W. Wittkowski, Katharsis. Goethe, Aristoteles und der Streit der Philologen, in: Goethe-Jb. 104 (1987), S. 113–27.

D. Borchmeyer

Nature (engl.; *Die Natur*), Ralph Waldo Emerson; EA Boston 1836; dt. Hannover 1868.
Dieser frühe, noch relativ systematisch gegliederte und höchst kunstvoll gebaute Essay gilt allgemein als die philosophische Grundlegung des Transzendenta-

lismus und damit der amerikanischen Romantik. Zwar geht es Emerson hier explizit um eine Erörterung des ursprünglichen Verhältnisses zwischen Mensch und Natur, das er als gestört empfindet; implizit aber wird – insbesondere in den Kapiteln »Schönheit« und »Sprache« – die Dichtung ständig mit thematisiert, insofern nämlich gerade in der Figur des Dichters diese originäre Beziehung zwischen Mensch und Natur besonders manifest wird. – Ausgehend von der grundsätzlichen Einheit des Universums (Gott – Mensch – Natur) sieht Emerson im Göttlichen (»Spirit«) ganz im Sinne seines englischen Lehrmeisters S. T. Coleridge die unendliche Schöpferkraft am Werk, der Mensch und Natur gleichermaßen ihre endliche Existenz verdanken. Der Mensch – und insbesondere der Dichter – erhält in dieser Trias insofern einen privilegierten Platz zugewiesen, als es ihm allein kraft seiner göttlichen Inspiration gelingen kann, die fragmentierte Welt der Dinge wieder zu integrieren und so die ursprüngliche Einheit des Universums im Kunstwerk erscheinen zu lassen. Als ganzer Mensch vermag er nämlich Analogien herzustellen, die der ›Halbmensch‹ nicht sehen kann. Mittels seiner Sprache, die unverstellt und von daher ganz im romantischen Sinne ursprünglich, d. h. poetisch ist, gelingt es ihm, die Natur im Kunstwerk zu re-formieren und zu transfigurieren, d. h. sie aus ihren alltäglichen Verformungen zu lösen und ihre originäre, im Göttlichen begründete Form wieder zur Anschauung zu bringen. Dies bedeutet, daß der Dichter mit seiner Sprache lediglich nachschafft, was der göttliche Geist in der Natur bereits präformiert hat. Während Gott als unendlicher Schöpfer gedacht ist, wird der Dichter zu einem »Schöpfer im Endlichen« (»creator in the finite«). Er interpretiert in seinem Werk die an sich stumme Natur so, daß sie ihre ursprüngliche, von Gott verliehene Sprache wiedererlangt. – Beeinflußt von Goethes Naturauffassung und dem deutschen Idealismus, vermittelt über die englischen Romantiker Coleridge und Carlyle, hat Emerson in diesem Essay seine transzendentalistische Poetologie begründet, um sie dann in späteren Essays (→ *The Poet*) weiter zu konkretisieren. Die amerikanischen Romantiker von Thoreau über Hawthorne und Whitman bis hin zu Melville standen im Bann dieser Ideen und setzten sich zeitlebens mit ihnen auseinander.

Ausg.: Collected Works, Bd. 1, hg. von R. E. SPILLER, Cambridge/Mass. 1971. – Dt. Zürich 1988.
Lit.: J. PORTE, Nature as Symbol: Emerson's Noble Doubt, in: New England Quarterly 37 (1964), S. 453–76. – B. L. PACKER, Emerson's Fall: A New Interpretation of the Major Essays, New York 1982, S. 22–84. – H. M. STEELE, Romantic Epistemology and Romantic Style: Emerson's Development from ›Nature‹ to the ›Essays‹, in: Studies in the American Renaissance, 1983, S. 187–202.
                                        J. C. SCHÖPP

Noten zur Literatur, Theodor W. ADORNO; EA Frankfurt/M. 1958 (Bd. 1), 1961 (Bd. 2), 1965 (Bd. 3), 1974 (Bd. 4).
Der Band versammelt Studien zu einzelnen literarischen Gegenständen, die dem ästhetischen Hauptwerk Adornos (→ *Ästhetische Theorie*) vorangingen. Die Aufsätze entstanden zwischen 1931 und 1968. Weitere enthält der Band *Prismen* (1955), dessen Untertitel *Kulturkritik und Gesellschaft* auch für die *Noten* gelten könnte. –

Das Verstehen literarischer Werke gilt bei Adorno dem Zusammenwirken all ihrer Momente: »indem nämlich der im Vollzug von Erfahrung ergriffene Gehalt, in seiner Beziehung zur Formensprache und den Stoffen des Gebildes, reflektiert und benannt wird«. Das Verhältnis von Form und Inhalt erkennt Adorno weder als Summe noch als bloße Einheit an, sondern er denkt das eine jeweils durch das andere vermittelt: Form ist sedimentierter Inhalt. Die Aufsätze richten sich unter diesem Blickwinkel gegen zwei geläufige Deutungsmuster von Literatur: gegen das existentielle, in dem der besondere Gehalt der Werke in einem allgemeinen Wesenhaften verschwindet, und gegen die Deutung von Literatur als Widerspiegelung gegebener Wirklichkeit. In ihr wird das dargestellte Besondere nur zum – positiven oder negativen – Exempel für allgemeine Sachverhalte. Dem setzt Adorno den »Aufweis des Wesenhaften inmitten der innersten Zelle von Besonderung« entgegen. Der Bezug der Kunstwerke zur Wirklichkeit ist kein Stellungnehmen, sondern besteht darin, daß sie »durch nichts anderes als ihre Gestalt dem Weltlauf widerstehen, der den Menschen immerzu die Pistole auf die Brust setzt«. Diese dialektische Beziehung auf Gesellschaft erkennt Adorno noch in der Lyrik, wo sie zunächst ausgeschlossen scheint. Philosophisch bedeutsam sind Adornos Interpretationen, indem sie sich auf die einzelnen Werke, ihre individuellen Gesetzmäßigkeiten und immanenten Probleme einlassen und dabei auf Gehalte stoßen, die die Philosophie im Medium des Begriffs bearbeitet. Gerade dort, wo sich die Studien am tiefsten in das einzelne Werk versenken, sind sie Modelle allgemein für das Verstehen ästhetischer Gegenstände. Entfaltet wird dieses auch in einer historischen Dimension. Aus seiner Gegenwart blickt das Subjekt auf ein Objekt der Vergangenheit. Diese Spannung will Adorno nicht durch Kürzung eines der beiden Momente tilgen, sondern er trägt sie aus, indem er »dem Vergänglichen am Vergangenen das Gegenwärtige abzwingt«. Die Aufsätze sind zumeist um einzelne Autoren zentriert: J. W. v. Goethe, F. Hölderlin, J. v. Eichendorff, H. Heine, H. de Balzac, Ch. Dickens, St. George, M. Proust, K. Kraus, Th. Mann, R. Borchardt, S. Beckett; auch um philosophische Autoren wie W. Benjamin, E. Bloch, S. Kracauer, Theoretiker wie P. Valéry und G. Lukács oder theoretische Positionen wie die des ›Engagements‹. Gegenstand sind auch die Fremdwörter, Satzzeichen, Titel oder das physiognomische Leben der Bücher; von den Gattungen neben der Lyrik der Roman sowie der Essay.

Ausg.: Gesammelte Schriften, hg. von R. TIEDEMANN, Bd. 11, Frankfurt/M. 1974. *Lit.*: U. SONNEMANN, Rezension, in: Neue deutsche Hefte 1 (1966), S. 167–71. – K. H. BOHRER, Ausfälle gegen die kulturelle Norm. Erkenntnis und Subjektivität – Formen des Essays, in: Literaturmagazin 6 (1976), S. 15–28. – E. SEIWERT, ›nur eine schöne Kunstfigur?‹, in: Das unerhört Moderne. Berliner Adorno-Tagung, hg. von F. HAGER/H. PFÜTZE, Lüneburg 1990, S. 179–89.

E. BOCKELMANN

L'Œil vivant (frz.; *Das Leben der Augen*), Jean STAROBINSKI; EA Paris 1961; dt. Frankfurt/M./Berlin/Wien 1984.
L'Œil vivant war zugleich Höhepunkt und Abschluß einer Literaturkritik, die auch in frankophonen Ländern seit dem Zweiten Weltkrieg die schulmäßige Literaturgeschichte durch immanente Interpretationen ablöste. Im theoretischen Hintergrund dieser Kritiker, denen die Einzelkapitel in *L'Œil vivant* bezeichnenderweise gewidmet sind, stand die ›Existenzphilosophie‹ mit ihrer nietzscheanischen Annahme, daß die Kategorien der Welterschließung selber, von platonischer Zeitlosigkeit weit entfernt, erst im Vollzug der Existenz konstituiert würden. Frankreichs sogenannte ›Neue Kritik‹ brauchte diese Ontologie nur ins Regionale und Individuelle zu wenden, um auf dem Weg von Werkvergleichen die unterschiedlichen Strukturen etwa von Zeit, Raum oder Wahrnehmung bei einzelnen, allerdings durch Literatur großen Individuen beschreiben zu können. – *L'Œil vivant* rekonstruiert in diesem Sinn vier literarische Welten unter einem Leitbegriff, dem Sartre und Merleau-Ponty zum Rang der philosophischen Kategorie verholfen haben: Der Blick als »Beziehung«, die das Ich phänomenologisch auf die Welt und dialektisch auf den Blick des anderen bezieht, wird in seiner konstitutiven Funktion für Gesamtwerke und (falls sie quellenmäßig erschlossen sind) auch für Lebensentwürfe von Schriftstellern erwiesen. Dabei versteht Starobinski, im Unterschied zur ›phänomenologischen Schule‹ Bachelards, den Blick nicht als Inventar optischer Wahrnehmungsformen oder Sensibilitäten, sondern als »bewegendes Schicksal« einer »Libido sentiendi«, die ihren Träger – vom Helden über den Autor bis zum Leser und Literaturkritiker – durch Faszination an die Abwesenheit des anderen

bannt. Diese Abwesenheit als exzentrische Mitte, um die das Begehren in lauter Ersetzungen und Stellvertretungen kreist, unterscheidet Starobinskis Ansatz von deutscher Hermeneutik und nähert ihn (auf dem Weg über Sartres Begriff vom Imaginären) der Psychoanalyse französischer Prägung an. Zwei Kapitel über Corneille und Racine analysieren den Blick in der ›Tragédie classique‹ als reine Machtbeziehung. Bei Corneille setzt der Held seiner Faszination durch den Anblick einer geliebten anderen den blendenden Glanz seines eigenen Heldentums entgegen, das seinerseits vom Versprechen zur Tat werden muß. Bei Racine sucht der (vom allgegenwärtigen Auge Gottes schon verurteilte) Blick eines Despoten im Blick der gefolterten Unschuld eine Tiefe, die als solche unerreichbar bleiben muß. – Eben diese Innerlichkeit taucht, nach ihrer bürgerlichen Wendung von Politik zur Psychologie, in den zwei Kapiteln über Rousseau und Stendhal wieder auf: als Naturzustand oder Unbewußtes in Rousseaus Lebensentwurf, als verborgene Individualität hinter Stendhals zahllosen Pseudonymen. Nur den geschichtlichen Einschnitt, der auch in Starobinskis Darstellung moderne Autorindividuen von barocken Heldenfiguren trennt, kann eine textimmanente Dialektik des Blicks nicht mehr ausweisen.

Lit.: R. M. JODI, L'›occhio‹ die Starobinski et la nuova critica, in: Nuova antologia, 111 (1976), S. 433–39.

F. KITTLER

L'Œil vivant II: La relation critique (frz.; *Psychoanalyse und Literatur*), Jean STAROBINSKI; EA Paris 1970; dt. Frankfurt/M. 1973 (Teilübers.).

Die Verbindung zwischen Literaturwissenschaft und Psychoanalyse, wie sie die Literaturtheorie der 70er Jahre prägte, hat durch Starobinskis Aufsatzsammlung historische Tiefe erhalten. *La relation critique* besagt, dem Doppelsinn des französischen Titels gemäß, zugleich: Dialektik intersubjektiver Beziehungen und Bericht über die eigene literaturkritische Methode. Als Medizinhistoriker liefert Starobinski eine Vorgeschichte der psychoanalytischen Arzt-Patient-Beziehung von der Naturphilosophie der Frühneuzeit bis zur Experimentalpsychologie der Jahrhundertwende, die ihrerseits den Surrealismus Bretons auslöste. Als Literaturwissenschaftler fordert er gegenüber erkenntnistheoretisch verkürzten Hermeneutiktheorien, wie sie die deutschsprachige Debatte beherrschten, eine notwendige Wechselwirkung psychoanalytischer und literarischer Interpretationen. Dabei kritisiert Starobinski die literaturwissenschaftlich »angewandte Psychoanalyse« durch den Nachweis, daß Freud nicht den Ödipus des Sophokles, sondern gerade umgekehrt seine Neurotiker (wie schon Shakespeares *Hamlet*, 1603) am Modell dieses mythischen Klartexts interpretiert hat. Bloßen Verfahrensanwendungen tritt das Postulat eines hermeneutischen Zirkels entgegen, dem die Erfahrung des anderen grundsätzlich über die Geschlossenheit der eigenen Methode geht. Eine präzise, an Spitzer geschulte Stilinterpretation zu dem Zweck, ein Romankapitel aus Rousseaus *Les Confessions* (1782/88; *Bekenntnisse*) als erotisch motivierten Interpretationsakt zu erweisen, liefert ein auto-referenzielles Modell dieses Zirkels. Es soll historische Psychoanalysen von Literatur darauf verpflichten, mit einer literarischen Vorgeschichte der Psychoanalyse selbst zu rechnen.

Lit.: D. FRICKE, Jean Starobinski, in: Französische Literaturkritik der Gegenwart, hg. von W.-D. LANGE, Stuttgart 1975, S. 166–79.

F. KITTLER

Of the Standard of Taste (engl.; *Über den Maßstab des Geschmacks*), David HUME; ED London 1757 (in: Four Dissertations); dt. Altona 1758 (in: J. J. Dusch (Hg.), Vermischte und satyrische Schriften nebst einigen Oden auf gegenwärtige Zeiten, S. 239–284).

Im Zentrum der Ästhetik Humes, die ursprünglich als eigenständiger Teil seiner Untersuchung *A Treatise of Human Nature* (1739/40; *Traktat über die menschliche Natur*) geplant war, steht die Suche nach einem Kriterium für das Geschmacksurteil. Sie fällt in ein Jahrzehnt lebhafter Diskussion über die Kennzeichen des »wahren« Geschmacks in England (Gerard, Burke, Home u. a.). – Hume nimmt zunächst die skeptische Position auf, nach der Schönheit keine Eigenschaft des Objekts sei, sondern lediglich im Gefühl des betrachtenden Subjekts liege. Er untersucht die daraus entstehende Problematik eines subjektiven Relativismus des Geschmacksurteils, ohne allerdings zur klassischen Ästhetik zurückzukehren, welche die Regeln der Kunst a priori zu bestimmen und aus ihnen den Maßstab des Geschmacks herzuleiten suchte. Statt dessen unternimmt er eine Analyse der ästhetischen Empfindung (»sentiment«) auf der Basis empirischer Beobachtung. Er konstatiert

dabei zunächst ein paradoxes Phänomen: Der erfahrbaren Verschiedenheit und scheinbaren Relativität der Geschmäcker steht ein ebenso erfahrbarer herrschender Konsens über den Rang bestimmter Kunstwerke gegenüber. Dieser setzt sich unabhängig von den besonderen Vorlieben eines Zeitalters oder einer Nation durch und scheint einen objektiv bestehenden Maßstab des Geschmacks vorauszusetzen. Die »allgemeinen Prinzipien der Zustimmung und des Tadels«, die einem solchen Konsens zugrundeliegen, also ein einheitliches Urteil tatsächlich möglich machen, »operieren« in der menschlichen Natur jedoch nur unter bestimmten Bedingungen »unverfälscht«: »Empfindlichkeit«, d. h. eine umfassende Wahrnehmung des Objekts, »praktische Übung«, d. h. wiederholtes Betrachten von Kunstwerken, »Vergleichen« verschiedenrangiger Werke, »Vorurteilsfreiheit« bei ihrer Betrachtung und »Verständnis« für die Anordnung ihrer Teile auf ein bestimmtes Ziel hin sind die Kriterien für ein »gesundes«, den Prinzipien gemäß funktionierendes Geschmacksorgan. Sie sind zugleich die Kennzeichen des vollkommenen Kunstkritikers, dessen Urteil zum Maßstab all derjenigen wird, deren Empfindung nicht auf diese Weise gebildet ist. Das unmittelbare »dunkle und verworrene« Gefühl beim Anblick eines Kunstwerks kann also nach Hume niemals Grundlage eines treffenden Geschmacksurteils sein, sondern allein die kultivierte, durch Erfahrung und Reflexion zu Klarheit und Distinktheit gebrachte Empfindung. Der Prozeß dieser Kultivierung korrigiert das individuelle ästhetische Gefühl und verhindert so ein bloßes Insistieren auf dem je eigenen unmittelbaren Geschmack. Die Korrektur ermöglicht außerdem eine Mitteilbarkeit der Empfindungen und führt so zu einer Diskussion über Geschmacksfragen innerhalb der Gesellschaft. In ihr paßt sich die Empfindung des Einzelnen allmählich über die eigene Verfeinerung hinaus an die vorherrschende Meinung über Kunstwerke an. So bildet sich geschichtlich ein einheitliches Wertsystem und mit ihm der Maßstab des Geschmacks. Hume spricht so dem Geschmacksurteil zwar jede objektive Notwendigkeit ab, zeigt aber zugleich, wie seine Allgemeingültigkeit möglich ist.

Ausg.: New York 1970 (Repr.). – D. Hume, Essays, Moral, Political, and Literary, hg. von E. F. Miller, Indianapolis 1987 – Dt. in: J. Kulenkampff, Materialien zu Kants ›Kritik der Urteilskraft‹, Frankfurt/M. 1974, S. 43–63.
Lit.: S. Talmor, A forgotten Classic: Hume's ›Standard of Taste‹, in: Durham University Journal 75 (1982), S. 15–18.
                                        A. v. d. Lühe

Om Begrebet Ironi med stadigt Hensyn til Socrates (dän.; *Über den Begriff der Ironie mit ständiger Rücksicht auf Sokrates*), Sören Kierkegaard; EA Kopenhagen 1841; dt. München/Berlin 1929.
In kritischer Auseinandersetzung mit dem Begriff der Ironie bei Hegel und seiner reflexiven Potenzierung in der Romantik arbeitet Kierkegaard die Bedeutung der Ironie für die Weltgeschichte und den einzelnen heraus. Im ersten Teil seiner Untersuchung fragt er nach der Identität des Sokrates. Während dieser bei Xenophon »Apostel der Nützlichkeit«, bei Platon »Statthalter der Idee« ist, tritt er bei Aristophanes als »komische Figur« auf, die als ein

»Etwas, das zugleich ist und nicht ist«, auf den Grund für die widersprüchlichen Interpretationen verweist, mit denen sie bedacht wird: Sokrates' Dasein ist wesentlich Ironie, »unendliche absolute Negativität«. In der wechselseitigen Vernichtung von Wesen und unangemessener Erscheinung fühlt sich das Subjekt negativ frei und emanzipiert sich erstmals radikal von allen substantiellen Beziehungen zu Staat und Gott. Da die Sokratische Ironie an einem historischen »Wendepunkt«, dem Untergang des athenischen Staats, auf eine schon durch Sinnverlust bedrohte Wirklichkeit trifft, ist sie weltgeschichtlich gerechtfertigt. Im zweiten Teil stellt Kierkegaard Sokratische und romantische Ironie vor der Folie einer systematischen Begriffsklärung einander gegenüber. Trotz ihres verständlichen Protests gegen bürgerliche Konventionen scheint ihm die »überspannte Subjektivität« der romantischen Ironie nicht gerechtfertigt. F. Schlegel und Tieck ersetzen nach seiner Auffassung die gesamte geschichtliche Wirklichkeit durch selbstgeschaffene Mythisierungen und ein inhaltsleeres Werden, indem sie Fichtes allbegründendes Ich mit dem empirischen Ich gleichsetzen. Dagegen bringt die »beherrschte Ironie« Goethes oder Shakespeares Wirklichkeit und Möglichkeit ins rechte Verhältnis. Obwohl Kierkegaard Hegels Romantikkritik grundsätzlich zustimmt, wendet er gegen diesen ein, er habe die Ironie nicht als »erste und abstrakteste Bestimmung der Subjektivität« erkannt, sondern sie mit ihrer romantischen Erscheinungsform verwechselt und ihre Wahrheit übersehen. Diese liegt nach Kierkegaard in der Kritik am substanz-losen Dasein und in ihrer Bedeutung für die Persönlichkeit, die »mindestens augenblicksweise dem Maßstab der Wirklichkeit sich entzieht«. Für die ›romantische Moderne‹ und Kierkegaard selbst waren die psychologische und historische Analyse des romantischen als des ästhetischen Bewußtseins und die Anwendung von Kategorien wie ›Augenblick‹ oder ›unheimliche Angst‹ richtungweisend. In der Postmoderne haben u. a. die Selbstironie der ambivalenten Untersuchung und das Verhältnis von Spiel und Geschichte Beachtung gefunden.

Ausg.: Gesammelte Werke, hg. von E. HIRSCH/R. HIRSCH, 31. Abt., Düsseldorf/Köln 1961.
Lit.: G. vom HOFE, Die Romantikkritik Sören Kierkegaards, Frankfurt/M. 1972. – J. SMYTH, A Question of Eros – Irony in Sterne, Kierkegaard and Barthes, Tallahassee 1986. – K. H. BOHRER, Die Kritik der Romantik, Frankfurt/M. 1989.

M. BACKES

Oper und Drama, Richard WAGNER; EA Leipzig 1852 (Teildr. 1851, in: Deutsche Monatschrift für Politik, Wissenschaft, Kunst und Leben, 2).
Das programmatische Werk ist ein theoretischer Beitrag zur Erneuerung des Dramas von seiner (musikalisch-)theatralischen Realisation aus. In der Poetik und Ästhetik des Dramas herrschte von Aristoteles (→*Peri poietikes*) bis Hegel (→*Vorlesungen über die Ästhetik*) die Überzeugung vor, daß die Aufführung für den Wert und die Wirkung des (primär literarischen) Dramas sekundär sei. Wagner stellt diesen Ansatz in Frage: Erst seine Präsentation auf der Bühne vollendet das dramatische Kunstwerk und bietet dem Rezipienten höchsten Genuß. –

Das Drama ist für Wagner grundsätzlich Gipfel und Vollendung der Kunst. Denn allein das Drama kann die ästhetische Forderung nach »vollständigster Verwirklichung« der künstlerischen »Absicht«, nach »Gefühlswerdung des Verstandes«, nach »wirklicher Darstellung« an die »Sinne« (vornehmlich Auge und Ohr) erfüllen – vorausgesetzt allerdings, es beruht auf der (»organischen«) »Vereinigung aller Künste zum Kunstwerke«. Da es dieses Drama in der Gegenwart noch nicht gibt, spricht Wagner auch vom »Drama der Zukunft«. – Die drei Teile der Schrift sind dialektisch aufeinander bezogen. Im 1. Teil (»Die Oper und das Wesen der Musik«) verfolgt Wagner die Geschichte der Oper, besonders die Beziehung zwischen Tonkunst und Dichtkunst. Den Hauptfehler des »Kunstgenres der Oper« erblickt er darin, »daß ein Mittel des Ausdruckes (die Musik) zum Zwecke, der Zweck des Ausdruckes (das Drama) aber zum Mittel gemacht war«. Nur aus der Verbindung von Musik und Dichtung kann das vollendete Kunstwerk entstehen. Geschichtliche Anknüpfungspunkte für das projektierte »musikalische Drama« findet Wagner ausschließlich bei Beethoven, vor allem im Chorfinale der »Neunten Symphonie«. – Im 2. Teil (»Das Schauspiel und das Wesen der dramatischen Dichtkunst«) entfaltet Wagner seine These vom zweifachen Ursprung des »modernen Dramas« aus dem Roman und dem daraus hervorgegangenen Schauspiel Shakespeares einerseits, dem griechischen Drama und der daraus entstandenen »tragédie classique« andererseits. Wie die Oper, so lehnt er auch das überlieferte Drama ab.

Denn durch seinen Verzicht auf die »wirkliche Darstellung« der dramatischen Handlung richtet es sich nicht so sehr an die Sinne, als vielmehr an die Einbildungskraft bzw. den Verstand des Publikums. Mit der Forderung nach ›sinnlicher‹ »Verwirklichung« hängt es auch zusammen, daß für Wagner nur der Mythos (und besonders das »Wunder«), nicht aber die Geschichte die geeignete Stoffgrundlage für das »Drama der Zukunft« sein kann. Während die historische Handlung – wie im Roman – durch die äußeren sozialen und politischen Verhältnisse erklärt werden muß, entsteht die mythische Handlung – wie im »Drama der Zukunft« – aus den inneren, »reinmenschlichen« Beweggründen, sie ist daher unmittelbar verständlich. Um diesen gefühlsmäßigen Motiven einen angemessenen Ausdruck zu geben, genügt aber die verbale Sprache nicht; sie muß durch die Musik ergänzt werden. – Die in die geschichtliche Zukunft projizierte Synthese von Dichtkunst und Tonkunst ist das Thema des 3. Teils (»Dichtkunst und Tonkunst im Drama der Zukunft«). Hier entwickelt Wagner einige wesentliche Formmerkmale des »musikalischen Dramas«: die »dichterisch-musikalische Periode« als dessen elementare formale Einheit, die ihr entsprechende »dramatische Situation« und die »Wiederkehr« der (Leit)Motive, welche die »einheitliche künstlerische Form« des dramatischen Kunstwerks bedingt. Das »musikalische Drama« als das »Drama der Zukunft« versteht er dabei als Wiederherstellung der klassischen griechischen Tragödie auf höherer Entwicklungsstufe: der antike Chor wird in ihm durch das symphonische Orchester ersetzt. – *Oper und Drama* ist eng mit der Entstehungsgeschichte von *Der Ring des Nibelungen* (1853, Komposition 1874) verknüpft. Nachhaltige Wirkung übte die Schrift auf Nietzsche (→*Die Geburt der Tragödie aus dem Geiste der Musik*) und die Theaterreformbewegung der Jahrhundertwende (z. B. A. Appia, V. E. Mejerchold, Th. Mann, W. Kandinsky) aus. Ihre Bedeutung für die Geschichte der Dramen- und Theatertheorie beginnt die Forschung allerdings erst in den letzten Jahren zu ermessen.

Ausg.: Dichtungen und Schriften, 10 Bde., hg. von D. BORCHMEYER, Bd. 7, Frankfurt/M. 1983. – Hg. und komm. von K. KROPFINGER, Stuttgart 1984 (Repr.). *Lit.*: D. BORCHMEYER, Das Theater R. Wagners. Idee – Dichtung – Wirkung, Stuttgart 1982. – A. INGENHOFF, Drama oder Epos? R. Wagners Gattungstheorie des musikalischen Dramas, Tübingen 1987. – Theater und Drama. Theoretische Konzepte von Corneille bis Dürrenmatt, hg. von H. TURK, Tübingen 1992.

P. LANGEMEYER

Das Ornament der Masse. Essays, Siegfried KRACAUER; EA Frankfurt/M. 1963.
Die Essays dieser Sammlung erschienen zwischen 1921 und 1931. Sie sind Bausteine zu einer Theorie der Kultur des 20. Jh.s. Für Kracauer hat die individualistische bürgerliche Kultur ihre Bedeutung als historische Kraft verloren. An ihre Stelle ist die Massenkultur getreten, die »ihrer Unbewußtheit wegen einen unmittelbaren Zugang zu dem Grundgehalt des Bestehenden« gewährt. »Der Ort, den eine Epoche im Geschichtsprozeß einnimmt, ist aus der Analyse ihrer unscheinbaren Oberflächenäußerungen schlagender zu bestimmen als aus den Urteilen der Epoche über sich selbst.« Mit einer an G.

Simmel bewunderten und ge-schulten Methode, von der Ober-fläche »zu ihren geistigen Unter-gründen« vorzudringen, zeigt Kracauer am Beispiel der ame-rikanischen Tanztruppe »Tiller-Girls« und der Beliebtheit von Massenfreiübungen in geometri-schen Figuren, wie sich in Phäno-menen der Massenkultur der Pro-zeß der Geschichte enthüllt: Trä-ger der Körperornamente ist die Masse, in der die Menschen keine Individuen, sondern nur »Massen-mitglieder«, »Bruchteile einer Fi-gur« sind. Die »gleiche geometri-sche Genauigkeit« zieht das ästhe-tische Interesse auf sich, »das Or-nament ist sich Selbstzweck«, nicht aber sind es die Menschen. Dieser ästhetische Vorgang spie-gelt die Realität: »Der kapitalisti-sche Produktionsprozeß ist sich Selbstzweck wie das Massenorna-ment«, er sprengt »die natürlichen Organismen« wie »Volksgemein-schaft und Persönlichkeit« und führt zur »Fabrikation von Arbei-termassen«. Im Massenornament erscheint die abstrakte Rationali-tät des Kapitalismus, die Entlee-rung der Vernunft und die Ent-substantialisierung der Natur. Von hier zieht sich eine Linie zu Kracauers späterer Kritik des Fa-schismus mit seinen ornamentalen Massenaufmärschen. – In der Konsequenz dieses Kulturbegriffs hat sich Kracauer verstärkt den Massenmedien zugewandt (Sport, Revue, Radio, Bestseller, Krimi-nalroman und vor allem Film). Deren Produktionen offenbaren den historischen Zustand unmit-telbar, denn der Masse entspricht eine Kultur der unmittelbaren Be-dienung sentimentaler Phantasie-bedürfnisse. In Literatur, vor al-lem im Film, erhält alles einen or-namentalen Sinn, ist alles geprägt von »Äußerlichkeit« und »Ver-äußerlichung«. Der Detektiv-roman mit seinen »entleerten In-dividuen« erschließt »im ästheti-schen Medium das Geheimnis der entwirklichten Gesellschaft und ihrer substanzlosen Marionetten.« Das Kunstwerk ist die Antiposi-tion zum »entwirklichten Leben«. In den Filmen und den »Erfolgs-büchern« kommen die »Tagträu-me der Gesellschaft«, d.h. die der Massen, zum Vorschein. Deren irreale Wunschphantasien dienen der Bourgeoisie und werden allein deshalb produziert. Dieser Kultur fehlt die Gesellschaftskritik; sie bestätigt »in ihrer Gesamtheit das herrschende System«.

Ausg.: Schriften, hg. von K. WITTE, Aufsät-ze, Bd. 5, 2, hg. von I. MÜLDER-BACH, Frankfurt/M. 1990.
Lit.: H. LETHEN, Neue Sachlichkeit 1924–33. Studien zur Literatur des ›Weißen Sozialismus‹, Stuttgart 1970.

R. SCHOLZ

O teorii prozy (russ.; *Über die Theorie der Prosa*), Viktor ŠKLOV-SKIJ; EA Moskva/Leningrad 1925 (2., erw. Ausg. Moskva 1929); dt. Frankfurt/M. 1966 (unvollst.).
Die Sammlung enthält acht (in der 2. Aufl. zehn) z.T. schon frü-her veröffentlichte Aufsätze, wel-che die Verfremdungs- und Pro-satheorie des Russischen Forma-lismus begründen. Der wichtigste und einflußreichste unter ihnen ist *Iskusstvo kak priem* (1917; *Kunst als Verfahren*), eine Art Manifest der formalen Methode, das eine ge-gen jegliche Imitations-, Repro-duktions- und Widerspiegelungs-konzeption gerichtete Ästhetik entwirft, in deren Mittelpunkt das »Verfahren« des »ostranenie« (der »Verfremdung«) steht. Die übri-gen Aufsätze behandeln an unter-schiedlichen Gattungen (Skizze, Anekdote, Novelle, Roman, Ge-

heimnis-Novelle, Geheimnis-Roman, parodistischer Roman, sujetlose Prosa, ornamentale Prosa) spezifische Manifestationen des Verfremdungsprinzips im »Sujetbau« der Prosa, wie z. B. »Stufung« (variierende Wiederholung von Motiven), »Parallelismus« oder »Gegenüberstellung« von thematischen oder formalen Motiven, »Bremsung« der Sujetentwicklung, »Ausfaltung« von semantischen Figuren und Wortmotiven zu Sujets. – »Verfremdung« hat bei Šklovskij drei, zunehmend speziellere Bedeutungen, denen gemeinsam ist, daß sie die Verletzung einer Norm implizieren: Abweichung von konventionalisierten Darstellungsformen; Erschwerung automatisierter Darstellungsvorgänge; ›Fremdmachen‹ vertrauter Gegenstände, Begriffe, Formen usw. In allen drei Bedeutungen soll Verfremdung die »Schwierigkeit und Länge der Wahrnehmung« steigern. Der künstlichen Erschwerung der Wahrnehmung werden zwei unterschiedliche, in ihrem Wechselverhältnis nicht geklärte Wirkungen zugeschrieben: 1. ein bewußtes »Erleben«, »Sehen« des dargestellten Gegenstandes, das – anders als das automatisierte »Wiedererkennen« – das »wahre Wesen« des Gegenstands erfaßt und somit der Wahrnehmenden vor dem Schwund der Realitätserfahrung und damit des Lebens bewahrt; 2. das Erwecken eines »Empfindens« des Verfahrens, die Hinwendung der Aufmerksamkeit auf die Weise der Darstellung, auf das »Machen des Dings« (wobei der dargestellte Gegenstand, das Gemachte, »unwichtig« ist). Verfremdet werden in Šklovskijs Beispielen verschiedenartige Objekte, wobei sich die jeweils verletzte Norm, die Bedeutung, die Wirkung und das Mittel der Verfremdung ändern: 1. beliebige Gegenstände der außersprachlichen Wirklichkeit (in der Metapher, im Rätsel, in jeder nicht-konventionellen Benennung); 2. gesellschaftliche Einrichtungen, deren wahres Wesen durch automatisierte Darstellung und Wahrnehmung verdeckt wird (wie z. B. die durch Tolstoj verfremdeten Institutionen Eigentum, Oper, Krieg); 3. die Sprache (poetische Sprache als »Erschwerung« der »praktischen« Sprache); 4. das künstlerische Verfahren (bei Verfremdung als Abweichung: Verwendung anderer Verfahren; bei Verfremdung als ›Fremdmachen‹: Wiederbelebung eines konventionalisierten Verfahrens durch seine »Bloßlegung« als Verfahren). – In der Rezeption hat man an dem facettenreichen Verfremdungs-Aufsatz entweder den ethischen oder den ästhetischen Aspekt beleuchtet.

Ausg.: Frankfurt/M. 1984 (unvollst.).
Lit.: J. STRIEDTER, Zur formalistischen Theorie der Prosa und der literarischen Evolution, in: Texte des russischen Formalisten, hg. von J. STRIEDTER, Bd. 1, München 1969, S. IX–LXXXIII. – R. LACHMANN, Die »Verfremdung« und das »Neue Sehen« bei V. Šklovskij, in: Poetica 3 (1970), S. 226–49. – A. A. HANSEN-LÖVE, Der russische Formalismus, Wien 1978.

W. SCHMID

Le pacte autobiographique

(frz.; *Der autobiographische Pakt*), Philippe LEJEUNE; entst. 1972–74; EA Paris 1975.

Im Mittelpunkt der Sammlung stehen fünf Aufsätze, die sich mit französischsprachigen Autobiographien befassen: zwei Interpretationen zu Rousseaus *Les Confessions* (1782/88; *Bekenntnisse*) und je eine Arbeit zu Gide, Sartre und Leiris. Den Rahmen für diese Interpretationen bilden zwei gattungstheoretische Aufsätze. Das Buch erfüllt in erster Linie eine forschungsstrategische Funktion. Die literaturwissenschaftliche Gattungstheorie soll dazu eingesetzt werden, die Ausweitung des Begriffs »Autobiographie« zu einer »litterature personnelle« (d. h. etwa »Literatur der Subjektivität«) zu rechtfertigen. Darüber hinaus kommt dem Buch eine wissenschaftsgeschichtliche Bedeutung zu, welche ihrerseits auf einen kulturellen Normwandel weist. – W. Dilthey hatte die Autobiographie zum ästhetischen Paradigma des »Problems der Individuation« gemacht und sie damit in das Zentrum der Hermeneutik gerückt. Das Interesse seines Schülers G. Misch galt »der Entwicklung des Persönlichkeitsbewußtseins der abendländischen Menschheit« (*Geschichte der Autobiographie*, 1907). Das setzte die Norm eines »überlegenen Menschen«, der selbst an der Seele der Zeit mitschafft«, voraus. Der sein Leben als Kunstwerk gestaltende Mensch repräsentiert als Autobiograph sozusagen die Autonomie des neuzeitlichen Individuums. Lejeune ist im Prinzip dem gleichen Autonomieprojekt verpflichtet. Aber er muß mit den folgenden Schwierigkeiten fertig werden: erstens hat in den 70er Jahren das ästhetische Ideal als praktische Lebensnorm seine Geltung eingebüßt; zweitens muß dieser Normverlust, der auf die Literaturwissenschaft durchschlägt, literaturtheoretisch kompensiert werden. Die Analysen der drei französischen Autoren des 20. Jh.s konfrontieren mit dem Problem, daß an die Stelle eines «Künstlers« als eines »überlegenen Menschen« ein »desintegriertes

Individuum« getreten ist. Sartre etwa interpretiert seine »literarische Neigung« nicht mehr als Berufung, sondern als Resultat einer Kindheitsneurose. Exakt dieses Identitätsproblem wird von Lejeune – ohne daß er die Funktionsäquivalenz von Inhalt und Methode durchschaut – als Problem der literaturwissenschaftlichen Gattungsdefinition durchgespielt. Seine These vom »autobiographischen Pakt« (im ersten gattungstheoretischen Aufsatz) besagt dabei, daß nicht länger die inhaltliche Deutung der Autobiographie mit ihrer klassischen Spannung zwischen historischer Objektivität und narrativer Fiktion, sondern vielmehr die Relation zwischen dem Autor und dem Leser das Entscheidende sei. Da die Autoren auf die Konstruktion einer eindeutigen Identität verzichten, schließt der Leser mit ihnen jenen »Pakt«, sein eigenes Ich durch die Autobiographie-Lektüre aufs Spiel gesetzt zu sehen und so die Chance zu erhalten, sein unkontrolliertes Identifikationsverlangen kritisch zu prüfen. Die Autobiographie steht dabei erneut für das Problem des Verstehens überhaupt. Aufschlußreich freilich ist, daß dieser praktische Bezug bei Lejeune gerade nicht mehr hergestellt wird, sondern daß an seine Stelle die literaturwissenschaftliche Gattungstheorie tritt. »Rezeptionsästhetischen« Anregungen der Konstanzer Romanistik der damaligen Zeit folgend, glaubt Lejeune (wie er im zweiten gattungstheoretischen Aufsatz ausführt), aus der Rekonstruktion eines »Erwartungshorizontes« der Autobiographie-Leser sowohl eine Geschichte der Gattung als auch eine neue Form der Literaturgeschichtsschreibung überhaupt entwickeln zu können. Gattungen werden dann zu »Lektüre-Systemen«, die ihrerseits Teil eines »Kommunikations-Systems« sind. Zur Beschreibung dieser Systeme bedarf es der Konstruktion eigener Theorie-Sprachen. Lejeune beruft sich auf funktionstheoretische, strukturalistische und sprachphilosophische Vorlagen, die ergänzend zur literaturwissenschaftlichen Forschung treten. Tendenziell befreit sich die Literaturwissenschaft von der Bindung an die Literatur und setzt so an die Stelle der ästhetischen die wissenschaftlich-theoretische Autonomie. – Lejeunes Arbeit ist ein gutes Beispiel dafür, wie in den 70er Jahren des 20. Jh.s die literarische Hermeneutik ihren gesellschaftlichen Kompetenzverlust durch fachspezifische Verwissenschaftlichung und Theoretisierung ihrer eigenen Praxis auszugleichen versucht hat.

C. MIETHING

Palaestra eloquentiae ligatae (nlat.; *Übungsschule der gebundenen Beredsamkeit*), Jacob MASEN; EA Köln 1654–57 (3 Bde.).
Masen beansprucht in seiner Dichtungslehre des Barock ebenso wie in seiner Emblemtheorie (*Speculum imaginum veritatis occultae*, 1650, erw. 1681; *Spiegelbild der verborgenen Wahrheit*) und Stiltheorie (*Palaestra styli Romani*, 1659; *Übungsschule für den Roman*) die manieristische Ästhetik der »argutia« (Scharfsinnigkeit) und »novitas« (Neuheit) so in Regeln zu fassen, daß mit ihrer Hilfe auch Schüler der Jesuitengymnasien zu dichterischen und oratorischen Gelegenheitsarbeiten in der Lage sind. Seine an modernen Beispielen (J. Bidermann, H. Hugo, J.

Bisselius, J. Balde, J. Drexel, G. Stengel) orientierten Vorschriften baut Masen in die Systematik der Schulrhetorik ein. Im ersten Band der *Palaestra* führt er das Vermögen der »Gestaltung« (»fictio«) von Bildern und Gleichnissen (»eidola«, »simulacra«, »imagines«) auf erlernbare Vorschriften für »inventio« (»Stoffsammlung«) und »elocutio« (»stilistische Ausgestaltung«) zurück. Das Programm, über bloße Anweisungen für die »imitatio« (»Nachahmung«) der antiken Muster hinaus erstmals eine Theorie der neulateinischen Dichtung zu präsentieren und deren gelehrte Esoterik mit Hilfe detaillierter rhetorischer Regeln und Fallbeispielen zu überwinden (ohne den Dichter zum Gehilfen des Predigers zu erniedrigen), erklärt Masens Einfluß auf die deutschsprachige Poetik (G. Ph. Harsdörffer →*Poetischer Trichter*, Chr. Weise →*Curiöse Gedancken von Deutschen Versen*). – Vorschläge, wie man mit originellen Sentenzen, Pointen, Bildern oder Vergleichen die Erwartungen der Rezipienten übertreffen und ihre Neugier erregen kann, werden erstmals in der *Ars nova argutiarum* (1649; *Die neue Kunst der ausdrucksvollen Darstellung*) auf vier rhetorische Stilmittel (»Widerspruch«, »Vergleich«, »Verfremdung«, »Anspielung«) zurückgeführt. Masens systematische Leistung besteht darin, das Prinzip der Ähnlichkeit des Unähnlichen bzw. der Verfremdung des Zusammengehörenden, auf dem nach der zeitgenössischen Ästhetik die Originalität und Einprägsamkeit eines Kunstwerks beruhte, in rhetorische Verfahrensregeln für die tropische Rede und in poetologische Anweisungen für die Konstruktion von Gleich-

Palimpsestes

262

nissen überführt zu haben. – Um
der Zweckentfremdung der Poesie als didaktisch unverbindlichem
Spiel der Phantasie vorzubeugen,
schaltet Masen der Dichtungslehre
im rhetorisch-technischen Sinn
eine neuplatonisch beeinflußte
Erkenntnistheorie vor, die noch
ausführlicher im *Speculum imaginum veritatis occultae* entfaltet ist.
Nach ihr gibt es empirisch transzendente, z. B. heilsgeschichtlich
verbürgte Wahrheiten, zu deren
Darstellung die naturgetreue Abbildung der Wirklichkeit weniger
geeignet ist als die im Sinnbild allegorisch verhüllte. Auf dieser
Grundlage baut Masen die aristotelische Lehre (→*Peri poietikes*),
daß der Tragödiendichter Handlungen nachahmen soll, die geschehen könnten, zu einer Theorie verschiedener Stufen dichterischer Wahrscheinlichkeit aus. Dabei wertet er diejenigen Stoffe am
höchsten, die gleichzeitig aufgrund historischer Wahrscheinlichkeit die Rezipienten fesseln
und durch eine fingierte Wahrscheinlichkeit auf eine höhere
verborgene Wahrheit verweisen.
In den Abschnitten über die verschiedenen poetischen Gattungen
(Elegie, Epos, Satire, Lyrik, Drama) untersucht Masen mit Hilfe
der Rhetorik die Unterschiede
zwischen antiken Mustern und
modernen Gattungsrepräsentanten. Er geht dabei über J. C. Scaligers Poetik (→*Poetices libri septem*)
hinaus, indem er erstmals auf der
Grundlage seiner Theorie vorführt, worin die ästhetischen Vorzüge der zeitgenössischen Dichtung (z. B. der Lyrik J. Baldes) im
Vergleich mit der römischen bestehen.

Ausg.: Lat./dt. Göttingen 1839.
Lit.: N. SCHEID, Der Jesuit J. Masen, Köln
1898. – B. BAUER, Jesuitica ›ars rhetorica‹

im Zeitalter der Glaubenskämpfe, Frankfurt/M./Bern/New York 1986.

B. BAUER

Palimpsestes. La littérature au
second degré (frz.; *Palimpseste.
Die Literatur auf zweiter Stufe*),
Gérard GENETTE; EA Paris 1982;
dt. Frankfurt/M. 1993.
Nach Genette hat Literatur einen
wesentlichen Bezug auf bereits
Geschriebenes. Diesen Sachverhalt beschreibt er mit dem Begriff
»Hypertextualität«. *Palimpsestes*
stellt den Versuch dar, die verschiedenen Formen der »Hypertextualität« (oder auch »Intertextualität«) zu untersuchen, voneinander abzugrenzen und in ihren
spezifischen Verfahrensweisen zu
bestimmen. »Hypertextualität«
versteht sich als jede Beziehung,
die einen »Hypertext« (z. B. J.
Joyces *Ulysses*, 1922) mit einem
vorhergehenden »Hypotext« (z.
B. mit Homers *Odysseia*, entst.
um 700 v. Chr.; *Odyssee*) verbindet. Der Hypertext ist allerdings
nicht in Form eines Kommentars
auf den Hypotext bezogen, sondern: »Hypertextualität« ist eine
Literatur auf zweiter Stufe, die
»sich schreibt, indem sie liest«.
Diese Beziehung stellt eine Art
Palimpsest dar: Der ausgelöschte
Text ist durch den neuen Text
hindurch noch lesbar, wenngleich
dieser in sich völlig autonom ist.
Beide Texte gleichzeitig zu lesen
und aufeinander zu beziehen ist
die Aufgabe von Genettes Buch.
Die Analyse der »Hypertextualität« folgt dabei einem offenen
Strukturalismus, der nicht die vermeintliche Geschlossenheit eines
Textes zum Gegenstand hat, sondern die Transtextualität, d. h. die
implizite oder explizite Beziehung
zwischen Texten, die bestimmten
Regeln gehorcht. Gegenstand der

Untersuchungen ist somit auch nicht ein einzelner Text, sondern das, was Genette (in *Figures I–III*, 1966–72) »Architext« nennt, d. h. die Gesamtheit allgemeiner Kategorien (Gattung, Diskurstypik, Erzählweise), die jeder einzelne Text aufweist. Der Hypertext stellt entweder eine Transformation oder eine Imitation des Hypotextes dar. Das Verhältnis zwischen Hyper- und Hypotext kann weiterhin als ein spielerisches, satirisches und ernstes bestimmt werden. Somit ergibt sich ein Schema mit sechs verschiedenen Grundformen der hypertextuellen Praktiken (spielerische, satirische, ernste Imitation oder Transformation). Die Parodie als Veränderung des Themas bei Beibehaltung des Stils ist die spielerische Transformation eines Textes, dessen Sinn mitunter nur durch die Veränderung eines Buchstabens oder Wortes geändert wird. Die Travestie als satirische Transformation ist dagegen durch die Veränderung des Stils bei Beibehaltung des Themas und somit durch eine Aktualisierung und Familiarisierung des Hypotextes charakterisiert. Die ernste Transformation ist die Transposition (z. B. Th. Manns *Doktor Faustus*, 1947). Sie nimmt insgesamt den breitesten Raum ein, da sie sehr unterschiedliche Formen annehmen kann. Die Imitation als zweite Möglichkeit der Beziehung zwischen Hyper- und Hypotext ist immer indirekt und behandelt den Ausgangstext wie ein Modell, d. h. wie ein Genre. Die Imitation ist daher wesentlich die Verallgemeinerung. Genette nennt jede auch nur punktuelle Imitation »Mimetismus« und jeden imitierenden Text »Mimotext« (→*Mimologiques*). Die spielerische,

satirische und ernste Imitation sind das »Pastiche« (z. B. M. Proust, *Pastiches et mélanges*, 1919; *Pastiches und Vermischte Schriften*), die »Charge« bzw. die »Forgerie«, die jeweils unterschiedliche Funktionen haben. Das Pastiche als Imitation eines Stils ohne jede satirische Funktion zielt auf Unterhaltung, die Charge auf Lächerlichkeit, die Forgerie auf eine Fortsetzung oder Folge eines abgeschlossenen Textes. Die Analyse der Hypertexte verfolgt eine relationale oder »palimpsestuöse« Lektüre, die neben den allgemeinen Kategorien vor allem die Regeln des Spiels der Literatur zu bestimmen sucht. Deren unabschließbare Zirkulation geht mit ihrem Funktionieren Hand in Hand: »Die Hypertextualität ist nur einer der Namen dieses unaufhörlichen Zirkulierens von Texten, ohne das die Literatur keine einzige Stunde Mühe wert wäre.«

Lit.: R. LACHMANN, Intertextualität als Sinnkonstitution, in: Poetica 15 (1983), S. 66–107. – R. LACHMANN, Ebenen des Intertextualitätsbegriffs, in: Das Gespräch, hg. von K. H. STIERLE/R. WARNING, München 1984, S. 133–38.

B. STIEGLER

Paracriticisms. Seven Speculations of the Times (engl.; *Parakritik. Sieben Überlegungen über zeitgenössische Kultur*), Ihab Habib HASSAN; EA Urbana 1975.
Der aus Ägypten stammende Theoretiker Hassan liefert in sieben kritischen Aufsätzen eine Bestandsaufnahme zeitgenössischer kultureller Tendenzen und beschreibt auf diese Weise das Phänomen der Postmoderne. Er führt damit seine 1971 in *The Dismemberment of Orpheus* (*Der zerrissene Orpheus*) begonnene Arbeit fort. Hassan betont die Rolle von Ver-

änderung, Zufall und Kontingenz in der Literatur und versucht, die künftige Funktion menschlichen Bewußtseins im Universum zu bestimmen. Auf der Suche nach einer neuen Welterfassung hinterfragt er kritisch neuere philosophische Konzepte der Negativität. Die dialogische Auseinandersetzung mit dem Unstrukturierten gilt ihm als Mittel der Bewußtseinserweiterung, welche die Grenzen des alten Humanismus überschreitet. »Parakritik« versteht er deshalb als »die Kunst der Vielstimmigkeit«, die sich von traditionellen formalistischen und historischen Ansätzen abwendet und die Kritik zu allen Lebensbereichen hin öffnet. Den Postmodernismus begreift Hassan als eine Veränderung der Moderne, die durch »Sprachen des Schweigens« im Sinne einer Selbsthinterfragung der Literatur gekennzeichnet ist. Dabei vergleicht er Moderne und Postmoderne in bezug auf sieben paradigmatische »Strukturmerkmale« (»rubrics«): »Urbanität« (»Urbanism«), »Technizismus« (»Technologism«), »Inhumanität« (»Dehumanization«), »Ursprünglichkeit« (»Primitivism«), »Erotik« (»Eroticism«), »Widerspruch« (»Antinomianism«) und »Experimentalismus« (»Experimentalism«). Er kommt zu dem Schluß, daß die Moderne nach dem Verlust der Mitte eigene und neue Formen künstlerischer Autorität zu erreichen versuchte, während sich die Postmoderne in anarchischer Bejahung des Verlusts verbindlichen Sinns gegen den Elitarismus der Moderne populären Formen der Kunst zuwendet. Die Entwicklung postmodernen Denkens dokumentiert Hassan durch eine Analyse der kreativen Imagination von Joyce und Beckett, in dem er einen Höhepunkt postmoderner Literatur erkennt. Der Versuch, die Realität durch intellektuelle Grenzüberschreitungen unmittelbar wahrzunehmen und so ein universales Bewußtsein zu entwickeln, führt nach Hassan zu der für die Postmoderne typischen neuen Gnosis. Die Imagination erhält dabei als teleologisches ›Organ‹ des Menschen evolutionäre Bedeutung. Sie wirkt verändernd und schafft die Verbindung zwischen Literatur und Zukunft. Sie begleitet die Reise des Menschen durch die Zeit, in der Hassan das prometheische Bemühen um ein allumfassendes Bewußtsein erkennt, das die Grenze zwischen Wirklichem (»fact«) und Phantasie (»fancy«) auflöst. In seinem letzten Aufsatz leitet Hassan daraus die Forderung nach einer Theorie der Veränderung ab, in deren Rahmen er der Literatur eine wichtige Funktion einräumt. *Paracriticisms* zählt zu den bisher einflußreichsten Versuchen einer Beschreibung der Postmoderne.

Lit.: G. HOFFMANN/A. HORNUNG/R. KUNOW, ›Modern‹, ›Postmodern‹ und ›Contemporary‹: Zur Klassifizierung der amerikanischen Erzählliteratur des 20. Jh.s, in: Der zeitgenössische amerikanische Roman, hg. von G. HOFFMANN, München 1988, Bd. 1, S. 7–43. – Mas'ud ZAVARZADEH, The Critic as Conservator: Paracriticism and Beyond, in: Poetics Today 3,3 (1982), S. 47–63.

H. ANTOR

Paradoxe sur le comédien (frz.; *Das Paradox über den Schauspieler*), Denis DIDEROT, entst. 1770–79/80; EA Paris 1830; dt. Frankfurt/M. 1964.
Dieser Essay in Dialogform ist der Endpunkt der Diderotschen Auseinandersetzung mit der Enthusiasmus-Konzeption vom Genie, dessen physiologisch-materialisti-

sche Grundlage der *Entretien entre d'Alembert et Diderot* (1769; *Das Gespräch zwischen d'Alembert und Diderot*) als die dem Genie von Natur aus eignende Beherrschung der ›sensibilité‹ durch den Intellekt, entwickelt hat. – Die Thematik des *Paradoxe* findet sich bereits in Diderots Rezension *Observations sur une brochure intitulée Garrick ou les acteurs anglais (Bemerkungen über die Broschüre Garrick oder die englischen Schauspieler)*, die 1770 in Grimms *Correspondance littéraire* erschien. Durch die Umarbeitung zu einem Dialog mit zwei Gesprächspartnern (Erster, Zweiter) sowie die am Schluß vorgeführte narrative Inszenierung als Dialog wird das thematische Paradox über den Schauspieler auch zu einer paradoxalen Erzählstruktur. Der Fragende (Zweiter) verteidigt die von Diderot 1757 in den *Entretiens sur le fils naturel (Unterhaltungen über den natürlichen Sohn)* vertretene Auffassung, daß der große Schauspieler mit außerordentlicher Empfindungsfähigkeit ausgestattet ist, während sein Gegenüber (Erster) die These vertritt: »der absolute Mangel an Gefühl ist die Voraussetzung für erhabene Schauspieler«. Am Beispiel zeitgenössischer Schauspieleranekdoten führt er erzählend und szenisch vor, daß nicht die Hingabe an das eigene Gefühl, das er als »aliénation« (»Selbstentfremdung«) faßt, sondern Beobachtungsgabe, intellektuelles Unterscheidungsvermögen und technische Perfektion den genialen Schauspieler ausmachen. Diese These gipfelt in dem Paradox, daß alle Charaktere zu spielen nur derjenige vermag, der selbst keinen spezifischen Charakter besitzt. Der geniale Schauspieler/Künstler ist nichts und damit

fähig, alles zu präsentieren/repräsentieren. Er ist die Logik der Mimesis selbst: produktive, formende Kraft, die, selbst nicht spezifisch, alles Spezifische darzustellen in der Lage ist. Der geniale Künstler ist unendliche Vielfalt und kein einzigartiges Selbst. – Generationen von Schauspielern und Regisseuren von Talma über S. Bernhardt, Copeau, Dullin und Jouvet hat dieses Werk zu Kommentaren angeregt, wobei die kunsttheoretischen Implikationen unberücksichtigt blieben. Eine produktive Aneignung erfolgte durch Brecht, der sich in seinem Vortrag von 1939 *Über experimentelles Theater* auf Diderot bezieht und die Ablehnung der Einfühlung auf der Bühne zur Grundlage für ihre Aufhebung auch im Zuschauerraum macht.

Ausg.: Œuvres esthétiques, hg. von P. VERNIÈRE, Paris 1965. – Dt. Berlin 1984.
Lit.: P. TORT, L'Origine du ›Paradoxe sur le comédien‹. La partition intérieure, Paris ²1980. – Ph. LACOUE-LABARTHE, Diderot, le paradoxe et la mimésis, in: Poétique, Bd. 11, 1980, S. 267–80. – V. E. SWAIN, Diderot's ›Paradoxe sur le comédien‹, in: Studies on Voltaire and the Eighteenth-Century 208 (1982), S. 1–71.

W. ORLICH

Parallèle des Anciens et des Modernes en ce qui regarde les arts et les sciences (frz.; *Vergleich zwischen den Alten und den Modernen, die Künste und Wissenschaften betreffend*), Charles PERRAULT; EA Paris 1688–97 (4 Bde.).
Perrault versucht in seinem Werk, Wissenschaften und Künste unter dem Blickwinkel des Fortschritts zu betrachten. Für ihn steht die Überlegenheit der technischen und wissenschaftlichen Erfindungen der Moderne außer Frage, während er die frühen Erfindungen noch der Nachahmung der Natur zurechnet. Den Fortschrit-

ten im Bereich der Anatomie z.B. entsprechen analoge in der psychologischen Kenntnis, die auch in die Literatur eingehen. Perrault ist sich jedoch bewußt, daß dies nur den inhaltlichen Aspekt der Werke betrifft und nicht das, was diese als geschlossene Einheit konstituiert, die ein Produkt des Genies oder des Talents des Künstlers ist. Das Genie schreibt er dem Register der Natur zu. Genies können immer wieder erscheinen; sie sind nicht das Kennzeichen einer Epoche. Ein Genie wie Homer z.B. würde jetzt wegen des unbestreitbaren künstlerischen Fortschritts (bezogen auf kunstvollere Perspektiven und Kompositionen) noch überzeugendere Werke schaffen. Perrault lehnt so nicht nur das Prinzip der Nachahmung der Natur zugunsten der Erfindung ab, sondern auch dasjenige der Nachahmung der Alten (zu dessen Vertretern u. a. J. de La Fontaine, J. de La Bruyère und N. Boileau zählten). Perrault wendet sich gegen das Prinzip der Nachahmung der Alten, weil er die zirkuläre Argumentation der Klassik erkannt hat, die in den Werken der Antike gleichzeitig eine vollendete historische Konkretisierung und ein transhistorisches Ideal sah. Demgegenüber entwickelt er (im Sinne der »Modernes« B. de Fontenelle, Ch. de Saint-Evremont u. a.) ein »relatives Schönheitsideal« (»beau relatif«). Demzufolge verwirklicht sich die Idee des Schönen zu unterschiedlichen historischen Zeiten auf je andere Weise. Grundlage sind die Kenntnis künstlerischer Verfahrensweisen (Regeln) und die Erfindungkraft des Genies. Im Zuge der Historisierung des Schönheitsbegriffs wird auch das Werturteil an den

»guten Geschmack« (»bon goût«) gebunden. Vor diesem Hintergrund behandelt Perrault einzelne Kunstformen. Literatur und Beredsamkeit zählt er zu den geistig-abstrakten Künsten, für die ein Fortschritt schwieriger aufzuzeigen ist. Malerei, Bildhauerkunst und Architektur siedelt er zwischen der Literatur und der Technik an; sie hängen offensichtlich auch von technischen Verfahren ab, deren Fortschritt offensichtlich ist. Perrault unterscheidet für die Malerei zwischen der Periode der Antike (mit Werken vor allem mimetischer Natur), der Renaissance (die Leidenschaften darzustellen versuche) und dem zeitgenössischen Schaffen, das die Komposition als einheitsstiftendes Prinzip entdeckt habe. Die Qualität von Werken der bildenden Kunst wird so auch an Parametern der Literatur (Einheit von Ort, Zeit und Handlung) gemessen.

Ausg.: München 1964 (Einl. von H. R. JAUSS; kunstgeschichtliche Exkurse von M. IMDAHL).
Lit.: H. KORTUM, Ch. Perrault und N. Boileau, Berlin 1966.

J. JURT

Partijnaja organizacija i partijnaja literatura (russ.; *Parteiorganisation und Parteiliteratur*), Vladimir Iljič LENIN; ED 1905 (in: Novaja Žizn', Nr. 12, 13. November); dt. Berlin 1972.
Der Artikel ist während der ersten russischen Revolution 1905 erschienen, zwei Tage vor Beginn des St. Petersburger Generalstreiks. Er umreißt die Aufgaben der Presse und der weiteren literarischen Publizistik im damaligen revolutionären Kampf und entwirft darüber hinaus Thesen zur Rolle der literarischen Publizistik im Sozialismus. – Lenin fordert

für die erste Phase der Revolution das »Prinzip der Parteiliteratur«: »Die literarische Tätigkeit muß zu einem Teil der allgemeinen proletarischen Sache« werden. »Die literarische Betätigung muß ein Bestandteil der organisierten, planmäßigen, vereinigten sozialdemokratischen Parteiarbeit werden.« Zugleich soll »die Freiheit des Wortes und der Presse […] vollständig sein.« Die bürgerliche Presse- und Literaturfreiheit als Schein entlarvend, wendet sich Lenin gegen »bürgerlichen Karrierismus und Individualismus in der Literatur«, gegen »Edelanarchismus« und die Jagd nach materiellem Gewinn. Vielmehr soll es eine an die Partei und ihr Programm gebundene Literatur geben, eine freie Kritik innerhalb der Partei, aber auch den Ausschluß von Mitgliedern, deren Veröffentlichungen von dem »Statut der Partei« abweichen: »Die Freiheit des Denkens und die Freiheit der Kritik innerhalb der Partei werden uns nie vergessen lassen, daß es eine Freiheit der Gruppierung von Menschen zu freien Verbänden gibt, die man Parteien nennt.« Das große Ziel besteht in einer überzeugten Parteinahme der Schriftsteller für das Proletariat: »Das wird eine freie Literatur sein, weil nicht Gewinnsucht und nicht Karriere, sondern die Idee des Sozialismus und die Sympathie mit den Werktätigen neue und immer neue Kräfte für ihre Reihen werben werden«. Die hier entwickelten Grundsätze wurden nach 1917 Realität. Den Zwang zur Konformität mit der Kommunistischen Partei setzte erst Stalin in den 30er Jahren und nach dem Zweiten Weltkrieg im gesamten Ostblock durch. Da bis Ende der 20er Jahre eine weitge-

hend offene publizistische Diskussion innerhalb der Partei möglich war, entstand eine facettenreiche Literatur. – Lenins Schrift ist der bedeutendste Beitrag zur Frage der Parteilichkeit der Literatur in der Sowjetunion nach der Revolution. Sie ist ganz auf das Problem der Produktion von Literatur gerichtet. Die theoretischen Grundlagen für die Analyse von Literaturgeschichte legte Lenin in *Materializm i Ėmpiriokriticizm* (1909; *Materialismus und Empiriokritizismus*) und in dem *Konspekt zu Hegels ›Wissenschaft der Logik‹*. Die dort entfalteten Begriffe »Abbild« und »Widerspiegelung« wurden, in der weiteren Vergröberung durch Stalin, Grundlage der Ästhetik des sog. Marxismus-Leninismus in der Sowjetunion und im Ostblock.

Ausg.: Werke, Bd. 10, hg. vom Institut für Marxismus-Leninismus beim ZK der SED, Berlin 1972, S. 29–34.
Lit.: M. KAGAN, Vorlesungen zur marxistisch-leninistischen Ästhetik, Berlin (DDR) 1971.

R. SCHOLZ

Das Passagen-Werk, Walter BENJAMIN, entst. 1927–40; EA Frankfurt/M. 1982.
Das *Passagen-Werk,* an dem Benjamin in seinen letzten Lebensjahren arbeitete, liegt nur in Form einer umfangreichen Sammlung von Exzerpten und Notizen sowie zwei kurzen Exposés vor. Aus diesem Projekt gingen die ebenfalls fragmentarisch gebliebene Arbeit *Charles Baudelaire. Ein Lyriker im Zeitalter des Hochkapitalismus* (entst. 1937–39, EA 1969), die eine Art Miniaturmodell des Gesamtprojektes darstellt, und der für den methodologischen und geschichtsphilosophischen Ansatz Benjamins zentrale Text *Über den Begriff der Geschichte* (1942) hervor.

Das *Passagen-Werk,* dessen Plan mehrfach verändert wurde, sollte in seinem Aufbau das Prinzip der Montage umsetzen, d. h. Interpretationen mit Zitaten in eine »Konstellation« überführen und so eine materiale Geschichtsphilosophie oder Urgeschichte des 19. Jh.s leisten. – In den Pariser Passagen konzentrieren sich nach Benjamin im 19. Jh. alle wichtigen gesellschaftlichen Bewegungen, Veränderungen und Innovationen. Die Notizen Benjamins betreffen Komplexe, die ihren Niederschlag unmittelbar in den Passagen finden, wie z. B. die Eisen- und Glaskonstruktionen, der Flaneur, die Beleuchtung, ferner Theorien und literarische Texte (bes. von Ch. Fourier, C. Saint-Simon, K. Marx, R. H. Lotze, C. G. Jung, L. A. Blanqui, Ch. Baudelaire und V. Hugo), schließlich historische Recherchen (Straßen in Paris, die Haussmannisierung, die Entwicklung der Technik, die Wirtschaftsgeschichte). Die Passagen sind für ihre Epoche als Traumgestalt oder -bild des Traumbewußtseins des Kollektivs dechiffrierbar. Dabei stellt die Gegenwart die Wachwelt dar, auf die sich dieser Traum bezieht und in der er zur »Lesbarkeit« gelangt. Weil das Noch-nicht-bewußte-Wissen vom Gewesenen mit der Gegenwart in eine »Konstellation« tritt, in ein dialektisches Bild, stellen die Erinnerung und das Eingedenken eine Form des Erwachens dar. Das, was noch in der Traumgestalt vorliegt, bleibt im Mythos verhaftet und soll nun in den Geschichtsraum überführt werden. – Benjamin nennt seinen Ansatz in Analogie zu Kant eine kopernikanische Wendung der geschichtlichen Anschauung. Das »Gewesene« stellt nicht mehr einen fixen Punkt dar, dem man sich anzunähern hätte, sondern es wird Einfall des erwachten Bewußtseins. Benjamin spricht von einer dialektischen Beziehung der Gegenwart zur Vergangenheit, die in dialektischen Bildern zur »Lesbarkeit« kommt. Solche Bilder sind durch eine »Dialektik im Stillstand« gekennzeichnet, da in ihnen die Vergangenheit mit der Gegenwart blitzhaft zu einer Konstellation zusammentrifft. Ihr entscheidendes Charakteristikum ist die Zweideutigkeit: sie erlaubt es, die scheinbar eindeutige historische Signatur aufzubrechen und ihren utopischen Charakter zu dechiffrieren. Die Passagen sind so zugleich Straße und Haus, Passagen zwischen Traum und Erwachen. Die Vorstellung von einer Kontinuität der Geschichte und der Homogeneität der Epoche wird so aufgegeben. Der Historiker vereint die Positionen des Sammlers, des destruktiven Charakters und des Allegorikers, indem er die Funktionszusammenhänge aufbricht, nach Ähnlichem und Zusammenhängendem sucht, der erstarrten Unruhe, der Zäsur und dem Ausdruckslosen nachspürt. »Geschichte schreiben heißt also Geschichte zitieren.« Die Notizen und Exzerpte des *Passagen- Werkes* sind die Materialien für eine solche Geschichtsphilosophie. – Benjamins Notizen waren und sind eine wichtige Quelle für zahlreiche Arbeiten über das 19. Jh., von Th. Adornos Literaturtheorie bis hin zu K. H. Stierles Buch über die Passagen *Der Mythos von Paris* (1993). Das *Passagen-Werk* ist zu einem Referenztext der Geschichtsphilosophie und der Literaturwissenschaft geworden, und besonders die Herausarbeitung komplexer historischer

Zusammenhänge in der Darstellung einzelner Figuren oder Motive (der Sammler, der Flaneur, die Stahlkonstruktionen, die Straßennamen etc.) hat viele weiterführende Analysen hervorgebracht.

Ausg.: Frankfurt/M. 1983.
Lit.: Passagen. Walter Benjamins Urgeschichte des 19. Jahrhunderts, hg. von N. BOLZ/B. WITTE, München 1984. – Walter Benjamin et Paris, hg. von H. WISMANN, Paris 1986. – S. BUCK-MORSS, Dialektik des Sehens. Walter Benjamin und das Passagen-Werk, Frankfurt/M. 1993.

B. STIEGLER

Peri hypsous (gr.; *Vom Erhabenen*), PSEUDO-LONGINOS, entst. 40 n. Chr.; EA Basel 1554; dt. Dresden 1737.
Die bedeutendste literaturtheoretische Schrift der lateinischen Antike neben der →*Ars Poetica* des Horaz ist einem Anonymus zu verdanken, der eine erstaunliche Sonderrolle innerhalb der poetologisch-rhetorischen Reflexion dieser Zeit spielt. Die Schrift operiert mit Begriffen der Rhetorik und hat zugleich eine deutlich antirhetorische Tendenz, indem sie sich gegen das Ziel der Überredung wendet. Nach der vorherrschenden zeitgenössischen Auffassung hatte sich Literatur an den Prinzipien des Nützlichen (»prodesse«), Wahrscheinlichen und Gefälligen zu orientieren. Pseudo-Longinos hingegen fordert, daß sie das Ungewöhnliche, Staunenerweckende, kurz das »Erhabene« darzustellen habe. Voraussetzung dafür ist allerdings, daß der Künstler »physis« (Natur, Talent) und »techne« (Kunstfertigkeit) versöhnen kann. Pseudo-Longinos hält sich damit von einer rein irrationalen Kunstauffassung fern. Darüber hinaus ist das »Erhabene« kein bloßer Stilbegriff, sondern der überwältigende Höhepunkt einer dichterisch-visionären sprachlichen Kunst: »Widerhall von Seelengröße«. Es ist ohne die »physis« nicht erreichbar und muß sich immer auf das Göttliche beziehen, ohne daß der dichterische Ausdruck in leeres Pathos zurückfällt. Große Dichtung kann dann auch eine kathartische Funktion besitzen, indem sie eine ekstatische Erfahrung des Göttlichen ermöglicht. In diesem Zusammenhang bedeutet »mimesis« (Nachahmung) für Pseudo-Longinos, daß der Künstler aus der eigenen Natur heraus Vorbildern wie Homer nacheifern muß. Longinos Aufnahme der klassizistischen Position der Theodoreer und des Dionysius zeigt, daß sich sein Begriff des Erhabenen von manieristischer Schwülstigkeit und Pathos fernhält. Die große erhabene Sprache ist Ausdruck der »physis« und jeder Künstelei fremd. Mit der wahren »physis« (Natur) findet sie den treffenden, wahren Ausdruck. – Erst durch Boileaus Einfluß gewinnt *Peri hypsous* eine nachhaltige Wirkung in der Neuzeit. Kant hat in der →*Kritik der Urteilskraft* den Begriff des Erhabenen präzisiert, und auch Vertreter der Postmoderne wie Lyotard greifen ihn erneut auf.

Ausg.: Gr./dt., hg. von R. BRANDT, Darmstadt 1966.
Lit.: H. D. BLUME, Untersuchungen zu Sprache und Stil der Schrift ›Peri hypsous‹, Göttingen 1963. – W. BÜHLER, Beiträge zur Erklärung der Schrift ›Vom Erhabenen‹, Göttingen 1964. – H. WIEGMANN, Der Pseudo-Longinos war ein Schüler des Dionysios von Halikarnassos, in: Ders., Von Platons Dichterkritik zur Postmoderne, Bielefeld 1989.

H. WIEGMANN

Peri mimeseos (gr.; *Über die Nachahmung*), DIONYSIOS VON HALIKARNASSOS, entst. um 30–20 v. Chr.; ED Frankfurt/M.

1586 (in: Opera omnia, hg. von F. Sylburg).

Die nur als Fragment erhaltene Schrift des Dionysios ist wie alle seine Schriften ein Dokument klassizistischer Literaturtheorie bzw. attizistischen Stils, der gegen den schwülstigen und ausschweifend manieristischen Stil des sogenannten »Asianismus« gerichtet ist. Man muß Dionysios nach der ciceronianischen Epoche als den führenden Vertreter der klassizistischen Theorie ansehen, welche betont die Mimesis mustergültiger klassischer Autoren zur Grundlage vorbildlicher Schreibweise nimmt. Quintilian konnte im zehnten Buch seiner *Institutio oratoriae* (um 95 n. Chr.; *Schule der Beredsamkeit*) auf den Kanon klassischer Lektüre zurückgreifen, den Dionysios im zweiten Buch des Nachahmungs-Fragments angeboten hatte. Nicht zu übersehen sind aber durchaus Entsprechungen mit dem Anonymus der Schrift →*Peri hypsous*, dem Werk des sogenannten Pseudo-Longinos, den man früher weit von der Position des Dionysios abgerückt hatte und der wahrscheinlich der Schüler des Dionysios war. – Von besonderem Interesse für den Mimesis-Begriff sind die – nur knapp ausgeführten – Überlegungen des Dionysios zur Unterscheidung von »mimesis« (»Nachahmung«) und »zelos« (»Nacheiferung«). Sie thematisieren prinzipielle ästhetische Gedankengänge, wie sie später etwa in der »Querelle des anciens et des modernes« in Frankreich wieder aufgenommen werden. Die Mimesis ist nach Dionysios eine Tätigkeit, die das vorbildliche Muster aufgrund sehr genauer und eingehender Betrachtung abbildet. »Nacheiferung« aber geht über

bloße Nachahmung hinaus, intendiert keine sklavische Kopie, sondern eine ähnliche Schreibweise im Geiste des vorbildhaften Modells, die den individuellen Stil des modernen Stilisten nicht verbirgt. – Im zweiten Buch des Mimesis-Textes listet Dionysios nacheifernswerte Autoren auf, so für das Epos Homer und Hesiod, für die Lyrik Pindar, Alkaios, für die Tragödie Aischylos, Sophokles und Euripides. Im Unterschied zur aristotelischen Poetik scheut sich Dionysios nicht, die Lyrik gegenüber Epos und Tragödie gleichberechtigt zu kanonisieren. Besonders spezifische Charakteristika der nachahmenswerten Autoren werden in pädagogischer Absicht für die Studierenden kenntlich gemacht. Dieser Kanon ist von systematischer Konsequenz und sinnvoller Abfolge. Dagegen verfährt Dionysios beispielgebend – wie etwa in seinem Hauptwerk *De compositione verborum* (*Über die Wortfügung*) –, wenn er souverän auswählend mal das eine, dann das andere Exempel epischer oder lyrischer Gattung zitiert, je nach den individuellen Erfordernissen. – Das Nachahmungs-Fragment des Dionysios (im *Parisinus* 1741 überliefert) hatte bei seiner Entdeckung nicht den wirkungsgeschichtlichen Einfluß wie andere literaturtheoretische Texte der Antike; es wurde lange Zeit nur unter Experten zitiert und hätte mit Recht größere Aufmerksamkeit verdient.

Ausg.: H. USENER, Dionysii Halicarnassensis librorum de imitatione reliquae epistulaeque criticae duae, Bonn 1889. – H. USENER/L. RADERMACHER, Dionysii Halicarnasei quae exstant I. Bd. 6: Opuscula II, Leipzig 1904/29, S. 195–217.
Lit.: F. BONNER, The Literary Treatises of Dionysius of Halicarnassus, Cambridge

1939. – M. FUHRMANN, Einführung in die antike Dichtungstheorie, Darmstadt 1973, S. 161–83. – H. WIEGMANN, Von Platons Dichterkritik zur Postmoderne, Bielefeld 1989, S. 33–42.

H. WIEGMANN

Peri poietikes (gr.; lat.: *De arte poetica; Von der Dichtkunst*), ARISTOTELES, entst. wahrsch. nach 335 v. Chr.; ED Venedig 1481 (lat., auszugsweise übersetzt aus dem Arabischen); Venedig 1498 (lat.); Venedig 1508 (gr.); dt. Hannover 1753.

Die *Poetik* des Aristoteles gehört zu den sog. esoterischen Schriften des Philosophen, die nicht für ein größeres Publikum bestimmt waren. Ihr erster Teil ist nur unvollständig erhalten. Das zweite, der Komödie gewidmete Buch, ging verloren. – Aristoteles bezeichnet jede Dichtung als »mimesis« (Nachahmung), die sich idealisierend (Tragödie), karikierend (Komödie) oder realistisch porträtierend (Epos) vollziehen könne. Der Dichter könne entweder berichtend (in Epos oder Dithyrambos) in Erscheinung treten oder unmittelbar agierende Personen auf der Bühne vorführen (Drama). Die beiden Hauptformen des Dramas, Tragödie und Komödie, leitet Aristoteles historisch-genetisch aus literarischen Vorformen ab. Während er für die Behandlung der Komödie auf das (verlorene) zweite Buch seiner Poetik vorausweist, befaßt er sich im ersten Teil überwiegend mit der Tragödie. Die zentrale Definition der Tragödie lautet: »Die Tragödie ist Nachahmung einer guten und in sich geschlossenen Handlung von bestimmter Größe, in anziehend geformter Sprache, wobei die formenden Mittel in den einzelnen Abschnitten je verschieden angewandt werden – Nachahmung von Handelnden und nicht durch Bericht –, die Jammer und Schaudern hervorruft und hierdurch eine Reinigung von derartigen Erregungszuständen bewirkt.« (Kap. 6, Übersetzung nach M. Fuhrmann). – Aristoteles fordert für die Tragödie innere Wahrscheinlichkeit und Stimmigkeit, eine Forderung, die über die Vermittlung des Horaz großen Einfluß auf die poetologische Tradition hatte. Als Merkmale der dramatischen Handlung beschreibt er detailliert verschiedene Formen der »Desis« und »Lysis« (Schürzung und Lösung des Knotens), der »Peripetie« (Wendepunkt im Drama), der »Anagnorisis« (Wiedererkennung) und der Katastrophe. Zugleich definiert er die verschiedenen Teile des Dramas: den Prolog, die »Parodos« (Einzugslied des Chors), die Episode, das »Stasimon« (Standlied des Chors) und die »Exodos« (Auszug des Chors). In seinen Ausführungen zur Grammatik (Kap. 20–22) beschreibt Aristoteles die Elemente der Sprache vom einzelnen Buchstaben bis zum vollendeten Satz, nennt einige rhetorische Figuren und fordert deren richtige Verwendung. Die letzten vier Kapitel (23–26) widmet er dem Epos, das er in Analogie und Abgrenzung zur Tragödie bestimmt. – Drei zentrale Aspekte der aristotelischen Poetik lassen sich durch die Kontrastierung mit Platons Dichtungskonzeption (→*Politeia*, →*Symposion*) verdeutlichen: 1. Nach Platon ist Dichtung zwar auch Nachahmung der Wirklichkeit. Als solche ist sie aber nur Abbild der Abbilder von der Welt der Ideen. Dichtung ist demzufolge zwei Stufen von der Wahrheit entfernt. Aristoteles prägte diesen

Gedanken von der Trennung der Welt in den Bereich der Ideen und den Bereich der wahrnehmbaren Wirklichkeit in die Idee der »Teilhabe« um. Danach hat die nachgeahmte Wirklichkeit teil an der Idee, vielmehr: Die Idee wohnt der nachgeahmten Wirklichkeit inne als Entelechie, als inneres Formprinzip. Dieser Gedanke erlaubte Aristoteles eine Aufwertung der Dichtung, da es für ihn nur noch eine einzige Form der Mimesis gab, und die Dichtung somit nicht mehr bloß Abbild eines Abbildes war. – 2. Platon hatte die Dichtung aus seinem Idealstaat ausgeschlossen, da sie sich an die niederen Kräfte des Menschen wende und seine Leidenschaften aufrühre. Gegenüber diesem kunstfeindlichen Ansatz Platons entwickelt Aristoteles sein wirkungsästhetisches Modell von der »katharsis«: Durch Erregung und Abfuhr von Leidenschaften durch die Tragödie könne der Mensch vom Übermaß dieser Leidenschaften befreit werden. – 3. Platon hatte Dichtung, insbesondere der mythischen Tradition, als unwahr verworfen. Aristoteles hingegen deutet die Mythen als Ausdruck allgemein menschlicher Verhaltensweisen, als Symbole. Indem er Mythen damit weniger wörtlich nimmt, kann er sie zugleich vor der platonischen Kritik retten. – Die aristotelische Poetik übte indirekt Einfluß auf die horazische →*Ars Poetica* aus. Danach wurde sie erst wieder seit der italienischen Renaissance rezipiert. Die Humanisten bemühten sich um ihre philologische Erschließung, Kommentierung und Übersetzung. Die Blütezeit der Rezeption jedoch war die französische Klassik, insbesondere in den *Trois Discours*

sur le Poème Dramatique Corneilles. Beeinflußt hat sie in Deutschland die Poetiken von Opitz (→*Buch von der deutschen Poeterey*) und Gottsched (→*Versuch einer Critischen Dichtkunst vor die Deutschen*). Vor allem bei den Dichtungstheoretikern erstarrte die im Ansatz deskriptive aristotelische Poetik bald zu einer normativen Regelpoetik: So las man die Lehre von den drei Einheiten der Handlung, der Zeit und des Ortes in sie hinein, die sich in dieser schematischen Form bei Aristoteles nirgendwo findet. Eine wirkungsmächtige Umdeutung der aristotelischen Tragödientheorie ist auf Lessings Übersetzung der beiden Begriffe »eleos« und »phobos« in der →*Hamburgischen Dramaturgie* zurückzuführen, die an die Stelle von »Jammer« und »Schauder« die Begriffe »Mitleid« und »Furcht« setzte. Derart sublime Affekte stehen durchaus in Einklang mit der aufklärerisch-humanitären Poetik Lessings, nicht aber mit der antiken Poetik-Tradition. Mit dem Aufkommen der Sturm-und-Drang-Bewegung und ihrer Ablehnung aller Regeln verlor die antike und damit auch die aristotelische Poetik-Tradition an Bedeutung. Dennoch setzte sich noch Brecht in seiner dezidiert ›nichtaristotelischen Dramatik‹ (→*Über eine nichtaristotelische Dramatik*) intensiv mit ihr auseinander.

Ausg.: Aristoteles, De arte poetica liber, hg. von R. KASSEL, Oxford 1965. – Dt. Stuttgart 1982
Lit.: M. KOMMERELL, Lessing und Aristoteles – Untersuchung über die Theorie der Tragödie, Frankfurt/M. ²1957. – W. SCHADEWALDT, Furcht und Mitleid?, in: Hermes 83 (1955), S. 129–71. – M. FUHRMANN, Die Rezeption der aristotelischen Tragödienpoetik in Deutschland, in: Handbuch des deutschen Dramas, hg. von W. HINCK, Düsseldorf 1980, S. 93–105. – S. H. HALLIWELL,

Aristotle's ›Poetics‹, London 1986. – M. FUHRMANN, Dichtungstheorie der Antike, Darmstadt ²1992.

A. SEELE

Phantasie, Bildbewußtsein, Erinnerung. Zur Phänomenologie der anschaulichen Vergegenwärtigungen, Edmund HUSSERL, entst. 1898–1925; EA Den Haag 1980 (Husserliana, Bd. 23).

Husserls Analysen widmen sich den vergegenwärtigenden Akten des Bewußtseins und bestimmen diese im Gegensatz zur Wahrnehmung, die für Husserl die Grundform des Bewußtseins bildet, als ein »Bewußthaben« von der Welt, das sich auf nicht aktuell Wahrgenommenes richtet. – Husserls Reflexion über das Kunstwerk unterscheidet die wirkliche Existenz von der Existenz »als ob«, die den vom Kunstwerk dargestellten Gegenstand kennzeichnet. Dem erscheinenden Sinn des Kunstwerks korrespondiert die Haltung des Rezipienten. Erscheinender Sinn und Bewußtseinshaltung sind zwei Pole der intentionalen Beziehung auf einen Gegenstand, einer einheitlichen Apperzeption. Die Konstituentien dieser intentionalen Beziehung werden im reflektierenden Selbstbezug des Bewußtseins herausgestellt. Dabei durchläuft die phänomenologische Reflexion zwei Stufen. Die erste nennt Husserl die »epoché«. Die Haltung der »epoché« setzt den Bewußtseinsvollzug, in dem die Welt als wirklich seiende gesetzt wird, außer Kraft. Durch sie erhält der Reflektierende Einsicht in die sinnkonstituierenden Aktabläufe seines Bewußtseins. Die zweite Stufe der phänomenologischen Reflexion, die Husserl die »Reduktion« nennt, führt dieses als Psyche des Menschen aufgefaßte Bewußtsein auf das »reine« Bewußtsein zurück, das sich selbst naturalisiert, indem es sich zunächst als »Psyche« versteht. – Die Schrift *Logische Untersuchungen* (1900/01) hatte bereits vor der Entwicklung des Gedankens der Reduktion (um 1905) mit der Auffassung der Phänomenologie als ›Wesensanalyse‹ einen anderen zentralen Gesichtspunkt der phänomenologischen Reflexion vorgestellt. Die »eidetische Anschauung« fordert ein Absehen von dem, was ein Phänomen als je-einzelnen Gegenstand des Bewußtseins ausmacht, um dessen allgemeinen Gehalt, dessen Wesen, herausstellen zu können. Von hier aus bestimmt sich auch Husserls spätere Theorie der eidetischen »Variation«. Sie will ein in der Phantasie vorgestelltes oder als seiend wahrgenommenes Phänomen seinen Eigenschaften nach so »umfungieren«, daß seine invariante Struktur durch die Umwandlungen hindurch zur Anschauung kommt. – Dabei kommt der freien Phantasie eine zentrale Bedeutung zu. Sowohl die methodische Rolle der freien Phantasie als auch Husserls Lehre von der phänomenologischen Reduktion setzen die Phänomenologie in einen engen Zusammenhang zur Ästhetik und zu den Gegenständen der Kunst. Diesen beschreibt Husserl in einem Brief an Hofmannsthal. Die Anschauung eines rein ästhetischen Kunstwerks setzt jede Seinsstellungnahme außer Kraft. Je mehr sich das Kunstwerk auf die wirkliche Welt bezieht und aus ihr seinen Inhalt bezieht, desto mehr erfordert es eine Stellungnahme, die das wirkliche Sein setzt, und desto weniger ist es in ästhetischer Hinsicht rein. Obwohl Husserl in der Beziehung zum Kunstwerk die durch das Gefühl begründete »Wertnehmung« der Wahrnehmung an die Seite stellt, entspricht die Wertnehmung der ästhetischen Anschauung nur insofern, als sie kein Interesse an der wirklichen Existenz des Gegenstands, sondern nur an seiner »Erscheinungsweise« freisetzt. Der Künstler, der durch seine Tätigkeit eine Erkenntnis der Natur und des Menschen gewinnen möchte, verhält sich wie der Phänomenologe. Die Welt wird unter seinem Blick zum Phänomen; er nimmt nicht mit seinem Interesse an ihrer Existenz teil. Es besteht jedoch ein Unterschied zwischen dem Phänomenologen und dem Künstler darin, daß jener danach sucht, den »Sinn« des Phänomens der Welt begrifflich zu erfassen, während dieser sich das Phänomen der Welt durch Anschauung anzueignen versucht, um daraus Formen und Stoffe für das Kunstwerk zu schöpfen. – Husserls Analysen sind literaturtheoretisch fruchtbar in ihrer Anwendung auf dargestellte Bewußtseinsvorgänge und von Bedeutung für die psychoanalytische, rezeptionsästhetische und werkimmanente Literaturbetrachtung. Eine Anwendung in der soziologischen Literaturbetrachtung ist über den Begriff des »Imaginären« (C. Castoriadis, in Verbindung mit der Psychoanalyse: J. Lacan) denkbar.

Lit.: M. M. SARAIVA, L'imagination selon Husserl, Den Haag 1970. – E. CASEY, Imagining. A phenomenological Study, Bloomington 1976.

A. NOOR

A Philosophical Enquiry into the Origin of our Ideas of the Sublime and Beautiful (engl.; *Philosophische Untersuchung über den Ursprung unserer Ideen vom Erhabenen und Schönen*), Edmund BURKE, entst. 1747–54; EA London 1757; dt. Riga 1773.

Das frühe Werk des späteren irisch-britischen Staatsmanns Burke, sein einziges im Bereich der Ästhetik, ist das klassische Manifest einer empirisch-sensualistischen Ästhetik in der Aufklärung. Besondere Bedeutung für die englische Literaturtheorie erlangte seine Differenzierung des Schönen und Erhabenen in der auf Longinus zurückgehenden rhetorischen Tradition, die an der Auflösung des klassizistischen Regelsystems und an der Psychologisierung kritischer Kategorien maßgeblichen Anteil hatte. – Burke geht von einer induktiven Analyse derjenigen Dinge aus, die für schön oder erhaben gehalten werden, und klassifiziert ihre jeweiligen Eigenschaften. Auf diese Weise kommt er zu der Ansicht, daß ästhetische Qualitäten Reflexe sinnlicher Beschaffenheit von Dingen sind. Zu ihnen gehören bei erhabenen Objekten das Riesige, Dunkle, Schroffe, Mächtige oder das durch Uniformität unbegrenzt Erscheinende. Zum Bereich des Schönen dagegen zählen das Kleine, Glatte, Zarte, Reine und Helle. Nach dieser sensualistischen Definition sind ästhetische Qualitäten durch sinnliche bedingt. Sie erfordern eine deskriptive psychologische Zergliederung. So löst das Erhabene ein »Erstaunen« (»astonishment«) aus, mit dem sich ein Gefühl des Schreckens vermischt. Dieses kann, wenn der mimetische Charakter der auslösenden Reize bewußt wird, vom Vergnügen begleitet sein. Das Schöne dagegen evoziert ein Wohlwollen, welches sich vom bloßen Begehren abgrenzt. Burke führt die beiden Kernbegriffe seiner Ästhetik auf triebpsychologische Wurzeln zurück: das Erhabene auf den Selbsterhaltungstrieb, das Schöne auf den Geselligkeitstrieb. Ihre Auswirkungen kann man seiner Meinung nach empirisch an Physiologie und Verhalten des Menschen beobachten. – Für die Literaturtheorie ist u. a. Burkes sensualistische Nachahmungstheorie von Bedeutung. Vor allem in der Tragödienlehre führt sie zu einer klaren Trennung zwischen dem Fiktionalen und der Wahrnehmung des Betrachtenden. In seiner Theorie lyrischer Formen relativiert Burke den mimetischen Rückbezug auf Ideengehalte und Deskriptionen. Dichtung wirkt für ihn vor allem affektiv, zum Beispiel durch Lautmalerei, nicht durch die Reflexion auf Abgebildetes. – Burkes Schrift regte Diderot, Lessing, M. Mendelssohn und Herder an. In der →*Kritik der Urteilskraft* überführt Kant den naiven Empirismus Burkes ebenso wie dessen sensualistische Analyse der vom Erhabenen ausgelösten Emotionen in eine transzendentale Konstruktion des Bewußtseins. In der literarischen Praxis war Burkes Systematisierung der Empfindungen prägend für den Schauerroman (»Gothic Novel«) und die Lyrik seit der Vorromantik.

Ausg.: The Works, hg. und eingel. von J. T. BOULTON, London/New York 1967. – Dt. Hamburg 1980.
Lit.: S. H. MONK, Burke's Enquiry, in: The Sublime, Ann Arbor ²1962, S. 84–100. – W. STRUBE, Einleitung, in: Burke, Philosophische Untersuchung über den Ursprung unserer Ideen vom Erhabenen und Schönen, Hamburg 1980, S. 9–32. – T. EAGLETON, The Law of the Heart: Shaftesbury, Hume, Burke, in: The Ideology of the Aesthetic, Oxford 1990, S. 31–69.

                                            B.-P. LANGE

Philosophical   Investigations (engl.; *Philosophische Untersuchungen*), Ludwig WITTGENSTEIN; entst. ca. 1935–1949; EA Oxford 1953; dt./engl. Oxford 1958.
Die *Philosophical Investigations* gelten als Hauptwerk der ›Spätphase‹ Wittgensteins. Im *Tractatus logico-philosophicus* (1921; *Logisch-philosophische Abhandlung*) hatte er zunächst im Anschluß an B. Russell und G. Frege das Programm einer ›formalen Idealsprache‹ vertreten. Eine solche klare Sprache muß, wenn sie wahr ist, die Welt abbilden. Für alles, was diesen strikten Kriterien nicht genügt, gilt der berühmt gewordene Schlußsatz des *Tractatus*: »Wovon man nicht sprechen kann, darüber muß man schweigen«. Wittgenstein ist darum zunächst als ›Positivist‹ rezipiert worden, dessen Konzept ein stringentes wissenschaftliches Denken vom mehr oder weniger deutlich disqualifizierten ›Unsinn‹ sprachkritisch unaufgeklärter Metaphysik trennen und zugleich sinnvolle Fragen durch adäquate Formulierung lösen helfen sollte (»ideal   language   philosophy«). Seither führte der »Kampf um das Wittgenstein-Bild« (Veröffentlichung der Geheimschriftseiten der in der Entstehungszeit des *Tractatus* abgefaßten Tagebuchhefte) jedoch dahin, hinter den logisch-präzisen ›Ingenieurszügen‹ seines Wesens deren ›spirituelle Energie‹ wahrzunehmen: die berühmte von Wittgenstein festgelegte Umrißlinie trennt nach gegenwärtiger Deutung nicht den Bezirk sinnvoller Rede vom Ozean des Obskuren, sondern gerade dieser Ozean stellt einen ihm wichtigen Bereich dar. In diesen Bereich fallen Überlegungen zu Ethik, Ästhetik und Religion, über die man mit einem Begriff

von Sprache, Vernunft und Wissenschaft, der sich an den Kriterien strenger Logik und an Abbildvorstellungen orientiert, nicht sprechen kann. In den *Philosophical Investigations* wandte sich Wittgenstein darum in Auseinandersetzung mit dem eigenen *Tractatus* vom Idealsprachgedanken ab und einer Bedeutungsanalyse zu, die – nach wie vor mit dem Ziel einer ›Therapie‹ der Sprache durchgeführt – auf den jeweiligen tatsächlichen Gebrauch der Sprache rekurriert. Das Verhältnis von Welt und Sprache hat sich als komplizierter erwiesen, als ursprünglich angenommen. Jetzt gerät eine Vielzahl auch dichterischer und performativer Sprachphänomene in den pragmatischer eingestellten Blick: »Wasser!/ Fort!/ Au!/ Hilfe!/ Schön!/ Nicht!/ Bist du nun noch geneigt, diese Wörter ›Benennungen von Gegenständen‹ zu nennen?« Auch Form und Stil – etwa in der Metapher von der Sprache als einer alten Stadt, der immer wieder Zubauten angefügt werden – rücken jetzt von den strikten Dezimalnotationen des *Tractatus* zugunsten stärker ausformulierter Abschnitte ab. Zur Kennzeichnung der nun herausgestellten lebensweltlichen Kontextabhängigkeit der Sprache führt Wittgenstein den folgenreichen Begriff des »Sprachspiels« ein. Dieser soll »hervorheben, daß das Sprechen der Sprache ein Teil ist einer Tätigkeit, oder einer Lebensform«. Sprachspiele können sein: Befehlen, eine Geschichte erfinden und lesen, Theater spielen, Reigen singen, Rätsel raten, einen Witz machen, Bitten, Danken, Fluchen, Grüßen, Beten usw. Jetzt gilt der berühmte Satz: »Die Bedeutung eines Wortes ist sein Gebrauch in der Sprache«. Eine ›Privatsprache‹ einer einzigen Person ist nicht möglich. Wittgensteins Denken ist bei aller diskutierten Kontinuität und Diskontinuität zur früheren Philosophie auch im Neuansatz der *Philosophical Investigations* einem sprachtherapeutischen Impuls verpflichtet: »Die Philosophie ist ein Kampf gegen die Verhexung unseres Verstandes durch die Mittel unserer Sprache«. Philosophie erweist sich als auf der Sprache aufgebautes Luftschloß der Gedanken (Weischedel). An Wittgensteins Spätphilosophie schließt sich das Programm einer Analyse der Alltagssprache an, die als unhintergehbar aufgefaßt wird, weil wir uns immer schon in ihr bewegen (»ordinary language philosophy«).

Ausg.: Werkausgabe, Bd. 1, Frankfurt/M. 1984.
Lit.: H.-U. HOCHE/W. STRUBE, Analytische Philosophie, Freiburg/München 1985. – M. B. HINTIKKA/J. HINTIKKA, Untersuchungen zu Wittgenstein, Frankfurt/M. 1990. – E. v. SAVIGNY, Wittgensteins ›Philosophische Untersuchungen‹: Ein Kommentar für Leser, Bd. 1, Frankfurt/M. 1988; Bd. 2, Frankfurt/M. 1989. – R. MONK, Wittgenstein, Stuttgart 1992.

V. STEENBLOCK

Philosophie de l'Art (frz.; *Philosophie der Kunst*), Hippolyte TAINE; EA Paris/New York 1865–69 (5 Teile); dt. Leipzig 1902/03 (2 Bde.).
Taine legt in seiner Kunsttheorie, die aus einer Vorlesungsreihe an der Pariser »Ecole des Beaux Arts« hervorging, in den deterministischen Grundzügen aber bereits in seiner *Histoire de la littérature anglaise* (1863; *Geschichte der englischen Literatur*) vorgeprägt ist, die »Analogie von Ästhetik und Botanik« zugrunde. Er versucht damit, die Entstehung von Kunstwerken durch die Übertragung von natur-

wissenschaftlichen Klassifikationen und Gesetzmäßigkeiten zu erklären. – Die Ordnungskategorien »Gesamtwerk«, »Schule« und »Epoche« erlauben zunächst eine Situierung jedes Kunstwerks, dessen Entstehung wiederum durch die Faktoren »Rasse« (»race«), »gesellschaftlicher Ort« (»milieu«) und »historischer Augenblick« (»moment«) bestimmt wird. Ersterer bringt bestimmte künstlerische Talente hervor, letztere bilden die allgemeinen Rahmenbedingungen für deren potentielle Entfaltung. Diese enge Verknüpfung von historisch-gesellschaftlichen und anthropologischen, jedoch stets völkerpsychologisch spezifizierten Faktoren der Kunstproduktion erläutert Taine ausführlich an den Beispielen der italienischen Malerei der Renaissance, der niederländischen Malerei des 14.–17. Jh.s und der griechischen Plastik. In Taines Systematik nimmt die Literatur nur einen relativ bescheidenen Platz ein. Deutlich wird jedoch auch hier die enge Verbindung zu ihrem gesellschaftlichen Ort, etwa am Beispiel der französischen Literatur des »siècle classique«, die als unmittelbarer Ausdruck der Kultur am Hofe Ludwigs XIV. geschrieben wird. Auf den Spuren von J. G. Herders Dichtungstheorie wandelt Taine dagegen in seiner Darstellung der Ursprünge der altgriechischen Dichtung, die er im hellenischen Volksgeist verwurzelt sieht. Heroische Größe und Leidenschaftlichkeit des Volks sowie die Schönheit der jungen griechischen Athleten spiegeln sich unmittelbar in Pindars Versen wider. Der Wert eines Kunstwerks richtet sich danach, ob es die Wesenszüge (»caractère essentiel«) seiner Epoche erfaßt.

Im Schlußteil *L'idéal dans l'art* (hinzugefügt 1867; *Das Ideal der Kunst*) modifiziert Taine seine relativistischen ästhetischen Kategorien und erhebt menschliche Tiefe und moralische Wirkung zu idealen Leitlinien künstlerischen Schaffens, die in den Meisterwerken der Weltkunst konvergieren. So erhebt sich auch ein Werk der Literatur erst zum Kunstwerk, wenn es zeitgebundene Modeströmungen übersteigt und wirklich tiefe (»profond«) und die Aktualität überdauernde Züge (»durable«) aufweist. Wahrhaft große Werke wie J. W. Goethes *Faust* (1808/1832) oder Dante Alighieris *La Divina Commedia* (1472; *Die göttliche Komödie*) verbindet trotz ihrer ideologischen Differenzen die Gestaltung tiefster menschlicher Empfindungen. Diese Schlußwendung zeigt, wie stark Taine in der idealistischen Weltanschauung der ersten Jahrhunderthälfte verwurzelt ist, die er kontinuierlich mit seinem wissenschaftlich-positivistischen System zu vermitteln sucht.

Ausg.: Paris/Genf 1980. – Dt. Berlin 1987.
Lit.: C. EVANS, Taine. Essai de biographie intérieure, Paris 1975. – D. HOEGES, Literatur und Evolution. Studien zur französischen Literaturkritik im 19. Jh., Heidelberg 1980. – Ph. DESAN, Taine. Positiviste ou idéaliste?, in: Dialogue 21 (1982).
                                        R. SCHWADERER

Philosophie der Kunst, Friedrich Wilhelm Joseph SCHELLING, entst. 1802; EA Stuttgart/Augsburg 1859.
Schellings Vorlesung (1802/03 in Jena; 1803/04 in Würzburg) über die Philosophie der Kunst beginnt im »Allgemeinen Teil« mit der »Konstruktion der Kunst« aus dem Prinzip der »Identitätsphilosophie«. Deren Grundzüge werden aus dem Wesen des »Absoluten«

entwickelt. Dieses ist die »unendliche Affirmation von sich selbst«, und zwar als Affirmierendes die ideale, als Affirmiertes die reale Welt. In allen Formen oder »Potenzen« der beiden Welten ist das Absolute schlechthin mit sich identisch. So ist die *Philosophie der Kunst* für Schelling nicht eine spezielle Theorie, sondern »Wissenschaft des All in der Form oder Potenz der Kunst«. Diese Potenz ist die höchste der idealen Welt, die Indifferenz der beiden anderen, nämlich der idealen, subjektiven (Wissen) und der realen, objektiven (Handeln). – Auf diese allgemeinste systematische Bestimmung der Kunst gründen sich im Wesentlichen die folgenden Ausführungen. Den wahrhaften Stoff der Kunst bilden die besonderen Ideen, wie sie im Absoluten sind, d.h. sie werden (in der Einbildungskraft) als »reine Begrenztheit in ihrer Absolutheit« angeschaut und durch die Gestaltungen der Kunst (in der Phantasie) als eine eigene Welt produziert. Diese ist die Mythologie: »die absolute Poesie, [...] die ewige Materie, aus der alle Formen so wundervoll, mannichfaltig hervorgehen«. Sie ist als ursprüngliche Einheit (als Indifferenz des Endlichen und Unendlichen, Besonderen und Allgemeinen) nur in der griechischen Kunst und ihrer Religion verwirklicht. Mit dem Christentum hingegen wird »das Allgemeine herrschend und das Besondere zerfällt darin«. Das Besondere ist jetzt nicht mehr Symbol des Unendlichen (weil es sich nicht mehr in unmittelbarer Identität mit dem Allgemeinen befindet), sondern nur noch dessen Allegorie. Das Grundverhältnis zwischen Kunstwerk und Rezipient ist mystisch, und zwar durch die innerliche Beziehung des Gemüts auf das Unendliche als Pol. Die absoluten Ideen werden so allerdings nicht im Sein, sondern allein im Handeln angeschaut, und der Stoff der Kunst erscheint damit insgesamt nicht als Natur, sondern als Geschichte. Schelling gründet auf diesen Unterschied die Differenz von antiker und »moderner« Kunst überhaupt und die besonderen Gegensätze hinsichtlich der Form von Kunst: »Erhabenheit« und »Schönheit«, das »Naive« und das »Sentimentalische«, »Stil« und »Manier« und schließlich die philosophische Beurteilung der exemplarischen Erscheinungen in den einzelnen Kunstgattungen. Diese entspringen daraus, daß die Indifferenz des Realen und des Idealen (welche die Kunst überhaupt ist) selbst wieder in den Potenzen der (relativ-)realen und (relativ-)idealen Einheit erscheint: als bildende (wozu Schelling auch die Musik zählt) und als redende Künste (Lyrik, Epos, Drama). Die Indifferenz erscheint in der Lyrik unter der Potenz der Differenz, des Besonderen und Subjektiven (Bewußtsein und Reflexion); im Epos unter der Potenz der Identität, des Allgemeinen, dem das Besondere bloß subsumiert wird (Handeln – absolut betrachtet – als Geschichte); im Drama schließlich unter der Potenz der Indifferenz von Differenz und Identität, Besonderem und Allgemeinem. Diese Synthese »der Naturen beider entgegengesetzter Gattungen« (Lyrik und Epos) ist »die höchste Erscheinung des Ansich und des Wesens aller Kunst«. Schellings »Konstruktion der Kunst« führt zu einer prinzipiellen Ablehnung und Überwindung der tradierten Wirkungsästhetik.

Darüber hinaus wendet er sich gegen das Prinzip von der Nachahmung der Natur, da Schönheit nach Schelling nicht an Kausalität und Finalität gebunden und damit zweckfrei ist. – Von außerordentlicher Bedeutung für die Ästhetik (und die Philosophie überhaupt) sind die Vorlesungen auch wegen ihrer systematischen Ordnung und wegen ihres inhaltlichen Reichtums bei der Behandlung der einzelnen Künste. Dies bezieht sich u. a. auf: den Unterschied des modernen (romantischen) Epos (exemplarisch: Ariosto) zum antiken und den Übergang zum Roman (M. de Cervantes; J. W. Goethes *Wilhelm Meisters Lehrjahre*, 1795/96); die Sonderstellung Dantes (»ein Wesen einer eigenen Gattung«); und schließlich die tiefsinnige Deutung der Tragödie und deren Umkehrung in der Komödie.

Ausg.: Sämtliche Werke, Abt. I, Bd. 5, hg. von K. F. A. SCHELLING, Stuttgart/Augsburg 1859; Darmstadt 1990 (Reprint).
Lit.: R. ASSUNTO, Estetica dell' Identità, Urbino 1962. – P. SZONDI, Schellings Gattungspoetik, in: Poetik und Geschichtsphilosophie II, Frankfurt/M. 1974. – M. FRANK, Einführung in die frühromantische Ästhetik, Frankfurt/M. 1989.

K. E. KAEHLER

Philosophie der neuen Musik,
Theodor W. ADORNO; EA Tübingen 1949.
Das Buch versteht sich als »ausgeführter Exkurs« zur *Dialektik der Aufklärung* (1947). Zusammen mit den Arbeiten *Dissonanzen* (1956) und dem *Fragment über Musik und Sprache* (1956) bildet es ein Moment dialektisch-materialistischer Ästhetik, wie sie später in der →*Ästhetischen Theorie* ausgeführt wird. – Adorno entfaltet in dieser Analyse der beiden avanciertesten, einander entgegengesetzten Extreme der neuen Musik, Schönberg und Strawinsky, kunsttheoretische Überlegungen, die von der methodischen Einsicht geleitet sind, daß die philosophische Behandlung von Kunst auf die Erkenntnis ihres Wahrheitsgehalts und damit auf die immanente Idee des Kunstwerks zielen muß. Die dialektische Methode der Entfaltung von Wahrheit in der ästhetischen Objektivität ist der Versuch, »die Kraft des allgemeinen Begriffs in die Selbstentfaltung des konkreten Gegenstands zu transformieren« und gleichzeitig »dessen gesellschaftliches Rätselbild mit den Kräften seiner eigenen Individuation aufzulösen«. Die Wahrheit oder Unwahrheit eines Kunstwerks erweist sich allein in der konkreten Kristallisation spezifischer Kategorien im Gefüge des Werks an sich. – In dem Aufsatz *Über den Fetischcharakter der Musik und die Regression des Hörens* (1938) bestimmt Adorno den Funktionswandel der Musik in der kommerziellen Massenproduktion, deren umfassende Verdinglichung auch die musikalische Struktur affiziert. Er hebt deshalb auf den Zusammenhang zwischen Produktion, Fetischcharakter und Scheinhaftigkeit der Musik einerseits und dem regredierten Bewußtsein der Hörermassen andererseits ab. In der *Philosophie der neuen Musik* wendet er sich dem Stand des Komponierens selber zu. Seine auf Erkenntnis gerichtete Untersuchung sieht sich grundsätzlich auf die Avantgarde verwiesen: Allein die unversöhnlichen Werke der neuen Musik widersetzen sich für Adorno durch ihren antithetischen Widerspruch der totalen Kontrolle, obwohl die Verdinglichung auch ihre inwendige Stuktur ergreift. Das

»zerrüttete«, fragmentarische Kunstwerk, die bewußte Absage an totalisierende Idiome der Musikgeschichte, wie etwa den Werkbegriff, wird deshalb zum Gegenstand der Reflexion. Die »Neue Musik« nimmt den Widerspruch, in dem sie zur Realität steht, in ihr Bewußtsein wie ihre Gestalt auf. Die beiden Abschnitte »Schönberg und der Fortschritt« und »Strawinsky und die Reaktion« markieren bereits im Titel Adornos Einschätzung dieser beiden Pole des Komponierens. In der Komposition Schönbergs legt Adorno durch die Analyse der Zwölftontechnik und der Atonalität eine Konstellation frei, die jenseits der für die Freiheit des Spiels garantierenden Konvention eine notwendige »Entfesselung des Materials« bewirkt; mit der Negation von Schein und Spiel tendiert die Musik zur Erkenntnis. Die Musik wird zum Resultat eines Prozesses, denn das Variieren wird ins Material zurückverlegt. Zugleich erkennt der Komponist die Brüchigkeit und Unverbindlichkeit dieser Sprache. Das rationale System der Regelhaftigkeit wird nicht zur Norm erhoben. »Im Vergessen greift inkommensurabel die Subjektivität endlich über die Konsequenz und Stimmigkeit des Gebildes hinaus.« Strawinskys Absage an jede Spur von Subjektivität soll dagegen eine Region des scheinbar »authentischen« Seins eröffnen, eine falsche, bloß reklamierte Authentizität, die nicht durch die Selbstbewegung der Sache gewonnen wird, sondern sich in der Gebärde erschöpft. – Die *Philosophie der neuen Musik* findet ihre kritische Fortführung in den späteren musiksoziologischen und -theoretischen Schriften Adornos. Wie sie

sind diese ebenfalls Elemente des Versuchs, eine Analyse der Moderne zu leisten, die sowohl ihren Gegenstand als auch die Erkenntnis selbst der leitenden Kategorie des bestimmten Widerspruchs aussetzt und sich an dessen gestalterische wie zerstörerische Kraft gebunden weiß.

Ausg.: Gesammelte Schriften, hg. von R. TIEDEMANN, Bd. 12, Frankfurt/M. 1975.
Lit.: Th. W. ADORNO, Musikalische Schriften, in: Gesammelte Schriften, hg. von R. TIEDEMANN, Bde. 16–19, Frankfurt/M. 1978–84. – Materialien zur »Ästhetischen Theorie«. Th. W. Adornos Konstruktion der Moderne, hg. von B. LINDNER/W. M. LÜDKE, Frankfurt/M. 1980.

B. KIRBERGER

Philosophie der symbolischen Formen, Ernst CASSIRER; EA Berlin 1923–1929 (Bd. 1: *Die Sprache*, 1923; Bd. 2: *Das mythische Denken*, 1925; Bd. 3: *Phänomenologie der Erkenntnis*, 1929).

Cassirers literarische Interessen sind ein entscheidendes Motiv für seine Konzeption einer *Philosophie der symbolischen Formen*. Die »Kritik der Vernunft« soll in eine »Kritik der Kultur« transponiert werden. Seit 1919 hat er intensive Kontakte zu der geistes- und kulturwissenschaftlich reichhaltigen Bibliothek Warburg. Besonders philosophiehistorische Forschungen führen ihn zur Literatur. Er erkennt früh, daß Philosophie selbst eine literarische Form darstellt, und studiert der Philosophie-Rezeption der großen deutschen Literaten im 18. und 19. Jh. In *Freiheit und Form. Studien zur deutschen Geistesgeschichte* (1916) stehen neben Leibniz und Kant Winckelmann, Goethe, Schiller und W. v. Humboldt im Vordergrund. Die Aufsatzsammlung *Idee und Gestalt* (1921) analysiert Goethe, Schiller, Hölderlin und

Kleist; 1932 erscheint die Aufsatzsammlung *Goethe und die geschichtliche Welt* und 1945 im amerikanischen Exil der Aufsatz *Thomas Manns Goethebild*. – Kunst als ein Paradigma für Kultur erschließt sich Cassirer auch durch Kants →*Kritik der Urteilskraft* und deren Wirkung auf die deutsche Literatur. Mit dem Begriff der ›symbolischen Formen‹, der erstmals in vollem Sinne in *Zur Einsteinschen Relativitätstheorie* (1920) auftaucht, wird die Erkenntnistheorie auf das Thema des menschlichen Weltverstehens im Ganzen erweitert; das Bedeutungs- und Sinnproblem ist demjenigen der Wahrheit vorgeordnet. Es geht nicht so sehr um die »Gestaltung *der* Welt« als vielmehr um eine »Gestaltung *zur* Welt«. Der Begriff der symbolischen Formen verbindet geistes- und naturwissenschaftliche Motive und soll den Grundvorhalt menschlicher Orientierung charakterisieren: in allem Gegebenen ist stets ein sinnliches Substrat mit einer sinnhaften Bedeutsamkeit verknüpft und umgekehrt; Wirklichkeit ist bildende, nicht abbildende Gestaltung durch den Menschen, der sich jeweils nur medial manifestieren kann. Die *Philosophie der symbolischen Formen* unterscheidet drei resp. vier symbolische Formen als Formen des Weltverstehens: die Sprache, den Mythos resp. die Religion und das wissenschaftliche Erkennen. Die Kunst wird gelegentlich thematisiert. Später stellt Cassirer die Technik als besondere symbolische Form kontrastierend der Kunst gegenüber (*Form und Technik*, 1930). Das im amerikanischen Exil publizierte Spätwerk *An Essay on Man* (1944) widmet der Kunst als symbolischer Form ein besonderes Kapitel; ebenso wird hier erstmals die ›Geschichte‹ als symbolische Form bestimmt und damit das Problem der Interpretation in hermeneutischer Richtung diskutiert. Paradigmatisch für die symbolischen Formen ist die Sprache, die das Weltverstehen als freies Gestalten strukturell deutlich macht. Die symbolische Formung wird durch eine allen Formen gemeinsame triadische symbolische Funktion bestimmt: Ausdruck, Darstellung und reine Bedeutung. »Ausdruck« als »Urphänomen« bezeichnet die Einheit von sinnlichem Substrat und sinnhafter Auffassung; an ihm wird die »symbolische Prägnanz« manifestiert. »Darstellung« ergibt sich aus der bewußten Differenzierung zwischen Substrat und Sinn resp. Auffassung; sie ist konstitutiv für die Möglichkeit objektiver Weltorientierung, aber auch Grundlage jeder künstlerischen Gestaltung, d. h. des Spiels mit Anschauungen und Ideen. »Reine Bedeutung« meint die Möglichkeit extremer Loslösung des Sinnhaften vom bloß Substrathaften; Beispiel dafür ist u. a. der mathematische Kalkül. Schon in einem Aufsatz von 1922 (*Der Begriff der symbolischen Formen im Aufbau der Geisteswissenschaften*) benutzt Cassirer im Anschluß an Goethe eine ähnliche triadische Unterscheidung zwischen »Nachahmung, Manier und Stil«. Dabei ist »Stil« sowohl die höchste Form künstlerischer Gestaltung als auch das Charakteristikum von Einsteins Relativitätstheorie. Auf linguistischer Ebene unterscheidet Cassirer drei Sprachstufen: mimetischen, analogischen und rein symbolischen Ausdruck. Die zwei ersten Glieder der jeweiligen Triade kann man jeweils als defiziente Modi des dritten Gliedes betrachten. 1930 weist Cassirer der Kunst eine entscheidende Vermittlerrolle zwischen den beiden ›Extremen‹ »Ausdruck« und »reiner Bedeutung« zu. Alle Kulturentwicklung bewegt sich zwischen diesen Extremen. Im künstlerischen Schaffen steht »alle künstlerische Schönheit zum Grund- und Urphänomen des Ausdrucks« in einem »eigentümlichen Verhältnis«. »Das Kunstwerk läßt in einer durchaus eigenartigen, ihm allein vorbehaltenen Weise ›Gestalt‹ und ›Ausdruck‹ ineinander übergehen.« – »Die dichterische, die malerische oder plastische Form sind in ihrer höchsten Vollendung, in ihrer reinen ›Ablösung‹ vom Ich, noch immer durchflutet von der reinen Ichbewegung.« Insofern schafft die Kunst »gewissermaßen das ideale Gleichgewicht« der Kultur. Sie manifestiert als ›ästhetische Befreiung‹ die Selbstbezüglichkeit der Symbolik. Die Studie über Th. Mann und Goethe verdeutlicht diese eigentümliche Reflektiertheit der Kunst. In Th. Manns Goethe-Roman werden ›Nachahmung‹ und ›Manier‹ als künstlerisch eigentlich zweitrangige Mittel so benutzt, daß sie sich in den Dienst des ›Stils‹ stellen; so sei Th. Mann eine künstlerische Deutung und Anwendung von Goethes ›wiederholter Spiegelung‹ gelungen. – Obwohl die Literatur bei Cassirer im Vordergrund steht, hat er insbesondere auf die Wissenschaft der bildenden Künste gewirkt (Panofsky). Für die Literaturwissenschaft sind die Einsichten Cassirers allererst noch zu erschließen. Dabei steht die Lyrik im Mittelpunkt, der für die Gestaltung des Ichbegriffs eine entscheidende Rolle zukommt (*Zur Logik der Kulturwissenschaften*, 1942).

»Erst die Kunst ist es gewesen, die, indem sie dem Menschen zu seinem eigenen Bilde verhalf, gewissermaßen auch die spezifische Idee des Menschen entdeckt hat.« Was hier im Blick auf die bildende Kunst gesagt wird, erfüllt sich subtil in der Lyrik. – Weitgehend unanalysiert ist bisher Cassirers Verwendung literarischer Mittel für die Darstellung seiner wissenschaftlichen Philosophie. Greifbar wird das zunächst an der operativen Verwendung z. B. Goethescher Begriffe wie »Urphänomen«, »Metamorphose« und »wiederholte Spiegelung« für philosophisch argumentative Zwecke. Obwohl Cassirer bis in sein Spätwerk sehr oft naturwissenschaftliche und wissenschaftstheoretische Themen behandelt, finden sich in seinen Texten immer wieder Einflüsse künstlerischer Rede und poetischer Argumentation (z. B. auch als – oft verdeckte – Dichterzitate). Mit ihren für die Zeichen- und Bedeutungstheorie charakteristischen Methoden der Kontrastierung (Oppositionen) von Momenten im Rahmen ganzheitlicher Zusammenhänge eröffnet die Konzeption der symbolischen Formen die Möglichkeit einer strukturalen Literaturtheorie, die freilich nicht auf bloßen Formalismus zielt, sondern geistige Bedeutungsgehalte im Blick behalten will.

Lit.: E. CASSIRER, Zur Logik der Kulturwissenschaften, Darmstadt 1961. – Ders., Wesen und Wirkung des Symbolbegriffs, Darmstadt/Oxford 1956. – Ernst Cassirer. Symbol, Technik, Sprache, hg. von E. W. ORTH, Hamburg 1985. – Über Ernst Cassirers ›Philosophie der symbolischen Formen‹, hg. von H. J. BRAUN/H. HOLZHEY/E. W. ORTH, Frankfurt/M. 1988. – Ernst Cassirer. Geist und Leben. Schriften zu den Lebensordnungen von Natur und Kunst, Geschichte und Sprache, hg. von E. W. ORTH, Leipzig 1993.

E. W. ORTH

Philosophy and The Mirror of Nature (engl.; *Der Spiegel der Natur: Eine Kritik der Philosophie*), Richard **RORTY**; EA Princeton 1979; dt. Frankfurt/M. 1980.

Rorty gilt als hervorragender Vertreter der postmodernen Richtung des philosophischen ›Pragmatismus‹. Als Alternative zur systematischen analytischen Philosophie entwickelt er einen dynamischen, historischen und gesprächsorientierten Ansatz, der stärker hermeneutischen als erkenntnistheoretischen Prinzipien verpflichtet ist. – Rorty setzt sich kritisch mit der seit Kant gängigen Vorstellung auseinander, die Philosophie sei die grundlegende Disziplin schlechthin, da sie sich mit der Grundlegung des Wissens auseinandersetze und somit über die Gültigkeit aller wissenschaftlichen Ansätze und kulturellen Leistungen entscheiden könne. Diese Annahme geht auf den cartesianischen Dualismus zwischen Körper/Welt und Geist zurück. Danach zeichnet sich der Mensch durch seinen Intellekt aus, in dem die Wirklichkeit möglichst exakt, wie in einem Spiegel, abgebildet wird. Rorty bezweifelt allerdings die Möglichkeit unumstößlichen Wissens, das auf einer besonderen Beziehung zwischen Objekten und dem menschlichen Geist beruht. Er stützt sein Skepsis mit Sellars' psychologischem Nominalismus und der darin enthaltenen Kritik am Mythos vom Gegebenen. Wie Sellars und Quine lehnt er die Vorstellung sogenannter »privileged representations« von Wirklichkeit ab. Mit Wittgenstein, Heidegger und Dewey bezeichnet er traditionelle epistemologische Fragen und Antworten als unrealistisch, da diese auf einem Korrespondenzschema zwischen Geist oder Sprache und der Welt beruhen. Wissen hat damit bei Rorty keine notwendig ontologische Grundlage mehr, sondern vielmehr den Charakter einer sozialen Konvention. Wie Quine weist er in diesem Zusammenhang die Unterscheidung von Sprache und Faktum zurück. Dabei plädiert er auch für eine Emanzipation der Geisteswissenschaften als gleichberechtigte Disziplinen neben den Naturwissenschaften. Er warnt davor, die moderne Sprachphilosophie oder die empirische Psychologie als Nachfolger traditioneller epistemologischer Forschungsrichtungen zu betrachten, da auch sie letztlich auf den durch die Spiegel- und Abbildungsmetapher bedingten Prämissen beruhen und eine Theorie des Wissens anstreben. Rorty möchte epistemologische Fragestellungen durch hermeneutische ersetzen. Damit weist er zugleich die Vorstellung zurück, daß kulturelle Erscheinungsformen im Regelwerk des einen wahren Diskurses erfaßt werden können. Vielmehr vertritt er einen holistischen und pragmatischen Ansatz, der in antiautoritärer Manier eine Vielzahl von Diskursen zuläßt, die in ständigem Gespräch miteinander stehen, wobei letzteres zum neuen Kulturträger wird. Die dynamische Konversation löst die statische Struktur ab. An die Stelle des Wissens um letztere tritt die durch erstere bedingte Bildung des Menschen im Sinne Gadamers. Das Denken des vielfachen Anderen und Neuen ist dabei wichtiger als der Nachvollzug des einen normativ Etablierten, das ständige Streben nach Wahrheit(en) bedeutender als ihr vermeintlicher Besitz. – Rortys kontroverses Buch erwies sich als höchst einflußreich und gilt als Meilenstein postmodernen Pluralitätsdenkens.

Ausg.: Dt. Frankfurt/M. 1987.
Lit.: L. S. KLEPP, Richard Rorty. Philosopher of Paradox, in: Dialogue 4 (1991), S. 44–49.

H. ANTOR

The Philosophy of Composition

(engl.; *Die Philosophie der Komposition*), Edgar Allan POE; ED 1846 (in: Graham's Magazine); dt. Olten/Freiburg/Br. 1966.

In diesem späten Essay verdeutlicht Poe am Beispiel der Entstehung seines Gedichts *The Raven* (1845; *Der Rabe*), welche Regeln ein lyrisches Gedicht für ihn im idealen Fall zu befolgen hat. Im Gegensatz zu einer Ästhetik der verzückten Ekstase verlangt er eine des kalkulierten Effekts. Nichts ist danach am poetischen Prozeß intuitiv oder zufällig, alles läßt sich mit nahezu mathematischer Präzision berechnen. Das lyrische Gedicht wird dadurch gleichsam auf einen effektvollen Klangkörper reduziert, womit Poe zu einem wichtigen Vorläufer für die moderne Lyrik wird. – Ausgehend von einer der Phrenologie entlehnten, heute reichlich naiv anmutenden Annahme, daß eine Einheit des Effekts nur dort zu erzielen sei, wo der Leseakt durch keine störenden Außeneinwirkungen unterbrochen werde, bestimmt Poe für ein Gedicht zunächst eine angemessene Länge von etwa 100 Zeilen. Da die »elevation of the soul« die zentrale Absicht eines Gedichts ist, diese seelische Hochstimmung sich aber am ehesten im Anblick des Schönen einstellt, erklärt Poe in einem weiteren Schritt die Schönheit zur Domäne eines Gedichts: Schönheit nicht als sinnliche Qualität, sondern als übersinnliches, unerfülltes Begehren verstanden, das in Bildern der Trauer und Melancholie den adäquatesten Ausdruck findet und die Seele am nachhaltigsten affiziert. Der Tod einer schönen Frau, der mit klanglich effektvollen Sprachmitteln – etwa dem Refrainwort »nevermore« im *Raven*-Gedicht – inszeniert wird, dient Poe als Lieblingssymbol für diese unstillbare Sehnsucht. Bis in einzelne Details hinein werden die Effekte berechnet, die von der Metrik, dem Klang, den überraschenden Wendungen des Refrains und der auf Originalität angelegten Kombinatorik der Sequenzen auf den Leser ausgeübt werden sollen. Dabei geht Poe vielfach von Grundsätzen aus, die für ihn selbst zwar offenkundig und allgemein verbindlich erscheinen, in letzter Konsequenz jedoch rein subjektive Setzungen darstellen. – Von der Kritik wegen seiner willkürlichen, nicht immer nachvollziehbaren Forderungen oft als Obskurant abgewertet, hat Poe mit diesem Essay dennoch Literaturgeschichte gemacht. Besonders über die französischen Symbolisten von Baudelaire bis Valéry hat er mit der Betonung der »facultés d'architecte et de musicien« (Mallarmé) nachhaltig auf die Lyrik der Moderne gewirkt. Seine Apotheose des Schönen, die er hier vertritt, hat ihn außerdem zu einem wichtigen Vorläufer der ästhetizistischen ›L'art pour l'art‹-Bewegung des späten 19. Jh.s gemacht. Mit seinem Reduktionismus auf das Werk selbst wurde er zu einem Vorbild für die Literaturtheorie der ›New Critics‹ im 20. Jh.

Ausg.: The Complete Works, Bd. 14, hg. von J. A. HARRISON, New York 1902, S. 193–208. – Dt. in: Werke, hg. von K. SCHUHMANN/H. D. MÜLLER, Bd. 4, Olten ³1983.
Lit.: M. LASER, The Growth and Structure of Poe's Concept of Beauty, in: English Literary History 15 (1948), S. 69–84. – H. BRIE, Die Theorie des poetischen Effekts bei Poe und Mallarmé, in: Die Neueren Sprachen 21 (1972), S. 473–81. – A. P. FRANK, Poe (1809–49) in: Klassiker der Literaturtheorie, hg. von H. TURK, München 1979, S. 177–190.

J. C. SCHÖPP

Le Plaisir du texte (frz.; *Die Lust am Text*), Roland BARTHES; EA Paris 1973; dt. Frankfurt/M. 1974.

Bereits in seiner strukturalistischen Phase stellt Barthes in dem programmatischen Essay *Critique et Vérité* (1966; *Kritik und Wahrheit*) der analytischen Literaturwissenschaft und der ideologischen Literaturkritik eine unmittelbarere Rezeptionsweise zur Seite: die »Lektüre«, die zum Text eine Beziehung des Begehrens unterhält. Mit dieser dritten Rezeptionsweise, die nun die erste geworden ist, befaßt sich *Le Plaisir du texte*. Die »Lust am Text« kann nicht Gegenstand einer wissenschaftlichen These, sondern nur der einer phänomenologischen Introspektion sein. Ihre Thematisierung ist jedoch notwendige Konsequenz eines »radikalen Materialismus«, wie ihn in der Wissenschaft des Subjekts die Psychoanalyse, in der der Literatur die Texttheorie anstrebt. (Lacansche) Psychoanalyse und strukturale Texttheorie sind entsprechend die terminologischen Referenzschienen dieses Textes – zugleich jedoch Gegenstand der Kritik, da sie Gefahr laufen, in Verkennung ihrer Fiktionalität zu ideologischen Systemen zu erstarren. Die Bedeutung einer Lust am Text liegt für Barthes in ihrem subversiven Charakter. Ihr Subjekt ist ein »asoziales« Individuum, das die Diktatur der logischen Widerspruchsfreiheit außer Kraft setzt und den ›Ideen seines Körpers‹ folgt. Als ein »Nullpunkt« im »Krieg der Sprachen« verwandelt es den Konflikt rivalisierender Ideologien in ein Nebeneinander multipler Differenzen. Die Lust am Text entspringt nach Barthes »Brüchen« innerhalb des Textes, Kollisionen zweier »antipathischer Codes«: der Ordnung und ihrer Zerstörung. Erst diese Duplizität, die Barthes als neurotische Kompromißbildung charakterisiert, erzeugt ein »erotisches« Verhältnis zum Text. Die für Barthes' Literaturtheorie zentrale Opposition zwischen Klassik und Moderne (→*Le Degré zéro de l'écriture*, →*S/Z*) findet hier ihre Entsprechung, indem innerhalb des Begriffs der Lust eine Unterscheidung zwischen »Lust« (»plaisir«) und »Wollust« (»jouissance«) eingeführt wird. Klassische Erzählungen sind ›Texte der Lust«, moderne ›Texte der Wollust«. Während letztere – Barthes nennt Flaubert, Bataille, Sollers – von sich aus den »Riß in der Sprache« inszenieren, werden klassische Werke erst durch eine Lektürepraxis, die ihre Integrität mißachtet, zu Gegenständen der Lust. »Lust« bestimmt Barthes als hedonistisch und ich-bestätigend, »Wollust« dagegen als krisenhaften Selbstverlust. Bedingung der Wollust und damit einer kritischen Subversion der gegenwärtigen Gesellschaft ist das »absolut Neue«. Da jeder Widerstand unweigerlich durch den Markt vereinnahmt wird, ist die Avantgarde zu einer permanenten Innovation verurteilt. – *Le Plaisir du texte* leitet im Werk Barthes' ein Schreiben noch jenseits seiner poststrukturalistischen Phase ein, das einen über seine eigenen Prämissen, Fiktionen und Machtstrukturen aufgeklärten Diskurs ohne ›wissenschaftliches‹ Sicherheitsnetz anstrebt. Barthes trägt diese letzte Radikalisierung seiner Texttheorie in einer Folge lose zusammenhängender Aphorismen vor, die in ihrem permanenten Neueinsatz terminologische Inkonsistenzen und Widersprüche nicht scheuen.

Ausg.: Paris 1973. – Dt. Frankfurt/M. 1992.
Lit.: A. K. MORTIMER, The gentlest law. Roland Barthes' ›The Pleasure of the text‹, New York 1989.

L. LINDHOFF

The Pleasures of the Imagination (engl.; *Die Vergnügungen der Einbildungskraft*), Joseph ADDISON; ED 1712 (in: The Spectator, Nr. 411–21); dt. 1719–21 (in: Der Spectateur).

Addisons als geschlossener Essay angesehene Aufsatzreihe enthält einen frühen Entwurf einer empirischen aufklärerischen Ästhetik. Der Essay popularisiert moralphilosophische Grundpositionen, die den Anstoß zur späteren Psychologisierung der Theorien von Dichtung, Architektur und Gartenkunst gaben. – Alle Ideen der Einbildungskraft sind in letzter Instanz auf den ›Gesichtssinn‹ (das Anschauungsvermögen) zurückzuführen, wobei der durch ihn ermöglichte Lustgewinn mit dem Verstand konkurriert. Die Differenzierung der Objekte, aus denen die Vergnügungen der Einbildungskraft entspringen, folgt Lockes *An Essay Concerning Human Understanding* (1690; *Versuch über den menschlichen Verstand*). Ihre Eigenschaften sind »Größe«, »Neuheit« oder »Schönheit«. Aber auf die Einbildungskraft wirken nicht die Dinge selbst, sondern ihre Ideen und Abbilder. Ihre wichtigsten Wirkungsfaktoren sind für Addison Naturverhältnisse. Sie bilden auch für die Kunst das Maß und stehen mit ihr in einer reziproken Verstärkungsbeziehung. Literaturtheoretisch bedeutsam ist bei Addison besonders der als sekundär bezeichnete Genuß der Imagination (primär ist das Vergnügen am Anblick der Dinge selbst), soweit er sich auf literarische Beschreibungen bezieht. Dazu zählen auch der Ausdruck von Schrecken und Trauer. Wo die Erfindung des Dichters sich von der Naturnachahmung ablöst und fantastische Züge trägt, ist immer noch (besonders bei modernen Autoren) ästhetisches Vergnügen möglich. Daraus folgt u. a., daß literarische Wirkung Fiktionalität weder erzwingt noch ausschließt. Auch die Historiographie und die Philosophie macht Addison so dem empirischen Nachvollzug und der Kritik zugänglich. Der Modus literarischer Wirkungen ist stets die Spannung zwischen Schmerz und Lust. Zu ihr verhalten sich die abgebildeten Weltzustände und die Mittel ihrer Beschreibung relativ. – Die Grundlagen der psychologischen Erklärung ästhetischer Effekte entnahm Addison Locke, während die scharfe Trennung zwischen primären und sekundären Vergnügungen auf der Unterscheidung des Kritikers J. Dennis zwischen »vulgären« (objektvermittelten) und »enthusiastischen« (durch seelische Selbstreflexivität induzierten) Gefühlen beruhte. Im klassizistischen Dichtungssystem führte dies zu einer Liberalisierung, da durch den Bezug auf Emotionen jede rationalistische Regelpoetik unterhöhlt wurde. Die im Kontext der Aufklärung stehenden Essays (in Deutschland vermittelt durch den Gottsched-Kreis) hatten eine gesonderte Wirkungsgeschichte im Rahmen einer empirischen Psychologie literarischer Formen, die in der Dichtungstheorie wie in der Literaturpraxis vor allem der Empfindsamkeit breiten Widerhall fand, u. a. in den Assoziationslehren.

Ausg.: The Spectator, Bd. 3, hg. von D. F. BOND, Nachdr. Oxford 1987, S. 535–82. – Dt. Leipzig 1739–43.
Lit.: V. HAMM, Addison and the Pleasures of the Imagination, in: Modern Language Notes 52 (1937), S. 498–500. – L. A. ELIOSEFF, The Cultural Milieu of Addison's Literary Criticism, Austin 1963.

B.-P. LANGE

Poésie et pensée abstraite (frz.; *Dichtung und abstraktes Denken*), Paul VALÉRY; EA Oxford 1939; dt. Frankfurt/M. 1962.

Der Oxforder Vortrag stellt die letzte und reifste von etwa sechs poetologischen Selbstaussagen Valérys in Essayform dar, die auf zahlreichen Einzelnotizen in seinen *Cahiers* (entst. 1894–45, EA 1924 und 1957–61; *Hefte*) aufbauen. Zu Beginn polemisiert Valéry gegen die verbreitete Überzeugung, die poetisches und abstraktes Denken als »klassischen Gegensatz« auffaßt. Im Rückgriff auf sprachunabhängige Selbstbeobachtung stößt Valéry hingegen auf »Zustände, die ich wohl poetisch nennen kann«, weil sie ohne wahrnehmbare Ursachen auftraten, aus der Ordnung gewöhnlicher Wechselbeziehung zwischen Leben und Denken heraustraten und in einigen Fällen zu Gedichten führten. Andere Male ist allerdings aus ähnlich unbedeutenden Vorkommnissen eine Analyse, ein Satz entstanden, der sich seinem Denkinstrumentarium einverlei-

ben ließ. Dies führt zu der Behauptung, daß ein Logiker nicht Logiker sein könnte, wenn er nichts anderes als Logiker wäre: So auch der Dichter. – Der »poetische Zustand« ist daran erkennbar, daß die Vorstellungen von bekannten Dingen einen anderen Wert annehmen, »musikalisiert« werden (eine Ansicht, die schon Dante ähnlich ausdrückte). Die Entwicklung eines solchen poetischen Zustands weist Analogien zum Traum auf, ist aber (entgegen romantischen Annahmen) nicht mit ihm identisch. Der stets zufallsbedingte Zustand, der auch »Poesie« genannt wird, ist eine notwendige, aber keineswegs hinreichende Voraussetzung für einen Dichter. Dessen Aufgabe ist es vielmehr, den dichterischen Zustand, die dichterische Erregung bei einem anderen hervorzurufen. Dabei ist streng zwischen einem natürlichen Poesie-Effekt (der jedermann zuteil werden kann) und dem synthetischen Herstellen dieses Effekts zu unterscheiden. – Der poetische Zustand beim Rezipienten beginnt da, wo sich das Bedürfnis nach Wiederholung einstellt, mithin die Bedeutung eines Satzes verloren geht. In der praktischen Sprachverwendung bleibt die Form (das Körperliche, Sinnliche, der eigentliche Akt der Rede) nicht erhalten. Diese Sprachverwendung ist Valéry zufolge »abstrakt«. Da, wo die Form sich zwingend behauptet, betreten wir die »Welt des Poetischen«, so wie wir durch die aus den Geräuschen herausgehobenen Töne die Welt des Musikalischen betreten. Mit dem entscheidenden Unterschied, daß die Sprache nichts Reines darstellt, sondern eine zusammenhanglose Mischung von akustischen und psychosomatischen Reizen. Jedes Wort ist Augenblicksverbindung eines »Klanges« mit einem »Sinn«. Diese sind ohne Entsprechung untereinander. Der Dichter spekuliert indessen gleichzeitig über beide, das »poetische Pendel« (ein berühmt gewordenes Bild) oszilliert zwischen Klang und Sinn. Es ist wichtig zu sehen, daß der von den Worten eines Verses hervorgerufene Eindruck nicht nur von den musikalischen Eigenschaften (Klanggestalt, Rhythmus und Silbenzahl) abhängt, sondern sich auch aus der einfachen Verbindung der Bedeutungen ergibt. Valéry kennt also auch eine »Bedeutungsresonanz«, eine semantische Harmonie, bzw. umgekehrt eine »Eindrucksalliteration«. Zwar sagt er nicht, nach welchen Regeln der Dichter arbeitet, doch unterstreicht er sehr deutlich den (antimodernen) Verbindlichkeitsanspruch, den er der eigentlichen Dichtkunst zuerkennt: »Was nur für einen allein Wert hat, das hat überhaupt keinen Wert«. Jeder wirkliche Dichter muß notwendig ein Kritiker ersten Ranges und der Architekt seiner Gedichte sein. Valéry leugnet keinesfalls, daß die dichterische Sprache von großen Dichtern dazu benutzt worden ist, »abstrakte« Ideen mitzuteilen (was durchaus auch für seine eigenen Gedichte gilt). »Inspiration« jedoch ist eine Illusion auf seiten des Lesers: ein Gedicht ist eine Art Maschine, die mit Hilfe der Worte den poetischen Zustand hervorbringen soll. Es verwirklicht die gleichzeitige Steigerung von Sensibilität, Intellekt, Gedächtnis und sprachlichen Fähigkeiten. Dichtung ist schließlich unter allen Künsten diejenige, die am meisten unabhängige Bestandteile

oder Faktoren koordiniert: den Klang, den Sinn, das Wirkliche und das Imaginäre, die Logik, die Syntax und die Doppelerfindung von Form und Inhalt. – In dieser auf Vielfalt und Dynamik, auf Empirie und Universalität abhebenden Theorie des Poetischen (die noch um den Begriff des »Poietischen« zu ergänzen wäre, wie er ihn in seinem Poetik-Unterricht am Collège de France entwickelte) versammelt Valéry in undogmatischer Form sämtliche Grundzüge der poetologischen Tradition: dem mimetischen Darstellungsbedürfnis ist ebenso Rechnung getragen wie der pragmatisch-psychologischen Wirkungsabsicht; die (seit der Romantik selbstverständliche) expressive Funktion wird um eine stark physiologisch-sensuelle Komponente bereichert, und die objektiv-sprachinterne Funktionsweise wird in teilweiser Vorwegnahme strukturalistischer und semiologischer Betrachtungsweisen als das eigentliche Arbeitsfeld dichterischer Poiesis angewiesen.

Ausg.: Œuvres, Bd. 1, Paris 1980, S. 1314–39. – Dt. in: Werke, Bd. 5, hg. von J. SCHMIDT-RADEFELDT, Frankfurt/M. 1991, S. 141–71.
Lit.: J. HYTIER, La poétique de Valéry, Paris [2]1970. – W. INCE, The Poetic Theory of P. Valéry: Inspiration and Technique, Leicester 1961. – H. SCHNELLE, Poetische Sprache und poetischer Zustand bei P. Valéry, in: P. Valéry, hg. von J. SCHMIDT-RADEFELDT, Darmstadt 1978, S. 247–68. – R. PASSERON, Art. Poïétique, in: Encyclopédie philosophique universelle, Bd. 2, Paris 1990.

H. KÖHLER /
J. SCHMIDT-RADEFELDT

The Poet (engl.; *Der Dichter*), Ralph Waldo EMERSON; ED Boston/London 1844 (in: Essays: Second Series); dt. Jena 1902–04 (2 Bde.).

In relativ zwangloser essayistischer Form entwirft Emerson in diesem für die romantische Poetologie wichtigen Beitrag das Bild einer aus dem Geist des Transzendentalismus geborenen idealtypischen Dichterfigur. Diese entzieht sich jedem institutionellen regelpoetischen Zwang und vertraut allein auf die ihr eigenen imaginativen Fähigkeiten. Nicht die bloße Beherrschung technischer Fertigkeiten zeichnet eine solche Dichterpersönlichkeit aus, sondern das Vermögen zu einem organizistischen Kunstschaffen, bei dem sich Inhalt und Form wechselseitig bedingen. – Der Dichter wird dank seiner Einbildungskraft zu einer aus den Niederungen des Alltäglichen herausragenden Persönlichkeit mit seherischen Qualitäten. Einem orphischen Sänger gleich ist ihm daran gelegen, wenigstens einen Funken des von ihm visionär Geschauten auf seine Leser überspringen zu lassen. Dies verleiht ihm eine Mittlerposition zwischen dem Göttlichen, von dem er sich inspiriert weiß, und der erlösungsbedürftigen Menschheit, die seiner harrt. Messiasgleich wird er deshalb als »befreiender Gott« angekündigt. Das Göttliche, eine Art »divine energy« ohne jede inhaltliche Anbindung an eine offenbarte Religion, bleibt eine entsprechend vage Setzung. Es ist an sich sprachlich nicht faßbar, sondern bedarf der Natur, um sich in seiner Vielfalt und Fülle zu inkorporieren und für das menschliche Auge sichtbar zu werden. Doch auch die Natur, ein Reservoir an Bildern und strukturiert wie ein Text, ist für Emerson immer noch stumm und einem Buch vergleichbar deutungsbedürftig. Aufgabe des Dichters ist es nun, als Interpret der Natur die in ihr wirkende göttliche Energie sprachlich freizusetzen, so daß sie auch beim Leser ihre Wirkung nicht verfehlt. Dies kann ihm dank seiner natürlichen, von keinerlei Stimulantien künstlich angeregten Einbildungskraft gelingen; denn die Imagination eröffnet ihm neue Zugänge zur Natur. Sie hilft, die Fesseln der Routine zu sprengen und die von der Natur bereitgestellten Embleme so zu deuten, daß sie etwas von ihrer ursprünglichen Dynamik und originären Poetizität zurückerhalten. Das daraus resultierende Kunstwerk ist entsprechend dynamisch-prozeßhaft und arbeitet einer endgültigen Fixierung entgegen. – Neben der Bedeutung, die Emersons Konzeption des visionären, die poetischen Regeln und gesellschaftlichen Konventionen gleichermaßen sprengenden Barden für die amerikanische Dichtung der Folgezeit (insbesondere für W. Whitman) hatte, ist seine Poetik, die den dichterischen Prozeß über das endgültige Produkt stellt, insbesondere vor dem Hintergrund der modernen Produktionsästhetik erneut aktuell geworden.

Ausg.: The Complete Works, Bd. 3, hg. von E. W. EMERSON, Boston 1903, S. 9–45.
Lit.: R. A. YODER, Emerson and the Orphic Poet in America, Berkeley 1978. – B. L. PACKER, Emerson's Fall: A New Interpretation of the Major Essays, New York 1982.

             J. C. SCHÖPP

Poetic Diction. A Study in Meaning (engl.; *Sprache der Dichtung. Eine Studie über Bedeutung*), Owen BARFIELD; EA London 1928.

Die Studie nimmt in Form einer Poetik wichtige Erkenntnisse von Barfields sprach- und kulturphilosophischen Hauptwerken vorweg. Die spätestens seit Wordsworth

(→*Preface (to) Lyrical Ballads*) für die Poetik relevante Frage nach den Eigentümlichkeiten dichterischer Sprache macht Barfield zum Ausgangspunkt von Überlegungen zur Funktion und Veränderung von Bedeutung überhaupt. In einer Analyse der Wirkung von Metaphern kommt er zu dem Schluß, daß rhetorische Figuren wie das Bild im Leser eine Bewußtseinsveränderung erzeugen, die auch »Erkenntnis« (»knowledge«) bewirken kann. Dichterische Sprache erscheint als eine Möglichkeit der Vermittlung von kollektiver Phantasie (Mythos, Metapher) und individuellem Erkenntnisprozeß. Die Beziehung von Phantasie und Erkenntnis sieht Barfield schon im Denken Coleridges, dem er eine wichtige Studie widmete (*What Coleridge Thought*, 1971; *Coleridges Denken*), angelegt. Auch seine Ansicht vom Dichter führt eine romantische Tradition fort: Der Dichter schließt mittels poetischer Bildlichkeit an andere, archaische Bewußtseinsformen an und erhält deren »original participation«, d. h. die ursprüngliche Einheit von Welt und Subjekt für das moderne Bewußtsein, das durch Kunst seine Spaltungen überwinden kann. Hierin liegen auch die Ansätze zu einer europäischen Bewußtseinsgeschichte, die Barfield in *Saving the Appearances* (1957; *Evolution – der Weg des Bewußtseins*) und *Speaker's Meaning* (1967; *Der Sprecher und sein Wort*) untersucht hat. – Barfields Ideen haben T. S. Eliot, J. R. R. Tolkien und H. Read beeinflußt. In den USA sind sie jedoch erst seit den sechziger Jahren zur Geltung gekommen, insbesondere im Bereich von philosophischer und theologischer Hermeneutik sowie der Anthroposophie. Unter den zeitgenössischen Autoren wurden sie u. a. von S. Bellow und H. Nemerov rezipiert. In seiner Eigenständigkeit, die sich u. a. in der Ablehnung der angelsächsischen Sprachanalytik zeigt, weist das Werk Parallelen zur →*Philosophie der symbolischen Formen* E. Cassirers, zu S. K. Langer, aber auch zur Bewußtseinslehre R. Steiners auf.

Ausg.: London 1952.
Lit.: R. J. REILLY, Romantic Religion, Athens 1971. – Evolution and Consciousness: Studies in Polarity, hg. von S. SUGERMAN, Middletown, Ct. 1976. – E. SCHENKEL, Nachwort zu: O. Barfield, Evolution – Der Weg des Bewußtseins, Aachen 1991, S. 205–19.

E. SCHENKEL

Poetices libri septem (lat.; *Sieben Bücher über die Dichtkunst*), Julius Caesar SCALIGER; EA Lyon 1561.

Scaligers postum erschienene Lehre von der Dichtkunst gilt als einflußreichste Vertreterin einer großen Gruppe normativer Poetiken, die aus dem humanistischen Geist der italienischen Spätrenaissance geboren wurden und die Poetik des Aristoteles (→*Peri poietikes*) für die Bedürfnisse der zeitgenössischen Dichter auszuwerten suchten. Die Gesamtheit dieser Poetiken hat – zusammen mit gleichzeitig entstandenen Übersetzungen und Kommentaren des Aristotelischen Quellentextes – die theoretischen Grundlagen des europäischen Klassizismus entscheidend geprägt. Scaligers Lehrbuch berührt im Rahmen einer strengen Systematik fast alle Themen und Fragestellungen, die in den konkurrierenden Poetiken in jeweils unterschiedlicher Auswahl behandelt wurden. Die Regeln und Verfahrensvorschläge sollen den modernen Dichter in den Spuren seiner antiken Vorgänger halten (»imitatio«) und ihn dadurch befähigen, den künstlerischen Rang der lateinischen Klassiker zu erreichen oder gar zu übertreffen (»aemulatio«). Trotz des Bekenntnisses zu Aristoteles als dem »unabsetzbaren Diktator« im Reiche der Kunstlehre ist Scaliger auch von anderen poetologischen Traditionen abhängig: Aus Platos Dialogen *Phaidros* (entst. ca. 360 v. Chr.) und *Ion* übernimmt er die Lehre von der göttlichen Inspiration des Dichters, aus Horazens →*Ars poetica* u. a. die Lehre vom moralischen Nutzen der Dichtung. Außerdem fließen große Partien der klassischen Rhetorik – insbesondere der Formulierungslehre (»elocutio«) – in seine Poetik ein. Die angestrebte Harmonisierung heterogener Traditionen beeinträchtigt die Treue zu Aristoteles: Die Versform wird – gänzlich unaristotelisch – zum Definitionsmerkmal der Dichtung erhoben; die von der Tragödie zu bewirkende Katharsis wird zur moralischen Belehrung umgedeutet; die »Mimesis« vom Endzweck der Dichtung zum bloßen Mittel herabgestuft. Auch die Anpassung an den literarischen Zeitgeist verlangt Abweichungen von der Aristotelischen Lehre: Den höchsten Rang unter den Gattungen spricht Scaliger dem Epos statt der Tragödie zu, weil die italienische Spätrenaissance in der *Äneis* (entst. 7–19 v. Chr.) die größte aller Dichtungen und in Vergil den größten aller Dichter ehrte. Überhaupt gibt Scaliger im Einklang mit dem Zeitgeist der lateinischen Dichtung den Vorrang vor der griechischen. Als größten Tragiker erachtet er Seneca, dessen Sentenzenreichtum er den nachwachsenden Dichtern ans Herz legt. – Scaliger schuf seine Poetik als Leitfaden für die neulateinische Dichtung seiner Zeit. Sie wirkte jedoch vor allem auf die volkssprachlichen Literaturen des 17. und 18. Jh.s. Unter ihrem Einfluß stehen der Abbé d'Aubignac (→*La pratique du théâtre*), Ph. Sidney (→*The Defence of Poesie*) und S. Johnson. In Deutschland beziehen sich auf Scaliger viele Literaturtheoretiker des Barock und der frühen Klassik – von Opitz (→*Buch von der deutschen Poeterey*) über Gottsched (→*Versuch einer Critischen Dichtkunst vor die Deutschen*) bis zu Klopstock (→*Von der heiligen Poesie*; →*Gedanken über die Natur der Poesie*).

Ausg.: Stuttgart-Bad Cannstatt 1964 (Faks. der EA; Einl. von A. BUCK).
Lit.: B. WEINBERG, A History of Literary Criticism in the Italian Renaissance, Chicago 1961. – A. BUCK/K. HEITMANN/W. METTMANN, Dichtungslehren der Romania aus der Zeit der Renaissance und des Barock, Frankfurt/M. 1972.

H. G. COENEN

The Poetic Principle (engl.; *Das poetische Prinzip*), Edgar Allan POE; ED 1850 (in: Sartain's Union Magazine); dt. Olten 1966. Der postum veröffentlichte Vortrag, der auf frühere Publikationen Poes wie →*The Philosophy of Composition* oder *The Rationale of Verse* (1843; *Technik der Verskunst*) zurückgreift, kann als Summe seiner dichtungstheoretischen Überlegungen verstanden werden. Ausgehend von zwei nach Poes Meinung seinerzeit weitverbreiteten Häresien, nämlich dem Hang zum Epischen wie zum Didaktischen, plädiert er zum einen für eine Kurzform des lyrischen Gedichts, in der er die rein sinnlich-empirisch verstandene Einheit des

Effekts, die von einem Werk auszugehen habe, am ehesten garantiert sieht. Zum anderen verlangt er in Ablehnung einer didaktisch überfrachteten, dem puritanischen Denken verpflichteten Gedankenlyrik eine Form, welche die klanglich-rhythmischen und musikalischen Qualitäten eines Gedichts weit stärker betont als dessen Inhalt. Dadurch wird Poe zum frühen Vertreter einer ›poésie pure‹ (reinen Poesie). Weder Wahrheit noch Moral, sondern einzig die Schönheit wird zur Domäne der Dichtung erklärt. Dichtung ist »the Rhythmical Creation of Beauty« (die rhythmische Hervorbringung der Schönheit). Schönheit ist danach für Poe keine rein mimetische Wiedergabe des natürlich Schönen, sondern ein aus Bestandteilen des Naturschönen geschaffenes Kunstschönes, das jedoch seinerseits unvollkommen bleiben muß, weil sich vollkommene Schönheit nur in der Transzendenz fassen läßt. Dichten wird für Poe demnach zu einer unablässigen Annäherung an diese Transzendenz, die jedoch Versuch bleiben muß. Folge dieser hyperbolisch angestrebten, jedoch prinzipiell unerreichbaren übernatürlichen Schönheit, ist ein Gefühl der Melancholie, in der sich für Poe die unstillbare Sehnsucht nach der reinen übernatürlichen Schönheit musikalisch und dichterisch am angemessensten zum Ausdruck bringt. Poe vermag zwar den Zusammenhang zwischen Schönheit und Trauer nicht zu erklären. Aus seiner Argumentation ergibt sich aber, daß das Begehren nach Schönheit in dem Moment in Trauer umschlagen muß, in dem es als unerfüllbar erkannt wird. – Neben den Impulsen, die von diesem Werk Poes

auf die ›L'art pour l'art‹-Dichtung und ihre theoretische Begründung ausgingen, ist vor allem der Einfluß auf den ›New Criticism‹ hervorzuheben, der sich gern auf Poe berief. Für beide hat die Machart (»poiesis«) eines Kunstwerks absoluten Vorrang vor dessen Inhalt (»mimesis«). Beide begreifen das Zusammenwirken aller Teile im Dienste eines organizistischen Ganzen als Ausweis eines gelungenen Kunstwerks.

Ausg.: The Complete Works, Bd. 14, hg. von J. A. HARRISON, New York 1902, S. 266–92. – Dt. in: Werke, Bd. 4, Olten ³1983.
Lit.: M. LASER, The Growth and Structure of Poe's Concept of Beauty, in: English Literary History 15 (1948), S. 69–84. – H. BRIE, Die Theorie des poetischen Effekts bei Poe und Mallarmé, in: Die Neueren Sprachen 21 (1972), S. 473–81. – A. P. FRANK, Poe (1809–49), in: Klassiker der Literaturtheorie, hg. von H. TURK, München 1979, S. 177–90.

J. C. SCHÖPP

Poëtika kompozicii. Struktura chudožestvennogo teksta i tipologija kompozicionnoj formy (russ.; *Poetik der Komposition. Struktur des künstlerischen Textes und Typologie der Kompositionsform*), Boris A. USPENSKIJ; EA Moskau 1970; dt. Frankfurt/M. 1975.

Inspiriert sowohl von den prosatheoretischen Konzepten der russischen ›Formalisten‹ und der ihnen nahestehenden Stilforscher (Vinogradov) als auch von konkurrierenden Entwürfen ihrer philosophischen Gegner (Bachtin, Vološinov), gibt Uspenskij die im russischen Bereich erste systematische Darstellung der »Perspektive« (»točka zrenija«, eine Lehnübersetzung von »point of view«). Der Titel des Buches erklärt sich damit, daß in den Beziehungen zwischen den Perspektivinstanzen Autor, Erzähler und Held die »kompositionelle Tiefenstruktur« des Werks erblickt wird. Uspenskij zielt zwar auf eine allgemeine, für alle »darstellenden« Künste gültige Theorie, verweist gelegentlich auf Analogien mit andern Kunstformen und erörtert im Schlußkapitel einzelne strukturelle Gemeinsamkeiten zwischen verbaler Narration und Ikonenmalerei (Verhältnis von Außen- und Innensicht, von Vordergrund und Hintergrund, von Rahmen und Interieur usw.), doch beziehen sich sowohl die Systematik als auch die Beispiele im wesentlichen auf das literarische, insbesondere das erzählende Werk. – Gegenüber den bekannten westlichen Theorien zur Erzählperspektive (von denen Friedemann, Friedman, Pouillon, Meyerhoff, Scholes und Kellog zitiert werden) zeichnet sich Uspenskijs Systematisierung in zweierlei Hinsicht aus: 1. Das Augenmerk liegt – der formalistischen Tradition entsprechend – weniger auf der noetischen Wirkung der Perspektivierung als auf den technischen Aspekten der perspektivisch relevanten Verfahren; das Interesse gilt mehr ihrer Syntaktik als der Semantik oder Pragmatik; 2. Der »Blickpunkt« wird – bei zunehmendem metaphorischen Verständnis des Begriffs – in folgende vier Ebenen untergliedert: »Wertung« mit dem »ideologischen« Blickpunkt; »Phraseologie«; »raum-zeitliche« Charakteristik; »Psychologie« (die in den westlichen Theorien mit dem »point of view« überhaupt identifiziert wird). In dieses Modell wird die aus älteren westlichen Perspektivtheorien (Lubbock, Spranger, Pouillon) bekannte Außen-Innen-Dichotomie eingeführt. Somit wird auf jeder der vier Ebenen darüber entschie-

den, ob der »Autor« (Erzähler) ein Geschehen von seinem eigenen, dem Geschehen gegenüber »äußeren« Blickpunkt oder von einem »inneren« Blickpunkt (mit der »Wertung«, den lexikalisch-syntaktischen Mitteln, aus der raum-zeitlichen Position und dem Bewußtseinshorizont der jeweils dargestellten Person) aus darbietet. Uspenskijs Interesse gilt aber nicht allein den vier Ebenen selbst – die (mit deutlichem Schwergewicht auf der »phraseologischen« Ebene) durch Beispielanalysen, vor allem zu Tolstojs *Vojna i mir* (1868/69; *Krieg und Frieden*) und Dostoevskijs *Brat'ja Karamazovy* (1879/80; *Die Brüder Karamazov*), vorgestellt werden –, sondern auch jenem »komplexen« Blickpunkt, der aus der »Inkongruenz« der Entscheidungen zwischen »Innen« und »Außen« auf den vier Ebenen resultiert.

Lit.: W. SCHMID, Rezension, in: Poetica 4 (1971), S. 124–34. – W. STEINER, Point of View from the Russian Point of View, in: Dispositio 3 (1976), S. 315–27. – J. LINTVELT, Essai de typologie narrative. Le »point de vue«, Paris 1981.

W. SCHMID

Poetik und Linguistik, Manfred BIERWISCH; ED Stuttgart 1965 (in: Mathematik und Dichtung, hg. von H. Kreuzer/R. Gunzenhäuser).
Der Aufsatz ist ein Teil eines einflußreichen Sammelbandes, der sich mit der »Frage nach den Möglichkeiten und Grenzen einer ›exakten‹ Literaturwissenschaft« beschäftigt. Er ist ein früher und in seiner Klarheit bis heute kaum übertroffener Versuch, Vorstellungen und Begriffe der modernen, strukturellen Linguistik für die Analyse literarischer Texte, insbesondere von Gedichten, fruchtbar zu machen. Jeder ernst-

zunehmende Versuch, das Poetische an sprachlichen Gebilden nicht bloß intuitiv zu erfassen, sondern wissenschaftlicher Analyse und Theoriebildung zugänglich zu machen, muß den in den Wissenschaften üblichen Kriterien wie Explizitheit, Genauigkeit, Allgemeingültigkeit genügen. Weder die Hermeneutik noch die statistische Textanalyse, um zwei Extreme zu nennen, leisten dies. Erstere führt nicht zu verallgemeinerbaren Aussagen, somit nicht zu Prinzipien des Poetischen; letztere sind intersubjektiv und exakt, vermögen aber nicht das spezifisch Poetische an einem Text zu erklären. Was immer die Eigenschaften des Poetischen sein mögen – sie setzen sprachliche Strukturen voraus. Diese werden in der modernen strukturellen Linguistik mit dem Begriff der »linquistischen Kompetenz« systematisch beschrieben. Darunter versteht man die Fähigkeit eines jeden Sprechers, beliebige Sätze seiner Sprache zu bilden und zu verstehen – eine Fähigkeit, die in der strukturellen Linguistik mit präzisen, mathematischen Methoden modelliert wird. In gewisser Analogie dazu kann man nun eine die linguistische Kompetenz umfassende, aber über diese in charakteristischer Weise hinausgehende »poetische Kompetenz ›P‹« annehmen. Man kann sich ›P‹ als einen Bewertungsmechanismus vorstellen, der sprachlichen Gebilden aufgrund ihrer strukturellen Eigenschaften Grade der Poetizität zuweist. Diese Vorstellung hat stark programmatischen Charakter: es ist eine offene, empirisch zu klärende Frage, welche Eigenschaften letztlich für diese Einstufung maßgeblich sind. Sie stößt zudem dort an ihre Grenzen, wo sich das Poetische nicht unmittelbar an sprachlichen Eigenschaften festmachen läßt, sondern sich beispielsweise das Vorwissen des Lesers zunutze macht (z.B. bei gezielten Kanonbrüchen und bei literarischen Anspielungen). Eine Ausarbeitung dieser Vorstellung wäre daher zwar noch keine wissenschaftlich befriedigende Theorie der Poetik, aber ein wesentlicher Schritt in diese Richtung. Bierwisch selbst hat dieses Programm nicht weiter verfolgt. Aber der Gedanke, sich die Methoden der modernen Linguistik für die Analyse literarischer Texte zunutze zu machen, hat sich in der Folge als fruchtbar erwiesen und seinen Niederschlag nicht zuletzt in der Gründung eigener Zeitschriften (Zeitschrift für Literaturwissenschaft und Linguistik, Poetics, Text) gefunden.

W. KLEIN

Poétique (frz.; *Poetik*), Tzvetan TODOROV; ED Paris 1968 (in: Qu'est-ce que le structuralisme?); dt. Frankfurt/M. 1973 (in: F. Wahl, Einführung in den Strukturalismus, S. 105–79).

Todorov, einer der Hauptvertreter des französischen ›Strukturalismus‹, grenzt die ›strukturale Poetik‹ von Literaturforschung ab, die entweder im literarischen Werk ihr Ziel sieht (»Beschreibung«) oder es als Manifestation von »etwas anderem« betrachtet (»Interpretation«). Seine Poetik fragt nicht nach dem literarischen Werk, sondern nach den Eigentümlichkeiten der literarischen Rede, der »Literarizität«. Schon die russischen Formalisten forderten eine Wissenschaft von der Rede, welche die Lehre von der Sprache ergänzen soll. – Im Sinne der strukturalen Poetik besteht das literarische Werk nach Todorov nicht aus Wörtern, sondern aus Sätzen, die zu verschiedenen Registern des Sprechens gehören. Wesentlich ist die Unterscheidung zwischen verbaler Aussage und Aussagevorgang. Die Aussage weist primär Referenzialität oder Literarizität auf. Der Aussagevorgang stellt die Aussage zum Sprecher, zum Leser und zum Kontext in Beziehung. In Abhängigkeit von der Dominanz des einen oder anderen ergeben sich drei Klassen von Registern des Sprechens, je nach dem, ob der Akzent auf dem Referenzcharakter der Aussage, auf ihrer Literarizität oder auf der Manifestation des Aussagevorgangs liegt. Im ersten Fall handelt es sich um »transitive« Rede (deskriptive Rede, Bericht), im zweiten um »intransitive« Rede (Reflexion, rhetorische Figuren, konnotative Rede, berichtete Rede), im dritten um persönliche oder bewertende Rede. Den Begriff Erzählperspektive (»point of view«) ersetzt Todorov durch den Terminus »Vision«, der die Register des Sprechens ausklammert. Dies ist für ihn notwendig, weil diese Register in moderner Literatur die Funktion der »Vision« übernehmen können. Er unterscheidet zwischen Texttypen, die den Erzähler und damit den Aussagevorgang darstellen, und solchen, die das nicht tun. Alle Textstrukturen weisen mit wechselnder Dominanz bestimmte Beziehungen auf: logisch-kausale, zeitliche oder räumliche. Für die narrative Syntax spielen zwei Typen von Segmenten eine Rolle: »Propositionen« (Erzählsätze, in denen Aktanten und Prädikate eine Handlung konstituieren) und »Sequenzen« (mehrere Propositionen, aus denen sich eine »Ge-

schichte« formiert). Sequenzen können durch Verfahren wie Umrahmung, Verkettung und Alternation zu größeren Einheiten zusammengefügt werden. Die Konkretisierung der Propositionen und Sequenzen in der Analyse erfolgt auf verbaler, syntaktischer und semantischer Ebene. Todorovs *Poétique* findet ihren Partner in der Literaturforschung, die nicht die Geschichte einzelner Werke, sondern die historische Evolution der literarischen Rede untersucht.

Lit.: M. Titzmann, Strukturale Textanalyse. Theorie und Praxis der Interpretation, München 1977.

K. Kasper

La Poétique de l'Espace (frz.; *Poetik des Raumes*), Gaston Bachelard; EA Paris 1957; dt. München 1960.
In seiner *Psychanalyse du Feu* (1938; *Psychoanalyse des Feuers*) und den späteren »rêveries« (»Träumereien«) zu Luft, Wasser und Erde hatte Bachelard die triebbezogene Psychoanalyse Freuds um den determinierenden Einfluß der Naturelemente auf das Seelenleben erweitert. Mit der *Poétique de l'Espace* löst der Autor die Einbildungskraft gänzlich aus vorgegebenen Abhängigkeiten und ersetzt so die »imagination matérielle« durch die »imagination créatrice« (»schöpferische Einbildungskraft«). Dieser nähert er sich nicht mehr als Analytiker, sondern (in kritischer Auseinandersetzung mit Bergson und Sartre) als Phänomenologe. Die Grenzen innerhalb des Gesamtwerkes sind freilich fließend. Einerseits spricht Bachelard schon der materiell bedingten Phantasie eine unabhängige Eigendynamik nicht völlig ab, andererseits weist

auch die phänomenologische Raumpoetik noch psychoanalytisch erfaßbare Spuren auf. Diese nähern sich jedoch eher dem kollektiven Unbewußten im Sinne Jungs, mit dessen »Archetypen« Bachelards »Bilder« weder auf Konzepte noch auf Wahrnehmungen zurückzuführende »Bilder« manche Gemeinsamkeiten aufweisen. Bachelard entwirft eine Symbolik des (»glücklichen«) Raumes, den er in der weniger realen als imaginierten (und daher auch für den Erwachsenen noch gültigen) Kindheit ansiedelt. Sie begreift er als den wahren Ort der Poesie. Es geht ihm dabei nicht um einen psychoanalytischen Erklärungsversuch, sondern um die traumhafte Wirkung zentraler Bilder wie »Haus«, »Truhe«, »Nest«, »Winkel«, »Miniatur«, »Unendlichkeit«, die den Leser als geradezu phantastisch verdichtete Visionen einer zum »Ausdruck« drängenden Intuition in tiefster Seele ergreifen. Der »Widerhall« derartiger »Seelenbilder«, die durch nichts, schon gar nicht durch eine tradierte Kultur, vorbereitet werden kann, ist das eigentliche Thema der »Topophilie«, die ihr Material vorwiegend aus der Lyrik des 19. und 20. Jh.s bezieht, jedoch bewußt keine Ganztexte untersucht. Sie beschreibt nur losgelöste Bilder als »absolute«, »reine« und nicht auf Verdrängungsmechanismen zu reduzierende »Sublimierung«. Nach dem Modus der »Aufhebung« (im Sinne Hegels) sind für sie poetische Häuser ebenso erinnerte wie erträumte Architekturen, die sich zwanglos in Hütte, Taube, Nest und Schmetterlingspuppe verwandeln können und vertikale Sehnsucht ebenso zulassen wie intime Konzentration. Vor allem

aber, dies ist die grundlegende Forderung der phänomenologischen Ästhetik, lehren sie den miterlebenden Leser das richtige Träumen (»rêverie«) und damit das wahre, das schöpferische Bewußtsein. – Als (dem Surrealismus verpflichtetes) enthusiastisches Plädoyer für die Autonomie der poetischen Einbildungskraft, für die Realität des Irrealen, sensibilisiert Bachelards »Methode« mit ihrem Aufruf zum selbständigen Mitvollzug der dichterischen Erfindung zweifellos für das mit allen Konventionen brechende Innovationspotential der Literatursprache. Der radikale Verzicht auf die sinnstiftende Kontexteinbettung des Einzelbildes mußte dem Autor allerdings zwangsläufig den Unwillen der Strukturalisten zuziehen.

Lit.: F. PIRE, De l'Imagination poétique dans l'œuvre de Gaston Bachelard, Paris 1967. – M. LENTZEN, Gaston Bachelard, in: Französische Literaturkritik der Gegenwart in Einzeldarstellungen, hg. von W.-D. LANGE, Stuttgart 1975, S. 65–85. – GASTON BACHELARD, L'homme du poème et du théorème. Actes du Colloque du centenaire (Dijon 1984), Dijon 1986.

B. COENEN-MENNEMEIER

Poétique informationnelle

(frz.; *Informationelle Poetik*), Abraham A. MOLES; ED Paris 1958 (in: Théorie de l'information et perception esthétique); dt. Köln 1971.

Moles wendet die Informationstheorie erstmals auf die ästhetische Wahrnehmung an und entwickelt dabei eine poetische Kommunikationstheorie. Er versteht Dichtkunst als Kommunikationskunst, innerhalb derer der Dichter die soziokulturelle Ausstattung des intendierten Lesers erforscht. Davon ausgehend sendet er an den Leser eine projektive Nachricht,

die mehr andeutet als sie aus-
spricht. Moles will mittels einer
solchen experimentellen Literaturtheorie (als einer Kommunika-
tionswissenschaft) ästhetische
Kommunikationsvorgänge und
ihre Elemente erfassen, um dabei
poetische Kommunikation zu
entmystifizieren. Daher sucht er
hinter der poetischen Emotion die
allgemeinen Strukturen der sinnlichen Wahrnehmung auf. Für
Moles ist die poetische Nachricht
primär eine Klangnachricht, der
Text selbst nur eine Partitur für
das gesprochene Wort. Letzteres
ist reine Kunst und findet seinen
Nutzen ausschließlich im eigenen
Sein. Die suggestive Kraft eines
Gedichtes ist beherrscht von der
Dialektik von Form und Bedeutung. Die unterschiedlichen Ausprägungen dieses Verhältnisses begründen poetische Stilarten. Die
informationelle Theorie der ästhetischen Wahrnehmung untersucht infolgedessen den semantischen und den ästhetischen
Aspekt der poetischen Nachricht
als Sprache und Klang. Ersterer
besteht aus einer Reihe von Elementen aus einem Repertoire
standardisierter Zeichen, während
letzterer aus einer Folge nicht
standardisierbarer Variationen
aufgebaut ist. So ist das ästhetische
Repertoire dem Beobachter nur
dann verständlich, wenn es zum
Bewußtsein des Empfängers Zugang findet. Dabei läßt sich die
Häufigkeitsverteilung der verschiedene Repertoires begrün-
denden Zeichen feststellen und
deren Komplexität bewerten, wodurch Vergleiche möglich werden. Diesem analytischen Vorgehen stellt Moles einen mehr
synthetischen Ansatz gegenüber,
der auf Forschungen über künstliche Sprachen zurückgreift und

auch die Ergebnisse künstlich ge-
schaffener Poesie als Ergebnis von
Maschinenkomposition berücksichtigt. Die dabei erzielten Asso-
ziationsweisen ähneln denen des
poetischen Denkens. Moles geht
dabei vom Modell eines menschlichen Operateurs als Sender oder
Empfänger aus und unterscheidet
bei diesem unterschiedliche Formen von Gedächtnis, die drei
Stufen bilden: das unmittelbare
Gedächtnis, das Phosphoreszens-
Gedächtnis für die Integration
von Klangwahrnehmungen in
Worten und Sätzen und das Lang-
zeitgedächtnis. Obwohl Moles
Wertvorstellungen außer acht lassen will, setzt er sich mit dem
Phänomen des poetischen Vergnügens auseinander. Dieses ist
abhängig von der Assimilierung
der angebotenen Nachricht, wobei die Assimilierung ihrerseits
vom Verhältnis zwischen der
Komplexionskapazität des Empfängers und der Komplexionsrate
der Nachricht abhängig ist. Für
jedes Individuum gibt es ein Op-
timum an Informationszufluß, das
aber immer in gewissem Umfang
seine Auffassungsfähigkeit als
Empfänger übersteigt. Dadurch
erst wirkt das Kunstwerk über-
wältigend. Der universale Wert
der Dichtung beruht auf dem
Spiel zwischen den allen Zeichen-
repertoires gemeinsamen Zügen
sogenannter Infra-Sprachen. Dabei ist der ästhetische Aspekt einer
Nachricht von einer Reihe di-
grammatischer Verknüpfungen
zwischen Wörtern oder Ideen abhängig, welche die Subtilität,
Universalität und Autonomie von
Dichtung bestimmen. Parallel zur
Spannung zwischen dem Semantischen und dem Ästhetischen in
der Sprache entwickelt sich in der
Klangnachricht eine Dialektik

zwischen Klangwerten und linguistischen Werten, die innerhalb einer Sprache universalen Charakter hat. So kann das gesprochene Gedicht auch unabhängig von seiner Bedeutung als rhythmische Klangnachricht aufgefaßt werden. Moles konstatiert schließlich die Möglichkeit einer poetischen Kommunikationstheorie als Spezialfall der Informationstheorie und fordert daher den Einsatz wissenschaftlichen Denkens als Mittel zur Erneuerung der Imagination in der Poetik. Moles leistete eine Pionierarbeit, die zu einer Ausweitung des Anwendungsfeldes der Informationstheorie in den Geistes- und Gesellschaftswissenschaften führte.

H. ANTOR

Poetischer Trichter / Die Teutsche Dicht- und Reimkunst / ohne Behuf der lateinischen Sprache / in VI. Stunden einzugiessen, Georg Philipp HARSDÖRFFER; EA Nürnberg 1647/48/53 (3 Teile).

Entgegen dem zum Schlagwort gewordenen Titel handelt es sich nicht um eine systematische und vollständige Dichtungslehre, sondern um ein spezifische Akzente setzendes Werk, das an die Poetik und Rhetorik des europäischen Humanismus (Scaliger →*Poetices libri septem*) und an die klassizistische deutsche Poetik (Opitz →*Buch von der deutschen Poeterey*) anknüpft. Harsdörffer betont die Eigenständigkeit der deutschen Sprache als einer »Hauptsprache« und situiert seine Schrift im Zusammenhang der sprachpatriotischen Bemühungen der »Fruchtbringenden Gesellschaft«. Seine Poetik nimmt die Materialität der Sprache ernst, was seine Modernität und die erneute Hochschätzung im 20. Jh. (›Konkrete Poesie‹) begründet: Wortspiel, Anagramm, Akrostichon, Lautmalerei, Klangspiele, visuelle Gedichte und Verwandtes gehören für ihn wesentlich zur Poesie. Die unendliche spielerische Neukombination des sprachlichen Materials ist eine wichtige Quelle der poetischen ›Erfindung‹ (»inventio«). – Zweites wichtiges Charakteristikum der Poesie ist ihre Bildhaftigkeit. Bilder eignen sich für Harsdörffer nicht nur besonders zur Erfüllung der moralisch-didaktischen Zielsetzung von Dichtung – sie erregen schnell die Aufmerksamkeit des Rezipienten und haften besser im Gedächtnis –, sondern sie sind auch eine wichtige Inspirationsquelle für die poetische Verfahrensweise: Hervorgehoben werden dabei besonders Metaphern, Gleichnisse, Sinnbilder (Embleme) und Personifikationen – vor allem allegorische Schreibweisen. – In seinem dritten zentralen Gesichtspunkt ist Harsdörffer weniger originell und innovativ. Wie für den »Nürnberger« ist auch für ihn die religiös-moralische Zielsetzung der Poesie unverzichtbar. Letzter Zweck der Dichtung ist das Lob Gottes und die Belehrung der Mitmenschen. Während er in anderen Punkten eher gemäßigte oder liberale Positionen vertritt (Wortneubildungen, Fremdwortgebrauch, Verslehre: auch den Daktylus – von Opitz noch ausgeschlossen – wird selbstverständlich zugelassen), ist Harsdörffer in diesem Punkt rigoros: »Unzüchtige Reden« sind ebenso tabu wie »heidnische Götzenbilder«. Auch das Drama wird dieser Zielsetzung unterstellt: Die Tugend muß belohnt, das Laster bestraft werden. Mit dieser gänzlich untragischen Dramentheorie

bewegt sich Harsdörffer im zeit-
üblichen Rahmen. Darauf weist
auch, daß das Trauerspiel für ihn
im Anschluß an Opitz und Scaliger »große Sachen betreffen«
muß: »Mordthaten/Verfolgung/
Meineid/Betrug/Blutschande/
Schlachten/Tod […]«. In seiner
Bestimmung des Verhältnisses
von Begabung und Handwerk betont Harsdörffer mehr als andere
Autoren seiner Zeit die ingeniöse
Leistung des Dichters. Erst die
»höhere Eingebung«, die Inspiration, macht aus dem bloßen
»Versmacher« einen echten »Poeten«. – Harsdörffers Dichtungslehre ist die zentrale Programmschrift der »Nürnberger Dichterschule« (Birken, Klaj). Sie überschreitet die Vorgaben der bis dahin maßgebenden klassizistischen
Poetik von Opitz in wichtigen
Gebieten und markiert in der
Entwicklung der Poesiekonzepte
bereits den Übergang zum Spätbarock.

Ausg.: Darmstadt 1975 (Repr.).
Lit.: J.-D. KREBS, Georg Philipp Harsdörffer
(1607-1658), 2 Teilbde., Frankfurt/M./Bern
1983. – P. HESS, Poetik ohne Trichter.
Harsdörffers »Dicht- und Reimkunst«, Stuttgart 1986. – J. O. NEWMAN, Pastoral Con-
ventions. Poetry, Language, and Thought in
Seventeenth-Century Nuremberg, Balti-
more/London 1990.

                                          G. BRAUNGART

Poetry and Tradition (engl.;
Dichtung und Tradition), William
Butler YEATS; entst. 1907; ED
New York 1912 (in: The Cutting
of an Agate); dt. Neuwied/Berlin
1972 (in: Werke, Bd. 5, hg. von
W. Vordtriede, S. 221–35).
In diesem Essay blickt Yeats kritisch auf seine frühere Verbun-
denheit mit der Bewegung ›Junges Irland‹ zurück und bestimmt
davon ausgehend die Aufgabe des
Dichters und seine Stellung in der

Gesellschaft. Als Yeats, L. Johnson
und K. Tynan Ende des 19. Jh.s
versuchen, die irische Dichtung
im Hinblick auf Rhythmus und
Form neu zu gestalten, berufen sie
sich auf J. O'Leary, den Yeats als
den letzten Vertreter der romantischen Richtung des irischen Na-
tionalbewußtseins ansieht. Yeats
konzentriert sich in dieser Zeit in
seinen Gedichten besonders auf
den ›Bauernspiritismus‹ und die
alten keltischen Heldensagen (vgl.
z. B. *The Wind among the Reeds*,
1899; *Der Wind im Ried*). In seinem leidenschaftlichen Patriotis-
mus sieht er sich in der Tradition
von W. Morris und J. Ruskin. Er
träumt davon, den Volksaberglau-
ben in einen begründeten Glauben umzuwandeln: »Ein neuer
Glaube schien im Entstehen, der
so einfach und überzeugend und
vor allem mit dem alltäglichen
Weltbild so verwoben sein könnte, daß er den ganzen Menschen
wie ein Feuer erfassen und ihn
von tausend Abhängigkeiten und
Verwirrungen befreien würde.«
Diesen Gedankengang führt Yeats
später in *A Vision* (1925; *Eine Vision*) näher aus. Yeats ist in seiner
Jugend der Meinung, daß nur die
Schriftsteller die Gesellschaft zu
diesem Glauben und zu den Idealen der Renaissance, die Yeats aus
B. Castigliones *Il Libro Del Corte-
giano* (1528; *Das Buch vom Höfling*)
übernimmt, zurückführen können. Allein sie vermögen, von alten Aufzeichnungen ausgehend,
neue sittliche Normen zu erschaf-
fen und ihren Werken zugrunde-
zulegen. Yeats hält dies für möglich, weil sich ein Autor nach seiner Ansicht von anderen Menschen unterscheidet. Er beruft sich
dabei implizit auf W. Wordsworths →*Preface* zu den *Lyrical
Ballads*. Doch 1907 muß Yeats er-

kennen, daß sich diese Träume nicht verwirklichen lassen. Irlands großer Augenblick ist vorüber, die Dichter sind nur noch protestierende Einzelstimmen. In seinem Gedicht *September 1913* (1914) formuliert er dann noch einmal prägnant das Fazit von *Poetry and Tradition:* »Das romantische Irland ist tot und vergangen;/es liegt mit O'Leary im Grab.« – Besonders frühe Kritiker (wie z. B. W. de la Mare) zögern, diese Dichtungstheorie anzuerkennen, da sie zu eng mit den literarischen Bewegungen des ausgehenden 19. Jh.s wie den ›Präraffaeliten‹ und den französischen ›Symbolisten‹ verknüpft ist, um nach dem Ersten Weltkrieg noch Bedeutung zu haben.

Ausg.: Essays and Introductions, London 1961, S. 246–60.
Lit.: T. S. ELIOT, A Foreign Mind, in: The Athenaeum 4653 (1919), S. 552–53. – The Cutting of an Agate (1919), in: W. B. Yeats: The Critical Heritage, hg. von A. N. JEFFARES, London 1977, S. 226–50.

M. SPIES

Policraticus, sive De nugis curialium et vestigiis philosophorum (lat.; *Der Vielbeherrscher oder Über die Eitelkeiten der Höflinge und die Spuren der Philosophen*), JOHANNES VON SALISBURY, entst. 1159; EA Brüssel o. J. (1475).
Die kommentierte Sammlung von ›Denkwürdigkeiten‹ (geflügelten Worten und Anekdoten) thematisiert in erster Linie den zentralen Gedanken der Herrschaft der Philosophie über die Gesellschaft (den ›Hof‹). Darüber hinaus entwickelt Johannes im *Policraticus* den Grundgedanken einer Wirkungsästhetik, der Literatur und Kunst eine bildende Funktion zuschreibt. Danach ist alle Literatur wie die Schöpfung »gut«. »Alles Geschriebene ist zu unserer Lehre geschrieben« (*Röm.* 15.14). Es gibt aber »einfältige« und »weise« Leser. Die einen sehen Inhalte, mit denen sie sich identifizieren, wie jener Jüngling, der sich (nach Terenz) beim Anblick eines Gemäldes von Jupiters Goldregen in Danaes Schoß sexuell erregen läßt. Die anderen sind mündig, dem Schein der Bilder gegenüber resistent und geistigem Sinn zugänglich, weil sie hermeneutisch geschult sind. Sie unterscheiden ohne fremde Hilfe, »was zu befolgen, was zu meiden ist«, und »beherrschen« derart die Autoren. Der Schriftsteller hat daher die Aufgabe, »Literatur für Leser« (H. Weinrich →*Für eine Literaturgeschichte des Lesers*) bereitzustellen, indem er »schwierige« (durch bunte Fülle, Enigmatik und Ambivalenz gekennzeichnete) Texte schreibt. Diese sollen den Scharfsinn herausfordern und zum Bildungshunger und Vielesen anreizen. Es ist keine belehrende, sondern eine ›offene Literatur‹. Sie führt zur Herrschaft des Weisen über die »Weltkomödie«. Dieses Bildungsideal setzt einen prozeßhaften und pragmatischen (nichtautonomen) Literaturbegriff voraus: Wer »litterae« besitzt, hat die Fähigkeit, mit Geschriebenem aller Art (»scripta«) in lebenspraktisch »nützlicher« Weise umzugehen (»usus«). Dieser literaturtheoretische Kerngedanke ist in der mittelalterlichen und neuzeitlichen Wirkungsgeschichte weitgehend übersehen worden, weil der *Policraticus* einseitig als staatstheoretisches Werk und »Fürstenspiegel« rezipiert wurde.

Ausg.: Hg. von C. C. J. WEBB, 2 Bde., Oxford 1909 (Repr. Frankfurt/M. 1965).
Lit.: H. LIEBESCHÜTZ, Medieval Humanism in the Life and Writings of John of Salisbury, London 1950 (Repr. Nendeln 1980, erw.). – M. KERNER, Johannes von Salisbury und die

logische Struktur seines Policraticus, Wiesbaden 1977. – P. von MOOS, Geschichte als Topik. Das rhetorische Exemplum [...] im Policraticus Johannes v. Salisbury, Hildesheim 1988.

P. v. MOOS

Politeia (gr.; *Das Staatswesen*), PLATON, entst. um 380–370 v. Chr.; ED Florenz o. J. (ca. 1482–84; lat. übers. von M. Ficino); Venedig 1513 (gr., hg. von E. Musuros); dt. Leipzig 1572 (in: G. Lauterbeck, Regentenbuch; Teilübers.).

Die umfangreiche Schrift enthält Einzelgespräche und in Dialogform gekleidete längere Lehrkapitel. Am Beginn steht die sokratische Frage nach der Gerechtigkeit. Im zweiten Buch wird im Gespräch zwischen Glaukon, Adeimantos und Sokrates die Gerechtigkeit in Beziehung zum Streben nach »eudaimonia« (Glück), demonstriert am Modell des Staates, behandelt. Im dritten Kapitel wird die »paideia« (Erziehung) zu staatsgerechtem Verhalten im Ständestaat thematisiert, und zwar mit Blick auf die »demiurgoi« (Handwerker u. a.), »phylakes« (Wächter) und »archontes« (Herrschende). Bei geglückter Vervollkommnung der Tugenden der Einzelnen kann in der Polis die »eudaimonia« verwirklicht werden. Hier fällt auch die vielzitierte Warnung, die homerischen Göttergeschichten für die »paideia« im Staat zu nutzen. Nach Platon sind sie wegen der Unzulänglichkeiten der Götter keine modellhaften Exempel für die »paideia«. Im vierten Buch ordnet Platon jedem Stand besondere Tugenden zu: die Kardinaltugend der Weisheit den Herrschern, die der Tapferkeit den Wächtern, die des besonnenen Maßes den Handwerkern. In der übergreifenden Tugend der Gerechtigkeit sind alle einzelnen Tugenden und damit auch die Stände miteinander verbunden. Entsprechend dem Tugendkatalog fällt der folgende Traktat über die Seelenlehre aus: die Vernunft entspricht den Herrschern, der Mut den Wächtern, das Triebhafte den Arbeitern. Das fünfte Buch konkretisiert die staatsphilosophischen Betrachtungen auf teils ganz modern klingende Konsequenzen hin, etwa mit der Forderung nach Abschaffung des Privatbesitzes, nach der Gleichstellung von Mann und Frau. Als Voraussetzung für die Verwirklichung des idealen Staates wird die Herrschaft der Philosophen genannt. Ihre »paideia« umfaßt die Einführung in Wissenschaften, Dialektik, Ideenlehre sowie in die gymnastische und musische Ausbildung. Hier findet man auch die berühmten Veranschaulichungen der staatsphilosophischen Gedankengänge im Sonnen- und im Höhlengleichnis, in dem der Aufstieg von niederen Erkenntnisstufen bis zur höchsten Erkenntnisstufe der »idea tu agathu« (Schau der reinen »Gestalt des Guten«) thematisiert wird. In den Büchern acht und neun werden dann die vier Staatsverfassungen (Timokratie, Oligarchie, Demokratie, Tyrannis) untersucht. Das zehnte Buch schließt die Dichter aus dem Staat aus und endet mit dem Lob der Gerechtigkeit und einem abschließenden Mythos über das Seelenleben nach dem Tode. – Platons Äußerungen zur Poetik umfassen insbesondere drei Bereiche. In bezug auf den Wahrheitsgehalt der Kunst stellt er fest, daß Kunst und Poesie einen niederen ontologischen Status besitzen, da sie nur Abbilder von Abbildern (der konkreten Welt) der Ideen darstellen. Kunst nimmt daher an der Idee des Schönen nur sehr vermittelt teil. Entsprechend ist Kunst als Mimesis (Nachahmung von Phänomenen der Wirklichkeit) nur drittrangig. Unter wirkungsästhetischem Blickwinkel kritisiert Platon an der Kunst, daß sie durch die Darstellung von Leidenschaften eben diese beim Rezipienten erzeugt. Zudem sieht er durch Homers Götterdarstellungen mit Trug- und Täuschungsmanövern ungerechte und habsüchtige Handlungsweisen gefördert. Beides führt zu Platons berühmtem Verdikt, daß die Dichter lügen. Platons poetologische Gedankengänge gehen von einer ethischen Aufgabe der Dichtung aus. Ihr Existenzrecht erhält sie nur dann, wenn sie eine systemstabilisierende Funktion im Rahmen seiner Staats- und Erziehungstheorie übernimmt. Andernfalls sollten die Dichter aus dem Staate »verbannt« werden. Literaturtheoretisch gesehen ist bedeutsam, daß Platon erkenntniskritisch zwischen einer Mimesis des Schönen und der Mimesis der ›eidola‹ unterscheidet, anders gesagt zwischen der poetischen »Mania« und der Kunst etwa eines Porträtisten. Über zweitausend Jahre hat Platons Enthusiasmuslehre fortgewirkt, aufgrund des Mißverständnisses aber seiner Dichterkritik in der *Politeia,* die ausschließlich erkenntnistrennende Gründe hat, mit ruinösen Folgen für seinen dialektisch literaturtheoretischen Ansatz.

Ausg.: Sämtliche Werke, Bd. 3, hg. von E. GRASSI, Hamburg 1958.
Lit.: W. JAEGER, Paideia, Bd. 3, Berlin/Leipzig [2]1954. – H. WIEGMANN, Platons Dichterkritik und das Mißverständnis seiner erkenntniskritischen Argumentation, in: H.
WIEGMANN, Von Platons Dichterkritik zur Postmoderne, Bielefeld 1989, S. 9–24.

H. WIEGMANN

The Political Unconscious. Narrative as a Socially Symbolic Act (amer.; *Das politische Unbewußte. Literatur als Symbol sozialen Handelns*), Fredric JAMESON; EA Ithaca, New York 1981; dt. 1988. Jameson versucht, eine neohegelianische Tradition marxistischer Literaturtheorie (Lukács, Sartre →*Qu'est-ce que la littérature?*) mit strukturalistischen und poststrukturalistischen Ansätzen (Lévi-Strauss, Althusser, Lacan →*Écrits,* Deleuze/Guattari →*L'Anti Oedipe,* Greimas →*Sémantique structurale*) zu verbinden, die sich von ihr radikal abzukoppeln suchen. The *Political Unconscious* gilt mit Recht als theoretisches Hauptwerk des Autors. – Jameson nimmt die poststrukturalistischen Attacken auf Schlüsselkategorien der Hegel-Marx-Tradition weitgehend auf (Vermittlung, Totalität, Geschichte als Abfolge von Produktionsweisen, Historismus, Hermeneutik und Sinn, Erzählung und Darstellbarkeit, Basis und Überbau, Utopie), dabei bedenkt er herkömmliche literaturtheoretische Konzepte im Licht von Strukturanalyse und Dekonstruktion neu. Einerseits teilt er Althussers Kritik an einem Vermittlungsbegriff, der Basis und Überbau entweder durch die Widerspiegelungstheorie oder durch den Goldmannschen Homologiebegriff gleichschaltet, andererseits hält er an der Unumgehbarkeit von Vermittlung fest. Sie wird als ein »transcoding« beschrieben. Den Vorwurf einer eindimensional linearen Betrachtung von Geschichte oder Literaturgeschichte entkräftet er dadurch, daß er mit

Pouantzas und Bloch (→*Geist der Utopie*) von der Gleichzeitigkeit historisch unterschiedlicher Produktionsweisen oder literarischer Gattungen ausgeht. – Wie die französischen Theoretiker verweigert sich Jameson einer substantiellen Auffassung von Sinn und Bedeutung, doch er lehnt Sinn und Bedeutung nicht schlechthin ab. Die hermeneutische Lektüre bleibt ihm in dem Grade geboten, in dem Geschichte als »absent cause« (»abwesende Ursache«, Althusser) in literarische Texte eingeschrieben und vom Kritiker zu rekonstruieren ist. Realität und Geschichte versteht er dabei als Grenzwerte, denen man sich nur über die symbolischen Ordnungen von Sprache und Text annähern kann. Erzählung, Geschichte und Interpretation bleiben bei Jameson privilegierte Kategorien, sein ›master code‹. Dabei geht er dialektisch von zwei Modellen aus, die eher dem klassischen Strukturalismus angehören. Das erste gründet auf dem Gedanken von Lévi-Strauss, daß die individuelle Erzählung als eine imaginäre Lösung realer Widersprüche zu begreifen ist. Das zweite ist das Greimassche Strukturmodell für die Grenzen eines jeweils gegebenen ideologischen Bewußtseins. Diese eher statischen Ansätze bringt Jameson in sein eigenes dialektisches Interpretationsmodell ein, das drei unterschiedliche semantische Horizonte als Vorbedingung für die Verstehbarkeit literarischer Texte festlegt: politische Geschichte im Sinne einer Abfolge punktueller Ereignisse; die Geschichte als Abfolge von Kämpfen zwischen sozialen Klassen; die Geschichte als Abfolge gesellschaftlicher Formationen und Produktionsweisen.

Dabei sollen Erinnerungsspuren und utopische Antizipation (Bloch) zugleich die Vorstellung eines alternativen Gesellschaftsmodells offenhalten. Im ersten Horizont wird das Werk als symbolische Handlung begriffen, im zweiten als Ideologem und Teil antagonistischer Diskurse sozialer Klassen, im dritten im Hinblick auf die »Ideologie der Form«, an der sich die Stellung eines Textes im Geschichtsprozeß ablesen läßt. Jeder dieser Rahmen erfordert eine eigene Lektüre. – Anhand mehrerer Texte des 19. Jh.s führt Jameson sein theoretisches Modell praktisch aus. Seine Bewertungen der Erzählliteratur des 19. Jh.s vom Realismus über den Naturalismus zur einsetzenden Moderne bewahren bei aller theoretischen Komplexität und trotz der Kritik an Lukács im einzelnen eine auffällige Nähe zu dessen Bestimmung der sozialen Realität des 19. Jh.s und seiner These einer wachsenden Verdinglichung. Der Begriff der »Ideologie der Form« folgt schließlich einer spezifisch marxistischen Sicht auf die Moderne. Das Theorem des »politisch Unbewußten« selbst radikalisiert die Lacansche These, daß das Unbewußte wie eine Sprache strukturiert sei, bezieht sich aber letztlich auf die ideologisch bedingte Verdrängung politisch sozialer Dimensionen von Literatur. Dafür scheinen ihm die literaturtheoretischen Debatten der 70er Jahre in Frankreich und den USA sowie in Moderne und Postmoderne generell kennzeichnend. – Seit der Veröffentlichung von *The Political Unconscious* ist Jameson vor allem mit Arbeiten zur Postmoderne hervorgetreten. Seine Arbeiten zu Literatur und Kultur im Kapitalismus sind ein eigenständiger Versuch, Marxismus, Hermeneutik und (Post-)Strukturalismus in spannungsvolle Beziehung zu setzen.

Ausg.: Reinbek 1988.
Lit.: Diacritics 12,3 (1982). (Sonderheft zu Jamesons The Political Unconscious). – W. C. DOWLING, Jameson, Althusser, Marx: An Introduction to ›The Political Unconscious‹, Ithaca, New York 1984. – Postmodernism, Jameson, Critique, hg. von D. KELLNER, Washington 1989.

A. HUYSSEN

Das politische Theater, Erwin PISCATOR; EA Berlin 1929.

Das Werk ist eine Verbindung von autobiographischem Rechenschaftsbericht, theaterpolitischem Manifest im Dienst einer marxistischen Umgestaltung der Gesellschaft und dramaturgischer Abhandlung. Neben Beiträgen Piscators enthält die Schrift Artikel seiner Mitarbeiter, Auszüge aus Programmheften, Pressekritiken und Szenenfotos. In der Form einer Montage, einer Technik, die auch Piscators Inszenierung prägte, werden ausführlich dokumentiert und analysiert u. a. *Fahnen* (A. Paquet), *Revue Roter Rummel* (im Auftrag der KPD), *Hoppla, wir leben!* (E. Toller), *Rasputin, die Romanows, der Krieg und das Volk, das gegen sie aufstand* (A. N. Tolstoj/P. Ščegolev), *Die Abenteuer des braven Soldaten Schwejk* (M. Brod/H. Reimann) und *Der Kaufmann von Berlin* (W. Mehring). – Eine konzentrierte Zusammenfassung von Piscators programmatischen Leitvorstellungen findet sich in dem Essay über die *Grundlinien der soziologischen Dramaturgie.* Da der Mensch in der fortgeschrittenen bürgerlichen Gesellschaft nur aus dem Kontext seiner geschichtlichen und gesellschaftlichen Lebensumstände angemessen verstanden werden

kann, bedarf es einer Dramaturgie, die nicht das einzelne Individuum, sondern die Epoche, und zwar in ihren gesellschaftlichen Konflikten, zum Protagonisten auf dem Theater erhebt. Die Bühnenfigur interessiert Piscator daher ausschließlich in ihrer »gesellschaftlichen Funktion« und als »politisches Wesen«. Dieser Ansatz führt Piscator zur Entwicklung eines – tendenziell – nicht dramatischen, »epischen Theaters«. Zu dessen charakteristischen Merkmalen zählen die Unterbrechung bzw. Ausweitung des dramatischen Dialogs durch die Verwendung kommentierender Dokumente (z. B. Projektion und Film), die Auflösung der geschlossenen Dramenhandlung durch die lockere Aneinanderreihung von Einzelszenen (etwa in der Revue) und die Beseitigung der ›vierten Wand‹ des naturalistischen Illusionstheaters durch die aktive Beteiligung des Publikums an der Bühnenhandlung. Die traditionelle ›Guckkastenbühne‹ lehnt Piscator daher ab. Im Unterschied zu Brecht (→*Das epische Theater*), der mit seinem epischen Theater in erster Linie an das Urteilsvermögen des Zuschauers appelliert und deshalb illusionistische Techniken grundsätzlich ablehnt, will Piscator das Publikum allerdings nicht nur aufklären, sondern auch emotional ›erschüttern‹ und in das szenische Geschehen ›hineinreißen‹. Dieser Wirkungsabsicht entspricht der Plan zu einem »Totaltheater«, dessen variable Raumgestaltung die Abschaffung der Rampe und die Durchdringung von Bühnen- und Zuschauerbereich ermöglicht. – Mit seinem dramaturgischen Konzept, seinen szenischen Einfällen und technischen Experimenten (z. B. die

»Etagenbühne«, die »Segment-Globus-Bühne« und das »laufende Band«) hat Piscator das Theater bis in die Gegenwart maßgeblich beeinflußt. 1963 erschien eine Neubearbeitung seines Buches von F. Gasbarra, in der Piscator, mit polemischen Spitzen gegen Brecht, seinen Anspruch auf die ›Erfindung‹ des epischen Theaters bekräftigt.

Ausg.: Reinbek 1986 (in: Zeittheater. ›Das politische Theater‹ und weitere Schriften von 1915–66, ausgew. und bearb. von M. BRAUNECK und P. STERTZ). — *Lit.:* U. WEISSTEIN, Soziologische Dramaturgie und politisches Theater. Piscators Beitrag zum Drama der zwanziger Jahre, in: Deutsche Dramentheorien, Bd. 2, hg. von R. GRIMM, Wiesbaden ³1981, S. 181–207. – J. WILLETT, Piscator. Die Eröffnung des politischen Zeitalters auf dem Theater, Frankfurt/M. 1982. – M. BRAUNECK, Theater im 20. Jahrhundert. Programmschriften, Stilperioden, Reformmodelle, Reinbek ²1986.

P. LANGEMEYER

Polyhistor literarius, philosophicus et practicus […] (nlat.; *Der literarische, philosophische und praktische Polyhistor […]*), Daniel Georg MORHOF; Teil 1, Buch 1–2: EA Lübeck 1688; Teil 1, Buch 3: EA Lübeck 1692 (hg. von H. Muhlius); Teil 1–3: EA Lübeck 1707 (vollst. Ausg., hg. und bearb. von J. Möller; später mehrf. erw.). Morhof steht mit seinem enzyklopädischen Wissenschaftsbegriff in der Tradition des europäischen Späthumanismus. Neben dem Sichten, Sammeln und Ordnen des gelehrten Wissensstoffes forderte er jedoch ein selbständiges Urteilen des Forschers. Demzufolge gilt sein Werk *Unterricht Von Der Teutschen Sprache und Poesie* (1682) als die erste kritische Literaturgeschichte in Deutschland. – Der thematisch umfassendere *Polyhistor* hat den Anspruch, das gesamte Wissen der Zeit verfügbar zu machen. Fast die Hälfte des Werkes nehmen die drei ersten Bücher des ersten Teils (»Polyhistor literarius«) ein, in dem ausführlich über den Zugang zu den Texten, das rechte Sammeln und Urteilen sowie die Methode des Exzerpierens unterrichtet wird. Die folgenden vier Bücher verbinden Sprachwissenschaft, Textkritik sowie Sprach- und Literaturgeschichte. Die angestrebte Verfügbarkeit des Wissens zum Zwecke rhetorischer Praxis bleibt dabei stets deutlich. Der »Polyhistor philosophicus« behandelt im wesentlichen das Quadrivium mit Einschluß der Philosophiegeschichte und der im ersten Teil ausgelassenen Dialektik. Im »Polyhistor practicus« schließlich werden Ethik, Politik, Ökonomie, Geschichte sowie die Fächer der drei oberen Fakultäten besprochen. – Der *Polyhistor* entstand in einer Zeit, in der die systematischen Enzyklopädien allmählich durch die alphabetischen abgelöst wurden. Morhof behauptet zwar eine notwendige Verknüpfung aller Wissenschaften, spricht sich jedoch deutlich gegen harmonisierende Tendenzen wie etwa in der Pansophie aus. Wichtiger ist ihm die praktische Anordnung des erworbenen Wissens, weshalb für ihn der programmatische Begriff der »polymathia« (eig. »Vielwisserei«) mit der Vorstellung von den »Scheunen« (»horrea«) abgespeicherten Wissens verbunden ist. Der hohe Stellenwert der Exzerpiertechnik wird so schlüssig begründet. Wenngleich sich Morhof darüber im klaren ist, daß der einzelne das ganze Wissen keinesfalls umfassen kann, bleibt doch die »memoria« (»geschultes Gedächtnis«) die wichtigste Voraussetzung jeder wissenschaftlichen Tätigkeit. Diese muß freilich durch das »iudicium« (»selbständiges Urteil«) ergänzt werden, wenn das Wissen mit »Nutzen« angewandt werden soll. – Morhofs *Polyhistor* schlägt in der literarischen Ästhetik eine Brücke zwischen Opitz (→*Buch von der deutschen Poeterey*) und Gottsched (→*Versuch einer Critischen Dichtkunst vor die Deutschen*). Seine kritische, vor allem gegen spekulative Strömungen gerichtete Haltung trat im Bewußtsein des 18. Jh.s bald gegenüber der anerkannten kompilatorischen Leistung zurück.

Ausg.: Aalen 1970, 2 Bde. (Repr. der Ausg. Lübeck ⁴1747).
Lit.: C. WIEDEMANN, Polyhistors Glück und Ende. Von Daniel Georg Morhof zum jungen Lessing, in: Festschrift G. Weber, hg. von H. O. BURGER/K. V. SEE, Bad Homburg/Berlin/Zürich 1967, S. 215–35. – W. SCHMIDT-BIGGEMANN, Topica universalis. Eine Modellgeschichte humanistischer und barocker Wissenschaft, Hamburg 1983, S. 265–72. – S. SEIFERT, ›Historia literaria‹ an der Wende zur Aufklärung. Barocktradition und Neuansatz in Morhofs ›Polyhistor‹, in: Europäische Barock-Rezeption, hg. von K. GARBER u. a., Wiesbaden 1991, S. 215–28.

R. SEIDEL

Pour une sociologie du roman (frz.; *Soziologie des Romans*), Lucien GOLDMANN; EA Paris 1964; dt. Darmstadt/Neuwied 1970.

Goldmann sieht wie der junge Lukács (→*Theorie des Romans*) den sozialen Charakter der Kunst nicht in der Widerspiegelung von gesellschaftlichen Inhalten. Der Beziehung zwischen Kunstform/Lebensform (Lukács) entspricht bei Goldmann die Homologie der Strukturen des literarischen Werks mit den Denkstrukturen von sozialen Gruppen. Wenn Goldmann die Erhellung literarischer Werke durch die Bezugsetzung zu vorgängigen gesellschaftlichen Inhalten als unzulänglich betrachtet, so glaubt er trotzdem, daß kulturelle Schöpfungen als Sinnstrukturen nur durch eine genetische Methode erklärt und verstanden werden können. Für ihn ist die soziale Gruppe das eigentliche Subjekt der kulturellen Schöpfung. Innerhalb einer sozialen Gruppe bilden sich Gefühle, Neigungen und Ideen heraus, die aus ihrer wirtschaftlichen und sozialen Situation entspringen. Im Kollektivbewußtsein einer Gruppe oder einer Klasse entwickeln sich die Elemente einer ›Weltanschauung‹, die dann in großen künstlerischen oder philosophischen Werken ihren kohärenten Ausdruck finden und deren Struktur derjenigen entspricht, auf welche die Gesamtheit der Gruppe zustrebt. Am besten hat Goldmann diesen Ansatz, den er in der *Sociologie du roman* darstellt, in seiner vorangehenden Untersuchung der Werke Pascals und Racines (→*Le Dieu caché*) verdeutlicht. Bei der Analyse der zeitgenössischen Romanproduktion konnte er indessen zwischen den ökonomischen Strukturen und denjenigen der literarischen Werke kein aktives Kollektivbewußtsein mehr als Bindeglied entdecken. Der moderne Roman scheint so »eine Suche nach Werten auszudrücken, die keine einzige soziale Gruppe mehr tatsächlich verkörpert und die das ökonomische Leben bei allen Mitgliedern der Gesellschaft auf das Implizite zu reduzieren strebt«. Für die Moderne kann Goldmann nur mehr eine Homologie zwischen der komplexen Struktur der Romanwelt und der sozio-ökonomischen Struktur der marktwirtschaftlichen Gesellschaft feststellen, welche die Gebrauchswerte zu Tauschwerten reduziert hat. Er unterscheidet dabei drei Stufen der Entwicklung der Romanformen. Den Roman des 19. Jh.s sieht er geprägt durch den »problematischen Helden«, der in einer degradierten Welt nach authentischen Werten sucht. Den zwei Perioden der Geschichte der kapitalistischen Gesellschaft im 20. Jh., der »imperialistischen« von 1912–45 und der dann folgenden des »Organisationskapitalismus«, entsprechen nach Goldmann zwei unterschiedliche Romanformen, eine erste, die durch das Verschwinden des individuellen Helden charakterisiert ist (Joyce, Kafka, Musil, Sartre, Camus), und eine zweite, in der sich das Erscheinen eines autonomen Universums der Objekte abzeichnet (Robbe-Grillet). – Die These einer solch abstrakten Strukturhomologie (die ontologisch verstandene Werte mit ökonomischen in Verbindung setzt) erscheint keineswegs als zwingend und ist letztlich von geringem Erkenntniswert. Wenn Goldmann eine Inhaltssoziologie ablehnt und vor allem Strukturen der Werke ins Auge faßt, so meint er dabei immer Formen des Inhalts, die einen gewissen Kohärenzgrad aufweisen und die literarische Werke mit philosophischen teilen. Den Beweis, daß die (linguistisch-stilistische) Ausdrucksform restlos durch die Inhaltsform (die Struktur der ›Weltanschauung‹) erklärt werden kann, ist Goldmann schuldig geblieben.

Ausg.: Paris 1965. – Dt. Frankfurt/M. 1984.
Lit.: H. SANDERS, Institution Literatur und Roman. Zur Rekonstruktion der Literatursoziologie, Frankfurt/M. 1981. – P. V. ZIMA, Manuel de sociocritique, Paris 1983.

J. JURT

Pour une théorie du nouveau roman (frz.; *Für eine Theorie des Nouveau Roman*), Jean RICARDOU; EA Paris 1971.
Ricardou hat in diesem und weiteren Aufsatzbänden (*Problèmes du nouveau roman*, 1967; *Nouveaux problèmes du roman*, 1978; *Le Nouveau Roman*, 1973) neben Robbe-Grillet (*Pour un nouveau roman*, 1963; *Über den Nouveau Roman*) die wichtigste theoretische Bestimmung der Bewegung des Nouveau Roman geliefert. Neben einer Analyse der Texte seiner Vertreter (C. Simon, A. Robbe-Grillet, M. Butor →*Répertoire*, N. Sarraute →*L'ère du soupçon*, R. Pinget, C. Ollier) beschäftigt sich Ricardou mit Proust, Valéry, Poe und Roussel. Dabei versucht er, die Bedingungen der Erzählung als solcher zu bestimmen. Danach repräsentieren (literarische) Texte nicht eine vorgängig existierende Welt, sondern sie produzieren selbst Sinn. Die internen Regeln dieser Sinnproduktion sind Gegenstand aller Untersuchungen Ricardous. Der produzierte Sinn ist der Effekt bestimmter textinterner Verfahrensweisen und Ordnungsmuster. Die Erzählung ist keine Versicherung eines (vor)gegebenen Sinnes, sondern der Ort eines permanenten Konflikts zwischen einer »referentiellen« und einer »buchstäblichen« Illusion. »Entziffern bedeutet, zwei Analphabetismen überwunden zu haben; der erste, sichtbare (nicht lesen zu können), sieht einen Text, aber keinen Sinn; der zweite, verborgene (glauben lesen zu können), sieht einen Sinn, aber keinen Text«. Der Nouveau Roman ist somit eine Leseschule für die Textualität des Textes. Das fiktionale Ereignis, d. h. der Sinn, ist der Effekt einer Organisation

des Textes in Referenz auf ein bestimmtes reales oder imaginäres Ereignis. Sinn bestimmt sich immer als ein Effekt des Textes. Literatur hat die Aufgabe aufzuspüren und aufzudecken, wie dieser Effekt, d. h. der Sinn der Fiktionalität, produziert wird. Dies geschieht durch eine strenge Formalisierung der Texte, durch Infragestellung und schließlich Aufgabe der Kategorie der Figur oder Person und eine Kritik der Repräsentation als solcher. Die Literatur als Produktion hat daher ihr Korrelat in der Kritik. Sinn der Illusion ist die Zerstörung der Illusion eines fest gegebenen Sinnes. Der Nouveau Roman zeichnet sich durch eine spezifische Struktur aus, die Ricardou als Selbstrepräsentation bestimmt. Statt textexterne Gegebenheiten zu repräsentieren, reflektiert der Text seine eigenen Verfahrensweisen und Mechanismen. Die Fiktion ist so eine beständige Instanz der Verdoppelung und internen Verschachtelung sowie der eigenen Infragestellung. Wie in einem Bild von Memling, in dem ein Spiegel das Dargestellte verdoppelt, reflektiert der Text die Regeln seiner Sinnproduktion. Um zu ihnen vorzudringen, müssen die überkommenen Formen des Romans zerschlagen werden.

Lit.: L. A. HIGGINS, J. Ricardou's Poetics, Ann Arbor/Mich. 1977. – B. DUMMER, Von der Narration zur Deskription. Generative Textkonstitution bei J. Ricardou, C. Simon, Ph. Sollers, Amsterdam 1988.

B. STIEGLER

La Pratique du théâtre (frz.; *Die Theaterpraxis*), François HÉDELIN, ABBÉ D'AUBIGNAC, EA Paris 1657.

D'Aubignac wurde zu seiner Dramentheorie und praktisch orientierten Dramenpoetik von Richelieu angeregt. Das Werk, das die absolutistisch-rationalistischen Maßstäbe und Regeln einer ganzen Generation zusammenfaßt, gilt als die repräsentative Kodifizierung der klassischen Dramendoktrin – nach den wegbereitenden Arbeiten Chapelains und La Mesnardières und zeitlich noch vor der Poetik von Boileau-Despéraux (→*L'Art poétique*). – D'Aubignacs Überlegungen gelten im wesentlichen der Tragödie; die Komödie beurteilt er als eine untergeordnete Kunst. Maßgeblich beruft er sich auf die aristotelische Poetik (→*Peri poietikes*). Allerdings darf man nach d'Aubignac die Regeln der Alten nicht blind befolgen, sondern muß sie einer vernunftmäßigen Prüfung unterziehen. Als zentrale Forderungen hält er fest, daß die Regel der drei Einheiten (Ort, Zeit und Handlung) strikt zu beachten ist und daß die dramatische Handlung einerseits den Normen der »Wahrscheinlichkeit«, andererseits denen der »Schicklichkeit« gehorchen muß. Grundlegend für d'Aubignacs poetologisches Verständnis des Dramas ist weiter die funktionale Unterscheidung, die er – vorrangig am Beispiel eines Gemäldes – zwischen der Darstellungsseite und dem dargestellten Inhalt vornimmt. Bühnenausstattung, Schauspieler, gesprochenes Wort sind demnach Mittler einer im Grunde intelligiblen Handlung, um deren poetische Formalisierung es d'Aubignac vor allem geht. Der dramatische Dichter muß seine Handlung so stimmig durchgestalten und motivieren, daß sie vor dem Zuschauer als glaubhaft und in sich abgeschlossen bestehen kann. Dennoch muß der Autor zugleich an jedem Punkt seiner Arbeit die Aufführungsbedingungen mitbedenken und insbes. die Wirkung beim Zuschauer mit einkalkulieren. D'Aubignac gibt detaillierte Anleitungen, wie die dramatischen Regeln in einen überzeugenden Handlungsaufbau umzusetzen sind. Zukunftsträchtig war sein Rat, die Handlung unmittelbar vor der Katastrophe einsetzen zu lassen; damit wird eine äußerste Konzentration erreicht, welche die Wahrung der drei Einheiten erleichtert und der Entfaltung der Leidenschaften größtmöglichen Spielraum bietet. – *La Pratique du théâtre* wurde im 17. Jh. hochgeschätzt, vor allem von Boileau. Sie wies auf die Dramentechnik Racines voraus. Corneille hingegen, der eine gelockerte Auffassung der dramatischen Regeln vertrat, grenzte sich in seinen *Trois Discours sur le Poème Dramatique* theoretisch ab.

Ausg.: München 1971 (kommentierte Ausg. v. H.-J. NEUSCHÄFER). *Lit.*: B. B. GOLDSMITH, Hédelins ›Pratique du théâtre‹. An Analysis, Diss. Colorado Univ. 1972. – T. MURRAY, Non-Representation in »La pratique du théâtre«, in: Papers on French Seventeenth Century Literature 9 (1982), S. 57–74. – R. MORISSEY, ›La pratique du théâtre‹ et le langage de l'illusion, in: Dix-Septième Siècle 37 (1985), S. 17–27.

A. GRACZYK

Preface (to) Lyrical Ballads, with a Few Other Poems (engl.; *Vorwort zu Lyrische Balladen und einige andere Gedichte*), William WORDSWORTH; EA London 1800.

Das Vorwort zu den zusammen mit Coleridge veröffentlichten *Lyrical Ballads* stellt neben Youngs →*Conjectures on Original Composition*, Coleridges →*Biographia literaria*, Shelleys *A Defence of Poetry* (1821; *Verteidigung der Dichtkunst*) und den *Letters* (1958; *Briefe*) von

Keats eines der wichtigsten Zeugnisse der romantischen Dichtungsauffassung in England dar. Das gegen die poetischen Konventionen des Neoklassizismus gerichtete expressive Literaturverständnis betrifft die Person und Stellung des Dichters, das Wesen des dichterischen Schaffensprozesses, die Funktion der Dichtung, Gegenstände und Themen der Dichtung sowie die poetischen Ausdrucksmittel. – Obwohl der Dichter als ein Mensch wie alle anderen bezeichnet wird, unterscheidet er sich von diesen durch ein Mehr an Sensibilität, Einsicht, Enthusiasmus, Seelengröße, Menschenkenntnis, Bewußtsein für das Wirken eines mächtigen Wesens im Kosmos und vor allem durch seine Imagination, die zentrale dichterische Fähigkeit. Mit deren Hilfe wird er, ohne Vorbilder zu benötigen, zum gottähnlichen Schöpfer. Anders als der Naturwissenschaftler, der partikuläre und individuell relevante Erkenntnisse zutage fördert, drückt der Dichter allgemeingültige und existenznotwendige Wahrheiten aus, weshalb er als Verteidiger der menschlichen Natur apostrophiert wird. Dichtung entsteht in der Imagination des Dichters. Sie wird zunächst sprachunabhängig als »spontaner Überschwang mächtiger Gefühle«, später als Prozeß beschrieben, der mit dem Erlebnis einer Primäremotion beginnt, sich mit der Formulierung einer in abgeklärter Ruhe entwickelten Sekundäremotion, die der primären entspricht, fortsetzt und schließlich in die dichterische Komposition einmündet. – Da Dichtung Ausdruck der Schönheit des Universums sowie überindividueller Wahrheiten ist, soll sie beim Leser die gleichen ele-

mentaren und natürlichen Empfindungen auslösen, die den Dichter zu ihrer Artikulation anregten.
Damit kann sie der Abstumpfung
entgegenwirken, die im Gefolge
der politischen Wirren der Französischen Revolution, der sozialen Vermassung durch die industrielle Revolution, Verstädterung
und Uniformität der Arbeitswelt
entstanden ist. Wordsworth bevorzugt die Darstellung einfacher
Menschen, die Betrachtung von
Naturphänomenen, Landschaften,
Jahreszeiten, Pflanzen und Tieren,
denn darin offenbaren sich die
elementaren Gefühle und die
Schönheit des Universums. –
Statt der als gekünstelt empfundenen poetischen Diktion des Neoklassizismus fordert Wordsworth
eine einfache, dem Alltagsidiom
weitestgehend angenäherte, jedoch nicht mit diesem identische
Sprache. Vers, Metrum, rhetorische Figuren wie z. B. Metaphern sind zwar willkommener
Schmuck, aber nicht wesensnot-
wendige Ausdrucksmittel der
Dichtung. Als die überragende
Gestalt der älteren Romantiker-
generation zwang Wordsworth
alle nachfolgenden romantischen
und postromantischen Dichter
und Dichtungstheoretiker zur
Auseinandersetzung mit seinen
Anschauungen.

Ausg.: Hg. von R. L. BRETT/A. R. JONES,
New York ³1971, S. 241–71 (überarb.
Ausg.).
Lit.: J. W. WATSON, William Wordsworth
(1770–1850), in: British Writers, Bd. 4, hg.
von I. SCOTT-KILVERT, New York 1981, S.
1–26.

H. PRIESSNITZ

**Principj di una scienza nuova
d'intorno alla comune natura
delle nazioni** (ital.; *Prinzipien einer neuen Wissenschaft über die gemeinsame Natur der Nationen*),

Giambattista VICO; EA Neapel
1725; maßgebliche 3. Fassung
1744; dt. Leipzig 1822 (2. Fassung).
In seinem geschichtsphilosophischen Hauptwerk stellt Vico im
Unterschied zur mittelalterlichen
Geschichtstheologie die Universalgeschichte als rein menschlichen Prozeß dar. Der durch Werden und Verfall gekennzeichnete,
zyklisch konzipierte Geschichts-
verlauf richtet sich nach der geistigen Entwicklung der Menschheit,
die Vico von der »poetischen
Weisheit« der Anfänge bis zum
Verfallsstadium der immer wiederkehrenden »Barbarei der Reflexion« rekonstruiert. Anders als
Rousseau denkt Vico die Anfänge
nicht als paradiesischen Naturzustand, sondern als spannungsreichen Zustand geistiger und gesellschaftlicher Produktivität, in dem
die Phantasie ein elementares So-
zialorgan ist. Ihr entspringen die
Mythen, die als Interpretationen
von Naturerscheinungen Reli-
gionscharakter besitzen und zugleich Leitbilder für das soziale
Verhalten bilden. Den Mythen
entsprechen drei Institutionen, die
nach Vico bei allen Völkern anzutreffen sind: Religion, Totenbe-
stattung und Ehe. Sie stellen konkrete Analoga zu den drei metaphysischen Ideen dar: Gott, Unsterblichkeit und Freiheit. Insofern ist die *Scienza Nuova* philoso-
phiegeschichtlich als eine kulturanthropologische Transformation
der antik-mittelalterlichen Ideenlehre zu lesen. – Im Rahmen seiner Theorie des sozialen Mythos
gelingen Vico grundlegende Einsichten in Ursprung und Wesen
der Sprache. Sprache ist demnach
keine Erfindung einzelner, sondern eine kollektive Form der
Darstellung sozial bedeutsamer

Sachverhalte. Von herausragender Bedeutung ist die Lehre von den »phantasiegeschaffenen« Allgemeinbegriffen«, die der Bildung abstrakter Klassenbegriffe vorangehen. Als Beispiele nennt Vico den individuellen Typus mythischer oder literarischer Figuren (Herkules oder Tassos Gottfried), die in sinnlich-konkreter Form allgemeine Ideen (Stärke oder Klugheit) repräsentieren. Dichtungstheoretisch wendet sich Vico gegen die Regelpoetik des Klassizismus, da sie der schöpferischen Phantasie keinen Raum läßt. Als die drei Hauptaufgaben der Dichtung nennt er: Erfinden von Mythen, die das einfache Volk versteht (»volgare«), Erschütterung der Gemüter (»commovere«) und Erziehung zur Tugend (»docere«). In der Betonung des nicht-kognitiven Charakters der Dichtung steht Vico unter dem Einfluß der Schrift →Peri hypsous des Pseudo-Longinos. Ein spezielles dichtungstheoretisches Thema entwickelt das dritte Buch der Scienza Nuova, das von der Entdeckung des »wahren Homer« handelt. Dieser wird nicht als historische Person, sondern als »poetischer Charakter«, d. h. als Inbegriff der dichterischen Kraft des griechischen Volkes beschrieben. F. A. Wolf, Verfasser der Prolegomena ad Homerum, (1795), hat 1807 in einem Aufsatz unmittelbar auf Vicos Scienza Nuova Bezug genommen. – Der Scienza Nuova war aus inneren wie äußeren Gründen im 18. Jh. keine Wirkung beschieden. Erst J. Michelet hat sie 1827 durch eine freie Übersetzung (Principes de la philosophie de l'histoire) in Frankreich bekannt gemacht. Die wirkungsvollste Aktualisierung hat Vicos Geschichtsphilosophie in der politischen Theorie von G. Sorel gefunden. In Italien wurde Vico im Sinne der Hegelschen Philosophie des Geistes durch B. Croce und G. Gentile interpretiert. Die idealistische Lesart hat die Vico-Rezeption auch in Deutschland (E. Auerbach) maßgeblich geprägt. In jüngster Zeit setzt sich allmählich eine neue, mehr pragmatisch ausgerichtete kulturanthropologische Sichtweise durch. In der Literatur des 20. Jh.s finden sich Rückgriffe auf Vico bei J. Joyce und S. Beckett.

Ausg.: Opere, hg. von F. Nicolini, 1914–1941, Bd. 3 (1. Fassung) und Bd. 4 (2. u. 3. Fassung), Bari. – Dt. Hamburg 1990.
Lit.: K.-O. Apel, Die Idee der Sprache in der Tradition des Humanismus von Dante bis Vico, Bonn 1963. – F. Fellmann, Das Vico-Axiom: Der Mensch macht die Geschichte, Freiburg 1976. – S. Otto, Giambattista Vico, Stuttgart 1989.

F. Fellmann

The Principles of Art (engl.; *Die Ursprünge der Kunst*), Robin George Collingwood; EA Oxford 1938.
Der Oxforder Historiker und Philosoph Collingwood kritisiert in seiner grundlegenden Studie zur Rezeption falsche und ungenaue Verwendungen des Begriffs »Kunst« und legt eine der einflußreichsten ästhetischen Theorien des frühen 20. Jh.s vor. Kunst hat für ihn – anders als es die lateinischen und griechischen Wortäquivalente nahelegen – nichts mit Handwerk zu tun, da sie in einem solchen technizistischen Kontext immer nur Mittel zu einem Zweck wäre. Nur »Pseudo-Kunst« ist durch utilitaristische Motive bestimmt. Sie ist entweder reine Unterhaltung, die Emotionen um ihrer selbst willen hervorbringt, oder Magie, die für das praktische Leben der Gemein-

schaft nützliche Emotionen herbeiführt. Andererseits dient wahre Kunst weder der Schaffung von Schönheit noch der naturgetreuen Wiedergabe ihres jeweiligen Gegenstandes. Collingwood unterzieht sowohl die »Mimesis«-Begriffe Platons (→*Politeia*) und Aristoteles' (→*Peri poietikes*) als auch das horazische Konzept des »aut prodesse aut delectare« (»nützen und erfreuen«; →*De Arte Poetica*) einer kritischen Neuinterpretation. Er bestimmt Kunst als Ausdruck von Emotionen, die sowohl vom Künstler als auch von seinem Publikum empfunden werden, und wendet sich scharf gegen ein rein individualistisches Kunstverständnis. Entscheidend für das Kunstwerk ist die Imagination: Sinneswahrnehmungen und die damit verbundenen emotionalen Empfindungen werden durch das imaginative Bewußtsein in Ideen verwandelt. Collingwood greift hier auf D. Humes Unterscheidung zwischen »impressions« und »ideas« zurück und beruft sich auf Kant ebenso wie auf Aristoteles. Er siedelt die Ideen als ästhetisches Produkt der Imagination zwischen dem bloßen psychischen Geschehen der Empfindung (»the merely psychic life of feeling«) und der Tätigkeit des Denkens (»the activity of thought«) an. Der ästhetische Prozeß macht das Wahrgenommene ebenso bewußt wie den Vorgang der Wahrnehmung. Das Eindringen von »Bewußtsein« (»consciousness«) in »Erfahrung« (»experience«) fokussiert die Aufmerksamkeit auf einen bestimmten Bereich, der dadurch zur Idee wird. Die Imagination ist dabei die durch das Bewußtsein transformierte Erscheinungsform des Gefühls. Durch sie entsteht Sprache im weitesten Sinne des Wortes als ein Ausdrucksmittel, das den Sprecher sich seiner selbst bewußt werden läßt. Vom Intellekt unterscheidet sich die Imagination dadurch, daß sie ein Objekt ganzheitlich und unteilbar präsentiert, während der Intellekt jenes in Beziehung zu anderen setzt und kategorisiert. Die Versuche von Grammatikern und Logikern, Sprache durch Kategorisierung zu erfassen, müssen unvollständig bleiben, da jeder Diskurs durch emotionale Expressivität mitgeprägt ist. Gerade dadurch unterscheidet sich Sprache vom reinen Symbol, das stärker intellektuell geformt ist. – Im letzten Teil seiner Studie bestimmt Collingwood Kunst zusammenfassend als expressive und imaginative Form von Sprache, als eine durch das Bewußtsein hervorgerufene Form von Erfahrung. Er versteht sie als Ausdruck und Erfahrung von Emotion zugleich, erst beides zusammen bestimmt die Qualität eines Kunstwerks. Künstlerisches Mißlingen ist unter diesem Blickwinkel ein Zeichen für ein durch den Intellekt korrumpiertes Bewußtsein, das zu heilen wiederum Aufgabe der Kunst ist. Nach Collingwood ist Kunst lebenswichtig sowohl für das Individuum als auch für die Gesellschaft. Sie liefert ihm ein unmittelbares, nicht durch den Intellekt vermitteltes und kategorisiertes Wissen und Verstehen von Wahrheit. Dabei ist dieses immer komplex prozeßhaft, vollzieht sich in der Gemeinschaft von Künstlern, Interpreten und Publikum. Im Kampf gegen die für Collingwood verderbliche Korruption des Bewußtseins gewinnt Kunst prophetischen Charakter für die überlebenswichtige Selbsterkenntnis des Menschen. –

Collingwood ist einer der bedeutendsten Vertreter jener englischen Theoretiker, die literaturästhetische Überlegungen des 18. Jh.s wieder aufnehmen und in unserer Zeit fortsetzen, wobei insbesondere seine Äußerungen zur Rolle der Imagination und der Funktion von Sprache von Bedeutung sind.

Lit.: W. K. WIMSATT, jr./C. BROOKS, Literary Criticism. A Short History, New York 1957, S. 602–603.

H. ANTOR

Problema stichotvornogo jazyka (russ.; *Das Problem der Verssprache*), Jurij Nikolaevič TYNJANOV; EA Leningrad 1924; dt. München 1977 (mit Einl. und Bibl.).

Tynjanovs theoretisches Hauptwerk beruht auf Vorlesungen in der russischen »Gesellschaft zur Erforschung der poetischen Sprache« (»OPOJAZ«) und Forschungen am Russischen Institut für die Geschichte der Künste. Er entwirft darin eine Theorie der Dichtungssprache. Sie richtet sich gegen die auf Hegel zurückgehende, von Belinskij nach Rußland vermittelte und durch den ukrainischen Gelehrten Potebnja philologisch ausgearbeitete Begründung der Dichtung als ›Denken in Bildern‹. Methodisch orientiert sich die Schrift an den exakten Naturwissenschaften. Im Einklang mit der Innovationsästhetik der russischen ›Formalen Schule‹, in deren innerem Kreis Tynjanov wirkte, geht er von dem grundlegenden Unterschied von Wahrnehmung erneuernder poetischer und Wahrnehmung automatisierender praktischer Sprache aus. Aus dieser wahrnehmungsästhetischen Sicht begreift er die Form des Kunstwerks als

dynamische, nicht teleologische Konstruktion. Den Rhythmus bestimmt Tynjanov als den »konstruktiven Faktor« der Verssprache. Die Dynamik der Versrede entsteht aus der Wechselwirkung der sie konstituierenden Faktoren, wobei der »konstruktive Faktor« zugleich als jene Dominante ausgezeichnet wird, welche die übrigen Faktoren ›deformiert‹ bzw. ›transformiert‹ (vgl. *Poètika. Istorija literatury. Kino*, 1977; *Poetik. Literaturgeschichte. Kino*). Gerade der ›Kampf‹ zwischen dem Rhythmus als Dominante und den übrigen (untergeordneten) sprachlichen Faktoren begründet mit der ›Spürbarkeit‹ auch das Wesen des sprachlichen Kunstwerks: »Ohne die Wahrnehmung der Unterordnung, der Deformation aller Faktoren von Seiten des die konstruktive Rolle spielenden Faktors gibt es kein Faktum der Kunst.« Die Geschichte der Verskunst, aus der die Folklore folgenreich ausgeklammert ist, vollzieht sich demnach als periodische Ersetzung des jeweils automatisierten und daher nicht mehr spürbaren rhythmischen Prinzips (→*O literaturnoj èvoljucii*). Indem der russische Formalist nicht das statische Metrum, sondern den Rhythmus, die »metrische Dynamik« in ihrem Verhältnis zur Syntax zum Konstituens der Dichtung erklärt, kann er auch die Graphik des Gedichtes als »Signal des Verses« zur Voraussetzung des Rhythmus erheben. Aus dieser Perspektive gelingt ihm eine Bestimmung des vor allem graphisch ausgezeichneten ›Vers libre‹ als ein Vers, der an die Stelle überkommener Versarten getreten ist, als diese das Material nicht mehr dynamisieren konnten. Grundlegend ist für den Rhythmus die

Bildung von Äquivalenzen, die an den Erscheinungen des Versfußes, des Verses und der Strophe, aber auch beim Reim am Versende (nicht dagegen in der Lautinstrumentierung) hervortreten. Dabei wird die rhythmische Konstruktion des Versmaterials von vier Faktoren bestimmt: 1. der Einheit der Versreihe; 2. ihrer Dichte; 3. der Dynamisierung des Redematerials; 4. der Sukzessivität des Redematerials im Vers. Sie verleihen dem Wort im Vers eine besondere lexikalische Tonalität, stärken seine okkasionelle Bedeutung und ermöglichen sonst nicht zulässige Wortfolgen. Reim und Lautinstrumentierung vereinheitlichen und verdichten die Verszeile, Onomatopoesie und Lautmetapher transformieren die Semantik der Versrede. Die »Lautgeste« (»zvukovoj žest«) erzeugt den Eindruck der Dauer der Artikulation und suggeriert die Wahrnehmung einer wirklichen Geste. Die Lautwiederholung vereinigt als »rhythmische Metapher« kraft der Schwächung der Sachbedeutung und der Stärkung der syntagmatischen Bezüge die Versrede zu einem Ganzen, in dem die Zeit aufgrund der Sukzessivität der Elemente im Unterschied zur Prosa der Wahrnehmung entzogen ist. – Tynjanovs Studie hat auf die tschechischen ›Strukturalisten‹ und auf die russischen ›Semiotiker‹, insbesondere auf J. M. Lotman (*Analiz poètičeskogo teksta*, 1972; *Analyse des poetischen Textes*) gewirkt.

Ausg.: Den Haag 1963.
Lit.: A. HANSEN-LÖVE, Der russische Formalismus. Methodologische Rekonstruktion seiner Entwicklung aus dem Prinzip der Verfremdung, Wien 1978. – R. LAUER, Tynjanov, in: Klassiker der Literaturtheorie, hg. von H. TURK, München 1979, S. 267–310.

R. GRÜBEL

Probleme der Lyrik, Gottfried BENN; EA Wiesbaden 1951.
Der Marburger Vortrag vom 21.8.1951 über die Frage »Was ist eigentlich ein modernes Gedicht?« wurde, durch Rundfunk, Presse und zahlreiche Auflagen der Buchausgabe verbreitet, sogleich zu einem kanonischen Text der Nachkriegsliteratur. Er galt zumeist als Fazit der poetologischen Reflexion Benns. Der Essay ist jedoch vor allem das Dokument einer Neuorientierung nach dem Krieg, wie sie sich auch in *Berliner Brief* (1948), *Phase II* (1950) und *Doppelleben* (1950) bezeugt. Benn widerruft in *Probleme der Lyrik* partiell Positionen aus →*Nach dem Nihilismus* und der Poetik der *Statischen Gedichte* (1946) und knüpft an die avantgardistischen Anfänge des Expressionismus an. – Dichtung definiert sich hier nicht mehr aus der totalen Opposition zur modernen Welt heraus (→*Nach dem Nihilismus*), um, alles Geschichtlich-Gesellschaftliche hinter sich lassend, in dem ursprünglich-ewigen Raum des Organischen und Triebhaften die letzte Möglichkeit einer authentischen Selbstbegegnung des Menschen zu suchen. Vielmehr soll Dichtung jetzt, wie es schon der Futurismus postuliert hat, eine solche Selbstbegegnung inmitten der modernen Zivilisation und mit ihren Mitteln stiften können. Das »lyrische Ich«, die für die Konstituierung des Gedichts entscheidende Instanz, stellt sich bewußt in die »zivilisatorischen Realitäten« hinein und begreift die von »jahrhundertealter Tradition« ebenso wie von der Wissenschaft, dem öffentlichen Diskurs, der populären Kultur und dem Alltag der Gegenwart vorgeprägte Sprache als »seine Sprache«. Es

greift »Fragmente« aus den heterogenen Bereichen der Sprache und damit der Wirklichkeit heraus, um sie »faszinierend« zu »montieren«. Gerade eine »technisch hingebotene« Montagedichtung soll durch »Wirklichkeitszertrümmerung« und Reaktivierung des Worts mit seinem »Wallungswert« – d. h. durch die Auflösung der gewohnten Zusammenhänge des Redens und die Freisetzung der in der Vorgeprägtheit des Worts gründenden Assoziationssphäre – dem modernen Menschen seine »Natursichtigkeit« zurückgeben können. Die Möglichkeit zu solcher Rede findet das »lyrische Ich« nur in einer »monologischen« Situation, in der es sich dem genormten Sprachgebrauch der »Mitte« zu entziehen vermag. Von der Ausrichtung auf alle vorgegebenen Inhalte, Zwecke und Adressaten befreit, bringt die Sprache im »absoluten Gedicht« »die unmittelbare Bewegung seiner Existenz« zur Darstellung. – Der berühmte Vortrag beeinflußte Lyriker wie H. Bender, W. Höllerer, K. Krolow, W. Lehmann und H. Piontek.

Ausg.: Gesammelte Werke, hg. von D. WELLERSHOFF, Bd. 1, Wiesbaden 1959, S. 494–536.
Lit.: R. GRIMM, Die problematischen ›Probleme der Lyrik‹, in: Festschrift für G. Weber, Bad Homburg 1967, S. 299–328. – P. U. HOHENDAHL, Gottfried Benns Poetik und die deutsche Lyriktheorie nach 1945, in: Schiller-Jb. 24 (1980), S. 369–98. – G. WILLEMS, Großstadt und Bewußtseinspoesie, Tübingen 1981.

G. WILLEMS

Problemy tvorčestva Dostoevskogo (russ.; *Probleme des Schaffens Dostoevskijs*), Michail M. BACHTIN; EA Leningrad 1929; dt. u. d. T. *Probleme der Poetik Dostoevskijs*, München 1971.

Dostoevskij hat nach Bachtin einen völlig neuen, den polyphonen Typus künstlerischen Denkens geschaffen. Dieser steht für eine ›kopernikanische Wende‹ in der abendländischen Prosa. Rede und Handlung der Romanfiguren unterliegen nicht mehr der einen wahrhaftigen Urteilsinstanz des Autors. Der Held ist Träger eigener Wahrheit, die keinem objektiven Urteil zu unterwerfen ist. Der Autor vermag die Wahrheit des Helden nur zum Vorschein zu bringen. Das geschieht, so Bachtin, »dialogisch« – nicht in einer fiktiven Gesprächssituation, sondern im übertragenen Sinne einer Konfrontation zwischen den zwei gleichberechtigten, strukturell gegensätzlichen Wahrheiten der Form und des Lebens. Diese ›Wahrheiten‹ sind keine abstrakten ›Instanzen‹, sie sind Aspekte personaler Identität, durch die allein sie aufeinander gerichtet, d. h. Perspektive sind. Der Held ist kraft der Wahrheit seines Lebens nicht bloßes Urteilsobjekt, er gewinnt aber auch nicht die Herrschaft über die Struktur des Kunstwerks. Diesen Aspekt entwickelt Bachtin näher in seinem Aufsatz *Avtor i geroj v estetičeskoj dejatel'nosti* (1979; *Autor und Held in der ästhetischen Aktivität*). – Über den Bezug auf Dostoevskijs Romankunst hinaus ist hier eine universale Forderung an die Prosa, ja an die literarische Kunst überhaupt, ausgesprochen. Zwischen Autor- und Heldenposition, oder grundsätzlicher, zwischen vergegenständlichendem Blick und erblicktem Menschen darf keine Hierarchie, kein Verhältnis der Herrschaft bestehen. Der Held muß, soviel Befangenheit an ihm auch zutage tritt, jedem ihn festlegenden Urteil durch sein Menschsein entzogen sein. Dostoevskij gelingt dies, so Bachtin, indem er alle möglichen Urteile über den Helden in dessen eigenes Bewußtsein aufnimmt. So kann der Autor über den Helden nichts sagen, was dieser von sich nicht schon weiß. Das bewahrt auch den vermeintlich ›negativen‹ Helden bei Dostoevskij vor einem äußeren, ihm objektiv gegenübertretenden Urteil. Nur der Held selbst kann mit seiner Idee auch sein an sie gekettetes Leben auslöschen. Den ›Dialog‹ des Autors mit dem Helden, in dem dieser seine Wahrheit offenbart, versucht Bachtin in Dostoevskijs Prosa deskriptiv zu erfassen. Er konzentriert sich dabei auf das Phänomen der Textinterferenz, d. h. auf die Überlagerung unterschiedlicher Wertakzente in ein- und derselben Aussage. Obwohl Bachtin gerade mit diesem stilistischen Teil seiner Monographie der neueren Narratologie die stärksten Impulse gegeben hat, läuft er Gefahr, durch ihn seinen eigenen poetologischen Ausgangspunkt in Frage zu stellen. Die von ihm beschriebenen Interferenzphänomene involvieren bei Dostoevskij nicht die ästhetisch sehende und künstlerisch gestaltende Autorinstanz, sondern den wie der Held lebensweltlich situierten und urteilenden Erzähler, der dem Helden nicht seine Wahrheit lassen, sondern in der Tat Herrschaft über ihn gewinnen will. Damit ist aber die Polyphonie- bzw. Dialogizitätsthese Bachtins nicht widerlegt. Es zeigt sich nur, daß das ästhetische Prinzip der Dialogizität auf der Ebene des Stils nicht zu erfassen ist. – Gleichwohl ist Dialogizität an Dostoevskijs Werk sichtbar zu machen, und zwar an der ›Idee‹ des Helden. Die Idee stiftet die Identität des Helden und stellt ihm einen Blickwinkel auf die Welt bereit. Zugleich ist sie Ideologie, sie determiniert den von ihr befangenen Helden. Einerseits steht die Idee immer unter subjektivem Vorbehalt, wird nie zur Wahrheit, andererseits verhindert ihre Bindung an Leben und Schicksal des Helden ihre totale Unwahrheit, denn ohne sie gäbe es den Dostoevskijschen Helden, den ›Menschen im Menschen‹ nicht. – Für die Neuauflage hat Bachtin seine Monographie um ein Kapitel erweitert. Darin versucht er, das zentrale Thema seiner Rabelais-Studien – die Umkehrung oder Aufhebung sozialer Normen und Verhaltensweisen durch die Gegenkultur bzw. die Ausnahmesituation des Karnevals – mit den ›Skandalen‹ in Dostoevskijs Romanen und der Mißachtung sozialer Schranken durch Dostoevskijs Helden zu verbinden. Was aber – zumindest aus der Sicht Bachtins – bei Rabelais als fröhliches Spiel und antiautoritäre Verspottung der Mächtigen erscheint, ist bei Dostoevskij aus der Verzweiflung des entwurzelten und sich darum an seine Idee klammernden, zu allem entschlossenen Helden geboren. Die in der überarbeiteten Version der Monographie verknüpften Konzepte von ›Dialogizität‹ und ›Karnevalismus‹ sind darum schwerlich miteinander zu vereinbaren.

Ausg.: Moskva 1963 (u. d. T. Problemy poëtiki Dostoevskogo). – Dt. Frankfurt/M. 1985. – *Lit.:* T. TODOROV, Bakhtine et l'altérité, in: Poétique 11 (1979), S. 502–13. – R. WELLEK, Bakhtin's view of Dostoevsky: ›Polyphony‹ and ›Carnivalesque‹, in: Dostoevsky Studies 1 (1980), S. 31–39. – W. SCHMID, Bachtins Dialogizität – eine Metapher, in:

Roman und Gesellschaft, Jena 1984, S. 70–77.

M. FREISE

Pro comoedia commovente
(lat.; *Abhandlung für das rührende Lustspiel*), Christian Fürchtegott GELLERT; EA Leipzig 1751; dt. Berlin 1754.

Gellert ist einer der Hauptrepräsentanten der Literatur der »Empfindsamkeit«, die sich in Deutschland ab 1740 entfaltete. In seiner programmatischen Schrift *Pro comoedia commovente* wendet er sich gegen die vernunftzentrierte Literaturdoktrin Gottscheds (→*Versuch einer Critischen Dichtkunst vor die Deutschen*). Unter wirkungsästhetischem Gesichtspunkt sollte die Literatur nach Gottsched zur Durchsetzung der moralischen Botschaft an die menschliche Vernunft appellieren. Bei Gellert hingegen soll das »Herz«, als Sitz moralischer Empfindungen, »gerührt« werden, um die Moralität zu befördern. – Für die Komödie, auf die er seine gattungstheoretischen Überlegungen konzentriert, hat das die Ablösung der satirischen Verlachkomödie durch die Rührkomödie zur Folge. Denn es geht ihm nicht mehr um die Schaffung von Distanz zwischen dem auf der Bühne als lächerlich dargestellten »unvernünftigen« Handeln von Charaktertypen und dem sich überlegen dünkenden Zuschauer, sondern um die empfindsame Identifikation mit den tugendhaften Vorbildgestalten des dramatischen Geschehens. Zu diesem Zweck wertet Gellert gegenüber der herkömmlichen Typenkomödie, die durch Abschreckung bessern will, den Darstellungsbereich der Komödie im Hinblick auf »einen ernsthaften, seiner Natur nach aber angenehmen Inhalt« auf. Am Beispiel der »zärtlichen Liebe«, die er von der »heroischen Liebe« der Tragödie abgrenzt, verdeutlicht er die darstellungs- und wirkungsästhetische Neuorientierung der Rührkomödie, die gleichsam das ›Niemandsland‹ zwischen den tradierten Formen von Komödie und Tragödie besetzt: Tugend- und Ernsthaftigkeit auf der Bühne, statt tragischem Scheitern ein glückliches Ende; Erbauung und Rührung im Parkett, statt Schrecken und Erschütterung gerührte Erleichterung. Gerade auf diese Rührung kommt es Gellert an, der ihr in Anlehnung an die »moral-sense«-Konzeption der schottischen Moralphilosophie eine moralische Qualität zuschreibt. So sollen die Rührkomödien »eine stärkere Empfindung der Menschlichkeit erregen, welche so gar mit Thränen, den Zeugen der Rührung, begleitet wird«. – Während Gellert im Hinblick auf den Gegenstandsbereich und die Wirkungsintention die Komödie an die Tragödie heranrückt, dabei aber die Gattungsgrenze nicht in Frage stellt, macht dann Lessing den entscheidenden Schritt hin zum »bürgerlichen Trauerspiel« – u. a. auch in Worten und Wendungen, die zuvor der von ihm ins Deutsche übersetzte Gellert in seiner Programmschrift benutzte. Bei Lessing (→*Briefwechsel über das Trauerspiel*) heißt es fünf Jahre später: »Und nur diese Thränen des Mitleids, und der sich fühlenden Menschlichkeit, sind die Absicht des Trauerspiels, oder es kann gar keine haben.«

Ausg.: Übers. von G. E. Lessing, in: Sämtliche Schriften, hg. von K. LACHMANN/F. MUNKER, Bd. 6, Stuttgart 1890, S. 32–49; auch in: C. F. Gellert, Die zärtlichen Schwestern, hg. von H. STEINMETZ, Stuttgart 1965, S. 117–37.
Lit.: W. HINCK, Das deutsche Lustspiel des

17. und 18. Jahrhunderts und die italienische Komödie. Commedia dell' Arte und Théâtre Italien, Stuttgart 1965, S. 190–95. – K. HAMMER, Dramaturgische Schriften des 18. Jahrhunderts, Berlin 1968, S. 112–26. – B. MARKWARDT, Geschichte der deutschen Poetik, Bd. 2, Berlin 1956, S. 152–61.

G. SASSE

Psychoanalytic Explorations in Art (engl.; *Psychoanalytische Untersuchungen zur Kunst*), Ernst KRIS, entst. 1932–51; EA New York 1952; dt. u. d. T. *Die ästhetische Illusion. Phänomene der Kunst in der Sicht der Psychoanalyse*, Frankfurt/M. 1977 (Ausw.).

Im Zentrum der Studien stehen Analysen künstlerischer und kreativer Phänomene. Freuds Ausführungen (besonders in *Der Witz und seine Beziehung zum Unbewußten*, 1905) über den »Lustmechanismus und die Psychogenese des Witzes« folgend – das Witzige manifestiert sich danach als plötzliche Aufhebung von Hemmungsaufwand im Hörer –, korreliert Kris Stilphänomene mit Abfuhrprozessen psychischer Energie. Freuds Interesse an Motivation und Dynamik verlagert sich bei Kris auf Vorgänge der Steuerung, Verteilung, Verschiebung und Umwandlung von psychischer Energie. – Mit seiner berühmten Formel von der »Regression im Dienste des Ich« entpathologisiert Kris das Regressionskonzept und spricht dem Ich die Fähigkeit zu, durch willentliche, partielle und vorübergehende Suspendierung kognitiver Steuerungs- und Kontrollmechanismen Zugang zu früheren Funktionsweisen der Denk- und Wahrnehmungsvorgänge, zu Primärprozessen und frühen Es-nahen Phantasien, zu gewinnen. Von hier bestimmen sich auch die Formen künstlerischer Produktivität. Kris bezeichnet den Schaffensakt wie den Akt der Kunstrezeption wortspielerisch als »re-creation«. Er kennzeichnet so das Lustmoment wie auch die Destruktion, die jeder Kreation vorausgehen. Im Gegensatz zur – triebpsychologisch bestimmten – Lust an der imaginierten Erfüllung unbefriedigter Wünsche entspringt re-kreative Lust der kontrollierenden und integrierenden Fähigkeit des Ich, ist Funktions-, Bemeisterungs-, Bemächtigungslust: der Künstler imitiert nicht, sondern »er kontrolliert die Welt durch sein Werk«. Hinsichtlich der Witz-Rezeption hatte schon Freud argumentiert: »Wenn wir unseren seelischen Apparat gerade nicht zur Erfüllung einer der unentbehrlichen Befriedigungen brauchen, lassen wir ihn selbst auf Lust arbeiten, suchen wir Lust aus seiner eigenen Tätigkeit zu ziehen.« Hier setzt Kris' Umdeutung der Aristotelischen Katharsis (→*Peri poietikes*) an. In der sicherheitstiftenden ästhetischen Illusionierung, in der sich die Kommunikation zwischen Autor und Publikum vollendet, kommt es als Folge differenzierter Distanzierungsstrategien und -reaktionen zum Alternieren bzw. Oszillieren zwischen verschiedenen Ich-Zuständen und entsprechenden Energieabfuhrprozessen beim Zuschauer. Dies erfährt er als lustvoll und als Gewinn von Ich-Herrschaft. Als »co-creator« partizipiert er am Autor, betätigt aber in funktionaler Regression sein eigenes re-kreatives Vermögen. Als Instrumentarien solcher Wirkstrategien sieht Kris Symbol und Metapher. Deren Mehrdeutigkeit erscheint autorseitig als »Überdetermination« – vielfältige individuelle und kulturelle Bedeutungen werden verdichtet –, hinsichtlich des Lesers aber als Potential, als Stimulus, um auf unterschiedlichen psychischen Ebenen reagieren zu können, in Prozessen, die denen im Autor ähneln, sie aber keinesfalls reproduzieren. Von hier aus ließe sich Kris' Ansatz in Richtung auf offene Textstrukturen und die dekonstruktivistische Interpretation weiterdenken. Wie die Metapher bildlich verfahrende Primärvorgänge aktiviert, ruft die Malerei tendenziell kinästhetische Körperreaktionen hervor: ein Vorgriff auf das Phänomen von »body empathy«. Trotz mancher Kritik, u. a. an der pejorativen Begriffsbildung, hat Kris' Regressionskonzept die Diskussion kreativer – auch therapeutischer und entwicklungspsychologischer – Prozesse außerordentlich gefördert. Kris' Grenzen sind bedingt durch die Ich-Psychologie, die Bevorzugung eines klassischen Kunstideals (Kant, Schiller, Goethe, Coleridge) und die Ausrichtung am Literaturbegriff des ›New Criticism‹ (z. B. hinsichtlich der Bestimmungen der Ich-Instanz mit Begriffen wie Autonomie, Integration, Kohärenz, Synthese). Kris' Befunde müßten heute in Orientierung an den Erkenntnissen der Selbstpsychologie und vor allem der Objektbeziehungstheorie wesentlich modifiziert werden. Diese haben den Schaffensprozeß in Begriffen von Objektverlust bzw. -zerstörung, Trauerarbeit, Wiederherstellung (von primärem Objekt und der mit ihm erlebten Einheit) beschrieben und die Gegenständlichkeit des Werkes betont: es kann feed-back-gesteuerte Erkenntnis- und Integrationsprozesse einleiten oder als »Selbstobjekt« reparativ ein Stück fehlender psychischer Struktur ersetzen, den Schaffenden sich als »heil« erleben lassen.

Lit.: G. BENEDETTI, Psychiatrische Aspekte des Schöpferischen und schöpferische Aspekte der Psychiatrie, Göttingen 1975. – R. KUHNS, Psychoanalytische Theorie der Kunst, Frankfurt/M. 1986. – W. SCHÖNAU, Einführung in die psychoanalytische Literaturwissenschaft, Stuttgart 1991.

A. LANGE-KIRCHHEIM

The Pursuit of Signs: Semiotics Literature, Deconstruction (engl.; *Auf der Fährte des Zeichens: Semiotik, Literatur, Dekonstruktion*), Jonathan CULLER; EA Ithaca/N. Y. 1981.

Im Sinne der Semiotik versteht Culler Literaturtheorie als Erforschung der »Konventionen, die Bedeutung möglich machen«, spezifischer, der Regeln und Codes, auf denen die literarische Kommunikation gründet. Theorie ist deshalb streng von der Interpretation wie auch der interpretationsorientierten Methode zu unterscheiden. Zwischen *Structuralist Poetics* (1975; *Strukturalistische Poetik*) und *On Deconstruction* (1982; *Dekonstruktion*) angesiedelt, umreißt *The Pursuit of Signs* das Spektrum der Möglichkeiten und, in Auseinandersetzung mit der Dekonstruktion, die Grenzen einer Literatursemiotik. – Die anglo-amerikanische Literaturkritik war seit dem ›New Criticism‹ auf die Interpretation von, wie angenommen wurde, »autonomen Werken« fixiert. Die Semiotik dagegen faßt in der Nachfolge Saussures und Lévi-Strauss' »unsere soziale und kulturelle Welt als eine Serie von Zeichensystemen, Sprachen vergleichbar« auf. Die Literatur ist Culler zufolge unter diesen das »komplexeste Zeichensystem«. Sie wird als Institution, als Diskursmodus verstanden. Gegenstand einer Theorie der Literatur ist die Untersuchung der Bedeutungskonstitution und -vermittlung literarischer Strukturen. Dies betrifft sowohl das Phänomen der Intertextualität, worunter die unhintergehbare Verwobenheit eines jeden Textes mit dem diskursiven Raum einer gegebenen Kultur gefaßt wird, wie auch die »formalen Operationen« und kulturell determinierten Konventionen, die jede Lektüre und Interpretation steuern. Culler zeichnet deren Konturen in Auseinandersetzung mit den leserorientierten Entwürfen Riffaterres (→*Essais de stylistique structurale*), Fishs (→*Is there a Text in this Class?*), Jauß' (→*Ästhetische Erfahrung und literarische Hermeneutik*) und Blooms (→*The Anxiety of Influence*) Theorie des poetischen Einflusses nach. Die dekonstruktionistischen Lektüren Derridas und de Mans erweisen binäre Oppositionen, auf denen der Semiotik zufolge Bedeutung als Differenz gründet, als produziert. Kategoriale Hierarchieverhältnisse sind umkehrbar, Bedeutungsrelationen damit instabil. Culler weist dies anhand der »Aporie von Struktur und Ereignis« nach, die er am Verhältnis von Metapher und Metonymie sowie von Geschichte und Diskurs zeigt. Damit sind gleichzeitig die beiden Bereiche markiert, deren formale Strukturen auch über diskursive Ordnungen außerhalb der Literatur Aufschluß geben können: die Rhetorik und die Narrativik. Weil die Dekonstruktion bedeutungskonstitutiver Oppositionen diese immer noch voraussetzt, wird die Semiotik hierdurch keineswegs entwertet. Vielmehr handelt es sich um komplementäre Aktivitäten. – *The Pursuit of Signs* versteht sich sowohl als Darstellung des Spektrums einer Literatursemiotik wie auch als Auseinandersetzung mit wesentlichen literaturtheoretischen Entwürfen der Gegenwart.

Lit.: P. CHILTON, Autonomy and Paradox in Literary Theory, in: Journal of Literary Semantics 12, 1 (1983), S. 73–91.

U. REICHARDT

Qu'est-ce que la littérature?

(frz.; *Was ist Literatur?*), Jean-Paul SARTRE; ED Paris 1947 (in: Les Temps modernes); dt. Hamburg 1950.

Sartres Forderung, der Schriftsteller habe Verantwortung für seine Zeit zu übernehmen, wurde von Kritikern als Votum für Tendenzliteratur abgelehnt. Sartre wendet sich gegen diesen Vorwurf mit *Qu'est-ce que la littérature?* und legt dort sein differenziertes Verständnis von Literatur dar. Er geht dabei von drei Fragen aus: »Was ist Schreiben?«, »Warum schreibt man?« und »Für wen schreibt man?« Ausgangspunkt ist eine strenge Trennung von Poesie und Prosa. In der Dichtung wie in der Musik, der Malerei, der Plastik werden die Worte zu Dingen, die auf sich selber verweisen und hören auf, Zeichen oder Instrumente zu sein. Dichtung und vor allem moderne Dichtung bedeutet Scheitern der Kommunikation. Ihre Aufgabe ist es, das Scheitern »aufzuheben«, das in früheren Gesellschaften verdrängt wurde. Die Prosa dagegen hat keine autonome, sondern eine dienende Funktion. Der Prosaschriftsteller enthüllt durch sein Wort die Welt. Das Enthüllen ist eine Form sekundären Handelns, durch das der Schriftsteller die Welt verändern will. Darin liegt der engagierte Charakter seines Schreibens. Engagiertes Schreiben ist nicht bloß eine Sache von Inhalten. Für Sartre fordern neue Themen auch neue Formen, neue Techniken, eine neue Sprache heraus. Die Frage nach den Gründen des Schreibens geht von der Idee der Kontingenz aus. Der Mensch empfindet sich in der realen Welt als nicht notwendig. Er schafft darum im Kunstwerk eine neue, eigene Welt, der gegenüber er sich als notwendig fühlt. Der Autor findet jedoch im Werk immer wieder nur sich selber. Das Werk hat so nie den Status eines Objekts (wie ein Gegenstand, den der Handwerker schafft). Zum Objekt wird das Kunstwerk erst durch die Lektüre. »Nur die vereinte Anstrengung von Autor und Leser vermag jenes konkrete und imaginäre Objekt, das das Werk des Geistes ist, hervorzubringen. Es gibt Kunst nur für und durch den andern.« Schreiben ist damit ein Appell an die Freiheit des Lesers, den fiktionalen Gestalten sein Leben zu leihen. Der Freiheit des Schaffenden entspricht die Freiheit des Lesers, welche die Freiheit aller mitbegreift. Die Kunst der Prosa ist somit solidarisch mit dem einzigen politischen Regime, das die Freiheit garantiert: der Demokratie. Die Betonung der zentralen Rolle des Lesers führt unmittelbar zur Frage »Für wen schreibt man?« Alle Werke enthalten für Sartre auch das Bild des Lesers, an den sie sich richten. Sie sind nicht durch das Ursprungsmilieu des Schriftstellers determiniert, sondern auch durch die Erwartungen des Publikums, genauer, der unterdrückten Klasse, bestimmt. In deren Sinne soll Literatur die bestehende Ordnung durch Enthüllen verändern. Dadurch erhält sie ihre volle Freiheit (»Essenz«) und wird zur »Subjekti-

vität einer Gesellschaft in permanenter Revolution«. Ein letzter Abschnitt gilt der Analyse der »Situation des Schriftstellers im Jahre 1947«. Verschärft hat sich der Zwiespalt zwischen dem Mythos einer Literatur, die sich von historischen Bedingungen frei fühlt, und dem massiven Einbruch der Geschichte durch den Zweiten Weltkrieg. Auf ihre eigene Geschichtlichkeit verwiesen, haben die Schriftsteller keine andere Aufgabe, als eine Literatur der extremen Situationen zu schaffen, die nicht eine Welt zum Betrachten, sondern zum Verändern darstellt.

Ausg.: Paris 1985. – Dt. Reinbek 1986.
Lit.: B. SUHL, Sartre, un philosophe critique littéraire, Paris 1971. – M. SICARD, La critique littéraire de Sartre, Paris ²1980.

J. JURT

Qu'est-ce qu'un auteur? (frz.; *Was ist ein Autor?*), – **Introduction aux Dialogues de Rousseau** (frz.; *Vorwort zu den ›Dialogues‹ von Rousseau*), – **Un si cruel savoir** (frz.; *Ein so grausames Wissen*), – **Préface à la transgression** (frz.; *Zum Begriff der Übertretung*), – **Le langage à l'infini** (frz.; *Das unendliche Sprechen*), – **La prose d'Actéon** (frz.; *Aktaions Prosa*), – **La folie, l'absence d'œuvre** (frz.; *Der Wahnsinn, das abwesende Werk*), – **La pensée du dehors** (frz.; *Das Denken des Draußen*), – **Un ›fantastique‹ de bibliothèque** (frz.; *Eine ›phantastische‹ Bibliothek*), Michel FOUCAULT; ED 1962–69; dt. u. d. T. *Schriften zur Literatur,* München 1974.

Foucault knüpft in seinen Schriften an die strukturalistische Auflösung des anthropologisch-humanistischen Denkens an, die den Menschen in einem formalen Regelnetz bestimmt. Der entzauberte Mensch erweist sich als Ergebnis eines Strukturensembles, nicht als souveränes Subjekt. Foucault geht von der Erfahrung aus, daß wahrheitsstiftende Reden ihre eigene Materialität verdrängen. Deshalb entwickelt er eine Teil-Methodologie. Sie klammert das denkende Ich ein und blendet die Repräsentationen aus, um die diskursive Technik der Reden erscheinen zu lassen. – Indem Foucault die Effekte der Sprechakte im Realen als Geschichte rekonstruiert, verläßt er nicht das Netz der Reden, die er beschreibt. Dabei erweist sich die diskursive Praxis als so äußerlich und oberflächlich, daß sie vom Niveau der Wörter, Sachen und Subjekte aus gar nicht wahrgenommen werden kann. Die Diskurseffekte, deren anonymer Gewalt sich kein Sprecher entziehen kann, spiegeln sich in Formeln wie »Es gibt«, »Man sagt«, »Es ist bekannt, daß«, usw. Foucaults Diskursanalyse erforscht das Funktionieren von Texten und Reden deshalb um so eindringlicher, je entschlossener sie Sinn und Bedeutung ignoriert. Es geht Foucault nicht um das ›Was‹ eines Wissens, sondern um das ›Daß‹ seiner Reden, die Diskurstatsachen: Wer spricht von wo aus? Welche Institutionen bringen zum Sprechen und archivieren das Gesagte? Seit dem 17. Jh. gilt jede Sprache als Diskurs, weil das Sein der Sprache völlig in der Repräsentation aufgelöst worden ist. Das Cartesische »Cogito ergo sum« (»Ich denke, also bin ich«) verknüpft die Repräsentation und das Sein durch einen Diskurs, der Sprache als Repräsentation bestimmt. Seit dem 19. Jh. erscheint nun ein Gegendiskurs, der das in der Klassik vergessene rohe Sein

der Sprache erneut hervortreten läßt: Es ist die Literatur. Ihre Geschichte stellt Foucault als Entfaltung des Paradoxons eines nichtdiskursiven Diskurses dar. Das Sein der Sprache und das Sein des Menschen schließen sich aus. Deshalb stellt Foucault dem Menschen, unterwegs zur Sprache, die Prognose eines Rückgangs in eine heitere Nichtexistenz. Vor diesem Hintergrund wird verständlich, was Foucaults Literaturtheorie der Borges-Lektüre verdankt. Borges schreibt monströse Taxonomien auf und läßt das Denkunmögliche am Nicht-Ort der Sprache zum literarischen Ereignis werden. Dieses ermöglicht die Erfahrung der Grenze des Diskurses in der Überschreitung seiner Formationsregeln. Eben dies meint Foucaults Literaturbegriff. Literatur bestimmt er als Übertretung. Sie setzt dem ›Ich denke‹ der Neuzeit ihr ›Ich spreche‹ entgegen. Dieses verweist nicht auf Diskurs, Kommunikation oder Sinn, sondern zeigt eine Zerstreuung des Subjekts in der Äußerlichkeit der Rede an. Literatur ist unterwegs zur nackten Erfahrung des Sprechens. Schreiben ist demnach nicht Ausdruck eines Innern, sondern Entfaltung seiner Äußerlichkeit; man könnte von einer nicht innerlichen Selbstbezüglichkeit sprechen. Literatur emergiert als Signifikantenspiel im leer gewordenen Raum des ausgelösten Autors. – Foucault rekonstruiert Literatur im Raum der ›Bibliothek‹, d. h. nicht als Gestaltung des Wortes, sondern als Wiederholung der Bücher. Die Bibliothek erweist sich damit als Raum der Verdoppelung jenseits von Zeichen und Menschen. Deshalb kann es nur eine Formalontologie der Literatur geben; sie hat keine

Aussage oder Bedeutung, sondern ein Sein. Das literarisch Imaginäre wird unter diesen Voraussetzungen allein aus der Geduld des Wissens geboren, und die Phantasmen des Fiktiven sind nichts als umgeschriebene Dokumente. Das Monströse der modernen Phantasie entsteht zwischen dem Schwarz und Weiß des Gedruckten. Foucault spricht hier sehr prägnant vom »fantastique de bibliothèque«. Literatur ist Bibliotheksphantasie und Lesetraum – als ob die Texte der Bibliotheken Traumarbeit leisteten. Mit anderen Worten: Literatur ist konstitutiv auf das deponierte Wissen von Archiven bezogen.

Ausg.: Dt. Frankfurt/M. ²1991.
Lit.: F. KITTLER, Aufschreibesysteme 1800/1900, München 1985. – N. BOLZ, Stop Making Sense, Würzburg 1989.

                 N. BOLZ

Qu'est-ce qu'un classique?

(frz.; *Was ist ein Klassiker?*), Charles-Augustin de **SAINTE-BEUVE**; ED 1850 (in: Le Constitutionnel); dt. Leipzig 1938 (in: Der Französische Geist, hg. von G. R. Hocke).

Der kaum zwanzigseitige Artikel ist eine Art Fazit des berühmten Kritikers, der durch historische und aktuelle Literaturkritik in der Form des »literarischen Porträts« seit 1831 hervorgetreten ist. Im Rückblick bietet der Gegenstand zugleich Anlaß, die Klassik-Romantik-Debatte für abgeschlossen zu erklären und nach den unruhigen 40er Jahren das von Altersweisheit geprägte Bild eines Nebeneinanders der großen Geister zu entwerfen. – Die Frage nach dem ›Klassischen‹ an sich ist für den Kritiker nur vor dem Hintergrund individueller und politischer Beruhigung zu stellen und

spiegelt daher das geistige Klima nach der gescheiterten Zweiten Republik von 1848 wider. Der einleitende knappe Überblick über Begriffs- und Definitionsgeschichte benützt die wechselnden historischen Gewichtungen, um mit dem nationalen Problem des »klassischen Zeitalters« auch den Begriff der Vorbildhaftigkeit zu relativieren. An Stelle eines (Schreib-)›Rezepts‹ für Klassiker bestimmt Sainte-Beuve den Klassiker als einen »Autor, der zum geistigen Reichtum der Menschheit beigetragen hat, in einer Form, die nur großzügig und weit, edel und gebändigt, gesund und in sich schön sein soll«. Die Formel, die sich nicht zufällig auf Goethe und seine Ablehnung des »krankhaft« ›Romantischen‹ beruft, verbindet den modernen Begriff der Innovation mit dem Bemühen um ›klassisches‹ Maß und Allgemeingültigkeit, ohne die je individuelle Freiheit zu beschneiden. Sie ist daher ebenso eine Absage an den engen französischen Klassikbegriff wie an exzessiv romantische und formsprengende Tendenzen. Ein Klassiker ist, wie der Autor selbst, ein Schriftsteller oder Dichter, der durch eine revolutionäre Phase gegangen sein kann, aber danach das Gleichgewicht von »Ordnung« und »Schönheit« wiedergefunden hat. Die Definition zielt aber auch auf eine Enthierarchisierung des Kanons und die Aufwertung einer gepflegten mittleren Stillage, die durch die Berufung auf die großen Genies (Homer, Dante, Shakespeare u. a.) leicht abgewertet werden könnte. Gemeint ist wohl vor allem die moralistische Tradition, und die implizite Definition würde lauten: Ein Klassiker ist ein Autor, mit dem man durchs Leben gehen kann. Zwischen historischem Relativismus und ängstlichem Traditionalismus plädiert Sainte-Beuve daher abschließend für ein – offenes – »Pantheon aller edlen Menschen«, in dem Geschichte als Summe des Geistigen aufgehoben ist und das auch die außereuropäische Tradition einschließt. Das Goethesche Ideal der »Weltliteratur« gewinnt so in einer Weise Gestalt, die an die Ästhetik der Weltausstellungen erinnert und bereits auf das Ideal eines synchronen »musée imaginaire« bei A. Malraux vorausdeutet.

Ausg.: Œuvres, Bd. 1, hg. von M. LEROY, Paris 1949.
Lit.: P. MOREAU, La critique selon Sainte-Beuve, Paris 1964. – R. FAYOLLE, Sainte-Beuve et le 18e siècle ou comment les révolutions arrivent, Paris 1972. – R. MOLHO, L'ordre et les ténèbres ou la naissance d'un mythe du XVIIème siècle chez Sainte-Beuve, Paris 1972.

F. WOLFZETTEL

The Quintessence of Ibsenism

(engl.; *Die Quintessenz des Ibsenismus*), George Bernard SHAW; EA London 1891; dt. Berlin 1908.
In der Abhandlung kritisiert Shaw die in moralischen Dogmen erstarrte Gesellschaft sowie die lebensferne, von den drückenden sozialen Mißständen unberührte Gebrauchsdramatik, wie sie die englische Bühne im 19. Jh. beherrschte. Die Umsetzung der Sozialkritik in eine innovative Dramenform, für die das Vorbild Ibsen reklamiert wird, findet sich im Essay in einer programmatischen Form verdichtet, die für Shaws gesamtes dramatisches Schaffen kennzeichnend ist. – Shaws Argumentation geht aus von der Forderung nach individuellem Ungehorsam gegenüber gesellschaftlichen Institutionen. Die Weigerung zur Pflichterfüllung wird zur wichtigsten Triebfeder für Fortschritt und gesellschaftliche Erneuerung, indem Moralgesetze nicht als statisch begriffen, sondern durch einen auf die Kraft des Willens gestützten Ungehorsam im Prozeß kontinuierlichen Wandels entdogmatisiert werden. Daher wendet sich Shaw erbittert gegen jeglichen Idealismus, der den herrschenden Moralkodex durch ein System falscher Abstraktionen ›idealistisch‹ rechtfertigt, und fordert einen auf die intellektuelle Willenskraft gestützten Realismus. In Ibsen erkennt Shaw keinen Sozialisten, aber die Bühnenwerke liefern das dramatische Modell, mit dem der Irrglaube an eine absolute Moral durch die Dynamik der Handlungsentwicklung als trügerisch und zerstörerisch entlarvt werden kann. Shaw geht es daher auch nicht um eine literaturkritische Würdigung der Komplexität von Ibsens Dramen, sondern um die Quintessenz des Ibsenismus. Diese reduziert er nach den kursorischen Einzelanalysen der Dramen auf die Formel, daß die wahre Sklaverei in der Unterwerfung unter Tugendideale besteht und die Ketten der Versklavung in Ibsens Dramen durch den individuellen Willen gesprengt werden. Die Erkenntnis der grundsätzlichen Relativität von Moral weitet Shaw jedoch über den Bereich individueller Entscheidungsgewalt aus und stellt das in Ibsens Dramen enthaltene Konfliktpotential in seinen gesamtgesellschaftlichen Bezugsrahmen. Schon in *Widowers' Houses* (1893; *Die Häuser des Herrn Sartorius*) kündigt sich die in *The Quintessence* theoretisch diskutierte Form des neuen, intellektuell anspruchsvollen Gesellschaftsdramas an, mit dem Shaw

dem englischen Drama und Theater den Weg in die Moderne weist. Die kontroverse Rezeption des Essays, in dem sich Ibsen selbst fehlgedeutet sah, führte zu den unzutreffenden Vorwürfen einer absichtlichen Verfälschung der Dramen sowie einer gewaltsamen Vereinnahmung Ibsens für die sozialistische Ideologie.

Ausg.: Works, Standard Edition, Bd. 19, London 1951.
Lit.: D. C. GEROULD, George Bernard Shaw's Criticism of Ibsen, in: Comparative Literature 15 (1963), S. 130–45. – G. B. Shaw, hg. von K. OTTEN/G. ROHMANN, Darmstadt 1978. – Shaw and Ibsen, hg. von J. L. WISENTHAL, Toronto 1979.

J. KAMM

Racine et Shakspeare (frz.; *Racine und Shakespeare*), STENDHAL (d.i. Henri Beyle); EA Paris 1823 (Teil 1), 1825 (Teil 2); dt. Berlin 1980/1982.
In der literaturtheoretischen Kontroverse zwischen Klassizisten und Romantikern, in deren Mittelpunkt als die klassische Gattung das Theater stand, wurden Racine und Shakespeare schon früh zu Symbolgestalten der konkurrierenden literarischen Konzepte. Mit seinen beiden programmatischen Streitschriften bezieht Stendhal – wenngleich auf Seiten der antiklassizistischen Neuerer stehend – eine sehr eigenständige Position. Seine Definition der Romantik versteht diese nicht als ›Genre‹ oder (wie V. Hugo 1827 in seiner *Préface de Cromwell*) als Epoche, sondern als transhistorische Kategorie: »Romantik ist das, was unserer Zeit entspricht«. Dieses Aktualitätspostulat gesteht dem Kunstwerk nur eine je historisch bedingte, momentane Gültigkeit zu. Denn entsprechend der historischen Entwicklung von Struktur und Normen der Gesellschaft muß auch ›romantische Kunst‹ sich verändern. – Vor diesem Hintergrund polemisiert Stendhal weniger gegen die französischen Klassiker selbst, die »Romantiker ihrer Zeit« gewesen seien. Seine Kritik richtet sich vielmehr gegen die Klassizisten, deren Nachahmung der Klassiker – gemäß dem Prinzip der ›imitatio auctorum‹ – nur unzeitgemäße, blasse Kopien hervorbringe. Das Paradigma formaler Perfektion, das der normativen Regelpoetik des klassischen Theaters zugrunde liegt, wird abgelöst durch jenes der ›kreativen Originalität‹ des ›romantischen Künstlers‹, für den Stendhal die Freiheit von jedem Regelzwang postuliert. Stendhals Forderung, das Theater müsse die Realität vollkommen abbilden, bedingt zudem ein anderes Mimesis-Konzept als in der klassischen Poetik. Für die Tragödie bedeutet dies inhaltlich eine Abkehr von mythologischen, antiken oder biblischen Stoffen zugunsten raum-zeitlich näherliegender, nationaler Themen; vor allem aber die Abwendung von den drei Einheiten (Ort, Zeit und Handlung), die der »Wahrscheinlichkeit« des Dargestellten nach Stendhal nur entgegenstehen. Auf sprachlich-formaler Ebene wendet sich Stendhal gegen Verssprache und ornamentale Rhetorik. ›Natürlichkeit‹ und ›Authentizität‹ des »romantischen Theaters« unterscheiden sich also fundamental von der idealisierenden ›imitatio naturae‹ des klassischen Theaters. Gemäß dessen Rezeptionsästhetik wahrt der Zuschauer – trotz seiner inneren Teilnahme – eine Distanz zum Dargestellten, die es ihm erlaubt, zugleich auch die Kunst der Komposition, der Sprache und der Darstellung des Werkes wahr-

zunehmen und sich an ihr zu erfreuen. Gerade diese Dualität des Bewußtseins verhindert jedoch für Stendhal das eigentliche »dramatische Vergnügen« des Zuschauers, das er in der emotionalen Bewegtheit ausmacht. Denn diese ergibt sich allein aus der »vollkommenen Illusion«, die das »romantische Theater« in seinen gelungensten Momenten vermitteln soll. Zu diesem Zweck muß sich die sprachliche Kunst – die somit jeden Eigenwert verliert – der dramatischen Wirkung so weit unterordnen, daß sie dem Zuschauer nicht mehr bewußt wird, damit sich dessen Aufmerksamkeit ganz auf das Geschehen konzentriert. – Stendhals »romantisches Theater« ist ein programmatisches Konzept, das sich 1825 auf keinerlei konkrete Beispiele in der französischen Literatur stützen kann. Aber auch jene französischen Romantiker, die bald darauf ihre ersten dramatischen Werke schaffen, haben mit Stendhal und seinen Vorstellungen wenig gemein. In der Sonderstellung, die Stendhal somit unter den französischen Romantikern einnimmt, kündigt sich bereits die spätere Distanzierung von diesen und seine Wendung zum Realismus an.

Ausg.: Hg. von R. Fayolle, Paris 1970.
Lit.: M. Crouzet, A propos de »Racine et Shakespeare«: tradition, réforme, et révolution dans le romantisme, in: Nineteenth-Century French Studies 12 (1983/84), S. 1–35.

C. van Treeck

Réflexions critiques sur la poésie et la peinture (frz.; *Kritische Überlegungen über Dichtung und Malerei*), Jean-Baptiste Du Bos; EA (anonym) Paris 1719; dt. Kopenhagen 1760/61 (3 Bde.).

Du Bos stellt als einer der ersten die Frage nach der ästhetischen Erfahrung. Danach ist die Emotion – und nicht die (rationalistische) Regelkonformität – das entscheidende Ziel der Kunst. Mit dieser an der Erfahrung orientierten Psychologie des Erkenntnisvorgangs wendet sich Du Bos gegen die rationalistische Erkenntnistheorie Descartes. Das im Rezeptionsvorgang hervorgerufene ästhetische Vergnügen besteht darin, daß es durch das fiktionale Geschehen zwar Leidenschaften weckt, uns aber deren mögliche Folgen erspart. Die Intensität der Wirkung ist zudem ein Gradmesser für den künstlerischen Rang des Werkes. Die Ratio hat in diesem wirkungsästhetischen Konzept nur die Aufgabe, die Präsenz oder das Ausbleiben des ästhetischen Vergnügens zu erklären. – Auf der Grundlage dieser Prinzipien vergleicht Du Bos die Kunstformen Dichtung und Malerei. Bedeutsam ist in diesem Zusammenhang seine zukunftsweisende Reflexion über die unterschiedliche ›Natur‹ der in den jeweiligen Medien eingesetzten Zeichen. Den ›natürlichen‹ Zeichen der Malerei eignet eine unmittelbarere Evidenz und damit eine stärkere emotionale Wirkkraft als den künstlichen Zeichen des literarischen Textes. Die Unmittelbarkeit der Wirkung des plastischen Kunstwerks beruht darüber hinaus auch auf der Art der Wahrnehmung, die visueller Natur ist: »Das Auge ist der Seele näher als das Ohr«. Die Malerei vermag bloß den Augenblick wiederzugeben, die Literatur dagegen eine Handlungsabfolge. Dank ihres sukzessiven Charakters kann die Dichtung Gesagtes nuancieren, vervollständigen und korrigieren, während die Malerei lediglich einen Zug eines Charakters festhalten kann. Durch den notwendig sukzessiven Charakter der Dichtung sowie durch die Vermitteltheit ihrer Zeichen wird sie allerdings um die unmittelbare Wirkung gebracht, die das Bild aufgrund seines simultanen Charakters hervorruft. Gegenüber der Malerei kann die Sprache jedoch auch die nicht sichtbaren psychischen Vorgänge übersetzen. – Wenn Du Bos die Spezifität der beiden Medien zu bestimmen sucht, so ist doch der literarische Ursprung seiner Argumentation offensichtlich. Er hält an einer Hierarchie der Sujets fest und sieht im Sinne von Aristoteles im menschlichen Handeln und im Ausdruck der Leidenschaft das nobelste Thema, selbst wenn diese Themenhierarchie wirkungsästhetisch begründet wird. Mit diesen der Klassik verpflichteten Kategorien vermochte Du Bos die Malerei seiner Zeit, v. a. diejenige Watteaus, die immer mehr auch familiäre Themen, Landschaften und Stilleben vorzog, nicht angemessen zu erfassen. Seine gefühlsästhetischen Überlegungen haben u. a. J. J. Breitinger (→*Critische Dichtkunst*), J. J. Bodmer (→*Critische Abhandlung von dem Wunderbaren in der Poesie und dessen Verbindung mit dem Wahrscheinlichen*), J. G. Sulzer (→*Allgemeine Theorie der schönen Künste*) und (vermutlich) G. E. Lessing (→*Laokoon*) beeinflußt.

Ausg.: Genf 1967 (Repr.).
Lit.: A. LOMBARD, L'Abbé Du Bos – un initiateur de la pensée moderne, Paris 1913. – E. CARAMASCHI, Arte critica nella concezione dell'abbate Du Bos, in: Rivista di letterature moderne e comparate 12 (1959), S. 101–18; 13 (1960), S. 248–70. – B. MUNTANEO, Un rhéteur esthéticien. L'Abbé Du Bos, in: ders., Constantes dialectiques en littérature et en histoire,

Problèmes, recherches, perspectives, Paris 1967.

J. JURT

Réflexions sur la Grammaire, la Rhétorique, la Poétique et l'Histoire ou Mémoire sur les Travaux de l'Académie françoise (frz.; *Überlegungen zur Grammatik, Rhetorik, Poetik und Geschichte oder Denkschrift über die Arbeiten der Académie Française*), François de Salignac de la Mothe FÉNELON; ED Paris 1716; dt. Leipzig [3]1741 (in: J. Ch. Gottsched, Sterbender Cato; Teilübers.) und 1746 (in: J. Ch. Gottsched, Die Deutsche Schaubühne, 1; Teilübers.).

Als 1713 alle Mitglieder der Académie française Stellung zu der Frage nehmen mußten, was nach der Drucklegung des *Wörterbuchs* zu tun sei, antwortete Fénelon mit seinem in der Sitzung vom 26.5.1714 verlesenen Brief an die Akademie (*Lettre à l'Académie*), der 1716 postum überarbeitet mit obigem Titel veröffentlicht wurde. Der Brief behandelt zehn Punkte: die Vollendung des Wörterbuchs und die Ausarbeitung einer Grammatik als Bezugspunkte künftiger Spracharbeit; die Bereicherung der Sprache mit Kritik an den Sprachpuristen (um der Wirklichkeit in ihrer Mannigfaltigkeit auch sprachlich Rechnung zu tragen); eine auf Demosthenes, Pseudo-Longinos und Augustinus fußende Rhetorik; eine die strenge französische Verslehre kritisierende, Geschmack über Regeln stellende Poetik, aus der eine Dramaturgie der Tragödie und der Komödie in je einem Kapitel abgeleitet werden; Überlegungen zur Geschichtsschreibung; Vorschläge für eine effektive Arbeit der Akademie auf den genannten Gebieten und eine konziliante Stellungnahme zum Streit zwischen den »Anciens« und »Modernes« (der sich um die Frage drehte, ob das Zeitalter Ludwigs XIV. der antiken Kunst ebenbürtig sei oder hinter ihr zurückstehe). – Fénelon zieht den durch Boileau vermittelten Pseudo-Longinos dem Sprachbegriff, der Rhetorik und der Poetik von Aristoteles (→*Peri poetikes*) vor. Das – in der griechischen Antike und in der Bibel vorbildlich vorhandene – Einfache und Natürliche verlangt danach die Einheit von Ästhetik und Ethik. Unmittelbarkeit der Darstellung und Echtheit des Empfindens sprechen gegen das Verspielte höfischer Literatur, die Pointen des »Konzeptismus« (Gracián, Quevedo), die Künstlichkeit des Botenberichts in Racines *Phèdre* (1677), die Galanterie in der Tragödie, Schwächen in Sprache und Charakterzeichnung des ansonsten über die Antike gestellten Molière. Fénelons Begriff des »Erhabenen« geht soziologisch aus der weltmännischen Verachtung für alles Gewollte oder Gelehrte, geistesgeschichtlich aus einer humanistischen Gleichsetzung von idealer Natur und antiker Kultur, historisch aus der Nostalgie zu einem mit dem Archaischen gleichgesetzten Naiven oder urwüchsig Leidenschaftlichen, theologisch aus der Aufwertung religiöser Erfahrung hervor. Das »Erhabene« bei Fénelon hat den klassischen Attizismus in Rationalismus, Empfindsamkeit und Geschmacksästhetik der Aufklärung übersetzen helfen.

Ausg.: Krit. Ausg., hg. von E. CALDARINI, Genf 1970.
Lit.: A. PIZZORUSSO, La poetica di Fénelon, Mailand 1959. – Th. A. LITMAN, Le sublime en France (1660–1714), Paris 1971. – V. KAPP, Ergebnisse und Stand der Fénelon-Forschung, in: Romanistisches Jahrbuch 29 (1978), S. 173–96.

V. KAPP

Répertoire. Etudes et conférences, 1948–1959 (frz.; *Repertorium. Aufsätze und Vorträge*), Michel BUTOR; EA Paris 1959; dt. München 1963 (in Ausz.). *Répertoire, Bd. 2: Etudes et conférences*, 1959–1963, EA Paris 1964; dt. München 1965 (in Ausz.). *Répertoire, Bd. 3*; EA Paris 1968. *Répertoire, Bd. 4*; EA Paris 1974. *Répertoire, Bd. 5*; EA Paris 1982.
Die in dem noch vom Existenzialismus geprägten Nachkriegsklima entstandenen frühen Beiträge Butors rekurrieren auf eine modernistische und experimentelle Literaturkonzeption. Sie propagieren einen von historischen und biographischen Faktoren unabhängigen und aktiven Literaturbegriff, der an den Mythos des Schreibens bei Mallarmé anknüpft. Neben eigenen programmatischen Stellungnahmen stehen originelle Interpretationen des klassischen, vorwiegend französischen Literaturkanons, aber auch traditionell randständiger Gattungen wie Märchen, Populärroman, Science-Fiction. Das Spektrum der Gegenstände erweitert sich in den Bänden 3 und 4 und schließt auch die zentralen Schwerpunkte des Autors, Musik und Malerei, ein. – Die beiden ersten Bände erscheinen etwa gleichzeitig mit den wichtigen Beispielen des französischen Nouveau Roman und können als begleitende Poetik der eigenen Romane Butors gelesen werden. Der erste und der letzte Beitrag von Bd. 1, *Le roman comme recherche* (1955) und *Intervention à Royaumont* (1959) stecken das Feld der experimentellen Litera-

turkonzeption ab und zeigen den Roman wie die Literatur allgemein als eine notwendige Form intentionaler Auseinandersetzung mit der Realität. Als »phänomenologischen Akt par excellence« und als »Laboratorium des Schreibens« begriffen, enthält das Schreiben die drei existentiellen Aspekte »Anklage«, »Erforschung« und »Anpassung«, welche die kritische Reflexion der Welt mit der kritischen Selbstreflexion der »écriture« verbinden. So ist Literatur eine Art »geistiger Wirbelsäule«, »ein phantastisches Instrument, um sich aufrecht zu halten und inmitten einer von allen Seiten auf einen einstürmenden, verrückten Welt intelligent weiterzuleben«. – Zugleich ist Literatur notwendig offen und unabgeschlossen. Darauf weist der Titelbegriff Repertorium. Da der Autor nur einen graduellen Unterschied zwischen Literatur und Literaturkritik macht, da auch Literatur ständige Selbstreflexion auf die eigenen Bedingungen ist und zudem das Lesen als aktiver Mitvollzug verstanden wird, schließen sich Einzelbeiträge der *Répertoire*-Bände mit den vielfältigen anderen Werken (Roman, Lyrik, Reisebericht, Hörspiel, etc.) zu einem ganzheitlichen, nie abgeschlossenen Projekt der Welt- und Sprachvermessung zusammen. Diese totalisierende Tendenz vergleicht Butor an anderer Stelle mit dem alchemistischen Verfahren oder mit einem mehrstimmigen Netzwerk, das die individuelle und subjektive Konzeption von Literatur unter dem Eindruck einer dezentrierten, kollektiv geprägten Welterfahrung polyphon ausweitet und den gnoseologischen Anspruch begründet. – Butors Originalität

dürfte in der entschlossenen Abkehr von einem subjektivistischen Verständnis literarischer Phänomene und in der Vorstellung von einer gemeinsamen geistigen Suche mit den Mitteln der Sprache liegen. Sein Konzept der Polyphonie nimmt den wesentlichen Aspekt der Intertextualitätstheorie vorweg.

Lit.: R.-M. ALBÉRÈS, Michel Butor, Paris 1964. – Michel BUTOR, Centre International de Cerisy-la-Salle, Paris 1973.

F. WOLFZETTEL

Respuesta a Sor Filotea de la Cruz (span.; *Antwort der Dichterin an die allerlauchteste Schwester Filotea de la Cruz*), Sor JUANA INÉS DE LA CRUZ; EA Mexiko 1691.

Das Werk ist für die Kulturgeschichte Lateinamerikas ein Dokument von einzigartigem Rang. Als Summe konzeptionistischer Barockästhetik, wie sie in den spanischen Kolonien im 17. Jh. zu eigenständiger Ausprägung gelangt war, ist sie zugleich ein erstes Zeugnis für weibliche Subjektivität im Bereich profaner Dichtung: Die mexikanische Ordensfrau Sor Juana hatte sich von Manuel Fernández de la Cruz, Bischof von Puebla, zur Abfassung einer theologischen Streitschrift verleiten lassen, deren Zielscheibe Manuels Amtsbruder in Mexiko-Stadt (Aguiar y Seijas) war. Der Text war publiziert worden unter der fiktiven Herausgeberschaft einer Nonne namens Filotea de la Cruz, hinter der sich der Bischof von Puebla verbarg. Um der zu erwartenden Kritik die Spitze zu nehmen, hatte Don Manuel im Vorwort auf den bislang ausschließlich profanen Charakter der Schriften der Verfasserin hingewiesen. Das Lager des Bischofs von Mexiko reagierte jedoch mit einer heftigen Attacke, die sich weniger gegen die theologisierende Nonne, als vielmehr die räsonierende Schriftstellerin richtete. Sor Juana antwortet mit einem ausführlichen Selbstporträt, einer umfassenden Darlegung der Umstände und Motive ihrer schriftstellerischen Tätigkeit. – Am Anfang der *Respuesta* steht die Widerlegung des Vorwurfs der Nichtbefassung mit theologischen Fragen. Es folgt eine autobiographisch akzentuierte Darstellung der poetologischen Grundsätze der von Sor Juana praktizierten, auf der neuscholastischen Prämisse einer rationalen Schöpfungsordnung beruhenden »Universalpoesie« sowie ein ausführlicher Bericht über Verfolgungen und Mißverständnisse, denen die Verfasserin in der Vergangenheit ausgesetzt war. Den Schlußteil bildet die Erörterung des Grundsatzes »licet mulieri tacere in ecclesia«. Für sich selbst betrachtet ist die poetologische Herleitung der Universalpoesie nicht sonderlich originell, sondern folgt bekannten Denkmustern der neuscholastischen Theologie und Kosmologie. Brisanz gewinnt die Argumentation dadurch, daß es Sor Juana gelingt, die Grundsätze und Prämissen des scholastischen Rationalismus kunstvoll und mit offensichtlicher Lust am Paradox umzudeuten in ebenso viele Argumente einer weiblichen Interessenvertretung im Felde von Wissenschaft und Poesie. Am Anfang steht ein Bescheidenheitstopos: Unzuständigkeit, nicht aber Desinteresse sei der Grund für das inkriminierte Schweigen in theologischen Dingen. Aber auch für profane Gegenstände lehnt sie es ab, als »weise« zu gelten, denn dies ist ein Titel, der

nach den Worten der Heiligen Schrift nur auf Christus selber anzuwenden ist. Anspruch erhebt sie als Dichterin dagegen auf »Liebe zu Weisheit« (»amor a la sabiduráa«), bewahrt sie doch diese »wissende Unwissenheit« davor, religiöse Unwahrheiten zu verbreiten wie die Häretiker – allesamt Männer, deren die Weltgeschichte voll ist. Als bloße Jüngerin der Weisheit, welche dieser nachfolgt – wie Petrus dem Herrn – »a longe«, nämlich nur aus der Ferne, wurde jedoch auch sie zur Zielscheibe des Hasses derer, die die Weisheit verachten. Verbiete man ihr das Lesen in Büchern, so lese sie im Buche der Natur, studiere die Werke des göttlichen Künstlers an alltäglichen Phänomenen, zum Beispiel jenen, die in der Küche auftreten. »Wie anders werden wir Frauen weise, sei dies sei dann dank der Philosophie der Töpfe«, ruft sie emphatisch, um sogleich anzufügen: »Hätte Aristoteles gekocht, was hätte er noch alles geschrieben!«. – Die überlegene Handhabung der Mittel der poetischen Rhetorik, die mehrdeutige, konzeptistisch zugespitzte Argumentation, eine bisweilen auftrumpfend ironische Umdeutung orthodoxer Lehrmeinungen im Dienste der Verteidigung weiblicher Interessen – ein solches Maß an instrumenteller Vernunft und rationalem Selbstbewußtsein war schwerlich dazu angetan, die Kritiker Sor Juanas zu beschwichtigen. In der *Respuesta* zeigen sich die in jeder Beziehung ungewöhnlichen Konturen eines schriftstellerischen Selbstbewußtseins, welches, über Zeitumstände und historischen Kontext hinausweisend, in der Perspektive der Gegenwart als einer der ersten

Fluchtpunkte eines an »Emanzipation« interessierten weiblichen Bewußtseins zu deuten ist.

Ausg.: Obras completas, Bd. 4, hg. von C. V. FRÍAS, México 1951.
Lit.: O. PAZ, Sor Juana Inés de la Cruz. Las Trampas de la fe, México 1982.

W. B. BERG

Révolte et art (frz.; *Revolte und Kunst*), Kapitel IV in: *L'Homme révolté*, (frz.; *Der Mensch in der Revolte*), Albert CAMUS; EA Paris 1951; dt. Hamburg 1953.
L'Homme révolté, eine der wichtigsten Schriften Camus', markiert die reife Phase seines Denkens. An seine frühere Position anknüpfend, sieht er im Vollzug absurder Existenz eine über sich hinaustreibende Bewegung. »Die Revolte keimt auf beim Anblick der Unvernunft, vor einem ungerechten und unverständlichen Leben. Aber ihre blinde Wucht fordert die Ordnung inmitten des Chaos und die Einheit inmitten dessen, was flieht und verschwindet. [...] Ihr Ziel ist, umzuformen.« Sie ist Auflehnung, die zugleich nein und ja sagt, und macht die Würde des Menschen aus. – »Revolte« vollzieht sich als metaphysische, als historische und als Kunst. Metaphysische Revolte, zur eigentlichen Bewegung geworden seit Ende des 18. Jh.s, protestiert gegen Tod, Schöpfung, Schöpfer und an diesen gebundene Ziele. An ihr sind Dichter maßgeblich beteiligt (u. a. de Sade, Lautréamont, Dostoevskij, Rimbaud, Surrealisten). Metaphysische und historische (auf politisches Handeln zielende) Revolte bieten sich Camus als Verfallsgeschichte der Revolte dar, die in den Nihilismus und die Verbrechen des 20. Jh.s gemündet hat. Mit der Analyse dieses

Irrwegs will er die Prinzipien echter Revolte freilegen und die Chance eröffnen, revoltierend zu Maß, Grenze, Form zu finden. – *Révolte et art* faßt die Kunst zunächst als übergeschichtliche Revolte: Sie verneint die Hinfälligkeit und Unabgeschlossenheit des Wirklichen, indem sie die zerrissene, widersprüchliche Welt zurückweist. Zugleich liebt sie die Wirklichkeit und stellt ihre Dauer und Einheit schöpferisch-bejahend in der Einbildung her. Kunst, die diesem Anspruch der Revolte genügt, hat – insbesondere in Neuzeit und Gegenwart – die revolutionäre Bewegung zum Feind. Ihre Umformungen des Wirklichen durch den Form gebenden Geist begreift Camus als Stilgebung (»stylisation«) bzw. großen Stil; allerdings thematisiert er hier Literatur nur als Roman. Den übergeschichtlichen Standpunkt verlassend, führt er überraschend eine Literatur der Zustimmung ein (Antike; Jahrhunderte der Klassik). Ihr setzt er die mit der Neuzeit beginnende Literatur der Nichtübereinstimmung (»dissidence«) entgegen. Zu dieser gehört der Roman, der sich mit der metaphysischen und historischen Revolte entwickelt. An ihm bewährt sich der Begriff der Kunst als Revolte. Bedeutende Romane schaffen, indem sie wahre Begebenheiten neu ordnen, geschlossene Welten, »vollendete« Typen. Sie korrigieren unserer Sehnsucht nach Einheit entsprechend die Wirklichkeit, geben dem Leben und Handeln Form und »Logik«, den Gefühlen Dauer; sie lassen die Gestalten bis ans Ende ihres Schicksals und ans Äußerste ihrer Leidenschaft gehen (Beispiele: französischer Roman, Melville, Dostoevskij, Tolstoj).

Camus skizziert den Gegensatz zwischen dem amerikanischen Roman der 30er und 40er Jahre des 20. Jh.s und dem von ihm hoch bewerteten Romanwerk Prousts, besonders *Le Temps retrouvé* (1927; *Die wiedergefundene Zeit*). Findet der Künstler gegenüber der Wirklichkeit nicht das Maß für Ablehnung und Zustimmung, dann degeneriert der schöpferische Akt: Absolute Verneinung führt zum Formalismus, absolute Bejahung zum Realismus. Beide sind – wie die Revolution des 20. Jh.s – Verfallsformen der Revolte und beherrschen die moderne Kunst. Allein das Wiederfinden jenes Maßes könnte die Wiedergeburt der Kultur ermöglichen. – Interessant ist Camus' Versuch, das die »Ursprünge der Revolte bewahrende« künstlerische Schaffen einer Existenzweise zuzurechnen, in welcher der Mensch seine Würde gewinnt. Das kurze Kapitel bietet nur einige Aspekte einer diesem Ansatz entsprechenden Kunst- und Literaturtheorie. Sie werden teilweise in *L'Artiste et son temps* (Vortrag 1957; *Der Künstler und seine Zeit*) aufgegriffen.

Ausg.: Kleine Prosa. Dt. Reinbek 1961. – Essais, hg. von R. QUILLIOT/L. FAUCON, Paris 1965. – Der Mensch in der Revolte. Dt. Reinbek 1969.
Lit.: H. R. SCHLETTE, Albert Camus. Welt und Revolte, Freiburg/Br. 1980. – M. RATH, Camus. Absurdität und Revolte, Frankfurt/M. 1984.

M. FLEISCHER

La révolution du langage poétique (frz.; *Die Revolution der poetischen Sprache*), Julia KRISTEVA; EA Paris 1974; dt. Frankfurt/M. 1978 (Teilübers.).
In dieser Abhandlung analysiert Kristeva die Funktionsweise der poetischen Sprache. Sie verwendet dazu einen eigenen Textbegriff, den sie unter Rückgriff auf Denkfiguren der Psychoanalyse Freuds und Lacans (→*Écrits*), der Phänomenologie, des Strukturalismus sowie der Hegelschen und materialistischen Dialektik entwickelt. Ihre Konzeption verdeutlicht sie am Beispiel der literarischen Moderne (Mallarmé, Artaud, Joyce). Dabei geht es ihr um den Nachweis, daß sich die poetische Sprache als eine kritische Textpraxis und als ein Prozeß der Sinngebung und Subjektbildung verwirklicht. Mit den Begriffen des »Semiotischen« und des »Symbolischen« beschreibt Kristeva zwei heterogene Zustände (»Modalitäten«), die das Subjekt als gespaltenes und Sinn als vieldeutig zeigen. – Unter der semiotischen Modalität versteht Kristeva in Anlehnung an den griechischen Terminus »sēmeion« eine begriffslose »Unterschiedenheit«, die sie als »noch ganz provisorische, im wesentlichen mobile Artikulation« der Triebe auffaßt. Die allein inhafte Artikulation läßt sich als »Rhythmus von Stimme und Geste« angemessen beschreiben. Theoretisch geht sie dem »Symbolischen« voraus und gehört, psychoanalytisch betrachtet, der vorödipalen Phase an. Im Gegensatz dazu ist die symbolische Modalität der Sinngebung eine Setzung, die mit dem von Lacan beschriebenen »Spiegelstadium« beginnt, in dem das Kleinkind zum ersten Mal ein von ihm abgetrenntes, gegenübergestelltes Bild als einheitliches Selbst erkennt. Mit dem folgenden Trennungsvorgang von der Mutter ist der Eintritt in die symbolische Ordnung vollendet. In dieser »thetischen Phase« werden Subjekt und

Objekt, Innen und Außen gesetzt. Der Bruch, der insofern den Eintritt ins Symbolische markiert, als mit ihm zeitgleich der Spracherwerb des Kindes einsetzt, wird in eine strukturalistische Denkfigur überführt: Er ist dem sprachlichen Zeichen insofern inhärent, als es zwei Sphären (Signifikant/ Signifikat, Sinn/Bedeutung) verknüpft, deren Heterogenität das »Symbolische« von Anfang an labil hält. Das »Semiotische« und das »Symbolische« lassen sich theoretisch auseinanderhalten; dagegen betont Kristeva, daß es empirisch unmöglich ist, zum vorödipalen, vorsymbolischen Zustand zurückzugelangen. Folglich ist das »Semiotische« keine »Einführung eines idealen, die vorsymbolische Unmittelbarkeit restaurierenden Positiven«, sondern immer eine Funktionsweise im »Symbolischen«. Die poetische Textpraxis zeigt eine Rückkehr der semiotischen Triebfunktionalität an, die mit dem »Symbolischen« in einer »unaufhebbaren Dialektik« und als »heterogener Widerspruch« verknüpft bleibt und so negativ zu jeder Positivität wirkt. Zu jeder Setzung von Sinn und Bedeutung zeigt sie die Verletzung des Sinns und seine Zersetzung ins Mehrfache. Die dies bewirkenden textuellen Operationen sind für Kristeva Metapher/Verdichtung, Metonymie/Verschiebung sowie Intertextualität/Transposition, der Übergang von einem Zeichensystem zu einem anderen. Da jede Sinngebungspraxis ein »Transpositionsfeld verschiedener Zeichensysteme« ist, ist ein denotierter Gegenstand niemals mit sich selbst identisch: Er muß nach Maßgabe der mit ihm verknüpften Systeme aufgesplittert sein. Unter diesen Voraussetzungen ist der Signifikant nicht länger nur Derivat des einen abwesenden Signifikats, einer referentiellen Bedeutung. Mit Blick auf seine Materialität, seine syntaktischen Verknüpfungen und seine Transponierbarkeit läßt sich die Funktion der poetischen Sinngebung als semiotische »Überschreitung der Setzung« beschreiben. Die avantgardistische Textpraxis ist für Kristeva gerade deshalb eine Mimesis, da sie im Sinngebungsprozeß ein Subjekt-im-Prozeß produktiv nachzeichnet. Dieses bezieht sein innovatorisches Potential aus der semiotisch-triebhaften »Unterschiedenheit« und macht als triebhaft/thetisch gespaltenes auch eine gefährliche Grenzerfahrung zwischen Wahnsinn und kritischer Subversion. – Kristeva ist als Philosophin des französischen Poststrukturalismus rezipiert worden. Während ihr (Inter-)Textualitätsbegriff in einer textstrukturalistisch ausgerichteten Literaturwissenschaft wirkungsmächtig ist, wird ihr Begriff des »Semiotischen« mit seinen psychoanalytischen Implikationen vor allem in der feministischen Literaturwissenschaft kontrovers diskutiert.

Lit.: S. WEIGEL, Die Stimme der Medusa, Dülmen 1987. – G. POSTL, Weibliches Sprechen. Feministische Entwürfe zu Sprache und Geschlecht, Wien 1991.

                                    G. BOVELAND

The Rhetoric of Fiction (engl.; *Die Rhetorik der Erzählkunst*), Wayne C. BOOTH; EA Chicago 1961; dt. Heidelberg 1974.

Booths Untersuchung fiktionaler Erzähltechniken ist ein Klassiker der US-amerikanischen Erzähltheorie. Eine Hauptthese ist die der unabstellbaren Anwesenheit des Autors im Text. Der dogmatischen Forderung nach »Objektivität« und neutraler Zurückhaltung des Autors sowie der These vom Zurücktreten oder gar Verschwinden des Autors in der Erzählliteratur seit Flaubert hält Booth entgegen, daß im Erzähltext immer – als Verkörperung der Normen und Werturteile des realen Autors – eine »Version seiner selbst« impliziert sei: der ›implizierte Autor‹. Da ein Erzähltext nicht nur rhetorische Mittel enthält, sondern ein rhetorischer Akt ist, kann es »reine Erzählkunst« im Sinne von rhetorikfreien Erzähltexten gar nicht geben. Wenn aber ein fiktionaler Text mit rhetorischen Mitteln ein bestimmtes Ziel verfolgt, so sind diese unter dem Gesichtspunkt ihrer Wirksamkeit zu beurteilen und nicht *a priori* zu verwerfen. Booth verteidigt deshalb das oft verpönte Mittel der unmittelbaren auktorialen Einmischung als grundsätzlich zulässig, sieht aber auch dramatisierte Erzähler und Reflektorfiguren als Funktionen der ›Stimme des Autors‹. Wenn der dramatisierte Erzähler ›zuverlässig‹ ist, fällt er mit dem ›implizierten Autor‹ zusammen, ist er dagegen ›unzuverlässig‹ (oder ein ›fehlerhafter Reflektor‹), kann er erhebliche Beurteilungsprobleme aufwerfen. Ihnen wendet sich Booth im außerordentlich kontrovers beurteilten Schlußteil zu. Da er vom »untrennbaren Zusammenhang zwischen Kunst und Moral« und der Einheit von Form, moralischem Gehalt und rhetorischen Mitteln ausgeht, kann er zwar meisterhaft die Technik und Eigenart ›unpersönlichen Erzählens‹ analysieren, auch gewisse Vorteile dieser Erzählweise zugestehen, muß aber dieser Literatur der Moderne letztlich die Zustimmung verwei-

gern: Da seiner Überzeugung nach »ein Autor verpflichtet ist, seinen moralischen Standpunkt so klar wie nur irgend möglich darzulegen«, kann er die dem systematischen Einsatz von Reflektorfiguren und ›unzuverlässigen Erzählern‹ entspringenden unauflösbaren Mehrdeutigkeiten und moralischen Ambiguitäten nur fragwürdig, im Extremfall sogar verwerflich finden (Beispiele: H. James, L.-F. Céline, V. Nabokov). Fehlt die einigende moralische Perspektive des ›implizierten Autors‹, treten Verwirrung und Desorientierung ein. – Während Booths Terminologie – ›implizierter Autor‹, ›unzuverlässiger Erzähler‹, ›postulierter Leser‹, ›Reflektor‹ – weite Verbreitung und seine textnahe Diskussion des auktorialen Kommentars und der variierenden Distanzverhältnisse zwischen ›impliziertem Autor‹, Erzähler und Leser große Anerkennung gefunden haben, vermochte doch nicht jeder der moralisch begründeten Verwerfung großer Teile der modernen Literatur zu folgen. In seinem umfangreichen Nachwort zur erweiterten Neuauflage (1983) hat Booth sich der Kritik gestellt, Ergänzungen, Klarstellungen, Umakzentuierungen vorgenommen, auch Anregungen (Genette, Bachtin) aufgegriffen sowie durch eine unvoreingenommene Analyse von S. Becketts *Company* seine Offenheit unter Beweis gestellt – ohne jedoch vom Kern der *Rhetoric of Fiction* abgerückt zu sein: Erzähltexte verfolgen mit rhetorischen Mitteln einen moralischen Zweck; ist der nicht erkennbar oder zumindest mißverständlich, ist der Text als Literatur unbefriedigend.

Ausg.: Chicago ²1983.
Lit.: E. BORKLUND, Contemporary Literary Critics, London/New York 1977, S. 80–84. – J. PHELAN, Wayne C. Booth, in: Dictionary of Literary Biography, hg. von G. S. JAY, Bd. 67: Modern American Critics Since 1955, Detroit 1988, S. 49–66.

C. BODE

Le Rire. Essai sur la signification du comique (frz.; *Das Lachen. Untersuchung zur Bedeutung der Komik*), Henri BERGSON; ED Paris 1900 (in: Revue de Paris); dt. Jena 1914.

In seinem Essay beschreibt Bergson die soziale Funktion des Lachens und bestimmt – vor dem Hintergrund seiner Lebensphilosophie – das Wesen der Komik, auf die das Lachen reagiert. Aus früheren Werken übernimmt er die Unterscheidung zwischen der fundamentalen Wirklichkeit des Lebens und der Oberflächenwirklichkeit der physikalischen Welt: Das nur der Intuition zugängliche Leben ist kontinuierlich, undeterminiert und einmalig in allen seinen Erscheinungsformen. Die in Begriffen des Verstandes erfaßbare physikalische Welt dagegen ist diskontinuierlich, voller Wiederholungen, kausal determiniert und den Gesetzen der Mechanik unterworfen. Komik entsteht aus dem Eindruck der Interferenz beider Wirklichkeiten: Lebendiges fällt aus »Selbstvergessenheit« (»par distraction«) der Mechanik anheim, starrer Automatismus ersetzt die Freiheit der spontanen Reaktion. Bergson behandelt nacheinander verschiedene Ebenen der Komik, die er nach den Trägern des komischen Effektes unterscheidet: äußere Gestalt, Bewegung, Handlung, Situation, Sprache und Charakter. Zu den einzelnen Ebenen liefert er Konstruktionsregeln, deren Befolgung Komik erzeugt. Die Vielzahl der Regeln beruht auf dem gemeinsamen Grundgesetz der Komik: »Leben in der Zwangsjacke der Mechanik«. Die Ebene der Charakterkomik ist Domäne der Komödie, die Bergson jedoch nicht zum engeren Kreis der künstlerischen Gattungen zählt. Kunst deckt die lebendigen Tiefen der Individualität auf, die sich unter einer Schicht anerzogener Sozialverträglichkeit verbergen. Die Komödie jedoch verbleibt im Bannkreis des sozialisierten Verhaltens und des nur gattungshaft Menschlichen: Sie stellt wiederkehrende Formen der selbstvergessenen Abweichung von einem gesellschaftsgerechten Verhalten zur Schau. Das durch Komik ausgelöste Lachen ist zugleich wohlwollend und boshaft: Einerseits sympathisiert der Lachende mit der belachten Selbstvergessenheit, die ein mühevolles Eingehen auf die wechselnden Herausforderungen der Wirklichkeit erspart. Das Einfühlen in die komische Figur gewährt eine kurzfristige Befreiung von der Anstrengung des Lebens. Andererseits zeugt das Lachen von dem Gefühl der Überlegenheit, das den geistesgegenwärtigen Betrachter über den geistesabwesenden Träger der Komik erhebt. Der Betrachter gönnt sich das boshafte Vergnügen eines ›Scharfrichters‹, der die Bestrafung für mißachtete Ansprüche der Gesellschaft vollzieht, indem er den Täter durch Lachen erniedrigt. Die Gesellschaft bedient sich der »sozialen Geste« des Lachens zur unmittelbaren Korrektur von Anpassungsfehlern, die auf der Mechanisierung des Reaktionsvermögens beruhen.

Ausg.: Œuvres, hg. von A. ROBINET, Paris ²1963. – Paris 1978. – Dt. Darmstadt 1988.

Lit.: A. Horn, Bergson. Die Komik des Mechanischen, in: A. Horn, Das Komische im Spiegel der Literatur, Würzburg 1988, S. 108–16.

H. G. Coenen

Le roman expérimental (frz.; *Der Experimentalroman*), Emile Zola; ED Paris 1879 (in: Voltaire, 16.–20.10.); dt. Leipzig 1904.

Zola entwickelt in *Le roman expérimental* die Grundideen des Naturalismus. Er orientiert sich in seinem Literaturverständnis sehr stark an den Naturwissenschaften, die im Frankreich der III. Republik zum dominanten Paradigma geworden waren. Vor allem die Gedanken C. Bernards in *Introduction à la médecine expérimentale* (1865; *Einführung in die experimentelle Medizin*) überträgt er in diesem Zusammenhang relativ unvermittelt auf die Literatur. Bernard hatte die These vertreten, die Medizin wandle sich erst dann von einer Kunst zu einer Wissenschaft, wenn sie wie Chemie oder Physik die experimentelle Methode anwende. Durch die Übernahme dieser experimentellen Methode wird der Literatur nach Zola ein analoger wissenschaftlicher Status zukommen, wodurch die tradierte idealistische (allein auf die Vorstellungskraft des Autors gestützte) Literatur, romantische Strömungen und die zeitgenössische Phase der Formexperimente überwunden wird. Der wissenschaftliche Roman stützt sich auf die Psychologie, d.h. auf die Physiologie. Das (relativ naive) methodische Vorgehen gestaltet sich nach Zola folgendermaßen: Nach einer Beobachtungsphase erfindet der Autor eine Situation als Hypothese, die dann durch die Romanhandlung – wie im Experiment – verifiziert wird, um im Romanschluß das Resultat der Untersuchung zu artikulieren. Zola verkennt, daß der Romancier Herr des ›Experiments‹ bleibt, da er die Reaktionen ebenso erfindet wie die Hypothese. Zudem geht er von einer mechanistischen Weltsicht aus, für welche die menschliche Welt denselben Determinismen unterworfen ist wie die Natur. In seiner Wissenschaftsgläubigkeit glaubt er, der experimentelle Schriftsteller könne auf die menschlichen und sozialen Fakten ebenso einwirken wie der Chemiker auf die unbelebten Gegenstände. Zola hat überdies Gesetzmäßigkeiten nicht in einem induktiven Verfahren aus Untersuchungen abgeleitet, sondern er setzte sie als a priori: so die von H.-A. Taine (→*Philosophie de l'art*) abgeleitete Milieu-Theorie, diejenige des physiologischen Ursprungs der Emotionen (nach Ch. Letourneau) und die Vererbungs-These von Prosper Lucas. Durch die Veränderung des Milieus könnten die verhängnisvollen Folgen der Vererbung aufgefangen werden. Vor diesem Hintergrund schreibt Zola dem Roman nicht nur eine wissenschaftlich-kognitive, sondern auch eine moralisch-soziale Funktion zu, wenn er zur Veränderung der bestehenden Verhältnisse beitragen kann. Literatur wird damit ›praktische Soziologie‹. – Im Anschluß an Bernard betont Zola den Anteil der subjektiven Vorstellungskraft, die für den Romancier für die Formulierung von Hypothesen ebenso wichtig ist wie für den Wissenschaftler. Die persönliche Dimension äußert sich in der Originalität der Wahl und der Bearbeitung des Themas, das in einem wissenschaftlichen Geist ohne Rücksicht auf die herrschende politische Macht und den herrschenden Geschmack angegangen werden soll. Temperament und Charakter des Schriftstellers manifestieren sich aber auch im Stil. Das Kunstwerk ist so gleichzeitig durch eine objektive und eine subjektive Komponente gekennzeichnet: ein Ausschnitt aus der Wirklichkeit, die durch das Prisma eines Temperaments gesehen wird.

Ausg.: Paris 1971.
Lit.: A. PAGÈS, En partant de la théorie du roman expérimental, in: Les Cahiers naturalistes 47 (1974), S. 70–87. – H. SUWALA, Naissance d'une doctrine. Formation des idées littéraires et esthétiques de Zola, 1976. – F. N. MENNEMEIER, Theorie des ›roman expérimental‹, in: ders., Literatur der Jahrhundertwende 1, Bern 1985.

                                         J. JURT

Saving the Text: Literature, Derrida, Philosophy (engl.; *Zur Rettung des Textes: Literatur, Derrida, Philosophie*), Geoffrey H. HARTMAN; EA Baltimore 1981.
Hartman ist einer der vier Hauptvertreter des amerikanischen Dekonstruktivismus, der in den 70er und frühen 80er Jahren an der Yale Universität angesiedelt war. Sein Ausgangspunkt in diesem Buch ist Derridas Auflösung einer eindeutigen Unterscheidung von Literatur und Philosophie. Im Mittelpunkt steht Derridas *Glas* (1974; *Totenglocke*), ein Kommentar zu Hegel und Genet, den Hartman seinerseits kommentiert. Indem er das Buch als »Kunstwerk« liest, möchte er Derridas Beitrag zum literarischen Denken darstellen. Im letzten Kapitel entwirft er eine Gegenkonzeption, die der »Sinnzerstreuung« (»dissemination«) durch die Dekonstruktion eine Vorstellung vom Text entgegenstellt, die dessen lebensweltliche Realität zu retten sucht. – Derridas *Glas* besteht aus zwei parallelen Spalten. Die linke beschäftigt sich vor allem mit Hegel, die rechte mit Genet. Dieses Nebeneinander erzeugt eine unauflösliche, chiastische Spannung. Das Moment der Intertextualität wird dadurch noch verstärkt, daß der Kommentar Querverbindungen zu weiteren Texten offenlegt. Kein Text ist mit sich selbst identisch, sein Seinsmodus ist immer schon der des ›Zitats‹. Die Schrift zeugt von einer »Ökonomie des Todes«, weil ein sprechendes Subjekt nicht gegenwärtig ist. Texte sind immer heteronom verfaßt, das ›Andere‹ ist ihnen eingezeichnet und läßt sich nicht dialektisch aufheben. So kann es keinen in sich geschlossenen Sinn geben, sondern allein eine »endlose Zirkulation von Äquivalenz«, also eine endlose Reihe weiterer Kommentare. – Derridas Angriffspunkt ist Hegels »absolutes Wissen«, das er vom ›Rande‹, u. a. von Hegels Äußerungen zur Frau und seiner Vorstellung von der Familie her dekonstruiert. Die Gegenüberstellung mit dem Schriftsteller Genet ermöglicht es Derrida, Oppositionen wie Philosophie und Literatur oder »Diskurs des Vaters« und »Diskurs der Mutter« herauszuarbeiten, gleichzeitig aber auch zum Rotieren zu bringen. Hartman erklärt nicht den philosophischen Gehalt, sondern kommentiert Derridas Kommentar, indem er dem intertextuellen Gewebe weitere Schichten literarischer Querverweise beifügt. Er verdoppelt das »Spiel einer neuen, nicht-narrativen Kunstform«, das der Philosoph Derrida praktiziert, kehrt aber die Richtung der Bewegung um. Er

betrachtet *Glas* von der Literatur aus, die er weitgehend mit der lyrischen Sprache identifiziert. Sein Interesse gilt Derridas Sprachstil, sein Referenzrahmen ist die romantische und moderne Dichtung. Ebenfalls weist er Analogien zu theologischen Traditionen auf, die für ihn in den Texten der Dekonstruktion als teilweise nur impliziter Subtext vorliegen. So ordnet er die Vorstellung unhintergehbarer Textlichkeit der »hebräischen Entwicklung eines nicht-ikonischen Schreibens und eines Selbst-auslöschenden Kommentars« zu. *Glas* sieht er als Versuch eines Kommentarstils, der sich jeder Allegorese enthält. Hartman möchte Derridas Denken für die anglo-amerikanische Literaturkritik verfügbar machen. Sein Verhältnis zu Derrida ist allerdings ambivalent. So kritisiert er dessen Konzeption der Dissemination vorsichtig und setzt ihr seine Auffassung entgegen, daß Wörter verletzen, aber auch therapeutisch wirken können. Hartman schlägt eine »erneuerte« Theorie der Darstellung vor, die zwar den Schriftcharakter anerkennt, jedoch gerade in der Anonymität der (dichterischen) Wörter den Grund dafür sieht, daß sich in ihnen Ursprüngliches auszusprechen vermag. Die Sprache zeugt für ihn davon, daß es keinen Zugang zu Eigenem, Identischem gibt. Doch sind für Hartman die Wörter selbst – im Sinne der jüdischen Auslegungstradition – Weg und Ziel zugleich. – Hartmans Leseweise ist sehr persönlich, stellenweise erweckt sie den Eindruck der Beliebigkeit. Weil er die Kritik als assoziative Form des Schreibens der Literatur gleichstellt, läßt sich *Saving the Text* weder auf eine

Methode noch auf eine eindeutig bestimmbare Theorie festlegen.

U. REICHARDT

Die Schaubühne als eine moralische Anstalt betrachtet, Friedrich SCHILLER; ED Leipzig 1802 (in: Kleinere prosaische Schriften, Bd. 4).

Schillers Theaterschrift trug ursprünglich den Titel *Was kann eine gute stehende Schaubühne eigentlich wirken?* Es handelte sich um den Text einer Vorlesung, die er am 26. Juni 1784 in Mannheim vor der Kurfürstlichen Deutschen Gesellschaft gehalten hatte. Sie erschien 1785 im 1. Heft der *Rheinischen Thalia*. Schiller hat später die Rede zu einem Aufsatz umgearbeitet und sie 1802 noch einmal veröffentlicht. Bei der Umarbeitung hat Schiller die Vorrede gestrichen und dem Titel auch ein klassizistisches Gepräge gegeben. – Schiller räumt dem Theater einen höchsten Rang ein, da er es neben die Religion stellt. Diese wiederum ist für den Staat unersetzlich, weil sie die »schwankende Eigenschaft der politischen Gesetze« stabilisiert. Gesetze sieht Schiller in ihrer restriktiven Funktion, die Religion hingegen bestimmt das »wirkliche Handeln« – und die Schaubühne legitimiert sich von ähnlichen Aufgaben her. Auf dem Theater gelten zusätzlich »Anschauung und lebendige Gegenwart«, wo Religion und Gesetze nur Vorschriften machen können, und die eigentliche Leistung des Theaters ist es, die Wahrheit des Menschen uneingeschränkt zu zeigen. Schiller hat die Zuständigkeit der Bühne sogar noch für jene Bereiche festgestellt, »wo das Gebiet der weltlichen Gesetze sich endigt«. Die Schau-

bühne kann also noch richten, wo
die Jurisdiktion ihre Macht schon
verloren hat, und sie kann noch
moralische Gesetze verkündigen,
wo »keine Religion mehr Glauben findet«. Damit wird das Theater zur wichtigsten Institution der
bürgerlichen Gesellschaft. Schiller
hat diesen öffentlichkeitsbezogenen Aspekt des Theaters besonders betont. Für ihn ist die Schaubühne »mehr als jede andere öffentliche Anstalt des Staats eine
Schule der praktischen Weißheit,
ein Wegweiser durch das bürgerliche Leben, ein unfehlbarer
Schlüssel zu den geheimsten Zugängen der menschlichen Seele«.
Seine Vorstellungen erhalten
Überzeugungskraft durch zahlreiche literarische Beispiele aus dem
Bereich der Weltliteratur. Undeutlich meldet sich hier auch
schon der spätere Anspruch der
Abhandlung →*Über die ästhetische
Erziehung des Menschen* an, da das
Theater den Menschen in die Lage versetzt, in einer »künstlichen
Welt […] die wirkliche« hinwegzuträumen. – Schillers Schrift ist
stark von Merciers Abhandlung
→*Du Théâtre ou Nouvel essai sur
l'art dramatique* beeinflußt. Auch
bei Mercier ist die Schaubühne
ähnlich wie bei Schiller definiert,
auch bei ihm ist die Geschichte
der große Schauplatz der bürgerlichen Welt. Die bildende Funktion der Bühne ist darüber hinaus
von Sulzer (→*Allgemeine Theorie
der schönen Künste*), Lessing
(→*Briefwechsel über das Trauerspiel;
→Hamburgische Dramaturgie*) und
Mendelssohn (*Über die Empfindungen*, 1755) betont worden. Die
Vorstellung von der Bühne als
Gericht ist hingegen für Schiller
selbst charakteristisch.

Ausg.: Schillers Werke. Nationalausg., Bd.
20/21, hg. von B. v. WIESE/H. KOOP-
MANN, Weimar ²1986/87. – Sämtliche Werke. Mit einer Einf. von B. v. WIESE und
Anm. von H. KOOPMANN, Bd. 5, München
1975.
Lit.: B. v. WIESE, Friedrich Schiller, Stuttgart
1959, S. 110–14.

H. KOOPMANN

[Schriften zum Theater], Bertolt BRECHT, entst. 1919–55; ED
Frankfurt/M. 1957 (in: Schriften
zum Theater).
Als Stückeschreiber und Regisseur hat Brecht seine dramatischen und theaterpraktischen Arbeiten seit 1919 kontinuierlich
durch Kritiken und theoretische
Reflexionen zum Theater begleitet. Bekannt wurden seine Überlegungen unter den Stichworten
»episches Theater« (→*Das epische
Theater*) sowie »antiaristotelische
Dramatik« (→*Über eine nichtaristotelische Dramatik*). Obwohl nicht
systematisch ausgearbeitet, gilt seine Theorie des epischen Theaters
als eine der bedeutendsten Theatertheorien des 20. Jh.s. Sie hat
nach dem Zweiten Weltkrieg
weltweit gewirkt und die Spielweisen sowohl des deutschen als
auch des internationalen Theaters einschneidend verändert. –
Brechts *Schriften zum Theater* sind
fast ausschließlich Gelegenheitsarbeiten und stehen in engem Zusammenhang mit seiner künstlerischen Produktion, die ihrerseits in
den Kontext der gesellschaftlichen
Prozesse der Zeit eingebettet ist
und sich mit diesen kritisch auseinandersetzt. Schon mit seinen
frühen Augsburger Theaterkritiken wendet sich Brecht gegen die
herrschende bürgerliche Kunstpraxis und ihre harmonisierenden
Formen. Statt dessen fordert er eine Kunst, die der Wirklichkeit
folgt und ihre Widersprüche offenlegt. 1926, als er die Vorgänge

an der New Yorker Weizenbörse dramatisch zu gestalten sucht, stößt er auf deren (scheinbare) Undurchschaubarkeit und findet über das Studium von Karl Marx' dreibändigem Werk *Das Kapital* (1867/85/94) zu einer neuen materialistischen Gestaltungsweise, die darauf zielt, das gesellschaftlich Verborgene, d. h. die unsichtbaren Funktionsgesetze der fortgeschrittenen Industriegesellschaften, in dramatischen Bildern anschaulich zu machen und durchschaubar werden zu lassen. – Im Zentrum seiner Überlegungen steht die – ebenfalls nicht systematisch entwickelte – Theorie der »Verfremdung«. Den Vorgängen und Charakteren soll das »Selbstverständliche, Bekannte, Einleuchtende« genommen und über sie »Staunen und Neugierde« geweckt werden. Dieses Verfahren nennt Brecht »Historisieren«: Vorgänge und Personen werden als historisch, d. h. als vergänglich, damit als veränderlich und veränderbar dargestellt. Ihre Kritik erfolgt jeweils vom Standpunkt der »nächstfolgenden Epoche« aus; die zeitgenössischen Realitäten lassen sich dadurch als überholt, bereits abgelebt, mit falschem Anspruch auftretend entlarven. Der Effekt ist »gesellschaftlich-komisch«: die Figuren werden in ihren Rollenfunktionen buchstäblich vorgeführt und das Theater mit allen seinen künstlerischen Möglichkeiten als »Spielfeld« genutzt. Brecht plädiert deshalb – entgegen allen sozialistischen Kunstdoktrinen, denen er immer wieder zugeordnet worden ist – für die (kritische) Übernahme aller avantgardistischen Kunstformen, wenn sie seinem Anspruch genügen, aus den herrschenden Realitäten entwickelt zu sein und auf

diese hinzuzeigen. – Da Brechts Theatertheorie und -praxis immer wieder an die Grenzen der herrschenden Theaterinstitutionen stieß, entwarf er mit seiner Theorie der Lehrstücke eine Theaterform, die kein Publikum mehr benötigt und die Distributionsfunktion des Theaters (als Stätte der bloßen Unterhaltung) sowie der Medien (als Apparate der bewußtlosen Zerstreuung) auflöst. Erste Versuche zwischen 1927 und 1930, diese neue Form durchzusetzen, die nur noch Darstellende kennt und sie spielerisch gesellschaftliche Rollen erproben läßt, wurden durch den aufkommenden Faschismus unterbunden. Sie fanden nach dem Krieg keine Fortsetzung mehr, auch wenn Brecht die Lehrstücktheorie 1955 als das »Theater der Zukunft« bezeichnet.

Ausg.: Schriften zum Theater, Frankfurt/M. 1957. – Schriften zum Theater, 7 Bde., Frankfurt/M. 1963–64 bzw. Berlin/Weimar 1964. – Gesammelte Werke in 20 Bdn. und 4 Suppl.-Bdn., Werkausg. Edition Suhrkamp, Bde. 15–17, Schriften zum Theater, Bde. 1–3, Frankfurt/M. 1967–81.
Lit.: R. STEINWEG, Das Lehrstück. Brechts Theorie einer politisch-ästhetischen Erziehung, Stuttgart 1972. – J. KNOPF, Die Theatertheorie, in: Ders., Brecht-Handbuch Theater, Stuttgart 1980, S. 375–471. – Brechts Theorie des Theaters, hg. von W. HECHT, Frankfurt/M. 1986.

J. KNOPF

Sémantique structurale. Recherche de méthode (frz.; *Strukturale Semantik. Methodologische Untersuchungen*), Algirdas Julien GREIMAS; EA Paris 1966; dt. Braunschweig 1971.
Unter den bekannten französischen Strukturalisten der 60er und 70er Jahre ist Greimas der ausgewiesene Sprachwissenschaftler. Die linguistischen Fragestellungen seiner *Sémantique structurale* zei-

gen, daß der französische Wortschatz kein klar gegliedertes Gefüge von Zeichensystemen ist. Gleichwohl ist es möglich, abstraktere Bedeutungssysteme hinter der vielfältigen Welt der lexikalischen Erscheinungen zu erkennen. Diese Unterscheidung von »univers immanent« und »univers de la manifestation«, die Greimas u. a. an den französischen Raumadjektiven demonstriert, wendet er in der Folge auch auf zahlreiche literarische Texte an. Es geht ihm dabei nicht um deren historische Individualität, sondern um die Erkundung möglichst allgemeiner, generalisierbarer Kontraste und ›Tiefenstrukturen‹. Insbesondere die Begriffe »Isotopie«, »Aktantensystem« und »Funktionssystem« gewinnen hier Bedeutung. Mit dem aus der Atomphysik entlehnten Terminus der »Isotopie« meint Greimas die Wiederkehr eines identischen kleinsten Inhaltselements im Satzoder Textverlauf. In Goethes Lied »Sah ein Knab [...]« rekurriert bereits im zweiten Vers (»Röslein auf der Heide«) und daraufhin im gesamten Text das Element ›pflanzlich‹. So entsteht eine einfache Isotopie. Gleichzeitig rekurriert hintergründig das Element ›menschlich‹: Das »Röslein« vermag zu sprechen, es »wehrte sich« usw. Durch die Überlagerung der Inhaltselemente ›pflanzlich‹ (Röslein) und ›menschlich‹ (Mädchen) ergibt sich eine »komplexe Isotopie«. Die Mehrdeutigkeit bzw. Polysemie literarischer Texte geht also aus dem Überlagerungsphänomen der komplexen Isotopie hervor; sie läßt sich an ihr nachweisen. Greimas nennt damit ein Kriterium der Literarizität. Greimas' Begriffe »Aktantensystem« und »Funktionensystem« beruhen

auf der Morphologie des russischen Zaubermärchens von V. Propp. Dessen »Aktionssphären« bzw. Rollen (Aktanten) wie auch die wiederkehrenden, einander entsprechenden Handlungselemente (Funktionen) ordnet Greimas nach Gegensätzen und Entsprechungen, d. h. nach Oppositionen und Korrelationen. So ergeben sich einfache Kategoriengefüge. Sie sollen beschreiben, was namentlich den Erzähltexten gemeinsam ist. Das Aktantensystem besteht aus sechs abstrakten Rollen: Adressant – Objekt – Adressat und Adjuvant (Helfer) – Subjekt – Opponent (Gegner). Grundlegend ist dabei die Wunschbeziehung Subjekt–Objekt. Im konkreten Text erscheinen die Aktanten als Akteure, so in Goethes *Heideröslein* das Subjekt als Knabe, das Objekt als Rose. Ein Aktant kann sich zudem in mehreren Akteuren verkörpern, wie Greimas in einer Analyse der altfranzösischen *Queste del Saint Graal* (entst. 13. Jh.; *Suche nach dem heiligen Gral*) nachweist. Die Arbeit mit Aktantensystemen hat sich besonders für den Vergleich zwischen mehreren Texten eines Corpus, z. B. zwischen den Fassungen eines Märchens, als hilfreich erwiesen. In späteren Publikationen hat der Autor sein Aktantenmodell mehrmals variiert. Greimas' Funktionenmodell, eine Quintessenz aus Propps 31 Funktionen, enthält prinzipiell eine Übereinkunft zwischen Adressant und Subjekt, der drei »Abenteuer« (»épreuves«) folgen. Im ersten erhält der Held das nötige Wissen und Können, oft durch Intervention eines Helfers. Im zweiten kämpft er mit dem Gegner. Im dritten wird er für den Sieg (und dessen Folgen) geehrt.

Die elementare Sequenz enthält also die Sukzession von Übereinkunft und qualifizierendem, kulminierendem sowie glorifizierendem Abenteuer und kann im Textverlauf in unterschiedlichen Formen wiederkehren. Bereits in der *Sémantique structurale* sucht Greimas die Gültigkeit dieses Modells nicht nur für Märchen, sondern auch für andere Erzähltextgattungen nachzuweisen. – Greimas' Erkundung verschiedener Bedeutungssysteme betont oft den provisorischen Charakter des Ermittelten. Ein strenger Dogmatismus liegt ihr fern. Auch die späteren Studien des Autors – so etwa *Du sens. Essais sémiotiques* (1970; *Über Bedeutung. Essays zur Semiotik*) und *Maupassant. La sémiotique du texte* (1976; *Maupassant. Die Semiotik des Textes*) – zeigen seine Flexibilität, selbst wenn hier das sog. »semiotische Quadrat« wohl zu Unrecht als Universalschlüssel benutzt wird: Literarische Texte erlauben gerade wegen ihrer Mehrdeutigkeit nicht immer die festen Zuordnungen, die das semiotische Quadrat erfordert. Unbestritten bleibt jedoch das Verdienst der *Sémantique structurale*, die erste systematische Semiotik von Bedeutungssystemen versucht zu haben. Daher beginnt mit ihr der – noch längst nicht abgeschlossene – Weg zu einer historischen Kultursemiotik, einer möglichen Hintergrundswissenschaft der Philologien. Insofern kann sie auch der künftigen Forschung fruchtbare Anregungen bieten.

Lit.: E. U. GROSSE, Zur Neuorientierung der Semantik bei Greimas, in: Zs. f. roman. Phil. 87 (1971), S. 359–93. – J. SCHULTE-SASSE/R. WERNER, Einführung in die Literaturwissenschaft, München 1977. – Exigences et perspectives de la sémiotique (Festschr. Greimas), hg. von H. PARRET/H.-G. RUP-RECHT, Semiotik: Ansprüche und Aussichten, 2 Bde., Amsterdam 1985.

E. U. GROSSE

Ein sendbrieff D. M. Lutthers.
Von Dolmetzschenn vnd Fürbit der heiligenn, Martin LUTHER; EA Nürnberg 1530.

Luther schreibt mit dem *Sendbrieff* keine schulmäßig theoretische Abhandlung über die Kunst des Übersetzens. Er verteidigt sich hingegen in einer geharnischten Replik gegen den Vorwurf der »Papisten«, er habe den Text der *Heiligen Schrift* vielfach verändert oder gar verfälscht. Zur Veranschaulichung seiner Übersetzungsprinzipien vergleicht er unterschiedliche muttersprachliche Versionen und begründet im Falle einer Abweichung vom Urtext seine der deutschen Sprache angepaßte Interpretationsweise. – Als ›Dolmetscher‹ der *Bibel* setzte Luther neue Maßstäbe. Nach S. Raeder sind für seine Arbeitsweise drei Grundsätze kennzeichnend: 1.: Freiheit vom Buchstaben des Grundtextes im Streben nach bestmöglichem Deutsch. Eine sklavische Nachahmung führt allzu häufig zur Sinnentstellung. Um diese zu vermeiden, sind lexikalische, zuweilen auch grammatikalische Veränderungen zwingend notwendig. Die deutsche Sprache wird den »heiligen« Sprachen gleichgestellt, durch das Wort Gottes selbst geheiligt. In einem reinen und klaren Deutsch soll das Wort verkündigt werden. Man muß den Leuten »auff das maul sehen / wie sie reden / vnd darnach dolmetzschen«. Eine solche ›Alltagssprache‹ grenzt sich deutlich ab von jeder Gassensprache, weil diese den sakralen Gehalt nicht angemessen wiedergeben kann. 2.: Bindung an den

»Buchstaben«, wenn eine theologische Aussage präzise ausgedrückt werden soll. 3.: Immer aber gilt es, die »Sache« des Textes selbst möglichst deutlich auszudrücken. Der Hauptgrund für die Abfassung des *Sendbriefs* war die Verteidigung der Version des Pauluswortes (*Röm.* 3,28), »das der mensch gerecht werde on des gesetzs werck / allein durch den glauben«. Nicht nur die Eigenart der deutschen Sprache fordert zwangsläufig den verdeutlichenden Zusatz »allein«, die Sache selbst verlangt es so. Der Sinn dieser für die Rechtfertigungslehre zentralen Stelle erschließt sich Luther erst aus dem Gesamtverständnis der *Heiligen Schrift*, vor dem Hintergrund seiner eigenen biblischen Hermeneutik. Luther übersetzt demzufolge nicht nur, er legt auch aus. H. Bluhm würdigt ihn deshalb als »Creative Translator«, als Mitverfasser der *Heiligen Schrift*. – Luther hat aus der frühkirchlichen und humanistischen Methodendiskussion Nutzen für seine eigene praktische Arbeit gezogen. Er hat aber auch selbst eine Tradition des Übersetzens begründet, die von Herder, Lessing, Goethe und den Romantikern fortgeführt wurde. Nach B. Stolt hat er Erkenntnisse der modernen Übersetzungswissenschaft vorweggenommen, so etwa durch seine Forderung, der Übersetzer müsse sich zuerst in die Redesituation hineinversetzen und von dort aus die idiomatisch richtigen Ausdruck finden (»Situationskontext«).

Ausg.: Werke, Weim. Ausg., Abt. I, Bd. 30,2, Weimar 1909. – Hg. von K. BISCHOFF, Tübingen ²1965.
Lit.: H. BLUHM, M. Luther, Creative Translator, St. Louis 1965. – S. RAEDER, M. Luther als Ausleger und Übersetzer der Heiligen Schrift, in: Leben und Werk M. Luthers von 1526 bis 1546, hg. von H. JUNGHANS, Bd. 1, Göttingen 1983, S. 253–78. – B. STOLT, Luthers Übersetzungstheorie und Übersetzungspraxis, in: Ebda., S. 241–52. – A. GARDT, Die Übersetzungstheorie Martin Luthers, in: Zeitschrift für deutsche Philologie 111 (1992), S. 87–111.

H. WALZ

Sexual Textual Politics: Feminist Literary Theory (engl.; *Sexus – Text – Herrschaft. Feministische Literaturtheorie*), Toril MOI; EA London/New York 1985; dt. Bremen 1989.
Moi untersucht in dieser Abhandlung die französische und englischsprachige feministische Literaturtheorie, die sie für führend hält. Von einer links-poststrukturalistischen Position aus kritisiert sie die mangelnde politische Selbstkritik der feministischen Literaturtheorie; sie weist deshalb auf die (oft unbewußten) politischen Bedeutungen von ästhetischen Kategorien und die impliziten ästhetischen Aussagen politischer Begründungen der Kunsttheorie. – Nach ihrer Ansicht ist die angloamerikanische feministische Literaturwissenschaft theoretisch unreflektiert und nicht in der Lage, dieses Ineinanderwirken von Politik und Ästhetik zu erkennen. Moi dagegen will zeigen, daß die Arbeit vieler englischsprachiger Feministinnen auf traditionellen humanistischen Kategorien wie der ästhetischen Ganzheit, der Autorität des Schriftstellers und einem Begriff von Literatur als unmittelbarer Widerspiegelung von Wirklichkeit gründet. Gerade dies aber verbindet diese Kritikerinnen mit dem männlichen Patriarchat, das sie anzugreifen versuchen. Als Beispiele dafür behandelt Moi die frühen Beiträge von Millett (*Sexual Politics*, 1970; *Sexus und Herrschaft*) und

Ellmann *(Images of Women Criticism)*; Studien von Moers, Showalter und Gilbert/Gubar über Schriftstellerinnen und die Arbeit von Kolodny und Jehlen. – Wie Mois spätere Bücher bezeugen – die Anthologien *The Kristeva Reader* (1986; *Kristeva-Reader*) und *French Feminist Thought: A Reader* (1987; *Feministisches Denken in Frankreich. Ein Reader*) sowie die Monographien *Feminist Theory and Simone de Beauvoir* (1990; *Feministische Theorie und Simone de Beauvoir*) und *Simone de Beauvoir: The Making of an Intellectual Woman* (1994) – gilt ihr Hauptinteresse dem französischen Feminismus. Auch hier sieht sie Anlaß zur Kritik. Obwohl sie die utopische Verherrlichung der weiblichen Phantasie bei Cixous als belebend begrüßt, stellt sie Cixous' Verbindung von Sexualität und Textualität in Frage. Deren biologistische Auffassung des Schreibens verfehle die sozial bedingten Unterschiede unter Frauen. Ähnlich argumentiert sie gegen Irigarays Kritik an Freud und ihre Definition von Weiblichkeit, daß sie die historischen und ökonomischen Bedingungen patriarchalischer Macht nicht berücksichtigen. Mois politischem Ideal kommt Kristeva am nächsten. Sie bezieht das materialistische und historische Umfeld des Kunstwerks mit ein und ersetzt die Polarität zwischen Weiblich und Männlich durch eine Spannungsbeziehung zwischen Randexistenz und Patriarchat. – Mois Buch ist mehr als die erste umfassende Einführung in die anglo-amerikanische und französische feministische Theorie. Es unterscheidet sich heute noch von den meisten Studien dieser Art dadurch, daß der Band dem gerecht wird, was er als Hauptaufgabe der feministischen Theorie schlechthin betrachtet: das Aufzeigen des Politischen in jeder Form von Diskurs.

Lit.: P. SMITH, Julia Kristeva et al.; or, Take Three or More, in: Feminism and Psychoanalysis, hg. von R. FELDSTEIN/J. ROOF, Ithaca 1989, S. 84–104. – Shifting Scenes. Interviews on Women, Writing, and Politics in Post-68 France, hg. von A. JARDINE/A. MENKE, New York 1991.

G. FINNEY

Shakespearean Negotiations. The Circulations of Social Energy in Renaissance England (engl.; *Verhandlungen mit Shakespeare. Innenansichten der englischen Renaissance*), Stephen GREENBLATT; EA Berkeley/Cal. 1988; dt. Berlin 1990.

Greenblatt geht es in den vier, unabhängig voneinander lesbaren Artikeln um Beschreibung und Analyse einer »Zirkulation sozialer Energie« zwischen sozialer und politischer Realität einerseits und dem Shakespeareschen Theater andererseits. Dabei beschränkt er sich auf die Untersuchung der synchronen Verhältnisse; Fragen der späteren Rezeption und ihrer Bedingungen werden nur an wenigen Stellen angerissen. Das Shakespearesche Drama steht exemplarisch für alle Phänomene kultureller Symbolisierung. Es kommt Greenblatt nicht darauf an, einen »irgendwie gearteten« Zusammenhang zwischen Kunst und Gesellschaft zu behaupten; insbesondere einfache Widerspiegelungstheoreme werden ausdrücklich abgelehnt. Zunächst gilt es vielmehr, gerade die grundsätzliche Trennung der Sphären von sozialer Wirklichkeit und Theater festzuhalten, um anschließend die verschiedenen Formen der gegenseitigen Beeinflussung zu untersuchen. Von »circulation«, »exchange« und »negotiations« ist die Rede. Dabei geht es keineswegs nur – auch wenn dies die Metaphern nahelegen – um Geld, sondern ebenso um Macht und Wissen, Prestige und Ansehen. Soziale und politische Praktiken, kollektive Erfahrungen und Überzeugungen werden zu überschaubaren, ästhetischen Formen verdichtet. Die Aneignung sozialer Praktiken und ihre spezifischen Transformationen durch die Kunst – hier speziell durch das Theater – nennt Greenblatt »cultural poetics«. Dieser Versuch einer Kontextualisierung von literarischen Werken geht nicht von einem vorfindlichen historischen »Hintergrund« aus, sondern stellt die literarischen Texte durch detaillierte Analysen von synchronen, nichtliterarischen Texten und durch genaue Beschreibung der jeweiligen Transformationsprozesse in einen neuen Zusammenhang. Dabei ist von »Aneignung« und »Kauf«, besonders aber von »symbolischer Aneignung« die Rede; symbolische Aneignung kann als Simulation, als Metapher oder als Synekdoche bzw. Metonymie beschrieben werden. Zirkulieren kann im Grunde jede Form »sozialer Energie«, die von einer Gesellschaft produziert wird: Macht, Charisma, sexuelle Erregung, kollektive Träume, Staunen, Begehren, Angst, religiöse Ehrfurcht, zufällige intensive Erlebnisse. Aus diesen Gründen kann es keine vollständige, erschöpfende Untersuchung aller »negotiations« oder einer umfassende »Kulturpoetik«, d. h. keine vollständige Behandlung des kulturellen Kontextes eines Textes geben. Greenblatt will deshalb auch keine erschöpfende Interpretation

der Shakespeareschen Werke liefern, sondern sieht seine Bemühungen an den »Texträndern« angesiedelt, wo man ausdrücklich auf die »befriedigende Illusion ganzheitlicher Lektüre« verzichtet. Er zitiert und interpretiert u. a. Berichte aus den amerikanischen Kolonien, Schriftstücke über die Bekämpfung des Exorzismus und volkstümliche Erzählungen über Transvestitismus. Verschiedene Formen der Institutionalisierung, Legitimierung und Inszenierung von staatlicher Macht, die Funktionalisierung von Religion, die Instrumentalisierung von Angst, die Ausdifferenzierung männlicher Geschlechtsidentität bzw. die diskursive Verfaßtheit von Weiblichkeit und Männlichkeit überhaupt sind Themen dieser Texte, die sich in Shakespeares Dramen wiederfinden. Greenblatt zeigt (indem er diese Texte wie Shakespearesche Dramen liest, d. h. ihre eigenen subversiven Strukturen herauszuarbeiten versucht), wie Übereinstimmungen und z. T. wörtliche Zitate im literarischen Text zugleich als Wiederholung und Subversion des politisch-sozialen Diskurses gelesen werden können: Inszenierungen politischer Macht als Theaterinszenierung, das Versprechen der Exorzisten als ästhetische Erfahrung, Transvestitismus als dramatisches Rollenspiel und schließlich Kunst als Magie, die sich selbst als Teil einer Realität und von dieser abhängig ausweist. Geschichte wird in diesen Untersuchungen nicht zum Substrat von Ereignissen und Dingen ontologisiert, sondern vorrangig als Text verhandelt. Anders als in üblichen kulturhistorischen Arbeiten gilt Greenblatts Interesse dabei gerade der spezifischen Differenz zwischen literarischen und nichtliterarischen Texten. Die ästhetische Differenz wird anhand der unterschiedlichen Transformationen bzw. Funktionalisierungen vorgeführt. – Greenblatt gilt als einer der wichtigsten Mitbegründer des ›New Historicism‹. Als ›New Historicists‹ bezeichnen sich v. a. Literaturwissenschaftler/innen in den USA, die seit Beginn der 80er Jahre wieder ein Interesse an historischer Kontextualisierung von literarischen Texten bekunden. Die Bewegung grenzt sich gleichermaßen vom ›New Criticism‹ und vom ›Dekonstruktivismus‹ amerikanischer Prägung ab. Der Einfluß von M. Bachtin, C. Geertz und insbesondere der von M. Foucault ist deutlich. ›New Historicism‹ versteht sich als eklektizistischer Pragmatismus, der weniger auf strenge Theoriebildung aus ist als vielmehr gerade die Aporien theoretischer Ideologeme zu unterlaufen versucht. Der ›New Historicism‹ ist an der Literarizität von Texten interessiert; beschränkt sich dabei aber nicht auf Kanonisches. Von der traditionellen Hermeneutik unterscheidet ihn die Verabschiedung aller ganzheitlichen Interpretationsversuche, die auf *den* Sinn oder *die* Wahrheit zielen, die Kritik am Werkbegriff und die Nähe zu diskurstheoretischen Positionen, die weniger nach Autor und Autoridentität, sondern nach diskursiven Praktiken, der Erzeugung von Wahrheit und Macht fragen. Den spezifischen Ort der Kunst im Rahmen dieser Diskurse zu bestimmen, ist das Anliegen der Literaturwissenschaft des ›New Historicism‹. Die meisten bislang vorgelegten Arbeiten konzentrieren sich auf die Renaissance und die Romantik; dies gilt auch für die im Organ des ›New Historicism‹ *Representations,* veröffentlichten Beiträge.

Ausg.: Dt. Frankfurt/M. 1994.
Lit.: The New Historicism, hg. von H. A. VEESER, New York/London 1989. – A. KAES, New Historicism and the Study of German Literature, in: German Quarterly 62, 2 (1989), S. 210–26. – P. U. HOHENDAHL, A Return to History? The New Historicism and Its Agenda, in: New German Critique 55 (1992), S. 87–104.

D. KIMMICH

Shakespeare-Studien, Otto LUDWIG, hg. von M. Heydrich; EA Leipzig/Halle 1871.

Die lockere, aus dem Nachlaß zusammengestellte Sammlung von tagebuchartigen Notizen, aphoristischen Reflexionen und skizzenhaften Untersuchungen widmet sich vor allem der ›technischen Seite‹ von Shakespeares Dramatik, die Ludwig aus den »wesentlichen Faktoren« des dramatischen Kunstwerks (dem Verhältnis von Dichter, Schauspieler und Publikum) zu entwickeln versucht. Auf zeitlos mustergültige Weise findet er bei dem Briten realisiert, was er im zeitgenössischen Drama vermißt: die Vermittlung des Einzelnen mit dem Typus, des »Wirklichen und Gewöhnlichen mit dem Poetischen«, der Dichtkunst mit der Schauspielkunst und die »harmonische« Auflösung des tragischen Konflikts. Ludwig stützt sich dabei besonders auf die großen Tragödien Shakespeares. Breiten Raum nimmt in seinen Analysen die Lehre vom Tragischen ein, dem er eine psychologisierende und moralisierende Deutung gibt. Das Wesen des Tragischen liegt für ihn – im Gegensatz zu Hegel und Hebbel – in der tragischen Schuld. Tragik resultiert aus dem selbstverantworteten Handeln eines leidenschaftlichen Charakters, der von der vernünftig-sittlichen Weltordnung abfällt, deshalb schuldig wird und leidend untergehen muß. Das »realistische« »Charakterdrama« Shakespeares spielt Ludwig dabei gegen das »idealistische« »Situationsdrama« der »tragédie classique« und – in deren Nachfolge – Schillers aus. Aus diesem Zusammenhang ist seine Forderung nach einem »poetischen Realismus« zu verstehen. »Naturalismus« und »Idealismus« sollen sich darin zu einer Einheit verbinden, die Ludwig allerdings nicht als dialektisch-fortschreitende Synthesis, sondern eher resignativ als »Kompromiß zwischen der Wirklichkeit der Dinge und dem Wunsche des Menschen, wie sie sein möchten«, konzipiert.

Ausg.: Gesammelte Schriften, hg. von A. STERN/E. SCHMIDT, Bd. 5, Leipzig 1891. – Hg. und komm. von M. HOPPE, Stuttgart 1971 (Ausz.).
Lit.: A. MEYER, Die ästhetischen Anschauungen Otto Ludwigs, Diss. Zürich/Winterthur 1957. – H. THEISSING, Otto Ludwigs dramaturgische Anschauungen unter besonderer Berücksichtigung der Schauspielkunst, Köln 1967. – H. SCHANZE, Drama im Bürgerlichen Realismus (1850–1890). Theorie und Praxis, Frankfurt/M. 1973. – U. RICKLEFS, Otto Ludwigs Dramentheorie. Zum Problem der Kontinuität zwischen Frührealismus und poetischem Realismus, in: Studien zur Literatur des Frührealismus, hg. von G. BLAMBERGER/M. ENGEL/M. RITZER, Frankfurt/M./Bern/New York/Paris 1991, S. 45–76.

P. LANGEMEYER

Der sichtbare Mensch oder die Kultur des Films, Béla BALÁZS; EA Wien/Leipzig 1924.
Die Abhandlung ist die erste umfassende Theorie des Stummfilms, die sowohl seine Produktionsbedingungen als auch seine ästhetischen und sozialen Wirkungsmechanismen berücksichtigt. Balázs

versucht, den als Gegenstand einer ›Kino-Debatte‹ innerhalb der literarischen Intelligenz heftig umstrittenen Film als gleichberechtigte Kunstform zu legitimieren. Er bestimmt ihn als Volkskunst der Moderne. Ihre kulturrevolutionäre Funktion sieht diese darin erfüllt, daß sie ihre industriell-kapitalistische Entstehung in der Erzeugung von Sehnsucht nach unmittelbarer sinnlicher Erfahrung und unentfremdetem Menschsein dialektisch aufheben kann. Als Gebärdensprache setzt der Film der mit dem Buchdruck entstandenen begrifflichen eine neue visuelle Kultur entgegen. Er begründet nicht nur andere Ausdrucksmöglichkeiten für die Wirklichkeit, sondern erschließt neue Realitätsbereiche, die sich einer Benennung entziehen und somit bisher außerhalb der bewußten menschlichen Wahrnehmung standen. – Das Zentrum von Balázs Argumentation bilden drei eng miteinander verzahnte Themen: die Rolle des Schauspielers (des »sichtbaren Menschen«), die Großaufnahme und die Neubewertung der Dingwelt. Die Großaufnahme der menschlichen Physiognomie kann die psychische Disposition nach außen zeigen und zu immer subtileren Differenzierungen in Darstellung und Wahrnehmung anregen. Die Dingwelt, im frühen Film dem Menschen bereits in der gemeinsamen Stummheit angenähert, erwacht in der Großaufnahme zu eigenem Leben und entwickelt aus sich selbst Bedeutung. Im Begriff der »Bilderführung« und Rede von der Rhythmik des Films klingt die Technik der Montage an, die Balázs aber der Forderung nach Kontinuität unterordnet. Erst in der Abhandlung

Der Geist des Films (1930), mit der er auf die Erfindung des Tonfilms reagiert, würdigt er (als Konsequenz einer Auseinandersetzung mit S. Eisenstein) den »Schnitt« als eigenständiges, Bedeutung konstituierendes Verfahren. – Balázs unterscheidet zwei Filmstile: den Impressionismus, der in der naturalistischen, aber fragmentierten, perspektivierten Darstellung der Welt dem Zuschauer die subjektive Sicht eines Individuums vermitteln kann; und den Expressionismus, der ein totales Bild einer deformierten, stilisierten Dingwelt gibt. Mit der so erreichten Intensitätssteigerung der Wahrnehmung ist letzterer den Traumbildern des Menschen vergleichbar. Darüber hinaus stellt er Überlegungen zum Zusammenhang von Detektivfilm und abstraktem Kapitalismus an und behandelt die Rolle der Volksmasse im Film, die hier erstmals Gegenstand künstlerischer Gestaltung wird. Damit spricht Balázs Themen an, mit denen sich S. Kracauer (→ *Theory of Film*) fast zeitgleich befaßt. Zwei Figuren widmet Balázs eine ausführliche Würdigung: In Chaplins Filmen erkennt er die Konfrontation von Natur im »kindlich-ursprünglichen Menschentum« des Protagonisten mit einer »verdinglichten, maschinentoten« Zivilisation, so daß seine Filme der Definition des Wesens des Mediums in Reinform entsprechen. In Spiel und Wirkung von A. Nielsen sieht Balázs dagegen eine vergeistigte Erotik des Schauens realisiert. – Die Widersprüchlichkeit dieser Filmtheorie, in welcher der marxistische Anspruch mit der Beibehaltung traditioneller ästhetischer Kategorien und ahistorischer Wesensbestimmungen kollidiert, ermöglichte eine Rezeption aus verschiedenen Richtungen. Für R. Musil wurden die Überlegungen Balázs' zu Expressionismus und Physiognomik der Dingwelt und die Traumanalogie (die Musil unter den psychoanalytischen Begriffen der Verschiebung und Verdichtung faßt) Ausgangspunkt für eine Wirkungsbestimmung von Kunst allgemein. Wie nach Balázs der Film erschüttert auch die Kunst die Grenze zwischen dem von kausalem, mechanischem Denken geprägten Normalzustand und dem »anderen Zustand«, einer »Gleichgewichtsstörung des Wirklichkeitsbewußtseins« (gekennzeichnet durch Antirationalität und ›Zusammenfließen‹ des Einzelnen mit anderen Wesen und der Dingwelt). Dadurch ist er der psychiatrischen Illusion und dem mythischen Denken vergleichbar.

Ausg.: Schriften zum Film, 2 Bde., hg. von H. H. DIEDERICHS/W. GERSCH, Bd. 1, München 1982, S. 43–143.
Lit.: R. MUSIL, Ansätze zu neuer Ästhetik, in: R. MUSIL, Gesammelte Werke, Bd. 8, Reinbek 1978, S. 1137–54. – H. B. HELLER, Literarische Intelligenz und Film, Tübingen 1985.

M. DÖRR

Die Sickingen-Debatte, Briefwechsel zwischen Ferdinand LASSALLE, Karl MARX, Friedrich ENGELS, entst. 1859; ED Stuttgart 1902 (in: F. Mehring, Aus dem literarischen Nachlaß von Karl Marx, Friedrich Engels und Ferdinand Lassalle, Bd. 4).

Die von F. Mehring 1902 so bezeichnete, in privaten Briefen geführte Diskussion gilt als der Beginn einer historisch-materialistischen Ästhetik. Lassalles fünfaktige »historische Tragödie« *Franz von Sickingen* (1859), ein pathetisch-nationalistisches Drama in holperigen, z. T. gereimten fünf-hebigen Jamben und altertümeln-der Sprache, stellt Sickingen als das tragisch scheiternde große Individuum dar. Dagegen behauptet Lassalle im Vorwort, »die Individuen« seien nur die Träger und Verkörperungen dieser tief-innersten kämpfenden Gegensätze des allgemeinen Geistes«. Sein Anliegen sei, »daß der innerste welthistorische Gedanke und Gedankenkonflikt einer solchen Wendeepoche in vollständiger Klarheit dramatisch entfaltet und gestaltet wird«. Marx und Engels wenden sich gegen Lassalles Geschichtsbild, das die Kämpfe zwischen den Klassen und deren historisch mögliche und für den Erfolg notwendige Koalitionen zur Zeit der Bauernkriege falsch darstelle, der Adelspartei zu großes Gewicht beimesse und die proletarisch revolutionären Ansätze nicht richtig erfasse. Wie auch Engels kreidet Marx dem Drama »das Verwandeln von Individuen in bloße Sprachröhren des Zeitgeistes als bedeutendsten Fehler an«. Lassalle erscheint den beiden als ein Verfechter der bürgerlich idealistischen Auffassung von Geschichte, Individuum und Dichtung. Lassalle erwidert, ihm werde im Grunde vorgeworfen, daß er nicht Th. Müntzer zum Helden gewählt habe, sondern einen Protagonisten der Adelsklasse. – In dieser auf den ersten Blick belanglosen Diskussion um ein epigonales Geschichtsdrama werden Grundpositionen einer marxistischen Ästhetik sichtbar. Erstens ein politischer Begriff von Literatur: Die Aufgabe von Dichtungen, in aktuelle gesellschaftliche Kämpfe einzugreifen; in der Behandlung historischer Konflikte die aktuelle Situation klären zu helfen; von einer parteilich kritischen Position der Gegenwart aus zu schreiben, ohne aber die historische Wahrheit zu verfälschen. Zweitens die Ablehnung des bürgerlichen Begriffs vom Individuum und von Schillers und Hegels Auffassung von der Wirkungsmacht von Ideen und Geist. Die Figuren der Dramen sollen Verfechter von Klassenantagonismen sein, die aus eigenem Interesse, aus der Identität ihrer Person heraus historisch zentrale Widersprüche repräsentieren. Drittens die Ablehnung des moralischen Tragikbegriffs. »Die tragische Kollision« nennt Marx, ähnlich wie Engels, den Zusammenprall zwischen den Klassen und das Scheitern der aufbegehrenden Klasse gegen die bestehende, sich als zu stark erweisende alte Ordnung. – Die produktionsästhetisch orientierte *Sickingen-Debatte* wurde im Kaiserreich (E. Bernstein, F. Mehring, H. Oncken), in der Weimarer Republik (M. Lifschitz, G. Lukács, L. Marcuse) und auch nach dem 2. Weltkrieg (P. Demetz, A. Dymschitz, H. Koch, P. Weber) fortgesetzt. Eine weitere Fortsetzung ist die sog. ›Brecht-Lukács-‹ oder ›Expressionismus-Debatte‹. Die analytische marxistische Literaturforschung orientiert sich dagegen am Basis-Überbau-Modell, dem Begriff des Abbildes, der Widerspiegelung und dem Ideologiebegriff.

Ausg.: K. Marx/F. Engels, Über Kunst und Literatur, 2 Bde., hg. von M. Kliem, Berlin 1968.
Lit.: Sickingen-Debatte. Ein Beitrag zur materialistischen Literaturtheorie, hg. von W. Hinderer, Darmstadt/Neuwied 1974. – W. Hagen, Zur Archäologie der marxistischen Geschichts- und Literaturtheorie. Die sogenannte ›Sickingen-Debatte‹, in: Literaturwissenschaft und Sozialwissenschaften, Bd. 4, Stuttgart 1974, S. 7–108.

R. Scholz

Un si funeste désir (frz.; *Ein so unheilvolles Begehren*), Pierre KLOSSOWSKI; EA Paris 1963; dt. (Teilübersetzung).
In dieser Sammlung von Aufsätzen und Vorträgen (1949–57) umreißt Klossowski in der Auseinandersetzung mit A. Gide, M. Blanchot, G. Bataille, Ch. Du Bos und F. Nietzsche zentrale literaturtheoretische Überlegungen. Danach leistet literarische Sprache keine »Repräsentation«, sondern ist Verstellung, welche die Kunst als Simulation selbst ist. Unter diesem Blickwinkel führt Klossowski eine Nietzsche-Lektüre vor (*Nietzsche, le polythéisme et la parodie*, 1957; *Nietzsche, Polytheismus und Parodie*), in deren Mittelpunkt einerseits die »Refabulierung der Welt« (d. h. der Eintritt in die Zeit des Mythos) und andererseits im Bereich der Kunst der gewollte Irrtum tritt (F. Nietzsche →*Die fröhliche Wissenschaft*). Dieses aktive Vergessen der geschichtlich determinierten Gegenwart ermöglicht den Austritt aus der historischen Zeit, um in eine Zeit des Mythos, der Ewigkeit zurückzukehren (›Posthistoire‹). Die lächerliche Verstellung, die Parodie ohne Original und die Produktion von Simulakren werden Ausdruck einer Vision von Existenz, nach der Reproduktion, Fiktion und Simulakrum die Wahrheit des Realen sind. »Der gewollte Irrtum legt, nach Maßgabe des Scheins, Rechenschaft von der Existenz ab, deren Wesen die sich entziehende Wahrheit, die sich versagende Wahrheit ist.« Die sich »entziehende Wahrheit« bleibt jedoch dem bewußten Denken verschlossen, das nur in Worten, d. h. Mitteilungszeichen geschieht, die das nicht-mitteilbare Wesentliche notwendig verfehlen. Sich selbst Erkennen bedeutet somit ein immerwährendes Verkennen der »authentischen Existenz«, paradigmatisch formuliert in der ekstatischen Erfahrung der »Ewigen Wiederkehr« der zu sich selbst zurückkehrenden Existenz kraft des exaltierten Geistes. Die »obsessionelle Neigung« zu pathologischen, anomalischen oder dämonischen Konstruktionen wirkt auch in Klossowskis eigenen Romanen formbestimmend (*Roberte ce soir*, 1953, *Heute abend, Roberte*; *Le Souffleur ou le Théâtre de la Société*, 1960, *Der Souffleur oder Theater in geschlossener Gesellschaft*). Im Nachvollzug der Nietzscheschen Rückführung des rationalen Denkens auf Triebkräfte stellen Klossowskis Essays den Versuch dar, in der Sprache die »Irrtümer« als Formen des Begreifens der Existenz zu entdecken. Die favorisierten Figuren des Simulakrums, der Ähnlichkeit, der Simulation, der Dissimulation und Simultanität kennzeichnen eine Konstellation, die sich der dialektischen Beziehung von Identität und Nicht-Identität entzieht. Diese eröffnet einen Raum, in dem jede Kopie bereits die Kopie einer Kopie ohne Original ist, in dem das Gleiche und das Andere gleichzeitig erscheinen, da jede Identität die andere nur simuliert. Es gibt keine authentische Version eines Textes mehr; Jeder Text ist Übersetzung eines anderen und verweist auf dessen Abwesenheit (M. Blanchot). Schrift und Darstellung werden begriffen als Simulation und Verdoppelung, doch letzlich kann die nicht hintergehbare Linearität der Schrift dieser Aspiration auf Gleichzeitigkeit des Gleichen und des Anderen nicht genügen. Klossowski wendet sich seit 1975 fast

ausschließlich der bildlichen Darstellung zu. Sein Konzept überbietet das poststrukturalistische Postulat der Differenz, angetreten als Kritik gegen das Identitätsprinzip (G. Deleuze →*L'Anti-Œdipe*, J. F. Lyotard →*Le différend*) mit einem Scheinprinzip, das selbst nur Parodie einer Lehre ist.

Ausg.: Dt. von W. HAMACHER (Teilübersetzung), in: Nietzsche aus Frankreich, hg. von W. HAMACHER, Frankfurt/M./Berlin 1986.
Lit.: P. Klossowski [Mitarb.], Sprachen des Körpers, Marginalien zum Werk Pierre Klossowskis, Berlin 1979. – A.-M. LUGAN-DARDIGNAN, Klossowski, Paris 1986.

                       B. KIRBERGER

The Social History of Art

(engl.; *Sozialgeschichte der Kunst und Literatur*), Arnold HAUSER; EA London und New York 1951; dt. München 1953.

In Hausers historisch-chronologisch angelegtem Hauptwerk wird Kunst durchgängig als realer Teil gesellschaftlicher Sachverhalte begriffen. Die verschiedenen Kunstarten, der Film eingeschlossen, stehen sich nicht separiert gegenüber, sondern werden in ihren wechselseitigen Wirkungen und Abhängigkeiten dargestellt. Formen, Motive und Inhalte zeigen sich in enger Verbindung zu politischen und sozialen Strukturen und Institutionen. In der konkreten Schilderung wird deutlich, daß die soziale Herkunft des Dichters keine große Aussagekraft hat. Wichtiger ist die Stellung seines Standes innerhalb der gesellschaftlichen Hierarchie, ebenso die nicht selten auf persönlicher Entscheidung beruhende Identifikation mit der herrschenden Ideologie. Hieraus ergeben sich nicht nur Fremd- und Selbsteinschätzungen, sondern auch die Potenzen gesellschaftlicher Wirkung. Indem Hauser diese Aspekte in historisch angemessener Weise berücksichtigt, kommt er, trotz der recht traditionell gehaltenen Kapitelüberschriften, oft zu einer überraschenden, argumentativ immer abgesicherten neuen Periodisierung. – Die Auffassung von der Kunstgeschichte als »dialektischem Prozeß, in welchem sämtliche Fakten, materielle und geistige, wirtschaftliche und ideelle, in einer unauflöslichen Interdependenz untereinander verbunden sind«, hat Hauser dem historischen Materialismus entlehnt. Doch kann man ihn nicht als Marxisten bezeichnen, schon weil er nirgends dogmatisch verfährt. Gewiß ist er ein Gegner der idealistischen Geschichtsphilosophie, doch richtet sich sein Vorwurf der »Begriffsmystik« und der »emanatistischen Logik« nicht gegen diese allein. Außerdem zeigt er sich den theoretischen Anregungen der zeitgenössischen Soziologie (G. Simmel, E. Troeltsch, M. Weber, K. Mannheim) gegenüber offen. Als methodisches Fehlverhalten der Zunft werden besonders die falschen Analogien, die bei gleichen Wörtern gleiche Sachverhalte unterstellen, als »idola aequivocationis« verbannt. Im ganzen sind methodische und theoretische Reflexionen selten und die Darstellungsweise eher narrativ, zumal sich Hauser bei der Entdeckung von Problemfeldern auf die eigene kreative Phantasie verläßt. Indem er sich sowohl in Details als auch in weiterreichenden Theoremen als widerlegbar erwies, hat er sich als Empirist bewährt. Seine *Sozialgeschichte* ist als erster Versuch einer systematisch starken und historisch kenntnisreichen Darstellung eines komplexen Gegenstandes bis heute richtungweisend und anregend.

Ausg.: Dt. München 1983.
Lit.: E. H. GOMBRICH, Die Sozialgeschichte der Kunst, in: ders., Meditationen über ein Steckenpferd, Frankfurt/M. 1978, S. 154–67. – K. J. LEBUS, Eine sozialhistorische Sicht auf Kunst und Gesellschaft, in: Bildende Kunst 12 (1988), S. 572.

H. N. FÜGEN

Sous-développement et littérature en Amérique latine (frz.; *Literatur und Unterentwicklung in Lateinamerika*), Antonio CANDIDO; ED (Übers. aus dem Span.) Neuchâtel 1970 (in: Cahiers d'Histoire Mondiale, Unesco, Nr. 4).

Im Rahmen der Analyse von Prozessen der Selbstrepräsentation in der lateinamerikanischen Literatur stellt Candido die Frage nach dem Verhältnis von literarischer Produktion/Rezeption und kultureller Abhängigkeit Lateinamerikas. Er liefert ein Inventar von affirmativen Aussagen, welche die »Originalität« dieser Literatur in der »Dialektik, original für das (europäische) Andere« zu sein, begründen. Damit entwickelt er ein Bewußtsein von der Unterentwicklung, das verbunden mit patriotischem Optimismus zu einer entschieden lateinamerikanischen Position und Perspektive führt. – Der als Manifest formulierte Beitrag untersucht die historischen Voraussetzungen der postkolonialen Situation und bestimmt mit Blick auf die Abhängigkeit von den Metropolen die Ungleichzeitigkeit der Moderne in Europa/USA und Lateinamerika. Candidos Überlegungen zum epistemologischen Problem der Unterentwicklung und seiner Überwindung gehen über sozialwissenschaftliche Bestimmungen struktureller (ökonomischer) Abhängig-

keit hinaus. Indem er die Analyse der kulturellen Sphäre in den Mittelpunkt rückt, nimmt er die in den 80er Jahren bestimmende Formel der »Modernität ohne Modernisierung« zur Beschreibung der paradoxen Situation lateinamerikanischer Gesellschaften vorweg. Die Überwindung der Unterentwicklung vollzieht sich mit der »zentrifugalen und -petalen Bewegung«, bei der die Literatur der kolonialen Peripherie ins Zentrum rückt. Die von Candido eingeführten metaphorisch-topologischen Begriffe Peripherie und Zentrum verweisen auf die Mehrdimensionalität eines Perspektivwechsels, der zwischen der sogenannten »Ersten« und »Dritten Welt« stattgefunden hat. Als Referenzpunkt dient Candido nicht erst J. L. Borges, der die westliche Literatur mit seiner innovativen Erzählpraxis nachhaltig beeinflußt hat, sondern schon der brasilianische Meistererzähler des 19. Jh.s M. de Assis. Mit einer Verbindung von materialistischer Analyse und sozialanthropologischer Verortung einerseits, strukturalen und komparatistischen Verfahren andererseits gelingt es Candido, den besonderen Charakter lateinamerikanischer Texte zu bestimmen. Voraussetzung dafür ist die Abkehr von einem nationalen Literaturbegriff und die bewußte Anknüpfung an Modelle westlicher Literatur und Ästhetik. Die Verwandtschaft zum geschichtsphilosophischen, idealtypischen Denken von Hegel und Lukács zeigt sich in der Verwendung der Kategorien von Kohärenz und Einheit und der Annahme einer dialektischen Beziehung zwischen literarischem System und literarischen Prozessen im sozialen Raum. Gleichzeitig allerdings signalisiert die Differenzierung in (Sub-)Systeme eine Offenheit gegenüber der Idee der Heterogenität und Alterität lateinamerikanischer Literatur. Zentrale Annahmen wie Homologienbildung, Widerspiegelung außerliterarischer Wirklichkeit, dialektische Bewegung werden durch die Phänomene des Wunderbaren, Magischen, Synkretistischen, Erhabenen lateinamerikanischer Texte in Frage gestellt. Die aus der Hegelschen Tradition übernommene Annahme einer Dialektik des Allgemeinen, Besonderen und des Individuellen, der normative Begriff der Totalität, der Universalismus-Realismus Lukácsscher Prägung erscheinen Candido angesichts eigener literarischer Traditionen der Romantik, des Realismus, des Modernismus fragwürdig. In seiner rezeptionsgeschichtlich orientierten Lektüre der lateinamerikanischen Romantiker entdeckt er die bis dahin negativ bewertete Selbstexotisierung, die Übernahme des fremden Blicks europäischer Reiseliteratur, als ein positives Element: Der autoreflexive Blick wird zu einem anthropologischen, der zur Erkenntnis der Alterität führt. Auf der Grundlage dieser Kategorie der Eigenheit des Anderen entwickelt Candido in einer komparativ angelegten Analyse des lateinamerikanischen Modernismus und der europäischen Avantgarde sein Konzept der lateinamerikanischen als einer Literatur des Übergangs, die durch die idealtypischen Begriffe von Einheit, Avantgarde, Modernität nicht angemessen erfaßt wird. Die abweichenden diskursiven Formen der »primitiven Kulturen« deutet er als Ergebnis einer lokalen, regionalen Entwicklung, die

von spezifischen Alltagserfahrungen und lebendig gebliebenen Erinnerungen mythischer Geschichte geprägt ist. Zentrale Größe für die Divergenz zu Europa ist vor allem der »Habitus des schwarzen Fetischismus, der Calungas, der Exvotos, der oralen Poesie«, der in Candidos Augen »prädisponiert ist, künstlerische Prozesse zu akzeptieren und zu assimilieren, die in Europa einen tiefen Bruch im sozialen Bereich und mit den geistigen Traditionen darstellten«. Mit der Einbeziehung der von Oralität geprägten Volksdichtung und der heraufdrängenden visuellen Medienkultur der 60er Jahre plädiert Candido für eine Erweiterung des westlich traditionellen Werk- und Gattungsbegriffs: Misch- bzw. Pseudogattungen wie Testimonialliteratur, Bildchroniken, fiktionalisierte Reportagen gewinnen gegenüber dem Roman an Bedeutung. Candido bleibt im Rahmen neomarxistischer ästhetischer Theorie und Begrifflichkeit, doch seine deskriptiven Analysen bewegen sich jenseits der einheitsstiftenden, dualen und hierarchisierenden Klassifizierung von Universalismus und Partikularismus, Moderne und Tradition, Original und Imitation. Indem seine Bestimmung von Literatur zugleich die Konzepte ihrer Historisierung problematisiert, legt es die Revision und Erneuerung westlicher literaturwissenschaftlicher Modelle nahe.

Ausg.: Literatura y subdesenvolvimiento, in: América Latina en su Literatura, hg. von C. F. MORENO et al., Mexiko D. F. ²1974, S. 335–53. – Literatura e sociedade, São Paulo 1973, S. 109–38.

Lit.: Dentro do texto, dentro da vida. Ensaios sobre Antonio Candido, hg. von M. A. D'INCÃO et al, São Paulo 1992. – C. RINCÓN, Ubicuidad global y narrativa latinoamericana, in: Caribe 3 (1982), S. 3–6. –

E. SPIELMANN, Literatur – als Kulturwissenschaft: Der Fall Brasilien, Frankfurt/M. 1994.

E. SPIELMANN

Soziologische Aesthetik, Georg SIMMEL; ED Berlin 1896 (in: Die Zukunft 17, S. 204–16). Nach Simmels Grundüberzeugung, die auch in diesen Essay eingeht, ist menschliches Wirken durch »Kampf, Kompromiß, Kombination« weniger Grundmotive bestimmt, deren Anzahl sich als epochal unterschiedlich ausgeprägte, antithetische Zweiheit fassen läßt. Sie äußert sich als Gegensatz: von Sein und Werden in der Antike; von Göttlichem und Irdischem im Christentum; von Geist und Natur in der Neuzeit; von Sozialismus und Individualismus im 19. Jh. Da diese Dualismen einen gemeinsamen gattungsgeschichtlichen Ursprung haben und sowohl materielle Lebensinteressen als auch ästhetische Weltanschauungen umfassen, lassen sich aus ihnen grundlegende soziologische und ästhetische Positionen sowie deren Zusammenhänge entfalten. Soziologisch betrachtet gehen die jeweils erstgenannten Pole darauf aus, Ordnung in die chaotische Erscheinungsvielfalt zu bringen, indem sie die Teile auf ein Zentrum beziehen und das Einzelne dem Ganzen unterordnen. Um eine zentralistische Organisation hervorzubringen, bedient sich der Mensch symmetrisch angeordneter sozialer Gebilde, deren Form sämtlichen despotischen Gesellschaftsformen zu eigen ist. Obwohl diese soziale Organisationsform aus einem materiellen Machtinteresse hervorgegangen ist, erhält sie eine rein ästhetische Bedeutung, die auf der harmonischen Ausgeglichenheit der Teile und deren Bezogenheit auf ein Ganzes gründet. Aus dieser ästhetischen Anziehungskraft der Symmetrie heraus wirkt diese auf die ästhetische Organisation sozialer Gebilde zurück, z. B. im ästhetischen Reiz einer in Kreisform angelegten Stadt. Die Ästhetik der symmetrischen Form gründet in einem ästhetischen Pantheismus, der von der ästhetischen »Allgleichheit und Alleinheit« allen Seins ausgeht. Der einzelne und eine auf das Individuum bezogene Wertehierarchie verlieren damit tendenziell an Bedeutung; Unterschiede zwischen »Höchstem« und »Niedrigstem« werden nivelliert. Ist die Vielfalt des Lebens der symmetrischen Konstruktion unterworfen, so zerfällt deren sozialer wie ästhetischer Reiz. Der sich entfaltende Gegenpol der Asymmetrie ist dagegen durch den Primat irrationaler Freiheit und Schönheit des einzelnen gekennzeichnet. Nicht mehr das funktionierende Ganze bildet die soziale Grundlage dieser Position, sondern die irreduzible Bedeutsamkeit und Möglichkeit des Individuums. Auf dieser Grundlage ist ein sich stetig entwickelndes und überholendes, dynamisch-offenes soziales Ganzes möglich, das den Ausgangspunkt jeder liberalen Organisationsform bildet. In ästhetischer Hinsicht entspricht dem ein ästhetischer Individualismus oder Atomismus, dem der Selbstwert des einzelnen zentral ist und der von einer ästhetischen Differenzierung und Wertehierarchie ausgeht, die den »Wert der Dinge an ihren Abstand voneinander« knüpft. Daß sich das ästhetische Empfinden des Menschen von beiden Polen angezogen zeigt, begründet Simmel mit der

Gattungsgeschichte der Menschheit, in deren Frühzeit beide Tendenzen ihre soziale Nützlichkeit und Zweckmäßigkeit bewiesen haben. Diese materiellen Motive aber »liegen in weiter Zeitenferne und lassen dem Schönen den Charakter der ›reinen Form‹, einer gewissen Ueberirdischheit und Irrealität«, die uns den sozialen Ursprung unseres ästhetischen Empfindens nur noch »vergeistigt und formalistisch vererbt« erahnen läßt. Im letzten Teil seines Essays bestimmt Simmel die »innere Bedeutsamkeit der Kunststile« anhand der Distanz, die sie zwischen den Menschen und die Dinge legen, und betont als Grundzug seiner Zeit eine Distanzvergrößerung, die sich im ästhetischen Bereich u. a. in der Bevorzugung fragmentarischer, aphoristischer und symbolischer Formen zeigt. Der Versuch des Naturalismus, die Dinge direkt zu ergreifen, scheitert an der Neurasthenie und Hyperästhesie der Moderne, der jede unmittelbare Berührung Schmerz bedeutet. Den Prozeß der Distanzvergrößerung, der zu einer zerrissenen Faszination sowohl durch allergröbste als auch allerfeinste Reize führt, begründet Simmel, der zur selben Zeit an einer *Philosophie des Geldes* (1900) arbeitet, mit der alles umfassenden Geldwirtschaft, die das Geld als rein quantitatives Drittes zwischen sämtliche Beziehungen schiebt und damit eine allein über dieses Abstraktum vermittelte, distanzierte Beziehung zwischen Subjekt und Objekt erlaubt.

Ausg.: Gesamtausgabe, Bd. 5, hg. von H.-J. DAHME, Frankfurt/M. 1992.
Lit.: Ästhetik und Soziologie um die Jahrhundertwende: Georg Simmel, hg. von H. BÖHRINGER/K. GRÜNDER, Frankfurt/M. 1976. – G. Simmel und die Moderne, hg.

von H.-J. DAHME/O. RAMMSTEDT, Frankfurt/M. 1984.

R. HAERER

Speculum de l'autre femme (frz.; *Speculum. Spiegel des anderen Geschlechts*), Luce IRIGARAY; EA Paris 1974; dt. Frankfurt/M. 1980.

Mit dieser eigenwilligen Revision der abendländischen Philosophiegeschichte legte die französische Philosophin und Psychoanalytikerin Irigaray einen der wichtigsten Grundlagentexte der feministischen Theoriebildung vor, der ihre besonders in der feministischen Wissenschaftstheorie einflußreiche ›Theorie der Geschlechterdifferenz« begründete. Ihre Wirkung innerhalb der feministischen Literaturwissenschaft beruht auf ihrem Versuch, einen ›weiblichen‹ Diskurs zu thematisieren und zu praktizieren. – Irigarays Revision der Philosophiegeschichte als Patriarchatsgeschichte schließt die Psychoanalyse ein, die in Fortsetzung der Philosophie den fundamentalen Diskurs der Gegenwart stellt. In der Sexualtheorie Freuds wird nach Irigaray erstmals eine patriarchalische Einstellung deutlich, welche die gesamte Diskursgeschichte im Verborgenen bestimmt: Die scheinbare sexuelle Neutralität des philosophischen und wissenschaftlichen Diskurses beruht in Wahrheit auf der Verabsolutierung einer männlichen Subjektivität und Sexualität, die mit einer Ausbeutung und Ausschließung des Weiblichen gekoppelt ist. Methodisch schließt Irigaray – neben Hegel und Marx – jedoch selbst an die Psychoanalyse an, da ihr erst das Theorem des »Unbewußten« die Kritik jenes Systems ermöglicht, an dem die Psychoanalyse selbst noch partizipiert. Die poststrukturalistische Theorie des Psychoanalytikers Lacan (→*Écrits*) stellt den ungenannten, zentralen Referenztext des Buches dar. Entsprechend Irigarays These, nach der die Frau im patriarchalischen Diskurs keinen Ort hat und diesen erst (re-)konstruieren muß, indem sie nach den Brüchen, Widersprüchen und »blinden Flecken« im männlichen Diskurs sucht, widmet sie ausgewählten Schriften von Freud, Platon, Aristoteles, Plotin, Descartes, Kant und Hegel dekonstruktivistische, psychoanalytische Lektüren. Ihr Interesse gilt dabei vor allem der diesen Texten zugrundeliegenden, sinnkonstitutiven Strukturierung des Wirklichen durch die unbewußte Ebene des »Imaginären« (Lacan), auf der sich im Verlauf der frühkindlichen psychosexuellen Sozialisation elementare Bilder des Geschlechterverhältnisses, des Körpers, der Geburt und des Todes eingeschrieben haben. Die Funktion des philosophischen Diskurses sieht Irigaray darin, diese unbewußte Ebene, die das Subjekt auf seinen kontingenten Ursprung verweist, zugunsten eines narzißtischen Diskurses zu leugnen, durch den sich das männliche Subjekt in einer Umkehrung der realen (Re-)Produktionsbedingungen zum alleinigen Produzenten und Beherrscher einer Welt der »fixen Ideen« aufschwingt. Dieser patriarchalische Diskurs beruht auf einer »Ökonomie des Selben«, welche die konstitutive Verankerung des Subjekts und seines Wissens in der »Mutter-Materie« verdrängt und des »Anderen« Herr zu werden sucht, indem es dieses als ein vom Einen, Selben abgeleitetes setzt. Das gilt für die Natur wie für die Frau, der

die Funktion einer lebenserhaltenden Energieressource und eines Negativ-Spiegels der männlichen Subjektivität zugewiesen wird. Die Wirkungen des »Imaginären« versucht Irigaray durch eine Analyse der Rhetorik und Metaphorik der Texte aufzuzeigen. Sie bedient sich dabei eines immanenten Kommentierungsverfahrens, das ironisch an das fremde Schreiben anschließt, sich dessen Terminologie und Metaphorik zu eigen macht und dabei aus der inneren Logik der Texte heraus, die sie konsequent weiterführt, zu kritischen Positionen gelangt. Diese werden jedoch nicht im apodiktischen Gestus traditioneller Diskursivität vorgetragen, sondern in elliptisch verdichteten, gleichwohl präzisen »Äquivokationen, Anspielungen, Gleichnissen, Andeutungen«, die eine bloße Reproduktion des patriarchalischen »Systems der Repräsentation« verhindern sollen. So eröffnet etwa die mehrdeutige Titel- und Leitmetapher »Speculum« ein ganzes Bedeutungsfeld, das die philosophische, ökonomische und optische Bedeutung von »Spekulation« zum psychoanalytischen Begriff des »Spiegelstadiums« (Lacan) in Beziehung setzt. Dieses kennzeichnet die Phase, in der das Subjekt aufgrund einer intersubjektiven Dialektik der Anerkennung, aus der für Irigaray die Frau ausgeschlossen bleibt, eine imaginäre Identität erwirbt. – Die Theorie Irigarays, die ihren Ausschluß aus der Lacan-Schule bewirkte, wird trotz ihres großen Einflusses innerhalb der feministischen Theorie und Literaturwissenschaft auch dort kontrovers diskutiert. Dem Versuch, aus ihrem Konzept einer mimetisch-dekonstruktiven weiblichen Schreibpraxis Kriterien einer feministischen Literaturwissenschaft zu gewinnen, steht eine Ablehnung ihrer als Biologisierung oder Ontologisierung der Geschlechterdifferenz interpretierten theoretischen Grundannahmen gegenüber.

Lit.: S. KLEFINGHAUS, Über Luce Irigaray, in: Die schwarze Botin 14/15 (1980), S. 12–17. – T. MOI, Sexus, Text, Herrschaft. Feministische Literaturtheorie, Bremen 1989. – N. SCHOR, Dieser Essentialismus, der keiner ist – Irigaray begreifen, in: Dekonstruktiver Feminismus, hg. von B. VINKEN, Frankfurt/M. 1992, S. 219–246.

                              L. LINDHOFF

Speech Acts. An Essay in the Philosophy of Language (engl.; *Sprechakte. Ein sprachphilosophischer Essay*); John Rogers SEARLE; EA Cambridge 1969; dt. Frankfurt/M. 1971.

Searle greift in seiner sprachphilosophischen Theorie die Gedanken von J. L. Austins *How To Do Things With Words* (1962; *Zur Theorie der Sprechakte*) auf und entwickelt diese zu einer vollständigen Sprechakttheorie weiter, die in der Sprachwissenschaft zur Pragmalinguistik führte und in der Literaturwissenschaft und -theorie seit den späten 70er Jahren sehr einflußreich wurde. Er versteht Sprechen als eine Form des Handelns und definiert dieses als eine regelgeleitete, d. h. institutionelle Form intentionalen Verhaltens, ohne das sprachliche Kommunikation nicht möglich ist. So stellt Searle seine Untersuchung in den Rahmen einer allgemeinen Handlungstheorie. Entscheidend für ihn ist das Prinzip der Ausdrückbarkeit: Alles, was gemeint werden kann, kann auch gesagt werden. Grundsätzlich sind bei Äußerungen zwei Aspekte zu beachten: der Vollzug propositionaler Akte (Inhalt einer Äußerung) sowie der illokutionärer Akte (z. B. Behaupten, Fragen, Befehlen, Versprechen usw.). Beide stellen nur unterschiedliche Seiten einer jeden Äußerung dar. Betrachtet man einen Sprechakt unter dem Aspekt seiner Konsequenzen oder Wirkungen auf die Zuhörer, so ist diesem System noch Austins Begriff des »perlokutionären Aktes« hinzuzufügen. Searle konzentriert sich jedoch auf die Analyse »propositionaler« und »illokutionärer Akte«, die sich vom bloßen Äußerungsakt durch ihre Kontextgebundenheit und ihre Intentionalität unterscheiden. Der propositionale Akt besteht wiederum aus zwei Teilen, der »Referenz« und der »Prädikation«. Beide tauchen als »propositionaler Gehalt« im vollständigen Satz/der vollständigen Äußerung auf. Die Referenz dient dazu, ein Individuum oder ein partikulares Objekt aus anderen herauszugreifen und zu identifizieren. Dies kann durch singuläre hinweisende Ausdrücke, durch Eigennamen, Nominalausdrücke, Pronomen und Titel geschehen. Searle analysiert das Prinzip der Identifikation genau und stellt eine Reihe von Regeln für die erfolgreich vollzogene Referenz auf. Die Prädikation schreibt dem Gegenstand der Referenz eine Eigenschaft zu. Searle untersucht diesen Vorgang, wobei er W. Quines Theorie von den ontologischen Voraussetzungen der Prädikation und P. F. Strawsons Termtheorie zurückweist. Die in G. Freges *Grundlagen der Arithmetik* (1884) geforderte Trennung von hinweisendem Ausdruck und Prädikatsausdruck modifiziert er zwar, bestätigt sie aber grundsätzlich. Während die Referenz unabhängig von einer illokutionären Rolle oder Äußerungsfunktion ist, zeigt sich die Prädikation grundsätzlich immer an eine solche gebunden. Einem Bezugsgegenstand kann keine Bestimmung zugewiesen werden, ohne daß dabei nicht gleichzeitig ein illokutionärer Akt des Aufforderns, Behauptens, Feststellens, Fragens usw. ausgeführt wird. Da bei gleichem propositionalem Gehalt (d. h. gleicher Referenz und Prädikation) jedoch unterschiedliche illokutionäre Akte möglich sind, ist auch die Prädikation wie die Referenz ein unabhängiger Sprechakt. Im zweiten Teil seines Buches widerlegt Searle mit Hilfe der Sprechakttheorie drei Fehlschlüsse der modernen Sprachphilosophie: den naturalistischen Fehlschluß, demzufolge aus deskriptiven Aussagen keine bewertenden abgeleitet werden können, und den Sprechakt- sowie den Behauptungs-Fehlschluß. Bei diesen können jeweils Inhalt und Funktion, Bedeutung und Gebrauch verwechselt werden. Searle zeigt darüber hinaus, daß B. Russells berühmte Theorie der bestimmten Beschreibungen durch eine Theorie der Referenz falsifiziert werden kann. Schließlich weitet er seine Analysen in den Bereich der Metaethik aus, indem er eine sprechakttheoretisch begründete Ableitung des Sollens aus dem Sein vorlegt. – Faßt man das literarische Kunstwerk als virtuellen Sprechakt auf, so ergeben sich mannigfaltige literaturtheoretische Konsequenzen. J. Derrida begrüßt die Sprechakttheorie als Bruch mit logozentrischem Denken, kritisiert aber deren mit seinem Konzept der »écriture« (→*L'écriture et le différence*) unvereinbare Abhängigkeit einer jeden Äußerung vom Spre-

cher bzw. intendierendem Subjekt und Kontext. Die Sprechakttheorie gewinnt auch in W. Isers rezeptionsästhetisch orientiertem Literaturmodell Bedeutung (→*Der Akt des Lesens*; →*Appellstruktur der Texte*).

Ausg.: Cambridge 1974.
Lit.: M. L. PRATT, Toward a Speech Act Theory of Literary Discourse, Bloomington 1977. – S. PETREY, Speech Acts and Literary Theory, New York 1990.

                                    H. ANTOR

The Spirit of the Age: or Contemporary Portraits (engl.; *Der Geist des Zeitalters oder zeitgenössische Porträts*), William HAZLITT; EA London 1825.
Der Essayist Hazlitt entwirft mit seinen 20 Porträts von bedeutenden Denkern, Autoren und Politikern ein Panorama der zeitgenössischen Kultur. Zwar geht es ihm um eine Definition des Zeitgeistes, doch beschränkt er sich dabei nicht auf eine Interpretation, sondern bewertet die Charaktere und Werke von moralischen, politischen und ästhetischen Gesichtspunkten her. Mit dem 19. Jh. hat für Hazlitt das Zeitalter der Reflexion begonnen: »Die Gegenwart ist ein Zeitalter von Redenden und nicht von Handelnden; und zwar deshalb, weil die Welt alt wird.« Das wichtigste Beispiel dieser Tendenz ist für ihn der Romantiker S. T. Coleridge (→*Biographia Literaria*), der seine schöpferische Zeit überlebt habe und dem er ein »tangentielles« Denken vorwirft. Den anderen großen romantischen Lyriker, Wordsworth, bezeichnet er als »reine Emanation des Zeitgeistes« und bescheinigt ihm höchste Originalität. Gleichzeitig kritisiert er seinen Egozentrismus sowie seine Wendung zum politischen

Konservativismus. W. Scott erscheint als Prophet vergangener Dinge, aber auch, trotz seiner aristokratischen Haltung, als vorurteilsfreier und volksnaher Autor, wogegen der Freiheitsheld Byron ästhetisch seinen Snobismus kultiviere. Während Hazlitt bei den romantischen Dichtern scharf mit Geniekult und Egoismus ins Gericht geht, kritisiert er an populären Denkern wie Bentham und Malthus ihren Utilitarismus und Materialismus, die zu einem lebensfeindlichen Menschenbild führten. Darüber hinaus behandelt Hazlitt die Kultur- und Sozialkritiker Godwin und Cobbett, die Politiker Canning und Brougham, den Essayisten Ch. Lamb (→The Essays of Elia) sowie zwei Zeitschriftenherausgeber und einen Prediger. Seine Charakterbilder sind immer scharf gestochen und treiben Schwächen wie Stärken der Personen deutlich heraus. Hazlitt polemisiert gern und neigt zu aphoristischen Verkürzungen. Seine Porträtgalerie wird nicht nur Vorbild für Sainte-Beuves *Portraits contemporains* (1846; *Zeitgenössische Porträts*), sondern nimmt auch die viktorianische Kulturkritik eines M. Arnold (→*Essays in Criticism*) oder J. Ruskin (→*Modern Painters*) vorweg.

Ausg.: London 1969.
Lit.: R. PARK, Hazlitt and the Spirit of the Age. Abstraction and critical Theory, Oxford 1971. – D. L. BROMWICH, Hazlitt: The Mind of a Critic, London/New York 1983. – W. Hazlitt, hg. von H. BLOOM, New York 1986.

                                        E. SCHENKEL

Steven's Rock and Criticism as Cure (engl.; *Stevens' Stein und Kritik als Kur*); ED 1976 (in: Georgia Review 30, S. 6–31, 330–48); *Ariadne's Thread: Repeti-*

tion and the Narrative Line (engl.; *Der Ariadnefaden: Wiederholung und die Linie der Erzählung*); ED 1976/77 (in: Critical Inquiry 3, S. 57–77); *The Critic as Host* (engl.; *Der Kritiker als Gastgeber*); ED 1976/77 (in: Critical Inquiry 3, S. 439–47); dt. München 1986 (in: Kritik in der Krise. Theorie der amerikanischen Literaturkritik, hg. von J. Schlaeger, S. 166–75), Joseph Hillis MILLER.

Der amerikanische Literaturwissenschaftler Miller wurde auch in Deutschland zunächst durch seine an der phänomenologischen Schule G. Poulets (→*Etudes sur le temps humain*) orientierten Arbeiten zur englischen Literatur des 19. Jh.s bekannt. Zu Beginn der 70er Jahre verschrieb er sich wie seine Kollegen Bloom, de Man und Hartmann der Philosophie J. Derridas und gilt seit dessen Lehrtätigkeit in Yale als einer der Vertreter der sog. »Yale Deconstruction«. Im Gegensatz zu seinen Mitstreitern hat sich Miller weniger als Autor umfassender theoretischer Entwürfe denn als Verfasser programmatischer Aufsätze und als häufig chamäleonhaft operierender Teilnehmer theoretischer Debatten hervorgetan. – Miller übernimmt Derridas radikalen erkenntnistheoretischen Skeptizismus samt dessen Metaphysik-Vorwurf gegenüber den christlich-platonischen Denk-Traditionen: Wirklichkeit bzw. Wahrheit sind nicht als vorgängige Wesenseinheiten zugänglich, sondern nur als Produkte sprachlicher Differentialität zu umschreiben. Aus diesem Grund verfehlen alle Theorien, die sich auf außersprachliche Fixpunkte stützen, jene Bewegung der Signifikation, die unseren Zugriff auf Wirklichkeit organisiert. Den

Prozeß der Sinnkonstitution begreift Miller mit Derrida als eine Kette von Aufschiebungen, als ein ständiges Oszillieren zwischen Sinnangeboten, dessen Dekonstruktion allein zeigen kann, wie jeder Text die von ihm vorgenommenen metaphysischen Setzungen zugleich unterhöhlt. In dem Aufsatz *Stevens' Rock: Criticism as Cure* beschreibt Miller diese Eigenbewegung von Sprache als figuratives Spiel von Enthüllung und Verdunkelung, das die Abwesenheit metaphysischer Gewißheiten immer wieder verstellt, bis es schließlich in eine semantische Implosion, eine ontologische »abyme« mündet. Der Aufsatz *The Critic as Host* demonstriert, daß sich literarische Interpretation vor diesem Hintergrund vor allem als rhetorische Lektüre vollzieht. Diese versucht nicht mehr, die Sinnbewegung des Textes mit Hilfe binärer Oppositionen und dialektischer Synthesen zu arretieren, sondern will nachweisen, daß allen Figurationen eines Textes bereits jene widersprüchliche Formation eingeschrieben ist, deren Spur die Dekonstruktion zu markieren sucht. Die in *Ariadne's Thread* und *The Critic as Host* vorgeführten Lesarten verzichten zunehmend auf eine begrifflich-diskursive Sprache und nähern sich stattdessen dem literarischen Text an: Sie nehmen Metaphern wörtlich und Wörtliches als Metapher, kreieren neue Worte und bedienen sich der Etymologie als eines unerschöpflichen Reservoirs reaktivierbarer Sinnzusammenhänge. Die Strategie einer mimikry-artigen Umschreibung des Textes ist nicht auf Verstehen, sondern vielmehr auf den Nachweis der prinzipiellen Unlesbarkeit literarischer Texte aus. Diese

Kategorie ist für Miller allerdings frei von resignativem Beigeschmack: sie garantiert vielmehr interpretatorische Offenheit und hütet jenes als »Abgrund« beschriebene Sinn-Vakuum, das für Miller als Refugium von Sinn-Freiheit zum wichtigsten Merkmal literarischer Texte wird. Das Ideal eines ›starken‹ Textes, dessen dekonstruktive Energie der Kritiker lediglich fortzuschreiben hat, erwies sich als ein Hauptkritikpunkt an Millers theoretischem Programm der 70er Jahre. Betrachtet man die von ihm geforderte rhetorische Exegese vor dem Hintergrund seiner zuweilen epiphanisch anmutenden Illustration der erkenntnisskeptischen Offenbarungsleistung literarischer Texte, so scheint hier zuweilen die Metaphysik abendländischen Denkens durch eine Metaphysik des Textgeheimnisses abgelöst. Der daneben häufig vorgebrachte Vorwurf einer ahistorischen Vorgehensweise ist zumindest hinsichtlich der Tendenz zum spielerischen Etymologisieren berechtigt. Er verstärkt zudem den Eindruck einer interpretatorischen Immanenz, die auf eine verdeckte Kontinuität mit dem ›New Criticism‹ weist, gegen den Derridas amerikanische Anhänger vehement aufbegehrt hatten. – Dieser Kritik ist entgegenzuhalten, daß Miller immer wieder versucht hat, die dekonstruktivistische Lektürepraxis vor dem Hintergrund gesellschaftlicher, historischer und institutioneller Veränderungen und seiner Verantwortung als Leser, Autor und Lehrer zu reflektieren. In neueren Arbeiten Millers mündet diese Reflexion in eine Rückwendung zu traditionelleren Konzepten von Schreiben, Lektüre und Literatur ein.

Lit.: U. Horstmann, Parakritik und Dekonstruktion. Eine Einführung in den amerikanischen Poststrukturalismus, Würzburg 1983. – Kritik in der Krise. Theorie der amerikanischen Literaturkritik, hg. von J. Schlaeger, München 1986.

J. Griem

Storia della letteratura italiana

(ital.; *Geschichte der italienischen Literatur*), Francesco De Sanctis; EA Neapel 1870/71 (2 Bde.); dt. Stuttgart 1941–43 (2 Bde.).

De Sanctis nimmt wesentliche ideologische und literaturtheoretische Vorgaben der italienischen Romantik auf und geht zugleich darüber hinaus, indem er sie in eine gedanklich homogene Gesamtdarstellung der italienischen Literatur integriert. Als Strukturprinzip liegt dieser Darstellung die Idee eines grundsätzlichen Wandels der italienischen Literatur zugrunde, die an ihren Anfängen bei Dante symbolisch auf die christlich-mittelalterliche Transzendenz verwiesen hat, um sich danach im Laufe der Jahrhunderte zunehmend dem Realismusprinzip anzunähern. De Sanctis, der nach seiner Abwendung von Hegel (→ *Vorlesungen über die Ästhetik*) das literaturtheoretische Konzept des Realismus favorisiert, bewertet diese Entwicklung positiv, zumal sich für ihn innerhalb der italienischen Literatur im Zusammenhang mit ihrer Annäherung an das Realismusprinzip das Bewußtsein von der staatsbürgerlichen Funktion jeder ernsthaften Literatur durchgesetzt hat. Diese für die italienische Romantik charakteristische politische und moralische Instrumentalisierung der Literatur verweist auf den historischen Zusammenhang des »Risorgimento«, aus dem die *Storia* hervorgegangen ist und dem sie ihr ideologisches Gepräge und besonders ihr nationales Pathos verdankt. Die nachhaltige Wirkung, die das Werk in Italien bis heute entfaltet, ist jedoch nicht in dem politisch-moralischen Engagement ihres Autors, sondern in seinem ausgeprägten Formbewußtsein begründet. Hinter De Sanctis' Erörterung der formalen Eigenschaften der von ihm behandelten Autoren steht eine Literaturtheorie, die literarische Formen in auch heute noch beeindruckender Weise als Ausdruck gesellschaftlich bedingter geistiger Haltungen deutet. Die Form erscheint als Begründung des ästhetischen Überschußcharakters von Literatur und bewirkt, daß die Texte eines Dante oder Ariost über ihre jeweils historische und in der Zwischenzeit obsolet gewordene Botschaft hinaus die Leser aller Epochen direkt ansprechen. Bei De Sanctis gibt es somit eine metaphysische Begründung von Kunst, die einen autonomen Kunstbegriff impliziert; ein solcherart autonomer Kunstbegriff hätte sich aber mit der politisch-moralischen Botschaft, der sich der Autor der *Storia* in seiner historischen Situation verpflichtet fühlte, kaum vereinbaren lassen. Deshalb ermöglicht der Gedanke einer Autonomie des Ästhetischen zwar als implizites kunsttheoretisches Fundament die Differenziertheit der literarhistorischen Wertungen von De Sanctis, aber er wird nicht programmatisch formuliert.

Ausg.: Hg. von N. Gallo, Torino 1958.
Lit.: De Sanctis e il realismo, Bde. 1 u. 2, Neapel 1978. – U. Schulz-Buschhaus, Erzählen und Beschreiben bei De Sanctis, in: Literarische Tradition und nationale Identität, hg. von F. Wolfzettel/P. Ihring, Tübingen 1991, S. 207–27.

P. Ihring

Struktura chudožestvennogo teksta (russ.; *Die Struktur des künstlerischen Textes*), Jurij M. LOTMAN; EA Moskau 1970; dt. u. d. T. *Die Struktur literarischer Texte*, München 1972.

Lotman untersucht Kunstwerke im allgemeinen, literarische Texte im besonderen als Mitteilungen des Autors an sein Publikum, die in einem für (künstlerische) Literatur spezifischen Zeichensystem kodiert sind. Inhalt der Mitteilung sind die spielerisch modellierten Weltdeutungen ihrer Autoren, die den jeweiligen Texten zu entnehmen sind. Diese werden im Horizont unterschiedlicher Lesercodes immer wieder anders »entschlüsselt« (also umcodiert) und damit zugleich umstrukturiert. Mit seiner Kultursemiotik und Literaturtheorie führt Lotman die von F. de Saussure zum ›Prager Strukturalismus‹ – insbesondere zur Phonologie N. S. Trubezkojs und zur Poetik R. Jakobsons (→*Linguistics and Poetics*) – führende Linie fort, knüpft aber auch an den ›französischen Strukturalismus‹ eines Cl. Lévi-Strauss an. Das Formalobjekt der strukturalen Methode sind Zeichensysteme. Deren Begriff wird – über F. de Saussure und den ›Prager Strukturalismus‹ hinausgehend – in seinen mathematisch beschreibbaren Aspekten mit Hilfe der amerikanischen und russischen Informationstheorie und Kybernetik expliziert. Dabei verbindet Lotman eine marxistische, soziologisch orientierte Fragestellung mit einer formalistischen, an den Konstruktionsmethoden literarischer Texte interessierten Konzeption von Literatur. Hervorstechend ist sein Interesse am Funktionieren von Texten in unterschiedlichen sozialen Umgebungen, aber auch an

der Übernahme und Weiterentwicklung des Leninschen (→*Partijnaja organizacija i partijnaja literatura*) Widerspiegelungsmodells der Erkenntnis. In poetologischen Einzelfragen nimmt er dagegen auf Arbeiten des ›russischen Formalismus‹ Bezug. Mit einem »künstlerischen Text« im weiten Sinne ist jedes Kunstwerk gemeint, sofern es als Zeichengebilde in einer der »Sprachen der Kunst« (Malerei, Musik, Literatur usw.) abgefaßt ist. In einem engeren Sinne bezeichnet der Ausdruck den künstlerisch-literarischen Text als Spezifizierung jenes allgemeinen Begriffs. Die Differenz gegenüber den nicht-literarischen Redetexten des Alltags, der Wissenschaft, Rhetorik usw. ergibt sich einerseits durch die Überlagerung des Codes der jeweils verwendeten natürlichen Sprache durch Normensysteme der literarischen Tradition, andererseits durch ein grundlegend andersartiges Verhältnis zwischen codierendem System und der entsprechenden Mitteilung: Redetexte nicht-literarischer Art sind bloße Realisierungen des vorgegebenen Codes der natürlichen Sprache. Letztere bestimmt die Gliederung der Ausdrucks- und Inhaltebene des Textes in diskrete – durch Äquivalenzen und Oppositionen verbundene und voneinander abgegrenzte – Einheiten (also in Signifikanten und Signifikate) sowie deren wechselseitige Zuordnungen. Dagegen präsentiert der Autor literarischer Texte seinem Publikum einen neuen Code. Durch Einführung neuartiger Äquivalenzen und Oppositionen bilden sich unkonventionelle und vom Leser nicht vorhergesehene Signifikanten und Signifikate. Auf diese Weise stellt die Literatur ein »sekundäres modellbildendes System« dar, das in der natürlichen Sprache als primärem System begründet ist und dieses zugleich umstrukturiert. Mit dem kreativen Charakter künstlerischer Literatur eng verbunden ist ihre Polysemie. So werden z. B. die vom Autor neu geschaffenen Äquivalenzbeziehungen der jeweiligen Text-Elemente auf dem Hintergrund ihrer Nichtäquivalenz in der natürlichen Sprache (bzw. der bisherigen literarischen Tradition) rezipiert, wobei die neu begründete Äquivalenz ebenso wie die traditionell vorgegebene Nichtäquivalenz gleicherweise in Geltung bleiben. Dies ist ein Fall der vielfachen Codierung von Texten der künstlerischen Literatur. Sie sind auf eine Pluralität von Deutungen hin produziert. Anders als etwa in wissenschaftlichen Arbeiten, wo ein Textverständnis die Identität von Autor- und Lesercode impliziert, ist in der Literatur deren Differenz und damit eine Vielfalt epochen- und gesellschaftsspezifischer Textinterpretationen von vornherein vorgesehen und legitimiert. – Lotman verifiziert seine literaturtheoretischen Einsichten anhand eigener Einzeluntersuchungen zur russischen Literaturgeschichte vom Mittelalter bis in die Moderne. Er entfaltet die Literaturtheorie im Horizont einer umfassenden Kultursemiotik, die er in den 70er und 80er Jahren immer weiter ausbaut. Seine Arbeit über die »Struktur des künstlerischen Textes« ist nicht nur für die Entwicklung des semiotisch begründeten Strukturalismus in der (ehemaligen) Sowjetunion entscheidend gewesen. Auch in der westlichen Semiotik (U. Eco →*Trattato di semiotica generale*, →*Il messagio estetico*; J. Kristeva →*La révolution du langage poétique*) und innerhalb der Rezeptionsästhetik (W. Iser →*Die Appellstruktur der Texte*, →*Der Akt des Lesens*) wurden seine Einsichten aufgenommen und weiterentwickelt.

Ausg.: Dt. Frankfurt/M. 1973.
Lit.: R. LACHMANN, Zwei Konzepte der Textbedeutung bei J. Lotman, in: Russian Literature 5,1 (1977), S. 1–36. – K. EIMERMACHER, Sowjetische Semiotik – Genese und Probleme, in: Handbuch für Russisten, hg. von H. JACHNOW, Wiesbaden 1984, S. 881–910. – U. ECO, Introduction, in: J. M. Lotman, Universe of the Mind. A Semiotic Theory of Culture, London/New York 1990, S. 7–13.

A. HAARDT

Studies in Classic American Literature (engl.; *Studien zur klassischen amerikanischen Literatur*), David Herbert LAWRENCE; EA New York 1923.

Das literarische Denken von Lawrence entfaltet sich mit prophetischem Gestus zwischen einer fundamentalistischen Zivilisationskritik und einer vitalistischen Lebensbejahung. Auch in seinen literaturkritischen Positionsbeschreibungen folgt er nicht einem wissenschaftlich-analytischen Objektivitätsideal, sondern huldigt einer extrem subjektiven, spekulativ-idiosynkratischen Form der kritischen Aneignung von Literatur. Wie schon bei seiner Untersuchung über Th. Hardy verraten daher auch seine *Studies* mindestens so viel über die Grundprobleme des Autors wie über den eigentlichen Gegenstand seiner Kritik. – Die Hoffnung, die Lawrence angesichts der zivilisatorischen Dekadenz Europas und der durch den Schock des Ersten Weltkriegs ausgelösten Entwertung des abendländischen Idealismus auf das ›wahre Amerika‹ projiziert, bestimmt hermeneutisch sein Interesse an der amerikanischen Literatur. Das eigentliche Amerika, das er sucht, ist freilich nicht mit dem historisch dominant gewordenen, das europäische Erbe radikalisierende Amerika des materialistischen Erfolgs, des mechanistisch-technokratischen Fortschritts und des puritanischen Idealismus gleichzusetzen. Es ist vielmehr das andere, vom besonderen »Geist der Landschaft« geprägte Amerika, dessen schöpferische Impulse sich aus der genuinen Erfahrung der wilden amerikanischen Natur und der ursprünglichen Kultur ihrer indianischen Ureinwohner speisen. Allein durch dieses Amerika kann noch die ansonsten zivilisatorisch verdrängte vitalistische Dynamik des »schöpferischen Unbewußten« ausgedrückt werden. Die klassische amerikanische Literatur des 18. und 19. Jh.s artikuliert, so die Kernthese von Lawrences *Studies*, ein implizites Bewußtsein von der tiefenstrukturellen Ursprungswahrheit dieses eigentlichen Amerika. Lawrence faßt sie lebensphilosophisch als die authentische Integrität eines naturhaft körperlichen Seins des Selbst auf und umschreibt sie mit den Begriffen der »Seele«, des »Heiligen Geists«, des »dunklen Waldes« und der existentiellen Dynamik der »offenen Straße«. Diese alternativen Bilder des Selbst kontrastiert er mit der Entfremdung moderner Existenzformen, die er als verfehlte idealistische Kopfgeburten neoplatonischer und christlicher Provenienz begreift. Er verurteilt sie als Ausdruck der rationalistischen Hybris eines Willens zur Selbstmächtigkeit, der die Spontaneität der unbewußten Natur kulturellen Normen unterwerfen will. Die klassische amerikanische

Literatur vermag ihre eigentliche Wahrheit von der Natur des Menschen nur symbolisch in der Form eines latenten Sinns anzudeuten, der sich, gewissermaßen untergründig, im spannungsreichen Gegensatz zur idealistischen Überschreibung des manifesten Gehalts artikuliert. Als Kritiker will Lawrence diesen latenten Sinn an den Leerstellen literarischer Texte zur Sprache bringen. Dazu entwickelt er die methodisch bedeutsame Unterscheidung zwischen der bewußten Autorintention und der gegenläufigen Wahrheit des künstlerischen Textes. »Trau nie dem Künstler, trau dem Werk. Die eigentliche Funktion des Kritikers besteht darin, das Werk vor dem Künstler, der es geschaffen hat, zu retten.« Mit Hilfe dieser Denkfigur analysiert Lawrence in den *Studies* das Werk von acht repräsentativen Autoren des 18. und 19. Jh.s. Im Mittelpunkt steht dabei jeweils die Frage, inwieweit es den einzelnen Werken gelingt, imaginative Symbolisierungen der von Lawrence angenommenen »wahren« amerikanischen Natur zu gestalten. Gesetzt werden sollen damit Zeichen einer von innen heraus nachwachsenden neuen »Haut«, die an die Stelle der verbrauchten »alten Haut« der abendländischen Zivilisation treten kann. Einige Autoren, wie etwa Franklin oder Poe, repräsentieren in erster Linie die Kräfte der Destruktion und der Negativität. Andere, wie Cooper, Hawthorne, Melville und Whitman, diagnostizieren dagegen das tiefenpsychologische Drama der modernen Seele in der konstruktiven Einheit von zerstörerischen und erneuernden Kräften. – In der amerikanischen Literaturkritik wurden die *Studies* ungeachtet aller berechtigten Einwände als ein wichtiger Beitrag zur Bestimmung der Besonderheit der amerikanischen Literatur gewürdigt. In jüngster Zeit ist aber auch sein besonderer Wert für die Lawrence-Forschung selbst anerkannt worden, vor allem was die begriffliche Präzisierung seiner lebensphilosophischen Persönlichkeitskonzeption im Kontext des Natur-Kultur-Paradigmas und der Körper-Geist-Dichotomie anbetrifft.

Ausg.: Harmondsworth 1977.
Lit.: A. ARNOLD, D. H. Lawrence and America, New York 1959. – R. SWIGG, Lawrence, Hardy, and American Literature, London 1972. – A. BURNS, Nature and Culture in D. H. Lawrence, London 1980, S. 6–29.

M. WINKGENS

Studies in the History of the Renaissance (engl.; *Studien zur Geschichte der Renaissance*), Walter PATER; EA London 1873; dt. u. d. T. *Die Renaissance. Studien über Kunst und Poesie*, Leipzig 1902.

Im Vorwort und in der Schlußbemerkung dieser bedeutenden Schrift Paters, die als geistiges Zentrum seines Gesamtwerkes gelten darf, präzisiert der Autor seine Position der »ästhetischen Kritik«, wobei »ästhetisch« im etymologischen Sinn als »sinnlich wahrnehmbar« zu verstehen ist. Ähnlich wie M. Arnold (→*Essays in Criticism*), auf den er sich ausdrücklich bezieht, vertritt Pater einen – allerdings impressionistisch angereicherten – weiten Kritikbegriff, der die literarische Disziplin in eine allgemeine Lebenslehre einmünden läßt. Für Pater ist es aufgrund der Relativität ›alles Schönen‹ nicht sinnvoll, theoretische Überlegungen über dessen Wesen anzustellen, um ›das

Schöne‹ abstrakt zu bestimmen. An die Stelle solcher ontologisch geprägter Theorie setzt er den Begriff der »konkreten eigenen Erfahrung«, die aus der Begegnung mit einem Kunstwerk erwächst. Somit betont er die subjektive Seite in der Interaktion zwischen Kunstobjekt und Betrachter. »Ästhetische Kritik« bemüht sich um Erklärung und Analyse »angenehmer Empfindungen«. Ihr Ziel ist es, ein Kunstobjekt über den Weg subjektiver Impressionen zu erkunden und seinen Wert zu ermessen. Nicht durch Wissen, sondern durch Temperament zeichnet sich der ästhetische Kritiker aus. Im Idealfall verfügt er über hohe Sensibilität und eine kultivierte Wahrnehmung, die es ihm erlaubt, ausgehend vom Kunstobjekt eine »Chronologie der eigenen Impressionen« (Wilde) zu verfassen. Pater selbst verwirklicht seine Auffassung von Kritik in allen Beiträgen seiner Studien zur Renaissance, die von Pico della Mirandola über Botticelli und du Bellay bis zu Winckelmann als dem ›kongenialen Epigonen der Renaissance‹ reichen, vorbildlich aber in seiner rhapsodischen Interpretation von Leonardo Da Vincis *Mona Lisa*. In seiner Schlußbetrachtung wertet er die »ästhetische Kritik« als Konsequenz einer allgemeinen Lebensauffassung, die an ein stetes (Ver-)Fließen allen Seins (»panta rhei«) glaubt. Nicht das Resultat der Erfahrung, sondern diese selbst ist Ziel des Lebens. Über eine Sensibilisierung des affektiven Temperaments strebt der »ästhetische Kritiker« deshalb eine Intensivierung des Lebensgefühls an. Da das Leben dem einzelnen nur eine begrenzte Anzahl von Gelegenheiten bietet, eigene Erfahrungen zu machen, gilt es, Lebenszeit so intensiv wie möglich ›auszukosten‹. Dies nicht zu tun, käme dem Wunsch gleich, »vor dem Abend schlafen zu gehen«. Die »ästhetische Kritik« ist Paters Antwort auf die Vergänglichkeit allen Seins, eine sublime Vermischung heraklitischer Philosophie mit dem ›carpe diem‹ hedonistischer Provenienz. Konsequent erneuert Pater in der Schlußbemerkung seine Ablehnung jeglichen Theoretisierens. Angesichts der Beschränktheit des Seins wäre abstraktes Philosophieren ein Vergehen gegen das Leben selbst. Statt dessen gilt es, das Leben so ekstatisch und leidenschaftlich wie möglich zu führen, sich vor Gewohnheiten und stereotypen Verhaltensweisen zu hüten und sich für jede neue Erfahrung offen zu halten. Die Sehnsucht nach Schönheit kann allein die Kunst erfüllen, da sie es erlaubt, den Lebensmoment zweckfrei als Moment zu genießen. In diesem Sinne schließt sich Pater der ›L'Art Pour L'Art‹-Theorie an. Im Unterschied zu anderen Vertretern autonomer Ästhetik setzt er aber Kunst nicht nur in einen Gegensatz zur utilitaristisch verstandenen sozialen Wirklichkeit (Th. Gautier); vielmehr versteht er die Kunst als einen hedonistisch geprägten Gegenentwurf zu Zeitlichkeit und Vergänglichkeit, somit als ästhetische Alternative zum Leben. – Paters Ideen übten einen starken Einfluß auf die Vertreter des »Aesthetic Movement« aus. Ihren intensivsten literarischen Niederschlag fanden sie im paradox formulierten »extremen Subjektivismus« O. Wildes (*The Critic as Artist*, 1891; *Der Kritiker als Künstler*), der in seinem *De Profundis* (1905) vom »seltsamen Einfluß dieses Buches auf sein Leben« spricht.

Ausg.: The Renaissance: Studies in Art and Poetry, London 1910. — *Lit.:* W. Iser, Die Bestimmung der Kunst, in: ders., Walter Pater: Die Autonomie des Ästhetischen, Tübingen 1960, S. 38–83. – R. V. Johnson, Aesthetic Theory, in: ders., Walter Pater: A Study of his Critical Outlook and Achievement, London/New York 1961, S. 1–21.

R. Freiburg

Summa theologica (lat.; *Summe der Theologie*), Thomas von Aquin, entst. 1266–1273; ED Straßburg o. J. (nicht nach 1463; Teil 2,2), Mainz 1471 (Teil 2,1), Venedig/Padua 1473 (Teil 1), Treviso 1476 (Teil 3); Basel 1485 (vollst.); dt. u. d. T. *Die katholische Wahrheit oder die theologische Summe*, Regensburg 1886–92 (12 Bde.).

In Thomas' umfassender theologischer Wissenschaft werden ästhetische Themen nicht in Form einer geschlossenen Theorie des (Kunst-)Schönen aufgenommen, sondern sind innerhalb eines metaphysischen Kontextes zu verstehen. Das Problem des Wesens der »Schönheit« (»species sive pulchritudo«) – von Thomas bereits in seinem Kommentar zu Pseudo-Dionysios Areopagitas Schrift *Peri theion onomaton* (entst. ca. 520, ED 1480; *Über die göttlichen Namen*) erörtert – steht dabei im Zentrum seiner Überlegungen. Ausgangspunkt ist die Frage nach dem Verhältnis des Schönen zum Wahren und Guten bzw. zum Erkenntnis- und Begehrungsvermögen. – Der Sache nach sind für Thomas das Schöne und das Gute dasselbe. Sie unterscheiden sich jedoch darin, daß letzteres ausschließlich Gegenstand des Strebens ist, das erst mit dem Besitz der Sache zur Ruhe kommt, während das Schöne schon bei seinem bloßen Anblick gefällt und befriedigt. An diese begriffliche Unterscheidung des Schönen vom Guten knüpft Thomas' Schönheitsdefinition an: »Schön wird das genannt, was im Angeschautwerden gefällt«. Die etwas weitergefaßte Variante dieser Definition, dasjenige sei schön, »dessen Wahrnehmung selbst gefällt«, bringt deutlicher zum Ausdruck, daß in der *Summa* die Wirkung der Schönheit auf die betrachtende Seele und die spezifische Natur des ästhetischen Wohlgefallens besondere Beachtung erfahren. Mit den Begriffen »Anschauen« und »Wahrnehmung« meint Thomas aber nicht bloß sinnliche Akte. Denn die Sinne – und zwar vornehmlich der Gesichtssinn wie auch das Gehör – sind für ihn gleichsam Vernunft, und auch die »Wahrnehmung« schließt die Erkenntnis des Gegenstandes mit ein. Das Schöne bezieht sich also im Unterschied zum Guten auf das Erkenntnisvermögen, der Genuß des Schönen beruht auf der Wahrnehmung der »Form« (»forma«) als einer erkennbaren Struktur der Materie eines Gegenstandes. Deswegen bleibt das ästhetische Gefallen auch für Thomas allein dem Menschen vorbehalten, dessen Sinnlichkeit sich nicht nur begehrend, sondern auch erkennend auf die Dinge richten kann. Gleichzeitig weist er damit implizit auf die Interesselosigkeit als die Eigentümlichkeit des ästhetischen Wohlgefallens hin. Mit dieser Beziehung des Schönen auf die Erkenntnis, die es in die Nähe des Wahren rückt, geht Thomas über Ps.-Dionysios' Schönheitskonzeption hinaus. – Daß für Thomas die Schönheit wesentlich auf der Intelligibilität der Form ba-

siert, zeigt sich deutlich an seiner Aufzählung der Kriterien des Schönen, aufgrund derer das ästhetische Wohlgefallen erzeugt wird: Vor den beiden schon von Ps.-Dionysios her bekannten Merkmalen »Proportion« (»proportio sive consonantia«), dem harmonischen Verhältnis aller Teile untereinander, und reine, »klare Farbigkeit« (»claritas«) oder auch leichte Wahrnehmbarkeit des Gegenstandes überhaupt, nennt Thomas an erster Stelle die »Vollkommenheit« (»integritas sive perfectio«) als die vollständige Erfüllung aller Bedingungen, die ein Ding erst zu dem macht, was es seiner Natur nach sein soll, und durch die es klar bestimmt ist. – Von der in der *Summa* entwickelten ›Theorie‹ des Schönen ist die ihr ebenfalls enthaltene ›Theorie‹ der Kunst (»ars«) zu trennen. Bezieht sich die erste auf das von Gott Geschaffene, sei es auf die körperlichen Dinge oder auf den Geist, so befaßt sich letztere mit dem künstlerischen Hervorbringen (»factio«) durch den Menschen: »Kunst ist der richtige Begriff der machbaren Dinge.« Quelle der Kunst ist demnach die Erkenntnis oder Vorstellung, die der Künstler von einer Sache hat und die er in seinem Werk in Gefüge und Form zu verwirklichen sucht. Die Güte eines Kunstwerks macht sich deshalb auch nicht primär an den Ausarbeitungen des Künstlers fest, sondern daran, ob das Werk vollkommen der Konzeption entspricht und seinen Zweck erfüllt. – Auf die verschiedenen Künste geht Thomas nur am Rande ein: Neben den nützlichen Künsten wie etwa der Goldschmiedekunst würdigt er auch die bloß angenehmen Künste wie die Musik, das dramatische Spiel und sogar Kultbilder. Größere Aufmerksamkeit widmet er allein der Dichtkunst, wenn er im Zusammenhang mit der Frage nach der methodischen Darstellung der christlichen Wissenschaft für den Gebrauch einer bildlichen Sprache eintritt, die den Menschen zu höherer Erkenntnis zu führen vermag, indem sie ihn erfreut. Dennoch ist die Poetik für ihn wie alle anderen Künste niedrige Wissenschaft, da sie nur auf einem Nachbilden der Natur beruhe. – Thomas' Schönheitskonzeption hatte nicht nur auf die Neuscholastik, sondern bis in das 20. Jh. hinein beachtliche Wirkung, so etwa auf die frühe Poetik J. Joyces, die er in seinem Roman *Stephen Hero* (1944; *Stephen der Held*) entwickelt.

Ausg.: Lat., Opera omnia, hg. Leonina-Kommission, Bd. 4–12, Rom 1888–1906. – Dt., hg. von J. BERNHART, Stuttgart ³1954 (3 Bde.; Repr. 1985, Teilübers.).
Lit.: W. CZAPIEWSKI, Das Schöne bei Thomas von Aquin, Freiburg/Basel/Wien 1964. – W. TATARKIEWICZ, Geschichte der Ästhetik II: Die Ästhetik des Mittelalters, Basel/Stuttgart 1980. – U. ECO, The Aesthetics of Thomas Aquinas, Cambridge/Mass. 1988.
                                               A. v. d. LÜHE

Symposion (gr.; *Das Gelage*), PLATON, entst. um 380 v. Chr.; ED Florenz o. J. (ca. 1482–1484; in: Opera, 2 Bde.; hg. von M. Ficino); dt. u. d. T. *Gastmahl oder Gespräch von der Liebe*, Zürich 1782.
Der Text enthält verschiedene Lobreden der Symposianten auf den Eros. Nach dem Apollodor-Prolog und der Schilderung des Aristodemos beginnt Phaidros seine Rede mit dem Preis des Eros als des ältesten der Götter, der die besten Kräfte des Menschen erweckt und fördert. Pausanias hebt auf zwei Erscheinungsweisen des

Eros ab, eine himmlisch-geistige und eine irdische, wobei erstere zur wahren Liebe anleiten soll, bloßen Lustgewinn übersteigt, das Seelenvermögen berührt und ihm entspricht. Eryximachos führt diese Gedanken weiter, die ganze Natur in ihrer rechten Harmonie einbeziehend – dem soll der gute, der wahre Eros entsprechen. – Aristophanes als Dichter schildert einen Mythos, der die menschliche Unzulänglichkeit gegenüber dem Eros zu erklären vermag und Eros als den Helfer und Heiler des Menschlich-Defizitären feiert. Der Dichter Agathon schließlich steuert einen Prosahymnus bei, der Eros als den Schönsten preist, der »Arete« (Tugend) und Schönheit verleiht. Höhepunkt ist dann die Sokrates-Rede, welche die Schwächen in den Ausführungen der Vorredner entlarvt und nachweisen kann, daß die Charakterisierung des Eros bisher falsch war. Für Sokrates ist Eros ein Mittelwesen zwischen Gut und Schlecht, Schön und Häßlich, ein Daimon zwischen den Menschen und den Göttern, ein Vermittler zum Schönen und zur Unsterblichkeit, der stufenweise zur Vervollkommnung führt. Alkibiades, der weintrunken hereinstürmt, setzt den Schlußpunkt. Er redet über den Eros, der beim Symposion anwesend sei, und zwar in der Gestalt des Sokrates unter ihnen. Eben der sei gerade dieser Daimon, der Sinnliches und Geistiges, Häßliches in der äußeren Gestalt und Schönheit in der Seelengröße verbinde. – Zum Geheimnis des Eros, seinem sinnlichen und menschlich-transzendierenden Aspekt ist kaum Tiefgründigeres in einer sprachlich wie gedanklich faszinierenden Gedankenbewegung gesagt worden. Der Text wurde in der Antike Modell einer eigenen Symposienliteratur, von der Renaissance an gewann er neue Wirkung neben der lukianischen Dialogform. Das *Symposion* hat nicht nur viele literarische Texte beeinflußt (Th. Mann), rezeptionsgeschichtlich wurde es auch zu einem Paradigma für die psychologische Prägung literarischer wie diskursiver Texte. Vor allem für die diskurstheoretisch beeinflußte psychoanalytische Literaturbetrachtung dient es als Argumentationsmuster (Lacan →*Écrits*).

Ausg.: Gr./dt. Hamburg ³1981.
Lit.: E. HOFFMANN, Über Platons ›Symposion‹, Heidelberg 1947. – P. FRIEDLÄNDER, Platon, Bd. 3, Berlin 1960. – E. SCHMALZRIEDT, Platon, München 1969.

              H. WIEGMANN

S/Z (frz.; *S/Z*), Roland BARTHES; EA Paris 1970; dt. Frankfurt/M. 1976.
Innerhalb der texttheoretischen Phase im Schreiben des Semiologen Barthes dokumentiert *S/Z*, eine strukturale Analyse der Novelle *Sarrasine* von Balzac, einen Wendepunkt, der als Übergang von einer strukturalistischen zu einer poststrukturalistischen Orientierung bezeichnet werden kann. Unter dem Einfluß der Theorien J. Lacans und J. Derridas revidiert Barthes hier seine *Introduction à l'analyse structurale des récits* (1966; *Einführung in die strukturale Textanalyse*), indem er den dort praktizierten Versuch, eine einheitliche Struktur aller Erzählungen zu konstruieren, als ein reduktives Vorgehen zurückweist, bei dem der einzelne Text seine »Einmaligkeit« verliere. Das bedeutet jedoch keine Rückkehr zur »mythischen Sicht literarischer Schöpfungen«. Barthes definiert jetzt »Text« als ein jeweils besonderes In-Gang-Setzen der unendlichen Spielmöglichkeiten der Sprache, an dem nicht die Struktur des Produkts, sondern einzig der Prozeß seiner »Strukturation« zählt. Ein Nebeneinander multipler Codes, die im Text zusammenfließen, löst die Hierarchie der drei Analyseebenen »Funktionen«, »Handlungen« und »Narration« ab, die Barthes früher vorgeschlagen hatte. – In der Balzac-Erzählung unterscheidet Barthes fünf Codes: einen »hermeneutischen« Code, der in der sukzessiven Enthüllung einer Wahrheit besteht; einen Code der »Aktionen«; einen »kulturellen« Code, der das Wissen der Zeit zitiert; einen Code der »Seme«, konnotierter Signifikate (Bedeutungen, Inhalte) zur Charakterisierung von Personen; und ein »symbolisches Feld«, das in *Sarrasine* um Körper und Sexus kreist. Ein Code ist nicht vorzustellen als ein textimmanentes Paradigma, das es zu rekonstruieren gilt. Die Codes fungieren vielmehr als »Textausgänge«, »off-Stimmen«, »aufleuchtende Splitter«, die auf das Uneinholbare verweisen, das »immer schon gelesen, gesehen, getan, gelebt war«; der Text ist nur der »stereographische Raum, in dem sich fünf Stimmen kreuzen«. – Die Aufgabe der Literaturwissenschaft sieht Barthes nicht mehr darin, den Text in einer Erzählgrammatik zu »versammeln«, sondern ihn in ein plurales, transitorisches Gebilde aufzulösen. Barthes führt eine neue Bewertung von Texten ein, deren Kriterium ihre »Lesbarkeit« oder »Schreibbarkeit« ist und die seiner frühen Dichotomie zwischen klassischer und moderner Literatur entspricht (→*Le degré zéro de l'écriture*).

Während »lesbare« klassische Texte, »dem geschlossenen System des Abendlandes« mit seinem »Gesetz des Signifikats« verpflichtet, einen eindeutigen Sinn vorschreiben, bezeichnet der Begriff des »Schreibbaren« die potentielle Pluralität eines Textes, die zugleich seine Aktualität bestimmt: sein Vermögen, vom Leser »neu geschrieben« zu werden. Die Trennung zwischen Produzent und Konsument wird im »schreibbaren« Text aufgehoben, in dem weder Autor noch Leser als dem Text vorausgehende autonome Subjekte erscheinen, sondern selbst als Knotenpunkte einer Pluralität von Codes, die im Schreiben und Lesen in Gang gesetzt werden. Auch in »lesbaren« Texten kann eine Analyse, wie Barthes sie für den Balzac-Text vorführt, ein Plurales sichtbar machen. Dies gelingt aber nur durch einen gewaltsamen Eingriff, eine ›Enteignung‹ des Autors und ›Mißhandlung‹ des Textes. Dieses Vorgehen spiegelt sich in der fragmentierenden Form des Buches: Die analysierte Erzählung wird in willkürliche Lektürefragmente oder ›Lexien‹ zerstückelt, an die sich texttheoretische Reflexionen mit aphoristischem Charakter anschließen. – Der Titel des Buches entspringt der Analyse des symbolischen Codes der Erzählung: S und Z sind die Initialen der beiden Protagonisten, die, zunächst scheinbar eindeutig männlich und weiblich, im Verlauf der Erzählung ihrer Geschlechtsidentität beraubt werden. Die Entdeckung, daß die von ihm begehrte Zambinella ein Kastrat ist, hat auf den Bildhauer Sarrasine wie auf den Rahmenerzähler der Geschichte und seine Zuhörerin eine »kastrierende« Wirkung. Damit findet Barthes in dieser klassischen Erzählung eine Infragestellung ihrer eigenen Bedingungen vor: die Darstellung eines »Zusammenbruchs der Ökonomien«, die Auflösung eines sinnstiftenden Paradigmas in einer »zügellosen Metonymie«.

Ausg.: Dt. Frankfurt/M. 1987.
Lit.: F. FLAHAULT, Über S/Z und die Analyse von Erzählungen, in: Roland Barthes, hg. von H. H. HENSCHEN, München 1988.

L. LINDHOFF

Le Temple du Goust (frz.; *Der Tempel des Geschmacks*), VOLTAIRE (eigentl. François-Marie Arouet; EA Rouen 1733; dt. Gotha 1750.
In der gefällig-frechen, zwischen Vers und Prosa pendelnden Ich-Erzählung einer Reise zum »Tempel des guten Geschmacks« bekennt sich Voltaire zum Klassikerrang bestimmter französischer Autoren der zweiten Hälfte des 17. Jh.s. Der Erzähler entwirft einen allegorischen Raum, in dem die bloße Plazierung der auftretenden Künstler den ästhetischen Rang offenbart, den Voltaire ihnen im Namen des guten Geschmacks zubilligt. Die Widersacher und Verkenner des guten Geschmacks müssen vor den Toren des Tempels verbleiben, darunter so prominente Autoren wie der Epiker J. Chapelain und der Märchenzähler Ch. Perrault. Innerhalb des Tempels sind wiederum drei Rangzonen unterscheidbar: In den Räumlichkeiten fern des Altars trifft der Erzähler auf seinen Intimfeind, den Lyriker J.-B. Rousseau. Vor dem Altar begegnet er höherrangigen Autoren wie Mme de La Fayette und Pascal. Einige namhafte Literaten der ersten Hälfte des 17. Jh.s werden ausdrücklich aus der Altar-

nähe verbannt (V. Voiture, G. de Balzac). Im innersten Tempelkreis schließlich halten sich die Autoren der zweiten Hälfte des 17. Jh.s auf, die der ›Gott des Geschmacks‹ als Klassiker empfiehlt: Fénelon, Bossuet, Corneille, Racine, La Fontaine, Boileau und Molière. Im Einklang mit den »Modernes«, die an den Fortschritt der Künste glauben, stellt Voltaire die Hinterlassenschaft der Klassiker nicht als ein unüberholbares ästhetisches Ideal hin: Die Bewohner des innersten Tempelkreises arbeiten an einer stetigen Verbesserung ihrer Werke. Die Eigenschaften, durch die sich diese Werke dem guten Geschmack empfehlen, benennt Voltaire nur umrißhaft mit »Einfachheit« und »Natürlichkeit«. Als unnatürlich werden sowohl die vorklassische, »gotische« Kunst wie das nachklassische Rokoko verworfen (Watteau, Marivaux). Die Vorrangstellung der Klassiker wie überhaupt die im Tempel herrschende Rangordnung stützen sich auf das dreifache Urteil des Geschmacks, der Kritik und des Publikums, die letztendlich immer übereinstimmen. Das Bekenntnis zur Klassik benutzt jedoch nicht nur Argumente der klassischen Ästhetik: Der Geschmack (»le goût«) und nicht – wie bei Boileau (→*L'Art poétique*) – die Vernunft (»la raison«) übt das Kunstrichteramt aus. Im Geschmack bringt sich ein vorreflexives Empfinden zur Geltung, auf das Voltaires mutmaßlicher Anreger Du Bos (→*Réflexions critiques sur la poésie et la peinture*) die Wirkung der Kunst erstmalig begründete. Außer Weisheit und Esprit kennzeichnet denn auch das Gefühl den ›Gott des Geschmacks‹.

Ausg.: Hg. von E. CARCASSONNE, Genf ²1953.
Lit.: E. KRÜGER, Voltaires Temple du Goût, Diss. Berlin 1902. – O. TAYLOR, Voltaire iconoclast: An Introduction to Le Temple du Goût, in: Studies on Voltaire and the Eighteenth Century 212 (1982), S. 7–81.

H. G. COENEN

Temps et récit (frz.; *Zeit und Erzählung*), Paul RICOEUR; EA Paris 1983–85 (Bd. 1: *Temps et récit,* 1983; *Zeit und historische Erzählung.* Bd. 2: *La configuration du temps dans le récit de fiction,* 1984; *Zeit und literarische Erzählung.* Bd. 3: *Le temps raconté,* 1985; *Die erzählte Zeit*); dt. München 1988 (Bd. 1), 1989 (Bd. 2), 1991 (Bd. 3).

Ricoeur behandelt in dem vierteiligen Werk, das seiner philosophischen Poetik angehört, historiographische, literarische sowie philosophische Aspekte des Phänomens der Zeit. Dabei bilden die beiden ersten Teile den ersten Band und der dritte bzw. vierte Teil den zweiten bzw. dritten Band. – Ricoeur stellt zu Beginn des einleitenden Teils die These auf, daß die Zeit ebenso erst durch die Erzählung zur menschlichen Zeit wird, wie die Erzählung erst durch die Zeit ihre Bedeutung erhält. Er konfrontiert beide Begriffe zunächst anhand der Positionen von Aristoteles und Augustinus. Während letzterer die Zeit unabhängig von der Erzählung untersucht, geht ersterer umgekehrt vor; zudem betont Augustinus die Diskordanz der Zeit und Aristoteles ihre Konkordanz. Ricoeur sieht in der aristotelischen Mimesis ein Verfahren, welches der Zeit ihre Einheit verleiht. Anders als der griechische Denker unterscheidet er zwischen drei Arten derselben: Mimesis I besteht in der Präfiguration der

Zeit, d. h. ihrem Vorverständnis, von dem ausgehend die Erzählung anhebt; Mimesis II besteht in der Konfiguration der Zeit, d. h. ihrer Strukturierung durch die Erzählung; Mimesis III besteht in der Refiguration der Zeit, d. h. ihrer Auffassung in der Rezeption der Erzählung. – Im zweiten und dritten Teil erörtert Ricoeur die Konfiguration der Zeit in historischen und fiktionalen Texten. Er setzt sich u. a. mit der Kritik auseinander, die nomologische Ansätze der Geschichtsschreibung, der moderne Roman und semiologische Ansätze der Literaturwissenschaft am Begriff der Erzählung üben. Dabei zeigt er, daß diese selbst auf narrativen Voraussetzungen aufbauen. Ferner enthält der dritte Teil detaillierte Ausführungen zur Zeitstruktur der Erzählliteratur sowie Interpretationen von V. Woolfs *Mrs. Dalloway* (1925), Thomas Manns *Der Zauberberg* (1924) und Prousts *A la recherche du temps perdu* (1913–27; *Auf der Suche nach der verlorenen Zeit*). – Der vierte Teil handelt von der Konfiguration der Zeit. Ricoeur deckt die Aporien wichtiger philosophischer Theorien der Zeit auf, die daher rühren, daß sich die Kluft zwischen psychologischer und kosmologischer, subjektiver und objektiver Zeit als unüberbrückbar erweist. Dabei stehen Augustinus und Husserl auf der ersteren, Aristoteles und Kant auf der letzteren Seite, während Heidegger beide berücksichtigt, aber an der Ableitung der vulgären Zeit von der Zeitlichkeit scheitert. Ricoeur hingegen schlägt die historische Zeit als Bindeglied zwischen beiden Polen vor. Überdies versucht er, das Verhältnis von historischer und fiktionaler Erzählung zu klären. Er

nähert sie einander an, indem er fiktionale Elemente in der historischen Erzählung und historische Elemente in der fiktionalen Erzählung nachweist. Aus dieser Überschneidung geht die »menschliche Zeit« hervor. Ricoeur nennt am Ende des Werks drei Aporien, denen er – ohne sie zu beheben – eine tiefere Dimension verleiht: die der narrativen Identität, der Totalität der Zeit sowie ihrer Darstellbarkeit.

Lit.: S. BONZON, P. Ricoeur. ›Temps et récit‹: Une intrigue philosophique, in: Revue de Théologie et de Philosophie 119 (1987), S. 341–67. – S. STRASSER, Zeit und Erzählung bei P. Ricoeur, in: Philosophische Rundschau 34 (1987), S. 1–14. – H. J. GÖRTZ, ›Erzählen‹ und ›Erzählung‹. Zu P. Ricoeurs Gedanke von ›Temps et récit‹, in: Philosophisches Jahrbuch 97 (1990), S. 105–17.

P. WELSEN

Teutsche Rede-bind und Dicht-Kunst/ oder Kurze Anweisung zur Teutschen Poesy/ mit Geistlichen Exempeln: verfasset durch Ein Mitglied der höchstlöblichen Fruchtbringenden Gesellschaft Den Erwachsenen, Sigmund von BIRKEN; EA Nürnberg 1679.

Die Poetik des späten Birken – zwei Jahre vor seinem Tod veröffentlicht – spiegelt die Verlagerung seines poetischen und poetologischen Interesses auf die geistliche Dichtung. Die ältesten Dichtungsformen sind ihm der liedhafte Gesang und das Hirtenlied zum Lob Gottes, welche die paradiesische Urform der Dichtung verkörpern. »Adam/ der Fürst und Vatter unter den Erzvättern/ hat ohnezweifel/ mit seiner Eva im Paradeis unter dem Baum des Lebens/ Gott ihrem Schöpfer Lob- gesungen.« Anders als bei Opitz (→*Buch von der deutschen Poeterey*) werden die

Ursprünge der weltlichen und insbes. der geistlichen Poesie ebenso wie die Definition der Poesie und des Dichters in die berühmte Vorrede verlagert, um im Hauptteil sogleich zur Wort-, Vers- und Formenlehre sowie dem Kapitel vom »Ornatus« der Verse und der »Inventio« überzugehen. In der Vorrede führt er aus: »Ich nenne es die Teutsche RedebindKunst/ gleichwie im Latein die Poeterei Ligata Oratio genennt wird: wie sie dann darinn von der Prosa oder RedeKunst unterschieden ist/ daß sie die Wörter in Zeilen und die Zeilen in ganze Redgebände/ zusammen bindet/ da hingegen die andere frei daher fließet.« Der größte Schäferdichter des Jahrhunderts hat in seiner Gattungslehre die bis dato differenzierteste Topologie »Von den Feld[-] Helden[-] und Straff-Gedichten. De Eclogis, Epicis & Satyris« entwickelt. Als erster liefert Birken eine Poetik und Geschichte der jüngsten Gattung der europäischen Literatur, der die Zukunft gehören sollte, des Romans, dem schon in der Vorrede zu Anton Ulrichs *Aramena* (1669–73) sein Interesse galt und den er sachlich überzeugend von dem bis dahin einzig traktierten Versepos abhebt. In dem abschließenden Kapitel »Von den Schauspielen. De Ludis Scenicis« kann Birken exemplarisch auf seine reichhaltige eigene Produktion zurückgreifen und die höfischen Gattungen des Balletts und des Singspiels ebenso wie Komödie, Tragödie und Tragico-Komödie präsentieren. – Neben M. D. Omeis' (*Gründliche Anleitung Zur Teutschen accuraten Reim- und Dicht-Kunst,* 1704) ins 18. Jh. geleitender Poetik stellt Birkens Dichtungslehre das bedeutendste theoretische Zeugnis aus dem Umkreis der kommunalen Sprachgesellschaften dar, denen er als Präsident des »Pegnesischen Blumenordens« in Nürnberg ebenso angehörte wie er ihren Radius als Mitglied der illustren fürstlich-adligen »Fruchtbringenden Gesellschaft« überschritt.

Ausg.: Hildesheim 1973 (Repr.).
Lit.: Th. VERWEYEN, Daphnes Metamorphosen, in: Rezeption und Produktion zwischen 1570 und 1730, Bern/München 1972, S. 319–79. – J. J. BERNS, Gott und Götter. Harsdörffers Mythenkritik und der Pan-Theismus der Pegnitzschäfer unter dem Einfluß Francis Bacons, in: Georg Philipp Harsdörffer. Ein deutscher Dichter und europäischer Gelehrter, Bern 1991, S. 23-81.

K. GARBER

Le texte et l'avant-texte (frz.; *Der Text und der Vortext*), Jean BELLEMIN-NOËL; EA Paris 1972.

Die Studie leitet die »critique génétique« (»genetische Kritik«) in Frankreich ein. Mit seiner Untersuchung der handschriftlichen Vorstufen zum Gedicht *La charrette* (*Der Karren*) des französischen Dichters litauischer Herkunft O. V. Milosz versucht Bellemin-Noël, den strukturalistisch verfestigten Textbegriff aufzubrechen. Dabei ist er zum einen der Poetik Valérys (→*Poésie et pensée abstraite*) verpflichtet, zum anderen greift er Anregungen auf, die ihm von französischen Germanisten (L. Hay) aus der deutschen philologischen Tradition vermittelt wurden. – Insgesamt versteht sich diese Schrift als konkrete Fallstudie mit theoretischem Anspruch. Bellemin-Noël bestimmt ein terminologisches Begriffsfeld im Umgang mit dichterischen Entstehungshandschriften, das bis dahin in Frankreich kaum fixiert war. Was den Prozeß des Schreibens selbst anlangt, so lehnt er ästhetisch überhöhte Begriffe wie Schöpfung und Genese ab und zieht empirisch handwerkliche Bezeichnungen wie Faktur, Fabrikation, Transformation usw. vor. Seine Untersuchung des »Vor-Textes«, d. h. aller bis zum Werk »ne varietur« (»nichts soll geändert werden«) reichenden Vorstufen sowie der dynamischen Veränderungen, die den Übergang von der einen zur anderen Textschicht erklären, bestimmt den Text nicht mehr als in sich geschlossenes Zeichensystem, sondern als offenen Prozeß. Damit bringt er in den Textbegriff wieder eine diachrone Dimension ein, die im klassischen Strukturalismus weitgehend verloren gegangen war. – Charakteristischerweise bleibt für Bellemin-Noël allerdings der literaturtheoretisch besondere Status des Textes selbst unangetastet. Um ihn herum gruppieren sich »Vor-Text«, »Inter-Text«, »Extra-Text« etc. Modifiziert wird er nur insofern, als er nicht mehr teleologisch, vergleichbar dem Werk, als Endpunkt einer ästhetischen Entwicklung zu höchstmöglicher Vollendung erscheint, sondern als horizontaler Schnitt durch eine räumlich (auf verschiedene Handschriften und Drucke verteilte) und zeitlich (als Abfolge von Entstehungsstufen begriffene) determinierte Textmenge. Erst bei anderen Vertretern der »critique génétique« (L. Hay [Hg.], *Essais de critique génétique*, 1979, *Versuche textgenetischer Literaturkritik*; J. Levaillant [Hg.], *Écriture et génétique textuelle: Valéry à l'œuvre*, 1982, *Schrift und Textgenese: Valérys Vorgehen beim Verfassen von Texten*) wird daraus die Konsequenz gezogen, den Begriff des Textes durch den der Schrift

(»écriture«) zu ersetzen. – Auch den Schritt zu einer Rekonstruktion der Autorfunktion geht Bellemin-Noël selbst noch nicht. Er ist ein Vertreter psychoanalytischer Literaturtheorie; empirische Autorstrategien haben für ihn höchstens insofern Bedeutung, als sie unbewußte Pulsionen bearbeiten oder verdrängen. Deshalb geht es ihm darum, das »Unbewußte des Textes« durch Analyse der verworfenen bzw. gestrichenen Textstufen »zum Sprechen« zu bringen. Dementsprechend wird die Werkgenese nicht als vom Autor kontrollierter Vorgang verstanden, sondern als Ort eines Konflikts zwischen Autor, Leser und objektiviertem Werkprojekt. Eine Problematisierung der Autorfunktion anhand textgenetischer Fragestellungen wird erst ab Mitte der 80er Jahre gefordert und im Anschluß an Foucaults frühere Arbeiten diskutiert (vgl. M. Contat [Hg.], *L'auteur et le manuscrit*, 1991; *Der Autor und das Manuskript*). – Methodisch fordert Bellemin-Noël, den »Vor-Text« mit den am Text selbst erprobten kritischen Verfahren zu bearbeiten. Damit öffnet er der »psychocritique«, »socio-critique«, Narratologie, Semiotik usw. das Feld textgenetischer Untersuchungen. Eine »Poetik der Entstehungshandschriften« hat demnach prinzipiell dieselben Konstruktionsregeln zu befolgen wie die Ästhetik gedruckter und veröffentlichter Texte. Allerdings stellt sich damit die Frage der editorischen Reproduzierbarkeit textgenetischer Entwicklungen. Im Unterschied zur deutschen, italienischen und angelsächsischen Tradition hat man in Frankreich zunächst versucht, historisch-kritische Editionswissenschaft und genetische Interpretation auseinanderzuhalten. Erst in den letzten Jahren ist in dieser Hinsicht eine Veränderung eingetreten, u. a. aufgrund der Nachfrage nach kritischen Leseausgaben, die den Werkstattcharakter von Literatur berücksichtigen. Auf diesem Weg wird der textgenetische Ansatz einem breiteren Publikum vermittelt. – Trotz zahlreicher Forderungen nach umfassenderer theoretischer Fundierung hat die »critique génétique« bislang noch keine eigentliche Theorie vorgelegt. Bellemin-Noël beurteilte die Möglichkeit einer generellen genetischen Theorie von Anfang an skeptisch. Er betrachtet den Rückgriff auf die genetische Dimension als Bereicherung der kritischen Methoden, als zusätzliche Möglichkeit, die semantische und formale Verdichtung oder Sättigung von Textstrukturen zu beschreiben, nicht aber als »neues Paradigma« oder gar »neue Wissenschaft«, wie sie etwa P.-M. de Biasi fordert (*Vers une science de la littérature: l'analyse des manuscrits et la genèse de l'œuvre*, 1985; *Auf dem Weg zur Literaturwissenschaft: Die Analyse des Manuskripts und die Genese des Werks*). Nach Bellemin-Noëls Auffassung besteht der grundlegende Beitrag der »critique génétique« in der interpretatorischen Erschließung der mobilen Konstellationen, aus denen heraus sich der Text nach und nach »kristallisiert«. Besonders fruchtbar erweist sich dieser Ansatz etwa bei der Analyse der großen französischen Prosaschriftsteller (Stendhal, Balzac, Flaubert, Hugo, Zola, Proust usw.) sowie bei Untersuchungen zur Lyrik von P. Valéry, St. Mallarmé u. a. Gegenüber der textkritischen und interpretatorischen Aufarbeitung der umfang-

reichen handschriftlichen Materialien tritt die Forderung nach einer allgemeinen Theorie zurück.

Lit.: Leçons d'écriture: ce que disent les manuscrits, hg. von A. GRÉSILLON/M. WERNER, Paris 1985. – Texte. Revue de critique et de théorie littéraire 7 (Sondernr. ›Écriture, réécriture: la genèse du texte‹), Toronto 1988. – Génésis. Revue internationale de critique génétique, Paris 1992ff. – Les manuscrits des écrivains, hg. von L. HAY, Paris 1993.

M. WERNER

Le Théâtre et son Double (frz.; *Das Theater und sein Double*), Antonin ARTAUD; EA Paris 1938; dt. Frankfurt/M. 1971.
Artauds Aufsatzsammlung gilt inzwischen als eines der wichtigsten theatertheoretischen Werke des 20. Jh.s. Obwohl die Surrealisten den Autor wegen seines Engagements für die Bühne, die ihnen als etablierte Institution der Bürgertums suspekt sein mußte, aus ihren Reihen verbannten, teilt *Le Théâtre et son Double* mit Breton und seinen Freunden doch die Lust an anarchischer Radikalität und an den Träumen des Unbewußten entstiegenen Zerstörungsvisionen. Bei Artaud freilich wird die insgesamt mehr verspielte und individualistische Gewaltsamkeit der Surrealisten, denen Artaud Snobismus vorwirft, mit unerhörter Ernsthaftigkeit auf eine im Prinzip für alle bestimmte Gattung projiziert, die gerade in Frankreich an Unverbindlichkeit oder mindestens ängstlicher »klassischer Dämpfung« krankte. In freier Orientierung an asiatischen Modellen (besonders am balinesischen Theater), die mit der Tradition des westlichen psychologisch-moralischen Dramas nichts im Sinn haben, erfindet Artaud ein Theater des Unerhörten und Ungehörigen, wie es sich im

(schon bei Augustinus, dort freilich warnend, genutzten) Bild der Pest beschreiben läßt: Der Pestkranke wird ohne Schonzeit in einen neuen ontologischen Status versetzt und aus allen Konventionen oder Bindungen gerissen. Sein Schicksal kennt nur die Alternative Tod oder äußerste Reinigung. In befreiender Hysterie tritt durch die Epidemie ein Ich in Erscheinung, das alle anerzogene Diskretion und Rücksichtnahme vergißt und sich ungehemmt den »schwarzen Kräften« der magischen Naturgewalt überläßt. Die gleichen Merkmale totaler Metamorphose gelten für die Figuren des vielzitierten »Theaters der Grausamkeit« (»théâtre de la cruauté«), die sich als lebende Hieroglyphen der »Gefahr« verschreiben – dem äußersten Seinsrisiko, das die philosophische Dimension dieser Kunstform bedingt. Das »Theater der Grausamkeit« zielt nicht auf blutrünstige Aktionen. Es ist vielmehr ein »luzides«, »schwieriges«, »konsequentes« und insofern für seinen Schöpfer und sein Publikum »grausames« Theater (grausam wie das Leben im Sinne Schopenhauers). Es setzt die Sensibilität der Beteiligten ungewöhnlichen Strapazen aus, indem es ihnen wie die Gemälde von Matthias Grünewald oder Hieronymus Bosch einen »blutigen Bilderstrom« zumutet. Nur ein solches Theater der »erneuerten Exorzismen«, das die Stellung des Menschen im Universum grundsätzlich anzweifelt, vermag eine totale, eine »halluzinatorische« Angst oder aber ein absolutes Lachen auszulösen. Theater ist für Artaud nicht Mimesis, sondern Suggestion, ist Körperlichkeit, Bewegung im Raum. Seine Zeichensprache

umfaßt Tanz, Musik, Lichtbündel, Pantomime, Mimik, Gestik, Intonation, Schreie, gigantische Puppen, Masken, Kostüme, Objekte aller Art. Es hat nicht das geschriebene Wort nachzuspielen, sondern die szenische Umsetzung von thematischen Möglichkeiten zu erkunden. Artaud setzt die Regie entschieden vor das Buch, weil für ihn der Dialog zusammen mit dem psychologischen Theater abgewirtschaftet hat. Immer wieder definiert der Autor das Theater als Physis: als ein verlorengegangenes Grundwissen, das sich die Dramaturgie des Absurden oder die Aufführungspraxis des Living Theatre und des Théâtre du Soleil in seinem Sinne wieder zueigen gemacht haben. Artaud geht es dabei aber nicht um den plastischeren Unterhaltungswert des Spiels oder gar um das Theater als didaktisch-moralische (optimistisch-therapeutische oder »engagierte«) Anstalt. Ihm schwebt ein magisches, ein metaphysisches Theater vor, das durch seine sinnlich wahrnehmbare Semiotik, durch ein neues, komplexeres »Alphabet« der den Zuschauer einbeziehenden Spielstätte auf ein Unsagbares verweisen soll: »In dem Zustand, in dem wir uns gegenwärtig befinden, muß man die Metaphysik durch die Haut in den Geist eintreiben«. Entsprechend hat sich auch das ›Wort‹ zu wandeln. Es ist nicht Analyse oder Beschreibung, sondern Beschwörung (»incantation«). Artauds »alchimistisches Theater«, symbolisiert als »spiritualisiertes Gold«, sehnt sich nach der Aufhebung des Widerspruchs von Geist und Materie, die auch Ionesco in *Notes et Contre-Notes* (1962; *Argumente und Argumente*) fordern wird. Der immens erweiterte Katalog der szenischen Möglichkeiten, in dessen Übernahme sich die Artaud-Nachfolge nur allzu gern erschöpft, ist bei ihm Vehikel und Indikator geheimnisvoller Transzendenz (als »Schatten« und »Double« der Physis), die mit »Schöpfung«, »Genese«, »Chaos« zu tun und der diskursiv-individualistischen Logik des Abendlandes fremd ist. Nur wenn das Theater wieder zur »objektiven und lebendigen Verzauberung«, zum Ritus, zum Initiationsereignis nicht für eine »kultivierte« Minderheit, sondern für die Massen wird, vermag es den Menschen mit dem Universum zu versöhnen.

Ausg.: Œuvres complètes, Bd.4, Paris 1956ff. *Lit.:* C. SCHUMACHER, Artaud on Theatre, London 1989. – M. BORIE, Le théâtre et le retour aux sources, Paris 1989. – K. A. BLÜHER, Antonin Artaud und das ›Nouveau Théâtre‹ in Frankreich, Tübingen 1991.

B. COENEN-MENNEMEIER

Theorie der Avantgarde, Peter BÜRGER; EA Frankfurt/M. 1974. Im Unterschied zu landläufigen Bemühungen, die Literatur- und Kunstrevolutionen am Beginn des 20. Jh.s (Futurismus, Dadaismus, Surrealismus u. a.) formal aus stilistischen Dichotomien wie Kliché und Experiment oder sozial aus der Opposition gegen die bürgerlich-kapitalistische Gesellschaft zu bestimmen, entwickelt der Romanist Bürger im Rahmen der durch die Studentenbewegung initiierten Bemühungen um eine kritische Literaturwissenschaft Anfang der 70er Jahre seine mit umfassendem Anspruch auftretende *Theorie der Avantgarde*. Sie gründet auf einem funktionsgeschichtlich entfalteten Begriff der »Institution Kunst«, wie sie sich seit dem 18. Jh. ausbildete. Mit diesem Begriff zielt Bürger auf die Zusammenfassung materieller und ideeller Bedingungen, welche die Produktion, Distribution und Rezeption von Literatur und Kunst in einem gegebenen historischen Abschnitt regulieren. In Abgrenzung zur sakralen Kunst des Hochmittelalters oder der höfischen Kunst des Absolutismus ist für die bürgerliche Institution Kunst der etwa von Schiller (→*Über die ästhetische Erziehung des Menschen in einer Reihe von Briefen*) oder Kant (→*Kritik der Urteilskraft*) durchdachte Status gesellschaftlicher Autonomie kennzeichnend. Durch ihn wird einerseits der Freiraum für kritische Gegenbilder zum Bestehenden gewonnen, andererseits affirmiert dieser »Vorschein« einer besseren Ordnung zugleich kompensatorisch die kritisierten Verhältnisse. Dieser von Bürger mit der an Hegel und Marx geübten Methode dialektischer Kritik herausgearbeitete (und von seinen späteren Kritikern gerne übersehene) Doppelcharakter der Kunstautonomie ist im Ästhetizismus der Jahrhundertwende, dem eine Schlüsselstellung eingeräumt wird, dergestalt auf die Spitze getrieben, daß erst der ästhetizistische Bruch mit der Gesellschaft zugleich eine volle Ausdifferenzierung der Kunstmittel ermöglicht und die Kunst nun sich selbst zum Gehalt werden läßt. – Das ist der kategoriale Rahmen, in dem Bürger seine Thesen zum Avantgardismus positioniert: 1. Die historisch gewordenen Avantgardebewegungen waren Negation und Selbstkritik der bürgerlichen Institution Kunst, weil sich ihr Angriff gleichermaßen gegen die Abgehobenheit der Kunst von der Lebenspraxis, die individuelle Produktion sowie die davon zumeist getrennte, isolierte Rezeption richtete. 2. Die Avantgarden liquidierten die Möglichkeit eines einheitlichen epochalen Stils, indem sie die freie Verfügung über die Kunstmittel vergangener Epochen zum Prinzip erhoben. Im Licht dieser Thesen gelingt es Bürger, die Züge, Gesten und ästhetischen Verfahrensweisen, die das avantgardistische Kunstobjekt konstituieren, auf ihre gesellschaftliche Funktion hin durchsichtig zu machen. Die Kunst der Avantgarde zerstört nicht Kohärenz und Selbständigkeit der Werkkategorie schlechthin, sondern nur einen bestimmten Typus von Einheit: das sich ›rundende‹, organische bzw. symbolische Kunstwerk. Die Verfahren der Montage, der Zug der Verfremdung, die Geste des Neuen und das bewußt ins Spiel gebrachte Moment des Zufalls schaffen künstlerische Artefakte, die Bürger in kritischer Aufnahme von Benjamins Allegoriebegriff als nicht-organische, allegorische Werke bezeichnet, die ihr Gemachtsein ausstellen, die durch den Verzicht auf Synthesis ästhetische Versöhnung ausschließen, sich kontemplativer Betrachtung und hermeneutischer Sinngebung entziehen und stattdessen auf die Schockierung des Publikums zum Zweck seiner Verhaltensänderung setzen. – Ob der Angriff der historischen Avantgarde auf die Institution Kunst, wie Bürger hervorhebt, gescheitert ist oder ob sich nicht vielmehr einerseits das avantgardistische Programm einer Rückführung von Kunst in Lebenspraxis im Verbund mit der Kulturindustrie in der ubiquitären »Ästhetisierung der Lebenswelt« (R. Bubner) erfüllt und andererseits die von Bürger für den Avantgardismus herausgestellte freie Verfügbarkeit der Kunstmittel erst im postmodernen Eklektizismus voll entfaltet hat, soll hier offenbleiben. Richtig ist freilich, daß sich der kritische Anspruch im »ewigen Dadaismus« neoavantgardistischer Reprisen erschöpft hat.

Ausg.: P. BÜRGER, Theorie der Avantgarde. Mit einem Nachw. zur 2. Aufl., Frankfurt/M. [8]1990.
Lit.: ›Theorie der Avantgarde‹. Antworten auf Peter Bürgers Bestimmung von Kunst und bürgerlicher Gesellschaft. Hg. von W. M. LÜDKE, Frankfurt/M. 1976.

C. ZELLE

Theorie des modernen Dramas, Peter SZONDI; EA Frankfurt/M. 1956.
Szondi stellt sich mit dieser Studie (zugleich seine Dissertation) die Aufgabe, die Umbrüche in der Entwicklung der internationalen Dramatik 1880–1950 unter einem übergreifenden formgeschichtlichen Aspekt zu analysieren. Indem er sich auf die immanente Entwicklung der Formen konzentriert, versucht er zugleich, die verborgene sozialgeschichtliche »Aussagefähigkeit« dieser Formen freizusetzen. Dieser Ansatz einer ›Form-Semantik‹, der den Arbeiten des jungen G. Lukács, W. Benjamins und Th. W. Adornos verpflichtet ist, verweist auch auf den späteren Strukturalismus und die Semiotik. Szondi begreift das Drama als die Form, durch welche sich die Menschen zum ersten Mal in der Geschichte allein auf ihre eigene, nämlich sprachliche Weise zu konstituieren vermögen. Wenn er »Alleinherrschaft des Dialoges«, »Gegenwart« und »Handlung« als konstitutive Merkmale des »absoluten Dramas« anführt, so bezieht er sich dabei auf Hegel. Dieses »klassische«

Dramenmodell gilt aber in der Untersuchung nicht mehr als Norm, sondern nur als formgeschichtliches Moment einer sich seit 1880 herausbildenden »modernen« Dramatik. Szondi konstatiert, wie diese überkommene Form durch eher epische Stoffe fragwürdig zu werden beginnt. So wurzelten etwa die Dramenfiguren Ibsens in einer Vergangenheit, die als solche nicht mehr in die »zwischenmenschliche Aktualität« des Dramas zu integrieren ist. Dieser Zwiespalt, der für Szondi zur »Krise des Dramas« um die Jahrhundertwende führt, kennzeichnet auch das Œuvre anderer Dramatiker wie Čechov, Strindberg, Maeterlinck und Hauptmann. Zwei Wege stehen danach offen: Einmal kommt es zu phantasievollen »Rettungsversuchen« der »klassischen« Form (z. B. bei Hofmannsthal und Sartre). Zum anderen kann das »epische Ich«, das die problematisch gewordene Dramenform insgeheim bereits stabilisierte, im Kontext eines genreübergreifenden »Stilwandels« zum neuen Formprinzip werden. Daß Welt und dramatischer Dialog inkongruent geworden sind, wird von den avantgardistischen Dramatikern nicht mehr verschleiert, sondern offenbart. So gibt sich der Regisseur im »politischen Theater« Piscators offen als Subjekt der Veranstaltung zu erkennen, möchte Brecht sein »episches Theater« (→*Das epische Theater*) aus kritischer Distanz gegenüber dem dramatischen Geschehen entwickeln oder macht Pirandello die Kritik an der Dramenform zum Thema eines Dramas. – Singulär bleibt Szondis Studie durch die Vermittlung von typologischer Abstraktion und Nähe zum dramaturgischen De-

tail. Ihre Beschränkung liegt darin, daß die Entwicklung des modernen Dramas allein unter dem Aspekt des Dialogs, bei bewußter Ausklammerung des Theatralischen, untersucht wird.

Ausg.: Schriften, Bd. 1, hg. von J. BOLLACK, Frankfurt/M. 1978, S. 11–148.
Lit.: P. PAVIS, L'héritage de P. Szondi pour la sémiologie et la théorie de l'avantgarde théâtrale, in: ders., Voix et images de la scène, Lille 1985, S. 61–79.

                        H. PILLAU

Die Theorie des Romans. Ein geschichtsphilosophischer Versuch über die Formen der großen Epik, Georg LUKÁCS; ED 1916 (in: Zeitschrift für Ästhetik und allgemeine Kunstwissenschaft, 3). In der Werkfolge des jungen Lukács markiert die *Theorie des Romans* den Abschluß der essayistisch-kritischen Phase (*A lélek és a formák*, 1910; *Die Seele und die Formen*), die auch gattungsästhetische Ansätze miteinschließt (*Metaphysik der Tragödie*, 1911). Zugleich ist sie Zwischenstufe zu einer »großen Ästhetik«. In der anschließenden phänomenologischen Phase arbeitet Lukács an einem ästhetischen Entwurf, der aber erst unter neomarxistischen Vorzeichen in den beiden Bänden →*Die Eigenart des Ästhetischen* zustandekommt. – In der *Theorie des Romans* gestaltet er einen hermeneutisch vielfältig verschachtelten Transformationsprozeß aus, der von Denkfiguren der Frühromantik (F. Schlegel, Novalis) über die Stufendialektik G. W. F. Hegels, die Stadiendialektik S. Kierkegaards, das Ironiekonzept H. Solgers bis zur Lebensphilosophie W. Diltheys, H. Bergsons und G. Simmels reicht. Lukács erfüllt einerseits die zeitgenössische Forderung Diltheys, daß eine Romantheorie die »bedeutendste Einzelaufgabe der Poetik« sei, andererseits nimmt er das Programm der Frühromantik wieder auf, für welche die »Philosophie des Romans« der »Schlußstein« (F. Schlegel) sowohl in einer Reihe sich universalisierender Kritiken als auch einer Ausarbeitung ästhetischer Gattungsentwürfe sein sollte. Der Roman wird zur paradigmatischen Form der Zeit, insofern er nach der geschichtsphilosophischen Triade die Bedingungen der mittleren Epoche, des »Zeitalters der vollendeten Sündhaftigkeit« (J. G. Fichte), ausformuliert. Die griechischen »Formen des Weltgestaltens«: Epos, Tragödie und Philosophie, sieht Lukács einer unterschiedlichen historischen »Dialektik« unterworfen, bei der die epischen Teilgattungen die Negativität in sich austragen müssen. So wird der Roman zum »Ausdruck der transzendentalen Obdachlosigkeit«. Lukács erfüllt in dieser Weise die Annahme des Novalis, daß der Roman »aus Mangel der Geschichte entstanden« sei. Der Verlust der mimetischen Funktion reicht bis in die wertephilosophischen und sinnkonstitutiven Grundlagen hinein, insofern kein »passiv-visionäres Hinnehmen eines fertig daseienden Sinnes« mehr möglich sei. Die ursprüngliche Unterscheidung zwischen Drama und »großer Epik« als einer zwischen »extensiver Totalität des Lebens« und »intensiver Totalität der Wesenhaftigkeit« verändert sich für Lukács so, daß der Roman nur noch die »Gesinnung zur Totalität« bewahrt und sowohl die »Risse und Abgründe« als auch die »Richtungslosigkeit des ganzen Lebens« wiederzugeben hat. Die selbstgeschaffene Umwelt kann als »fremdgewordener Sinneskomplex« und als »zweite Natur« poetisch nicht mehr ganz durchdrungen und zurückgewonnen werden. Der daraus abgeleitete Begriff der »Entfremdung« wird noch auf einer wirkungsgeschichtlichen Linie von Hegel bis Simmel gefaßt, ohne daß die Marxschen Zwischenfixierungen bereits in den Blick gerückt würden. Im Sinne der romantischen Ironie wird der Protagonist des Romans jedoch »durch Potenzierung repräsentativ« (F. Schlegel), er zeigt eine »bestimmte Problematik der Welt« auf. Dabei schaltet der Erzähler durch die ironische Dialektik jede ethisch beschwerte Beurteilung aus. Seine vielfach geschachtelten Reflexionen werden zuletzt immanent, »nur im Erzähler bleibend«, in ein »freischwebendes Gleichgewicht« gebracht. Damit gestaltet Lukács die in der Frühromantik vorgedachten »steten Wechsel von Selbstschöpfung und Selbstvernichtung« aus (F. Schlegel). Zuletzt bezieht er symphilosophierend noch Bergsons Konzept der Erlebniszeit (»durée«; →Le rire) mit ein, da der moderne Roman den »Ablauf der Zeit als Dauer« gegen alle verräumlichenden Zeitvorstellungen ausdrücken muß. Schließlich visiert Lukács die »Krise des Übergangs von der zweiten zur dritten Periode« an. Während L. Tolstoj diesen epochalen Wandel nur erst »in wenigen ganz großen Momenten« erahnt habe, zeichnet ihn Dostoevskij bereits als »einfach geschaute Wirklichkeit«. Keineswegs handelt es sich dabei um einen Versuch, »das Utopische als seiend zu gestalten«. Vielmehr müssen die »Anzeichen des Kommenden« kritisch in ein Gesamtbild eingefügt werden. Die Weise der Antizipation bleibt an einen

Möglichkeitsbegriff gebunden, der im Kontext aller Modalkategorien (Wirklichkeit, Möglichkeit, Zufälligkeit, Notwendigkeit) zu beurteilen ist. Die geschichtsphilosophischen »Ahnungen eines Durchbruchs in eine neue Weltepoche« identifiziert Lukács später in *Geschichte und Klassenbewußtsein* (1923) mit dem Marxismus. Seine Denkfiguren bleiben allerdings an eine komplexere Wirkungsgeschichte rückgebunden.

Ausg.: Darmstadt/Neuwied ²1971.
Lit.: L. GOLDMANN, Georg Lukács: Die Theorie des Romans, in: ders., Dialektische Untersuchungen, Neuwied 1966, S. 283–313. – W. MICHEL, Marxistische Ästhetik – Ästhetischer Marxismus, Georg Lukács' Realismus, in: ders., Das Frühwerk, Bd. 2: Gattungsästhetische Objektivationen, Frankfurt/M. 1972, S. 88–207. – R. G. RENNER, Ästhetische Theorie bei Georg Lukács. Zu ihrer Genese und Struktur, Bern/München 1976.

W. MICHEL/E. M. MICHEL

Theory of Film. The Redemption of Physical Reality (engl.; *Theorie des Films. Die Errettung der äußeren Wirklichkeit*), Siegfried KRACAUER; EA New York 1960; dt. Frankfurt/M. 1964.

Kracauers Filmtheorie grenzt sich von idealistischen wie von formalistischen (Film-)Ästhetiken ab und bestimmt den Film als realistisches Medium, das eine besondere Affinität zur sichtbaren, physisch konkreten Realität aufweist und ihre verborgenen Beziehungen enthüllt. Diese »materiale« Filmtheorie stellt eine Weiterentwicklung von Kracauers zahlreichen Filmkritiken und Essays aus den 20er Jahren dar, die in *Kino* (1974) und in *Das Ornament der Masse* (1963) gesammelt sind. Den »Ort, den eine Epoche im Geschichtsprozeß einnimmt«, sucht Kracauer aus ihren flüchtigen, weil ideologisch weniger verzerrten Oberflächenerscheinungen zu entschlüsseln. Die abstrakten Kategorien der Philosophie lehnt er dabei ab, da sie ihre Objekte lediglich einem begrifflich vorformulierten Wissen unterordnen. Für ihn sind die sinnlich erfahrbaren Erscheinungen einzig verbindliche Erkenntnisgrundlage. Der Film avanciert dabei zum geeigneten Medium solch sensualistischer Erfahrung. – Die Verbindung von phänomenologischen und geschichtsphilosophischen Reflexionen seiner früheren Schriften ist Ausgangsbasis und zugleich Ausblick seiner Filmtheorie. Im Unterschied zum deskriptiven Vorgehen in den Essays und Kritiken stellt Kracauer mit *Theory of Film* jedoch eine normative Ästhetik vor. Mit ihr will er das spezifisch ›Filmische‹ benennen. Er versucht, an zahlreichen historischen Filmbeispielen ein filmisches Apriori zu legitimieren, das aus seiner Diagnose des modernen Industriezeitalters im Epilog herzuleiten ist. – Kracauer begreift hier Geschichte als Prozeß zunehmender Entzauberung, die im 20. Jh. in ein krisenhaftes Stadium getreten ist. An die Stelle verbindlicher Glaubensinhalte treten der technologische Fortschrittsglaube und der positivistische Optimismus. Allerdings verstellt gerade die Abstraktion der analytischen Wissenschaften den Weg zu einer extensiveren gesellschaftlichen Erfahrung, wie sie allein noch in einer reintegrierenden »Erfahrung von Dingen in ihrer Konkretheit« möglich scheint. In der phänomenologischen Reduktion, im Rückgang auf die Dinge selbst, können sich dem entfremdeten Menschen wieder unverbrauchte Bereiche des Seins eröffnen. Daher muß sich für Kracauer vor allem ästhetische Wahrnehmung und Erfahrung den materiellen Schichten der Realität zuwenden. Die gesellschaftliche Funktion des Films liegt in der »Errettung der äußeren Wirklichkeit«. – Kracauer unterscheidet den Film als materialistisch orientiertes Medium von den traditionellen Künsten, die nicht die Realität selbst, sondern nur eine Idee von ihr abbilden. Dies lehnt Kracauer als »reaktionär« ab, weil so Ganzheit symbolisiert und die Fortexistenz von Ideologien festgeschrieben wird. Allein Photographie und Film können noch ein authentisches Sein enthüllen, da sie nicht ihr »Rohmaterial verzehren«, sondern es »zur Schau stellen«. Obwohl Kracauer eine Synthese von »formgebenden« und »realistischen« Tendenzen favorisiert, sind seine ästhetischen Maßstäbe der realistischen Tendenz verpflichtet. Der Film begünstigt für ihn (quasi-)dokumentarische Vorgehensweisen, er strebt »aufs entschiedenste der ungestellten Realität zu«. Neben der Affinität des Mediums zum Zufälligen, zu flüchtigen Momenten des alltäglichen Lebens, und zur Endlosigkeit, d. h. zu offenen Darstellungsformen, verrät ihm auch der weitgehend absichtslose Umgang mit dem Rohmaterial eine Nähe zum Unbestimmbaren. In Anlehnung an die Lebensphilosophie erkennt Kracauer im Film eine ästhetische Entsprechung zum Kontinuum oder »Fluß« des Lebens, die zur substantiellen Dimension von Kamerarealität wird. Ihr zentrales Moment ist die Bewegung. Im Gegensatz zur Photographie ist der Film für Kracauer daher auch das einzig angemessene Medium, um den »unaufhörlichen Strom von Möglichkeiten« und Bedeutungen zu entfalten. Kracauers Versuche, seine ästhetische Bestimmung des neuen Mediums überzeitlich zu begründen, sind nicht unproblematisch, denn sie richten sich auf Tendenzen der Moderne. Um die Qualitäten des Films und die Problematik von Literaturverfilmungen zu veranschaulichen, bestimmt er – im Rekurs auf G. Lukács' → *Theorie des Romans* – Unterschiede und Gemeinsamkeiten zwischen Film und Roman. Parallelen sieht er vor allem darin, daß beide »das Kontinuum des Lebens« darzustellen suchen, allerdings zielt der Roman in der Regel darauf, eine offene Realität durch ein geschlossenes Universum zu ersetzen. Als literarische Vorbilder für den filmischen Film läßt Kracauer daher nur die Vertreter des modernen Romans wie J. Joyce und V. Woolf (→ *Modern Fiction*) gelten, die mit der Raum-Zeit-Totalität und den sinnimmanenten Strukturen des traditionellen Romans gebrochen haben. Der grundlegende Unterschied zwischen Roman und Film besteht für ihn darin, daß sich beide auf divergierende Systeme beziehen: das überwiegend »materielle Kontinuum« der Kamerarealität opponiert dem primär »seelisch-geistigen Kontinuum« der Romanwelt. – Obwohl Kracauers normativer Ansatz und sein traditioneller Realismusbegriff von der Literaturtheorie kritisiert wurden, beziehen sich auch neuere Forschungen über die Wechselbeziehung zwischen Literatur und Film auf sein ästhetisches Erfahrungsmodell des Kinos. Allerdings akzentuiert man heute die historische Dimension seiner ästhetischen Kriterien im Kontext der Moderne.

Ausg.: Dt. Frankfurt/M. 1973 (in: Schriften, Bd. 3, hg. von K. WITTE).
Lit.: O. THAL, Realismus und Fiction. Literatur- und filmtheoretische Beiträge von Adorno, Lukács, Kracauer und Bazin, Dortmund 1985. – I. MÜLDER, Siegfried Kracauer – Grenzgänger zwischen Theorie und Literatur. Seine frühen Schriften 1913–1933, Stuttgart 1985. – A. ROST, Von einem der auszog das Leben zu lernen. Ästhetische Erfahrung im Kino, München 1990.

G. HOLZMANN

Theory of Greek Tragedy

(engl.; *Theorie der griechischen Tragödie*), Thomas DE QUINCEY; ED 1840 (in: Blackwood's Magazine). Hauptanliegen des Essays ist es, die charakteristischen Merkmale der antiken griechischen Tragödie im Kontrast zur englischen herauszuarbeiten. Teilweise in Abgrenzung zu A. W. Schlegels Vorlesungen →*Über dramatische Kunst und Literatur* führt der Essay die zentralen Qualitäten der griechischen Tragödie auf zwei grundlegende Ursachen zurück: ihren religiösen Ursprung sowie die riesigen Ausmaße des antiken Theaters, die z. B. im alten Athen in dem verbrieften Recht eines Bürgers auf Besuch einer jeden Vorstellung begründet lagen. Die medialen Gegebenheiten eines 30.000 Zuschauer fassenden Theaters sind nach De Quincey der Grund dafür gewesen, daß dem Schauspieler mit Hilfe des Kothurns sowie voluminöser Gewänder eine größere Statur, seinem Gesicht mittels einer Maske ein stilisiertes Aussehen und seiner natürlichen Stimme mit mechanischen Verstärkern eine größere Reichweite verliehen wurden. Daraus hat sich eine titanische Tragödie entwickelt, die feierlich, weil kultischen Ursprungs, und alltagsfern war, wie ein Spiel im

Spiel sollte eine andere und fremde Welt inmitten der tagtäglich erfahrbaren sichtbar werden. – Anders als die englische hat die griechische Tragödie für De Quincey niemals Wert auf die Darstellung ausgeprägter menschlicher Charaktere oder großer Leidenschaften gelegt. Durch ihren begrenzten Umfang, nur etwa 160 Verse pro Akt, war sie für die Knüpfung subtiler tragischer Verwicklungen, filigraner Charakterportraits oder die ausgiebige Zurschaustellung leidenschaftlicher Konflikte nicht geeignet. Im Unterschied zur englischen gab es schon deshalb in der griechischen Tragödie keine inneren oder äußeren Gefühlsausbrüche, weil die Masken der Schauspieler diese nicht sichtbar werden ließen. Statt dessen brachten die antiken Dramatiker Situationen von erhabener Größe mit zu Marmor gefrorenen lebenden Bildern und stilisierten Figuren aus einer längst vergangenen Zeit auf die Bühne. Deren Daseinsmodus war der Dauerzustand des Leidens, nicht die konfliktgeladene, flüchtige Auseinandersetzung. Ein gewaltsamer Tod war nicht deshalb von der Bühne verbannt, weil er zu blutrünstig erschien, sondern weil er als Indiz für Gefühl und Aktion in Widerspruch zur Präsentation statischer Bilder und Figuren geraten wäre. – Der Auffassung der Gebrüder Schlegel, wonach über jeder griechischen Tragödie ein blindes und bedrohliches Schicksal lauert, hält De Quincey Beispiele entgegen, in denen das Schicksal überhaupt keine Rolle spielt, weshalb es nicht als notwendiger Bestandteil der Tragödie gelten kann. Wo es eingesetzt wird, hat es die Funktion, Figuren über das gewöhnliche Maß hinaus zu erhöhen, der Wirklichkeit zu entrücken und mit einer Bestimmung auszustatten. Auch der häufige Rückgriff auf alte Legenden und Mythen ist dem Bestreben entsprungen, auf alle unwichtigen individualisierenden Details zugunsten eines nicht näher bestimmbaren Zwielichts zu verzichten. Die der jeweiligen Situation entsprechende Grobeinteilung in gute und böse Protagonisten war nur logische Konsequenz einer Poetik, die sich auf Statik, die szenische Präsentation einiger weniger grandioser Situationen mit überdimensionierten Figuren ausgerichtet zeigte. Den nicht sehr umfangreichen Dialogpartien fiel die vorrangige Aufgabe zu, die erhabene Größe der dargebotenen Situationen mit ihrer stilisierten, statuesken Figurenkonstellation sowie die aus ihr sich ergebenden tragischen Folgen zu verdeutlichen. Weil sie zudem um die Erklärung der Vorgeschichte bemüht sind, die zum Zusammentreffen der Protagonisten in der jeweiligen Situation führte, besitzen sie eine in erster Linie retrospektive Qualität. Ihr ernster und feierlich-ritueller Charakter wird durch die Vermeidung bestimmter Worte und Wortformen sowie die Verwendung eines archaischen Idioms und einer betont künstlichen rhythmisch-metrischen Struktur, die an das Rezitativ aus der italienischen Oper erinnert, noch verstärkt. Der Chor schließlich mit seinen lyrisch-feierlichen Kommentaren und symbolträchtigen, geheimnisvollen Tänzen war nicht, wie Milton annahm, moralische Belehrungsinstanz, sondern nahm die Rolle eines am Geschehen und der sich anbahnenden Katastrophe nicht direkt beteiligten

Zuschauers an. Er sollte die Sympathien des Publikums lenken oder zum Ausdruck zu bringen. – In der englischen De Quincey-Rezeption haben seine Ausführungen zur griechischen Tragödie nur wenig Aufmerksamkeit gefunden.

Ausg.: The Collected Writings of Thomas De Quincey, hg. von D. MASSON, Edinburgh 1889–90, S. 342–59.
Lit.: H. S. DAVIES, Thomas De Quincey (1785–1859), hg. von I. SCOTT-KILVERT, in: British Writers, Bd. 4, New York 1981, S. 141–56.

H. PRIESSNITZ

Theory of Literature (engl.; *Theorie der Literatur*), René WELLEK/Austin WARREN; EA New York 1949; dt. Bad Homburg 1959.

Mit *Theory of Literature* unternehmen Wellek/Warren den Versuch, ein neues »Organon« der Literaturwissenschaft in der Nachfolge von Antike und Aufklärung zu schaffen. Schon in den Präliminarien wird die »Literatur«, oder jene Texte, die man früher ›schön‹, ›fiktiv‹ oder ›zwecklos‹ (Kant, → *Kritik der Urteilskraft*) nannte, von der Alltags- und der Fachsprache unterschieden. Das Wort »schöpferisch« signalisiert eine besondere Erscheinungsart der Sprache, in der Dichte, Intensität und wiederholte Abweichungen von der Norm anzutreffen sind. – In einer folgenreichen Dichotomie unterscheiden Wellek/Warren die »außerliterarischen« (»extrinsic«) und die »innerliterarischen« (»intrinsic«) Wege der Literaturwissenschaft. »Außerliterarische Methoden« beschäftigen sich »mit den Bedingungen, der Umgebung und den äußern Anlässen der Literatur«. Sie erhellen so zwar die Umstände, aus denen das Kunstwerk entsteht, nicht aber das Kunstwerk selbst. Biographische und psychologische Forschungen (Warren plädiert für eine Verbindung von Freud und Marx) haben es allenfalls mit dem Schaffensprozeß zu tun, selten mit dem Werk selbst. Analoges gilt für die soziologischen oder marxistischen Methoden und die geistesgeschichtliche Analyse. Das Kunstwerk ist nach Wellek/Warren jedoch »kein Ersatz für Politik«, sondern hat seine »Rechtfertigung in sich selbst«. Daher steht bei Wellek/Warren die »Interpretation und Analyse des literarischen Werkes selbst« im Mittelpunkt der Literaturwissenschaft. Im Grunde sind sie darauf bedacht, die außerliterarischen Interessen des 19. Jh.s zu relativieren und die Arbeit der älteren Poetik und Rhetorik unter philosophischem Vorzeichen aufzunehmen. Es geht, wie in der Perspektive der russischen ›Formalisten‹, um die »Instrumentalisierung« des sprachlichen Materials in der Struktur der Kunst. Unter diesem Blickwinkel fordern sie die Analyse des Einzelwerks als Beziehungsgeflecht folgender Schichten und Elemente: »Wohlklang, Rhythmus, und Metrik« (mit einem Hinweis auf B. Èjchenbaum, →*Literaturnyj byt*), »Stil und Stilistik« (mit Anknüpfungen an V. Vinogradov und D. Alonso), »Bild, Metapher, Symbol und Mythus«. Die praktischen Verfahrensweisen sind in einer Ontologie des Kunstwerkes verankert, die auf E. Husserls Phänomenologie (→ *Analysen zur passiven Synthesis*) und R. Ingarden (→*Das literarische Kunstwerk*) verweist. Danach ist das Gedicht kein »Artefakt« wie ein Bild (obgleich das visuell Typographische seine Funktion haben mag), keine Folge von

Lauten (sonst wäre es nichts als Rezitation) und auch kein Erlebnis des Lesers (mit der Gefahr des anarchischen Subjektivismus) oder des Dichters (dessen Absichten mit dem Produkt nicht identisch sind). Ein Gedicht eröffnet allerdings Erlebnismöglichkeiten. Unter diesem Blickwinkel ist es »eine Struktur von Normen, die in den Einzelerlebnissen seiner vielen Leser nur zum Teile realisiert werden«. Wellek setzt diese Prozesse, unter Berufung auf die ›Genfer‹ und ›Prager‹ Linguisten, in Analogie zur »parole«, dem einzelnen Sprechakt, der nur Bruchstücke der »langue«, oder des Sprachsystemes realisiert. Daher führt ein radikaler Platonismus bei der Analyse des Kunstwerks ebenso in die Irre wie ein unreflektierter Behaviorismus (denn das Gedicht »existiert« weder wie die Idee eines Dreiecks noch als bloße Rezitation). Die Seinsweise des Kunstwerks ist, in einer präziseren Bestimmung, gekennzeichnet durch ihre ›Zeitlichkeit‹ (da das Kunstwerk vom Augenblick seiner Schöpfung an im Zeitfluß existiert) und zugleich ›Zeitlosigkeit‹; es hat, sobald es einmal geschaffen ist, »die Identität seiner Struktur«. Wellek charakterisiert diese Struktur im Sinne der Rezeptionstheorie als »dynamisch«, d. h. einig mit sich selbst, aber zugleich wieder auch als sich wandelnd »im Geiste des Lesers, Kritikers und Künstlers, durch den sie hindurchgeht«. – Man hat Wellek/Warrens *Theory of Literature* in Amerika oft als Manifest der textzentrierten ›Neuen Kritik‹ (u. a. C. Brooks →*Implications of an Organic Theory of Poetry*) mißverstanden. Sie unterscheidet sich von ihr durch ausgeprägte philosophische Interessen und ihren weltliterarischen Horizont. In der pädagogischen Praxis waren aber die ›Neuen Kritiker‹ und Wellek/Warren enge Verbündete, und diese Bundesgenossenschaft hat die amerikanischen graduate schools, an denen vormals die Biographie und die Editionsarbeit dominierten, gründlich reformiert. Die Generation von '68 und die emanzipatorischen Gruppen der Vietnam-Epoche verstanden Wellek/Warrens Apologie des Ästhetischen als reaktionär bürgerliche ›Kunst für die Kunst‹ (anstatt zu sehen, daß Wellek sie jeder Bevormundung durch öffentliche Institutionen zu entziehen suchte). Die historische Ironie liegt darin, daß man das theoretische Interesse, das Wellek nach Amerika verpflanzte, jetzt, in oft französischer Terminologie, gegen ihn wendet. Mit einer ähnlichen, aber begrenzteren Zielsetzung erschien in Europa zu ungefähr gleicher Zeit W. Kaysers *Das sprachliche Kunstwerk* (1948).

Ausg.: Dt. Frankfurt/M. 1985.
Lit.: A. SCAGLIONE, ›Theory of Literature‹, in: Romance Philology 11 (1958), S. 400–08. – H. E. HOLTHUSEN, System und Geschichte der kritischen Intelligenz, in: Kritisches Verstehen, München 1961, S. 197–215. – M. BACCO, R. Wellek, Boston 1981, S. 54–69.

P. DEMETZ

Towards a Feminist Poetics

(engl.; *Entwurf einer feministischen Poetik*), Elaine SHOWALTER; ED London 1979 (in: *Women's Writing and Writing About Women,* hg. von M. Jacobus, S. 22–41).
Showalters Essay gilt als Klassiker der feministischen Literaturkritik. Er behandelt deren Beziehung zu traditionellen, d.h. männlich orientierten Kritikmodellen, setzt sich aber zugleich gegen radikale Feministinnen ab, deren Vorbe-halte gegen Theorie sich in der Einschätzung jeglicher Methodologie als Machtinstrument patriarchalischer Ordnung offenbaren. Der aus theoretischen Defiziten abzuleitenden Angreifbarkeit oder Marginalisierung des Feminismus innerhalb des kritischen Diskurses tritt Showalter entgegen, indem sie eine kurze Taxonomie feministischer Literaturkritik entwirft und dabei zwei Kategorien unterscheidet. »Feminist critique« entwickelt eine Hypothese von der spezifischen Wahrnehmung und Umbewertung von Texten männlicher Autoren durch weibliche Leser, »gynocritics« dagegen hat die Frau als Autorin zum Gegenstand. »Feminist critique« soll männliche Primär- und Sekundärtexte im Hinblick auf Sexismus, stereotype Frauenbilder, Fehlwahrnehmungen, Auslassungen und die Rolle der Frau als Zeichen in semiotischen Systemen untersuchen und die Manipulation des weiblichen Konsumenten durch männliche Texte augenfällig machen. Dieser Ansatz, der die Nähe zu marxistischer Soziologie und Ästhetik nicht verleugnet, ist als politische, polemische und männlich orientierte feministische Literaturkritik von großer Bedeutung. Er läuft allerdings Gefahr, durch andere Diskurse wie die Theorien J. Lacans, R. Barthes oder L. Althussers assimiliert und lediglich zur Analyse der weiblichen Opferrolle degradiert zu werden. Nur im Zusammenspiel mit »gynocritics«, ›der‹ Rekonstruktion kultureller, sozialer, ökonomischer und politischer Erfahrungen von Frauen, kann feministische Literaturkritik aus der Theoriekrise gerettet werden. Diese Methode versteht sich als interdisziplinär, denn nur in

Zusammenarbeit mit feministischen Studien der Geschichte, Soziologie, Anthropologie und Psychologie läßt sich die Hypothese einer weiblichen Solidarität, der kreativen Kontinuität und deren möglicher subversiver Wirkung begründen. Der linearen, absoluten, männlichen Literaturgeschichte kann damit ihr Konstruktcharakter nachgewiesen werden. Showalter greift auf ihre Studie *A Literature of Their Own. British Women Novelists from Brontë to Lessing* (1977; *Eine Literatur für sie selbst. Britische Erzählerinnen von Brontë bis Lessing*) zurück und nimmt eine chronologische Einordnung literarischer Produktivität in drei Phasen vor. Die erste (1840–80) bezeichnet sie als »Feminine« und beschreibt sie als Imitation männlicher Texte. Nur indirekt, ironisch und zwischen den Zeilen läßt sich subversives Potential erahnen. Die Texte der »Feminist«-Epoche (1880–1920) definieren sich durch den Protest, indem sie offen Systemkritik üben, weibliche Solidarität betonen und Utopien einer perfekten Amazonengesellschaft entwerfen. In der »Female«-Phase seit 1920 erklärt das weibliche Schreiben seine Unabhängigkeit und beruft sich auf spezifisch weibliche Erfahrungen. Diese müssen auch gegen verwandte Ideologien wie die marxistische Ästhetik oder den Strukturalismus verteidigt werden, die in der Hierarchie kritischer Diskurse eine privilegierte Stellung einnehmen. Showalter beklagt die Spaltung wissenschaftlicher Kritik in eine »Hermeneutik« und »Frau-meneutik«, wobei die erste positivistisch, messianisch und theorieorientiert ist, während letztere mit ihrem humanistischen Anspruch gerade

erst beginnt, die Textgrundlagen zu erforschen. In *Feminist Criticism in the Wilderness* (1981; *Feministische Kritik in der Einöde*) zeigt Showalter die Gefahren rein biologischer, linguistischer oder psychoanalytischer Modelle gynokritischer Literaturkritik und plädiert für ein kulturgeschichtliches Modell, das die anderen drei Modelle einschließt. Als Erweiterung und nicht als Gegenposition zu Showalters gynokritischem Ansatz müssen daher die in den 80er Jahren etablierten »gender studies« (»Geschlechterstudien«) verstanden werden. In der von Showalter herausgegebenen Essaysammlung *Speaking of Gender* (1989; *Zum Thema Geschlecht*) definiert Showalter »gender« als kulturelles Konstrukt, das getrennt von der biologischen Identität zu betrachten ist. Gleichzeitig warnt sie davor, durch die Verwendung des Begriffs »sexuelle Differenz« die Asymmetrie, ja Hierarchie dieser meist binären Konstrukte zu übersehen und die nach wie vor wichtige Aufgabe der Erforschung des weiblichen literarischen Erbes zu vernachlässigen.

Ausg.: The New Feminist Criticism. Essays on Women, Literature, and Theory, hg. von E. Showalter, New York 1985, S. 125–43. *Lit.:* T. Modleski, Feminism and the Power of Interpretation, in: Feminist Studies/Critical Studies, hg. von T. De Lauretis, Bloomington 1986, S. 121–38. – J. Culler, Dekonstruktion. Derrida und die poststrukturalistische Literaturtheorie, Reinbek 1988, S. 46–69.

A.-K. Titze

Tradition and the Individual Talent

(engl.; *Tradition und individuelle Begabung*), Thomas Stearnes Eliot; ED London 1919 (in: The Egoist); dt. Frankfurt/M. 1950 (in: T. S. Eliot als Kritiker und Essayist, Bd. 1, S. 95–112).

In diesem Essay bereitet Eliot seine »Poetik der Impersonalität« vor, indem er seine Ansichten zur Rolle der Tradition und zur Funktion der Dichterpersönlichkeit umreißt. Die Ausführungen werden gemeinhin als Schlüssel zum Verständnis schwieriger Dichtungen wie *The Waste Land* (1922; *Das wüste Land*) oder *The Four Quartets* (1943; *Die vier Quartette*) gewertet. Unter strikter Zurückweisung romantischer Vorstellungen wie »Originalitätsstreben« oder »Individualität« erklärt Eliot Tradition in paradox gehaltenen Formulierungen zu einem positiven Wert, der nicht ererbt, sondern nur erarbeitet werden kann. Das zur konzentrierten Aneignung der Tradition vorausgesetzte »historische Bewußtsein« begreift Vergangenheit gleichermaßen als Vergangenheit und Gegenwart. Tradition ist somit immer vergegenwärtigte Vergangenheit, wobei die Gesamtheit aller tradierten Kunstwerke simultan existiert und eine Wertehierarchie ausbildet. Eliot behauptet in synkretistischer Anwendung der Lehren F. H. Bradleys und H. Bergsons auf die Literaturgeschichte, daß sich mit jedem neuen Kunstwerk diese Hierarchie neu herauskristallisiere; jeder Dichter verändert in diesem Sinne die Vergangenheit und muß sich dieser Verantwortung bewußt sein. Aus der Annahme, daß jeder Autor Teil einer abendländischen Kulturgemeinschaft ist, folgt für Eliot, daß dieser nicht individuell über dichterische Sprache und ihre Bedeutungen herrschen kann. Dichten ist vielmehr in den gesamtkulturellen Kontext eingebunden, Individualität wird so paradoxal als Konformität bestimmt. Notwendig folgt aus Eliots Auf-

wertung der Tradition eine Abwertung der Person des Dichters. Dieser ist aufgerufen, unter ständiger Aufopferung des eigenen Ichs seine besondere Begabung, der Tradition als Medium zu dienen, zu intensivieren. Seine Theorie der Impersonalität illustriert Eliot durch die berühmte Katalysatormetaphorik: Der Dichter bringt poetische Prozesse in Gang, ohne als Person von ihnen berührt zu werden. Dichtung ist kein Ausdruck von Emotion und Persönlichkeit, sondern Flucht vor ihnen. Zusammen mit Eliots These von der »Spaltung der Sensibilität« (»dissociation of sensibility«) gehört die Impersonalitätsdoktrin zu den zentralen Theoremen seiner Literaturkritik. Trotz der zahlreichen begrifflichen Unschärfen beeinflußte der Essay die Literaturtheorie der Folgezeit (z. B. F. R. Leavis →*The great Tradition*) und prägte vor allem die theoretischen Diskussionen der ›New Critics‹.

Ausg.: Selected Essays, London ³1969.
Lit.: S. LUCY, T. S. Eliot and the Idea of Tradition, London 1960. – A. P. FRANK, T. S. Eliot's Concept of Tradition and the American Background, in: Jb. für Amerikastudien 16 (1971), S. 151–61.

R. FREIBURG

Traité de l'origine des Romans (frz.; *Abhandlung über den Ursprung der Romane*); Pierre-Daniel HUET, entst. 1665/66; ED Paris 1670 (in: Mme. de La Fayette, Zayde histoire espagnole); dt. Hamburg 1682 (in: E. W. Happel, Der insulanische Mandorell).
Die Abhandlung wird verbreitet als Beginn der Geschichte systematischer Romanpoetik bezeichnet. Unter Rückgriff auf italienische Theoretiker (Giraldi, Pigna) unternimmt Huet den zu seiner Zeit durchaus unpopulären Ver-

such, die nicht-aristotelische, daher umstrittene Gattung Roman poetologisch zu rehabilitieren. Ausgehend von der antiken Forderung des »movere et delectare«, das die klassizistische Poetik des französischen 17. Jh.s beherrschte, definiert Huet bereits eingangs den als Zeichen der Sittenverderbnis beargwöhnten (gleichwohl beim Publikum beliebten) Roman positiv als in Prosa verfaßte, regelgeleitete Liebesgeschichte zur »Belehrung und zum Vergnügen des Lesers«. Sein Vorbild sind dabei die hellenistischen Romane (Heliodor). In der Folge amalgamiert er die von Segrais vorgeschlagene Geschichte der Literaturform, die er als Vorgeschichte ihres erneuten Höhepunkts in der französischen Romankunst der ersten Hälfte des 17. Jh.s (d'Urfé) begreift, mit den Grundzügen einer Romanästhetik. Mit Hilfe dieser Ästhetik wertet Huet, aristotelisch argumentierend, den Romanschreiber zum Dichter auf. Zudem avanciert der Poet zum Sittenlehrer. Zur Erreichung seines pädagogischen Zieles ist die Gattung deshalb besonders geeignet, weil sie in hervorragender Weise der von Huet behaupteten, platonisch inspirierten anthropologischen Struktur des Menschen angemessen ist. Dessen seelische Beschaffenheit, die Wißbegierde bei gleichzeitiger Trägheit, schafft Rezeptionsbedingungen, denen der Roman in idealtypischer Weise entspricht: Er vermittelt Kenntnisse, deren Gegenstände unmittelbar durch die Sinne aufgefaßt, ohne mühsame Verstandesleistungen fast ausschließlich durch die Wirkung der Einbildungskraft erlangt werden. Auf diese Weise kehrt Huet das Verdikt gegen die Gattung um. Der ›gute‹ Roman

avanciert aufgrund seines moralischen Potentials zum ›Handbuch guter Lebensart‹. – Huet ist der erste, und das macht seine literaturtheoretische Bedeutung aus, der unter Rückgriff auf die Argumente seiner klassizistischen Gegner ein literarisches Ideal formuliert: die Bestimmung der Liebe als eigentliches Thema des Romans. Auf dieses bezogen sich in der Folge – positiv wie negativ – immer wieder sowohl Romanciers als auch Literaturtheoretiker.

Ausg.: (franz. und dt.) Repr. der Erstausg., Nachw. von H. HINTERHÄUSER, Stuttgart 1966.
Lit.: B. MARKWARDT, Geschichte der deutschen Poetik, Bd. 1, Berlin [3]1964. – E. RABKIN, The modern criticism of Pierre Daniel Huet, in: College Language Association Journal 25,3 (1982), S. 315–21.

K.-U. HARTWICH

Traité du poème épique

(frz.; *Abhandlung über das Heldengedicht*), René Le BOSSU; EA Paris 1675.

Mit diesem vermutlich wichtigsten zeitgenössischen Traktat über das Epos, der in eine Reihe mit anderen Poetiken seiner Zeit zu stellen ist (u. a. Boileaus →*L'Art poétique*), avanciert der Kanoniker Le Bossu im letzten Viertel des 17. Jh.s zu einer (wenn auch umstrittenen) Autorität in der Diskussion über das Epos. Wie Huet (→*Traité de l'origine des romans*) den Roman, sieht auch Le Bossu das Epos dem von Boileau kodifizierten Prinzip der französischen Klassik verpflichtet, nach dem es zu ›Nützen‹ und zu ›Erfreuen‹ hat. Wie alle Kunst bezieht es seine Legitimation aus seinem funktionalen Charakter (»être utile«). Das ›Nützlichsein‹ besteht darin, zur Verbesserung der moralischen Sitten beizutragen. Vordergründig unternimmt Le Bossu im *Traité* in einer Synthese aus cartesianisch-antiplatonischem Rationalismus und neoaristotelisch inspirierter Systematik den Versuch einer exemplarischen Relektüre der *Aeneis* (entst. 29–19 v. Chr.) mit dem Ziel der Geschmacks- und Urteilsbildung beim Leser. Das sich modischer Beliebtheit erfreuende Epos Vergils wird dabei mit Kategorien Aristotelischer (→*Peri poietikes*) und Horazischer (→*De arte poetica*) Poetologie beschrieben. Den Hintergrund dieser Überlegungen bildet eine allgemeine Theorie literarischer Textproduktion auf der Grundlage eines einzigen Prinzips. Dieses besteht in der Formulierung einer »moralischen Wahrheit«, die im Text ›in Szene gesetzt‹ wird. Davon ausgehend bestimmt Le Bossu das Epos als kunstvoll erfundene Erzählung, die das Ziel verfolgt, die Sitten durch allegorisch verkleidete Belehrungen zu verbessern. Dies geschieht durch die Schilderung wichtiger Begebenheiten, die dem Leser in Versform auf wahrscheinliche, angenehm zerstreuende und wunderbare Art dargeboten werden. Aus diesem Ansatz entwickelt Le Bossu konstitutive Elemente des Epos (Natur, Inhalt, Form, Ausdrucksweise) sowie deren Substrukturen. Von besonderer Bedeutung ist seine Bestimmung der »Fabel« als Natur des Epos (dem bei Aristoteles die ›Handlungsstruktur‹ bezeichnenden Begriff kommen außer der Versform alle Bestimmungen des Epos zu). Die moderne Fabelforschung kritisiert an Le Bossu die ausdrückliche Gleichsetzung des Epos von Vergil mit der Äsopischen Fabel, die er als Spielformen des einen Formprinzips »Fabel« begreift. Dieses terminologische Mißverständnis hat

gattungspoetische Probleme hinsichtlich der Fabel provoziert. – Im 17. Jh. gefeiert, im 18. scharf attackiert, ja verlacht (die methodisch zentrale allegorisch-rhetorische Textinterpretation wurde verurteilt), im 19. weitgehend unbeachtet, wird Le Bossu erst in jüngster Zeit im Kontext der Diskussion um Rhetorikkonzeptionen in der französischen Klassik wiederentdeckt.

Ausg.: Frz. Repr. (⁴1714) Hamburg 1981, eingel. von V. KAPP.
Lit.: V. KAPP, Le Bossu et l'explication allegorique de la mythologie, in: La mythologie au XVIIe siècle, hg. von L. DONVILLE, Marseille 1982, S. 67–72.

K.-U. HARTWICH

Trattato di semiotica generale
(ital.; *Semiotik. Entwurf einer Theorie der Zeichen*), Umberto ECO; EA Mailand 1975; dt. München 1987.
Eco führt in diesem Buch Themen u. a. von *La struttura assente* (1968; *Einführung in die Semiotik*) und *Le forme del contenuto* (1971; *Die Formen des Inhalts*) weiter. Der *Trattato di semiotica* (Bedeutungslehre) kann als die wichtigste der semiotischen Arbeiten Ecos angesehen werden. Um eine »Untersuchung der theoretischen Möglichkeiten und der sozialen Funktion einer einheitlichen Behandlung aller Signifikations- und/ oder Kommunikationsphänomene« vornehmen zu können, umreißt Eco – als Basis für eine »Theorie der Kultur« – eine »Theorie der Codes« (»Semiotik der Signifikation«) und eine »Theorie der Zeichenerzeugung« (»Semiotik der Kommunikation«). Voraussetzung für ein Signifikationssystem ist dabei eine soziale Konvention über die Erzeugung von Zeichen-Funktionen (bezüglich eines Zeichens oder größerer

Teile von Diskursen). Kommunikation liegt dann vor, wenn die Möglichkeiten des Signifikationssystems zur Erzeugung von physischen Ausdrücken benutzt werden, die praktischen Zwecken dienen (Regel vs. Prozeß). Eco spielt die Frage der »Kultur als semiotischem Phänomen« an drei kulturellen Aspekten durch, »die dem Anschein nach keine Kommunikationsphänomene sind: (a) der Erzeugung und Verwendung von Objekten, die zur Transformation der Mensch-Natur-Beziehung verwendet werden; (b) den Verwandtschaftsbeziehungen als Anfang und Kern der institutionalisierten Spezialbeziehungen; (c) dem wirtschaftlichen Güteraustausch«. – Eco löst die Unterscheidung zwischen »langue« (Sprache als System) und »parole« (gesprochene Sprache), Kompetenz und Performanz, Syntaktik (und Semantik) und Pragmatik in der ›Theorie der Codes« auf, die innerhalb ihrer Semantik viele Probleme der Pragmatik behandelt. Daß Eco eher an die philosophische Semiotik von Peirce als an die linguistische Tradition von de Saussure anknüpft, wird besonders durch seine Definition des Zeichenbegriffs deutlich. Für Eco – der auch die Grenzen des Zeichenbegriffs diskutiert (u. a. Reize, Signale, physische Information) – ist (auch in Anlehnung an die Zeichendefiniton von Morris' →*Esthetics and the Theory of Signs*) »alles Zeichen zu nennen, was aufgrund einer vorher festgelegten sozialen Konvention als etwas aufgefaßt werden kann, das für etwas anderes steht«. Dabei problematisiert er besonders die Frage der Ikonizität, erweitert jedoch die trichotomische Terminologie der Zeichen-

erzeugung von Peirce (Symbol, Ikon, Index). Anstatt eine Typologie von Zeichentypen zu erstellen, klassifiziert er Erzeugungsmodi von Zeichenfunktionen (anhand von vier Parametern: 1. der für die Erzeugung von Ausdrükken erforderlichen physischen Arbeit, 2. des Typus/Exemplar-Verhältnisses, 3. des Typus des zu formenden Kontinuums – entweder homomateriell oder heteromateriell, 4. des Modus und der Komplexität der Gliederung). – Innerhalb der ›Theorie der Zeichenerzeugung« behandelt Eco auch den »ästhetischen Text als Erfindung« (vgl. →*Il messaggio estetico*), da für ihn der ästhetische Text »eine Art Summe und Laboratoriumsmodell aller Aspekte der Zeichen-Funktion« darstellt. In ihm kommen alle Aspekte der Bearbeitung des Ausdrucks, der Neubewertung des Inhalts, des Prozesses der Code-Änderung, des Hervorbringens eines neuen Weltbildes und des Netzwerkcharakters von Kommunikationsakten zum Tragen. – Eco vertritt die Ansicht, »daß die Arbeit der Zeichenerzeugung auch eine Form der Sozialkritik und der sozialen Praxis darstellt«. In diesem Zusammenhang stellt er zudem die Frage nach dem Ort des handelnden Subjekts im Akt der Semiose. Danach lassen sich empirische Subjekte »vom semiotischen Standpunkt aus nur als Manifestationen [des] zweifachen (systematischen und prozeßhaften) Aspekts der Semiose definieren und identifizieren«.

Ausg.: Mailand ⁹1985. – Dt. München ²1991 (Übers. aus dem Engl.).
Lit.: J. TRABANT, Elemente der Semiotik, München 1976. – C. SEGRE, Literarische Semiotik, hg. von H. STAMMERJOHANN, Stuttgart 1980.
S. DÜMCHEN

Die Traumdeutung, Sigmund
FREUD; EA Leipzig/Wien 1900.
Freuds mehrfach überarbeitetes
Hauptwerk formuliert im Ansatz
nahezu alle seine psychoanalytischen Vorstellungen. Er entwik-
kelt darin eine Theorie des
Traums und seiner Deutung.
Über den Traum als sinnvolles
psychisches Gebilde (den »Kö-
nigsweg zum Unbewußten«) können allgemeine Gesetze des See-
lenlebens erkannt werden. Von
ihm aus erschließen sich Phantasie, Mythos, Dichtung und Folklore, aber auch seelische Erkran-
kungen. Nach einer Erörterung
der Forschung entwickelt Freud
an berichteten, vor allem aber an
eigenen Träumen (»ein Stück
meiner Selbstanalyse«) seine
Theorie und setzt sich mit Einwänden auseinander. Abschließend stellt er den »seelischen Apparat« anhand eines neurophysio-
logischen Modells dar. In diesem
Rahmen konzipiert er die Systeme des Unbewußten und des
Bewußtseins, Verdrängung und
Regression. – »Der Traum ist
[...] eine besondere Form unseres
Denkens, die durch die Bedingungen des Schlafzustands ermöglicht wird. Die Traumarbeit ist es,
die diese Form herstellt, und sie
allein ist das Wesentliche am
Traum«; Träumen ist ein »Wie-
derbeleben der Kindheit, der in
ihr herrschend gewesenen Triebregungen und verfügbar gewesenen Ausdrucksweisen«. Im
Schlaf können Vorstellungen sich
nicht in Handlungen umsetzen;
dies erlaubt verantwortungsfreie
Wunscherfüllung – eine Voraussetzung der ›Traumarbeit‹, die
zum ›manifesten Traum‹ führt,
den wir erinnern. Hinter ihm verbergen sich ›latente Traumgedanken‹ wie hinter einem Rebus.

Dieser entsteht als Kompromiß
zwischen Verdrängtem und Ver-
drängendem: Ein unbewußter
Wunsch (häufig, aber nicht immer ein sexueller), in dem verdrängte kindliche Regungen fortleben, sucht darin seine Erfüllung.
Hierzu zieht er bewußtseinsfähige
(vorbewußte) Vorstellungen ins
Unbewußte und verwandelt sich
ihnen an. Sie werden den Gesetzen des ›Primärprozesses‹ unterworfen, wo psychische Energie
noch nicht wie im ›Sekundärprozeß‹ zur handelnden Realitätsbe-
wältigung gebunden ist, sondern
frei strömt. Dort werden sie ›verdichtet‹ (unter Auslassung des Un-
terscheidenden auf ein Gemeinsames zusammengezogen), auf
Nebensächliches ›verschoben‹ und
mit ›Rücksicht auf Darstellbarkeit‹
so behandelt, daß Gedanken sich
in Bilder umsetzen; häufig erscheinen sie in ›Symbolen‹ mit allgemeingültiger Bedeutung. So
den bewußtseinsfähigen Vorstellungen anverwandelt, drängt der
Wunsch an der moralischen ›Zensur‹ vorbei zum Bewußtsein. Läßt
sie ihn nicht passieren, wird er erneut primärprozeßhaft bearbeitet;
oft auch mit seiner Bestrafung gekoppelt. Hat er sie schließlich pas-
siert, wird er ›sekundär bearbeitet‹, erhält Zusammenhang und
Verständlichkeit. So führt die
›Traumarbeit‹ zum ›manifesten
Traum‹. – Die Deutung nähert
sich über Assoziationen zu Teil-
stücken des Traums dessen ›latenten Gedanken‹. Dann ist es nötig,
daß »ich [...] die Traumgedanken,
die ich aufgedeckt habe, zusam-
menstelle und nun die Bildung
des Traums aus ihnen rekonstru-
iere, also die Analyse der Träume
durch eine Synthese ergänze«. Sie
muß, »um zu überzeugen, vollständig sein«. – Der Traum steht,

wie auch die Literatur, in einer Reihe psychischer Bildungen. So entwickelte Freud an Sophokles' *König Ödipus* die Theorie vom ›Ödipuskomplex‹. Diese Tragödie entspricht danach einem sekundär bearbeiteten Traum; Ödipus' Verbrechen sind Wunscherfüllungen unserer Kindheit, sie sind mit Selbstbestrafung verkoppelt. Sie wirkt noch heute, weil ihr unsere unbewußten Wünsche antworten. – Der Traum wurde Freud zum Modell der Literatur. Später arbeitete er an Entsprechungen zwischen Traum und Kunstwerk, Traumarbeit und literarischer Produktion, Traumerlebnis und Rezeption, Traumdeutung und Interpretation. Er betonte jedoch auch den Unterschied: Der Traum geschieht einem einzelnen, der sich von der Außenwelt abgewandt hat; das Werk aber wird für andere gestaltet. – Nach anfänglich geringer Beachtung gelangte die *Traumdeutung* zu enormer Wirkung. Sie wurde Gründungsbuch der Psychoanalyse. Bis heute beziehen sich Analytiker und Philosophen auf sie. Wie die Psychoanalyse wurde aber auch sie vielfach als pansexualistisch und unwissenschaftlich verworfen. Von ihr leiten sich literaturtheoretische Ansätze her, die unbewußte Anteile des Werks, seiner Produktion und Rezeption betonen, lange jedoch unter dem Einfluß ihrer triebpsychologischen Tendenz dessen Form, dessen literatur- und gesellschaftsgeschichtlichen Ort vernachlässigten. Psychoanalytische Literaturdeutung orientierte sich an der Traumdeutung, verfuhr jedoch vielfach reduktionistisch, blickte auf einzelnes, z. B. auf unbewußte Wünsche, auf Symbole oder Mechanismen des Primärprozesses.

Zielt eine am Modell der Traumdeutung orientierte Interpretation jedoch auf die gesamte Kunstarbeit, und sucht sie das Werk aus all seinen Momenten zu rekonstruieren, so kann sie es psychoanalytisch angemessen erschließen.

Ausg.: Gesammelte Werke, Bd. 2 und 3, hg. von A. FREUD u. a., London 1942.
Lit.: J. DERRIDA, Die Schrift und die Differenz, Frankfurt/M. 1972. – C. PIETZCKER, Zum Verhältnis von Traum und literarischem Kunstwerk, in: J. CREMERIUS, Psychoanalytische Textinterpretationen, Hamburg 1974, S. 57–68. – W. SCHÖNAU, Einführung in die psychoanalytische Literaturwissenschaft, Stuttgart 1991.

C. PIETZCKER

Traum und Dichtung, Otto RANK, ED Leipzig/Wien 1914 (in: S. Freud, Die Traumdeutung von der 4. Aufl. 1914 bis zur 7. Aufl. 1922 als Anhang zu Abschnitt VI: Die Traumarbeit).

Der Aufsatz bestimmt in einfachen Grundzügen das damalige Verhältnis der Psychoanalyse zur Dichtung. Dieser wurden intuitive Einsichten in das Wesen des Unbewußten zugestanden, wie es dann das psychoanalytische Modell wissenschaftlich ausformulierte. Gemeinsam war beiden die Einschätzung des Traums als Bühne des Unbewußten. Damit hatte die Psychoanalyse in der Dichtung einen Vorgänger von hohem Ansehen, auf den sie sich im Kampf um ihre Anerkennung häufig berief. In ihrer Auffassung von Dichter und Dichtung folgt sie der Tradition der deutschen Genieästhetik. – Im ersten und umfangreichsten Abschnitt werden Zeugnisse zusammengestellt und interpretiert (er ist heute vor allem als Anthologie interessant). Rank zitiert Vorkommen und Auffassung des Traumes bei Klassikern wie Lessing, Lichtenberg,

Jean Paul und vor allem Nietzsche (der als »direkter Vorläufer« der Psychoanalyse verstanden wird), gibt aber auch Belegstellen bei – oft längst vergessenen – Zeitgenossen wie W. Jensen oder J. Popper-Lynkeus. Die Dichterzitate belegen folgende Einzelzüge im Wesen des Traumes: sein Grundprinzip als unbewußte Wunscherfüllung; seine Tendenz, nicht nur an die infantile Vergangenheit anzuknüpfen, sondern auch phylogenetisch frühe Inhalte zu reproduzieren; Annäherungen an das psychoanalytische Konzept vom »latenten Trauminhalt«; Beobachtungen zur Wiederkehr des Verdrängten im Traum. In einem weiteren Schritt werden die – bis heute kreativitätspsychologisch interessanten – »gedichteten Träume« von Personen im fiktionalen Text angeführt. Hier bricht ja nicht nur punktuell »Inspiration« durch, sondern der Autor mußte sich planend an die »allgemeinen Traumgesetze« halten, die ihm also intuitiv bekannt waren. Daraus kann Rank besonders einleuchtend auf die »Verwandtschaft des poetischen Schaffens mit der Traumproduktion« schließen. Diese Analogie war für die psychoanalytische Literaturinterpretation fundamental. Sie wird von Rank als Ergänzung zu Freuds Darstellung der »Traumarbeit« besonders herausgestellt. Dabei wird der Tagtraum als »Zwischenreich« zwischen Traum und Dichtung verstanden. Einerseits ist er egozentrisch und auf (erotische, ehrgeizige) Wunscherfüllung angelegt, andererseits ist er als geplanter eine quasi-poetische Schöpfung, von der sich auf dichterische Verfahrensweisen folgern läßt. Rank weist jedoch nachdrücklich auf die Besonderheit und schwierige Vergleichbarkeit der ästhetischen Bearbeitung im Kunstwerk hin. Ebenso eindeutig stellt er aber auch dessen Wunscherfüllungscharakter und die Ubiquität der Inzestphantasie in der Dichtung heraus. – Die Axiome der psychoanalytischen Literaturauffassung bestanden bereits vor diesem Aufsatz. Seine Bedeutung liegt darin, daß er sie an hervorragender und einflußreicher Stelle – in Freuds →*Traumdeutung* – vorgeführt hat.

Ausg.: Wien 1925, S. 171–99 (in: O. Rank, Der Künstler).
Lit.: Jessie TAFT, Otto Rank. A Biographical Study, New York 1958.

M. DIERKS

Die typischen Erzählsituationen im Roman.
Dargestellt an ›Tom Jones‹, ›Moby-Dick‹, ›The Ambassadors‹, ›Ulysses‹, Franz K. STANZEL; EA Wien/Stuttgart 1955.

Stanzel entwickelte sein Konzept einer systematischen Erzähltypologie zu einer Zeit, in der sich – wie er im Rückblick schreibt – »das Studium der Erzählkunst in seinem Linnéschen Zeitalter« befand. Vordringlichstes Ziel war es dementsprechend zunächst einmal, die Vielfalt der Formen durch Klassifikation »überschaubar« zu machen und eine adäquate Terminologie zu entwickeln. Zugleich verband er damit aber auch die Absicht, umstrittene neuere Strategien des Erzählens, wie sie vor allem bei Joyce zu beobachten waren, zu rehabilitieren und den Roman insgesamt für eine anspruchsvolle Erzähltheorie aus seiner »Demirespektabilität zu erlösen«. – Im Gegensatz zu zahlreichen anderen damals vorliegenden Erzähltypologien klammert Stanzel dabei die stofflichen

Aspekte der Romane bewußt aus – und zwar in der richtigen Einsicht, daß Gruppenbildungen wie »Abenteuerroman«, »pikaresker Roman« oder auch »Entwicklungsroman« für eine Systematik wenig ergiebig sind, da sie nahezu beliebig vermehrt werden können. Ausgangspunkt ist für ihn vielmehr die für jedes Erzählen konstitutive Mittelbarkeit der Darstellung, also der Umstand, daß die Erzählung stets auf einen Erzähler (ein Erzählmedium) angewiesen ist und daß mit der jeweils unterschiedlichen Realisierung dieser Instanz wichtige Strukturmerkmale des Romans zu erfassen sind. In einer eigenwilligen Auseinandersetzung mit O. Ludwigs Überlegungen zum »eigentlichen« und zum »szenischen« Erzählen versucht Stanzel, spezifische »Erzählsituationen« zu bestimmen, die wiederum das Basis für eine Romantypologie abgeben sollen. Sie berücksichtigt die folgenden Typen: 1. »auktorialer Roman«, charakterisiert durch die ›Er-Form‹, durch die Nichtidentität der »Seinsbereiche des Erzählers und der dargestellten Wirklichkeit«, durch panoramahaften Überblick sowie durch Einmischungen und Kommentare des Erzählers; 2. »Ich-Roman«, bei dem der Ich-Erzähler mit einer Figur der erzählten Welt identisch ist, wobei freilich sehr unterschiedliche Dominanzverhältnisse zwischen dem »erlebenden« und dem »erzählenden Ich« vorkommen können; 3. »Personaler Roman«, der zwar in der Er-Form geschrieben ist, bei dem aber der Erzähler weitgehend zurücktritt und das dargestellte Geschehen entweder im Bewußtsein einer Figur (»eigentliche« personale Erzählsituation) oder eines »ima-

ginären Beobachters am Schauplatz des Geschehens« (neutrale Erzählsituation, Vorherrschen der szenischen Darstellung) gespiegelt zu werden scheint. Diese drei Typen sind allerdings nicht als echte Alternativen zu verstehen. Stanzel geht vielmehr davon aus, daß in den jeweiligen Romanen lediglich ein Typus dominant ist und daß es zudem eine »bruchlos kontinuierliche Abwandlung jedes einzelnen Romantypus in die anderen beiden« gibt. (So soll sich etwa der auktoriale Roman dadurch, daß der Er-Erzähler mehr und mehr zurücktritt, in den personalen Roman verwandeln). Das adäquate Modell für diese Verhältnisse findet Stanzel in dem, durch Goethes Reflexionen zu den »Naturformen« inspirierten, ›Typenkreis‹, also einer Kreisfigur, auf der in gleichen Abständen die drei Typen eingetragen sind. – Auch wenn die *Typischen Erzählsituationen* die erzähltheoretischen Diskussionen seit der Mitte der 50er Jahre ganz erheblich mitbestimmt haben, zeigen sich in der Ausarbeitung des Konzeptes terminologische Unschärfen und systematische Mängel. Zu nennen wären hier etwa die Vermischung der Erzählformen (Ich- und Er-Erzählung) mit den Kategorien »auktorial«, »personal« und »neutral«, wodurch verdeckt wird, »daß es auch in der Ich-Form beispielsweise ein neutrales Erzählen gibt« (J. H. Petersen). Nicht minder problematisch ist die Ausklammerung eines auktorialen Ich-Erzählens oder die Zusammenfassung von personalem und neutralem Erzählen unter dem Typ »Personaler Roman«. In seiner *Theorie des Erzählens* (1979) hat Stanzel eine Neukonstituierung der »Erzählsituationen« unternommen; die grundlegenden systematischen Mängel konnten damit freilich nicht eliminiert werden.

Ausg.: Wien/Stuttgart 1965.
Lit.: J. H. PETERSEN, Kategorien des Erzählens. Zur systematischen Deskription epischer Texte, in: Poetica 9 (1977), H. 2, S. 167-95. – F. K. STANZEL, Theorie des Erzählens, Göttingen 1979.

TH. VERWEYEN/G. WITTING

Uberschriffte Oder Epigrammata, In Kurtzen Satyren, Kurtzen Lob-Reden und Kurtzen Sitten-Lehren bestehend, Christian WERNICKE; EA (anonym) Amsterdam 1697.

Wernickes Äußerungen zu Theorie und Praxis der Literatur leiten die Epoche der literarischen Aufklärung ein. Seine Theorie entwickelt er aus seiner großenteils polemischen Auseinandersetzung mit den Lyrikern des Spätbarock, der sog. zweiten ›Schlesischen Schule‹ (Lohenstein, Hofmann von Hofmannswaldau), und deren metaphernreichem manieristischem Stil (»Schwulst«) sowie »weithergesuchtem Witz«. Wernickes Geschmacksurteil, das sich auf die Kenntnis klassischer Autoren der Antike stützte, beruht nach Bodmer »auf festgesetzten und beständigen Grundsätzen, was vor ihm noch keiner gethan hatte«. Er fordert eine natürliche Schreibweise, d. h. eine Angemessenheit und Klarheit des Verhältnisses von Gegenstand und Form: »Die höchste Vollkommenheit in der Poesie aber bestehet hierinnen, daß man erstlich die Anständlichkeit in allen Dingen genau beobachte und hernach durch edle und großmüthige Meinungen die Seele seines Lesers entzücke und auf solche Weise aus der Poesie etwas göttliches mache« (Vorrede zur 3. Aufl.).

Diese Fähigkeiten kommen am ehesten bei »Vornehmen« und »Hofleuten« zusammen. Vom Standpunkt vernunftgemäßer Betrachtung aus wird mit dem Ziel der Verbesserung des heruntergekommenen Geschmacks vor allem barocke Preziosität kritisiert: »Und kann man nicht begreifen, daß die schönsten Wörter lächerlich sind, wenn sie übel zusammengesetzet, hergegen wenn sie wohl angebracht werden, die gemeinsten fürtrefflich sind?« (Vorrede zur 1. Aufl.). Als erster deutscher Schriftsteller verwendete Wernicke das Wort »Kritik«, und zwar im Zusammenhang mit der hohen Blüte der klassizistischen Literatur in Frankreich, die er auf die dort übliche regelmäßige Rezension jeder neuen Veröffentlichung zurückführte. Wernicke war auch einer der ersten, die der Lyrik einen von Hof- und Anlaßdichtung losgelösten Eigenwert als persönlichen, wenn auch auf Geschmacksbildung und damit auf gesellschaftliche Wirkung gerichteten Gefühlsausdruck zuschrieben. Insgesamt ist Wernikkes Literaturtheorie im Zusammenhang mit seiner epigrammatisch-satirischen Praxis zu sehen, die sich gegen Laster, Torheiten, Modeerscheinungen und das Intrigenwesen seiner Zeit richtete. Daher stand neben dem Hinweis auf das literarische Vorbild Englands und Frankreichs der Kampf gegen das Fremdwörterunwesen in Deutschland. Damit versuchte Wernicke, eine nationalsprachliche Aufwertung des Deutschen zu erreichen. Wernicke wurde von den Zeitgenossen rasch vergessen. Mit seiner dialektischen Polemik, wohl aber auch literaturtheoretisch, beeinflußte er Lessing.

Ausg.: Hg. und eingel. von R. Pechel, Berlin 1909 (2. Aufl. New York 1970).
Lit.: L. Fulda, Einleitung, in: ›Die Gegner der zweiten schlesischen Schule‹, 2 Bde., Stuttgart 1883. – Th. Verweyen, Wernicke, in: Deutsche Dichter 2, Stuttgart 1988, S. 428–36.

Chr. Schwarz

Über Anmut und Würde,

Friedrich Schiller; ED 1793 (in: Neue Thalia).

Schillers erste große ästhetische Schrift ist ursprünglich auch verfaßt worden, weil Schiller für seine *Neue Thalia* Material brauchte. Er hat den Aufsatz in sechs Wochen niedergeschrieben. Doch die kurze Entstehungszeit darf nicht darüber hinwegtäuschen, daß er sehr eng mit zwei umfangreicheren, nicht im strengen Sinn literarischen Arbeiten verknüpft ist: einmal mit den sog. *Kallias*-Briefen an seinen Freund Körner (entst. 1793), zum anderen mit den Briefen, die er zum Dank für sein Stipendium an den Prinzen von Augustenburg schrieb (→*Über die ästhetische Erziehung des Menschen*). In den Briefen an Körner hatte Schiller bereits über die »Natur des Schönen« philosophiert; sein Ziel war, einen »objectiven Begriff des Schönen« zu finden und auf diese Weise über Kants Einsichten (→*Kritik der Urteilskraft*) hinauszukommen. Damals hatte er vor, seine Gedanken in einer eigenen Schrift mit dem Titel *Kallias, oder über die Schönheit* (unter diesem Titel wurden die *Kallias*-Briefe 1847 ediert) herauszugeben. Aber dann gingen die Erkenntnisse, die Schiller in den Briefen an Körner formuliert hatte, in →*Über Anmut und Würde* ein. – Schiller setzt sich mit verschiedenen zeitgenössischen Theorien über den Begriff des Schönen auseinander: mit Vorstellungen von Burke, Kant, Baumgarten (→*Aesthetica*) und Mendelssohn. Er will Schönheit und Wahrheit einander annähern, warnt aber gleichzeitig auch vor einer Verwechslung des logisch Guten mit dem Schönen. Dieses zu erklären ist die eigentliche Absicht seiner Briefe. Die entscheidende Erkenntnis von *Über Anmut und Würde* ist in den *Kallias*-Briefen schon klar vorweggenommen: Schiller definiert die Schönheit durch Freiheit und bestimmt Grazie als »durch Freiheit bewegte Gestalt«. Danach ist Schönheit – so hat Schiller es auf eine Formel gebracht – »Freiheit in der Erscheinung«. Damit glaubt er, Kant übertrumpft zu haben. Dieser hatte die Welt der Erscheinungen strikt von der Welt der Ideen getrennt; Schiller hingegen versucht mit seiner Definition, den Begriff der Freiheit (als Selbstbestimmung) mit der Erscheinungswelt in Verbindung zu bringen, indem er die Schönheit als Symbol der so verstandenen Freiheit begreift. – Schiller setzt sich anfangs mit älteren Vorstellungen auseinander, z. B. mit der Allegorie der Schönheitsgöttin. Vor diesem Hintergrund definiert er von vornherein Anmut als »bewegliche« und nicht als statuarische (oder »architektonische«) Schönheit. Anmut ist damit ein Ausdruck willkürlicher Bewegungen – und zugleich Ausdruck eines intellektuellen Vermögens. Hinter der Anmut sieht Schiller die »Seele« als bewegendes Prinzip, und d. h.: Anmut kann nur dem Menschen als einem sich selbst bestimmenden Wesen zukommen. Damit gelingt es ihm, die Naturbedingungen des Daseins beiseitezuschieben. In der für Schiller eigentümlichen Art des prozeßhaften Philosophierens erscheint schließlich Schönheit als ein Phänomen, dem eine »moralische Ursache im Gemüthe« entspricht. Er betont noch einmal die Nähe von moralischem und ästhetischem Gefühl und definiert schließlich Grazie als »eine Gunst [...], die das Sittliche dem Sinnlichen erzeigt«. Bereits hier spricht er von der »Schönheit des Spiels«, eine Vorstellung, die er in den Briefen *Über die ästhetische Erziehung des Menschen* dann weiterverfolgen wird. Daß seine Überlegungen ein scharfer Angriff auf Kants Moralphilosophie und dessen »Idee der *Pflicht*« sind, wird von Schiller ausdrücklich betont. In der »schönen Seele« gibt es keine Pflicht mehr, da dort dem Affekt »die Leitung des Willens ohne Scheu überlassen« ist. Eine schöne Seele ist Ausdruck des ganzen Charakters des Menschen, in dem es Zwänge nicht mehr gibt. Wo der Ansturm natürlicher Kräfte zu stark ist und Pathos als Leiden sich einstellt, da kann die Freiheit des Gemüts nur mit Würde (als »Ausdruck einer erhabenen Gesinnung«), nicht mehr mit Anmut zum Ausdruck gebracht werden. – Schillers Schrift ist von einer Reihe von Vorarbeiten beeinflußt worden; dazu zählen nicht nur die Begriffe, die auf die antike Rhetorik zurückgehen, sondern auch Ideen Shaftesburys, Wielands und Herders. Besonders Shaftesburys *The Moralist* (1709) dürfte für den hier entwickelten Schönheitsbegriff wichtig gewesen sein. Aber auch Homes *Elements of Criticism* (1762; dt. 1765 als *Grundsätze der Kritik*) mit den Begriffen »dignity« und »grace« haben Schiller beeinflußt. Burkes → *A Philosophical Enquiry into the Origins of our Ideas of the Sublime and Beautiful* von 1756

war 1773 unter dem Titel *Burkes Philosophische Untersuchungen über den Ursprung unserer Begriffe vom Erhabenen und Schönen* auf deutsch erschienen. Mendelssohns Briefe *Über die Empfindungen* (1755) haben ebenfalls ihre Spuren bei Schiller hinterlassen. Im übrigen hat er Sulzers → *Allgemeine Theorie der Schönen Künste* und dort besonders den Artikel »Reiz« für seine Überlegungen genutzt.

Ausg.: Schillers Werke. Nationalausg., Bd. 20/21, hg. von B. v. WIESE/H. KOOPMANN, Weimar [2]1986/87. – Sämtliche Werke. Mit einer Einf. von B. v. WIESE und Anm. von H. KOOPMANN, Bd. 5, München 1975.
Lit.: K. HAMBURGER, Schillers Fragment »Der Menschenfeind« und die Idee der Kalokagathie, in: DVjS 30 (1956), S. 307–400. – J. M. ELLIS, Schillers' Kallias-Briefe and the Study of his aesthetic Theory, Den Haag/Paris 1969.

H. KOOPMANN

Über das Erhabene, Friedrich SCHILLER; ED Leipzig 1801 (in: Kleinere prosaische Schriften, Bd. 3, S. 3–43).
Die Abhandlung entstand u. a. im Umkreis der Schriften → *Vom Erhabenen* und → *Über das Pathetische*. Kants und insbesondere Schillers Konzeption des Erhabenen markieren eine einschneidende Zäsur in der Geschichte des Theorems. Vor dem Hintergrund der »kopernikanischen Wende« Kants führt die → *Kritik der Urteilskraft* zu einer Neubestimmung des Kunstbegriffs, in deren Folge sich das Erhabene von einem pathetisch-enthusiastischen ›Überwältigungskonzept‹ zu einem tendenziell moralischen Widerstandsprinzip wandelt. In enger Anlehnung an die kantische Argumentation (in *Vom Erhabenen*), später aber auch in Absetzung dazu (in *Über das Erhabene* und *Über das Pathetische*) bestimmt Schiller den im kanti-

schen Begriff des Erhabenen aus-
gewiesenen transzendentalphi-
losophischen Mechanismus als ein
anthropologisches Grundphäno-
men. Er deutet zugleich dessen
poetologische Implikationen, insbesondere seine wirkungsästhetischen Konsequenzen für die tragische Kunst. Nicht mehr die Natur soll das reine Geistesgefühl des
Erhabenen erfahrbar machen,
sondern die tragische Kunst hält
im »Pathetischerhabenen« die
Selbsterfahrung einer von allen
Naturbedingungen unabhängigen
Vernunft als menschliche Grunderfahrung wach. Das Erhabene ist
schließlich für Schiller nur noch
in der Fiktion, als »Pathetisch-
erhabenes« der (tragischen) Kunst,
mächtig. Es übernimmt damit die
poetologische Funktion des Mitleids. Die kantische Verwandlung
von Unlust in Lust führt bei Schiller zu den zwei »Fundamentalge-
setzen aller tragischen Kunst«: der
»Darstellung der leidenden Natur«
und der »Darstellung der moralischen Selbstständigkeit im Leiden« (*Vom Erhabenen*). Dies ist mit
der Annahme verbunden, daß
diese Affektmodulierung nur in
der Kunst ohne »Verwirrung der
Grenzen« sichergestellt ist: nur in
ihr gilt der Grundsatz, daß »der
Widerstand […] das freye Prinzip
in uns kenntlich« macht. Schillers
Versuch, eine ästhetische Erziehung (vgl. →*Über die ästhetische Erziehung des Menschen in einer Reihe
von Briefen*) vor dem Hintergrund
des Kantischen Dualismus zu denken, in der dieser tendenziell
überwunden wird, macht es in der
Konsequenz dieses Ansatzes dann
notwendig, die Kluft zwischen
dem »Erhabenen« und »Schönen«
durch die Idee einer »energischen
Schönheit« zu schließen, die sich
am reinsten in der tragischen

Kunst entfaltet: »das Erhabene
(muß) zu dem Schönen hinzu-
kommen, um die ästhetische Erziehung zu einem vollständigen
Ganzen zu machen«. In *Über das
Erhabene* erweitert Schiller daher
seine frühere Konzeption des Erhabenen durch die Idee einer
Selbstaufhebung des Erhabenen
im »Idealschönen«. Im Widerspruch zwischen Vernunft und
Sinnlichkeit liegt ein »Zauber«,
den Schiller jetzt als »Revelation«
deutet. Er verschafft uns einen
Ausgang aus dem Schönen der
Wirklichkeit, worin dieses uns
»immer gefangen halten möchte«.
Die »schöne Seele« muß sich in
eine »erhabene« verwandeln – die
»energische« Schönheit die
»schmelzende« ablösen –, um sich
auch als schöne Seele bewußt zu
sein, daß sie frei, d. h. nicht dem
Gesetz der Natur, sondern dem
Gesetz des Geistes unterworfen
ist. Die doppelte Anforderung der
ästhetischen Erziehung, einerseits
zur totalen Harmonie des Schönen zu streben, andererseits den
dämonischen Ernst des Erhabenen
niemals auflösen zu können, leitet
sich systematisch von dem Modell
der »Identitätsbesorgung« (G.
Buck) her, das Schiller im 13.
Brief von *Über die ästhetische Erziehung des Menschen* entwickelt.
Dort legt der zentrale Begriff der
»Wechselbestimmung« das Verhältnis von Form- und Stofftrieb
im Spieltrieb als eines von Subor-
dination und Koordination »zugleich« fest. Er zielt auf keine
Identität von Form- und Stofftrieb, sondern ermöglicht deren
Differenz unter der Identität eines
dritten Triebes, der die Unterordnung »wechselseitig« bestimmt.
Die Aufhebung des Antagonismus
der Triebe untersteht diesem
selbst. Die ästhetische Bildung

muß somit, wie Schiller im Einschluß des Briefes an den Prinzen von Augustenburg vom 11.11.1793 schreibt, einem »doppelten Bedürfnis« begegnen: »auf der einen Seite die rohe Gewalt der Natur entwaffne(n) [...] auf der andern Seite die selbsttätige Vernunftkraft weck(en) [...]. Diese doppelte Wirkung ist es, die ich von der schönen Kultur unnachlaßlich fordre, und wozu sie auch im Schönen und Erhabnen die nötigen Werkzeuge findet«.

Ausg.: Schillers Werke. Nationalausg. Bd. 22, hg. von B. v. WIESE/H. KOOPMANN, Weimar ²1987. – Werke und Briefe in zwölf Bänden, Bd. 8, hg. von R.-P. JANZ, Frankfurt/M. 1992. *Lit.:* W. DÜSING, Schillers Idee des Erhabenen, Köln 1967. – K. L. BERGHAHN, Das Pathetischerhabene. Schillers Dramentheorie, in: Deutsche Dramentheorien, Beiträge zu einer historischen Poetik des Dramas in Deutschland, hg. von R. GRIMM, Bd. 1, Wiesbaden 1971, S. 214–44.

H. D. FEGER

Über das Geistige in der Kunst, insbesondere in der Malerei. Wassily KANDINSKY; EA München 1912 (eigentl. Dezember 1911).

Das theoretische Hauptwerk des Malers und Dichters Kandinsky beginnt mit einer Art Evolutionstheorie. Nach der im 19. Jh. kulminierenden Epoche des Materialismus bricht mit dem 20. Jh. die Zeit des »Großen Geistigen« an, dem sich insbesondere die Künstler verschrieben haben. Gekennzeichnet ist sie durch den Sieg des Geistes über die Materie, die Wendung vom Äußeren zum Inneren, vom Körperlichen zum Seelischen und vom »Naturellen« zum Abstrakten. Im Mittelpunkt des Buches steht sodann die »Formen- und Farbensprache«, d. h. die Wirkungsqualität der malerischen Elemente Farbe und Form.

(In bezug auf die Farbe ist Kandinsky vom Kapitel »Sinnlich-sittliche Wirkung der Farbe« aus dem didaktischen Teil von Goethes Schrift *Zur Farbenlehre,* 1810, inspiriert). Abschließend umreißt Kandinsky das Konzept einer »monumentalen Kunst«, in der sich Musik, Malerei und Tanz zu einer wirkungsmächtigen Bühnenkomposition vereinigen. – Kandinsky behandelt (abgesehen von den Ausführungen über die allgemeine kulturelle und geistige Entwicklung) primär Probleme der Malerei, stellt aber immer wieder Bezüge zur Musik und Literatur her (während Skulptur und Architektur ganz außer Betracht bleiben). Die literaturtheoretische Bedeutung seiner Schrift liegt in der für seine Ästhetik fundamentalen Theorie des »inneren Klangs«, die er an M. Maeterlincks Dichtung erläutert: »Das Wort ist ein innerer Klang«. Kandinsky meint damit, daß jedes Wort neben dem »äußeren Sinn« der Benennung« noch einen »reinen«, »inneren« Klang hat, der mit der herkömmlichen Bedeutungsfunktion des Wortes nichts zu tun hat. Im Fall von Gegenstandsbezeichnungen trifft er zugleich das Wesen des Gegenstands; dabei existiert er nicht nur für Worte, sondern für alle Elemente der Welt. Er kann durch künstlerische Techniken »entblößt« werden, z. B. durch »öftere Wiederholung« oder durch unerwarteten Einsatz des Wortes. Entscheidend ist immer, daß der konventionelle Gebrauchs- und Bedeutungskontext außer Kraft gesetzt wird, so daß sich die Dimension des »Inneren« entfalten kann. Konkret handelt es sich bei dieser Dimension um eine Welt von »Klängen« oder Qualitäten, die in Kandinskys Ästhetik die Welt der Bezeichnungen und Bedeutungen ersetzen soll. Der »reine Klang« des Wortes löst eine »Seelenerschütterung«, eine »gegenstandslose Vibration« aus: »Hier öffnen sich große Möglichkeiten für die Zukunftsliteratur.« »Und das Wort, welches also zwei Bedeutungen hat – die erste direkte und zweite innere – ist das reine Material der Dichtung und der Literatur, das Material, welches nur diese Kunst anwenden kann und durch welches sie zur Seele spricht.« Übertragen auf die Malerei bedeutet dies, daß (ebenso wie in der Dichtung die Worte) die Gegenstände, Farben und Formen nicht mehr als Bedeutungsträger interessant sind, sondern nur noch als Träger innerer Klänge, womit eine theoretische Begründung abstrakter Kunst gegeben ist. Dennoch ist Kandinskys Schrift im ganzen in erster Linie eine Theorie des Inneren und nicht der Abstraktion, da sich der »innere Klang« auch unter Beibehaltung der Gegenständlichkeit künstlerisch realisieren läßt und Kandinsky selbst zur Zeit der Publikation des Buches die völlige Abstraktion noch nicht für möglich hielt. – Kandinsky arbeitete seine kunsttheoretischen Gedanken in *Über das Geistige in der Kunst* in dem Buch *Punkt und Linie zu Fläche* (1926) weiter aus. In unmittelbarer thematischer Verbindung steht auch der innerhalb des von Kandinsky und F. Marc herausgegebenen Almanachs *Der Blaue Reiter* (1912) publizierte Artikel *Über die Formfrage*. Kandinskys Schrift hatte eine bedeutende Wirkung auf die bildenden Künstler bis zur Gegenwart. Über die Rezeption in der Literatur ist wenig bekannt. Gut belegt ist sie aber bei Hugo Ball.

Ausg.: Hg. von M. BILL, Bern o.J. (10. Aufl.).
Lit.: S. RINGBOM, The Sounding Cosmos. A Study in the Spiritualism of Kandinsky and the Genesis of Abstract Painting, Åbo 1970. – A. MÖSSER, Hugo Balls Vortrag über Wassily Kandinsky in der Galerie Dada in Zürich am 7. 4. 1917, in: Deutsche Vierteljahrsschrift für Literaturwissenschaft und Geistesgeschichte 51 (1977), S. 676–704. – E. PRIEBE, Angst und Abstraktion. Die Funktion der Kunst in der Kunsttheorie Kandinskys, Frankfurt/M. 1986.

                 R. ZIMMERMANN

Über das Marionettentheater,

Heinrich von KLEIST; ED 1810 (vier Teile, in: Berliner Abendblätter).

In diesem Aufsatz, seiner ausführlichsten kunsttheoretischen Arbeit, entwirft Kleist eine Theorie der Grazie, die vom zeitgenössischen Verständnis (Grazie als Versöhnung von Natur und Freiheit, Sinnlichkeit und Vernunft) entschieden abweicht und, orientiert an einem triadischen geschichtsphilosophischen Konzept, eine heilsgeschichtliche Verheißung vorträgt. – Die Schrift besteht aus drei Teilen. Im ersten wird der Zustand der Grazie (als vorgeschichtlicher Zustand der Ungeschiedenheit) am Beispiel der Marionette definiert. Im zweiten Teil werden mit der Geschichte des Jünglings, der sich mit der antiken Statue des Dornausziehers vergleicht, die Umstände des Verlusts der Grazie vorgestellt. Er ist Folge der Vertreibung aus dem Paradies in die geschichtliche Zeit, die gekennzeichnet ist durch das Bewußtsein als Prinzip der Unterscheidung, Entgegensetzung und Entfremdung. Im dritten Teil wird anläßlich der Geschichte des Fechtkampfes mit einem Bären über die Möglichkeit nachgedacht, den Zustand der Grazie wiederzuerlangen (als »letztes Kapitel von der Geschichte der

Welt«, das erst ein »unendliches Bewußtsein« eröffnet). Mit der These, »daß in einem mechanischen Gliedermann mehr Anmut enthalten sein könne als in dem Bau des menschlichen Körpers«, wird Grazie nicht mehr als geglückte Übereinstimmung von Körper und Geist vorgestellt, sondern auf Körper ohne Geist reduziert. Im Blick ist dabei weniger die Marionette selbst als der sie bedienende »Maschinist«, der sie in ihrem Schwerpunkt hält und bewegt. So wird er zur »Seele« der Marionette. Insofern er aber auch durch eine mechanische Kurbel ersetzbar sein soll, gehen in der neuen Vorstellung von Grazie beseelende Zuwendung und seelenlose Mechanik durcheinander. Der zweite Teil scheint beweisen zu wollen, daß das Bewußtsein die »natürliche Grazie des Menschen« zerstört. Aber nicht der Blick in den Spiegel – als Metapher für Bewußtwerdung – bringt dies hervor, der Spiegel bestätigt den Jüngling vielmehr als in der Gunst (»gratia«) anderer stehend, sondern das Nein eines Dritten, das eben diese Bestätigung aufhebt und Bewußtsein als Wissen der Unterscheidung einführt. Die Geschichte des dritten Teils soll erweisen, daß die Grazie sich wieder einfindet, »wenn die Erkenntnis gleichsam durch ein Unendliches gegangen ist«, handelt aber von einem Tier, dem nirgends Grazie zugesprochen wird. Die Grazie war mit der Einführung des Prinzips der Unterscheidung verloren gegangen, das die Ordnung der Zeichen, die Stellvertretung, also auch die »Finte« anstelle des ernsten Stoßes, erst ermöglicht. Eben diese Bewegungskunst in der Ordnung der Zeichen läuft am Bären, der sich

nicht auf sie einläßt, ins Leere. – Grazie als Zustand jenseits des Prinzips der Unterscheidung verlangt ein Transzendieren der Zeichenordnung. Da dies wieder im Feld der Zeichen geschehen müßte, kann auf sie nur in Brüchen, Verschiebungen, falschem Argumentieren verwiesen werden. Die Schrift inszeniert solche Brüche, unterminiert damit ihre Argumentation und hat gerade durch diese Konsequenz in Bann geschlagen.

Ausg.: Sämtliche Werke und Briefe, hg. von H. SEMBDNER, Bd. 2, München [8]1985, S. 338–45.
Lit.: Kleists Aufsatz ›Über das Marionettentheater‹. Studien und Interpretationen, hg. von H. SEMBDNER, Berlin 1967. – B. GREINER, ›Der Weg der Seele des Tänzers‹: Kleists Schrift ›Über das Marionettentheater‹, in: Neue Rundschau 98, H. 3 (1987), S. 112–31. – Paul DE MAN, Ästhetische Formalisierung: Kleists ›Über das Marionettentheater‹, in: ders., Allegorien des Lesens, Frankfurt/M. 1988, S. 205–33.

B. GREINER

Über das Pathetische, Friedrich SCHILLER; ED Leipzig 1801 (in: Kleinere prosaische Schriften, Bd. 3).

Schillers Schrift hängt entstehungsgeschichtlich und auch thematisch aufs engste mit dem Aufsatz → *Vom Erhabenen* zusammen. Dieser Aufsatz erschien 1793 im 3. und 4. Stück der *Neuen Thalia* in den beiden Teilen *Vom Erhabenen* und *Fortgesetzte Entwicklung des Erhabenen.* Als Schiller für seine *Kleineren prosaischen Schriften* den Text nochmal überprüfte, nahm er nur den zweiten Teil des Aufsatzes unter dem Titel *Über das Pathetische* auf. Wie auch andere kleinere Schriften nach der Begegnung mit Kant (→ *Kritik der Urteilskraft*) ist der Aufsatz von 1793 von der Adaption Kantischer Ideen und zugleich von der

Auseinandersetzung mit ihnen geprägt. Grundlage sind Vorlesungen, die Schiller im Wintersemester 1792/93 über ästhetische Fragen hielt. Er hat den ersten Teil, *Vom Erhabenen*, vermutlich deswegen nicht noch einmal abgedruckt, weil ihm die Abhängigkeit von Kants Überlegungen als zu groß erschienen sein mochte. – Kernidee der Abhandlung *Über das Pathetische* ist die Feststellung, daß die Darstellung des Leidens »niemals Zweck der Kunst, aber als Mittel zu ihrem Zweck« äußerst wichtig sei. Das Pathetische wird dann zu einem Gegenstand der Kunst, wenn dem Leiden ein Gegengewicht durch »Freyheit« geschaffen wird. Für die tragische Kunst bedeutet das, daß der Einbildungskraft großer Raum zugestanden wird, da nur dort sich entwickeln kann, was in Wirklichkeit oft nicht gegeben ist: eben Freiheit zur Überwindung des Leidens. Schiller hat das »Interesse der Einbildungskraft« daran ausdrücklich definiert, und zwar als: »sich frey von Gesetzen im Spiele zu erhalten«. Pathos, als Leiden verstanden, muß also so überwunden werden, daß durch die »Einbildungskraft« aus einer notwendigen Lage eine freie moralische Entscheidung des Menschen wird. – Schiller trennt am Ende seiner Schrift konsequent die »historische Realität« von der »poetischen«; für die Darstellung des Leidens ist nicht wichtig, daß die dargestellten Personen wirklich gelebt haben, wohl aber, daß die Poesie uns wahrmachen kann, Leiden könne durch Freiheit, also durch eine geistige Kraft gemildert und besiegt werden. »Freyheit der Phantasie« darf freilich nicht als schrankenlose Imaginationskraft verstanden werden,

sondern ist für Schiller immer mit der Vorstellung der moralischen Selbständigkeit des Menschen gekoppelt. Zwar können die moralische und die ästhetische Bewertung einer Tat voneinander abweichen, aber entscheidend ist, daß der Mensch sich als autonom erklären und damit die Bedrohung durch die Widrigkeiten des Lebens unterlaufen kann. Mit dieser Erkenntnis deutet sich ebenso wie bei dem Begriff der »poetischen Wahrheit« eine Abkehr von Kantischen Einflüssen an. Dabei gewinnt das Ästhetische für Schiller eine immer größere Bedeutung, bis hin zu jenem Satz der *Kallias*-Briefe (entst. 1793, ED 1847): »Schönheit ist Freyheit in der Erscheinung«. – Neben Kant wurde die Schrift *Über das Pathetische* vor allem durch Lessing (→*Laokoon*) und Winckelmann (→*Gedanken über die Nachahmung der griechischen Werke in Malerei und Bildhauerkunst*) beeinflußt.

Ausg.: Schillers Werke. Nationalausg., Bd. 20/21, hg. von B. v. WIESE/H. KOOPMANN, Weimar [2]1986/87. – Sämtliche Werke. Mit einer Einf. v. B. v. WIESE und Anm. von H. KOOPMANN, Bd. 5, München 1975. *Lit.:* K. L. BERGHAHN, »Das Pathetischerhabene«. Schillers Dramentheorie, in: Schiller. Zur Theorie und Praxis der Dramen, hg. von K. L. BERGHAHN/R. GRIMM, Darmstadt 1972, S. 485–522 (zuerst 1971).

H. KOOPMANN

Ueber den deutschen Roman, Georg Christoph LICHTENBERG, entst. 1775/76; ED Göttingen 1800 (in: Vermischte Schriften, Bd. 1, S. 81–92).
Der kurze satirische Text aus den »Sudelbüchern« stellt Probleme eines Romanautors vor, der Handlung und Figuren in »original«-deutschen Lebensverhältnissen ansiedeln möchte. Als Satire gelesen, beschreibt und vergleicht er prosaisch gewordene

deutsche mit romanhaften englischen »Sitten«. Kritisiert wird die geistige und zivilisatorische Rückständigkeit in Deutschland (gekennzeichnet durch die kleinbürgerlich-familiäre Sozialisation, enge Moralität, technische Rückschrittlichkeit und Mangel an öffentlichen Institutionen), zugleich aber auch die englischer Romanwirklichkeit. Diese Defizite wurden Lichtenberg bewußt durch die Erfahrungen der Metropole London, des Theaterlebens, des politischen Systems und der naturwissenschaftlich-technischen Fortschritte in England. – Eine andere Lesart des Texts ergibt sich durch Lichtenbergs Programmatik und seine literarischen Pläne. Schon in der Rede *Von den Charakteren in der Geschichte* (1765) fordert er die genaue Verbindung von Gesinnungen, Handlungen und Begebenheiten im »Portrait einer Seele«, d. h. eine genaue, individualisierende Realitätswahrnehmung und kritische (Selbst-)Beobachtung. Seine seit 1773 vehement geführte Polemik gegen Lavater steht unter dem Motto: »Was für ein unermeßlicher Sprung von der Oberfläche des Leibes zum Innern der Seele!« (*Über Physiognomik*, 1778). Mangel an Empirie wirft Lichtenberg auch deutschen »Original-Genies« und ihren auf »Romanhaftes« fixierten Lesern vor, die nach »Original-Werken« verlangen und Nachahmungen »aus Dichtern« und nicht aus der Natur bekommen haben. Vor allem sein *Vorschlag zu einem Orbis pictus* (1780) verdeutlicht diese Kritik und enthält die aus der »vernünftigen Naturgeschichte« abgeleitete Forderung, »Beobachtungsgeist und Aufmerksamkeit auf sich selbst und die Natur« zu richten. Nur so

seien »Wahrheit, Neuheit und Individualität« für den Autor erreichbar, dessen Romane sich auf »die längste Erfahrung und tiefsinnigsten Beobachtungen« gründen und den »Werken der Natur« annähern. – Vor dem Hintergrund der seit 1764 von Resewitz u. a. erhobenen Forderung nach deutschen Schauplätzen, Personen und Sitten ist der Text als Kritik an der Romanpraxis zwischen Hermes' *Sophiens Reise von Memel nach Sachsen* (1769–73) und Millers Klostergeschichte *Siegwart* (1776) lesbar. »Originalität« wird an Wielands *Geschichte des Agathon* (1766/67) gemessen, dem »ersten und einzigen Roman für den denkenden Kopf, von klassischem Geschmacke« (Lessing). Wie Blanckenburg für seinen → *Versuch über den Roman*, findet Lichtenberg bei Wieland jenen psychologischen Realismus, eine individuelle Zeichnung und Entwicklung der Charaktere vorgebildet, die für ihn zum Maßstab seiner Notizen werden.

Ausg.: Schriften und Briefe, hg. von W. PROMIES, Bd. 1, München ²1973, S. 373–77. *Lit.:* G. MATTENKLOTT, ›Charakter einer mir bekannten Person‹. Lichtenberg als Charakterologe, in: Lichtenberg, Streifzüge der Phantasie, hg. von J. ZIMMERMANN, Hamburg 1988, S. 212–32. – R. BAASNER, Lichtenberg: Das große Ganze, Paderborn 1992. – W. SCHIMPF, ›In des Witzes letzten Zeiten‹. Lichtenberg als Literaturkritiker, in: Text und Kritik 114 (1992), S. 64–75.

F. WAHRENBURG

Über den Grund des Vergnügens an tragischen Gegenständen, Friedrich SCHILLER; ED 1792 (in: Neue Thalia).

Der unverkennbar von der Kantischen Philosophie beeinflußte Aufsatz leitet eine Reihe ähnlich orientierter Schriften ein, in denen Schiller immer wieder das Phänomen des Ästhetischen zu definieren versucht. Er ist aus einer Vorlesung im Sommer 1790 hervorgegangen, welche die »Theorie der Tragödie« behandelte. Schiller hatte von vornherein vor, daraus eine Theorie des Trauerspiels zu entwerfen, die er »bloß allein aus eignen Erfahrungen und Vernunftschlüßen« entwickeln wollte. Nach Schillers schwerer Erkrankung im Frühjahr 1791 ist der Aufsatz vermutlich erst im Dezember 1791 fertiggestellt worden. Er gehört sachlich in den unmittelbaren Zusammenhang mit der Schrift *Über die tragische Kunst* (1792). Auch diese Arbeit bezeugt das beginnende Studium der Kantischen Philosophie. Schiller hatte im März 1791 angefangen, die →*Kritik der Urteilskraft* zu studieren. Kants *Kritik der praktischen Vernunft* (1788) las er im Dezember 1791, zugleich bestellte er die *Kritik der reinen Vernunft* (1781). – Schillers Schrift verteidigt die »moralische Zweckmäßigkeit« in der Welt und sieht die Aufgabe des tragischen Dichters darin, diese »zu einem lebendigen Bewußtseyn zu bringen«. Er begründet das »Vergnügen an tragischen Gegenständen« durch die »Übermacht des moralischen Gefühls« – nur unter diesem Aspekt könne auch »zweckmäßige Bosheit« zum Gegenstand des Wohlgefallens werden. Der Begriff der »moralischen Zweckmäßigkeit«, ein Kernbegriff der Schrift, zeigt, wie tief hier schon Kants Einfluß hineinreicht. »Lust« definiert Schiller als das, was wir über die »moralische Zweckmäßigkeit empfinden«. Wo diese demonstriert wird, ist das Vergnügen an ihr »frey«, d. h. absichtslos. Von daher begründet Schiller den hohen Rang der Gattungen, die sich mit tragischen Phänomenen beschäftigen. Er weist den Grund des Vergnügens an tragischen Gegenständen ebenso der Epopöe wie dem Trauerspiel zu. Schillers von Kant angeregte Klassifikationsneigung geht so weit, daß er sogar »Ordnungen der Tragödie« ableiten will, auf denen »jeder gegebenen Tragödie ihr Platz anzuweisen« wäre. – In die Verteidigung der ästhetischen Autonomie spielen auch Gedanken des *Künstler*-Gedichtes hinein. Die Idee der Zweckmäßigkeit begegnet schon bei Lessing in seiner →*Hamburgischen Dramaturgie*. Neu ist an Schillers Schrift, daß er auch noch das Interesse am Verbrecher in seine Überlegungen zum Grund des Vergnügens an tragischen Gegenständen einbaut. Die Beispiele nimmt Schiller wiederum aus dem Bereich der europäischen Literatur.

Ausg.: Schillers Werke. Nationalausg., Bd. 20/21, hg. von B. v. WIESE/H. KOOPMANN, Weimar [2]1986/87. – Sämtliche Werke. Mit einer Einf. von B. v. WIESE und Anm. von H. KOOPMANN, Bd. 5, München 1975.
Lit.: W. DÜSING, Schillers Idee des Erhabenen, Köln 1967. – K. L. BERGHAHN, »Das Pathetischerhabene«. Schillers Dramentheorie, in: Schiller. Zur Theorie und Praxis der Dramen, hg. von K. L. BERGHAHN/R. GRIMM, Darmstadt 1972, S. 485–522 (zuerst 1971).

H. KOOPMANN

Über den Unterschied der Dichtarten,

Friedrich HÖLDERLIN, entst. 1800; ED Jena 1911 (in: Gesammelte Werke, Bd. 3, hg. von W. Böhm, 2., verm. Aufl.).

Hölderlins poetologische Reflexionen konvergieren darin, daß sie das Verhältnis von Dichtung und wirklichem Leben bedenken, daß es ihnen um das »Lebendige in der Poesie« geht. Mit der Theorie vom »Wechsel der Töne«

entfaltet Hölderlin ein spekulatives gattungspoetisches System, das die Dichtarten des Lyrischen, Epischen und Tragischen in ihren Unterschieden wie in ihrer Zusammengehörigkeit aufzuweisen sucht. Als ›quartum comparationis‹ dient das Kategoriensystem von »Schein«, »Bedeutung« und »Metapher«. Mit Hilfe der Töne-Trias »naiv«, »heroisch« und »idealisch« – das Homburger Fragment *Ein Wort über die Iliade* (1799) entwickelt die verwendete Terminologie noch im Sinne von komplementären anthropologischen Typen – werden die Dichtarten unterschieden, und zwar dergestalt, daß die Positionen »Schein« (»Kunstcharakter«) und »Bedeutung« (»Grundstimmung«) jeweils von verschiedenen Tönen besetzt sind. Hölderlin versteht das dichterische Kunstwerk – das macht die Tönelehre deutlich – als eine Ganzheit, die sich aus dem Wechsel der drei Töne konstituiert. In deren Verhältnis zueinander drückt sich ihr »Leben« und in deren Vermittlung ihre Harmonie aus. Nicht ein bestimmter Ton charakterisiert die jeweilige Dichtart, sondern die Abfolge der durchlaufenen Töne, die auch deren Funktion im Werkganzen festlegt. Die je besondere Gegensatzspannung (»Tonos«) von ›Bedeutung‹ und ›Kunstcharakter‹ wird durch das vermittelt, was Hölderlin den »Geist des Gedichts« nennt, der den jeweils auflösenden dritten Ton in die Struktur der Gedichtart einbringt. Die Dichtarten definiert, daß sie im Sinne der griechischen »Metaphora« die ihnen zugrundeliegende eigentliche Bedeutung ins Medium der gleichsam uneigentlichen poetischen Darstellung übertragen. Das lyrische Gedicht wird als »Metapher Eines Gefühls«, das epische als »Metapher großer Bestrebungen«, das tragische als »Metapher einer intellectuellen Anschauung« bestimmt. Auf der poetologischen Explikation des tragischen Gedichts und der Vergewisserung seiner ontologisch-kosmologischen Voraussetzungen liegt der Schwerpunkt der Argumentation. Das tragische Gedicht überführt die ihm eigentümliche »Einigkeit mit allem, was lebt« (so wird die »intellectuelle Anschauung« hier bestimmt) ins Medium einer heroischen, mit Entgegensetzungen arbeitenden poetischen Darstellung. Es stellt in seinem Vollzug dar, wie sich die intendierte Einigkeit gerade durch die Entgegensetzungen hindurch herstellt. Die Spannung von idealischem und heroischem erfährt im naiven Ton ihre Auflösung. Die Dichtarten unterteilen sich jeweils dadurch in drei Stilarten, daß ihr »Grundton« naiver, heroischer oder tragischer gestimmt ist. Die Kunstwerke, an denen sich Hölderlins Theorie orientiert und überprüft, stammen aus der griechischen Dichtung. Als Beispiel eines lyrischen Gedichts mit heroischerem Grundton wird Pindars *Siebte Olympische Ode* (entst. 464 v. Chr.), als heroisch-episches Gedicht Homers *Ilias* (entst. um 730 v. Chr.) genannt. Die Sophokleische *Antigone* (entst. um 442 v. Chr.) erscheint als eine lyrische, der *Oidipus Tyrannos* (entst. vor 425 v. Chr.; *König Ödipus*) als Prototyp einer tragischen Tragödie.

Ausg.: Sämtliche Werke, Große Stuttg. Ausg., hg. von F. BEISSNER, Bd. 4,1, Stuttgart 1961. – Sämtliche Werke, Frankf. Ausg., hg. von D. E. SATTLER, Bd. 14, Frankfurt/M. 1979 (u. d. T. ›Das lyrische dem Schein nach idealische Gedicht …‹).

Lit.: L. RYAN, Hölderlins Lehre vom Wechsel der Töne, Stuttgart 1960. – P. SZONDI, Poetik und Geschichtsphilosophie II, Frankfurt/M. 1974. – H. SCHWARZ, Vom Strom der Sprache. Schreibart und ›Tonart‹ in Hölderlins Donau-Hymnen, Stuttgart 1994.

H. HÜHN

Über Dichtung I + II, Stefan GEORGE, I, ED Berlin 1894 (in: Blätter für die Kunst, Folge 2, S. 122); Bd. 4); II, entst. 1904–15; ED Berlin 1925 (in: Tage und Taten, 2. Ausg., S. 85–87).

Die beiden Texte spiegeln Georges radikalen Ästhetizismus zwischen dem autistischen Künstlertum des *Algabal* (1892) und der Gründung des ›Kreises‹ in *Der siebente Ring* (1907) wider. Der Grundsatz l'art pour l'art opponiert gegen die Kultur des Wilhelminismus, die nur ornamentale Funktion in einer von politischökonomischen Interessen bestimmten Welt hat. Darüber hinaus teilt das autonome Kunstwerk des l'art pour l'art nicht die Inhalte und Zwecke eines Autors mit. Dichtung ist vielmehr der Gegenbegriff zu der Literatur, die gesellschaftliche und seelische Zustände beschreibt. George verwendet zur Klarlegung seiner Dichtungsauffassung Begriffe der Musiktheorie aus Platons →*Politeia*, denn das Paradigma der Dichtung ist für ihn das Gedicht, das als Lied (»melos«) laut gelesen wird. Anders als in der Philosophie, ist in der Dichtung nicht der Sinn (»logos«) entscheidend, sondern die Form, die durch Maß (»rhythmos«) und Klang (»harmonia«) tiefe Erregung (»pathos«) hervorruft. Nietzsches →*Geburt der Tragödie aus dem Geiste der Musik* entsprechend, setzt das Gedicht den dionysischen Affekt durch die apollinische Traumvision der Dichtung in eine klangliche Stimmung der Ruhe und ›Freudigkeit‹ um. George teilt Nietzsches Auffassung, daß die Kunst das Leben als den universalen Wert rechtfertigen soll. Aufklärung (»Vernünfteln«) und Melancholie (»Schwärze«) sind Décadencephänomene des Lebens und der Kunst. Das Kunstwerk verwirklicht das »Idealische«, den ›Kairos‹ vollkommener Harmonie von »Rausch und Helle«, als Vorbild der Nachahmung. George stellt seine Dichtung als Ausdruck eines magischen Weltbildes, in dem »Ich und Du, Hier und Dort, Einst und Jetzt nebeneinander bestehen und eins und dasselbe werden«, dem naturwissenschaftlichen Materialismus entgegen. Gegen den Dualismus L. Klages' (→*Der Geist als Widersacher der Seele*), der auf die Vernichtung des Lebens durch den Geist hinausläuft, setzt George die christliche Denkfigur der Inkarnation des Logos, die in der Gestalt Maximins inszeniert wird, und die gnostische des Geistes, die im Menschen schläft. Die Dichtung offenbart dem entfremdeten Menschen seine wahre Identität, indem sie ihn dazu erweckt, sein Leben zum Kunstwerk zu gestalten. – Hofmannsthal beruft sich im *Gespräch über Gedichte* (1903) auf George, wenn er die Abkehr vom Subjektivismus und eine Hinwendung zu den Dingen fordert. Die mystische Teilhabe des Menschen an der Welt ermöglicht dabei eine symbolische Stellvertretung, die allein das menschliche Dasein zu erschließen vermag. Nach Benns *Rede auf Stefan George* (1933) vollendet sich dagegen in der immoralistischen Artistik gerade das technisch-konstruktive Streben des abendländischen Menschen nach Weltbeherrschung durch Form.

Ausg.: Werke, Bd. l, hg. von R. BOEHRINGER, Düsseldorf/München ³1976, S. 530–31.
Lit.: E. MORWITZ, Kommentar zu den Prosa-, Drama-, und Jugend-Dichtungen Stefan Georges, Düsseldorf/München 1962, S. 62–65.

W.-D. HARTWICH

Über die ästhetische Erziehung des Menschen, in einer Reihe von Briefen, Friedrich SCHILLER; ED 1793 (in: Die Horen, 1., 2. und 6. Stück).

Schillers Briefe *Über die ästhetische Erziehung* sind die Antwort auf ein großzügiges Stipendium, das ihm vom Prinzen Friedrich Christian von Schleswig-Holstein-Augustenburg und vom Grafen Ernst Heinrich Schimmelmann für drei Jahre am 13.11.1791 bewilligt worden war. Schiller war durch seine lange Krankheit in finanzielle Schwierigkeiten gekommen. Zum Dank für das Stipendium bat er den Prinzen von Augustenburg darum, ihm seine Ideen »Über die Philosophie des Schönen« in einer Reihe von Briefen vorlegen zu dürfen. Eigentlicher Anlaß für die Abfassung der Briefe war aber die Krise, in die die Französische Revolution Europa gestürzt hatte. – Schiller beabsichtigt in den Briefen das, was die Kantischen Kritiken bereits angebahnt haben, im Bereich der Philosophie fortzusetzen. Er will die Kunst »zum Rang einer philosophischen Wissenschaft« erheben, und er will darin über Kants Feststellungen (→*Kritik der Urteilskraft*) noch hinauskommen, da er das Schöne nicht länger für ein »bloßes subjektives Spiel der Empfindungskraft« hält, »welches keiner andern als empirischer Regeln fähig ist«. Auch die Schönheit muß sich, mit anderen Worten, auf Gesetze der Vernunft gründen und kann sich auch nur so legitimieren. Sein Ziel ist es, »eine Erkenntniß des Schönen aus Principien« zu geben und auf diese Weise ein neues ästhetisches Regelwerk zu schaffen. – Diese Überlegungen zeigen, wie sehr die Schrift →*Über Anmut und Würde* mit den Briefen *Über die ästhetische Erziehung* verbunden ist. Diese selbst nehmen aber bereits in der Fassung, die Schiller dem Prinzen von Augustenburg zugesandt hatte, eine andere Richtung an: er beklagt als Folge der Französischen Revolution den »Mangel an theoretischer Kultur« und bedauert die »Verwilderung, an der unsere Zeitgenossen krank liegen«. Schiller will dagegen die therapeutische Wirkung der Kunst nutzen und eine Verfeinerung der Sitten durch das Schöne bewirken. – Schillers Analyse seines Zeitalters bringt ihn zu dem Schluß, daß die »Individuen« durch die Kultur eine »Zerstückelung ihres Wesens« hätten hinnehmen müssen. Hier sind Ideen von der arbeitsteiligen Gesellschaft bereits vorweggenommen, wie sie später von Hegel bis hin zu Kafka entwickelt werden. Die Überwindung der »Zerstückelung« stellt sich als dringende Aufgabe der Kultur dar, und sie kann nur geleistet werden, wenn der Mensch wieder in seiner Ganzheit erscheint. Dieses darzustellen und zu ermöglichen ist die Aufgabe der Kunst. Von ihr erhofft Schiller sich zugleich eine Antwort auf die dringenden politischen Fragen der Zeit. Sein Formelwort lautet »Veredelung«, und sie kann nur durch das Schöne erreicht werden. – Diese Zentralideen der Schrift verläßt Schiller jedoch etwa von der Mitte der Abhandlung an und beschäftigt sich mit einer

Trieblehre, in der der sinnliche Trieb (»Stofftrieb«) dem intellektuellen Trieb (»Formtrieb«) entgegengesetzt ist. Die Gegenüberstellung dient ihm aber am Ende auch wieder nur dazu, eine vermittelnde Instanz, den »Spieltrieb«, zu postulieren, der ihm eigentlich erst Humanität garantiert. Nur im Spiel ist der Mensch nicht zerstückelt und selbstentfremdet, und nur im Spiel kann er auch ganz Mensch sein. Das Schöne ist die Macht, die das Gleichgewicht unter den Trieben herstellt und die den Menschen damit tatsächlich frei macht. In den letzten Briefen setzt Schiller diesen Gedanken aber nicht weiter fort, sondern prüft die Anwendung seiner Ideen »auf die ausübende Kunst«, weicht jedoch auch von dieser Linie wieder ab und erörtert schließlich die Beziehung zwischen dem wirklichen Dasein der Natur und der Kunst des Scheins. Die *Briefe* enden mit Forderungen an den idealen Staat: »Freiheit zu geben durch Freiheit ist das Grundgesetz dieses Reichs«. Schiller hat sich von seiner aktuellen politischen Thematik weit entfernt, wenn er vom »Staat des schönen Scheins« spricht und feststellen muß, daß dieser Staat dem Bedürfnis nach »in jeder feingestimmten Seele« existieren müsse, aber sonst nur »in einigen wenigen auserlesenen Zirkeln« zu finden sei – »wie die reine Kirche und die reine Republik«. – Schillers Schrift ist Fragment geblieben. Schiller wollte das, was ursprünglich in den *Horen* 1795 erschienen war, als Buch veröffentlichen und seinen großen Essay noch weiterführen; dazu kam es aber nicht. Er hatte schon 1795 beschlossen, sich »von der philosophischen Schriftstellerey« zurückzuziehen, um wieder zu dichten. – Schillers Briefe *Über die ästhetische Erziehung* spiegeln seine Stellung zur Französischen Revolution sowie zu Rousseauschen Vorstellungen von der Entwicklung der Kultur und setzen sich mit zeitgenössischen Antiken-Vorstellungen auseinander, wie sie vor allem im 9. Brief deutlich werden. Auch Kants Schrift *Beantwortung der Frage: Was ist Aufklärung?* (1784) hat Schillers Essay beeinflußt. Letztlich bleibt das von Schiller propagierte Ideal eines ästhetischen Staates in seinen Konturen unscharf und idealistisch.

Ausg.: Schillers Werke. Nationalausg., Bd. 20/21, hg. von B. v. WIESE/H. KOOPMANN, Weimar ²1986/87. – Sämtliche Werke. Mit einer Einf. von B. v. WIESE und Anm. von H. KOOPMANN, Bd. 5, München 1975.
Lit.: E. M. WILKINSON/L. A. WILLOUGHBY, Schillers Ästhetische Erziehung des Menschen. Eine Einführung, München 1977.

H. KOOPMANN

Über die Beziehung der analytischen Psychologie zum dichterischen Kunstwerk, Carl Gustav JUNG; ED Zürich 1922 (in: Wissen und Leben, Bd. 15).

Jung bemüht sich zunächst um eine Abgrenzung zwischen dem Aufgabenbereich einer wissenschaftlichen Psychologie einerseits und einer Betrachtung des künstlerischen Geschehens andererseits. Bei der Kunstinterpretation etwa nach dem Vorbild der psychologischen Deutung einer Neurose vorzugehen, ist nach seiner Auffassung ebenso verfehlt wie eine Deutung von Platons Höhlengleichnis, die dieses lediglich als Ausgestaltung einer infantilen Uterusphantasie auffaßte. Die Kunst versteht er als ein Phänomen sui generis; die Freudsche

Deutungstechnik (→ *Das Unheimliche*) ist daher weitestgehend unspezifisch für die Kunstwerke als solche. Die neurosenpsychologische Betrachtung muß nach Jung schon deshalb scheitern, weil das Kunstwerk nicht allein Ausdruck krankhaften seelischen Geschehens, sondern stets auch überpersönlich, d. h. nicht dem Individuum, sondern der Gattung zugehörig ist. So ist der einzelne Künstler nur »der Nährboden«, über dessen »Kräfte das künstlerische Geschehen nach eigenen Gesetzen verfügt und sich (so) selbst zu dem gestaltet, was es aus sich selber werden will.« – Um zu einer angemessenen psychologischen Betrachtung des künstlerischen Schaffens zu gelangen (dies ist möglich, da Kunstwerke auch Produkte »komplizierter seelischer Tätigkeiten sind«), muß zunächst das mehr oder weniger bewußt beabsichtigte Kunstschaffen von dem unterschieden werden, was sich dem bewußten Zugriff des Künstlers weitgehend entzieht. Jung greift hierbei auf die schon von Schiller vorgenommene Unterscheidung in »naive und sentimentalische Dichtung« (→ *Über naive und sentimentalische Dichtung*) zurück. Nietzsches *Also sprach Zarathustra* (1883–85) oder Goethes *Faust II* (1832) sind ihm Beispiele einer Kunst, die mehr oder weniger direkt einem überpersönlichen Gestaltungsprozeß, d. h. ohne willentliche Intention des Menschen, entsprungen sind. Dieser Vorgang erscheint als Ausdruck eines eigenen seelischen Lebewesens, einer Art eigenständiger Teilseele, deren Träger der Künstler ist, und die als »autonomer Komplex« in ihm wirkt. Dieser erzwingt – oft gegen die vitalen und persönlichen Interessen

des Künstlers – seinen Ausdruck als das sich in sich selbst erfüllende Leben, das in ursprünglichen Bildern und Symbolen gestaltet ist. Einerseits genügt sich dieser Prozeß selbst, andererseits besitzt er in psychologischer Hinsicht eine spezifische Bedeutung. Sie ist vornehmlich am Kunstwerk selbst auszumachen, da dieses ein – im weitesten Sinne – »ausgearbeitetes Bild« darstellt. »Hinter« jedem dieser entworfenen Bilder gilt es, das »Urbild« sehen zu lernen (in Anlehnung an G. Hauptmanns Auffassung: »Dichten heißt, hinter Worten das Urwort erklingen zu lassen«). In solchen Urbildern (»Archetypen«) wird eine Sphäre unbewußter Mythologie veranschaulicht, die Gemeingut der ganzen Menschheit ist. Sie sind keine angeborenen Vorstellungen, wohl aber »regulative Prinzipien« der schöpferischen Phantasie, sozusagen »Kategorien der Phantasietätigkeit«. Diese Tätigkeit versucht, in solch grundlegenden Bildern die Erfahrung des Lebens durch den Lauf der Geschichte immer wieder ins Bild zu rücken. Die Kunst will diese grundlegenden seelischen Vorgänge besonders prägnant darstellen und jeweils in »die Sprache der Gegenwart übersetzen«. Darin liegt zugleich ihre Faszination: sowohl für das Individuum als auch für die jeweilige Kulturepoche kommt ihr kompensatorische Kraft zu. Sie vermag auf die Einseitigkeiten aktueller Entwicklungen hinzuweisen und dagegen die ganze seelische Wirklichkeit einzufordern. Insofern hat die Kunst sowohl eine erzieherische wie heilende, d. h. ›ganzmachende‹ Funktion. Sie eröffnet die Möglichkeit, das bisherige Verborgene dem Bewußtsein wieder näher zu rücken. Die

Konfrontation mit archetypischen Inhalten zwingt zur Auseinandersetzung, womöglich zum »Wiedereintauchen in den Urzustand«, der »aufs (wieder) Miterleben harrt«. So stellt die Kunst einen individuellen wie kulturellen »Prozeß [...] der Selbstregulierung im Leben« dar. – Jungs Gesamtwerk wie auch seine Kunstauffassung sind vom Gedanken der Existenz und Wirksamkeit eines kollektiven bzw. archetypischen Unbewußten bestimmt. In naher Verwandtschaft zu Nietzsche ist es Jungs Verdienst, die Literaturästhetik auf die mythische Genesis der Kunst erneut und nachhaltig hingewiesen zu haben.

Ausg.: Gesammelte Werke, Bd. 15, hg. von L. JUNG-MERKER/E. RUF, Olten ^{4}1984.
Lit.: J. JACOBI, Vom Bilderreich der Seele, Olten 1969. – H. DIECKMANN, Archetypische Symbolik in der modernen Kunst, Hildesheim 1981. – Der Mensch und seine Symbole, hg. von C. G. JUNG/M. L. v. FRANZ, Olten/Freiburg/Br. ^{11}1988.

W. BASSLER

Über die bildende Nachahmung des Schönen, Karl Philipp MORITZ; EA Braunschweig 1788.

Mit dieser Abhandlung überwindet Moritz die tradierte Wirkungsästhetik und ersetzt sie durch ein Konzept der Kunstautonomie, das die Ästhetik der »Weimarer Klassik« maßgeblich beeinflußte. – Das zentrale Theorem beschreibt Moritz mit dem Begriff des »in sich selbst Vollendeten«. Schön ist ein Kunstwerk dann, wenn es nicht funktional im Sinne der Wirkungsästhetik (G. F. Meier →*Anfangsgründe aller schönen Wissenschaften*; J. G. Sulzer →*Allgemeine Theorie der schönen Künste*) einem äußeren Zweck dient, sondern den »Endzweck seines Daseins in sich selber hat«. Damit antizipiert Moritz I. Kants Bestimmung des Kunstwerks als »Zweckmäßigkeit ohne Zweck« (→*Kritik der Urteilskraft*). Kunsttheoretisch ist mit dem Autonomiepostulat die Grundlage für den klassischen Symbolbegriff gelegt, denn im Symbol fallen Zeichen und Bezeichnetes zusammen. Moritz wendet sich damit gegen J. J. Winckelmann, der die Allegorie (die bildliche Einkleidung allgemeiner Begriffe) als Kunstform favorisierte (→*Gedancken über die Nachahmung der griechischen Wercke in der Mahlerey und Bildhauer-Kunst*). In Abgrenzung z. B. zur frühaufklärerischen Kunstauffassung befreit Moritz darüber hinaus die Kunst von allen funktionalen, moral-didaktischen Zielsetzungen (vgl. J. Chr. Gottsched →*Versuch einer Critischen Dichtkunst vor die Deutschen*). Dies hat unter rezeptionsästhetischem Blickwinkel eine grundlegende, sozial-anthropologische Funktion: In der »interesselosen« (Kant) Konfrontation mit dem autonomen Kunstwerk (als regulative Idee) wird dem rezipierenden Subjekt erfahrbar, was ihm die verdinglichte, dissoziierte (im *Anton Reiser*, 1785–90, beschriebene) Realität versagt: eine humane, aus den Determinationszwängen der Gesellschaft befreite Sinntotalität, in der das ästhetische Subjekt als uneingeschränkte Existenz in der harmonischen Ordnung des Ganzen aufgehoben ist. Erfaßt werden kann diese Sinntotalität allein durch die »Empfindungskraft« des Rezipienten, da der »Denkkraft« ein »Vergleichungspunkt« für die rationale Erkenntnis des autonomen Gegenstandes fehlt. Die Sinntotalität des autonomen Kunstwerks ist nach

Moritz ein »Abdruck des höchsten Schönen«, der Natur. Deren schöpferisches Prinzip ahmt das Künstler-Genie vermittels seiner synthetisierenden ›Tatkraft‹ im Kunstwerk nach. Die tradierte Forderung an den Künstler, die Natur nachzuahmen (vgl. Ch. Batteux →*Les Beaux-Arts réduits à un même principe*), geht bei Moritz in die Bestimmung über, »ihr« nachzuahmen. Wie in einem »Brennpunkt« tritt im Kunstwerk somit das »höchste Schöne«, die Totalität des »großen Ganzen der Natur« in Erscheinung. Mit dieser Vorstellung von der »bildenden Nachahmung des Schönen« knüpft Moritz an den Geniebegriff des Sturm und Drang (vgl. J. W. Goethe →*Zum Schäkespears-Tag*) an. Hinsichtlich der Bestimmung der ›Tatkraft‹ als sowohl zerstörende wie gestaltende schöpferische Kraft, die bestrebt ist, sukzessiv alles Einzelne in die Totalität des Ganzen einzubinden, bezieht er sich auf G. W. Leibniz (*Monadologie*, 1720). Da die ›Tatkraft‹ (rezeptionsästhetisch als »Empfindungskraft«, produktionsästhetisch als »Bildungskraft« bestimmt) »mehr als [die] Denkkraft« umfaßt, gewinnt die Kunst – im Gegensatz zu Bestimmungen bei Chr. Wolff (Kunst als »cognitio inferior«) oder A. Baumgarten (Kunst als »analogon rationis«, →*Aesthetica*) – den Status der höchsten Erkenntnisform. Grundgedanken der bildenden Nachahmung führt Moritz nicht nur in anderen theoretischen Abhandlungen aus (*Versuch einer Vereinigung aller schönen Künste und Wissenschaften unter dem Begriff des in sich selbst Vollendeten*, 1785; *Versuch einer deutschen Prosodie*, 1786; *Götterlehre oder mythologische Dichtungen der Alten*, 1791), sondern

verarbeitet sie auch in seinen poetischen und autobiographischen Schriften. – Beeinflußt hat die Abhandlung Schillers Begriffsbestimmung der Kunst als »schöner Schein« (→*Über die ästhetische Erziehung des Menschen in einer Reihe von Briefen*), hinsichtlich des Begriffs der »bildenden Nachahmung« Goethes Begriff des »Stils« (→*Einfache Nachahmung der Natur, Manier, Stil*) und bezogen auf die ambivalente Struktur der ›Tatkraft‹ F. Hölderlins Begriffe des »Aorgischen« und »Organischen« (→*Über den Unterschied der Dichtarten*) sowie F. Nietzsches Begriffspaar des »Dionysischen« und »Apollinischen« (→*Die Geburt der Tragödie aus dem Geiste der Musik*).

Ausg.: Werke, hg. von H. GÜNTHER, Bd. 2, Frankfurt/M. 1981.
Lit.: H. J. SCHRIMPF, K. Ph. Moritz, Stuttgart 1980. – H. SCHEIBLE, Wahrheit und Subjekt. Ästhetik im bürgerlichen Zeitalter, Bern/München 1984. – Beiträge zur Ästhetik, hg. von H. J. SCHRIMPF/H. ADLER, Mainz 1989, S. 27–78.

E. HABEKOST

Über die deutsche Sprache und Litteratur, Justus MÖSER; ED Osnabrück 1781 (in: Westphälische Beyträge zum Nutzen und Vergnügen).

Mösers Text wurde schon kurz nach seinem Erscheinen um eine *Nachschrift über National-Erziehung der alten Deutschen* erweitert und erschien noch im selben Jahr in zwei Einzeldrucken. Er nimmt die vieldiskutierte Schrift des Preußenkönigs Friedrich II. *De la littérature allemande* (1780; *Über die deutsche Literatur*) zum Anlaß für dezidierte eigene Reflexionen über das Problem einer deutschen Nationalliteratur und -sprache. Ausgangspunkt für Mösers Kritik an Friedrich II., die er in der Form eines Literaturbriefs formuliert, ist dessen Aufforderung an die deutschen Autoren, stärker die französischen und antiken Vorbilder nachzuahmen. Dagegen setzt Möser den Schwerpunkt auf die Ausbildung und Kultivierung der eigenen nationalen Besonderheiten. Zwar konstatiert auch er gewisse Defizite in der deutschen Literatur, sieht aber dafür ganz andere Ursachen. Nicht die fehlende Orientierung an fremden Vorbildern ist ihm hierfür verantwortlich, sondern die jahrhundertelange Vernachlässigung der »eigenen Früchte« zugunsten lateinischer Gelehrsamkeit, italienischer Kultur und französischer Hofsprache. Aus dieser Tendenz sowie dem Fehlen »großer Begebenheiten« ist für ihn letztlich auch der Mangel an kollektiven Empfindungen und Nationalinteresse in Deutschland erklärbar. Der einzelne machte sich hier öffentliche Angelegenheiten nicht wahrhaft zueigen – nach Möser eine wichtige Voraussetzung für das Entstehen einer nationalen Literatur. Während Friedrich II. der deutschen Sprache Uneinheitlichkeit und der literarischen Produktion Regellosigkeit vorwirft, entwickelt Möser mit umgekehrten Vorzeichen seine zentrale Vorstellung von der »Einheit in der Mannigfaltigkeit«, ein am Gestaltenreichtum der Natur orientiertes Paradigma. Kunst soll nicht länger nach allgemeinen Geschmacksurteilen und abstrakten Schönheitsidealen geschaffen werden, sondern »starke Empfindungen« mit einem »wahren Ausdruck« in Einklang bringen. Deshalb verteidigt Möser Goethes *Goetz von Berlichingen* (1773) gegen Friedrich II. als ein gelungenes Zeugnis deutscher Literatur, das als Volksstück in »Shakespeare's Manier« verfaßt wurde

und gerade mit seinem Gedankenreichtum und seiner Vielfalt der Weltdarstellung die klassizistische Regelpoetik sprengen muß. Zum Schluß würdigt der Verfasser die Fortschritte, welche die deutsche Sprache als Kunst- und Dichtersprache wie auch auf dem Gebiet der Philosophie und Rhetorik gemacht hat. Goethe und Lessing haben sie nach seiner Auffassung von einer sterilen Buchsprache zu einer lebendigen, kräftigen Volkssprache erhoben. In diesem Zusammenhang bekennt sich Möser – auch hier der »Einheit in der Mannigfaltigkeit« folgend – zu den verschiedenen »Provinzialdialekten« als schöpferisch-originalen Quellen für eine nationale Kultur. Möser liefert die stilistisch und argumentativ wichtigste Erwiderung auf die Schrift Friedrichs II., durch die sich vor allem auch Goethe gegenüber dem Preußenkönig gerechtfertigt sah.

Ausg.: Sämtliche Werke, Histor.-krit. Ausg., Bd. 3, hg. von der Akademie der Wissenschaften zu Göttingen, Osnabrück 1986. – *Lit.*: E. KÄSTNER, Friedrich der Große und die deutsche Literatur, Stuttgart 1972. – R. STAUF, Justus Mösers Konzept einer deutschen Nationalidentität: mit einem Ausblick auf Goethe, Tübingen 1991, S. 323–44.

                                      TH. WEGMANN

Ueber die neuere Deutsche Litteratur. Erste/Zwote/Dritte Sammlung von Fragmenten als Beilagen zu den Briefen die neueste Litteratur betr., Johann Gottfried HERDER; EA (anonym) Riga 1767 (2 Bde.).

Im Anschluß an die *Literaturbriefe,* das kritische Periodikum von Lessing, Abbt und Mendelssohn (1759–64), unternimmt es Herder, den Standort der Literatur seiner Zeit historisch zu bestimmen. Er erörtert zunächst den

Entwicklungsstand der deutschen Sprache und vergleicht sodann, nach dem Muster von Perraults →Parallèles des Anciens et des Modernes (1688–1694), die orientalischen, die griechischen und die lateinischen Vorbilder mit ihren deutschen Entsprechungen. Die geplante Auseinandersetzung mit Engländern und Franzosen unterblieb. Herder übernimmt zwar den Literaturbegriff von den *Literaturbriefen*, »Sprache, Geschmackswissenschaften, Geschichte und Weltweisheit«, führt ihn jedoch nicht extensiv aus, sondern begründet ihn stattdessen anthropologisch und national. Den drei menschlichen Kardinalvermögen antworten drei ausgezeichnete Diskurse: der sinnlichen Erfahrung die Geschichte, der Einbildungskraft die Dichtung, dem Verstand die Philosophie. Im Medium der Sprache sind alle drei Redeformen, wenn auch in unterschiedlicher Dominanz, integriert. So bilden Sprache und Sprechakte zusammen ein sich selbst differenzierendes Ganzes. Es ist ursprungsnah in dem Maß, wie es sich entwickelt, und ursprungsfern in dem Maß, in dem es sich bloß wiederholt. Auch die linearen Vorstellungen »Von den Lebensaltern einer Sprache«, oder vom anfänglichen Chaos über die Liedersprache und die Büchersprache bis hin zur rein logischen Ordnung, können daher in jedem Punkt den Ursprung eines originären Sprechakts aufweisen. Danach hält Herder als geschichtsphilosophischer Kritiker Ausschau. Er hat damit, am Leitfaden der Sprache, die Dimension der Geschichtlichkeit in die Literaturtheorie eingeführt. Wenn sie ursprünglich sind, formen sich Sprache und Literatur wechselsei-

tig so, »daß eins mit dem andern zusammenrinnt«. Original kann man nur in der Muttersprache reden und schreiben. Da es nun die gemeinsame Muttersprache ist, die ein Volk vom anderen unterscheidet, wird Literatur notwendig eine Sache des Volkes. Im Manuskript (1768) gebraucht Herder erstmals den Begriff »National-Litteratur«. – Als Sache des Volkes ist die Literatur nicht mehr Sache des lateinsprachigen Bildungswesens, speziell des Rhetorik- und Poetikunterrichts. Diese kopernikanische Wende bildet eine Grundvoraussetzung moderner Literaturtheorie. Indem die Literatur die internationale Gelehrtenrepublik (»res publica literaria«) verläßt, hört sie auf, ›Gelehrsamkeit‹ (»literatura«) zu sein und wird Mittel »der Bildung, die ich hier von Gelehrsamkeit unterscheide«. Bildung denkt Herder als Wechselwirkung; sie ersetzt alle Nachahmungstheorien. Weil die Wechselwirkung von Kunstwerk und historischem Kontext unwiederholbar ist, muß der moderne Autor die antiken Vorbilder ins Hier und Jetzt übertragen, »individual für seine Person, national für sein Land, patriotisch für seinen Helden, kasual für den Vorfall, sekular für sein Zeitalter, und idiotisch für seine Sprache«. Die Rhetorik, welche die Alten lesen lehrte und zugleich schreiben lehrte wie die Alten, zerfällt in zwei neue Disziplinen: in die Kunst des historischen Verstehens und in die historische Theorie der Kunst. Ihnen geht es um die Totalität von Werken, deren Ausdruck integral ist, »nicht in einzelnen Worten, sondern in jedem Teile, Fortgange derselben und im Ganzen«, in deren Ausdruck der Urheber und die ihn umgebende Welt jeweils mit enthalten sind. Die selbständige Aneignung der Geschichte ist es eigentlich, die künstlerisches Schaffen hervorruft und die der Kunstkritik ihre Wertmaßstäbe gibt.

Ausg.: Frühe Schriften, hg. von U. GAIER, Bd. 1, Frankfurt/M. 1985.
Lit.: M. JOBST, Herders Konzeption einer kritischen Literaturgeschichte in den ›Fragmenten‹, Augsburg 1973. – P. MICHELSEN, Regeln für Genies. Zu Herders ›Fragmenten‹ ›Ueber die neuere Deutsche Litteratur‹, in: Johann Gottfried Herder 1744–1803, hg. von G. SAUDER, Hamburg 1987, S. 225–37.

H. BOSSE

Über die Verfahrungsweise des poetischen Geistes, Friedrich HÖLDERLIN, entst. Frühjahr 1800; ED u. d. T. *Über Bildung, Bildungstrieb und Humanität*, Jena 1911 (in: Gesammelte Werke, Bd. 3, hg. von W. Böhm, 2., verm. Aufl.).

Hölderlin versucht hier, seine zuvor schon in Homburg 1799 entwickelten gattungspoetischen Grundsätze auf neue Art ontologisch und mit Bezug auf die Kantischen Reflexionsbegriffe »Form« und »Materie« (vgl. *Kritik der reinen Vernunft*, 1781) zu fundieren. Er unterscheidet zwischen »Geist« und »Stoff« eines Gedichts, die beide durch die ›idealische Behandlungsart‹ des Dichters dialektisch vermittelt werden sollen. Die Angewiesenheit des »Geistes« auf den »Stoff« zeigt sich indessen nicht nur in der »Verfahrungsweise des poetischen Geistes«, sondern ebenso in seiner Individuation, dem »poetischen Ich«. Hölderlin bestimmt dieses »poetische Ich« logisch in einem konsistent argumentierenden Exkurs als auf den Objektbezug angewiesen. Dabei zeigt er die Widersprüchlichkeit einer Theorie des unbedingten Wissens als reiner Selbst-

bezüglichkeit (wie sie J. G. Fichte und F. W. Schelling in seinen Augen vertreten hatten). Sein Entwurf gehört zu den wenigen erhaltenen Fragmenten seiner Kritik an den Hauptthesen des spekulativen Idealismus in Deutschland. – Der Gedankengang des Entwurfs steuert in einem langen, Konditionalsätze reihenden, Anstieg auf die Begründung des »Wechsels der Töne« im Gedicht zu. Diese wird mit dem Hinweis auf die unterschiedliche Charakteristik der Stoffe des Gedichts gegeben. Die verschiedenen Stoffarten (»Begebenheiten«, »Bestrebungen« und »Phantasien«) werden zugleich prinzipiell und ontologisch als »Wirklichkeiten«, »Notwendigkeiten« und »Möglichkeiten« gekennzeichnet. Zwar muß dem Dichter alles auf den Stoff, respektive auf die »Receptivität des Stoffs« für die »idealische Behandlung« ankommen, dieser Stoff ist aber zuvor schon, gewissermaßen transzendental a priori, bestimmt durch die Ordnung der Modalbegriffe. Es gibt also eine deutliche Verschränkung von einerseits vorrangiger Rücksicht auf das Objektive (»Stoff«) und andererseits eine Modellierung der Realität nach den Zügen ihres »Begriffs«, also des Subjektiven. Das Motiv der Vermittlung zwischen objektiven und subjektiven Betrachtungsweisen beherrscht Hölderlins poetologischen Entwurf durchgängig. Die Art, wie die jeweiligen Vermittlungen vorgenommen werden, erinnert zum Teil bis in die Terminologie an Platons Beschreibung der demiurgischen Tätigkeit bei der Schöpfung des Universums (vgl. *Timaios*, entst. vermutl. Anfang im 40er Jahre des 4. Jh.s v. Chr.). Demgegenüber dient das Aufgreifen Fichtescher Terminologie und Problematik zumeist der Formulierung widerlegender Einwände gegen dessen Theorie der grundlegenden Unhintergehbarkeit des Selbstbewußtseins. – Hölderlins Poetologie ist auch in diesem Aufsatz nicht einseitig an den »Eindrücken«, welche die »Kunstwerke« machen, orientiert (etwa im Sinne der Kantischen Ästhetik des Schönen und Erhabenen →*Kritik der Urteilskraft*). Ebensowenig ist sie ausschließlich am »Charakteristischen«, Unwiederholbaren jedes einzelnen Gedichts interessiert, wie dies bei den romantischen Genieästhetikern der Fall ist. ›Poetische Logik‹ ist sein Thema, und Logik ist etwas Berechenbares, ja sogar zu regelrechten Kalkülen fähig, wie der Tübinger Philosoph Ploucquet, nach dessen Lehrbuch Hölderlin unterrichtet worden war, als erster nachgewiesen hatte. Daß Hölderlin z. B. an der Ausarbeitung kalkülartiger poetologischer Tabellen arbeitete, zeigen die gelegentlich in seinen Manuskripten, auch im engeren Umkreis der Abhandlung auftauchenden kombinatorischen Listen von Ton-, Stimmungs- oder Stilfolgen. – Das Aufsatzfragment liegt – aus Gründen, die mit seinem Entwurfscharakter zusammenhängen – in keiner allgemein akzeptierten Textfassung vor (v. a. auch u. d. T. *Wenn der Dichter einmal des Geistes mächtig* […]). Daher müssen für die Interpretation zumindest die verschiedenen neueren Editionen herangezogen werden (vgl. Ausg.).

Ausg.: Sämtliche Werke, Große Stuttg. Ausg., hg. von F. BEISSNER, Bd. 4, 1, Stuttgart 1961. – Sämtliche Werke und Briefe, hg. von M. KNAUPP, Bd. 2, München 1992. – Sämtliche Werke, Frankf. Ausg., hg. von D. E. SATTLER, Bd. 14, Frankfurt/M. 1979. *Lit.:* M. KONRAD, Hölderlins Philosophie im Grundriß. Analytisch-kritischer Kommentar zu Hölderlins Aufsatzfragment ›Über die Verfahrungsweise des poetischen Geistes‹, Bonn 1967. – M. FRANZ, Hölderlins philosophische Arbeit in Homburg v. d. H., in: Homburg v. d. Höhe in der deutschen Geistesgeschichte. Studien zum Freundeskreis um Hegel und Hölderlin, hg. von C. JAMME/O. PÖGGELER, Stuttgart 1981, S. 118–30. – F. LÖNKER, Welt in der Welt. Eine Untersuchung zu Hölderlins ›Verfahrungsweise des poetischen Geistes‹, Göttingen 1989.

M. FRANZ

Über die Verschiedenheit des menschlichen Sprachbaues und ihren Einfluss auf die geistige Entwicklung des Menschengeschlechts, Wilhelm v. HUMBOLDT; EA Berlin 1836.
Die Schrift wurde als Einleitung zu dem dreibändigen Werk *Über die Kawi-Sprache auf der Insel Java* (1836–39) verfaßt. Die sprachphilosophische Abhandlung, die Humboldt besonders geeignet schien, das Zusammentreffen so auseinanderliegender Kulturen wie der indischen und der malayischen zu bedenken, wurde zu Recht als die Summe der langjährigen, bereits mit den frühen Aufzeichnungen über *Denken und Sprechen* (1795/96) einsetzenden Bemühungen Humboldts um die Sprache angesehen. – Sprache wird von Humboldt als »äusserliche Erscheinung des Geistes der Völker« verstanden. Beide, Sprache und Geist, kann man »nie identisch genug denken«. Die Sprache selbst ist kein »Werk« (»Ergon«), sondern eine »Thätigkeit« (»Energeia«). Sie ist die »Arbeit des Geistes, den articulirten Laut zum Ausdruck des Gedanken fähig zu machen«. Demzufolge ist Sprache kein bloßes Kleid bzw. keine Verkleidung des Gedankens (Berkeley), vielmehr ist sie das »bildende Organ des Gedanken«. »Sie ist nicht ein bloßes Mittel, die

schon erkannte Wahrheit darzustellen, sondern weit mehr, die
vorher unerkannte zu entdecken«,
wie Humboldt bereits in seiner
Schrift *Ueber das vergleichende
Sprachstudium* (1820) ausführt. Im
Gespräch schließlich »schlagen«
die Menschen »dieselbe Taste ihres geistigen Instruments« an,
worauf in jedem entsprechende,
nicht aber dieselben Begriffe entspringen (vgl. *Ueber den Dualis*,
1827). Wie Sprache und Denken
bzw. Bewußtsein, so gehören
Sprache und Welt innerlich zusammen. In jeder Sprache liegt eine »eigenthümliche Weltansicht«.
Der Mensch lebt mit den Dingen
so, wie das Netz der Sprache sie
ihm zuführt. Doch durch denselben Akt, durch den er die Sprache
gleichsam aus sich herausspinnt,
spinnt er sich in dieselbe ein, so
daß jede Sprache demjenigen, der
sie spricht, auch gewisse Grenzen
setzt (vgl. die *Thesen zur Grundlegung einer Allgemeinen Sprachwissenschaft*, 1810/11). Humboldts
Sprachphilosophie baut auf seiner
Kunstphilosophie auf, die, wie die
frühen *Horen*-Aufsätze (1795) zeigen, in seiner Theorie der Geschlechtlichkeit fundiert ist. Die
Bestimmungen, die er − insbesondere angeregt durch Kants
→*Kritik der Urteilskraft* − in seiner
Schrift *Über Göthes Herrmann und
Dorothea* (1799) zunächst als Bestimmungen der Kunst ansieht,
überträgt er später auf die Sprache. Diese selbst ist im Sinne
Schellings ein »natürliches Kunstwerk«. Die künstlerische Schönheit der Sprache wird deshalb
nicht als zufälliger Schmuck verstanden, vielmehr erreicht die innere Arbeit des Geistes in ihr erst
ihre »kühnste Höhe«. − Die Diskussion über die sprachwissenschaftliche Relevanz von Hum

boldts Sprachphilosophie, insbesondere aber über deren sprachphilosophische Bedeutung, die in
der Philosophie in Wirklichkeit
erst nach dem sogenannten »linguistic turn«, vor allem im Anschluß an die »ordinary language
philosophy« begann, ist noch
nicht abgeschlossen. Beeinflußt
hat sie u. a. K. Vossler, L. Weisgerber und N. Chomsky.

Ausg.: Schriften zur Sprache, hg. von M.
BÖHLER, Stuttgart 1973.
Lit.: B. LIEBRUCKS, Sprache und Bewußtsein, Bd. 2, Frankfurt/M. 1965. − T. BOR
SCHE, Sprachansichten, Stuttgart 1981. − J.
TRABANT, Apeliotes oder Der Sinn der Sprache, München 1986.

G. WOHLFART

**Ueber die Würkung der
Dichtkunst auf die Sitten der
Völker in alten und neuen
Zeiten,** Johann Gottfried HER
DER; ED München 1781 (in: Abhandlungen der baierischen Akademie über Gegenstände der
schönen Wissenschaften, Bd. 1).
Die gekrönte Preisschrift von
1778 ist ein Grundlagentext der
Literatursoziologie. Herder überführt darin die Wirkungspoetik
seiner Zeit in Wirkungsgeschichte. Unter den Wirkungszielen der
Rhetorik, dem Lehren (»docere«),
Erfreuen (»delectare«), Bewegen
(»movere«), bevorzugt er das dritte, insofern es kollektiv, d. h.
maximal wirkt. Nun wird, nach
der zweipoligen Schaffenstheorie,
der Dichter selber von der ihn
umgebenden Welt bewegt, so daß
er seinerseits Eindrücke und Empfindungen aufnimmt und übersetzt − als »Ueberbringer der Natur in die Seele und in das Herz
seiner Brüder«. Er wirkt somit in
einem Regelkreis, der sich im
Lauf der Geschichte unaufhörlich
abwandelt. Geschichte selber verläuft in der Polarität von Verlust

und Wiedergewinnung des Ursprungs. Ursprünglich ist der Dichter »Schöpfer eines Volkes um sich«, aber wenn die Verhältnisse sich ändern, ändert sich auch seine theurgische Funktion. Bei den Hebräern und den Griechen regiert das Schema von Blüte und Verfall, bei den Römern die Spannung von politischer Aufgabe und politischer Anpassung, bei den nordischen Völkern verschwanden die »Religions-, Muth- und Tugendsänger« mit der Christianisierung. Im Mittelalter verliert sich die »Nationaldichtkunst, so wie die enge Nationalwürkung derselben«, sie dient nun zum Schmuck des europäischen Rittertums. Ihre Funktion zu erfreuen (»delectare«) kann in der Moderne zum bloßen Zeitvertreib, ja bis zum »Opium« herabsinken. Die lateinsprachige Kultur der Renaissance entfremdet die Dichtung dem Volk, der Buchdruck stabilisiert die Fremdheit. Mit dem Gegensatz von Mündlichkeit und Schriftlichkeit geht die Wirkungsgeschichte über in Mediengeschichte, allerdings unter dem Vorzeichen der Entfremdung. Für Herder geschahen »die größten Würkungen der Dichtkunst, da sie noch lebendige Sage war, da noch keine Buchstaben, vielweniger geschriebene Regeln da waren«. Aufgrund dieser Wertung bestimmt Herder Dichtung und Literatur erstmals als Gegensatzpaar: »Die Poesie ist Litteratur« will sagen »Letternkram«. Wertlose Dichtung entsteht durch Anpassung an den literarischen Markt, der die Entfremdung potenziert, oder durch Anpassung an die Herrschenden. »So lang unsere Dichtung Meßgut ist und Karmen an den Geburtstagen der Grossen«, sollte sich die wertvolle Poesie aus der Öffentlichkeit zurückziehen und esoterisch werden. Mit dem Trostwort »einem Gottgebenen Dichter wird nie ein Kreis williger Ohren und Herzen mangeln« formuliert Herder das moderne Prinzip, wonach der Dichter zunächst nur über seine Lesergemeinde Wirkung ausübt.

Ausg.: Sämtliche Werke, hg. von B. Su-PHAN, Bd. 8; Nachdr. Hildesheim [2]1978.
Lit.: H. D. IRMSCHER, Herder über das Verhältnis des Autors zum Publikum, in: Bückeburger Gespräche über Johann Gottfried Herder 1975, hg. von J. G. MALTUSCH, Rinteln 1976, S. 99–138. – H. BOSSE, Herder (1744–1803), in: Klassiker der Literaturtheorie, hg. von H. TURK, München 1979, S. 78–91.

H. BOSSE

Über dramatische Kunst und Litteratur, August Wilhelm

SCHLEGEL; EA Heidelberg 1809–11 (3 Bde.).
An die Forderung nach der Einheit von Theorie, Kritik und Geschichte in den Berliner Vorlesungen von 1801–04 anknüpfend, baut Schlegel in der Vorlesung *Über dramatische Kunst und Litteratur* (gehalten 1808 in Wien) zum einen den Gegensatz von Antike und Moderne, zum anderen das romantische Verständnis von Symbol und Organismus weiter aus. Die universalistische Tendenz der →*Kunstlehre* erfährt eine produktionsästhetische Verstärkung: aus der Begegnung mit den symbolischen Formen der Natur gewinnt die schöpferische Phantasie Mythen und aus diesen Kunstwerke. An Herder, F. W. J. Schelling und teilweise auch an Goethe angelehnt, begründet Schlegel die Identität von Naturprinzip und Kunstwerk aus dem Begriff der »organischen Form«. Diese »bildet von innen heraus und erreicht ihre Bestimmtheit

zugleich mit der vollständigen Entwicklung des Keimes«. Form ist daher nicht beliebige »handwerksmäßige« Zutat, sondern Organisation des Gehalts. Dieses allgemeine Prinzip wird historisch präzisiert, wenn Schlegel der griechischen Poesie die »ursprüngliche bewußtlose Einheit der Form und des Stoffes« bescheinigt, diese in der Moderne jedoch nur noch im Modus der unendlichen Annäherung wahrnimmt. Statt durch Geschlossenheit und (an die Skulptur angelehnte) Plastizität wie das antike, zeichnet sich das moderne Drama durch die Darstellung »eines ausgeschnittenen Bruchstücks aus dem optischen Schauplatze der Welt« aus. Häufige Zeit- und Ortswechsel und vielfältige Handlungsstränge verleihen ihm einen malerischen, »pittoresken« Charakter, für den insbesondere Shakespeare und Calderón einstehen. Wird der englische Dramatiker durch seine Vertrautheit mit dem »Außerordentlichen, Wunderbaren, ja Unerhörten« zum Prototyp des Romantikers, so erweitert Calderón diese Dimension um diejenige des Christlichen und Nationalen, wie es Schlegel im barocken Spanien verkörpert sieht. Seine hervorragende Position als »letzter Gipfel der Poesie überhaupt« verdankt er allerdings der Tatsache, daß die Spanier nach Ansicht Schlegels »die leidige Aufklärung« verpaßt haben. Hier zeichnet sich die kulturkonservative Tendenz der späteren Romantik ab, die ihren deutlichsten Ausdruck in der Konversion zahlreicher Autoren zum Katholizismus als der »schönen Religion« findet. – Diese spektakuläre Wirkung hat den theoretischen Kern der Vorlesungen bis in die Gegenwart verdeckt: Historisierung ästhetischer Normen, Autonomisierung des Ästhetischen, Aufwertung der Kunstkritik. Vermittelt über Mme de Staël und S. T. Coleridge, sind diese Motive in England und der Romania wesentlich mehr zur Geltung gekommen. In die deutsche Rezeption fanden vor allem die Aussagen zum antiken Drama Eingang, etwa in F. Nietzsches →*Die Geburt der Tragödie aus dem Geiste der Musik.*

Ausg.: Kritische Schriften und Briefe, hg. von E. LOHNER, Bd. 5/6, Stuttgart 1966/67.
Lit.: G. W. MOST, Schlegel und die Geburt eines Tragödienparadigmas, in: Poetica 25 (1993), S. 155–75.

C. ALBERT

[Über eine nichtaristotelische Dramatik], Bertolt BRECHT, entst. 1933–41; ED Frankfurt/M. 1963 (in: Schriften zum Theater, Bd. 3, S. 5–149). Unter diesem Titel erschienene Anthologien enthalten zusätzlich u. a. folgende Schriften: *Vergnügungstheater oder Lehrtheater,* entst. 1936; ED Frankfurt/M. 1957 (in: Schriften zum Theater, S. 60–73). [*Kritik der ›Poetik‹ des Aristoteles*], entst. 1936; ED Frankfurt/M. 1963 (in: Schriften zum Theater, Bd. 3, S. 22–24). *Über experimentelles Theater,* entst. 1939; ED Berlin 1959 (in: Studien, Nr. 12, Beilage zu Theater der Zeit, H. 4).
Brechts Schriften *Über eine nichtaristotelische Dramatik* bestehen aus Einzeluntersuchungen bzw. Vorträgen, die von den Herausgebern der Werkausgaben unter diesem Titel zusammengestellt worden sind. Brecht entwickelt seine neue Dramatik, die nicht gegen Aristoteles selbst gerichtet ist, ab 1933. Aristoteles' Poetik (→*Peri poietikes*), die Brecht als »großartig«

qualifiziert, bildet für ihn die Hauptquelle der bürgerlichen Kunstauffassung, nach der das Theater in erster Linie das Gefühl der Zuschauer ansprechen und ihre Leidenschaften durch Furcht und Mitleid reinigen (Katharsis) soll. Diese ehemals fortschrittliche »Theorie der Einfühlung«, die bei Lessing (→*Hamburgische Dramaturgie*) z.B. noch emanzipatorischen Charakter hatte, insofern mit ihr die Standesunterschiede aufgehoben und die Gleichheit der Menschen gerechtfertigt wurden, ist durch die bürgerliche Kunstpraxis im 19. und 20. Jh. dadurch entwertet worden, daß sie zur Erzeugung von Rauschzuständen und zur bewußten Täuschung eingesetzt wurde, und zwar besonders augenfällig in der »Ästhetisierung der Politik« (Walter Benjamin) durch den Faschismus, der die Einfühlung in der Realität eingesetzt hat, um die Massen zu verführen und dem verführten einzelnen ein falsches Selbstwertgefühl zu geben. Der ehemals fortschrittliche Gedanke des »Allgemein-Menschlichen«, mit dem das Bürgertum des 18. Jh.s die Gleichheit und Freiheit aller Menschen propagierte, gilt in den industriellen Gesellschaften, die durch Ausbeutung und Unterdrückung offene und verdeckte Klassenunterschiede geschaffen haben, nicht mehr. Brecht richtet sich nicht gegen Gefühle überhaupt, sondern gegen unkontrollierte Emotionen, die sich jeder menschlichen Vernunft entziehen und Wissen verleugnen: für ihn ist es unmenschlich zu täuschen. – Mit seiner antiaristotelischen Dramatik knüpft Brecht bewußt am Beginn der Neuzeit an. Bacon, dessen Schriften ebenfalls »antiaristotelisch« waren, wird zum theoretischen Vorbild (»Wissen ist Macht«); Galilei wird als Denker aus Sinnlichkeit zum Typus des gefühlsbetonten Menschen wissenschaftlicher Vernunft (»fröhliche Kritik«). Die aristotelischen Kategorien »Furcht und Mitleid« ersetzt Brecht durch »Wissensbegierde und Hilfsbereitschaft«. Der Zuschauer soll nicht mehr durch die Welt des Theaters ›gekidnappt‹, sondern mit wachen Sinnen in seine reale Welt eingeführt werden. Ziel ist es, den Zuschauer dieses »Theaters des wissenschaftlichen Zeitalters« zu einem »großen Änderer« zu machen, »der in die Naturprozesse und die gesellschaftlichen Prozesse einzugreifen vermag, der die Welt nicht mehr nur hinnimmt, sondern sie meistert«. Die antiaristotelische Dramatik stellt auf der Bühne »praktikable Weltbilder« her, die eine neue Art von Kunstgenuß ermöglichen und die ›Welt‹ der Praxis ausliefern. – Brechts Schriften zur antiaristotelischen Dramatik waren immer wieder Mißverständnissen ausgesetzt, die ihn dazu veranlaßten, auf seine Theaterpraxis zu verweisen und seinen Theorien nicht zu viel Gewicht beizulegen: »Ich glaube, die Kalamität begann dadurch, daß meine Stücke richtig aufgeführt werden mußten, damit sie wirkten, und so mußte ich, für eine nichtaristotelische Dramatik – o Kummer! – ein episches Theater – o Elend! – beschreiben« (1953).

Ausg.: Schriften zum Theater, Frankfurt/M. 1957. – Schriften zum Theater, 7 Bde. Frankfurt/M. 1963-64 bzw. Berlin/Weimar 1964. – Gesammelte Werke in 20 Bdn. und 4 Suppl.-Bdn., Werkausg. Edition Suhrkamp, Bde. 15–17, Schriften zum Theater, Bde. 1–3, Frankfurt/M. 1967-81.
Lit.: W. HECHT, Der Weg zum epischen Theater, in: ders., Sieben Studien über Brecht, Frankfurt/M. 1972, S. 25–72. – J.

KNOPF, Brecht-Handbuch Theater, Stuttgart 1980, S. 439–43.

J. KNOPF

Über Handlung, Gespräch und Erzählung, Johann Jakob ENGEL; ED Berlin/Leipzig 1774 (in: Neue Bibliothek der schönen Wissenschaften und der freyen Künste, hg. von Chr. F. Weisse, Bd. 16, 2. Stück).

Ausgangspunkt dieser bedeutenden, doch weitgehend vergessenen gattungstheoretischen Abhandlung ist die platonische Differenzierung poetischer Redeweise, wonach der Dichter »entweder ganz in der eigenen Person« spricht oder »seine Gedanken andern in den Mund legt«. Werden damit die Gattungen scheinbar konstant gefaßt nach dem Prinzip, das Werk sei »entweder fortgehende Rede« oder Dialog, so zielt Engel in Wahrheit auf eine Bestimmung der Interdependenz von Epik und Dramatik und damit auf eine Beschreibung des grundsätzlichen Mischcharakters der Gattungen. Zwar bleiben Erzählung und Gespräch »immer das, was sie sind«, doch nehmen sie einen jeweils gattungsspezifischen Ton an: »Anders sind sie in einem epischen, anders in einem dramatischen, anders in einem lyrischen Werke.« Dabei ist der Bezugspunkt in jedem Fall die Handlung, die sich in ihrem Prozeßcharakter offenbart. Konstitutiv ist hier die Darstellung immanenter Entwicklungen, das Sichtbarmachen der »Triebfedern«, da ohne diesen Bezug allenfalls »Bewegung«, aber keine Handlung entsteht. – Mit dem Handlungsbegriff geht Engel auf die konstituierenden Elemente der Gattungen zurück, spezifisch auf Gespräch und Erzählung als die zeit-

lichen Modi des Gegenwärtigen und Vergangenen: »In der Erzehlung ist die Handlung bereits geschehen; in dem Gespräche geschieht sie eben jetzt im gegenwärtigem Augenblicke.« Deutlich wird dabei die notwendige Mischung der Gattungen aus Gründen ihrer komplementären Qualitäten. Erscheint nämlich aufgrund ihrer Unmittelbarkeit »die dialogische Form zur Schilderung von Charakteren unendlich fähiger, als die erzehlende«, so kann andererseits »der Erzaehler... mehr, als der Dialogist, auf einen bestimmten Gesichtspunkt« hinarbeiten. Bei aller Sympathie für das Präsentische des Dialogs, übersieht Engel also keineswegs die größere Freiheit des Erzählers in der Darstellung seines Sujets. Dieser ist seiner »ganzen Materie Herr«, weil er »die Handlung als schon vergangen betrachtet« – er verfügt somit über Freiheiten, die dem Dramatiker nicht zu Gebote stehen, bei dem »die Handlung allererst im Werden begriffen« ist. Es ist kein Zufall, daß Engel mit seiner Theorie der Gattungsmischung einerseits auf Diderot und dessen Privilegierung des Dialogs zurückverweist, andererseits aber auch Aspekte der epischen Dramaturgie Brechts (→*Das epische Theater*) antizipiert. Zu seiner Zeit trägt er zur theoretischen Fundierung des Dialogromans bei, der als Mischgattung in den siebziger Jahren des 18. Jh.s beliebt ist, und auch den eigenen dramatischen Roman *Herr Lorenz Stark* (1801) kennzeichnet. – Engel war als Professor, Prinzenerzieher (Friedrich Wilhelms des III.) und Lehrer der Gebrüder Humboldt ein prominentes Mitglied der Berliner Aufklärung. Er gehörte dem Kreis um Nicolai an, arbeitete an Schillers *Horen* (1795–97) mit, war befreundet mit Garve und Mendelssohn und war allgemein als einer der scharfsinnigsten Literaturkritiker geschätzt, von Hamann über Blankenburg und Eberhard bis zu Heine und Jean Paul.

Ausg.: Stuttgart 1964 (Repr.).
Lit.: E. T. VOSS, Nachwort, in: J. J. ENGEL, Über Handlung, Gespräch und Erzählung, Stuttgart 1964, S. 1–171.

K. MENGES

Über Laokoon, Johann Wolfgang von GOETHE; ED Tübingen 1798 (in: Propyläen, Bd. 1, 1. Stück, S. 1–19).
Goethes Deutung der berühmten Laokoon-Plastik ist auch eine Auseinandersetzung mit Interpretationen u. a. von J. J. Winckelmann und seinem Griechenbild der »edlen Einfalt und stillen Größe« (→ *Gedancken über die Nachahmung der griechischen Wercke in der Mahlerey und Bildhauer-Kunst*), G. E. Lessing (→ *Laokoon*), J. G. Herder (im ersten *Kritischen Wäldchen*, 1769) und A. Hirt. Goethes Beitrag bietet mehr als eine Statuenbeschreibung. Er ist eher eine aus der Anschauung entwickelte Kunstästhetik, deren Orientierung an der klassischen Antike für die Literatur gleichermaßen Gültigkeit beanspruchen kann. Die für die *Propyläen* verbindliche Differenzierung von Kunstwahrheit und Naturwirklichkeit verknüpft sich hier mit dem Symbolbegriff Goethes, der am besonderen Fall ein Allgemeines darstellt. Somit ist Laokoon für Goethe das Muster eines »höchsten Kunstwerks«, das sich als Ideal von einer »beschränkten Wirklichkeit« abhebt und »Anmut« (sinnliche Schönheit) mit »Maß« (geistige Schönheit) verbindet. Im Ausgleich der »Sym-

metrie und Mannigfaltigkeit, von Ruhe und Bewegung, von Gegensätzen und Stufengängen« erkennt Goethe den Vorbildcharakter des Werkes. Als in sich geschlossene Bewegung stellt es den Menschen befreit von allem Unwesentlichen dar und schließt das »mythologische Beiwesen« aus. Im Vorgriff auf seine generische Dichtungsweise (*Die natürliche Tochter*, 1804; *Pandora*, 1810) sieht Goethe hier eine »tragische Idylle«, einen Vater mit zwei Söhnen. G. E. Lessing weiterdenkend wird der dargestellte Moment als vorübergehend und von höchster Lebendigkeit empfunden. Entgegen Hirts Auffassung spiegelt die Darstellung keinen Todeskampf wider: Goethe liest die Gruppe als Szenarium einer Handlung, in der die Rollen so verteilt sind, daß sie sich untereinander steigern und zusammen den »einen Moment des höchsten Interesses« ermöglichen. Goethes Vorliebe für die Trilogie, in der die aristotelischen Tragödienbegriffe (→ *Peri poietikes*) Schrecken, Furcht und Mitleid durch einen »Schein der Hoffnung« gemildert werden, drückt sich in der Annahme aus, der jüngere Sohn sei bereits wehrlos; der Vater zwar verletzt, aber wehrhaft; und dem älteren Sohn bleibe eine »Hoffnung zur Flucht«. Erst durch diesen Beobachter wirkt das Werk abgeschlossen und als tragisches, nicht grausames Geschehen. – Eher Zeugnis der Goetheschen Kunstanschauung als seiner Poetik kann *Über Laokoon* gleichwohl als Versuch einer beispielhaften, symbolischen und indirekten Ästhetik gelesen werden. – Während F. Schiller und Novalis unmittelbar, E. A. F. Klingemanns *Nachtwachen von Bonaventura* literarisch auf den Aufsatz reagierten, verblaßte im 19. Jahrhundert die Faszination des *Laokoon* selbst zunehmend zum Gegenstand der Archäologie und Parodie.

Ausg.: Goethes Werke, Hamb. Ausg., Bd. 12, hg. von E. TRUNZ/H. von EINEM, München ⁹1981, S. 56–66.
Lit.: H. KELLER, Goethe und das Laokoon-Problem, Frauenfeld/Leipzig 1935. – H. von EINEM, Goethe-Studien, München 1972. – S. J. RICHTER, The End of Laocoon: Pain and Allegory in Goethe's ›Über Laokoon‹, in: Goethe Yearbook 6, 1992, S. 123–41.

                                    M. MAYER

Über Lessing, Friedrich SCHLEGEL; ED Berlin 1797, Teil 1 (in: Lyceum der schönen Künste, Bd. 1), Königsberg 1801, Teil 2 (in: Charakteristiken und Kritiken).

Die Lessing-Kritik von 1797 hat eine wichtige Verklammerungsfunktion in der Abfolge von Schlegels Rezensionen, Charakteristiken und Kritiken. Ihr 2. Teil wird erst 1801 abgeschlossen und enthält im Sinn einer Kritik der Kritik frühere Fragmente Schlegels. G. E. Lessing wird als der eigentliche nationale und epochale Repräsentant vorgestellt, der zugleich interkulturelle Vermittlungsaufgaben, insbesondere zur englischen Literatur, erfüllte. Schlegel interpretiert die Vorläuferfigur in neoaufklärerischer Weise, gegen die deutsche Spätaufklärung, in der Art einer »antithetischen Synthesis«. Gerade für den Prozeß seiner Reflexionen zur Hermeneutik, der sich in zahlreichen Fragmentheften nachweisen läßt, geht es ihm um wirkungsgeschichtlich verfestigte positive Vorurteilsbildung. Die Bewußtmachung der »Geschichte der Wirkungen« eines Autors soll einen eigenen zeitgemäßen Verstehenszugang ermöglichen. Lessings »Popularität« läßt für Schle-

gel lediglich Rückschlüsse auf den »allgemeinen Horizont« zu, wogegen nur wenige Verstehende die »Eigentümlichkeit seiner Geisteswerke« interpretieren können. Schlegel, der so die Unterscheidung von exoterischer und esoterischer Wirkungsgeschichte vorbereitet, kommt so zu einer Umwertung der Lessingschen Werkfolge. Lessings *Erziehung des Menschengeschlechts* (1780) wird in zahlreichen Anspielungen auf die dialektisch-pädagogische Funktion eines biblischen »Elementarbuches« selbst in einem säkularisierten Sinn als solches behandelt. Schlegel setzt dessen Dialektik fort, indem er neue »Fingerzeige« auf seine eigene Hermeneutik einfügt. Der Rahmen der Lessing-Kritik dient auch der zentralen Unterscheidung der »Absicht des Autors« von der »Absicht des Werkes«. Die partikularen Projektionen auf einen Autor leitet Schlegel aus dem Streit um Lessings Meinungen ab (F. Jacobi, M. Mendelssohn). Die werkbezogene Wirkungsgeschichte verweist in eine andere historisch-hermeneutische Dimension: »Die Frage was d(er) Verfasser will, läßt s(ich) beendigen, das was das Werk sei, nicht«. Die Fortsetzbarkeit ergibt sich aus einer Erweiterung der alten Formel von Geist und Buchstaben. Der 2. Teil der Kritik ermöglicht eine »échappée de vue ins Unendliche«, die »im Geiste« Lessings erfolgt. Schlegel stellt 97 ausgewählte Fragmente vornehmlich aus dem *Lyceum* (1797) und *Athenäum* (1798–1800) als »Eisenfeile« zusammen, um möglichst viele kombinatorische Anregungen zu vermitteln, die in verschiedene Richtungen weisen. Damit wird es dem Leser erschwert, eine »Absicht« »im Ganzen« zu erkennen. An jeder einzelnen Stelle impliziert der »Pluralis« des »kritischen Genies« mehrere Bedeutungsmöglichkeiten. So spielt Schlegel mitten in dem eingeschalteten Gedicht über Lessing nach dem Muster der esoterischen »Symphilosophie« auf ein zentrales Gedicht aus Novalis' geplanter Fortsetzung des *Heinrich von Ofterdingen* (1801/02) an: Seine Ironie sucht sich selbst auf künftig Verstehende hin zu verzeitlichen. Zudem wird vom Ende der Kritiken her auf die mitreflektierte implizite Hermeneutik der vorausliegenden Arbeiten hingewiesen. Während noch *Von der Schönheit in der Dichtkunst* (1795/96) die Kritik von einer systematischen Ästhetik ableiten will und sich *Zur Philologie* (1797) auf den Zusammenhang von tradierter philologischer Hermeneutik und Kritik bezieht, entwerfen die *Fragmente zur Litteratur und Poesie* (1797/98) die Kritik als eine »Wissenschaftskunst«, die prozessual ästhetische und hermeneutische Denkfiguren erprobt. Schlegel ordnet seine Kritiken in drei Reihen an, wobei eine erste Reihe von den Rezensionen zu J. G. Herder und F. Schiller über die Charakteristiken F. H. Jacobis und G. Forsters und schließlich die Lessingkritik zur Kritik *Über Goethes Meister* führt. Die zweite Reihe enthält zunächst historisch-politische Arbeiten, wobei in der Rezension M. J. A. N. Condorcets nomothetische und hermeneutische Geschichtsdeutung gegeneinander gestellt werden. Im *Versuch über den Begriff des Republikanismus* (1796) werden unterlegte Fiktionen im politischen Verstehen untersucht, in der Charakteristik *Caesar und Alexander* (1796) sucht Schlegel schließlich nach dem »Maßstab«

einer »welthistorischen Vergleichung«. Diesen Arbeiten ist eine dritte Reihe philosophisch-theologischer Rezensionen zugeordnet, die sich mit dem Gegensatz dogmatischen und hermeneutischen Denkens befassen (*Zu J. G. Schlosser*), mit Formen des wechselseitigen (Miß-)Verstehens und schließlich mit Problemen der Übersetzung. Aus keiner der Einzeldarstellungen allein kann jedoch ein Konzept abgeleitet werden; vielmehr betreibt der Kritiker in zahlreichen wechselseitigen »Annihilationen« eine durch und durch dialektische »Symphilosophie mit dem Zeitalter«. Als »kritischer Mimus« spielt er mehrere Verstehensrollen durch. Er urteilt ebenso als Historiker wie als Philologe, Philosoph oder politisch Denkender. Schlegel entwickelt in der »Totalisation von unten herauf« eine Hermeneutik der »oszillierenden Gesichtspunkte«, mit der er sowohl die aufklärerische Hermeneutik des fixen »Sehepunckts« (E. F. F. Chladenius) als auch die Herdersche Annahme eines »Gesichtskreises« ablöst. Seine Verstehensrollen sind jedoch keineswegs willkürlich gewählt, sondern folgen einem Dominanten-Schema, nach dem jeweils »praeponderirende Bildungsarten« berücksichtigt werden. Die oszillierende Verstehensausrichtung wird auch am ehesten der in der Moderne beobachteten Ungleichzeitigkeit gerecht. Von dieser Einsicht aus bereitet Schlegel die Historisierung des hermeneutischen Zirkels vor: er geht von moderner Poesie aus, studiert die Antike und kehrt wieder zu einzelnen Aspekten der Gegenwart zurück. Eine »Philosophie der Hermeneutik« sollte auf die Kritiken folgen. Die Forderung, einen Autor besser zu verstehen als er sich selbst verstanden hat, bleibt an den objektiven Verstehens- und Deutungsfortschritt gebunden.

Ausg.: Krit. Fr. Schlegel-Ausg. Bd. 2, Charakteristiken und Kritiken I (1796–1801), hg. v. H. EICHNER, München/Paderborn/Wien 1967.
Lit.: H.-D. WEBER, Friedrich Schlegels Transzendentalpoesie. Untersuchungen zum Funktionswandel der Literaturkritik im 18. Jahrhundert, München 1973. – W. MICHEL, Ästhetische Hermeneutik und frühromantische Kritik. Friedrich Schlegels fragmentarische Entwürfe, Rezensionen, Charakteristiken und Kritiken (1795-1801), Göttingen 1982. – M. DANNENBERG, Schönheit des Lebens. Eine Studie zum »Werden« der Kritikkonzeption Friedrich Schlegels, Würzburg 1993.

W. MICHEL/E. M. MICHEL

Über Lessings Laocoon, Christian GARVE; ED Berlin/Stettin 1769 (in: Allgemeine deutsche Bibliothek, Bd. 9, 1. Stück, S. 328–59).

Garves Rezension gibt auf weite Strecken ein Referat der fragmentarischen Abhandlung (→*Laokoon: Oder über die Grenzen der Mahlerey und Poesie*), mit der Lessing 1766 in die zeitgenössische Diskussion um die Prädominanz der Künste eingegriffen hatte. Neben der Revision des Grundsatzes, ein Gegenstand dichterischer Darstellung sei nur dann schön, wenn er auch den ästhetischen Prinzipien der bildenden Kunst entspreche (»ut pictura poesis«), hebt Garve die Immanenz der Gedankenführung der Abhandlung, in der Lessing Kunstprinzipien aus dem Gegenstand selbst entwickelt, als vorbildlich hervor. – Inhaltlich übernimmt er die berühmte Unterscheidung zwischen unmittelbarer und sprachlich vermittelter Repräsentation, die sich aus dem Kontrast des Nebeneinander in den bildenden Künsten und dem Prinzip des Nacheinander in der Poesie ergibt: »Die Zeichen der Dichtkunst sind successive«; »Die Zeichen der Malerey sind coexistent.« Entsprechend bestimmt sich die Darstellung der Schönheit als höchstes Gesetz von Plastik und Malerei, während die Darstellung von Handlung im »Ausdruck« als ›Sujet‹ der Dichtung erscheint. Daß der Dichter in Worten beschreibt, wozu der Künstler »beygelegte Sinnbilder« braucht, hat freilich bedeutsame Konsequenzen, etwa für die Wiedergabe des Häßlichen, das in der Poesie Mitleid, in der bildenden Kunst indes allenfalls »Ekel« erregt. – Garve folgt soweit seinem Vorbild, thematisiert aber gegen Ende der Rezension noch »eine dritte Idee«, die er bei Lessing »mehr angedeutet, als ausgeführt« findet. Es handelt sich um die mögliche Überlegenheit der Dichtung über Plastik und Malerei, die aus dem strukturellen Gegensatz der beiden Kunstformen entwickelt wird. Im Gegensatz zur bildenden Kunst zeigt die Dichtung die Kontingenz der Lebensumstände und bestimmt sich damit in einem historischen Objektbezug. Dagegen sieht sich die Malerei auf die Darstellung einer »einzigen Scene des menschlichen Lebens« beschränkt, sie bleibt damit konstitutionell hinter den Möglichkeiten der Poesie zurück. Jene setzt immer schon voraus, »daß der Zuschauer Person und Geschichte kennt« und bezieht sich so »nothwendig auf einen Grund […], den zuvor Dichter und Geschichtsschreiber gelegt haben müssen«. – Garve kehrt hier den Grundsatz »ut pictura poesis« um und betont die Augenblicksgebundenheit der bildenden Kunst. Gleichwohl versucht er nicht, die Dichtung dogmatisch zum Maßstab der Künste zu erheben. Was er vielmehr an Lessing bewundert und in seiner Rezension an Anregungen weitergibt, ist die Idee einer immanent genetischen Kunstbetrachtung, die in Überwindung präskriptiver Theorien vor allem der Genie-Ästhetik wesentliche Impulse vermittelt hat. Damit ist die Besprechung nicht nur ein wichtiger Beitrag in der Wirkungsgeschichte Lessings, sondern ein eigenständiges Dokument im Übergang von den Regelpoetiken der Aufklärung (→ *Versuch einer Critischen Dichtkunst vor die Deutschen*) zu einer für den Deutschen Idealismus zentralen historischen Ästhetik, die sich als autonome Philosophie der Kunst begreift.

Ausg.: Popularphilosophische Schriften, Repr. hg. und mit einem Nachwort von K. WÖLFEL, Bd. 2, Stuttgart 1974, S. 1217– 60. *Lit.:* P. MENZER, Christian Garves Ästhetik, Gedenkschrift für F. J. Schneider, Weimar 1956.

K. MENGES

Über naive und sentimentalische Dichtung, Friedrich SCHILLER; ED 1795/96 (in: Die Horen, Bd. 4, Stück 11 und 12, Bd. 5, Stück 1).
Die Anfänge der Schrift reichen bis in den Oktober 1793 zurück. Damals plante Schiller eine Abhandlung über das »Naive« und wollte damit in eine intensive Diskussion der Zeit eingreifen, denn über das »Naive« hatten sich Philosophen und Kunsttheoretiker bereits ausführlich geäußert. Schiller kämpfte damals schon mit Schwierigkeiten, was *Wallenstein* (1800) anging, und wollte die Schrift über das »Naive« gewissermaßen als »eine Brücke zu der poetischen production« nutzen. Der erste Teil erschien 1795 in den *Horen* unter dem Titel *Über*

das Naive. Angesichts der polarisierenden Darstellungsstrategie, die Schiller immer genutzt hat, ist nicht weiter auffällig, daß er es nicht bei dem Phänomen des Naiven beließ, sondern in einem zweiten Teil über seine eigene Zeit sprach. Die Moderne erscheint hier im Spiegel der Dichter, und es sind »die sentimentalischen Dichter«, die er behandelt. Schiller wollte nicht generell über die Dichtungsbedingungen in der Moderne schreiben, sondern plante von vornherein, über dichtungstypologische Ideen hinaus hier ein ›Strafgericht‹ über »den größten Theil der deutschen Dichter« abzuhalten, da er Anlaß genug fand, an der Qualität und am ›Veredelungswillen‹ vieler seiner Zeitgenossen zu zweifeln. Ihn reizte freilich nicht nur die Auseinandersetzung mit zeitgenössischen Schriftstellern, sondern auch der Versuch, eine dritte Kategorie zwischen dem Naiven und dem »Sentimentalischen« zu konstruieren, die er als »Idylle« bezeichnet. Diese faßt er als eine poetische regulative Idee auf, die er als Ideal und Ziel aller Dichtung charakterisiert. Schiller weicht dann aber in einem für ihn charakteristischen Themenwechsel auch von dieser Linie noch einmal ab und beendet seine Abhandlung in den *Horen* (1796) mit einem »Beschluß der Abhandlung über naive und sentimentalische Dichter, nebst einigen Bemerkungen einen charakteristischen Unterschied unter den Menschen betreffend«. Am Ende wird seine Schrift, die mit der Analyse eines allgemeinen Phänomens begonnen und dann zu einem poetischen Strafgericht geworden war, zu einer Charakteristik verschiedener »Menschentypen«, in der sich noch einmal das polare Denken Schillers äußert: der ›Realist‹ ist dem ›Idealisten‹ gegenübergestellt, und wenn Schiller hier auch nicht mehr zwischen diesen beiden Charakteren vermitteln will und wohl auch nicht mehr vermitteln kann, so modelliert er den Typus des einen doch mit Hilfe seines Gegensatzes und erörtert das Für und Wider von Realismus und Idealismus. Diese Ideen werden später bei Büchner in seiner Erzählung *Lenz* (entst. 1836, ED 1839) mit dem großen Kunstgespräch zwischen Kaufmann und Lenz wieder aufgenommen. – Die Schrift ist eklektischer als die beiden anderen großen philosophischen Arbeiten Schillers (→ *Über die ästhetische Erziehung der Menschen,* → *Über Anmut und Würde*). Der Einfluß Goethes ist unübersehbar, zumal dieser hier zunächst mit dem Begriff des Naiven in Verbindung gebracht wird, aber dann als naiver Dichter in sentimentalischer Zeit charakterisiert ist. Im ausgehenden 18. Jh., das ein ausgesprochen zivilisationsmüdes und kulturkritisches Jahrhundert war, hatte das Naive seine eigentümliche Faszination, da sich dort alles fand, was der Menschheit verlorengegangen zu sein schien. Zugleich aber läßt sich an dieser Schrift auch ablesen, bis zu welchem Grade sich die Arbeiten Schillers und Goethes von denen zahlreicher Skribenten unterscheiden sollten. Schillers antithetisches Philosophieren, seine oft nicht leicht nachzuvollziehenden Gedankensprünge und die prozeßhafte Art seiner Darstellung sind hier ebenso deutlich ausgeprägt wie in der Abhandlung *Über die ästhetische Erziehung des Menschen.* Im Kern seiner später dann als Buch publizierten Arbeit stehen letztlich poetologische Kategorien und Fragen. Man kann spüren, daß eine gewisse Wirklichkeitsentfremdung von Schiller als eine Bedrohung empfunden worden sein mochte, gegen die er sich mit dem Entwurf einer utopischen »Idylle« zu wehren versuchte. Von dorther ist auch die scharfe Kritik an den »gemeinen« oder prosaischen Dichtern verständlich.

Ausg.: Schillers Werke. Nationalausg., Bd. 20/21, hg. von B. v. WIESE/H. KOOPMANN, Weimar ²1986/87. – Sämtliche Werke. Mit einer Einf. von B. v. WIESE und Anm. von H. KOOPMANN, Bd. 5, München 1975.
Lit.: W. BINDER, Die Begriffe »naiv« und »sentimentalisch« und Schillers Drama, in: Jb. d. Dt. Schillerges. 4 (1960), S. 140–157. – P. SZONDI, Das Naive ist das Sentimentalische, in: ders., Schriften, Bd. 2, Frankfurt/M. 1978. – A. GETHMANN-SIEFERT, Idylle und Utopie. Zur gesellschaftskritischen Funktion der Kunst in Schillers Ästhetik, in: Jb. d. Dt. Schillerges. 24 (1980), S. 32–67.

H. KOOPMANN

Über Wahrheit und Lüge im außermoralischen Sinne,

Friedrich NIETZSCHE, entst. 1873; EA Leipzig 1896 (in: Werke, Bd. 9, hg. von F. Koegel).

Die im Sommer 1873 verfaßte, von Nietzsche selbst zurückgehaltene Schrift greift ebenso wie die Aufzeichnungen zu einer Vorlesung über griechische und römische Rhetorik aus dem Jahr zuvor bis ins Wörtliche hinein Überlegungen des ersten Bandes von G. Gerbers *Die Sprache als Kunst* (1871) auf, einem Text, der Impulse aus der Kant-Kritik J. G. Herders und J. G. Hamanns und dem Sprachdenken W. v. Humboldts und der Romantik gewinnt. Bereits 1866 entnimmt Nietzsche der Lektüre von F. A. Langes soeben erschienener *Geschichte des Materialismus und Kritik seiner Bedeutung in der Gegenwart* die Einsicht, daß »das wahre Wesen der Dinge, das Ding an sich, [...] uns nicht nur unbekannt, sondern [...] auch der Begriff desselben nicht mehr und nicht weniger als die letzte Ausgeburt eines von unsrer Organisation bedingten Gegensatzes [ist], von dem wir nicht wissen, ob er außerhalb unsrer Erfahrung irgend eine Bedeutung hat« (an Gersdorff Ende August 1866). Diese Dekonstruktion der Metaphysik auf dem Wege einer Radikalisierung des Kantianismus kann Nietzsche nach der Lektüre Gerbers nunmehr in dezidiert rhetorischen Termini und damit explizit als Problem der Unhintergehbarkeit der Sprache inszenieren; dabei liest er zugleich A. Schopenhauer mit Th. Hobbes und E. Darwin. Es ist eine Fehldeutung der →*Geburt der Tragödie aus dem Geiste der Musik,* wenn man diesen zunächst verborgen gebliebenen offensichtlichen ›linguistic turn‹ Nietzsches als einen radikalen Bruch mit den von ihm bis dahin veröffentlichten Schriften ansieht. Wie nicht nur die rhetorisch verfahrende Lektüre P. de Mans deutlich machen kann, schlägt sich die kritische Tendenz selbst in diesen Texten nieder: Was sich aus einem ›Pessimismus der Schwäche‹ (Nietzsche) heraus an der ›Oberfläche‹ als philosophische Metaphysik ausgibt, erweist sich in der ›Tiefe‹ ebenfalls als nichts anderes als deren literarische Parodie. Es ist eine »Begriffsdichtung« (an Gersdorff Ende August 1866), die den Zusammenhang zwischen Ästhetik und Verstandesurteil – »das zentrale Problem aller kritischen Philosophien und ›romantischen‹ Literaturen« (de Man) – ähnlich wie *Über Wahrheit und Lüge* ›fabel-

haft‹ zur Darstellung bringt, um zu zeigen, wovon Nietzsche im ›Grunde‹ schon jetzt ausgeht: daß »die ›wahre Welt‹ endlich zur Fabel geworden ist« (so der Titel eines Aphorismus der *Götzen-Dämmerung,* 1888). Wenn sich philosophisch zeigen läßt, daß die epistemologische Annahme einer wahren Welt nur eine Fiktion darstellt, weil wir eben nur Erscheinungen bezeichnen und d. h., wie der an Gerber geschulte Rhetoriker akzentuiert: metaphorisch denken können, dann schlägt diese epistemologische Argumentation selbst in Dichtung um. Allerdings nicht in der Weise, daß die romantische Deutung der Kunst als eines Organons der Metaphysik einfach umgedreht würde. Worauf sich nämlich diese Bestimmung im »Namen« des versicherbaren Wissens, der abendländischen ›episteme‹, und damit der Eindeutigkeit des Begriffs gründen zu können glaubt, die Annahme, daß der Gegensatz zwischen Philosophie und Literatur entscheidbar wäre, das wird Nietzsche im metaphorisch und metonymisch, weil arbiträr verfaßten »Zeichen« der Kunst abgründig unentscheidbar. Dessen Vieldeutigkeit ist vom Wissen nicht kontrollierbar. »Was ist also Wahrheit? Ein bewegliches Heer von Metaphern, Metonymien, Anthropomorphismen kurz eine Summe von menschlichen Relationen«, reformuliert so *Über Wahrheit und Lüge* die Einsicht Gerbers, daß die Sprache nicht nur gelegentlich, sondern in ihrem ›Wesen‹ metaphorisch verfaßt und somit Literatur, d. h. Kunst ist. Diese Folgerung stürzt die Literatur (und damit das Sprechen und Denken) in eine noch tiefere Zweideutigkeit als der platonische

Vorwurf ›die Dichter lügen‹, den sie dekonstruiert. Wenn sie die Literatur von diesem epistemologischen Vorbehalt befreit, dann im tragischen wie im glücklichen Sinne: alles ist nur lügnerische Literatur, jede metaphorisch »geschaffene« Einsicht kann nur mit der Gewalt eines »Heeres«, d. h. unter dem – als solchem prinzipiell umstürzbaren – Zwang ihrer Konventionalisierung, der Fiktionalität entgehen und sich im ›Leben‹ als begriffene, d. h. »gefundene« ›Wahrheit‹ behaupten. Die von Nietzsche später als »Wille zur Macht« gedachte Paradoxie, daß die Tendenz, die vieldeutige Metaphorizität der Texte in eindeutige Referenzialität zu überführen, so notwendig wie unmöglich ist und die von ihr bestimmten Ergebnisse wegen ihrer bloßen Konventionalität gleichermaßen illegitim und legitim sind, prägte die beginnende »literarische« Rezeption von Nietzsches eigenen Texten in der Weise vor, daß sie selbst nicht in den Blick geriet. Während die ›vitalistische‹ Deutung, die ihren Kulminationspunkt in den Verbrechen des Nationalsozialismus fand, die Metaphorizität dessen unterschlug, was bei Nietzsche »Leben«, »Natur« oder »Wille« heißt, übersah die des ›l'art pour l'art‹, daß auch ›künstlichen Paradiesen‹ fern vom »Leben« zwangsläufig eine referentielle Gewalt innewohnt. Erst die Dekonstruktion hat die Paradoxie als solche deutlich vor Augen geführt und es damit möglich gemacht, ihre Lösung erneut im Bewußtsein ihrer prinzipiellen Unlösbarkeit zu suchen. Folgt man J. Derridas *Force de Loi* (1990; dt. 1992 *Gesetzeskraft*), so kann der Titel dieser Lösung nicht mehr der »Wille zur Macht«, sondern nur derjenige der »Gerechtigkeit« sein.

Ausg.: Werke. Kritische Gesamtausgabe, hg. von G. COLLI/M. MONTINARI, 3. Abt., Bd. 2, Berlin/New York 1973, S. 367–84.
Lit.: A. MEIJERS/M. STINGELIN, Konkordanz zu den wörtlichen Abschriften und Übernahmen von Beispielen und Zitaten aus Gustav Gerber: Die Sprache als Kunst (Bromberg 1871) in Nietzsches Rhetorik-Vorlesung und in ›Ueber Wahrheit und Lüge im außermoralischen Sinne‹, in: Nietzsche-Studien 17 (1987), S. 350–68. – Th. BÖNING, Metaphysik, Kunst und Sprache beim frühen Nietzsche, Berlin/New York 1988. – P. DE MAN, Rhetorik der Tropen (Nietzsche), in: ders., Allegorien des Lesens, Frankfurt/M. 1988, S. 146–63.

TH. BÖNING

Über Wahrheit und Wahrscheinlichkeit der Kunstwerke.

Ein Gespräch, Johann Wolfgang von GOETHE; ED Tübingen 1798 (in: Propyläen, Bd. 1, 1. Stück, S. 55–65).

Der kunsttheoretische Dialog ist eine Verteidigung von Giorgio Fuentes, der 1797 in der Frankfurter Oper gemalte Zuschauer in einem Bühnenbild gezeigt hatte. Auf der geplanten, dann in der Schweiz abgebrochenen Italienreise war Goethe Zeuge einer Aufführung. Die an diese Gelegenheit anknüpfende Erörterung steht in enger Verbindung mit der in →*Über Laokoon* und der →*Einleitung in die Propyläen* vertretenen Ästhetik, die schon in *Wilhelm Meisters Lehrjahre* (1795/96) spürbar ist und die lyrischen sowie epischen Werke Goethes vor der Jahrhundertwende prägt. – Angelpunkt des Gesprächs (und der Propyläen-Ästhetik) ist die klare Differenzierung von Natur und Kunst, für die sich Goethe nicht zuletzt auf Kants →*Kritik der Urteilskraft* (§ 45) beziehen konnte. Die gemalten Zuschauer werden mit dem Argument verteidigt, es sei nicht die Aufgabe der theatralischen Darstellung, wahr zu scheinen, was auf eine unkünstlerische Nachahmung der Naturwirklichkeit hinausliefe, sie solle »vielmehr nur einen Schein des Wahren« haben. Mit der für die klassische Ästhetik zentralen Kategorie des »Scheines« deutet Goethe auf die ihren Status als Fiktion reflektierende Kunstwahrheit, deren Gesetzmäßigkeit nicht in realistischer Abbildung, sondern in der Übereinstimmung mit sich selbst gründet. Daß nur der ungebildete Liebhaber vom Kunstwerk Natürlichkeit fordere, um es auf natürliche, »oft rohe und gemeine Weise genießen zu können« (Goethe denkt an die Pygmalion-Fabel), läßt bereits die 1799 mit Schiller unternommene Dilettantismus-Diskussion anklingen. Mit der These, das Kunstwerk sei »übernatürlich, aber nicht übernatürlich«, formuliert Goethe eine für sein Spätwerk grundlegende Einsicht. Daneben ist die Bedeutung der Oper für seine Ästhetik nicht zu unterschätzen (vgl. die opernhaften Züge in *Faust II*, 1832). Neben dem theoretischen Rang dieses »Gesprächs« greift seine formale Anlage bereits auf Züge des Spätwerks voraus, wenn statt eines »Räsonnements« eine »Geschichte« geboten oder angesichts der Unzulänglichkeit der Sprache entschieden wird, was sich »nicht geradezu ausdrücken« läßt, durch Gegensätze gleichsam von zwei Seiten her zu beantworten und so »die Sache in die Mitte zu fassen« (vgl. dazu den berühmten Brief an den Orientalisten Iken vom 27. September 1827). – Die antinaturalistische Ästhetik Wiens um 1900 (H. Bahr, *Décadence und Dilettantismus*, 1894; Hofmannsthal, *Poesie und Leben*, 1896) greift auf Goethes Unter-

scheidung von Natur und Kunst zurück.

Ausg.: Werke, Hamb. Ausg., Bd. 12, hg. von E. TRUNZ/H. von EINEM, München ⁹1981, S. 67–73.
Lit.: M. JOLLES, Goethes Kunstanschauung, Bern 1957. – D. BORCHMEYER, Die Weimarer Klassik. Eine Einführung, Königstein/Ts. 1980.

M. MAYER

Umění jako semiologický fakt (tschech.; *Kunst als semiologisches Faktum*), Jan MUKAŘOVSKÝ; ED Prag 1936 (zuerst u. u. d. T. *L'art comme fait sémiologique*, in: Actes du huitième Congrès international de philosophie à Prague 2–7 septembre 1934).

Die Studie ist eine der frühesten programmatischen Äußerungen Mukařovskýs zu einer strukturalen Semiotik und zum Strukturalismus als wissenschaftliches Prinzip. Neben den zu Beginn formulierten wissenschaftstheoretischen Ausführungen zur Unterscheidung von Geistes- und Naturwissenschaften mit Hilfe der Semiologie geht es Mukařovský hier vor allem um eine Weiterentwicklung seines kunst- und literaturtheoretischen Ansatzes mit Hilfe der Zeichentheorie von K. Bühler und F. de Saussure. Er versucht, die für diesen Ansatz charakteristische Dichotomie von »materiellem Werk« (später Artefakt genannt) und »ästhetischem Objekt« auf die zwei Ebenen des Zeichenbegriffes von de Saussure zu beziehen. So entspricht dem »signifiant« (dem Bezeichnenden) bei Mukařovský das »materielle Werk« (Artefakt), also das konkret gegebene Kunstwerk, während dem »signifié« (dem Bezeichneten) das »ästhetische Objekt« entsprechen würde (Mukařovský ist hier in seiner Argumentation nicht eindeutig), also das Bedeutungskorrelat des Artefakts im kollektiven Bewußtsein. Anders als bei dem Neukantianer B. Christiansen ist hier das gesellschaftliche Bewußtsein für die Herausbildung von Bedeutung mitverantwortlich. Bestimmend für das bedeutungstragende »ästhetische Objekt« ist die Struktur, hier verstanden als Gesamtheit der zwischen den Einzelelementen eines Werkes bestehenden Wechselbeziehungen. Letztere verändern sich in Abhängigkeit von gesellschaftlichen, sprachlichen und ästhetischen Normen, die ihrerseits ständigen Veränderungen unterliegen. Mukařovskýs Strukturbegriff – und das ist das Innovatorische an dieser Variante strukturalistischen Denkens – ist geprägt durch die Aspekte Dynamik, Prozessualität und Offenheit. Als dritte Komponente des Zeichens nennt Mukařovský die (stets wechselnde) Beziehung des Kunstwerks zum »Gesamtkontext der sozialen Phänomene« (das, was die analytische Sprachtheorie Denotat bzw. Designat nennt). Mit dieser Bestimmung des Kunstwerks entfaltet er bereits in dieser Arbeit eine der zentralen Thesen seines strukturalistischen Konzepts: Das Kunstwerk ist autonomes Zeichen und zugleich soziales Faktum. Autonom ist es, weil es die Aufmerksamkeit auf das Zeichen selbst und seine Struktur lenkt. Mukařovský relativiert diesen Aspekt der Autonomie freilich am Schluß des Artikels, wo er im Rahmen seiner Ausführungen zur kommunikativen (in seinem Verständnis mitteilenden) Funktion zumindest bei den sogenannten stoffbezogenen Künsten (Malerei, Plastik, Poesie) dem Gesichtspunkt der Referenz ein größeres Gewicht bei der Be-

deutungskonstituierung einräumt. *Umění jako semiologický fakt* ist eines der wichtigsten Dokumente für Mukařovskýs endgültige Lösung von formalistischen Positionen, wie sie noch 1928 in der berühmten Untersuchung von Machas *Maj* oder in dem 1929 entstandenen Vortrag *O současné poetice* (*Über die gegenwärtige Poetik*) erkennbar sind. In der besonderen Berücksichtigung des autonomen *und* sozialen Aspekts bei der Definition des Zeichens, der Einbeziehung der Funktion bei der Bestimmung des Ästhetischen und der Betonung des Dynamischen der künstlerischen Struktur ist dieser Beitrag ein Meilenstein in der Entwicklung des tschechischen Strukturalismus.

Ausg.: Dt. in: J. Mukařovský, Kapitel aus der Ästhetik, Frankfurt/M. 1970, S. 138–47. *Lit.:* J. Trabant, Zeichen in ästhetischer Handlung, in: Literatursemiotik 1, hg. von A. Eschbach/W. Rader, Tübingen 1980, S. 85–102. – K. Chvatik, Die Semiotik des literarischen Kunstwerks, in: Zeichen und Funktion. Beiträge zur ästhetischen Konzeption J. Mukařovskýs, hg. von H. Günther, München 1986, S. 1–36.

J. Lehmann

Understanding Media: The Extensions of Man (engl.; *Die magischen Kanäle*), (Herbert) Marshall McLuhan; EA New York 1964; dt. Düsseldorf/Wien 1968.

Der kanadische Literaturkritiker McLuhan befaßt sich in seiner kulturtheoretischen Studie mit Veränderungen, die durch die modernen Kommunikationsmittel entstanden sind. Mit der vielzitierten These »Das Medium ist die Botschaft« überträgt er dabei die modernistische Betonung der Form auf alle lebensweltlichen Bereiche. *Understanding Media* ergänzt McLuhans Analyse des Buchzeitalters in *The Gutenberg*

Galaxy: The Making of Typographic Man (1962; *Die Gutenberg Galaxis. Das Ende des Buchzeitalters*). – Unter Medien, den »Erweiterungen« des menschlichen Körpers, versteht die Studie alle der kulturellen Verständigung und der zwischenmenschlichen Beziehung dienenden Hilfsmittel (was neben den eigentlichen Informationsträgern auch weitgefaßt Geld, Verkehrswege und Fortbewegungssysteme beinhaltet). McLuhan sieht dabei in Anlehnung an den kanadischen Ökonomen und Kulturtheoretiker H. A. Innis in der Menschheitsgeschichte vier mit Medienwechseln verbundene Entwicklungsstufen. Auf das ganzheitlich orale Stammesdasein folgen die einseitig rationalistisch und visuell ausgerichteten Zeitalter der Schrift und des Buchdrucks. Mit der Entwicklung elektronischer Medien finden sich die Menschen im oralen ganzheitlichen »global village« (»Weltdorf«) wieder. Sie erleben die letzte, jetzige Übergangsphase wie betäubt. Der Narziß-Mythos, etymologisch als Narkose gedeutet, wird für McLuhan zum Sinnbild der Moderne: die Erstarrung des Menschen angesichts seiner in Medien veräußerlichten Sinne wird in dem Mythos dargestellt. Es ist daher wichtig zu erfassen, daß nicht die Inhalte der Kommunikationsmedien bestimmend sind, sondern daß die Botschaft selbst immer ein neues Medium ist. Die moderne Kunst ist für McLuhan deshalb so bedeutsam, weil sie diese Erkenntnis bereits gestaltet hat. Die Bestimmung des einzelnen Mediums, das Inhalt und Träger der Aussage zugleich ist, erhält somit besondere Bedeutung. McLuhan unterscheidet »heiße« (»hot«) von »kühlen«

(»cool«) Medien. »Heiße« Medien wie Buch, Walzer, Radio oder Film zeichnen sich durch Detailreichtum, hohe Informationsdichte und geringe Rezipientenbeteiligung aus. »Kühle« Medien wie Comics, Twist, Telefon oder Fernsehen verhalten sich diametral entgegengesetzt. Vor allem mit dem Fernsehen, das (in seiner technisch unausgereiften Form) durch ein grobkörniges und instabiles Bild zur Mitgestaltung herausfordert, verbindet McLuhan die Hoffnung, die Spezialisierung und Verkümmerung der Sinne wieder aufheben zu können. Sein auf Wiederholung und Variation beruhender kubistischer Schreibgestus spiegelt McLuhans Kritik an der linear-kausalen Denkweise des Buchzeitalters. Er bevorzugt eine Montage der Argumente, sein Stil ist anspielungsreich aphoristisch. Hieraus ergeben sich aber auch die Schwächen der kontrovers diskutierten Studie. McLuhans Begriffe sind oft unpräzise, seine Thesen überspannt, und die affirmative gesellschaftspolitische Vision des konvertierten Katholiken bleibt fragwürdig. – *Understanding Media* ist ein wichtiges Dokument der 60er Jahre, das kulturphilosophisch ausgreifend phantasievoll die Bedeutung der medialen Komponente von Kommunikation hervorhebt. McLuhans Studie begleitet ähnliche Entwicklungen im Strukturalismus, in der Semiotik und der Postmoderne.

Lit.: G. E. STEARN, McLuhan: Für und Wider, Düsseldorf 1969.

G. HURM

Das Unheimliche, Sigmund FREUD; ED Leipzig/Wien 1919 (in: Imago, Bd. 5, S. 297–324).

Freud untersucht das ›Unheimliche‹ in der Lebenswelt und in der Literatur als psychische Erscheinung. Es ist eine Sonderform des Furcht- und Schreckenerregenden, das zuvor im Zusammenhang der Tragödie diskutiert wurde, und in diesem Jahrhundert in dem des ›Grotesken‹ und ›Phantastischen‹ (Todorov). Das Unheimliche versteht er nicht als Wesenheit, sondern als ein ›Gefühl‹. Er fragt, wodurch es ausgelöst wird und was die Fühlenden psychisch vollziehen. Das literarische Unheimliche (expliziert insbesondere an E. T. A. Hoffmanns Nachtstück *Der Sandmann*, 1816) erschließt Freud unausgesprochen von jener Kommunikationstheorie her, die er zuvor in *Der Witz und seine Beziehung zum Unbewußten* (1905) entwickelt hatte. Sein Ergebnis: »Das Unheimliche des Erlebens kommt zustande, wenn verdrängte infantile Komplexe durch einen Eindruck wiederbelebt werden, oder wenn überwundene primitive Überzeugungen wieder bestätigt scheinen.« Das Unheimliche ist also das Heimliche, d. h. mit ihm kehrt von früh her Vertrautes, das verdrängt oder überwunden wurde, im Innern aber fortlebt, aus der Außenwelt wieder. ›Verdrängt‹ wurden ›infantile Komplexe‹ (z. B. der ›Kastrationskomplex‹), weil der Wunsch (Inzest) mit Strafe bedroht war. ›Überwunden‹ wurden ›primitive Überzeugungen‹ (z. B. animistische wie die, ein Wort könne magisch töten), als in der Geschichte der Einzelnen wie der Gesellschaften das Realitätsprinzip verinnerlicht wurde – ein Prozeß, in welchem sich das ›Ich‹ deutlicher von der Außenwelt abgrenzte. Was unheimlich wirkt, lockt in die Regression. Nun wird das verdrängte Verbotene erfahrbar und mit ihm die Angst vor ihm; erfahrbar wird auch, wie Überzeugungen früher Ungeschiedenheit heutige ›Realitätstüchtigkeit‹ in Frage stellen. – Nach Freud ist ›das Unheimliche der Fiktion‹ reichhaltiger als das des ›Erlebens‹. Fiktion kann Gefühle des Unheimlichen hervorrufen, hemmen oder steigern. Entscheidend ist, an welche ›fingierte Realität‹ sie die Rezipierenden anpaßt, welche Erwartungen sie weckt und wie sie die Stimmungen lenkt. – Weder Freud noch seine Nachfolger versuchten eine systematische Darstellung des Themas. Angeregt wurden durch diesen Essay Analysen einzelner Texte – immer wieder *Der Sandmann* – und Überlegungen zum Grotesken und Phantastischen. Im übrigen wurde seine erschließende Kraft wenig genutzt. Eine systematisierende Neufassung hätte objektbeziehungs- und narzißmustheoretische Ansätze und das Konzept der ›Angstlust‹ mitzubedenken. Bei der Bestimmung des literarischen Unheimlichen wären zu bedenken: seine Ästhetisierung; die Lust an ihm und ihre Quellen; die unbewußten und bewußten Strategien, es hervorzurufen, es zu dosieren und zu lenken; das Pendelspiel zwischen Sicherheit und Unsicherheit; aber auch die gattungsspezifischen und historischen Besonderheiten des Unheimlichen.

Ausg.: Gesammelte Werke, Bd. 12, hg. von A. FREUD u.a., London 1947, S. 229–68.
Lit.: Das Groteske in der Dichtung, hg. von O. F. BEST, Darmstadt 1980. – Psychoanalyse und das Unheimliche, Essays aus der amerikanischen Literaturkritik, hg. von C. KAHANE, Bonn 1981. – FRAGMENTE 11: das unheimliche an der realität, Kassel 1984.

C. PIETZCKER

Der Universalitätsanspruch der Hermeneutik, Jürgen HA-BERMAS; ED Tübingen 1970 (in: Hermeneutik und Dialektik Bd. 1, hg. von R. Bubner u.a., S. 73–104).

Habermas begründet den Universalitätsanspruch der Hermeneutik sowohl gegenüber den traditionellen Geisteswissenschaften als auch gegenüber den neueren Sozialwissenschaften darin, daß jedes »objektivistische Selbstverständnis« reflexiv durchbrochen werden muß. Die szientistische Analogie zwischen sozialwissenschaftlichen und naturwissenschaftlichen Verfahren findet für ihn ihre Grenze in der »symbolischen Vorstrukturierung« des sozialen »Objektbereiches«. Durch kritische Reflexion wirkungsgeschichtlicher Voraussetzungen soll eine »Hypostasierung des Überlieferungszusammenhangs« ausgeschlossen werden. So kann dem »ontologischen Selbstverständnis der Hermeneutik« auf der Transformationslinie von Heidegger zu Gadamer (→ *Wahrheit und Methode*) entgegengewirkt werden. Habermas formuliert ansatzweise eine neoaufklärerische Position, indem er jedes »Vorverständnis« auf einen »vorgängigen Konsensus« zurückführen und jederzeit kritisch überprüfen möchte. Damit will er auch das »pseudokommunikativ erzwungene« Einverständnis und jede »Repressivität« nachträglich durchschauen können. Angesichts des wiederaufgerichteten aufklärerischen Gegensatzes zwischen »Autorität und Vernunft« unterscheidet sich das »Besserwissen des Interpreten« vom historischen »Besserverstehen«, das sich von F. Schlegel und F. E. D. Schleiermacher herleitet. Der Universalitätsanspruch der Hermeneutik zeigt sich ebenso darin, wie Habermas Psychoanalyse und Ideologiekritik totalisierend aufeinander bezieht, ohne die Probleme des interdisziplinären Kategorientransfers zu bedenken. Die Art, wie in der Psychoanalyse »ein pathologisch verschütteter Sinnzusammenhang« durch Weisen der »Desymbolisierung« erschlossen wird, überträgt Habermas ideologiekritisch auf soziale »Pseudonormalität« als Ausdruck einer »verdeckten Pathologie gesamtgesellschaftlicher Systeme«. In beiden Bereichen wird eine »unbeschränkte und herrschaftsfreie Kommunikation« als regulative Idee und zugleich ideale Zielvorstellung angenommen. Ihre gemeinsame Grundlage ist der »metakommunikative Bewegungsspielraum natürlicher Sprachen«. Daraus erklärt sich die analoge Auffassung von Rhetorik und Hermeneutik als »Kunstlehren«. Indem Habermas die Trennung von philosophischer und philologischer Hermeneutik weiter festschreibt und erstere auf eine hypostasierte Kritik hin entwickeln möchte, schließt er die vielfältigen Gelenkfunktionen interkultureller und interdisziplinärer Art aus. Der Universalitätsanspruch der deutschen Hermeneutik wurde erhoben, bevor die Geltungs- und Anwendungsreichweiten von Deutungsmustern und Kategorien aus verschiedenen Theoriekulturen überprüft wurden. Bereits ein internationaler Vergleich der impliziten Geltungsansprüche in den Hermeneutiken F. Bettis, P. Ricoeurs, E. D. Hirschs u.a. könnte zu einer Relativierung führen. Die Transformationsanschlüsse der Habermasschen Theorie beruhen selbst auf einer verdeckten

Wirkungsgeschichte der deutschen Theoriekultur, da er entgegen seiner aufklärerischen Absicht auch an die Hypostasierung der frühromantischen Kunstkritik zur universalphilosophischen Kritik anschließt. Darin steht er in einem Tradierungszusammenhang mit G. Lukács, Th. W. Adorno und W. Benjamin.

Ausg.: In: Hermeneutik und Ideologiekritik, hg. von J. HABERMAS/D. HENRICH/N. LUHMANN, Frankfurt/M. 1971, S. 120–59. *Lit.:* W. DALLMAYR, Materialien zu Habermas, Frankfurt/M. 1974. – Th. McCARTHY, Kritik der Verständigungsverhältnisse. Zur Theorie von J. Habermas, Frankfurt/M. 1980. – D. KATZENBACH, Die soziale Konstitution der Vernunft: Erklären, Verstehen und Verständigung bei Piaget, Freud und Habermas, Heidelberg 1992.
                      W. MICHEL/E. M. MICHEL

Unterwegs zur Sprache, Martin HEIDEGGER;   EA   Pfullingen 1959.

Das Buch vereint Texte zur Sprache und Dichtung, die Heidegger zwischen 1950 und 1959 schrieb. Das Thema der Sprache wird in ihnen unter verschiedenen Blickwinkeln entfaltet. Es ist Gegenstand einer Betrachtung von Trakl und George, eines Dialogs über die fernöstliche und die westliche Auffassung der Sprache und der Kunst, einer Auseinandersetzung mit den sprachphilosophischen Bestimmungen von Aristoteles und W. v. Humboldt (→*Über die Verschiedenheit des menschlichen Sprachbaues*) und einer Kritik der durch Informationstheorie und Technik geschaffenen formalisierten Sprache. Dabei wird der Gegensatz zwischen dieser und der »natürlichen Sprache« herausgearbeitet. – Heidegger kennzeichnet drei Aspekte der gängigen, in der Sprachtheorie des Aristoteles gründenden Auffassung der Sprache: Sie ist zum einen Ausdruck oder Äußerung einer inneren Vorstellung, zum anderen eine menschliche Tätigkeit und schließlich ein Ausdrücken, welches das Wirkliche oder Unwirkliche ›vorstellt‹ oder ›darstellt‹. Demgegenüber sucht er einen Weg zum Ort des »Wesens« (das er als aktive Kraft bestimmt) der Sprache selbst. Heidegger richtet sich hierbei nicht auf das Sprechen des Menschen, sondern zielt auf den Ort, an dem die Sprache Sprache ist. Weil allein die Sprache spricht, bestimmt Heidegger das Verhältnis des Menschen zum Sprechen der Sprache als ein »Entsprechen«. Dieses antwortet auf einen Ruf, der an den Menschen ergeht. Heideggers Bestimmung der Sprache folgt in gewisser Hinsicht der Hermeneutik des Daseins, wie sie in *Sein und Zeit* (1927) entwickelt wurde, vermeidet jedoch die Aspekte einer Philosophie des Subjekts, die das Seinsverstehen des Daseins noch beinhaltete. Der ontologische Unterschied zwischen Sein und Seiendem wird von Heidegger in dem zentralen Aufsatz *Gespräch von der Sprache* als das »Anwesen des Anwesenden« gedacht. Das Sein selbst ist die »Zwiefalt« von Anwesen und Anwesendem aus ihrer »Einfalt«. Diese Zwiefalt spricht den Menschen so an, daß er ihr entspricht. Die Sprache ist das, was in diesem Bezug der »Existenz« des Menschen zu dieser Zwiefalt vornehmlich waltet. Das Wesen des Menschen ist für Heidegger »gebraucht«, d. h.: Die menschliche Existenz wird vom Wesen des Seins in den Unterschied zwischen dem Sein und dem Seienden eingelassen. Der Mensch trägt die Botschaft aus, die ihm vom Walten dieses Unterschieds, von der Zwiefalt, zugetragen wird. – In einem weiteren Schritt führt Heidegger das Wort »die Sage« für das Wesen der Sprache ein. Die Besinnung auf das Wesen der Sprache als die Sage (und erst recht auf das von Heidegger hier nur angedeutete Wesen der Sage) wird von diesem Wesen hervorgerufen. Zugleich ist sie ein Sich-Einlassen auf das Hören des Wesens. Damit zeigt sich einerseits der hermeneutische Zirkel, den Heidegger zuvor in *Sein und Zeit* erörterte. Andererseits geht er über diese Bestimmung hinaus. Die ursprüngliche Erfahrung dieses hermeneutischen Zirkels im Bereich der Sprache kennzeichnet er jetzt als ein »Gespräch«. Nur dann, wenn das Wesen der Sprache als die Sage den Menschen anspricht, bildet sich das eigentliche Gespräch. – Heideggers Gedanken zur Sprache wurden sowohl in der Dichtung als auch in der Literaturtheorie rezipiert, in letzterer zunächst von der existentialhermeneutischen wie der hermeneutischen Literaturbetrachtung, dann von den Theoretikern der Dekonstruktion. Von beiden werden sie gegen eine instrumentelle, pragmatische Auffassung der Sprache gewandt.

Ausg.: Gesamtausg., Bd. 12, hg. von F.-W. v. HERRMANN, Frankfurt/M. 1985. – Pfullingen ⁹1990.
Lit.: A. L. KELKEL, La légende de l'être. Langage et poésie chez Heidegger, Paris 1980. – P. J. McCORMICK, Heidegger and the Language of the World. An Argumentative Reading of the Later Heidegger's Meditations on Language, Ottawa 1976.

A. NOOR

Unvorgreiffliche gedancken, betreffend die ausuebung und verbesserung der teutschen sprache (De linguae germanicae cultu), Gottfried Wilhelm LEIB-NIZ, entst. 1697; ED Hannover 1717 (in: Illustris viri Godofr. Guilielmi Leibnitii Collectaneae etymologica illustrationi linguarum veteris celticae, germanicae, gallicae aliorumque inservientia).

Die kulturpolitische und sprachkritische Programmschrift von Leibniz steht in der Tradition der mit dem italienischen »umanesimo volgare« beginnenden nationalhumanistischen Sprachprogrammatik, der Sprachakademien und Gesellschaften von der ›Accademia della Crusca‹ bis zu den, zur Abwehr der Französisierung entstandenen, deutschen Sprachgesellschaften. Ihr umfangreiches lexikographisches Programm folgt den nationalhumanistischen Forderungen nach »Reichtum, Reinigkeit und Glanz« der Sprache. Die damit verbundene Ausweitung empirischer Sprachkenntnis steht im Dienst einer logischmathematischen Sprachkonstruktion, wie sie Leibniz mit der Idee einer Kalkülsprache in den *Nouveaux essais sur l'entendement humain* (1704; *Neue Abhandlung über den menschlichen Verstand*) dargelegt hat. Die Analyse natürlicher Sprachen ist nicht Selbstzweck, wie noch bei den Verfassern der »grammaire raisonnée« von Port Royal, sondern hat ihr normatives Zentrum in der Konstruktion einer vorstellungsbildenden Kalkülsprache. Vor ihrem Hintergrund wird die Untersuchung der Sprachgebundenheit menschlichen Denkens gefordert. Sie ist durch den cartesianischen Paradigmenwechsel ermöglicht, der die Methodisierung der epistéme von einem Verfahren der Bekundung (»ars indicandi«) auf eines der Entdeckung (»ars inveniendi«) verlagert. Jetzt wird der Idee Ausdruck gegeben, die Regeln des

Denkens ließen sich prinzipiell als Regeln eines Kalküls sprachlicher Ausdrücke auffassen. Weil die Sprache als ein »Spiegel des Verstandes« nicht nur auf ihre äußere Wirkung (in der Rede), sondern vielmehr auf ihre innere Operation hin untersucht werden soll, begründet Leibniz die Idee einer deutschen Sprachprogrammatik, wie sie u. a. von Gottsched durch seine *Grundlegung einer deutschen Sprachkunst* (1748) und von J. H. Campe durch das *Wörterbuch zur Erklärung und Verdeutschung unserer Sprache aufgedrungenen fremden Ausdrücke* (1801) fortgeführt wird. Der Ursprung der Begriffe interessiert Leibniz dabei weniger als die Geschichte ihrer Entdeckungen, da an ihr gleichsam die technische Brauchbarkeit einer Sprache aufgezeigt werden kann. Die deutsche Sprache zeichnet sich in diesem Zusammenhang als Volkssprache durch die hohe »Sachbezogenheit« ihrer Worte aus. Einerseits stellt sie gegenüber den romanischen Sprachen, die sich durch ihre Sprachverwandtschaft und Vermengung besonders anfällig für eine inhaltsleere scholastische Terminologie erwiesen haben, »einen sonderbaren Probierstein der Gedanken« dar. Andererseits kritisiert Leibniz an der deutschen Sprache die undifferenzierte Ausbildung von Ausdrücken des »Sittenwesens«, der »Leidenschaften des Gemüts« oder der »bürgerlichen Lebens- und Staatsgeschäfte«. Durch die Französisierung der deutschen Sprache nach dem Dreißigjährigen Krieg und das Gelehrtenlatein ist für ihn eine differenzierte Genese von Bedeutung behindert und unterbrochen worden. Sie soll durch die Gründung einer Akademie, die sich u. a. Wörterbucharbeit

und Sprachpflege zur Hauptaufgabe macht, vorangetrieben werden. Doch Leibniz votiert nicht für einen Sprachpurismus nach dem Muster der ›Accademia della Crusca‹, sondern sieht in der Förderung und Vereinheitlichung der deutschen Sprachkultur, wie sie vielleicht am reinsten in der Poesie vorkommt, gerade die Voraussetzung für eine kritische Übernahme von Fremdwörtern und technischen Fachausdrücken, denn »es muß die Erläuterung ungemeiner Worte auch die Erkenntnis unbekannter Sachen mit sich bringen«. Damit ist die ›Perspektivgebundenheit‹ jeder natürlichen Sprache, wie sie in den ›sprachlichen Weltbildern‹ W. v. Humboldts (→*Über die Verschiedenheit des menschlichen Sprachbaus*) noch zum Tragen kommen sollte, nicht an ein mystisch inspiriertes Natursprachenmodell zurückgebunden, sondern den konstruktiven Entwürfen einer Universalsprache verpflichtet: Wenn alles Zahl ist (»Wechselzettel des Verstandes«), ist die natürliche Ordnung einer Sprache eine codierte Form von Erlebnissen, so daß gerade das ›Übersetzen‹ […] »der rechte Probierstein des Überflusses oder Mangels einer Sprache« ist. In diesem Zusammenhang ist auch das Projekt eines ›Glossarium Etymologicum‹ zu bewerten: Die etymologische Reduktion der natürlichen Sprache ist nicht durch eine Sprachursprungstheorie inspiriert, sondern geht mit der Konstruktion einer künstlichen »lingua philosophica« bzw. der »characteristica universalis« einher. Sie erweist sich somit – im Sinne des Titels – als »unvorgreiflich«. – Die Wirkung der Schrift ist differenziert zu beurteilen. Während die programmatischen

Forderungen, etwa die nach Gründung einer deutschen Sprachakademie, von Klopstock, Herder, Uhland u. a. begeistert aufgegriffen wurden, sind die sprachtheoretischen Implikationen durch ästhetische Reflexionen und den Sprachpurismus der Romantik verdrängt worden. Erst in der jüngeren Forschung sind sie, etwa in der Kritik des sprachphilosophischen Pragmatismus (Ch. Morris; später L. Wittgenstein) fortgeführt worden.

Ausg.: Stuttgart 1983.
Lit.: K. O. APEL, Die Idee der Sprache in der Tradition des Humanismus, in: Archiv für Begriffsgeschichte 8 (1963), S. 297–317. – G. HEINTZ, Point de Vue. Leibniz und die These vom Weltbild der Sprache, in: Zeitschrift für Deutsches Altertum und Deutsche Literatur 98 (1969), S. 216–40.

H. D. FEGER

Ursprung des deutschen Trauerspiels, Walter BENJAMIN, entst. 1916–25; EA Berlin 1928 (Teilabdruck in: Neue Deutsche Beiträge, 2. Folge 3 (1927), S. 89–110).

Die literaturtheoretisch zentrale »Erkenntniskritische Vorrede« zu Beginn des Buches entwickelt in Fortführung des Sprachaufsatzes von 1916 (*Über Sprache überhaupt und über die Sprache des Menschen*) »Prolegomena zur Erkenntnistheorie« und eine Theorie der Kritik. Kritik ist nach der Bestimmung Benjamins eine »Mortifikation der Werke«, welche die geschichtsphilosophische und erkenntnistheoretische Dimension der Kunstwerke aufzuzeigen hat. Die Kritik hat zur Aufgabe, die in Kunstwerken geleistete Verwandlung von historischen Sachgehalten (dem stofflichen Material) in philosophische Wahrheitsgehalte (Ideen oder Sprachformen) nicht nur aufzudecken, sondern zudem erkenntnistheoretisch zu begründen. Die geschichtliche Signatur der Kunstwerke findet sich in ihnen nur in verwandelter Form wieder. Den Gegenstand der Untersuchung bezeichnet Benjamin als »Idee des Trauerspiels«. Sein kritisches Verfahren zielt daher auf eine Darstellung der Sprachidee des Trauerspiels. Es folgt dem Prinzip der Montage, wie dies auch für das →*Passagen-Werk* charakteristisch ist. Zugleich distanziert es sich von einer linearen Argumentation und setzt an ihre Stelle eine Zusammenschau einzelner Motive, die durch die Konstruktion des Textes die »Sprachidee« des Trauerspiels erkennbar machen. Diese »Sprachidee« ist weder dessen Inhalt noch seine Interpretation. Sie ist nicht mit den sprachlichen Bedeutungen oder Inhalten identisch, sondern die sprachlich-formale Bedingung von Bedeutung in Kunstwerken. Sie ermöglicht die Realisierung des stofflichen Gehalts in einer sprachlichen Form. Sie ist die Sprachform, die am Ende der Überlegungen nicht ausgesagt, sondern nur dargestellt werden kann. Die beiden Kapitel des Buches (»Trauerspiel und Tragödie« und »Allegorie und Trauerspiel«) sind Entfaltungen der Idee des Trauerspiels als Spiel der Trauer. Gegenstand der Tragödie ist der Mythos. Für die tragische Dichtung ist daher die Opferidee charakteristisch. Der tragische Held entkräftet durch seine stellvertretende Opferhandlung das Recht der Götter, um eine Schuld zu sühnen. Gegenstand des Trauerspiels dagegen ist die Geschichte, die, in ihrer restlosen Säkularisierung, den göttlichen Heilsplan verloren hat. Die Melancholie ist die ihnen wesentliche Haltung. Trauerspiele vergraben sich in die »Trostlosigkeit der irdischen Verfassung« und müssen sich in ihr der Transzendenz zu vergewissern suchen. Sie sind Spiele der Trauer vor Traurigen; sie kennen keine Helden, sondern nur Konstellationen von Figuren und zeichnen sich durch eine Aufwertung der Dingwelt aus. Die entleerte Welt belebt und verwandelt sich einzig unter dem Blick der Trauer. Der Melancholiker, als Verkörperung des Gemütszustandes des barocken Trauerspiels, hat ein Vergnügen am Anblick der toten Dinge und verwandelt sie in der Kontemplation. Der Umschlag einer Entwertung der Dinge in ihre Erhebung gelingt durch die Allegorie. In ihr kann jede Person und jedes Ding ein beliebiges anderes bedeuten. Die Allegorie, durch Schriftlichkeit ausgezeichnet, ist eine Sprachform, welche die Bruchstücke der Dingwelt in der zerstörenden Verwandlung errettet. Als Schema der Verwandlung zerbricht sie die Sprache und ermöglicht ihr jenseits der tradierten Bedeutung und der bloßen Mitteilung einen neuen Ausdruck. – Die Analysen Benjamins sind – obwohl sie erst spät ihre Bestätigung durch die Barockforschung (vor allem in den Arbeiten A. Schönes) gefunden haben – nicht nur wegweisend für die literaturtheoretischen Texte Adornos (→*Ästhetische Theorie*; →*Noten zur Literatur*), sondern auch für die Theorie des Dekonstruktivismus, so vor allem für P. de Man (→*Aesthetic Ideology*; →*Allegories of Reading*).

Ausg.: Frankfurt/M. 1969.
Lit.: W. MENNINGHAUS, Walter Benjamins Theorie einer Sprachmagie, Frankfurt/M. 1986. – K. GARBER, Rezeption und Ret-

tung, Tübingen 1987. – B. MENKE, Sprachfiguren, München 1991.

B. STIEGLER

Der Ursprung des Kunstwerks, Martin HEIDEGGER; ED Frankfurt/M. 1950 (in: *Holzwege*). Der Band *Holzwege* versammelt Texte Heideggers aus den Jahren 1935–1946, die Schritte seines Denkens nach *Sein und Zeit* (1927) markieren. Es widmet sich der Aufgabe einer Destruktion der abendländischen Metaphysik, die Heidegger bereits in der Einleitung zu *Sein und Zeit* skizziert hatte und die er jetzt im Zusammenhang mit den Themen der Geschichte des Seins als »Geschick« und der Erkundung eines vernehmenden Denkens entfaltet. Dieses Denken wird von Heidegger als Öffnung zum »Ereignis« des Seins und zur Geschichte des Seins enthüllt. Das Denken des Ereignisses setzt Heidegger der vergegenständlichenden »Vorstellung« und der ›ratio‹ der neuzeitlichen Metaphysik sowie der in ihr gegründeten neuzeitlichen Naturwissenschaft entgegen. Das Grundwort »Ereignis« kennzeichnet jedoch auch eine Entwicklung Heideggers über seinen Entwurf in *Sein und Zeit* hinaus, welche die »Kehre« genannt wird. Der *Ursprung des Kunstwerks* bildet eine zentrale Etappe dieser Entwicklung, in der die privilegierte Stellung der Kunst bei Heideggers Enthüllung der vernehmenden Öffnung zum Ereignis des Seins deutlich wird. – Den Grundstock des Textes bilden drei Vorträge, die Heidegger 1936 hielt und die ihrerseits auf einen Vortrag aus dem Jahr 1935 zurückgehen. Der Haupttext wurde von Heidegger mit einem teilweise nach 1936 geschriebenen Nachwort und mit einem 1956 verfaßten Zusatz ergänzt. In diesen erstmals 1960 gedruckten Zusatz sind in späteren Auflagen der *Holzwege* Verweise auf Texte Heideggers eingefügt, die während der 50er und 60er Jahre erschienen. In der Heidegger-Gesamtausgabe ist eine Fassung abgedruckt mit zusätzlich in den Text hineingearbeiteten Marginalien aus der Zeit von 1960–1976, die aus Heideggers Handexemplaren stammen. – Heidegger gestaltet die Frage nach dem Ursprung des Kunstwerks als Besinnung auf den Bereich, aus dem das Wesen des Kunstwerks herrührt. Die Frage nach dem Ursprung von etwas zielt auf die »Herkunft seines Wesens«. Die »Herkunft« ist hier jedoch nicht im Sinne einer Definition gedacht, die den Begriff des Kunstwerks bildet, indem – gemäß der in Aristoteles gründenden Tradition der Metaphysik – das, was etwas ist, im Begriff seiner Gattung und in der artbildenden Eigenschaft ausgesagt wird, sondern das »Wesen« ist aktiv gedacht. Das Wesen des Kunstwerks »geschieht«. Es geschieht aus der Kunst heraus, die eine Weise ist, in der das Sein sich ereignet. Dieses Sich-Ereignen des Seins vollzieht sich als Wahrheit, die von Heidegger wiederum nicht im Sinne der metaphysischen Tradition als Entsprechung zwischen einem Urteil und einem Seienden oder zwischen einer »subjektiven« Vorstellung und einem »objektiven« Gegenstand, sondern als eine in der geschichtlichen Existenz des Menschen während Öffnung des Seienden in seinem Unterschied zum Sein gedacht wird. In dieser Öffnung geschieht ein Sich-Zeigen und ein Sich-Entziehen des Seienden. – Die Kunst

vollzieht sich im Kunstwerk. Dieses wiederum braucht den Künstler. Kunstwerk und Künstler beruhen auf dem »Wesen« der Kunst. Dieses Wesen, als Weise, wie das Sein sich ereignet, nennt Heidegger »das Sich-ins-Werk-setzen der Wahrheit«. In seiner Erkundung dieses Wahrheitsgeschehens der Kunst geht er deshalb über die traditionellen Positionen der philosophischen Reflexion über die Kunst hinaus, die diese auf die Nachahmung des gegenständlich Gegebenen oder als »subjektive« Affektion zurückführt. Das zeigt auch seine Auseinandersetzung mit den metaphysischen Grundlagen der abendländischen Philosophie der Kunst in seiner Vorlesung *Nietzsche: Der Wille zur Macht als Kunst* (1961) vom Wintersemester 1936/37. Das Geschehen der Wahrheit im Kunstwerk läßt sich weder in den Kategorien der Subjektivität oder Objektivität noch in denen der Passivität oder Aktivität (im traditionellen Sinne) erfassen, sondern es erfordert ein Denken, das sich auf das in diesem Geschehen gestaltete Versammeln der Seinsgegenden einläßt. Im Kunstwerk findet die Wahrheit als ein Sich-Öffnen und zugleich als ein Sich-Verschließen eine »Gestalt«. – Heidegger denkt dieses Verhältnis des Sich-Öffnens und des Sich-Verschließens im Kunstwerk als das Zueinander und Gegeneinander von »Welt« und »Erde«. Dieses Verhältnis nennt er den »Streit«. Den in die Gestalt des Werks eingelassenen Streit nennt Heidegger den »Riß«. In der Gestalt fügt sich der Riß als Einheit von »Grundriß«, »Aufriß«, »Durchriß« und »Umriß«. Die Wahrheit richtet sich in dieser Gestalt ein. – Dieses Werk, welches das Wesen des Kunstwerks von jeder subjektivistischen Auffassung der Kunst entfernt und das mit der Freilegung des seinsgeschichtlichen Horizonts die Dimension der zeitlichen Verfassung der im Kunstwerk geschehenden Wahrheit öffnet, übte einen großen Einfluß auf die hermeneutische Literaturauffasssung aus. Es wird auch in der dekonstruktivistischen Literaturbetrachtung stark rezipiert.

Ausg.: Gesamtausgabe, Bd. 5, hg. von F.-W. v. HERRMANN, Frankfurt/M. 1977. – Stuttgart 1990 (Einf. von H. G. Gadamer). *Lit.*: F.-W. v. HERRMANN, Heideggers Philosophie der Kunst, Frankfurt/M. 1980. – M. HAAR, Le chant de la terre. Heidegger et les assises de l'histoire de l'être, Paris 1985. – E. ESCOUBAS, Imago Mundi. Topologie de l'art, Paris 1986.

A. NOOR

Versuch einer Critischen Dichtkunst vor die Deutschen; darinnen erstlich die allgemeinen Regeln der Poesie, hernach alle besondere Gattungen der Gedichte, abgehandelt und mit Exempeln erläutert werden: Uberall aber gezeiget wird Daß das innere Wesen der Poesie in einer Nachahmung der Natur bestehe. Anstatt einer Einleitung ist Horatii Dichtkunst in deutsche Verße übersetzt, und mit Anmerckungen erläutert, Johann Christoph GOTTSCHED; EA Leipzig 1730. Gottscheds seit Mitte des 18. Jh.s heftig kritisierte *Critische Dichtkunst* markiert einen wichtigen Punkt in der Geschichte der deutschen Poetik. Keineswegs frei von traditionellen Bestimmungen orientiert ihr Verfasser die Literatur generell auf ein neues, »mittelständisches« Publikum und dessen Wirklichkeit. In polemischer Wendung gegen die barocke Literatur löst er die Dichtung aus ihrer

höfischen und religiösen Bindung und stellt sie in den Dienst seiner breit angelegten und vielfältigen Bemühungen um eine »bürgerliche« Sittenreform. Im ausdrücklichen Rückgriff auf Aristoteles (→*Peri poietikes*) und in spezifischer Übernahme von Lehren des französischen Klassizismus stellt Gottsched die Literatur unter das Gebot einer Moraldidaxe. Ihr inhaltliches Ziel gibt die rationalistische Philosophie der Zeit (Chr. Wolff) in Form eines »moralischen Satzes« vor. Er bildet im zentralen vierten Kapitel des theoretischen Teils der *Critischen Dichtkunst* den Ausgangspunkt von Gottscheds wirkungsästhetischen Überlegungen. Sie kreisen um die Frage, wie dem Rezipienten, der noch nicht zur Verstandeserkenntnis gekommen ist, die Einsichten der Moralphilosophie im Medium der Anschauung »übermittelt« werden können. Zu diesem Zweck ist der abstrakte »moralische Satz« zu einem Handlungszusammenhang zu erweitern, der dann, je nach affektivem Wirkzweck, gattungsmäßig eingekleidet werden muß. Von einem eigenständigen Erkenntniswert oder ästhetischen Selbstzweck kann bei dieser pädagogischen Funktionalisierung des Dramas nicht die Rede sein. Sein ästhetischer Wert geht im ethischen auf. Ebenso wie die Gesichtspunkte der Form sind auch die des Inhalts von der vorgängigen didaktischen Orientierung abgeleitet. Obwohl Gottsched unter Berufung auf Aristoteles das Nachahmungsgebot entschieden hervorhebt, geht es ihm nicht um eine naturalistische Widerspiegelung der empirischen Wahrnehmungswelt, sondern um die Vorspiegelung einer »moralischen«

Vernunftordnung. Sie ist im Gewand der Wahrscheinlichkeit zu gestalten, um den Zuschauer zu bewegen, sein Leben nach Regeln einer Vernünftigkeit einzurichten, wie er sie in seiner *Weltweisheit*, mit der er die Philosophie Wolffs popularisiert, als Gebote des »Gesetzes der Natur« niedergelegt hat. Der Dichter hat folglich die Wahrheit, die ihren Ort im diskursiven Denken der Philosophen hat, mit einer Wirklichkeit, die ihren Ort in der empirischen Erfahrung der Rezipienten hat, auf wirkungsmächtige Weise nach Regeln zu verbinden, die Gottsched als ahistorisch bestimmt, da sie der »unwandelbaren Vernunft« gemäß seien. – In der frühaufklärerischen Phase der Neuorientierung der deutschen Literatur auf eine »bürgerliche« Kultur mit universalem Anspruch waren die breit angelegten kulturellen Aktivitäten Gottscheds, die weit über die poetologische Grundlegung der Dichtung hinausgingen, von großer Bedeutung und beträchtlicher Wirksamkeit. Doch galt die ›Empfindsamkeit‹ (Lessing →*Briefwechsel über das Trauerspiel* und →*Hamburgische Dramaturgie*) und entschieden dann seit dem Sturm und Drang (Goethe →*Zum Schäkespears Tag*) wendete sich die »literarische Intelligenz« von Gottsched ab: Dessen Werk diente häufig nur noch als Kontrastfolie zur Profilierung eigener Vorstellungen. Erst in den letzten Jahrzehnten unseres Jahrhunderts erfahren Gottscheds Aktivitäten wieder eine historisch angemessene Würdigung, indem sie als wichtige kulturelle Fermente im Übergang von der traditionalen zur modernen Gesellschaft gesehen werden.

Ausg.: Ausgewählte Werke, hg. von J. BIRKE/B. BIRKE, Bd. 6, 1–3, Berlin/New York 1973. – Unveränd. photomechan. Nachdr. der 4., verm. Aufl., Leipzig 1751, Darmstadt 1962.
Lit.: W. RIECK, Johann Christoph Gottsched. Eine kritische Würdigung seines Werkes, Berlin (Ost) 1972. – H. FREIER, Kritische Poetik. Legitimation und Kritik der Poesie in Gottscheds Dichtkunst, Stuttgart 1973. – A. WETTERER, Publikumsbezug und Wahrheitsanspruch. Der Widerspruch zwischen rhetorischem Ansatz und philosophischem Anspruch bei Gottsched und den Schweizern, Tübingen 1981.

G. SASSE

Versuch über den Roman, Christian Friedrich von BLANKENBURG; EA Leipzig/Liegnitz 1774 (anonym).

Dieser Essay ist die erste umfassende Romantheorie und die erste (induktiv gewonnene) Poetik des (psychologischen) Entwicklungsromans in Deutschland. Ihre Bedeutung ist mit Huets →*Traité de l'origine des romans* vergleichbar. Dessen Ausführungen zur begriffs- und gattungsgeschichtlichen Genese des Romans sowie seine Bestimmung des Romans nach den Regeln des Epos sollten das poetologische Defizit dieser nicht klassisch-antiken Prosaform aufheben. – Entscheidend für den Neuansatz des *Versuchs* – er folgt darin der Diskussion seit Ch. Perrault (→*Parallèle des Anciens et des Modernes*) bis zu Ch. Garve (*Betrachtung einiger Verschiedenheiten in den Werken der ältesten und neuern Schriftsteller*, 1771) – ist der historisch-differenzierende Vergleich Antike – Moderne zur Bestimmung von Gegenstand, Form und Funktion des Romans: »so wie das Heldengedicht öffentliche Thaten und Begebenheiten, das ist, Handlungen des Bürgers […] besingt: so beschäftigt sich der Roman mit den Handlungen und Empfindungen des Menschen«.

Aufgrund der Differenz von »Sitten und Einrichtungen der damaligen und der jetzigen Welt«, wird das (individuelle) »Seyn des Menschen, sein innrer Zustand« zum »Hauptwerk« des Romans, werden die »Gefühle und Handlungen der Menschheit« sein eigentlicher (anthropologisch perspektivierter) Inhalt. Bereits im »Vorbericht« wird dieser ständeübergreifende, geschichtsteleologische Rahmen moderner Prosa gesetzt: »Materie« aller Romanformen, so formuliert Blanckenburg mit naturrechtlicher Emphase, ist die von Sitten, Stand und Zufall »entblößte Menschheit«, die in ihr »wahres Vorrecht wieder eingesetzt« werden muß. Ihr Ziel ist die Vervollkommnung des Menschengeschlechts. Für den Roman hat dies entscheidende konzeptionelle und wirkungsästhetische Konsequenzen: die angestrebte (moralpsychologische) »Bildung« und Vervollkommnung des Lesers setzt (paradigmatisch in Wielands *Geschichte des Agathon*, 1766/67 und Fieldings *The History of Tom Jones*, 1749 verwirklichte) Wirkungsmechanismen und Darstellungsformen voraus, welche die literaturtheoretische Debatte der 60er und 70er Jahre wie auch die pragmatische Geschichtsschreibung beherrschten. Im Zentrum des von Blanckenburg favorisierten Charakterromans steht das »Werden« des Helden als des »möglichen Menschen der wirklichen Welt«. In diesem Prozeß seiner inneren Bildungsgeschichte soll der kausalpsychologische Zusammenhang zwischen Begebenheiten und Empfindungen so veranschaulicht werden, daß das »Wie« dieses Vorgangs für den Leser transparent wird und ihm zur Selbsterkenntnis dienen kann. Als

ihr »Schöpfer und Geschichtsschreiber zugleich« soll der Autor »das ganze innre Seyn der handelnden Personen, mit all' den sie in Bewegung setzenden Ursachen« nicht bloß erzählen, sondern sichtbar machen. Im Rückgriff auf Formen dramatischen Erzählens (Gespräch, Monolog, dramatische Darstellung) sieht Blanckenburg – an Überlegungen G. E. Lessings, D. Diderots (*Discours sur la poésie dramatique*, 1758), H. Homes und J. J. Engels (→*Über Handlung, Gespräch und Erzählung*) anknüpfend – solche Möglichkeiten der Gestaltung einer »idealen Gegenwart« durch (punktuelle) Veranschaulichung und Illusionsbildung. Die Einheit und Ganzheit des subjektzentrierten Romans wird garantiert, sofern diese Geschichte der »Bildung und Formung der Person« in ihrem Aufbau den Kategorien der Notwendigkeit, Sukzession und Widerspruchsfreiheit folgt. Gegenüber anderen Gattungen und Romanformen verfährt Blanckenburg mit einem gewissen Rigorismus: das Drama bietet schon fertige, gebildete Charaktere; die Biographie setzt nicht das Bildungsziel, sondern das Lebensende der Figur als Fluchtpunkt; Formen wie der historische, komische oder satirische Roman dienen ihm zur Kontrastierung des eigenen Konzepts oder geraten vollends aus dem Blick; im Briefroman sind die Personen Geschichtsschreiber ihrer selbst, hier fehlt die epische Distanz. Schon in seiner *Werther*-Rezension von 1775 revidiert Blanckenburg diese Position, indem er dem Genie keine Grenzen setzt und feststellt, daß »wir Werthers ganze Denk- und Empfindungsart vor unsern Augen gleichsam werden und wachsen sahen«. Obwohl die Thesen des *Versuchs* eine lebhafte Diskussion, v. a. über die Dominanz der Charakterentwicklung gegenüber den Begebenheiten ausgelöst haben und in J. C. Wezels Konzept der »bürgerlichen Epopöe« zum Ausgleich gebracht wurden, hatten sie für die Praxis des deutschen Bildungsromans und seinen Prototypen, Goethes *Wilhelm Meisters Lehrjahre* (1795/96), kaum Bedeutung.

Ausg.: Hg. und mit einem Nachw. von E. LÄMMERT, Stuttgart 1965.
Lit.: J. SANG, Blanckenburg und seine Theorie des Romans, (Diss.) München 1967. – W. HAHL, Reflexion und Erzählung, Stuttgart 1971, S. 12–43. – K. WÖLFEL, Blanckenburg, Versuch über den Roman, in: Deutsche Romantheorien, Bd. 1, hg. von R. GRIMM, Frankfurt/M. ²1974, S. 29–60. – W. VOSSKAMP, Blanckenburg und Blanckenburg-Rezeption, in: Jb. f. Int. Germ., Reihe A, Bd. 2, Bern/Frankfurt/M./München 1976, S. 193–200. – W. FRICK, Providenz und Kontingenz, Tübingen 1988, S. 343–364.
F. WAHRENBURG

Vom Erhabenen, Friedrich SCHILLER; ED Leipzig 1793 (in: Neue Thalia).
Die Schrift steht in engem Zusammenhang mit Schillers Abhandlungen →*Über Anmut und Würde* und →*Über das Erhabene.* Der Text erschien in zwei Teilen unter den Titeln *Vom Erhabenen* und *Fortgesetzte Entwicklung des Erhabenen.* Erneut veröffentlicht hat Schiller den zweiten Teil (unter dem Titel →*Über das Pathetische*) in der Ausgabe *Kleinere prosaische Schriften* (1801). Im Mittelpunkt des Textes steht die Auseinandersetzung mit der →*Kritik der Urteilskraft.* Kant versucht darin, die auseinandergefallenen Welten der Natur (als Feld der theoretischen Vernunft, die keine Aussage über einen obersten Zweck zu machen vermag) und der Freiheit (als Feld der praktischen Vernunft, die dekretiert, was sein soll, ohne bestimmen zu können, ob und wie die Vernunft zur Wirklichkeit gelangt) wieder zusammenzuführen. Schillers Lösungsversuch dieses Problemzusammenhangs unterscheidet sich von dem Kants in wesentlichen Punkten. Bei Kant ist das »Schöne« nur ein Symbol des »Sittlichguten«. Bei Schiller hingegen vollzieht sich die Vermittlung der physischen mit der moralischen Sphäre im »ästhetischen Zustand«. In der Bestimmung des »Erhabenen« orientiert sich Schiller stärker an Kant. Bei Kant lassen das »schlechthin Große« oder die als übermächtig erfahrene Natur das Streben des Betrachters nach Zusammenfassung scheitern. Diese Erfahrung hat zur Folge, daß der Mensch die Idee eines Allgemeinen (Göttlichen, Ganzen) entwickelt und sich selbst als Wesen erfährt, das dieses Vermögen zu Ideen besitzt. Dadurch wird er sich als Vernunftwesen bewußt, das sich um »höchster Grundsätze« willen keiner noch so gewaltigen Naturmacht beugen muß. Gegenüber Kant hat Schillers Analytik des Erhabenen einen anderen systematischen Ort. Das Erhabene ist wesentlicher Bestandteil seiner Anthropologie und entsprechend Fluchtpunkt seines literarischen Schaffens. Erst durch die Erfahrung des Erhabenen wird sich der Mensch seines Vermögens inne, sich von den Forderungen der Sinnlichkeit befreien zu können. So scheidet erst das Erhabene den moralischen (vernunftfähigen) Menschen vom sinnlichen, deren Vereinigung das Schöne vorstellt. Das bedeutet: erst »durch die Schönheit wandern wir zur Freiheit« (→*Über die ästhetische Erziehung des Menschen, in einer Reihe*

von Briefen); aber auch: »erst durch die Freiheit gelangen wir zur Schönheit« (so der Begriff des »Idealschönen« in der Schrift *Über das Erhabene*). Erst im Erhabenen erfährt sich der Mensch demnach als frei, als ein von den Sinnen unabhängiges Vernunftwesen. Daher wird es wesentlich, die Empfindungsfähigkeit für das Erhabene zu entwickeln, was für Schiller die Kunst in besonderer Weise bewirkt. Als ihr »letzter Zweck« wird die »Darstellung des Übersinnlichen« (der Ideen der Vernunft) bestimmt. Insbesondere die tragische Kunst versinnlicht »die moralische Independenz von Naturgesetzen im Zustand des Affekts«, indem sie einerseits den Menschen in Situationen unerhörten Leidens vorstellt (»Pathos muß da sein, damit das Vernunftwesen seine Unabhängigkeit kundtun« kann), andererseits ihn zugleich als im Leiden geistig sich behauptend zeigt (»Darstellung des moralischen Widerstands gegen das Leiden«). So fordern sich das Erhabene und das »Pathetische« gegenseitig, was Schiller im Begriff des »Pathetischerhabenen« anzeigt. Das »Fundamentalgesetz aller tragischen Kunst« verlangt demzufolge: »Darstellung der leidenden Natur« und »Darstellung der moralischen Selbständigkeit im Leiden«. Damit tritt auch hier Kants Reflexionsästhetik in eine Rezeptionsästhetik überführt (das *dargestellte* Erhabene soll im Rezipienten das eigene Vermögen zu erhabener Gesinnung wecken und befestigen). Die Unmittelbarkeit theatralischer Erfahrung (dem Helden wie dem Zuschauer sei »die ganze volle Ladung des Leidens« zu geben) mag die Entschärfung des Erhabenen durch seine schon vorgegebene ästhetische

Bewältigung verschleiern. Schillers dramatische Arbeiten seit dem *Wallenstein* (1800) lassen sich auch als Experimente verstehen, dieser ›Ästhetisierung des Erhabenen‹ dramaturgisch entgegenzuwirken.

Ausg.: Schillers Werke. Nationalausg., Bd. 20/21, hg. von B. v. WIESE/H. KOOPMANN, Weimar ²1986/87.
Lit.: K. L. BERGHAHN, ›Das Pathetischerhabene‹: Schillers Dramentheorie, in: ders. (Hg.), Schiller, Darmstadt 1972. – W. DÜSING, Schillers Idee des Erhabenen, Köln 1967. – R. HOMANN, Erhabenes und Satirisches: Zur Grundlegung einer Theorie ästhetischer Literatur bei Kant und Schiller, München 1977.

                                    B. GREINER

Von der heiligen Poesie, Friedrich Gottlieb KLOPSTOCK; ED Kopenhagen 1755 (in: Der Messias, Gesang 1–5).

In dieser Abhandlung legitimiert Klopstock geoffenbarte Religionsinhalte als Gegenstand der Dichtkunst. In der Diskussion über das »Wunderbare«, die sich an Miltons *Paradise Lost* (1667; *Das verlorene Paradies*) entzündet hatte, hatte Gottsched in seiner rationalistischen Wirkungspoetik (→*Versuch einer kritischen Dichtkunst*) Werke abgelehnt, die »Wahrheit und Wahrscheinlichkeit« nicht achten, während Bodmer (→*Critische Abhandlung von dem Wunderbaren in der Poesie*) und Breitinger (→*Critische Dichtkunst*) das »Wunderbare« als Gegenstand der Dichtkunst anerkannten. Klopstock, der an Bodmers und Breitingers Positionen anknüpft, führt aus, daß die Folgen, die ein Leser »aus den Geschichten zieht, welche er, in diesem Feuer des Herzens oder der Einbildungskraft, für wahr hält [...] seinem moralischen Charakter nicht schädlich« sind. Wie Gottsched und im Gegensatz zur Genieästhetik des ›Sturm und Drang‹ hält er noch an der ethischen Orientierung von Poesie fest: »Der letzte Endzweck der höhern Poesie […] ist die moralische Schönheit«. Im Unterschied zu Gottsched, der in der Tradition der Leibniz/ Wolffschen Schulphilosophie stehend die Ratio als oberste Seelenkraft des Menschen ansieht, betont Klopstock in der Nachfolge Bodmers und Breitingers die Bedeutung der Leidenschaften, um die beabsichtigte Wirkung von Poesie zu erreichen. Denn wenn »der Dichter diese Wahrheiten nicht vergebens sagen will; so muß er sie so sagen, daß sie das Herz ebensosehr als den Verstand beschäftigen«. Die »letzten und höchsten Wirkungen« der Werke der Poesie bestehen geradezu darin, »die ganze Seele« zu bewegen, die Poesie ist der »Schauplatz des Erhabnen«. Mit seinen wirkungsästhetischen Überlegungen steht Klopstock in der Tradition einer von der Rhetorik bestimmten Poetik, die bis zur Mitte des 18. Jh.s Gültigkeit hat. Zwischen der rationalistischen Wirkungspoetik und der Genieästhetik nimmt er eine Übergangsposition ein. Einerseits hält er an der moralischen Ausrichtung von Poesie fest, andererseits bereitet er mit der Betonung der Einbildungskraft als produktiver Kraft und der Bedeutung von Empfindung und Leidenschaft für die Wirkung von Poesie den Boden für die Genieästhetik.

Ausg.: Sämtliche Werke, Bd. 16, Leipzig 1823–30.
Lit.: G. KAISER, »Denken« und »Empfinden«: ein Beitrag zur Sprache und Poetik Klopstocks, in: DVjS 3 (1961), S. 321–44. – W. GROSSE, Studien zu Klopstocks Poetik, München 1977. – K. HILLIARD, Philosophy, Letters, and the Fine Arts in Klopstock's Thought, Leeds 1987.

M. NENON

Von der Natur der Gesichte, Oskar KOKOSCHKA, entst. 1912; ED 1921 (in: Menschen, Zeitschrift für neue Kunst 1, S. 7–10). Diese kunsttheoretische Schrift geht auf einen Vortrag vom 26. Januar 1912 in Wien zurück. Da Kokoschka frei sprach, wurde der Vortragstext erst nachträglich schriftlich niedergelegt und ist deshalb nicht vollständig erhalten. Der frühe Text gilt als das wichtigste programmatische Zeugnis von Kokoschkas künstlerischem Schaffen, nicht zuletzt deshalb, weil der Autor selbst diese kurze, aber sehr komplexe und bisweilen rätselhaft anmutende Schrift zum Kernstück seiner Welt- und Kunstauffassung erklärt hat. Er setzt sich in diesem Vortrag mit der Frage der Bedeutung und Entstehung von Kunstwerken auseinander. Im Zentrum seiner Überlegungen steht dabei die Beziehung von Künstler-Ich und Ding-Welt. Mit der Formel vom »Bewußtsein der Gesichte« sucht Kokoschka dieses komplizierte Verhältnis begrifflich zu entschlüsseln. Demnach handelt es sich bei der Beziehung, in der Subjekt- und Objekt-Welt zueinander stehen, nicht um ein nachrangiges Verhältnis, etwa in dem Sinne, daß sich die Dinge der Objekt-Welt auf der Ebene des Bewußtseins, der Ich-Welt lediglich abbilden würden. Vielmehr ist das Bewußtsein gewissermaßen an der Erschaffung der Objekt-Welt beteiligt, insofern es die amorphen, chaotischen Bilder, die »Gesichte« der Dinge, auf die es trifft, durch seine strukturierende, selektive und gestaltende Kraft zur Erscheinung bringt und damit für den Menschen erst wirklich werden läßt: »Das Bewußtsein ist die Ursache aller Dinge, auch der Vorstellungen. Es ist ein Meer, dessen Horizonte Gesichte sind!« Die Erfahrung von »Ich« und »Welt« ist für Kokoschka Resultat eines schöpferischen Prozesses, in dem der Mensch als Künstler dem gestaltlosen Material der Dingwelt und deren »Gesichten« Form gibt. Im »Bewußtsein der Gesichte« spricht sich eine Formanschauung aus, die eine menschliche Welt eigener Gesetzlichkeit aus dem Strom des Geschehens hervortreten läßt. Der Künstler ist in diesem Sinne wirklichkeitsstiftend. Er bildet und gestaltet seine eigene Welt. Erst durch diesen künstlerischen Schöpfungsakt konturieren sich für ihn Ich- und Objekt-Welt und kann das Bewußtsein seiner selbst für ihn zu einer realen Erfahrung werden. – Die Grundgedanken dieses schwierigen Textes haben in Form und Inhalt nicht nur das dramatische Werk Kokoschkas beeinflußt; mit Blick auf die Frage des Zusammenhangs von Bild und Begriff haben sie auch seine Werke der Malerei bestimmt.

Ausg.: Schriften 1907–1955, hg. v. H. M. WINGLER, München 1956, S. 337–41.
Lit.: R. BRANDT, Figurationen und Kompositionen in den Dramen Oskar Kokoschkas, München 1968.

B. BOSCHERT

Von der Popularität der Poesie, Gottfried August BÜRGER; EA Berlin 1824.

Das genaue Entstehungsdatum der Fragmentsammlung ist ungeklärt. Anklänge an die in ihr geäußerten Thesen finden sich in Bürgers Briefen bereits seit etwa 1778. Wie viele Schriftsteller und Dichter des Sturm-und-Drang distanziert sich Bürger von einer als zu abstrakt und einengend empfundenen literarischen Praxis (vgl.

Klopstock, *Von der Heiligkeit der Poesie*, 1760) und einer Kunstkritik, die nur den Gelehrten vorbehalten ist. Dabei gewinnen für ihn die Begriffe »Volk« und »Popularität« zentrale Bedeutung. – Dichtung ist bei Bürger die anschauliche Wiedergabe gesellschaftlicher Erfahrungen für die Einbildungskraft des Menschen. Die Kriterien für eine gelungene Darstellung sind unwandelbar: Kunstwerke müssen die gleiche Wirkung auf den Betrachter haben wie ihr Urgegenstand (vgl. Bodmer, *Critische Betrachtungen über die Poetischen Gemählde der Dichter*, 1741; Breitinger →*Critische Dichtkunst*, 1740), d. h. die Dichtkunst muß soziale Belange wirklichkeitsnah reproduzieren. Über die Auswahl der Gegenstände für die Kunst entscheidet aber allein der wandelbare Geschmack der Zeitgenossen: »Gäbe es ein ganzes Volk, dessen Nasen so organisiert wären, daß ihnen Teufelsdreck besser röche als die Rose, dem besinge man Teufelsdreck, statt der Rose.« Das Volk ist der einzig legitimierte Kunstrichter. Bürger will die beim kunstlos dichtenden Volk erhalten gebliebenen Lieder und Balladen aus alten Zeiten als Quelle der Inspiration nutzen und in seiner Dichtung noch einmal eine ursprüngliche Spontaneität und Volkstümlichkeit erzeugen, um eine in Vergessenheit geratene Kunst für alle Stände (Entstehung des deutschen Nationalstaates) aufblühen zu lassen (vgl. Herder, *Auszug aus einem Briefwechsel über Ossian und die Lieder alter Völker*, 1772; Th. Percy, *Reliques of Ancient English Poetry*, 1765; *Überreste alter englischer Dichtung*). Hatte Bürger bei dem Begriff Volk in seinen frühen Schriften vor allem die einfachen, bäuerlichen Stände im Blick, so versteht er später – unter dem Einfluß seiner Kritiker (z. B. Nicolai) – »Volk« als das, worin die Gebildetsten aller Klassen übereinstimmen. Anders als Herder, für den die Volksdichtung eine Gattung unter vielen war, sieht Bürger in ihr die am stärksten gemeinschaftsbildende, zum Mitschöpfen auffordernde, ursprüngliche Dichtkunst. So ›populär‹ wie diese Tradition sollen auch seine episch-lyrischen Balladen sein: lebendig im Ausdruck, einfach in den Gedanken und Bildern, ungezwungen im Versbau sowie lebensnah in der Auswahl der Stoffe (»verdaulich und nährend fürs ganze Volk«). Dem Wesen der Volksdichtung entstammte Bürgers Liebe für das Dramatische, das Sprunghafte, das Derbe und das Grausige, das er u. a. bei Shakespeare bewunderte (im Gegensatz zur Romanzendichtung Gleims).

Ausg.: Sämtliche Werke, hg. von G. HÄNTZSCHEL/H. HÄNTZSCHEL, München/Wien 1987.
Lit.: L. KAIM-KLOOCK, Gottfried August Bürger. Zum Problem der Volkstümlichkeit in der Lyrik, Berlin 1963. – C. JANENTZKY, Gottfried August Bürgers Ästhetik, Hildesheim 1978.

M. GÖRG-TESCHNER

Von der Sprachfähigkeit und dem Ursprung der Sprache, Johann Gottlieb FICHTE, ED Neu-Strelitz 1795 (in: Philosophisches Journal einer Gesellschaft Teutscher Gelehrten, Bd. 1, 3 und 1, 4).

Fichtes Abhandlung entstand im Rahmen einer einleitenden Vorlesung zur Transzendentalphilosophie, die er im Wintersemester 1794/95 anhand von Platners *Philosophischen Aphorismen* (1776–82) hielt. Die Sprache wird hier zum »Ausdruck unserer Gedanken durch willkürliche Zeichen«. Damit lehnt Fichte die in Herders Preisschrift →*Über den Ursprung der Sprache* (1770) vertretene Konzeption einer bloßen Empfindungssprache ab: »Unwillkürlicher Ausbruch der Empfindung ist nicht Sprache«. Auch in methodischer Hinsicht wendet er sich gegen den Rousseauismus des 18. Jh.s und dessen Fiktion eines sprach- und vernunftlosen Naturzustandes. Unter Verzicht auf pseudohistorische Ableitungsversuche entwirft Fichte eine transzdendentale »Deduction der Sprache«, welche die Grundzüge zu einer »Geschichte der Sprache a priori« enthält. Demgemäß ist die Sprache nicht als bloßes Produkt willkürlicher Verabredung oder gesellschaftlicher Konvention zu betrachten. Sie läßt sich nur aus dem in der Natur des Menschen gegründeten ursprünglichen »Trieb« erklären, »Vernunftmäßigkeit außer sich zu finden«. Dieser Kommunikationstrieb der menschlichen Vernunft verwirklicht sich zuerst in einer »Ur- oder Hieroglyphensprache«, die durch visuelle Zeichen wie Gestikulationen oder Zeichnungen im Sand der Mitteilung zwischen einzelnen ermöglicht. Den Übergang von der Hieroglyphen- zur Gehörsprache erzwingt der gesteigerte Mitteilungstrieb in größeren Versammlungen. Um die Aufmerksamkeit der Volksversammlung bleibend auf sich ziehen zu können, bedarf es der Ersetzung der visuellen durch auditive Zeichen. Schließlich bildet sich im fortgesetzten öffentlichen Gebrauch aus der primitiven imitativen »Natursprache« eine differenzierte »Sprache der Vernunftcultur« heraus, deren höchster grammatischer Ausdruck die erste Person ist: »›Ich‹ drückt den höchsten Charakter der Vernunft aus.« – Fichte hat in seinen *Vorlesungen über Platners Aphorismen* diese frühe Sprachphilosophie im Sinne seiner transzendental-philosophischen Theorie der Interpersonalität noch vertieft und sie später vor allem in seinen *Reden an die deutsche Nation* (1807/08) stark modifiziert. Durch die Betonung des weltbildenden Charakters der Nationalsprache nimmt er dort wesentliche Züge des Humboldtschen Sprachdenkens (→*Über die Verschiedenheit des menschlichen Sprachbaues*) vorweg.

Ausg.: Gesamtausgabe der Bayerischen Akademie der Wissenschaften, hg. von R. LAUTH/H. JAKOB, Bd. 3, Stuttgart-Bad Cannstatt 1966, S. 91–127.
Lit.: W. JANKE, Die Wörter ›Sein‹ und ›Ding‹ – Überlegungen zu Fichtes Philosophie der Sprache, in: Der Transzendentale Gedanke. Die gegenwärtige Darstellung der Philosophie Fichtes, hg. von K. HAMMACHER, Hamburg 1981, S. 49–69. – J. HENNIGFELD, Fichte und Humboldt – Zur Frage der Nationalsprache, in: Fichte-Studien 2 (1990), S. 37–50.

P. L. OESTERREICH

Von Deutscher Art und Kunst.
Einige fliegende Blätter, hg. von Johann Gottfried HERDER; EA Hamburg 1773.
Die Kollektion von fünf, meist schon gedruckten, Texten entstand bei dem Versuch, Gerstenbergs *Schleswigsche Literaturbriefe* (1766–70) fortzusetzen. Sie bringt von Goethe den Aufsatz →*Von deutscher Baukunst* (1772), von P. Frisi einen Auszug aus dem *Versuch über die Gothische Baukunst* (1766), von J. Möser einen Auszug aus seiner *Vorrede zur Osnabrückischen Geschichte* (1768) unter dem Titel *Deutsche Geschichte*. Von Herder stammen der *Auszug aus einem Briefwechsel über Oßian und die Lieder alter Völker* und der Aufsatz *Shakespear*. Die Sammlung, welche die Erforschung des Volkslieds begründet, gilt als Manifest des ›Sturm und Drang‹. Sie ist ›deutsch‹ in dem vieldeutigen Sinn, daß sie sich gegen die französische Geschmackskultur des Adels wie gegen die lateinische Gelehrtenkultur absetzt, um sich dem europäischen Mittelalter und dem Volkstümlichen zuzuwenden. Diese Quellen sollen zur Erneuerung der Gegenwartsliteratur fruchtbar gemacht werden. – Der (gefälschte) keltische Sänger Ossian ist Herder das große Beispiel dafür, daß Poesie immer wieder neu entspringen kann, und zwar von den Randzonen der Kultur aus. Geographisch gesehen bei den Wilden, sozial gesehen bei der arbeitenden Bevölkerung sind Rede- und Dichtkunst noch authentisch. Mit seiner Lehnübersetzung des englischen Ausdrucks »popular ballads« prägt Herder erstmals den Begriff »Volkslied«. Es ist im Kollektiv entstanden und für das Kollektiv bestimmt, »im vollen Kreise des Volkes entsprungen, unter ihnen lebend und würkend«. Die elementare Poesie ist nicht von lateinischen Bildungseinrichtungen verfälscht, sondern unvermittelt naturnah, »in lebendiger Welt« gedichtet. Welt und Dichter, Milieu und Genie wirken im Namen der Natur zusammen. Was die zeitgenössische Lyriktheorie an der Ode als kunstvolle Unordnung studierte, ist für Herder Naturprodukt. Sprunghaft, im Modus einer unkontrollierten Aufmerksamkeit, dürfen und müssen die Teile des Liedes einander folgen, zumal die Melodie das Ganze zur Einheit integriert. So entdeckt Herder das hermeneutische Zusammenspiel

von Teil und Ganzem in seiner Begeisterung für das Volkslied, aber auch für Shakespeare und seinen »Göttergriff eine ganze Welt der Disparatesten Auftritte zu Einer Begebenheit zu erfaßen«. In der aktivierenden Betrachtung der Geschichte zeigt sich ihre immerwährende Ursprungsqualität oder die »Weltjugend«. Wenn Herder wünscht, »daß in Ode und Tischgebet, Kirchen- und Liebesgesange das Herz und kein Regelncodex [...] statt unser, sprechen dörfe«, so kann er Klopstocks *Oden* (1771) als Erfüllung dieses Wunsches feiern. Wenn er sich vornimmt, Shakespeare nicht zu kritisieren, sondern »zu erklären, zu fühlen wie er ist, zu nützen, und wo möglich! uns Deutschen herzustellen«, so kann er am Schluß auf Goethes »edles Deutsches Würken«, auf den *Götz von Berlichingen* (1773) vorausweisen. Wie durch Ossian das Heldenlied, so ist durch Shakespeare das Drama ein zweites Mal entstanden. Die Grundsätze des Aristoteles gelten historisch nur für Griechenland. Frankreichs Drama ist gerade deswegen steril geworden, weil es das antike Vorbild übernahm, ohne es französischen Verhältnissen anzupassen. Indem Shakespeare das nordische Mittelalter darstellt, löst er die originäre Aufgabe, »selbst lieber sein Drama zu erfinden«. Als Dichter der Geschichte vermag er ebenso Furcht und Mitleid zu erwecken wie Sophokles. Die drei Aristotelischen Einheiten (→*Peri poietikes*) des Ortes, der Zeit und der Handlung interpretiert Herder als eine Funktion des Textes, insofern dieser eine Ganzheit bildet: »Im Gange seiner Begebenheit, seiner Welt [...] da liegt sein Raum und Zeit«. Er trennt die Textzeit von

der Ereigniszeit und trägt somit entscheidend dazu bei, die Totalität und Historizität dichterischer Werke in eins zu begründen.

Ausg.: Hg. von H. D. IRMSCHER, Stuttgart 1968.
Lit.: H. STROBACH, Herders Volksliedbegriff. Geschichtliche und gegenwärtige Bedeutung, in: Jb. f. Volkskunde u. Kulturgeschichte 21 (1978), S. 9–55. – E. KNODT, Dramatic Illusion in the Making of the Past: Shakespeare's Impact on Herder's Philosophy of History, in: Johann Gottfried Herder. Language, History, and the Enlightenment, hg. von W. KOEPKE, Columbia 1990, S. 209–23.

H. BOSSE

Von deutscher Baukunst, Johann Wolfgang von GOETHE; ED Frankfurt/M. 1772; 2. (völlig neue) Fassung in der Zeitschrift *Über Kunst und Altertum*, 1823.
Zusammen mit der Rede →*Zum Schäkespears Tag* bildet der Aufsatz von 1772 die Grundlage von Goethes Sturm-und-Drang-Ästhetik. Während die *Shakespeare*-Rede sich vorwiegend mit der Literatur befaßt, ist der *Baukunst*-Aufsatz den bildenden Künsten, insbesondere der Architektur, gewidmet. Beiden gemeinsam sind Genie-Ästhetik und -Typologie, die einen Künstler der Vergangenheit (Shakespeare bzw. Erwin von Steinbach) als Genie darstellen, um ihn auf Prometheus als Urgenie zurückbeziehen zu können. Während die Gegenwart aufgrund des vorherrschenden französischen Klassizismus als geniefeindlich kritisiert wird, impliziert die Genie-Typologie ein Genie der Zukunft, das »mehr als Prometheus [...] die Seligkeit der Götter auf die Erde« leite. – Mit der Entdeckung Erwins von Steinbach, dem Hauptmeister des Fassadenunterbaus des Straßburger Münsters, einem »Koloß« mit »Babelgedanken«, verbindet Goe-

the die Einsetzung eines neuen Urmodells der Architektur. Neben die aus vier Säulen und Architraven bestehende »Urhütte« der Antike und des Klassizismus setzt er das aus je zwei an ihrem Gipfel sich kreuzenden Stangen und einer Stange als First bestehende »Urzelt«. Dieses ist das Vorbild für das aus vier Mauern bestehende Gebäudemodell Nordeuropas. Der Genius Erwins von Steinbach bezeugt sich darin, daß er die Mauer »vermannigfaltigte« und gegen den Himmel wie einen lebendigen Organismus, »gleich einem [...] Baume Gottes«, aufführte. Die Münsterfassade wird so als organische Totalität verstanden. Mit dem Organismusgedanken ist eine Umwertung des negativen Begriffs »gotisch« verbunden, der z. Zt. Goethes noch »barbarisch« bedeutete. Goethe polemisiert hier gegen Joh. G. Sulzers klassizistische →*Allgemeine Theorie der schönen Künste*. Gotische Baukunst ist für Goethe »deutsche Baukunst«, die der griechischen gleichzustellen ist. Wie in der *Shakespeare*-Rede wird Kunst produktionsästhetisch als Ausdruck der »bildenden Natur« des Menschen bestimmt. Sie ist für den Goethe des Sturm-und-Drangs »lange bildend, eh' sie schön ist«. Was Goethe als »charakteristisch« bezeichnet – origineller und wahrer Ausdruck der subjektiven Empfindung des Künstlers –, wird so zum Kennzeichen der Kunst überhaupt: »Diese charakteristische Kunst ist nun die einzig wahre.« Der gleichnamige Aufsatz von 1823 ist ein Rückblick aus der Spätzeit. Er wurde gleichsam als Vorwort zum Wiederabdruck des Jugendaufsatzes verfaßt, wobei Goethe besonders den Standpunkt des Ge-

schichtlichen hervorhob. Seine erneute Begegnung mit der Gotik stand unter dem Einfluß des Romantikers S. Boisserée und dessen Bemühungen um die Vollendung des Kölner Doms.

Ausg.: Werke, Hamb. Ausg., Bd. 12, hg. von E. TRUNZ, München [10]1981, S. 7–15 und 177–82 (2. Aufl.).
Lit.: H. KELLER, Goethes Hymnus auf das Straßburger Münster und die Wiedererweckung der Gotik im 18. Jahrhundert 1772/1972, München 1974. – N. KNOPP, Zu Goethes Hymnus ›Von deutscher Baukunst‹. D. M. Ervini a Steinbach, in: Dt. Vierteljahrsschr. 53 (1979), S. 617–50. – K. EIBL, ... Mehr als Prometheus ... Anmerkung zu Goethes Baukunst-Aufsatz, in: Schiller-Jb. 25 (1981), S. 238–48.

E. BAHR

Vopros o literaturnoj évoljucii (russ.; *Über die literarische Evolution*), Jurij Nikolaevič TYNJANOV; ED Leningrad 1927 (in: Na literaturnom postu, 10, S. 42–48); dt. Frankfurt/M. 1967 (in: Die literarischen Kunstmittel und die Evolution in der Literatur, S. 37–60).

Der programmatische Aufsatz ist der wichtigste Beitrag Tynjanovs zur Theorie einer Literaturgeschichte. Im Geiste der russischen Formalen Schule setzt er seine Überlegungen aus den Studien *Dostoevskij i Gogol'* (1921; *Dostojewski und Gogol*), *Oda kak oratorskij žanr* (1927; *Die Ode als oratorische Gattung*) und *Literaturnyj fakt* (1924; *Das literarische Faktum*) fort und entfaltet den erstmals ein Jahr zuvor im Vorwort zum Sammelband *Russkaja proza* (1926; *Russische Prosa*) skizzierten Entwurf einer historischen Innovationspoetik. Gegen das kausal-genetische Denken im literarhistorischen Psychologismus der Jahrhundertwende und in der zeitgenössischen Literatursoziologie gewandt, umreißt Tynjanov in Teilanalogie zu Cassirers mathematisch-philosophischem Funktionsbegriff, zu Saussures linguistischem Systembegriff und zu Darwins Evolutionslehre den »literarischen Prozeß« als das Wechselspiel und die kämpferische Folge von systematischen Relationen (»Funktionen«). Durch die »Autofunktion« ist eine literarische Erscheinung bezogen auf die Reihe analoger Elemente in anderen Systemen, durch die sie voraussetzende »Synfunktion« als konstruktive Funktion auf das jeweilige Werk selbst, durch die literarische Funktion auf die »literarische Reihe«, durch die sprachliche Funktion schließlich auch auf das »Alltagsleben« (»byt«) →*Literatura i literaturnyj byt.* – Die Intention der sprachlichen Funktion bezieht sich somit nie auf das Einzelwerk, sondern stets auf die literarische Reihe. Durch die Stellung seiner Gattung (als Beispiele behandelt er Parodie, Ode, Roman) im jeweiligen Gattungssystem findet das Werk seinen Ort in der literarischen Entwicklung, die als Folge einander ablösender literarischer Systeme bestimmt wird. Das System der literarischen Reihe selbst ist das System ihrer Korrelation mit nichtliterarischen Reihen. Durch die Auffassung vom Kunstwerk als System von Elementen und Relationen, das über das System der Literatur Teil eines übergeordneten Systems der Systeme ist, weist der Aufsatz voraus auf das gemeinsam mit R. Jakobson formulierte frühstrukturalistische Manifest *Problemy izučenija literatury i jazyka* (1928; *Probleme der Literatur- und Sprachforschung*), dem das politisch erzwungene Ende des russischen ›Formalismus‹ folgte. Seine Wirkung zeigt sich vor allem in der strukturalistischen

Literaturgeschichtsschreibung (z. B. bei J. Mukařovský und F. Vodička).

Ausg.: Russ./dt. in: Texte der russischen Formalisten, Bd. 1, hg. von J. STRIEDTER, München 1969, S. 432–61.
Lit.: A. HANSEN-LÖVE, Der russische Formalismus. Methodologische Rekonstruktion seiner Entwicklung aus dem Prinzip der Verfremdung, Wien 1978. – P. STEINER, Three metaphors of Russian formalism, in: Poetics Today, 1980, S. 59–116.

R. GRÜBEL

Voprosy literatury i èstetiki (russ.; *Fragen der Literatur und Ästhetik*), Michail M. BACHTIN, entst. 1919–74; separater ED der Arbeiten 1965–74; EA Moskau 1975; dt. u. d. T. *Die Ästhetik des Wortes*, Frankfurt/M. 1979.
Die Sammlung verschiedener Arbeiten enthält in chronologischer Reihenfolge wichtige Etappen von Bachtins Ästhetik und Poetik. Die wichtigsten Texte sind: 1. *Problema soderžanija, materiala i formy v slovesnom chudožestvennom tvorčestve* (ca. 1924; *Das Problem von Inhalt, Material und Form im Wortkunstschaffen*) – eine Kritik der Literaturtheorie der russischen Formalen Schule (v. a. Šklovskij, Èjchenbaum, Tynjanov) aus der Sicht einer phänomenologisch argumentierenden philosophischen Ästhetik. Hier ist ein deutlicher Einfluß der ›Heidelberger Ästhetik‹ G. Lukács' zu erkennen. 2. Die stilistisch-historische Abhandlung *Slovo v romane* (1934–35; *Das Wort im Roman*). Sie deutet die Tradition humoristischer (z. B. Dickens) und parodistischer (Puškin, Cervantes Saavedra, Cena Cypriani) Prosaliteratur als Vorgeschichte der ›kopernikanischen Wende‹, die das Werk Dostoevskijs für die abendländische Prosa bedeutet hat (→*Problemy tvorčestva Dostoevskogo*). Werke

dieser Tradition bilden eine »zweite stilistische Linie« der Literatur. Diese hebt sich von der »ersten stilistischen Linie« des Epos und des realistischen Romans z. B. Tolstojs durch »Vielstimmigkeit«, d. h. durch die Interferenz in Rede und Wertungshaltung zwischen verschiedenen individualisierten Instanzen (v. a. Erzähler und Held) ab. Die personale Perspektivierung ist darum nach Bachtin das Verfahren der polyphonen (bzw. dialogischen) Prosa schlechthin. Den vielstimmigen Roman mit seiner Hybridisierung räumlich, zeitlich, sprachlich und ideologisch differierender personaler Welten (»jede Stunde, jeder Ort, jede Meinung hat ihr ›Wort‹«) stellt Bachtin der nie den Rahmen einer einheitlichen sprachlichen und weltanschaulichen Welt durchbrechenden Versdichtung antithetisch gegenüber. 3. *K metodologii literaturovedenija* (1974; *Zur Methodologie der Literaturwissenschaft*) problematisiert die Alternative zwischen verdinglichender Wahrnehmung des Wortes als Material der Literatur und seiner personalen Wahrnehmung als Wort des Menschen sowie die über den Text hinausführenden – sei es in Richtung auf den Kontext oder auf die »Idee der Weltgesamtheit« – Sinndimensionen des ›ästhetischen Objekts‹.

Lit.: J. LOTMAN, Bachtin – sein Erbe und aktuelle Probleme der Semiotik, in: Roman und Gesellschaft, Jena 1984, S. 32–40. – M. FREISE, Michail Bachtins philosophische Ästhetik der Literatur, Frankfurt/M. 1992.

M. FREISE

Vorlesungen über die Ästhetik, Georg Wilhelm Friedrich HEGEL, gehalten Heidelberg 1817/18 und Berlin 1820/21, 1823, 1826, 1828/29; EA Berlin 1835–38 (3 Bde.).

Hegels spekulativ-idealistische Ästhetik oder Kunstphilosophie beruht auf dem Interesse, in der Auseinandersetzung mit der Französischen Revolution, den Ideen der Aufklärung, Kants praktischer Philosophie und Schillers Ästhetik die Schönheit in ihrer Beziehung zum höchsten Zweck der Menschheit, der Verwirklichung der Sittlichkeit im Handeln, zu begreifen. Diese Thematik wird nicht wie bei Schiller wirkungsästhetisch, sondern inhaltsästhetisch ausgeführt. Kunst, Religion und Philosophie bilden die Sphäre des »absoluten Geistes«. Denselben Inhalt, den die christliche Religion in der Form der »Vorstellung« erfaßt und die Philosophie in der Weise des »Denkens«, bringt die Kunst in der Weise der »sinnlichen Anschauung« zum Bewußtsein. Da diese für die neuzeitliche Reflexion nicht mehr wie für die griechische Antike das »höchste Weise ausmacht, sich des Absoluten bewußt zu sein«, ist die Kunst »für uns ein Vergangenes«, »ihre Form hat aufgehört, das höchste Bedürfnis des Geistes zu sein«. Das in der Kunst Angeschaute ist das »Schöne [...] als das sinnliche Scheinen der Idee« bzw. das »Kunstschöne oder das Ideal«, die Idee ›in individuo‹ nach Kant. Die Idee, das Absolute oder das Göttliche begreift Hegel nicht bloß als das »höchste Wesen«, sondern wie im Christentum als »Geist«, religiös gesprochen als »Dreiheit der Personen, die für sich zugleich als Eine ist«. Das Absolute hat insofern die Bestimmung, »zur Besonderung und Erscheinung und zur Einheit mit sich in derselben fortzuschreiten« bzw. »sich als das Unendliche und

Allgemeine zu negieren zur Endlichkeit und Besonderheit und diese Negation ebensosehr wieder aufzuheben und somit das Allgemeine und Unendliche im Endlichen und Besonderen wiederherzustellen«. Die trinitarische Struktur Gottes bzw. des Geistes, die in den *Vorlesungen über die Philosophie der Religion* (1832) als der »Prozeß des Sichunterscheidens, Dirimierens und [...] Insichzurücknehmens« gefaßt ist, bildet das Modell der Dialektik (als das Grundmodell für Hegels gesamte Philosophie). In der *Ästhetik* wird sie an den anthropomorphistisch individualisierten und theomorphistisch gereinigten Göttern der griechischen Skulptur ebenso aufgewiesen wie in der Dialektik des Sittlichen im Handeln, das die dramatische Poesie darstellt. Die Dialektik ist auch im Verlauf der Kunstgeschichte selber wirksam, in der als Geistesgeschichte die »Substanz Subjekt« wird (entsprechend der *Phänomenologie des Geistes*, 1807). – Die immense Fülle der so gedeuteten Kunstphänomene entfaltet Hegel in drei Teilen. Im ersten führt er den allgemeinen Begriff des Kunstideals handlungstheoretisch aus. Im zweiten Teil entwickelt er ihn geschichtsphilosophisch zu den besonderen Kunstformen: zur »symbolischen Kunstform« der naturhaft-pantheistischen Weltanschauung, die den Anfang der Kunst im Morgenland darstellt; zur »klassischen Kunstform« der schönen polytheistischen Welt, die allein das Kunstideal als »vollendete Einheit der inneren Bedeutung und äußeren Gestalt« – im Götterbild – verwirklicht; zur »romantischen Kunstform« der christlichen, sittlich-monotheistischen Welt, die das Ende der Kunst und den

Übergang zur Philosophie bedeutet. Im dritten Teil behandelt Hegel die gattungsgeschichtliche Verwirklichung des Ideals in den einzelnen Künsten. Diese gliedert er unter dem Aspekt der zunehmenden Vergeistigung ihres Materials – »Stein, Farbe oder Ton« und Sprache – und ordnet sie auch nach ihrer Bedeutung für das Kultbild den genannten Kunst- bzw. Religionsepochen zu: die Architektur der symbolischen Kunstform, die Skulptur der klassischen und Malerei, Musik und Poesie der romantischen. »Hat nun die Architektur den Tempel aufgeführt und die Hand der Skulptur die Bildsäule des Gottes hineingestellt«, so bringen die romantischen Künste »die Gemeinde« hinzu, die »Vielheit vereinzelter Innerlichkeit«, die eigentlich handelnde Menschheit. Die romantische Subjektivität vergegenwärtigt sich das Absolute im Mittelalter im Altargemälde und, nach dem Schwinden der katholischen Bilderwelt, in gesteigerter Verinnerlichung in der Musik, in Passionen und Oratorien. Die Poesie behauptet gegenüber den anderen Künsten eine Vorrangstellung. Sie ist als »Kunst der Rede« die geistigste aller Künste und insofern die unbeschränkteste, die »allgemeine Kunst«, die allen Epochen angehört. In ihr allein ist die Darstellung der »in sich differenten, prozessierenden Bestimmtheit des Ideals« als kollisionsvoller »Handlung« in der »Bewegung von Aktion, Reaktion und Lösung ihres Kampfs« vollständig möglich. Konstitutiv für die Handlung sind die »allgemeinen, substantiellen Mächte des Handelns«, die zu ihrer Betätigung und Verwirklichung der »menschlichen Individualität« bedürfen, in welcher sie als »bewegendes Pathos« erscheinen. Im Drama, der »höchsten Stufe der Poesie und der Kunst überhaupt«, kommt die Dialektik der Sittlichkeit voll zur Entfaltung und zum Bewußtsein (exemplarisch zeigt dies die *Antigone* des Sophokles). Durch die einseitige Pathos der gegeneinander handelnden Individuen (Antigones Familienpietät, Kreons Sittlichkeit des Staats) entäußert und verendlicht sich das Göttliche in seiner Verwirklichung ebenso wie es in der tragischen Versöhnung durch den Untergang der Helden bzw. die Aufhebung ihrer Einseitigkeit seine Unendlichkeit wieder herstellt. – Nachgewirkt hat Hegels *Ästhetik* in der Kunstgeschichte, der Bildung ihrer Epochenbegriffe, und in der Literaturtheorie in der modernen Gattungspoetik (P. Szondi). Für die Philosophie ist vor allem ihre These vom Vergangenheitscharakter der Kunst von Bedeutung. Bereits im 19. Jh. wurde der Dogmatismus der Hegelschule bei der Anwendung ihrer apriorischen Geschichtskonstruktion kritisiert. Auch in jüngster Zeit wird anhand der Gegenüberstellung der Hothoschen Druckfassung und der Vorlesungszeugnisse die Entwicklungsgeschichte gegenüber dem Systemgedanken der *Ästhetik* betont.

Ausg.: Werke in zwanzig Bänden, hg. von E. MOLDENHAUER/K. M. MICHEL, Bde. 13–15, Frankfurt/M. 1986.
Lit.: P. SZONDI, Hegels Lehre von der Dichtung, in: Poetik und Geschichtsphilosophie 1, hg. von S. METZ/H.-H. HILDEBRANDT, Frankfurt/M. 1974, S. 267–511. – H. TURK, Hegel (1770–1831), in: Klassiker der Literaturtheorie, hg. von H. TURK, München 1979, S.122–32. – H. Welt und Wirkung von Hegels Ästhetik, hg. von A. GETHMANN-SIEFERT/O. PÖGGELER, Bonn 1986.

H. WILKENS

Vorschule der Aesthetik nebst einigen Vorlesungen in Leipzig über die Partheien der Zeit, JEAN PAUL; EA Hamburg 1804 (3 Bde.).

Jean Paul selbst lokalisiert seinen Text historisch zwischen Aufklärung und Romantik. Mit der Aufklärung verbindet ihn die traditionelle Kommunikationstheorie, die den drei rhetorischen Wirkungszielen des »docere« (belehren), »delectare« (erfreuen) und »movere« (emotional bewegen) verpflichtet bleibt. Mit der Romantik verbindet ihn die moderne Semiotik, welche die Differenz von Zeichen und Bedeutung, Schrift und Sprache, Endlichem und Unendlichem einsetzt. Aus solchen Verbindungen ist eine Schaffenstheorie (Poetik) der Prosa entstanden, die bis in die Gegenwart, wenn auch nicht kontinuierlich, wirksam geblieben ist. In der ästhetischen Reflexion der Goethezeit verwandelt sich das antike Problem der »Naturnachahmung« in die moderne Frage: Wie verhalten sich Idee und Realität in der Kunst zueinander? Jean Paul macht diese Fragestellung konsequent für Kommunikationsprozesse fruchtbar. Weder der Realismus der »Poetischen Materialisten« noch der Idealismus der »Poetischen Nihilisten« befriedigt, sondern erst die Vermittlung zwischen beiden. Vermittlungen prägen die *Vorschule* von der Stilanalyse bis hin zum Menschenbild. Die Tropen, vor allem die Metaphern, vermitteln als »geistige Farben, blühende Geister« zwischen Geist und Körper, in der Sprache wie in der Religion: Gott und die Metapher haben ein und denselben Ursprung. Der Mensch selber ist, mit Herder geredet: »verhüllter sichtbarer Gott«, oder mit

Foucault: eine empirisch-transzendente Doublette. Daher bewegen sich die ästhetischen Grundbegriffe, die Theorie des Schreibens, die Beobachtungen zum Erzählen in einem Feld von Doppelungen. — Im ersten Teil der *Vorschule* erörtert Jean Paul Begriffe wie Genie und Phantasie, Komisches und Erhabenes, griechische und romantische Dichtkunst. Mit dem letzten Gegensatzpaar greift er Schillers Unterscheidungen aus dem Aufsatz →*Über naive und sentimentalische Dichtung* auf. Allerdings verändert er sie durch eine Schreibstrategie der »Empfindsamkeit«, durch den konstanten Ich-Bezug. Wo bei Schiller die Satire zu finden war, durch die ein Autor die Wirklichkeit kritisiert, steht bei Jean Paul der Humor, durch den sich ein Autor von der Wirklichkeit, und zugleich von sich selbst, distanziert. Wo bei Schiller die Darstellung des Ideals, als Elegie oder Idylle, zu finden war, steht bei Jean Paul die Verklärung der Wirklichkeit, beglaubigt durch Sehnsucht. Der Begriff des Humors ist dabei stets als das Zentrum von Jean Pauls Ästhetik angesehen worden. Sie bestimmt den Humor als eine Auseinandersetzung mit dem Unendlichen, als »das umgekehrte Erhabene«. Der Humor bringt den »Sinn des Grenzenlosen« bei allen menschlichen Grundvermögen — Vernunft, Wille und Einbildungskraft — ins Spiel, und zwar in einer mehrfachen Desidentifikation: gegenüber dem Dargestellten als der »weltverachtenden Idee«; gegenüber den Darstellungsmitteln im »metamorphotischen sinnlichen Stil des Humors«; gegenüber dem, der schreibt oder spricht, indem »im Humor das Ich parodisch

heraustritt«. Als Stilprinzip begründet der Humor das Wechselspiel von Kommunikation und Metakommunikation. Jean Paul formuliert dies vielfach in einer Metaphysik des Schreibens, die jedoch, kraft des konstanten Ich-Bezugs, mit der Psychologie des Autors zusammenhängt: »Das Mächtigste im Dichter, welches seinen Werken die gute und die böse Seele einbläset, ist gerade das Unbewußte«. — Im zweiten Teil der *Vorschule* erörtert Jean Paul Stil- und Erzählprobleme in ständigem Bezug auf die eigene Praxis und die anderer Autoren. Zentrum der Stilbeobachtungen ist die Metapherntheorie, Angelpunkt der Erzählreflexionen ist das — problematische — Verhältnis von Charakter und Handlung. Schließlich geht Jean Paul direkt zur Literaturkritik über und beschließt sie mit einer Apotheose Herders. Damit nimmt er Stellung gegen die Weimarer Klassik. Er fordert keine Werkästhetik oder Kunstautonomie, sondern ›erfreuende‹, ›belehrende‹ und ›bewegende‹ Kommunikation mit dem Bild der Leser.

Ausg.: Werke, hg. von N. MILLER, Bd. 5, München 1963.
Lit.: K. WÖLFEL, »Ein Echo, das sich selber in das Unendliche nachhallt«. Eine Betrachtung von Jean Pauls Poetik und Poesie (1966), in: Jean Paul, hg. von U. SCHWEIKERT, Darmstadt 1974, S. 277–313. – V. U. MÜLLER, Narrenfreiheit und Selbstbehauptung. Spielräume des Humors im Werk Jean Pauls, Stuttgart 1979.

H. BOSSE

Wahrheit und Methode. Grundzüge einer philosophischen Hermeneutik, Hans-Georg GADAMER, EA Tübingen 1960.
Gadamer entwickelt eine umfassende Neubegründung der Hermeneutik auf der Grundlage der

drei »artes« (»ars intelligendi«, »ars explicandi«, »ars applicandi«), wobei er sowohl ethische (Aristoteles) als auch juristische Ansätze miteinbezieht und philologische (der hermeneutische Zirkel) sowie theologische Denkfiguren (die »Gleichzeitigkeit« nach S. Kierkegaard) überträgt, erweitert und universalisiert. Die hier vorherrschende ungebrochene Weitergeltung klassischer ästhetischer Theoreme (»Katharsis«, »Spielkonzeption«) restituiert allerdings einen Traditionsbegriff, der die ästhetische Moderne außer acht läßt. Dies zeigt die Forderung: »Die Ästhetik muß in der Hermeneutik aufgehen«. In der intellektuellen Konstellation der 60er Jahre formuliert Th. W. Adorno daraufhin eine radikal antihermeneutische Gegenposition auf der Grundlage einer verabsolutierten Moderne: »Kunstwerke sind nicht von der Ästhetik als hermeneutische Objekte zu begreifen, zu begreifen wäre, auf dem gegenwärtigen Stand, ihre Unbegreiflichkeit«. Diese Polarisierung verhinderte die Entstehung einer modernen ästhetischen Hermeneutik. – Im historischen Aufriß setzt Gadamer eine Schlüsselphase um 1800 an, wobei er Aufklärung und Romantik, hinsichtlich ihres Traditionsbegriffs, nach dem Muster einer Umspiegelung wechselseitig kritisiert. Ausgehend von M. Heideggers existentialontologischer Erläuterung der Vorstruktur des Verstehens, formuliert er eine antiaufklärerische Rehabilitierung der »Vorurteile als Bedingungen des Verstehens«. Insofern dabei wissenssoziologische und sozialpsychologische Verstehensdispositionen und Deutungsgewohnheiten unberücksichtigt bleiben, wird das Modernitätsdefizit der Existenzphilosophie (Heideggers »man«) prolongiert. Von zentraler Bedeutung ist der Aufweis der nie ganz aufdeckbaren wirkungsgeschichtlichen Vermitteltheit des Verstehens. Gadamer markiert so eine »Grenze der Reflexionsphilosophie«, gegen die er den Erfahrungsbegriff ausspielt und neu auflädt. Zugleich wehrt er die Geltungsansprüche des »historischen Objektivismus« und die »Naivität des Methodenglaubens« im Bereich der Geisteswissenschaften ab. Er schließt damit an W. Diltheys Bemühungen um eine wissenschaftstheoretische Differenzierung nomothetischer und ideographischer Verfahren an. Die neuerliche Verschiebung der Methodengrenzen im Bereich der empirischen Sozialwissenschaften (hermeneutische Implikate bei Befragung und Auswertung) und die Schwierigkeiten des interdisziplinären Kategorientransfers beachtet er allerdings nicht. Seine Typologie »wirkungsgeschichtlicher Verflechtungen« wäre deshalb weiterzuentwickeln, damit durchgesetzte und linear tradierte von verdeckten oder abgebrochenen Wirkungsgeschichten unterschieden werden können. Den gegenwartsverhafteten Ausgangspunkt des Verstehenden weitet Gadamer zum »Bewußtsein der hermeneutischen Situation« aus. Dabei entwickelt er den Situationsbegriff sowohl von Denkfiguren K. Jaspers' als auch E. Rothackers weiter und verbindet ihn mit dem Horizontbegriff E. Husserls. Das lebensunmittelbare und historische Einbezogensein des Verstehenden erlaubt kein »gegenständliches Wissen« von jener Situation, sondern lediglich eine »Erhellung« im Sinne einer unvollendbaren »wirkungsgeschichtlichen Reflexion«. Sobald der Hermeneut sich mit einer abgelegenen historischen Epoche oder einem Text derselben beschäftigt, entsteht der »Entwurf eines historischen Horizontes«. Obwohl er sich »seiner eigenen Andersheit bewußt« bleibt, vollzieht der Interpret schließlich eine »Horizontverschmelzung«. Damit löst Gadamer die überkommene hermeneutische Vorstellung eines »Sich-Versetzens« ab. Der Entwurf des historischen Horizontes darf nicht fixiert werden, sondern wird als »Phasenmoment im Vollzug des Verstehens« ausgegeben. Statt eines modernen Methodenbewußtseins schreibt die Hermeneutik lediglich den »kontrollierten Vollzug solcher Verschmelzung« vor. Hinsichtlich des Verhältnisses von jeweils ganzheitlichem Entwurf und verstandenem Einzelnem kommt es so zu einer Übertragung und Historisierung des hermeneutischen Zirkels. Die Trennung und Verschmelzung von Zeithorizonten läßt allerdings keinen Raum für die antizipatorische Funktion historischer ästhetischer Werke, deren Geltungsanspruch in anderer Weise eingelöst und aktualisiert werden kann als der von Werken, die sich ganz aus dem Kontext ihrer Zeit erschließen lassen. Die Aporien des Zeitmodells bei Gadamer zeigen sich bei allen Formen der inneren Ungleichzeitigkeit sowie der transformationellen Fixierung auf frühere Denkstrukturen.

Ausg.: Tübingen ⁵1986.
Lit.: H. Turk, Wahrheit oder Methode?, in: Hermeneutische Positionen, hg. v. H. Birus, Göttingen 1982, S. 120–50. – J. Grondin, Hermeneutische Wahrheit? Zum Wahrheitsbegriff H.-G. Gadamers, Königstein/Ts. 1982. – D. Teichert, Erfahrung, Erinnerung, Erkenntnis. Untersuchungen zum

Wahrheitsbegriff der Hermeneutik Gadamers, Stuttgart 1991.

E. M. Michel

Was ist Neostrukturalismus?, Manfred Frank; EA Frankfurt/M. 1983.
Frank geht der Frage »Was ist Neostrukturalismus?« in einer Vorlesung über Autoren nach, die normalerweise als Poststrukturalisten bezeichnet werden. Er entscheidet sich für das Präfix Neo- (und riskiert dessen pejorative Konnotationen), um die tieferliegenden Gemeinsamkeiten so verschiedener Intellektueller wie J. Lacan und F. Guattari und so unterschiedlicher Fächer wie Psychoanalyse und Linguistik in mehr als der bloß zeitlichen Nachfolge eines ›Post‹ kenntlich zu machen. Den im Strukturalismus entwickelten »Begriff der Struktur – verstanden als ein System gleichzeitiger Oppositionen« – hat der Neostrukturalismus für Frank »sowohl aufgegriffen als auch kritisch überwunden«. An die Stelle einer geschlossenen und zentrierten Struktur setzte der Neostrukturalismus – in antimetaphysischer Überbietung F. Saussures – die Auffassung einer nicht-geschlossenen, dezentrierten Struktur. In der Herausarbeitung der strukturalistischen Voraussetzungen versteht sich Franks Buch als der Anfang eines Dialogs zwischen zwei philosophischen Traditionen: der sich in den Schriften des Linguisten Saussure und des Anthropologen Cl. Lévi-Strauss anbahnende Dialog der französischen Strukturphilosophie mit der seit Nietzsche und Heidegger immer fraglicher gewordenen Subjektphilosophie deutscher hermeneutischer Provenienz. – Die sechs einleitenden Vorlesungen

befassen sich mit programmatischen Texten von Saussure, Lévi-Strauss, F. Lyotard (→*La condition postmoderne*) und J. Derrida. Die folgenden 27 Vorlesungen wenden sich unter geschichtsphilosophischem und hermeneutischem Blickwinkel M. Foucault (→*Les mots et les choses*; *L'Archéologie du savoir*, 1969, *Archäologie des Wissens*; *L'ordre du discours*, 1971, *Die Ordnung des Diskurses*), Derrida *(Marges de la Philosophie*, 1972, *Randgänge der Philosophie)*, Lacan (→*Écrits*), Guattari und G. Deleuze (*Différence et répétition*, 1968, *Differenz und Wiederholung*) zu. Zentrale Bedeutung erhalten Derridas →*De la grammatologie*, seine Auseinandersetzung mit J. R. Searle (in Limited Inc, 1977) und seine Husserl-Kritik (*La voix et le phénomène*, 1967, *Die Stimme und das Phänomen*). Der Anhang zum »Verhältnis von Hermeneutik und Poetik bei Derrida« enthält die im engeren Sinne literaturtheoretischen Hinweise des Buchs. Frank konfrontiert den Neostrukturalismus mit einer von J.-P. Sartre auf den neuesten Stand gebrachten Neoromantik. Mit der deutschen Romantik (F. Schleiermacher), insbesondere aber schon mit ihren frühromantischen Anfängen (Novalis) verbindet den Neostrukturalimus die sprachphilosophisch begründete Einrede gegen das – in französischer Terminologie – »cogito« aller Identitätsphilosophie. Während Derrida dagegen nichts als das formale Moment der »différance« aufzubieten habe, setzt Frank auf eine mit Selbstvertrautheit gesättigte Individualität, die in einem »präreflexiven und mithin [...] a-fortiori prä-differentiellen Bewußtsein« erlebt oder erfahren werden kann. – Im »Umweg«

über Schleiermacher und Sartres *L'Idiot de la famille* (1971/72, *Der Idiot der Familie*) stimmt Franks Bestimmung des Individuums mit Derridas Konzept der »différance« darin überein, daß es auf eine Ermöglichungsbedingung für den Bestand sozialer/symbolischer Ordnungen weist. Das »Individuum« wird von Frank nicht als Selbstidentisches bestimmt, vielmehr zeichnet es sich nur durch eine reine »Vereintheit« aus. Seine gleichzeitige vorrelationale Vertrautheit macht jedoch als Bedingung der »différance« im Sinne Derridas, Sinngebung wie Sinnverschiebung erst möglich. Diese Annahme einer reduzierten Form präreflexiver Vertrautheit des Individuums garantiert zugleich die Motivation (Begründung) von Freiheit, Individualität und Bewußtsein. Sie gestattet zudem eine Verbindung zwischen der neostrukturalistischen und der hermeneutischen Tradition. – Unter Ausklammerung wesentlicher Differenz-Paradigmen wie Literatur und Geschlecht beansprucht Franks ›Dialog‹, eine unnötige »Radikalität« von Fragestellungen zu kontrollieren, Extreme auf das «vernünftige Maß« zurückzuführen. Der Neostrukturalismus ist für ihn damit letztlich eine gute, in der Revision gereifte Hermeneutik. Der Anspruch des Textes, die Würde des Individuums gegen einen poststrukturalistischen Antirationalismus zu retten, der einem potentiell unethischen, nachgerade gefährlichen Gedankengut nahestehen soll, bleibt allerdings eine irreführende Voraussetzung. Die literaturtheoretische Provokation neostrukturalistischer, durch den konstruktiven Strukturalismus hindurchgegangener postkritischer Verfahren (»Dekonstruktion«) ist in nachromantischen, Jacobsonschen Begriffen kaum angedeutet, geschweige aufgegriffen.

Lit.: Individualität, hg. von A. HAVERKAMP/M. FRANK, München 1987 (bes. ›Fragmente der Schlußdiskussion‹ mit Beiträgen von A. HAVERKAMP, W. ISER, R. WARNING, M. FRANK). – J. H. SMITH, Rezension, in: Diacritics 19 (1989), S. 80–98. – M. SCHWAB, ›Foreword‹, What is Neostructuralism?, Minneapolis MN 1989, S. 10–44.

B. VINKEN

Die Welt als Labyrinth. Manierismus in der europäischen Kunst und Literatur, Gustav René HOCKE; zuerst erschienen in zwei Bänden u. d. T. *Die Welt als Labyrinth. Manier und Manie in der europäischen Kunst*, EA Hamburg 1957, und *Manierismus in der Literatur. Sprach-Alchimie und esoterische Kombinationskunst*, EA Hamburg 1959.

In dem geistesgeschichtlichen Essay entwickelt Hocke seine zentrale These, daß die Epochenbezeichnung Manierismus sich nicht auf die historische Periode zwischen Renaissance und Barock (ca. 1520–1650) beschränkt, sondern als durchgehende Stilkonstante der europäischen Kunst und Literatur zu sehen ist, deren Merkmale noch in der Moderne sichtbar sind. Gedanklicher Vorläufer war E. R. Curtius, in dessen Hauptwerk →*Europäische Literatur und lateinisches Mittelalter* der Manierismus anstelle des Barock zum Gegenbegriff zur Klassik wurde. Er steht für alle anti-klassischen Tendenzen in der Kunst, selbst wenn sie prä-klassisch, post-klassisch oder »mit einer Klassik gleichzeitig« auftreten. Hocke sieht den Manierismus als europäischen Stil, der zugleich in außerkünstlerische Bereiche ausgreift. Als »Urgebärde« des »problematischen Menschen« der Moderne beeinflußt er dessen soziologischen und psychologischen Verhaltenskodex. Seine Kennzeichen sind Realitätsangst und Unsicherheit gegenüber der »Wirklichkeit jeder Art«. Kunst und Literatur der Gegenwart sind Ausdruck eines tiefverwurzelten Krisenbewußtseins, das seine historische Parallele in den Erschütterungen gegen Ende des 16. Jh.s hat: Der Beginn der kapitalistischen Wirtschafts- und Produktionsformen bewirkt tiefgreifende sozio-ökonomische Veränderungen, und das mittelalterliche Weltbild wird durch die Erkenntnisse der Naturwissenschaften zum Einsturz gebracht. Dies führt zu einem überspitzten Subjektivismus und einem hybrid gesteigerten Ich-Bewußtsein, das sich in der manieristischen Kunst und Dichtung als verstärkte Zuwendung zum Irrationalen ausdrückt. Die empirische Realität wird zweifelhaft, der Raum erscheint geheimnisvoll und unendlich. Das Gesicht des Menschen wird zur Maske und diese »zum Sinnbild der Zeit« (D. Frey). In der Kunst treten deshalb andere Themen in den Vordergrund: Phantastisches und Abartiges, Nachtszenen und Ruinen, Träume und Melancholie werden jetzt bevorzugt; ein Pansexualismus breitet sich besonders in der Lyrik aus; Grausames und Erschreckendes sowie die Ästhetisierung des Häßlichen (später von Baudelaire neu entdeckt und von den Surrealisten zum Credo erhoben) gehören dazu. Das Alogische wird zum Programm. Dem korrespondiert die Scheu vor Unmittelbarkeit. An ihre Stelle tritt das Enigmatische, das Verschlüsselte und Dunkle, die Allegorie erlebt eine Blütezeit in äußerster Raffinesse, die in übertriebene, künstlich gesuchte Metaphorik mündet: »Das wunderlich (meraviglia) Überreale wird in das intellektuelle Zeichensystem einer Kunstlehre eingepaßt«. Die Tendenz geht »vom Kunstwerk zum Kunststück«. Philosophische Basis des Manierismus ist die »Idea-Lehre« des Neoplatonismus mit dem inzwischen säkularisierten Gedanken Platons, daß das Kunstwerk nicht die Nachahmung der Natur zu sein hat, sondern Resultat einer künstlerischen (auch künstlichen!) Idee. Hauptvertreter waren G. P. Lomazzo, F. Zuccari und M. Ficino. Letzterer sah selbst die irdische Dingwelt als Abbild einer Realität, deren Wahrheit allein in den Ideen vorhanden ist. Dieser Gedanke wurde von Zuccari in seiner Schrift *L'Idea de' pittori, scultori ed architetti* (1607; *Die Idee in Malerei, Plastik und Architektur*) weiterentwickelt. Zuccari zufolge war zwischen dem »disegno interno«, dem eigentlichen Wesen der Dinge, und dem »disegno esterno«, ihrem äußerlichen Anschein, zu unterscheiden. Ersterer hatte Priorität und Ausgangspunkt für den Künstler zu sein. Nach ihm gestaltet sich der »concetto« (Bildbegriff oder Begriffsbild), der keine abstrakte Konstruktion war, sondern »eine präexistente bildliche Vorstellung«. Der Concettismus ist das Zentrum der manieristischen Kunstlehre. Der »disegno interno« wäre einem Spiegel vergleichbar, der »Vorstellung und Gegenstand des Sehens« ist. – Auch ohne ausdrückliche Berufung darauf konnte die Idea-Lehre, oft unbewußt und in modernisierter Abwand-

lung, zur Grundlage einer modernen Kunst werden, für die schrankenloser Subjektivismus und ästhetische Selbstbestimmung kennzeichnend sind. In der Lyrik des Surrealismus wurde das Diktat des Unbewußten (»écriture automatique«) zum Dichtungskonzept erhoben, im Dadaismus die gewollt alogische Gedankenführung. In der surrealistischen Malerei und im ›Phantastischen Realismus‹ zeigt sich die Lehre von der »concordia discors« (Einheit des Uneinigen) und deren Komplementärerscheinung »discordia concors« (Uneinigkeit des Einigen) programmatisch angewendet. Das in einer Bildeinheit Widersprüchliche der Objekte, ihre logische Unvereinbarkeit machen das Stilprinzip und deutlichste Erkennungsmerkmal dieser Richtungen aus. Darin sieht Hocke den Neo-Manierismus der Moderne. Nach A. Gehlen hieße die generalisierende Formel für jede Art von Manierismus »Gegen-Natürlichkeit«. Hocke erweitert Gehlens These mit der Annahme, daß Klassik und Manierismus zwei »Erscheinungsweisen des Absoluten« sind, insofern auch mit wechselnder Vorherrschaft nebeneinander auftreten: »Der Klassiker stellt Gott in seiner Essenz, der Manierist Gott in seiner Existenz dar«. – Die Gefahr für beide Stilkonstanten beruht in der nur formalen Virtuosität, die in einer Ideenleere endet, wenn die Klassik zum Klassizismus, der Manierismus aber zur blutlosen Manieriertheit verflacht.

Ausg.: Rev. u. erw. Neuausgabe, hg. von C. GRÜTZMACHER, Reinbek 1987.
Lit.: A. GEHLEN, Rez., in: Merkur 12 (1958), S. 291–96. – K. A. HORST, Rez., in: Merkur 13 (1959), S. 989–92. – C. GRÜTZMACHER, Manierismus heute. Umrisse eines Stilproblems, in: J. BOUSQUET, Malerei des

Manierismus, hg. von C. GRÜTZMACHER, München ³1985.

C.GRÜTZMACHER

Die Welt als Wille und Vorstellung

(1. Bd.: Vier Bücher, nebst einem Anhange, der die Kritik der Kantischen Philosophie enthält; 2. Bd.: Welcher der Ergänzungen zu den vier Büchern des ersten Bandes enthält), Arthur SCHOPENHAUER; EA Leipzig 1819 (Bd. 1), 1844 (Bd. 2, zus. mit überarb. Bd. 1).

In seinem Hauptwerk, das sich Platon, Kant und den *Upanischaden* verpflichtet weiß, sich in der Herabsetzung der Vernunft vor der sinnlichen Erkenntnis gegen den deutschen Idealismus richtet, sieht Schopenhauer nur die Erläuterung eines Gedankens: Einheit des Willens in allem. Der Wille ist das (Kantische) Ding an sich. Die Erscheinungen, die gesamte Welt der Erfahrung, sind nichts als unsere Vorstellungen, sofern wir als erkennende Subjekte uns stets auf ein Anderes, auf Objekte beziehen müssen. Unmittelbare Grenze dieser ›Welt als Vorstellung‹ ist der Leib. Auch er ist objektiv zwar Vorstellung wie jede andere, subjektiv aber Ausgang des sinnlichen Erkenntnisvermögens, des Verstandes. Alle Veränderungen, die der Leib erfährt, werden unmittelbar erkannt, d. h. empfunden, und indem diese Wirkung auf ihre Ursache bezogen wird, entsteht die Anschauung der letzteren als eines Objekts. Durch die einzige, einfache Funktion des Verstandes erscheint die gesamte Welt als unsere Vorstellung. – Alle Anschauung ist intellektual. Das zweite Erkenntnisvermögen, das allein dem Menschen angehört, ist die reflexive Vernunft, deren Begriffe stets in einer anschaulichen Vorstellung gründen. Der abstrakte Begriff bringt das Erkannte nur in eine andere Form und, indem er das Angeschaute allgemein wiederholt, erlaubt er die Anwendung der Erkenntnis in Wissenschaft, Sprache und planmäßigem Handeln. Als Individuum aber ist jeder auch *ein Wille*. Es ist die *eine* Kraft, die sich in allem äußert, in der gesamten Natur. Ihr ist alles analog. Gelingt es dem Menschen einmal, von allem Wollen frei zu sein, dann wird er zum bloßen Spiegel der Welt. Als reines Subjekt des Erkennens ist er objektiv und über die Welt erhoben, seine Erkenntnis ist zwar noch einzeln, aber zugleich vollkommen, unveränderlich und grundlos. Diese klare, zeitlose Einheit von Subjekt und Objekt ist die Erkenntnis der platonischen Idee: aus ihr geht alle Kunst hervor. Der echte Künstler, der Genius, betrachtet demnach die Idee und wiederholt sie in einem Werk. Zweck aller Kunst ist die Mitteilung der angeschauten Idee, doch in der Poesie ist das in Worten Gegebene der Begriff. Von ihm aus, als dem Material der Poesie, ist deshalb auf das Anschauliche der Idee, auf sein gänzlich Anderes zu leiten. Der Dichter kann »aus der abstrakten, durchsichtigen Allgemeinheit der Begriffe, durch die Art wie er sie verbindet, das Konkrete, Individuelle, die anschauliche Vorstellung« entfalten. Hauptgegenstand der Poesie ist also die Offenbarung der Idee des Menschen, vor allem weil der Dichter in seinem Werk sein eigenes Selbst objektiviert. – Die Spitze der Dichtkunst bildet das Trauerspiel. Hier wird das Leben, der Kampf der einzelnen untereinander wie gegen sich selbst als Widerstreit des einen

Willens in allem vollständig entfaltet. Dadurch tritt der Wille zum
Leben im ewigen Streit mit sich
selbst furchtbar hervor. Während
sich die Charaktere dort wissend
und sehend das größte Unglück
bereiten, ohne daß sie in ihrer Lage anders hätten handeln können,
erreichen einige wenige den
Punkt, wo »die Erscheinung, der
Schleier der Maja, sie nicht mehr
täuscht«. Für sie wirkt die Anschauung des Wesens der Welt als
Quietiv des Willens. – Von allen
Künsten abgesondert steht allein
die Musik. Sie gibt das Wesen unmittelbar. Die Melodie, ihr ab-
sichtsvoller Zusammenhang, erzählt die Geschichte des von Be-
sonnenheit beleuchteten Willens.
Ihr stetes Abweichen vom Grundton, ihr Zurückfinden zu ihm ist
wie der ewige Wechsel vom
Wunsch zur Befriedigung, von
dieser zu jenem. Von einer Tonart zur anderen übergehend
gleicht sie dem Tod des Individuums, und doch tritt stets, sogleich in einem anderen erschei-
nend, derselbe Wille wieder hervor. – Was die Erkenntnis des
Wesens der Welt für die Kunst
bedeutet, das leistet für den Einzelnen die Verneinung des Willens zum Leben. Denn mit der
Einsicht, daß der Quell seines un-
stillbaren Begehrens auch der alles
Leidens ist, durchschaut er den
Egoismus der Menschen als
Schein, das Wesen der Welt als
nichtigen Streit. Er erkennt, daß
aus allem ein Wille zu ihm spricht:
»Das bist du auch«. Deshalb wendet sich sein Wille, verneint sein
eigenes Wesen, der Mensch wird
frei. Auf dieser Resignation beruhen die selbstlose Liebe und die
Askese, die mit dem Leben des
Leibes auch den Willen tötet.
Schließlich, mit gänzlicher Auf-

hebung des Willens, schwindet
noch die Erkenntnis der Welt,
Subjekt und Objekt lösen sich auf
und übrig bleibt: Nichts. – Die
erst nach 1853 einsetzende Wirkung dieser Schrift erfaßte rasch
ein großes Publikum. Nicht zuletzt ihrer Lesbarkeit und meta-
phernreichen Sprache wegen
wurde sie sowohl vom Bildungs-
bürgertum als auch von Künstlern, Literaten und Wissenschaft-
lern rezipiert. Stark beeinflußt
wurden R. Wagner, Nietzsche,
Bergson und Freud, ferner Hebbel, Raabe (*Stopfkuchen*, 1891),
Fontane (*Der Stechlin*, 1899), Th.
Mann, Tolstoj und Proust (*A la
recherche du temps perdu*, 1913–27;
*Auf der Suche nach der verlorenen
Zeit*). Noch die ›Kritische Philosophie‹ Horkheimers führt einzelne Gedanken weiter.

Ausg.: Sämtliche Werke, hg. von W. v.
LÖHNEYSEN, Bd. 1 u. 2, Frankfurt/M. 1986.
Lit.: Materialien zu Schopenhauers ›Die Welt
als Wille und Vorstellung‹, hg. von V. SPIER-
LING, Frankfurt/M. 1984.

J. KÖLLING

**What is Poetry? The Two
Kinds of Poetry** (engl.; *Gedanken über Poesie und ihre verschiedenen
Arten*), John Stuart MILL; ED
(pseudonym) London 1833 (in:
Monthly Repository, January/
October 1833); dt. Aalen 1968.
Der britische Philosoph, Natio-
nalökonom und Politiker Mill
verteidigt mit seinen beiden Aufsätzen die Dichtung gegen die
Angriffe des Utilitaristen J.
Bentham. Dieser hatte Poesie als
ein Spiel bezeichnet, das im Leser
lediglich Leidenschaften und Vorurteile provoziert und darüber
hinaus auch nicht wahrhaftig ist.
Dem setzt Mill eine neue Definition von Dichtung und eine Darstellung ihrer beiden Grundfor-

men gegenüber. Für ihn hat die Poesie keine rhetorischen oder didaktischen Absichten. Wahre Dichtung ist ein Monolog, bei dem der Sprecher an keine Zuhörer denkt. Sie entspricht der Wahrheit einer inneren, psychologischen Welt, da der Dichter sein eigenes Empfinden und seine Erfahrung zum Ausdruck bringt, jedoch nicht seine sichtbare Umwelt zu imitieren und abzubilden versucht. Echte Poesie entwickelt nach Mill ihre moralische Wirkung durch ihren Einfluß auf die Gefühle des Lesers. Sie schafft eine Wahrheit der Emotionen. Mill zeigt an verschiedenen Beispielen, daß dies nicht nur in der Literatur, sondern auch in der Musik und der Malerei der Fall ist. In seinem zweiten Aufsatz zu diesem Thema setzt sich Mill mit der Frage auseinander, ob es wahrhaft poetisch veranlagte Menschen gibt, die besonders dazu geeignet sind, Poesie zu schaffen. Dabei unterscheidet er zwischen natürlicher und kultivierter Poesie. Nur wer erstere hervorbringen kann, gilt für Mill als wahrhafter Dichter. Natürliche Poesie entsteht, wenn der Dichter Ideen nicht rational verbindet, sondern sie durch Emotionen einander assoziativ zuordnet. Andernfalls ist das Ergebnis allenfalls künstlich konstruierte Dichtung. – In W. Wordsworth (→*Preface to the Lyrical Ballads*) sieht Mill den Repräsentanten einer solchen »poetry of culture«. Bei ihm dominieren die Gedanken, während die Gefühle lediglich dazu dienen, das Rationale emotional zu überformen; sie werden Mittel zum Zweck. P. B. Shelley dagegen ist für Mill ein hervorragender Vertreter des »natürlichen« Dichters. Ihm ermangelt es zwar an Wordsworths geistiger Disziplin, dafür kommen bei ihm Emotionen und Empfindungen mit größerer Lebendigkeit zum Ausdruck. – Starke Gefühle können nach Mill einerseits die Urteilskraft des Dichters so sehr beeinträchtigen, daß seine Wahrheitstreue darunter leidet. Andererseits können Emotionen gerade das Streben nach Wahrheit befördern. Deshalb muß die poetische Sensibilität kultiviert werden. Gefühle nehmen in Mills Poetik also den ersten Rang ein, bedürfen aber einer intellektuellen Disziplinierung. – Mills poetologische Aufsätze wurden vor allem als Zeugnis seiner zunehmend kritischen Auseinandersetzung mit dem Menschenbild des Utilitarismus und seiner damit einhergehenden Wendung zur affektiven Seite des Menschen gewertet.

Ausg.: Gesammelte Werke, Aalen 1968.
Lit.: F. P. SHARPLESS, The Literary Criticism of John Stuart Mill, The Hague 1967.

H. ANTOR

Winckelmann und sein Jahrhundert.

In Briefen und Aufsätzen herausgegeben von Johann Wolfgang von Goethe, Johann Wolfgang von GOETHE; EA Tübingen/Stuttgart 1805.

In diesem Sammelband sollte Winckelmann als der große Erneuerer der Kunst dargestellt werden, und zwar auch anhand dokumentarischen Materials, nämlich von 27 Briefen Winckelmanns an seinen Freund Berendis. Der Band enthält ferner den *Entwurf einer Geschichte der Kunst im achtzehnten Jahrhundert* von H. Meyer und drei *Skizzen zu einer Schilderung Winckelmanns*. Diese Skizzen haben drei Verfasser; Goethe erläutert Winckelmann und seine Stellung in seinem Jh.; H. Meyer beschäftigt sich mit der künstlerischen Entwicklung Winckelmanns, und F. A. Wolf versucht, den wissenschaftlichen Rang der Winckelmannschen Arbeiten zu umreißen. Es folgt noch ein Register der Briefe Winckelmanns und ein Namensverzeichnis; eine Widmung Goethes an Herzogin Amalie geht dem Ganzen voran. – Das Sammelwerk ist ein Versuch, nicht nur die Person Winckelmanns zu würdigen, sondern auch die kulturhistorischen Rahmenbedingungen zu nennen, unter denen sich die neue Kunstauffassung herausgebildet hatte. Da sie mit Winckelmanns Dasein und Wirken untrennbar verbunden ist, war eine Beschreibung seiner Rolle nur konsequent. Goethe selbst berichtet darüber in den *Tag- und Jahresheften* (1830): »Winckelmanns frühere Briefe an Hofrat Berendis waren schon längst in meinen Händen, und ich hatte mich zu ihrer Ausgabe vorbereitet. Um das, was zu Schilderung des außerordentlichen Mannes auf mannigfaltige Weise dienen könnte, zusammenzustellen, zog ich die werten Freunde Wolf in Halle, Meyer in Weimar, Fernow in Jena mit ins Interesse, und so bildete sich nach und nach der Oktavband, wie er sodann in die Hände des Publikums gelangte«. Der Sammelband sollte nach dem Scheitern der *Propyläen* (1798–1800) als Werk einer neuen Künstlergemeinschaft verstanden werden, nicht als Erinnerungsschrift für einen Einzelnen. Das Vorwort betont das Fragmentarische der Darstellung, verteidigt aber die einzelnen Betrachtungen als mehrfache Versuche, Winckelmanns Persönlichkeit und seiner Leistung gerecht zu werden: in der »Mannigfaltigkeit« der Darstellung soll letztlich die »Einheit«

erscheinen. Goethes Beitrag ist aphoristischer Natur: er benennt die wichtigsten Komponenten in Winckelmanns Leben (»Antikes«, »Heidnisches«, »Freundschaft«, »Schönheit«, »Katholizismus«), um es aus dem verständlich zu machen, was Winckelmann besonders geprägt hatte. Entscheidend, so Goethe, war das »Gewahrwerden griechischer Kunst«, darüber hinaus das Erlebnis dieser Kunst, das Winckelmann von vornherein vor einer bloß antiquarischen Bestandsaufnahme bewahrte. Goethe erwähnt die entscheidenden Begegnungen in Rom (»Kardinal Albani«, »Papst«), benennt aber auch Züge, die zum Psychogramm Winckelmanns gehören (»Unruhe«, »Fremde«). Es gelingt Goethe, in einzelnen kurzen Skizzen viel von der Lebenswirklichkeit Winckelmanns sichtbar werden zu lassen; so ist eine eigenwillige Biographie in Fragmenten entstanden, in der aber alle wesentlichen Antriebskräfte der Winckelmannschen Existenz beschrieben sind. Dabei ist sein Porträt nicht ohne kritische Bemerkungen: Winckelmanns fehlende »Neigung zur Poesie« wird ebenso erwähnt wie seine Klage über die »Philosophen seiner Zeit«, mit denen er sich nicht zu arrangieren vermochte. – Goethes aphoristische Skizzen wollen nicht als kunstgeschichtlicher Nachruf verstanden werden, sondern liefern das Porträt eines für die Kunst- und Kulturgeschichte unvergleichlich wichtigen Lehrers und Vorbilds und sind ein Bekenntnis zu Winckelmann und seiner Antikenerfahrung: »Von seinem Grabe her stärkt uns der Anhauch seiner Kraft und erregt in uns den lebhaftesten Drang, das, was er begonnen, mit Eifer und Liebe fort- und immer fort-zusetzen«. Goethe hat offenbar aber auch aktuelle kulturpolitische Absichten verfolgt: sein Winckel-mann-Porträt ist gegen die Romantik gerichtet, gegen die geringe Bewertung der griechischen Kunst aus der Sicht einer romantischen Kunstverherrlichung, in der Christliches und christliche Kunst eine entscheidende Rolle spielten. Insofern ist das Bündnis der Weimaraner Kunstfreunde auch ein Gegenbündnis zu den romantischen Freundschaften.

Ausg.: Goethes Werke, Hamb. Ausg., hg. von E. TRUNZ, Bd. 12, München ⁷1973, S. 96–129.
Lit.: E. CASTLE, Winckelmanns Kunsttheorie in Goethes Fortbildung, in: ders., In Goethes Geist, Wien/Leipzig 1926. – J. IRMSCHER, Antikebild und Antikeverständnis in Goethes Winckelmannschrift, in: Mitteilungen der Winckelmann-Gesellschaft Stendal, Nr. 41, Stendal 1977, S. 3–8. – L. UHLIG, Klassik und Geschichtsbewußtsein in Goethes Winckelmannschrift, in: Germanisch-romanische Monatsschrift, N. F. Bd. 31, Heidelberg 1981, H. 2, S. 143–66.

H. KOOPMANN

A World of Difference (engl.; *Die Welt der Differenz*), Barbara JOHNSON; EA Baltimore/London 1987.
Johnson untersucht in dieser Aufsatzsammlung die poetische Sprache als Artikulation real gegebener Machtverhältnisse, wobei sie die Rhetorik des Poetischen (im Sinne P. de Mans) als immer auch schon politisches Mittel dekonstruiert. In den 16 thematisch breit gefächerten Einzelbeiträgen erweitert sie die gängige dekonstruktivistische Praxis, die im nordamerikanischen Kontext vor allem durch die »Yale School« geprägt wurde, um dekonstruktiv-feministische Lektüren. Selbst-dekonstruktiv analysiert Johnson nicht nur die »blinden Flecken« des »male Yale« hinsichtlich der Frage nach der Geschlechterdifferenz und der Textualität von Sexualität. Sie ergründet auch die Bedeutung der eigenen »blind spots« (»blinden Flecken«), wie sie sich zum Teil in ihren früheren (»männlich«) geschlossenen Konstruktionen kritischer Differenz äußern (*The Critical Difference*, 1980; *Die kritische Differenz*). Daraus begründet sich die Notwendigkeit dekonstruktiver feministischer Positionen, welche die »Frau« bestimmen als Beispiel für das, »wovon wir nicht wissen, daß wir es nicht wissen«, und auch als Zeichen für eine Differenz, welche die binäre Opposition von »männlich« und »weiblich« unterläuft. *A World of Difference* versucht, Derridas Begriff der »différance«, also den Doppelaspekt von prinzipieller Nicht- Identität mit sich selbst und zeitlicher Verschiebung, in die Bedingungen einer »realen« Welt zurückzuführen. Dabei versucht Johnson aufzuzeigen, wie die Dekonstruktion, der wegen ihrer Vorliebe für Ambiguität, Paradoxien und Unentscheidbarkeiten politische Handlungsunfähigkeit vorgeworfen wird, gerade vermöge ihres spielerischen Pluralismus politische Relevanz für die Welt »da draußen« gewinnen kann. Für eine Welt, die nach Johnsons Auffassung ständig in Anführungszeichen gesetzt wird, weil sich die Institutionen der Macht (und damit auch die akademische institutionalisierte Dekonstruktion) von ihr entfernt glauben. Dezidiert wendet sich Johnson den Problemen zu, die durch die zunehmende Fragmentierung der Wahrnehmung, durch die Auflösung fester und sicherer Zentren des Wissens und durch eine fundamentale Krise der Kategorien entstehen. Sie erweitert

dabei die sprachphilosophische und rhetorische Kritik dekonstruktiven Denkens um »reale« politische und feministische Kontexte. Die Beiträge von *A World of Difference* greifen auf ein breites Spektrum aktueller theoretischer Positionen zurück, die von der Dekonstruktion über psychoanalytische Ansätze (v. a. S. Freud und J. Lacan) bis hin zur feministischen Literaturtheorie reichen. Neben metadiskursiven Fragestellungen nach dem »Schicksal« der Dekonstruktion, denen sich Johnson in den fünf Beiträgen des ersten Teils stellt, behandelt sie kanonische Texte der französischen und anglo-amerikanischen Literatur von Molière, Ch. Baudelaire und St. Mallarmé bis hin zu W. Wordsworth und E. A. Poe, P. B. Shelley und H. D. Thoreau. In ihren jüngeren Aufsätzen wendet sich Johnson verstärkt den Problemen weiblicher Autorschaft und insbesondere auch den doppelt ausgegrenzten Texten afro-amerikanischer Frauen (v. a. Z. Neale Hurston) zu. Einen zentralen Raum nimmt in *A World of Difference* der Zusammenhang von Textproduktion und Mutterschaft ein. Dabei betrachtet Johnson die mütterliche Rolle nicht allein als rhetorische Figur, sondern v. a. in ihrer funktionalen und strukturellen Bedeutung. Die Ambivalenz von Mutter-Tochter-Beziehungen, die darin besteht, daß die Tochter im Verlauf ihres Individuationsprozesses, der sie von der Mutter abgrenzt, stets auch »das Weibliche« mit zurückweist, steht als zentrales Problem der Konstruktion weiblicher Identität im Mittelpunkt von *My Monster/My Self (Mein Monster – Mein Selbst)*. Anhand von M. Shelleys Roman *Frankenstein; or, The Modern Pro-metheus* (1818; *Frankenstein, oder: Der Moderne Prometheus*) stellt Johnson die Monstrosität (verdeckter und verhinderter) weiblicher Autobiographie dar. Da autobiographisches Schreiben als phantasierter Akt der Selbstschöpfung stets auch die symbolische Tötung der Mutter impliziert, kann weibliche Autobiographie als Darstellung des »weiblichen Widerspruchs vom Gesichtspunkt seiner Verdrängung aus« gelesen werden. In *Apostrophe, Animation, and Abortion (Lyrische Anrede, Belebung, Abtreibung)* werden grundlegende Themen von *A World of Difference* nochmals zusammengefaßt. Am Beispiel von Gedichten über tote oder ungeborene Kinder analysiert Johnson hier die Struktur der poetischen Figur der lyrischen Apostrophe und bestimmt mit Blick auf die Analogie von künstlerischer Textproduktion und Elternschaft die Differenz von weiblichem und männlichem Schreiben. – Johnsons vielbeachtete dekonstruktiv-feministische Textlektüren haben, auch durch die von ihr mit angeregte Öffnung gegenüber aktuellen politischen und sozio-kulturellen Kontextualisierungen, die feministische Literaturtheorie sowie die Debatte im Bereich der »gender studies« (»Geschlechterstudien«) nachhaltig beeinflußt und geprägt.

Lit.: Dekonstruktiver Feminismus. Literaturwissenschaft in Amerika, hg. von B. VINKEN, Frankfurt/M. 1992.

                   S. BAUER

Zum Schäkespears Tag, Rede von Johann Wolfgang von GOETHE, entst. 1771; ED Braunschweig 1854 (in: Allg. Monatsschrift für Wissenschaft und Literatur, S. 247–49).
In diesem Manifest des Sturm und

Drang umreißt Goethe unter Berufung auf Shakespeare zentrale Aspekte seiner frühen Kunsttheorie. Unter dem Blickwinkel der Darstellungsfunktion propagiert Goethe die Freisetzung der Totalität der menschlichen »Natur« auf der Bühne. Mit aufklärerischem Impetus wendet er sich damit gegen den instrumentellen Literaturbegriff der Frühaufklärung und dessen ratiozentrierte Wirkungspoetik (vgl. Gottsched → *Versuch einer Critischen Dichtkunst vor die Deutschen*) sowie gegen die noch weitergehende Diskriminierung der leidenschaftlichen Natur des Menschen in der Epoche der Empfindsamkeit. Mit der Forderung nach Freisetzung der bislang gebrandmarkten leidenschaftlichen Natur des Menschen tritt die Aufklärung in ein dynamisches Stadium ein. Goethe kontrastiert das Sein der Welt in ihrer Vielfalt mit dem Schein des »Geschnürten« und »Gezierten«, der denaturierten Natur des Barock und Rokoko. In der Befreiung des Subjekts von vermeintlich objektiven, in Wahrheit durch soziale Konvention etablierten Normen offenbart sich die Kraft und Größe des Individuums, dessen autonomes »Ich« Maßstab seiner Handlungsmaxime wird. Bedingt und unbedingt zugleich kollidiert dieses »Ich« mit der »prätendierten Freiheit« seines »Wollens« tragisch mit dem »notwendigen Gang des Ganzen«. Exemplarisch dramatisierte Goethe diesen »geheimen Punkt« im *Götz von Berlichingen* (1773). Hier werden nicht mehr einzelne Intrigen dargestellt (Barock, Rokoko) bzw. bestimmte Morallehren vermittelt (Frühaufklärung), sondern erstmals muß sich das einzelne Subjekt mit der Welt als Ganzer (Kirche, Politik, Erziehungssystem etc.) auseinandersetzen. Diese Mannigfaltigkeit der Weltdarstellung kann nur in einer revueartigen Reihung des Shakespeareschen »Raritätenkastens« eingefangen werden und sprengt damit die von der Regelpoetik geforderte Einheit von Ort, Zeit und Handlung. Unter produktionsästhetischem Gesichtspunkt vollzieht Goethe mit dem Autonomiepostulat auch die Abkehr von tradierten Prinzipien der Naturnachahmung. Unabhängig von metaphysischen Ideen (Platon) oder vermeintlich objektiven vernünftigen Weltordnungen (Gottsched) produziert das künstlerische Genie mit prometheischer Schöpferkraft spontan und regelfrei »charakteristische« Kunst, die das bis dato vorherrschende Schönheitsideal des französischen Klassizismus ablöst. Das Gefühl (und nicht die Verstandesregel) als spezifische Erkenntnisform des dichterischen Genius verbürgt dabei – in Anlehnung an Shaftesbury und Hamann (→ *Aesthetica in nuce*) – die Wahrheit des Kunstwerks. Die Einbildungskraft wird ihrer bisher nur reproduktiven Funktion enthoben und als produktives Vermögen im Sinne der »natura naturans« (Spinoza) begrifflich neu gefaßt. Die Konfrontation mit der ›Natur‹ eines Shakespeareschen Theaters erschließt dem Rezipienten unter wirkungsästhetischem Blickwinkel bisher verdrängte oder tabuisierte Erfahrungsräume, die seine »Existenz um eine Unendlichkeit erweitern«. Shakespeare wurde nicht nur für Goethe, sondern auch für Gerstenberg, Herder und Lenz zum Synonym und Wegbereiter für die Genieästhetik im Sturm und Drang.

Ausg.: Werke (Hamburger Ausg.), hg. von E. Trunz, Bd. 12, München ⁷1973.
Lit.: F. Martini, Die Poetik des Dramas im Sturm und Drang, in: Deutsche Dramentheorien, hg. von R. Grimm, Bd. 1, Frankfurt/M. 1971, S. 123–66.

E. Habekost

Zur Farbenlehre, Johann Wolfgang von Goethe; EA Tübingen 1810 (2 Bde.).

Goethes Entwurf einer *Farbenlehre* steht in der Tradition naturphilosophischer Betrachtungen, wie sie sich im 18. Jh. und vor allem in dessen zweiter Hälfte ebenso in der Medizin wie in der Physik, in der Meteorologie und der Musik finden. Goethes Arbeit – sein umfangreichstes Werk – unterscheidet sich von vergleichbaren philosophischen Erörterungen naturwissenschaftlicher Phänomene aber dadurch, daß er in mehr als 900 Notaten eigene Beobachtungen in seine Überlegungen einzubringen und seine philosophisch-erkenntnistheoretischen Schlußfolgerungen zu ziehen versucht. Kern seiner Überzeugungen ist, wie er bereits am 30.5.1791 schreibt, »eine neue Theorie des Lichts, der Schatten und der Farben«. Er beabsichtigt damit »mancherlei Revolutionen sowohl in der Naturlehre als in der Kunst« hervorzubringen. Ein erster Teil erscheint bereits 1791 als *Beiträge zur Optik. Erstes Stück,* die aber von der wissenschaftlichen Welt im ganzen kritisch aufgenommen werden. Die Arbeit zieht sich über Jahre hin; erst 1810 ist die *Farbenlehre* beendigt. – Die aphoristischen Notizen gehen teilweise auf Goethes eigene Versuche zurück und verbinden sich mit spekulativen Vorstellungen von Entstehung, Wesen und Wirkung der Farben. Goethe stellt im Vorwort zur *Farbenlehre* die Gliederung seiner Arbeit vor. In einem ersten Kapitel bespricht er »physiologische Farben«: er meint damit Farbempfindungen, die als Teil visueller Sinnesempfindung überhaupt betrachtet werden. Diese sinnesphysiologischen Wahrnehmungen Goethes sind auch heute noch lesenswert. Das zweite Kapitel ist mit »Physische Farben« überschrieben und bezieht sich auf Phänomene der Farbentstehung. Ein drittes Kapitel behandelt »Chemische Farben«: Goethe versucht, Farbwirkungen in Verbindung mit chemischen Eigenschaften der von ihm beobachteten Gegenstände zu erklären. Ein viertes Kapitel beschreibt »Allgemeine Ansichten nach innen«: der Abschnitt beschäftigt sich im wesentlichen mit farbpsychologischen Überlegungen. Diese Überlegungen werden – nach einem fünften Kapitel über Beziehungen der Farbenlehre zur Philosophie, Mathematik, allgemeinen Physik, Tonlehre u. a. – im sechsten Kapitel über »Sinnlich-Sittliche Wirkung der Farbe« fortgeführt: dort wird den Farben ein jeweiliger Gefühlswert zugeschrieben, der sich freilich nicht mehr auf Versuche, sondern auf bloße Assoziationen gründet. Goethe faßt den gesamten ersten Abschnitt, den »Entwurf einer Farbenlehre«, unter der Überschrift »Didaktischer Teil« zusammen; er gilt heute als der wichtigste Teil der *Farbenlehre.* In einem zweiten großen Abschnitt (»Polemischer Teil«) setzt er sich kritisch mit der Optik Newtons auseinander (»Enthüllung der Theorie Newtons«). Nach Newton verbinden sich die Lichtfarben zu Weiß; Goethe hingegen behauptet, daß die Farben aus Trübungen eines einheitlichen weißen Lichtes entstehen. Goethes physikalische Behauptungen sind sehr rasch widerlegt worden; anerkannt wurde allenfalls der Versuch, Naturphänomene nach neuen Ideen zu erklären. Goethe setzt in einem dritten Teil seine Überlegungen zur Farbenlehre mit »Materialien zur Geschichte der Farbenlehre« fort; sie beginnen bei den optischen Vorstellungen der Pythagoräer und enden mit Farbenlehren des 18. Jh.s; zum Komplex der Farbstudien gehört schließlich noch eine »Chromatik«, in der weitere »Beiträge zur Optik« versammelt sind. Überliefert wird ferner zahlreiche Paralipomena zu den veröffentlichten Schriften. – Goethes Vorstellungen haben keine naturwissenschaftliche Geltung bekommen. Aber seine Studien zur Farbenlehre sind nicht nur ein Zeugnis für das Ineinander von empirischen Versuchen und spekulativer Naturphilosophie, sondern erläutern wie kaum etwas anderes auch Goethes Denkweise. Denn Goethe hat seine Beobachtungen gesammelt und darüber hinaus nach seiner »Methode« angeordnet; sie zeigen, wie sehr er mit Grundvorstellungen arbeitet, die auch seine theoretischen und dichterischen Werke mitbestimmen. Nicht nur, daß er den Zusammenhang zwischen »der sinnlichen und sittlichen Wirkung« naturwissenschaftlicher Phänomene sieht; Goethe entwickelt eine Stufenlehre des Seins überhaupt, die sich auf die Hierarchie der Erscheinungen gründet. Er vertritt, noch ganz im Sinne des 18. Jh.s, die Vorstellung vom allgemeinen Zusammenhang aller Dinge, räumt andererseits aber auch dem Experiment eine wichtige Rolle

in der Erkenntnis ein. Seine Naturbeobachtungen werden letztlich jedoch von philosophisch-anthropologischen Kategorien bestimmt. So spielt der Begriff der Steigerung eine ebenso große Rolle wie der der Metamorphose, und aus seinen Überlegungen ist der Versuch herauszuhören, das »Abgeleitete«, das Späte und Zusammengesetzte vom »Ursprünglichen« zu unterscheiden, die Erscheinungen mit Sinn zu versehen und Form nicht ohne Gehalt, Gehalt nicht ohne Form zu betrachten. Auch im Bereich optischer Erscheinungen sucht Goethe nach »Urphänomenen«. Wenngleich seine physikalischen Überlegungen sich als unhaltbar erwiesen haben, so ist seine *Farbenlehre* doch ein gewaltiger Versuch, am Beispiel der Farben noch einmal die Einheit des Seins, den Wechselbezug von Mensch und Natur und die Geschichte der menschlichen Entwicklung zu dokumentieren.

Ausg.: Goethes Werke, Hamb. Ausg., hg. von E. TRUNZ, Bd. 13, München [7]1975, S. 314–523; Bd. 14, München [5]1976, S. 7–269. *Lit.*: A. SPEISER, Goethes Farbenlehre, in: Goethe und die Wissenschaft, Frankfurt/M. 1951, S. 82–92. – H. O. PROSKAUER, Zum Studium von Goethes Farbenlehre, Basel 1968. – A. SCHÖNE, Goethes Farbentheologie, München 1987.

H. KOOPMANN

Zur Fragwürdigkeit des ästhetischen Bewußtseins, Hans-Georg GADAMER, ED in: Rivista di Estetica 3,3 (1958).

Gadamer greift die Kantsche Frage nach der apriorischen Legitimation des ästhetischen Urteils wieder auf, nachdem er feststellt, daß wir »noch immer unter den Wirkungen des Geniekultes des achtzehnten Jahrhunderts« stehen. Gegenläufig dazu aber beobachtet er eine völlige Veränderung der Problemlage, insofern er für die Folgezeit eine Spannung zwischen ästhetischem und historischem Bewußtsein ausmacht. Das Problem der Akzeleration, des immer rascheren Wechsels der Kunstrichtungen und der Genredominanzen, formuliert er allerdings nicht aus. Den Prozeß der »ästhetischen Isolierung« von Kunstwerken, die ihrer kontextuellen Funktion museal entzogen werden, sieht er als »Seinsverlust« und als Einschränkung ihrer »Bedeutung« an. Für die in gleichem Maße verstärkte »Dissoziation« von »Geschmack und Urteil« findet er jedoch weder eine geschmackssoziologische noch eine wissenssoziologische Begründung: Die »Zufälligkeit der Geschmacksurteile« fände darin eine relative Bestimmtheit. Gadamer rückt zwei Extremmöglichkeiten des ästhetischen Urteilens in den Blick, indem er einerseits die Annahme »kongenialer Fähigkeiten« untersucht und andererseits P. Valérys Annahme, daß jede »Begegnung« mit einem Kunstwerk zu einer »originären« Rezeption führt, als »hermeneutischen Nihilismus« bezeichnet. Diese Polarisierung zeigt sich zum andern in dem arbiträren Setzen und Hinnehmen ästhetischer »Effekte«. Demgegenüber schreibt Gadamer dem Kunstwerk die Fähigkeit zu, in jeder Phase »neue Erfahrungsmöglichkeiten heraufzurufen«, ohne diesen Perspektivismus weiter zu begründen oder einen Verstehenszuwachs zu behaupten. Entgegen der Annahme genialer und kongenialer Subjektivitäten sieht er die ästhetische und hermeneutische Erfahrung in der »Anonymität eines Sinngeschehens« zusammengeschlossen«. Er übergeht

so die unterschiedlichen Objektivationstheorien ebenso wie die verschiedenen Reichweiten der »Absicht des Autors« und der »Absicht des Werkes« (F. Schlegel). Schließlich überdehnt er den Maßstab für die »Erfahrung der Kunst«, indem er sie daraufhin überprüft, ob sie »am Ganzen unserer geistigen Überlieferung mitformen« und zugleich die »geschichtliche Tiefe der eigenen Gegenwart« aufschließen kann.

Ausg.: In: Theorien der Kunst, hg. v. D. HEINRICH/W. ISER, Frankfurt/M. 1982, S. 59–69.
Lit.: P. Ch. LANG, Hermeneutik, Ideologiekritik, Ästhetik. Über Gadamer und Adorno sowie Fragen einer aktuellen Ästhetik, Königstein/Ts. 1981. – W. MICHEL, Das Erbe im Verstehen. Konfliktanamnetische Bemerkungen zur offenen und verdeckten Wirkungsgeschichte bei Gadamer und Adorno, in: Gegenwart als kulturelles Erbe, hg. v. B. THUM, München 1985, S. 211–26.

E. M. MICHEL

Zur Grundlegung einer allgemeinen Auslegungslehre, Emilio BETTI; ED Tübingen 1954 (in: Geschichte der Antiken Rechte und Allgemeine Rechtslehre, Festschrift für E. Rabel, Bd. 2, hg. von W. Kunkel/H. J. Wolff, S. 79–168).

Die der Tradition des deutschen Idealismus verpflichtete *Auslegungslehre* des italienischen Juristen, Rechtshistorikers und Philosophen Betti wendet sich gleichermaßen gegen mechanistischmaterialistische wie individualistisch-nominalistische Positionen (B. Croce). In Fortführung der Gedanken W. v. Humboldts und W. Schleiermachers skizziert sie eine organisch-realistische Theorie der Auslegung, deren vollständige Ausarbeitung Betti in seinem Monumentalwerk *Teoria generale della interpretazione* (1955; *Allgemeine Auslegungslehre als Methodik der Geisteswissenschaften*) leistet. – Betti begreift das Problem des Verstehens als »triadischen Prozeß« zwischen dem Interpreten als dem Subjekt der Auslegung, den »Objektivationen des menschlichen Geistes« als ihren Objekten und deren Vermittlung durch »sinnhaltige Formen«. Den Prozeß nennt er »Auslegung«, sein Resultat »Verstehen«. Im Gegensatz zu materialistischen Entwürfen der Übermittlung und Entschlüsselung von Bedeutung faßt er gelingendes Verstehen als einen »Gleichklang« bzw. als »Mitschwingen« des Interpreten mit dem in der sinnhaltigen Form angeschlagenen Sinn. Auslegung ist mithin die »Umkehrung (*Inversion*) des schöpferischen Prozesses«, ein im Zeichen einfühlender Nachkonstruktion stehender Versuch »kongenialer Anverwandlung des Objekts durch das Subjekt«. Die angestrebte Angemessenheit ans Objekt einerseits und die Einsicht in die Unhintergehbarkeit der Subjektivität des Interpreten andererseits verweisen dabei auf die grundsätzliche Dialektik des Auslegungsprozesses und seiner immer nur »relativen Objektivität des Verstehens«. Diese scheidet die Interpretation von rein objektiver Kausaldiagnose und rein subjektiver Spekulation. Aus dieser Dialektik entwickelt sich die hermeneutische Methodologie, die Betti in vier von ihm »Kanon« genannte Regeln zusammenfaßt. Auf den Pol des auszulegenden Objekts bezogen sind der Kanon der Autonomie bzw. der Immanenz. Er berücksichtigt Werktreue und Autorabsicht. Dahin gehört auch der Kanon der Ganzheit bzw. des inneren sinnhaften Zusammenhangs, der aus der Wechselbeziehung zwischen den Teilen und dem Ganzen das Verstehen als das sich plötzlich ergebende Resultat eines organisch-kumulativen Prozesses begreiflich macht. Auf den Pol des auslegenden Subjekts bezogen sind der Kanon der Aktualität des Verstehens (der die Situationsbezogenheit, das gegenwärtige Interesse und die Spontaneität des Interpreten beschreibt) sowie der Kanon der Sinnentsprechung bzw. Abstimmung, der die kongeniale Einfühlung und Anpassung an das auszulegende Objekt bestimmt. Dabei situiert sich historische Auslegung mit ihrem Interesse an ursprünglichem Sinn eher am Objektpol, juristische Auslegung mit dem Augenmerk auf aktuelle Geltung eher am Subjektpol. In jedem Fall aber ist aufgrund des dialektischen Verhältnisses vollständiges Verstehen ein zwar anzustrebendes, aber »nie voll erreichbares ideales Ziel des Auslegungsprozesses«. – Der Auslegung weist Betti drei Aufgaben zu, die einander ergänzen bzw. aufeinander aufbauen. Sie erfüllt entweder eine dominant rekognitive, eine dominant reproduktive oder eine dominant normative Funktion, wobei sowohl die darstellende als auch die handlungsorientierende Auslegung eine zunächst erkenntnisorientierte Auslegung voraussetzen. Hieraus entwickelt Betti neun Typen: die philologische, die historische und die epistemologisch-geistesgeschichtliche Auslegung dienen der Wiedererkennung; die Übersetzung, die dramatische und die musikalische Interpretation der nachbildenden Darstellung; die juristische, theologische und erzieherisch-»psychotypische« Auslegung der Handlungsnormierung. Insgesamt befördern sie die

Einsicht in die doppelgesichtige Natur des Menschen. Hermeneutik ist für den Humanisten Betti mithin vornehmlich dazu geeignet, »Gewöhnung an Toleranz und Sinn für Achtung fremder Meinung anzuerziehen«. In der Dominanz der Einfühlung offenbart sich aber auch die Naivität und Gefahr des von hermeneutischer wie ideologiekritischer Seite beargwöhnten idealistischen Ansatzes. Sie ist dem einen »strikter Psychologismus romantischer Prägung« (H.-G. Gadamer) und dem anderen »Einfühlung mit dem Sieger« (W. Benjamin).

Ausg.: Tübingen 1988.
Lit.: H.-G. GADAMER, Wahrheit und Methode, Tübingen ²1965. – K. L. PFEIFFER, Sprachtheorie, Wissenschaftstheorie und das Problem der Textinterpretation, Amsterdam 1974. – E. LEIBFRIED, Literarische Hermeneutik. Eine Einführung in ihre Geschichte und Probleme, Tübingen 1980.

A. MAHLER

Zur sprachlichen Interpretation von Wortkunstwerken,

Leo SPITZER; ED Leipzig/Berlin 1930 (in: Neue Jahrbücher für Wissenschaft und Jugendbildung, Bd. 6).

Auf den ersten Blick zumindest mag es schwerfallen, in dem Aufsatz überhaupt einen Beitrag Spitzers zur Theorie oder Methodologie zu erkennen, denn sein weitaus größerer Teil wendet sich der Interpretation literarischer Texte aus verschiedenen Epochen und Nationalsprachen zu. Auch die wiederholte Aufforderung, »drauflos zu lesen, bis einem etwas Sprachliches auffällt«, und zwar etwas, »was uns, nicht bloß als Philologen und Fachleute, sondern als Menschen« und »einfache Leser« anspricht, könnte in dem Sinne verstanden werden, daß als einzige Methode der Verzicht auf alle Methoden gefordert würde. – Doch so unvermittelt, wie es zunächst scheint, ist die Interpretation des literarischen Werkes auch hier nicht zu denken. Zwar ist die Sorge unüberhörbar, daß mit bestimmten wissenschaftlichen Betrachtungsweisen die Welt der Phänomene zu verschwinden droht – und gegen ein solches Wissenschaftsverständnis insistiert Spitzer auf dem Recht, »*direkt*, mit unserem persönlichen Empfinden an das Sprachliche heranzugehen«. Aber schon R. Wellek hat darauf hingewiesen, daß »Draufloslesen« bei ihm eben nicht heißen kann, einfach mit einer tabula rasa zu beginnen. Und ebenso falsch wäre es, in dem Postulat gar einen Vorgriff auf die rezeptionsästhetische Leserrehabilitation zu vermuten. Es geht vielmehr um eine Textexplikation, die detailliert sprachliche Abweichungen auf unterschiedlichen Ebenen zusammenstellt und unter der Prämisse »auf einen gemeinsamen Nenner« bringt, »daß der eigentümliche sprachliche Ausdruck Spiegelung eines eigentümlichen Seelischen sein muß«. Der bei dieser Annahme einer Entsprechung von sprachlicher Besonderheit und »seelischer Erregung« mitformulierte psychologische Aspekt sollte freilich nicht überschätzt werden. Von größerem Gewicht ist hier erstens: die Wendung gegen den unter dem Primat der Biographie stehenden Positivismus und eine vereinfachend abstrahierende Geistesgeschichte; zweitens: die, durchaus auch selbstkritisch gemeinte, Kritik einer sich für autonom erklärenden Stilistik, die mit einer mechanistischen Sprachauffassung dem organischen Sprachkunstwerk nicht gerecht würde. Dadurch, daß Spitzer in seinem Abweichungsmodell das »moderne Sprachbewußtsein« zur entscheidenden Instanz macht, mögen die von ihm geforderte ›naive‹ Betrachtungsweise und die »ästhetischen Emotionen« zwar für die Textexplikation legitimiert sein. Ob die angegebene Norm sich jedoch befriedigend darlegen läßt und ob jenes persönliche Empfinden nicht Spitzers

eigene Dimensionen haben muß, um zu akzeptablen Resultaten zu gelangen, bleibt die Frage.

Ausg.: Darmstadt 1967 (in: Die Werkinterpretation, hg. von W. ENDERS).
Lit.: R. WELLEK, Grenzziehungen, Stuttgart/Berlin/Köln/Mainz 1972. – H. J. NEUSCHÄFER, Über das Konzept des Stils bei L. Spitzer, in: Stil. Geschichte und Funktionen eines kulturwissenschaftlichen Diskurselements, hg. von H. U. GUMBRECHT/K. L. PFEIFFER, Frankfurt/M. 1986, S. 281–88.
TH. VERWEYEN/G. WITTING

Register nach Sachgebieten

Da Mehrfachaufnahmen vermieden werden sollten, mußte – soweit möglich – ein zentraler Gesichtspunkt des betreffenden Werkes betont werden. Innerhalb der Einzelrubriken werden die im Lexikon erfaßten Werke jeweils in chronologischer Folge (nach ihrer Entstehungszeit) aufgeführt.

Ästhetik

Philosophische Ästhetiken

Meier, Georg Friedrich: Anfangsgründe aller schönen Wissenschaften, 1748/50
Baumgarten, Alexander Gottlieb: Aesthetica, 1750
Mendelssohn, Moses: Betrachtungen über die Quellen und die Verbindungen der schönen Künste und Wissenschaften, 1757
Hamann, Johann Georg: Aesthetica in nuce, 1762
Schelling, Friedrich Wilhelm Joseph: Philosophie der Kunst, 1802/3 (1859)
Solger, Karl Wilhelm Ferdinand: Erwin. Vier Gespräche über das Schöne und die Kunst, 1815
Hegel, Georg Wilhelm Friedrich: Vorlesungen über die Ästhetik, 1817–21
Vischer, Friedrich Theodor: Ästhetik oder Wissenschaft des Schönen, 1846
Rosenkranz, Johann Karl Friedrich: Ästhetik des Häßlichen, 1853
Croce, Benedetto: Estetica come scienza dell'espressione e linguistica generale, 1902
Ingarden, Roman: Das literarische Kunstwerk, 1931
Collingwood, Robin George: The Principles of Art, 1938
Hartmann, Nicolai: Ästhetik, 1953
Blanchot, Maurice: L'éspace littéraire, 1955
Lukács, Georg: Die Eigenart des Ästhetischen, 1963
Adorno, Theodor W.: Ästhetische Theorie, 1970

Ästhetische Schriften zu Einzelfragen

18. Jahrhundert

Shaftesbury, Anthony Ashley Cooper, Third Earl of: A Letter concerning Enthusiasm, 1707
Addison, Joseph: The Pleasures of the Imagination, 1707
Batteux, Charles: Les Beaux-Arts réduits à un même principe, 1712
Klopstock, Friedrich Gottlieb: Gedanken über die Natur der Poesie, 1755
Klopstock, Friedrich Gottlieb: Von der heiligen Poesie, 1755
Young, Edward: Conjectures on Original Composition, 1759
Winckelmann, Johann Joachim: Abhandlung von der Fähigkeit der Empfindung des Schönen in der Kunst, 1763
Kant, Immanuel: Beobachtungen über das Gefühl des Schönen und Erhabenen, 1764
Gerstenberg, Heinrich Wilhelm von: Briefe über Merkwürdigkeiten der Litteratur, 1766/7
Bürger, Gottfried August: Von der Popularität der Poesie, 1778
Moritz, Karl Philipp: Über die bildende Nachahmung des Schönen, 1788

Schiller, Friedrich: Über die ästhetische Erziehung des Menschen, 1793
Schiller, Friedrich: Über Anmut und Würde, 1793
Schiller, Friedrich: Vom Erhabenen, 1793
Schiller, Friedrich: Über naive und sentimentalische Dichtung, 1795/6
Wackenroder, Wilhelm Heinrich/Tieck, Ludwig: Herzensergießungen eines kunstliebenden Klosterbruders, 1797
Novalis: Blütenstaub, 1797/8
Goethe, Johann Wolfgang von: Über Wahrheit und Wahrscheinlichkeit der Kunstwerke, 1798
Novalis: Die Christenheit oder Europa, 1799

19. Jahrhundert

Hölderlin, Friedrich: Über die Verfahrungsweise des poetischen Geistes, 1800
Schlegel, Friedrich: Gespräch über die Poesie, 1800
Schiller, Friedrich: Über das Erhabene, 1801
Schiller, Friedrich: Vom Erhabenen, 1801
Schiller, Friedrich: Über das Pathetische, 1803
Jean Paul: Vorschule der Aesthetik, 1804
Goethe, Johann Wolfgang von: Zur Farbenlehre, 1810
Kleist, Heinrich von: Über das Marionettentheater, 1810
Goethe, Johann Wolfgang von: Maximen und Reflexionen, 1809–25
Lamb, Charles: The Essays of Elia, 1820–30
Mill, John Stuart: What is Poetry?, 1833
Belinskij, Vissarion G.: Ideja iskusstva, 1841
Emerson, Ralph Waldo: The Poet, 1844
Poe, Edgar Allan: The Philosophy of Composition, 1846
Poe, Edgar Allan: The Poetic Principle, 1850
Sainte-Beuve, Charles-Augustin de: Qu'est-ce qu'un classique, 1850
Carlyle, Thomas: The Hero As Poet, 1853
Taine, Hippolyte: Philosophie de l'Art, 1865–69

20. Jahrhundert

George, Stefan: Über Dichtung I + II, 1894–1904/5
Yeats, William Butler: Poetry and Tradition, 1907
Barfield, Owen: Poetic Diction, 1928
Valéry, Paul: Poésie et pensée abstraite, 1939
Sartre, Jean-Paul: Qu'est-ce que la littérature?, 1947
Bachelard, Gaston: La Poétique de l'Espace, 1957
Bataille, Georges: La Littérature et le mal, 1957
Klossowski, Pierre: Un si funeste désir, 1963
Adorno, Theodor W.: Noten zur Literatur, 1958/65
Poulet, Georges: Etudes sur le temps humain, 1949–68
Paz, Octavio: Los hijos del limo/El arco y la lira, 1974/1956

Dekonstruktivismus

Derrida, Jacques: L'écriture et la différence, 1967
Derrida, Jacques: La dissémination, 1972
Bloom, Harold: The Anxiety of Influence, 1973
Derrida, Jacques: De la grammatologie, 1974
Hassan, Ihab Habib: Paracriticisms. Seven Speculations of the Times, 1975

Miller, Joseph Hillis: Steven's Rock and Criticism as Cure, 1976
de Man, Paul: Allegories of Reading, 1979
Derrida, Jacques: La Carte Postale, 1980
Hartman, Geoffrey H.: Saving the Text: Literature, 1981
Norris, Christopher: Deconstruction: Theory and Practice, 1982
de Man, Paul: Aesthetic Ideology, 1988

Diskursanalyse/New Historicism

Foucault, Michel: Folie et déraison, 1961
Foucault, Michel: Les mots et les choses, 1966
Foucault, Michel: Schriften zur Literatur, 1962–69 (→Qu'est-ce qu'un auteur?)
Greenblatt, Stephen: Shakespearean Negotiations, 1988
Kittler, Friedrich A.: Aufschreibesysteme 1800/1900, 1991

Epistemologie

Starobinski, Jean: Jean-Jacques Rousseau. La transparence et l'obstacle, 1957
Starobinski, Jean: L'Œil vivant, 1961
Starobinski, Jean: L'Œil vivant II: La relation critique, 1972

Erzähltheorie

Šklovskij, Viktor: O teorii prozy, 1925
Auerbach, Erich: Mimesis, 1946
Goldmann, Lucien: Le Dieu caché, 1955
Stanzel, Franz K.: Die typischen Erzählsituationen im Roman, 1955
Hamburger, Käte: Die Logik der Dichtung, 1957
Booth, Wayne C.: The Rhetoric of Fiction, 1961
Barth, John: The Literature of Exhaustion, 1967
Todorov, Tzvetan: Introduction à la littérature fantastique, 1970
Uspenskij, Boris A.: Poètika kompozicii. Struktura chudožestvennogo teksta i
      tipologija kompozicionnoj formy, 1970
White, Hayden: The Historical Text as Literary Artifact, 1974
Genette, Gérard: Mimologiques, 1976
Barth, John: The Literature of Replenishment, 1980
Genette, Gérard: Palimpsestes, La littérature au second degré, 1982
Genette, Gérard: Discours du récit/Nouveau discours du récit, 1972/83
Ricoeur, Paul: Temps et récit, 1983–5

Feminismus/Gender studies/Weibliches Schreiben

Juana Inés De La Cruz, Sor: Respuesta a Sor Filotea de la Cruz, 1691
Irigaray, Luce: Speculum de l'autre femme, 1974
Cixous, Hélène/Clément, Catherine: La Jeune Née, 1975
Felman, Shoshana: La folie et la chose littéraire, 1978
Showalter, Elaine: Towards a Feminist Poetics, 1979
Moi, Toril: Sexual Textual Politics: Feminist Literary Theory, 1985
Johnson, Barbara: A World of Difference, 1987

Gattungen, literarische

Gattungstheorie

Engel, Johann Jakob: Über Handlung, Gespräch und Erzählung, 1774
Hölderlin, Friedrich: Über den Unterschied der Dichtarten, 1800
Goethe, Johann Wolfgang von: Briefwechsel zwischen Schiller und Goethe in
    den Jahren 1794 bis 1805, 1794–1805
Goethe, Johann Wolfgang von: Nachlese zu Aristoteles' Poetik, 1827
Jolles, André: Einfache Formen, 1928
Staiger, Emil: Grundbegriffe der Poetik, 1948

Autobiographie

Lejeune, Philippe: Le pacte autobiographique, 1972–74

Epik/Roman

Huet, Pierre-Daniel: Traité de l'origine des Romans, 1665/6
Bossu, René Le: Traité du poème épique, 1675
Mercier, Louis-Sébastien: Du théâtre, ou Nouvel essai sur l'art dramatique,
    1773
Blanckenburg, Christian Friedrich von: Versuch über den Roman, 1774
Lichtenberg, Georg Christoph: Ueber den deutschen Roman, 1775/76
Scott, Walter: Essay on Romance, 1824
Zola, Emile: Le roman expérimental, 1879
Spielhagen, Friedrich: Beiträge zur Theorie und Technik des Romans, 1883
Döblin, Alfred: An Romanautoren und ihre Kritiker, 1914
Lukács, Georg: Die Theorie des Romans, 1916
Woolf, Virginia: Modern Fiction, 1925
Fernández, Macedonio: Doctrina Estética de la Novela, 1928–30
Mann, Thomas: Die Kunst des Romans, 1940
Trilling, Lionel: Manners, Morals and the Novel, 1950
Cioran, Émile Michele: La fin du roman, 1953
Sarraute, Nathalie: L'Ère du Soupçon, 1956
Girard, René: Mensonge romantique et vérité romanesque, 1961
Goldmann, Lucien: Pour une sociologie du roman, 1964
Ricardou, Jean: Pour une théorie du nouveau roman, 1971
Vargas Llosa, Mario: García Márquez. Historia de un deicidio, 1971

Lyrik

Wordsworth, William: Preface (to) Lyrical Ballads, 1800
Poe, Edgar Allan: The Philosophy of Composition, 1846
Tynjanov, Jurij Nikolaevič: Problema stichotvornogo jazyka, 1924
Read, Herbert: Form in Modern Poetry, 1932
Benn, Gottfried: Probleme der Lyrik, 1951
Lehmann, Wilhelm: Dichtung als Dasein, 1956

Drama/Komödie

d'Aubignac, François Hédelin, Abbé: La Pratique du théâtre, 1657
Gellert, Christian Fürchtegott: Pro comoedia commovente, 1751
Corneille, Pierre: Trois Discours sur le Poème Dramatique, 1753

Lessing, Gotthold Ephraim/Mendelssohn, Moses/Nicolai, Friedrich: Briefwechsel über das Trauerspiel, 1765/7
Lessing, Gotthold Ephraim: Hamburgische Dramaturgie, 1769
Goethe, Johann Wolfgang von: Zum Schäkespears Tag, 1771
Schiller, Friedrich: Über den Grund des Vergnügens an tragischen Gegenständen, 1792
Schlegel, August Wilhelm: Über dramatische Kunst und Litteratur, 1809–11
Stendhal: Racine et Shakspeare, 1823
de Quincey, Thomas: Theory of Greek Tragedy, 1840
Ludwig, Otto: Shakespeare-Studien, 1871
Nietzsche, Friedrich: Die Geburt der Tragödie aus dem Geiste der Musik, 1872
Shaw, George Bernard: The Quintessence of Ibsenism, 1891
Benjamin, Walter: Ursprung des deutschen Trauerspiels, 1916–25
Brecht, Bertolt: Das epische Theater, 1930
Brecht, Bertolt: Über eine nichtaristotelische Dramatik, 1933–41
Brecht, Bertolt: Kleines Organon für das Theater, 1948
Szondi, Peter: Theorie des modernen Dramas, 1956

Theater

Rousseau, Jean-Jacques: J.-J. Rousseau, citoyen de Genève, à Mr. d'Alembert, 1758
Diderot, Denis: Paradoxe sur le comédien, 1770–80
Lenz, Jacob Michael Reinhold: Anmerkungen übers Theater, 1774
Schiller, Friedrich: Die Schaubühne als eine moralische Anstalt betrachtet, 1802
Piscator, Erwin: Das politische Theater, 1929
Brecht, Bertolt: Schriften zum Theater, 1957
Ionesco, Eugène: Expérience du théâtre, 1964
Artaud, Antonin: Le Théâtre et son Double, 1971

Hermeneutik

Philosophische Hermeneutik

Schleiermacher, Friedrich D. E.: Hermeneutik, 1838
Dilthey, Wilhelm: Das Erlebnis und die Dichtung, 1865–1905
Gadamer, Hans-Georg: Wahrheit und Methode. Grundzüge einer philosophischen Hermeneutik, 1960
Habermas, Jürgen: Der Universalitätsanspruch der Hermeneutik, 1970

Philologische/Literarische Hermeneutik

Augustinus, Aurelius: De doctrina Christiana, 426 n. Chr.
Luther, Martin: Ein sendbrieff D. M. Lutthers. Von Dolmetzschenn vnd Fürbit der heiligenn, 1530
Spitzer, Leo: Zur sprachlichen Interpretation von Wortkunstwerken, 1930
Tate, Allen: Literature as Knowledge, 1941
Spitzer, Leo: A Method of Interpreting Literature, 1949
Betti, Emilio: Zur Grundlegung einer allgemeinen Auslegungslehre, 1954
Gadamer, Hans-Georg: Zur Fragwürdigkeit des ästhetischen Bewußtseins, 1958
Ricoeur, Paul: La métaphore vive, 1975
Szondi, Peter: Einführung in die literarische Hermeneutik, 1975
Jauß, Hans Robert: Ästhetische Erfahrung und literarische Hermeneutik, 1977

Intertextualität/Dialogizität

Bachtin, Michail M.: Problemy tvorčestva Dostoevskogo, 1929
Butor, Michel: Répertoire, 1959
Bachtin, Michail M.: Voprosy literatury i èstetiki, 1965–74
Kristeva, Julia: La révolution du langage poétique, 1974

Konstruktivismus/Systemtheorie

Schmidt, Siegfried J.: Grundriß der empirischen Literaturwissenschaft, 1980
Luhmann, Niklas: Das Medium der Kunst, 1986
Schmidt, Siegfried J.: Der Kopf, die Welt, die Kunst, 1992

Kunstkritik/Kulturkritik

Voltaire: Le Temple du Goust, 1733
Schlegel, Friedrich: Über Lessing, 1797
Coleridge, Samuel Taylor: Biographia Literaria, 1817
Hazlitt, William: The Spirit of the Age, 1825
Pope, Alexander: An Essay on Criticism, 1846
Arnold, Matthew: Essays in Criticism, 1865
Baudelaire, Charles: L'Art romantique, 1868
Pater, Walter: Studies in the History of the Renaissance, 1873
Leavis, Frank Raymond: The Great Tradition, 1948
Wellek, René/Warren, Austin: Theory of Literature, 1949
Frye, Northrop: Anatomy of Criticism, 1957
Brooks, Cleanth: Implications of an Organic Theory of Poetry, 1958
Sontag, Susan: Against Interpretation, 1966

Literatur in der Geschichte/Literaturgeschichte

Perrault, Charles: Parallèle des Anciens et des Modernes, 1688–97
Vico, Giambattista: Principj di una scienza nuova d'intorno alla comune natura delle nazioni, 1725
Herder, Johann Gottfried: Ueber die neuere Deutsche Litteratur, 1766/7
Herder, Johann Gottfried: Von Deutscher Art und Kunst, 1773
Möser, Justus: Über die deutsche Sprache und Litteratur, 1781
Goethe, Johann Wolfgang von: Winckelmann und sein Jahrhundert, 1805
Wienbarg, Ludolf: Ästhetische Feldzüge, 1834
Gervinus, Georg Gottfried: Geschichte der poetischen National-Literatur der Deutschen, 1835–42
De Sanctis, Francesco: Storia della letteratura italiana, 1870/1
Eliot, Thomas Stearnes: Tradition and the Individual Talent, 1919
Manifiesto Martín Fierro, 1924
Tynjanov, Jurij Nikolaevič: Vopros o literaturnoj èvoljucii, 1927
Benjamin, Walter: Das Passagen-Werk, 1927–40
Benn, Gottfried: Nach dem Nihilismus, 1932
Curtius, Ernst Robert: Europäische Literatur und lateinisches Mittelalter, 1948
Bateson, Frederick Wilse: English Poetry. A Critical Introduction, 1950
Hocke, Gustav René: Die Welt als Labyrinth, 1957
Fiedler, Leslie: Cross the Border – Close the Gap, 1969
Bürger, Peter: Theorie der Avantgarde, 1974
Lyotard, Jean-François: La condition postmoderne, 1983

Literatur und Gesellschaft

Herder, Johann Gottfried: Ueber die Würkung der Dichtkunst, 1781
Staël-Holstein, Germaine Necker, baronne de: De la littérature considérée dans ses rapports avec les institutions sociales, 1800
Lassalle, Ferdinand/Marx, Karl/Engels, Friedrich: Die Sickingen-Debatte, 1859
Simmel, Georg: Soziologische Aesthetik, 1896
Mehring, Franz: Kunst und Proletariat, 1897
Lenin, Vladimir Iljič: Partijnaja organizacija i partijnaja literatura, 1905
Kracauer, Siegfried: Das Ornament der Masse, 1921–32
Èjchenbaum, Boris Michailovič: Literatura i literaturnyj byt, 1927
Camus, Albert: Révolte et art, 1951
Hauser, Arnold: The Social History of Art, 1951
Williams, Raymond: Culture and Society, 1959
Marcuse, Herbert: Art and Revolution, 1973
Jameson, Fredric: The Political Unconscious, 1981
Köhler, Erich: Literatursoziologische Perspektiven, 1982
Losada, Alejandro: La Literatura en la Sociedad de América Latina, 1983
Bourdieu, Pierre: Le champ littéraire, 1991

Literatur im intertextuellen Kontext/Kulturwissenschaft

Pietri, Arturo Uslar: Letras y hombres de Venezuela/Lo criollo en la literatura, 1948/50
Lezama Lima, José: La expresión americana, 1957
Candido, Antonio: Sous-développement et littérature en Amérique latine, 1970

Literatur und Linguistik

Jakobson, Roman: Linguistics and Poetics, 1960
Bierwisch, Manfred: Poetik und Linguistik, 1965
Burke, Kenneth: Language as symbolic Action, 1966
Searle, John Rogers: Speech Acts, 1969

Literatur und Medien

Balázs, Béla: Der sichtbare Mensch oder die Kultur des Films, 1924
Benjamin, Walter: Das Kunstwerk im Zeitalter seiner technischen Reproduzierbarkeit, 1936
Bense, Max: Aesthetica, 1954
Moles, Abraham A.: Poétique informationnelle, 1958
Kracauer, Siegfried: Theory of Film. The Redemption of Physical Reality, 1960
McLuhan, (Herbert) Marshall: Understanding Media: The Extensions of Man, 1964
Metz, Christian: Langage et cinéma, 1971
Virilio, Paul: Guerre et cinéma I. Logistique de la perception, 1984

Literatur und andere Künste

Du Bos, Jean-Baptiste: Réflexions critiques sur la poésie et la peinture, 1719
Hogarth, William: The Analysis of Beauty, 1753
Winckelmann, Johann Joachim: Gedancken über die Nachahmung der griechischen Wercke in der Mahlerey und Bildhauer-Kunst, 1755
Lessing, Gotthold Ephraim: Laokoon: oder über die Grenzen der Mahlerey und Poesie, 1766
Garve, Christian: Über Lessings Laocoon, 1769
Goethe, Johann Wolfgang von: Von deutscher Baukunst, 1772
Goethe, Johann Wolfgang von: Einfache Nachahmung der Natur, Manier, Stil, 1789
Goethe, Johann Wolfgang von: Einleitung in die Propyläen, 1798
Goethe, Johann Wolfgang von: Über Laokoon, 1798
Schlegel, August Wilhelm: Die Kunstlehre, 1801/2
Ruskin, John: Modern Painters, 1843–50
Wagner, Richard: Oper und Drama, 1852
Kandinsky, Wassily: Über das Geistige in der Kunst, 1912 (1911)
Kokoschka, Oskar: Von der Natur der Gesichte, 1912
Magritte, René: Les mots et les images, 1929
Adorno, Theodor W.: Philosophie der neuen Musik, 1949

Literatur und Philosophie

Platon: Politeia, 380 v. Chr.
Platon: Symposion, 380 v. Chr.
Bonaventura: De reductione artium ad theologiam, 1248/59
Thomas von Aquin: Summa theologica, 1266–73
Bacon de Verulam, Francis: The Division of Poesy, 1605
Jonson, Ben: The Art of Poetry, 1640
Burke, Edmund: A Philosophical Enquiry into the Origin of our Ideas of the Sublime and Beautiful, 1747–54
Hume, David: Of the Standard of Taste, 1757
Kant, Immanuel: Kritik der Urteilskraft, 1790
Schelling, Friedrich Wilhelm Joseph/Hegel, Georg Wilhelm Friedrich/Hölderlin, Friedrich: Das älteste Systemprogramm des deutschen Idealismus, 1796/7
Kierkegaard, Sören: Om Begrebet Ironi med stadigt Hensyn til Socrates, 1841
Schopenhauer, Arthur: Die Welt als Wille und Vorstellung, 1819–44
Emerson, Ralph Waldo: Nature, 1868
Nietzsche, Friedrich: Die fröhliche Wissenschaft, 1882
Bergson, Henri: Le Rire, 1900
Husserl, Edmund: Logische Untersuchungen, 1900/01
Cohen, Hermann: Ästhetik des reinen Gefühls, 1912
Bloch, Ernst: Geist der Utopie, 1923
Buber, Martin: Ich und Du, 1923
Cassirer, Ernst: Philosophie der symbolischen Formen, 1923–29
Klages, Ludwig: Der Geist als Widersacher der Seele, 1929–32
Dewey, John: Art as Experience, 1934
Husserl, Edmund: Phantasie, Bildbewußtsein, Erinnerung, 1898–1925
Husserl, Edmund: Analysen zur passiven Synthesis, 1918–26
Wittgenstein, Ludwig: Philosophical Investigations, 1935–49
Heidegger, Martin: Der Ursprung des Kunstwerks, 1950
Heidegger, Martin: … dichterisch wohnet der Mensch …, 1954
Feyerabend, Paul Karl: Against Method, 1970
Blumenberg, Hans: Arbeit am Mythos, 1979

Rorty, Richard: Philosophy and The Mirror of Nature, 1979
Blumenberg, Hans: Die Lesbarkeit der Welt, 1981
Lyotard, Jean-François: Le différend, 1983

Literatur und Psychologie

Mach, Ernst: Beiträge zur Analyse der Empfindungen, 1886
Freud, Sigmund: Die Traumdeutung, 1900
Freud, Sigmund: Der Dichter und das Phantasieren, 1908
Rank, Otto: Das Inzest-Motiv in Dichtung und Sage, 1912
Rank, Otto: Traum und Dichtung, 1914
Freud, Sigmund: Das Unheimliche, 1919
Jung, Carl Gustav: Über die Beziehung der analytischen Psychologie zum dichterischen Kunstwerk, 1922
Lawrence, David Herbert: Studies in Classic American Literature, 1923
Sachs, Hanns: Gemeinsame Tagträume, 1924
Kris, Ernst: Psychoanalytic Explorations in Art, 1932–51
Richard, Jean-Pierre: Littérature et sensation, 1954
Lacan, Jacques: Écrits, Le séminaire I/XI, 1966
Deleuze, Gilles/Guattari, Félix: L'Anti-Œdipe, 1975

Poetik

Antike bis 12. Jahrhundert

Aristoteles: Peri poietikes, 335 v. Chr.
Dionysios von Halikarnassos: Peri mimeseos, 30–20 v. Chr.
Horatius Flaccus, Quintus: De arte poetica, 23/18 v. Chr.
Pseudo-Longinos: Peri hypsous, 40 n. Chr.
Johannes von Salisbury: Policraticus, 1159

15. Jahrhundert

Dante Alighieri: De vulgari eloquentia Libri Duo, 1304–08
Petrarca, Francesco: Le Familiari, 1492

16. Jahrhundert

Vadianus, Joachim: De Poetica et Carminis ratione, 1518
Scaliger, Julius Caesar: Poetices libri septem, 1561
Tasso, Torquato: Discorsi Dell'Arte Poetica; Et In Particolare Del Poema Heroico, 1587
Buchner, August: Anleitung zur Deutschen Poeterey, 1591
Sidney, Sir Philip: The Defence of Poesie, 1595

17. Jahrhundert

Opitz, Martin: Buch von der Deutschen Poeterey, 1624
Zesen, Philipp von: Deütscher Helicon, 1640
Gracián, Baltasar: Arte de ingenio, 1642
Klaj, Johann: Lobrede der Teutschen Poeterey, 1645
Harsdörffer, Georg Philipp: Poetischer Trichter, 1647
Masen, Jacob: Palaestra eloquentiae ligatae, 1654–57

Balde, Jacob: De Studio Poetico, 1658
Boileau-Despreaux, Nicolas: L'Art poétique, 1674
Birken, Sigmund von: Teutsche Rede-bind und Dicht-Kunst, 1679
Thomasius, Christian: Discours, welcher gestalt man denen Frantzosen im gemeinen Leben und Wandel nachahmen solle, 1687
Morhof, Daniel Georg: Polyhistor literarius, philosophicus et practicus, 1688
Weise, Christian: Curiöse Gedancken von Deutschen Versen, 1691
Wernicke, Christian: Uberschriffte Oder Epigrammata, 1697

18. Jahrhundert

Gottsched, Johann Christoph: Versuch einer Critischen Dichtkunst vor die Deutschen, 1730
Bodmer, Johann Jakob: Critische Abhandlung von dem Wunderbaren in der Poesie, 1740
Breitinger, Johann Jacob: Critische Dichtkunst, 1740
Sulzer, Johann Georg: Allgemeine Theorie der schönen Künste, 1774

Rhetorik/Grammatik/Stilistik/Metrik

Cicero, Marcus Tullius: De oratore, 55 v. Chr.
Quintilianus, Marcus Fabius: Institutio Oratoria, 95 n. Chr.
Celtis, Conradus: Ars versificandi et carminum, 1486
Du Bellay, Joachim: La Deffence, et Illustration de la Langue Francoyse, 1549
Fénelon, François de Salignac de la Mothe: Réflexions sur la Grammaire, la Rhétorique, la Poétique et l'Histoire ou Mémoire sur les Travaux de l'Académie françoise, 1716
Buffon, George-Louis Leclerc, Comte de: Discours sur le style, 1753 (→Discours prononcés dans l'Académie françoise)

Rezeptionsästhetik

Weinrich, Harald: Für eine Literaturgeschichte des Lesers, 1967
Jauß, Hans Robert: Literaturgeschichte als Provokation der Literaturwissenschaft, 1970
Iser, Wolfgang: Der Akt des Lesens, 1972
Iser, Wolfgang: Die Appellstruktur der Texte, 1974
Fish, Stanley: Is There a Text in This Class?, 1980

Sprachphilosophie

Böhme, Jacob: Mysterium Magnum, 1622/3
Schottelius, Justus Georg: Ausführliche Arbeit Von der Teutschen HauptSprache, 1663
Leibniz, Gottfried Wilhelm: Unvorgreiffliche gedancken, betreffend die ausuebung und verbesserung der teutschen sprache, 1697
Herder, Johann Gottfried: Abhandlung über den Ursprung der Sprache, 1772
Fichte, Johann Gottlieb: Von der Sprachfähigkeit und dem Ursprung der Sprache, 1795
Humboldt, Wilhelm v.: Über die Verschiedenheit des menschlichen Sprachbaues, 1836
Nietzsche, Friedrich: Über Wahrheit und Lüge im außermoralischen Sinne, 1873
Heidegger, Martin: Unterwegs zur Sprache, 1959

Strukturalismus/Poststrukturalismus

Barthes, Roland: Le Degré zéro de l'écriture, 1953
Greimas, Algirdas Julien: Sémantique structurale, 1966
Todorov, Tzvetan: Poétique, 1968
Barthes, Roland: S/Z, 1970
Riffaterre, Michael: Essais de stylistique structurale, 1971
Barthes, Roland: Le Plaisir du texte, 1973
Deleuze, Gilles/Guattari, Félix: Kafka. Pour une littérature mineure, 1975
Baudrillard, Jean: L'échange symbolique et la mort, 1976
Doubrovsky, Serge: Corneille et la dialectique du héros, 1983
Frank, Manfred: Was ist Neostrukturalismus?, 1983

Texttheorie/Edition

Borges, Jorge Luis: Discusión/Otras inquisiciones, 1932–52
Rousset, Jean: Forme et signification, 1962
Bellemin-Noël, Jean: Le texte et l'avant-texte, 1972
Zumthor, Paul: La lettre et la voix, 1987

Zeichentheorie/Semiotik

Mukařovský, Jan: Umění jako semiologický fakt, 1936
Morris, Charles William: Esthetics and the Theory of Signs, 1939
Eco, Umberto: Il messaggio estetico, 1968
Goodman, Nelson: Languages of Art, 1968
Lotman, Jurij M.: Struktura chudožestvennogo teksta, 1970
Eco, Umberto: Trattato di semiotica generale, 1975
Culler, Jonathan: The Pursuit of Signs, 1981.

Register nach Sachbegriffen

Abbild 16, 267, 271 f., 286, 301, 349, 461

Abendland, abendländisch 77, 83, 85, 151, 188, 209, 360, 364, 370, 377, 407

Absolute, das 12, 277 f., 453 f., 461

Absurde, das 132, 140, 191, 376

actio 86

Adel 62, 69, 103, 449

Ähnlichkeit 213, 236, 244, 261, 350

aemulatio 142, 290

Ästhetik, ästhetisch 4–7, 9, 11 f., 14–16, 19, 22 f., 28, 42, 54 f., 61, 108, 114, 126, 134, 147, 153, 157, 166, 180, 193, 195 f., 199, 222, 242 f., 249, 251, 256, 258, 274–277, 279, 284, 287, 289, 328, 331, 343, 362, 367, 374, 379, 389, 397, 399–403, 408 f., 411, 416, 422, 428, 429, 444–446, 452–456, 457, 463, 469 f.

Ästhetik, analytische 6, 203

Ästhetik, historische 426

Ästhetik, klassische 41, 60, 254, 371

Ästhetik, literarische 46, 143, 214, 306, 320

Ästhetik, materialistische 41, 114, 267, 297, 348 f., 386 f.

Ästhetik, negative 12 f.

Ästhetik, normative 381

Ästhetik, phänomenologische 296, 452

Ästhetik, postavantgardistische 175 f.

Ästhetik, revolutionär-demokratische 180

Ästhetik, transzendentale 24

Ästhetische, das 2, 16, 40, 42, 49, 50, 114, 161, 195, 204, 386, 403 f., 419, 431

Ästhetizismus 377, 407

Affekt, affektiv 13, 44, 59, 71 f., 75, 147, 158, 210, 249, 272, 275, 398, 407, 445, 464

agudeza 43

Aisthesis 13 f.

Akrostichon 298

Aktant 295, 341

Aktantensystem 341

Aktualisierung 36, 96, 263

Aktualität 370, 379, 472

Akustik 232

Alexandriner 76

Allegorie, allegorisch 21–23, 55, 87, 89, 114, 162, 243, 262, 268, 298, 378, 390, 397, 411, 438 f., 460 f.

Allgemeine, das 4, 80, 99, 126, 195, 231, 278, 353, 422, 444, 454

Alltagsleben, Alltägliches 59, 116, 131 f., 219, 228, 452

Alltagssprache 41, 233, 276, 314, 342

Als-ob-Struktur 226

Alterität 353

Ambiguität 205, 235, 466

amor fati 149

anacronismo 228

Anagnorisis 271

anagogisch 87 f.

Anagramm 298

Analepse 100

Analogie 175, 241

Analogielehre 87

Analphabetismus 307

Anapäst 29

Anarchismus 3

Andere, das 15, 47 f., 176, 189, 222 f., 283, 337, 350, 356, 462

Aneignung, symbolische 345

Anekdote 258

Angemessenheit 26, 88, 169, 195, 396, 472

Anisochronie 100

Anmut 25, 397, 402, 422

Anschauung 11, 134, 161, 281, 338, 367, 406, 441

Anschauung, eidetische 273

Anschauung, intellektuelle 406

Anschauung, kategoriale 227 f.

Anschauung, sinnliche 453

Anschauung, unmittelbare 180

Anspielung 261

Anthropomorphismus 428

Anthropologie 1, 37 f., 44, 59, 165, 189, 229, 248, 387, 444

antihermeneutisch 457

Antike 10, 26, 43, 85–87, 138, 142, 152, 161 f., 182, 184, 198, 210, 239, 266, 269, 328, 331, 354, 384, 396, 414, 418, 422, 424, 442, 451, 453, 465

Antikunst 40

Antilegende 117

Antimärchen 117

Antinomianism 264
Antipsychiatrie 34
Antirationalismus 459
Antizipation 157, 380
anything goes 18
Aorgische, das 412
Apollinische, das 151f., 197, 407, 412
Apophrades 36
Apostrophe 467
Apparat, seelischer 392
Appellfunktion, -struktur 5, 212
Apperzeption 95, 273
aptum 182
Arabeske 162, 174
Arbeit 110, 115, 391
Arbitrarität 49, 241, 245
Archaische, das 16, 328
Archetyp 27, 177, 295, 410
Archileser 128
Architektur 9, 23, 140, 198, 266, 286, 400, 450, 454
Architext 263
Archivierung, textuelle 63
argutia 75, 89, 261
ars 39, 87, 367
Artefakt 178, 378, 385, 430
Artikulation 112, 217, 314, 332, 466
Artistenmetaphysik 248
Asianismus 270
Askesis 35
Assoziation 392
Assoziationslehre 55, 286
Attizismus 328
Aufklärung 7, 23–26, 34, 38, 50, 58, 66, 85, 103, 125f., 131, 170, 174, 199, 248f., 274, 286, 328, 384, 396, 407, 419, 421, 423, 426, 441, 453, 455, 457, 468
Aufklärungsästhetik 6, 59, 286
Aufschreibesystem 47, 48, 63
Augenblick 25, 138, 206, 256, 326, 421
Augenblick, historischer 277
Aura 16, 200
Ausdruck 1, 88, 92, 192, 198, 204, 227, 249, 281f., 296, 390, 425, 439, 448
Ausdruck, analogischer 281
Ausdruck, mimetischer 281
Ausdruck, symbolischer 281
Ausdrucksfunktion 112
Auslegung 472
Aussage 77, 186, 192, 295, 323, 358, 432
Authentizität 108, 204, 280, 325
Autobiographie 8, 125, 188, 259, 260, 330, 467

Automatismus 335
Autonomie, autonom 41, 58, 249, 361, 366, 407, 410f., 426, 456, 472
Autonomie, ästhetische 23, 153, 405
Autonomie, wissenschaftliche 261
Autor (→ auch Schriftsteller) 20, 31–33, 37, 48, 52, 101f., 108, 118, 121, 127, 130, 137, 142, 147, 149, 150f., 158, 166, 176f., 182, 213f., 216, 226, 252, 260, 292, 293, 300, 308, 315f., 318f., 321, 323, 333f., 336, 346, 360, 362f., 374, 394, 425, 443, 456
Autor, implizierter 334
Autorintention 364, 423
Autorschaft 211, 218
Autor, Tod des 105, 322
Außenwelt 13, 188, 393, 433
Avantgarde 17, 65, 82, 103, 109, 175, 194, 216, 228, 279, 285, 340, 353, 378
avant-texte 374

Ballade 45, 90, 226, 447f.
Ballett 55, 373
Barock 29, 49, 97, 141, 261, 291, 299, 305, 396, 441, 460, 468
Barockpoetik 29, 43, 88f., 98, 224f., 261, 330, 372f.
Basis/Überbau 302, 349
Bedeutung 36, 48, 74, 78, 84, 147, 166, 186, 191, 227, 288, 290, 297, 303, 319f., 322f., 333, 369, 388, 401, 406, 455, 472
Bedeutung, figurale 78
Bedeutung, referentielle 129
Bedeutung, reine 281, 282
Bedeutungskonstituierung 431
Bedeutungslehre 227, 390
Begabung (→ auch ingenium) 44, 86, 88, 102
Begebenheit 415, 443
Begehren 33, 47, 112, 188f., 191, 230, 233f., 247, 253, 274f., 284f., 292, 345, 463
Begriff 15f., 74, 78, 114, 180, 195, 248, 415, 417, 437, 447, 462
Behaviorismus 124, 385
Beispielsammlung 86
bel esprit 58
Belehrung 79, 88, 298, 389
Beredsamkeit 75, 266
Beschreibung 294
Besondere, das 4, 80, 195, 231, 251, 278, 353, 454
Bestrebung 406, 415
Betrachter 335, 365, 444, 447

Bewunderung 54, 98, 170
Bewußtsein 242, 248, 264, 273, 392, 402, 446 f., 459
Bewußtsein, ästhetisches 256, 471
Bewußtsein, historisches 388, 471
Bewußtsein, kreatives 224
Bewußtsein, modernes 66
Bewußtsein, schöpferisches 296
Bewußtseinshorizont 293
Bewußtseinspsychologie 184
Bewußtseinsroman 242
Bewußtseinsstrom 25
Bibelexegese 6, 27, 78 f., 171
Bibliothek 322 f.
Bild 27, 88, 117, 137, 168, 175, 180, 184, 204, 261, 298, 300, 313, 350, 385, 392, 410, 447
Bilderführung 347
Bildhaftigkeit 38, 80, 108, 298
Bildlichkeit 68, 71, 152, 198, 290
Bildung 14, 85, 102, 103, 283, 414, 443
Bildung, ästhetische 153, 399
bildungsbürgerlich 31
Bildungsideal 102, 154, 300
Bildungsprogramm 78
Bildungsroman 444
Bildungssprache 102
Bildungstrieb 414
Biographie 137, 443, 473
Biographik 184, 385 f.
Biographismus 173
Bizarrerie 10
Blick 252
body empathy 319
Böse, das 10, 126, 222 f.
bon sens 44
bon usage 91
Botschaft 235, 432
Brief 58, 64
Briefroman 147, 443
British New Left 75
Buchdruck 418, 432
Buchsprache 413
Buchstabe 6, 47, 64, 83, 241, 418, 423
Bühne 59, 110, 122 f., 139, 256, 265, 271, 304 f., 317, 338 f., 375, 383, 420, 468
Bühnenbild 122 f., 429
Bühnenfigur 304
Bühnenkomposition 400
Bürgertum, bürgerlich 10, 26, 40 f., 50, 52, 82, 86, 109 f., 153, 169, 177, 199, 255, 257, 267, 304, 339, 375, 377, 386, 420, 442

Chanson 45, 212

Chaos 331, 377
Charakter/Eigenart 14, 148, 335, 337, 398, 456
Charakterdrama 347
Charaktere/Typen 54, 124, 170, 222, 265, 340, 347, 358, 383, 404, 421, 443, 463
Charakteristische, das 120, 416
Chiasmus 22
Chock 200
Chor 152, 257, 271, 384
chora 190
Christentum, christlich 66, 78, 84, 104, 127, 419
claritas, clarté 45, 367
Cliname 35
Clown 132
Code 111, 201 f., 235, 285, 319, 362, 369, 370, 390 f.
Comédie française 190
Commedia dell'arte 212
commovere 311
concepto 43
Concettismus 461
concetto 88, 89, 98, 461
condition humaine 40
consciousness 312
cool media 432
criollismo 104, 208
critique génétique 373–375
critique thématique 223 f.
cultural poetics 345

Dadaismus 17, 377 f., 461
dämonisch 27
Daemonization 35
Daktylus 29, 89, 298
Dandy 46
Darstellung 1, 256 f., 259, 281, 347, 350, 383, 403, 425, 445, 447
Darstellung, dramatische/theatralische 429 f., 443
Dasein (→ auch das Sein) 92, 125, 157, 165, 200, 256, 397, 407, 411, 435
Décadence 407
Decorum 62
Defiguration 8, 21 f.
Dehumanization 264
Dekadenz 141, 363
Dekomposition 8
Dekonstruktion 7, 21 f., 35 f., 77 f., 83 f., 92, 106, 111 f., 124, 128, 146, 189, 202, 219, 302, 319, 320, 337, 356, 360, 428 f., 436, 460, 466 f.

Dekonstruktivismus, dekonstruktiv 21, 35, 63, 78, 93, 246, 283 f., 318 f., 337, 356, 359, 439, 441
delectare 72, 417, 455
Demokratie 42, 74, 197, 321
Denken 11, 15, 20, 34, 42, 47, 83, 91 f., 137, 143, 156, 180, 227, 283, 350, 392, 416 f., 428, 437, 439 f., 442, 453
Denken, dekonstruktives 467
Denken, dialogisches 178
Denken in Bildern 180, 313
Denken, logozentrisches 156, 358
Denken, mythisches 348
Denken, sinnbildliches 156
Denken, tangentielles 358
Denken, vernehmendes 439
Denken, wissenschaftliches 298
Denkkraft 411, 412
Denotat, Denotation 135 f., 204, 235, 431
Depersonalisation 32
Designat 135, 431
Desis 271
Desymbolisierung 434
Detektivroman 258
Deterritorialisierung 191
Deutschland, Junges 14
Dezentrierung 113 f.
diachron 374
Dialekt 49, 90
Dialektik 15, 172, 193, 301, 305, 333, 356, 380, 454 f.
Dialektik, materialistische 332
Dialektische, das 123
Dialog 176, 179, 220, 315, 376, 378 f., 421
Dialog, dramatischer 304, 379
Dialogische, das 128, 315
Dialogizität 315 f.
Dialogroman 421
Dichtart 165, 405 f.
Dichter 1, 38, 47, 48, 66, 71, 79, 81, 86, 88, 92, 125, 142, 155, 158, 169 f., 172 f., 184, 210, 221, 224, 232, 250 f., 271, 287–291, 299, 301 f., 308–310, 323, 331, 346, 373, 385, 388, 393, 404 f., 415, 417, 421, 425 f., 446, 449, 456, 462, 464
Dichtkunst, Dichtung 9, 23, 39, 49, 55, 68, 80, 87, 101, 107 f., 130, 142, 156, 160 f., 173, 176, 178, 196, 213, 225, 256, 269, 288, 290, 296, 346, 349, 368, 372, 392 f., 410, 414, 418, 425, 435, 445, 447–449, 456, 462
Dichtung, geistliche 372

Dichtungstheorie 108, 160
Dichtung, visuelle 6
Dichtung, volkssprachliche 211
Diegese 99
différance 35, 77, 106, 459, 466
Differentialität 48, 106, 359
Differenz 42, 77, 97, 106, 114, 176, 236, 238, 244, 278, 285, 320, 346, 351, 387, 455, 466
Dilettantismus 430
Ding an sich 11, 462
Dingwelt 347, 439, 446
Dionysische, das 151 f., 407, 412
disegno esterno 461
disegno interno 461
Disharmonie 10
Diskontinuität 67
Diskurs 23, 48, 63, 93, 96 f., 113, 146, 201, 237, 244, 283, 286, 312, 320, 322, 337, 344, 346, 355 f., 391
Diskursanalyse 47, 65, 67, 96, 146, 172, 186 f., 191 f., 322
Diskurstheorie 144 f., 243 f., 283, 346
dispositio 28, 62, 86, 182
Dispositiv 145
Dissémination 63, 105 f., 337
Dissens 67
dissidence 331
Dithyrambos 271
docere 72, 311, 417, 455
double bind 21
Drama, Dramatik 27, 44, 58, 61, 76 f., 98, 109 f., 122 f., 159 f., 169 f., 185, 205, 256 f., 262, 271, 278, 298, 308, 325, 344, 346, 348, 368, 375, 378 f., 380, 420 f., 441, 443, 450, 455
Drama, absolutes 378
Drama, antikes 151, 256, 271
Drama, anti-/nichtaristotelisches 339, 420 f.
Drama, bürgerliches 109
Drama, historisches 349
Drama, modernes 379, 419
Drama, offenes 31
Dramatische, das 61, 165
dramatism 203
Dramaturgie 110, 191, 304, 327
Dramentheorie 169, 298, 308, 309, 324 f., 383

écriture 82, 202, 329, 358, 374
écriture automatique 461
écriture feminine 188–190
Editionswissenschaft 374
Effekt, ästhetischer 471
eidolon 261, 302

Einbildungskraft 6, 28, 47, 53, 70 f., 73, 80, 125, 141, 155, 196, 206, 209, 223, 256, 278, 286, 289, 295 f., 389, 403, 414, 445, 447, 456, 468
Einfachheit 26, 371
Einfühlung 122, 192, 265, 420, 472 f.
Einheit von Ort, Raum und Zeit 31, 44, 45, 49, 97, 99, 109, 110, 169, 266, 272, 308, 325, 450, 468
Ekloge 63
Eleatismus 105
Elegie 44, 63, 262, 456
eleos 272
elevation of the soul 284
elocutio 28, 86, 182, 261, 291
Emanzipation 15, 67, 85, 116, 331
Emanzipation der Kunst 50
Emblem 289, 298
Emblemtheorie 261
Emigration, innere 94
Emotion 108, 208, 286, 311 f., 326, 336, 388, 420, 464
Empathie 60
Empfänger 212, 297
Empfindsamkeit 69, 73, 286, 317, 328, 442, 456, 468
Empfindung 6, 170, 259, 328, 371, 412, 443, 464, 473
Empfindung, ästhetische 254, 355
Empfindungslehre 4
Empirie, empirisch 50, 374, 288, 404, 470
Empirismus 18, 203, 275
emplotment 177 f.
Endliche, das 278, 454 f.
Energeia 416
Energie, psychische 318, 392
Engagement 252
Enigmatische, das 460
Entfremdung 380
Enthusiasmus 50, 162, 174, 209, 264, 302
Entsprechen 435
Entwicklungsroman 442
Enzyklopädie 305
Enzyklopädisten 101
Epigramm, epigrammatisch 45, 63, 89, 130, 396
Epik, episch 31 f., 197, 380, 421
Epische, das 61, 122 f., 165, 406
Episteme 244, 428
Epistemologie, epistemologisch 8, 44, 95, 145, 177 f., 187, 283, 352, 428, 429
Epoche 83, 140, 144, 145, 151, 160, 197, 239, 266, 268, 276, 304, 325, 340, 361, 378, 381, 454, 458, 473

epoché 273
Epoche, postindustrielle 176
Epopöe 405, 444
Epos 27, 44 f., 52, 61 f., 71, 131, 160, 197, 199, 262, 271, 278 f., 291, 380, 389, 390, 442, 453
Epos, homerisches 152, 270
Epos, religiöses 70
Erde 92, 440
Ereignis 42, 91, 97, 100, 125, 152, 301, 307, 320, 322, 439
Ereigniszeit 450
Erfahrung 14, 37 f., 41 f., 125, 143, 146, 188, 203, 206, 208, 227, 231, 242, 251, 254, 269, 312, 322, 364, 365 f., 382, 386, 405, 410, 442, 447, 462, 464
Erfahrung, ästhetische 12 f., 15, 22, 50, 105, 133, 152, 156, 174, 204, 235, 238, 326, 345, 471
Erfahrung, ekstatische 350
Erfahrung, hermeneutische 471
Erfahrung, sinnliche 59, 347, 414
Erfindung 44
Ergon 416
Erhabene, das 9, 12, 53 f., 97, 196, 246, 269, 274 f., 278, 328, 353, 398–400, 416, 444–446, 456
Erinnerung 41, 134, 138, 268
Erkennen 9, 238
Erkenntnis 11, 16, 18, 28, 31, 45, 88, 118, 134, 143 f., 177, 180, 195, 204, 206, 210, 217, 226, 231, 247, 274, 280, 290, 362, 367, 402, 411, 463, 470
Erkenntnis, ästhetische 29, 115 f., 223
Erkenntnis, philosophische 15
Erkenntnis, sinnliche 4, 13, 28, 462
Erkenntnistheorie 8, 18, 228, 262, 281, 326, 438
Erkenntnisvermögen 4, 28, 247, 366, 462
Erklären 125
Erleben 259, 433
Eros 368
Eroticism 264
Erotik 176, 264
Erotische, das 162
Erregung 407
Erscheinung 4, 11 f., 94 f., 117 f., 156, 161, 170, 173, 381, 397, 403, 416, 428, 462 f., 470
Erscheinung, sinnliche 12
Erwartungshorizont 124, 220, 235, 260
Erzählen 31, 38, 177, 218 f., 225 f., 334, 394 f., 443, 456

Erzähler 32, 37, 93, 100, 122, 184, 219, 292f., 295, 316, 334, 380, 395, 421, 453

Erzählform/-haltung 52, 395

Erzählkunst 27

Erzählliteratur 303, 372

Erzählperspektive/-situation 209, 292f., 295, 395

Erzähltheorie 99, 100, 116f., 177, 218f., 225, 258f., 262f., 292f., 333, 371f., 394

Erzähltradition 219

Erzählung 302f., 421

Erzählzeit 100

Erziehung, ästhetische 3, 399, 408f., 445

Erziehungstheorie 301f.

Essay 63, 133f., 252

Essayistik 133

Essenz, essentialistisch 175, 321

Ethik, ethisch 43f., 75, 203, 275, 302, 305, 328, 441

Ethnopsychologie 229

Ethnologie 110, 117, 244

Etymologie 361, 437

eudaimonia 301

Exemplifikation 204

Existentialismus 69f., 82, 223, 328, 331

Existentialontologie 435f., 439f.

Existentialphilosophie 165, 252, 457

Existenz 92, 109, 143, 147, 179, 195, 252, 273, 350, 411, 435, 461

Exotismus 46

experience 312

Experiment 36, 377, 470

Experiment, ästhetisches 17

Experimentalism 264

Experimentalpsychologie 253

Experimentalroman 109

explication de texte 237f.

Expression 134f.

Expressionismus 17, 157, 200, 202, 248, 314, 348f.

Expressivität 312

Extra-Text 374

Exzentrizität 133

Fabel 29, 72, 73, 108, 152, 163, 390, 428

Fabrikation 82, 374

fact 264

facteur 64

factio 367

Faktur 374

familiar essay 134

Familie 191, 337

fancy 55f., 264

Farbe 26, 206, 400f., 454, 469f.

Farce 140

Faschismus 94, 123, 192, 201, 258, 340, 420

Feld, literarisches 64

Feld, symbolisches 369

Female-Phase 387

Feminismus, anglo-amerikanischer 190, 343, 386, 466f.

Feminismus, französischer 188–190, 332, 344, 355f.

feminist critique 386

Feminist-Epoche 387

Fetischcharakter 279

Fetischismus 353

fictio 261

Figur 26, 106, 124, 146f., 180, 206, 234, 246, 340, 376, 383, 395, 403, 443

figura serpentinata 25

Figuration 8, 21, 360

Figurenkonstellation 439

Figur, rhetorische 43, 184, 290, 295, 310

Fiktion, Fiktionalität 44, 150f., 177f., 187, 194, 214, 225, 236, 247, 260, 285f., 307f., 350, 398, 428–430, 433

Film 48, 168, 200–202, 258, 304, 347f., 351, 381f.

Filmtheorie 201f., 348, 381

Finalität 279

Flaneur 269

Folklore 313, 392

Form 36, 44, 50, 56, 58, 82, 84, 89, 94, 95, 101, 129, 146f., 160, 181, 191f., 195, 217, 232f., 235, 249, 274, 276, 288f., 297, 299, 355, 361, 390, 400f., 407, 415, 419, 431, 453, 470

Form, ästhetische 40f., 61, 345

Formalismus, formalistisch 200, 219, 282, 332, 431

Formalismus, russischer 20, 129, 213, 216, 221, 228, 258, 292–294, 313, 362, 385, 451f.

Formenlehre 62, 373

Formensprache 251

Form, organische 418

Formsemantik 378

Form, sinnhaltige 472

Form, symbolische 280, 281

Formtrieb 161, 399, 409

Fortschritt 18, 159, 265f., 280, 324, 364, 371

Fortschrittsgedanke 84

Fortschrittsglaube 185, 248, 381
Fotografie 17, 200f., 382
Fragment 128, 314
Fragmentarische, das 231, 242
Freiheit 10, 14, 69, 85, 89, 143f., 248, 267, 321, 397, 401, 403, 444, 459
Fremdheit 13, 124, 418
Fremdwort 396
Frivolität 10
Frühaufklärung 58, 73, 411, 468
Frühromantik 3, 66, 76, 160, 173, 197, 379, 380, 435
Fürstenspiegel 103, 300
Funktion 226, 235, 341, 369
Funktion, ästhetische 214, 235, 452
Furcht 60, 170, 249, 272, 420, 422, 450
Futurismus 31, 212, 228f., 248, 314, 377

Galanterie 328
Ganze, das 444
Ganzheit 127, 130, 382, 406, 408, 443, 450, 472
Ganzheit, ästhetische 343
Gartenkunst 198, 286
Gattung 27f., 43–45, 49, 52f., 62, 72, 80f., 88f., 98, 137, 142f., 160, 164, 194, 196f., 199, 221, 225f., 252, 258, 260, 262, 303, 335, 373, 405, 421, 443, 448, 452
Gattungspoetik 81, 86, 152, 160, 164f., 390, 406, 415, 455
Gattungstheorie 61, 65, 98, 199, 249, 260, 379, 421
Gaucho-Poesie 104
gaya scienza 149
Gebärdensprache 347
Gebrauchswert 82, 110, 306
Gedächtnis 8, 28, 55, 288, 297, 305
Gedankenlyrik 292
Gedicht 40, 75f., 91, 94, 120f., 131, 142, 181, 284, 287f., 291–293, 297f., 313f., 385, 406f., 415f.
Gedicht, absolutes 315
Gedicht, heroisch-episches 406
Gedicht, visuelles 298
Gefühl 50, 52, 54, 59, 195, 210, 254, 265, 274, 286, 309f., 312, 371, 406, 420, 433, 443, 464, 468
Gefühl, ästhetisches 11, 52, 254, 398
Gefühl, moralisches 405
Gefühlskultur 24
Gegenwart 165, 338, 378
Gehalt 148, 227, 251, 377, 419, 438, 470
Gehalt, propositionaler 357f.

Geist 1, 12, 55, 134, 147, 149, 152f., 155f., 161f., 210, 217, 248, 283, 311, 321, 331, 349f., 354, 367, 376, 400, 407, 415f., 423, 453, 455, 472
Geist, absoluter 453
Geistesgeschichte, geistesgeschichtlich 56, 142, 239f., 385, 460
Geisteswissenschaft 125, 430, 434
Geldwirtschaft 355
Gelegenheitsgedicht 63, 89
Gelehrsamkeit 24, 155, 225, 240, 413f.
Gelehrtenkultur, lateinische 449
Gelehrtenpoesie 224
Gelehrtensprache 90
Gemälde, poetisches 73
Gemeine, das 9, 126
gender studies 188f., 387, 467
Genealogie, genealogisch 21, 84, 145, 149
Genfer Schule 137, 146, 187, 223, 228
Genie 6, 24, 31, 50, 54, 57f., 68, 73, 77, 95, 116, 126, 170, 196, 264–266, 412, 424, 443, 449f., 456, 468
Genieästhetik 7, 26, 33, 56, 68, 77, 131, 172, 210, 393, 416, 426, 445f., 450, 468f.
Geniekult 359, 470
Genius 462
Genuß, ästhetischer 12–14, 193, 201, 286
Gesamtkultur 75
Gesamtkunstwerk 122, 246
Gesang 58, 87, 211, 372
Geschichte 14, 16, 64–66, 69, 85, 99, 100f., 107, 131, 143, 146, 154, 159, 177f., 188, 194, 216, 220f., 246, 256, 258, 268, 278, 281, 302f., 305, 320f., 324, 339, 345, 349, 378, 381, 387, 401, 410, 414f., 417f., 438, 449f.
Geschichtlichkeit 62, 84, 125f., 206, 239, 321, 414
Geschichtsbild 141, 349, 423
Geschichtsdrama 349
Geschichtsphilosophie 56, 66, 84, 103, 159, 175, 267f., 310, 311, 352, 380f., 401, 414, 438, 454, 459
Geschichtsschreibung 15, 79, 85, 131, 154, 177f., 286, 327, 372
Geschichtsschreibung, pragmatische 443
Geschichtswissenschaft 14
Geschick 439
Geschlecht, Geschlechtlichkeit 2, 188, 417, 459

Geschlechterdifferenz   345 f., 355 f., 387, 459, 466 f.
Geschlechterverhältnis   54, 111, 301
Geschlechtsidentität   345, 370, 387
Geschmack   29, 50, 196, 243, 254 f., 266, 327, 337, 370 f., 396, 447, 471
Geschmacksästhetik   328
Geschmacksbildung   390
Geschmackskultur   449
Geschmacksurteil   195 f., 254, 413, 471
Geschmackswandel   153
Geschwindigkeit   168
Geselligkeitstrieb   275
Gesellschaft   10, 13, 15, 30, 40 f., 64, 67, 85, 115, 123, 144 f., 188, 192, 221 f., 230, 233, 243, 248, 255, 258, 285, 299 f., 302, 304, 306, 312, 320, 321, 324 f., 335, 339, 344 f., 361 f., 377, 411, 418
Gesellschaft, arbeitsteilige   408
Gesellschaft, (früh)industrielle   56, 420
Gesellschaft, klassenlose   110
Gesellschaftsdrama   324
Gesellschaftskritik   258, 324
Gesellschaftskritik, feministische   188
Gesellschaftsmodell   180, 303
Gesellschaftssystem   434
Gesetz   33, 58, 146, 183, 193, 195, 222, 338, 403
Gesetz der Natur   399, 442
Gesetz der Vernunft   408
Gespräch   124, 161, 417, 421, 436, 443
Gestalt   42, 148, 246, 282, 397, 440
Gestalt, äußere   335, 368, 454
Geste   332
Geste, soziale   335
Gestik   170, 211, 376
Gleichnis   298
Gnosis   104 f., 143
Goethezeit   7, 77, 455
göttlich, das Göttliche   88, 126 f., 143 f., 162, 250, 269, 289, 444, 453, 455
Goldenes Zeitalter   43, 66
Gotik   141, 449
Gott   87, 88, 143, 173, 179, 234, 247, 250, 255, 289, 298, 330, 342, 367, 373, 451, 454 f., 461
Gräkomanie   154
grammaire raisonnée   436
Grammatik   49, 87, 90, 203, 227, 244, 271, 328
Grazie   397, 401
Grenzerfahrung   145
Großaufnahme   347
Großstadt   46, 200
Groteske   140, 162, 433

Guckkastenbühne   304
Gute, das   2, 44, 126, 222, 301, 366, 397
gynocritics   386

Habitus   64
Häretiker   330
Häßliche, das   9 f., 126, 368, 425, 460
Handeln   88, 154, 223, 231 f., 278, 317, 347, 357, 453 f., 462
Handeln, historisches   64
Handeln, imaginäres   187
Handeln, kommunikatives   166
Handeln, politisches   331
Handeln, sekundäres   320
Handeln, sprachliches   203
Handeln, symbolisches   95, 203, 303
Handlung   44, 52, 61, 95, 98, 122 f., 136, 152, 169, 197, 257, 271, 295, 308, 315, 335, 369, 378, 403, 421 f., 425, 442, 454, 456
Handlungsstruktur   242, 390
Handlungstheorie   165, 357, 454
Handwerk   52
Happening   17
Harmonie   3, 14, 44, 155, 288, 368, 399, 406, 407
Heiliger Geist   364
Heilige Schrift   87 f., 248, 330, 342
Heimliche, das   433
Held   26, 52, 131, 158, 172, 234, 252, 292, 315 f., 439, 443, 445, 453, 455
Heldenepos   98
Heldengedicht   373
Heldenlied   450
Heldenlied, französisches (chanson de geste)   132
Heldensage   299
Held, göttlicher   172
Held, historischer   170
Held, komischer   157
Held, problematischer   307
Held, tragischer   69 f., 438 f.
Hellenismus   389
Hermeneutik, hermeneutisch   17, 22, 34, 47, 56 f., 67, 92 f., 107, 112, 118 f., 138, 145, 163, 172, 185, 187, 213, 253, 260, 294, 300, 302, 304, 346, 363, 423 f., 434 f., 441, 449, 456, 458 f., 473
Hermeneutik, ästhetische   125 f., 457
Hermeneutik, biblische/theologische   78, 290, 342
Hermeneutik, literarische   236, 261, 471
Hermeneutik, philologische   119, 171 f., 424

Hermeneutik, philosophische 119, 434
Hermeneutik, psychologische 171
heroisch 406
Heterogenität 67, 97, 353
Heuristik 28
Hexameter 39, 76
Hieroglyphe 448
Historiographie (→ Geschichtsschreibung)
Historisieren 340
Historismus 159, 239f., 302
Historizität 141, 160, 450
Hörer 154, 318
Hof, höfisch 40, 169, 300, 328, 373
Homiletik 78
homme galant 102
homme sâge 102
Homologie 302, 306
Homophonie 241
Horizont 24
Horizontbewußtsein 25
Horizont, seinsgeschichtlicher 441
Horizontverschmelzung 458
hot media 432
Humanismus, humanistisch 39, 44, 62,
    81, 84, 86f., 142f., 182, 264, 272,
    290, 298, 305, 328, 342
Humor 86, 210, 456
Hymen 106f.
Hymne 63
Hyperästhesie 355
Hypermoral 222
Hypertextualität 262f.
Hypogramm 129
Hypotext 262
hystera 190

Ich, lyrisches 314f.
Ich-Psychologie 32, 148, 319
Ich-Roman 52, 226, 395
Ideal 47, 198, 453f., 456
Ideal, ästhetisches 260, 371
Idea-Lehre 461
idealisch, das Idealische 406f.
Idealismus 104, 114, 126, 134, 161f.,
    223, 277, 324, 347, 363f., 427, 453,
    455
Idealismus, absoluter 108
Idealismus, Deutscher 4, 251, 415,
    426, 462, 471
Idealismus, magischer 56
Idealismus, objektiver 11
Idealismus, spekulativer 415
Idealismus, transzendentaler 173
Idealschöne, das 399, 445
Idealsprache 275

Idee 3, 15, 62, 117, 127, 147, 161f.,
    165, 180, 198, 245, 255, 271f., 279,
    281, 285f., 288, 301f., 312, 316,
    349, 382, 397, 438, 453, 455
Idee, ästhetische 196
Ideenlehre 301, 310
Idee, platonische 462
Idee, regulative 411, 426
Identifikation 13f., 147, 187, 351, 357
Identität 33, 105–107, 152, 236, 244,
    246, 260, 315f., 350, 407
Identität, imaginäre 356
Identität, kulturelle 164
Identitätsphilosophie 175, 277, 459
Ideologem 303
Ideologie 5, 22, 82, 177, 216, 285,
    303, 316, 351, 382, 387
Ideologie, ästhetische 8, 21
Ideologiebegriff 349
Ideologiekritik 16, 22, 33, 40, 82, 115,
    223, 238, 434, 473
Idiolekt 235
Idiom, archaisches 384
Idolatrie 143
Idylle 44, 422, 426, 456
Ikon 391
Ikonographie, ikonographisch 107,
    243
Illokution 357f.
Illusion, Illusionierung 12, 22, 51, 122,
    134, 158, 203, 304, 307f., 318, 326,
    345, 348
Imaginäre, das 112, 189, 253, 274,
    288, 323, 356
imaginatio 107
Imagination, imaginativ 38, 55f., 60,
    79, 85, 105, 108, 148, 209, 265,
    289, 295, 298, 309, 312f.
imago 141, 261
imitatio 23, 42, 81, 116, 142, 261, 290,
    325
Imitation (→ auch Nachahmung) 68,
    258, 263, 353, 387
Immanenz 40, 118, 360, 472
impassibilité 53
Impersonalität 388
Impressionismus 128, 348
incantation 376
Index 391
Individualismus 230, 267, 354
Individualität 30, 62, 335, 388, 454,
    459
Individuation 33, 260, 279, 415
Individuelle, das 99, 101, 353, 462
Individuum 192, 230, 233f., 260, 297,
    304, 312, 348f., 354, 357, 410, 459,
    462f., 468

Industrieroman 75
Information 5, 112, 192
Information, ästhetische 5
Informationsgesellschaft 67
Informationstechnologie 97
Informationstheorie 5, 296, 298, 362, 435
ingenium 43f., 88
Inhärenz 114
Inhalt 42, 50, 84, 89, 101, 107, 120, 124, 127, 160, 181, 217, 235, 260, 288f., 292, 307, 358, 369, 390f., 438, 443
Inhaltsästhetik 15, 108, 115, 453
Inhaltssoziologie 307
Innerlichkeit 85, 253, 454
Innovation 219, 285, 323
Inspiration 58, 209, 250, 291, 299, 394, 447
Inspirationslehre 81, 87
Instanz, narrative 100, 395, 453
Intellekt 133, 173, 265, 283, 288, 312
Intention 77, 107, 130, 410
Intentionalität 24, 227, 357
interdisziplinär 64, 194, 386, 434
Interessante, das 120
Interesse 37, 42, 63, 66, 95, 136, 258, 422
Interesselosigkeit 133, 367
Interkulturalität 104, 141, 175, 208f., 215, 352, 228, 423
Interpersonalität 449
Interpret 69, 135f., 147, 217, 312, 434, 458, 472
Interpretant 135
Interpretation, Interpretieren 34, 36, 38, 63, 112, 118f., 130, 136, 146, 171, 186f., 237f., 244, 251–253, 268, 281, 294, 303, 319, 358, 360, 374f., 384, 393, 438, 472f.
Intersubjektivität 59f., 113, 253, 356
Inter-Text 374
Intertextualität, intertextuell 35, 36, 64f., 129f., 132, 176, 202, 218, 262, 315f., 320, 329, 333, 337, 453
Introspektion, phänomenologische 285
Intuition 81, 125, 134, 208, 296, 335
inventio 28, 62, 86, 182, 261, 298, 373
Inversion 472
Inzestphantasie 185, 394, 433
Inzitament 57
Ironie 8, 27, 162, 210, 255, 424
Ironie, romantische 255, 380
Ironie, sokratische 255
Irrationale, das 460
Irreale, das 296

Isotopie 341
iudicium 76, 88, 305

Jambus 30, 89
jouissance 189, 285

Kabbala 7, 104f., 248
Kairos 407
Kalkülsprache 436
Kalokagathie 2, 44, 153
Kanon 160, 323, 472
Kanon, klassischer 61, 164, 270, 290, 328, 371, 396
Kapital 65
Kapitalismus 33, 110, 248, 258, 307, 348, 460
Karikatur 9f., 45, 140
Karnevalisierung, Karnevalismus 229, 316
Kastration 33f.
Kastrationskomplex 433
Kasus 116
Katastrophe 271
Kategorialanalyse 8
Kategorientransfer, interdisziplinärer 434, 457
Katharsis 13f., 60, 98, 115, 149, 170, 249f., 272, 291, 318, 420, 457
Kausaldiagnose 472
Kausalität 169, 279
Kehre 91, 439
Kenosis 35
kinematographisch 201
Kino-Debatte 347
Kinostil 32
Kitsch 17
Klang 204, 284, 288, 297f., 400f., 407
Klangwert 298
Klassenkonflikt 230, 349
Klasse, soziale 64, 74, 83, 85, 216, 303, 306, 321, 349, 420, 448
Klassik 23, 45, 50, 82, 89, 114, 139, 243, 266, 285, 291, 322f., 326, 331, 369, 371, 389, 460, 461
Klassik/Klassizismus, französische(r) 77, 82, 98, 149, 161, 272, 325, 390, 441, 450, 468
Klassik-Romantik-Debatte 323
Klassik, Weimarer 60, 154, 411, 456
Klassizismus 6, 44–46, 50, 62, 68, 72, 97, 109, 151, 154, 169f., 270, 290, 298, 311, 323, 325, 389, 396, 413, 461
Klischee 129, 377
Knittelvers 63
Körper 47, 287, 356, 402, 455
Körper-Geist-Dichotomie 365, 455

Kognitionstheorie 165–167, 194
Kohärenz 181 f., 352
Komik, komisch 9 f., 12, 27, 122, 140, 157, 191, 335, 443, 456
Kommentar 63, 337
Kommunikation 70, 186, 212 f., 232 f., 235, 318, 322, 357, 390, 432, 434, 456
Kommunikation, literarische 166 f., 319
Kommunikation, poetische 296
Kommunikation, sakrale 223
Kommunikations-System 261
Kommunikationstheorie 296–298, 433, 455
Komödie 27, 45, 62, 99, 110, 140, 210, 271, 279, 308, 317, 327, 335, 373
Kompetenz, linguistische 294
Kompetenz, literarische/poetische 186, 294
Konflikt 40, 96, 170, 188, 304, 374
Konnotation 235
Konsenstheorie 67
Konstellation 268
Konstruktion 23, 194, 202
Konstruktivismus 95, 194 f., 212, 232
Kontext 65, 129, 212, 235, 295, 358, 453
Kontingenz 320
Kontrast 129
Konvention, konventionell 19 f., 129 f., 186, 255, 319, 320
Konzeptismus 328
Korrespondenz, correspondance 47
Kothurn 383
Kreativität 6, 132, 141, 157, 163, 208, 318 f.
Kreolismus (→ criollismo)
Krieg 167–169, 259
Kritik 47, 73, 77, 103, 132, 152, 184, 197, 232, 247, 264, 308, 338, 371, 396, 418, 423 f., 438
Kritik, ästhetische 136, 160, 171, 365
Kritik, dialektische 377
Kritiker 26, 28, 47, 57, 74, 130, 133, 302, 323, 360, 364, 385, 424
Kritik, genetische 373
Künste, schöne 4, 11, 23, 49, 54, 108, 198, 205
Künstler 1, 14, 23, 26, 38, 47, 60, 147, 149, 153, 174, 184, 250, 260, 265 f., 269, 274, 313, 325, 364, 367, 385, 410, 425, 440, 446 f., 451, 461 f.
Künstlernovelle 173
Kultur 17, 19, 27, 74, 82, 84, 95, 112, 138, 141, 154, 163, 178 f., 188, 198,

218, 230, 244, 281 f., 296, 303, 320, 332, 364, 449
Kulturanthropologie 310
Kulturdebatte 104
Kulturgeschichte 84, 140 f., 329, 345, 387, 465
Kulturindustrie 13, 378
Kulturkritik 133, 140, 163, 191, 280, 359
Kultur, nationale 413
Kulturrevolution 40
Kultursemiotik 342, 362, 363
Kulturtheorie 257 f., 390
Kultur, visuelle 347
Kulturwissenschaft 19, 352
Kultus 200
Kunst 9, 14–16, 23 f., 40, 42, 45, 47, 53, 60, 71, 74, 93, 108, 126 f., 130, 134 f., 148 f., 151, 157, 161, 169, 174, 176, 180, 185, 194, 198–201, 204 f., 228, 232, 242 f., 246 f., 256, 264, 273, 277 f., 281, 286, 297, 300 f., 306, 312, 326, 331, 334–336, 339, 344, 346, 348, 350, 361, 366 f., 377, 385 f., 399, 403, 408–411, 417, 420, 428, 435, 439, 447, 451, 453, 455, 460, 463 f., 468 f., 471
Kunst, abstrakte 401
Kunst, autonome 42, 58, 361, 411, 456
Kunstbegriff 23, 151, 311, 361, 398
Kunst, bildende 2, 23, 45, 120, 205 f., 232, 266, 282, 401, 422, 425
Kunst, Ende der 454
Kunstgeschichte 2, 57, 120, 141, 153, 199, 351, 454 f., 465
Kunst, klassische 454
Kunstkritik 11, 46, 120, 148, 254, 371, 419, 423, 435, 447
Kunstlehre 434, 461
Kunstmärchen 454
Kunst, monumentale 400
Kunstphilosophie 88, 134
Kunst, romantische 325, 454
Kunstschöne, das 196, 292, 366, 453
Kunststil 354
Kunststück 461
Kunst, symbolische 454
Kunsttheorie 23, 56, 62, 108, 119 f., 126, 134, 174, 180, 243, 246, 265, 276, 343, 446, 447
Kunsttheorie, romantische 66
Kunstwahrheit 120, 422, 430
Kunstwerk 2, 9–11, 13 f., 42, 62, 88, 95, 98, 116, 120 f., 130, 135 f., 146, 156 f., 160, 162, 200, 212 f., 217, 224, 229, 232 f., 238, 246, 250 f., 254, 256, 258, 260 f., 273, 276 f.,

279, 282, 289, 292, 297, 313, 321,
  325, 337, 344, 358, 362, 365, 367,
  385, 388, 393, 406, 407, 410f., 416,
  418, 422, 430, 438, 440, 446f., 457,
  461, 468, 471
Kunstwerk, klassisches 40, 61
Kybernetik 5, 110f., 362

Lachen 335, 376
Landschaft 364
Landschaftsmalerei 108, 243, 326
langage 201
langage premier 112
langue (→ auch parole) 201f., 385,
  391
L'art pour l'art 201, 284, 292, 366,
  407, 429
Latinität 138
Laut 1, 30, 240, 385
Lautbild 120
Lautgeste 314
Lautmalerei 275, 298
Lautmetapher 314
Lautsymbolik 240
Leben 155f., 429
Lebensphilosophie 137, 335, 364
Lebenswelt 37, 116
Leerstelle 19, 37, 364
Legende 115f., 131, 384
Lehrstück 340
Leib 156, 462
Leiden 403
Leidenschaft 6, 56, 58, 98f., 115, 302,
  446, 463
Leitmotiv 257
Lektüre 19, 21f., 35, 64, 93, 107, 130,
  146, 186, 202, 220, 263, 285, 321f.,
  345, 360
Lektüre, dekonstruktive 63
Lektüre, feministische 466f.
Lektüre, rhetorische 360
Lesbarkeit 106, 125, 206f., 268, 369
Leseakt 186, 284
Leseerfahrung 150, 186
Lesen 20–22, 33, 36, 73, 107, 128,
  134, 203, 207, 232, 238, 329, 370
Leser 19f., 25, 28f., 31, 36f., 43, 57,
  71, 73, 108f., 121, 124, 129, 135,
  149f., 150, 154, 166, 171, 176f.,
  181–183, 186, 217, 220, 235, 253,
  260, 284, 290, 294–296, 300, 309,
  319, 321, 334, 360f., 362, 370, 374,
  385f., 389, 396, 423, 445, 456, 463,
  471
Leser, impliziter 19
Leserperspektive 149
Leserrolle 150, 186, 321, 386

Lexie 370
Lexikographie 437
Libretto 152
Lied 407, 447, 449
lingua philosophica 437
linguistic turn 417, 428
Linguistik, linguistisch 84, 97, 110,
  128, 201, 203, 212f., 244, 293f.,
  340, 357, 458
Literarische, das 49, 145f., 232
Literarizität 146, 183, 294f., 341, 346
Literaturfreiheit 267
Literaturgeschichte 35f., 47, 120f.,
  138f., 159f., 164, 220f., 252, 267,
  302, 305, 363, 387f., 413, 451
Literaturgeschichtsschreibung 149f.,
  160, 194, 220f., 260, 361, 452
Literaturgesellschaft 69
Literaturkritik 26f., 36, 45f., 55, 68,
  74f., 120f., 132f., 135, 164, 180,
  186, 203, 228, 252, 319, 323, 329,
  338, 388, 456
Literaturkritik, amerikanische 364
Literaturkritik, existentialistische 136
Literaturkritik, feministische 386f.
Literaturkritik, ideologische 285
Literaturkritik, romantische 56
Literatursemiotik 319f.
Literatursoziologie 64, 74f., 121, 150,
  216, 221, 274, 417, 451
Literatursprache 83, 296
Literaturverfilmung 382
Literaturwissenschaft 5, 138, 145, 161,
  164–167, 199, 214, 216, 221, 227,
  233, 253, 260f., 268, 282, 333, 346,
  357, 369, 372, 384f.
Literaturwissenschaft, analytische 285,
  293
Literaturwissenschaft, empirische 165–
  167
Literaturwissenschaft,   feministische
  333, 343, 355–357
Literaturwissenschaft, marxistische 126
litterature engagée 125, 127, 223
Living Theatre 40, 376
Lobrede 48
Logik 18, 24, 28, 34, 87, 146, 169,
  209, 226, 248, 276, 287f., 377, 416
Logos 152, 178, 407
Logozentrismus 83, 106, 156
Lust 93, 285f., 318, 399, 405, 433
Lustprinzip 63, 112
Lustspiel 53
Lutherbibel 248
Lyrik, lyrisch 27, 41, 58, 80, 83, 89f.,
  120f., 143, 152, 163, 165, 226,

251f., 262, 270, 275, 278, 282, 284, 296, 396, 415, 421, 406, 460f.
Lyriktheorie 120f., 287f., 313, 449
Lyrische, das 165, 406
lysis 271

Macht 65, 82, 188, 191, 234, 337, 339, 345f., 420, 429, 466
Madrigal 45
Märchen 116f., 328, 341
Magie 312, 345
Malerei 2, 9, 23, 26, 55, 108, 127, 133, 153, 156, 198, 205, 242–245, 266, 277, 293, 320, 326, 328, 362, 400, 425, 431, 446f., 454, 460f., 464
Manier 1, 117, 118, 278, 281, 282
Manierismus 89, 139, 182, 261, 269, 270, 396, 460, 461
Marionette 402
Marionettentheater 30
Markt 285, 418
Martinfierrismus 109, 229
Marxismus, marxistisch 64, 75, 82, 111, 115, 122f., 193, 199, 266f., 302–304, 348, 362, 381
Maske 176, 187, 383, 460
Maß 407, 422
Masse 192, 258, 377, 420
Massengesellschaft 46, 192
Massenkultur 41, 75, 257f.
Massenkunst 74, 246
Massenliteratur 65
Massenmedien 258
Massenpublikum 150
Materialismus, Materialisten 48, 201, 223, 242, 285, 359, 400, 407, 455
Materialismus, dialektischer 192
Materialismus, historischer 348, 351
Materialität der Sprache 23, 32
Materie 195, 367, 376, 400, 415, 421, 443
Matriarchat 189
Medien 34, 48, 74, 167–169, 194, 201, 218, 340, 353, 432
Medienrevolution 48
Medientheorie 64, 167, 194, 200f., 347f., 432
Medienwissenschaft 167, 194
Medium 32f., 112, 134, 212, 232f., 381, 431
Melancholie 133, 187, 284, 292, 407, 438, 460
Melodie 449, 463
Melos 152, 407
Memorabile 116
memoria 86, 107, 305
Mentalitätsgeschichte 137

Mestizierung 208
Metafiktion 218f.
Metamorphose 137, 167, 282, 376, 470
Metapher, Metaphorik, metaphorisch 21f., 63, 73, 78, 89, 98, 139, 175, 207, 236f., 241, 259, 276, 290, 298, 310, 318, 320, 333, 345, 356, 360, 385, 406, 428f., 455, 461
Metapherntheorie 8, 117, 456
Metaphysik 83, 91, 113f., 233, 275, 359f., 376, 428, 439
Metaphysik, abendländische 42, 156, 439
Metaphysik des Schönen 12
Metaphysikkritik 175
Metempsychose 57
Methode 19, 36, 138, 260, 319, 473
Methode, experimentelle 336
Methode, literaturwissenschaftliche 384f.
Methodologie 19, 28, 386, 472
Metonymie 21, 320, 345, 370, 428
Metrik, Metrum 5, 39, 44, 49, 56, 284, 310, 313, 384f.
Metropole 352
Milieu 277, 336, 449
Mimesis, Mimetismus, mimetismo (→ auch Nachahmung) 15f., 27, 40, 72, 77, 97, 106, 115, 117, 169f., 176, 198, 226, 228, 236, 246, 263, 265f., 269–272, 292, 302, 312, 325, 333, 371f., 376
Mimesistheorie 50
mimetisch, das Mimetische 15–17, 27, 79, 129, 241, 288, 292
Mimik 170, 211, 376
Mimikry 106
Mimologie 240f.
Mimotext 263
minimal music 17
Minnesang 211
mise en abyme 109
misreading 35f.
Mitleid 54, 59f., 98, 110, 170, 205, 249, 272, 317, 399, 420, 422, 425, 450
Mittelalter 14, 39, 79f., 85, 97, 98, 104, 138, 174, 210–212, 238f., 363, 418, 449, 450, 454
Mnemotechnik 86, 211
Mode 46, 111
Moderne 14, 16, 22, 32f., 43, 45f., 66f., 73f., 82, 94, 137f., 140, 147, 154, 161, 175, 200, 218f., 222, 233, 241–243, 248, 256f., 260, 264f., 267, 279f., 284f., 303, 306, 314,

320, 325, 332, 334, 347, 352, 355, 363, 369, 382, 418f., 424, 426, 432, 442, 460
Moderne, ästhetische 457
Moderne, klassische 21
Modernismus, modernistisch 17, 73, 97, 148, 156, 229, 353
Modernität 46, 229, 298, 352
Möglichkeit 381, 416
Momentane, das 33
Monade 27
Monolog 443
Montage 268, 304, 378, 432, 438
Montagetechnik 32, 315, 347
Moral 45, 53, 59f., 88, 126, 149, 222, 292, 298, 324, 334, 361, 464
Moraldidaxe 59, 72, 411, 441
Moralphilosophie 286, 317, 398, 441
Morelliana 109
Mortifikation 438
Motiv 27, 257, 259
Motivation 25, 240
movere 72, 417, 455
movere et delectare 389
Mündlichkeit (Oralität) 353, 418, 432
musée imaginaire 324
Musik, musikalisch 9, 23, 45, 47, 55, 87, 122f., 152, 156, 198, 204, 232, 256f., 278–280, 287f., 320, 328, 362, 368, 376, 400, 454, 463f.
Musikdrama 184, 256
Musikgeschichte 157
Musiksoziologie 280
Musiktheorie 157
Mutter 48, 356, 467
Mutterkomplex 185
Mystik 88, 232
Mystizismus 85
myth criticism 28
Mythe 26, 116
Mythentheorie 27
Mythologie 38, 161f., 198, 243, 278, 410
Mythologie, neue 161f., 174
Mythos 15, 37f., 74, 83, 131, 152, 156, 197, 208f., 236, 246, 255, 257, 268, 272, 281, 283, 290, 310f., 321, 350, 368, 384f., 392, 418, 438

Nachahmung (→ auch Imitation) 24, 30, 44, 68, 73, 81, 97, 142, 153, 169, 234, 239, 261, 266, 269, 270f., 281f., 302, 325, 407, 412, 430
Nachahmung der Natur 15, 23, 42, 45f., 50, 54, 58, 68, 71f., 117, 130, 153–155, 198, 265f., 279, 440, 455, 461, 468

Nachahmungstheorie 70, 414
Nachkriegsliteratur 314
Nachricht 212, 297, 298
naiv, das Naive 27, 151, 278, 328, 410, 426
Name 8, 40, 244f.
Narration, narrativ 32, 124, 128, 99f., 152, 177, 218, 293, 369
Narrativik, Narratologie 316, 320, 374
Narzißmus 93, 158f., 433
Nationalliteratur 89f., 159, 412, 414, 418, 447f.
Nationalphilologie 138
Nationalsprache 48f., 91, 102f., 224, 298, 396, 412, 449, 473
Nationalstaat 447
Nationaltheater 169
Natürlichkeit 102, 169, 325, 371, 430, 461
Natur 6f., 11f., 14, 23f., 26, 33, 40, 47, 49, 53f., 68f., 81f., 84, 94, 101, 130, 153, 161f., 170, 179, 195, 207f., 210, 246, 248, 250f., 258, 266, 274, 278, 289, 328, 348, 354, 364f., 368, 390, 399, 401, 404, 409, 412, 417f., 429, 444, 449, 462, 470
Naturalismus 31, 41, 192, 198f., 209, 303, 336, 347, 355
Naturform 165
Naturgedicht 94
naturmagisch 94
Naturnachahmung (→ Nachahmung der Natur)
Naturphänomen 94, 310, 470
Naturphilosophie 35, 55, 162, 253, 469, 470
Naturpoesie 198
Naturschöne, das 12
Natursprache 49
Natur und Kunst 120f., 153, 429, 469
Naturwirklichkeit 422, 430
Naturwissenschaft 18, 31, 50, 52, 125, 283, 313, 336, 430, 439, 460
Naturzustand 448
Nazarener 174
Negativität 12f., 127f., 255, 264
Neoavantgarde 378
Neoklassizismus 44, 68f., 309f.
Neomanierismus 461
Neomarxismus 40, 353, 379
Neoromantik 459
Neostrukturalismus 16, 458f.
Neukantianismus 11, 430
Neuplatonismus 80, 248
Neurose 33, 185, 409
Neuscholastik 330, 368

Neuzeit 161f., 210, 238, 269, 322, 331, 354, 420
New Criticism 26, 73, 77, 121, 137, 173, 181f., 203, 217, 230, 284, 292, 319, 346, 360, 386, 388
New Historicism 345f.
Nicht-Identität 466
Nihilismus, Nihilisten 172, 248, 331, 455, 471
noetisch 16, 293
Nominalismus 283
Norm 20, 230, 316, 364, 385, 431
Norm, ästhetische 419, 431
Norm, psychologische 30
Notationstheorie 204
Notwendigkeit 381, 416
nouveau roman 97, 124f., 128, 307f., 328
nouvelle critique 69, 137, 252
Novelle 258, 259
novum 88
Nutzen, das Nützliche 50, 72, 87, 291, 297, 306

Objekt, ästhetisches 430f., 453
Objekt-Welt 446
Ode 44, 63, 76, 81, 155, 449f., 452
Ödipus(komplex) 33, 158, 185, 191, 253, 393
Öffentlichkeit 103, 131, 216, 418
Ökonomie 65, 110, 305
Onomatopoesie 314
Ontologie 8, 42, 44, 92, 175f., 237, 252, 385
Oper 55, 122, 152, 246, 256, 259, 384, 429
Optik 232
Oralität (Mündlichkeit) 353, 418, 432
Oratorium 454
ordinary language philosophy 276, 417
Ordnung 27, 40, 88, 114, 147, 162, 323, 331, 402
Ordnung, patriarchale 386
Ordnung, symbolische 332
Organisation, ästhetische 354
Organisation, soziale 354
Organische, das 148, 249, 314, 412
Organismus 42, 258, 418, 451
Organon-Modell 212
Orientalismus 6
Originalgenie 24, 68, 404
Originalität 6, 24, 80f., 97, 132, 218, 261, 284, 325, 336, 353, 358, 388, 404
Ornament 156, 257, 258
ornatus (→ auch Schmuck) 62, 88, 139, 373

Pansexualismus 460
Pansophie 305
Pantomime 87, 376
Parabel 123
paradigmatisch/syntagmatisch 119
Paradoxie 466
Parakritik 263f.
Parallelismus 259
Parergon 64
Parodie 140, 202, 350, 428, 452
parole 112, 119, 236, 385, 391
Parteiliteratur 200, 267
Partialobjekt 34
Partikularismus 353
Partitur 63, 204, 297
Passion 454
Pathetische, das 398, 445
Pathetischerhabene, das 445
Pathos 117, 180, 269, 361, 398, 403, 407, 445, 455
Patriarchat 189, 190, 343, 344, 386
pattern 129
Pentameter 39
Performanz 78, 211f., 391
Peripetie 271
Perlokution 357
Persönlichkeit 148
Personifikation 298
Persuasion 21f.
Phänomenologie, phänomenologisch 1, 20, 36, 137, 139, 165, 206, 213f., 224, 226, 228, 252, 273, 295, 332, 359, 379, 385
Phallus 111, 189
Phantasie 4, 9, 31, 43, 52, 55f., 71, 73, 79, 93, 98, 125f., 134, 139, 158, 162, 230, 243, 262, 265, 273, 278, 290, 295, 310f., 323, 392, 403, 410, 415, 418, 456
Phantasmagorie 31
Phantastik 105, 140, 183f., 209
Phantastische, das 72, 181, 183, 219, 433, 460
Pharmakon 105f.
Philosophie 7, 11f., 15, 24, 28, 38, 42, 44, 48, 55, 63f., 77, 85, 87f., 90–92, 96, 101, 104, 108, 127, 134, 145, 148f., 152, 155–157, 172, 178f., 180, 183, 195f., 207, 226f., 237, 247f., 251, 276f., 279f., 286, 300, 311, 337, 355, 359, 366, 368, 371, 380f., 404, 407f., 413f., 417, 427–429, 435, 453–455
Philosophie, analytische 283
Philosophie, rationalistische 441
phobos 272
Phonologie 362

Phonozentrismus 83
Phraseologie 293
physis 269
Pittoreske, das 243
plaisir 285
Plastik 9, 23, 141, 277, 320, 425, 431
Platonismus 385
Pluralität 67, 370
Poesie 1, 3, 6, 12, 23, 43, 58, 62, 70–72, 89, 107, 132, 140, 149, 154f., 160–162, 174f., 181, 197f., 205f., 211, 232, 237, 241, 287, 296–298, 301, 320, 330, 396, 403, 405, 418, 425, 431, 437, 446, 449, 454, 462–464
Poesie, geistliche 373
Poesie, griechische 419
Poesie, konkrete 5, 298
Poesie, moderne 424
poésie pure 292
Poesie, romantische 162, 208
Poet 29, 35, 62, 73, 154f., 299, 389
poeta doctus 80, 155
poeta laureatus 39
poetic truth 181
Poetik 6, 22, 29, 32, 48, 57, 62, 69, 73, 75–77, 79f., 86, 88f., 104, 109, 130f., 165, 181, 203, 212, 261, 287, 289, 294, 298f., 327, 362, 368, 371f., 380, 384f., 388, 396, 414f., 441, 442, 446, 452, 459, 464
Poetik, antike 269–271
Poetik, aristotelische 44f., 149, 164, 169, 249, 256, 270–272, 290, 308, 328, 419, 450
Poetik, humanistische 77
Poetik, klassizistische 299, 389
Poetik, mittellateinische 77
Poetik, strukturale 294
Poetikunterricht 414
Poetizität 212, 294
Poetologie 251, 390, 416
Poetologie, romantische 289
Poiesis 13, 117, 236, 288, 292
point of view 292, 295
Politik 41f., 65, 75, 96, 141, 168, 173, 175, 192, 201, 246f., 253, 305, 343, 361, 385, 420
Polyphonie 209, 229, 316, 329, 453
Polysemie 106f., 341, 363
Polyvalenz 119, 166, 205, 428
pop-art 74
Populärroman 328
popular ballad 449
Pornographie 17, 74
portrait littéraire 137

Port-Royal 96
Positivismus, positivistisch 48, 108, 137, 217, 275–277, 473
Posthistoire 143, 350
Postmoderne, postmodern 16, 34, 41, 67, 73, 96f., 104, 110, 126, 132, 176, 219, 256, 263f., 269, 283, 303, 378, 432
Poststrukturalismus 28, 35f., 113, 176, 191f., 201, 244, 285, 304, 333, 343, 350f., 356, 369, 458
Prädikation 236f., 357, 358
Prälogische, das 249
Präraffaeliten 300
Präsenz 105, 113
Pragmalinguistik 212, 357
Pragmatik 37, 135f., 293, 391
Pragmatismus 283, 437
pratique signifiante 202
Predigt 211
Presse 266
Pressefreiheit 267
Preziosität 396
Primärprozeß 392
Primitivism 264
Privatsprache 276
prodesse et delectare 45, 76f., 98, 269, 291, 312, 389
Produktionsästhetik, produktions-ästhetisch 58, 68, 120, 212, 289, 349, 412, 451, 468
Produktionsweise 75, 302f.
Produktivität 33, 310, 318, 387
Prolepse 100
Proletariat 10, 199, 267, 349
Prophet(ie) 87, 173, 359
Proportion 26, 50, 367
Proposition 295
propositional truth 181
Prosa 14, 31, 40, 43, 75, 90, 140, 142, 160, 181, 259, 314f., 320f., 389, 453, 455
Prosaepistel 142
Prosaerzählung 131
Prosodie 88f., 198
Protagonist 26, 108, 132, 304, 384
Protention 25
Psychoanalyse 25, 33f., 48, 63, 92f., 110, 112, 137, 145f., 148, 157f., 184f., 187–189, 191, 221, 224, 244, 253, 274, 285, 295, 332, 355f., 374, 392f., 433f., 458
psycho-critique 374
Psychologie 4, 12, 42, 50, 51, 69, 227, 233, 244, 253, 287, 293, 326, 336, 364, 385, 387, 409, 464
Psychologie, empirische 283

Psychologismus 31, 227, 451, 473
Psychophysik 48
Publikum 29, 74, 99, 124, 158, 216, 220, 232, 257, 304, 313, 318, 321, 340, 346, 362, 371, 376, 378, 384, 389, 441
Publizistik 266
Puppentheater (→ auch Marionettentheater) 139

querelle des anciens et des modernes 22, 61, 153, 270, 328

race 277
Rätsel 116, 259
Rahmenerzählung 67
raison 44, 371
ratio 15 f., 38, 107, 326, 439
Rationalismus 6, 18, 26, 28, 173, 248, 326, 328, 330, 389, 441
Raum 47, 206, 226, 252
Raum-Zeit-Totalität 382
Rauschen, weißes 48
reader-response criticism 130
Realismus 46, 108, 114, 125, 140, 162, 180, 200, 218, 239, 303, 324, 326, 332, 353, 361, 404, 427, 455
Realismus, figuraler 239
Realismus, kritischer 193
Realismus, magischer 208 f.
Realismus, phantastischer 461
Realismus, poetischer 347
Realismus, sozialistischer 181, 193, 349
Realität 5, 16, 19, 31, 34, 83, 146 f., 150 f., 168, 183, 193, 207, 223, 227, 258, 296, 303, 325, 329, 344 f., 381 f., 411, 415, 420, 455, 461
Realität, fingierte 433
Realitätsprinzip 93, 433
Realontologie 8, 116
Rebus 392
récit 99, 100, 152
Rede 16, 29, 47, 75, 79, 85 f., 139, 182, 236, 294 f., 322, 421, 437
Redner 85
Reduktion, etymologische 437
Reduktion, phänomenologische 273, 381
Referentialität 130, 295, 429
Referenz 106, 236, 357 f.
Reflexion 133, 227, 237, 254, 310, 329, 358, 453
Reflexion, ästhetische 13, 16, 438, 455
Reflexion, phänomenologische 273
Refrain 284

Regelpoetik 23 f., 44 f., 49 f., 58, 82, 89, 109, 272, 286, 290, 311, 317 f., 325, 413, 426, 468
Regie 376
Register 295
Regression 318, 392, 433
Reihe, literarische 221, 452
Reim 76, 81, 90, 110, 213, 313 f.
Reimlehre 49, 62
Reimlexikon 90
Reiseliteratur 353
Religion 12, 30, 125–127, 173–175, 182, 200, 243, 275, 278, 281, 310, 338, 419, 445, 453–455
Renaissance 63, 79, 137 f., 144, 173, 243 f., 266, 272, 277, 290, 299, 346, 365, 369, 418, 460
Renaissancepoetik 44, 97
Reportage 5
Repräsentation 19, 33 f., 37, 99, 244 f., 283, 308, 322, 350, 356, 425
Repräsentation, ästhetische/mimetische 145, 154
Reproduktion 200 f., 258, 350
ressemblence 245
Retention 25
Revolte, Revolution 41, 222, 266 f., 331 f.
Revolution, französische 66, 84 f., 161, 174, 310, 408, 453
Revolution, industrielle 74, 138, 310
Revolution, proletarische 110
Revolution, russische 157
Revolution, wissenschaftliche 19
Rezeption 42, 58, 71, 89, 120, 135 f., 203, 214, 311, 372, 377, 393, 471
Rezeptionsästhetik, rezeptionsästhetisch 19, 25, 32, 36 f., 98, 121, 130, 149 f., 186 f., 211 f., 214, 220 f., 228, 260, 274, 325, 358, 363, 411, 445, 473
Rezipient 13 f., 17, 19 f., 136, 166, 186, 217, 256, 262, 273, 278, 287, 298, 302, 411, 441 f., 445
Rezitation 232, 385
Rhetorik 21 f., 29, 43 f., 75, 81, 85–87, 90, 128 f., 138 f., 152, 172, 181 f., 189, 203, 212, 236, 261 f., 269, 271, 298, 320, 327, 330, 356, 362, 385, 390, 398, 413 f., 417, 427, 434, 446, 466
Rhetorik, antike 78 f., 149, 182, 291
Rhetorikunterricht 414
Rhizom 192
Rhythmik des Films 347
rhythmos 407

Rhythmus   5, 27, 75, 81, 175, 213, 299, 313, 332, 384f.

Ritus   377

Rokoko   26, 371, 373, 468

Rolle   341, 422

Rolle, soziale   211

Roman   52, 61, 63, 73, 82f., 94, 108f., 123f., 131, 143, 147, 151, 159f., 162f., 196f., 199, 208f., 211, 218, 229f., 233f., 241f., 252, 256–259, 279, 306f., 315f., 331, 353, 373, 379f., 382, 389, 394f., 404, 442f., 452f.

Roman, historischer   178, 443

Roman, komischer   443

Roman, moderner   25, 96, 197, 241, 307, 372

Roman, pikaresker   395

Roman, realistischer   52

Roman, satirischer   443

Romantheorie   52, 108, 123f., 131f., 143, 150, 162, 197, 211, 218, 230, 233f., 241, 306f., 328f., 336f., 379, 389, 395, 404, 442

Romantik   27, 45f., 48, 56, 66, 75, 80, 84f., 120, 132–134, 160, 171, 181, 197f., 208, 233, 243, 246, 248, 250, 255, 288–291, 309f., 325, 336, 346, 353, 358, 416, 419, 427, 438, 455, 457, 459, 464, 466

Romantik, englische   55, 147f.

Romantik, italienische   361

Romanze   26f., 131f., 230, 448

Rondeau   45

Rousseauismus   448

Sage   116, 418, 435

Satire, satirisch   27, 45, 63, 89, 130, 210, 262, 317, 396, 404, 443, 456

Schaubühne   338f.

Schauerroman   275

Schauspiel   190, 256, 373

Schauspieler   139, 169, 264f., 308, 346f., 383

Schein   16, 40, 82, 149, 152, 157, 187, 226, 230, 280, 300, 350, 406, 409, 430, 463, 468

Scheinen, sinnliches   15, 453

Schicksal   27, 383

Schizo-Analyse   33, 34

Schizophrenie   33, 34

Schlesische Schule   396

Schmerz   286, 355

Schmuck (→ auch ornatus)   88

Schnitt   348

Schock (→ auch Chock)   378

Schöne, das   2–4, 9–12, 14f., 24, 44f., 47, 53f., 117f., 161, 195f., 198, 222, 266, 274f., 284, 302, 355, 365–368, 397, 399f., 408f., 412, 416, 444, 453

Schönheit   4, 9, 10, 12, 14, 25, 28, 40, 43, 45, 50, 54, 88, 108, 126, 153, 155, 158, 205, 212, 234, 242, 243, 250, 254, 278, 282, 284, 286, 292, 309, 310, 312, 323, 366, 367, 368, 397, 399, 403, 408, 425, 444, 453

Schönheit, moralische   446

Schönheitsideal   160, 266, 413, 468

Schönheitslinie   25f.

Schöpfer, schöpferisch   1, 6, 31, 43, 54, 71, 88, 120, 148f., 169, 185, 208, 249, 251, 331, 364, 372, 384, 418, 443

Schöpfung   58, 247, 331, 374, 377, 385, 415

Schöpfung, ästhetische/poetische   142, 175, 394

Schöpfungskraft, göttliche   126

Schöpfungsmythos   140

Schrecken   98, 286, 317, 422

Schreibakt   70

Schreibart   32, 70, 73, 155

Schreiben   1, 33, 48, 73, 95, 127f., 188, 192, 320f., 328, 338, 360, 370, 373, 456

Schreibweise, natürliche   396

Schrift   8, 34, 47, 48, 63, 77, 83f., 105–107, 114, 143f., 202, 337, 350, 374, 432, 455

Schriftkultur   210

Schriftlichkeit   208, 418, 439

Schrift, phonetische   83

Schriftsteller   57, 65, 82, 95, 124, 142, 171, 187, 216, 252, 267, 299f., 320f., 323, 336f., 343

Schule, Genfer (→ Genfer Schule)

Schule, Schlesische (→ Schlesische Schule)

Schule, Zürcher (→ Zürcher Schule)

science fiction   328

Seele   1f., 47, 53, 87f., 153–157, 210, 224, 284, 339, 364, 367, 396f., 402, 404, 409, 417, 446

Seelenbilder   296

Seelenvermögen   59

Seele, schöne   397, 399

Sehen, das   13, 167f., 259

Seiende, das   435, 440

Sein   92, 112, 143, 156, 165, 175f., 187, 213, 230, 237, 247, 273, 278, 280, 297, 322f., 354, 358, 366, 381, 435, 439f., 468, 470

Seinsverlust 471
Sekundärprozeß 392
Selbst, das 21, 56, 176, 265, 332, 364, 462
Selbstbeobachtung 210
Selbstbewußtsein 177, 416
Selbstbezüglichkeit 322, 415
Selbstentfremdung 201, 265
Selbsterkenntnis 312, 443
Selbstexotisierung 353
Selbstreflexion 329
Selbstreflexivität 7, 28, 235, 286
Semantik 135f., 236, 241, 293, 314, 391
Semiologie 21, 201, 430
Semiose 135, 391
Semiotik 28, 128, 135f., 204, 206, 221, 235f., 238, 319f., 342, 374, 376, 378, 390, 430, 432, 455
Semiotische, das 332f.
Sender 212, 297
Sensibilität, sensibilité 23, 40, 252, 265, 288, 365, 376, 388, 464
Sensualismus 26, 50, 274
sentimentalisch, das Sentimentalische 27, 162, 278, 410, 426
septem artes 138
Sequenz 295
Sexismus 386
Sexualität 344, 355, 466
Sexualtheorie 355
Signal 36, 391
Signalsystem 115
Signifikant, signifiant 47f., 84, 106, 111–113, 235, 241, 333, 362, 430
Signifikat, signifié 48, 206, 235, 241, 245, 333, 362, 369, 411, 430
Signifikat, transzendentales 114
similitude 245
Simulakrum 261, 350
Simulation 111, 345, 350
Simultaneität 327
Singspiel 373
Sinn 16, 24, 63, 67, 69, 90, 107, 114, 129, 166, 186, 224, 240, 273f., 281, 288, 302, 307f., 322, 332f., 346, 370, 407, 470
Sinn, allegorischer 87
Sinn, anagogischer 87
Sinne 6, 48, 53, 87, 256, 367, 389, 420, 432, 445
Sinnhorizont 37, 114
Sinnkonstruktion 360
sinnlich, das Sinnliche 53, 190, 287, 368, 398
Sinnlichkeit 2, 23, 28, 41, 47, 126, 153, 224, 367, 399, 401, 420, 444

Sinn, literaler 87
Sinn, moralischer 87
Sinnverlust 255, 264, 360
Sittlichgute, das 444
Sittlichkeit 196, 299, 398, 453–455
Situation 38, 335f., 457
Situation, dramatische 257
Situation, hermeneutische 457
Situation, monologische 315
Situationsdrama 347
Situationskontext 343
Skeptizismus 77, 172, 359
Skizze 204, 258
Skriptum 204
Skulptur 198, 205, 400, 419, 454
socio-critique 374
Solipsismus 51
Sonett 45, 81, 90
Sozialanthropologie 411
Sozialgeschichte 215, 351
Sozialisation 356, 404
Sozialismus 266f., 340, 354
Sozialismus, utopischer 180
Sozialkritik 109, 324, 391
Sozialphilosophie 109
Sozialpsychologie 457
Sozialwissenschaft 434, 457
Soziologie 75, 96, 98, 150, 215, 221, 244, 257, 304, 306, 336, 351, 385–387
Spätaufklärung 174, 423
Spätbarock 299, 396
Späthumanismus 305
Spannung 122
Speculum 356
Speichertechnik 48
Spekulation 103, 356, 472
Spiegel, Spiegelung 282, 402
Spiegelmetapher 283
Spiegelstadium 332, 356
Spiel 77, 84, 93, 109, 114, 133, 158, 162, 256, 280, 316, 348, 360, 398, 403, 438, 457, 464
Spiel, dramatisches 368, 383
Spieltrieb 161, 399, 409
Spontaneität, spontan 68, 364, 447, 472
Sprachakademie 436–438
Sprachbetrachtung, barocke 49
Sprache 1, 16, 34, 41, 47–49, 55, 77, 80–83, 88f., 92, 94, 103, 106, 112, 114f., 127, 143, 146, 154–157, 176, 180, 188, 192, 198, 201–203, 212, 225, 227f., 232f., 236, 241, 244, 250, 259, 275f., 281, 283, 287, 294, 297f., 303, 310, 312f., 319, 322, 327, 329, 335, 360, 369, 384, 391,

410, 413, 414, 416 f., 428, 430, 435–437, 439, 448, 454 f., 462
Sprache, bildliche 368
Sprache, dichterische/literarische/poetische 55, 290, 332, 350, 388
Sprache, formalisierte 435
Sprache, gesprochene 391
Sprache, heilige 342
Sprache, künstliche 297
Sprache, lyrische 337
Sprache, natürliche 247, 362, 435–437
Spracherneuerung 81
Spracherwerb 333
Sprachfunktion 212 f.
Sprachgebärde 117
Sprachgebrauch 36, 49, 129
Sprachgeschichte 1, 90, 305, 448 f.
Sprachgesellschaft 298, 373, 436
Sprachkritik 176
Sprachkunstwerk 473
Sprachphilosophie 1, 48, 179, 275 f., 283, 289 f., 358, 417, 427 f., 438, 448 f.
Sprachprogramm 437
Sprachreform 80
Sprachspiel 47, 67, 276
Sprachtheorie 90 f., 96 f., 119, 134, 225, 313, 431, 435, 438
Sprachwissenschaft (→ auch Linguistik) 305, 357
Sprechakt 112, 248, 322, 357 f., 385, 414
Sprechakttheorie 203, 357 f.
Sprecher 294 f., 322, 358, 464
Sprechkultur 211
Spruch 116
Spur 107
Staat 30, 33, 47, 246, 255, 301 f., 338, 409
Staatstheorie 300–302
Ständeklausel 110, 170, 447
Stil 32, 43 f., 73, 75 f., 79, 82, 98, 101 f., 116–118, 125, 129, 149, 182, 198, 210, 276, 278, 281 f., 316, 337, 385, 456
Stilanalyse/-interpretation 147, 237 f., 253
Stil, epochaler 378
Stil, europäischer 460
Stil, großer 331
Stilistik, stilistisch 29, 63, 76, 182, 203, 212, 239, 385, 473
Stilistik, objektive 128
Stilistik, strukturale 128 f.
Stilkonstante 460 f.
Stilmischung 239
Stilmittel 89, 261

Stiltheorie 101
Stilwandel 379
Stimme 34, 77, 83, 99, 211, 332
Stoff 76, 97, 120, 251, 274, 278, 379, 415, 419, 448
Stofftrieb 161, 399, 409
Strophe 39, 76, 213, 313
Strophenform 39
Struktur 5, 22, 40, 83, 113, 137, 147, 186, 320, 322, 363, 369, 385, 431, 458
Strukturalismus 21 f., 28, 64, 82, 84, 100, 114, 119, 128, 238, 262, 285, 303 f., 319–322, 332, 340, 363, 369, 374, 378, 387, 430–432, 452, 458 f.
Strukturalismus, feministischer 188 f.
Strukturalismus, französischer 77, 110, 176, 188, 189, 201, 294, 340, 362
Strukturalismus, genetischer 95, 221
Strukturalismus, Prager 176, 213, 314, 362
Strukturanalyse 147, 302
Strukturhomologie 307
Stummheit 347
Sturm und Drang 7, 23, 30, 58, 69, 71, 110, 272, 412, 442, 445, 447, 449–451, 468 f.
style, stylisation 202, 331
Subjekt 4, 15, 33 f., 38, 64, 92, 112 f., 152, 174, 192, 195 f., 210, 226, 247, 254 f., 290, 306, 322, 332, 337, 355 f., 358, 370, 435, 454, 462 f., 468, 472
Subjekt, ästhetisches/poetisches 208, 411
Subjekt-im-Prozeß 333
Subjektivismus 128, 231, 366, 385, 407, 460 f.
Subjektivität 20, 31, 94 f., 131, 133, 255, 260, 280, 321, 329, 355 f., 454, 472
Subjektmetapher 23
Subjektphilosophie 64, 458
Subjekttheorie 51
Subjekt-Welt 446
Sublime, das 243
Sublimierung 296
Substitut 114
Substrat 281, 345
Subtext 113, 338
Subversion, subversiv 34, 40, 83, 143, 146, 285, 333, 345, 387
Suggestion 8, 376
Sujet 425
Supplement, supplementär 47, 84, 105 f., 114

Surrealismus 17, 253, 296, 375, 377, 461
Symbol 118, 125f., 187, 198, 204, 272, 278, 312, 318, 385, 391f., 397, 411, 418, 422
symbolic action 203
Symbolik 27, 161, 282
Symbolische, das 111, 332f.
Symbolisierung, imaginative 364
Symbolisierung, kulturelle 344
Symbolismus 162, 213, 233
Symbolismus, französischer 152, 284, 300
Symboltheorie 204
Symphilosophie 424
Symposienliteratur 369
Synästhesie 47
Synekdoche 345
Synfunktion 452
Syntagma, filmisches 201f.
Syntaktik 135f., 293, 391
Syntax 106, 288, 313
Syntax, narrative 295
Synthesis, passive 25
System/-begriff 20, 65, 111f., 452, 458
Systemkritik 355
System, modellbildendes 363
System, semiotisches 386
Systemtheorie, systemtheoretisch 20, 65, 67, 165–167, 194, 232f.

Tagtraum 93, 157f., 258, 394
Tanz 189, 198, 376, 400
Tauschwert 110, 306
techne 269
Technik 5, 91, 175, 229, 248, 264, 266, 268, 281, 435
Telekommunikation 168
Teleologie, teleologisch 67, 175, 443
Temperament 54, 337, 365
Tendenz 10, 199
Tendenzliteratur 320
tessera 35
Text 19, 21, 31, 33, 36, 65, 84, 100, 106, 114, 128f., 146, 149–151, 166, 186, 194, 201f., 211, 213, 235, 238, 285, 289, 294, 297, 303, 307f., 322, 333, 337, 345, 350, 360, 362f., 369f., 374, 453
Text, ästhetischer 118f., 391
Text-Aktant-Kontext 194
Textanalyse 129, 182, 240
Textanalyse, statistische 294
Textbegriff 8, 332, 373
Texthermeneutik 220f.
Textimmanenz 238, 274

Text im Text 109
Textkritik 305
Textmaschine 34
Texttheorie 118, 145f., 183f., 211, 285f.
Textualität 63, 133, 149, 218, 307, 344, 466
Textur 107
Textzeit 450
Theater 30, 69, 108f., 121f., 134, 139f., 147, 190–193, 212, 304f., 325, 338–340 , 344f., 375f., 420, 468
Theater, antikes 383
Theater, aristotelisches 192
Theater, bürgerliches 41, 193
Theater, episches 121–123, 193, 304f., 339, 379, 420
Theater, klassisches 41, 325
Theaterkritik 169
Theater, politisches 379
Theaterpraxis 109, 190, 420
Theater, psychologisches 376
Theater, romantisches 325f.
Theatertheorie 98, 139f., 257, 339f.
théâtre de la cruauté 376
Theodizee 116, 126
Theologie 6, 70, 86–88, 90, 105, 203, 210, 328, 330, 338, 343, 366–368
Theoriesprache 261
Theosophie 247
Theozentrismus 242f.
Tiefenpsychologie 409f.
Tiefenstruktur 292f., 341
Tod 105, 111, 128, 143, 331, 356, 376
Todeserfahrung 128
Todestrieb 112
Toleranz 230, 473
Ton 157, 406, 454
Tonalität, lexikalische 313
Tonkunst (→ auch Musik) 256
Topik, Topologie 139, 373
Topophilie 296
Toposforschung 212
Totalität 52, 83, 114, 246, 302, 353, 372, 380, 412, 414, 450f., 468
Totaltheater 304
Tradition 18, 36, 104, 163, 219, 353, 388
Tradition, antike 49, 79
Tradition, linguistische 391
Tradition, literarische 36, 362f.
Tradition, metaphysische 440
Tradition, rhetorische 22, 79
Träumen, das 157, 296
Träumer 158, 184
Tragédie classique 253, 256, 347

Tragico-Komödie 373
Tragik, tragisch 27, 140, 151 f., 222, 346, 349, 383, 399, 403, 405 f., 422, 445
Tragische, das 250, 346, 406
Tragödie 45, 59 f., 62, 71, 99, 110, 140, 152, 157, 170, 249, 270–272, 279, 291, 308, 317, 327 f., 346, 373, 380, 383, 393, 405 f., 422, 433, 438
Tragödie, antike 246, 257, 272, 383 f.
Tragödie, französische 169
Tragödie, klassische 27
Transfiguration 149
Transfiguration, ästhetische 40
Transformation 263
Transformationsgrammatik 186
Transgression 222 f.
Transposition 263, 333
Transzendentalismus 250, 289
Transzendentalphilosophie 157, 448
Transzendenz 40, 380
Trauer 22, 284, 286, 292, 439
Trauerarbeit 158, 319
Trauerspiel 299, 405, 438 f., 462
Trauerspiel, bürgerliches 153, 169 f., 317
Traum 93, 157 f., 184, 208, 268, 287, 345, 375, 392–394, 460
Trauma 150
Traumarbeit 323, 392–394
Traumbewußtsein 268
Traumdeutung 393
Traum, latenter 392, 394
Travestie 263
Trieb 392
Trieb, intellektueller 409
Triebpsychologie 393
Trieb, sinnlicher 409
Trobador 211, 221
Trochäus 89
tropism 124
Tropus 146, 455
Tugend 2, 29, 50, 54, 59, 79, 108, 298, 301, 311, 317, 368
Tugendideal 325
Tugendkatalog 130, 301
Typenkomödie 317
Typik 115, 125 f., 391
Typische, das 125
Typus 116, 346, 391

Überreflexivität 7
Übersetzung 81, 161, 232, 342, 350, 424, 472
Übersetzungswissenschaft 343
Übertragungsbeziehung 146
Umwelt 26, 38, 198, 221, 464

Unbewußte, das 34, 48, 63, 112, 148, 158, 184, 189, 230, 249, 295, 303, 355, 364, 374 f., 392 f., 411, 456, 461
Unbewußtes, archetypisches 410
Unbewußtes, kollektives 410
Unendliche, das 278, 402, 423, 453, 455 f.
Ungleichzeitigkeit 352, 424
Unheimliche, das 183, 433
Universalgeschichte 310
Universalismus 103 f., 353
Universalität 6, 62, 138, 288
Universalphilosophie 435
Universalpoesie 163, 330
Universalsprache 81, 437
Unlesbarkeit 22, 360
Unlust 399
Unsagbare, das 97, 376
Unterhaltung 79, 193, 311, 340
Unterhaltungsliteratur 5
Unwirkliche, das 435
Urbanism 264
Urbild 410
Urphänomen 282, 470
Ur-Schrift 84
Ursprache 49
Ursprung 55, 58, 63, 84, 114, 418
Ursprung des Kunstwerks 440
Ursprungsmythos 225
Urteil 29, 130, 147, 193, 195, 214, 254, 315, 440, 471
Urteil, ästhetisches 50, 136, 470
Urteilsbildung, Urteilen 305, 390
Urteilskraft 4, 13, 130, 195, 464
Urteilsvermögen (→ auch iudi-cium) 89
Urtext 342
Urzustand 411
Utilitarismus 133, 311, 359, 366, 464
Utopie 40 f., 83, 140, 143, 156 f., 302, 387
ut pictura poesis 206, 425

Variation 273
Vatermord 158
Vaudeville 45
Verdichtung 93, 333, 348
Verdinglichung 279, 303
Verdoppelung 322, 350
Verdrängung 33, 148, 185, 190, 303, 392, 394, 467
Verfremdung 13, 208, 258 f., 261, 340, 378
Verfremdungseffekt 122
Vergangenheit 165
Vergleich 73, 261

Vergnügen 98, 102, 274, 297, 389, 405, 439
Vergnügen, ästhetisches 286, 326
Vergnügen, dramatisches 326
Verinnerlichung 197, 454
Vernunft 1, 3 f., 6, 28, 38, 44, 125, 144 f., 175, 195 f., 223, 248, 258, 276, 301, 317, 330, 367, 371, 399, 401, 405, 408, 420, 434, 442, 444 f., 448, 456, 462
Vernunftkritik 15, 280
Vernunftmäßigkeit 448
Vernunftordnung 442
Vers 29, 39, 41, 44, 62, 76, 131, 148, 213, 246, 288, 291, 310, 313 f., 383, 390
Verschiebung 8, 93, 106 f., 348, 402, 466
Versdichtung 453
Versepistel 76
Verserzählung 131
Verslehre 62, 86, 88, 298, 327, 373
Versmaß 39, 75 f., 81, 89
Versprachlichung 127
Verstand 6, 28, 43 f., 71, 119, 160, 174, 195 f., 210, 247, 256 f., 286, 335, 389, 414, 437, 446, 462, 468
Verstandesurteil 428
Verstehen 47, 57, 125, 172, 251, 260, 312, 360, 414, 424 f., 457 f., 472
Vielstimmigkeit 452
vir bonus 182, 183
Vision 74, 295
Volk 447 f.
Volksdichtung 353, 448
Volkskunde 117
Volkslied 449 f.
Volkssprache 55, 81, 87, 90, 142, 291, 342, 413, 437
Volksstück 413
Volkstümlichkeit 6, 180
Vollkommenheit 50
Vorbewußte, das 124
Vorlust 93
Vormärz 159, 197
Vorstellung 53, 245, 287, 367, 392, 435, 439 f., 446 f., 453, 461 f.
Vorstruktur 457
Vor-Text 374
Vorurteil 133, 457, 463
Vorverständnis 434

Wahnsinn 33, 77, 144–146
Wahrheit 4, 23, 28, 40, 43, 45, 63 f., 73, 87 f., 106, 108, 112 f., 127, 146, 179–181, 188, 205, 214, 227, 262, 271, 279, 281, 283, 292, 312, 315 f.,

338, 346, 349 f., 359, 364, 369, 397, 417, 428, 429, 440, 442, 445, 464, 468
Wahrheit, geschichtliche 99
Wahrheit, moralische 390
Wahrheit, poetische 403
Wahrheitsanspruch 44
Wahrheitsgehalt 438
Wahrnehmbarkeit 129, 367
Wahrnehmung 1, 4, 14, 17, 24, 51, 59, 115, 182, 184, 195, 203, 224, 242, 252, 254, 259, 273 f., 296, 312–314, 326, 347 f., 365, 367, 386, 453, 466, 469
Wahrnehmung, ästhetische 13, 136, 198, 296 f., 382
Wahrnehmungsformen 200, 252
Wahrnehmung, sinnliche 17, 50 f., 115, 146, 224, 297, 312, 365
Wahrnehmung, visuelle 167 f.
Wahrscheinliche, das 72, 99
Wahrscheinlichkeit 4, 6, 28, 30, 45, 70, 98, 124, 169, 235, 262, 271, 308, 442, 445
Warenästhetik 229, 238
Weiblichkeit, weiblich 190, 331, 344 f., 355, 387, 467
Weisheit 330, 371
Welt 9, 20, 24, 33, 37 f., 41, 50, 52, 91, 126 f., 179, 191, 204, 206 f., 224, 226, 231, 234, 237, 245, 252, 272–278, 283, 290, 318, 320 f., 329, 331, 335, 339, 350, 358, 379 f., 395, 400 f., 417, 419 f., 428, 439 f., 443, 447, 449, 454, 462 f., 468
Weltanschauung 306 f., 454
Weltanschauung, ästhetische 354
Weltanschauung, tragische 95 f.
Weltbild 391, 420
Weltbild, humanistisches 17
Weltbild, mittelalterliches 138
Welterfahrung 37
Weltgeist 141
Weltkomödie 300
Welt, mögliche 70, 72
Werbetext 5
Werk (→ auch Kunstwerk) 17, 26, 32, 33, 36, 42, 70, 95, 127, 135, 146, 158, 187, 204, 214, 220, 303, 306, 318, 364, 414, 416, 423, 431, 452, 462
Werkästhetik 456
Werkbegriff 280, 346
Wert, ästhetischer 9, 220, 441
Wert, ethischer 441
Wert, linguistischer 298
Werttheorie 136

Wertung 142, 293
Wertung, ästhetische/literarische 128, 159, 361, 403
Western 74
Widerspiegelung 37, 115, 157, 181, 353, 251, 258, 267, 306, 343, 349
Widerspiegelung, ästhetische 115f.
Widerspiegelung, naturalistische 441
Widerspiegelungstheorie 114f., 302, 362
Widerspruch 261, 349
Wiedererkennen 13, 259
Wiederholung 148, 322, 345, 400
Wille 56, 157, 247, 324, 364, 398, 429, 456, 462f.
Wirkliche, das 14, 16, 74, 264, 331, 346, 356, 435
Wirklichkeit 14, 33, 37f., 48, 51, 115, 124f., 147, 156f., 168f., 177–179, 181f., 194, 204, 206–208, 217, 226, 236– 239, 241f., 245, 251, 255f., 259, 271f., 281, 283, 302, 328, 335, 337, 339, 343, 347, 353, 359, 381f., 384, 415, 442, 444, 456
Wirklichkeitsbezug 38
Wirklichkeit, seelische 124
Wirklichkeit, soziale 26, 40f., 366
Wirklichkeitszertrümmerung 315
Wirkung 2, 50, 154f., 181, 235, 249, 348, 437, 446f., 469
Wirkung, ethische 249
Wirkung, moralische 464
Wirkungsästhetik, wirkungsästhetisch 2, 20, 23, 45, 54, 58, 60, 79, 109, 115, 149f., 155, 186, 190, 205, 272, 278, 300, 302, 317, 326f., 399, 411, 441, 443, 446, 468
Wirkungsgeschichte 57, 417f., 423, 435, 457f.
Wirkungspoetik 249f., 445f., 468
Wissen 13, 18, 67, 77, 133, 144, 166, 188, 204, 206, 237, 244, 278, 283, 305f., 312, 322f., 345, 356, 365, 402, 420, 428, 457, 466
Wissen, absolutes 337
Wissenschaft 11, 205, 281, 301, 330, 336, 362, 462
Wissenschaft, empirische 12, 192
Wissenschaftsbegriff, enzyklopädischer 305
Wissenschaftstheorie 18f., 87, 108, 355
Wissenssoziologie 457, 471
Wissen, unbedingtes 415
Witz 111, 116, 162, 210, 318, 396
Wollust 285

Wort 241, 244
Wortlehre 373
Wortspiel 298
Wortwahl 76
Wortwiederholung 211
Würde 54, 331f., 398
Wunderbare, das 23, 70, 72f., 97, 131, 183f., 209, 353, 419, 445
Wunsch 33f., 93, 158, 187, 233, 318, 347, 392, 433
Wunscherfüllung 392–394
Wunschmaschine 34

Yale Deconstruction 359, 466

Zahlensymbolik 211
Zaubermärchen 341
Zeichen 27, 48f., 63, 82, 106, 135, 152, 161f., 204, 206, 235, 240f., 245, 297, 320, 322, 326, 333, 364, 390, 402, 411, 425, 428, 431, 455
Zeichen, ästhetisches 136
Zeichen, auditives 448
Zeichenbegriff 391, 430
Zeichenfunktion 390f.
Zeichen, ikonisches 136
Zeichen, natürliches 1, 54, 326
Zeichensystem 7, 201, 319, 333, 341, 374
Zeichentheorie 135, 204, 235, 282, 362, 390, 430
Zeichen, visuelles 448
Zeichen, willkürliches 1, 54, 448
Zeit 45, 206, 226, 252, 371f., 436, 439
Zeitalter, Goldenes (→ Goldenes Zeitalter)
Zeiterfahrung 137
Zeit, erzählte 100
Zeitgeist 358
Zeitlichkeit 366, 372, 385
zelos 270
Zirkel, hermeneutischer 424, 436, 457f.
Zirkulation 263, 337, 344
Zitat 129, 202, 268, 337
Zitatsammlung 86
Zivilisationskritik 363
Züricher Schule 137
Zufall 162, 175, 242, 378, 381
Zuhörer 79, 357, 464
Zuschauer 59, 98, 122f., 170, 192f., 205, 249f., 304, 308, 317f., 325f., 348, 376, 383f., 420, 425, 429, 442, 445
Zweckmäßigkeit 411
Zweckrationalität 222, 230

Werke nach Autoren

Addison, Joseph (1672–1719)
The Pleasures of the Imagination *(Die Vergnügungen der Einbildungskraft)* 286

Adorno, Theodor W. (1903–1969)
Ästhetische Theorie 15

Noten zur Literatur 251

Philosophie der neuen Musik 279

Aristoteles (384–322 v. Chr.)
Peri poietikes *(Von der Dichtkunst)* 271

Arnold, Matthew (1822–1888)
Essays in Criticism, First Series *(Essays über die Kritik, Erste Folge)* 132

Artaud, Antonin (1896–1948)
Le Théâtre et son Double *(Das Theater und sein Double)* 375

d'Aubignac, François Hédelin, Abbé (1604–1676)
La Pratique du théâtre *(Die Theaterpraxis)* 308

Auerbach, Erich (1892–1957)
Mimesis 238

Augustinus, Aurelius (354–430)
De doctrina Christiana *(Über die christliche Lehre)* 78

Bachelard, Gaston (1884–1962)
La Poétique de l'Espace *(Poetik des Raumes)* 295

Bachtin, Michail M. (1895–1975)
Problemy tvorčestva Dostoevskogo *(Probleme des Schaffens Dostoevskijs)* 315

Voprosy literatury i èstetiki *(Fragen der Literatur und Ästhetik)* 452

Bacon de Verulam, Francis (1561–1626)
The Division of Poesy *(Die Einteilung der Dichtung)* 107

Balázs, Béla (1884–1949)
Der sichtbare Mensch oder die Kultur des Films 347

Balde, Jacob (1604–1668)
De Studio Poetico *(Über das Studium der Dichtung)* 88

Barfield, Owen (*1898)
Poetic Diction *(Sprache der Dichtung)* 289

Barth, John (*1930)
The Literature of Exhaustion *(Literatur der Erschöpfung)* 218

The Literature of Replenishment *(Die Literatur der Wiederauffüllung)* 219

Barthes, Roland (1915–1980)
Le Degré zéro de l'écriture *(Am Nullpunkt der Literatur)* 82

Le Plaisir du texte *(Die Lust am Text)* 285

S/Z *(S/Z)* 369

Bataille, Georges (1897–1962)
La Littérature et le mal *(Die Literatur und das Böse)* 222

Bateson, Frederick Wilse (1901–1978)
English Poetry *(Englische Dichtung)* 120

Batteux, Charles (1713–1780)
Les Beaux-Arts réduits à un même principe *(Die Schönen Künste, aus einem Grundsatz hergeleitet)* 49

Baudelaire, Charles (1821–1867)
L'Art romantique *(Die romantische Kunst)* 45

Baudrillard, Jean (*1929)
L'échange symbolique et la mort *(Der symbolische Tausch und der Tod)* 110

Baumgarten, Alexander Gottlieb (1714–1762)
Aesthetica *(Ästhetik)* 3

Belinskij, Vissarion G. (1811–1848)
Ideja iskusstva *(Die Idee der Kunst)* 180

Bellemin-Noël, Jean
Le texte et l'avant-texte *(Der Text und der Vortext)* 373

Benjamin, Walter (1892–1940)
Das Kunstwerk im Zeitalter seiner technischen Reproduzierbarkeit 200

Das Passagen-Werk 267

Ursprung des deutschen Trauerspiels 438

Benn, Gottfried (1886–1956)
Nach dem Nihilismus 248

Probleme der Lyrik 314

Bense, Max (1910–1990)
Aesthetica 5

Bergson, Henri (1859–1941)
Le Rire *(Das Lachen)* 335

Betti, Emilio (1890–1968)
Zur Grundlegung einer allgemeinen Auslegungslehre 471

Bierwisch, Manfred (*1930)
Poetik und Linguistik 293

Birken, Sigmund von (1626–1681)
Teutsche Rede-bind und Dicht-Kunst 372

Blanchot, Maurice (*1907)
L'éspace littéraire *(Der literarische Raum)* 127

Blanckenburg, Christian Friedrich von (1744–1796)
Versuch über den Roman 442

Bloch, Ernst (1885–1977)
Geist der Utopie 156

Bloom, Harold (*1930)
The Anxiety of Influence *(Die Angst vor der Beeinflussung)* 35

Blumenberg, Hans (*1920)
Arbeit am Mythos 37
Die Lesbarkeit der Welt 206

Bodmer, Johann Jakob (1698–1783)
Critische Abhandlung von dem Wunderbaren in der Poesie und dessen Verbindung mit dem Wahrscheinlichen 70

Böhme, Jacob (1575–1624)
Mysterium Magnum, oder Erklärung über Das Erste Buch Mosis 247

Boileau-Despreaux, Nicolas (1636–1711)
L'Art poétique *(Die Dichtkunst)* 44

Bonaventura (1217/18–1274)
De reductione artium ad theologiam *(Über die Zurückführung der Künste auf die Theologie)* 87

Booth, Wayne C. (*1921)
The Rhetoric of Fiction *(Die Rhetorik der Erzählkunst)* 333

Borges, Jorge Luis (1899–1986)
Discusión *(Diskussion)* 103
Otras inquisiciones *(Weitere Befragungen)* 103

Bossu, René Le (1631–1680)
Traité du poème épique *(Abhandlung über das Heldengedicht)* 389

Bourdieu, Pierre (*1930)
Le champ littéraire *(Das literarische Feld)* 64

Brecht, Bertolt (1898–1956)
Das epische Theater 121

Kleines Organon für das Theater 192
Schriften zum Theater 339
Über eine nichtaristotelische Dramatik 419

Breitinger, Johann Jacob (1701–1776)
Critische Dichtkunst 71

Brooks, Cleanth (1906–1994)
Implications of an Organic Theory of Poetry *(Implikationen einer organischen Theorie der Dichtung)* 181

Buber, Martin (1878–1965)
Ich und Du 178

Buchner, August (1591–1661)
Anleitung zur Deutschen Poeterey 29

Bürger, Gottfried August (1747–1794)
Von der Popularität der Poesie 447

Bürger, Peter (*1936)
Theorie der Avantgarde 377

Buffon, George-Louis Leclerc, Comte de (1707–1788)
Discours prononcés dans l'Académie françoise le samedi 25 août 1753 à la réception de M. de Buffon *(Reden, die in der Académie française gehalten wurden am Samstag, den 25. August 1753, bei der Aufnahme des Herrn von Buffon)* 100
Discours sur le style → Discours prononcés

Burke, Edmund (1729–1797)
A Philosophical Enquiry into the Origin of our Ideas of the Sublime and Beautiful *(Philosophische Untersuchung über den Ursprung unserer Ideen vom Erhabenen und Schönen)* 274

Burke, Kenneth (*1897)
Language as symbolic Action *(Literatur als symbolische Handlung)* 202

Butor, Michel (*1926)
Répertoire *(Repertorium)* 328

Camus, Albert (1913–1960)
Révolte et art *(Revolte und Kunst)* 331

Candido, Antonio (*1918)
Sous-développement et littérature en Amérique latine *(Literatur und Unterentwicklung in Lateinamerika)* 352

Carlyle, Thomas (1795–1881)
The Hero As Poet *(Der Held als Dichter)* 172

Cassirer, Ernst (1874–1945)
  Philosophie der symbolischen Formen 280

Celtis, Conradus (1459–1508)
  Ars versificandi et carminum *(Lehre
  vom Versemachen und von den Gedichten)* 39

Cicero, Marcus Tullius (106–43 v.
Chr.)
  De oratore *(Über den Redner)* 85

Cioran, Émile Michele (*1911)
  La fin du roman *(Jenseits des Romans)*
  143

Cixous, Hélène/Clément, Catherine (*1937/*1939)
  La Jeune Née *(Die Neugeborene)* 188

Clément, Catherine → Cixous,
Hélène

Cohen, Hermann (1842–1918)
  Ästhetik des reinen Gefühls 11

Coleridge, Samuel Taylor (1772–
1834)
  Biographia Literaria or Biographical
  Sketches of My Literary Life and
  Opinion *(Biographia Literaria oder
  Biographische Skizzen meines Le-
  bens und meiner Ansichten als
  Schriftsteller)* 55

Collingwood, Robin George (1889–
1943)
  The Principles of Art *(Die Ursprünge
  der Kunst)* 311

Corneille, Pierre (1605–1684)
  Discours de l'utilité et des parties
  du poème dramatique. – Discours de la Tragédie et des
  moyens de la Traîter selon le
  vraisemblable ou le nécessaire. – Discours des trois Unités
  d'Action, de Jour et de Lieu *(Abhandlung über den Nutzen und die
  Einteilung des Dramas. – Diskurs
  über die Tragödie und ihre Behandlung gemäß der Wahrscheinlichkeit
  oder der Notwendigkeit. – Abhandlung über die drei Einheiten: Handlung, Zeit und Ort)* 98

  Trois discours sur le Poème dramatique → Discours de l'utilité et
  des parties du poème dramatique …

Croce, Benedetto (1866–1952)
  Estetica come scienza dell'espressione e linguistica generale
  *(Ästhetik als Wissenschaft vom Aus-
  druck und Allgemeine Linguistik)* 134

Culler, Jonathan (*1944)
  The Pursuit of Signs *(Auf der Fährte
  des Zeichensn)* 319

Curtius, Ernst Robert (1886–1956)
  Europäische Literatur und lateinisches Mittelalter 138

Dante Alighieri (1265–1321)
  De vulgari eloquentia Libri Duo
  *(Zwei Bücher über das Dichten in
  der Muttersprache)* 90

Deleuze, Gilles/Guattari, Félix
(*1925/*1930)
  L'Anti-Œdipe *(Anti-Ödipus)* 33
  Kafka *(Kafka)* 191

Derrida, Jacques (*1930)
  La Carte Postale de Socrate à Freud
  et au-delà *(Die Postkarte von So-
  krates bis an Freud und jenseits)* 63
  De la grammatologie *(Grammatolo-
  gie)* 83
  La dissémination *(Die Zerstreuung)*
  105
  L'écriture et la différence *(Die
  Schrift und die Differenz)* 113

De Sanctis, Francesco (1817–1883)
  Storia della letteratura italiana *(Geschichte der italienischen Literatur)*
  361

Dewey, John (1859–1952)
  Art as Experience *(Kunst als Erfahrung)* 41

Diderot, Denis (1713–1784)
  Paradoxe sur le comédien *(Das Paradox über den Schauspieler)* 264

Dilthey, Wilhelm (1833–1911)
  Das Erlebnis und die Dichtung 125

Dionysios von Halikarnassos (1. Jh.
v. Chr.)
  Peri mimeseos *(Über die Nachahmung)* 269

Döblin, Alfred (1878–1957)
  An Romanautoren und ihre Kritiker 31

Doubrovsky, Serge (*1927)
  Corneille et la dialectique du héros
  *(Corneille und die Dialektik des
  Helden)* 69

Du Bellay, Joachim (1522–1560)
  La Deffence, et Illustration de la
  Langue Francoyse *(Die Verteidigung und Bereicherung der französischen Sprache)* 80

Du Bos, Jean-Baptiste (1670–1742)
  Réflexions critiques sur la poésie
  et la peinture *(Kritische Überlegungen über Dichtung und Malerei)*
  326

Eco, Umberto (★1932)
  Il messaggio estetico *(Die ästhetische Botschaft)* 235
  Trattato di semiotica generale *(Semiotik. Entwurf einer Theorie der Zeichen)* 390

Ėjchenbaum, Boris Michailovič (1886–1959)
  Literatura i literaturnyj byt *(Das literarische Leben)* 216

Eliot, Thomas Stearnes (1888–1965)
  Tradition and the Individual Talent *(Tradition und individuelle Begabung)* 387

Emerson, Ralph Waldo (1803–1882)
  Nature *(Die Natur)* 250
  The Poet *(Der Dichter)* 288

Engel, Johann Jakob (1741–1802)
  Über Handlung, Gespräch und Erzählung 421

Engels, Friedrich/Lasalle, Ferdinand/Marx, Karl (1820–1895/1825–1864/1818–1883)
  Die Sickingen-Debatte 348

Felman, Shoshana
  La folie et la chose littéraire *(Der Wahnsinn und das Literarische)* 145

Fénelon, François de Salignac de la Mothe (1651–1715)
  Réflexions sur la Grammaire, la Rhétorique, la Poétique et l'Histoire ou Mémoire sur les Travaux de l'Académie françoise *(Überlegungen zur Grammatik, Rhetorik, Poetik und Geschichte oder Denkschrift über die Arbeiten der Académie Française)* 327

Fernández, Macedonio (1874–1952)
  Doctrina Estética de la Novela *(Ästhetische Doktrin des Romans)* 108

Feyerabend, Paul Karl (1924–1994)
  Against Method *(Wider den Methodenzwang)* 18

Fichte, Johann Gottlieb (1762–1814)
  Von der Sprachfähigkeit und dem Ursprung der Sprache 448

Fiedler, Leslie (★1917)
  Cross the Border – Close the Gap *(Überquert die Grenze – schließt den Graben)* 73

Fish, Stanley (★1938)
  Is There a Text in This Class? *(Gibt es einen Text im Unterricht?)* 185

Foucault, Michel (1926–1984)
  Folie et déraison *(Wahnsinn und Unvernunft)* 144

La folie, l'absence d'œuvre *(Der Wahnsinn, das abwesende Werk)* 321
Un ›fantastique‹ de bibliothèque *(Eine ›phantastische‹ Bibliothek)* 321
Introduction aux Dialogues de Rousseau *(Vorwort zu den ›Dialogues‹ von Rousseau)* 321
Le langage à l'infini *(Das unendliche Sprechen)* 321
Les mots et les choses *(Die Ordnung der Dinge)* 243
La pensée du dehors *(Das Denken des Draußen)* 321
Préface à la transgression *(Zum Begriff der Übertretung)* 321
La prose d'Actéon *(Aktaions Prosa)* 321
Qu'est-ce qu'un auteur? *(Was ist ein Autor?)* 321
Un si cruel savoir *(Ein so grausames Wissen)* 321

Frank, Manfred (★1945)
  Was ist Neostrukturalismus? 458

Freud, Sigmund (1856–1939)
  Der Dichter und das Phantasieren 92
  Die Traumdeutung 392
  Das Unheimliche 432

Frye, Northrop (★1912)
  Anatomy of Criticism *(Analyse der Literaturkritik)* 26

Gadamer, Hans-Georg (★1900)
  Wahrheit und Methode 456
  Zur Fragwürdigkeit des ästhetischen Bewußtseins 470

Garve, Christian (1742–1798)
  Über Lessings Laocoon 425

Gellert, Christian Fürchtegott (1715–1769)
  Pro comoedia commovente *(Abhandlung für das rührende Lustspiel)* 317

Genette, Gérard (★1930)
  Discours du récit *(Über die Erzählung)* 99
  Mimologiques *(Mimologik)* 240
  Nouveau discours du récit *(Neuer Diskurs über die Erzählung)* 99
  Palimpsestes *(Palimpseste)* 262

George, Stefan (1868–1933)
  Über Dichtung I+II 407

Gerstenberg, Heinrich Wilhelm von (1737–1823)
  Briefe über Merkwürdigkeiten der Litteratur 57

Gervinus, Georg Gottfried (1805–1871)

Geschichte der poetischen National-Literatur der Deutschen 159

Girard, René (*1923)

Mensonge romantique et vérité romanesque *(Romantische Lüge und Wahrheit des Romans)* 233

Goethe, Johann Wolfgang von (1749–1832)

Briefwechsel zwischen Schiller und Goethe in den Jahren 1794 bis 1805 60

Einfache Nachahmung der Natur, Manier, Stil 117

Einleitung in die Propyläen 119

Maximen und Reflexionen 231

Nachlese zu Aristoteles' Poetik 249

Über Laokoon 422

Über Wahrheit und Wahrscheinlichkeit der Kunstwerke 429

Von deutscher Baukunst 450

Winckelmann und sein Jahrhundert 464

Zum Schäkespears Tag 467

Zur Farbenlehre 469

Goldmann, Lucien (1913–1970)

Le Dieu caché *(Der verborgene Gott)* 95

Pour une sociologie du roman *(Soziologie des Romans)* 306

Goodman, Nelson (*1906)

Languages of Art *(Sprachen der Kunst)* 203

Gottsched, Johann Christoph (1700–1766)

Versuch einer Critischen Dichtkunst vor die Deutschen 441

Gracián, Baltasar (1601–1658)

Arte de ingenio *(Kunst der Erfindung)* 42

Greenblatt, Stephen (*1943)

Shakespearean Negotiations *(Verhandlungen mit Shakespeare)* 344

Greimas, Algirdas Julien (*1917)

Sémantique structurale *(Strukturale Semantik)* 340

Guattari, Félix → Deleuze, Gilles

Habermas, Jürgen (*1929)

Der Universalitätsanspruch der Hermeneutik 434

Hamann, Johann Georg (1730–1788)

Aesthetica in nuce 6

Hamburger, Käte (1896–1992)

Die Logik der Dichtung 225

Hardenberg, Friedrich von → Novalis

Harsdörffer, Georg Philipp (1607–1658)

Poetischer Trichter 298

Hartman, Geoffrey H. (*1929)

Saving the Text: Literature, Derrida, Philosophy *(Zur Rettung des Textes: Literatur, Derrida, Philosophie)* 337

Hartmann, Nicolai (1882–1950)

Ästhetik 8

Hassan, Ihab Habib (*1925)

Paracriticisms *(Parakritik)* 263

Hauser, Arnold (1892–1978)

The Social History of Art *(Sozialgeschichte der Kunst und Literatur)* 351

Hazlitt, William (1778–1830)

The Spirit of the Age *(Der Geist des Zeitalters)* 358

Hegel, Georg Wilhelm Friedrich (1770–1831)

Das älteste Systemprogramm des deutschen Idealismus 3

Vorlesungen über die Ästhetik 453

Heidegger, Martin (1889–1976)

… dichterisch wohnet der Mensch … 91

Unterwegs zur Sprache 435

Der Ursprung des Kunstwerks 439

Herder, Johann Gottfried (1744–1803)

Abhandlung über den Ursprung der Sprache 1

Ueber die neuere Deutsche Litteratur 413

Ueber die Würkung der Dichtkunst auf die Sitten der Völker in alten und neuen Zeiten 417

Von Deutscher Art und Kunst 449

Hocke, Gustav René (1908–1985)

Die Welt als Labyrinth 460

Hölderlin, Friedrich (1770–1843)

Das älteste Systemprogramm des deutschen Idealismus 3

Über den Unterschied der Dichtarten 405

Über die Verfahrungsweise des poetischen Geistes 415

Hogarth, William (1697–1764)

The Analysis of Beauty *(Untersuchung der Schönheit)* 25

Horatius Flaccus, Quintus (65–8 v. Chr.)

De arte poetica *(Von der Dichtkunst)* 76

Huet, Pierre-Daniel (1630–1721)
Traité de l'origine des Romans *(Abhandlung über den Ursprung der Romane)* 388

Humboldt, Wilhelm v. (1767–1835)
Über die Verschiedenheit des menschlichen Sprachbaues und ihren Einfluss auf die geistige Entwicklung des Menschengeschlechts 416

Hume, David (1711–1776)
Of the Standard of Taste *(Über den Maßstab des Geschmacks)* 254

Husserl, Edmund (1859–1938)
Analysen zur passiven Synthesis 24
Logische Untersuchungen 226
Phantasie, Bildbewußtsein, Erinnerung 273

Ingarden, Roman (1893–1970)
Das literarische Kunstwerk 213

Ionesco, Eugène (1912–1994)
Expérience du théâtre *(Ganz einfache Gedanken über das Theater)* 139

Irigaray, Luce
Speculum de l'autre femme *(Speculum. Spiegel des anderen Geschlechts)* 355

Iser, Wolfgang (*1926)
Der Akt des Lesens 19
Die Appellstruktur der Texte 36

Jakobson, Roman (1896–1982)
Linguistics and Poetics *(Linguistik und Literatur)* 212

Jameson, Fredric (*1934)
The Political Unconscious *(Das politische Unbewußte)* 302

Jauß, Hans Robert (*1921)
Ästhetische Erfahrung und literarische Hermeneutik 12
Literaturgeschichte als Provokation der Literaturwissenschaft 220

Jean Paul (1763–1825)
Vorschule der Aesthetik nebst einigen Vorlesungen in Leipzig über die Partheien der Zeit 455

Johannes von Salisbury (zw. 1115 und 1120–1180)
Policraticus, sive De nugis curialium et vestigiis philosophorum *(Der Vielbeherrscher oder Über die Eitelkeiten der Höflinge und die Spuren der Philosophen)* 300

Johnson, Barbara (*1947)
A World of Difference *(Die Welt der Differenz)* 466

Jolles, André (1874–1946)
Einfache Formen 116

Jonson, Ben (1572–1637)
The Art of Poetry *(Die Dichtkunst)* 43

Juana Inés de la Cruz, Sor (1651–1695)
Respuesta a Sor Filotea de la Cruz *(Antwort der Dichterin an die allererlauchteste Schwester Filotea de la Cruz)* 329

Jung, Carl Gustav (1875–1961)
Über die Beziehung der analytischen Psychologie zum dichterischen Kunstwerk 409

Kandinsky, Wassily (1866–1944)
Über das Geistige in der Kunst 400

Kant, Immanuel (1724–1804)
Beobachtungen über das Gefühl des Schönen und Erhabenen 53
Kritik der Urteilskraft 195

Kierkegaard, Sören (1813–1855)
Om Begrebet Ironi med stadigt Hensyn til Socrates *(Über den Begriff der Ironie mit ständiger Rücksicht auf Sokrates)* 255

Kittler, Friedrich A. (*1943)
Aufschreibesysteme 1800/1900 47

Klages, Ludwig (1872–1956)
Der Geist als Widersacher der Seele 155

Klaj, Johann (1616–1656)
Lobrede der Teutschen Poeterey 224

Kleist, Heinrich von (1777–1811)
Über das Marionettentheater 401

Klopstock, Friedrich Gottlieb (1724–1803)
Gedanken über die Natur der Poesie 154
Von der heiligen Poesie 445

Klossowski, Pierre (*1905)
Un si funeste désir *(Ein so unheilvolles Begehren)* 350

Köhler, Erich (1924–1981)
Literatursoziologische Perspektiven 221

Kokoschka, Oskar (1886–1980)
Von der Natur der Gesichte 446

Kracauer, Siegfried (1889–1966)
Das Ornament der Masse 257
Theory of Film *(Theorie des Films)* 381

Kris, Ernst (1900–1957)
Psychoanalytic Explorations in Art *(Psychoanalytische Untersuchungen zur Kunst)* 318

Kristeva, Julia (★1941)
La révolution du langage poétique *(Die Revolution der poetischen Sprache)* 332

Lacan, Jacques (1901–1981)
Écrits, Le séminaire I/XI *(Schriften, Das Seminar I/XI)* 111

Lacoue-Labarthe, Philippe (★1940)
Musica ficta (Figures de Wagner) *(Die Fiktion der Musik – Figuren Wagners)* 245

Lamb, Charles (1775–1834)
The Essays of Elia *(Die Essays des Elia)* 133

Lasalle, Ferdinand → Engels, Friedrich

Lawrence, David Herbert (1885–1930)
Studies in Classic American Literature *(Studien zur klassischen amerikanischen Literatur)* 363

Leavis, Frank Raymond (1895–1978)
The Great Tradition *(Die Große Tradition)* 163

Lehmann, Wilhelm (1882–1968)
Dichtung als Dasein 94

Leibniz, Gottfried Wilhelm (1646–1716)
Unvorgreiffliche gedancken, betreffend die ausuebung und verbesserung der teutschen sprache 436

Lejeune, Philippe (★1935)
Le pacte autobiographique *(Der autobiographische Pakt)* 259

Lenin, Vladimir Iljič (1870–1924)
Partijnaja organizacija i partijnaja literatura *(Parteiorganisation und Parteiliteratur)* 266

Lenz, Jacob Michael Reinhold (1751–1792)
Anmerkungen übers Theater nebst angehängten übersetzten Stück Shakespeares 30

Lessing, Gotthold Ephraim (1729–1781)
Hamburgische Dramaturgie 169
Laokoon: oder über die Grenzen der Mahlerey und Poesie 205

Lessing, Gotthold Ephraim/Mendelssohn, Moses/Nicolai, Friedrich (1729–1781/1729–1786/1733–1811)
Briefwechsel über das Trauerspiel 58

Lezama Lima, José (1910–1976)
La expresión americana *(Die amerikanische Ausdruckswelt)* 140

Lichtenberg, Georg Christoph (1742–1799)
Ueber den deutschen Roman 403

Losada, Alejandro (1936–1985)
La Literatura en la Sociedad de América Latina *(Die Literatur in der Gesellschaft Lateinamerikas)* 215

Lotman, Jurij M. (★1922)
Struktura chudožestvennogo teksta *(Die Struktur des künstlerischen Textes)* 362

Ludwig, Otto (1813–1865)
Shakespeare-Studien 346

Luhmann, Niklas (★1927)
Das Medium der Kunst 232

Lukács, Georg (1885–1971)
Die Eigenart des Ästhetischen I 114
Die Theorie des Romans 379

Luther, Martin (1483–1546)
Ein sendbrieff D. M. Lutthers 342

Lyotard, Jean-François (★1924)
La condition postmoderne *(Das postmoderne Wissen)* 66
Le différend *(Der Widerstreit)* 96

Mach, Ernst (1838–1916)
Beiträge zur Analyse der Empfindungen 50

Magritte, René (1898–1967)
Les mots et les images *(Die Worte und die Bilder)* 244

de Man, Paul (1919–1983)
Aesthetic Ideology *(Ästhetische Ideologie)* 7
Allegories of Reading *(Allegorien des Lesens)* 20

Manifiesto Martín Fierro *(Manifest Martín Fierro)* 228

Mann, Thomas (1875–1955)
Die Kunst des Romans 196

Marcuse, Herbert (1898–1979)
Art and Revolution *(Kunst und Revolution)* 40

Marx, Karl → Engels, Friedrich

Masen, Jacob (1606–1681)
Palaestra eloquentiae ligatae *(Übungsschule der gebundenen Beredsamkeit)* 261

McLuhan, (Herbert) Marshall (1911–1980)
Understanding Media: The Extensions of Man *(Die magischen Kanäle)* 431

Mehring, Franz (1846–1919)
Kunst und Proletariat 199

Meier, Georg Friedrich (1718–1777)
Anfangsgründe aller schönen Wissenschaften 28

Mendelssohn, Moses (1729–1786)
Betrachtungen über die Quellen und die Verbindungen der schönen Künste und Wissenschaften 54
Briefwechsel über das Trauerspiel 58

Mercier, Louis-Sébastien (1740–1814)
Du théâtre, ou Nouvel essai sur l'art dramatique *(Über das Theater oder Neuer Versuch über die dramatische Kunst)* 109

Metz, Christian (1932–1993)
Langage et cinéma *(Sprache und Film)* 201

Mill, John Stuart (1806–1873)
What is Poetry? The Two Kinds of Poetry *(Gedanken über Poesie und ihre verschiedenen Arten)* 463

Miller, Joseph Hillis (*1928)
Steven's Rock and Criticism as Cure *(Stevens' Stein und Kritik als Kur)* 359

Möser, Justus (1720–1794)
Über die deutsche Sprache und Litteratur 412

Moi, Toril (*1941)
Sexual Textual Politics *(Sexus – Text – Herrschaft)* 343

Moles, Abraham A. (*1920)
Poétique informationnelle *(Informationelle Poetik)* 296

Morhof, Daniel Georg (1639–1691)
Polyhistor literarius, philosophicus et practicus *(Der literarische, philosophische und praktische Polyhistor)* 305

Moritz, Karl Philipp (1756–1793)
Über die bildende Nachahmung des Schönen 411

Morris, Charles William (1901–1979)
Esthetics and the Theory of Signs *(Ästhetik und Zeichentheorie)* 135

Mukařovský, Jan (1891–1975)
Umění jako semiologický fakt *(Kunst als semiologisches Faktum)* 430

Nicolai, Friedrich → Lessing, Gotthold Ephraim

Nietzsche, Friedrich (1844–1900)
Die fröhliche Wissenschaft 148
Die Geburt der Tragödie aus dem Geiste der Musik 151
Über Wahrheit und Lüge im außermoralischen Sinne 427

Norris, Christopher
Deconstruction *(Dekonstruktion)* 77

Novalis (Friedrich von Hardenberg) (1772–1801)
Blütenstaub 56
Die Christenheit oder Europa 65

Opitz, Martin (1597–1639)
Buch von der Deutschen Poeterey 62

Pater, Walter (1839–1894)
Studies in the History of the Renaissance *(Studien zur Geschichte der Renaissance)* 365

Paz, Octavio (*1914)
El arco y la lira *(Der Bogen und die Leier)* 175
Los hijos del limo – del romanticismo a la vanguardia *(Die Kinder des Schlamms. Von der Romantik zur Avantgarde)* 175

Perrault, Charles (1628–1703)
Parallèle des Anciens et des Modernes en ce qui regarde les arts et les sciences *(Vergleich zwischen den Alten und den Modernen, die Künste und Wissenschaften betreffend)* 265

Petrarca, Francesco (1304–1374)
Le Familiari *(Briefe)* 142

Pietri, Arturo Uslar (*1906)
Letras y hombres de Venezuela *(Literatur und Menschen aus Venezuela)* 208
Lo criollo en la literatura *(Der Kreolismus in der Literatur)* 208

Piscator, Erwin (1893–1966)
Das politische Theater 304

Platon (427–347 v. Chr.)
Politeia *(Das Staatswesen)* 301
Symposion *(Das Gelage)* 368

Poe, Edgar Allan (1809–1849)
The Philosophy of Composition *(Die Philosophie der Komposition)* 284
The Poetic Principle *(Das poetische Prinzip)* 291

Pope, Alexander (1688–1744)
An Essay on Criticism *(Versuch über die Kritik)* 130

Poulet, Georges (1902–1991)
La distance intérieure *(Die innere Distanz)* 136
Etudes sur le temps humain *(Studien über die menschliche Zeiterfahrung)* 136
Mesure de l'instant *(Maß des Augenblicks)* 136

Le point de départ *(Der Ausgangs-punkt)* 136

Pseudo-Longinos (213–273 n. Chr.)
Peri hypsous *(Vom Erhabenen)* 269

de Quincey, Thomas (1785–1859)
Theory of Greek Tragedy *(Theorie der griechischen Tragödie)* 383

Quintilianus, Marcus Fabius (um 35–um 96 n. Chr.)
Institutio Oratoria *(Ausbildung des Redners)* 182

Rank, Otto (1884–1939)
Das Inzest-Motiv in Dichtung und Sage 184
Traum und Dichtung 393

Read, Herbert (1893–1968)
Form in Modern Poetry *(Form in der modernen Lyrik)* 147

Ricardou, Jean (*1932)
Pour une théorie du nouveau roman *(Für eine Theorie des Nouveau Roman)* 307

Richard, Jean-Pierre (*1922)
Littérature et sensation *(Literatur und Empfindung)* 223

Ricoeur, Paul (*1913)
La métaphore vive *(Die lebendige Metapher)* 236
Temps et récit *(Zeit und Erzählung)* 371

Riffaterre, Michael (*1924)
Essais de stylistique structurale *(Strukturale Stilistik)* 128

Rorty, Richard (*1931)
Philosophy and The Mirror of Nature *(Der Spiegel der Natur: Eine Kritik der Philosophie)* 283

Rosenkranz, Johann Karl Friedrich (1805–1879)
Ästhetik des Häßlichen 9

Rousseau, Jean-Jacques (1712–1778)
J.-J. Rousseau, citoyen de Genève, à Mr. d'Alembert *(J.-J. Rousseau, Bürger von Genf, an Herrn d'Alembert)* 190

Rousset, Jean (*1910)
Forme et signification *(Form und Bedeutung)* 146

Ruskin, John (1819–1900)
Modern Painters *(Moderne Maler)* 242

Sachs, Hanns (1881–1947)
Gemeinsame Tagträume 157

Sainte-Beuve, Charles-Augustin de (1804–1869)
Qu'est-ce qu'un classique *(Was ist ein Klassiker?)* 323

Sarraute, Nathalie (*1902)
L'Ère du Soupçon *(Das Zeitalter des Mißtrauens)* 123

Sartre, Jean-Paul (1905–1980)
Qu'est-ce que la littérature? *(Was ist Literatur?)* 320

Scaliger, Julius Caesar (1484–1558)
Poetices libri septem *(Sieben Bücher über die Dichtkunst)* 290

Schelling, Friedrich Wilhelm Joseph (1775–1854)
Das älteste Systemprogramm des deutschen Idealismus 3
Philosophie der Kunst 277

Schiller, Friedrich (1759–1805)
Die Schaubühne als eine moralische Anstalt betrachtet 338
Über Anmut und Würde 397
Über das Erhabene 398
Über das Pathetische 402
Über den Grund des Vergnügens an tragischen Gegenständen 404
Über die ästhetische Erziehung des Menschen, in einer Reihe von Briefen 408
Über naive und sentimentalische Dichtung 426
Vom Erhabenen 444

Schlegel, August Wilhelm (1767–1845)
Die Kunstlehre 197
Über dramatische Kunst und Litteratur 418

Schlegel, Friedrich (1772–1829)
Gespräch über die Poesie 160
Über Lessing 423

Schleiermacher, Friedrich D. E. (1768–1834)
Hermeneutik 171

Schmidt, Siegfried J. (*1940)
Grundriß der empirischen Literaturwissenschaft 165
Der Kopf, die Welt, die Kunst 194

Schopenhauer, Arthur (1788–1860)
Die Welt als Wille und Vorstellung 462

Schottelius, Justus Georg (1612–1676)
Ausführliche Arbeit Von der Teutschen HauptSprache 48

Scott, Walter (1771–1832)
Essay on Romance *(Versuch über den Begriff »Romanze«)* 131

Searle, John Rogers (*1932)
Speech Acts *(Sprechakte)* 357

Shaftesbury, Anthony Ashley Cooper, Third Earl of (1671–1713)
A Letter concerning Enthusiasm *(Ein Brief über den Enthusiasmus)* 209

Shaw, George Bernard (1856–1950)
The Quintessence of Ibsenism *(Die Quintessenz des Ibsenismus)* 324

Showalter, Elaine (★1941)
Towards a Feminist Poetics *(Entwurf einer feministischen Poetik)* 386

Sidney, Sir Philip (1554–1586)
The Defence of Poesie *(Die Verteidigung der Poesie)* 79

Simmel, Georg (1858–1918)
Soziologische Aesthetik 354

Šklovskij, Viktor (1893–1984)
O teorii prozy *(Über die Theorie der Prosa)* 258

Solger, Karl Wilhelm Ferdinand (1780–1819)
Erwin 126

Sontag, Susan (★1933)
Against Interpretation *(Kunst und Antikunst)* 17

Spielhagen, Friedrich (1829–1911)
Beiträge zur Theorie und Technik des Romans 51

Spitzer, Leo (1887–1960)
A Method of Interpreting Literature *(Eine Methode Literatur zu interpretieren)* 237
Zur sprachlichen Interpretation von Wortkunstwerken 473

Staël-Holstein, Germaine Necker, baronne de (1766–1817)
De la littérature considérée dans ses rapports avec les institutions sociales *(Über Literatur, in ihren Verhältnissen mit den gesellschaftlichen Einrichtungen und dem Geiste der Zeit)* 84

Staiger, Emil (1908–1987)
Grundbegriffe der Poetik 164

Stanzel, Franz K. (★1923)
Die typischen Erzählsituationen im Roman 394

Starobinski, Jean (★1920)
Jean-Jacques Rousseau *(J.-J. Rousseau)* 187
L'Œil vivant *(Das Leben der Augen)* 252
L'Œil vivant II *(Psychoanalyse und Literatur)* 253

Stendhal (d. i. Henri Beyle; 1783–1842)
Racine et Shakspeare *(Racine und Shakespeare)* 325

Sulzer, Johann Georg (1720–1779)
Allgemeine Theorie der schönen Künste 23

Szondi, Peter (1929–1971)
Einführung in die literarische Hermeneutik 118
Theorie des modernen Dramas 378

Taine, Hippolyte (1828–1893)
Philosophie de l'Art *(Philosophie der Kunst)* 276

Tasso, Torquato (1544–1595)
Discorsi Dell'Arte Poetica; Et In Particolare Del Poema Heroico *(Reden über die Dichtkunst, insbesondere über das Heldenepos)* 97

Tate, Allen (1899–1979)
Literature as Knowledge *(Literatur als Erkenntnis)* 217

Thomasius, Christian (1655–1728)
Discours, welcher gestalt man denen Frantzosen im gemeinen Leben und Wandel nachahmen solle 102

Thomas von Aquin (1225–1274)
Summa theologica *(Summe der Theologie)* 366

Tieck, Ludwig/Wackenroder, Wilhelm (1773–1853/1773–1798)
Herzensergießungen eines kunstliebenden Klosterbruders 173

Todorov, Tzvetan (★1939)
Introduction à la littérature fantastique *(Einführung in die fantastische Literatur)* 183
Poétique *(Poetik)* 294

Trilling, Lionel (1905–1975)
Manners, Morals and the Novel *(Sitten, Moral und der Roman)* 230

Tynjanov, Jurij Nikolaevič (1894–1943)
Problema stichotvornogo jazyka *(Das Problem der Verssprache)* 313
Vopros o literaturnoj ėvoljucii *(Über die literarische Evolution)* 451

Uspenskij, Boris A. (★1937)
Poėtika kompozicii *(Poetik der Komposition)* 292

Vadianus, Joachim (1484–1551)
De Poetica et Carminis ratione *(Von der Dichtkunst und der Beschaffenheit des Gedichts)* 86

Valéry, Paul (1871–1945)
Poésie et pensée abstraite *(Dichtung und abstraktes Denken)* 287

Vargas Llosa, Mario (*1936)
García Márquez *(García Márquez)* 150

Vico, Giambattista (1668–1744)
Principj di una scienza nuova d'intorno alla comune natura delle nazioni *(Prinzipien einer neuen Wissenschaft über die gemeinsame Natur der Nationen)* 310

Virilio, Paul (*1932)
Guerre et cinéma I *(Krieg und Kino)* 167

Vischer, Friedrich Theodor (1807–1887)
Ästhetik oder Wissenschaft des Schönen 11

Voltaire (eigentl. François-Marie Arouet; 1694–1778)
Le Temple du Goust *(Der Tempel des Geschmacks)* 370

Wackenroder, Wilhelm → Tieck, Ludwig

Wagner, Richard (1813–1883)
Oper und Drama 256

Warren, Austin/Wellek, René (1899–1986/*1903)
Theory of Literature *(Theorie der Literatur)* 384

Weinrich, Harald (*1927)
Für eine Literaturgeschichte des Lesers 149

Weise, Christian (1642–1708)
Curiöse Gedancken von Deutschen Versen 75

Wellek, René → Warren, Austin

Wernicke, Christian (1661–1725)
Uberschriffte Oder Epigrammata, In Kurtzen Satyren, Kurtzen Lob-Reden und Kurtzen Sitten-Lehren bestehend 396

White, Hayden (*1928)
The Historical Text as Literary Artifact *(Der historische Text als literarisches Kunstwerk)* 177

Wienbarg, Ludolf (1802–1872)
Ästhetische Feldzüge 14

Williams, Raymond (1921–1988)
Culture and Society *(Kultur und Gesellschaft)* 74

Winckelmann, Johann Joachim (1717–1768)
Abhandlung von der Fähigkeit der Empfindung des Schönen in der Kunst, und dem Unterrichte in derselben 2
Gedancken über die Nachahmung der griechischen Wercke in der Mahlerey und Bildhauer-Kunst 153

Wittgenstein, Ludwig (1889–1951)
Philosophical Investigations *(Philosophische Untersuchungen)* 275

Woolf, Virginia (1882–1941)
Modern Fiction *(Moderne Romankunst)* 241

Wordsworth, William (1770–1850)
Preface (to) Lyrical Ballads, with a Few Other Poems *(Vorwort zu Lyrische Balladen und einige andere Gedichte)* 309

Yeats, William Butler (1865–1939)
Poetry and Tradition *(Dichtung und Tradition)* 299

Young, Edward (1683–1765)
Conjectures on Original Composition *(Gedanken über die Originalwerke)* 67

Zesen, Philipp von (1619–1689)
Deütscher Helicon 89

Zola, Emile (1840–1902)
Le roman expérimental *(Der Experimentalroman)* 336

Zumthor, Paul (*1915)
La lettre et la voix *(Der Buchstabe und die Stimme)* 210